中華博物通考

總主編 張述錚

珍奇卷

本卷主編
盛岱仁

上海交通大学出版社

圖書在版編目（CIP）數據

中華博物通考. 珍奇卷 / 張述錚總主編；盛岱仁本
卷主編.—上海：上海交通大學出版社, 2024.1
　ISBN 978-7-313-24705-6

　Ⅰ.①中… Ⅱ.①張… ②盛… Ⅲ.①百科全書—中
國—現代②歷史文物—中國 Ⅳ.①Z227②K87

中國國家版本館CIP數據核字(2023)第239055號

特約編審：康　萍
責任編輯：彭亞星
裝幀設計：姜　明

中華博物通考·珍奇卷

總　主　編：張述錚
本卷主編：盛岱仁
出版發行　上海交通大學出版社　　　　　地　　址：上海市番禺路951號
郵政編碼：200030　　　　　　　　　　　電　　話：021-64071208
印　　製：蘇州市越洋印刷有限公司　　　經　　銷：全國新華書店
開　　本：890mm×1240mm　1 / 16　　印　　張：36
字　　數：822千字
版　　次：2024年1月第1版　　　　　　　印　　次：2024年1月第1次印刷
書　　號：ISBN 978-7-313-24705-6
定　　價：598.00元

《中華博物通考》編纂委員會

名譽主任：匡亞明

主　　任（按姓氏筆畫排序）：王春法　　張述錚

副主任：和　龑　韓建民　　顧　鋒　　張　建　　丁鵬勃

委　　員（按姓氏筆畫排序）：

丁鵬勃	丁艷玲	王　勇	王元秀	王午戌	王立華	王青梅	王春法
王素芳	王栩寧	王緒周	文啓明	孔令宜	石　磊	石永士	白建新
匡亞明	任長海	李　淳	李西寧	李延年	李紅霞	李峻嶺	吳秉鈞
余志敏	沈江海	宋　毅	武善雲	林　彬	和　龑	周玉山	胡　真
侯仲軍	俞　陽	馬　巖	耿天勤	華文達	徐建林	徐傳武	高毅清
高樹海	郭砥柱	唐桂艷	陳俊强	陳益民	陳萬青	陳聖安	黃笑山
盛岱仁	婁安良	崔淑雯	康戰燕	張　越	張　標	張小平	張太龍
張在德	張述錚	張維軍	張學鋒	董　巍	焦秋生	謝冰冰	楊秀英
賈秀麗	賈貴榮	路廣正	趙卜慧	趙宗來	趙連賞	鄭小寧	劉世敏
劉更生	劉景耀	賴賢宗	韓建民	韓品玉	鍾嘉奎	顧　鋒	

《中華博物通考》總主編
張述錚

《中華博物通考》副總主編
韓品玉　　陳益民　　俞　陽　　賴賢宗

《中華博物通考》編務主任
康戰燕　　盛岱仁

《中華博物通考》學術顧問

（按姓氏筆畫排序）

王　方	王　釗	王子舟	王文章	王志强	仇正偉	孔慶典	石雲里
田藝瓊	白庚勝	朱孟庭	任德山	衣保中	祁德樹	杜澤遜	李　平
李行健	李克讓	李德龍	李樹喜	李曉光	吳海清	佟春燕	余曉艷
邸永君	宋大川	苟天林	郝振省	施克燦	姜　鵬	姜曉敏	祝逸雯
祝壽臣	馬玉梅	馬建勛	桂曉風	夏興有	晁岱雙	晏可佳	徐傅武
高　峰	高莉芬	陳　煜	陳茂仁	孫　機	孫　曉	孫明泉	陶曉華
黃金東	黃群雅	黃壽成	黃燕生	曹宏舉	曹彥生	常光明	常壽德
張志民	張希清	張維慎	張慶捷	張樹相	張聯榮	程方平	鈕衛星
馮　峰	馮維康	楊　凱	楊存昌	楊志明	楊華山	賈秀娟	趙志軍
趙連賞	趙榮光	趙興波	蔡先金	鄭欣淼	寧　强	熊遠明	劉　静
劉文豐	劉建美	劉建國	劉洪海	劉華傑	劉國威	潛　偉	霍宏偉
魏明孔	聶震寧	蘇子敬	嚴　耕	羅　青	羅雨林	釋界空	釋圓持
鐵付德							

《中華博物通考》編輯出版委員會

《中華博物通考·珍奇卷》編纂委員會

主　　編：盛岱仁

副 主 編：鄭小娟　　杜雲虹　　盛曉東

撰 稿 人：盛岱仁　　鄭小娟　　杜雲虹　　盛曉東　　常　昭　　傅潔琳　　常玉翠
　　　　　周　宇　　尚　陽　　畢雪松　　丁　良　　孫玉珠　　朱潔茹　　劉澤琳
　　　　　牛思思

導　論

——縱論中華博物學的沉淪與重建

引　言

　　在中國當代，西方博物學影響至巨，自鴉片戰争以來，屈指已歷百載。何謂"西方博物學"？"西方博物學"是以研究動植物、礦物等自然物爲主體的學科，但不包含社會領域的社會生活，至 19 世紀後期已完成學術使命，成爲一種保護大自然的公益活動，但國人却一直承襲至今。中華久有自家的博物學，已久被忘却，無人問津，這一狀況實是令人不安。前日偶見《故宮裏的博物學》問世，精裝三册，喜出望外，以爲我中華博物學終得重生，展卷之後始知，該書是依據清乾隆時期皇室的藏書《清宮獸譜》《清宮鳥譜》《清宮海錯圖》（"海錯"多指海中錯雜的魚鱉蝦蟹之類）繪製而成，其中一些并非實有，乃是神話傳説之物。其内容提要稱"是專爲孩子打造的中華文化通識讀本"，而對博物院内琳琅滿目的海量藏品則隻字未提。這就是説，博物院雖有海量藏品，却與故宮裏的博物學毫不相干，或曰并不屬於博物學的研究範圍。此書的編纂者是我國的著名專家，未料我國這些著名專家所認定的博物學仍是西方的博物學。此書得以《故宮裏的博物學》的名義出版，又證我國的出版界對於此一命題的認同，竟然不知我中華久有自家的博物學。此書如若改稱《故宮裏的皇室動物圖譜》，則名正言順，十分精彩，不失爲一部别具情趣的兒童讀物，但原書名却無意間形成一種誤導，孩子們可能會據此認定：唯有鳥獸蟲魚之類才是中華文化中的大學問，故而稱之爲"博物學"，最終會在其幼小心靈裏留下西方博物學的深深印記。

何以出現這般狀況？因爲許多國人對於傳統的中華博物及中華博物學，實在是太過陌生！那麼，何謂"博物"？本文指稱的"博物"，是指隸屬或關涉我中華文化的一切可見或可感知之物體物品。何謂"中華博物學"？"中華博物學"的研究主體是除却自然界諸物之外，更關涉了中國社會的各個方面各個領域，進而關涉了我中華民族的生息繁衍，關涉了作爲文明古國的盛衰起落，足可爲當代或後世提供必要的藉鑒，是我國獨有、無可替代的學術體系。故而重建中華博物學，具有歷史的、現實的多方面實用價值。我中華博物學起源久遠，至遲已有兩千年歷史，祇是初始没有"博物學"之名而已。時至明代，始見"博物之學"一詞。如明楊士奇《東里續集》卷一八評述宋陸佃《埤雅》曰："此書於博物之學蓋有助焉。"此一"博物之學"，可視爲"中華博物學"的最早稱謂。又，《四庫全書總目提要》卷一三六評清陳元龍《格致鏡原》曰："〔此書〕分三十類：曰乾象，曰坤輿，曰身體，曰冠服，曰宫室，曰飲食，曰布帛，曰舟車，曰朝制，曰珍寶，曰文具，曰武備，曰禮器，曰樂器，曰耕織器物，曰日用器物，曰居處器物，曰香奩器物，曰燕賞器物，曰玩戲器物，曰穀，曰蔬，曰木，曰草，曰花，曰果，曰鳥，曰獸，曰水族，曰昆蟲，皆博物之學。"此即古籍述及的"中華博物學"最爲明確、最爲全面的定義。重建的博物學於"身體"之外，另增《函籍》《珍奇》《科技》等，可以更全面地融匯古今。在擴展了傳統博物學天地之外，又致力於探索浩浩博物的淵源、流變，以及同物異名與同名異物的研究，致力於物、名之間的生衍關係的考辨。"博物學"本無須冠以"中華"或"中國"字樣，在當代爲區別於西方的"博物學"，遂定名爲"中華博物學"，或曰"中華古典博物學"。"中華博物學"，國人本當最爲熟悉，事實却是大出所料，近世此學已成了過眼雲烟，少有問津者，西方博物學反而風靡於中國。何以形成如此狀況？何以如此本末倒置？這就不能不從噩夢般的中國近代史談起。

一、喪權辱國尋自保，走投無路求西化

清王朝自鴉片戰争喪權辱國之後，面對列强的進逼，毫無氣節，連連退讓，其後又遭

甲午戰爭之慘敗，走投無路，於是由所謂"師夷之長技"，轉而向日本求取西化的捷徑，以便苟延殘喘。日本自 19 世紀始，城鄉不斷發生市民、農民暴動，國内一片混亂。1854 年 3 月，又在美國鐵艦火炮脅迫之下，簽訂《神奈川條約》。四年後再度被迫與美國簽訂通商條約。繼此以往，荷、俄、英、法，相繼入侵，條約不斷，同百年前的中國一樣，徹底淪爲半封建半殖民地社會，當權的幕府聲威喪盡。1868 年 1 月，天皇睦仁（即明治天皇）下達《王政復古大號令》，廢除幕府制度，但值得注意的是仍然堅守"大和精神"，并未全部廢除自家原有傳統。同年 10 月，改元明治，此後的一系列變革措施，即稱之爲"明治維新"。維新之後，否定了"近習華夏"，衝決了"東亞文化圈"，上自天皇，下至黎民，勠力同心，在"富國强兵、置産興業"的前提之下，遠法泰西，大力引入嶄新的科學技術，從而迅速崛起，廢除了與列强的一切不平等條約，成爲令人矚目的世界强國之一。可見"明治維新"之前，日本内憂外患的遭遇，與當時的中國非常相似。在此民族存亡的關鍵時刻，中國維新派代表人物不失時機，遠渡東洋，以日本爲鏡鑒，在引進其先進科技的同時，也引進了日本人按照英文 natural history 的語意翻譯成的漢語"博物學"，雖并不準確，但因出於頂禮膜拜，已無暇顧及。況且，自甲午戰爭至民國前期，日源語詞已成爲漢語外來語詞庫中的魁首，遠超英法俄諸語，且無任何外來語痕迹，最難識別。如"民主""科學""法律""政府""美感""浪漫""藝術界""思想界""無神論""現代化"等，不勝枚舉。國人曾試圖自創新詞，但敗多勝少，祇能望洋興嘆。究其原因，并非民智的高下，也并非語種的優劣，實則是國力强弱的較量，國强則國威，國威則必擁有强勢文化，而强勢文化勢必涌入弱國，面對强勢文化，弱國豈有話語權？西方的"博物學"進入中國，遒勁而又自然。

那麼，西方博物學源於何時何地？又經歷了怎樣的發展變化？答曰：西方博物學發端於古希臘亞里士多德（公元前 384—前 322）《動物志》之類著述，又經古羅馬老普林尼（公元 23—79）的《自然史》，輾轉傳至歐洲各國。其所謂博物除却動植物外，更有天文、地理、人體諸類。這是西方的文化背景與知識譜系，西人習以爲常，喜聞樂見。在歐洲文藝復興和美洲地理大發現之後，見到別樣的動物、植物以及礦物，博物學得到長足發展。至 19 世紀前半期，博物學形成了動物學、植物學和礦物學三大體系，達於鼎盛。至 19 世紀後期，動物學、植物學獨立出來，成爲生物學，礦物學則擴展爲地質學，博物學已被架空。至 20 世紀，博物學已不再屬於什麼科學研究，而完全變成一種生態與環境探索，以供民衆休閑安居的社會活動。其時，除却發端於亞里士多德的"博物學"之外，也有後起的"文化博物學"（Cultural Museology），這是一門非主流的綜合性學科，旨在研究人類一切文化遺產，試圖展示并解釋歷史的傳承與發展，但在題材視野、表達主旨等方面與中華傳統博物學仍甚有差异。面對此類非主流論説，當年的譯者或視而不見，或有意摒弃，其志在振興我中華。

在尋求救國的路途中，仁人志士們目睹了西方先進文化，身感心受，嚮往久之。"試航東西洋一游，見彼之物質文明，莊嚴燦爛，而回首宗邦，黯然無色，已足明興衰存亡之由，長此以往，何堪設想？"（吴冰心《博物學雜誌》發刊詞，1914 年 1 月，第 1 ~ 4 頁），此時仁人志士們滿腔熱血，一心救國。但如何救國，却茫茫然，如墮五里霧中。這一救國之路從表象上觀察似乎一切皆以日本爲鏡鑒，實則迴别於"明治維新"之路，未能把握"富國强兵、置産興業"之首要方嚮，而當年的執政者却祇顧個人權勢的得失，亦無此遠大志嚮。仁人志士們雖振臂疾呼，含泪吶喊，祇飄摇於上層精英之間，因一度失去民族自信、文化自信，而不知所措，矛頭直指孔子及千載儒學，進而直指傳統文化。五四運動前夜，北京大學著名教授錢玄同即正告國人"欲驅除一般人之幼稚的野蠻的頑固的思想"，就必須要"廢孔學"，必須要"廢漢文"（錢玄同《中國今後的文字問題》，載 1918 年 4 月 15 日《新青年》第 4 卷第 4 號）。翌年，五四運動爆發，仁人志士們高舉"德謨克拉西"（民主）、"賽因斯"（科學）兩面大旗，掀起反帝反封建的狂濤巨瀾，成爲中國近現代史上的偉大里程碑，中國人民自此視野大開。這兩面大旗指明了國家强弱成敗的方嚮。但與此同時，仁人志士們又毫不猶豫，全力以赴，要堅决"打倒孔家店"。於是，孔子及其儒家學説成了國弱民窮的替罪羊！接踵而至的就是對於漢字及其代表的漢文化的徹底否定。偉大革命思想家魯迅也一直抨擊傳統觀念、傳統體制，1936 年 10 月，在他逝世前夕《病中答救亡情報訪員》一文中，竟然斷言："漢字不滅，中國必亡！"而新文化運動的主要人物之一胡適更是語出驚人："我們必須承認我們自己百事不如人，不但物質機械上不如人，不但政治制度不如人，并且道德不如人，知識不如人，文學不如人，音樂不如人，藝術不如人，身體不如人。"中華民族是"又愚又懶的民族"，是"一分像人，九分像鬼的不長進民族"（胡適《介紹我自己的思想》，1930 年 12 月亞東圖書館初版《胡適文選》自序）。這是五四運動前後一代精英們的實見實感，本意在於革故鼎新，但這些通盤否定傳統文化的主張，不啻是在緊要歷史關頭的一次群情失控，是中國文化史中的一次失智！在這樣的歷史背景、這樣的歷史氣勢之下，接受西方"博物學"就成了必然，有誰會顧及古老的傳統博物學？

在引進西方博物學之後，國人紛予效法，試圖建立所謂中華自家的博物學，於是圍繞植物學、動物學兩大方面遍搜古今，窮盡群書，着眼於有關動植物之類典籍的縱橫搜求，但這并非我中華的博物全貌，也并非我中華博物學，況且在中華古典博物學中，也罕見西方礦物學之類著作，可見，試圖以西方的博物學體系，另建中華古典博物學，實在是削足適履、邯鄲學步。自 1902 年始，晚清推行學制改革，先後頒布了"壬寅學制""癸卯學制"。1905 年，根據《奏定學堂章程》，已將西方博物學納入中學的課程設置。其課程分爲植物、動物、礦物、人體生理學四種，分四年講授。1912 年中華民國成立後，江浙等地出現過博物學會和期刊，稍後武昌高等師範學校設立了博物學系，出版過《博物學雜誌》，主要研究動物學、植物學及人體生理學，隨後又將博物學系改稱生物學系，《博物學雜誌》也相應改稱《生物學雜誌》，重走了西方的老路。北京高等師範學校也有類似經歷，甚爲盲目而混亂。至 30 年代，發現西方博物學自 20 世紀始，已轉型爲生態與環境探索，國人因再無興趣，對西方博物學的大規模推廣、學習在中國遂告停止，但因影响至深，其餘風猶存。

二、中華典籍浩如海，博物古學何處覓？

應當指出，中國古代典籍所載之草木、鳥獸、蟲魚之類，亦有別於西方，除却其自身屬性特徵外，又常常被人格化，或表親近，或加贊賞，體現了另一種精神情愫。如動物龜、鶴，寓意長壽（其後，龜又派生了貶義）；豺、狼、烏鴉、猫頭鷹，或表殘忍，或表不祥；其他如十二生肖，亦各有象徵，各有寓意。而那些無血肉、無情感的植物，同樣也被賦予人文色彩。如漢班固《白虎通·崩薨》載："《春秋含文嘉》曰：天子墳高三仞，樹以松；諸侯半之，樹以柏；大夫八尺，樹以欒；士四尺，樹以槐；庶人無墳，樹以楊、柳。"足見在我國古老的典制禮俗中，松、柏、欒、槐、楊、柳，已被賦予了不同的屬性，被分爲五等，楊、柳最爲低賤；就連如何埋葬也分爲五等，嚴於區別，從墳高三仞到無墳，成爲天子到庶人的埋葬標志。實則墳墓分爲等級，早在公元前 3300 年至公元前 2300 年的良渚古城遺址已經發現。這些浩浩博物，廣泛涉及了古老民族和古老國度的典制與禮俗，我國學人也難盡知，西方的博物學又當如何表述？

　　可見西方博物學絕難取代中華古典博物學，中華古典博物學的研究範圍，遠超西方博物學，或可說中華古典博物學大可包容西方博物學。如今，這一命題漸引起國内一些有識之士、專家學者的關注。那麼，中華古典博物學究竟發端於何時何地？有無相對成型的體系？如何重建？答曰：若就人類辨物創器而言，上古即已有之，環宇盡同。若僅就我中華文獻記載而言，有的學者認爲當發端於《周易》，因爲“易道廣大，無所不包”（《四庫全書總目提要》卷九），或認爲發端於《書·禹貢》，因爲此書廣載九州山河、人民與物產。《周易》《禹貢》當然可以視爲中華博物學的源頭。而作爲中華博物學體系的領衔專著，則普遍認爲始於晋代張華《博物志》。而論者則認爲，中華博物學成爲一門相對獨立的學科體系，當始於秦漢間唐蒙的《博物記》，此書南北朝以來屢見引用，張華《博物志》不過是續作而已。對此，前人久有論述。如《四庫全書總目提要》卷一四二曰：“劉昭《續漢志》注《律曆志》引《博物記》一條，《輿服志》引《博物記》一条，《五行志》引《博物記》二條，《郡國志》引《博物記》二十九條……今觀裴松之《三國志》注（《魏志·太祖紀》《文帝紀》《吴志·孫賁傳》等）引《博物志》四條，又於《魏志·涼茂傳》中引《博物記》一條，灼然二書，更無疑義。”再如宋周密《齊東野語·野婆》曰：“《後漢·郡國志》引《博物記》曰：‘日南出野女，群行不見夫，其狀皛且白，裸袒無衣襦。’得非此乎？《博物記》當是秦漢間古書，張茂先（張華，字茂先）蓋取其名而爲《志》也。”再如明楊慎《丹鉛總録》卷一一：“漢有《博物記》，非張華《博物志》也，周公謹云不知誰著。考《後漢書》注，始知《博物記》爲唐蒙作。”如前所述，此書南北朝典籍中多有引用，如僅在南朝梁劉昭《續漢志》注中，《博物記》之名即先後出現了三十三次之多。據有關古籍記載，其内包括了律曆、五行、郡國、山川、人物、輿服、禮俗等，盡皆實有所指，無一虛幻。故在明代有關前代典籍分類中，已將唐蒙《博物記》與三國魏張揖《古今字詁》、晋吕靜《韻集》、南朝梁阮孝緒《古今文詁》、唐顏元孫《干禄字書》、宋洪适《隸釋》等字書、韵書并列（見明顧起元《説略》卷一五），足見其學術地位之高，而張華《博物志》則未被録入。

　　至西晋已還，佛道二教廣泛流傳，神仙方士之説大興，於是張華又衍《博物記》爲《博物志》，其書内容劇增，自卷一至卷六，記載山川地理、歷史人物、草木蟲魚，這些當是紀要考訂之屬，合乎本文指稱的名副其實的博物學系統。此外，又力仿《山海經》的體例，旨在記載异物、妙境、奇人、靈怪，以及殊俗、瑣聞等，諸多素材語式，亦幾與《山海經》盡同，若"羽民國，民有翼，飛不遠……去九嶷四萬三千里"云云，并非"浩博實物"，已近於"志怪"小説。張華自序稱其書旨在"博物之士覽而鑒焉"，張序指稱的"博物之士"，義同前引《左傳》之"博物君子"，其"博物"是指"博通諸種事物"，虚虚實實，紛紛紜紜，無所不包。此類記述，正合世風，因而《博物志》大行其道，《博物記》則漸被冷落，南北朝之後已失傳，其殘章斷簡偶見於他書，可輯佚者甚微。後世輾轉相引，又常與《博物志》混同。《博物志》至宋代亦失傳，今本十卷爲采摭佚文、剽掇他書而成，真僞雜糅，亦非原作。其後又有唐人林登《續博物志》十卷，緊接《博物志》之後，更拓其虚幻内容，以記神异故事爲主，多是叙述性文字，其條目篇幅較長，宋代之後也已亡佚。再後宋人李石又有同名《續博物志》十卷，其自序稱："次第仿華書，一事續一事。"實則并不盡然，華書首設"地理"，李書改增爲"天象"，其他内容，間有與華書重複者，所續多是後世雜籍，宋世逸聞。此書雖有舛亂附會之弊，仍不失爲一部難得的繼補之作。李書之後，又有明人游潛《博物志補》三卷，仍係補張華之《志》，旨趣體例略如李石之《續志》，但頗散漫，時補時闕，猥雜冗濫。李、游一續一補，盡皆因仍張《志》，繼其子遺。以上諸書之所謂"博物"，一脉相承，注重珍稀之物而外，多以臚列奇事异聞爲主旨，同"浩博實物"的考釋頗有差异。游潛稍後，明董斯張之《廣博物志》五十卷問世，始一改舊例，設有二十二類，下列子目一百六十七種，所載博物始於上古，達於隋末，不再因仍張《志》而爲之續補，已是擴而廣之，另闢山林，重在追溯事物起源，其中包括職官、人倫、高逸、方技、典制，等等。其後，清人陳逢衡著有《續博物志疏證》十卷、《續博物志補遺》一卷，對李石《續志》逐條研究探索，并又加入新增條目，成爲最系統、最深入的《續》説。其後，徐壽基又著有《續廣博物志》十六卷，繼董《志》餘緒，於隋代之後，逐一相繼，直至明清，頗似李石之續張華。但《廣志》《續廣志》之類，仍非以專考釋"浩博實物"爲主旨。我國第一部以"博物"命名而研究實物的專著，當爲明末谷應泰之《博物要覽》。該書十六卷，惜所涉亦不過碑版、書畫、銅器、窰器、瑪瑙、珊瑚、珠玉、奇石等玩賞之器物，皆係作者隨所見聞，摭録成帙；所列未廣，其中碑版書畫，尤爲簡陋，難稱浩博，其影響遠不及前述諸《志》，但所創之寫實體例，則非同尋常。而最具權威者，當是明末黄道周所著《博物典彙》，該書共二十卷，所涉博物，始自遠古，達於當朝，上自天文地理，下至草木蟲魚，盡予囊括，并以其所在時代最新的觀點、視野，對歷代博物著述進行了彙總研究。如卷一關於"天文"之考釋，下設"渾天""七曜"，"七曜"下又設"日""月""五星"，再後又有"經星圖""緯星圖""二十八宿"。又如卷七關於"后妃"，下設"宫闈内外之分""宫闈預政之誡"，緊隨其後的即教育"儲貳"之法，等等，甚爲周嚴。

以上諸書就是以"博物"命名的博物學專著。在晚清之前，代代相繼，發展有序，并時有新的建樹。

與這些博物學專著相并行，相匹配，另有以"事"或"事物"命名，旨在探索事物起源的博物學專著。初始之作爲北魏劉懋《物祖》十五卷，稍後有隋謝昊《物始》十卷，是對《物祖》的一次重大補正。《物始》之後，有唐劉孝孫等《事始》三卷，又有五代馮鑑《續事始》十卷，是對《事始》的全面擴展與開拓。《續事始》之後，另有宋高承《事物紀原》十卷，此書分五十五個類目，上自"天地生植"，中經"樂舞聲歌""輿駕羽衛""冠冕首飾""酒醴飲食"，直至"草木花果""蟲魚禽獸"，較《物祖》《物始》尤爲完備，遂成博物學的百代經典。接踵而來者有明王三聘《古今事物考》八卷，效法《紀原》之體，自古至今，上至天文地理，下至昆蟲草木，中有朝制禮儀、民生器用、宫室舟車，力求完備，較之他書尤得要領，類居目列，條理分明，重在古今考釋，一事一物，莫不求源溯始，考核精審。此書載録服飾資料尤爲豐富，如卷一有上古禮制之種種服式，非常全面，卷六所載後世之巾冠、衣、佩、帶、襪、履舄、僧衣、頭飾、妝飾、軍服等百餘種，考證多引原書原文，確然有據，甚爲難得。就全書而言，略顯單薄。明徐炬又有《古今事物原始》三十卷，此書仿高承《紀原》之體，又參《事物考》之章法，以考釋制度器物爲主，古今上下，盡考其淵源，更有所得，凡日月星辰、山川草木，亦必確究其淵源流變，但此與天地共生之浩浩博物，四百餘年前的一介書生，豈可臆測而妄斷？爲此而輾轉援引，頗顯紛亂。且鳥獸花草之起首，或加偶語一聯，或加律詩二句，而後逐一闡釋，實乃蛇足。其書雖有此瑕疵，却不掩大成。與王、徐同代的還有羅頎《物原》二卷（《四庫》本作一卷），羅氏以《紀原》不能黜妄崇真，故更訂爲十八門，列二百九十三條，條條錘實。如，刻漏、雨傘、鋦子（用於連合破裂器物的兩脚釘）、酒、豆腐之類的由來，多有創見。惜違《紀原》明記出典之體，又背《事物考》之道，凡有考釋，則溷集衆説爲一。如，烏孫公主作琵琶，張華作苔紙，皆茫然不知所本。不過章法雖有差失，未臻完美，但其功業甚巨，《物原》成爲一部研究記述我國先民發明創造的專著。時至清代，陳元龍又撰

《格致鏡原》一百卷。何謂"格致鏡原"？意即格物致知，以求其本原。此書的子目多達一千七百餘種，明代以前天地間萬事萬物盡予羅致，一事一物，必究其原委，詳其名號，廣博而精審，終成中華古典博物學的巔峰之作。

以上兩大系列專著，自秦漢以來，連續兩千載，一脉相承，這并非十三經、二十六史之類的敕編敕修，無人號令，無人支持，完全出自一種無形的力量，出自文化大國、中華文脉自惜自愛的傳承精神，從而構成浩大的博物學體系。在我國學術研究史中，在我國圖書編纂史中，乃至於世界文化史中，當屬大纛獨立，舉世無雙！本當如江河之奔，生生不息，終因清廷喪權辱國、全盤西化而戛然中斷。

三、博物古學歷磨難，科技起落何可悲！

回顧我國漫長的文化史可知，中華博物學是在傳統的"重道輕器"等陳腐觀念桎梏下，以强大的民族自覺精神、民族意志爲推動力，砥礪前行，千載相繼，方成獨立體系，因而愈加難得，愈加可貴。

"重道輕器"觀念是如何出現的？何謂"道器"？兩者究竟是何關係？《周易·繫辭上》曰："形而上者謂之道，形而下者謂之器。"何謂"道"？所謂道乃"先天地生"，無形無象、無聲無色、無始無終、無可名狀，爲"萬物之所然也，萬理之所稽也"（見《韓非子·解老》），是指形成宇宙萬物之本原，是形成一切事理的依據與根由。何謂"器"？器即宇宙間實有的萬物，包括一切科技發明，至巨至大，至細至微，充斥天地間，而盡皆不虛，或有實物可見，或有形體可指。器即博物，博物即器。"道器關係"本是一種有形無形、可見與不可見的生衍關係，并無高下之分，但在傳統文化中卻另有解釋。如《周禮·考工記序》曰："坐而論道，謂之王公；作而行之，謂之士大夫；審曲面執，以飭五材，以辨民器，謂之百工。"又曰："智者創物，巧者述之，守之世，謂之百工。百工之事，皆聖人之作也。"此文突顯了"道"對於"器"的指導與規範地位。"坐而論道"，可以無所不論，民生、朝政、國運、天下事，當然亦在所論之中。"道"實則是指整體人世間的一種法則、一種定律，或說是我古老的中華民族所創造的另一種學説。所謂"論道者"，古代通常理解爲"王公"或"聖人"，實則是代指一代哲人。《考工記序》卻將論道與製器兩者截然分開，明確地予以區別，貶低萬衆的創造力，旨在維護專制統治，從而確定人們的身份地位。坐而論道者貴爲王公，親身製器者屬末流之百工（“審曲面埶，以飭五材、以辨民器”，謂觀察金、木、皮、玉、土之曲直、性狀，據以製造民人所需之器物）。《考工記序》所記雖名爲“考工”，實則是周代禮制、官制之反映，對芸芸衆生而言，這種等級關係之誘惑力超乎尋常，絕難抵禦，先民樂於遵從，樂於接受，故而崇敬王公，崇敬聖人，百代不休。因而在中國古代，科學技術大受其創。

“重道輕器”的陳腐觀念，在中國古代影響廣遠，“器”必須在“道”的限定之下進行，不得隨意製作，不得超常發揮，“道”漸演化爲統治者實施專政的得力手段。“坐而論道”，似乎奧妙無盡。魏晉時期，藉儒入道，張揚“玄之又玄”，乃至於魏晉人不解魏晉文章，本朝人爲本朝人作注，史稱“玄學”。兩宋由論道轉而談理，一代理學宗師應運而生，闡理思辨，超乎想象，就連虛幻縹緲的天宮，亦可談得妙理聯翩，後世道家竟繪出著名的《天宮圖》來。事越千載，五四運動時期，那些新文化運動主將們聯手痛搗“孔家店”，却不攻玄理，“論道”“崇道”“樂道”“惜道”，滾滾而來，遂成千古“道”統，已經背離《易》《老》的本義。出於這樣的觀念，如何會看重“形而下”的博物與博物學？

那麼，古代先民又是如何看待與博物學密切相關的科學技術？《書·泰誓下》載，殷紂王曾作“奇技淫巧，以悅婦人”，爲百代不齒，萬世唾罵。何謂“奇技淫巧”？唐人孔穎達釋之曰：“奇技謂奇異技能，淫巧謂過度工巧……技據人身，巧指器物。”所謂“奇技淫巧”，今大底可釋爲超常的創造發明，或可直釋爲科學技術。論者認爲，“百代不齒，萬世唾罵”者并不在於“奇技淫巧”這一超常的創造發明，而在於紂王奢靡無度，用以取悅婦人的種種罪孽。至於紂王是否奢靡無度，“以悅婦人”，今學界另有考證。紂王當時之所以能稱雄天下，正是由於其科技的先進，軍事的強大，其失敗在於大拓疆土，窮兵黷武，導致内外哀怨，決戰之際又遭際叛亂。所謂“以悅婦人”之妲己，祇是戰敗國的一種“貢品”而已，對於年過半百的老人并無多大“媚力”。關於殷商及妲己的史料，最早見於戰國時期成書的《國語·晉語一》，前後僅有二十七字，并無“酒池肉林”“炮烙之刑”之類記載，後世史書所謂紂王對妲己的種種寵愛，實是一種演繹，意在宣揚“紅顏禍水”之說（此說最早亦源於前書。“紅顏禍水”，實當稱之爲“紅顏薄命”）。在中國古代推崇“紅顏禍水”論，進而排斥“奇技淫巧”，從而否定了科技的力量，否定了科技強弱與國家強弱的關係。時至周代，對於這種“奇技淫巧”，已有明確的法律限定：“作淫聲、異服、奇技、奇器以疑衆，殺！”（見《禮記·王制》）這也就是說，要杜絕一切新奇的創造發明，連同歌聲、服飾也不得超乎常規，否則即犯殺罪！此文自漢代始，多有注疏，今擇其一二，以見其要。"淫聲"者，如春秋戰國時鄭、衛常有男女私會，謳歌相引，被斥爲淫靡之聲；"奇技"者，如年輕的公輸班曾"請以機窆"，即以起重機落葬棺木，因違反當時人力牽挽的埋葬禮節，被視爲不恭。一言以蔽之，凡有違禮制的新奇科技、新奇藝術，皆被視爲疑惑民衆，必判以重罪。這就是所謂"維護禮制"，其要害就是維護統治者的統治地位，故而衣食住行所需器物的質材及數量，無不在尊卑貴賤的等級制約之中。如規定平民不得衣錦綉，不得鼎食，商人、藝人不得乘車馬，就連權貴們娛樂時選定舞蹈的行列亦不可違制，違制即意味着不軌，意味着僭越。杜絕"奇技淫巧"，始自商周，直至明清而未衰。我國著名的四大發明，千載流傳，未料却如同國寶大熊猫一樣，竟由後世西方科學家代爲發現，實在可悲！四大發明、大熊猫之類，或因史籍隱冷，疏於查閱，或因地處山野，難以發現，姑可不論，但其他很多非常具體的發明創造，雖有群書連續記載，也常被無視，或竟予扼殺。如漢代即有超常的"女布"，因出自未嫁少女之手而得名（見《後漢書·王符傳》），南北朝時已久負盛名，稱"女子布"（見南朝宋盛弘之《荆州記》）。宋代又稱"女兒布"，被贊爲"布帛之品……其尤細者也"（見宋羅濬《寶慶四明志·郡志四》）。其後歷代製作，不斷創新，及至明清終於出現空前的妙品"女兒葛"。"女兒葛"爲細葛布的一種，其物纖細如蟬翼紗，又如傳說中的"蛟女絹"，僅重三四兩，捲其一端，整匹女兒葛便可出入筆管之中，精美絕倫，明代弘治之後曾發現於四川鄰水縣，但却被斷然禁止。明皇甫録《下陴記談》卷上："女兒葛，出鄰水縣，極纖細，必五越月而後成，不減所謂蟬紗、魚子纈之類，蓋十嫌之力也。予以爲淫巧，下令禁止，無敢作者。"對此美妙的"女兒葛"，時任順慶府知府的皇甫録，并没給予必要的支持、鼓勵，反而謹遵古訓，以杜絕"奇技淫巧"爲己任，堅決下達禁令，并引以爲榮。皇甫録乃弘治九年（1496）進士，爲官清正，面對"奇技淫巧"也如此"果斷"！此後清代康熙年間，"女兒葛"再現於廣東增城縣一帶，其具體情狀，清屈大均《廣東新語·貨語·葛布》中有翔實描述，但其遭遇同樣可悲，今"女兒葛"終於銷聲匿迹。在中國古代，類似的遭遇，又何止"女兒葛"？杜絕"奇技淫巧"之風，一脉相承，何可悲也。

　　但縱觀我華夏全部歷史可知，一些所謂的"奇技淫巧"之類，雖屢遭統治者的禁弃，實則是禁而難止，況統治者自身對禁令也時或難以遵從，歷代帝王皇室之衣食住行，幾乎無一不恣意追求舒適美好，爲了貪圖享樂，就不得不重視科技，就不得不啓用科技。如

"被中香爐"（爐內置有炭火、香料，可隨意旋轉以取暖，香氣縷縷不絕。發明於漢代）、"長信宮燈"（燈內裝有虹管，可防空氣污染。亦發明於漢代）的誕生，即明證。歷代王朝所禁絕的多是認定可能危及社稷之類的"奇技淫巧"，并未禁止那些有利於民生的重大發明，也没有壓抑摧殘黎民百姓的靈智（歷史中偶有以愚民爲國策者，衹是偶或所見的特例而已）。帝王們爲維護其統治地位，以求長治久安，在"重道輕器"的同時，也極重天文、曆算、農桑、醫藥等領域的研究，凡善於治國的當權者，爲謀求其國勢得以强盛，則必定大力倡導科技，《後漢書·和熹鄧皇后紀》所載即爲顯例。和熹皇后鄧綏（公元81—121），深諳治國之道，兼通天文、算數。永元十四年（102），漢和帝死後，東漢面臨種種滅頂之災，鄧綏先後擁立漢殤帝和漢安帝，以"女君"之名親政長達十六年，克服了有史以來最嚴重的十年天災，剿滅海盜，平定西羌，收服嶺南三十六個民族，將九真郡外的蠻夷夜郎等納入版圖，恢復東漢對西域的羈縻，征服南匈奴、鮮卑、烏桓等，平息了內憂外患，使危機四伏的東漢王朝轉危爲安。正是在這期間，鄧綏大力發展科技，勉勵蔡倫改進造紙術，任用張衡研製渾天儀、地動儀等儀器，并製造了中尚方弩機，這一可以連續發射的弩機，其射程與命中率令時人驚嘆，成爲當時世界上最具殺傷力的先進武器（此外，鄧綏又破除男女授受不親的陳腐觀念，創辦了史上最早的男女同校學堂，并通過支持文字校正與字詞研究，推動了世界第一部字典《說文解字》問世）。這就爲傳統的博物研究提供了巨大的空間，因而先後出現了今人所謂的"四大發明"之類。實際上何止是"四大發明"？天文、曆算等領域的發明創造，可略而不論。鄧綏之前，魯班曾"請以機窆"的起重機，出現於春秋時期，早於西方七百餘年。徐州東洞山西漢墓出土的青銅透光鏡，歐洲和日本人稱其爲"魔鏡"，當一束光綫照射鏡面而投影在墻壁上時，墻上的光亮圈內就出現了銅鏡背面的美麗圖案和吉祥銘文。這一"透光鏡"比日本"魔鏡"早出現一千六百餘年，而歐洲的學者直到19世紀纔開始發現，大爲驚奇，經全力研究，得出自由曲面光學效應理論，將其廣泛運用於宇宙探索中。今日，國人已能夠恢復這一失傳兩千餘載的原始工藝，千古瑰寶終得重放异彩！鄧綏之後，又創造了"噴水魚洗"，亦甚奇妙，令人大開眼界。東漢已有"雙魚洗"之名（見明梅鼎祚《東漢文紀》卷三二引《雙魚洗銘》），未知當時是否可以噴水。"噴水魚洗"形似現今的臉盆。盆內多刻雙魚或四魚，盆的上沿兩側有一對提耳，提耳的設置，不衹是爲了便於提動，同時又具有另外一個功用，即當手掌撫摩時，盆內還能噴射出兩尺高的水柱，水面形成一片浪花，同時會發出樂曲般的聲響，十分神奇。今可確知，"噴水魚洗"興起於唐宋之間（見宋王明清《揮塵前録》卷三、宋何薳《春渚紀聞》卷九），當是皇家或貴族所用盥洗用具。魚洗能够噴水，其道理何在？美國、日本的物理學家曾用各種現代科學儀器反復檢測查看，試圖找出其導熱、傳感及噴射發音的構造原理，雖經全力研究，但仍難得以完整的解釋，也難以再現其效果。面對中國古代科技創造的這一奇迹，現代科學遭遇了空前挑戰，祇能"望盆興嘆"。

中華民族，中華博物學，就是在這樣複雜多變的背景之下跌宕起伏，生存發展，在晚清之前，兩千餘年來，從未停止前進的步伐，這又成爲中華民族的民族性與中華博物學的一大特點。

四、西化流弊何時休，誰解古老博物學？

自晚清以還，中華博物學沉淪百年之久，本當早已復蘇，時至今日，幸逢盛世，正益修典，又何以總是步履維艱？豈料經由西學東漸之後，在我國國内一些學人認定科學決定一切，無與倫比，日積月纍，漸漸形成了一種偏激觀念——"唯科學主義"，即以所謂是否合於科學，來判定萬事萬物的是非曲直，科學擁有了絶對的話語權。"唯科學主義"通常表現爲三種態度：一、否認物質之外的非物質。凡難以認知的物質，則稱之爲"暗物質"。這一"暗"字用得非常巧妙，"暗"，難見也！於是"暗物質"取代了"非物質"；二、否認科學之外的其他發現。凡是遇到無從解釋的難題，面對別家探索的結論，一律斥爲"僞科學"。三、否認科學範圍以外的其他一切生産力，唯有科學可以帶動社會發展，萬事萬物必須以科學爲推手。

何謂"科學"？中國古代本有一種認識論的命題，稱之爲"格致"，意謂"格物致知"，指深究事物原理以求得知識，從而認識各種客觀現象，掌握其變化規律。這種哲學我國先秦諸子久已有之，雖已歷千載百代，但却未得應有的重視，終被西方科學所取代。自16世紀始，歐洲由於文藝復興，掙脱了天主教會的長期禁錮，轉向於對大自然的實用性的探索，其代表作即哥白尼的"日心説"與伽利略天文望遠鏡的發明，同時出現牛頓的力學，這是西方的第一次科技革命。這一時期已有"科學"其實，尚無後世"科學"之名，起始定名爲英語science一詞，源於拉丁文，本意謂人世間的各種學問，隸屬於古希臘的哲學思想，是一種對於宇宙間萬事萬物的生衍關係的一種想象、一種臆解，原本無甚稀奇，此時已反響於歐洲，得以廣泛流傳。至 18 世紀，新興的資産階級取得政權，爲推行資本主義，又大力發展科學，西方科學已處於世界領先地位。時至 19 世紀 60 年代後期及 20 世紀初，歐洲發生了以電力、化學及鋼鐵爲新興產業的第二次科技革命，英語 science 一詞迅速擴展於北美和亞洲。日本明治維新時期，赴歐留學的日本學者將 science 譯成"科學"，學界認爲是藉用了中國科舉制度中"分科之學"的"科學"一詞，如同將英文 natural history 的語意翻譯成漢語"博物學"一樣，也并不準確，中國的變法派訪日時，對之頂禮膜拜，欣然接受，自家固有的"格致"一詞，如同國學中的其他語詞一樣被弃而不用，"科學"一詞因得以廣泛流傳。"科學"當如何定義？今日之"科學"包括了自然科學、社會科學、思維科學以及交叉科學。除却嚴謹的形式邏輯系統之外，本是一種具體的以實踐爲手段的實證之學。實踐與實證的結果，日積月纍，就形成了人類關於自然、社會和思維的認知體系，成爲人類評斷事物是非真僞的依據。但科學不可能將浩渺無盡的宇宙及宇宙間的萬事萬物盡皆予以實踐、實證，能够實踐、實證者甚微，因而科學總是在不斷地探索，不斷地補正，不斷地自我完善之中，其所能研究的領域與功能實在有限。當代科學可以在指甲似的晶片上，一次性地裝載五百億電晶體，可以將重達六噸以上的太空船射向太空，并按照既定指令進行各種探索，但却不能造出一粒原始的細胞來，因爲這原始細胞結構的複雜神秘，所藴含的奇妙智慧，人類雖竭盡全力，却至今無法破解。細胞來自何處？是如何形成的？科學完全失去了話語權！造不出一粒原始的細胞，造一片樹葉尤無可能，造一棵大樹更是幻想，遑論萬千物種，足證"科學"并非萬能的唯一學問。況且，"暗物質"之外，至少在中國哲學體系中尚有"非物質"。何謂"非物質"？"非物質"是與"物質"相對而言，區別於"暗物質"的另一種存在，正如前文所述，它"無形無象、無聲無色、無始無終、無可名狀"，在中國古代稱之爲"道"。"道"可以不遵循因果關係，可以無中生有，爲"萬物之所然也，萬理之所稽也"，可以解釋萬物的由來，可以解釋宇宙的形成。今以天體學的的視野略加分析，亦可見"唯科學主義"的是非。人類賴以生存的地球，其直徑約爲 12 742 公里，是太陽系中的第三顆小行星。太陽系的直徑約爲 2 光年，太陽是銀河系中數千億恒星之一，銀河系的直徑約爲 10 萬光年，包括 1 千億至 4 千億顆恒星，而宇宙中有一千至兩千億銀河系，宇宙有 930 億光年。一光年約等於 9.46 萬億公里。地球在宇宙中祇是一粒微塵，如此渺小的地球人能創造出破解一切的偉大科學，那是癡人説夢！中華先賢面對諸多奧妙，面對諸多不可思議的現象，提出這一"無可名狀"之"道"，當然并非憑空想象，自有其觀測與推理的依據，這顯然不同於源自西方的科學，或曰是西方科學所包容不了的。先賢提出的"無可名狀"的"道"，已超越物質的範圍，或曰"道"絕非"暗物質"所能替代的。這一"無可名狀"的"道"，在當今的別樣的時空維度中已得到初步驗證（在這非物質的維度中滿富玄機）。論者提出這一古老學説，旨在證明"唯科學主義"排斥其他一切學説，過分張揚，不足稱道，絕無否定或輕忽科學之意。百年前西學東漸，尤其是西方科學的傳入，乃是我中華民族思維與實踐領域的空前創獲，是實踐與思維領域的一座嶄新的燈塔，如今已是家喻户曉，人人稱贊，任誰也不會否認科學的偉大，但却不能與偏激的"唯科學主義"混同。後世"科學"一詞，又常常與"技術"連稱爲"科學技術"，簡稱"科技"。何謂"技術"？"技術"一詞來源於希臘文"techs"，通常指個人的技能或技藝，是人類利用現有實物形成新事物，或改變原有事物屬性、功能的方法，或可簡言之曰發明創造。科學技術不同於科學，也不同於技術，也不是科學與技術的簡單相加。科學技術是科學與技術的有機結合體系，既是人類認識世界和改造世界的成果或産物，又是人類認識世界和改造世界最有力的工具或手段，兩者實難分割。某些技術本身可能祇是一種技法，而高深技術的背後則必定是科學。

出於上述"唯科學主義"偏激觀念，重建中華博物學就遭致了質疑或否定，如有學者認爲，中國古代祇有技術而沒有科學，哪有什麽中華博物學？中華博物學被看作"前科學時代的粗糙的知識和技能的雜燴"，是一種"非科學性思考"，没有什麽科學價值，當然也就没有重建的必要，因爲西方博物學久已存在，無可替代。中國古代當真"祇有技術而没有科學"麽？前文已論及"科學"與"技術"很難分割，在中國古代不祇有"技術"，同樣也有"科學"。回眸世界之歷史長河，僅就中西方的興替發展脉絡略作比較，就可以看到以下史實：當我中華處於夏禹已劃定九州、建有天下之際，西方社會多處於尚未開化的蠻荒歲月；當我中華已處於春秋戰國鋼鐵文化興起之際，整個西方尚處於引進古羅馬文明的青銅器時代；當我宋代以百萬册的印數印刷書籍之際，中世紀的西方仍然憑藉修士們成年纍月在羊皮卷上抄寫複製；著名的火藥、指南針等其他重大發明姑且不論，單就中國歷朝歷代任何一件發明創造而言，之於西方社會也毫不遜色，直至清代中葉，中國的科技一直處於世界領先地位。英國科學家李約瑟主編的七卷巨著《中國科學技術史》，即認爲西方古代科學技術85%以上皆源於中國。這是西方人自發的没有任何背景、没有任何色彩的論斷，甚爲客觀，迄今未見異議。此外又有學者指出，中華傳統博物學不祇擁有科技，又超越了科技的範疇，它是"關於物象（外部事物）以及人與物的關係的整體認知、研究範式與心智體驗的集合"，"這種傳統根本無法用科學去理解和統攝"，中華古典博物學"給我們提供的'非科學性思考'，恰恰是它的價值所在"（余欣《中國博物學傳統的重建》，載《中國圖書評論》，2013 年第 10 期，第 45 ～ 53 頁）。這無疑是對"唯科學主義"最有力的批駁！是的，本書極重"科技"研究，又不拘泥於"科技"，同樣重視"非科學性思考"。

中華古典博物學的研究主體是"博物"，是"博物史"，通過對"博物""博物史"的探索，而展現的是人，是人的生存、生活的具體狀況，是人的直觀發展史。中華傳統博物學構成了物我同類、天人合一的博大的獨立知識體系，是理解和詮釋世界的另一視野，這種視野中的諸多"非科學性思考"的博物，科學無法全面解讀，但却是真真切切的客觀存在。所謂傳統博物學是"前科學時代的粗糙的知識和技能的雜燴"，是"非科學性思考"的評價，甚是武斷，衹不過是一種不自覺的"唯科學主義"觀念而已。另將"科學"與"技術"分割開來，強調什麼"科學"與否，這一提法本身就不太"科學"。對此，本書前文已論及，無須複述。我國作爲一個古老國度，在其漫長的生衍過程中，理所當然地包容了"粗糙的知識和技能"。這一狀況世界所有古國盡有經歷，并非中國獨有。"粗糙的知識"的表述似乎也并不恰當，"知識"可有高下深淺之分，未聞有粗糙細緻之別。這所謂"粗糙"，大約是指"成熟"與否，實際上中華傳統博物學所涉之"知識和技能"，并非那麼"粗糙"，常常是合於"科學"的，有些則是非常的"科學"。英國科學家李約瑟等認定古代中國涌現了諸多"黑科技"。何謂"黑科技"？這是當前國際間盛行的術語，即意想不到的超越科技之科技，可見學界也是將"科學"與"技術"連體而稱，而并非稱"黑科學"。認定中國古代"衹有技術而沒有科學"，傳統博物學是"前科學時代的粗糙的知識和技能的雜燴"之說，頗有些"粗糙"，準確地說頗有些膚淺！這位學者將傳統博物學統稱爲"前科學時代"的產物，亦是一種妄斷，也頗有些隨心所欲！何謂"前科學時代"？"前科學時代"是指形成科學之前人們僅憑五官而形成的一種感知，這種感知在原始社會時有所見，但也并非全部如此，如鑽木取火、天氣預測、曆法的訂立、灸砭的運用等，皆超越了一般的感知，已經形成了各自相對獨立的科學。看來這位學者并不怎麼瞭解中國古代科技史，并不太瞭解自家的傳統文化，實屬自誤而誤人。

中華博物學的形成及發展歷程，與西方顯然不同。西方博物學萌生於上古哲人的學說，其後則以自然科學爲研究主體，遍及整個歐洲，全面進入國民的生活領域。在這樣的文化背景之下，西方日益强大，直接影響和推動了社會的發展，因而步入世界前列。我中華悠悠數千載，所涉博物，形形色色，浩浩蕩蕩，逐漸形成了中華獨有的博物學體系，但面臨的背景却非常複雜，與西方比較是另一番天地，那就是貫穿數千載的“重道輕器”觀念與排斥“奇技淫巧”之國風，這一觀念、這一國風，其表現形式就是重文輕理，且愈演愈烈。如中國久遠的科舉制度，應試士子們本可“上談禮樂祖姬孔，下議制度輕雜玄”（見明高啓《送貢士會試京師》詩），縱論古今國事，是非得失，而朝廷則可藉此擇取英才，因而國家得以强盛。時至明代後期，舉國推行的科舉制度竟然定型爲千篇一律的八股文，泯滅了朝廷取才之道，一代宗師顧炎武稱八股之禍勝似“焚書坑儒”（見《日知録·擬題》）。清代後期爲維護其獨裁統治，手段尤爲專橫强硬，又向以“天朝”自居，哪裏會重視什麼西方的“科學技術”？“科學技術”的落伍最終導致文明古國一敗塗地，這也就是“李約瑟難題”的答案！“科學”之所以成爲“科學”，是因爲其出自實踐、實證，實踐、實證是科學的生命。實踐、實證又必須以物質爲基礎，這正與我中華博物學以浩浩博物爲研究主體相合！但中華博物學，或曰博物研究，始終被置於正統的國學之外，這一觀念與國風，極大地制約了中華博物學的發展。制約的結果如何？可以毫不誇張地説，直接阻礙了中國古代社會的歷史進程。

五、中華博物知多少，皓首難解千古謎

中華博物如繁星麗天，難以勝計，其中有諸多別樣博物，可稱之爲“黑科技”者，令人百思不得其解。如八十餘年前四川廣漢西北發現的三星堆古蜀文化遺址，距今約四千八百年至三千年左右，所在範圍非常遼闊，遠超典籍記載的成都平原一帶，此後不斷探索，不斷有新的發現，成爲 20 世紀人類最偉大的考古發現之一。該遺址内三種不同面貌而又連續發展的三期考古學文化，以規模壯闊的商代古城和高度發達的青銅文明爲代表的二期文化最具特點。二期文化中青銅器具占據主導地位，極爲神奇。衆多的青銅人頭象、青銅面具，千姿百態。還有舉世罕見的青銅神樹，該樹有八棵，最高者近 4 米，共分三層，樹枝上栖息有九隻神鳥，應是我國古籍所載“九日居下枝”的體現；斷裂的頂部，當有“一日居上枝”的另一神鳥，寓意九隻之外，另一隻正在高空當班。青銅樹三層

九鳥，與《山海經·海外東經》中所載"扶桑""若木""九日居下枝，一日居上枝"正同。上古時代，先民認爲天上的太陽是由飛鳥所背負，可知九隻神鳥即代表了九個太陽。其《南經》又曰："有木，其狀如牛，引之有皮，若纓、黃蛇。其葉如羅，其實如欒，其木若藍，其名曰建木。"何謂"建木"？先民認爲"建木"具有通天本能，傳說中伏羲、黃帝等盡皆憑藉"建木"來往神界與人間。由《山海經》的記載可知，這神奇物又來源於傳統文化，大量青銅文化明顯地受到夏商文明、長江中游文明及陝南文明的影響。那些金器、玉器等禮器更鮮明地展現出華夏中土固有的民族色彩。如此浩大盛壯，如此神奇，這一古蜀國究竟是怎樣形成的？又是怎樣突然消失的？詩人李白在《蜀道難》中曾有絕代一問："蠶叢及魚鳧，開國何茫然？"意謂蠶叢與魚鳧兩位先帝，是在什麼時代開創了古蜀國？何以如此茫茫然令人難解？今論者續其問曰："開國何茫然，失國又何年？開失兩難知，千古一謎團。"三星堆的發掘并非全貌，僅占遺址總面積的千分之一左右，只是古蜀文化的小小一角而已，更有浩瀚的未知數，國人面臨的將是另一個陌生的驚人世界。中華民族襟懷如海，廣納百川，中外文化相容并包，故而博大精深。這些百思不得其解的神奇之物，向無答案，確屬於所謂"非科學性思考"，當代專家學者亦爲之拍案。"唯科學主義"面臨這些"黑科技"的挑戰，當然也絕難詮釋。以下再就已見出土，或久已傳世之實物爲例。上世紀80年代，臨潼始皇陵西側出土了兩乘銅車馬，其物距今已有兩千二百餘年，造型之豪華精美，被譽爲世界"青銅之冠"，姑且不論。兩輛車的車傘，厚度僅0.1～0.4厘米，一號車古稱"立車"或"戎車"，傘面爲1.12平方米，二號車傘面爲2.23平方米，而且皆用渾鑄法一次性鑄出，整體呈穹隆形，均勻而輕薄，這一鑄法迄今亦是絕技，無法超越。而更絕的是一號立車的大傘，看似遮風擋雨所用，實則充滿玄機，此傘的傘座和手柄皆爲自鎖式封閉結構，既可以鎖死，又可以打開，同時可以靈活旋轉180度，隨太陽的方位變化而變化，亦可取下插入野外，遮烈日，擋風雨，賞心隨意。令人尤爲稱奇的是，打開傘柄處的雙環插銷，傘柄與傘蓋可各獨立，傘柄就成了一把尖銳的矛，傘蓋就成了盾，可攻可守。這一0.1～0.4厘米厚的盾，其抗擊力又遠勝今人的製造技術，令今人望塵莫及，故國際友人贊之爲罕見的"黑科技"。此外分存於西安與鎮江東西兩方的北宋石刻《禹迹圖》，尤爲奇異。此圖參閱了唐賈耽《海內華夷圖》，并非單純地反映宋代行政區劃及華夷之間的關係，而是上溯至《禹貢》中的山川、河流、州郡分布，下至北宋當世，已將經典與現實融爲一體。此圖長方約1平方米，宋朝行政區劃即達三百八十個之多，五個大湖，七十座山峰，更有蜿蜒數千里的長江、黃河等江川八十餘條；不衹是中原的地域，尚有與之接壤的大理、吐蕃、西夏、遼等區域，這些區域的山野江河亦有精準的繪製。作爲北宋時代的製圖人，即使能够遍踏域内、域外，也絕難僅憑一己的目力俯瞰全景。此圖由五千一百一十個小方格組成，每一小方格皆爲一百平方公里，所有城市、山野江河的大小距離，盡包容在這些格子裏，全部可以明確無誤地測算出來，其比例尺與今世幾無差異。如此細密精準，必須具有衛星定位之類的高科技纔能繪製出來，九百年前的宋人是憑藉什麽儀器完成的？此一《禹迹圖》較之秦陵銅車馬，更超乎想象，詭異神奇，故而英國學者李約瑟評之爲“世界上最神秘、最杰出的地圖”，美國國家圖書館將一幅19世紀據西安圖打製的拓本作爲館藏珍品。中國古代“黑科技”，又何止臨潼銅車馬與《禹迹圖》？

　　除却上述文獻記載與出土及傳世之物外，另一些則是實見於中華大地的奇特自然景觀，這些百思不得其解的神奇之物，散處天南海北，自古迄今，向無答案，亦屬於所謂“非科學性思考”，當代專家學者亦爲之拍案。“唯科學主義”面臨這些“黑科技”的挑戰，當然也絕難詮釋。我中華大地這些神奇之物，在當世尤應引起重視，國人必須迎接“超科技時代”的到來。如“應潮井”，地處南京市東紫金山南麓定林寺前。此井雖遠在深山之間，却與五公里外的長江江潮相應，江水漲則井水升，江水退則井水降，同處其他諸井皆無此現象。唐宋以來，已有典籍記載，如《江南通志·輿地志·江寧府》引唐段成式《酉陽雜俎》：“蔣山有應潮井，在半山之間，俗傳云與江潮相應，嘗有破船朽板自井中出。”《景定建康志·山川志三·井泉》：“應潮井在蔣山頭陁寺山頂第一峰佛殿後。《蔣山塔記》云：‘梁大同元年，後閣舍人石興造山峰佛殿，殿後有一井，其泉與江潮盈縮增減相應。’”何以如此，自發現以來，已歷千載，迄今無解。以上的奇特之物，多有記載，名揚天下，而另一些奇物，却久遭冷落，默默無聞。如“靈通石”，亦稱“神石”“報警石”，俗稱“猪叫石”。該石位於太行大峽谷林縣境内高家臺輝伏巖村。石體方正，紫紅色，裸露於地面約4立方米，高寬各3米，厚2米，象是一頭體積龐大的臥豬，且能發聲如豬叫。傳聞每逢大事（包括自然灾害、重大變革等）來臨之前，常常“鳴叫”不止，大事大叫數十天，小事則小叫數日，聲音忽高忽低，一次可叫百餘聲，百米之内清晰可聞。但其叫聲衹能現場聆聽，不可録音。何以如此怪異？同樣不得而知！中華博物浩浩洋洋，漫漫無涯，可謂無奇不有，作爲博物之學，亦必全力探究，這也正是中華博物學承担的使命。

六、中華博物學的研究範圍與狀況，新建學科的指嚮與體式如何？

中國當代尚未建立博物學會，也没有相應的報刊，人們熟知的則是博物院館，而博物院館的職責在於收藏、研究并展出傳世的博物，面對日月星辰、萬物繁衍以及先民生息起居等數千年的古籍記載（包括失傳之物），豈能勝任？中華博物全方位研究的歷史使命衹能由新興的博物學承擔。古老中華，悠悠五千載，博物浩茫，疑難連篇，實難解讀，而新興的博物學却不容迴避，必須做出回答。

本書指稱的博物，包括那些自然物，但并不限於對其形體、屬性的研究，體現了博物古學固有的格致觀念，且常常懷有濃厚的人文情結，可謂奧妙無窮，這又迴别於西方博物學。

如"天宇"，當做何解釋？在中國傳統文化中是與"宇宙"并存的稱謂，重在強調可見的天體和所有星際空間。前已述及，天體直徑可達930億光年以上，實際上可能遠超想象。這就出現了絶世難題：究竟何謂天體？天體何來？戰國詩人屈原在其《天問》篇中，曾連連問天："上下未形，何由考之？""馮翼惟象，何以識之？""明明闇闇，惟時何爲？"千古之問，何人何時可以作答？天宇研究在古代即甚冷僻，被稱爲"絶學"。中國是天宇觀測探索最爲細密的文明古國之一，天象觀測歷史也最爲悠遠，殷墟甲骨、《書》《易》諸經，盡有記載，而歷代正史又設有天文、曆律之類專志，皇家設有司天監之類專職機構，憑此"觀天象、測天意"，以決國策。於是，天文之學遂成諸學之首。天宇研究的主體是天空中的各種現象，這些現象又以各種星體的位置、明暗、形狀等的變化爲主，稱之爲星象。星象極其繁複，難以辨識。於是，在天空位置相對穩定的恒星就成爲必要的定位標志。在人們目力所及的範圍内，恒星數以千計，簡單命名仍不便查找和定位，我華夏先民又將天空劃分爲若干層級的區域，將漫天看似雜亂無章的恒星位置相近者予以組合并命名，這些組合的星群稱之爲星宿。古人視天上諸星如人間職官，有大小、尊卑之分，故又稱星官，因而就有了三垣二十八宿，成爲古天宇學最重要理論依據，這一理論西方天文學絶難取代。

再如古代類書中指稱的"蟲豸"，當代辭書亦少有確解。何謂"蟲豸"？舉凡當今動物學中的昆蟲綱、蛛形綱、多足綱，以及爬行動物中的綫形動物、扁形動物、環節動物、軟體動物中形體微小者，皆爲蟲豸之屬。蟲豸形雖微小，然其生存之久、種類之繁、分布之廣、形態之多、數量之巨，從生物、生態、應用、文化等角度，其意義和價值都大异於其他各類動物，或説是其他各類動物所不能比擬的。蟲豸之屬，既能飛於空，亦能游於水，既能潛於土，亦能藏於山，形態萬千，且各具靈性，情趣互异，故古代典籍遍見記叙，不僅常載於詩文，且多見筆記、小説中。先民又常憑藉其築穴或搬遷之類活動，以預測氣象變化或靈异别端，同樣展現了一幅具體生動的蟲文化畫卷，既有學術價值，又充滿趣味性。自《詩》始，就出現了咏蟲詩，其後歷代從蝶舞蟬鳴、蟻行蛇爬中得到靈感者代不乏人，或以蟲言志，或以蟲抒懷，或以蟲爲比，或以蟲爲興，甚至直以蟲名入於詞牌、曲牌，如僅蝴蝶就有“蝴蝶兒”“玉蝴蝶”“粉蝶兒”“蝶戀花”“撲蝴蝶”“撲粉蝶”等名類。唐歐陽詢《藝文類聚》收集有關蟬、蠅、蚊、蝶、螢、叩頭蟲、蛾、蜂、蟋蟀、尺蠖、螳、蝗等蟲類的詩、賦、贊等數量浩繁，後世仿其體例者甚多，如《事物紀原》《五雜俎》《淵鑑類函》《古今圖書集成·禽蟲典》等，洋洋大觀。不僅詩詞歌賦，在成語、俗語中，言及蟲豸者，亦不可勝數，如莊周夢蝶、蠑首蛾眉、金蟬脱殼、螳螂捕蟬、螳臂當車、蚍蜉撼樹、作繭自縛、飛蛾撲火（詞牌名爲“撲燈蛾”）等；不僅見諸歷代詩文，今世辭章以蟲爲喻者，仍沿襲不衰，如以蝸喻居、以蝶喻舞、以蟬翼喻輕薄、以蛇蠍喻狠毒等，比比皆是，不勝枚舉。

本博物學所指稱博物又包括了人類社會生活的各方面、領域，自史前達於清末民初，有的則可直達近現代，至巨至微，錯綜複雜。而對於某一具體實物，必須從其初始形態、初始用途的探討入手，而後追逐其發展演變過程，這樣纔能有縱横全面的認定，從而作出相應的結論，這正是新興博物學的使命之一。今僅就我中華民族時有關涉者予以考釋。今日，國人對於古代社會生活實在太過陌生，現當代權威工具書所收録的諸多重要的常見詞目，常常不知其由來，遭致誤導。如“祭壇”一詞，《漢語大詞典·示部》釋文曰：

祭壇：供祭禮或宗教祈禱用的臺。劉大傑《中國文學發展史》第一章三：“無論藝術哲學都得屈服於宗教意識之下，在祭壇下面得着其發展生命了。”艾青《吹號者》詩：“今日的原野呵，已用展向無限去的暗緑的苗草，給我們布置成莊嚴的祭壇了。”亦指上壇祭祀。侯寶林《改行》：“趕上皇上齋戒忌辰，或是皇上出來祭壇，你都得歇工（下略）。”

以上引用的三個書證全部是現代漢語，檢索此條的讀者可能會認定“祭壇”乃無淵源的新興詞，與古漢語無關。豈不知《晋書·禮志下》《舊唐書·禮儀志三》《明史·崔亮傳》

諸書皆有"祭壇"一詞，又皆爲正史，并不冷僻。《漢語大詞典》爲證實"祭壇"一詞的存在，廣予網羅，頗費思索，連同侯寶林的相聲也用作重要書證。侯氏雖被贊爲現代語言大師，但此處的"祭壇"，并非"供祭禮或宗教祈禱用的臺"，"祭"與"壇"爲動賓語結構，并非名詞，不足爲據。還應指出，"祭壇"作爲人們祭祀或祈禱所用實體的臺，早在史前即已出現，初始之時不過是壘土爲臺罷了。

此外，直接關涉華夏文化傳播形式的諸多博物更是大异於西方。如"文具"初稱"書具"，其稱漢代大儒鄭玄在《禮記・曲禮上》注中已見行用。千載之後，宋人陶穀《清異錄・文用》中始用"文具"一詞。文具泛指用於書寫繪畫的案頭用具及與之相應的輔助用具。國人憑藉這些文具，創造了最具特色的筆墨文化、筆墨藝術，憑藉這些文具得以描述華夏五千載的燦爛歷史。中華傳統文具究有多少？國人最爲熟悉的莫過於"文房四寶"，實際又何止"文房四寶"？另有十八種文房用具，定名爲"十八學士"，宋代林洪曾仿唐韓愈《毛穎傳》作《文房職方圖贊》（簡稱《文房圖贊》，即逐一作圖爲之贊）。實際上遠超十八種，如筆筒、筆插、筆捵、筆洗、墨水匣、墨床、水注、水承、水牌、硯滴、硯屏、印盒、帖架、鎮紙、裁刀、鉛槧、算袋、照袋、書床、筆擱、高閣，等等，已達三十種之多。

"文房四寶""十八學士"之類中華獨具的傳統文化，今國人熟知者已不甚多，西方博物又何從涉及？何可包容？

七、新興博物學的表述特點，其古今考辨的啓迪價值

當代新興博物學所展現的是中華博物本身的生衍變化以及其同物异名、同名异物等，其主旨之一在於探尋我古老的中華民族的真實歷史面貌，温故知新，從而更加熱爱我們偉大的中華文明。

偉大的中華民族，在歷史上產生過許多杰出的思想觀念，比如，我中華民族風行百代的正統觀念是"君爲輕，民爲本，社稷次之"（見《孟子・盡心下》），這就是强調人民高於君王，高於社稷（猶"國家"），人民高於一切！古老的中華正統對人民如此爱護，如此尊崇，在當今世界也堪稱難得。縱觀朝代更迭的全部歷史可知，每朝每代總有其興起及消亡的過程，有盛必有衰。在這部《通考》中，常有實例可證，如有關商代都城"商邑"的

記載，就頗具代表性。試看，《詩・商頌・殷武》："商邑翼翼，四方之極。"鄭玄箋："極，中也。商邑之禮俗翼翼然……乃四方之中正也。"孔穎達疏："言商王之都邑翼翼然，皆能禮讓恭敬，誠可法則，乃爲四方之中正也。"《詩》文謂商都富饒繁華，禮俗興盛，足可爲全國各地的學習楷模。"禮俗"在上古的地位如何？《周禮・天官・大宰》曰："以八則治都鄙：一曰祭祀，以馭其神……六曰禮俗，以馭其民。"這是説周代統治者以禮俗馭其民，如同以祭祀馭鬼神一樣，未敢輕忽怠慢，禮俗之地位絶不可等閑視之。古訓曰："倉廩實而知禮節，衣食足而知榮辱。"（見《史記・管晏列傳》）此處的"禮節"是禮俗的核心内容，可見禮俗源於"倉廩實"。"倉廩實"展現的是國富民强，而國富民强，必重禮俗，禮俗展現了國家的面貌。早在三千年前的商代，已如此重視禮俗。"商邑翼翼"所反映的是上古時期商都全盛時期的繁華昌明，其後歷代亦多有可以稱道的興盛時期，如"漢武盛世""文景盛世"、唐"貞觀盛世""開元盛世"、宋"嘉祐盛世"、明"永宣盛世"、清"康乾盛世"等，其中更有"夜不閉户，路不拾遺"的佳話。盛世總是多於亂世，或曰温飽時代總是多於飢寒歲月。唐代興盛時期，君臣上下已萌生了甚爲隨和的禮儀狀態，不喜三拜九叩之制，宋元還出現了"衣食父母"之類敬詞（見宋祝穆《古今事物類聚别集》卷二○、元關漢卿《竇娥冤》第二折），這正體現了"王者以民爲天，民以食爲天"（見《漢書・酈食其傳》）的傳統觀念。中國歷史上的黎民百姓并非一直生活在水深火熱之中，在漫長的歲月中也常有温飽寧静的生活，因而涌現了諸多忠心報國的詩詞。如"但使龍城飛將在，不教胡馬度陰山"（唐王昌齡《出塞二首》之一）；"忘身辭鳳闕，報國取龍庭"（王維《送趙都督赴代州得青字》）；"僵卧孤村不自哀，尚思爲國戍輪臺"（宋陸游《十一月四日風雨大作》）；"奇謀報國，可憐無用，塵昏白羽"（宋朱敦儒《水龍吟・放船千里凌波去》）。

　　久已沉淪的傳統博物學今得重建，可藉以知曉我中華兒女擁有的是何樣偉大而可愛的祖國！偉大而可愛的祖國，江山壯麗，蘭心大智，光前裕後，莘莘學子尤當珍惜，尤當自豪！回眸古典博物學的沉淪又可確知，鴉片戰争給中華民族帶來的是空前的傷害，不祇是漢唐氣度蕩然無存，國勢極度衰微，最爲可怕的是傷害了民族自信，爲害甚烈。傷害了民族自信，則必會輕視或否定傳統文化，百代信守的忠義觀念、仁義之道，必消失殆盡，代之而來的則是少廉寡恥，爾虞我詐，以崇洋媚外爲榮，這一狀況久有持續，對青少年的影響尤甚，怎不令人痛心！時至當代，正全力弘揚中華優秀傳統文化，全力推行科技創新，踔厲奮發，重振國風，這又怎不令人慶幸！

　　新興博物學在展現中華博物本身的生衍變化進而展現古代真切的社會生活之外，又展現了一種獨具中華風采的文化體系。如常見語詞"揚州瘦馬"，其來歷如何？祇因元馬致遠《天净沙·秋思》中有"西風古道瘦馬"之句。自2008年山西吕梁市興縣康寧鎮紅峪村發現元代壁畫墓以來，其中的一首《西江月》小令："瘦藤高樹昏鴉，小橋流水人家，古道西風瘦馬，夕陽西下，已獨不在天涯。"在學界引發了關於《天净沙·秋思》的爭論熱議。由《西江月》小令聯想元代的另一版本："瘦藤老樹昏鴉，遠山流水人家，古道西風瘦馬，夕陽西下，斷腸人去天涯。"於是有學人又認爲此一"瘦馬"當指"揚州藝妓"，意謂形單影隻的青樓女子思念遠赴天涯的情郎——"斷腸人"，但這小令中的"瘦馬"之前，何以要冠以"古道西風"四字？則不得而知。通行本狀寫天涯游子的冷落凄凉情景，堪稱千古絕唱，無可置疑。那麼何以稱藝妓爲"瘦馬"？"瘦馬"一詞，初見於唐白居易《有感》詩三首之二："莫養瘦馬駒，莫教小妓女。後事在目前，不信君看取。馬肥快行走，妓長能歌舞。三年五年間，已聞換一主。"金董解元《西廂記諸宮調》中的《仙吕·賞花時》又載："落日平林噪晚鴉，風袖翩翩吹瘦馬。"此處的"瘦馬"無疑確指藝妓。稱妓女爲人人可騎的馬，後世又稱之爲"馬子"，是一種侮辱性的比擬。何以稱"瘦"？在中國古代常以"瘦"爲美，"瘦"本指腰肢纖細，故漢民歌曰："楚王好細腰，宮中多餓死。""細腰"强調的是苗條美麗。"好細腰"之舉，在南方尤甚，揚州的西湖所以稱之爲"瘦西湖"，不祇是因其狹長緊連京杭大運河，實則是因湖邊楊柳依依，芳草萋萋，又有荷花池、釣魚臺、五亭、二十四橋，美不勝收，較之杭州西湖有一種別樣的美麗。國人何以推崇揚州？《禹貢》劃定九州之中就有揚州，今之揚州已有兩千五百餘年的歷史。其主城區位於長江下游北岸，可追溯至公元前486年。春秋時期，吳王夫差在此開鑿了世界最早的運河——邗溝，建立邗城，孕育了唯一與邗溝同齡的運河城；因水網密布，氣候温潤，公元前319年，楚懷王熊槐在此建立廣陵城（今揚州仍沿稱"廣陵"），遂成爲中華歷史名城之一。此後歷經魏晋等朝代多次重修，至隋文帝開皇九年（589），廣陵改稱揚州。揚州除却政治地位顯赫之外，又是美女輩出之地，歷史上曾有漢趙飛燕、唐上官婉兒及南唐風流帝王李煜先後兩任皇后周薔、周薇，號稱"四大美女"。隋煬帝楊廣又在此開鑿大運河，貫通至京都洛陽旁連涿郡，藉此運河三下揚州，尋歡作樂。時至唐代，揚州更是江河交匯，四海通達，成爲全國性的交通要衝，故有"故人西辭黄鶴樓，煙花三月下揚州。孤帆遠影碧空盡，唯見長江天際流”的著名詩篇（唐李白《黃鶴樓送孟浩然之廣陵》，今之揚州已遠離長江）。揚州在唐代是除却長安之外的最爲繁華的大都會，商旅雲聚，青樓大興，成爲文壇才士、豪門公子醉生夢死之地。唐王建《夜看揚州市》詩贊曰：“夜市千燈照碧雲，高樓紅袖客紛紛。”詩人杜牧《遣懷》更有名作：“落魄江湖載酒行，楚腰纖細掌中輕。十年一覺揚州夢，贏得青樓薄幸名。”此“楚腰纖細掌中輕”之用典，即直涉楚靈王好細腰與趙飛燕的所謂“掌中舞”兩事。杜牧憑藉豪放而婉約的詩作，贏得百世贊頌，此詩實是一種自嘲、以書懷才不遇之作，却曾遭致史家“放浪薄情”的詬病。大唐之揚州，確是令人嚮往，令人心醉，故而詩人張祐有“人生只合揚州死”（見其所作《縱游淮南》）之感嘆。元代再度大修的京杭大運河弃洛陽直達北京，揚州之地位愈加顯赫。總之，世界這一最古最長的大運河歷代修建，始終離不開揚州。時至明清，揚州經濟依然十分繁盛，仍是達官貴人喜於擇居之地，兩淮鹽商亦集聚於此，富甲一方，由此振興了園林業、餐飲業，娛樂中的色情業也應運而生，養“瘦馬”就是其中的一種，一些投機者低價買進窮苦人家的美麗苗條幼女，令其學習言行禮儀、歌舞繪畫及其他媚人技能技巧，而後以高價賣至青樓或權貴豪門，大發其財。除却“揚州瘦馬”之外，又催生了著名的“揚州八怪”，文化藝術色彩愈加分明。

　　“揚州瘦馬”本是一種當被摒弃的陋習，不足爲訓，但這一陋習所反映出的却是關聯揚州的一種別樣的文化，反映了揚州古今社會的經濟發展與變化，這當然也是西方博物學替代不了的。

結　語

　　綜上所述可知，中華博物學是學術研究中的另一方天地，無可替代，必須重建，且勢在必行。如何重建？如何展現我中華博物獨有的神貌？答曰：中華博物絕非僅指博物館的收藏物，必須是全方位的，無論是宮廷裏，無論是山野間，無論是人工物，無論是天然品，無論是社會中，無論是自然界裏，皆應廣予收錄考釋。考釋的主旨，乃探索我中華浩浩博物的淵源、流變。此一博物學甚重“物”的形體、屬性及其淵源流變，同時又關注其得名由來，重視兩者間的生衍關係。通常而言（非通常情況當作別論），在人類社會中有其物必當有其名，有其名亦必有其物。此外，更有同物異名，或同名異物之別。探究"物"本體的淵源流變并釐清名物關係，這就是中國古典博物學的使命，這也正是最爲嚴密的格物致知，也正是最爲嚴肅的科學體系。但中國古典博物學，又必須體現《博物記》以還的國學傳統，必須體現博大的天人視野及民胞物與情懷，有助於我中華的再度振起，乃至於世界的安寧和諧。而那些神怪虛無之物，則不得納入新的博物學中，祇能作爲附錄以備考。如何具體裁定，如何通盤布局，并非易事，遠超想象。因我中華民族是喜愛并嚮往神話的古老民族，又常常憑藉豐富的想象對某種博物作出判斷與解讀，判斷與解讀的結果，除卻導致無稽的荒誕之外，又時或引發別樣的思考，常出乎人們的所料，具有別樣的價值。如水族中的"比目魚"，亦稱"王餘魚""兩鮃""拖沙魚""鞋底魚""板魚""箬葉"，俗稱"偏口魚"，爲鰈形目魚類之古稱。成魚身體扁平而闊，兩眼移於頭的另一端，習慣於側臥，朝上的一面有顏色鮮明的眼睛，朝下一面似無眼睛，先民誤以爲祇有一眼，必須相互比并而行。此一判斷與解讀，始自漢代《爾雅・釋地》："東方有比目魚焉，不比不行。"郭璞注："狀似牛脾……一眼，兩片相合乃得行。今水中所在有之，江東又稱爲王餘魚。"事過千載，直至明代李時珍《本草綱目》問世，盡皆認定比目魚僅有一隻眼，出行必須各藉他魚另一眼（見《本草綱目・鱗四・比目魚》）。傳統詩文中用比目魚以比喻形影不離的情侶或好友，先民爭相傳頌，百代不休，直至 1917 年徐珂的《清稗類鈔》問世，始知比目魚兩眼皆可用，不必兩兩并游（《清稗類鈔・動物篇》）。古人憑藉想象，又認爲尚有與比目魚相對應的"比翼鳥"，見於《爾雅・釋地》："南方有比翼鳥焉，不比不飛。"這一"比翼鳥"，僅一目一翼，須雌雄并翼飛行，如同比目魚一樣，亦用以比喻形影不離的情侶或好友。"比目魚""比翼鳥"之類虛幻者外，後世又派生了所謂"連理枝"，著名詩作有唐白居易《長恨歌》曰："在天願爲比翼鳥，在地願爲連理枝。"何謂"連理枝"？"連理枝"是指自然界中罕見的偶然形成的枝和幹連爲一體的樹木。"連理枝"之外，又出現了"并蒂蓮"之類。"并蒂蓮"亦稱"并頭蓮""合歡蓮"等，是指一莖生兩花，花各有蒂，蒂在花莖上連在一起的蓮花。這種"連理枝""并蒂蓮"，難以納入下述的世界通行的階元系統，也難依照林奈創立的雙名命名法命名，但卻又是一種不可忽視的實物，是大自然所形成的另一種奇妙的實物。此一"并蒂蓮"如同"比目魚""連理枝"一樣，亦用以喻情侶或好友，同樣廣見於傳統詩文。歲月悠悠，始於遠古，達於近世，先民對於我中華博物的無限想象以及與之并行的細密觀察探索，令人嘆爲觀止，凡天地生靈、袞袞萬物，無所不及，超乎想象，從而構成了一幅文明古國的壯闊燦爛畫卷。

　　這當是歷經百年沉淪、今得復蘇的我國傳統的博物學，這當是重建的嶄新的全方位的中華博物學。

　　中華博物學除却遵循發揚傳統的名物學、訓詁學、考據學及近世的考古學之外，也廣泛汲取了當代天文、地理、生物、礦物、農學、醫學、藥學諸學的既有成就，其中動植物的本名依照世界通行的階元系統，分爲界、門、綱、目、科、屬、種七類。又依照瑞典卡爾·馮·林奈（瑞文Carl von Linné）創立的雙名命名法命名。“連理枝”“并蒂蓮”“比目魚”“比翼鳥”之屬旁及龍、鳳、麒麟、貔貅等傳説之物，則作爲附録，劃歸相應的動物或植物卷中。這樣的研究章法，這樣的分類與標注，避免了傳統分類及形狀描述的訛誤或不確定性，即可與國際接軌。綜合古今中外，論者認爲《中華博物通考》的研究主體，可劃歸三十六大類，依次排列如下：

　　《天宇》《氣象》《地輿》《木果》《穀蔬》《花卉》《獸畜》《禽鳥》《水族》《蟲豸》《國法》《朝制》《武備》《教育》《禮俗》《宗教》《農耕》《漁獵》《紡織》《醫藥》《科技》《冠服》《香奩》《飲食》《居處》《城關》《交通》《日用》《資産》《珍奇》《貨幣》《巧藝》《雕繪》《樂舞》《文具》《函籍》。

　　存史啓智，以文育人，乃我中華千載國風。新時代習近平總書記甚重民族自信、文化自信，極力倡導“舊邦新命”，明確指出要“盛世修文”，怎不令人振奮，令人鼓舞！今日，我輩老少三代前後聯手、辛苦三十餘載、三千餘萬言的皇皇巨著——《中华博物通考》欣幸面世，并得到國家出版基金資助。這就昭示了沉淪百載的中華傳統博物學終得復蘇，這就是重建的全新中華博物學。“舊邦新命”“盛世修文”，重建博物學，旨在賡續中華文脈，發揚優秀傳統文化，汲取生生不息的精神力量，再現偉大民族的深邃智慧，展我生平志，圓我强國夢！

張述錚

乙丑夾仲首書於山東師範大學映月亭
甲辰南吕增補於歷下龍泉山莊東籬齋

總　説

——漫議重建中華博物學的歷史意義與現實價值

緣　起

　　《中華博物通考》（下稱《通考》）是一部通代史論性的華夏物態文化專著，係"九五""十五""十四五"國家重點出版物專項規劃項目，并得到 2020 年度國家出版基金資助。全書共三十六卷，另有附録一卷，其中有許多卷又分上下或上中下，計有五十餘册，逾三千萬字。《通考》的編纂，擬稿於 1990 年夏，展開於 1992 年春，迄今已歷三十餘載，初始定名爲《中華博物源流大典》，原分三十二門類（即三十二卷）。此後，歷經斟酌修補，終成今日規模。三十餘載矣，清苦繁難，步履維艱，而大江南北，海峽兩岸，衆多學人，三代相繼，千里聯手，任勞任怨，無一退縮，何也？因本書關涉了古老國度學術發展的重大命題，足可爲當今社會所藉鑒，作者們深知自家承擔的是何樣的重任，未敢輕忽，未敢怠慢。

　　何謂中華物態文化？中華物態文化的研究主體就是中華浩博實物。其歷史若何？就文字記載而言，中華物態文化史應上溯於傳説中的三皇五帝時期，隸屬於原始社會。"三皇五帝"究竟爲何人，我國史家多有不同見解，大抵有三説：一曰"人間君主説"，"三皇"分別指天皇、地皇、人皇，"五帝"分別指炎帝烈山氏、黄帝有熊氏、顓頊高陽氏、帝堯陶唐氏和帝舜有虞氏；二曰"開創天下説"，三皇分別指有巢氏、燧人氏、伏羲氏，"五帝"分別指炎帝烈山氏、黃帝有熊氏、顓頊高陽氏、帝堯陶唐氏和帝舜有虞氏；三曰"道治德化説"，認爲"三皇以道治，五帝以德治"，"三皇"是遠古三位有道的君主，分別指太昊伏羲氏、炎帝神農氏及黃帝軒轅氏，五帝則是少昊金天氏、顓頊高陽氏、帝嚳高辛氏、帝堯陶唐氏和帝舜有虞氏。有關三皇五帝的組合方式，典籍記載亦不盡相同，大抵有四種，在此不予臚列。"三皇五帝"所處時間如何劃定，學界通常認爲有巢、燧人、伏羲屬於舊石器時代，有巢、燧人爲早期，伏羲爲晚期，其餘皆屬新石器時代，炎帝、黃帝、少昊、顓頊等大致同時，屬仰韶文化後期和龍山文化早期。"三皇五帝"後期，已萌生并逐步邁進文明史時代。

　　中華文明史，國際上通常認定爲三千七百年（主要以文字的誕生與城邑的出現等爲標志），國人則認定爲逾五千年，今又有九千年乃至萬年之説。後者可以上溯至新石器時代，如隸屬裴李崗文化的河南省舞陽縣賈湖村出土了上千粒碳化稻米，約有九千年歷史，是世界最早的栽培粳稻種子。經鑒定其中百分之八十以上不同於野生稻，近似現代栽培稻種，可證其時已孕育了農耕文化。其中發現的含有稻米、山楂、葡萄、蜂蜜的古啤酒也有九千年以上的歷史，可證其時已掌握了釀造術。賈湖又先後出土了幾十支骨笛，也有七千八百年至九千年的歷史，其中保存最爲完整者，可奏出六聲音階的樂曲，反映了九千年前，中華民族已具有相當高度的生產力與創造力、具有相當高度的文化藝術水準與審美情趣。有美酒品嘗，有音樂欣賞，彼時已知今人所稱道的"享受生活"，當非原始人所能爲。賈湖遺址的發現并非偶然，近來上山文化晚期浙江義烏橋頭遺址，除却出土了古啤酒之外，又發現諸多彩陶，彩陶上還繪有伏羲氏族所創立的八卦圖紋飾，故而國人認爲這一時期中華文明已開始形成，至少連續了九千載。中華文明的久遠，當爲世界四大文明古國之首，徹底否定了中華文明西來之説。九千載之説雖非定論，却已引起舉世關注。此外，江西省上饒市萬年縣大源鄉仙人洞遺址發現的古陶器則産生於一萬九千至兩萬年前，又遠超前述的出土物的製作時間。雖有部分學界人士認爲仙人洞遺址隸屬於舊石器遺址，并未進入文明時代，但其也足可證中華博物史的久遠。

一、何謂"博物"與《中華博物通考》？《通考》的要義與章法何在？

何謂"博物"？"博物"一詞，首見於《左傳·昭公元年》："晋侯聞子産之言，曰：'博物君子也。'"其他典籍也時有記載，如《漢書·楚元王傳贊》："自孔子後，綴文之士衆也，唯孟軻、孫况、董仲舒、司馬遷、劉向、揚雄此數公者，皆博物洽聞，通達古今。"《周書·蘇綽傳》："太祖與公卿往昆明池觀魚，行至城西漢故倉地，顧問左右莫有知者。或曰：'蘇綽博物多通，請問之。'"以上"博物"指博通諸種事物，一般釋爲"知識淵博"。此外，《三國志·魏書·國淵傳》："《二京賦》博物之書也，世人忽略，少有其師可求。"唐釋玄奘《大唐西域記·摩臘婆國》："昔此邑中有婆邏門，生知博物，學冠時彦，内外典籍，究極幽微，曆數玄文，若視諸掌。"明王禕《司馬相如解客難》："借曰多識博物，賦頌所託，勸百而風一。"這些典籍所載之"博物"，即可釋爲今義之"浩博實物"。這一浩博實物，任一博物館盡皆無法全部收藏。本《通考》指稱的"博物"既可以是天然的，也可以是人工的；既可以是静態的，也可以是動態的；既可以是斷代的，也可以是歷時的，是古今并存，巨細俱備，時空縱横，浩浩蕩蕩，但必須是我中華獨有，或是中土化的。研究這浩蕩博物的淵源流變以及同物異名或同名異物之著述即《博物通考》，而爲與西方博物學相區别，故稱之爲《中華博物通考》。

在中國古代久有《皇覽》《北堂書鈔》等類書、《儒學警語》《四庫全書》等叢書以及《爾雅》《説文》等辭書，所涉甚廣，却皆非傳統博物典籍。本書草創之際，唯有《中國學術百科全書》《中華百科全書》《中國大百科全書》之類風行於世，這類百科全書亦皆非博物學專著。專題博物學著作甚爲罕見，僅有今人印嘉祥《物源百科辭書》，俞松年、毛大倫《生活名物史話》，抒鳴、鋭鏵《世界萬物之由來》等幾種，多者收詞約三千條，少者僅一百八十餘款，或洋洋灑灑，或鳳毛麟角，各有千秋，難能可貴。《物源百科辭書》譽稱"我國第一部物源工具書"（見該書序），此書中外兼蓄，虚實并存，堪稱廣博，惜略顯雜蕪。本《通考》則另闢蹊徑，别有建樹，可稱之爲當代第一部"中華古典博物學"。

《通考》甚重對先賢靈智的追踪與考釋。中華民族是滿富慧心的偉大民族，極善觀察探索，即使一些不足挂齒的微末之物也未忽視，且載於典籍，十分翔實生動。如對常見的鳥類飛行方式即有以下描述：鳥學飛曰翎，頻頻試飛曰習，振翅高飛曰翥，向上直飛曰翀，張翼扶摇上飛曰翄，鳥舒緩而飛、不高不疾曰翇、曰翂，快速飛行曰翏，水上飛行曰㹸，高飛曰翰，輕飛曰翩，振羽飛行曰翻，等等，不一而足。如此細密的觀察探隱，堪稱世界之最，令人嘆服！而關於禽鳥分類學，在中國古代也有獨到見解。明代李時珍所著《本草綱目》已建立了階梯生態分類系統，將禽鳥劃分爲水禽、原禽、林禽、山禽等生態類別，具有劃時代意義。這一生態分類法較瑞典生物學家林奈的《自然系統》（第十版）中的分類要早一百六十餘年，充分展示了我國古代鳥類分類學的輝煌成就，駁正了中國傳統生物學一貫陳腐落後的舊有觀念。此外，那些目力難及、浩瀚的天體，也盡在先民的觀察探索之中，如關於南天極附近的星象，遠在漢代即有記載。漢武帝元鼎六年（公元前 111），滅南越國，置日南九郡事，《漢書》及顏注、酈道元《水經注》有關"日南"的定名中皆有詳述，而西方於 15 世紀始有發現，晚中國一千四百餘年。再如，關於太陽黑子，在我國漢代亦有記載，《漢書·五行志》載："日黑居仄，大如彈丸。"其後《晉書·天文志中》亦載："日中有黑子、黑氣、黑雲。"而西方於 17 世紀始有發現，晚於中國一千六百餘年。惜自清朝入關之後，對於中原民族，對於漢民族長期排斥壓抑，致使靈智難展，尤其是中後期以來的專制國策，遭致國弱民窮，導致久有的科技一蹶不振，於是在列強的視野下，中華民族變成了一個愚昧的"劣等"民族。受此影響，一些居留國外或留學國外的學人，亦曾自卑自弃，本書《導論》曾引胡適的評語：中華民族是"又愚又懶的民族"，是"一分像人，九分像鬼的不長進民族"（見胡適《介紹我自己的思想》，1930年 12 月亞東圖書館初版《胡適文選》自序）。本《通考》有關民族靈智的追踪考索，巨細無遺，成爲另一大特點。

　　《通考》遵從以下學術體系：宗法樸學，不尚空論，既重典籍記載，亦重實物（包括傳世與出土文物）考察，除却既有博物類專著自身外，今將博物研究所涉文獻歸納爲十大系統：一曰史志系統，即史書中與紀傳體并列，所設相對獨立的諸志。如《禮樂志》《刑法志》《藝文志》《輿服志》等，頗便檢用。二曰政書類書系統。重在掌握典制的沿革，廣求佚書异文。三曰考證系統。如《古今注》《中華古今注》《敬齋古今黈》等，其書數量無多，見重實物，頗重考辨。四曰博古系統。如《刀劍録》《過眼雲煙録》《水雲録》《墨林快事》等，這些可視爲博物研究散在的子書，各有側重，雖常具玩賞性，却足資藉鑒。五曰本草系統。其書草木蟲魚、水土金石，羅致廣博，雖爲藥用，已似百科全書。六曰注疏系統。爲古代典籍的詮釋與發揮。如《易》王弼注、《詩》毛亨傳、《史記》裴駰集解、《老子》魏源本義、《楚辭》王夫之通釋、《三國志》裴松之注、《水經》酈道元注、《世說新語》

劉孝標注等。七曰雅學系統、許學系統，或直稱之爲訓詁系統，其主體就是名物研究，後世稱爲“名物學”。八曰異名辨析系統。已成爲名物學的獨立體系。如《事物异名》《事物异名録》等，旨在同物異名辨析。九曰説部系統。包括了古代筆記、小説、話本、雜劇之類被正統學者輕視的讀物，這是正統文化之外，隱逸文化、民間文化的淵藪，一些世俗的衣、食、住、行之類日常器物，多藉此得見生動描述。十曰文物考古系統，這是博物研究中至爲重要的最具震撼力的另一方天地，因爲這是以歷代實物遺存爲依據的，足可印證文獻的真僞、糾正其失誤，多有創獲。

二、《通考》内容究如何，今世當作何解讀？

《通考》内容極爲豐富，所涉範圍極廣，古今上下，時空縱横，實難詳盡論説，今略予概括，主要可分兩大方面，一爲自然諸物，二爲社科諸物，兹逐一分述如下：

（一）自然諸物：包括了天地生殖及人力之外的一切實體、實物，浩博無涯，可謂應有盡有。

如“太陽”“月亮”，在我中華凡是太空中的發光體（包括反射光體）皆被稱爲“星”，因此漢語在吸納現代天文學時，承襲了這一習慣，將“太陽”這類自身發光的等離子物體命名爲恒星。《天宇卷》研究的主體就是天空中的各種星象。星象就是指各種星體的位置、明暗、形狀等的變化。星象極其繁複，難以辨識。於是，在天空中位置相對穩定的恒星就成爲必要的定位標志。在人們目力所及的範圍内，恒星數以千計，先民將漫天看似雜亂無章的恒星位置相近者予以組合并命名，這些組合的星群稱之爲星宿，因而就有了三垣二十八宿之説。在远古難以對宇宙進行深入探索的時代，先民未能建立起完整的天體概念，也不知彼此的運動關係，僅憑藉直感認知，將所見的最強發光體——“太陽”本能地給予更多的關注，作出不同於西方的別樣解釋。視太陽爲天神，太陽的出没也被演繹成天神駕車巡游，而夸父追日、后羿射日等典故，則承載了諸多遠古信息。先民依據太陽的陰陽屬性、形體形象、光熱情況、時序變化、神話傳説及俗稱俗語等特點，賦予了諸多別名和異稱，其數量達一百九十餘種，如“陽精”“丙火”“赤輪”“扶桑”“東君”“摩泥珠”等，可見先民對太陽是何等的尊崇。對人們習見的“月亮”，《天宇卷》同樣考釋了其異名別稱及其得名由來。今知月亮異名別稱竟達二百二十餘種，較之“太陽”所收尤爲宏富。如

"太陰""玉鏡""嬋娟""姮娥""顧兔""桂影""玉蟾蜍""清凉宮"，等等。而關於"月亮"的所見所想，所涉傳聞佳話，連綿不絕，超乎所料。掩卷沉思，無盡感慨！中華民族是一個明潔溫婉、追求自由、嚮往和平、極具夢想的偉大民族。愛月、咏月、賞月、拜月，深情綿綿，與月亮別有一番不解之緣！饒有趣味者，爲東君太陽神驅使六龍馭車的羲和，如同爲太陰元君駕車的望舒一樣，竟也是一位女子，可見先民對於女性的信賴與尊崇。何以如此？是母系社會的遺風流韵麼？不得而知！足證《通考》探討"博物"的意義并不祇在"博物"自身，而是關乎"博物"所承載的傳統文化。

再如古代出現的"雪""雹"之類，國人多認定與今世無多大差异，實則不然。《氣象卷》收有"天山雪""陰山雪""燕山雪""嵩山雪""塞北雪""南秦雪""秦淮雪""廬山雪""嶺南雪""犬吠雪"（偏遠的南方之雪。因犬見而驚吠，故稱），等等，這些雪域不祇在長城内外，又達於大江南北，可謂遍及全國各地，令人眼界大開。這些雪域的出現，又并非遠古間事，所見文字記載盡在南北朝之後，而"嶺南雪"竟見於明清時期，致使今人難以置信。若就人們對雪的愛惡而言，有"瑞雪""喜雪""灾雪""惡雪"；若就雪的屬性而言，有"乾雪""濕雪""霧雪""雷雪"；若就降雪時間長短而言，有"連旬雪""連二旬雪""連三旬雪""連四旬雪"；若就雪的危害而言，有"致人凍死雪""致人相食雪"等，不一而足。此外，雪另有色彩之別，本卷收有"紅雪""綠雪""褐雪""黑雪"諸文，何以出現紅、綠、褐、黑等顏色？這是由於大地上各類各色耐寒的藻類植物被捲入高空，與雪片相遇，從而形成不同色彩。對此，先民已有細微觀察，生動描述，但未究其成因。1892年冬，意大利曾有漫天黑雪飄落，經國際氣象學家研究測定，此一現象乃是高空中億萬針尖樣小蟲，在飛翔時與雪片粘連所致。這與藻類植物被捲入高空，導致顏色的變幻同理。或問，今世何以不見彩色之雪？因往昔大地之藻類及針尖樣小蟲，由於生態環境的破壞而消失殆盡。就氣象學而言，古代出現彩雪，是正常中的不正常，現代祇有白雪，則是不正常中的正常。本卷中有關雹的考釋，同樣頗具情趣，十分精彩。依雹的顏色有"白色雹""赤色雹""黑色雹""赤黑色雹"，依形狀有"杵狀雹""馬頭狀雹""車輪狀雹""有柄多角雹"，依長度有"長徑尺雹""長尺八雹"，依重量有"重四五斤雹""重十餘斤雹"，依危害則有"傷禾折木雹""擊殺鳥雀雹""擊殺獐鹿雹""擊死牛馬雹""壞屋殺人雹"等，這些記載并非出自戲曲小說，而是全部源於史書或方志，時間地點十分明確，毋庸置疑。古今氣象何以如此不同？何以如此反常？祇嘆中國古代的科研體系多注重對現象的觀察，而不求其成因，祇是將以上現象置於史志之中，予以記載而已。本《通考》對中華“博物”的考辨，不祇是展現了大自然的原貌、大自然的古今變幻，而且也提供了社會的更迭興替和民生的禍福起落等諸多耐人尋味的思考。

另如，《水族卷》中收有棘皮動物“海參”，其物在當代國人心目中，是難得的美味佳餚和滋補珍品。《水族卷》還原其本真面貌，明確指出海參爲海洋動物中的棘皮動物門，海參綱之統稱，而後依據古代典籍，考證其物及得名由來：三國吳沈瑩《臨海水土異物志》：“土肉，正黑，如小兒臂大，中有腹，無口目……炙食。”其時貶稱“土肉”，祇是“炙食”而已。既貶稱爲“土”，又止用於燒烤而食，此即其初始的“身份”“地位”，實是無足稱道。直至明代謝肇淛《五雜俎·物部一》中，始見較高評價，并稱其爲“海參”：“海參，遼東海濱有之，一名海男子。其狀如男子勢然，淡菜之對也。其性溫補，足敵人參，故名海參。”“男子勢”，舊注曰“男根”，因海參形如男性生殖器，俗名“海男子”，正與形如女性生殖器的淡菜（又稱“海牝”“東海夫人”，即厚殼貽貝）相對應。此一形似“男根”之物，何以又被重視起來？國人對食療養生素有“以形補形”的觀念，如“芹菜象筋骼，吃了骨頭硬；核桃象大腦，吃了思維靈”之類，而因海參似男根，故認定其有補腎壯陽的功能，這就是“足敵人參”的主要根據之一。謝氏在贊其“足敵人參”的同時，又特別標示了其不雅的綽號“海男子”，則又從另一側面反映了明代對於海參仍非那麼珍視，故而在其當代權威的醫典《本草綱目》中未予記載。“海參”在清朝的國宴“滿漢全席”中始露頭角，漸得青睞。本卷作者在還其本真面貌的過程中，又十分自然地釐清了海參自三國之後的異名別稱。如，“土肉”“海男子”之後，又有“虷”“沙噀”“戚車”“龜魚”“刺參”“光參”“海鼠”“海瓜”“海瓜皮”“白參”“牛腎”“水參”“春皮”“伏皮”諸稱，“虷”字之外，其他十三個異名別稱，古今辭書無一收錄，唯一收錄的“虷”字，又含混不清。而“海參”喻稱“海瓜”，則爲英文 sea cucumber 的中文義譯，較中文之喻稱“海男子”似有異曲同工之妙，又可證西人對海參也并不那麼重視。

全書三十六卷，卷卷不同。本書設有《珍奇卷》，別具研究價值。如“孕子石”，發現於江蘇省溧陽市蘇溧地區。此石呈灰黃色，質地堅硬，其外表平凡無奇，但當人們把石頭敲開時，裏面會滾出許多圓形石彈子，直徑 21 厘米左右，和母石相較，顏色稍淺，但成分一致。因石中另包小石，好似母石生下的子石，故稱“孕子石”。這種“石頭孕子”史志無載，首次發現，地質學家們同樣百思而不得其解，祇能“望石興嘆”。再如“預報天旱井"，位於廣西全州縣內，每年大旱來臨前二十天，水井會流出渾水，長達兩天之久，附近村民見狀，便知大旱將臨，便提前做好抗旱準備。此外，該井每二十四小時漲潮六次，每次約漲五十分鐘，水量約增加兩倍。此井如同"孕子石"一樣，史志無載，首次發現，對此井的奇特現象有關專家同樣百思不得其解，也衹能"望井興嘆"。

（二）社科諸物：自然物外，中華博物中的社科諸物漫布於社會生活之中，其形成發展、古今變化，尤爲多彩，展現了一種別樣的國情特徵和民族靈智。

如《國法卷》，何謂"國法"？國法係指國家之法紀、法規。國法其詞作爲漢語語詞起源甚爲久遠，先秦典籍《周禮·秋官·朝士》中即已出現，"國法"之"法"字作"灋"，其文曰："凡民同貨財者，令以國灋行之，犯令者刑罰之。"同書《地官·泉府》中又有另詞"國服"，其文曰："凡民之貸者，與其有司辨而授之，以國服爲之息。"此"國服"言民間貿易必須服從國法，故稱"國服"。作爲語詞，"國法""國服"互爲匹配。國法爲人而設，國服隨法而施，有其法必有其服，有法無服，則法罔立，有服無法，舉世罔聞。今"國法"一詞存而未改，"國服"則罕見使用。就世界範圍而言，中國的國法自成體系，具有國體特色與民族精神，故西方學者稱之爲"中華法系"或"東方法系"。本《國法卷》即以"中華法系"爲中心論題，全面考釋，以現其固有特色與精神。中華法系如同世界諸文明古國法系一樣，源於宗教，興於禮俗，而最終成爲法律，遂具有指令性、强制性。中華法系一經形成，即迥异於西方，因其從不以"永恒不變的人人平等的行爲準則"自詡，也没有立法依據的總體理論闡釋，而是明確標示法律應維護帝王及權貴的利益。在中國古代，從没出現過如古希臘或古羅馬的所謂絕對公正的"自然法"，毋須在"自然法"指導下制定"實在法"。中國古代的全部法律皆爲正在施行的"實在法"，但却有不可撼動的權威理論——"君權天授"說支撐。"天"，在先民心目中是無可比擬的最神秘、最巨大的力量。"天"，莊重而仁慈，嚴厲而公正，無所不察，無所不能。上自聖賢哲人，下至黎民百姓，少有不"敬天意"、不"畏天命"者，帝王既稱"天子"，且設有皇皇國法，條文森然，何人敢於反叛？天下黔首，非處垂死之地，絕不揭竿而起，妄與"天"鬥！故而在中國古代，帝王擁有最高立法權與司法權，享有無盡的威嚴與尊貴。今知西周時又强化了宗族關係，即血緣關係。血緣關係又分爲近親、遠親、异姓之親等。血緣關係成爲一切社會關係的核心，由血緣關係擴而廣之，又有師生、朋友及當體恤的其他人等關係。由血緣關係又進而强化了尊卑關係，即君臣關係、臣民關係，這些關係較之血緣關係更爲細密，爲此而設有“八辟”之法，規定帝王之親朋、故舊、近臣等八種人，可以享有減免刑罰之特權。漢代改稱“八議”，三國魏正式載入法典。其後，歷代常有沿襲。這一血緣關係在我國可謂根深蒂固，直至今世而未衰。爲維護這尊卑關係，西周之法典又設有《九刑》，以“不忠”爲首罪。另有《八刑》以“不孝”爲首罪。“忠”，指忠君，“孝”指孝敬父母，兩者難以分割。《九刑》《八刑》雖爲時過境遷之古法，但其倡導的“忠孝”，已成爲中華民族的一種處世觀念，一種道德規範。作爲個人若輕忽“忠孝”，則必極端自私，害及民衆；作爲執政者若輕忽“忠孝”，則必妄行無忌，危及國家。今世早已摒弃愚忠愚孝之舉，但仍然繼承并發揚了“忠孝”的傳統。“忠”不再是“忠君”，而是忠於祖國，忠於人民，或是忠於信守的理想；“孝”謂善事父母，直承百代，迄今不衰。“忠孝”是人們發自心底的感恩之情，唯知感恩，始有報恩，人間纔有真情往還，纔有心靈交融。佛家箴言警語曰“上報四重恩，下濟三途苦”（見《大乘本生心地觀經》），“四重恩”指父母恩、師長恩、國土恩、衆生恩（衆生包括動植物等一切生靈）。我國傳統忠孝文化中又融入了佛家的這一經典旨意，可謂相得益彰。“忠孝”乃我文明古國屹立不敗的根基，絕不可視之爲“封建觀念”。縱觀我中華信史可知，舉凡國家昌盛時代，必是忠孝振興歲月，古今如一，堪稱鐵律。國家可敬又可愛，所激起的正是人們的家國情懷！“忠孝”這一處世觀念，這一道德規範，直涉人際關係，直涉國家命運，成爲我中華獨有、舉世無雙的文化傳統。

　　中國之國法，并非僅靠威懾之力，更有“禮治”之宣導，而關乎禮治的宣導今人常常忽略。前已述及中華法系如同世界諸文明古國法系一樣，源於宗教，興於禮俗，由禮俗演進爲禮治，禮治早於刑法之前已經萌生。自商周始，《湯刑》《吕刑》（按，《湯刑》《吕刑》之“刑”當釋爲“法”）相繼問世，尤重“禮治”，何謂“禮治”？“禮治”指遵守禮儀道德與社會規範，破除“禮不下庶人”的舊制，將仁義禮智信作爲基本的行爲規範，《孟子·公孫丑上》曰：“辭讓之心，禮之端也。”“辭讓”指謙和之道，尊重他人，由“禮讓”而漸發展爲“禮制”。至西周時，“禮治”已成定制。這一立法思想備受推崇。夏商以來，三千餘載，王朝更替，如同百戲，雖脚色各異，却多高揚禮制之大旗，以期社會和諧，民生安樂。不瞭解中國之禮治，也就難以瞭解中華法制史，就難以瞭解中國文化史。此後“禮治”配以“刑治”，相輔相成，久行不衰。“禮刑相輔”何以行使？答曰：升平之世，統治者無不强調禮制之作用，藉此以示仁政；若逢亂世，則用重典，施酷刑（下將述及），軟硬兩手交替使用。這就組成了一張巨大的不可錯亂、不可逾越的法律之網，這就是中華民族百代信守的國家法制的核心，這就是中華民族有史以來建國治國之道。這一"禮刑相輔"的治國之道，迥別與西方，爲我中華所獨有，在漫長而多樣的世界法制史中居於前沿地位。

在我古老國度中，國家既已形成，於是又具有了不同尋常的歷史意義與價值觀。自先秦以來，"國家"一詞意味着莊嚴與信賴。在國人心目中，"國"與"家"難以分割，直與身家性命連爲一體，故"報效國家"爲中華民族的最高志節，而"國破家亡"則爲全民族的最大不幸。三十年前本人曾是《漢語大詞典》主要執筆者之一，撰寫"國家"條文時，已注意了先民曾把皇帝直稱爲"國家"。如《東觀漢紀·祭遵傳》："國家知將軍不易，亦不遺力。"《晋書·陶侃傳》："國家年小，不出胸懷。"稱皇帝爲"國家"，以皇帝爲國家的代表或國家的象徵，較之稱皇帝爲天子，更具親切感，更具號召力。中國歷史上的一些明君仁主也多以維護國家法制爲最高宗旨，秦皇、漢武皆曾憑藉堅定地立法與執法而國勢强盛，得以稱雄天下，這對始於西周的"八辟"之法，無疑是一大突破。本書《國法卷》第一章概論論及隋唐五代立法思想時，有以下論述：據《隋書·王誼傳》及文帝相關諸子傳載，文帝楊堅少時同王誼爲摯友，長而將第五女嫁王誼之子，相處極歡，後王誼被控"大逆不道，罪當死"，文帝遂下詔"禁暴除惡"，"賜死於家"。《隋書·文四子傳》又載，文帝三子秦王楊俊，少而英武，曾總管四十四州軍事，頗有令名，文帝甚爲愛惜，獎勵有加。後楊俊漸奢侈，違制度，出錢求息，窮治宮室，文帝免其官。左武衞將軍劉升、重臣楊素，先後力諫曰："秦王非有他過，但費官物、營廨舍而已。"文帝答曰："法不可違！"劉、楊又先後諫曰："秦王之過，不應至此，願陛下詳之。"文帝答曰："我是五兒之父，若如公意，何不別制天子兒律？"文帝四子、五子皆因違法，被廢爲庶民，文帝處置毫不猶豫，毫不留情。隋文帝身爲人君，以萬乘之尊，率先力行，實踐了"王子犯法，與民同罪"的古訓。在位期間，創建"開皇之治"，人丁大增，百業昌盛，國人視文帝爲真龍天子，少數民族則尊稱其爲聖人可汗。《國法卷》主編對歷史上身爲人君的這種舉措，有"忍割親朋私情，立法爲公"的簡要評論。這一評論對於中國這種以宗族故交爲關係網的大國而論，正是切中要害。此後，唐太宗李世民、玄宗李隆基、憲宗李純等君王皆有類似之舉，終成輝煌盛世。時至明代，面對一片混亂腐敗的吏治，明太祖朱元璋更設有"炮烙""剝皮"之類酷刑嚴法，懲治的貪官污吏達十五萬之衆，即便自家的親朋故舊，也毫不留情。如進士出身的駙馬，朱元璋的愛婿歐陽倫只因販茶違法，就直接判以死刑，儘管安慶公主及儲君朱允炆苦苦哀求，也絕不饒恕。據《明史·循吏傳序》載："〔官吏〕一時受令畏法，潔己愛民，以當上指……民人安樂、吏治澄清者百餘年。"其時，士子們甘願謀求他職，而不敢輕率爲官，而諸多官員却學會了種田或捕魚，呈現了古今難得一見的別樣的政治生態。明太祖的這類嚴酷法令雖是過當，却勝於放縱，故而明朝一度成爲世界經濟大國、經濟强國。中國歷史上的諸多建國之名君仁主，執法雖未若隋文帝之果決，未若明太祖之嚴酷，但無一不重視國家安危。這些建國名君仁主"上以社稷爲重，下以蒼生在念"（見《舊唐書·桓彦範傳》），故而贏得臣民的擁戴。今之世人多以爲帝王之所以成爲帝王，盡皆爲皇室一己之私利，祇貪圖自家的享榮華富貴而已，實則并非盡皆如此。歷代君王既已建國，亦必全力保國，并垂範後世，以求長治久安。品讀本書《國法卷》，可藉以瞭解我國固有的國情狀況，瞭解我國歷史中的明君仁主如何治理國家，其方策何在，今世仍有藉鑒價值。縱觀我國漫長的歷史進程，有的連續數代，稱爲盛世；有的衰而復起，稱爲中興；有的則二世而亡，如曇花一現。一切取決於先主與後主是否一脉相繼，一切取決於執法是否穩定。要而言之：嚴守國法，則國家興盛，嚴守國法，則社會祥和，此乃舉世不二之又一鐵律。

《國法卷》雖以國法爲研究主體，却力求超越法律研究自身，力求探索法律背後的正反驅動力量，其旨義更加廣遠。因而本卷又區別於常見的法律專著。

另如《巧藝卷》，在《通考》全書中未占多大分量，但在日常社會生活中却有無可替代的獨特地位，藉此大可飽覽先民的生活境遇和精神世界。何謂"巧藝"？古代文獻中無此定義。所謂"巧藝"，專指巧智與技藝性的娛樂及各種健身活動，同時展現了與之相應的家國關係。中華民族的"巧藝"別具特色，所涉内容十分廣泛，除却一般游戲活動外，又包涵了棋類、牌類、養生、武術、四季休閑、宴飲娛樂、動物馴化等等。細閱本卷所載，常爲古人之智巧所折服。如西漢東方朔"射覆"之奇妙，今已成千古佳話。據《漢書·東方朔傳》載，漢武帝嘗覆守宫（即壁虎）於杯盂之下，令衆方士百般揣度，各顯其能，并無一言中的者，而東方朔却可輕易解密，有如神算，令滿座驚呼。何謂"射覆"？"射覆"爲古代猜測覆物的游戲。射，揣度；覆，覆蓋。"射覆"之戲，至明清始衰，其間頗多高手。這些高手似乎出於特異功能，是古人勝於今人麽？當作何解釋？學界認爲這些高手多善《易》學，故而超乎常人，但今世精於《易》學者并非罕見，却未見有如東方朔者，何也？難以作答，且可不論，但古代對動物的馴化，又何以特別精彩，令今人嘆服？

著名的唐代象舞、馬舞，久負盛名，這些大動物似通人性，故可不論，而那些似乎笨拙的小動物，如"烏龜疊塔""蛤蟆説法"之類的馴養，也常常勝過今人，足可展現先民的巧智，"'疊塔''説法'，固教習之功，但其質性蠢蠢，非他禽鳥可比，誠難矣哉！"（見明陶宗儀《輟耕録・禽戲》）古人終將蠢蠢之蟲馴化得如此聰明可愛，藉此可見古人之扎實沉着，心智之專一，少有後世浮躁之風。目前，國人甚喜馴養，寵物遍地，却未見馴出如同上述的"疊塔"之烏龜與"説法"之蛤蟆，今之馬戲或雜技團體，爲現代專業機構，也未見絕技面世。

《巧藝卷》的條目詮釋，大有建樹，絕不因襲他人成説，明確關聯了具體事物形成的歷史淵源與社會背景。如"踏青"，《漢語大詞典》引用了唐代的書證，并稱其爲"清明節前後，郊野游覽的習俗"。本卷則明確指出，"踏青"是由遠古的"春戲"演變而來。西周時曾爲禮制。漢代已有"人日郊外踏青"之俗，同時指出"踏青"還有"游春"的別稱。《漢語大詞典》與本卷的釋文内容差異如此之大，實出常人之所料。何謂"春戲"？所有辭書皆未收録。本卷有翔實考證，兹録如下：

春戲：古代民間春季娛樂活動。以繁衍後代和期盼農作物豐收爲目的的男女歡會活動。始於原始社會末期，西周時仍很流行。《周禮・地官・司徒》："中春之月，令會男女。於是時也，奔者不禁。若無故而不用令者，罰之。司男女之無夫家者而會之。"《墨子・明鬼篇》："燕之有祖，當齊之社稷。宋之有桑林，楚之雲夢也，此男女之所屬而觀也。"《詩・鄭風・溱洧》："溱與洧，瀏其清矣。士與女，殷其盈矣。女曰：'觀乎？'士曰：'既且。''且往觀乎！洧之外，洵訏且樂。'維士與女，伊其將謔，贈之以芍藥。"《楚辭・九歌・少司命》："秋蘭兮糜蕪，羅生兮堂下。綠葉兮素枝，芳菲菲兮襲予。夫人兮自有美子，蓀何以兮愁苦？"戰國以後逐漸演變爲單純的春游活動"踏青"。

《巧藝卷》精心地援引了以上經典，可證在中國上古時期男女歡會非常自然，而且是具有相當規模的群體性活動。此舉在中國遠古時代已有所見，青海大通縣上孫家寨出土的舞蹈紋彩陶盆，已展現了男女携手共舞的親密生動場景，那是馬家窑文化的代表，距今已有五千年歷史，但必須明確，這并非蒙昧時期的亂性之舉。這是一種男女交往的公開宣示。前述《周禮・地官・司徒》曰："中春之月，令會男女……司男女無夫之家者而會之。"其要點是"男女無夫之家者"。這是明確的法律規定，故而作者的篇首語曰："以繁衍後代和期盼農作物豐收爲目的。"這就撥正了後世對於中國古代奴隸社會或封建社會有關男女關係的一些偏頗見解，可證本卷之"巧藝"非同一般的娛樂，所展現的是中華先民多方位的生活狀態。

三、博物研究遭質疑，古老科技又誰知？

《通考》所涉博物盡有所據，無一虛指，如繁星麗天，構成了浩大的博物學體系，千載一脉，本當生生不息，如瀑布之直下，但却似大河之九曲，時有峽谷，時有險灘，終因清廷喪權辱國、全盤西化而戛然中斷，故而迥异於西方。由於西方科技的巨大影響，致使一些學人缺少文化自信，多認爲中國古老的博物學，無甚價值。豈知我中華民族從不乏才俊、精英，從不乏偉大的發明，很多祇是不知其名而已。如《淮南子·泰族訓》："欲知遠近而不能，教之以金目則快射。"漢代高誘注曰："金目，深目。所以望遠近射準也。"何謂"金目"？據高注可知，就是深目。"深目"之"深"，謂深遠也（又説稱"金目"爲黄金之目，用以喻其貴重，恐非是）。"金目"當是現代望遠鏡或眼鏡之類的始祖。"金目"其物，在古代萬千典籍中僅見於《淮南子》一書，别無他載。因屬古代統治者杜絶的"奇技淫巧"，又甚難製作，故此物宫廷不傳，民間絶踪，遂成奇品。上世紀80年代，揚州邗江縣東漢廣陵王劉荆墓中出土一枚凸透鏡，此鏡之鏡片直徑1.3厘米，鑲嵌在用黄金精製而成的小圓環内，視物可放大四五倍，此鏡至遲亦有兩千餘年的歷史。廣陵墓之外，安徽亳州曹操宗族墓等處，亦有出土。是否就是"金目"已難考證。作爲眼鏡其物，發展到宋代，始有明確的文字記載，其時稱之爲"靉靆"（見明方以智《通雅·器用·雜用諸器》引宋趙希鵠《洞天清録》）。今日學者皆將眼鏡視爲西方舶來品，一説來自阿拉伯，又説來自英國，如猜謎語，不一而足；西方的眼鏡實則是由中國傳入的，如若説是西方自家發明，也晚於中國千年之久。

"金目"其物的出現絶非偶然，《墨子》中的《經下》《經説下》已有關於光的直綫傳播、反射、折射、小孔成象、凹凸透鏡成象等連續的科學論述，這一原理的提出，必當有各式透體器物，如鏡片之類爲實驗依據，這類器物的名稱曰何今已不得而知，但製造出金目一類望遠物，是情理之中的必然結果。據上述《經下》《經説下》記載可知，早在戰國時期，先賢已有光學研究的成就，與後世西方光學原理盡同。在中國漫長的古代日常生活中，隨時可見新奇的創造發明，這類創造發明所展現的正是中國獨有的科學。《導論》中所述"被中香爐""長信宮燈"之外，更有"博山爐"（一種形似傳説中神山"博山"的香爐，當香料在爐内點燃時，烟霧通過鏤空的山體宛然飄出，形成群山蒙蒙、衆獸浮動的奇妙景象，約發明於漢代）、"走馬燈"（一種竹木扎成的傳統佳節所用風車狀燈具，外貼人馬等圖案，藉燈内點燃蠟燭的熱力引發空氣對流，輪軸上的人馬圖案隨之旋轉，投身於燈屏上，形成人馬不斷追逐、物换景移的壯觀情景，約發明於隋唐時期）之類。古老中華何止是"四大發明"？此外，約七千年前，在天災人禍、形勢多變的時代背景之下，先民爲預測未來，指導行爲方嚮，始創有易學，形成於商周之際，今列爲十三經之首，稱爲《周易》，這是今世的科學不能完全解釋的另一門"科學"，其功用不斷地爲當世諸多領域所驗證，在我華夏、乃至歐美，研究者甚衆，本《通考》對此雖有涉及，而未立專論。

那麽，在近現代，國人又是如何對待古代的"奇技奇器"的呢？著名的古代"四大發明"，今已家喻户曉，婦幼皆知，但却如同可愛的國寶大熊猫一樣，乃是西方學者代爲發現。我仁人志士，爲唤醒"東方睡獅"，藉此"四大發明"，竭力張揚，以振奮民族精神。這"四大發明"影響非凡，但在中國傳統文化中亦無重要地位，其中"火藥"見載於唐孫思邈《丹經》，"指南針""印刷術"同見載於宋沈括《夢溪筆談》，皆非要籍鴻篇，唯造紙術見於正史，全文亦僅七十一字，緊要文字祇有可憐的四十三字（見《後漢書・宦者傳・蔡倫》）。而這"四大發明"中有兩大發明，不知爲何人所爲。

在古老中國的歷史長河中，更有另一種科學技術，當今學界稱之爲"黑科技"（意謂超越當今之科技，出於人類的想象之外。按，稱之爲"超科技"，似更易理解，更準確），那就是現代科學技術望塵莫及、無法破解的那些千古之謎。如徐州市龜山西漢楚襄王墓北壁的西邊墻上，非常清晰地顯示一真人大小的影子，酷似一位老者，身着漢服，峨冠博帶，面東而立，作揖手迎客之狀。人們稱其爲"楚王迎賓圖"。最初考古人員發掘清理棺室時，并無壁影。自從設了旅游區正式開放後，壁影纔逐漸地顯現出來，仿佛是楚王的魂魄顯靈，親自出來歡迎來此參觀的游人一樣。楚襄王名劉注，是西漢第六代楚王，死後葬於此。劉注墓還有五謎，今擇其三：一、工程精度之謎。龜山漢墓南甬道長 55.665 米，北甬道長爲 55.784 米，沿中綫開鑿，最大偏差僅爲 5 毫米，精度達 1/10000；兩甬道相距 19 米，夾角 20 秒，誤差爲 1/16000，其平行度誤差之小，大約需要從徐州一直延伸到西安纔能使兩甬道相交。按當時的技術水準，這樣的墓道是何人如何修建的？二、崖洞墓開鑿之謎。龜山漢墓爲典型的崖洞墓，其墓室和墓道總面積達到 700 多平方米，容積達 2600 多立方米，幾乎掏空了整個山體。勘察發現，劉注墓原棺室的室頂正對着龜山的最高處，劉注府庫中的擎天石柱也正位於南北甬道的中軸綫上。龜山漢墓的工程人員是利用什麼樣的勘探技術掌握龜山的山體石質和結構？三、防盜塞石之謎。南甬道由 26 塊塞石堵塞，分上下兩層，每塊重達六至七噸，兩層塞石接縫非常嚴密，一枚硬幣也難以塞入。漢墓的甬道處於龜山的半山腰，當時生産力低下，人們是用什麼方法把這些龐大的塞石運來并嵌進甬道的？今皆不得而知。

　　斷言“中國古代衹有技術而没有科學”者，對中國歷史的瞭解實在是太過膚淺，并不瞭解在中國古代不衹有科技，而且竟然有超越科學技術的“黑科技”。

四、當世灾難甚可懼，人間正道何處覓？

　　在《通考》的編纂過程中，常遇到的重要命題，那就是以上論及的“科技”。今之“科技”，在中國上古曾被混稱爲“奇技奇器”，直至清廷覆亡，迄未得到應有的重視，導致國勢衰微，外寇侵略，民不聊生。這正是西方視之爲愚昧落後，敢於長驅直入，爲所欲爲的原因。因而一個國家、一個民族，要立於不敗之地，必須擁有自家的科技！世人當如何評定“科技”？如何面對“科技”？本書《導論》已有“道器論”，今《總説》以此“道器論”爲據，就現代人類面臨的種種危機，論釋如下：

　　何謂“道器”？所謂“道”是指形成宇宙萬物之原本，是形成一切事理的依據與根由。何謂“器”？“器”即宇宙間實有的萬物，包括一切科技，一切發明，至巨至大，至細至微，充斥天地間，而盡皆不虚。科技衍生於器，驗證於器，多以器爲載體，是推進或毀壞人類社會的一種無窮力量，故而又必須在人間正道的制約之下。此即本書道器并重之緣由，或可視爲天下之通理也。英國自 18 世紀第一次工業革命以來，其科學技術得以高速而全方位地發展，引起西方乃至全世界的密切關注與重視，影響廣遠。這一時期，英帝國統治者睥睨全球，居高臨下，自我膨脹，發表了“生存競爭，勝者執政”等一系列宏論；托馬斯·馬爾薩斯的《人口論》亦應時而起，其核心理論是：“貧富强弱，難以避免。承認現實，存在即合理。”甚而提出“必須控制人口的大量增長，而戰争、饑荒、瘟疫是最後抑制人口增長的必要手段”（這一理論在以儒學爲主體的傳統文化中被視爲離經叛道，滅絕人性，而在清廷走投無路全面西化之後，國人亦有崇信者，直至20年代初猶見其餘緒）。在這樣的時代背景下，查爾斯·達爾文所著《物種起源》得以衝破基督教的束縛，順利出版，暢行無阻。該書除却大量引用我國典籍《齊民要術》《天工開物》與《本草綱目》之外，還鄭重表明受到馬爾薩斯《人口論》的啓示和影響。《物種起源》的問世，形成了著名的進化理論："物競天擇、優勝劣汰，弱肉强食，適者生存。"（近世對其學説已有諸多評論，此略）進化學説在人們的社會生活中留下了深刻的印迹，在世界範圍内引起巨大反響，當時英國及其他列强利用了自然界"生存法則"的進化理論，將其推行於對外擴張的殖民戰爭中，打破了世界原有生態格局，在巨大的聲威之下，暢行無阻，遍及天下。縱觀人類的發展史，尤其是近世以來的發展史可知，科技的高下決定了國家的强弱，以强凌弱，已成定勢，在高科技强國的聲威之下，無盡的搜羅，無盡的采伐，無盡的探測實驗（包括核試驗），自然資源和自然環境漸遭破壞，各種弊端漸次顯露。時至20世紀中後期，以原子能、電子電腦、信息技術、空間技術等發明和應用爲標志、第三次科技革命的到來，學界稱之爲"科技革命的紅燈時刻"，其勢如風馳電掣，所向披靡，人類社會發生了翻天覆地的變化，時至21世紀，又凸顯了另一灾難，即瘟疫肆虐，病毒猖獗，危及整個人類。這一系列禍患緣何而生？天灾之外，罪魁爲人。何也？世間萬種生靈，習性歸一，盡皆順從於大自然，但求自身生息而已，別無他求，而作爲"萬物之靈"的人類，在茹毛飲血，跨越耕獵時代之後，却欲壑難填，毫無節制！爲追求享樂、滿足一己之貪婪，塗炭萬種生靈，任你山中野外，任你江面海底，任你晝藏夜出，任你天飛地走，皆得作我盤中佳餚。閑暇之日，又喜魚竿獵槍，目睹异類掙扎慘死，以爲暢快，以爲樂趣，若爲一己之喜慶，更可"磨刀霍霍向猪羊"，視之爲正常！"萬物之靈"的人類，永無休止，地表搜刮之外，還有地下的搜索挖掘，如世界著名的南非姆波尼格金礦，雖其開采僅起始於百年前，憑藉當代最先進的科技，挖掘深度已超4000米（我國的招遠金礦，北宋真宗年間已進行開采，至今深度不過2000米左右），現有370千米軌道，用以運送巨大的設備與成噸重的礦石，而每次開采都必須用兩千多公斤的炸藥爆破，可謂地動山搖！金礦之外，又有銀礦、鐵礦、銅礦、煤礦、水晶礦（如墨西哥的奈咯水晶洞，俗稱"神仙水晶礦"，其中一根重達50噸，挖出者一夜暴富），種種礦藏數以萬計。此外尚有對石油、純净水，乃至無形的天然氣等的無盡索取，山林破壞，大地沙化，水污染、大氣污染、核污染，地球已是百孔千瘡，而挖掘索取，仍未甘休，愈演愈烈，故今之地球信息科學已經發現地球性能的變异以及由此帶來可怕的全球性灾難。今日世界，各國執政者憑仗高科技，多是從一國、一族或一己之私利出發，或結邦，或聯盟，爭强鬥勝，互不相顧，國際關係日趨惡化，人類時刻面臨可怕的威脅，面臨毁滅性的核戰争。凡此種種，怎不令人憂慮，令人悲痛？故而有學者宣稱：“科技確實偉大，也確實可怕。一旦失控，後患無窮。”又稱：“人類擁有了科技，必警惕成爲科技的奴隸。”此語并非危言聳聽，應是當世的警鐘，因爲人類面對强大的科技，常常難以自控，這是科技發展必然的結果。而作爲“萬物之靈”的人類，具有高智慧，能够擁有高科技，確乎超越了萬物，居於萬物主宰的地位，而執政者一旦擁有失控的權力，肆意孤行，其最終結局必將是自戕自毁，必將與萬物同歸於盡。一言以蔽之，毁滅世界的罪魁禍首是人類自己，而并非他類。

面對這多變的現實與可怕的未來，面對這全球性的灾難，中外科學家作了不懈努力，而收效甚微。1988 年 1 月，七十五位諾貝爾獲獎者及世界著名學者齊聚巴黎，探討了21 世紀科學的發展與人類面臨的種種難題，提出了應對方略。在隆重的新聞發布會上，瑞典物理學家漢内斯·阿爾文發表了鄭重的演説：“如果人類要在 21 世紀生存下去，必須回頭到兩千五百年前去汲取孔子的智慧。”（見 1988 年 1 月 24 日澳大利亞《堪培拉時報》原文——《諾貝爾獎獲得者説要汲取孔子的智慧》）這是何等驚人的預見，又是何等嚴正的警示！這七十五位諾貝爾獲獎者没有一位是我華夏同胞，他們對孔子的認知與崇敬，非常客觀，非常深刻，超乎我們的想象。這種高屋建瓴式的睿智呼籲，振聾發聵，可惜并没有警醒世人，也没有引起足够多的各國領導人的重視。

人類爲了自救，不能不從人類自身發展史中尋求答案。在人類發展史中，不乏偉大的聖人，孔子是少有的没有被神化、起於底層的聖人（今有稱其爲“草根聖人”者），他生於春秋末期，幼年失父，家境貧寒，又正值天下分裂，戰亂不斷，在這樣的不幸世道裏，孔子及其弟子大力宣導“克己復禮”，這是人類歷史上最切實際的空前壯舉。何謂“禮”？《説文·示部》曰：“禮，履也。所以事神致福也。”禮本來是上古祭祀鬼神和先祖的儀式。史稱文、武、成王、周公據禮“以設制度”，此即“周禮”。“周禮”的内容極爲廣泛，舉凡國家的政治、經濟、軍事、行政、法律、宗教、教育、倫理、習俗、行爲規範，以及吉、凶、軍、賓、嘉五類禮儀制度，均被納入禮的範疇。周禮在當時社會中的地位與指導作用，《禮記·曲禮》中有明確記載：“分争辯訟，非禮不决；君臣上下、父子兄弟，非禮不定；宦學事師，非禮不親；班朝治軍、涖官行法，非禮威嚴不行。”當然也維護了“君臣朝廷尊卑貴賤之序，下及黎庶車輿衣服宮室飲食嫁娶喪祭之分”（見《史記·禮書》），這符合於那個時代的階級統治背景。孔子提出“克己復禮”，期望世人克服一己之私欲，以應有的禮儀禮節規範自己的言行，建立一個理想的中庸和諧社會，這已跨越了歷史局限。孔子的核心思想是“敬天愛人”，何謂“敬天”？孔子强調“巍巍乎唯天爲大”（見《論語·泰伯》），又曰：“天何言哉？四時行焉，百物生焉，天何言哉！”（見《論語·陽貨》）孔子所言之“天”，并非指主宰人類命運的上蒼或上帝，并非是孔子的迷信，因“子不語怪力亂神”（見《論語·述而》）。孔子認爲四季變化、百物生長，皆有自己的運行規律，人類應謹慎遵從，應當敬畏，不得違背。孔子指稱的“天”，實則指他所認知的宇宙。此即孔子的天人觀、宇宙觀。“巍巍乎唯天爲大”，在此昊天之下，人是何樣的微弱，面臨小小的細菌、病毒，即可淒淒然成片倒下。何謂“愛人”？孔子推行“仁義之道”，何謂“仁”？子曰：“仁者，愛人！”（《論語·顔淵》）即人人相親、相愛。又曰：“己所不欲，勿施於人。”意即重正義，絶不損人利己。何謂“義”？“義”指公正的道理、正直的行爲。子曰：“不義而富且貴，於我如浮雲。”（見《論語·述而》）這就是孔子的道德觀與道德規範，當作爲今世處理人與自然、人與社會的規範與行動指南。其弟子又提出“親親而仁民，仁民而愛物”（見《孟子·盡心上》），漢代大儒又有“天人之際，合而爲一”的主張（董仲舒在《春秋繁露·深察名號》中，爲維護皇權的需要而建立了皇權天授的觀念），這種主張已遠遠超越了維護皇權的需要，成爲了一種可貴的哲理。時至宋代，大儒張載再度發揚孟子“親親而仁民，仁民而愛物”的襟懷，又有“民吾同胞，物吾與也”（見其所著《西銘》）之名言箴語，即將天下所有的人皆當作同胞，世間萬物盡視爲同類，最終形成了著名的另一宏大的儒學系統，其主旨則是“天人合一”論。何謂“天人合一”？“天人合一”有兩層意義：一曰天人一致，天是一大宇宙，人則如同一小宇宙，也就是説人類同天體各有獨立而相似之處；二是天人相應，這是説人與天體在本質上是相通的，是相互相連的。因此，一切人事應順乎自然規律，從而達到人與自然的和諧。達到人與自然的和諧統一，當作爲今世處理人與自然、人與社會的明確規範與行動指南。這是真正的“人間正道”，唯有遵循這一“人間正道”，人際關係纔能融洽，社會纔能和諧，天下纔能太平。

古老中國在形成“孔子智慧”之前，早已重視人與自然的關係。約在七千年前，我中華先祖已能够通過對於蟲鳥之類的物候觀察，熟練地確定天氣、季節的變幻，相當完美地適應了生産、生活、繁衍發展的需求，這一遠古的測算應變之舉，處於世界領先地位。約四千年前，夏禹之時，已建有令今人嚮往的廣袤的綠野濕地。如《書·禹貢》即記載了"雷夏""大野""彭蠡""震澤""菏澤""孟豬""豬野""雲夢"諸澤的形成及其利用情況，如其中指出："淮海惟揚州，彭蠡既豬（瀦），陽鳥攸居；三江既入，震澤厎定。篠簜既敷，厥草惟夭，厥木惟喬……厥貢惟金三品，瑤琨篠簜，齒革羽毛，惟木。"這是説揚州有彭蠡、震澤兩方綠野濕地，適合於鴻雁類禽鳥居住，適合於篠竹（箭竹）、簜竹（大竹）生長，青草繁茂，樹木高大，向君主進貢物品有金銀銅等三品，又有瑤琨美玉、箭竹、大竹以及象齒皮革與孔雀、翡翠等禽鳥羽毛。所謂"大禹治水"，并非祇是被動的抗災自救，實則是大治山川，廣理田野，調整人與大自然的關係，使之相得益彰。《逸周書·大聚解》又載，夏禹之時"且以并農力，執成男女之功，夫然則有生不失其宜，萬物不失其性，人不失其事，天不失其時……放此爲人，此謂正德"，此即所謂夏禹"劃定九州"之功業所在。其中"放此爲人，此謂正德"的論定，已蘊含了後世儒家初始的"天人合一"的觀念。西周初期，已設定掌管國土資源的官職"虞衡"，掌山澤者謂"虞"，掌川林者稱"衡"（見《周禮·天官·太宰》及賈疏）。後世民衆，繼往開來，對於保護生態環境，保護大自然，采取了各種措施，又設有專司觀察氣象、觀察環境的機構，并有方士之類的"巫祝史與望氣者"，多管道、多方位進行探測研究，從而防患於未然。《墨子·號令篇》（一説此篇非墨子所作，乃是研究墨學者取以益其書）曰："巫祝史與望氣者，必以善言告民，以請（讀爲'情'）上報守（一説即太守），上守獨知其請（情）。無〔巫〕與望氣，妄爲不善言，驚恐民，斷弗赦。"這裏明確地指出，由"巫祝史與望氣者"負責預告各種災情，但不得驚恐民衆，否則即處以重刑，絶不饒恕。愛惜生態，保護自然，這是何樣的遠見卓識，這又是何樣的撫民情懷！

是的，自夏禹以來，先民對於大自然、對於與蒼生，有一種別樣的愛惜、保護之舉措，防範措施非常細密，非常全面而嚴厲。《逸周書·大聚解》有以下記載：夏禹時期設定禁令，大力保護山林、川澤，春季不准帶斧頭上山砍伐初生的林木；夏季不准用漁網撈取幼小的魚鱉，此即世界最早的環境保護法。《韓非子·內儲説上》又載：殷商時期，在街道上揚弃垃圾，必斬斷其手。西周時又有更爲具體規定：如，何時可以狩獵，何時禁止狩獵，何樣的動物可以獵殺，何樣的動物禁止獵殺；何時可以捕魚，何時禁止捕魚，何樣的魚可以捕取，何樣的魚禁止捕取，皆有明文規定，甚而連網眼的大小也依季節不同而嚴予區別。并特別强調：不准搗毀鳥巢，不准殺死剛學飛的幼鳥和剛出生的幼獸。春耕季節不准大興土木。《禮記・月令》又載："毋變天之道，毋絶地之理，毋亂人之紀。"這一"毋變""毋絶""毋亂"之結語，更是展現了後世儒家宣導并嚮往的"天人合一"説。至春秋戰國之際，法律法規的範圍更加全面，特別嚴厲。這一時期已經注意到有關礦山的開發利用，若發現了藏有金銀銅鐵的礦山，立即封禁，"有動封山者，罪死而不赦。有犯令者，左足入，左足斷，右足入，右足斷"（見《管子・地數》）。古人認爲輕罪重罰，最易執行，也最見成效，勝過重罪重罰。這些古老的嚴厲法令，雖是殘酷，實際却是一聲斷喝，讓人止步於犯罪之前，因而犯罪者甚微。這就最大限度地保護了大自然，同時也最大限度地保護了人類自己。而早在西周建立前夕，又曾頒布了令人欽敬的《伐崇令》："文王欲伐崇，先宣言曰……令毋殺人，毋壞室，毋填井，毋伐樹木，毋動六畜，有不如令者，死無赦！崇人聞之，因請降。"（見漢劉向《説苑・指武》）這是指在殘酷的血火較量中，對於敵方人民、財産及生靈的愛惜與保護。我中華上古時期這一《伐崇令》，是世界戰爭史中的奇迹，是人類應永恒遵守的法則！當今世界日趨文明，闊步前進，而戰爭却日趨野蠻，屠殺對方不擇手段，實是可怖可悲！我華夏先祖所展現的這些大智慧、大慈悲，爲後世留下了賴以繁衍生息的楚山漢水，留下了令人神往的華夏聖地，我國遂成爲幸存至今、世界唯一的文明古國。

五、筆墨革命難預料？卅載成書又何易？

《通考》選題因國内罕見，無所藉鑒，期望成爲經典性的學術專著，難度之大，出乎想象，初創伊始，即邀前輩學者南京大學老校長匡亞明先生主其事。這期間微信尚未興起，寧濟千里，諸多不便，盛岱仁、康戰燕伉儷滿腔熱情，聯絡於匡老與筆者之間，得到先生的熱情鼓勵與全力支持，每逢疑難，必親予答復，但表示難做具體工作，在經濟方面也難以爲力。因爲先生於擔任國家古籍整理領導小組組長之外，又全面主持南京大學中國思想家研究中心的工作，正在編纂《中國思想家評傳》，百卷書稿須親自逐一審定，難堪重任。筆者初赴南大之日，老人家親自接待，就餐時當場現金付款，没有讓服務員公款記賬，筆者深受感動，終生難以忘懷。此後在匡老激勵之下，筆者全力以赴，進而邀得數百作者并肩携手，全面合作，并納入國家"九五"重點出版規劃中。1996年12月，匡老驟然病逝，筆者悲痛不已，孤身隻影，砥礪前行，本書再度確定爲國家"十五"重點出版規劃項目，并將初名更爲今名。那時，作者們盡皆恪守傳統著述方式，憑藏書以考釋，藉筆墨以達志。盛暑寒冬，孜孜矻矻，無敢逸豫。爲尋一詞，急切切，一目十行，翻盡千頁而難得；爲求善本，又常千里奔波，因限定手抄，不得複印，纍日難歸！諸君任勞任怨，潛心典籍，閱書，運筆，晝夜伏案，恂恂然若千年古儒。至上世紀末，一些年輕作者已擁有個人電腦，各種信息，數以億計，中文要籍，一覽無餘，天下藏書，"千頃齋""萬卷樓"之屬，皆可盡納其中，無須跋涉遠求。搜集檢索，祇需"指點"，瞬息可得；形成文章，亦祇需"指點"，頃刻可就。在這世紀之交，面临書寫載體的轉換，老一輩學人步入了一個陌生的电脑世界，遭遇了空前的挑戰。當代作家余秋雨在其名篇《筆墨祭》中有如下陳述："五四新文化運動就遇到過一場載體的轉換，即以白話文代替文言文；這場轉換還有一種更本源性的物質基礎，即以'鋼筆文化'代替'毛筆文化'。"由"毛筆文化"向"鋼筆文化"的轉換，經歷了漫長的數千載，而今日再由"鋼筆文化"向"電腦文化"轉換，却僅僅是二十年左右，其所彰顯的是科學技術的力量、"奇技奇器"的力量。作家所謂的"筆墨"，係指毛筆與烟膠之墨，《筆墨祭》祇在祭五四運動之前的"毛筆文化"。今日當將毛筆文化與鋼筆文化并祭，乃最徹底的"筆墨祭"。面對這世紀性的"筆耕文化"向"電腦文化"的轉換，面對這徹底的"筆墨祭"，老一輩學人没有觀望，没有退縮，同青年作者一道，毅然決然，全力以赴，終於跟上了時代的步伐！筆者爲我老一輩學人驕傲！回眸曩日，步履維艱，隨同筆墨轉型，書稿也隨之經歷了大修改、大增補，其繁雜艱辛，實難言喻。天地逆旅，百代過客，如夢如幻，三十餘年來，那些老一輩學人全部白了頭，却無暇"含飴弄孫"，又在指導後代參與其事。那些"知天命"之年的碩博生導師們皆已年過花甲，却偏喜"舞文弄墨"，又在尋覓指導下一代弟子同步前進。如此前啓後追，無怨無悔，這是何樣的襟懷？憶昔乾嘉學派，人才輩出，時有"高郵王父子，棲霞郝夫婦"投入之佳話，今《通考》團隊，於父子合作、夫婦合作之外，更有舉家投入者，四方學人，全力以赴。但蒼天無情，繼匡老之後，另有幾位同仁亦撒手人寰。上海那位《天宇卷》主編年富力強，却在貧病交加、孩子的驚呼聲中，英年早逝。筆者的另一位老友爲追求舊稿的完美，於深夜手握鼠標闃然永訣，此前他的夫人曾勸其好好休息，答說"我没有那麽多時間"！可謂鞠躬盡瘁，死而後已，這又是何樣的壯志，思之怎能不令人心酸！這就是我的同仁，令我驕傲的同仁！

　　自 2012 年之後，因面臨多種意外的形勢變化，筆者連同本書回歸原所在單位山東師範大學，于是增加了第一位副總主編——文學院副院長、古籍整理研究所所長韓品玉，解決了編務與財力方面的諸多困難，改變了多年來的孤苦狀況。時至 2017 年春，爲盡快出版、選定新的出版社，又增加了天津人民出版社總編輯、南開大學客座教授陳益民，中國職工教育研究院常務副院長、全國職工教育首席專家俞陽，臺北大學人文學院東西哲學與詮釋學研究中心主任賴賢宗教授三位爲副總主編，於是形成了現今的編纂委員會。

在全書編纂過程中，編纂委員會和學術顧問，以及分卷正副主編、主要作者所在單位計有：中國國家博物館、中國國家圖書館、中央文史研究館、中國佛教圖書文物館、全國總工會、中聯口述歷史研究中心、河北省文物與古建築保護研究院、河北省文物考古研究院、河北閱讀傳媒有限責任公司、北京大學、浙江大學、南京大學、南京師範大學、東北師範大學、鄭州大學、河北大學、河北師範大學、河北醫科大學、廈門大學、佛山大學、山東大學、中國海洋大學、山東師範大學、曲阜師範大學、山東中醫藥大學、濟南大學、山東財經大學、山東體育學院、山東藝術學院、山東工藝美術學院、山東省社會科學院、山東博物館、山東省圖書館、山東省自然資源廳、山東省林業保護和發展服務中心、濟南市園林和林業綠化局、濟南市神通寺、聊城市護國隆興寺、臺北大學、臺灣成功大學、臺灣大同大學、臺北中國文化大學、臺灣中華倫理教育學會，以及澳大利亞國立伊迪斯科文大學等，在此表示由衷的謝忱！

本書出版方——上海交通大學領導以及上海交通大學出版社領導，高瞻遠矚，認定《通考》的編纂出版，不祇是可推動古籍整理、考古研究的成果轉化，在傳承歷史智慧，弘揚中華文明，增強民族凝聚力和認同感，彰顯民族文化自信等各個方面具有重要意義。出版方在組織京滬兩地專家學者審校文字的同時，又付出時間精力，投入了相當的資金，增補了不少插圖，這些插圖多來自古籍，如《考工記解》《考工記圖解》《考工記圖說》《考古圖》《續考古圖》《西清古鑑》《西清續鑑》《毛詩名物圖說》《河工器具圖說》等等，藉此亦可見出版方打造《通考》這一精品工程的決心。而山東師範大學各級領導同樣十分重視，社科處高景海處長一再告知筆者："需要辦什麽事情，儘管吩咐。"諸多問題常迎刃而解，可謂足智善斷。筆者所屬文學院孫書文院長更親行親爲，給予了全面支持，多方關懷，令筆者備感親切，深受鼓舞，壯心未老，必酬千里之志。此前，著名出版家和龔先生早已對本書作出權威鑒定，并建議由三十二卷改爲三十六卷。本書在學術界漂游了三十餘載終得面世，并引起學界的關注。今有國人贊之曰：《通考》是中華優秀傳統文化創造性轉化、創新性發展的優异成果，是一部具有極高人文價值的通代史論性的華夏物態文化專著，凝聚了中華民族的深層記憶，積澱了民族精神和傳統文化的精髓。又有國際友人贊之曰:《通考》如同古老中國一樣，是世界唯一一部記述連續數千載生機盎然的人類生活史。國内外的評論祇是就本書的總體面貌而言，但細予探究，缺憾甚爲明顯，因本書起步於三十餘年前，三十餘年以來，學術界有諸多新的研究成果未得汲取，田野考古又多有新的發現，國内外的各類典藏空前豐富，且檢索方式空前便捷，而本書作者年齡與身體狀況又各自不同，多已是古稀之年，或已作古，或已難執筆，交稿又有先後之別，故而三十六卷未能統一步伐與時俱進，所涉名物，其語源、釋文難能確切，一些舊有地名或相關數據，亦未及修改，而有些同物異名又未及增補。這就不能不有所抱憾，實難稱完美！以上，就是本書編纂團隊的基本面貌，也是本書學術成就的得失狀況。

　　筆者無盡感慨，卅載一瞬渾似夢，襟懷未展，鬢髮盡斑，萬端心緒何曾了？長卷浩浩，古奧繁難，有幾多知音翻閱？何處求慰藉？人道是紅袖祇揾英雄泪！歲月無情，韶光易逝，幾位分卷主編未見班師，已倏而永別，何人知曉老夫悲苦心情？今藉本書的面世，聊以告慰匡老前輩暨謝世的同仁在天之靈！

張述錚

丙子中吕初稿於山東師範大學映月亭
甲辰南吕增補於歷下龍泉山莊東籬齋

凡　例

一、本書係通代史性的中華物態文化學術專著，旨在對構成中華博物的名物進行考釋。全書三十六卷，另有附録一卷。各卷之基本體例：第一章爲概論，其後據内容設章，章下分節，爲研究考釋文字，其下分列考釋詞目。

二、本書所涉博物，分兩種類型：一曰"同物異名"，二曰"同名異物"。前者如"女墻"，隨從而來者有"女垣""女堞""女陴""城堞""城雉""陴堄"等，盡皆爲"女墻"的同物異名；後者如"衽"，其右上分別角標有阿拉伯數字，分別作"衽¹"（指衣襟）、"衽²"（指衣服胸前交領部分）、"衽³"（指衣服兩旁掩裳際處）、"衽⁴"（指衣袖）、"衽⁵"（指下裳）等，皆爲"衽"的同名異物。

三、各卷詞目分主條、次條、附條三種。次條、附條的詞頭字型較主條小，并用【　】括起。主條對其得名由來、產生年代、形制體貌、歷史演進做全面考釋，然後列舉古代文獻或實物爲證，并對疑難加以考辨，或列舉諸家之説；次條往往僅用作簡要交代，補主條不足，申説相佐；附條一般祇用作説明，格式如即"××"、同"××"、通"××"、"××"之單稱、"××"之省稱，等等。

四、各卷名物，或見諸文獻記載，或見諸傳世實物，循名責實，依物稽名，於其本稱、別稱、單稱、省稱，務求詳備，代稱、雅稱、詭稱、俗稱、譯稱，旁搜博采。因中華博物的形成、演化有自身規律，實難做人爲的斷代分割。如"朝制"之類名物，隨同帝王的興起而興起，隨同帝王的消亡而消亡，因而其下限達於辛亥革命；"禮俗"之類名物起源於上古，其流緒直達今世；而"冠服"之類名物，有的則起源甚晚，如"中山裝"之類。故各卷收詞時限一般上起史前，下迄清末民初，有的則可達現當代。

五、各卷考釋條目中的文獻書證一般以時代先後爲序；關乎名物之最早的書證，或揭示其淵源成因之書證，尤爲本書所重，必多方鈎索羅致；二十五史除却《史記》《漢書》外，其他諸史皆非同朝人編纂，其書證行用時間則以書名所標時代爲準；引書以古籍爲主，探其語源，逐其流變，間或有近現代書證爲後起之語源者，亦予扼要采用。所引典籍文獻名按學術界的傳統標法。如《詩》不作《詩經》，《書》不作《尚書》，《説文》不作《説文解字》等；若作者自家行文爲了強調或區別於他書，亦可稱《詩經》《尚書》《説文解字》等。文獻卷次用中文小寫數字：不用"千""百""十"，如卷三三一，不作卷三百三十一；"十"作〇，如卷四〇，不作卷四十。

六、本書使用繁體字。根據 1992 年 7 月 7 日新聞出版署、國家語言文字工作委員會發布的《出版物漢字使用規定》第七條第三款、2001 年 1 月 1 日施行的《中華人民共和國通用語言文字法》第二章第十七條第五款之規定，本書作爲大量引徵古籍文獻的考釋性學術專著，既重視博物的源流演變，又重視對同物异名、同名异物的考辨，故所有考釋條目之詞頭及文獻引文，保留典籍原有用字，包括异體字，除明顯錯別字（必要時括注正字訂誤）之外，一仍其舊。其中作者自家釋文，則用正體，不用异體，但關涉次條、附條等异體字詞頭等，仍予保留。繁體字、异體字的確定，以《規範字與繁體字、异體字對照表》（國發〔2013〕23 號附件一）及《通用規範漢字字典》爲依據。

七、行文叙述中的數字一律采用漢字小寫，但標示公元紀年及現代度量衡單位時，用阿拉伯數字。如"三十六計"，不作"36 計"；"36 米"，不作"三十六米"。

八、各卷對所收考釋詞條設音序索引，附於卷末，以便檢索。

目　録

序 言

《中華博物通考》(下稱《通考》)是一部通代史論性的華夏物態文化專著,係"十四五"國家重點出版物出版專項規劃項目,并得到 2020 年度國家出版基金資助。全書共三十六卷,另有附錄一卷,達三千萬字,《珍奇卷》即其中的一卷。

何謂"珍奇"?珍奇,是指珍寶及奇特物品。其中珍寶,主要指金銀珠玉之類,人皆愛惜,爭相收藏,自古至今,并無异議;所謂奇特物品,簡稱爲奇物,主要指世間罕見或冷僻雜駁之物,是歷史遺存中的稀見物(包括古墓中出土的稀見物)。這些奇物多散見於山野、民間,往昔的典籍或少有關注,或失於記載,這些奇物擁有的價值,并不在於單一的個人愛好收藏,通過這些奇物大可展現我中華民族的别一種歷史存在與另一種奇异的現實。我國古今著述中研究珍寶者,代不乏人,而以"珍奇"命題者,本卷當爲始作。

本卷對珍奇及珍奇文化之全貌,進行了廣泛探索,共分八章予以考釋。第一章爲"概論",綜合論述了所謂珍奇的基本類型、發展歷史及價值所在。第二章至第七章,分別論述寶石、美玉、象牙犀角、玻璃琉璃、珊瑚珠貝、金銀琺瑯等珍寶,并就其淵源、構成、鑒別等予以探討。第八章則爲"奇物説",下設"名類考""古董考""外品考",共三節,非常簡明。下有專論,此不贅述。

今就本卷所收珍寶與奇物的内容,依次分述如下:

所謂"珍寶",依其材質的物理性質,可分爲無機珍寶、有機珍寶兩種。無機珍寶即礦物質珍寶，主要包括寶石、玉石、金屬、陶瓷、玻璃等；有機珍寶，是指生物體産生的非礦物質珍寶。主要包括珍珠、琥珀、珊瑚、玳瑁、象牙、犀角等。本卷即闡釋以上兩大類珍寶及由此派生的珍寶文化。

中國珍寶及珍寶文化的發展歷史可上溯至原始人類時期。遠古人類遺址中出土的玉石、水晶、象牙等類製品，反映出了當時人類對這些稀有材質及其製成物品的喜愛和珍視。由於歷史原因，那時的珍寶今已難知其名。如太湖流域的良渚文化、遼河流域的紅山文化，出土了造型各異的玉器，或爲單體，或爲串飾，琳瑯滿目，有些可據其用途形狀定名，有些迄今不知爲何物。進入文明社會以後，隨着文字的發明，人們視爲珍寶之物者，除用途形狀之外，又可依其性質或産地予以命名，且有正名、异名、雅稱、譖稱之別。

夏商周時期珍寶的使用量，已具一定的規模，各種裝飾品、禮器及帝王權貴的陪葬品等多用玉石製作。《書·禹貢》："淮海惟揚州……厥貢惟金三品、瑶、琨、篠、簜。"又："禹錫玄圭，告厥成功。""金三品"中之上品即黄金，"瑶""琨"皆美玉，"玄圭"則是大禹接受的以黑玉製成的禮器。《逸周書·世俘解》："時甲子夕，商王紂取天智玉琰五，環身，厚以自焚。凡厥有庶，告焚玉四千……凡武王俘商舊玉億有百萬。"孔晁注："天智，玉之上美者。"此言殷紂王臨死猶不忘以最珍愛的五種美玉纏繞於身上而自焚，其他四千餘種美玉盡皆燒毁，此外，武王又獲得商朝舊有寶玉萬肆千，佩玉一億零百萬之多。《周禮·考工記·玉人》："玉人之事，鎮圭尺有二寸，天子守之；命圭九寸，謂之桓圭，公守之；命圭七寸，謂之信圭，侯守之；命圭七寸，謂之躬圭，伯守之。"可知周代已設專司玉事之官職，玉已有多種造型及使用者身份等級之別。此處的"圭"，指古代帝王或諸侯等在舉行典禮時所執的上圓（或劍頭型）下方的玉器。此外，更有多種不同身份，不同等級的各類珍寶，今已無法推知。夏商周時期的珍寶，不僅數量空前之多，又有所謂價值連城者，足見帝王權貴對其的重視與珍愛。

秦漢大一統格局形成，中國珍寶文化更有大的發展。因這個時代的科學技術、藝術創作等，都達到了空前的高度，故而寶器的製造、使用，也迎來了另一個高峰期。其中玉器的製作最具特色，尤爲精美。經史子集及其他雜著的記載姑且不論，僅就近六十年來考古發掘整理而言，逾萬座的漢代墓葬中出土了難以勝數的玉器，上起王侯，下至刑徒，玉器使用範圍之廣，大出所料，而那些精品，尤令人叫絕。最具代表性的有河北滿城、北京大葆臺、廣東廣州、湖南長沙、河南燒溝、陝西楊家灣、山東九龍山、安徽亳州、廣西貴港等地的墓葬。其中最爲著名的是河北滿城西漢中山靖王劉勝與其妻竇綰墓出土的金縷玉衣及各種金、銀、玉製品。

魏晋南北朝時期，乃珍寶積蓄與消費的典型時期。西晋石崇與王愷比富鬥寶，以鐵如意擊碎二尺珊瑚之舉，即爲明證之一。後世出土的魏晋青玉卧獸（藏天津市文化局文物處）、南北朝透雕龍紋玉帶鈎（藏上海博物館）等藝術珍品，亦可略見一斑。

唐宋時期，是珍寶發展的又一高峰。主要體現在金屬類珍寶方面，不僅數量有大幅增長，而且品質也有極大提高。金銀器的製作工藝，已能熟練運用澆鑄、錘擊、拋光、切削、焊接、鍍、鉚、鏤空、鏨刻等連環技法，體現出當時世界金屬工藝的最高水準。唐代，不僅王公大臣、富商大賈，即使普通民衆也愈來愈多地使用金銀器物，金銀器物的需求量越來越大。這一時期，陶瓷類物品也漸脱穎而出，其名貴者在這時已被視爲珍寶。宋代是中國古代經濟極爲繁榮的時期，金銀珠寶的集聚、流通，達於空前盛況，而瓷器則又集前代之大成，形成“官、哥、汝、定、鈞”五大窑系，更是享譽世界。

明清時期，珍寶呈普遍增加的趨勢。玉器數量之多，品種之繁、質地之佳、雕刻之俏、紋飾之美、用途之廣，成爲歷史之最，令人嘆爲觀止。金屬類珍寶製作，多爲宮廷裝飾之用。值得注意的是景泰藍在這一時期廣泛流行，陶瓷類珍寶亦迅速增加。宜興紫砂壺作爲高檔陶器製品，在這一時期開始興盛。作爲另類珍寶的玻璃，其製作工藝已達到了傳統時代的頂峰，其數量、名目空前繁夥。時至清末，尤其是鴉片戰争之後，隨同國勢的衰敗，珍寶及珍寶文化也一蹶不振。

所謂“奇物”，因其歷史漫長，層出不窮，雜亂無章，因而尚未形成一門獨立學科。奇物包括了名類、古董、外品與喪葬之物。古董是奇物中的主體部分，今稱之爲古玩，多可供人把玩欣賞。如本卷所收王羲之《鴨頭丸帖》、武曌金簡、六博棋具、沉香獅子、白馬作簪筆、半潭秋月硯洗等；奇品則多用於室外、差旅或山野之間，難以把玩，或不可把玩。如本卷所收“見錢眼開井”“呼風唤雨井”“嶧山李斯碑”“米芾詩碑”“扯淡碑”“賣國賊碑”及“紙棺”“八角棺”“甲字墓”“酒席墓”“殺人墓”“草席廉官墓”等。奇物考釋難度甚大，讀來却有別開生面之感。

本卷“奇物説”的編纂，如同珍寶與珍寶文化一樣，旨在展現中華奇物文化之概貌，用功尤勤，收列條目甚爲豐富。如本卷收有“火種罐”，1959 年出土於山西芮城東莊村新石器時代遺址。陶罐呈圓柱狀，形似竹筒，罐的兩側有對稱的兩小孔，底部有一小洞，無甚特別處，出土時不知其爲何物，暫以“筒形罐”名之。十年後，考古家方知此筒狀陶罐乃是保存火種所用，遂定名爲“火種罐”。遠古人類“鑽木取火”，是蠻荒時代偉大的科技革命，保存火種尤爲重要，“火種罐”具有非同尋常的價值，學術界卻少有關注者。本卷另收有四川雅安博物館所藏東漢“圓環螭龍鳳鳥鈕方形印章”（下稱“龍鳳章”），以首尾相連盤蜷成圓環形的螭龍作爲方形印章的把手，環龍龍體的正上方爲一隻站立的鳳鳥，這一鳳鳥即印鈕，“龍鳳章”的總體形狀好似一隻豎立的手環，小小方印印體，倒像一枚鑲嵌在手環上的戒指。這種環狀印章甚是奇特罕見。另有不可思議處，自西漢以還，龍鳳已成爲皇室獨有標志，這一印章的印文明標“李宜私印”，這李宜何許人也？何得擅自私用？除卻“火種罐”之類器物外，爲了多角度全面反映先民的生活狀況，乃至於其終生的習性愛好，本卷又收錄了諸多墓葬。如隋代“甲字墓”，地處陝西西安附近，因其墓爲貴族習用的“甲字”形，故稱。其墓仿照舍利的埋葬方式，墳上建有重閣，遙追寶塔，區別於正常墳墓。墓內爲帝王式的石棺椁，棺椁蓋子雕成九脊殿堂式房頂，規格僅次於帝王。在棺椁南側石板上刻有“開者即死”四大字，石棺上尚有模糊的斑斑血迹，在棺蓋東坡前的瓦筒上又刻有“開者即死”字樣，十分恐怖，直至 20 世紀 50 年代無人敢動。在不足 3 平米的棺椁內，有二百三十件陪葬品，其中金杯等金製品非常耀眼，金手鐲、金戒指之類皆鑲有珠寶，此外還有來自波斯國的奇珍异物。通常判斷，墓主當是地位顯赫的后妃或貴婦，實則是隋光禄大夫李敏之女李静訓，時年不足九歲。如此的墓葬，古往今來亦是一奇。再如遼代“酒席墓”，整座墓室皆用磚石搭建而成。因墓中設有一桌酒席，故稱。墓主爲張文藻和妻子賈氏。石建的墓門表面，彩繪了木門、房梁、瓦片等建築結構，示意此處爲人間住宅。墓室正面墻壁上有一幅人像，手拿酒壺正向桌上的杯裏倒酒，表現了主人的好客之情。墓室的墻面是彩繪的壁畫，反映墓主人生前的生活情景，墻壁上刻滿文字，講述張氏夫婦的世間經歷。最後一句曰：“凡後世入吾寝塋者，閱吾一生，皆爲吾友，當以酒肉相待。”後室棺木前果然放着一張大木桌，上面擺有白釉的碗、盤、瓶、漆筷、湯勺和雁足燈等。碗盤裏裝滿板栗、梨、葡萄、檳榔、豆子和麵食品等各種食物。其中梨、檳榔、葡萄已經乾枯，三十六顆板栗被放在一件黃釉龍首碗中，雖經千年之久，卻完好無損，外皮依然鮮亮，好像剛出爐一樣，其中用石灰封口的鷄腿瓶内尚留有酒水。在木桌旁還擺放着木椅子，以供來客落座。墻邊的陶倉裏還盛放着小米和高粱，以備日常所需。此一墓葬，更是天下奇觀，同前述之“甲字墓”形成鮮明對比。依從常例，墓主死後多是設計陷阱、機關，或墓前作惡言警語，或放置致命物質等以防盜墓。而此墓墓主一生喜交朋友，死後亦不忘夙願。"酒席墓"的發現，可目睹遼代民間的真實生活情景，也可藉以瞭解其時的社會風情與不同的爲人之道，這在中國考古史上具有獨特的地位。一言以蔽之，本章所收條目，重在展現一個"奇"字，展卷之後，滿目奇物，大有酣暢之感，迥別於通常的學術著作。

同《通考》全書一樣，本卷所收條目，首考其爲何物，力探其起源，逐其演進、流變，凡同物異名、同名異物，則嚴於辨析。如"石染典過所"，本爲一種通關文牒名，類似今世的通行證。唐律規定，商人若從事商品販運活動，必須向政府有關部門申請"過所"，有關部門收到申請後要進行審查。"石染典"是一位唐代商人的名字。1959 年，"石染典過所"由吐魯番阿斯塔那五〇九號墓出土，由三張紙黏接而成，前後內容缺失，剩餘部分保存完好，文中共有五處朱印：首處爲"瓜州都督府之印"，中間三印爲"沙州之印"，結尾處爲"伊州之印"。過所殘長 78 厘米、寬 28.5 厘米，存文字二十四行。過所計兩份：一是開元二十年（732）瓜州都督府頒給石染典的過所，二是石染典在沙州領到的過所。從過所內容可知，石染典是帶着三名隨從和十頭毛驢，從安西來到瓜州進行貿易，然後再回安西。石染典必須拿着過所，纔能正常通關出行。過關口一要申請人的人身資格，二要審查所載貨物內容是否屬實，有無違禁品，以及携帶奴婢、牲畜的合法性；審查合格後要寫明批准辭、批准日期，以及主判官和判依官的簽名、蓋章。正式過所一般一式二份，一份正本，由官方加蓋官印發給申請人；一份副本，與正本相同，留作檔案。持有得到批復的過所纔能出入境經商。但在每過一個關卡時，都要再次接受檢查。如果不走關卡，就是偷渡，必處以徒刑。唐代的這一通關文牒內容豐富細密，爲此類文牒中的一個典型。而後，作者就此過所考釋了通關文牒的緣起與流變：遠在商朝就有了官檢機構和相應制度。至春秋戰國時期，我國最早的通行證——"符節"誕生。"符節"代表身份。分爲兩處，各持其一，合之爲信。初爲竹製，後又有青銅鑄造者。除却朝廷用於軍國大事之外，亦用於商旅往來，陸路通行者稱"車節"，水路通行者叫"舟節"。時至西漢，不再使用青銅，改用一柄綴有旄毛的長杆。主要爲官方的出使者使用，一般百姓的過關憑證則稱爲"傳"和"過所"，"傳"相當於身份證，"過所"相當於通行證，二者必須同時使用。從魏晋至隋唐，"傳"取代了"符節"的地位，因公外出人員亦以此作爲憑證。而普通百姓所用的通行證則仍稱爲"過所"。自漢到明清，"通關文牒"曾被使用的名稱有

"傳""節""公驗""路證"等。明清時期"路證"成爲一種普遍的稱謂。清代的"路證"，增加了具體生動的文字，如康熙年間的幾份路證中，有專爲經商管理所頒發的聖旨："互通有無，負騙陌命……坑滅生理，虎喙孤商。"又："資本爲利，拋家宿店，飡風披星，離鄉別井……死作异地游魂。"聖旨的加入，壓縮了文書的空間，所以商人、貨物、牲畜信息就比較簡略，但增加了文牒持有人的畫像，并注明"依像放行"。這種驗明正身的做法，一直延續到現代所有的身份憑證上。到了清末，過所漸被西方護照制度取代。過所所考釋的通關文牒的源流演變，精細難得，突破了古今辭書就詞釋詞的慣例，充分體現了本書"通考"的宗旨。再如"冒"，當代辭書皆釋爲"玉製禮器"。這一"玉製禮器"爲何形狀？有何用途？不得而知。本卷釋文曰："冒"爲"帽"之初文，有自上而下覆蓋之意。是天子所執之玉，用以合諸侯之圭。因冒其上，故寫作"冒"，亦作"瑁"。生動精當。又如"水滴"，古往今來，迄無確解。新版《辭源》釋"水滴"曰："指儲水液供和墨、磨墨用的小器皿。"釋文模糊，不足爲訓。《漢語大詞典》則誤釋爲"儲水供磨墨用的水盂"，明顯地將"水滴"與"水盂"混爲一物。本卷"水滴"之釋文曰："文具名。爲置於書案上的貯水器，用於注水添硯，造型常作各種小動物，有進水口和出水孔。""水滴"，亦常稱"硯滴"，謂將水滴入硯中，或稱"水注"，謂將水注入硯中。"水盂"僅是盛水器皿，必須配以小勺舀取。不能直接滴入或注入，兩者有顯著區別。本卷"水滴"之釋文，實是解開了千古謎團。南宋趙希鵠在其名著《洞天清録·水滴辨》中斷然論定"古人無水滴"。趙氏爲宗室子，見多識廣，性喜書畫，尤善鑒賞，堪稱一代權威。這一《水滴辨》，自趙氏至今，已歷八百餘載，竟無人再"辨"。可嘆古今學者、讀書人，終日伏案，竟然難以分辨文房用具"水滴"與"水盂"。何以出現這一不可思議的反常狀況？蓋因學者們看重的是筆下的大塊文章，並不在意案頭的小小器具。這實是傳統文化"重道不重器"的流弊！對此，序者在全書《總說》與《導論》中，反復予以論述。由"火種罐""龍鳳章"及"器""水滴"與"水盂"之類小小器物的立目、論述，亦可見本卷在於着力駁正"道器"關係，即"器以載道，道以器見"，同全書一樣，多有創獲。

　　本卷有關"同物異名"的考辨，也頗見功力。如所謂"八大天書"之首的"岣嶁碑"，其異名有"禹碑""禹王碑""神禹碑""夏碑""夏后銘""神禹銘"等等。何以稱"岣嶁碑"？"岣嶁碑"何以又有"禹碑"等同物異名？據傳大禹治水時，曾登臨湖南衡山之巔岣嶁峰，夜夢仙人授治水之金簡玉文，遂刻石以志，故又有"禹治水碑""人間第一碑"諸稱。此即"峋嶁碑"及其異名的由來。如同《通考》其他各卷，本卷甚重"名""物"的生衍關係，藉名以探物，藉物以正名。僅單查此一"峋嶁碑"，即得其全部異名別稱，據其異名別稱又可知"峋嶁碑"的歷史淵源及其價值。至於"峋嶁碑"是否當真爲大禹所建，則另當別論（下有專考，此不贅述）。又如"夜明珠"，其異名有"夜珠""夜光珠""不夜珠""照夜珠""月明珠""明月珠""水珠""清水珠""上清珠""清玉珠""靈蛇珠""懸黎""玉龍子""夜光石""放光石""石磷之玉"，或狀其功能，或寫其形象，或述其性質，或言其傳說，達十六種之多。"夜明珠"如同"峋嶁碑"一樣，亦可"藉名以探物，藉物以正名"。

本卷主編原爲我軍飛行大校，遨游天際近四十載，正道是起落無定地，俯瞰盡神州！大校秉性好奇好學（爲學攝影還曾入專門大學），其投入《通考》的編纂，也有近三十年的歷史，探尋、觀察、研究中華博物，已成其終生志趣，退役後兀自不休，廣涉祖國山川，遍尋名勝古迹。本卷所收條目及其插圖，有諸多就是大校親臨其地，目睹其物，拍攝而成。如，甘肅武威的"見錢眼開井"，廣西與越南交界處的"五十三號界碑"，福建武夷山"大紅袍"樹及"母樹碑"等，大校無不親臨其地，逐一考察驗證，擇位精拍。談及視野開闊、所見獨到，不能不談另一"博物"——"摸乳巷"。這是廣西北海升平街上的小巷名。因巷子過於狹小，當男女對面而來時，不能並肩通過，必須側身面對面行走，這樣女子的胸部很容易被摩（摸）擦，故有"摸乳巷"之名。世人亦稱之爲"君子巷"，當男女正面通過時，男子需要下蹲，讓女子跨肩而過；或者男子側身面向墻壁，讓女子優先通過，因體現君子之道，故名。"摸乳巷"興起於明清之際，曾是烟花女子活動的場所，而今世文明，"禮相往來"，大勝前朝。"摸乳巷"隱藏於騎樓林立的老街中，與沙脊街緊密相連，長度不足 200 米，寬度僅有 70 厘米，地面用石塊鋪成，歲月既久，石塊被磨得平整光滑，縫隙間青苔浮出，顯得幽静深邃。這樣的小巷老街上有二十三條之多，行人來往，少有關注研究者，大校是在采訪上述民間博物館的路上，匆而觸目，觸目動心，隨即做了此一專題考察。

本卷之不足處，在於作者雖重視名物條目之蒐羅，惜略疏於精確的分門別類，有些零亂之感。一些條目的釋文過於瑣細，本當予以改正，惜因《通考》早已全書定局，牽一髮而動全身，祇能待未來再版之時酌情厘整。

關於本卷主編，序者於《資産卷》中有更詳的介紹。此不復述。本卷的編纂進程頗爲艱辛，可資借鑒的文獻甚少，但蒼天不負苦心人，絶難中別有創獲，頗有開啓之功。但學海無涯，術有專攻，主編及協作諸君雖全力以赴，序者猶感若有所失，深知班門之斧、補天之石，盡在四海讀者之中，謹待他日惠助，以添异彩也。

　　困守書齋，眩然執筆，意猶難盡，權以爲序。

張述錚

太歲重光單閼杏月中浣初撰於山東師範大學映月亭
太歲上章困敦如月上浣增補於歷下龍泉山莊東籬齋

第一章　概　論

第一節　珍奇命名考

　　珍奇指珍寶或奇特之物品，與日常實際用品相對應，本卷作爲珠寶玉石、貴金屬或一些世間罕見之物的總稱。珍奇名物十分繁夥，作通代整體研究尚無可藉鑒者，本卷力求收錄古往今來，中華本土既有或曾經出現、屬此範疇內所有實體名物。

　　按其屬性與功用分爲兩大類，一曰“珍寶”，二曰“奇品”，今依次論釋如下。

第二節　珍寶考

珍寶的基本類型

　　探索、收錄珍奇名物，重點是珍寶。要瞭解珍寶之實，研究界常常按照珍寶材質的物理性質，將其劃分爲無機珍寶和有機珍寶兩大類型。

（1）無機珍寶，即礦物質珍寶。按其原料和相應製成品，可分珠寶玉石類、貴金屬類。

寶玉石類珍寶：主要有寶石、玉石等。

新石器時代玉璧

① 寶石是指稀少的晶瑩剔透、堅硬耐久、色彩瑰麗，可雕琢成首飾的單礦物晶體，包括天然寶石和人工合成寶石，如鑽石、紅藍寶石、水晶、碧璽等。

② 玉石多指由自然界產出，具有罕見、美觀、耐久和工藝價值的礦物集合體，其中少數玉石爲非晶質體，如軟玉、翡翠、岫玉、獨山玉、玻璃等。

③ 貴金屬類珍寶：金銀等貴金屬製成品，因加工工藝複雜、世間少有而顯珍貴之金屬製成品，古董中之金屬物品等。

（2）有機珍寶，指與自然界生物作用有關，部分或全部由有機質組成的珍寶。主要有珍珠、琥珀、珊瑚、玳瑁、象牙、犀角等類之原料和製成品。

① 珍珠：蚌貝類生物爲抵禦外來寄生物，而產生的一種珍珠質分泌物，將外來寄生物一層層包裹而凝結成的產物。珍珠因其品格高雅、光澤柔和，自古便受到大眾的喜愛和讚賞，被人們譽爲"珍寶皇后"。天然珍珠，因其產自海洋和陸地水域而有海水珍珠和淡水珍珠之別。

② 琥珀：埋藏於地層的遠古松科松屬植物樹脂，由於受到高溫、高壓，又經過漫長歲月而形成的化石。琥珀色澤像瑪瑙，光亮如珍珠，透明似水晶。品種有香珀、蟲珀、靈珀、花珀、石珀、水珀、蠟珀、明珀、金珀等，尤其以含有完整植物或昆蟲的琥珀最爲珍貴。

琥珀雕件

③ 珊瑚：衆多海生珊瑚蟲的主軸骨骼及其分泌物聚集而成的石灰質物體。在中國，珊瑚是吉祥富有的象徵，故一直用來製作珍貴工藝品。形狀有樹枝狀、盤狀、塊狀等，顏色呈白色、紅色、藍色和黑色，其中又以紅珊瑚最爲名貴。

④ 玳瑁：生活在熱帶深海底的爬行動物。玳瑁鱗片的花紋清晰美麗、色澤柔和明亮、質地晶瑩剔透，由其所製工藝飾品品位高雅、寶氣華盛。玳瑁鱗片若佩戴於身，可避露

水、去風邪，入藥則有定驚去風濕、清熱解毒之
特殊功效。故在東方人心目中，玳瑁自古就有辟
邪納福、吉祥長壽的象徵，深得古代王公貴族、
富豪人家及廣大民衆喜愛。

⑤ 象牙：大象上腭之門牙。質硬，色白，
可雕塑成工藝品，加工成首飾或珠寶，亦可加工
成現今之檯球和鋼琴鍵。象牙是一種非常昂貴的
原材料，其製品也爲人們所珍視。

玳瑁扇

⑥ 犀角：犀牛之角。生長於犀牛顏面鼻骨部，呈圓錐形，稍有彎曲，長短不等，有
較粗直綫紋。爲珍貴的牙角材料，在過去亦被視爲辟邪稀罕之靈物。

若按珍寶用途來劃分，可分爲禮儀用品、宗教用品、裝飾用品、日用器具、陳設器
物等，此不贅述。

珍寶的發展歷史

珍奇名物種類繁多，目不暇接。本文重在考釋珍寶，就珍寶實物數量和對國人影響
力而言，於漫漫歷史長河中，雖最早出現象牙、犀角之類，其後亦時或伴有珍珠、琥珀、
珊瑚、玳瑁之類。但祇有兩類堪稱"大宗"，即玉器類、金屬類。相對而言，此兩類珍寶
名目最爲繁多，并且隨着社會的發展呈現出多種變化，與國計民生關係也最爲密切。據
中國珍奇名物演進軌迹，分爲四個歷史時期。

雙孔玉鉞
（山東五蓮丹土龍山文化遺
址出土）

（一）原始人類時期

原始人類時期，今稱之爲有其"物"而無其"名"之階段。
有其"物"，根據考古發掘，我國許多原始人類遺址都曾出土過
軟玉、瑪瑙、水晶、象牙等類製品。雖屬早期形態，但已反映
遠古人類對此類稀有材質所製物品的喜愛和珍視。因當時人類
尚處蒙昧無文字階段，亦無從記載當時意識形態與物品稱謂，
故無其"名"。今所見遠古有名之物，多爲後世所定。

商玉璋

進入文明社會以後，隨着文字的發明，珍寶其物其名，隨之得以記載。而從整個先秦時代，經秦漢以至魏晉南北朝時期，在中國珍寶名物的發展史上大致可以"玉類獨顯"來概括這一階段的特色。

中國人製作玉器的歷史可追溯到七千年前。至夏商時期，玉的使用量相當大。《書·禹貢》記載，大禹劃定土地疆域時，揚州已盛產"金三品""瑶""琨"等美玉，而大禹功業告成之時，舜帝"錫以玄圭"。"玄圭"，即黑色玉器。可見夏朝初期玉已被國家開采，并廣泛用於禮器製作。至商代，玉的使用尤爲興盛，如河南安陽殷墟婦好墓中出土七百多件玉器，包括璋、璧、圭、環、琮、刀、戈、珠等各種禮器和裝飾品，材質有白玉、青玉、墨玉等。再如《逸周書·世俘解》載："時甲子夕，商王紂取天智玉琰五，環身，厚以自焚。凡厥有庶，告焚玉四千。"至西周時期，從考古發現來看，其玉器出土範圍遠遠超過商代。比較集中的有陝西寶鷄茹家莊墓地、扶風强家墓地、長安縣灃鎬遺址、北京房山琉璃河遺址、河南浚縣辛村衛國墓地、三門峽上村嶺虢國墓地等。僅茹家莊一、二號墓出土各類玉器一千三百多件，强家一號西周墓亦出土五百多件玉器。西周玉器大致可分爲裝飾藝術品和禮器儀仗兩大類，前者主要有佩飾、串飾及鳥、魚、鹿等衆多動物形狀之玉雕，後者主要包括琮、璧、璗、璜、鏟、戈、斧

西周大玉璧
（山東曲阜魯故國遺址出土）

等。從春秋時期"禮崩樂壞"至戰國時期專制集權制度之初步確立，列國爭雄，諸侯稱霸，整個社會經歷了一段大動蕩、大分裂的過程。這一時期的玉器已經不僅是上層統治階級的專享奢侈品，更表現出一定的普及傾嚮，上起帝王將相，下至庶民百姓，無一不以玉爲貴、視玉爲珍寶，玉器已經被廣泛用於喪葬、祭祀、裝潢等各個領域。最近考古發現表明，在列國的廣大範圍內幾乎都出土過大量玉器，而且表現出地方性特色。從考古發現來看，祇有秦代玉器發現較少。至漢代，隨大一統格局的出現，中國古代文化進入一段黃金時期，無論文學、哲學、史學，還是科學技術、雕塑藝術都達到前所未有之高度。玉器製作使用在這一時期亦迎來一高峰期。近七十年來，考古學界對漢代墓葬之

發掘整理，上起王侯、下至刑徒，已逾萬座。這些墓
葬中出土的大量玉器，多集中於河北滿城、北京大葆
臺、廣東廣州、湖南長沙、河南燒溝、陝西楊家灣、
山東九龍山、安徽亳縣、廣西貴縣等地的漢墓（墓葬
之外，尚有山東榮成市成山等地的其他遺址）。其中最
重要的為 1968 年河北滿城漢墓出土的玉器。滿城漢墓

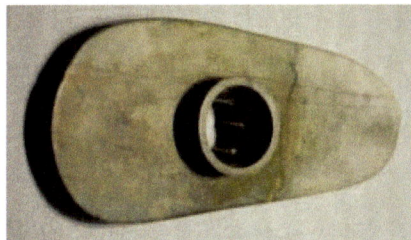

商玉戚形璧

係西漢早期中山靖王劉勝與其妻竇綰墓，各出金縷玉衣一套，每件均由兩千多塊玉片以
金絲穿綴而成，另竇綰墓出土一具由一百九十二塊玉板鑲嵌而成的鑲玉漆棺。此外還出
土有大量製作精美、藝術價值極高之玉璧、圭、佩、帶鈎、玉人等。 1983 年廣州南越
王趙眜墓亦出土眾多美不勝收之玉器，尤以造型奇特的玉角形杯和具有濃厚戰國遺韵的
鏤空龍鳳玉套環最具特色。從漢墓出土的玉器來看，西漢早中期數量多，品質好，藝術
價值甚高，西漢晚期至東漢晚期數量相對較少，且玉器品質、藝術價值要略遜一籌。至
三國兩晋南北朝時期，玉器製作走入低谷，從此一階段考古發現來看，出土的玉器不僅
數量少、品質低，而且從造型、製作技術等方面皆不脫漢玉的窠臼，應與其時政治混亂、
經濟蕭條有關係（參見昭明《中國古代玉器》）。

　　就"名"而言，殷商甲骨文中已出現"玉"字，寫作"丰"。據考，丰，像玉成串之
形，為玉之本字。至周代，根據玉器形制、用途，出現不同名稱，比如璧、琮、圭、璋、
琥、璜、環、玦等。先秦時期典籍中亦常見各種玉之稱謂，如《書·顧命》："大玉、夷
玉、天球、河圖，在東序。"孫星衍注引鄭玄曰："天球，雍州所貢之玉，色如天者。"《山
海經·海内西經》："開明北有視肉、珠樹、文玉樹、玗琪樹。"郭璞注："玗琪，赤玉屬
也。"《詩·衛風·木瓜》："投我以木瓜，報之以瓊琚。"毛傳："瓊，玉之美者。琚，佩
玉名。"漢代以後，玉之名稱愈加豐富。如，許慎《說文·玉部》所述，從質感上分有瑤、
琳、琦（均指美玉）、珝（朽玉）、璠（具有寶石般質感之玉）、玖、珉（均指石之次玉者）
等許多名稱。以色彩論又有赤玉、玄玉、紅玉、紺玉、紫玉、碧玉、水蒼玉、縹玉等名。
玉之名稱往往又與出產地有關，如"璠，璵璠，魯之寶玉"；"珣，《周書》所謂夷玉也"；
"瓘，出西胡中"。有的直接以地名命名，如垂棘、昆玉、夷玉、西土、寶蓋玉等。僅《說
文·玉部》收錄以單字命名之玉名達數百種。而這些單字自身又可以組合，以指稱最精美
之玉，如瑤璠、琨瑜、瑜珉、瓊珉、琪瑰、琳珪、玫瑰，等等（與其他字組合者，如華

琚、美寶之類，尤爲繁多，此不贅舉）。

　　與玉類名目的紛繁複雜、層出不窮相比較，在這一時期，其他類型珍寶的名目就顯得微不足道。金屬類珍寶，以貴金屬製品而論，唐以前的此類實物明顯較少，像金銀器皿，考古發現迄今總計也不過幾十件，導致研究者欲歸納一下此前各時代的器形、紋飾皆感困難。反映當時貴金屬製品的數量本就不多，故種類稀缺，名目也較簡單。至於先秦時期鑄造的青銅禮器，如鼎、鬲、甗、簋、爵、尊、盤、匜、鐃、鐘

商魯姬鼎

等，固然有不少爲世人所寶，稱之爲"重器"，此乃就其禮制地位而論，其名目複雜程度較之當時玉器，仍然遜色不少。寶石之類常與玉石相混淆，此亦造成玉石名目格外繁多原因之一，寶石之名遂被湮沒冷落。水晶、瑪瑙、琉璃之類產品量少，而珍珠、玳瑁、珊瑚、象牙、琥珀、犀角多爲外邦貢品。因實物甚少，自然名目不多。造成那個時代珍寶名物"玉類獨顯"的特點。

　　（三）隋唐至宋元時期

　　隋唐至宋元時期，珍寶名物上呈現出與前一階段不同的發展特色。

　　玉類物品，在實物數量上，根據考古發掘判斷，并不比兩漢時期多，但製作技藝却更爲精巧。風格上日益走向世俗化，即以實用爲主，充滿生活氣息。這與漢以前以禮制爲中心，造型和紋飾充滿了神秘感的風格截然不同。正如研究者指出，從新石器時代晚期至秦漢時玉器，除裝飾功能外，或服務於宗教，或象徵等級，或宣揚倫理道德，除系統性禮玉外，多爲充滿神秘色彩、怪誕不經的龍螭鳩鳳等奇鳥怪獸，加之詭秘雲、雷、蒲、穀等紋飾，形成一種既源生於現實而又超脱了現實的理念化境界（昭明《中國古代玉器》）。當人們沉迷於這種境界的時候，對玉的實體自然會賦予更多想象力，玉的名稱也一個個變得標新立異。故兩漢以前，玉之名目繁多，而且有的名稱很難理喻，大概就是出於人們想象推斷或爲地名人名，或爲寓托。寓托者多寄予吉祥，嚮往之意。社會發展至此階段，所有玉器製作者日漸把目光投向現實豐富多彩的社會生活，根據生活圖景製作玉器，既然這些圖景本身有具體名稱，那麼玉製品没必要再創新名稱。所以和前一時期玉名精彩紛呈相比，隋唐至宋元時期的玉類名目并無增色。

　　金屬類珍寶，情況則有很大不同。其實物數量比前一歷史時期有大幅增長。 1970 年陝西西安南郊何家村發掘出兩瓮唐代窖藏文物，内有金銀器皿二百多件。 1982 年江蘇丹

徒丁卯橋發現的唐代窖藏中，出土各種銀器近千件，其中器皿類亦爲數不少。金銀器皿製作代表了傳統時期金屬工藝的最高水準。目前經考古發現的唐代金銀器皿就有六百多件，同此前歷代遺留物總計幾十件相比，數量增幅令人驚嘆。這一時期，金銀器的製作工藝也比之前更爲精緻複雜。唐代金銀器製作已廣泛使用澆鑄、錘擊、切削、焊接、拋光、鍍、鉚、鏤空、鏨刻等工藝。至宋代，金銀製作進一步發展，各地金銀製作業更爲繁榮，整個社會對金銀器物的需求量巨大，不僅王公大臣、富商大賈，而且普通民衆亦愈來愈多地使用金銀器物。從考古發掘的情況看，全國各地發掘的宋代中型以上墓葬中，常見有各種金銀器隨葬，由此可見當時金銀器飾的使用已普遍化（參見李譯奉《金銀器鑒賞與收藏》）。而宋代金銀器加工工藝比唐代又有進步，物品種類尤多。伴隨實物的增長，此類珍寶名目亦較此前豐富而多變。比如以製法論金，先秦秦漢時期常見"鑄金"，至唐十四種金，至宋代，又增加到了十九種（參閱明楊慎《丹鉛續録·鈿金》）。

瓷器類物品，其名貴者在這一時期已被視爲珍寶。自唐代至五代時期，中國瓷器品種已基本完備，按瓷器出現的先後順序排列，主要有青瓷、白瓷、黃釉瓷、黑釉瓷、花釉瓷、長沙釉下彩瓷、紋胎瓷和唐三彩釉陶器等。其中，"南青北白"最爲常見，南方青瓷以越窯爲典型代表，北方白瓷以邢窯爲典型代表，同時唐三彩釉陶更負盛名。宋代瓷器則集前代之大成，有"官、哥、汝、定、鈞"五大名窯，其産品造型豐富多彩，名目更是繁多。

（四）明清及以後

明清時期，珍寶名物呈普遍迅速增加之趨勢。

對玉類珍寶來說，服務物件的範圍比之前有進一步擴大，隨玉料產地的逐漸增多，產量亦日益增長，碾玉技術更是取得重大突破，社會物質條件進步，爲玉器進一步發展奠定了堅實基礎。明清時期玉器繼承前代玉雕之優秀傳統，與此同時還藉鑒同時代金銀細工、雕塑、繪畫的表現手法，製作工藝與之前階段相比有大幅度提高。明清玉器品種之繁、數量之多、紋飾之美、雕琢之精、玉質之佳、用途之廣，空前絕後，讓人嘆爲觀止，特別於清乾隆、嘉慶年間最爲輝煌。明清時期玉器的發展是繼漢代以來的又一個玉

西漢龍形玉珮
（山東曲阜九龍山漢墓出土）

器發展的高峰，更是集歷代玉雕之大成，成爲玉器發展史上最爲鼎盛的時期（昭明《中國古代玉器》）。在這一時期，社會中出現了許多新的玉類名目，如"白截肪"，指美玉；"羊脂玉"，白玉之一種，半透明，其色如羊脂；"沙子玉"，此玉罕得，粉紅潤澤，少有大者；"罐子玉"，以藥於罐內燒成，可與真玉媲美（其法今已失傳，見載於明曹昭《新增格古要論》）；以上明代已行用。"哈什"，玉的回語音譯；痕都斯坦玉，又名莫卧兒玉、印度玉；以上清代已行用。

　　至於金屬類珍寶，明清時期的金銀器製作，和唐宋元時期那種貼近世俗生活的風格迥然不同，傾嚮於爲宮廷裝飾服務，由此亦出現一些新的爲人們視爲珍寶的金銀器名物。

西漢鎏金車飾
（山東曲阜九龍山漢墓出土）

如定陵出土的明代金爵，湖南通道縣南明窖藏發現的銀鼎、銀斝、銀匜、銀爵等，均爲此時期出現的仿商周青銅彝器作品（參見李譯奉《金銀器鑒賞與收藏》）。再如清代的金編鐘、嵌寶石金佛塔、金壇城、金盔甲、銀盆金鐵樹、金天球儀、金鏨花八寶雙鳳盆、嵌珠金杯等等（參見趙桂玲著《漫談中國古代金器文化》）。這一時期出現的金屬類器具中，頗值得注意的是琺瑯器。從明代景泰年間開始，琺瑯器即於國內廣泛流行，時以藍色釉最爲出色，故習慣稱爲"景泰藍"。現北京故宮博物院收藏有金屬胎琺瑯器七千多件，包括元明清掐絲琺瑯器、明清鏨胎琺瑯器，清代畫琺瑯器、透明琺瑯器等，一部分爲民間作坊的產品，但大部分爲宮廷製作。琺瑯器的流行，使明清以後金屬類珍寶名物又增加了不少新的內容。

　　瓷器類珍寶名物亦迅速增加。如作爲高檔陶器製品的宜興紫砂壺，自明朝正德年間開始興盛，清代生產工藝快速發展，產品風格和式樣比明代時期更加奇特，新品種也不斷增多。瓷器製作方面，明太祖於洪武二年（1369）於景德鎮珠山麓建立御器廠，建青窯、大龍缸窯、風火窯、色窯、大小橫窯、匣窯共六種二十座，專爲宮廷生產供奉所用瓷器。

　　清代製瓷中心仍在景德鎮，因清朝歷代帝王對瓷器極爲欣賞，多次派遣內務府官駐廠督造，繼續生產御用瓷器，而使之興盛過於前代。康熙、雍正、乾隆時期，幾乎所有工藝品種都有極大提高和創新，如青花和釉裏紅都有長足進步，其中色釉品種繁多，尤其以霽紅、郎窯紅、豇豆紅、霽藍、仿鈞、胭脂水、油綠、灑藍最爲著名。而釉上彩更爲豐富，又創造墨彩、釉下彩、琺瑯彩以及粉彩等。造型和裝飾方面比前代更加絢麗多姿。至袁世凱稱帝，年號"洪憲"，命郭葆昌任陶務署於景德鎮燒造御用瓷器，以雍正、乾隆之粉彩、琺瑯彩精品爲藍本，輔以當時新製瓷手段，集中高手製作，器物多爲碗、盤、杯等成套餐具

孔雀綠釉碗

與新型燈籠尊、觀音瓶、長頸雙耳瓶等宮廷藝術瓷，造型精細，彩料考究，紋飾玲瓏俊俏，但數量極少，後世稱爲"洪憲瓷"。

此外，玻璃類產品製作工藝至明清時已達到傳統時代之頂峰，數量、名目迅速增加。乾隆年間，玻璃製造得到宮廷的支援與管理，重視藝術品的製造，生活化方面則被冷落，由此亦出現一批精品，被視爲珍寶。如當時燒造的金星玻璃天鷄式水盂，通體呈深茶色，遍布金色耀眼斑點，綫條自然流暢，紋飾精美絕倫。乾嘉時期，以在宮中門窗上安裝色彩鮮明强烈的玻璃畫爲時尚，此外故宮皇極門前、北海公園以及山西大同保存的清代燒製的琉璃九龍壁，亦堪稱精美富麗。

時至清末，尤其是鴉片戰爭之後，隨同國勢衰敗，珍寶及珍寶文化亦一蹶不振。

國人的審美觀念

國人的審美觀念，因人或時代不同，而不盡相同，就珍寶對於人的作用與價值而言，在今國人心目中，可簡要歸納爲以下五個方面：

（一）爲人們帶來心理愉悅

珍寶爲珍稀美好之物，能爲人們帶來美感。如面對一件精美玉器，我們常常可以感受一種溫柔潤澤、晶瑩靈透的玉質之美，一種疏密得當、有靜有動的工藝之美。面對金銀藝術品，在炫目於高貴華美色澤的同時，亦可欣賞到其豐富多彩的器物造型、繁密瑰麗的外部紋飾，在加工精緻的各色寶石點綴搭配下，整個器物更顯色彩繽紛、燦爛奪目，從中體悟到金銀器的華美和貴氣。而一粒精圓潔白的上品珍珠，其柔和的光澤和暈彩效應，給人們留下一種朦朧的月光之美，其中隱含的則是一種溫順、賢靜的精神寓意；透

明青花藏文真言杯

過它虹彩迷人、美麗高雅的外觀，人們更可感觸到一種圓滿完美的形態意境美。當一件粉彩瓷瓶出現在觀眾面前時，其粉潤柔和的光澤，絢麗多變的圖案，俊雅微妙的畫工給人帶來一種別樣的温馨。總而言之，珍寶之美，美在外表亦美在內涵。有幸享受珍寶之美者，從觀察材質到考究工藝，從欣賞造型再到對比紋飾，從體味藝術特色到感悟一種精神的巨大力量，這實際是一個由淺至深、由表及裏的美感認識過程。從這個意義上說，認識永遠在深化，而珍寶就爲世人帶來無盡美的享受。

（二）彰顯擁有者的高貴地位

　　珍寶爲貴重之物，自古至今，王公貴族、富商大賈、名人雅士以擁有珍寶彰顯其社會地位。貴有差等，物有昂廉，人貴物昂，人藉物顯。古代禮法森嚴，不同等次珍寶的享有權與尊貴之人的級別相對應。比如，古代中國人以玉爲至寶，在用玉制度上，據《周禮・考工記・玉人》："天子用全，上公用龍，侯用瓚，伯用將。"這是對貴族用玉的質地進行規定。鄭玄注曰："全，純玉也。""龍、瓚、將，皆雜名也。卑者下尊，以輕重爲差。玉多則重，石多則輕。公侯四玉一石，伯子男三玉二石。"漢代皇室和高級貴族死後以"玉匣"殮之制度，"玉匣"即現代考古挖掘中出土的玉衣，在玉衣的使用上有着嚴格等級規定：玉衣分金縷玉衣、銀縷玉衣、銅縷玉衣、絲縷玉衣之類型，所對應使用者爲皇帝、諸侯王、公主、大貴人、异邦君長之等次。至於中下級貴族，使用玉衣屬僭越，應受嚴懲。即使器物上的龍鳳紋飾，宋元以前，儘管統治者已把龍、鳳看作帝、后身份和權勢的象徵，但龍鳳圖案却并不爲皇室所獨享，民間亦可使用。至明清時期，隨着集權制度的日益加强，龍之形象已成皇權的獨有象徵，禁止皇室以外的人采用。因此，在流傳至今的明清時代宮廷器具上，尤其

西周金人面像

明魯荒王生前所用九縫皮弁

是在金銀器上，鑄龍鳳紋飾往往爲突出特徵。作爲統治者，當然是欲藉此來凸顯皇家至尊地位。

（三）視爲人們的信仰載體

世俗間的一些珍寶被人爲地賦予某種特殊宗教意義。於是這些人間珍寶即爲某種信仰的載體。比如玉器，於中國傳統巫文化中扮演重要角色，成爲人與神溝通之工具。由於這種溝通是多方面的，因此玉器亦有了相應形制，以備所需。像所謂"六瑞"之器，最爲典型。據《周禮·春官·大宗伯》載："以玉作六器，以禮天地四方：以蒼璧禮天，以黃琮禮地，以青圭禮東方，以赤璋禮南方，以白琥禮西方，以玄璜禮北方。"爲何有此形制，鄭玄解釋爲："禮神者必象其類：璧圓象天；琮八方象地；圭銳象春物初生；半圭曰璋，象夏物半死；琥猛象秋嚴；半璧曰璜，象冬閉藏，地上無物，唯天半見。"再如佛家眼裏的琉璃，由於它內外明徹，且製作加工有"火裏來，水裏去"工藝特點，故被佛家尊爲千年修行之境界化身，如《藥師琉璃光如來本願功德經》："願我來世得菩提時，身如琉璃，內外清徹，净無瑕穢。"琉璃，亦被看作消病避邪之靈物，一般認爲佩戴或擺放琉璃可得到三種福緣。其一袪病。修行之人稱琉璃爲藥師佛之化身，可消病驅邪，獲得健康。其二堅韌。因燒製過程較繁雜困難，故佛教認爲琉璃可使人感受到提煉真理之艱難，從而獲得堅韌的力量。其三靈感。琉璃變幻瑰美、色彩絢麗，可讓人充分體會到藝術之美感并擴展想象空間，給人以靈感和智慧（參閱"中國琉璃網"《佛家眼中的琉璃》）。

（四）成爲價值貯藏的手段

珍寶價值不菲，對於擁有者而言，珍寶意味着巨大財富。需要時可折算成相當數目的金錢，以應急用，故珍寶具有價值貯藏功能。如《洛陽伽藍記》卷四記載北魏河間王元琛事迹："諸王服其豪富……琛常會宗室，陳諸寶器，金瓶銀甕百餘口，甌檠盤盒稱是。自餘酒器，有水晶鉢、瑪瑙盃、琉璃碗、赤玉巵數十枚，作工奇妙，中土所無，皆從西域而來。"元琛所擁有的珍寶物事成其豪富之重要依據。又如《天水冰山録》所列明嘉靖時嚴嵩、嚴世蕃父子被抄家産，純金器皿共三千一百八十五件，重一萬一千零三十三兩三錢一分；金鑲珠寶器皿共三百六十七件，重一千八百零二兩七錢二分；金鑲珠玉首飾共二十三副，計二百八十四件，共重四百四十八兩五錢一分；金鑲珠寶首飾共一百五十九副，計一千八百零三件，共重二千七百九十二兩二錢六分；銀嵌珠寶首飾計六百二十八件，共重二百五十三兩八錢……這些珍寶價值在抄家時自然是估算在內的。

而珍寶既然被等同於衆多資財，故人世間圍繞珍寶的爭奪此起彼伏，永無休止。

（五）藉作世人的健康伴侶

不少珍寶類物品，因其製成物本身的物理化學性質，對使用者、佩戴者身體具有醫療保健作用。比如玉器，因玉中含多種對人體有益之微量元素，如硒、鋅、銅、錳、鐵、鉻、鎳等。人長期接觸和使用玉製品，對人體具有一定的保健作用。再如珍珠，長期接觸珍珠、佩戴珍珠首飾，珍珠中所含藥物成分經摩擦被人體吸收，可使人神清目明，并有助於防治甲亢、咽喉炎等慢性病。金銀器中金亦是一味中藥，臨床用於治療驚癇癲狂，五臟風癇，心悸瘡毒，咳喘上氣，傷寒損肺吐血、骨蒸勞極作渴，并解諸藥毒等。至於銀於醫療保健方面的用途更多：它可藥用，用於治療驚癇癲狂，心悸恍惚，夜不安寐，風熱癲疾，痘瘡諸毒等症，又可殺菌、抗菌，每升水中含五千萬分之一毫克的銀離子，即可將大部分細菌殺死。銀離子有生肌、收斂、促進組織修復和再生功能，可加速創傷面與糜爛面的恢復，促進創傷口處上皮細胞再生，避免疤痕生成。亦可驗毒，毒藥中的硫離子與銀發生反應，生成黑色硫化銀，故銀器變黑常常爲有毒標志。琥珀一方面爲美麗之裝飾，另一方面有具鎮驚安神、通淋利水、活血散瘀、止渴除煩、化痰清肺等作用，故長期佩戴琥珀首飾，有助於克服憂鬱症，保持心理平衡。可惜，對於珍寶和人類健康之間的關係，前人論述較少，而這一論題在現代社會中有着日益明顯的研究價值。

第三節　奇品考

玩賞名物的常用名稱

在中國古代，各種玩賞名物的分類紛紜繁複，見諸典籍記載者，俯拾皆是。如《書・仲虺之誥》中已有"聲色"的記載，所謂"聲"，指音樂歌聲，所謂"色"，多指女色。《宋史・李沆傳中》又見"聲色犬馬"的論述，於女色之外，又加動物馴養玩賞之類。"聲色犬馬"，常爲帝王權貴所玩賞，爲平民百姓所不齒。此外養荷、養蘭、養桔梗，鬥雞、鬥鵝、鬥蟋蟀，行用漸廣，人們於温飽之餘，常以爲樂趣，而那種痴迷其中，乃至禍國殃民者，如宋相賈似道之類，則當作別論。

本考所稱的奇物，專指世間各種各類稀有罕見之物，全部是静態之物，可欣賞、可把玩之物，少有階級、貧富所造就的差异。其名稱涵義雖十分相近，却不盡相同。常見者有"玩物""古玩""古物""奇玩""珍奇""珍玩""珍物""玩好""古董"等。這諸類名稱的出現，并非詩詞用語或一般辭藻，隨心所欲，也并非某朝某代姑且一用，偶爾一見，多是通代而廣泛，幾乎貫穿整部中華文明史。如《書·吕獒》中已有"玩人喪德，玩物喪志"之語。此"玩物"雖屬玩物之舉，却有玩物其實。後世有以女性爲玩物者，玩物已非單指器物，權可不論。先秦文獻另有"玩好"一詞，語意最爲明確。如《周禮·天官·大府》："凡式貢之餘財，以共玩好之用。"鄭玄注："有餘財，乃可以共玩好，明玩好非治國之用。"據此可知，周代已見此詞，以供娱樂玩賞。此"玩好"指嚮範圍非常廣泛，未加任何區別。同書《内饔》篇有"珍物"一詞，通常釋爲"諸八珍之類"（見賈公彦疏文），實則指一切珍奇之物。《漢書·高帝紀上》記載："沛公居山東時，貪財好色，今聞其入關，珍物無所取，婦女無所幸，此其志不小。"此處"珍物"與"貪財"相對，非常明確，指一切珍奇之物。漢代亦有"珍奇"（見《後漢書·竇融傳》）、"珍玩"（見前書《獨行傳·劉翊傳》）、"奇玩"（見前書《董卓傳》）諸詞，其共同點皆强調"珍"或"奇"。至南齊又出現"古物"一詞（見《南齊書·孔稚珪傳》），此處强調一個"古"字。兩宋至元代，隨同社會生活複雜化，"谷董""骨董""汩董""古董"諸詞相繼産生，其原意本不盡同（見下"古董考"文）。至元代"古玩"一詞（見元吴萊《陳彦理昨以漢石經見遺》詩）的産生，與南齊"古物"意同，强調玩賞性。憑藉以上名類可知，上自君王，下至百姓，無不喜歡奇物者。以名類變幻演進，亦大抵可知朝代興衰。自兩漢初具規模的奇物鑒賞、收藏與交易，至兩宋古董行風行，充分説明中華奇物衍生發展史。參見下文"古董考"。

此外還有另一種名類，如"魚龍""爵馬"等。因其語意難明，後世少見，特分述如下：

"魚龍"，由古代游戲類專有名物詞演化而來。本指古代百戲中能變化爲魚和龍的猞猁型道具。後泛指百戲類游戲名。猞猁，繁盛於侏羅紀時的一種爬行動物。形似魚，四肢槳狀，眼大，嘴長，牙齒鋭利，生於海洋，善游泳。《漢書·西域傳贊》已有記載，唐人更有生動描寫：如"設酒池肉林以饗四夷之客，作《巴俞》都盧、海中《碭極》、漫衍魚龍，角抵之戲以觀視之。"顏師古注："魚龍者，爲舍利之獸，先戲於庭極，畢乃入殿前激水，化成比目魚，跳躍漱水，作霧障日，畢，化成黄龍八丈，出水敖戲於庭，炫燿日光。"

"爵馬"，本指古代角鬥性質的雜耍，後泛指角鬥類游戲名。爵，通"雀"。《後漢書·南匈奴傳》述及"角抵百戲"："天子臨軒，大鴻臚持節拜授璽綬，引上殿。賜青蓋駕駟、鼓車……饗賜作樂，角抵百戲。"李賢注曰："角抵之戲則魚龍爵馬之屬，言兩兩相當，亦角而爲抵對，即今之鬥（用）〔朋〕，古之角抵也。"其後南朝宋鮑照《蕪城賦》、唐韋莊《雜感》詩、宋黄彦平《樂府雜擬》等詩賦中皆引有"爵馬"之典。

"魚龍""爵馬"之名類，雖非可把握之静態物，與"玩物""古玩"之類之器物有所不同，但亦屬人造的切實的"玩物""古玩"，且十分奇特，故而本考亦予收録。

古代遺存物精選

何謂"古董"？"古董"原無定字，亦無定意，或作"谷董""汩董""骨董""榖董"。兩宋時所指"古董"涵義甚廣，包括日常生活雜用之物。"古董"一詞。首見於元秦簡夫雜劇《東堂老》第一折，指可供鑒賞把玩的古代遺存物，始與今音形義盡同。"古董"的鑒賞把玩，先秦時期已出現，兩漢時期"古董"的交易活動已頗具規模，至兩宋時期已見"骨董行"之名。明人董其昌著《骨董十三説》稱："雜古器物不類者爲類，名骨董。向有人以食品雜烹之名骨董。""古董"自乾隆年間至20世紀50年代初稱"古玩"。1953年鑒於《書·旅獒》有"玩人喪德，玩物喪志"之説，遂改"古玩"爲"文物"。後因"文物"又分"古代文物"與"革命文物"兩種，近年復啓用"古玩"字樣，以代"古代文物"。如《古玩史話與鑒賞》《簡明古玩辭典》等。古董其物，形形色色，堪稱包羅萬象。有些似曾相識，有些則非常陌生，常出所料。略舉實例如下：

2019年10月，上宅新石器時代文化遺址出土一小猴石雕，距今六千年至八千年。遺址位於河北平谷韓莊鄉上宅村北200米處山坡臺地。此石雕長3.1厘米，黑色滑石材質；頭部精準地雕刻出眼睛、耳朵、鼻子、嘴巴，甚至眉毛；但整體雕成蟬的樣子，蟬猴合體。此石猴又名知了猴。在古人眼裏，蟬冬天鑽入土中，夏天鑽出地面，周而復始，生生不息，永生"神"物。故後人製成冠蟬、佩蟬、含蟬，用於不同場合，成爲人們心中的圖騰。再如，2007年10月，湖南常德戰國楚墓出土青銅飛鏢三件，爲冷兵器時代戰場上常用暗器之一，作用不亞於弓箭，殺傷力頗大。古代飛鏢主要有兩種，一爲投擲式飛鏢，依靠鏢尖傷人；一爲旋轉式飛鏢，依靠鏢身四周鈎刃傷人。因旋轉式飛鏢像飛行的燕子，故又稱"燕子鏢"。此件飛鏢屬燕子鏢，片狀，茶杯蓋大小，中間四個圓洞，外周三個弧形刃和"角"，每隻重量均爲 21 克，爲國內出土最早之飛鏢實物，不僅彌補了史料記載的缺憾，對研究古代兵器亦有巨大作用和價值。又如，1968 年 6 月，陝西彬縣城牆跟土基中發現一青釉倒流壺。此壺亦稱"内管壺""倒灌壺""倒裝壺"，因壺雕刻圖案鳳凰爲百鳥之王，獅子爲百獸之王，牡丹爲百花之王，故又名"三王之壺"。此壺可於壺底注水，倒過來再從壺嘴倒出，完全玩賞所用。這種倒流壺當始於唐元和之後（一説始於春秋，甚誤），多爲陶瓷製，宋代已臻於完善。彬縣出土之青釉倒流壺爲耀州窰製品，通高 19 厘米，腹徑 14.3 厘米，足徑 12 厘米。釉色青綠深沉，素雅潤澤。上部爲雙蒂式虛設假壺蓋。提梁爲一隻伏臥鳳凰，鳳首微昂，雙目圓睜，注視前方；提梁上接壺頂，下接壺腹一側。壺嘴爲張大口側臥的母獅，身下一隻幼獅正在吸吮乳汁，子母獅貼塑於提梁另一側，獅口即爲壺流。肩腹之間裝飾乳釘紋、垂三角紋各一周。壺身圓形，腹部剔刻纏繞的牡丹花，圖案簡潔明快，綫條活潑流暢；下刻仰蓮紋一周。底部一梅花孔，倒置可灌水，正置滴水不漏。腹下圈足略外撇。此壺集捏塑、剔刻、模印等技藝於一體，爲陶瓷藝術中的一朵奇葩，現收藏於陝西省歷史博物館，爲鎮館之寶。倒裝壺注水過程如下：將壺倒置，水由梅花孔注入，壺内漏注與梅花孔銜接，水通過漏注流入壺内，利用"連通器内水面等高"原理，由漏注控制水面。水位上漲至連接壺嘴隔離裝置等高時，注水，水外溢由壺嘴流出，説明壺已滿。壺正立，由於漏注上孔高於水面，梅花底孔不會漏水。經改進，可於一壺内裝多個内膽，倒出不同液體。

華夏多有罕見奇物

所謂"外品"，指先民所製室外、山野之間的物品。這些物品多不具把玩鑒賞性，除却一些行旅諸物之外，尚有喪葬之物，如古墓、碑碣刻石、祭祀祭奠之類皆歸外品。就以上"外品"而言，主要以開闊人們視野，增加生活樂趣，以及具有歷史意義與教育價值爲尚。兹以古今墓葬、碑碣爲例，略舉實例如下：

商代講究厚葬，大批金銀珠寶埋入地下，引發盜墓潮。爲了防止盜墓，出現了鐵墓、流沙墓，將墳墓建在大山裏……更可笑的還有"哭窮墓"，三國魏張詹墓即屬此。張詹死後，墓地建造於大家都能看到的地方，并於墓碑上聲明"白楸之棺，易朽之裳；銅鐵不入，丹器不藏。嗟矣後人，幸勿我傷"。南朝宋元嘉六年（429），因水災，饑民挖開張詹墓，發現大批金銀珠寶和漆器陪葬，棺材釘全爲金子製成。所有的盜墓賊都被張詹"哭窮"給騙了。後世唐太宗李世民之昭陵，亦曾效仿，唐滅後同樣被盜取，墓中的寶物被洗劫一空，諸如此類的外品，在中國古代的一些特殊時期，常有所見。

而廣見於中國的碑碣，亦有奇特價值。如清康熙四十五年（1706），孫士寅被朝廷派往雲南平彝縣（今富源）任知縣。上任僅携帶一把古琴。到任後愛民如子，帶領群衆防洪搶險，戰勝灾情，并解囊救助貧苦百姓。做了六年平彝縣令，清正廉明，離任時竟然囊空如洗，没有返鄉路費，百姓的捐助，分文不取，賣掉古琴作盤纏。百姓自發結隊相送至十里纔揮泪惜別。爲褒其美德，人們自發捐銀立"遺愛碑"於勝境關驛道旁。爲治貪反腐，封建王朝亦從制度上采取措施，防止腐敗的發生，"記惡碑""文臣七條碑""戒貪碑"等即爲政府措施之一，對於防治腐敗起到積極作用。本卷第八章設有專考，此不贅述。

第二章　寶石説

第一節　寶石考

　　寶石，指天然、高强度、耐磨、耐腐蝕、美麗貴重之礦石，或天然、温潤、美麗之石頭，亦包括依其性質而非仿其外表的人工製品。

　　從寶石學看，寶石的概念有廣義和狹義之分。廣義的概念寶石和玉石不分，泛指寶石，指色彩瑰麗、堅硬耐久、稀少，并可琢磨、雕刻成首飾和工藝品之礦物或岩石，包括天然和人工合成，亦包括部分有機材料。狹義的概念有寶石和玉石之分，寶石指色彩瑰麗、晶瑩剔透、堅硬耐久、稀少，并可琢磨成寶石首飾的單礦物晶體，包括天然和人工合成，如鑽石、藍寶石等；玉石指色彩瑰麗、堅硬耐久、稀少，并可琢磨、雕刻成首飾和工藝品之礦物集合體或岩石，如翡翠、軟玉、獨山玉、岫玉等，同樣有天然和人工合成之别。玉石亦有狹義和廣義之分，狹義僅指硬玉（以緬甸翡翠爲代表）和軟玉（以和田玉爲代表）；廣義包括多種用於工藝美術雕琢之礦物集合體或岩石，少數爲非晶質體，如歐泊。

　　總體上，寶石是珠寶玉石的簡稱。包括珠（珍珠和有機寶石）、寶（鑽石、紅寶石、藍寶石、祖母緑、水晶、碧璽等礦物單晶體）、玉石（翡翠、和田玉、岫玉、緑松石、青金石、瑪瑙等礦物集合體，少數爲非晶質體等）。其中，珍珠、琥珀和珊瑚爲有機寶石，亦稱生物寶石；寶石和玉石爲無機寶石。天然寶石因地質作用形成的由單礦物晶體或由衆多單、複礦物聚合成岩石構成，比如藍寶石、紅寶石、鑽石、水晶、橄欖石、翡翠、軟玉、瑪瑙等。合成鑽石、合成水晶、合成紅寶石等物理、化學性質與天然寶石相同或基本相同。但仿造者祇是表面似寶石實際是寶石贋品，主要指外表似某些寶石的塑膠、玻璃等製品或無機化合物，其物理、化學性質與天然寶石無任何聯係，如仿鑽石的立方氧化鋯（"蘇聯鑽"）、仿珍珠的塑膠、仿翡翠的綠色玻璃等。珍貴的

紅寶石項墜

石頭，則因其形色以及構成成分或作用之特異而爲世人看重，頗受青睞。至於有機寶石，如珊瑚、珍珠、琥珀等，因其形成過程與生物或地質作用有關，對此類寶石，本卷將另闢章節予以介紹。

在中國歷史上，因人們極重視寶玉，故而寶石與玉石常常混稱，其名目繁多，故史料記載很難將兩者區別開來。若以今日流行的來自西方之說法，四大名貴寶石有：鑽石、紅寶石、藍寶石、祖母綠，水晶、碧璽、橄欖石、托帕石、石榴石等屬於單礦物，都是寶石。鑽石，俗稱"金剛鑽"，位列名貴寶石之首。據近代章鴻釗《石雅·玉石》記載："金剛之名，漢以前書不載，有之自晋始。"《晋起居注》云："咸寧三年，敦煌上送金剛，主金中不淘不消，可以切玉，出天竺。"

寶石之名，最晚三國時期已有。《三國志·魏書·管寧傳》：明帝青龍四年（236），張掖有"寶石負圖，狀像靈龜……麟鳳龍馬，焕炳成形；文字告命，粲然著明"。《元史·巴延傳》："賜七寶玉書龍虎金符。"據載，典瑞院所製龍鳳牌，其三珠各涵徑寸真珠一枚，飾以寶石，用白玉鑲嵌造，即此所稱龍虎符。《明史·韓文傳》："索寶石、西珠。"寶石之名目，或以地域分，如"青田凍"（見清阮葵生《茶餘客話·青田凍壽山石》）、雨花石（見元馬祖常《登雨花臺》）、藍田石（見唐蘇鶚《杜陽雜編》卷上）等。或以顏色分，如"墨玉"（見宋杜綰《雲林石譜·墨石》）、"青寶石"（見清谷應泰《博物要覽》卷六）、紅寶石（見清谷應泰《博物要覽》卷六）、"碧靛子"（見明曹昭《格古要論·珍奇論》）等。或以形制分，如"貓眼石"（見宋佚名《百寶總珍集》卷五）、"石榴子""江豬牙"（見明曹昭《格

古要論・珍奇論》）等。有中國出産者，亦有外邦進貢者。中國所出産者或有古名，外邦進貢者則有音譯名。

按，寶石的特殊光學效應：寶石所具有的奇异的光彩現象，是由於寶石在結晶時其内部含有包裹體、雙晶紋、晶格結構缺陷等，造成了光的干涉、衍射和散射等現象，在光的照射下就會出現一些特殊的光學效應。常見的特殊光學效應有星光、猫眼、砂金、變色、變彩、月光、發光效應等。

星光效應：又稱星彩效應或星狀圖形效應。弧形凸面寶石在光的照射下，表面呈現交會的四射、六射和最多十二射星狀光芒的光學現象，似夜空中的星光。這是因爲在這些寶石中含有很細的針狀、管狀內含物，這些針狀、管狀內含物之間相交爲 60 度角（呈六射綫），彼此與寶石横軸平行排列的兩組或三組針狀管狀內含物。能産生六綫和十二綫星光效應的寶石有紅寶石、藍寶石、芙蓉石等。能産生四綫星光效應的寶石有石榴石、透輝石等。

猫眼效應：弧面寶石在光綫照射下，表面呈現明亮的光帶，當寶石轉動時，光帶移動，似猫眼細長的眸子，稱爲猫眼效應。這是因爲寶石中含有纖維狀、管狀、針狀內含物。能産生猫眼效應的寶石有金緑寶石、海藍寶石、月光石、碧玉、碧璽等。

砂金效應：透明、半透明的寶石，當内部含有許多不透明的微小固體包體時，在光照射下，經反射而閃閃發光，這種現象稱砂金效應。這是因爲透明寶石内部有許多不透明的浸染狀分布的微細片狀、鱗片狀、粒狀的固態色體，如雲母片、赤鐵礦等對光進行反射，從而産生砂金效應。能産生砂金效應的寶石有日光石、東陵石等。

變色效應：寶石在不同光源照射下，呈現不同的顔色，稱爲寶石的變色或變彩效應。這是由寶石對光的選擇性吸收造成的。如變石，在日光的照射下呈緑色，而在白熾光的照射下呈紫紅色，因此獲得“白天的祖母緑，夜間的紅寶石”之美稱。這是因爲人工的白熾光含紅色的成分高，而日光以藍緑色爲主，所以寶石的顔色因照射的光源不同而變化，這種現象叫“色變”。具有變色效應的寶石叫變石，也叫亞歷山大石。能産生變色效應的寶石有藍寶石、變石、紅寶石、碧璽、石榴石等。

變彩效應：即在白光照射下，同一寶石界面上同時顯示出多色變換閃光的一種現象。當轉動寶石或光源時，寶石的色彩也在不斷游動變換，出現紅、橙、黃、緑等多種迷人的色譜。這是由光的干涉産生的。這種寶石是低温富二氧化矽的水沉積到岩石孔洞和裂縫中形成的，無定型球狀微粒結構，微粒間有一定的空隙，當光照射到這種結構的寶石上時，發生光的繞射，産生變化着的光譜色，這種現象稱爲變彩或游彩。能産生變彩效應的寶石爲歐泊和虹彩長石。

月光效應：這是因正長石中還有鈉長石相交融，正長石和鈉長石的相互層狀交生，折射率稍有差異，造成光的反射、散射和干涉作用綜合引起的。密集的散射光綫聚集在一起，出現朦朦朧朧的、淡藍色的暈輝。這種光學現象叫暈輝效應。由於這種暈輝，猶如朦朦朧朧的月亮，故名月光石，或月亮寶石。這種效應稱爲月光效應。具月光效應的微斜長石稱爲月光石。

發光效應：在黑暗處能夠發出螢光或磷光現象的寶石稱爲發光寶石。有些寶石在激發光源（如紫外綫）激發下發出可見光的現象，若關閉激發光源後，發光停止，這種現象稱爲螢光。若關閉激發光源後，寶石繼續發光，則稱爲磷光。

多色性：指非均質的寶石晶體因各嚮異性使晶體的不同方嚮呈現不同的顏色。一軸晶的彩色寶石在兩個主振動方嚮上，呈現兩種顏色，具有二色性；二軸晶的寶石在不同的主振動方嚮上呈現三種不同的顏色，具有三色性。如藍寶石，晶體順其柱體處長方嚮呈藍綠色，垂直延長方嚮呈藍色，爲二色性寶石。常見的可以産生二色性寶石有變石、紅寶石、藍寶石、海藍寶石。常見的可以産生三色性寶石有堇青石、紅柱石、紫鋰輝石、榍石等。

木難

亦稱“木難珠”“莫難珠”。寶珠名。其形圓而色黃。西番、回鶻地方諸坑内及雲南、遼東有之。三國魏曹植《樂府詩》：“明珠交玉體，珊瑚間木難。”《新唐書·拂菻傳》：“土多金、銀、夜光璧、明月珠、大貝、車渠、碼瑙、木難、孔翠、虎魄。”明朱謀㙔《駢雅·釋地》：“夜光、隨侯、江歷、莫難、木難、瑟瑟，寶珠也。”明丘濬《大學衍義補·治國平天下之要·貢賦之常》：“臣嘗因是而考古今之所謂寶者，三代以來中國之寶，珠、玉、金、貝而已（貝俗謂海介蟲），漢以後西域通中國，始有所謂木難、琉璃、瑪瑙、珊瑚、瑟瑟之類，雖無益於世用然猶可製以爲器焉，至元所謂寶者則異於是，是皆瑰石、碎砂之屬，形既不圓，文又不瑩，他無可用者，但可用之麗金銀以爲服飾耳，乃至費貲萬億以售之。嗚呼，棄有用之金銀，易無用之砂石，惑亦甚矣。”因形圓故名木難珠。元陳孚《葛嶺行》詩：“麒麟銀裳龍綃裾，佩以文螺木難珠。”明李時珍《本草綱目·石之二·寶石》中記載：“寶石出西番、回鶻地方諸坑井内。雲南、遼東亦有之，有紅、綠、碧、紫數色。紅者名刺子，碧者名靛子，翠者名馬價珠，黃者名木難珠，紫者名蠟子。”亦稱“莫難珠”。五代馬縞《中華古今注》卷中：“莫難珠，一名木難珠，色黃，出東夷國也。"

【木難珠】

即木難。此稱三國時期已行用。見該文。

【莫難珠】

即木難。此稱五代時期已行用。見該文。

火齊珠 [1]

亦稱"玫瑰""琅玕""紫辣子"。省稱"火齊"。寶石名。狀如雲母，色如紫金。產於今印度一代。漢司馬相如《子虛賦》："其石則赤玉玫瑰。"郭璞注："晋灼曰：玫瑰，火齊珠也。"漢張衡《西京賦》："翡翠火齊，絡以美玉。"李善注："火齊，玫瑰珠也。"《急就篇》卷三："繫臂琅玕虎魄龍。"顏師古注："琅玕，火齊珠也。一曰石之似珠者也。"《梁書·諸夷傳·海南諸國》："中天竺國在大月支東南數千里，地方三萬里……土俗出犀、象、貂、羆、玳瑁、火齊。"又："火齊狀如雲母，色如紫金。有光耀，別之則薄如蟬翼，積之則如紗縠之重沓也。"明王圻《稗史類編》："予舊見有婦人耳環，色紫而光艷，照應，或稱爲紫辣子，蓋火齊也。"清吳偉業《咏拙政園山茶花》詩："吐如珊瑚綴火齊，映如蠨蛸凌朝霞。"

【琅玕】 [3]

即火齊珠。此稱漢代已行用。見該文。

【玫瑰】 [2]

即火齊珠。此稱漢代已行用。見該文。

【火齊】

"火齊珠"之省稱。此稱南北朝時期已行用。見該文。

【紫辣子】

即火齊珠。此稱明代已行用。見該文。

石榴子

亦稱"加内石"或"石榴石"。因形狀、顏色極像石榴"籽"，故名。相傳石榴樹來自安息國，史稱"安息榴"，簡稱"息榴"，并轉音"石榴"。我國珠寶界，石榴石工藝名"紫牙烏"。"牙烏（雅姑）"源自阿拉伯語，又因石榴石常呈紫紅色，故名。根據其所含成分，可分多種：鐵鋁榴石、鎂鋁榴石、錳鋁榴石、鈣鋁榴石、鈣鐵榴石、鈣鉻榴石等。此石各品種成分差異較大，物理性質也有較大差異。其晶系爲等軸晶系（均質體）。理想形態爲菱形十二面體，四角三八面體或兩者聚形。元伊世珍《琅嬛記》卷下："薑思張不得數見，藏其指甲，著闍婆錦囊中，佩之裙帶，時私啓視，恍如握手。一日覺錦囊差重，視之有物，若南蕃石榴子，私心異之。尋有老僧乞食，識其家有寶氣，借觀之，遂求買一粒，願與直五十金。"明曹昭《格古要論·珍奇論·石榴子》："石榴子出南蕃，類瑪瑙，顏色紅而明瑩，如石榴肉相似，故名曰石榴子。可鑲嵌。"明馬歡《瀛涯勝覽》："國之西南，去百里有一市鎮，名上水，可通雲後門，此處有番人五六百家，諸色番貨皆有賣者。紅馬廝肯的石，此處多有賣者，此石在紅雅姑肩下，明净如石榴子一般。"《型世言》第一二回："王奶奶道：'打便打得來，好

石榴石手串

金子不過五七換罷，内中有一粒鴉青、一粒石榴子、一粒酒黄，四五顆都是夜間起光的好寶石，是他家祖傳的，那裏尋來？'"

走水石

似貓眼而無活光的一種寶石。出越南、斯里蘭卡一帶。此稱明代已行用。明方以智《物理小識·金石類》："寶石不一：古里三佛齊安南錫蘭山，寶石藏璞中，有生水中者，中含活光，一縷煮酒色者，曰'貓睛'，大者'虎睛'，光焰閃鑠。亦有荳青湖水色、黑色，其無活光，曰'裸子''蜻蜓頭''走水石'。"明徐應秋《玉芝堂談薈·鴉鶻石》："走水石，新坑出者，似貓睛而無光。"

江豬牙

珍寶名。如棗色，紋理粗細與象牙相似，出喜馬拉雅山以南的地域内。明曹昭《格古要論·珍奇論》："江豬牙，出南番。如棗色，紋理分粗細與象牙相似，世傳多年龍牙多作刀靶、扇柄。假者以白象牙用藥煮成。"參閱《格致鏡原》卷三三。

青寶石

青色寶石。《金瓶梅詞話》第一一回："西門慶恰進門檻，看見二人家常都帶着銀絲鬏髻，露着四鬢，耳邊青寶石墜子，白紗衫兒，銀紅比甲，挑綫裙子，雙彎尖趫紅鴛瘦小鞋，一個個粉妝玉琢，不覺滿面堆笑，戲道：'好似一對兒粉頭，也值百十銀子！'"清谷應泰《博物要覽》卷六："錫藍國又産青寶石，色深青藍靛，明瑩光潔。"又："青寶石，石色淡青如天晴色。"參閱《格致鏡原》卷三三。

金剛石

亦作"金鋼石"。省稱"金鋼"。亦稱"金剛鑽""鑽""鑽石"。純碳構成之礦物。有各種顏色，透明或半透明，有光澤，有極强折光力，爲已知最硬物質。經過琢磨稱鑽石，可做首飾。工業上用作精細研磨材料、高硬切割工具。《太平御覽》卷八一三引《玄中記》曰："金剛出天竺大秦國。一名削玉刀，削玉如鐵刀削木，大者長尺許，小者如稻米。""金剛"因其極堅利，佛家視爲稀世之寶。《大藏法數》卷四一："梵語跋折羅，華言金剛。此寶出於金中，色如紫英，百煉不銷，至堅至利，可以切玉，世所稀有，故名爲寶。"南朝梁沈約《謝齊竟陵王示華嚴瓔珞啓》："法身與金剛齊固，常住與至理俱存。"季羨林等校注："梵文 Vajra，音譯跋折羅，即金剛石。佛教之金剛常喻堅貞不壞。""金剛石"之名始見於唐代。唐劉餗《隋唐嘉話》卷中："貞觀中有婆羅僧言得佛齒，所擊前無堅物……〔傅奕〕聞之，謂其子曰：'是非佛齒。吾聞金剛石至堅，物不能敵，唯羚羊角破之。汝可往試之焉。'"後俗稱"金剛鑽"。《新五代史·四夷附録三·回鶻》："其地出玉……金剛鑽、紅鹽。"明李時珍《本草綱目·石之四·金剛石》："金剛鑽，其砂可以鑽玉補瓷，故謂之鑽。"清王韜《甕牖餘談·金鋼石》："金鋼石，金中之鋼，利而能斷，是石堅而無比，故名金鋼。"明代簡稱爲"鑽"。《正字通·金部》："鑽，金剛鑽。"清陳倫炯《海國聞見·録東南洋記》："鑽有五色，金、黑、紅者爲貴……各番以爲首寶，大如棋子，值價十萬餘兩。"清阮葵生《茶餘客話》卷一九："金剛鑽狀似紫石英，可以刻玉。錘之以鐵而不傷，鐵乃自損。第有南鑽北鑽之分。南鑽堪用，北鑽不可用。色以酒黄爲貴，豆綠色、湖水色、

紫色者次之。"如今多稱之爲"鑽石"。1905 年
1 月 25 日，南非普列米爾礦山發現一塊體積約
5×6.5×10 厘米的金剛石，純净透明，呈現淡
藍色調，屬於最佳品級的寶石級金剛石，也是
世界上發現的最大寶石級金剛石。迄今世界頭
號鑽石爲庫里南加工的庫里南一號。庫里南非
一完整晶體，衹是一個大晶體之一部分碎塊。
1907 年 12 月 9 日南非德蘭士瓦地方當局爲祝
賀英王愛德華三世生日贈給英國皇室。

【金剛】

　　"金剛石"之省稱。此稱南北朝時期已行
用。見該文。

【金剛鑽】

　　即金剛石。此稱唐代已行用。見該文。

【鑽】

　　即金剛石。此稱明代已行用。見該文。

【金鋼石】

　　同"金剛石"。此體清代已行用。見該文。

【鑽石】

　　即金剛石。此稱多行用於現當代。見該文。

星漢砂

　　亦稱"星漢神沙"。寶石名。明宋應星《天
工開物·珠玉》："凡寶石皆出井中，西番諸域
最盛，中國唯出雲南金齒街與麗江兩處。屬紅
黄類者，爲貓睛、靺鞨芽、星漢砂、琥珀、木
難、酒黄、喇子。"明湯顯祖《牡丹亭·謁遇》：
"這是星漢神沙，這是煮海金丹和鐵樹花。"

【星漢神砂】

　　即星漢砂。此稱明代已行用。見該文。

映紅

　　珍貴紅寶石。因其光能映紅周圍之物，故
名。清趙翼《粵滇雜記》："寶石有紅、藍諸色，

舊時質大而光厚，並有映紅、映藍二種，貯水
缸則滿缸如其色，近已不可得。"《小五義》第
五七回："〔徐良答〕這箱子裏頭，有映青、映
紅、珍珠、瑪瑙、碧璽、翡翠、貓兒眼……"

映藍

　　珍貴藍寶石。因其光能映藍周圍之物，故
名。清趙翼《粵滇雜記》："寶石有紅、藍諸色，
舊時質大而光厚，並有映紅、映藍二種，貯水
缸則滿缸如其色，近已不可得。"清佚名《查
抄和珅家産清單》："珠寶庫：桂圓大東珠十
粒；珍珠手串二百三十串；大映紅寶石十塊計
重二百八十斤；小映紅寶石八十塊未計斤重；
映藍寶石四十塊未計斤重；紅寶石帽頂九十顆；
珊瑚帽頂八十顆；鏤金八寶屏十架……"

紅剌

　　亦稱"剌子""喇子""桃花剌"。紅色寶
石。明陶宗儀《輟耕録·回回石頭》："大德間，
本土巨商中賣紅剌一塊於官，重一兩三錢，估
直中統鈔一十四萬錠，用嵌帽頂上。"明李時
珍《本草綱目·石之二·寶石》："寶石出西番
回鶻地方諸坑井内，雲南、遼東亦有之。有紅、
緑、碧、紫數色。紅者名剌子，碧者名靛子。"
明宋應星《天工開物·寶》："凡寶石皆出井中，
西番諸域最盛，中國唯出雲南金齒衛與麗江兩
處。……屬紅黄類者，爲貓睛、靺鞨芽、星漢
砂、琥珀、木難、酒黄、喇子。"明張應文《清
秘藏》："桃花剌，色淡紅而極嬌。"

【剌子】

　　即紅剌。此稱明代已行用。見該文。

【喇子】

　　即紅剌。此稱明代已行用。見該文。

【桃花刺】

即紅刺。此稱明代已行用。見該文。

紅寶石

亦稱"照殿紅"。呈紅色剛玉晶體。主要
成分爲三氧化二鋁，因含鉻而呈紅色。鉻含量
越高顏色越紅，最優質的紅寶石稱"鴿血紅"，
爲紅寶石中之精品。紅寶石屬三方晶系，透明
至半透明，玻璃光澤。非均質體。摩氏硬度9；
比重3.97～4.05克/立方厘米。斷口呈不均勻
或貝殼狀。紅寶石二色性明顯，常表現爲：紫
紅/褐紅，深紅/紅，紅/橙紅，玫瑰紅/粉紅
等。紅寶石具有特殊星光效應，於光照下反射
出六射或十二射星光；在長、短波紫外綫照射
下發紅色及暗紅色熒光。紅寶石與祖母綠、藍
寶石、碧璽等均屬有色寶石。紅寶石與鑽石、
祖母綠、藍寶石并稱世界四大名寶石。明嚴從
簡《殊域周咨錄・蘇門答刺》："其國在大海中，
有翠藍山最高大，參天。山頂產有青美藍石、
黃鴉鶻石、青紅寶石。每遇大雨衝流，山下沙
中拾取之。其海旁有珠簾沙（或云珠池，日映
光浮起，閃閃射人）。常以網取螺蚌，傾入池中
作爛，淘珠貨之。"清谷應泰《博物要覽》卷
六："雲南寶井產紅寶石，明永樂中曾得一顆大
者重三兩一錢，深紅色，明瑩嬌艷非常，估直
銀三千兩。"又："錫藍國翠藍產紅寶石，石色
大紅明瑩，夜有寶光，可以代燈燭……嵌於冠
上，每大朝會，黑夜，滿殿紅光如曙，名照殿
紅。"徐珂《清稗類鈔・鑒賞類》："明珠藏紅寶
石：明珠有紅寶石，徑五寸，室中視之，微似
黝黑，映於日光中，則丹耀煥發矣。"

【照殿紅】

即紅寶石。此稱清代已行用。見該文。

祖母綠 [1]

亦稱"助木刺""子母綠""助水綠""回
回石頭""助木綠"，其名爲波斯語音譯。含鈹
鋁之硅酸鹽。屬六方晶系，綠柱石家族。因含
微量"鉻"和/或"釩"元素而呈現出晶瑩艷
美之綠色。透明至半透明，玻璃光澤。非均質
體。摩氏硬度7.5，密度2.63～2.90克/立方厘
米。解理不完全，有貝殼狀斷口。具脆性。在
光照下，祖母綠發出很弱的純紅色光。祖母綠
多做飾品。挑選祖母綠，以純正翠綠色最爲名
貴，過淡或過深皆影響其價值。祖母綠多有瑕
疵，但不能有明顯裂紋。《警世通言・杜十娘怒
沈百寶箱》："〔公子〕開匣視之，夜明之珠，約
有盈把。其他祖母綠、貓兒眼，諸般異寶，目
所未睹，莫能定其價之多少。"明張岱《夜航
船・寶玩部》："祖母綠：亦寶石。綠如鸚哥毛，
其光四射，遠近看之，則閃爍變幻，武將上陣，
取以飾盔，使射者目眩，箭不能中。"明張應文
《清秘藏・論珠寶》："祖母綠，一名助水綠，蓋
助木刺，回回石頭。明是外國方言，有音無字，
久之遂訛爲祖母綠，又稱爲子母綠、助水綠
矣。"《格致鏡原》卷三三引《珍玩考》："祖母
綠，寶石也，出西南諸郡。色碧，日耀則滿室
掩映。一說坐草，女人握於手中易產。"清阮葵
生《茶餘客話》卷一九："祖母綠一名助木綠，
色明綠，俱內有蜻蜓翅光耀者爲真。"又，"《懷
鉛錄》：古詩云'明珠間木難'，楊升庵謂今之
祖母綠也。按《輟耕錄》載回回諸寶石，其紅
者有古木蘭之名，其綠者有助木刺之名。木難，
即古木蘭也，祖母綠即助木刺之訛名耳。蓋以
紅綠分二色。"北京明定陵出土萬曆皇帝玉帶上
鑲嵌大顆祖母綠。故宮博物館珍寶院藏寶刀上

鑲嵌有祖母綠。

【助木刺】

　　即祖母綠。此稱明代已行用。見該文。

【子母綠】

　　即祖母綠。此稱明代已行用。見該文。

【助水綠】

　　即祖母綠。此稱明代已行用。見該文。

【回回石頭】

　　即祖母綠。此稱明代已行用。見該文。

【助木綠】

　　即祖母綠。此稱清代已行用。見該文。

唐碧

　　似玉之美石。性堅，色碧，傳説出於堯時之唐虞，故稱。《淮南子·修務訓》："唐碧堅忍之類，猶可刻鏤，揉以成器用，又況心意乎？"《格致鏡原·珍寶二·寶石》引《庶物異名疏》："唐碧者，石似玉，堅鑽之物也。"《駢雅》卷五："唐碧，琇瑩美石也。"

酒黄寶石

　　亦稱"黄玉"。寶石名。色嫩黄如米酒色，故稱。《格致鏡原》卷三三引谷應泰《博物要覽》卷六："又産酒黄寶石，石色嬌黄如鵝雛色爲上。亦有深黄蠟色，明瑩光潔可愛。亦有淡黄如松花色者。"又："酒黄寶石，石色嫩黄如秋葵色，嬌倩明瑩可愛。"宋陳祥道《禮書》卷五："然以素爲象瑱，青爲青玉，黄爲黄玉，而用瓊華以飾象，則是士瑱用二物，與餘瑱不類，非禮意也。"黄玉以澤、黄、韌、硬、濕、柔、結、潤、膩、凝十德聚合，因晶體極細微，韌性大，細膩堅韌，敲擊聲音清脆，爲理想玉雕材料。黄玉一指礦物托帕石，一指黄色軟玉，主要由透閃石礦物組成。色彩豐富炫麗，包括

黄、黄白、橘黄、鷄油黄、西瓜紅、曙紅、粉紅、猪肝紅、年糕黄、蜜糖黄、脂白、粗米白、肉色、黑墨黑、青灰色、藍灰色、灰綠色、紫色等色澤。組成黄玉不

黄玉鹿盧環
（元朱德潤《古玉圖》）

同色彩取決於所含礦物不同而有變化。貧鐵呈黄白、青灰顔色；富鐵呈黄、棕、紅色；富高鐵呈金黄色澤。色彩之豐富，足以與壽山石媲美，但其硬度達6.5，爲壽山石所不及。

【黄玉】[2]

　　即酒黄寶石。此稱宋代已行用。見該文。

留韁寶石

　　寶石名。傳説馬見之不能前，故稱。清谷應泰《博物要覽》卷六："海外有留韁寶石一種，最貴。試之之法：以此石置曠野草中，躍馬嚮前，馬至此則不能超越。故爲總戎者購以嵌盔，敵騎見我寶不能至前。故能却敵，所以爲寶。"參閲《格致鏡原》卷三三。

雅古特

　　寶石名。有黄、青、紅、白等色。爲阿拉伯語之音譯，故有多種名稱，如"鴉鶻""鴉忽""鴉鶻石""鴉鶻青""青亞姑""紅亞姑"等。明陶宗儀《輟耕録·回回石頭》："鴉鶻：紅亞姑……黄亞姑、白亞姑。"《格致鏡原》卷三三引《事物紺珠》："鴉鶻石又名鴉忽，有五色，出西洋。"《茶餘客話》卷一九："桃花剌色淡紅而極嬌，紅亞姑色如桃花剌。鴉鶻青一名青亞姑，色深青，你藍色淺青而微明亮。種種寶石，總以色如秋水者爲貴，微有纖毫石質未融者即

次之。"

【鴉鶻】

即雅古特。此稱明代已行用。見該文。

【鴉忽】

即雅古特。此稱明代已行用。見該文。

【鴉鶻石】

即雅古特。此稱明代已行用。見該文。

【鴉鶻青】

即青色雅古特。此稱清代已行用。見該文。

【青亞姑】

即青色雅古特。此稱清代已行用。見該文。

【紅亞姑】

即紅色雅古特。此稱清代已行用。見該文。

紫石

紫色美石。漢桓寬《鹽鐵論·錯幣》:"夏后以玄貝,周人以紫石,後世或金錢、刀布。"《晋書·桓温傳》:"温豪爽有風概,姿貌甚偉,面有七星。少與沛國劉惔善,惔嘗稱之曰:'温眼如紫石棱,須作蝟毛磔,孫仲謀、晋宣王之流亞也。'"南朝梁江淹《傷友人賦》:"凋碧玉之神樹,銷紫石之靈根。"《新唐書·地理志》:"徐州彭城郡緊土貢雙絲綾、絹綿、紬布、刀錯、紫石。"《資治通鑑·唐則天皇后垂拱三年》:"武承嗣使鑿白石爲文,曰'聖母臨人,永昌帝業',末紫石,雜藥物填之。"

瑟瑟

碧色寶石。《周書·異域傳下·波斯》:"〔波斯國〕又出白象、師子……馬瑙、水晶、瑟瑟。"《新唐書·高仙芝傳》:"仙芝爲人貪,破石國,獲瑟瑟十餘斛。"《元史·仁宗紀》:"帝曰,所寶惟賢,瑟瑟何用焉。"明沈德符《野獲編·外國·烏思藏》:"其官章飾,最尚瑟瑟;

瑟瑟者,綠珠也。"

碧鴉犀

亦稱"披耶西""壁洗"。似水晶之寶石。有紅、黃、紫三色。清紀昀《閱微草堂筆記·姑妄聽之一》:"記余幼時,人參、珊瑚、青金石,價皆不貴,今則日昂;綠松石、碧鴉犀,價皆至貴,今則日減。"清谷應泰《博物要覽》卷六:"踐錫蘭國又産紫寶石,名披耶西。色深紫如葡萄,晶瑩光潤。"清檀萃《滇海虞衡志》稱"壁洗"。

瑟瑟鈿山水字鈎
(宋呂大臨《考古圖》)

【披耶西】

即碧鴉犀。此稱清代已行用。見該文。

【壁洗】

即碧鴉犀。此稱清代已行用。見該文。

碧璽

亦稱"碧亞麼""碧霞璽""碧霞玭""碧洗""碧霞希""碧亞""電氣石"。複雜的硅酸鹽類礦物。含鎂、鈉、鋰、鉻、銅、鉀等元素中之一種或多種。因這些元素的比例、含量不同,形成碧璽多種顏色,同一晶體內外或不同部位可呈雙色或多色,以及特殊光學效應(猫眼效應和變色效應)等。碧璽的顏色以無色、粉紅色、紅色、玫瑰紅色、黃色、褐色、藍色、綠色和黑色爲主;其中帶通透光澤的鮮玫瑰紅色、蔚藍色和粉紅色綠色的複色爲上品。尤以呈霓虹藍色的帕拉伊巴碧璽最爲珍貴。碧璽爲三方晶系,非均質體,玻璃光澤。摩氏硬度爲7 ~ 7.5。密度3.06(+0.20,−0.60)克/立方厘米。碧璽具有壓電性和熱電性,在受熱或摩擦時會産生静電，此爲"電氣石"名稱的由來。正因如此，碧璽常被科學家用來測定物體發光強度與壓力——第二次世界大戰之初，碧璽是唯一用來判定核爆壓力的物質。人們利用碧璽這一特性，與現代科技結合賦予碧璽保健功能。碧璽表面産生的 0.06 毫安微電流與人體生物電基本吻合，可平衡人體生物電能，讓病理電位恢復正常；可激發形成大量負離子和遠紅外綫平衡人體生理機能。與人體接觸可鎮静安神，促進血液循環，加速細胞新陳代謝，消除疲勞，改善身體健康狀況，并可治療風濕，關節炎等。應用電氣石的各種保健品亦層出不窮。碧璽之稱見於清代。《皇朝文獻通考·刑考八·刑制》："定滇省沿邊關隘私販之禁大學士阿桂奏：定凡滇省永昌、順寧二府以外，沿邊關隘，禁止私販碧霞璽、翡翠、玉葱、玉魚、鹽、棉花等物。"清那桐《那桐日記·光緒三十二年》："早因桐五十賜壽，進奉皇太后金鐲二付、金鑽石戒指一對、藍表一對、翡翠碧璽佩四件、刻絲氅襯四件、摳紗氅襯四件、刻絲緊身四件、摳紗緊身四件，共八色。"《彭公案》第六四回："名人字畫，上品古玩，郎窰磁器白玉花盆，三尺多高珊瑚子樹，一虎大的碧璽桃，翠玉白菜，各樣盆景，都是人間少有之物。"清梁溪坐觀老人《清代野記》卷中："趙存日，有紅綠佩二事，皆大如掌，一則透水玻璃翠，一則雙桃紅碧璽也，朝中大老無不知之。"徐珂《清稗類鈔·鑒賞類》："滇中産寶石，紅者尤貴，藍次之。紅之明透者，以一丸置盌中，注水其内，則滿盌紅霞。次則碧璽之老坑者。"《品花寶鑑》第五七回："綺香不信，拉他手看時，是一對碧霞璽做成的鐲子。"《負曝閒談》第二五回："春

大少爺大喜，趕着跑出來，祇見叫天兒穿着猞猁猻袍子，翖眼貂馬褂，頭上戴着皮困秋兒，皮困秋兒上一塊碧霞璽，鮮妍奪目。"民國老吏《奴才小史》："翡翠碧霞朝珠各一掛。碧霞璽數十枚，重者至七兩。其他珍寶稱是。皆輸内務府。時同治八年七月中也。"孫殿起輯《琉璃廠小志·時代風尚》："某歲有大僚往游，失去瓜皮便帽上嵌碧霞璽，值巨萬，遂飭金吾追索甚急。"《琉璃廠小志·文昌館及火神廟》："案市上有紅碧西、藍碧西、黄碧西、白碧西諸名，惟紅者白者常爲電氣石類。藍者率即藍晶，黄者亦似黄晶爲多，或似橄欖石，不必皆爲碧西也。其單稱碧西者，即指紅者言，亦其名所從出焉。"章鴻釗將碧璽之名進行系統總結，在《石雅》中説道："碧亞麽之名，中國載籍，未詳所自出。《清會典圖》云：妃嬪頂用碧亞麽。《滇海虞衡志》稱：碧霞璽一曰碧霞玭，一曰碧洗；《玉紀》又做碧霞希。今世人但稱碧亞，或作碧璽，然已無問其名之所由來者，唯爲異域方言，則無疑耳。"故宮博物館中可看到許多由碧璽製成的耳墜、鷄心、朝珠等小飾件。據史料記載，在慈禧太后的殉葬品中，有一朵用碧璽雕琢成的蓮花，重量爲三十六兩八錢（約 1840 克），以及用西瓜碧璽做的枕頭，從當時的價格來看，價值七十五萬兩白銀。

【碧亞麽】

即璧璽。此稱清代已行用。見該文。

【碧霞璽】

即璧璽。此稱清代已行用。見該文。

【碧霞玭】

即璧璽。此稱清代已行用。見該文。

【碧洗】

即璧璽。此稱清代已行用。見該文。

【碧霞希】

即璧璽。此稱清代已行用。見該文。

【碧亞】

即璧璽。此稱近代已行用。見該文。

【電氣石】

即璧璽。此稱近代已行用。見該文。

靺鞨

寶石名。因產於靺鞨，故名。唐戴孚《廣異記》："靺鞨有紅、紫二色，瑩澈若空，而實堅重。"《舊唐書・蕭宗紀》："楚州刺史崔侁獻定國寶玉十三枚……七曰紅靺鞨，大如巨栗，赤如櫻桃。"明滑惟善《寶檟記》："紅靺鞨大如栗，赤爛若朱櫻，視之若不可觸，而觸之甚堅不可破。"

頗眩伽

亦稱"頗胝伽"。狀如水晶之寶石，據傳可壓火勢。唐宋時期十寶之一。宋王鞏《隨手雜錄》："錢王有外國所獻頗眩伽寶，其方尺餘，狀如水精，云可厭十里火殃。乃置於龍興寺佛髻中。餘杭數回祿，而龍興不可近也。有盜嘗焚其殿，柱木悉灰燼，而煙焰竟不熾。皇朝改爲太平祥符寺。自唐至皇朝，凡有十寶，此其一也。"參閱唐釋慧琳《一切經音義・大般若波羅蜜多經・頗胝迦》。

【頗胝迦】

即頗眩伽。此稱唐代已行用。見該文。

頗黎[1]

亦稱"水玉"。狀如水晶之寶石。漢代已行用。《太平御覽》卷八八引漢東方朔《十洲記》："昆侖山上有紅碧頗黎宮，名七寶堂是也。"《周書・異域傳下・波斯國》："又出白象、師子、大鳥卵、真珠、離珠、頗黎。"明李時珍《本草綱目・石之二・玻璃》："本作'頗黎'。頗黎，國名也。其瑩如水，其堅如玉，故名水玉，與水精同名。"

【水玉】[2]

即頗黎。此稱明代已行用。見該文。

緑碧

碧緑色的寶石。《山海經・西山經》："又西百五十里曰高山，其上多銀，其下多青碧。"郭璞注："碧，亦玉類。"《說文・玉部》："碧，石之青美者。"《莊子・外物》："萇弘死於蜀，藏其血三年，化而爲碧。"漢代始稱"緑碧"。漢張衡《南都賦》："緑碧、紫英、青䴙、丹粟。"

貓眼石

省稱"貓眼"。亦稱"貓兒眼""貓睛""貓精"。貓眼石金緑寶石，屬尖晶石族礦物。含鈹鋁的氧化物。屬斜方晶系。其晶體形態常常呈現板狀或短柱狀。整體上，呈現透明至半透明，帶有光澤，性質脆，非均質體。摩氏硬度爲8.5，密度爲3.71～3.75克/立方厘米。有貝殼狀斷口。貓眼石，作爲珠寶中名貴而稀有品種，在做裝飾品時多磨製成圓球形或半球形，因貓眼石表現出的光現象同貓眼一樣明亮靈活，而且能隨光的强弱而變化，所以得名"貓眼"。這種光學效應也被稱爲"貓眼效應"。碧璽、磷灰石、緑柱石、藍晶石、石英等亦具有這種貓眼效應。寶石界將具有貓眼效應的金緑寶石稱爲貓眼石，其他具有貓眼效應的寶石，必須於"貓眼"二字之前加上某種寶石的名稱，如"電氣石貓眼""海藍寶石貓眼"等。貓眼石有多種顏色，如褐黃、蜜黃、棕黃、酒黃、黃褐、黃綠、灰綠色等，其中蜜黃色最爲名貴。上品爲棕黃色和淡黃綠色，其次爲綠色，品質最差爲灰色和雜色。挑選貓眼寶石時要注意，貓眼綫要細而窄，顯活光，界限清晰；貓眼顏色要與背景顏色形成鮮明的對比；而且眼綫位置要在寶石弧面的正中央。世界上最著名的貓眼石產地爲斯里蘭卡，巴西和俄羅斯等國也發現有貓眼石。貓眼石多做飾品。宋佚名《百寶總珍集》卷五："貓眼，出南番國，灑水睛活如面大者尤佳，以大爲好。睛死不活並黑睛者不甚直錢。"元張可久套曲《一枝花·春苑》："麝臍熏五花瓣翠羽香鈿，貓眼嵌雙轉軸烏金戒指，獺髓調百和香紫蠟胭脂。"《牡丹亭·謁遇》："什麼貓眼精光射，母碌通明差。"清阮葵生《茶餘客話》卷一九："貓眼亦以酒黃色爲貴，豆青色湖水色蜻蜓頭色黑色者次之。真者有上一綫下一片之目。上一綫者，中含活光一縷也。下一片者，底色若鋪銀也。助把避者，色暗深綠。"明田藝蘅《留青日札》卷二："貓睛名貓兒眼，一線中橫，四面活光，輪轉照人。"清胡煦《周易函書約存·別集·籌燈約旨》："南方有貓兒眼石也，其體映太陽而爲光，閃於石側，如貓眼然。初不爲陰雲所隔，東西南北隨日所在而現，故謂之貓兒眼。"明李賢《明一統志·安南·三佛齊國》："貓睛石，細蘭國出，瑩潔明

透如貓眼睛。"《明史·劉體乾傳》："詔趣進金花銀，且購貓睛，祖母綠諸異寶。"《明史紀事本末·江陵柄政》："劍首飾貓精異寶。"

【貓眼】

"貓眼石"之省稱。此稱宋代已行用。見該文。

【貓兒眼】

即貓眼石。此稱明代已行用。見該文。

【貓睛】

即貓眼石。此稱明代已行用。見該文。

【貓精】

即貓眼石。此稱明代已行用。見該文。

【獅負】

即貓眼石。《御定分類字錦·珍寶》引元伊世珍《琅嬛記》："南蕃白胡山出貓睛，極多且佳，他處不及也。古傳此山有胡人，徧身俱白，素無生業，惟畜一貓，貓死埋于山中。久之，貓忽見夢焉，曰：'我已活矣，可掘觀之。'及掘，貓身已化，唯得二睛，堅滑如珠。中間一道白橫搭，轉側分明，驗十二時無誤，與生不異。胡人怪之。夜又見夢，云埋此於山之陰，可以變化無窮；中一顆赤色有光者，吞之得仙。胡掘得，遂集山人，置酒食爲別。及吞，即有一貓如獅子，負之騰空而去。至今此山最多貓睛。貓睛一名獅負。"

摩娑石

亦稱"摩挲石""婆娑石"。有金星的綠色寶石。宋代已有此稱。宋沈括《夢溪補筆談》卷下："闍婆國使人入貢方物，中有摩娑石一塊，大如棗，黃色微似花蕊。又無名異一塊，如蓮芯，皆以金函貯之。問其人：真偽何以爲驗？使人云：摩娑石有五色，石色雖不同，皆

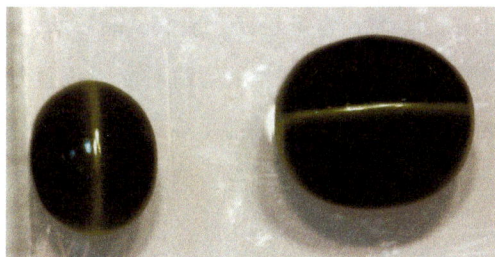

碧玉貓眼

薑黃汁磨之，汁赤如丹砂者爲真。無名異色黑如漆，水磨之，色如乳者爲真。"宋朱彧《萍洲可談》卷二："有摩挲石者辟藥蟲毒，以爲指環，遇毒則吮之立愈。此固可以衛生。"明張燮《東西洋考・西洋列國考・舊港》載，"摩娑石，《庚辛玉册》云：陽石也，出三佛齊海南，有山五色，擊取燒之作硫黃氣，以形如黃龍齒而堅重者佳。"又音近轉爲"婆娑石"。明李時珍《本草綱目・金石部・石之四》載，"姚寬《西溪叢話》云：舶船過產石山下，愛其石，以手捫之，故曰摩挲。不知然否？"又集解引蘇頌曰："胡人尤珍貴之，以金裝飾作指彄帶之。每欲食及食罷，輒含吮數次以防毒。今人有得指面許塊，則價直百金也。"章鴻釗《石雅》卷三："婆娑石又稱摩挲石。"

婆娑石
（明刊《補遺雷公炮製便覽》）

【摩挲石】

即摩娑石。此稱宋代已行用。見該文。

【婆娑石】

即摩娑石。此稱明代已行用。見該文。

靛子

碧綠色寶石。《通雅・金石》："荊州石即襄陽甸子，今作碧靛子，青綠色，與馬價珠相似。"明李時珍《本草綱目・石之二・寶石》："寶石出西番回鶻地方諸坑井內，雲南、遼東亦有之。有紅、綠、碧、紫數色。紅者名刺子，碧者名靛子。"明曹昭《格古要論・珍奇論・碧靛子》："碧靛子出南蕃、西蕃，青綠色，好者頗與馬價珠相類。有黑綠色者低，皆不甚直錢，又謂之北靛子，宜鑲嵌用。"明王同軌《耳談類增・外紀譎餌篇下》："吾里團鎮何秀才，貿靛子下雉，過酒婦，婦不爲禮，怨之。"

錦石

有紋理的美石。晉羅含《湘中記》："衡山有錦石，斐然成文。"唐杜甫《發閬中》詩："女病妻憂歸意速，秋花錦石誰復數。"元辛文房《唐才子傳》卷八："搗錦石之流黃，織回文於緗綺。"明胡應麟《樂府十八首・遠別離》："不見牽牛星，熒熒河漢湄。黃姑弄杼軸，錦石爲支機。招要自成匹，永永不相疑。"清毛奇齡《七夕曝衣篇》詩："錦石拋時通錦字，針樓啓處有針神。"

西周美石
（四川成都金沙遺址出土）

螢石

亦稱"瑩石"。寶石名，今又稱氟石。等軸晶系。晶體常呈立方體、八面體聚形，少數呈菱形十二面體，常呈粒狀、塊狀、晶簇狀、球狀集合體。成分中因含微量鈾而發綠色螢光，故名。螢石有各色透明晶體，無色透明者罕見，常見綠、酒黃、藍、白灰、黃、天藍、深紫、藍黑、棕等色，亦有玫瑰紅、深紅、石竹色。透明螢石以祖母綠、紫色爲上品。摩氏硬度4，

螢石礦石

性脆，比重 3.18 克/立方厘米。宋釋道潛《和明遠》詩：“二客風神瑩石泉，解衣同緩夜歸船。已殘巾子峰頭日，猶認吾廬竹外煙。”清錢陳群《羅丹》詩：“擊擲相呼施瑩石，取携逐隊蹴堅冰。”清陸心源《唐文續拾》卷一三：“劇風瑩石，匠選□班。”

【瑩石】

同“螢石”。此體宋代已行用。見該文。

藍寶石

藍寶石屬剛玉族礦物。主要成分爲三氧化二鋁。三方晶系。透明至半透明，玻璃光澤。非均質體。摩氏硬度 9，比重 3.95 ~ 4.1 克/立方厘米。無解理，裂理發育。因含微量元素鈦和鐵而呈藍色。以鮮艷天藍色爲最好。藍寶石具有二色性，一般有深藍色/藍色，藍色/淺藍色、藍綠色、藍灰色，黃色藍寶石有金黃色/黃色，橙黃色/淺黃色，淺黃色/無色等。藍寶石具有特殊的星光效應，在光綫照射下反射出六射星光。寶石市場上，狹義藍寶石僅指藍色透明寶石級剛玉寶石。廣義藍寶石指除紅寶石外其

藍寶石項墜

他所有色調（如淡藍色、綠色、黃色、灰色等）之寶石級剛玉晶體。藍寶石與祖母綠、紅寶石、碧璽等均屬有色寶石。藍寶石與鑽石、祖母綠、紅寶石并稱世界四大名貴寶石。優質藍寶石應是通透的，當轉動已琢磨好的藍寶石時，可見躍動的藍光。以靛藍色中微帶紫色的藍寶石最爲名貴。《清文獻通考·王禮十七》：“皇帝朝帶，色用明黃，龍文，金圓版四，飾紅寶石或藍寶石及綠松石。”《大清會典事例》卷三二六：“貝子冠服：崇德元年定，冠頂二層，上銜紅寶石，中飾東珠五，前舍林，後金花，各飾東珠一，帶用玉四，以金銜之，飾藍寶石。”徐珂《清稗類鈔·服飾類》：“奉國將軍朝冠頂，鏤花金座，中飾小紅寶石一，上銜藍寶石。補服，前後繡豹。吉服冠頂用藍寶石，餘皆視三品。”清嚴虞惇《艷囮二則》卷一：“瑀曰：‘前日貴妃所賜賽姑數種，其中有不世奇珍……一是臂釧，白玉爲質，而以金刻花鳥嵌，其細巧不可名狀；又一爲碧藍寶石簪，黑夜中有碧光射人目。其餘珠珥服飾，尚有價可評，未足奇也。’”

璧流離

省稱“璧琊”。亦稱“吠琉璃”“毗琉璃”。天然寶石。多青色，瑩潤有光澤，半透明。產於西域諸國。唐代又曾稱之爲“玻璃”。《説文·玉部》：“琊，石之有光者，璧琊也。出西胡中。”段玉裁注：“璧琊，即璧流離也。”《漢書·西域傳》：“〔國〕出……珊瑚、琥珀、璧流離。”顏師古注：“孟康曰：‘璧流離，青色如玉。’……此蓋自然之物，采澤光潤踰於衆玉，其色不恒。”唐釋慧琳《一切經音義·大般若波羅蜜多經》：“吠琉璃，梵語，寶名也。或云毗琉璃……其實色青，瑩徹有光。”明董斯張《廣

博物志》卷三七："吠琉璃出須彌山，青色，一切寶皆不可破，亦非火焰所能鎔，惟鬼神有道力者能破之。"參閱宋釋法雲《翻譯名義集·七寶》。

【璧瑠】

"璧流離"之省稱。此稱漢代已行用。見該文。

【吠琉璃】

即璧流離。梵語，爲佛家七寶之一。此稱唐代已行用。見該文。

【毗琉璃】

即璧流離。此稱唐代已行用。見該文。

蠟子

紫色寶石。明曹昭《格古要論·珍奇論》："出南番西番，性堅。有紅蠟、紫蠟，亦有酒色者，俱明瑩……古云：蠟重一錢，價值十萬。可用鑲嵌釧鐲盈盞戒指。"明徐應秋《玉芝堂談薈·鴉鶻石》："謝在杭曰：今世之所寶，有貓兒眼、祖母綠、顛不賴、蜜蠟、金鴉、鶻石、蠟子。"明李時珍《本草綱目·石之二·寶石》集解："時珍曰，寶石出西番回鶻地方諸坑井內，雲南、遼東亦有之。有紅、綠、碧、紫數色。紅者，名剌子；碧者，名靛子；翠者，名馬價珠；黃者，名木難珠；紫者，名蠟子；又有鴉鶻石、貓精石、石榴子、紅扁豆等名色，皆其類也。《山海經》言騩山多玉，淒水出焉，西注於海，中多采石。采石，即寶石也。碧者，唐人謂之瑟瑟。紅者，宋人謂之靺鞨。今通呼爲寶石。以鑲首飾器物，大者如指頭，小者如豆粒，皆碾成珠狀。張勃《吳錄》云：越巂、雲南河中出碧珠，須祭而取之，有縹碧、綠碧。此即碧色寶石也。"

金鴉

珍寶名。《元史·文宗紀五》："甲辰，諸王答兒馬失里，哈兒蠻，各遣使來貢蒲萄酒、西馬、金鴉鶻。"明謝肇淛《五雜俎·物部四》："今世之所寶者，有貓兒眼、祖母綠、顛不剌、蜜臘、金鴉、鶻石等類，然皆鑲嵌首飾之用。"《三寶太監西洋記通俗演義》第一回："粵自天開於子，便就有個金羊、玉馬、金蛇、玉龍、玉虎、金鴉、鐵騎、蒼狗、鹽螭、龍纏、象緯、羊角、鶉精，灕灕虓虓，瀼瀼棱棱。"

琅璆

亦稱"琳琅璆"。寶石名。唐韓愈《赴江陵途中寄贈王二十補闕李十一拾遺》："班行再蕭穆，璜佩鳴琅璆。"宋方岳《白鹿洞後賦》："有鏘其佩琳琅璆兮，風蕭蕭然山川樛兮。"清黃遵憲《人境廬詩草》卷一："以公才氣命不猶，文不璜佩鳴琅璆，武不龍虎張旄斿，時時酒酣摩剷縤……"

【琳琅璆】

即琅璆。此稱宋代已行用。見該文。

琛瑞

寶石名。猶瑞玉、璧玉。《後漢書·黨錮傳》："霸德既衰，狙詐萌起。彊者以決勝爲雄，弱者以詐劣受屈。至有畫半策而縮萬金，開一說而錫琛瑞。或起徒步而仕執珪，解草衣以升卿相。士之飾巧馳辯，以要能釣利者，不期而景從矣。"唐司空圖《烈婦傳》："生言操史牘者，苟當和平日，紀王庭琛瑞之美，誠幸矣。"宋俞汝爲《河東瑞鹽賦》："飄蘭蕙之奇芳，極海陸之珍錯兮；夾阡陌而中，藏神之假而琛瑞兮……"清董誥等《全唐文》卷八一〇："〔梁〕生言：'操史牘者，苟當和平，紀王庭琛瑞之美，誠幸矣。然傑異之操，化導宗族里閭，俾男必爲貞夫，女必爲烈婦，是有國有家皆賴之，豈徒炫於視聽哉？'愚以爲知言，乃著其事。"

鶻石

寶石名。明謝肇淛《五雜俎·物部四》："今世之所寶者，有貓兒眼、祖母綠、顚石刺、蜜蠟、金鴉、鶻石、蠟子等類。"

琨珸

美石類珍寶。本爲山名（昆吾山），因其山出美石，故以山名之。《史記·司馬相如列傳》："其石則赤玉玫瑰，琳瑉琨珸。"裴駰集解引《漢書音義》："琨珸，山名也，出善金。"司馬貞索隱："琨珸，司馬彪云'石之次玉者'。"元范琼《荊山璞賦》："琨珸進而砆石用兮，反諆爾以爲玭。"

瑰

亦稱"瑰石"。美石類珍寶。《詩·秦風·渭陽》："何以贈之？瓊瑰玉佩。"孔穎達疏："瑰是美石之名也。"《左傳·成公十七年》："或與己瓊瑰，食之。"杜預注："瑰，珠也。"明丘濬《大學衍義補·治國平天下之要·貢賦之常》："元世祖至元二十二年，遣使往馬八國求奇寶。"丘濬按："……臣嘗因是而考古，今之所謂寶者，三代以來中國之寶珠、玉、金、貝而已（貝俗謂海介蟲），漢以後西域通中國，始有所謂木難、琉璃、瑪瑙、珊瑚、琴瑟之類，雖無益於世用然猶可製以爲器焉。至元所謂寶者則異於是，是皆瑰石、碎砂之屬，形既不圓，文又不瑩，他無可用者，但可用之麗金、銀以爲服飾耳，乃至費貲萬億以售之。嗚呼，棄有用之金銀，易無用之砂石，惑亦甚矣。"參見"瓊瑰"。

【瑰石】

即瑰。此稱明代已行用。見該文。

瑶石

美石類珍寶。舊釋爲次等的玉。《楚辭·離騷》："吾與重華游兮瑶之圃，登崑崙兮食玉英。"宋洪興祖補注："重華，舜名。瑶，玉也。圃，園也。言己想侍虞舜遊玉園，猶言遇聖帝升清朝也。遊，一作游。一云：瑶石次玉也。"明王漸逵《游羅浮賦》："臺憑瑶石，洞轉金沙。"《醒世恒言·杜子春三入長安》："元來波斯館，都是四夷進貢的人，在此販賣寶貨，無非明珠美玉，文犀瑶石，動是上千上百的價錢，叫做金銀窠裏。"清和珅《熱河志》卷二六："延熏山館後殿十五楹，在如意洲最深處，鏡波繞岸，瑶石依欄。"清鈕琇《觚剩續編·事觚》："〔海忠介公之孫述祖與衆人〕食頃之間，咸云南天關在望矣。既而及關，齎貢官、押貢官各整朝服，异寶諸役俱易赭色長衣，亦令述祖衣之，登岸陳設。足之所履，皆軟金地，間以瑶石，嵌成異彩。仰視瓊闕璿堂，絳樓碧閣，俱在飄渺之中，若近若遠，不可測量。"

瓊華

美石類珍寶。《詩·齊風·著》："俟我於著乎而，充耳以素乎而，尚之以瓊華乎而。"毛傳："瓊華，美石，士之服也。"《説乳》卷六六引漢東方朔《海内十洲記》："碧玉之堂，瓊華之室……西王母之所治也。"明何景明《榮養堂歌》："被霞襦兮簪瓊華，母氏樂兮樂且遐。"清方文《奉酬范質公司馬》詩："身賤那能酬水鏡，年荒無以報瓊華。"

第二節　水晶考

　　水晶，古稱"水精"，即水之精華，亦稱"千年冰"——千年之水所結之冰。水晶在古代被認爲玉之別屬，有"水玉""白坩""玉晶""玻瓈""菩薩石""放光石"等諸多名稱。水晶爲無色透明或者半透明之氧化硅礦物晶體，其成分爲二氧化硅等，晶面呈六面角柱狀，柱上有平行橫紋，且多呈簇生狀，其硬度爲摩氏七級，故雕琢難度較高。清谷應泰《博物要覽》卷八："水晶其性最堅而脆，不耐搏擊，故內中多有綹裂，且碾造艱過玉石，所以水晶器物，取材任料，難得佳器。"水晶氣味辛寒，無毒。能熨目，除熱泪。《説文・晶部》："晶，精光也。"徐灝箋："晶即星之象形文。"《廣韻・平清》："晶，光也。"原指日月星辰發出的光亮，後因水晶亦能反射光綫，簡稱"水晶"爲"晶"。《正字通・日部》："晶，又水晶也。一名石英。"水晶亦稱"水精"。《廣韻・平清》："精，正也。"《國語・周語上》："被除其心，精也。"韋昭注："精，潔也。"水之純潔者爲水晶。

　　古又稱水晶爲"石英""玉瑛""水玉""水碧"。《廣雅・釋地》："水精謂之石英。"《玉篇・玉部》："瑛，水精謂之玉瑛也。"明李時珍《本草綱目・石一・水精》〔釋名〕："水晶、水玉、石英。時珍曰，瑩澈晶光，如水之精英，會意也。《山海經》謂之水玉，《廣雅》謂之石英。"因顔色各異，又有"白坩""黑晶""紫石英""墨晶"諸稱。水晶種類之多，由此可見一斑。唐以前，有專門采玉人開采水晶。唐李賀《老夫采玉歌》："采玉采玉須水碧，琢作步摇徒好色。"因水晶價值昂貴，亦有造假者用"硝子"（玻璃或合成水晶）冒充。明曹昭《格古要論・硝子》："假水晶用藥燒成者，色暗青，有氣眼，或有黄青色者，亦有白者，但不潔白明瑩，謂之'硝子'。又有大如指面者，亦有小者，多盡大盡貫。古人云：蠟重一錢，價值十萬。可鑲嵌釧鐲、碗盞、戒指，用自然生者好，碾琢者不佳。假造者用藥燒成，內有氣眼。"水晶爲無色透明石英晶體。水晶中的主要品種，其純浄度越高越好。清谷應泰《博物要覽》卷八："水晶第一要白浄光潔，內中毫無絲髮。露綹及氣魄大，無損瑩者，可得大價。如內綿花朵及色澤渾濁，作料小，難改造者，其價最下。"此外，還有紫晶、黄水晶、綠水晶、虹彩水晶、閃光水晶等品種。中國水晶産地分南北，據明李時珍《本草綱目・水精》："水精亦頗黎之屬，有

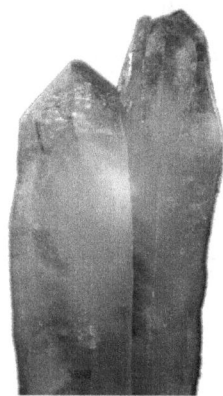

水晶晶體

黑、白二色。倭國多水精，第一。南水精白，北水精黑，信州、武昌水精濁。性堅而脆，刀刮不動，色澈如泉，清明而瑩，置水中無瑕，不見珠者佳。"清谷應泰《博物要覽》卷八："南水晶白，北水晶黑，又有紫者、青者，未知産於何地。但以白而瑩澈，毫無纖翳如冰晶爲上，其黑晶要如淳漆而明潔者次之，其青紫色有綿翳者爲下。水晶白净光瑩，中須白得如光若紋銀者佳；若色帶粉紅及蛋青油黃色，光如錫箔，或中有五色光如蜒蚰涎者，爲下品。"我國水晶藝術、水晶製作工藝與玉器碾琢工藝相同，即以製玉工藝技術製造水晶器。明人提出水晶器的審美標準，如《新增格古要論》云："凡器皿碗盞素者爲好，但碾花者必有節病。"似以質地優良取勝，并不提倡碾花，其有節理病傷者方可碾花而掩之。

　　考古發現，距今五十萬年的北京周口店古人類已采用水晶做石器，他們從兩公里之外的花崗岩山坡的石縫中采水晶，用以打製石器。其他舊石器時代遺址中亦出現少量水晶製工具。至新石器時代晚期，水晶已用作飾品。距今二十五萬年前曲江馬坝人已采用水晶作飾品。此後各時期墓葬都有水晶器出土，但數量較少，傳世之水晶器物更少。山西西周墓發掘出土許多水晶珠，江蘇吳縣通安嚴山出土的一批春秋晚期吳國王室窖藏玉器，其中一串水晶珠串應爲吳國貴族項飾，無色透明，圓珠形，中貫孔，表面琢磨光滑，説明當時水晶已被視爲珍寶爲貴族所使用。吉林漢墓發掘出紫晶。安徽含山凌家灘出土一件距今五千餘年的蘑菇狀水晶耳璫，高 1.2 厘米、球徑 1.5 厘米、凹槽寬 0.3 厘米、深 0.2 厘米，呈圓

水晶雕件

形球體，下有扁圓平底，球平底之間有凹槽，周身磨製光滑透徹如冰，表面有玻璃光澤。浙江杭州半山鎮石塘村戰國墓出土的水晶杯，由天然水晶琢製而成，高 15.4 厘米。器表素面沒有紋飾，透明杯體外壁經過拋光處理，極爲光滑，器中部和底部有絮狀結晶，此杯爲考古發現的最早水晶製容器，甚爲罕見，其製作技藝和水準令

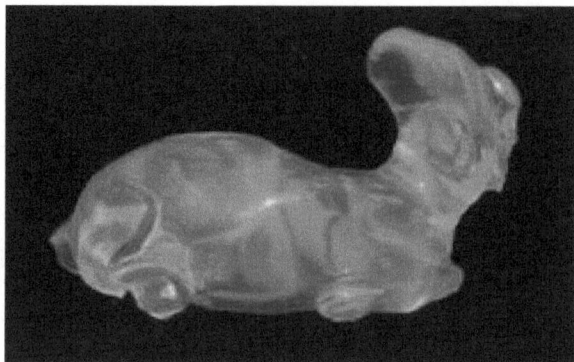

水晶獨角獸硯壺
（明魯荒王墓出土）

人驚嘆。河北邢臺北陳村劉遷墓出土西漢水晶劍首、劍珌和劍璏代表西漢時期水晶製品的雕琢工藝水準。東漢亦出土水晶貝、水晶動物、水晶勺等。

1986 年内蒙古哲里木盟發現遼陳國公主與駙馬合葬墓，出土三隻繫金鏈之水晶杯，每隻水晶杯杯口沿有兩個對稱的小孔，用以繫金鏈。金鏈末端繫一鎏金銀環，可以佩帶。杯上附有鎏金銀蓋，蓋頂有一圓形小紐。水晶杯通高衹有 3.5 厘米，口徑 2.8 厘米，底徑爲 1.8 厘米。三隻水晶杯小巧玲瓏，晶瑩奪目，彌足珍貴。

水晶

亦稱"玉晶""水精""水玉"。水晶爲無色透明石英單晶體，主要化學成分有二氧化硅。因其含不同雜質或色心致色而呈多種顏色：當混入三價鐵離子時呈紫色或紫羅藍色，稱爲紫晶；當混入二價鐵離子時，會變成金黃、橘黃等色，稱爲黃晶；當混入碳元素時，呈褐色者稱爲烟晶，呈黑色者稱爲墨晶。水晶質堅硬（摩氏硬度爲 7），性脆，無解理。斷口貝殼狀。具玻璃光澤，無熒光或磷光。水晶之稱最遲見於晉，行用至今。晉常璩《華陽國志》卷二："張騫特以蒙險遠，爲孝武帝開緣邊之地，賓沙越之國，致大宛之馬，入南海之象，而車渠、瑪瑙……虎珀、水晶、琉璃、火浣之

布……殊方奇玩，盈於市朝，振揚威靈，被於幽裔。"《舊唐書・西戎傳》："拂菻國，一名大秦，在西海之上，東南與波斯接，地方萬餘里，列城四百，邑居連屬，其宮宇柱櫳多以水晶琉璃爲之。"明孫瑴《古微書》卷三六："瀛州多

水晶孔雀

積石，其名曰昆吾。煉之成鐵以作劍，光明如水晶石，蓋鐵廾也。"清曾衍東《小豆棚·珍寶部（器用附）》："水晶爲水精。《山海經》：'堂庭之山多水玉。'《拾遺記》：'孫亮作琉璃屏風，瑩澈内外。'此類是也。今閩廣出產水晶，好醜顔色各有不同。其白而無綿者爲上，爲器玩最夥。"水晶亦稱"玉晶"。明吳國倫《雪山冰井記》："往歲，友人以白磁缸一口見遺，體圓而資極瑩澈，高尺許，徑一尺有半，中可貯水五十升，漢人謂玉晶盤，與冰同潔。"水晶又稱"水精"。《廣雅·釋地》："水精，謂之石英。"《別雅》卷二："水精，水晶也。"《後漢書·西域傳》："大秦國宫室皆以水精爲柱。"水晶又稱"水玉"。《史記·司馬相如列傳》："蜀石黄碝，水玉磊砢。"裴駰集解引郭璞曰："水玉，水精也。"《天中記》卷四七引唐蘇鶚《杜陽雜編》："水玉腰帶：文宗朝李訓講《周易》，頗叶上意，時方盛夏，遂命取水玉腰帶以賜訓。"

【水玉】[3]

即水晶。此稱漢代已行用。見該文。

【玉晶】

即水晶。此稱漢代已行用。見該文。

清水晶東方朔

水晶蓮花

【水精】[1]

即水晶。此稱三國時期已行用。見該文。

【水碧】

即水晶。最早見於《山海經·東山經》："又南三百里曰耿山，無草木多水碧。"郭璞注："亦水玉類。"南朝宋謝靈運《入彭蠡湖口》詩："金膏滅明光，水碧輟流温。"唐李賀《老夫采玉歌》："采玉采玉須水碧，琢作步摇徒好色。"明方以智《通雅·金石》："水碧，水玉也。或以爲泠石赭，或以爲水脂碧。程大昌疑爲水蒼玉，而又以爲縹青水晶。"

【石英】

即水晶。《廣雅·釋地·玉》："水精謂之石英。"清胡渭《禹貢錐指》卷四："《名醫别録》言：'白紫石英皆生太山山谷，白石英大如指，長二三寸，六面如削，白澈有光。長五六寸者彌佳。'寇宗奭曰：'紫石英明徹如水精，但色紫而不匀。'李時珍曰：《太平御覽》云：自大峴至太山皆有紫石英，太山所出甚瑰瑋。斯二英者其經之所謂怪石乎。'"清汪灝《佩文齋廣群芳譜》卷八八："余游慈湖山中，得數本，以石盆養之置舟中，間以文石、石英，璀璨芬鬱，意甚愛焉。"

【玉英】[2]

即水晶。亦作"玉瑛"。《尸子》卷下："清水有黄金，龍淵有玉英。"其後歷代文獻均有記載。《史記·孝文本紀》："設立渭陽五廟，欲出周鼎，當有玉英見。"漢焦贛《焦氏易林》卷五："茹芝餌黄，飲食玉英。與神流通，長無憂凶。"從上述記載可看出，玉英可吞食。古有食玉英可長壽之説。《楚辭·九章·涉江》："登崑崙兮食玉英，與天地兮同壽，與日月兮同光。"

《玉篇·玉部》："瑛：美石，似玉。《尸子》：'龍淵，玉光也；水精，謂之玉瑛也。'"元戴良《九靈山房集》卷二六："瑛，玉光也。《符瑞圖》曰：'玉瑛仁寶，不斫自成。'蓋玉生之土中混於沙石，良工斫焉。"

【玉瑛】

同"玉英"。此體先秦時期已行用。見該文。

白石英

白水晶。晋葛洪《抱朴子内篇·登涉》："其次服鶪子赤石丸，及曾青夜光散，及葱實烏眼丸，及吞白石英祗毋散，皆令人見鬼，即鬼畏之矣。"唐李吉甫《元和郡縣志》卷二六："白石山在縣西七十里，其山出白石英，貢因以爲名。"清胡渭《禹貢錐指》卷四："白石英大如指，長二三寸，六面如削，白澈有光，長五六寸者彌佳。"白石英亦可入藥，唐孫思邈《備急千金要方·論用藥》："凡紫石英、白石英、硃砂、雄黃、硫黃等，皆須光明映徹、色理鮮净者爲佳。不然令人身體乾燥，發熱口乾而死。"元齊德之《外科精義》卷下："白石英，主肺癰，吐膿，咳嗽，及膈上風熱，痰肺瘻，消渴，陰瘻，補五臟。"

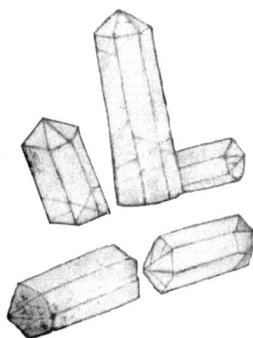

白石英
（明刊《補遺雷公炮製便覽》）

【白坿】

即白石英。亦稱"白附"。《史記·司馬相如列傳》："罷池陂陁，下屬江河，其土則丹青赭堊，雌黃白坿。"裴駰集解："徐廣曰：'音符。'駰案：《漢書音義》曰：'白坿，白石英也。'"司馬貞索隱："白坿出魯陽山。蘇林音附。"宋任廣《書叙指南》卷二〇："白石英曰白坿。"清厲鶚《遼史拾遺》卷一三："遼人云此新羅，山内深遠無路可行，其間出人參白附，深處與高麗接界。"章鴻釗《石雅》卷三："《廣雅》稱水精爲石英，白者又曰白附。"

【白附】

同"白坿"。此稱清代已行用。見該文。

粉晶

水晶之一種。因含有微量的鈦和錳離子致色而成粉紅色，多產於巴西南達科塔州、美國科羅拉多州和馬達加斯加島。在我國，至清代纔有此稱。清鄂爾泰、張廷玉《國朝宮史·經費二》："香生寶葉水晶芝草水盛蓋瓶一件、玉樹珍禽粉晶鳳凰桃椿花插一件、瑶蕊留春紫晶玉蘭花插一件、璧水瑶翎銀晶觶式蓋尊一件……"

黃水晶

水晶之一種。黃晶色彩主要由晶體内的鐵離子致色引起，有黃色、橙黃色、棕黃色、淡黃色等。以體質明瑩、光潔無疵者爲好。黃水晶中之貴重品種，稱爲"水晶黃寶石"。宋文天祥《西瓜吟》詩："拔出金佩刀，斫破蒼玉瓶。千點紅櫻桃，一團黃水晶。"明高濂《遵生八牋·燕閑清賞牋中》："有玉兔、玉牛……水晶石鼓、酒黃水晶抵牛、捧瓶。"清姚之駰《元明事類鈔·吉凶門·生子》："皇女試周：夏言詞序，奉聖旨今日皇四女試歲周，一取鐘，二取銀，三取黃水晶石，示卿等知。"

紫石英

水晶之一種。色紫，光亮鮮艷，可作佩飾。《隋書·梁彦光傳》："〔梁彦光〕七歲時，父遇篤疾，醫云餌五石可愈。時求紫石英不得。彥光憂瘁不知所爲，忽於園中見一物，彥光所不識，怪而持歸，即紫石英也。親屬咸異之，以爲至孝所感。"隋巢元方《巢氏諸病源候論》卷六："紫石英對人參，其治主心肝，通至腎脚。"唐劉恂《嶺表録異》卷上："隴州山中多紫石英，其色淡紫，其質瑩徹，隨其大小，皆五棱，兩頭如箭鏃，煮水飲之，暖而無毒。比北中白石英，其力倍矣。"宋錢易《南部新書》卷五："紫石英，廣管瀧州山中出。紫石英其色淡紫，真質瑩澈。隨其大小，皆五棱兩頭。"清胡渭《禹貢錐指》卷四："紫石英明徹如水精，但色紫而不勻。"

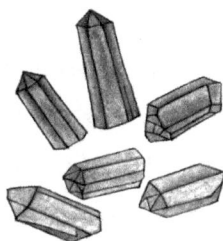

紫石英

（明刊《補遺雷公炮製便覽》）

【紫水晶】

即紫石英。亦稱"紫水精"。《北堂書鈔》卷一三五引晋劉欣期《交州記》："太康四年，臨邑王范熊獻紫水晶唾壺一口，青白水晶唾壺各二口。"宋鄭剛中《北山集》卷一一："妙筆窺天頃刻成，渾如小架月初明。扶疏老蔓敷新葉，下蓋纍纍紫水晶。"明劉基《誠意伯文集》卷八："又有蟲四五枚，皆大如小指，狀如半蓮

紫石英晶體

子，終日旋轉行水面，日照其背，色若紫水晶，不知其何蟲也。"《格致鏡原》卷三三引明黃一正《事物紺珠》："紫水晶，出林邑國。"宋楊萬里《初食太原葡萄時十二月二日》詩："太原清霜熬絳錫，甘露凍作紫水精。"宋釋普濟《五燈會元》卷一〇："高麗國王覽師言教，遣使齎書，叙弟子之禮，奉金線織成袈裟，紫水精珠，金澡罐等。"

【紫水精】

即紫水晶。此稱宋代已行用。見該文。

黑晶

水晶之呈黑色者。宋邵博《河南邵氏聞見後録》卷二六："楚氏，洛陽舊族……家藏一黑水晶枕。"清谷應泰《博物要覽》卷六："黑晶，要如淳漆而明潔，作硯最能發墨。又可作掠眼，以其黑色養目，水晶性凉能消眦火也。"

墨晶

水晶之一種，深棕色，略近黑色。産於湖南洞口縣一帶，石質細膩。早在清朝同治年間，人們用以雕刻印章、墨硯和小件玩具，俗稱"洞口墨晶石雕"。清王士禎《古夫於亭雜録》："南陽門人李鴻常貽余墨晶印章，色如點漆而溫潤如玉，尤可愛。"徐珂《清稗類鈔·礦物類》："水晶，石英屬，吾國所産頗多，結晶常作斜方六面體，光澤如玻璃。成分中雜有植物質成茶褐色者，俗稱茶晶，黑色者稱墨晶，雜錳而成紫色者稱紫水晶，雜他石成草紋者，稱發晶，含有水泡者，稱水泡水晶。以紫水晶及發晶爲最難得。"清曹庭棟《養生隨筆》卷三："眼鏡爲老年必需，《蕉庵漫録》曰，其製前明中葉傳自西洋，名'靉靆'。中微凸，爲'老花鏡'。玻璃損目，須用晶者。光分遠近，看書作

字，各有其宜。以凸之高下別之。晶亦不一，晴明時取茶晶、墨晶；陰雨及燈下，取水晶、銀晶。"淺棕色水晶稱"茶晶"，清鄂爾泰、張廷玉《國朝宮史·經費二》："四方平泰茶晶餅一件"。又："南極榮光茶晶壽星一尊"。清趙翼《陔餘叢考·水晶》："又《夷堅志》水晶出信州靈山下，惟以大爲貴。今信州并不產此，而漳州所產白者最多，又有茶色者曰茶晶，墨色者曰墨晶，又有淺紫者，深紫者，而尤以綠色爲貴，皆生於山中，初不水產也。"

金星石

省稱"金星"。含雲母片或氧化鐵礦物細片的石英岩，因閃耀金星般的光芒而得名。宋杜綰《雲林石譜·于闐石》："于闐國石，出堅土中，色深如藍黛。一品斑爛白脉，點點光燦，謂之金星石。"宋趙希鵠《洞天清録·金星舊坑新坑》："別有一種黑石金星，姿質亞端溪下巖漆黑石，乃是萬州懸金崖金星石也。色漆黑，細潤如玉，隱隱金星水濕則見，乾則否。發墨如泛油，無聲，久用不退乏，非歙比也。"《大清一統志·思州府》："土產葛、鉛、鐵、金星石、硃砂、水銀、蠟、綿紙、菊、木瓜、竹雞、鱸魚。"注曰："出府城東，架溪潭中。《通志》：'石上有星點者，堅潤可作硯。'"宋黃震《黃氏日抄·讀文集·譜》："《硯譜》端石出端溪，本以子石爲上，俗訛以紫石爲上。然十無一二發墨者。歙石出龍尾溪，以金星爲貴，有鋒鋩者尤佳。"宋高

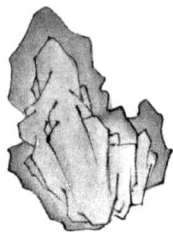

金星石
（明刊《補遺雷公炮製便覽》）

似孫《硯箋》卷三引《米史》："高麗硯，堅密有聲發，墨色青間白有金星。"又："淄州金雀山有蘊玉金星二石中硯。"藥用的"金星石"經考證乃非此硯石，僅名同而已。明李時珍《本草綱目·金石四·金星石》集解："又歙州硯石亦有金星、銀星者，璐州亦出金星石，皆可作硯。翡翠石能屑金，亦名金星石。此皆名同物異也。"

【金星】

"金星石"之省稱。此稱宋代已行用。見該文。

菩薩石

亦稱"放光石""陰精石"。水晶之一種。因日光照之現五色光，若佛頂圓光，故名。宋陳舜俞《廬山記·叙山南篇》："道傍有睡龍潭，次白龜池，次文殊臺，出白石英，堪入藥。品中或有五色光，俗因謂之菩薩石。"明王樵《方麓集·戊申筆記》："《朱子語録》云……今所在有石號菩薩石者，如水精狀，於日中照之便有圓光。"明李時珍《本草綱目·金石之一·菩薩石》集解："放光石、陰精石。"《四川通志·藝文·舊志器物譜》："放光石，峨眉山放光巖下有石透白如水晶，形如馬牙，置之日隙以手撚之即成五色雲氣，名曰放光石。"

【放光石】[1]

即菩薩石。此稱多行用於明代。見該文。

【陰精石】

即菩薩石。此稱多行用於明代。見該文。

赤瑛盤

赤色水晶盤。《月令輯要·晝夜令下·雜紀》載，"赤瑛盤，原《拾遺録》：漢明帝月夜宴群臣於照園，大官進櫻桃，以赤瑛爲盤賜群

臣，月下視之，盤與櫻桃一色。群臣皆笑，云是空盤。"宋陳景沂《全芳備祖集》後集卷九："四月江南黄鳥肥，櫻桃滿市粲朝暉。赤瑛盤裏稱殊遇，何必筠籠相發揮。"元袁桷《史氏報春堂》詩："盈盈玉雪母，光若赤瑛盤。朝奉鶴禁恩，暮承龜臺歡。"明高濂《遵生八牋·叙古諸品寶玩》："漢武帝賜櫻桃，以赤瑛盤，與桃一色。"清史夢蘭《全史宫詞·後漢》："照園開宴夜鳴鑾，鸂鷘承恩共賜餐。忽睹紅雲來月下，朱櫻光透赤瑛盤。"

硝子 [1]

合成水晶或玻璃，"硝子"之稱明代文獻記載始多。明方以智《物理小識·金石類·寶石不一》："又有回回甸子、河西甸子、襄陽甸子、五色璜石、金坑石、銅坑石、硝子石。"明曹昭《格古要論·珍奇論·硝子》："硝子，假水晶，用藥燒成者。色暗青，有氣眼，或有黄青色者，亦有白者，但不潔白明瑩。"《格致鏡原》卷五八引明張甯《方洲雜言》："宗伯公所得宣廟賜物如錢大者二，其形色絶似雲母石類、世之硝子，而質甚薄，以金相輪廓，而衍之爲柄，紐制其末。"

水晶刀

以水晶磨製之刀具。當屬儀仗用具或神兵利器。宋周密《武林舊事·御教儀衛次第》："玉靶于闐刀，馬腦于闐刀，水晶于闐刀。"清屠紳《蟫史·麻狨猺厮上弄筵》："喇師將匿形不可得，木蘭投水晶神刀劈其左臂。"又"蘭曰：吾知水之用，而忘金之能，明不至也。前所用水晶刀，斷喇啞喻一臂者，是金翁與水姥合煉成之，以攝海藏者……"

水晶印

以水晶雕刻之印章。明甘暘《印章集説》："水晶印：水晶，古不以爲印，近有用者，但硬而難刻。其文滑而不涵，唯用之飾玩亦可。"明林俊《見素集·奏議·奪獲流賊印刀疏》："藍廷瑞僞號順天王，管軍萬户府僞印一顆。何定奪獲關公大刀一把，未刻字僞稱玉印即水晶印一顆……"清陳克恕《篆刻針度·例言》："玉石古用昆吾刀刻，近無此刀，而能刻者亦罕。……唯余亦有切玉刀，應手如意，其他寶石瑪瑙水晶磁印，可以游刃有餘。"鄭孝胥《鄭孝胥日記·辛卯東行記·光緒十七年》："夜，同子貞至銀座勸工廠，買玻璃杯二隻。游市中，買水晶印章及筆、印泥返。"《清史稿·徐壽傳》："徐壽，字雪村，江蘇無錫人。……嘗購三棱玻璃不可得，磨水晶印章成三角形，驗得光分七色。"

水晶瓜

以水晶雕刻之瓜式物件。亦指瓜果。《鷓鴣天》："自古高人最可嗟，祇因疏懶取名多。居山一似庚桑楚，種樹真成郭橐駝。雲子飯，水晶瓜。林間携客更烹茶。君歸休矣吾忙甚，要看蜂兒趁晚衙。"清顧禄《清嘉録》卷一二："金刀剖破水晶瓜，冰山影裏顔如玉。火雲一天消未已，桐陰忽報秋風起。"清鄂爾泰、張廷玉《國朝宫史·經費二》："玉葉生香水晶芝草蓋罐一件、秋錦舒英水晶海堂洗一件、昆侖緗蒂水晶桃式洗一件、仙畦瑞瓞水晶瓜式洗一件、珍禽率舞水晶異獸陳設一件、聲教遐宣水晶鐸一件……"

水晶如意

以水晶製作之如意。如意，梵語"阿那律"

音譯。由印度傳入的佛具之一。柄端作"心"形，用竹、骨、銅、玉等製作。和尚講經時，記經文於上，以備遺忘。如意起源於古之爪杖，前端指形，脊背有癢手所不到，用以搔抓撓可如人意，故名。宋吳曾《能改齋漫錄·事始·如意》："齊高祖賜隱士明僧紹竹根如意，梁武帝賜昭明太子木犀如意，石季倫王敦皆執鐵如意，三者以竹木鐵爲之。蓋爪杖也。故《音義指歸》云：如意者，古之爪杖也。"如意在我國出現，最遲不晚於漢代。宋高承《事物紀原》卷八："如意，吳時秣陵有掘得銅匣，開之得白玉如意，所執處皆刻螭彪蠅蟬等形。胡綜謂：秦始皇東游，埋寶以當王氣則此也。蓋如意之始非周之舊，當戰國事爾。"魏晉南北朝時期，如意得到普遍使用，且與民間療癢撓有機結合，使如意頭部呈彎曲回頭之狀，成爲中國吉祥文化的代表物。唐以後，如意頭演變成卷雲形、靈芝形、心字形及團花形等形狀，其柄仍爲直柄，并用金玉珠寶製作，使其成爲一種藝術品。陝西扶風法門寺地宮曾出土一柄佛僧如意，銀質鎏金，首爲雲頭，柄爲直柄。即爲實證。至明清時期，如意轉嚮藝術陳設品，供人們欣賞娛樂。其頭部造型仍呈彎曲回頭之狀，直柄變爲小靈芝形、雲朵形等多種形狀。頭尾兩相呼應，主體呈流綫形，柄微曲，造型美觀華麗。康熙年間，如意成爲皇上、后妃之玩物。寶座旁、寢殿中均擺有如意，以示吉祥、順心，成爲祥瑞之象徵。唐段公路《北户錄》："孫和悅鄧夫人，嘗置膝上，和月下舞，水晶如意誤傷夫人頰，流血染袴。和自舐瘡。太醫曰：'獺髓、雜玉及琥珀屑，當滅痕。'"宋陳允平《西麓繼周集》："殘妝微洗，芳心微露，昭陽睡起。恨結連環，舞停雙佩，水晶如意。"《八仙出處東游記》卷上："一夜，夢見金甲丈夫，形類道士，碧蓮刀，紫藕柄，手執水晶如意，謁上曰：'臣奉上帝命，來治此祟。即召一金甲丈夫祛祟，捉而斬之且盡。'"清鄂爾泰、張廷玉《國朝宮史·經費二》："寶葉呈華花石如意一柄、三秀涵青水晶如意一柄、玉宇星澄金星玻璃如意一柄……"清陸心源輯《唐文續拾》卷二："内降綴珠碧羅芙蓉冠、蹙金綫絞屨、五章琴瑟走霞裙、水晶如意赤玉鑑臺、珊瑚楞枷枕、琥珀唾壺，天語優舉，附諸國中。"

水晶池

鑲嵌水晶的水池或池底鋪水晶沙的水池。《佛説大阿彌陀經》卷上："有純一寶池者，其底沙亦以一寶。若黃金池者底白銀沙。水晶池者底琉璃沙。珊瑚池者底琥珀沙。有二寶爲一池然七寶俱生。"元黎崱《安南志略》卷一："九重臺：昔李仁王構臺於水晶池上。將成，雷擊之；再構，再擊。後雷聲發，王以紅帛帕頭，佩劍登臺，焚香祝曰：'天不誘其衷，當加誅我，臺何與焉！'有頃，晴霽，臺成。"明僧來復《白牛爲日本純上人賦》詩："放歸祇樹隨羊鹿，種就曇花伴象龍。一色天闌頭角別，水晶池沼玉芙蓉。"

水晶匣

以水晶製作的小型箱子，一般爲方形或長方形，有蓋可以開合。宋邵博《邵氏聞見後錄》卷二八："又刻白玉象，所葬佛指骨，置金蓮花中，隔琉璃水晶匣可見。"明錢穀《吳都文粹續集·寺院》："宋徽宗佛牙舍利贊：崇寧三年重午日，自蘇州報恩寺迎請釋迦牙佛入内，致恭祈請舍利感應，隔水晶匣出如雨點，神力如斯。"清黃以周等輯《續資治通鑑長編拾補》卷二一載，"蔡條《史補》：道家者流，上嗣服之初……又嘗於端午日因內道場上焚香再拜，以禮佛身，其舍利四散，迸出於水晶匣外，上爲之贊焉。"

水晶佛

以水晶雕刻的佛像。《宋史·吳越錢氏傳》："俶妻俞氏又進金銀十餘萬、犀二十株、通犀頳犀玉帶二十二條、水晶佛像十二事。"又《三佛齊國傳》："八年，其王遣使蒲押陀羅來貢水晶佛、錦布、犀牙、香藥。"

水晶佛項墜

水晶佛

水晶床

此指以水晶製作或鑲嵌水晶之臥具。唐牛僧儒《玄怪錄》卷二："一青衣自戶出，年始十三四，身衣珠翠，顏甚姝美，謂歸舜曰：'三十娘子使阿春傳語郎君：貧居僻遠，勞此檢校。不知朝來食否？請垂略坐，以具蔬饌。'即有捧水晶床出者。歸舜再讓而坐。"《明詞彙編》："風捲梨花入幕香。學飛雙燕觸空牆，團團日照水晶床。暗思量。郎今何處踏春忙。"亦指水晶礦。清屈大均《廣東新語·貨語》："或掘地丈餘，見有磊砢粉子石，石褐色，一端黑焦，是爲伴金之石，必有馬蹄塊金。蓋丹砂之旁有水晶床，金之旁有粉子石，物不孤生，天地之道則爾……"

水晶盂

以水晶製作盛飲食或其他液體的圓口器皿。《格致鏡原·珍寶二·水晶》引明陳懋仁《庶物異名疏》："劉貢父幙次與三衛相鄰，諸帥玩一水晶盂。問何物而瑩潔若此，貢父應聲曰：'此多年老冰也，實以譏諸帥。'"《雍熙樂府》卷八《南呂宮·一枝花妓名玉馬杓》："瑪瑙盤莫勝精神，玻璃盞難同骨格，水晶盂怎比顏色？價擡，樣改，有斟量無疵多禁耐。"清丁治棠《仕隱齋涉筆》卷四："《尖字韻》云：'水晶盂裏光芒露，一點如標玉塔尖。'"

水晶杯

以水晶製作盛酒、茶或其他飲料之器皿。《續資治通鑑長編·宋仁宗天聖七年》："有司籍利用家貲，得水晶杯盤十副，賈人不能言其直，曰：'此非人間所常有也。'有老賈人識之，曰：'嘻！此物官有舊價矣，又何估焉。'"《通典·邊防·西戎七》："大唐武德二年，遣使貢寶帶、金鏁、水精杯各一，頗梨四百九十枚，大者如棗。"宋張邦基《墨莊漫錄》卷二："喻陟明仲，睦州人……水晶杯，明仲珍惜物，非佳客不出，故芸叟戲云。"《山西通志·物產·桑落酒》載，"王元美曰：太原酒頗清醇，而不甚釅，難醉易醒。余嘗取其初熟者，以汾州羊羔劑半嘗之，瀉水晶杯不復辨色，清美爲天下冠。"

水晶枕

　　以水晶製作的枕頭。爲藥枕之一。水晶性甘温，具温肺腎、養心神、補五臟、利小便、益氣之功。水晶枕可鎮静安神。唐崔珏《水晶枕》詩："千年積雪萬年冰，掌上初擎力不勝。南國舊知何處得，北方寒氣此中凝。黄昏轉燭螢飛沼，白日褰簾水在簪。蘄簟蜀琴相對好，裁詩乞與滌煩襟。"宋邵博《邵氏聞見後録》卷二六載，"楚氏洛陽舊族元輔者，爲予言：家藏一黑水晶枕，中有半開繁杏一枝，希代之寶也。"明陳霆《水南詞》："水晶枕底，紋簟展清湘。"清周亮工《書影》卷五："蔡君謨有水晶枕，中函桃花一枝，宛如新折。"清宋犖《筠廊偶筆》卷上："水晶枕一，長三尺，内桃花一枝。"比較長大供兩人使用的枕頭曰雙枕。宋王楙《野客叢書》卷二四載，"歐公詞曰：'池外輕雷池上雨，雨聲滴碎荷聲'云云，末曰'水晶雙枕，旁有墮釵横'。"明江南詹詹外史《情史・情芽類》："燕子飛來棲畫棟，玉鈎垂下簾旌。凉波不動簟紋平。水晶雙枕，旁有墮釵横。"

水晶馬

　　以水晶雕刻的馬匹。爲藝術品或做鎮紙用。清周亮工《書影》卷五："《柳氏聞見録》：余在閩中，見三寸許水晶馬，玄毛遍體，有若生成。"清宋犖《筠廊偶筆》卷上："水晶馬一，大如鼠，前足連小盆，盆即水中丞，内碧藻澄明可摘。又水晶馬一，大相等，黑毛遍體，爲鎮紙。"

水晶茶盂

　　以水晶製作的用於盛茶的圓口器皿。宋趙葵《行營雜録》："劉貢父爲中書舍人。一日朝會，幙次與三衛相鄰，時諸帥兩人出軍伍，有一水晶茶盂，傳玩良久。一帥曰：'不知何物所成？瑩潔如此。'貢父隔幙謂之云：'諸公豈不識，此乃多年老冰耳。'"參閲明陸楫等《古今説海・説纂部・行營雜録》。

水晶界方

　　以水晶製作的條形文具，用於懲戒學生或做鎮紙。清蒲松齡《聊齋志異・織成》："生起拜辭，王者贈黄金十斤，又水晶界方一握，曰：'湖中小有劫數，持此可免。'"又："有崔媪賣女，千金不售；蓄一水晶界方，言有能配此者，嫁之。"

水晶珠

　　以水晶製作的圓球。唐李白《白胡桃》詩："紅羅袖裏分明見，白玉盤中看却無。疑是老僧休念誦，腕前推下水晶珠。"《宋史・輿服志三》："皇太子之服。……三曰常服。袞冕：青羅表、緋羅紅綾裏、塗金銀釩花飾，犀簪導，紅絲組，前後白珠九旒，二纊貫水晶珠。青羅衣……"宋王溥《唐會要・康國》："開元初，屢遣使獻鏁子甲、水晶珠、越諾及侏儒人、胡旋女子兼狗、豹之類。"明朱橚《普濟方・眼目門・一切眼疾難治》："今水晶珠，精者極光明，置水中不見珠。熨目除熱淚，或云火燧珠向日取得火。"《圖書編・蘇門答剌國》："漢章帝時進異鳥，唐貞觀貢水晶珠。後爲大食王所侵。"《文獻通考・王禮考》："乘輿車旗鹵簿：中設御座，檀香雕木龍椅，靠背上水晶珠梅，紅絲裙網……"

水晶扇墜

　　以水晶製繫於扇柄下端之裝飾物。明瞿佑

《剪燈新話》卷二："一夕，女以紫金碧甸指環贈生，生解水晶雙魚扇墜酬之。既覺，則指環宛然在手，扇墜視之無有矣。"徐珂《清稗類鈔·鑒賞類》："同治庚午，宗嘯吾司馬在都時，曾於某邸見有所藏水晶扇墜一枚，狀如雞卵，中有若蜜蜂者，蠕蠕欲動。"

水晶瓶

以水晶製作的腹大、頸長之容器。宋無名氏《宣和畫譜·道釋四·孫知微》："孫知微，字太古，眉陽人也。世本田家，天機穎悟，善畫……嘗於成都壽寧院壁圖《九曜》，落墨已，乃令童仁益輩設色，侍從中有持水晶瓶者，因增以蓮花，知微既見，謂：'瓶所以鎮天下之水，吾得之道經，今增以花，失之遠矣。'"《全

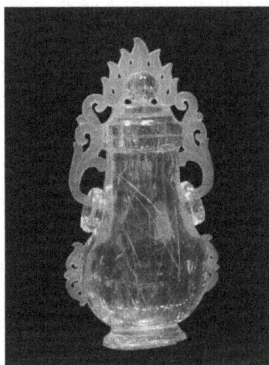

銅髮水晶瓶

元散曲·湯式·嘲素梅》："休言白玉堂，怎和黃金鼎。難栽瑪瑙玻，宜插水晶瓶。"清蒲松齡《聊齋志異·余德》："尹至其家，見屋壁俱用明光紙裱，潔如鏡，金猊猊爇異香，一碧玉瓶，插鳳尾孔雀羽各二，各長二尺餘；一水晶瓶浸粉花一樹，不知何名，亦高二尺許，垂枝覆几外，葉疏花密，含苞未吐，花狀似濕蝶斂翼，蒂即如須。"清賈茗輯《女聊齋志異·鐵簪子》："東壁設一大白玉盎，大如甕，內浸赤玉蓮花，綠玉蓮葉，長七尺餘；西壁設一水晶瓶，內插珊瑚樹，長九尺餘，襯一鳥尾，金翠燦爛，非鳳非孔雀，不得主名……"《江西通志·藝文·元》："江州路能仁禪寺三門記：江州城南

隅有浮圖。東魏天平二年，沙門祖道瘞佛舍利其中，貯以水晶瓶，金、銀、鐵石函。"

水晶針

以水晶磨製之針具。元伊世珍《琅嬛記》卷上引《謝氏詩源》："昔有姜氏，與鄰人文青通殷勤。文青以百煉水晶針一函遺姜氏，姜氏啓履箱，取連理綫，貫雙針，結同心花以答之，故《定情篇》曰：'素縷連雙針。'"

水晶球

以水晶製作之圓形立體物。元朱世傑《四元玉鑑》卷中："或問一隻銀盤三尺周，內容三隻水晶球。若人算得穿心徑，萬兩黃金也合酬。答曰：五寸（六十九分寸之二十五）。"《紅樓復夢》第六五回："柏夫人們見珍珠舞的似萬朵梨花，寒光閃閃，周身上下倒像一個水晶球在燈光之下，并不看見身體。"清紀昀《閱微草堂筆記·姑妄聽之三》："唯海至廣至深，附於地面，無所障蔽，故中高四隤之處，如水晶球之半。"

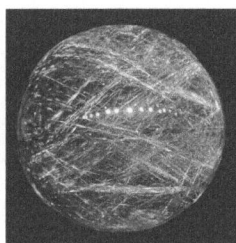

水晶球　　　　銅髮水晶球

水晶鉢

以水晶製作之僧人食器。後魏楊衒之《洛陽伽藍記·城西》："自餘酒器，有水晶鉢、瑪瑙琉璃碗、赤玉巵數十枚。"唐慧能《六祖壇經·護法品第九》："其年九月三日，有詔獎諭師曰：'師辭老疾，爲朕修道，國之福田……感荷師恩，頂戴無已，并奉磨納袈裟，及水晶鉢，敕韶州刺史修飾寺宇，賜師舊居，爲國恩

寺焉。’”明高濂《遵生八牋·燕閒清賞牋上》：“魏河間王有赤玉卮，水晶鉢，瑪瑙碗。”

水晶壺

以水晶製作的深腹斂口有嘴有把之容器，多爲圓形，亦有方、扁、橢圓等形制。明康海《疆場村》詩：“太微處士與愜爾，高風常候城西隅。何時身坐少陵洞，共渠細倒水晶壺。”明黃省曾《進酒行》詩：“麻姑井泉金汁濃，水晶壺瓶傾琥珀。”唐王緘《封白雞山記》：“若棲於瓊花枝上，皎潔爭分。或飲於水晶壺邊，精瑩莫認。”

水晶棋子

水晶製棋子。宋錢儼《吳越備史·補遺》：“夏五月，王尚在風疾，遣中使以紫白水晶棋子，盛以金盒雜寶文楸棋枰賜王，且諭曰：‘朕萬機之暇，頗留意卿疾未痊，宜用此自怡。’”宋陳襄《使遼語錄》：“接伴使、副送臣等水晶棋子各一副、蓯蓉、郁李仁等。”清梁章鉅《浪迹三談》卷一引《宋史·吳越世家》：“上遣中使賜錢俶文楸棋局、水晶棋子，乃諭旨曰：‘朕機務之餘，頗曾留意，以卿在假，便可用此以遣日。’”

水晶軸

裝裱好的字畫下端便於懸挂、捲起的水晶製圓杆。《宋史·外國傳·日本》：“其國多有中國典籍，奝然之來，復得《孝經》一卷、越王《孝經新義》第十五一卷，皆金縷紅羅標，水晶爲軸。”明徐應秋《玉芝堂談薈·錦褾褯》：“〔書畫裝裱〕南唐則褾以迴鸞墨，錦簽，以漢紙、宋御府所簽青紙大綾爲褾文，錦爲帶，玉及檀香、水晶爲軸。靖康之變，民間多有得者。”

水晶硯

以水晶製用於研墨之用具。宋錢世昭《錢氏私志》：“內侍舉牙床，以金相水晶硯、珊瑚筆格、玉管筆，皆上所用者，於公前。”宋曾慥《類説》卷五九：“丁恕有水晶硯，大才四寸許，爲風字樣，用墨即不出光，發墨如歙石。”《遼史·太宗紀下》：“丙寅，古祗奏請遣使至朔令降，守者猶堅壁弗納。且言晋有貢物。命即以所貢物賜攻城將校。己巳，有司奏神纛車有蜂巢成蜜，史占之，吉。壬申，晋遣使進水晶硯。”明高濂《遵生八牋·燕閒清賞牋上》：“水晶硯發墨如歙。”清蒲松齡《聊齋志異·羅刹海市》：“生稽首受命。授以水晶之硯，龍鬣之毫，紙光似雪，墨氣如蘭。”

水晶筒

以水晶製、較粗、中空而高之器物。如用於盛放毛筆之筆筒。清孫文川《淞南隨筆·同治三年甲子》：“四點鐘時，行至泰興。〔離十六里。〕舟中於窗內見天半黑，雲有氣直下與地接，雲上白下黑，氣下垂與黑雲一色，乍見粗如巨桶，而尾尖長約丈餘，其下則白氣相連接。氣上細下肥，頃刻之間，則全變爲黑色，上下共肥如巨桶。〔酷似煙囪出煙直衝而上。〕已而下半又變白，但見上半黑氣，仍尖長約三四尺，如將巨錐插入水晶筒中，其尖漸短，已而又長。”清鄂爾泰、張廷玉《國朝宮史·經費二》：“……仙猊率舞水晶獅子蓋罐一件、蓬山永戴水晶鼇魚筆山一件、彤管光生水晶筆筒一件、璿宮朗照水晶軒轅鏡一件、九苞瑞羽銀晶鳳凰雙蓋尊一件、香生寶葉水晶芝草水盛蓋瓶一件、玉樹珍禽粉晶鳳凰桃椿花插一件、瑶蕊留春紫晶玉蘭花插一件、璧水瑶翎銀晶觶式蓋尊一件

（以上水晶器一九）。"

水晶碗

亦作"水晶椀"。以水晶製圓形、凹心，盛食品之器具，形式上接近半球形。宋楊萬里《四月十三日渡鄱陽湖》詩："仰見雲衣開，側視帆腹滿。天如琉璃鐘，下覆水晶碗。"明蔣一葵《堯山堂外紀·宋》："賜金束帶、紫番羅、水晶碗，上亦賜寶盞，至一更五點還宮。"明俞汝楫《禮部志稿》卷三八："正德三年，貢水晶椀一個，估值銀八兩，令給絹與之，每絹一疋、作銀一兩四錢。"明徐應秋《玉芝堂談薈·職貢異物》："賽瑪爾堪貢馬駝、玉石、阿思馬、亦花珠、賽蘭珠、瑪瑙珠、水晶碗、番碗、珊瑚樹枝、梧桐……"明楊慎《詞品》卷四："上皇大喜，曰：'從來月詞，不曾用金甌事，可謂新奇。'賜金束帶紫番羅水晶碗。上亦賜寶醞。"

【水晶椀】

同"水晶碗"。此體明代已行用。見該文。

水晶鈎

以水晶製作之鈎狀物。懸挂或探取東西之器具。宋周密《雲煙過眼錄·越人董六千閣門所蓄》："葉森家舊有水晶鈎一亦如此，中空，有聲汩汩，內有葉一枝，隨水傾瀉。後售魏塘陳家，不知存否？"宋陳允平《少年遊》："斜陽冉冉柳邊樓，珠箔水晶鈎，拍點紅牙，簫吹紫玉，低按小梁州。"

水晶獅

以水晶雕刻之動物獅子，爲藝術品。明侯岐曾《侯岐曾日記·丁亥》："明威者，水晶獅子。念珠者，以珠爲朱。"清鄂爾泰、張廷玉《國朝宮史·經費二》："仙猊率舞水晶獅子蓋罐一件、蓬山永戴水晶鼇魚筆山一件、彤管光生

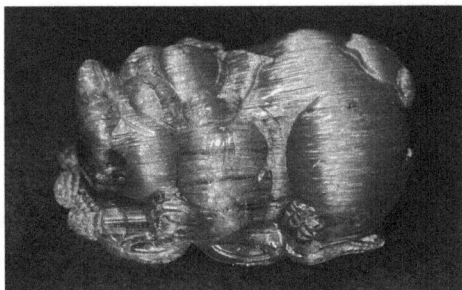
銅髮水晶獅

水晶筆筒一件。"

水晶煙管

以水晶製烟袋杆。清李伯元《莊諧詩話》卷二："聖祖不飲酒，尤惡吃煙。海寧陳文簡相國時爲侍郎，與溧陽史文靖相國酷嗜淡巴菰，不能釋手。聖祖南巡，駐蹕德州，聞二公之嗜也，賜以水晶煙管，一呼吸之，火星直噴唇際，二公懼而不敢食，遂傳旨禁天下吃煙。"參閱徐珂《清稗類鈔·譏諷類》。

水晶鞍

以水晶製或鑲嵌水晶，套於騾馬背上便於騎坐之坐具。《宋史·西蜀孟氏傳》："入朝，與昶同日宣制檢校太尉、泰寧軍節度。昶卒，賜玄喆羊五百口、酒五百壺。玄喆獻馬二百匹、白玉水晶鞍勒副之。"《續資治通鑑長編·宋太祖開寶二年》："己亥，以錢惟濬爲鎮海、鎮東節度使。惟濬奉其父命來助祭，將還，特詔增秩。上待惟濬特異，嘗召宴苑中，令黃門奏簫韶樂，與諸王同席而坐，賜白玉帶、綴珠衣、水晶鞍勒御馬，賜賚鉅萬計。"又《宋真宗景德二年》："凡承天節，獻刻絲花羅御樣透背御衣七襲或五襲，七件紫青貂鼠翻披或銀鼠鵝項鴨頭納子，塗金銀裝箱，金龍水晶帶，銀押副之，錦緣帛皺皮靴……臘肉凡百品、水晶鞍勒，新羅酒，青白鹽。"《陝西通志·拾遺二·瑣碎》：

"同光二年五月，故秦王李茂貞遣使王修，進遺留禮物：水晶鞍、盤，玉帶，馬瑙酒杯，翡翠爵，琉璃瓶，玳瑁唾盂。"

水晶漏

以水晶製作的計時器，有孔，可以滴水或漏沙，有刻度標志以計時間。《明史·毛玉傳》："裴紹宗，字伯修，渭南人……言：'太祖貽謀盡善。如重大臣，勤視朝，親歷田野，服浣濯衣，種蔬宮中，毀鏤金床，碎水晶漏，造觀心亭，揭《大學衍義》之類，陛下所當繹思祖述。'"明敖英《東谷贅言》卷下："國初，江西進陳友諒鏤金床，燕京進元順帝水晶宮漏，惡其淫巧，皆毀之。"清谷應泰《明史紀事本末》卷一四："冬十月甲午，司天監進元所置水晶刻漏，備極機巧。中設二木偶人，能按時自擊鉦鼓。上覽之，謂侍臣曰：'廢萬幾之務，用心於此，所謂作無益害有益也。'命左右碎之。"

水晶盤

以水晶製作的圓形敞口、扁淺之器皿。用於盛食承物。唐李商隱《碧城》詩："若是曉珠明又定，一生長對水晶盤。"《續資治通鑑長編·宋仁宗天聖七年》："有司籍利用家貲，得水晶杯盤十副，賈人不能言其直，曰：'此非人間所常有也。'"宋樂史《楊太真外傳》卷上："漢成帝獲飛燕，身輕欲不勝風。恐其飄蕩，帝為造水晶盤，令宮人掌之而歌舞。"清孫承澤《天府廣記》卷四三："小年選入蕊珠宮，紫閣玲瓏十二重。日侍上真修法事，水晶盤捧玉芙蓉。"清翟灝《艮山雜志·地志》："周臺孫《臨江仙》詞：'……一片空明誰得似？水晶盤走珠圓，夜凉風盡蔚藍天。'"

水晶燈

以水晶製作之照明燈。明汪砢玉《珊瑚網·嚴氏書品冊葉目》："珍奇器玩共三千六百五十餘件，内有嵌寶金象駝，水晶燈二架。"明周履靖《錦箋記·友聚》："珍珠燈、水晶燈、琉璃燈、蝦須燈、魚骨燈，方方圓圓，大大小小，總不下千餘盞。"清曾衍東《小豆棚·雜記》："簷間懸水晶燈，瓔珞露垂，風來則珠靉搖空，錚錚相擊撞，貯火可五十盞。"《皇朝文獻通考·土貢考》："西洋意達里亞國，貢：蜜蠟杯、蜜蠟瓶、銅日規、水晶燈、銀盤、紙盤、皮畫、花石片……"清佚名《查抄和珅家產清單》："住屋内：鏤金八寶床四架……時辰錶八十個，紫檀、琉璃、水晶燈彩各物共九千八百五十七件。"亦做成燈籠用於懸掛照明。清彭遵泗《蜀碧》卷二："首尾懸水晶燈籠，象日月。一望如長虹亙天，迷離奪目。"按，古代亦將一些清正廉明之官員譽為水晶燈籠。《宋史·劉隨傳》："劉隨，字仲，豫開封考城人……與孔道輔、曹脩古同時為言事官，皆以清直聞。隨臨事明銳敢行，在蜀，人號為水晶燈籠。初，使契丹還，會貶，而官收所得馬十五乘。既卒，帝憐其家貧，賜錢六十萬。"宋呂希哲《呂氏雜記》卷下："田宣簡公況為三司使，時人目為照天蠟燭，以其明見物情也。楊宣懿公察繼其任，譽不減田公，人目之為水晶燈籠。"

水晶環

以水晶製作圓形之環飾。唐馮贄《雲仙雜記》卷五："水晶環渡舟：蕭整嘗登陸渾沙洲，忽水漲不得下，急呼村童，折麈尾、水晶環與之，渡舟而過。"宋楊萬里《南溪細陂》："仙家有藥世無比，能乾水銀作銀子。老夫却把水晶環，鎔作南溪一溪水。"元張可九《醉太平·無題》："人皆嫌命窘，誰不見錢親？水晶環入麵糊盆，纔沾粘便滚。文章糊了盛錢囤，門庭改做迷魂陣，清廉貶入睡餛飩。葫蘆提倒穩。"《明詞彙編續》："水晶丸，水晶板，水晶環。是誰翻、玉井瑶闌。倒安天上教人看。星河中隔，但蟾蜍、弄影高蟠。"

水晶爵

以水晶製作的三足形飲酒器皿。《元史·世祖紀》："丙辰：立建都羅羅斯，四路守戍鄂摩等處，并置官屬。己未，以白玉、碧玉、水晶爵六，獻於太廟。"

水晶鎮紙

以水晶製作的寫字作畫時用以壓紙的器具，多爲長方形。明夏原吉《忠靖集·附録遺事·夏忠靖公遺事》："上嘗張燈宴群臣，悦甚，咲謂公等曰：此朕擎天柱也，天下事付若等，朕高枕無憂矣。賜紫瑛硯、象牙翠花筆、龍香墨、水晶鎮紙、玉筆架，以便條旨用。"明佚名《劉生覓蓮記》卷下："梅姐不敢久留，謹以琥珀珠二枚、水晶鎮紙一座奉答。"《海上塵天影》第二三回："一隻楠木雜拚七巧玲瓏一擔挑的書

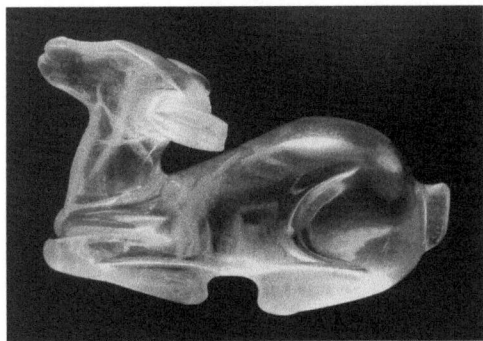

明水晶鹿鎮紙
（山東鄒城魯荒王墓出土）

桌，上邊放着文房四寶，白玉水晶鎮紙，白玉筆洗，宋錦紫蒼被，一個白洋絨衫枕，床沿一條白綾圍末。上邊墨書老梅一株，筆法離奇，瑪瑙玉筆筒當中插着十幾枝湘妃竹筆。"清姚之駰《元明事類鈔·文學門·硯》："紫英，《泳化編》宣宗賜夏原吉紫英硯，象牙翠花筆，龍香墨，水晶鎮紙。"

水晶鏡

以水晶利用光學原理製作的器具。明朱橚《普濟方·勞瘵門·用火法》："凡取火者，宜敲石取火，或水晶鏡子於日得者太陽火爲妙。天陰則以槐木取火亦良。"清和邦額《夜譚隨録》卷三："女應聲曰：'年少喜游，所至不暇關白，自然滋爾疑抱，雖然不遇明人，兒之大不幸也。譬夫水晶鏡片，翳以塵埃，宜其曖昧不明。因念如是，不勝凄然。子非善知識，請各事其事，無相問也。'"《林蘭香》第五○回："愛娘依次看完，因説道：'若以閨門而論，披帛、響鈴、珍珠鐲、珊瑚墜是貼身之物，當爲第一。水晶鏡、玳瑁梳、羽扇、蠅拂是日用必須，當爲第二。'"

水晶簾

亦作"水精簾"。以水晶珠串成遮蔽門窗之用具。宋歐陽修《皇后合》詩："煙含玉樹風生細，日永宮花漏出遲，深殿未嘗知暑氣，水精簾拂砌琉璃。"明瞿佑《剪燈新話》卷四："殿后有一高閣，題曰：'靈光之閣。'内設雲母屏，鋪玉華簟，四面皆水晶簾，以珊瑚鈎掛之，通明如白晝。"清朱彝尊、于敏中《日下舊聞考》卷三二："殿上設水晶簾，階琢龜文，繞以曲檻，檻與階皆白玉石爲之。"清翟灝《湖山便覽·北山路》："謝府園鎦績《霏雪録》

云：……又架船亭水中，每元夕，亭館皆垂水晶簾，放燈上下輝映。"

【水精簾】

同"水晶簾"。此體宋代已行用。見該文。

水晶簪

以水晶製綰髮髻之條狀物。亦用作頭部飾品。唐佚名《樹萱録》："女郎倚曲歌《玉波冷雙蓮》之曲，曰：此傷吳宮二隊長之辭。某非人也，生於龍宮，好楚詞，君能受我一篇傳於世人乎？乃以水晶簪，扣盤而誦芷秀藥華之詞。俄聞鐘聲，隔水女郎曰：'此非清虛之士不得游。'"唐褚載《送道士》詩："鹿胎冠子水晶簪，長嘯欹眠紫桂陰。"明施紹莘《瑤臺片玉》甲種下編："尊前瞧見那冤家，頭一個風流定數他。水晶簪子插梅花，忒煞撩人價，斜刺裏剛剛覷著咱。"明施紹莘《秋水庵花影詞》："點向佳人青兩鬢，一團雪暈微生。在人頭上更亭亭。水晶簪子，插斜傍，玉釵橫。"

第三章　美玉説

第一節　美玉考

　　在中國傳統文化中，玉富有深厚之文化蘊涵，人們對寶玉之珍重遠勝於其他寶石。美玉不祇是質美之玉，又與人的品德聯繫在一起。《荀子·法行》："子貢問於孔子曰：'君子之所以貴玉而賤瑉者，何也？爲夫玉之少而瑉之多邪？'孔子曰：'惡！賜！是何言也！夫君子豈多而賤之，少而貴之哉！夫玉者，君子比德焉。溫潤而澤，仁也；縝栗而理，知也；堅剛而不屈，義也；廉而不劌，行也；折而不撓，勇也；瑕適並見，情也；扣之，其聲清揚而遠聞，其止輟然，辭也。故雖有瑉之雕雕，不若玉之章章。《詩》曰：'言念君子，溫其如玉。'此之謂也。"更有《說文·玉部》所言："玉，石之美者，有五德者。潤澤以溫，仁之方也。鰓理自外，可以知中，義之方也。其聲舒揚，專以遠聞，智之方也。不撓不折，勇之方也。銳廉而不忮，潔之方也。"由此可見，玉文化已滲透至華夏民族的方方面面。就如現代學者李長之先生所説：古代中國之文化爲"玉的文化"，"中國古代人美感的最佳代表是玉"，"玉和孔子代表了美育發達的古代中國"。可見，中國之玉文化源遠流長。

　　在中國使用玉、收藏玉、崇拜玉之歷史悠久，形成了獨特的玉文化。近萬年前，中國人已發現并開始使用玉石。據考古發現，黃帝時代之前（含山文化時期），有高 9.6 厘米、肩寬 2.3 厘米、厚 0.8 厘米的玉立人；1987 年安徽含山的凌家灘墓葬中出土長達 16.5 厘米的玉勺，是迄今爲止發現最早之玉製類實用器皿，唐代之前僅此一件，因此在出土後曾經轟動整個考古界。此玉勺整體尺度比例恰如其分，形式與今天湯勺相似，足以顯示古代先民之聰明才智，由此我們亦可知華夏民族的祖先在距今五六千年前，就會用玉勺作餐具。距今四五千年的黃帝時代（龍山文化時期）發現一玉刀，長 49.1 厘米，寬 5.9 厘米，厚爲 0.1 厘米；玉料顏色爲墨綠色，整體較薄，呈扁長形，其寬邊處由兩面磨成薄刃，并有三個等距圓孔。玉刀正面光滑，背面粗澀并且有土浸痕，似乎沒有經過打磨。此刀色澤、厚薄以及打孔方法和部位均同陝西神木石峁出土的龍山文化玉刀類似，應爲同期物。該器雖有利刃，但如此寬薄，顯然不應爲實用器，故推測爲儀仗禮器或祭祀所用。浙江餘姚河姆渡文化層（前 5000—前 4750）發現玉塊、玉珠、玉管等；江蘇吳縣良渚文化層（前 3300—前 2250）發現玉琮、玉璧等玉器數十件，玉琮、玉璧均爲軟玉。此時期古玉多數爲玉製工具，如玉針、玉刀、玉斧。繼而出現充當祭器之玉製禮器，如良渚文化中之玉琮等玉器，還有部分象形玉器，例如紅山文化中之玉豬、玉龍等。商周前，中國主流文化區域內玉工具少見，多見玉冥器、玉配飾。至隋唐時期，玉器一直爲王公貴族專有裝飾用品。

玉鳥

殷商時玉已非常多。河南安陽殷墟婦好墓出土數百件玉器，有白玉、青玉、墨玉等，種類與新疆現代開采軟玉相同。據《逸周書・世俘解》記載："時甲子夕，商王紂取天智玉琰五，環身厚以自焚。凡厥有庶，告焚玉四千。"即此可見殷商製玉數量之巨大。據《竹書紀年》記載：周穆王"十七年西征至昆侖丘"，贊曰："唯天下之良山，寶石之所在。"人們用玉來加工其他石製品。《詩・小雅・鶴鳴》："他山之石，可以攻玉。"玉有獨特色澤和光彩，晶瑩通透，可用爲裝飾品。宋段昌武《毛詩集解》卷二四："孔曰：公劉帶美玉及瑤，并鞞琫容飾之刀。"因玉之數量有限而且加工困難，祇有族群少數人比如族長、祭師纔有資格佩帶和使用，故玉逐漸演變爲圖騰、禮器或祭器。經過長時期文化積澱，玉從一種石頭變化爲代表地位、權力、神權、財富之象徵。清弘祿等《周官義疏》："天子用全，上公用龍，侯用瓚，伯用將。鄭氏康成曰：卑者下尊，以輕重爲差，玉多則重，石多則輕。公侯四玉一石，伯子男三玉二石。"玉飾需求多，因而産生製造玉飾之作坊。近年來田野考古發現許多玉器作坊遺址，如鳳雛、召陳兩大型建築遺址附近，分布各類作坊，其中就有玉器作坊遺址。

殷商甲骨文中已出現與"玉"相關聯之字，寫作"丰"。趙誠《甲骨文簡明詞典》："丰，玉。像玉成串之形，爲玉之本字。"對玉的記載，早已見於先秦典籍。如《殷契佚存》七八三片有"用三玉"、《甲骨續存》五·二二·二有"取玉於龠"之文。《詩·衛風·木瓜》："投我以木李，報之以瓊玖。"傳："瓊玖，玉名。"《山海經·北山經》："西流注於浮水，其中多美玉。"西周以來，歷代君臣皆視爲至寶而佩之用之，民間收藏及使用亦甚多。人們認爲玉乃天地間之精華

商玉戈

産物，將其視爲神秘莫測之通靈之寶，廣泛應用於祭祀、朝聘、軍事、喪葬等各方面。《周禮·春官·大宗伯》中有："以玉作六器，以禮天地四方。以蒼璧禮天，以黃琮禮地，以青圭禮東方，以赤璋禮南方，以白琥禮西方，以玄璜禮北方。"説明玉器在古人祭祀中充當非常重要之角色。春秋以後，厚葬之風漸起，從王公貴族到平民百姓莫不盡然。1979年河南淮陽平糧臺戰國古墓出土一批玉器，有佩、璜、管、環、鏡架、帶鈎、珠飾、玉條等共三十五件，器物上普遍飾有穀紋，其次是捲雲紋，還采用圓雕、減地、綫刻等不同製作方法。其中，玉璜、玉龍、鼓形玉佩、玉管製作尤其精緻。1977年安徽長豐楊公楚墓出土大量玉器，有管、璜、佩、環、圭等共八十餘件，部分玉璜和玉佩造型與圖案構思新穎，紋飾精巧繁縟，説明當時玉器製造技術已相當成熟。

兩漢時期，玉器仍受到朝野重視。《史記·河渠書》引漢武帝詩："搴長茭兮沈美玉。"《漢書·王莽傳》："誠見君面有瘢，美玉可以滅瘢，欲獻其瑑耳。"漢代人對玉的分類亦有較深入的研究論述。許慎《説文·玉部》從質感、色彩方面對玉進行了區分。質感上，有朽玉（如珨）、美玉（如琦、琳）、寶玉（像寶石一般質感之玉，如璠）、玉之美者（如瑤）、石之次玉者（如瑂、玖）之分。色彩上，有三彩玉，赤玉等。單字命名的玉名達數百種，而這些單字又可以組合起來指稱最精美之玉，如瑤璠、琨瑜、瑜瑉、瓊瑤、美寶、華琚、琪瑰、琳珪、玫琁等。按照在生活中的不同用途，玉亦有多種別稱。如有的玉以顏

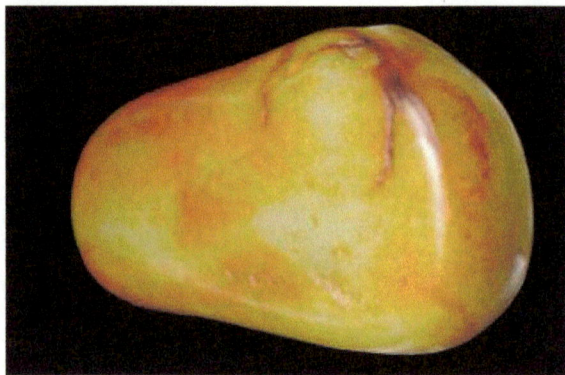
和田籽玉

漢玉觿
（山東曲阜九龍山漢墓出土）

色劃分，如赤玉、玄玉、紅玉、紺玉、紫玉、碧玉、水蒼玉、縹玉等。有的按玉出土年代、產地命名，如垂棘、昆玉、夷玉、西土、寶蓋玉等。按玉的純度、特性有全、龍、瓚之稱等。《說文》中已有記錄不同玉石產地之字，如："璠，璵璠，魯之寶玉"；"珣，《周書》所謂夷玉也"；"珋，出西胡中"。按照玉不同品次，《說文》將其分爲美玉、似玉、次玉幾等。考古亦發現不同地區的玉材品質確有不同。山東大汶口文化和龍山文化之玉器多以質地細膩、光澤溫潤的長石爲原料；江浙太湖流域的良渚文化，玉器多采用淺綠色、帶有雲母狀閃亮斑點的透閃石；東北遼河流域的紅山文化，則以岫玉爲玉器原料；四川廣漢文化使用一種質地較軟、表面呈灰黑色的沉積岩爲材料。

　　兩宋時期，商業繁榮，手工業技術水準亦有極大的提高，從而使得玉器加工變得更加方便快捷，因此玩玉賞玉風氣盛行。此時出現大量構思奇妙、製作精巧、加工細膩之玉佩件、玉擺飾。明清時期，玉器製作和玉器玩賞達到頂峰，小至玉鈕扣、玉頭簪，大至整片玉船、玉山、玉屏風，品種更加豐富多彩。王公貴族以玉石製作日用品，如玉壺、玉杯、玉碗等。

　　一般來講，玉質上品爲白玉，稍次爲黃玉，再次爲青玉，下品爲雜玉（例如河南玉、南方玉）。從礦物學角度看，玉可分成兩種，一種爲鏈狀結構硅酸鹽中之角閃石組，主要成分爲透閃石，少量陽起石，稱軟玉。另一種爲單鏈狀硅酸鹽鹼性鈉質、鈉鈣質輝石，亦稱硬玉（如翡

玉雕

翠）。中國傳統古玉多數爲軟玉。硬玉正式進入中國并流行，應於清代初年吳三桂追擊南明永曆皇帝進入并控制雲南和緬甸北部之後。

依用途，玉可分祭祀用玉、殉葬用玉、服飾用玉等等。《周禮·春官·典瑞》："典瑞，掌玉瑞、玉器之藏。"玉器作爲祭祀禮器、隨葬品，成爲等級標志和權力象徵。以玉器爲最高表現形式的史前巫術禮儀活動，爲我國古代國家禮儀文明之濫觴。"玉"充滿神秘感，可以與神靈相通，故古人以"玉"爲靈物祭祀神靈和祖先。《山海經》東、西、南、北、中五方位的山經中，皆記載埋玉以祭祀山神之禮俗，一次多達幾百塊玉。如《山海經·西山經》寫道："瀚山神也，祠之用燭，齋百日以百犧，瘞用百瑜，湯其酒百樽，嬰以百圭百璧。"

周玉四牙璧

因祭祀具有規範性，一般不輕易變更，由此推斷，祭祀用玉爲非常古老的禮俗，它起源很早。用玉斂葬在我國亦有悠久歷史，新石器時代就有"玉斂葬"習俗。遼西地區牛河梁"唯玉爲葬"。1986 年浙江杭州餘杭反山良渚文化遺址出土大量絲麻織物和玉質紡輪。爲當時氏族首領按照其體形綴滿寶玉珠璣，即"寶玉衣"。自遺址出土的綴飾類玉器背後有鑽孔，并且分布於身體各個部位，這些各式各樣、大大小小的玉器佩件穿綴成衣裝或是分別綴縫於絲麻織物之上。知悉這些原始衣裝的形制，對於我們認識玉衣發生、發展淵源關係具有很大作用。殷墟西區商代平民墓亦出土一定數量玉器，説明當時平民亦有佩玉之習俗。古書中關於玉斂葬記載也很多，《墨子·節喪篇》："諸侯死者虛庫府，然後金玉珠璣比乎身。"《吕氏春秋·節喪篇》："國彌大，家彌富，葬彌厚，含珠鱗施。"晋代的葛洪在《抱朴子·對俗》中稱："金玉在於九竅，則死人爲之不朽。"《淮南子·齊俗篇》："竭國糜民，虛府殫財，含珠鱗施。"《後漢書·禮儀志下》"大喪"劉昭注引《漢舊儀》："帝崩，唅以珠，纏以緹繒十二重，以玉爲襦，如鎧狀，連縫之，以黄金爲縷……"禮器，是指用來辨等級、明身份，進行禮聘、祭祀活動之玉製品，爲中國玉文化中最鮮明特色之一。成書於戰國末期的《周禮》視琮、璧、璋、圭、璜、琥等玉器爲"六瑞"或"六器"。《周禮·春官·大宗伯》中有："以玉作六瑞，以等邦國。王執鎮圭，公執桓圭，侯執信圭，伯執躬圭，子執穀璧，男執蒲璧。"

六器、六瑞於春秋戰國時得到完善，漢代以後消失，明清仿古盛行，但已失去原本意義，衹用於觀賞、裝飾、把玩。

西周玉鐲
（四川成都金沙遺址出土）

佩玉於中華傳統文化不僅具有重要地位，而且歷史悠久。在距今約七千年的河姆渡文化遺址中，已出現珠、管、璜類小件玉飾。崧澤文化期北陰陽營遺址出土的管、璜、墜等玉飾以及多件成組玉串飾，多數佩戴於死者胸部。在之後的良渚文化中，玉串飾則更爲多見，包括頭飾和頸飾。其中璜管相連、直徑較小的串飾，則多數爲偶像上的佩飾。餘杭反山的二十二號墓出土神人紋墜玉管串飾，該串飾由十二顆玉管及一件雕有神徽的墜玉組成。長江下游新石器時代的早中晚期，均有以珠、璜、管等小件玉綴聯成串飾之方法。由此可見，新石器時代玉串飾已具有後世組合玉飾雛形。如珠、管、環、璜、動物飾等，而且逐漸趨嚮加長化及複雜化。早期佩玉思想的形成是與古人逢凶化吉、趨利避害的實用目的相統一的。《詩》中記載玉作爲裝飾仍殘留避害之功能。《衞風·淇奧》："有匪君子，充耳琇瑩。"隨着歷史進步和發展，人們對玉的綜合美感認知逐步加深，玉因自身晶瑩絢麗的色澤、溫和潤澤的外表、清越悠揚的聲音等特點，使人們得到視覺、觸覺、聽覺等多種感官上的愉悦。佩戴玉飾這一行爲已經超出一般審美範疇，而被視爲一種觀念上的載體，賦予一種哲學上的内涵。因爲儒家思想的滲透，光潔美麗的玉和人們崇尚高潔的品行相符合。故玉變成德之化身。《禮記·玉藻》中說："古之君子必佩玉。"又："君子無故玉不去身，君子於玉比德焉。"

佩玉與道德人倫觀念密切聯繫，致使戰國時期佩玉之風盛行。同時，所配之玉亦有嚴格等級規範。佩玉形狀的大小與雕刻紋飾的不同，代表王侯身份尊卑以及地位高低。《禮記·玉藻》載："天子佩白玉，而玄組綬；公侯佩山玄玉，而朱組綬；大夫佩水蒼玉，而純組綬；世子佩瑜玉，而綦組綬；士佩瑌玟，而溫組綬。"古時，人們佩戴玉飾的心理動機和祭祀用玉的心理動機是相同的，都是認爲玉有趨利避害、逢凶化吉的功能。佩玉不僅用來表示人的身份等級，而且逐漸人格化，用於喻示人的品德，約束人的行爲。《詩·秦風·小戎》："言念君子，溫其如玉。"

　　因爲玉的珍貴價值，從傳統文化方面看，玉時常被視作憑信。瑞玉可以作爲君臣之間的信物，也可以當做諸侯之間結盟用的憑證。《説文》中所述的瑞玉有：瓔、璧、璜、環、琥、瑞、琮。在古代，虎符"琥"一分爲二，爲軍中所用憑證。軍將在外，要見到國君所執另一半虎符纔可按令調兵。這種分玉的風尚可從"班"字中窺見一斑。"班"字爲會意字，從刀分玉，將瑞玉從中間一分爲二，當做信物。把玉作爲信物，不僅可以用在歃血爲盟、調兵遣將這種正式場合，兩情相悦的男女之間也經常以玉相約。《詩·衛風·木瓜》中説："投之以木瓜，報之以瓊琚。匪報也，永以爲好也。"《王風·丘中有麻》："丘中有李，彼留之子。彼留之子，貽我佩玖。"又《鄭風·女曰鷄鳴》："知子之順之，雜佩以問之；知子之好之，雜佩以報之。"

　　此外，玉還有養身與保健價值。古人認爲食服玉，壽同玉。《周禮·春官·大宗伯》："玉者，陽精之純，可以助精明之養者，故王齊則共食玉。"漢武帝取金莖露和玉屑服，云可長生久視，故有玉脂、玉膏、玉液之説。五代王仁裕《開元天寶遺事》："貴妃素有肉體，至夏苦熱，常有肺渴，每日含一玉魚兒於口中，蓋藉其凉津沃肺也。"玉還能刺激經絡，疏通臟腑。人的手背側有養老穴，常佩戴玉鐲，可長期按摩穴位，具有一定的保健作用。在口中含玉，藉助唾液中的營養成分和溶菌酶共同作用，有生津止渴的作用，可以平煩懣之氣，除胃腸之熱。以玉磨面可祛瘢痕，還可以滋養毛髮，起到美容的作用。宋朝醫學文獻《對濟録》中記載："面身瘢痕，真玉日日磨之，久則自滅。"明李時珍的《本草綱目·石之二·玉》記載，玉可"潤心肺、助聲喉、滋毛髮"。現代科學證明，玉石中有多種有益於人體的微量元素，如鎂、鋅、銅、鐵、錳、鉻等。玉器在製作過程中會形成一電磁場，同人體發生諧振，使人能穩定情緒，增強反應能力。

　　古代玉的産地遍及各地，歷代典籍所載多有遺漏。如垂璧（垂棘所出）、楚懸黎（楚地産的美玉）、昆玉（昆侖山的美玉）、夷玉（東夷所出之美玉）。其中最終被皇家接受并稱之爲真玉的乃和田玉。明丘濬《大學衍義補·寶玉之器》："今中國未聞有出玉之處，而所用之玉皆自于闐國來。"《孔帖·玉河》："于闐其南千三百里曰玉州山，多玉者也。其河源所出、至于闐分爲三：東曰白玉河，西曰緑玉河，又西曰烏玉河，三河皆有玉而色異。每歲秋水涸，國王撈玉於河，然後國人撈玉。"從新石器時代晚期至清代，因和田玉具有獨特羊脂白色，以和田玉製成的玉器成玉器之至寶。和田玉亦因其獨特的地位，成爲中國傳統玉文化的主要載體。

　　按，玉石的概念：玉石（天然的和人工合成的）指色彩瑰麗、堅硬耐久、稀少，并可琢磨、雕刻成首飾和工藝品的礦物集合體或岩石。玉石有廣義和狹義之分。玉的廣義概念包括許多種用於工藝美術雕琢的岩石；玉的狹義概念僅指硬玉（以緬甸翡翠爲代表）和軟玉（以和田玉爲代表）。彩石，則是指大理石等顏色和質地較美觀細膩的低檔工藝美術石材；彩石的硬度較低、光澤不强但能符合加工工藝要求；有的學者主張將彩石包括在廣義的玉石之中，或將彩石暫時作爲玉石的同義語。另外玉石亦爲廣義寶石的一種，寶石的廣義概念包括寶石（天然的和人工合成的）、玉石（天然的和人工合成的），也包括部分有機材料。

玉

　　亦稱"孤穩""哈什"。溫潤而有光澤的美石，品類繁多。《説文・玉部》中記載："玉，石之美有五德。潤澤以溫，仁之方也。䚡理自外，可以知中，義之方也。其聲舒揚，專以遠聞，智之方也。不撓不折，勇之方也。鋭廉而不技，絜之方也。"《詩・小雅・鶴鳴》："他山之石，可以攻玉。"在我國使用玉、收藏玉、崇拜玉的歷史悠久，形成了獨特的玉文化。我國新石器時代中期已有玉器，殷商甲骨文中已出現"玉"字。西周以來，歷代統治者視爲至寶，民間收藏、使用亦富。古代契丹語的音譯爲"孤穩"。《遼史・國語解》："孤穩，玉也。"遼王鼎《焚椒録》："宮中爲〔懿德皇后〕語曰：'孤穩壓帕女古靴，菩薩唤作耨斡麽。'蓋言以玉飾首，以金飾足，以觀音作皇后也。"清納蘭性

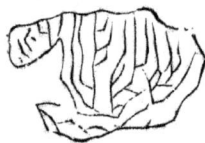

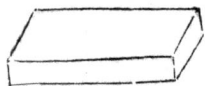

玉
（明王圻等《三才圖會》）

德《齊天樂・洗妝臺懷古》詞："相傳内家結束，有毦裝孤穩，靴縫女古。"回語稱玉爲"哈什"。清姚之元《竹葉亭雜記》卷三："西曰哈喇哈什河，哈什譯言玉，哈喇譯言黑也。"《清會典・理藩院》："和闐之哈喇哈什，玉隴哈什，以玉無常額。"近年來，中國臺灣新出兩玉種，即珊瑚玉和七彩玉。珊瑚玉爲珊瑚之化石，經過數億年地殼變動、在長時間高溫高壓作用下，形成化石，有些化石受其特殊代替呈玉髓化現象，稱之爲珊瑚玉。在珊瑚玉中，古生物本身的形貌和紋理大都被完整地保留下來。由於珊瑚的大小、種類的不同而形成不同的天然花紋圖案；而玉化礦物由於成分的不同形成的顏色也多姿多彩。其中花型花瓣清晰、排列緊密、惟妙惟肖的菊花化石更爲廣大收藏者所喜愛，成爲不可多得的珍品。珊瑚玉化石最早開採自中國臺灣。珊瑚玉又分爲黑珊瑚玉和紅珊瑚玉兩種。紅珊瑚玉要比黑珊瑚玉珍貴。珊瑚玉主產於中國臺灣的花蓮縣、臺東縣和陝西寧强縣。七彩玉是一個玉種，世界多地有產，但臺灣七彩玉有別於其他，故以臺灣七彩玉名之。臺灣

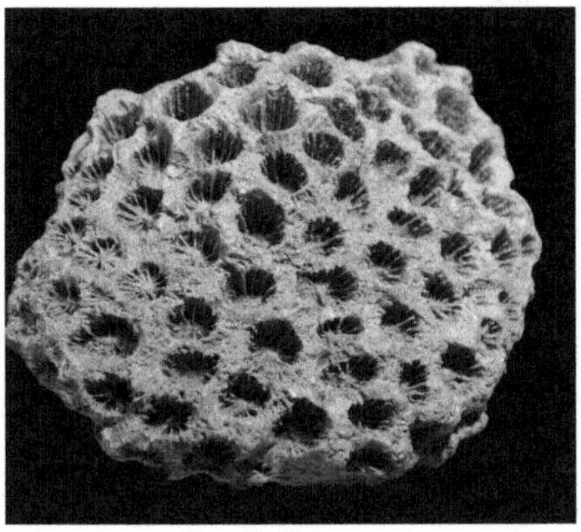

珊瑚玉

珊瑚玉雕

七彩玉原名綠玉蛇紋石，和石棉是共生礦，有石棉的地方，必有七彩玉。臺灣七彩玉屬硅質基岩，石質堅硬，硅化程度高，各類圖案渾然天成。石中含有多種化學元素成分，而每一成分又演變成某一種顏色。因此臺灣七彩玉能產生出多種多樣的色彩。臺灣七彩玉不是天然的玉石，是經過人爲加工的工藝品。臺灣花蓮地區的匠人師傅將七彩玉人工刻磨成型後，以獨特的單色釉料浸染，再以高溫窯燒技術，使其釉彩與礦石共溶，因而礦石內含元素分子重新組合排列，形成不同的色彩變化。由於開采出

臺灣七彩玉

的石頭種類、成分不同，所形成的等級也不同。由於礦石經釉料浸染，又經過高溫燒製，所形成的色彩非人工可控，故每個成品均爲世上僅有、獨一無二的收藏品。評價臺灣七彩玉，主要看其色彩鮮艷程度，并以此區分等級，顏色越艷麗、色系越豐富的産品等級越高。其中以礦物玉質化程度高、結晶變化性強烈者最爲珍貴。臺灣七彩玉與其他的玉石主要差異在於兩點。1.產地少：它的原材料衹有臺灣中央山脉蘊藏，不像其他種類的玉石有替代性產地。2.共生礦物元素多：共生礦物元素最多高達兩千多種，因此其原始硬度落差大，加工産品成功幾率低，其收藏價值、産品價格差別極大。

【孤穩】

即玉。古契丹語音譯。此稱遼代已行用。見該文。

【哈什】

即玉。回語音譯。此稱清代已行用。見該文。

天球

玉名。色如天之玉，故名。《書·顧命》："大玉、夷玉、天球、河圖，在東序。"孫星衍注引鄭玄曰："天球，雍州所貢之玉，色如天

者。"又引馬融曰："球，玉磬。"宋楊萬里《正月十二日遊》詩："雲冠霞佩照宇宙，金章玉句鳴天球。"清錢謙益《陸宣公墓道行》："圖經聚訟故老哄，争此朽骨如天球。"

玄真

玉之別名。爲道家方士用語，早在秦漢時方士傳言服食玉可長生不老。晋葛洪《抱朴子·仙藥》："《玉經》曰：服金者壽如金，服玉者壽如玉。又曰：服玄真者，其命不極。玄真者，玉之別名也。令人身飛輕舉。"《太平御覽》卷八〇五引晋葛洪《抱朴子》曰："服玄真者，其命不極。玄真，玉別名也。服玉，當得于闐白玉。"明李時珍《本草綱目·石之二·玉》："釋名，玄真。"

江魚綹

玉名。枝幹多綹裂如魚紋，故稱。明高濂《遵生八牋·燕閑清賞牋上》："西流沙水中天生玉子，色白質幹，内多綹裂，俗名江魚綹也。"參閱清谷應泰《博物要覽》卷六。

玗琪

玉名。赤色。《山海經·海内西經》："開明北有視肉、珠樹、文玉樹、玗琪樹。"郭璞注："玗琪，赤玉屬也。"《穆天子傳》卷四："爰有采石之山……玗琪……凡好石之器，於是出。"

玒

玉名。晶瑩若透明。《説文·玉部》："玒，玉也。"宋歐陽緡《廬山高贈同年劉中允歸南康》詩："君懷磊砢有至寶，世俗不辨瑉與玒。"徐珂《清稗類鈔·鑒賞·韓程愈藏赤珂夔龍鎮紙》："其最美者，曰官玒，高玒，曰老楓門，曰新楓門，皆鐙光凍也。"

玢

玉名。《玉篇·玉部》："玢，玉名。"清姚華《曲海一勺·述旨》："鴻寶所藏，玢秘未闡，及今發揚，未爲晚也。"

玟

玉名。《改併四聲篇海·玉部》引《奚韻》："玟，玉也。"《禮記·玉藻》："士佩瓀玟，而縕組綬。"《禮記·聘義》："敢問君子貴玉而賤碈者，何也？"鄭玄注："碈，石似玉，或作玟也。"

珂玤 [1]

玉名。古代用作貴重飾物。《文選·左思〈吳都賦〉》："果布輻凑而常然，致遠流離與珂玤。"劉逵注："玤，老雕化西海爲玤，已裁割若馬勒者，謂之珂。玤者，珂之本，璞也。"李周翰注："流離、珂玤皆寶名。"《魏書·陽固傳》："采鍾山之玉瑛兮，收珠澤之珂玤。"

昭華

美玉名。光彩華麗。《尚書大傳》卷一下："舜耕於歷山，堯妻之以二女，屬其九子也，贈以昭華之玉。"《太平廣記》卷四〇三引《西京雜記》："玉笛長二尺三寸，六孔。吹之則見車馬山林。隱嶙相次。吹息亦不復見。銘曰：昭華之管。"南朝梁陸倕《石闕銘》："受昭華之玉，納龍叙之圖。"北周庾信《週五聲調曲·宮調曲三》："更受昭華玉，還披蘭葉圖。"唐杜牧《出宮人》詩："閑吹玉殿昭華管，醉折梨園縹蒂花。十年一夢歸人世，絳縷猶封繫臂紗。"

玤

玉名。未經打磨之珂。《玉篇·玉部》："玤，珂玤也。"《廣韻·去術》："玤，珂屬。"《正字通·玉部》："玤，珂別名。"《文選·左思〈吳都賦〉》：“果布輻凑而常然，致遠流離與珂玭。”劉逵注：“玭者，珂之本璞也。”

珚

玉名。《集韻·先韻》：“珚，玉名。”《山海經·中山經》：“〔傅山〕其西有林焉，名曰墦冢，榖水出焉，而東流注於洛，其中多珚玉。”

珧華

玉名。晉葛洪《抱朴子·窮達》：“珧華黎綠，連城之寶也；委之泥潯，則瓦礫積其上焉。”

砥厄

亦作“砥砨”。美玉名。《戰國策·秦策三》：“臣聞周有砥厄，宋有結綠，梁有懸黎，楚有和璞。”《史記·范雎蔡澤列傳》：“且臣聞周有砥砨，宋有結綠，梁有縣黎，楚有和朴。”

【砥砨】

同“砥厄”。此體漢代已行用。見該文。

晁采

亦作“朝采”。玉名。《漢書·司馬相如傳》：“鼂采琬琰，和氏出焉。”顏師古注：“鼂，古朝字。朝采者，美玉。每旦有白虹之氣，光采上出，故名朝采，猶言夜光之璧矣。”《文選·司馬相如〈上林賦〉》“晁采琬琰”郭璞注引司馬彪曰：“晁采，玉名。”李善注：“晁，古朝字。”

【朝采】

同“晁采”。此稱唐代已行用。見該文。

流黃

玉名。《淮南子·本經訓》：“甘露下，竹實滿，流黃出而朱草生。”高誘注：“流黃，玉也。”晉左思《吳都賦》：“紫貝流黃，縹碧素玉。”

琪

玉名。《玉篇·玉部》：“琪，玉屬。”《隋書·禮儀志七》：“《魏臺訪議》曰：‘天子以五采玉珠十二飾之。’今參準此，通用烏漆紗而爲之。天子十二琪，皇太子及一品九琪……六品已下無琪。”唐陸龜蒙《襲美先輩以龜蒙所獻五百言見和》詩：“因知昭明前，剖石呈清琪。”

琳碧

玉名。《文選·張衡〈西京賦〉》：“珊瑚琳碧，瑜珸璘彬。”張銑注：“琳碧、瑜珸，皆玉名。”晉常璩《華陽國志》卷二：“張騫特以蒙險遠，爲孝武帝開緣邊之地，賓沙越之國，致大宛之馬，入南海之象，而車渠、瑪瑙、珊瑚、琳碧、厥寶……蒟醬，殊方奇玩，盈於市朝，振揚威靈，被於幽裔。”清鄂爾泰、張廷玉《國朝宮史·經費二》：“三十日恭進御筆嵩呼介景萬壽圖四卷……瑞旭流丹鶴頂紅如意一柄、琳碧含輝孔雀石如意一柄……”清黃景仁《練江舟中》詩：“磯頭石作琳碧燦，水底沙皆蝌蚪文。”

琦

美玉名。《廣韻·平支》：“琦，玉名。”晉葛洪《抱朴子·博喻》：“是以蟭螟之巢，無乘風之羽；溝澮之中，無宵朗之琦。”

琰

美玉名。《說文·玉部》：“琰，璧上起美色也。”南朝梁簡文帝《謝敕賚善勝威勝刀啓》：“冰鍔含彩，雕琰表飾。”遼行均《龍龕手鑑·玉部》：“琰，玉名也。”

瑾

美玉名。《說文·玉部》：“瑾，瑾瑜，美

玉。"《廣韻·去震》:"瑾,美玉名。"南朝宋慧琳《龍光寺竺道生法師誄》:"如草之蘭,如石之瑾,匪曰薰雕,成此芳絢。"

瑶碧

玉名。《山海經·西山經》:"又西二百八十里,曰章莪之山,無草木,多瑶碧。"郭璞注:"碧亦玉屬。"《淮南子·泰族訓》:"瑶碧玉珠,翡翠玳瑁,文彩明朗,潤澤若濡。"三國魏曹植《洛神賦》:"披羅衣之璀粲兮,珥瑶碧之華琚。"唐杜甫《贈崔十三評事公輔》詩:"冰壺動瑶碧,野水失蛟螭。"

璩

玉名。《玉篇·玉部》:"璩,玉名。"漢鄒陽《酒賦》:"綃綺為席,犀璩為鎮。"唐段成式《酉陽雜俎·禮異》:"凡節,守國用玉節……戰鬥用璩。"宋胡仔《苕溪漁隱叢話後集·東坡四》:"所謂玉者,凡一十有六……珙、璧、珥、珐杯、璩等是也。"

瓄

玉名。《玉篇·玉部》:"瓄,《史》:昆山出瓄玉。"《晉書·輿服志》:"銀印青綬,佩采瓄玉。"

懸黎[1]

亦作"縣藜""懸璨"。美玉名。《戰國策·秦策三》:"臣聞周有砥厄,宋有結綠,梁有懸黎,楚有和璞。"晉葛洪《抱朴子·博喻》:"懸黎結綠,不假觀於瓊瑶。"《史記·范睢蔡澤列傳》:"且臣聞周有砥砨,宋有結綠,梁有縣藜,楚有和朴。"唐釋貫休《樂府古題雜言·讀離騷經》:"又想靈均之骨兮終不曲,千年波底色如玉,誰能入水少取得,香沐函題貢上國。貢上國,即全勝,和璞懸璨,垂棘

結綠。"

【縣藜】

同"懸黎"。此體漢代已行用。見該文。

【懸璨】

同"懸黎"。此體唐代已行用。見該文。

瓃

玉名。《說文·玉部》:"瓃,玉也。"《左傳·昭公十七年》:"若我用瓃斝玉瓚,鄭必不火。"杜預注:"瓃,珪也。"孔穎達疏:"瓃是玉名。此傳所云,皆是成就之器,故知瓃是珪也。"清王引之《經義述聞》:"'瓃斝'與'玉瓚'對文,則瓃乃玉石之名。"明李時珍《本草綱目·金石一·玉》:"北方有瓃子玉,雪白有氣眼,乃藥燒成者,不可不辨。"

小共

亦作"小拱"。小玉。《詩·商頌·長發》:"受小共大共,為下國駿厖。"三國魏王肅《孔子家語·弟子行》:"孔子和之以文,說之以詩曰:'受小拱大拱,而為下國駿厖。'"

【小拱】

同"小共"。此體三國時期已行用。見該文。

天智玉

美玉。《逸周書·世俘解》:"商王紂取天智玉琰五,環身厚以自焚。凡厥有庶,告焚玉四千……凡天智玉,武王則寶與同。"孔晁注:"天智,玉之上美者也。"明袁中道《珂雪齋集》卷七:"誓將閭宅付灰塵,不用天智玉裹身。要離尚有埋魂冢,感王遺事淚沾巾。"清陳性《玉紀》:"火不能熱,亦不為火傷。"自注:"按《周書》,武王伐紂,紂以天智玉五種裹身自焚,凡他玉四千餘種皆毀,僅存天智,故武王寶之。"

玉片

亦稱"碎玉片子""碎玉""瓊片"。玉之片。唐沈佺期《驄馬詩》:"四新碧玉片,雙眼黃金瞳。"《白孔六帖》卷二引五代王仁裕《開元天寶遺事》:"岐王宮於竹林內,懸碎玉片,每夜聞相觸聲,即知有風,號占風鐸。"《開元天寶遺事·占風鐸》又曰:"岐王宮中於竹林內懸碎玉片子,每夜聞玉片子相觸之聲即知有風,號爲'占風鐸'。"宋王禹偁《黃岡竹樓記》:"夏宜急雨,有瀑布聲;冬宜密雪,有碎玉聲。"宋蘇轍《次韻子瞻延生觀後山上小堂》詩:"巖花寂歷飄瓊片,庭檜蕭疏漏玉蟾。"清唐孫華《庭前初種玉蘭一枝數日花放》詩:"階砌名葩市上移,俄驚瓊片早離離。"

【碎玉片子】

即玉片。此稱五代時期已行用。見該文。

【碎玉】

即玉片。此稱宋代已行用。見該文。

【瓊片】

即玉片。此稱宋代已行用。見該文。

玉目

小而晶瑩之玉。《逸周書·王會》:"權扶玉目。"孔晁注:"玉目,玉之有光明者,形小也。"明方以智《通雅·金石》:"凡玉與寶石皆石之精者,耳似珠而大者曰玉目。道家呼玉爲玄真。"

玉材

開采後尚未加工之原始玉。山中所產者稱"山材",水中所產者稱"水材"。《孟子·梁惠王下》:"必使玉人雕琢之。"元陳天祥辨疑:"玉之主人但能與玉工一同詮量,度其玉材作何器物,如此而已。"宋朱長文《墨池編·硯》:

"玉亦可爲硯,古或有之。予在杭州嘗得鎮潼留後李元伯書云:近求得玉材,令匠人琢爲圓硯,其發墨可愛。"遼梁援《玉石觀音像唱和詩》:"倘非師智巧經度,誰識藍田舊玉材。"清谷應泰《博物要覽》卷六:"今時玉材較古似多,西域近出大塊劈片玉料,謂之山材。從山石中槌擊取用。"又:"此類不若水材爲寶,蓋玉有山產水產二種。中國之玉多在於山,于闐之玉多在於水也。"

玉英 [1]

亦稱"玉華"。玉之精英。《尸子》卷下:"清水有黃金,龍淵有玉英。"《史記·孝文本紀》:"欲出周鼎,當有玉英見。"晉郭璞《江賦》:"金精玉英瑱其裏,瑤珠怪石琗其表。"古代有食玉英之說,謂能長生。《楚辭·九章·涉江》:"登崑崙兮食玉英。與天地兮同壽,與日月兮同光。"唐王灣《奉使登終南山》詩:"玉英時共飯,芝草爲餘拾。"漢劉向《九嘆·遠逝》:"杖玉華與朱旗兮,垂明月之玄珠。"王逸注:"言己修善彌固,手乃杖執美玉之華,帶明月之珠。"隋盧思道《勞生論》:"艷姬美女,委如脫屣;金銑玉華,棄同遺迹。"

【玉華】

即玉英。此稱漢代已行用。見該文。

玉星

碎玉,指劍上鑲嵌的銀點。唐李賀《公無出門》詩:"帝遣乘軒災自滅,玉星點劍黃金軛。"唐孟郊《寒溪》詩:"篙工磓玉星,一路隨迸螢。朔凍哀徹底,獠饞咏潛鯷。"《醒世恒言·杜子春三入長安》:"但見他:戴一頂玲瓏碧玉星冠,被一領織錦絳綃羽衣,黃絲綬腰間婉轉,紅雲履足下蹁跚。頦下銀須灑灑,鬢邊華髮斑斑。"

玉屑

亦稱"玉粉""碎瓊""瑣"。玉的碎末。古帝王齋戒日之食品。《周禮·天官·玉府》："王齊則共食玉。"鄭玄注："玉是陽精之純者，食之以禦水氣。"《三國志·魏書·衛覬傳》："昔漢武信求神仙之道，謂當得雲表之露以餐玉屑，故立仙掌以承高露。"宋謝翱《後桂花引》詩："修月仙人飯玉屑，瑤鴨騰騰何處熱。"唐姚合《寄李群玉》詩："石脂稀勝乳，玉粉細於塵。"宋蘇軾《浣溪沙·紹聖元年游大口寺野飲》詞："玉粉輕黃千歲藥，雪花浮動萬家春。"元張憲《聽雪齋》詩："萬籟入沈冥，坐深窗戶明；微於疏竹上，時作碎瓊聲。"《洪武正韻·上哿》："瑣，玉屑。"

【玉粉】

即玉屑。此稱唐代已行用。見該文。

【碎瓊】

即玉屑。此稱元代已行用。見該文。

【瑣】

即玉屑。此稱明代已行用。見該文。

玉珠

亦稱"珠玽"。珠狀玉。《左傳·桓公二年》："衮冕黻珽。"孔穎達疏："天子白玉珠十二旒；三公諸侯青玉珠七旒；卿大夫黑玉珠

玉屑
（明王圻等《三才圖會》）

五旒。"《晉書·輿服志》："後漢以來，天子之冕，前後旒用真白玉珠。"《魏書·李預傳》："妻常氏以玉珠二枚唅之。"元王禎《農書》卷二一引三國吳萬震《南州異物志》："班布，吉貝木所生，熟時狀如鵝毛，細過絲綿，中有核如珠玽，用之則治出其核。昔用輾軸，今用攪車，尤便。"

【珠玽】

即玉珠。此稱三國時期已行用。見該文。

玉精

亦稱"玉蕊""瑤英""玉蕤""岱委"。玉之精華。《漢書·禮樂志》："璧玉精，垂華光。"顏師古注："言禮神之璧乃玉之精英，故有光華也。"《漢武帝內傳》："王母曰：'昌城玉蕊，夜山火玉，有得食之，後天而老。'"晉庾闡《游仙詩》之八："朝餐雲英玉蕊，夕挹玉膏石髓。"南朝梁庾肩吾《東宮玉帳山銘》："玉蕊難移，金花不落。隱士彈琴，仙人看博。"晉張協《七命》："錯以瑤英，鏤以金華。"南朝梁陶弘景《真誥·運象》："仰咽金漿，咀嚼玉蕤者，立便控景登空。"《太平御覽》卷八八六引《白澤圖》曰："玉之精名岱委，其狀如美女衣青衣，見之以桃戈刺之，而呼其名則得。"

【玉蕊】

即玉精。此稱漢代已行用。見該文。

【瑤英】[2]

即玉精。此稱晉代已行用。見該文。

【玉蕤】

即玉精。此稱南北朝時期已行用。見該文。

【岱委】

即玉精。此稱宋代已行用。見該文。

玉榮

美玉也。猶玉英、玉花。《山海經·西山經》:"黄帝乃取峚山之玉榮,而投之鍾山之陽。"郭璞注:"謂玉華也。"《穆天子傳》卷二:"天子於是得玉榮枝斯之英。"《藝文類聚》卷八三引《山海經》曰:"黄帝乃取密之玉榮,而投鍾山之陰陽,瑾瑜之玉,潤澤而有光,五色發作,以和景周,天地鬼神,是食是饗,君子服之,以禦不祥。"《初學記》卷二五引《東方朔傳》曰:"玉之榮,石之精,表如日光,裏如衆星。兩人相睹相知情,此名爲鏡也。"明李東陽《壽封庶子徐公八十》詩:"擷玉榮於峚山,搗沙礫於盧莫。"

玉瑩

美玉。漢揚雄《法言·吾子》:"或問:'屈原智乎?'曰:'如玉如瑩,爰變丹青。'"宋蘇軾《屈原廟賦》:"變丹青於玉瑩兮,彼乃謂子爲非智。"明韓邦靖《長安宫女行》詩:"西家有女如玉瑩,夜剪烏雲晨不行。"清汪啓淑《續印人傳》卷七:"少甫自幼穎異,即能讀等身書,目數行下,過即成誦,性淳篤,遇不如意事,亦從無幾微鬱馳見於顏面,長身鶴立,玉瑩珠光,令人仿佛如見王恭雪下披鶴氅時。"

白截肪

美玉。明袁表《瑞應甘露詩》:"清如冰壺涵雪霜,湛如玉瓚泛流黄,滑如凝脂白截肪,甘如醍醐冽且香。"清趙之謙《勇廬閒詰》:"玉之屬:白截肪、黄蒸栗,所共知也……或改古玉瑑爲之,尤奇麗。"

全

純玉。《説文·入部》:"純玉曰全。"《周禮·考工記·玉人》:"天子用全,上公用龍,侯用瓚,伯用將。"鄭玄注:"鄭司農云:'全,純色也。'……玄謂:全,純玉也。"宋王安石《估玉》詩:"衆工讓口無敢先,嗟我豈識厖與全。"

玖

美玉。《詩·衛風·木瓜》:"投我以木李,報之以瓊玖。"毛傳:"瓊、玖,玉名。"又《王風·丘中有麻》:"丘中有李,彼留之子。彼留之子,貽我佩玖。"

良玉

美玉。漢韓嬰《韓詩外傳》卷四:"良玉度尺,雖有十仞之土不能掩其光。"漢揚雄《法言·寡見》:"良玉不雕,美言不文。"三國魏曹丕《與鍾大理書》:"良玉比德君子,珪璋見美詩人。"

玟琁

美玉。宋葉夢得《石林詩話》卷中:"古詩有離合體,近人多不解。此體始於孔北海,余讀《文類》,得北海四言一篇云:'漁父屈節,水潛匿方……玟琁隱曜,美玉韜光。'"

奇璞

珍奇美玉。晉司馬彪《贈山濤》詩:"卞和潛幽冥,誰能證奇璞。"唐皎然《桃花石枕歌贈康從事》詩:"卞山幽石產奇璞,荆人至死采不著。何人琢枕持贈君,片片桃花開未落。"宋朱翌《釣臺賦》:"遠而望之物象之平淡豐腴也,其下必有石蘊奇璞。"明沈德符《野獲編·釋道·番僧賜印》:"中國向來無此奇璞,今特恩賜之。"

委然

傳説中的玉精。《駢雅·釋器》:"故厠之

精曰依倚，美玉之精曰委然。"《藝文類聚》卷八三引《白澤圖》："玉之精名曰委然，如美女，衣青衣，見之，以桃戈刺之，而呼其名，則可得也。"

玵

美玉。《集韻》："五甘切，平談，疑。"《玉篇・玉部》："玵，美玉也。"徐珂《清稗類鈔・鑒賞類・陳原心藏玉八十一事》："有受黃土沁者，其色黃（色如蒸栗），名曰玵黃（若受松香沁者色更深。復原時酷似蜜蠟，謂之老玵黃）。有受靛青沁者，其色藍（色如青天），名曰玵青（此青衣之色。傳染沁入有深淺不同。有深似藍寶石者，謂之老玵青）。"

珍瑰

珍寶。《文選・陸機〈辨亡論上〉》："珍瑰重迹而至，奇玩應響而赴。"呂延濟注："珍瑰、奇玩，皆寶物也。"晉郭璞《〈山海經〉序》："乃取其嘉木艷草，奇鳥怪獸，玉石珍瑰之器，金膏燭銀之寶，歸而殖養之於中國。"宋梅堯臣《永叔寄澄心堂紙二幅》詩："但存圖書及此紙，輦入都府非珍瑰。"

美寶

瑰寶，美玉。《詩・王風・丘中有麻》："貽我佩玖。"毛傳："玖，石次玉者。言能遺我美寶。"漢桓寬《鹽鐵論・殊路》："和氏之璞，天下之美寶也。"《三國志・吳書・虞翻傳》："虞仲翔前頗爲論者所侵，美寶爲質，雕摩益光，不足以損。"宋孔平仲《孔氏雜說》卷四："神宗朝有使虜者，見《虜王國傳璽》詩云：'一時製美寶，千載助興王。中原既失守，此寶歸北方。子孫宜慎守，世業當永昌。'"

華琚

美玉。《文選・曹植〈洛神賦〉》："披羅衣之璀璨兮，珥瑤碧之華琚。戴金翠之首飾，綴明珠以耀軀。"李善注："《山海經》曰：'沃人之國，爰有璿瑰瑤碧。'郭璞曰：'名玉也。'又曰：'和山，其上多瑤碧。'《毛詩》曰：'投我以木瓜，報之以瓊琚。'毛萇曰：'琚，佩玉名，音居。'"

華瑱

美玉。唐陸龜蒙《太湖石詩》："或剖出溫瑜，精光具華瑱。"宋劉敞《同獻臣七月七日夜咏牛女》詩："薄霧垂絪衣，明星綴華瑱。"清查慎行《濆山酒海歌》："波光翻動廣寒殿，滿甕蒲桃映華瑱。"

真玉

指玉中精真質堅者。漢桓寬《鹽鐵論・西域》："張騫言大宛之天馬汗血，安息之真玉大鳥。"宋蘇軾《東坡志林》卷一一："今世真玉至少，雖金鐵不可近，須沙碾而後成者，以爲真玉矣。然猶未也，特珺之精者。真玉，須定州磁芒所不能傷者，乃是。"明曹昭《格古要論・珍奇論》："〔罐子玉〕與真玉相似，但比真玉則微有蠅脚。"清錢謙益《書破山刻石屋珙禪師語錄後》詩："淤泥生妙蓮，炎火見真玉。"

陽精

指玉。《周禮・天官・玉府》："王齊，則共食玉。"漢鄭玄注："玉是陽精之純者，食之以禦水氣。"孫詒讓正義："《易・説卦傳》云'乾爲玉'，故爲陽精。《白虎通義・考黜》云'玉者德美之至也'，故爲陽精之純者。"

琗 [1]

亦稱"瓊琗"。美玉。《文選·曹植〈洛神賦〉》："抗瓊琗以和予兮,指潛淵而爲期。"李善注:"琗,玉也。"

【瓊琗】

即"琗"。此稱魏晉時期已行用。見該文。

球

亦作"璆"。美玉。《書·顧命》："大玉、夷玉、天球、河圖,在東序。"孔穎達疏:"天球,雍州所貢之玉,色如天者,皆璞,未見琢治,故不以禮器名之。"《禮記·玉藻》:"笏,天子以球玉,諸侯以象,大夫以魚須文竹。"鄭玄注:"球,美玉也。"《書·禹貢》:"厥貢璆鐵銀鏤砮磬。"孔傳:"璆,玉名。"《國語·晉語四》:"官師之所材也,戚施直鎛,蘧蒢蒙璆。"晉劉琨《重贈盧諶》詩:"握中有懸璧,本自荆山璆。"《樂府詩集·郊廟歌辭七·唐釋奠文宣王樂章》:"堂獻瑤篚,庭敷璆縣。"

【璆】

同"球"。此體先秦時期已行用。見該文。

琅

精美玉石。多與"琳"連稱。漢張衡《南都賦》:"琢雕狎獵,金銀琳琅。"《晉書·束皙傳》:"永戢琳琅之耀,匿首窮魚之渚。"唐獨孤及《送陳兼應辟兼寄高適、賈至》:"焜耀琳琅姿,芳名動北步。"宋司馬光《奉和濟川代書三十韻寄諸同舍》:"琳琅固無價,燕石敢沽諸。"明何景明《七述》:"繪若黼黻,曄如琳琅。"

琪瑰

美玉。珍貴之物。宋曾鞏《冬望》詩:"南窗聖賢有遺文,滿簡字字傾琪瑰。"明李濂《艮

岳吊古》:"真如畫,有巖巖紫翠,樹樹琪瑰。"《明詞彙編續》:"簾前昨夜聽微雨,祥光晴色昭回。稱夙昔挾負,字字琪瑰。"

瑛

亦稱"瓊瑛"。美玉。晉傅咸《申懷賦》:"何天施之弘普,廁瓦礫於瓊瑛。"《魏書·陽尼傳》:"采鍾山之玉瑛兮,收珠澤之珂玼。"唐劉禹錫《昏鏡詞》:"飾帶以紋繡,裝匣以瓊瑛。"金馬鈺《滿庭芳·冰雪亭題晏子禮》詞:"瑤瑛結,連城寶氣,璀璨射珪璋。"清納蘭性德《五色蝴蝶賦》:"或紫似河庭之貝,或藍同瓊島之瑛。"

【瓊瑛】

即瑛。此稱晉代已行用。見該文。

瑛瑮

美玉。晶瑩如玉之物。唐劉叉《冰柱》詩:"天人一夜剪瑛瑮,詰旦都成六出花。"元吳景奎《十一月》詩:"瓊樓仙人喚勝六,夜入銀潢剪瑛瑮。"

琳

亦作"玪"。美玉。《書·禹貢》:"厥貢惟球、琳、琅玕。"孔傳:"球、琳,皆玉名。"漢司馬相如《上林賦》:"玫瑰碧琳,珊瑚叢生。"晉孫楚《爲石仲容與孫皓書》:"球琳重錦,充於府庫。"《集韻·平侵》:"琳,《說文》:美玉也。古作玪。"又,"玪,玉名。"

【玪】

同"琳"。此體多行用於漢代。見該文。

琳珪

美玉。玉音清越,常以喻詩文之優美。《文選·顏延之〈和謝監靈運〉》詩:"芬馥歇蘭若,清越奪琳珪。"李周翰注:"蘭若,香草;琳珪,

美玉也。言靈運之詩芬芳清越，可以奪美玉香草之音氣。"宋文天祥《回鄂縣爰宰》："某官琳珪清越，冰雪聰明。"明陸采《懷香記・家門始終》："韓壽文章，似琳珪清越，星斗輝煌。"

球琳 [1]

亦稱"琳球""璆琳"。美玉。《書・禹貢》："〔雍州〕厥貢唯球琳琅玕。"孔傳："球、琳，皆玉名。"《淮南子・墜形訓》："西北方之美者，有崑崙虛之球琳、琅玕焉。"高誘注："球琳琅玕，皆美玉也。"《爾雅・釋地》："西北之美者，有崑崙虛之璆琳、琅玕焉。"郭璞注："璆琳，美玉名。"晋孫楚《爲石仲容與孫皓書》："球琳重錦，充於府庫。"《魏書・西域傳・大秦》："其土宜五穀桑麻，人務蠶田，多璆琳、琅玕、神龜、白馬朱鬣、明珠、夜光璧。"《宋書・傅亮傳》："餞離不以幣，贈言重琳球。"唐元稹《陽城驛》詩："何以持爲聘，束帛藉琳球。"清孫枝蔚《新婚箴爲汪季燦》："女如桃李，男如琳球。同心同德，永荷天休。"

【琳球】

即球琳 [1]。此稱南北朝時期已行用。見該文。

【璆琳】 [2]

即球琳 [1]。此稱先秦時期已行用。見該文。

琳瑉

精美的玉石。《史記・司馬相如列傳》："其石則赤玉、玫瑰、琳瑉、琨珸。"裴駰集解引《漢書音義》曰："琳，球也；瑉，石次玉者。"漢班固《西都賦》："琳瑉青熒，珊瑚碧樹。"《太平御覽》卷八八引漢劉楨《清慮賦》："上青腰之山，蹈琳瑉之塗。"

琦瑋

美玉。《鬼谷子・飛箝》："財貨琦瑋，珠玉白璧。"漢陸賈《新語・道基》："後世淫邪，增之以鄭、衛之音，民棄本趨末，技巧橫出，用意各殊，則加雕文刻鏤，傅致膠漆丹青、玄黃琦瑋之色，以窮耳目之好，極工匠之巧。"清王念孫《讀書雜志・漢書》："王逸《天問章句序》曰：'琦瑋譎詭'，譎詭與琦瑋，同義。"清馬驌《繹史》卷一一四："其用或稱財貨、琦瑋、珠玉、白璧、采色以事之。"

琨瑜

美玉。南朝陳徐陵《同江詹事登宮城南樓》詩："鏗鏘葉舞蹈，照爛等琨瑜。溝水漸雄伯，漳川仰大巫。"

琇 [1]

美玉。宋司馬光《送守哲歸廬山》詩："囂呶不可變，堅白如瓊琇。"

琬琰

亦稱"琰琬"。美玉。《楚辭・遠游》："吸飛泉之微液兮，懷琬琰之華英。"洪興祖補注："琬音宛，琰音剡，皆玉名。"《淮南子・説山訓》："琬琰之玉，在洿泥之中，雖廉者弗釋。"南朝梁劉峻《辨命論》："火炎昆嶽，礫石與琬琰俱焚；嚴霜夜零，蕭艾與芝蘭共盡。"唐韓愈《送窮文》："携持琬琰，易一羊皮，飫於肥甘，慕彼糠糜。"明楊珽《龍膏記・觖望》："花明寶鈿，光浮琬琰，是廣寒仙媛，合配風流時彦。"清鄭方坤《全閩詩話》卷九謝道承《秋宵不寐重讀莘田題硯諸制愴然有懷口占二絶句寄意》詩："遍踏蠻溪琬琰空，詩人筆墨尚熊熊。"宋黃庭堅《奉和王世弼寄上七兄先生用其韻》："披榛攏芝蘭，斷石收琰琬。"元王沂《送陳彥和院判》詩："豐碑磨琰琬，潛德播芳馨。"
明王錂《春蕪記·賜婚》："才郎琰琬，淑女娉
婷。"

【琰琬】

即琬琰。此稱宋代已行用。見該文。

結緑

美玉。《戰國策·秦策三》："臣聞周有砥厄，
宋有結緑，梁有懸黎，楚有和璞。此四寶者，
工之所失也，而爲天下名器。"唐李白《與韓荆
州書》："庶青萍、結緑，長價於薛卞之門。"宋
司馬光《呈范景仁》詩："瑤璠懸黎已爲寶，結
緑豈得偏棄捐？"郭沫若《虎符》第三幕："我
自己的玉石，人家要説是連城璧，要説是結緑、
和璞，我怎得不高興。"

逸璞

不爲人知的美玉。晋應亨《與州將箋》：
"自頃諸府大開，搜延路廣，海罔遺蚌，山無逸
璞。"宋李昉等《文苑英華·求賢·高潔之士》
引唐田備《對》："方今前疑後丞，龍翰鳳翼，
左輔右弼，岳氣星精。加以徵逸璞於巖廊，索
遺珠於窮海。邱園之下，羔雁成行；閭巷之中，
軒輊相次。"

瑞珪

亦作"瑞圭"。美玉。《後漢書·蔡邕傳》：
"或畫一策而縮萬金，或談崇朝而錫瑞珪。"《樂
府詩集·郊廟歌辭六·唐蠟百神樂章之一》：
"綺幣霞舒，瑞珪虹起。"唐張餘慶《祀后土
賦》："玄酒式降以尚本，瑞珪不琢而貴質。"明
季本《詩説解頤字義·大雅》："介圭：諸侯之
瑞圭自九寸而下，其説是矣。"

【瑞圭】

同"瑞珪"。此體明代已行用。見該文。

瑰瓊

亦稱"瑰譎"。美石，美玉。宋吳仁傑《離
騷草木疏·蘦茅》："瑰瓊爲赤玉。"明高啓《答
余新鄭》詩："須臾出君寄我札，上有秀句如
瑰瓊。"清李調元《南越筆記》卷三："〔北門〕
旁有三十六石環之，一一瑰瓊無端，互肖物
象，各爲本末，不相屬聯。"清屈大均《廣東新
語·上三》作"瑰譎"。

【瑰譎】

即瑰瓊。此稱清代已行用。見該文。

瑰瓚

美玉與質地不純之玉。宋梅堯臣《觀逸少
墨迹》詩："賢豪雖林立，帖斂孰敢競，師徒氣
揚揚，龍虎旗正正。勝聲塞宇宙，自昔無此盛，
赫赫猶至今，瑰瓚曷云並。"

瑜

美玉。《左傳·宣公十五年》："山藪藏疾，
瑾瑜匿瑕。"孔穎達疏："瑾瑜，玉之美名。"
《山海經·西山經》："羭山神也……瘞用百瑜。"
郭璞注："瑜，亦美玉名。"《楚辭·九章·懷
沙》："懷瑾握瑜兮，窮不知所示。"

瑜珉

瑜，美玉；珉，似玉之石。《禮記·玉藻》：
"世子佩瑜玉而綦組綬。"孔穎達疏："瑜是玉
之美者。"瑜珉連用比喻真僞、優劣。元張仲深
《送危太僕檢討還京》詩："忠端奸佞等黄土，
尚藉竹帛昭瑜珉。"

瑁瑶

泛指美玉、寶石。晋支遁《阿彌陀佛像
贊》："瑁瑶沈粲，芙蕖晞陽。流澄其潔，蕊播
其香。"

瑾瑜

美玉名。泛指美玉。《左傳·宣公十五年》："諺曰：'高下在心，川澤納汙，山藪藏疾，瑾瑜匿瑕。'"晋陶潛《讀〈山海經〉》詩："白玉凝素液，瑾瑜發奇光。"唐歐陽詹《瑾瑜匿瑕賦》："玉之美者，其曰瑾瑜。"元盧亘《送侍講學士鄧善之辭官還錢塘》詩："荆璞抱瑾瑜，龍淵淬鋒鍔。"

瑾瑕

瑾，美玉；瑕，有疵之玉。比喻美醜，優劣。明徐渭《後聞鸚鵡眼係直度兩眸人可洞視》詩："認客休青白，韜光混瑾瑕。"清陳田輯《明詩紀事》卷二〇："器匿瑜瑾瑕，墨掩淵雲妙。絹素散寰區，聲名播夷徼。"

瑾瑤

美玉名。泛指美玉。晋葛洪《抱朴子·吳失》："礧礫積於金匱，瑾瑤委乎溝洫。"又《廣譬》："南金不爲處幽而自輕，瑾瑤不以居深而止潔。"

瑤

美玉。《說文·玉部》："瑤，玉之美者。"晋陸機《日出東南隅行》："金雀垂藻翹，瓊佩結瑤璠。"唐温庭筠《過華清宮》詩："瑤簪遺翡翠，霜仗駐驊騮。"常與瓊連用。《詩·衛風·木瓜》："投我以木桃，報之以瓊瑤。"

瑤玉

美玉。喻美好之詩文。南朝梁江淹《傷友人賦》："帶瑤玉而爭光，握隋珠而比麗。"宋王安石《和景純十四丈三絶》："遺我珠璣何以報？恨無瑤玉與公舟。"

瑤英[1]

亦作"瑛瑤""瑤瑛"。美玉。晋張協《七命》："錯以瑤英，鏤以金華。"三國魏曹植《平原懿公主誄》："於惟懿主，瑛瑤其質。"元吳全節《獲玉印》詩："瑤瑛篆刻鎮華陽，猶帶宣和雨露香。"

【瑛瑤】

同"瑤英"。此體三國時期已行用。見該文。

【瑤瑛】

同"瑤英"。此體元代已行用。見該文。

瑤琁

亦作"瑤璿"。美玉名。泛稱美玉。南朝宋謝靈運《山居賦》："宮室以瑤琁致美，則白賁以丘園殊世。"《宋書·謝靈運傳》："若夫巢穴以風露貽患，則大壯以棟宇；袪弊宮室以瑤璿，致美則白賁。"

【瑤璿】

同"瑤琁"。此體宋代已行用。見該文。

瑤璠

美玉。晋陸機《日出東南隅行》詩："金雀垂藻翹，瓊佩結瑤璠。"明王燧《青城山人集》卷二："瑤璠結佩響鏘鏘，真珠颭纚垂香囊。"

瑤瓊

亦稱"瓊瑤"。泛指美玉。《詩·衛風·木瓜》："投我以木桃，報之以瓊瑤。"毛傳："瓊瑤，美玉。"漢秦嘉《留郡贈婦詩》："詩人感木瓜，乃欲答瑤瓊。"《南史·隱逸傳下·鄧郁》："色艷桃李，質勝瓊瑤。"唐儲光羲《同諸公秋霽曲江俯見南山》詩："群峰懸中流，石壁如瑤瓊。"清唐孫華《喜雨》詩："兩年逢旱潦，斗米如瑤瓊。"《老殘游記續集遺稿》第五回："面若桃花，眼如秋水，瓊瑤鼻子，櫻桃口兒。"聞一多《李白之死》詩："又有瓊瑤的軒館同金璧的臺榭。"

【瓊瑶】

即瑶瓊。此稱先秦時期已行用。見該文。

璿

美玉。《説文·玉部》："璿，美玉。《春秋傳》：'璿弁玉纓。'"《集韻·平仙》："璿，《説文》：美玉也。引《春秋傳》：璿弁玉纓……或作琁、璿。"《書·舜典》："在璿、璣、玉衡，以齊七政。"

璿玉

亦作"琁玉"。美玉。一説次於玉之美石。《荀子·賦》："琁玉瑶珠，不知佩也。"楊倞注引《説文·玉部》："璿，赤玉。"《山海經·中山經》："〔升山〕黄酸之水出焉，而北流注於河，其中多璿玉。"郭璞注："石次玉也。"南朝宋顔延之《陶徵士誄》："夫璿玉致美，不爲池隍之寶。"明宋濂《送國子正蘇君還金華山中序》："璿玉綴而瑶珠懸，韶鈞鳴而律吕諧。"

【琁玉】

即璿玉。此稱先秦時期已行用。見該文。

璿碧

玉名。《宋史·樂志》："琳宫壯麗俯嚴闉，璿碧照龍津。"宋曾慥《類説》卷二八："目照瑶華浦，眉持璿碧宫。"

璿瑰

美玉名。《山海經·大荒西經》："有沃之國……爰有甘華、甘柤、白柳、視肉、三騅、璿瑰、瑶碧。"郭璞注："璿瑰，玉名。"晉郭璞《江賦》："琺珋璿瑰，水碧潛琘。"

撩碧

玉之一種。漢劉楨《瓜賦》："更布象牙之席，薰玳瑁之筵。憑彤玉之几，酌撩碧之樽。"

瑩玉

光潔透明之玉。宋龔明之《中吴紀聞》卷五："堂中道人骨不俗，貌龐形端顔瑩玉。我嘗見之醒心目，寧必絲桐弦斷續。"明楊樞《淞故述》："地鍾靈秀幾經年，造化從來本自然。出土一根元瑩玉，凌風雙幹欲參天。"《蘇洵集·附録》上："獨吾先生，兼包廣蓄，溢囷滿橐，所求無欲，如發寶藏，精金瑩玉，無所不備兮驚心駭目。舉世之人，孱筋弱力，覷其尋常，徐行已踣。"清鄭燮《後孤兒行》："顧此孤兒，肌如瑩玉。"

璨

美玉。《廣韻·去翰》："璨，美玉。"唐王建《白紵歌》："天河漫漫北斗璨，宫中烏啼知夜半。"

璠

美玉。晉陸雲《答顧秀才五章》之五："有斐君子，如珪如璠。"唐歐陽詹《李評事公進示文集因贈之》詩："冷冷中山醇，片片崑丘璠。"唐元稹《酬東川李相公十六韻》詩："存念豈虚設，并投瓊與璠。"

璠瑜

美玉。常喻賢才美德。明徐渭《寄陶工部》詩："諒哉工部君，璠瑜映明堂。"明項篤壽《今獻備遺·許進》："其正直忠厚終始靡疚辟之，璠瑜之性寧毁不渝。"清程公瑜《藏墨歌》："君房後勁争齊驅，一丸萬杵成璠瑜。"

璣

美玉。常與瓊連用。唐王勃《梓州玄武縣福會寺碑》："瓊璣有爛，藻繪多文。"元胡天游《贈黄梅穀》詩："瓊璣漱玉充詩腸，歲寒與爾同風霜。"

黎緑

　　寶玉之一種。晋葛洪《抱朴子・知止》："珧華黎緑，連城之寶也；委之泥濘，則瓦礫積其上焉。"清弘曆《夔磬》詩："黎緑呈瓌寶，神魑寫異形。五城難論價，九德早揚馨。"

璐

　　美玉。《説文・玉部》："璐，玉也。"《玉篇・玉部》："璐，美玉也。"《楚辭・九章・涉江〉》："被明月兮佩寶璐。"《文選・謝惠連〈雪賦〉》："臺如重璧，逕似連璐。"李善注引《淮南子》注曰："璐，美玉也。"

璵璠

　　亦作"與璠"。魯之寶玉。《左傳・定公五年》："還未至，丙申卒於房。陽虎將以璵璠斂。"杜預注："璵璠，美玉，君所佩。"孔穎達疏："《説文》云與璠，魯之寶玉。孔子曰：'美哉，與璠舊土。'"漢桓寬《鹽鐵論・晁錯》："夫以璵璠之玼而棄其璞，以一人之罪而兼其衆，則天下無美寶信士也。"漢揚雄《法言・寡見》："璵璠不作器。"唐杜甫《贈蜀僧閭丘師兄》詩："斯文散都邑，高價越璵璠。"明宋濂《題李息齋竹》詩："人間留翰墨，不獨重璵璠。"

【與璠】

　　同"璵璠"。此體漢代已行用。見該文。

龍

　　不純之玉。《周禮・考工記・玉人》："天子用全，上公用龍，侯用瓚，伯用將。"鄭玄注引鄭司農曰："全，純色也。龍，當爲尨，尨謂雜色。"

璧英

　　美玉。《文選・王延壽〈魯靈光殿賦〉》："駢密石與琅玕，齊玉瑙與璧英。"李善注："璧英，璧玉之英也。"元王沂《温泉賦》："當其盛時，綺疏璀題，玉瑙璧英，魚龍飛動，眩人目睛。"清朱彝尊、于敏中《日下舊聞考》卷三一："汪克寬《宣文閣賦》：'玉瑙璧英，濩濩而凌亂；隋珠明月，照耀而恍惚。'"

璧瑗

　　美玉。《爾雅・釋器》："肉倍好謂之璧，好倍肉謂之瑗。"《淮南子・説林訓》："璧瑗成器，礛諸之功；鏌邪斷割，砥礪之力。"

瓊

　　美玉。《詩・衛風・木瓜》："投我以木桃，報之以瓊瑤。"毛傳："瓊，玉之美者。"《説文・玉部》："瓊，赤玉也。"晋張協《雜詩》："尺燼重尋桂，紅粒貴瑤瓊。"宋蘇軾《次韻答王鞏》詩："我有方外客，顔如瓊之英。"明王洪《瑞象賦》："玉輝輝以凝素，瓊斑斑而點碧。"參閲清黃生《字詁・瓊》。

瓊玉

　　美玉。《竹書紀年》卷下："二年蜀人呂人來獻瓊玉，賓於河用介珪。"《左傳・僖公二十八年》："死而利國，猶或爲之，況瓊玉乎。"晋潘尼《贈侍御史王元貺》詩："崑山積瓊玉，廣厦構衆材。"

瓊琄

　　美玉。晋葛洪《抱朴子・博喻》："瓊琄山積，不能無挾瑕之器；鄧林千里，不能無偏枯之木。"宋蘇轍《雪中呈范景仁侍郎》詩："園林開組練，觀闕堆瓊琄。蟲書散鳥足，縞帶翻車輪。"明鄺露《赤雅・山川・迭彩山》："迭彩洞奇石堆垛，燦若瓊琄。"

寶璞

指寶玉。《晋書·赫連勃勃載記》："楹雕虬獸，節鏤龍螭。瑩以寶璞，飾以珍奇。"晋王嘉《拾遺記·瀛洲》："金沙寶璞，粲然而可用。"

麗玉

美玉。南朝梁元帝《謝東宮齎花釵啓》："況以麗玉澄輝，遠過玕瑠之飾；精金曜首，高踐翡翠之名。"元汪大淵《島夷志略·原序》："其君長所居，多明珠、麗玉、犀角、象牙、香木。"《江西通志·雜記·長慶進士張無頗》："久之王出，駭鷄犀翡翠盌，麗玉明瑰爲贈。"

瓚

質地不純之玉。《周禮·考工記·玉人》："天子用全，上公用龍，侯用瓚，伯用將。"鄭玄注："龍、瓚、將，皆雜名也。卑者下，尊以輕重爲差。玉多則重，石多則輕。公侯四玉一石，伯子男三玉二石。"《説文·玉部》："瓚，三玉二石也。"徐鍇《繫傳》："謂五分玉之中二分是石。"

九華玉

絢麗多彩之玉石。《西京雜記》卷一："漢帝相傳，以秦王子嬰所奉白玉璽，高帝斬白蛇劍，劍上有七采珠九華玉以爲飾，雜廁五色琉璃爲劍匣。"南朝梁元帝《烏棲曲》："七彩隋珠九華玉，蛺蝶爲歌明星曲。"

太璞

亦稱"玉石""天璞"。未經雕琢之玉。引申爲事物的天然本性。《周禮·夏官·職方氏》："其川涇汭，其浸渭洛，其利玉石。"《漢書·西域傳上》："于闐國……多玉石。"顏師古注："玉石，玉之璞也。"晋葛洪《抱朴子·論仙》："執太璞於至醇之中，遣末務於流俗之外。"清錢泳《履園叢話·雜記下·閨秀詩》："唯第一首悲字最難押，如王艾軒之'得完太璞非容易，一瑣名韁便可悲'……俱妙。"清唐才常《論文連珠》之二："蓋聞玉生於山，雕之則華縟；冰出於水，鑿之則紛綸。唯不雕者完其太璞，唯不鑿者順其天真。"唐代亦用"天璞"比喻人的本性。唐錢起《送沈仲》詩："天璞非外假，至人常晏如。"唐孟郊《弔元魯山》詩："天璞本平一，人巧生異同。魯山不自剖，全璞竟沒躬。"

【玉石】

即太璞。此稱先秦時期已行用。見該文。

【天璞】

即太璞。此稱唐代已行用。見該文。

水坑古

玉埋於陰濕水坑之地，上有水激痕，謂之"水坑古"。其玉多已鬆朽。清劉心珤《玉紀補》："梅玉，以質鬆之玉，製爲古器，用重烏梅水煮之竟日，則玉鬆初爲梅水搜空，宛似水激痕，然後以提油法上色，以僞水坑古。"

水蒼玉

省稱"水蒼"。雜有斑紋之深青色玉石。《禮記·玉藻》："公侯佩山玄玉而朱組綬；大夫佩水蒼玉而純組綬。"鄭玄注："玉有山玄、水蒼者，視之文色所似也。"孔穎達疏："玉色似山之玄而雜有文，似水之蒼而雜有文。"《晋

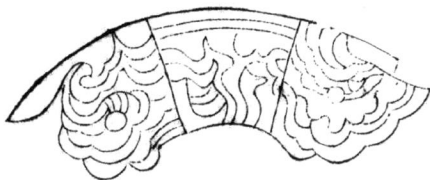

水蒼珮
（明王圻等《三才圖會》）

書·職官志》："三品將軍秩中二千石者，著武冠，平上黑幘，五時朝服，佩水蒼玉。"唐白居易《寓意詩》："貂冠水蒼玉，紫綬黃金章。"唐皎然《因游支硎寺寄邢端公》詩："肘後看金碧，腰間笑水蒼。"宋梅堯臣《依韻和集英殿秋宴》詩："萬國趨王會，諸公佩水蒼。"

【水蒼】

"水蒼玉"之省稱。此稱漢代已行用。見該文。

玉子

玉苗。相傳楊伯雍居無終山，山高無水，伯雍汲水飲行人。後一人以一斗石子相贈，囑其於有石處種之。數歲，果見玉生石上。晋干寶《搜神記》卷一一："乃種其石。數歲，時時往視，見玉子生石上，人莫知也。"唐張鷟《游仙窟》："自憐無玉子，何日見瓊英。"元張憲《玉壺歌》："藍田四萬八千畝，玉子團欒大如斗。"

玉等子

鑒定玉質等級的標準玉。宋張世南《游宦紀聞》卷五："宣和殿有玉等子，以諸色玉次第排定，凡玉至，則以等子比之，高下自見。今內帑有金等子，亦此法。"明方以智《通雅·金石》："西夏五臺山亦出玉，宣和殿有玉等子，凡玉來比即知之。"

玄玉

亦稱"墨玉""烏玉"。黑色之玉。《楚辭·招魂》："紅壁沙版，玄玉之梁些。"《東觀漢記·安帝紀》："新野君薨，贈以玄玉赤綬。"南朝宋鮑照《河清頌序》："素狐玄玉，聿彰符命。"唐杜牧《上李太尉論北邊事啓》："瘞玄玉於常山，子遺人於河隴。"宋杜綰《雲林石譜·墨石》："西蜀諸山多產墨玉，在深土中，

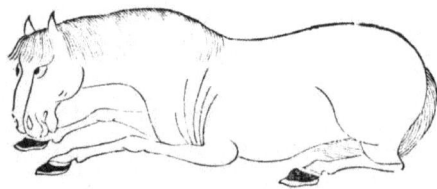

玄玉駿
（元朱德潤《古玉圖》）

其質如石，色深黑，體甚輕軟，土人鐫治爲帶胯或器物，極光潤。"宋米芾《硯史·夔州黟石硯》："色黑，理幹間有墨點，如墨玉光，發黑不乏。"梁簡文帝《馬寶頌》："蓮花烏玉騰威大海之際。"

【墨玉】

即玄玉。此稱宋代已行用。見該文。

【烏玉】

即玄玉。此稱南北朝時期已行用。見該文。

白玉

亦稱"白丹""素璧""白瑶""皓玉""璗"。玉名，色白。《禮記·月令》："〔孟秋之月〕衣白衣，服白玉。"《楚辭·九歌·湘夫人》："白玉兮爲鎮，疏石蘭兮爲芳。"《晉書·慕容德載記》："漳水得白玉，狀若璽。"《山海經·大荒西經》："白木琅玕，白丹青丹。"南朝梁江淹《傷友人賦》："懷愛重於素璧，結分珍於黃

清白玉瓶

金。"南朝梁武帝《圍棋賦》："枰則廣羊文犀，子則白瑤玄玉。"宋劉敞《游五嶽觀寄鄰幾聖俞》詩："主人白瑤杯，勸客流霞殷。"《太平廣記》卷二五引南唐沈汾《續仙傳·元柳二公》："見一女未笄，衣五色文彩，皓玉凝肌，紅流膩艷。"《龍龕手鑑·玉部》："瑿，白玉也。"

【白丹】

即白玉。此稱先秦時期已行用。見該文。

【素璧】

即白玉。此稱南北朝時期已行用。見該文。

【白瑤】

即白玉。此稱南北朝時期已行用。見該文。

【皓玉】

即白玉。此稱五代時期已行用。見該文。

【瑿】

即白玉。此稱遼代已行用。見該文。

白玉石

石之似玉者。指漢白玉石。宋程大昌《雍錄》："御湯九龍殿，亦名蓮花湯。〔《明皇雜錄》曰：玄宗幸華清官，新廣湯制作宏麗。安禄山於范陽以白玉石爲魚龍鳧雁，仍以石梁及蓮花同獻……〕"《醒世恒言·李道人獨步雲門》："〔李清〕飛撇的趕到那裏去看，却是血紅的觀門，周圍都是白玉石砌就臺基座。"《禪真逸史》第二二回："四圍紫玉欄杆，上下珠紅門扇，内外俱是白玉石砌地。地上珊瑚、瑪瑙、琅玕，奇珍異寶，不計其數，看之不足。"

吉玉

亦稱"虹玉"。彩色玉。《尸子》卷下："吉玉大龜。"《山海經·西山經》："崇吾之山至於翼望之山……其神狀皆羊身人面。其祠之禮，用一吉玉瘞，糈用稷米。"郭璞注："〔吉玉〕玉

加采色者也。"宋曾鞏《酬王正仲太常學士登岳麓寺閣見寄》詩："皇華照楚甸，吉玉投衡山。"宋劉克莊《水龍吟·辛亥安晚生朝》詞："喜動龍顔，瑞班虹玉，歸功元老。"

【虹玉】

即吉玉。此稱宋代已行用。見該文。

老三代

指三代以前之古玉。清陳性《玉紀》："三代以上舊玉，體已朽爛，其質鬆軟，指爪亦能搯落，名曰老三代。"參閱徐珂《清稗類鈔·鑒賞類》。

西土

指西北出土之古玉。清陳性《玉紀》："西土，指山西、陝西、甘肅西北一帶出土者，地土乾燥，玉之棱角花紋，全無蝕損。"劉子芬《古玉考》："昔人分山西、陝西、甘肅等省爲西土，其出土之玉，玉質乾潔，棱角文理，全無損蝕，最爲上品。"

夷玉

亦稱"珣玗琪"。東夷所出之美玉。《書·顧命》："大玉、夷玉、天球、河圖在東序。"孔穎達疏引漢鄭玄曰："大玉，華山之球也；夷玉，東方之珣玗琪也。"唐陸德明《經典釋文》："夷玉，馬〔融〕云：'東夷之美玉'。《説文》：夷玉即珣玗琪。"《爾雅·釋地》："東方之美者，有醫無閭之珣玗琪焉。"《説文·玉部》："醫無閭之珣玗琪，《周書》所謂夷玉也。"段玉裁注："珣玗琪合三字爲玉名……蓋醫無閭、珣玗琪皆東夷

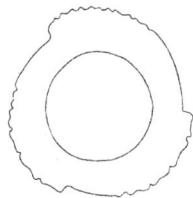

夷玉

（清吳大澂《古玉圖考》）

語。"《淮南子·墜形訓》:"東方之美者有醫毋閭之珣玗琪焉。"明劉基《歌行·二鬼》:"手摘桂樹子,撒入大海中,散與蚌蛤爲珠璣,或落巖谷間,化作珣玗琪。"

【珣玗琪】

即夷玉。此稱漢代已行用。見該文。

死玉

黑滯乾枯之玉。徐珂《清稗類鈔·鑒賞類》:"又有一種死玉,不可不辨。凡玉性畏黃金,若玉入土中,適與金近,久則受其克制,黑滯乾枯,便成棄物。縱加盤功,頑質不化,若認爲水銀沁,則誤矣。"參閱清陳性《玉紀》。

血玉

謂染玉使有色澤也。《山海經·南山經》:"〔招搖之山〕有木焉,其狀如穀而赤理,其汗如漆,其味如飴,食者不饑,可以釋勞,其名曰白䓘,可以血玉。"清惠士奇《禮說·考工記》:"一說血玉者,天府上春釁寶鎮及寶器是也。"徐珂《清稗類鈔·鑒賞類》:"將新玉琢成器皿,以虹光草汁罨之,其色深透,紅似雞血(虹光草出西寧大山中,似茜草。其汁能染玉。用草汁入礬砂少許,罨於玉之文理間。用新鮮竹枝燃火逼之,則深入玉之膚理,紅光自面透背)。時人謂之得古法,賞鑑家偶不知辨,或因之獲重價焉。此等頗少識家,呼爲'老提油'者是也。比來玉工,每以極壞夾石之玉染造。欲紅,則入紅木屑中煨之,其石性處即紅。"

羊脂玉

白玉之一種,半透明,色如羊脂。元關漢卿《狀元母教子》第一折:"〔三末云〕我做了官,繫一條羊脂玉茅山石透金犀瑪瑙嵌八寶荔枝金帶。你脚下穿甚麼?〔大末云〕乾皁履。"

明宋應星《天工開物·珠玉》:"朝鮮西北太尉山,有千年璞,中藏羊脂玉,與蔥嶺美者無殊異。"清清凉道人《聽雨軒筆記·餘紀》:"去其石皮,玉質出焉,勻其厚處而三之,開視則宛然一海天浴日圖,日殷紅而水深碧,波濤澎湃,具浩瀚無涯之勢;近上處色漸白,乃羊脂玉也。"徐珂《清稗類鈔·鑒賞類》:"漢趙飛燕印,爲明嚴嵩故物。以羊脂玉爲之,純粹潔白,無纖瑕,盤鳳紐。文曰'倢伃妾趙',鳥篆。龔定盦以宋拓化度寺碑易之于姚氏。或曰:'得之以七百金,擬築寶燕閣藏之,而未果。'後歸粤人潘士成。"郭沫若《孔雀膽》第二幕:"白的就像羊脂玉,黑的就像乳漆。"

赤玉

亦稱"璊""赤瑕""赭玉""赤瑛"。赤色寶玉。漢司馬相如《上林賦》:"赤玉玫瑰。"《詩·王風·大車》:"大車啍啍,毳衣如璊。"孔穎達疏:"《說文》云:'璊,玉赤色。'"漢司馬相如《上林賦》:"赤瑕駁犖,雜臿其間。"郭璞注引張揖曰:"赤瑕,赤玉也。"漢張衡《七辨》:"收明月之照曜,玩赤瑕之璘㻞。"宋沈括《夢溪筆談·辨證一》:"世以玄爲淺黑色,瑞爲赭玉皆不然也。"明李昌祺《剪燈餘話·江廟泥神記》:"傾國傾城絕世顏,水蒼刻釧赤瑛環。"

【璊】

即赤玉。此稱先秦時期已行用。見該文。

【赤瑕】

即赤玉。此稱漢代已行用。見該文。

【赭玉】

即赤玉。此稱宋代已行用。見該文。

【赤瑛】

即赤玉。此稱明代已行用。見該文。

赤璺

赤色之玉邊。唐李賀《長平箭頭歌》詩："訪古汎瀾收斷鏃，折鋒赤璺曾刲肉。南陌東城馬上兒，勸我將金換簺竹。"宋李復《過高平縣》詩："折戟沈槍鐵半消，洗磨赤璺曾封肉。"

冷暖玉

冬暖夏涼之玉。產於日本。唐蘇鶚《杜陽雜編下》："大中初，日本國王子來朝……出楸玉局、冷暖玉棋子，云本國之東三萬里，有集真島……池中生玉棋子……冬溫夏冷，謂之冷暖玉棋子。"《册府元龜》卷九九七："冷暖玉碁子，蓋玉之倉者，如楸術色。冷暖者言冬暖夏涼，人或過説非也。"《聊齋志異·保住》："所御琵琶，以暖玉爲牙柱，抱之一室生溫。"

沙子玉

細小如沙之美玉。明曹昭《新增格古要論·沙子玉》："此玉罕得，比之白玉，此玉粉紅潤澤，多作刀靶、環子之類，少有大者。"《通雅·金石》："有沙子玉乃子兒石也。"

良璞

未經剖取之美玉。常比喻未被選用之賢才。《後漢書·文苑傳下》："陟明旦大從車騎奉謁造壹……執其手曰：'良璞不剖，必有泣血以相明者矣！'陟乃與袁逢共稱薦之。"元劉因《示孫諧》詩："昆山出美玉，楚國多梗楠，孫郎復貴種，良璞須深函。"明高叔嗣《古歌》："荆和當路泣，良璞爲誰明？"明王同軌《耳談類增·脞志草木篇》："楚客山鷄以鳳名，荆山良璞石相稱。好惡從來目者誤，豈獨香櫞才可矜。"

青玉

亦稱"璧緑""璧玉""碧琳""青瑶""璧瑱"。玉名，色青，爲玉中之上品。《吕氏春秋·孟春》："〔天子〕載青旗，衣青衣，服青玉。"南朝梁元帝《言志賦》："柱何用於黃金，案寧勞於青玉。"明李時珍《本草綱目·石之二·青玉》："按《格古論》云：'古玉以青玉爲上，其色淡青，而帶黃色。'"《山海經·中山經》："又西五十里曰穀山……爽水出焉，而西北流注於穀水。其中多璧緑。"《墨子·節葬下》："革闠三操，璧玉即具。"漢陸賈《新語·本行》："璧玉珠璣不御於上，則玩好之物棄於下。"亦載漢代典籍。漢司馬相如《上林賦》："玫瑰碧琳，珊瑚叢生。"晋王嘉《拾遺記·瀛洲》："〔瀛洲〕有金巒之觀……刻黑玉爲烏，以水精爲月，青瑶爲蟾兔。"唐陳標《焦桐樹》詩："若使琢磨徽白玉，便來風律軫青瑶。"明李賢等《明一統志·雲南布政司·新化州》："土產琥珀、碧瑱。"

【璧緑】

即青玉。此稱先秦時期已行用。見該文。

【璧玉】

即青玉。此稱先秦時期已行用。見該文。

【碧琳】

即青玉。此稱漢代已行用。見該文。

【青瑶】

即青玉。此稱晋代已行用。見該文。

【璧瑱】

即青玉。此稱明代已行用。見該文。

玫瑰[1]

亦稱"火齊珠"。美玉。《廣韻·平灰》："瑰，玫瑰，火齊珠也。"《尸子》卷下："楚人賣珠於鄭者。爲木蘭之櫝，薰以桂椒，綴以玫瑰。"漢司馬相如《上林賦》："其石則赤玉玫瑰。"唐温庭筠《織錦詞》："此意欲傳傳不得，玫瑰作柱朱弦琴。"明宋應星《天工開物・珠玉》："至玫瑰一種，如黃豆、綠豆大者，則紅、碧、青、黃，數色皆具。寶石有玫瑰，如珠之有璣也。"

【火齊珠】[2]

即玫瑰。此稱唐代已行用。見該文。

松香沁

白玉之有璊斑者，因松香所沁，故名。元朱德潤《古玉圖考》："色白如羊脂，滿聲璊斑，爛然欲滴，欲謂松香沁。"徐珂《清稗類鈔・鑒賞類》："玉色：……有受黃土沁者，其色黃（色如蒸栗），名曰玵黃（若受松香沁者色更深。復原時酷似蜜蠟，謂之老玵黃）。"

昆玉

亦稱"昆山之玉""昆璞""昆瓊"。昆侖山之美玉。《史記・趙世家》："昆山之玉不出。"《史記・李斯列傳》："今陛下致昆山之玉，有隨、和之寶。"南朝梁劉孝標《辯命論》："璀則志烈秋霜，心貞昆玉，亭亭高竦，不雜風塵。"唐陳陶《寄兵部任畹郎中》詩："昆玉已成廊廟器，澗松猶是薜蘿身。"唐黃滔《寄同年李侍郎》詩："昆璞要疑方卓絶，大鵬須息始開張。"南朝梁簡文帝《唱導文》："輝同叠璧，煥若昆瓊。"

【昆山之玉】

即昆玉。此稱漢代已行用。見該文。

【昆璞】

即昆玉。此稱唐代已行用。見該文。

【昆瓊】

即昆玉。此稱南北朝時期已行用。見該文。

南陽玉

玉石名。產於河南南陽獨山，故稱。色澤鮮艷，大多數呈粒狀結構，優質者質地細膩，光澤好，硬度高，可與翡翠媲美。玉色以綠、白、雜色爲主，亦見紫、藍、黃等色。殷代玉器有用此玉雕琢者。《南陽縣志》："〔獨〕山出碧玉，其上多蕨。"

南陽玉雕

香玉

有香氣之玉。唐蘇鶚《杜陽雜編》卷上："肅宗賜輔國香玉辟邪，其玉之香聞數百步，雖鏹之金函石匱，終不能掩其氣。"明李時珍《本草綱目・石之二・玉》："《稗官》載火玉色赤，可烹鼎；暖玉可辟寒；寒玉可辟暑；香玉有香……此皆希世之寶也。"徐珂《清稗類鈔・鑒賞類》："玉色：更有一種香玉，嗅之，作奇香氣（奇南，香木名，出海南。見《七修類稿》。俗稱伽南者訛），蓋玉在土中，與香物爲鄰，年久受其沁，沾其香，非玉之自能吐香也（欲試，須烹佳茗，置玉其中，香氣自吐）。此種絶少，真稀世之寶也。"清翟灝《湖山便覽・南山路》："《武林舊事》所載，如芳春、燦景、會瀛、香玉、錦浪、照妝、綴瓊、嚴香之屬，尤多不勝記。"

香玉
（明方于魯《方氏墨譜》）

栗玉

因玉色如栗，故名。宋杜綰《雲林石譜》卷上："兗州出石如褐色，謂之栗玉……其質甚堅潤，扣之有聲，堪爲器，頗費鎪礱，土人貴重之。與北方所産栗玉頗相類，但見峰巒一律耳。"一説爲石，色黄，光瑩似玉，故名。清谷應泰《博物要覽》卷六："儀州産栗玉，或云黄玉之類，實乃黄石之光瑩者，非玉也。玉堅而有理，火刃不可傷。此則小刀便可雕刻，與階州白石同體而異色耳。"

紅玉

暈紅玉璜
（元朱德潤《古玉圖》）

玉名。因色紅故名。古常以比喻美人肌色。《西京雜記》卷一："趙后體輕腰弱，善行步進退，女弟昭儀，不能及也。但昭儀弱骨豐肌，尤工笑語。二人並色如紅玉。"唐施肩吾《夜宴曲》："被郎嗔罰琉璃盞，酒入四肢紅玉軟。"宋吳文英《醉落魄·題藕花洲尼扇》詞："春温紅玉，纖衣學剪嬌鴉緑。"清納蘭性德《鬢雲鬆令·咏浴》詞："鬢雲鬆，紅玉瑩。"

尸古

亦稱"血玉骨"。墓中出土之古玉，疑其受血沁而成。明高濂《遵生八牋·燕閒清賞牋上》："古之玉物，上有血侵，色紅如血，有黑鏽如漆，做法典雅，摩弄圓滑，謂之尸古。"明曹昭《格古要論·珍奇論·古玉》："古玉器物，白玉爲上有紅如血者，謂之血玉古。人又謂之尸古，最佳。"《格致鏡原》卷三六引明谷應泰《博物要覽》："南中良工僞造古玉器法：以蒼黄雜邊皮蒽玉，或帶淡墨色玉如式琢器物，以藥熏燒斑點，作血侵尸古之狀，每用亂真以得高價。"

【血玉骨】

即尸古。此稱明代已行用。見該文。

孩兒面

因玉久埋土中，受石灰侵蝕，便呈紅色如小兒面，故名。清陳性《玉紀》："受石灰沁者，其色紅，色如碧桃，名曰孩兒面。其復原時酷似碧霞璽寶石。"參見徐珂《清稗類鈔·鑒賞類》。

珵

産於楚地之美玉，其光自照。《楚辭·離騷》："覽察草木其猶未得兮，豈珵美之能當！"王逸注："珵，美玉也。相玉書言：珵大六寸，其耀自照。"《格致鏡原》卷三二引《楊慎外集》："珵，楚玉也。理六寸，光自照。"

越玉

越地所産之玉。《書·顧命》："越玉五重，陳寶，赤刀、大訓、弘璧、琬琰，在西序。"陸德明釋文："越玉，馬〔融〕云：'越地所獻玉也'。"《太平御覽》卷四九引《湘川記》曰："玉山下有廟，昔有人得玉瑛於此，有銀山、白石山、越玉山。"清長白浩歌子《螢窗異草》二編卷四："復至龔家，龔適他出，僕承主婦，奉以一襲。出之，雪色晶瑩，則一越玉如意也。"

梅花玉

亦稱"汝玉""汝石"。梅花玉爲我國特有玉種。因其玉體遍布天然花紋，酷似梅花，故稱。又因其獨産於河南汝陽（準確説爲汝州市臨汝鎮鄧禹、黑龍溝等處），故又稱"汝玉"。

梅花玉開發利用始於商、周時代，東漢初年爲鼎盛時期。《伊陽（汝陽）縣志》記載："汝水南有汝玉洞，民曰汝石洞，漢光武帝劉秀曾避難其中，見汝玉奇珍，册封爲國寶。"後因戰亂汝石洞被亂石埋没而失傳。近現代，考古專家於漢墓中發現汝石梅花玉，但因世間流傳極少，産地很難説清。後經地礦部門探明，其産地主要集中於汝州市臨汝鎮熊耳群火山岩中。梅花玉屬硅化杏仁狀安山岩，由火山熔岩冷凝而成。由於熔岩在冷凝過程中，大量氣體於岩石中形成許多氣孔，這些氣孔又被後來生成的多種礦物所充填，便形成杏仁狀安山岩。這些"杏仁"（氣孔）被不同礦物所充填，呈現不同顏色：被含鐵瑪瑙充填時，則爲紅色；爲緑簾石充填，則爲黄緑色；爲緑泥石充填，則呈深緑色；爲方解石或石英充填時，則爲白色或無色透明。當玉料抛光後，在安山岩黑色或灰黑色的背景下，這些被充填之礦物，便形成芭蕉緑、紫羅蘭、瑪瑙紅、雪花白等色彩組成的天然花紋，酷似連枝梅花。氣孔間曲折的細裂隙，當其被礦物充填後，便形成"梅花"枝幹。梅花玉因此得名。梅花玉含鐵、鋅、鈉、鎂、鉀、鈣等多種微量元素，與神奇藥石麥飯石相似，長期使用梅花玉有益健康。唐孟郊《汝州陸中丞席喜張從事至同賦十韻》詩："汝水無濁波，汝山

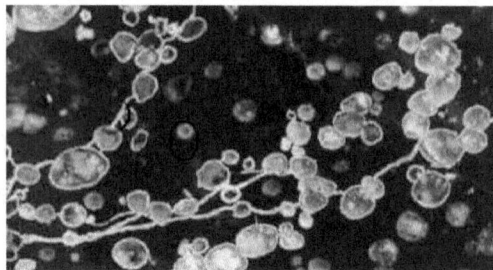

梅花玉

饒奇石。大賢爲此郡，佳士來如積。"元楊維楨《題王母醉歸圖》詩："阿母嬉春淡妝束，雲冠巧琢梅花玉。"《河南通志・貨類》："〔花汝石〕汝州出，花紋絢爛可觀。"

【汝玉】

即梅花玉。此稱漢代已行用，見該文。

【汝石】

即梅花玉。此稱漢代已行用，見該文。

黄玉[1]

亦稱"黄璐"。玉名。色黄。今指和田玉中的黄色品種。《禮記・月令》："〔季夏之月〕衣黄衣，服黄玉。"《宋書・符瑞志上》："赤虹自上下，化爲黄玉。"明高濂《燕閑清賞箋》："玉以甘黄爲上，羊脂次之，以黄爲中色，且不易得。"《續博物志》："女媧乘雷車，服應龍，驂青虬，震黄璐……"按，黄玉如果是指礦物，則是指含氟硅酸鹽礦，屬寶石，名托帕石。

清黄玉鹿首壺

【黄璐】

即黄玉。此稱晉代已行用。見該文。

紺玉

微呈紅色之玉。《説文・糸部》："紺，帛深青揚赤色。"段玉裁注："紺，《釋名》曰：'紺，含也，青而含赤色也。'按：此今之天青，亦謂

之紅青。"《正字通》："紺，深青赤色。"宋王安石《和平甫舟中望九華山詩》："佩環與巾裙，紺玉青紈縑。"

紫玉

亦稱"紫瑶"。色紫之玉。古代以爲祥瑞之物。南朝梁劉勰《文心雕龍·正緯》："白魚赤鳥之符，黄金紫玉之瑞。"《宋書·符瑞志下》："黄銀紫玉，王者不藏金玉，則黄銀紫玉光見深山。"唐曹唐《游仙詩》："笑擎雲液紫瑶觥，共請雲和碧玉笙。花下偶然吹一曲，人間因識董雙成。"

【紫瑶】

即紫玉。此稱唐代已行用。見該文。

楸玉

色、紋類楸木之玉。唐蘇鶚《杜陽雜編》卷下："楸玉，狀類楸木，琢之爲棋局，光潔可鑑。"宋孫光憲《北夢瑣言·日本國王子某》："日本國王子入貢，善圍棊。帝令待詔顧師言與之對手。王子出本國如楸玉局、冷暖玉棊子。蓋玉之蒼者如楸玉色。其冷暖者言冬暖夏凉。"

團玉

亦稱"圓璧"。即圓玉。《宋史·回鶻傳》："以團玉、琥珀、紅白犛牛尾爲貢。"南朝宋庾肅之《玉贊》："圓璧月鏡，璆琳星羅。"宋蘇軾《寄伯强知縣求惠山泉》詩："赤泥開方印，紫

餅截團玉。傾甌共嘆賞，竊語笑僮僕。"明文徵明《文衡山菊圖並題》詩："透紙離離見墨花，細香團玉見霜華。江南五月炎無奈，別有凉風屬畫家。"

【圓璧】

即團玉。此稱南北朝時期已行用。見該文。

温玉

和潤之玉。《梁書·劉孝綽傳》："思樂惠音，清風靡聞，譬夫夢想温玉，饑渴明珠，雖愧卞隨，猶爲好事。"宋蘇轍《浴罷》詩："枯槁如束薪，堅致比温玉。"

碧玉

碧色之玉。含鐵的石英石，呈紅色、褐色或綠色。可作裝飾品。也稱碧石。《山海經·北山經》："又北三百里曰維龍之山，其上有碧玉，其陽有金，其陰有鐵。"《三輔黄圖·苑囿》："刻碧玉爲倒龍之狀。"宋歐陽修《歸田録》卷二："余家有一玉罍，形制甚古而精巧。始得之，梅聖俞以爲碧玉。"清谷應泰《博物要覽》卷六："碧玉以色如青草、青翠明瑩者爲上。"

駔琮

用作秤錘之玉。駔，通"組"。《周禮·考

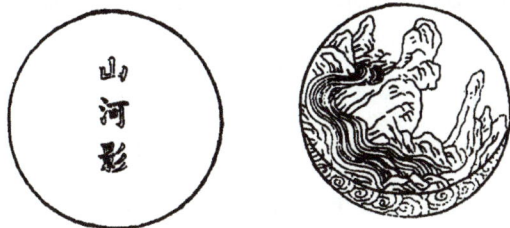

古玉天然山河影月輪圓璧
（宋龍大淵《古玉圖譜》）

駔琮砣

工記・玉人》："駔琮五寸，宗后以爲權。……
駔琮七寸……天子以爲權。"鄭玄注："駔讀爲
組，以組繫之，因名焉。鄭司農云：以爲稱錘，
以起量。"宋易袯《周官總義》卷二八："駔琮
以爲權，與璧羨起度之意同。蓋璧之體圓而象
乎天，琮之體方而象乎地。天地爲萬物之所始，
而萬物之數莫不取法於天地，此權之所以取乎
琮而度之所以取乎璧也。"

翡翠

硬玉。翡爲紅色，翠爲綠色。因其色近翡
翠鳥之羽，故名。塊狀，有玻璃光澤。尤以全
碧而透明者最爲珍貴，係製作昂貴工藝品及裝
飾物之材料。翡翠之名，見於漢代。《漢書・賈
山傳》："被以珠玉，飾以翡翠。"因未見實物出
土，尚無法確定與今之翡翠爲同物。今之所指
翡翠，見於清代。清愛新覺羅昌《丹陛擁靈椿》
詩："萬年枝暖蔚青葱，長映彤霞煥爛中。翡翠
旌旗排禁柳，琳琅珂珮簇宸楓。"清紀昀《閱微
草堂筆記・姑妄聽之一》："蓋物之輕重，各以
其時之好尚，無定準也。記余幼時，人參、珊
瑚、青金石價皆不貴，人則曰昂……雲南翡翠
玉，當時不以玉視之，不過如藍田乾黃，強名
以玉耳；今則爲珍玩，價遠出真玉上矣。"清檀
萃《滇海虞衡志・金石》："白玉、翠玉、黑玉

翡翠手鐲

出蠻莫土司。"

綠玉

亦稱"翠玉""翠瓊"。綠色之玉。漢蔡邕
《胡栗賦》："形猗猗以艷茂兮，似翠玉之清明。"
《宋書・周朗傳》："金魄翠玉，錦繡縠羅，奇色
異章，小民既不得服，在上亦不得賜。"唐曹唐
《小游仙詩》："花底休傾綠玉巵，雲中含笑向安
期。"宋樂史《楊太真外傳》卷上："妃（楊貴
妃）善擊磬……上命采藍田綠玉，琢成磬。"明
李時珍《本草綱目・石之二・青玉》記載："綠
玉以深綠色者爲佳，淡者次之。"宋楊萬里《春
晴懷故園海棠》詩："無那風光餐不得，遣詩
招入翠瓊杯。"宋郭世模《瑞鷓鴣・席上》詞：
"明月寶轞金絡臂，翠瓊花珥碧搔頭。"

【翠玉】

即綠玉。此稱漢代已行用。見該文。

【翠瓊】

即綠玉。此稱宋代已行用。見該文。

疑玉

被誤認爲石的璞玉。春秋時楚人卞和得璞
玉，先後進獻厲王和武王。經玉工鑒定，誤認
爲石，卞和兩次被刖足。後獻文王，剖璞得美
玉，琢爲璧，名爲"和氏之璧"。事見《韓非
子・和氏》。後因以"疑玉"喻被暫時埋没的才
能。唐黃滔《上趙起居啓》："若不仰投門館，
虔佇發揚，則永携疑玉以汔瀾，長伴啞鐘而泯
默。"

璞玉

亦稱"頑璞""玉璞""瓁"。包於石中而尚
未雕琢之玉。《集韻・入鐸》："瓁，玉璞。"《韓
非子・和氏》："楚人和氏得玉璞楚山中，奉而
獻之厲王。"又《喻老》："宋之鄙人得璞玉而獻

之子罕。"晋葛洪《抱朴子·仙藥》："服玉者壽如玉也……不可用已成之器，傷人無益；當得璞玉，乃可用也。"宋黄庭堅《休亭賦》："獻璞玉而取刖，圖封侯而得黥。"宋梅堯臣《讀月石屏詩》："徒爲頑璞一片圓，温潤又不似圭璧。"元楊弘道《投藍田縣令張伯直啓》："死灰有意於復然，璞玉敢期於再獻。"

【頑璞】

即璞玉。此稱宋代已行用。見該文。

【玉璞】

即璞玉。此稱先秦時期已行用。見該文。

【璞】

即璞玉。此稱宋代已行用。見該文。

藍田玉

省稱"藍玉"。藍田所産之寶玉。後世亦泛稱西域所産者。《漢書·地理志》："藍田山出美玉。"漢班固《西都賦》："陸海珍藏，藍田美玉。"唐李賀《南園詩》："南山削秀藍玉合，小雨歸去飛涼雲。"《遼史·儀衛志三》："傳國寶，秦始皇作，用藍玉螭紐。"

【藍玉】

"藍田玉"之省稱。此稱唐代已行用。見該文。

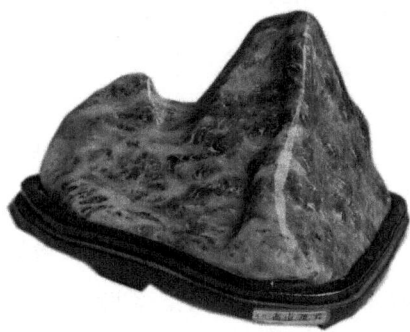

藍田玉

縹玉

淺青色之玉。《西京雜記》卷四："罇盈縹玉之酒，爵獻金漿之醪。"南朝宋顔延之《碧芙蓉頌》："練氣紅荷，比符縹玉。"《陜西通志·聞適》引《珍珠船》："漢武帝乘鬱金棹泛積翠池，自吹縹玉笛。"明黄佐《高吟行贈別楊唯仁》詩："紺園碧院花木深，招風呼月長相尋。與君對酌縹玉酒，酒闌擊劍時高吟。"

雙玉

亦稱"玨""瑴"。一對玉。《説文·玨部》："玨，二玉相合爲一玨。"《太平廣記》卷四引《仙傳拾遺》："翁伯以禮玉十玨以授仙童。"《左傳·莊公十八年》："春，虢公、晋侯朝王。王饗醴，命之宥，皆賜玉五瑴、馬三匹，非禮也。"杜預注："雙玉爲瑴。"唐陸德明《經典釋文》："瑴音角。字又作玨。"宋歐陽修《送楊辟秀才》詩："其於獲二生，厥價玉一瑴。"明李時珍《本草綱目·石之二·青玉》："二玉相合曰瑴，此玉常合生故也。""雙玉"之名，至遲宋代已見。宋徐度《却掃編》卷上："許少伊右丞，宣和間，初除監察御史，夜夢緑衣而持雙玉者隨其後，未幾劉希範資政玨繼有是除。"

【玨】

即雙玉。此稱漢代已行用。見該文。

【瑴】

即雙玉。此稱先秦時期已行用。見該文。

藻玉

亦稱"文瑶"。帶彩紋之玉。《山海經·西山經》："〔泰冒之山〕浴水出焉，東流注於河，其中多藻玉，多白蛇。"郭璞注："藻玉，玉有符彩者。"南朝梁蕭子雲《玄圃園講賦》："藻玉擒白,丹瑕流赤。"五代王仁裕《開元天寶遺事·錦雁》："奉御湯中以文瑤密石,中央有玉蓮,湯泉湧以成池。"

【文瑤】

即藻玉。此稱五代時期已行用。見該文。

櫝玉

謂藏於匣中之美玉。比喻懷藏之才。唐韓偓《金鑾密記》："臣才不邁群,器非拔俗,待價既殊於櫝玉,窮經有愧於籯金。"宋陸游《山居叠韻》詩："光芒常當藏,櫝玉觸俗目。"元王惲《折齒吟自慰》詩："韞藏櫝玉知無限,刻畫無鹽最可羞。經濟斯時公等在,此身天地一虛舟。"明陶安《首尾吟》詩："人於物外莫容心,貧賤何憂富不淫。待價有如藏櫝玉,引年無意乞骸金。"

櫝玉

腐朽之玉。元王惲《挽教官石仲遷》詩:"臨試東過僕射坡,封書投贄識君時。生猶櫝玉期三獻,死愧囊金昧四知。"

璷

翠綠色之玉。《廣韻·平模》:"璷,玉名。"《駢雅·釋地》:"碧璷,美玉也。"清陳性《玉紀》:"玉有九色:元如澄水曰璧,藍如靛沫曰碧,青如鮮苔曰瑾,綠如翠羽曰璷,黃如蒸栗曰玵,赤……"

鍾山之玉

昆侖山所出之玉。《後漢書·蔡邕傳》:"鍾山之玉,泗濱之名。"《淮南子·俶真訓》:"若鍾山之玉。"注:"鍾山,昆侖也。"

響玉

碰擊時能發聲響之玉石。唐馮贄《雲仙雜記·棋聲與律呂相應》:"元頤本棋枰聲與律呂相應,蓋用響玉爲盤,非有異術也。"宋范成大《秋日田園雜興十二絶》詩:"屋上添高一把茅,密泥房壁似僧寮。從教屋外陰風吼,卧聽籬頭響玉簫。"《説郛》卷六五上引《述異記·響玉》:"侯家肅客則鳴響玉。"

寶蓋玉

一種產於山上之玉。清陳性《玉紀》:"產水底者,名子兒玉,爲上。產山上者,名寶蓋玉,次之。"清谷應泰《博物要覽》卷六:"此類(山材)不若水材,爲寶蓋玉。"

觀日玉

玉名。因能見日中景物,故名。《太平御覽》卷八〇五引《梁四公記》:"扶桑國使使貢觀日玉,大如鏡,方圓尺餘,明澈如琉璃,映日以觀,見日中宫殿皎然分明。"明李時珍《本草綱目·石之二·玉》:"《稗官》載火玉色赤,可烹鼎……觀日玉,洞見日中宫闕,此皆希世之寶也。"清鄔仁卿《初學晬盤》上卷:"觀日玉,定風珠。梅花數,竹葉符。"

鬱樸

本指未經琢磨之玉石,藉以比喻缺乏教養之人。漢王充《論衡·量知》:"物實無中核者謂之鬱,無刀斧之斫者謂之樸。文吏不學,世之教無核也。鬱樸之人,孰與程哉!"

貝玉

亦稱"瑤貝"。美玉和貝殼。泛指珍寶財貨。《書·盤庚中》:"兹予有亂政,同位,具乃貝玉。"孔穎達疏:"貝、玉是物之最貴者,責其貪財,故舉二物以言之。當時之臣,不念盡忠於君,但念具貝玉而已,言其貪也。"《根本説一切有部毗奈耶雜事》卷一八:"商人皆共起敬心，即以眾多金銀珍寶，真珠貝玉，於法會中盡心供養。"清顧炎武《夏日》二首之一："貝玉方盈朝，此曹何所憚。"王蘧常注："貝玉盈朝，謂竈拜之貪；此曹謂外官。"南朝梁江淹《水上神女賦》："綾錦共文，瑤貝合質。"

【瑤貝】

即貝玉。此稱南北朝時期已行用。見該文。

金璧

亦稱"金瑜""金瓊"。黃金和璧玉。《韓非子·外儲說左下》："鉅者，齊之居士；屏者，魏之居士。齊、魏之君不明，不能親照境內，而聽左右之言，故二子費金璧而求入仕也。"唐沈亞之《賢良方正能直言極諫策》："而戎臣以自入士卒虛名占籍者十五，不啻日夜飛金璧，走銀繒。"明陶宗儀《輟耕錄·特健藥》："御府之珍，多歸私室。先盡金璧，次及書法。"南朝梁江淹《郊外望秋答殷博士》詩："企余重蘭貝，清才富金瑜。"唐盧綸《上巳日陪齊相公花樓宴》詩："晨霞耀中軒，滿席羅金瓊。"韓愈《城南聯句》詩："酣歡雜弁珥，繁價流金瓊。"元龍輔《女紅餘志·賣

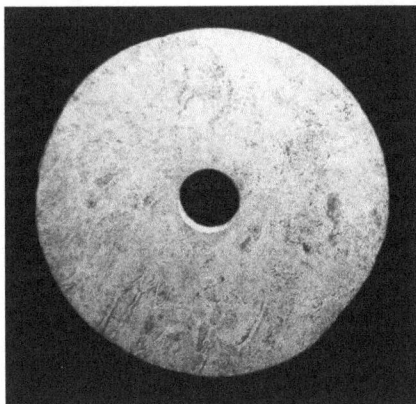

璧玉
（良渚文化遺址出土）

眼》："《觀美女詩》序云：賣眼香屏之中，弄姿淥水之側。及桃李之芳年，輕金瓊之重體。"清秦蕙田《五禮通考》卷九二："故饌則薦四時之和氣，與四海九州之美味；貢則陳金璧龜帛，以明共天下之材。"

【金瑜】

即金璧。此稱南北朝時期已行用。見該文。

【金瓊】

即金璧。此稱唐代已行用。見該文。

珠璠

珍珠和美玉。唐玄奘《大唐西域記·迦畢試國》："火滅煙消，乃見舍利如白珠璠。"元蒲道源《和霍思齊接駕》詩："六軍嚴衛抱珠璠，曉發衝開宿霧寒。象輦塵清千里至，龍顏喜動萬人看。"

軒璧

軒車和璧玉。謂貴重的物品。北齊劉晝《新論·貴言》："君子重正言之惠，賢於軒璧之贈；樂聞其過，勝於德義之名。"參閱《劉子·貴言》。

瑤象

亦稱"琬象"。美玉和象牙。《楚辭·離騷》："爲余駕飛龍兮，雜瑤象以爲車。"王逸注："象，象牙也。言我駕飛龍，乘明智之獸，象玉之車。"漢嚴忌《哀時命》："懷瑤象而佩瓊兮，願陳列而無正。"《淮南子·俶真訓》："目觀玉輅琬象之狀，耳聽《白雪》《清角》之聲，不能以亂其神。"高誘注："玉輅王者所乘，有琬琰象牙之飾。"

【琬象】

即瑤象。此稱漢代已行用。見該文。

瑤銑

美玉和最有光澤之金屬。南朝梁江淹《齊故司徒右長史檀超墓銘》:"唯金有銑,唯玉有瑤。"唐王勃《梓州玄武縣福會寺碑》:"洞參瑤銑,體備丹青。"

瑤幣

美玉和束帛。古人用作贈、獻之禮物。《樂府詩集·郊廟歌辭七·唐祭神州樂章》:"禮修鼎俎,奠歆瑤幣。"唐包佶《奠幣登歌》:"禮陳瑤幣,樂獻金奏。"《宋史·樂志七》:"瑤幣告潔,秀華金支。"

幣玉

帛和玉,古代用以祭祀之禮品。《禮記·曾子問》:"設奠,卒,斂幣玉,藏諸兩階之間,乃出。"

璞玉渾金

亦稱"渾金璞玉"。未琢之玉和未煉之金。比喻天然美質,未加修飾。南朝宋劉義慶《世說新語·賞譽》:"王戎目山巨源如璞玉渾金,人皆欽其寶,莫知名其器。"《藝文類聚》卷五三引南朝梁元帝《爲東宮薦石門侯啓》:"點漆凝脂,事逾衛玠;渾金璞玉,才匹山濤。"唐白居易《除孔戣等官制》:"渾金璞玉,方圭圓殊,雖性異質珠,皆國寶也。"宋戴埴《鼠璞·魏相許伯》:"士大夫出處,如渾金白玉,不可玷闕。"

【渾金璞玉】

即璞玉渾金。此稱南北朝時期已行用。見該文。

龜玉

指龜甲和寶玉。古代被認爲是國家之重器。《禮記·玉藻》:"執龜玉,舉前曳踵,蹜蹜如也。"宋葉適《會昌觀小集呈坐上諸文友》詩:"諸豪藹時彥,靈美競龜玉。"亦泛指國運。南朝宋謝靈運《撰征賦》:"憫隆安之致寇,傷龜玉之毀碎。"《舊唐書·懿宗紀》:"雖有文景之英繼,難以興焉,自茲龜玉之不昌,固其宜矣。"

玉匕

玉製湯匙。南朝宋鮑照《代淮南王》詩:"琉璃作碗牙作盤,金鼎玉匕合神丹。"《皇朝文獻通考·四裔考七》:"六月又遣使臣來貢……二十六年,部長額莫爾且以其所寶之玉匕首來獻。自是遵奉正朔每來朝貢焉。"

玉尺

玉製尺。南朝宋劉義慶《世說新語·術解》:"後有一田父耕於野,得周時玉尺,便是天下正尺。荀試以校己所治鐘鼓、金石、絲竹,皆覺短一黍,於是伏阮神識。"

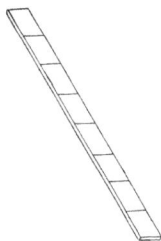

玉尺
(宋趙九成《續考古圖》)

玉印

玉製之印。《漢書·郊祀志上》:"天子又刻玉印曰:'天道將軍。'"《三國志·魏書·武帝

玉印
(清吳大澂《古玉圖考》)

紀》："〔袁〕紹又嘗得一玉印，于太祖坐中舉向其肘，太祖由是笑而惡焉。"清鄭燮《骨董》詩："缺角古玉印，銅章盤虬螭。"1968年陝西咸陽韓家灣狼家溝出土西漢皇后玉璽，印面呈方形，選用優質和田白玉雕磨而成。印面陰刻篆文"皇后之璽"四字，字體端莊流暢。

玉巵

亦稱"杯斝"。玉製酒杯。《韓非子·外儲説右上》："堂溪公謂昭侯曰：'今有千金之玉巵，通而無當，可以盛水乎。'"《史記·高祖本紀》："高祖奉玉巵，起爲太上皇壽。"宋范成大《冬至日天慶觀朝拜作歡喜口號》："豐年四海皆溫飽，願把歡心壽玉巵。"明陸采《懷香記·聞香致疑》："修竹長松映玉巵。"明宋應星《天工開物·珠玉》："所謂連城之璧，亦不易得。其縱橫五六寸無瑕者，治以爲杯斝，此亦當世重寶也。"震旦藝術博物館所藏有明代玉巵，高12厘米，最寬11厘米，口徑7.8厘米。青白色玉質，局部黃褐色，杯身裝飾淺浮雕龍紋，地子上陰刻回紋；側邊附加一耳，上面雕琢高浮雕龍紋；杯蓋雕琢四個高浮雕龍紋，蓋面陰刻獸面紋，側邊環飾一圈蛇身龍紋，杯底下方有三個獸面紋足，造形紋飾模仿漢代青銅巵，爲明代仿古風潮下的作品。

【杯斝】

即玉巵。此稱明代已行用。見該文。

玉衣[1]

玉飾之衣，泛指美衣。《列子·周穆王》："月月獻玉衣，旦旦薦玉食，化人猶不舍然，不得已而臨之。"《史記·殷本紀》："甲子日，紂兵敗。紂走入登鹿臺，衣其寶玉衣，赴火而死。"《三國志·魏書·文昭甄皇后傳》："后三歲失父。"裴松之注引《魏書》："后以漢光和五年十二月丁酉生。每寢寐，家中髣髴見如有人持玉衣覆其上者，常共怪之。"唐劉憲《人日玩雪》詩："勝日登臨雲葉起，芳風搖蕩雪花飛。星暉幸得承金鏡，揚影還將奉玉衣。"宋楊萬里《克信弟坐上賦梅花二首》詩："月波成露露成霜，借與南枝作淡妝。寒入玉衣燈下薄，春撩雪骨酒邊香。"明李應徵《贈錢比部讞恤三輔兼懷燕趙諸君子》詩："使節風流出帝畿，陽春白雪正霏霏。含香畫省分鷄舌，珥筆天垣綴玉衣。"

玉羊

玉雕刻之羊。《魏書·李順傳》："玉羊失而無御，金鷄亡而不存。"《南史·隱逸傳下·阮孝緒》："乳人憐其傳重辛苦，輒竊玉羊金獸等物與之。"《尚史·孔子系·孔子》："魯哀公穿井得一玉羊焉。孔子見之曰：水之精爲玉，土之精爲羊。此羊得之井中，在水土之際，其身玉，其肝土也。殺之果然。"

玉花

玉雕之花。唐虞世南《凌晨早朝詩》："萬户霄光曙，重簷夕霧收；玉花停夜燭，金壺送

玉花

曉籌。日暉青瑣殿，霞生結綺樓；重門啓應路，通籍引王侯。"宋朱淑真《念奴嬌·催雪》："冬晴無雪。是天心未肯，化工非拙。不放玉花飛墮地，留在廣寒宮闕。雲欲同時，霰將集處，紅日三竿揭。六花剪就，不知何處施設。"宋蘇軾《次韻子由書李伯時所藏韓幹馬》："元狩虎脊聊可友，開元玉花何足奇。伯時有道真吏隱，飲啄不羨山梁雌。"清況周頤《眉盧叢話》："平陽歌舞醒繁華，移出雕闌白玉花。倖免罡風吹墮涸，從今不願五侯家。"

玉車

以玉爲飾之車。《文選·揚雄〈甘泉賦〉》："敦萬騎於中營兮，方玉車之千乘。"李善注："玉車，以玉飾車也。"宋楊萬里《行路難》詩："長門陳阿嬌，却要一生金屋貯嬌嬈；長信班婕妤，却要一生紈扇從玉車。"明鄭若庸《玉玦記·訪姨》："算玉車得解重圍，也堪旌紀信功成。"

玉匣

玉飾之匣。亦指精美匣子。南朝宋鮑照《擬行路難》十八首之一："奉君金巵之美酒，玳瑁玉匣之雕琴。"唐李白《酬張卿夜宿南陵見贈》詩："寶刀隱玉匣，繡澀空莓苔。"宋蘇軾《龍尾硯歌》："錦茵玉匣俱塵垢，搗練支牀亦何有。"

玉岑

謂玉階。晉皇甫謐《釋勸論》："排閶闔，步玉岑，登紫闥，侍北辰。"周李元操《白花朱實》詩："白花如霰雪，朱實似懸金。布影臨丹地，飛香度玉岑。"《熱河志·御製詩》："再題玉岑精舍：構舍初看斷手成，玉岑近對聳崢嶸。林間蒼鹿鳴不已，想是無端認客生。"

玉佛

玉製佛像。《南史·夷貊傳下·于闐》："于闐者，西域之舊國也……大同七年，又獻外國刻玉佛。"明陶宗儀《輟耕録·于闐玉佛》："丞相伯顏，嘗至于闐國。於其國中鑿井，得一玉佛，高三四尺，色如截肪。照之，皆見筋骨脉絡。即貢上方。"《二十年目睹之怪現狀》第六回："此刻放着那玉佛、花瓶那些東西，還值得三千兩。"

玉製佛像

玉床

玉製或飾玉之床。《尸子》卷下："桀爲璿室瑤臺，象廊玉床。"《淮南子·本經訓》："帝有桀紂，爲琁室、瑤臺、象廊、玉床。"高誘注："以玉爲床。"《樂府詩集·清商曲辭一·子夜四時歌夏歌之十五》："珍簟鏤玉床，繡綄任懷適。"元岑安卿《題太真春睡圖》詩："玉床膩滑芙蓉展，水沈煙嫋金屏暖。"遼寧盤錦市興隆臺鎮楊志斌古董店中發現一玉床，傳爲袁世凱稱帝而作，用近5噸碧綠岫玉製成。此玉床長305厘米、寬165厘米、高280厘米，通身由碧綠岫岩玉製作而成，共二十多個大件和數百個小塊玉組成，玉床造型爲晚清家具小開門款式，飾清宮金鸞寶座龍紋，所有花板均按宮廷龍樣雕刻而成，鏤雕題材包括福（蝙蝠）壽（壽桃）雙全、龍鳳呈祥等各種傳統紋樣，主紋爲龍。床前垂挂瓔珞、宮燈等飾物，皆玉雕成。玉床構件之間采用金屬螺絲連接，非常堅固。

玉押

門簾之玉飾鎮墜。唐李賀《五月樂辭》詩："雕玉押簾上，輕縠籠虛門。"五代和凝《宮詞》："垂黎玉押春簾卷，不夜珠樓曉鑑開。"又指玉璽。《元史·順帝紀四》："丁丑詔左右丞相、平章、樞密、知院、御史大夫，得賜玉押字印，餘官不與。"清姚之駰《後漢書補逸》卷二一："印璽：王，玉押銀鏤文；貴人長公主，銅鏤。"亦作"玉枰"，指以玉類之物做成的裝東西的盒子。北周庾信《咏畫屏風詩》二十四首之一："玉枰珠簾捲，金鈎翠幔懸。"吳兆宜注引《漢武故事》："以白珠爲廉，玳瑁枰之。"

玉押
（清吳大澂《古玉圖考》）

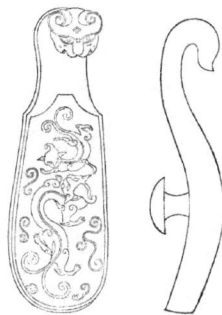

玉帶

以玉裝飾之革帶。玉帶由三部分組成：鞓，即革帶；銙，有方形、拱圓形，爲鞓上之飾物，稱爲"帶銙"，俗稱"玉帶板"；鉈尾，保護鞓端飾物。以上三部分配合使用，便爲玉帶。玉帶可分五種制式：單鞓、單扣、無鉈尾；單鞓、單扣、單鉈尾；雙鞓、雙扣、單鉈尾；雙鞓、雙扣、雙鉈尾；三鞓三扣雙鉈尾（原來的前鞓被一分爲二，三臺處多一插接式暗帶扣）等。一條革帶，祇於帶面一周綴鑲形狀各異的片狀玉塊，纔稱其爲"玉帶"。玉塊形狀有方形、長方形、桃形等。早期玉帶爲蹀躞帶，即革帶上既綴玉又綴多種鈎環之類，用以鈎挂小型器具或佩飾等物，最早出現於戰國時，由胡人騎士傳入內地。起初裝飾部位主要於腹前正中腰帶兩端的連接處，重點是帶鈎，既有玉質帶鈎，亦有銅質帶鈎。南北朝後演變爲於革鞓上祇綴方型帶銙之玉帶。隋唐時期玉帶被定制爲官服專用。唐代曾有朝廷定制，規定有"大帶制度"，即以帶上裝飾品的質地和數量區別官品等級，祇有正一品官員纔可使用玉帶。五代和宋時期，單鞓和雙鞓玉帶同時并用。元代玉帶飾品較多，上層社會腰佩玉帶的風尚得到進一步發揚。明代由於治玉業發達，腰佩玉帶的風尚繼續興盛。明朝皇帝對佩玉帶制度有所放寬，但仍明文規定不同級別官員分別以玉、金、銀、銅、烏角等不同材料製作裝飾板，分別稱之爲玉帶、金帶、銀帶等等。一品以上官員纔能使用玉帶。《正字通·金部》"銙"字有詳載。明制，革帶前合口處曰三臺，左右排三圓桃。排方左右曰魚尾（鉈尾），有輔弼兩小方。後七枚，前大小十三枚。臣僚所用玉帶計二十銙。皇帝玉帶則爲二十四銙。桃尖朝嚮亦有規定，左右兩排圓桃尖端均朝嚮後腰。正面觀看，三個尖朝左，三個尖朝右。至清

玉帶（玉帶鈎）
（宋呂大臨《考古圖》）

代，統治者沿用自己本民族習俗和服飾，玉帶制度被廢除。我國最早玉帶實物出土於陝西咸陽北周墓葬中，玉帶上有九塊玉銙，其中八塊方銙下有橢圓形玉環，出土時兩個玉環上挂象牙圓棒形裝飾物。《周書·李遷哲傳》："太祖嘉之，以所服紫袍、玉帶及所乘馬以賜之，并賜奴婢三十口，加授侍中驃騎大將軍。"《舊唐書·高宗紀下》："〔上元元年〕大赦，戊戌敕文武官三品已上服紫金玉帶；四品深緋，五品淺緋并金帶……"《宋史·輿服志五》："太平興國七年正月，翰林學士承旨李昉等奏曰：'奉詔詳定車服制度，請從三品以上服玉帶，四品以上服金帶。'"宋程大昌《演繁露·唐時三品得服玉帶》："唐制五品以上，皆金帶，至三品則兼金玉帶。本朝玉帶雖出特賜，須得合門關子許服，方敢用以朝謁。"又："本朝親王皆服玉帶。"《明史·輿服志三》："歷朝賜服文臣，有未至一品而賜玉帶者。自洪武中學士羅復仁始，衍聖公秩。正二品服織金麒麟袍，玉帶則景泰中入朝拜賜。"

【玉抱肚】

"玉帶"之一種。亦稱"玉兔鶻""玉兔胡"。甚莊重華麗。宋陸游《老學庵筆記》卷七："王荊公所賜玉帶，闊十四掏，號玉抱肚。"元李五《虎頭牌》第二折："頭巾上砌的粉花兒現，我繫的那一條玉兔鶻是金廂面。"元關漢卿《五侯宴》第三折："那官人繫着條玉兔鶻連珠兒石碾，戴着頂白氈笠前簷兒慢卷。"又《調風月》第四折："官人石碾連珠，滿腰背無瑕玉兔胡。夫人每是依時按序，細摟絨全套繡衣服。"

【玉兔鶻】

即玉抱肚。此稱元代已行用。見該文。

【玉兔胡】

即玉抱肚。此稱元代已行用。見該文。

【獅蠻帶】

"玉帶"之一種。由域外傳入、帶上有獅形裝飾物。明伍餘福《蘋野纂聞》："觀者側目，皇上赫然斯怒，密用廷臣計，遂籍其家，得玉琴獅蠻帶及金寶奇物無慮億萬。"《禪真逸史》第三八回："〔祇見他〕手執方天畫戟，上挂豹幡。犀皮甲軟襯縡紅袍，獅蠻帶緊籠繡裹肚。背插飛刀兩口，腰懸短箭一壺……"《三寶太監西洋記通俗演義》第三〇回："班部中又閃出一員青年將官來，束髮冠，兜羅袖，練光拖，獅蠻帶，手裏拿着一杆丈八神槍……原來是金吾前衛應襲王良。"

玉杯

亦作"玉桮"，亦稱"瑤卮""碧甌""夜光杯"。玉製之杯或杯之美稱。《韓非子·喻老》："象箸玉杯，必不羹菽藿，則必旄象豹胎。"《史記·孝文本紀》："十七年，得玉杯，刻曰：'人主延壽。'"唐杜甫《章梓州橘亭餞成都竇少尹》詩："秋日野亭千橘香，玉杯錦席高雲涼。"南朝齊謝朓《金谷聚》詩："渠椀送佳人，玉桮邀上客。"南朝齊王融《奉和代徐》之一："自君之出矣，芳黂絕瑤卮。"唐蕭祐《遊石堂觀》詩："甘瓜剖綠出寒泉，碧甌浮花酌春茗。"

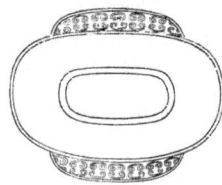

玉杯
（宋呂大臨《考古圖》）

因美玉所製酒杯夜間能發光，俗稱"夜光杯"。漢東方朔《海内十洲記·鳳麟洲》："周穆王時，西國獻昆吾割玉刀，及夜光常滿杯，刀長一尺，杯受三升，刀切玉如切泥，杯是白玉之精，光明夜照。"唐王翰《涼州詞》："葡萄美酒夜光杯，欲飲琵琶馬上催。"1956 年河南洛陽墓葬中出土一三國魏時的玉杯，高 13 厘米，口徑 5 厘米，足徑 4 厘米。通體白色，直口，整體呈圓筒形，下方接圈足。玉杯製作精巧，光素無紋，抛光細潤，形體規整。現藏洛陽市文物工作隊。

【玉栖】

同"玉杯"。此體南北朝時期已行用。見該文。

【瑶卮】

即玉杯。此稱南北朝時期已行用。見該文。

【碧甌】

即玉杯。此稱唐代已行用。見該文。

【夜光杯】[2]

即玉杯。此稱唐代已行用。見該文。

玉杵

玉製舂杵，亦用作舂杵之美稱。宋陸游《玉京行》："爐開沐浴時日良，清夜玉杵聞琳房。"元耶律楚材《西域從王君玉乞茶因其韻》詩："酒仙飄逸不知茶，可笑流涎見曲車。玉杵和雲舂素月，金刀帶雨剪黄芽。"《醒世恒言·錢秀才錯占鳳凰儔》："不須玉杵千金聘，已許紅繩兩足纏。"《平山冷燕》第一六回："思雲想月總虛憐，天上人間信怎傳？欲爲玄霜求玉杵，須從御座撤金蓮。"

玉枕

亦稱"瑶枕""瑟瑟枕"。玉製或玉飾之枕頭。亦用作瓷枕、石枕之美稱。《晋書·王澄傳》："澄左右有二十人，持鐵馬鞭爲衛，澄手恒捉玉枕以自防，故〔王〕敦未之得發。"唐胡曾《車遙遙》詩："玉枕夜殘魚信絶，金鈿秋盡雁書遥。"宋李清照《醉花陰》詞："玉枕紗厨，半夜涼初透。"明陳子龍《少年游·春情》詞："玉枕寒深，冰綃香淺，無計與多情。"唐王翰《古蛾眉怨》詩："燈前含笑更羅衣，帳裏承恩薦瑶枕。"後蜀歐陽炯《浣溪沙》詞："獨掩畫屏愁不語，斜倚瑶枕髻鬟偏。"《新唐書·盧簡辭傳》："盧昂坐臟，簡辭窮按，乃得金床，瑟瑟枕大如斗。敬宗曰：'禁中無此，昂爲吏可知矣。'"徐州博物館藏西漢玉枕，長 37 厘米，寬 16 厘米，高 11.4 厘米。1991 年江蘇徐州後樓山西漢墓出土。枕呈長方形，由木芯、玉片、鎏金銅構件及金箔構成，製作極爲華美。頂面琢刻虎紋，虎身飾渦紋。正面玉片以金箔鑲綴裝飾，中部飾一對鋪首銜環。兩側面嵌璧形玉片，中飾鋪首銜環。四角爲四龍形銅足。底座鎏金，四周爲銅質邊框，中有龍形鏤空圖案。

【瑶枕】

即玉枕。此稱唐代已行用。見該文。

【瑟瑟枕】

即玉枕。此稱唐代已行用。見該文。

玉虎[1]

玉製虎形器物，用於裝飾或把玩。晋王嘉《拾遺記·秦始皇》："始皇嗟曰：'刻畫之形，何得飛走？'使以淳漆各點兩玉虎一眼睛，旬日則失之，不知所在。"金元好問《過晋陽故城書事》詩："東關蒼龍西玉虎，金雀觚棱上雲雨。明俞希魯《雷雨護嬰圖》詩："雲雨埋山玉虎鳴，匆匆掩耳畏兒驚。幾回展卷空長喟，車馬何人到母塋。"

玉佩

亦稱"璬""瑅""珮"。古人佩挂之玉製裝飾品。《詩・秦風・渭陽》："我送舅氏，悠悠我思；何以贈之？瓊瑰玉佩。"宋梅堯臣《天上》詩："紫微垣裏月光飛，玉佩腰間正陸離。"清孔尚任《桃花扇・棲真》："何處瑤天笙弄，聽雲鶴縹緲，玉佩丁冬。"《說文・玉部》："璬，玉佩。"《字彙・玉部》："瑅，佩玉。"《文選・曹植〈洛神賦〉》："抗瓊瑅以和予兮，指潛淵而爲期。"李善注："瑅，玉也。"南朝齊謝超宗《齊明堂樂歌・肅咸》："助寶奠軒，酧珍充庭。璆縣凝會，珮朱佇聲。"

【璬】

即玉佩。此稱漢代已行用。見該文。

【瑅】[2]

即玉佩。此稱三國時期已行用。見該文。

【珮】

即玉佩。此稱南北朝時期已行用。見該文。

【玉服】

即玉佩。亦稱"寶佩"。《墨子・經說上》："實，其志氣之見也，使人如己，不若金聲玉服。"孫詒讓閒詁："玉服，即佩服之玉。"南朝梁王僧孺《詹事徐府君集序》："寶佩鳴風，豐貂映日。"《宋史・樂志十六》："袞衣輝煥，寶佩琳琅。"

【寶佩】

即玉服。此稱南北朝時期已行用。見該文。

【佩琚】

即玉佩。元湯式《一枝花・夢游江山爲友人賦》套曲："濕淋浸滿身，香露侵毛骨；吉玎瑠過耳，清風響佩琚。"

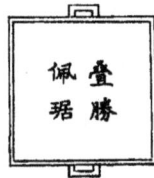

古玉疊勝佩琚
（宋龍大淵《古玉圖譜》）

【佩璜】

即玉佩。唐韓愈、孟郊《城南聯句》："鵷鷁翔衣帶，鵝肪截佩璜。"

【佩環】

即玉佩。《子華子・晏子問黨》："出則有鸞和，動則有佩環。"元周文質《寨兒令》曲："叮，疑是佩環聲。"《聊齋志異・蓮花公主》："移時，佩環聲近，蘭麝香濃，則公主至矣。"

佩璜
（清吳大澂《古玉圖考》）

【瑜佩】

即玉佩。亦借指戴玉佩之人。唐裴守真《奉和太子納妃太平公主出降》詩："瑜佩升青殿，穠華降紫微。還如桃李發，更似鳳凰飛。"

【佩】

"玉佩"之省稱。古人佩戴之飾物。《墨子・辭過》："鑄金以爲鈎，珠玉以爲佩。"唐李賀《黃頭郎》詩："水弄湘娥佩，竹啼山露月。"清洪昇《長生殿・聞樂》："佩搖風影，衣動霞光，小步紅雲墊。"

【璁珩】

即玉佩。隋許善心《奉和冬至乾陽殿受朝應詔》詩："森森羅陛衛，曦曦鏘璁珩。"明鄭真《王叔遠先生擬挽辭》："羨門、偓佺，雜璁珩些。"

佩玦

玉佩之一種。環形而有缺口。宋陳師道《次韻麟等詩及破余酒戒》詩："丈夫意氣合，佩玦不循鉤。"亦泛指佩玉。元周巽《野有梅而托興焉》詩："籲嗟美人兮，贈我以瓊英。酬以佩玦，聊結中情。"明王洪《題王孟端畫竹》詩："鵷鸞冥冥曉垂翅，佩玦落落鏘鳴玉。"

青佩

亦稱"蒼佩"。青色玉佩。唐顧況《白蘋州送客》詩："闕下搖青佩，洲邊采白蘋。"宋李昂英《寶祐丁巳閏四月偕十友避暑白雲寺》詞："筇屐追隨多勝侶，青佩黃冠方領。"金元好問《贈楊君美之子新甫》詩："書林頭白坐吟呻，青佩橫經更幾人？總角未逢韓吏部，伏膺先就楚靈均。"《唐中宗制》："蒼佩崇班，威高石室。"

【蒼佩】

即青佩。此稱唐代已行用。見該文。

玉版

玉製片狀物。特指上有圖形或文字，象徵祥瑞、盛德或預示休咎之玉片。《韓非子·喻老》："周有玉版，紂令膠鬲索之，文王不予；費仲來求，因予之。"《史記·太史公自序》："周道廢，秦廢去古文，焚滅《詩》《書》，故明堂石室金匱玉版圖籍散亂。"裴駰集解引如淳曰："刻玉版以為文字。"又特指上有圖形或文字，象徵祥瑞、盛德或預示休咎的玉片。晉王嘉《拾遺記·唐堯》："帝堯在位，聖德光洽，河洛之濱，得玉版方尺，圖天地之形。"《晉書·慕容俊載記》："初，石季龍使人探策於華山，得玉版，文曰：'歲在申酉，不絕如綫。歲在壬子，真人乃見。'及此，燕人咸以為俊之應也。"唐李商隱《為河南盧尹賀上尊號表》："至化潛融，事光於玉版，元機獨運，理溢於瑤編。"

玉斧

玉製斧子。亦作為斧的美稱。《南史·陳紀上·武帝》："公夙駕兼道，衣製杖戎，玉斧將揮，金鉦且戒，祅酋震懾，遽請灰釘。"《禮記·明堂位》："冕而舞《大武》。"唐孔穎達疏："王者袞冕，執赤盾玉斧而舞武王

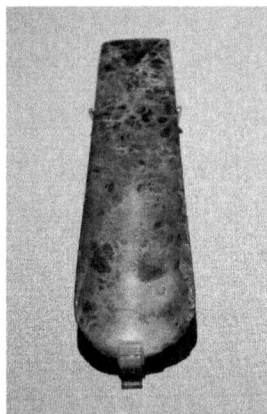

周玉斧
（四川成都金沙遺址出土）

伐紂之樂也。"宋曾覿《壺中天慢》詞："何勞玉斧，金甌千古無缺。"元趙孟頫《宮中口號》詩："一時侍衛回身立，天步將臨玉斧來。"清錢謙益《清明日陪祀定陵恭述》詩："紗燈玉斧儼垂旒，慟哭珠襦閟一丘。"清雪中人《〈中西紀事〉後序》："畫玉斧而不渝，鞏金甌於無缺。"

玉桮

亦稱"瑤盤"。玉盤。桮，同"盤"。漢游童《董逃行》："奉上陛下一玉桮，服此藥可得神仙。"唐劉商《姑蘇懷古送秀才下第》詩："興來下筆到奇景，瑤盤迸瀉蛟人珠。"宋徐積《和倪敦復》詩："玉容沃以沈香水，瑤盤凍屑珠璣雜。"《聊齋志異·霍女》："筵間味無多品，玉桮四枚，方几已滿。"

【瑤盤】

即玉桮。此稱唐代已行用。見該文。

玉盆

　　玉雕刻之盛水容器。唐王建《和元郎中夜玩月》詩：“月似圓來色漸凝，玉盆盛水欲侵棱。夜深盡放家人睡，直到天明不炷燈。”唐丘悅《三國典略》卷一：“齊太山主，武成之長也。母曰胡太后，夢于海上坐玉盆，日入裙下，遂有娠。”《遼史·聖宗紀》：“己亥，皇太后觀漁于玉盆灣。”明張翼《農田餘話》卷下：“今之葉子戲，消夜圖，相傳始于宋太祖，令后宮人習之以消夜，又有倒擲戲者，以玉作橄欖狀六觚，而列〔一二三四五六〕推旋於玉盆中，久之方倒，中其數者爲勝。”《醒世姻緣傳》第五回：“蘇錦衣的一個羊脂玉盆，盆內一株蒼古小桃樹，樹上開着十數朵花，通似鮮花無異，細看是映紅寶石妝的。”

清玉盆

玉馬

　　玉雕馬。晉葛洪《抱朴子·用刑》：“譬猶干將不可以縫綫，巨象不可使捕鼠，金舟不能凌陽侯之波，玉馬不任騁千里之迹也。”北齊樊遜《求才審官對》：“臣聞雕獸畫龍，徒有風雲之勢；金舟玉馬，終無水陸之功。”清紀昀《閱微草堂筆記·濟陽消

玉馬
（清吳大澂《古玉圖考》）

戰國玉馬
（山東省曲阜市魯國故城三號墓出土）

夏錄二》：“〔高榮祉〕有一舊玉馬，質理不甚白潔。”

玉連環

　　套連在一起的玉環。《戰國策·齊策六》：“始皇嘗遣使者，遺君王后玉連環，曰：‘齊多知，而解此環不？’”鮑彪注：“兩環相貫。”唐李商隱《贈歌妓》詩：“水精如意玉連環，下蔡城危莫破顏。”《兒女英雄傳》第二二回：“〔舅太太〕說着，把自己胸坎兒上帶的一個玉連環，拴着一個懷鏡兒，解下來給姑娘帶上。”

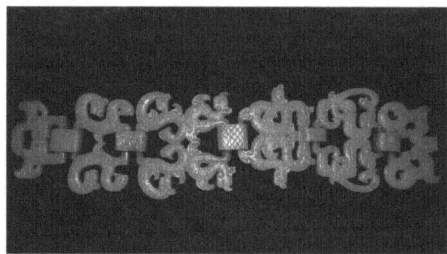

玉連環

玉笏

　　亦稱“珽”“琛板”“玉珽”。王公大臣上朝時所執玉製手板。用於記錄君命或旨意，亦可將對君王上奏之事記於笏板上，以防遺忘。玉笏板出現的年代不晚於周代，《禮記》中已有記載。《禮記·玉藻》：“凡有指畫於君前，用笏；造受命於君前，則書於笏。”兩晉以後，笏成爲一種禮節性用品。後世的笏板按品第，分別用

玉、象牙或竹製成。唐代武德四年（621）之後，按等級的不同，使用不同的笏板。根據規定，五品之上的官員執象牙笏，六品之下的官員執竹木笏。笏的形狀也有相關的規定，三品以上的笏板，前拙後直；五品以上的笏板，前拙後屈，後來又改成上圓下方。明代規定五品以上官員執象牙笏，六品以下官員不執笏。清代笏板被廢止。《説文·玉部》："珽，大圭，長三尺。杼上，終葵首。"《管子·輕重己》："天子東出其國四十六里而壇。服青而絻青，搢玉笏，帶玉監，朝諸侯卿大夫列士。"《左傳·桓公二年》："袞、冕、黻、珽。"晋杜預注："珽，玉笏也。若今吏之持簿。"唐陸德明《經典釋文》引徐廣云："持簿，手板也。"《荀子·大略》："天子御珽，諸侯御荼，大夫服笏，禮也。"楊倞注："珽，大圭。長三尺，杼上，終葵首，謂刻上至其首而方也。"《資治通鑑·陳宣帝太建四年》："護既入，如帝所戒讀《酒誥》；未畢，帝以玉珽自後擊之，護踣於地。"《南史·崔祖思傳》："瓊簪玉笏，碎以爲塵；珍裘繡服，焚之如草。"《金史·輿服志中》："自西魏以來，所製玉笏皆長尺有二寸。"南朝宋劉義恭《啓事》："聖恩優重，猥賜華纓玉笏，珍冠飾首，琛板耀握，非臣朽薄，所宜服受。"宋任廣《書叙指南·朝事典物》："玉笏曰琛板。"北齊顏之推《顏氏家訓·名實》："韓又嘗問曰：'玉珽杼上終葵首，當作何形？'乃答云：'珽頭曲圜勢如葵葉耳。'"唐徐彥伯《南郊賦》："皇帝乃彰畫黻，襲大裘，端玉珽，肅珠旒，翼翼穆穆，遂臻於圜丘。"唐王子先《笏賦》："或魚須而表其章，或玉珽以申其美。"《寧波晚報》2003年11月4日報導，慈溪市橋頭鎮烟墩村一戶人家發現一塊玉笏版。玉笏呈紅褐色，長方形，重425克，長約31厘米，上端寬約7.2厘米，下端寬9厘米，厚0.6厘米。玉兩面都有金黃色的篆體文字，一面七個字，另一面二十個字，中間還有一幅精美圖案，整塊玉牌極爲光滑。

【珽】

即玉笏。此稱先秦時期已行用。見該文。

【琛板】

即玉笏。此稱南北朝時期已行用。見該文。

【玉珽】

即玉笏。此稱南北朝時期已行用。見該文。

玉脂芝

因玉膏凝而成芝，故名。晋葛洪《抱朴子·仙藥》："又玉脂芝，生於有玉之山，常居懸危之處，玉膏流出，萬年已上，則凝而成芝。有似鳥獸之形，色無常彩。率多似山玄水蒼玉也，亦鮮明如水精。"《説略》卷二七："五芝有石芝有木芝……又有玉脂芝七明芝九光芝……"《御定淵鑑類函》卷四〇八："玉脂芝如水精，得而末之，以無心草汁和之，須臾成水，服一升得千歲。"

玉戚

玉柄或玉飾之斧。《禮記·明堂位》："季夏六月，以禘禮祀周公於大廟……朱干玉戚，冕

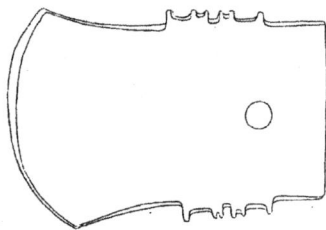

玉戚
（清吳大澂《古玉圖考》）

而舞大武。"孔穎達疏:"干,盾也;戚,斧也。赤盾而玉飾斧也。"《文選·揚雄〈甘泉賦〉》:"蚩尤之倫,帶干將而秉玉戚兮,飛蒙茸而走陸梁。"李善注引張晏曰:"以玉爲戚柲也。"唐杜甫《有事於南郊賦》:"執綏秉翟,朱干玉戚。"《舊唐書·音樂志三》:"瑶弦自樂乾坤泰,玉戚長歡區宇寧。"

玉唾壺

玉製唾壺。晉王嘉《拾遺記》卷七:"靈芸聞別父母,歔欷累日,淚下霑衣,至升車就路之時,以玉唾壺承淚,壺即紅色。既發常山,及至京師,壺中淚凝如血。"俞鍔《無題》詩:"畫屏香冷博山爐,情淚珠殷玉唾壺。"

玉魚

玉製魚形佩飾。《宋史·輿服志五》:"〔神宗〕命工別琢玉帶以賜之,顥等固辭不聽。請加佩金魚以別嫌,詔以玉魚賜之。親王佩玉魚自此始。"宋程大昌《演繁露·唐時三品得服玉帶》:"元豐中剙造玉魚,賜嘉岐二王,易去金魚不用,自此遂爲親王故事。"明徐應秋《玉芝堂談薈·宮室土木之侈》:"禄山於范陽,以玉魚、龍鳬、鴈石、梁石、蓮花以獻,雕鎪尤妙。"清張英《戚里》詩:"戚里歌鐘舊賜樓,濯龍門上幾經秋。玉魚長伴衰楊老,石馬空迷碧草愁。"

玉琫

刀鞘上部近口處之玉飾。《詩·小雅·瞻彼洛矣》:"鞞琫有珌。"毛傳:"鞞,容刀鞞也。琫,上飾;珌,下飾也。天子玉琫而珧珌,諸侯璗琫而璆珌,大夫璙琫而鏐珌,士珕琫而珕珌。"《元詩選初集》卷四四收《憶寶刀歌》:"只今使節猶未回,祇應玉琫生青苔。何時磊落却在手,爲我討賊除氛埃。"

玉壺

玉製之壺形佩飾,由皇帝頒發,寓敬老、表功之意。漢伶元《飛燕外傳》:"后報以雲錦五色帳,沉水香玉壺。"《後漢書·楊賜傳》:"詔賜御府衣一襲,自所服冠幘綬,玉壺革帶,金錯鈎佩。"唐陳子昂《爲建安王謝借馬表》:"玉壺遂臨,叨得駿之賜。"宋蘇軾《減字木蘭花(寓意)》:"雲鬟傾倒,醉倚闌幹風月好。憑仗相扶,誤入仙家碧玉壺。"

玉八仙紋執壺

明代玉八仙紋執壺,通高爲 27 厘米,口徑爲 7.8～6 厘米,足徑爲 8.2～6.5 厘米。青玉材質。壺體呈扁圓形,細頸,闊腹,圈足。蓋鈕鏤雕壽星騎鹿,蓋緣刻一周山字紋。器兩面凸起,其上雕山石、八仙和花草等圖案,口沿處及足部亦刻一周山字紋,夔形柄上刻一鏤雕獸。頸部刻兩首剔地陽紋的草書五言詩,其一爲:"玉斝千巡獻,蟠桃五色勻。年來登鶴算,海屋彩雲生。"末署"長春"。其二爲:"芳宴瑶池熙,祥光紫極纏。仙翁齊慶祝,願壽萬千年。"末署"永年"。山石與花草圖案清朗灑脱,蓋緣、口沿及足部山字紋表現明代藝匠之美學傾嚮。玉壺頸部雕刻兩首草書書寫的五言詩運筆流暢,使此壺在銘文不多的明代玉器中顯得更加珍貴。北京故宮博物院藏。

玉項牌

挂於項上之玉牌。元劉庭信《端正好·金錢問卜》套曲:"穿一套藕絲衣雲錦仙裳,帶一副珠絡索玉項牌。"明賈仲名《金安壽》第四折:"佩雲肩,玉項牌,鳳頭鞋。"明郭勛《雍熙樂府》卷一:"〔么篇〕繫合歡搜帶,掛玲瓏玉項牌。湘裙微露鳳頭鞋。”

玉硯

以玉製作的硯臺。《西京雜記》卷一：“漢制：天子……以玉爲硯，亦取其不冰。”唐代始見玉硯之名。唐貫休《送鄭使君》：“荔枝花下驅千騎，蒼蔔林中禮萬迴。視事蠻奴磨玉硯，邀賓海月射金杯。”沿用至今。《新五代史・吴世家》：“顯德三年，世宗征淮南，下詔撫安楊氏子孫，而李景聞之，遣人盡殺其族。周先鋒都部署劉重進得其玉硯、馬腦碗、翡翠瓶以獻，楊氏遂絶。”元王士點、商企翁《秘書監志》卷五：“裕宗皇帝小時節讀的文書、寫來的字，更使來的一個玉硯、一個風字硯，王贊善收拾著來。”明袁中道《游居柹録》卷一三：“游茅山，山有上宫。下宫在山下……上宫所藏，有玉印、玉圭、玉硯。趙子昂所書《道經》一卷，筆法老而帶媚，舊質之史金吾家，今復還山矣。”《再生緣》第五一回：“少年元宰應聲知，帶住龍駒就賦詩。内侍傍邊呈玉硯，明堂馬上寫烏絲。”

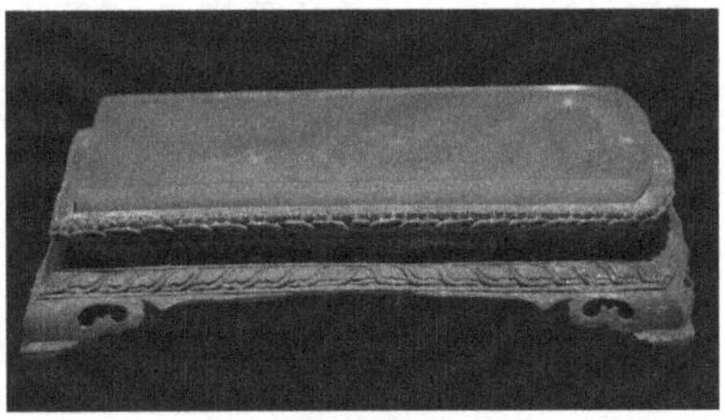

青玉硯
（明魯荒王墓出土）

玉鼎

玉製之鼎。晉崔豹《古今注・都邑》：“漢成帝顧成廟有三玉鼎、二真金爐。”《宋書・符瑞志下》：“晉成帝咸康八年九月廬江春穀縣留珪夜見門内有光，取得玉鼎一枚，外圍四寸。豫州刺史路永以獻。著作郎曹毗上《玉鼎頌》。”明甘澤《題開州御井甘泉》詩：“鎮兵跋扈警中原，十萬王師擁至尊。調膳當年資玉鼎，烹葵此日到蓬門。”清倪濤《六藝之一録・古今書體二・唐字體》：“丞相斯法神慮精深，釵頭屈玉鼎，足垂金。”

玉碗

亦作“玉椀”“玉盌”。玉製之碗，泛指精美之碗。三國魏嵇康《答難養生論》：“李少君識桓公玉椀。”晉葛洪《抱朴子・廣譬》：“無當之玉盌，不如全用之埏埴。”唐李賀《過華清宫》詩：“玉碗盛殘露，銀燈點舊紗。”明何景明《皇陵》詩：“玉碗留天地，金堂照寂寥。”清周亮工《青酒苦澀》詩：“廿年常共酒人游，玉碗光承玉露柔。”

【玉椀】

同“玉碗”。此體三國時期已行用。見該文。

【玉盌】

同“玉碗”。此體晉代已行用。見該文。

玉蜍

玉雕之蟾蜍。唐劉禹錫《唐秀才贈端州紫石硯以詩答之》：“玉蜍吐水霞光静，彩翰摇風絳錦鮮。”宋洪諮夔《貴妃合》詩：“綺疏浸影槐龍轉，繡户浮香艾虎垂。硯冷玉蜍金井水，手抄警戒愛君詩。”元劉永之《寄西峰道士》詩：“棲碧山人兩袂輕，玉蜍盛得露華清。新詩不記人間事，盡寫瑶臺閬苑情。”清陳元龍《文房雜銘・右研山》：“玉蜍一勺涓滴幾許，散作墨花……”

玉鉞

飾玉或玉製之鉞。古代作儀仗或用於殉葬。鉞由複合生產工具帶柄穿孔石斧發展而來，後變成製作精緻之禮器。至商周，爲青銅鉞替代。始見於新石器時代龍山文化。後世沿襲。《新五代史·周臣傳·王樸》："世宗臨其喪，以玉鉞叩地，大慟者四。"清唐甄《潛書·善游》："夏后氏之雕戈，殷人之玉鉞，周人之石鼓，皆寶也。"《白孔六帖》卷六三："經天復東注，以玉鉞叩地，薛收卒，王哭之慟。"《欽定日下舊聞考·元宮室一》："原宣和殿所藏殷玉鉞，長三尺餘，一段美玉、文藻精甚，三代之寶也。後歸於金，今入元，每大朝會必設於外庭。"

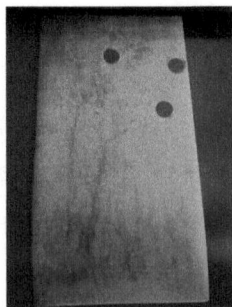

玉鉞
（龍山文化遺址出土）

玉鳳

玉雕之鳳凰。殷墟婦好墓已見出土。北魏楊衒之《洛陽伽藍記·法雲寺》："〔元琛〕造迎風館於後園，窗户之上，列錢青瑣，玉鳳銜鈴，金龍吐佩。"唐李賀《秦王飲酒詩》："花樓玉鳳聲嬌獰，海綃紅文香淺清。"《資治通鑑·梁武帝天監十八年》："河間王琛，每欲與雍爭富，駿馬十餘匹，皆以銀爲槽，窗户之上，玉鳳銜鈴，金龍吐斾。嘗會諸王宴飲，酒器有水精鋒、馬腦碗、赤玉卮，製作精巧，皆中國所無。"宋辛棄疾《清平樂》："春宵睡重，夢裏還相送。枕畔起尋雙玉鳳，半日纔知是夢。"

玉鳳
（婦好墓出土）

玉筯

亦作"玉箸"。玉製筷子之美稱。唐杜甫《野人送朱櫻》詩："金盤玉筯無消息，此日嘗新任轉蓬。"明邵璨《香囊記·榮歸》："〔旦〕一從夫壻赴春闈。幾多心事祇恐老親知。愁不敢垂玉筯。貧不敢皺蛾眉。緣何未收書一紙。忽見關河朔鴈飛。"宋黃庭堅《元明留別》詩："桄榔筍白映玉箸，椰子酒清宜具觴。"清汪懋麟《醉白以杭州韭見餉欣然命酌得詩》："厨娘細斫銀絲膾，老子歡齊玉箸頭。"

【玉箸】

同"玉筯"。此體宋代已行用。見該文。

玉瑱

古人冠冕上垂在兩側以塞耳之玉器。《詩·鄘風·君子偕老》："玉之瑱也，象之揥也。"毛傳："瑱，塞耳也。"《周禮·夏官·弁師》："諸侯之繅斿九就，瑉玉三采，其餘如王之事，繅斿皆就玉瑱玉笄。"鄭玄注："玉瑱，塞耳也。"

玉監

光潔可鑒之玉片。古用爲帶飾。《管子·輕重己》："天子東出其國四十六里而壇，服青而絻青，搢玉笏，帶玉監，朝諸侯卿大夫列士，循於百姓，號曰祭日。"宋岳珂《新荷出水》詩："貼水初翻紫玉團，忽驚矗立傍闌幹。瑶池七日來青鳥，玉監孤奮舞翠鸞。"

玉像

玉雕之像。敬稱神像。《南史·夷貊傳上·南海諸國》："晋義熙初，始遣使獻玉像，經十載乃至。像高四尺二寸，玉色潔潤，形制殊特，殆非人工。"唐王建《題應聖觀》詩："空廊鳥啄花磚縫，小殿蟲緣玉像塵。"《宋史·樂志十五》："金輿玉像下瑶京，彩仗擁霓旌。"元張憲《舉几行》："含章殿前玉像毀，畫輪車發宮門起。"《永樂大典殘卷·十二霰善》："民既還家，具白其事，主親詣瓦棺剖佛滕，得之，感泣，遂造一鍾於清凉寺，以玉像建塔藏於鍾山。"《觀音菩薩傳奇》第三〇回："夷人到此，方知是菩薩的法力，於是再拜哀求，願將從五臺山偷來的觀世音菩薩玉像，留在潮音洞，讓這一方百姓瞻禮。"

玉雕神像

玉膏

亦稱"玉瀝"。玉之脂膏，古代傳説中之仙藥。《山海經·西山經》："丹水出焉……其中多白玉，是有玉膏。其原沸沸湯湯，黄帝是食是饗。"郭璞注引《河圖玉版》："少室山，其上有白玉膏，一服即仙矣。"漢張衡《南都賦》："芝房菌蠢生其隈，玉膏滵溢流其隅。"晋張華《博物志》卷一："名山大川，孔穴相内，和氣所出，則生石脂、玉膏，食之不死。"明無名氏《金雀記·訂婚》詩："天臺有路通蓬島，絶勝裴航碾玉膏。"北周庾信《周譙國公夫人步陸孤氏墓誌銘》："是以天厲之疾，遂成沉痼。玉瀝難開，金膏寶遠。"倪璠注："玉瀝，玉膏也。"

【玉瀝】

即玉膏。此稱南北朝時期已行用。見該文。

玉箱

玉製或玉飾箱子。漢班固《漢武帝内傳》："帝冢中先有一玉箱、一玉杖，此是西胡康渠王所獻。"《陳書·江總姚察傳論》："汲郡、孔堂之書，玉箱金板之文，莫不窮研旨奥，遍探坎井。"唐沈佺期《七夕曝衣篇》詩："曝衣何許曛半黄，宮中彩女提玉箱。"清朱鶴齡《無題》詩："臨妝不禁悲填臆，嫁日羅襦在玉箱。"

玉履

飾玉之鞋。《南史·王僧虔傳》："文惠太子鎮雍州，有盜發古冢者，相傳雲是楚王冢，大獲寶物：玉履、玉屏風、竹簡書、青絲綸。"唐王勃《七夕賦》："悲侵玉履，念起金鈿。"

玉履

玉螭

玉雕之龍，亦指龍形雕飾。螭爲傳説中之無角龍。漢蔡邕《獨斷》："天子璽以玉螭虎紐。"《洞冥記》卷二："昔桀媚妹喜於膝上，以金簪貫玉螭腹爲戲。今螭腹餘金簪穿痕，得非此耶？"宋陸游《又送李舍人赴闕》詩："執簡曾聞侍玉螭，謫仙才調盡推奇。能將苦語康時病，更遣丹誠動主思。"元楊維楨《三閣圖》詩："沈檀雕柱闕玉螭，麗華吹笙彩雲裏。"

玉蟬

玉雕製品名。古人認爲蟬高潔而神奇。《史記·屈原賈生列傳》："蟬蜕於濁穢，以浮游塵埃之外，不獲世之滋垢，皭然泥而不滓者也。"蟬，因出污泥而不染，退殼後飛於高高的樹枝上，且僅食露水，可謂高潔。蟬，既能入土生活亦能出土羽化，可謂重生。故古人皆以蟬之羽化爲喻。亦成復活、重生之代名詞。古人將玉蟬佩於身取其清高、脫俗，復活、重生之意。玉蟬分三種。佩蟬，頭部有對鑽而成的象鼻眼，用於穿繩便於佩戴；冠蟬，用於冠飾，於腹部穿孔，以綫固定於冠上；含蟬，體積較小，用於喪葬，放入死人口中（詳見本章“含玉”）。玉蟬最早見於新石器時代。1969 年内蒙古赤峰林西白音長漢新石器時代遺址出土一青玉蟬，造型古樸，長 3.2 厘米，寬 1.8 厘米。至商周時，玉蟬多爲石質，雕刻粗放。頭、眼較大，身翼窄小成細長倒梯形，以陰綫條刻劃身體部位，頭部有孔，可穿繩。主要用於日常佩戴。漢代玉蟬多用新疆白玉、青玉雕成；蟬身正菱形，頭、翼、腹以粗陰綫條刻劃，蟬背部雙翼對稱如肺葉狀，造型規整，綫條簡潔；表面平滑明亮，邊沿棱角鋒利，翅尖幾可刺手，素有“漢八刀”之稱。南北朝時期，由於戰亂，玉料難得，玉蟬多用滑石刻成，細部采用寫實手法，比漢玉蟬更爲逼真。東晋之後，玉蟬幾乎絕迹。宋代仿古之風盛行，仿古玉蟬大量涌現。明代，玉蟬多用粉皮青玉製作，有圓身玉蟬和薄片玉蟬兩種。玉蟬紋飾綫雕刻得較粗較深，其雙翅較薄，腹部稍厚，翅膀處有無數小圓點以及脉紋，腿部以陰綫刻畫許多細小腿毛，玉蟬背面采用單撤刀法，使兩翅與腹部分開，兩翼張開，腹部凸起，自頸下刻皮紋。清代玉蟬多用高檔玉雕成，寫真手法與仿古紋飾同用，紋飾分布稀疏明朗，多用陽紋綫雕刻。宋李昉《太平廣記》卷二七四引《閩川名士傳》：“宿約始乖阻，彼憂已纏綿。高髻若黃鸝，危鬟如玉蟬。纖手自整理，剪刀斷其根。柔情托侍

兒，爲我遺所歡。”《明史・輿服志三》：“文武官朝服：洪武二十六年定，凡大祀慶成、正旦、冬至、聖節及頒詔，開讀進表、傳制，俱用梁冠……前後玉蟬。”《四明續志・登延慶佛閣用出郊韻》：“吐吞湖海酙金兒，批判煙雲揮玉蟬。此客坐中應不欠，逢場何惜一謦然。”《格致鏡原》卷一三引《事物紺珠》：“國朝公冠：八梁加籠巾，貂蟬立筆，五折四柱，香草五段，前後用玉蟬。”徐珂《清稗類鈔・豪侈類》：“玉琵琶者，不知何許人，道、咸間人也，居武進、無錫間，人皆稱爲老技師，生徒遍大江南北。所居爲巨宅……平居盛容飾，玉蟬貂錦，狀類金張子弟。”

冠蟬

玉蟬之一種。《漢書・江充傳》：“初，充召見犬臺宮，自請願以所常被服冠見上。上許之。充衣紗縠襌衣，曲裾後垂交輸，冠禪纚步搖，冠飛翮之纓。”顏師古注引服虔曰：“冠禪纚，故行步則搖。以鳥羽作纓也。”又引臣瓚曰：“飛翮之纓謂如蟬翼者也。”宋吳儆《浮丘仙賦》：“俄有冰姿瑩潔，玉質清朦，冠蟬冕佩，瓊琚而出者。”宋孫覿《張全真大資四老堂》：“張公世忠孝，七葉冠蟬聯。翹翹麟一角，濯濯蕙九畹。”清和邦額《夜譚隨録》卷一：“夫冠者所以壯其首，服者所以章其身。故冠鷹以觸邪也，冠蟬以潔操也；衣豹示服猛也，襲貂昭美德也；志道則佩環也，修德則佩琨也；玦以決疑，觿以解紛也。所以見其佩而知其能也。”

含蟬

玉蟬之一種。宋黃魯直《乞貓》詩：“秋來鼠輩欺貓死，窺甕翻盆攪夜眠。聞道狸奴將數子，買魚穿柳聘含蟬。”元陸友仁《研北雜志》

卷下："畢少董命所居之室曰'死軒'。凡所服用皆上古壙中之物，玉如彼含蟬是也。"

玉龍

龍形玉雕。内蒙古自治區翁牛特旗三星他拉遺址曾出土一枚新石器時代紅山文化玉龍。唐段成式《酉陽雜俎·物異》："梁大同八年，戌主楊光欣獲玉龍一枚，長一尺二寸，高五寸，雕鏤精妙，不似人作。"元喬吉《水仙子·廉香林南園即事》曲："玉龍筆架，銅雀硯瓦，金鳳箋花。"清黄一周等《續資治通鑑長編拾補》卷五〇："《靖康要録》曰：宣和七年十二月，皇太子除開封牧。二十日，差内侍梁邦彦、黄僅押賜皇太子碾玉龍束帶一條，不許辭免。"

玉簡

羲皇授予大禹之玉尺。晋王嘉《拾遺記·夏禹》："又見一神，蛇身人面，禹因與語。即示禹八卦之圖……乃探玉簡授禹，長一尺二寸，以合十二時之數，使量度天地。禹即持此簡，以平定水土。……蛇身之神，即羲皇也。"亦指刻寫着文字的簡册。清秦蕙田《五禮通考》卷一一："《禮儀志》：廣德二年正月十六日，禮儀使杜鴻漸奏：'郊太廟大禮，其祝文自今已後，請依唐禮，板上墨書，其玉簡金字者，一切停廢。如允臣所奏，望編爲常式。'敕曰：'宜行用竹簡。'"

玉牘

玉簡。《太平御覽》卷八〇六引《河圖天靈》曰："'趙王政以白璧沉河者，有一黑公從河出'謂政曰：'祖龍來，天寶開，中有二玉牘也。'"宋王溥《唐會要·封禪》："玉牘靈文，飛英華於萬古；金繩秘檢，騰清輝於八埏。"《清實録》光緒二十四年十月："怡親王溥静等、盛京將軍依克唐阿等各奏、遵藏玉牘禮成。均得旨、敬悉。"

玉瓖

馬肚帶之玉玦。《文選·張衡〈東京賦〉》："方釳左纛，鈎膺玉瓖。"薛綜注："瓖，馬帶玦，以玉飾也。"《晋書·輿服志》："五路皆有錫鸞之飾，和鈴之響，鈎膺玉瓖。鈎膺，即繁纓也。瓖，馬帶玦名也。"

曲瓊

玉鈎。瓊，美玉。《楚辭·招魂》："砥室翠翹，掛曲瓊些。"王逸注："曲瓊，玉鈎也。"唐温庭筠《咏寒宵》詩："曲瓊垂翡翠，斜月到罘罳。"《二十年目睹之怪現狀》第二五回："曲瓊猶記楚人詞，落日偏宜子美詩。"

冰壺

盛冰之玉壺。常用以比喻品德清白廉潔。《文選·鮑照〈白頭吟〉》詩："直如朱絲繩，清如玉壺冰。"李周翰注："玉壺冰，取其絜净也。"唐姚崇《冰壺誡序》："冰壺者，清潔之至也。君子對之，示不忘乎清也……内懷冰清，外涵玉潤，此君子冰壺之德也。"明孫梅錫《琴心記·王孫作醵》："官况托冰壺，友誼敦芳醑，數載夢中孤，今日樽前聚。"清陳夢雷《贈秘書覺道弘五十韻》："霜鍔揚輝耀，冰壺濯晶瑩。"

青琱

玉石雕刻之青龍。《後漢書·張衡傳》："左青琱以揳芝兮，右素威以司鉦。"李賢注："青琱，青文龍也。"明任廣《書叙指南·毛群衆獸》卷一四："龍曰異物之神，青文龍曰青琱。"清厲鶚《漢銅龍虎鹿盧鐙歌爲敬身作》："盂底鏤文出良手，青琱素威分左右。"按，素威指白虎。

玨

玉製弁飾。《左傳・僖公二十八年》："楚子玉自爲瓊弁玉纓。"唐陸德明《經典釋文》："弁,本又作玨。"

玦

亦作"璚"。亦稱"玦佩"。古時佩戴之玉器。環形,有缺口。"玦""決"同音,常表示決斷、決絕之象徵物。《説文・玉部》:"玦,玉佩也。"《集韻・入屑》:"玦,《説文》:'玉佩也。'或作璚。"璚,同"玦"。《左傳・閔公二年》:"公與石祁子玦,與寧莊子矢,使守。"杜預注:"玦,示以當決斷;矢,示以禦難。"《荀子・大略》:"聘人以珪,問士以璧,召人以瑗,絶人以玦,反絶以環。"《史記・項羽本紀》:"范增數目項王,舉所佩玉玦以示之者三,項王默然不應。"《北齊書・樂陵王百年傳》:"帝乃發怒,使召百年。百年被召,自知不免,割帶玦留與妃斛律氏。"明何景明《雜言》:"古人奉德則報以佩,恩返則報以環,恩絶則報以玦。"漢劉向《説苑・貴德》:"鄭子產死,鄭人丈夫舍玦佩,婦人舍珠珥,夫婦巷哭三月,不聞竽瑟之聲。"

玦
(清吳大澂《古玉圖考》)

【璚】

同"玦"。此體宋代已行用。見該文。

【玦佩】

即玦。此稱漢代已行用。見該文。

佩玉

佩飾之玉。《大戴禮記・保傳》:"下車以佩玉爲度。"唐白居易《醉後走筆酬劉五主簿》詩:"蹇步何堪鳴佩玉,衰容不稱著朝衣。"金元好問《范文正公真贊》:"朱衣玄冠,佩玉舒徐。"清戴啓偉《嘯月樓印賞》:"古制,官私印率用銅質,間有玉者,取君子佩玉之意,有用金、銀、鐵者,以分品級。"

戰國水晶瑪瑙串飾

佩瑱

玉佩。《藝文類聚》卷四四引漢韓嬰《韓詩外傳》卷一:"孔子南游適楚,至於阿谷之隧,有處子佩瑱而浣者。孔子曰彼婦人其可與言矣乎!……"《記纂淵海》卷一八引《輿地紀勝》:"阿谷水在濟陰郡東。孔子至此,見處子佩瑱是也。"清龔自珍《祭程大理同文於城西古寺而哭之》詩:"閨中名德絶天下,鳴琴説詩鏘佩瑱。"

佩璫

耳環。亦泛指玉佩。唐李賀《李夫人歌》:"紅璧闌珊懸佩璫,歌臺小妓遥相望。"王琦匯解:"佩璫,所佩之玉璫也。"前蜀魏承班《菩薩蠻》詞:"宴罷入蘭房,邀人解佩璫。"元周巽《梅花》詩:"花底群仙搖佩璫,神凝太素美清揚。"明何景明《白菊賦》:"驂連蜷兮鸞鶴,服陸離兮佩璫。"

服玉

亦稱"冠佩"。冠飾之玉。《周禮・天官・玉府》:"共王之服玉、佩玉、珠玉。"鄭玄注引鄭司農曰："服玉，冠飾十二玉。"孫詒讓正義："《弁師》又有玉笄、玉瑱，當亦在服玉之內。先鄭不言者，文不具。又《月令》春服蒼玉……後鄭注彼云：'凡所服玉，謂冠飾及所佩之衡璜也。'"南朝梁江淹《雜體詩·效魏文帝〈游宴〉》："月出照園中，冠佩相追隨。"宋蘇轍《次韻姚道人》詩："他年解冠佩，共游無邊疆。"

【冠佩】

即服玉。此稱南北朝時期已行用。見該文。

珞

瓔珞，以珠玉穿成之裝飾物。多用作頸飾。《玉篇·玉部》："珞，瓔珞，頸飾也。"《南史·夷貊傳上·林邑國》："其王者著法服，加瓔珞，如佛像之飾。"清康有爲《乙未出都作》詩："竟將瓔珞親貧子，故入泥犁救重囚。"徐遲《直薄峨眉金頂記》："金身，披紅袈裟，胸前佩紅瓔珞。"

珩[1]

佩玉形狀像磬之橫玉。亦泛指佩玉。《説文·玉部》："珩，佩上有玉也。"《詩·小雅·采芑》："服其命服，朱芾斯皇，有瑲蔥珩。"《國語·晋語二》："黃金四十鎰，白玉之珩六雙，不敢當公子，請納之左右。"韋昭注："珩，佩上飾也。珩形似磬而小。"《後漢書·張衡傳》："辮貞亮以爲鞶兮，雜伎藝以爲珩。"李賢注："珩，佩玉也。"《梁書·皇后傳·高祖丁貴嬪》："狄綴采珩，佩動雅音。"元劉瑾《詩傳通釋·詩·朱子集傳》："珩，佩首橫玉也。"

琉耳

亦作"充耳"。古代冠冕兩旁下垂至耳之玉飾。《晏子春秋·外篇上九》："冕前有旒，惡多所見也；纊紞琉耳，惡多所聞也。"《詩·衛風·旄丘》："瞻彼淇奧，綠竹青青。有匪君子，充耳琇瑩，會弁如星。"《詩·齊風·著》："俟我於著乎而，充耳以素乎而，尚之以瓊華乎而。俟我於庭乎而，充耳以青乎而，尚之以瓊瑩乎而。俟我於堂乎而，充耳以黃乎而，尚之以瓊英乎而。"明王志長《周禮注疏删翼》卷二一："齊詩言：'充耳以素，以青以黃，尚之以瓊華，瓊瑩瓊英。'則瑱不特施於男子也，婦人亦有之；不特施於冕也，弁亦有之。故《詩》言'充耳琇瑩'，繼之以'會弁如星'。"

璊玉充耳
（宋龍大淵《古玉圖譜》）

【充耳】

同"琉耳"。此稱先秦時期已行用。見該文。

連瑣

玉製小連環，動則聲音清澈而細碎。唐陸龜蒙《采藥賦》："蘭在口以時聞，嬌如連瑣；蕙牽心而不定，飄若懸旌。"《漢書·元后傳》："曲陽侯〔劉〕根驕奢僭上，赤墀青瑣。"顏師古注："青瑣者，刻爲連環文而青塗之也。"宋蘇軾《宋叔達家聽琵琶》詩："新曲翻從玉連瑣，舊聲終愛鬱輪袍。"金劉迎《聞邱丈晚集慶壽作詩戲之》："桃李欲開風雨多，花時猶得屢經過。緩聽一曲玉連瑣，滿泛十分金卷荷。"

帶佩

腰帶之佩飾。《後漢書·禮儀志上》："最後親陵，遣計吏，賜之帶佩。"漢徐幹《中論·修本》："上懸乎冠緌，下繫乎帶佩。"《濟公全傳》第七回："藍緞宮裙揑百褶，褶下微露小金蓮，蓮花褲腿鴛鴦帶，帶佩香珠顏色鮮。"

球琲

玉串。宋洪邁《夷堅己志‧周麩面》："平江城北民周氏，本以貨麩麵爲生業。……父痛子不得其死，舉尸火化。送者見灰爐中光彩焯發如球琲，就而視之，皆舍利也。"

琚

佩玉，繫於珩和璜之間。《説文‧玉部》："琚，瓊琚。"《廣韻‧平魚》："琚，玉名。"《字彙‧玉部》："琚，佩玉名。"《詩‧衛風‧木瓜》："投我以木瓜，報之以瓊琚。"毛傳："琚，佩玉名。"三國魏曹植《洛神賦》："披羅衣之璀粲兮，珥瑶碧之華琚。"一説，次玉之石。《大戴禮記‧保傅》："琚瑀以雜之。"盧辯注："或曰：瑀，美玉；琚，石，次玉。"

璏

佩刀鞘上近口處之飾物。《説文‧玉部》："璏，佩刀上飾。天子以玉，諸侯以金。"《詩‧小雅‧瞻彼洛矣》："君子至止，鞞琫有珌。"毛傳："鞞，容刀鞞也；琫，上飾；珌，下飾也。"唐陸德明《經典釋文》："璏……佩刀削上飾。"

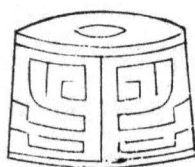

璏
（元朱德潤《古玉圖》）

琛幣

玉帛。晉左思《魏都賦》："賓嚌積墆，琛幣充牣。"呂向注："珠玉曰琛，布帛曰幣。"宋蔡肇《秋日同文館》詩："琛幣來重譯，車書想舊題。"明王世貞《皇明盛事述》卷一："〔成祖文皇帝〕即位之後，四征北虜，三下南交，舟車之地，無間大小遠邇，悉奉琛幣，若榜葛剌、

滿剌加、忽魯謨斯等處，新受朝命爲王者殆三十國。"

紫玉函

紫玉製作的匣子。《太平御覽》卷六七三引《大有經》："帝卿執大洞真經，盛以紫玉函。"明高濂《遵生八牋‧論古玉器》："如古之異玉器具：如寒玉魚、溫玉棋子……玉甕、紫玉函，此皆天地間秘寶。"又《叙古諸品寶玩》："仙家有三寶：有碧瑶杯、紅蕤枕、紫玉函。"參見唐張讀《宣室志》卷六。

象環

古玉器名。刻紋飾之玉環。《禮記‧玉藻》："孔子佩象環五寸而綦組綬。"鄭玄注："象，有文理者也。"孔穎達疏："佩象環者，象牙有文理，言己有文章也；而爲環者，示己文教所迴圈無窮也。"唐李商隱《端午日上所知劍啓》："廁玉玦於君侯，擬象環於夫子。"

鳴球

玉磬。《書‧益稷》："戛擊鳴球，搏拊琴瑟。"孔傳："球，玉磬。"孔穎達疏："《釋器》云：球，玉也。鳴球謂擊球使鳴。樂器唯磬用玉，故球爲玉磬。"宋范成大《玉華樓夜醮》詩："知我萬里遥相投，暗蜩奏樂鏘鳴球。"明劉基《遣興》詩："艷艷霜林張綺繢，玎玎風葉落鳴球。"

圓玦

圓形玉玦。南朝宋江淹《學梁王兔園賦》："白沙如積雪者焉，碧石如圓玦者焉。"清魏源《古微堂詩集》卷七："汝言桂樹修玉斧，誰知大地河山影萬古。汝言三五有盈缺，誰知四大海水如圓玦。"

碧玉壺

省稱"碧壺"。《後漢書·方術傳下》載："長房爲市掾，見一老翁賣藥，懸一壺於肆頭。市罷，即跳入壺中。長房因詣翁，翁與俱入壺中，見玉堂莊嚴華麗，美酒嘉肴充盈其中，相與飲畢而出。"後因以"碧玉壺"指仙境。宋蘇軾《刁景純席上和謝生》詩："誤入仙人碧玉壺，一歡那復問親疏。"元王惲《仙游曲五絕》詩："金簡朝元擁玉華，碧壺香滿謫仙家。"

【碧壺】

"碧玉壺"之省稱。此稱元代已行用。見該文。

璜佩

泛指玉佩。唐韓愈《赴江陵途中寄贈三學士》詩："班行再肅穆，璜佩鳴琅璆。"清黃遵憲《和周朗山見贈之作》："文不璜佩鳴琅璆，武不龍虎張旌斿。"1977年安徽長豐柳公鄉二號墓出土有戰國玉鏤雕雙鳳式璜，長13.7厘米，高6.2厘米，厚0.3厘米。璜玉色暗青，表面帶沁斑，有較亮玻璃光澤。此璜呈扇面形，較薄，邊緣處呈凹凸齒狀。兩面形式與雕紋一致，表面鋪飾穀紋，穀粒呈菱面狀，微微凸起，穀紋之間有六處捲雲紋，形狀與鳳尾相近。璜頂鏤雕一對相背之鳳，細身長尾，尾端粗且回捲，同鳳首相對，鳳身局部有較多鏤孔，可穿繩繫

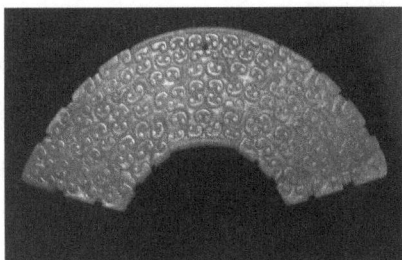

戰國早期玉璜
（湖北隨縣曾侯乙墓出土）

挂。戰國時，璜爲玉組佩重要元件之一，用作佩玉的璜均製作精緻，除表面花紋之外，許多玉璜特意增加裝飾。目前已知的戰國玉璜中，此件玉璜表面雲紋和頂部雙鳳飾紋很少見到。

衡

通"珩"。佩玉上部之橫杠，用以繫璜和衝牙。《管子·輕重乙》："寡人之國，五分而不能操其二，是有萬乘之號而無千乘之用也，以是與天子提衡争秩於諸侯，爲之有道乎？"馬非百新詮："'衡'亦有作'珩'者……張之象釋之云：'提，舉也。珩，佩玉也，所以飾行止也。行止之飾相同，故可以互相平行。'"《大戴禮記·保傅》："下車以佩玉爲度，上有雙衡，下有雙璜、衝牙，珷珠以納其間，琚瑀以雜之。"

【珩】[2]

亦作"衡"。此體先秦時期已行用。見該文。

瑞

玉質瓦當。屋椽頭之裝飾。《説文新附·玉部》："瑞，華飾也。"《史記·司馬相如列傳》："華榱璧瑞，輦道纚屬。"司馬貞索隱："韋昭曰：'裁玉爲璧，以當榱頭。'司馬彪曰：'以璧爲瓦之當。'"

霜管

玉管。南朝齊王融《奉辭鎮西應教》詩："風旗縈別浦，霜管迥遙洲。"宋陸游《自警》詩："飲澗齧霜管，亦可數年活。勿復思長途，嘶鳴望天末。"明劉嵩《寄答劉仲修》詩："著書已辨魚蟲古，覽德猶嗟鳳鳥遲。喜得新詩千遍讀，夜寒霜管不勝吹。"

龍輔

盛龍節之玉函。《左傳·昭公二十九年》：

"公賜公衍羔裘，使獻龍輔於齊侯。"杜預注："龍輔，玉名。"孔穎達疏："《周禮》：'使澤國用龍節，皆金也。'以英蕩輔之。杜子春云：蕩謂以函器盛此節，謂鑄金爲龍，以玉爲函，輔盛龍節，謂之龍輔，此獻函不獻節，故直云獻龍輔。玄卿云：盛龍節之玉函耳。"

環

亦稱"玴"。邊玉寬度和中孔直徑相等之玉器。《左傳·昭公十六年》："宣子有環，其一在鄭商。"王國維《觀堂集林·說環玦》："余讀《春秋左氏傳》'宣子有環，其一在鄭商'，知環非一玉所成。歲在己未，見上虞羅氏所藏古玉一，共三片，每片上侈下斂，合三而成規。片之兩邊各有一孔，古蓋以物繫之。余謂此即古之環也……後世日趨簡易，環與玦皆以一玉爲之，遂失其制。"宋高承《事物紀原·衣裘帶服·環》："《瑞應圖》曰：'黃帝時，西王母獻白環，舜時又獻之。'則環當出於此。"《玉篇·玉部》："玴，玉玴也。"《集韻·去線》："玴，玉環。"

西周玉環
（四川成都金沙遺址出土）

西周玉環
（四川成都金沙遺址出土）

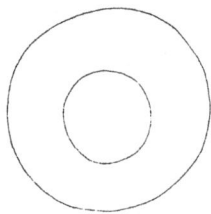

環
（清吳大澂《古玉圖考》）

【玴】

即環。此稱南北朝時期已行用。見該文。

環玦

玉環和玉玦，并爲佩玉。《漢書·雋不疑傳》："不疑冠進賢冠，帶櫑具劍，佩環玦，襃衣博帶，盛服至門上謁。"顏師古注："環，玉環也。玦即玉佩之玦也。帶環而又著玉佩也。"宋蘇軾《虎跑泉》詩："至今游人灌濯罷，臥聽空階環玦響。"清唐孫華《溪邊步月》詩："嗚咽笙簫別院曲，鏘鳴環玦過橋泉。"

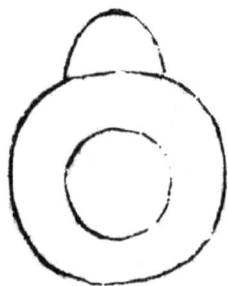

玉環玦
（明王圻等《三才圖會》）

環佩

古人所繫佩玉。後多指女子所佩之玉飾。《禮記·經解》："行步則有環佩之聲，升車則有鸞和之音。"鄭玄注："環佩，佩環、佩玉也。"《史記·孔子世家》："夫人自帷中再拜，環佩玉聲璆然。"唐韓愈《華山女》詩："抽釵脫釧解環佩，堆金疊玉光青熒。"《花月痕》第五二回："萬點秋光上畫屏，隔花環佩響東丁。"蘇曼殊《吳門依易生韻》詩："月華如水浸瑤階，環佩聲聲猶夢懷。"

叢玉

古時測風所用。以玉石爲之，懸於檐下，風吹動則相觸成聲。後改用銅鐵，稱"鐵馬"。一說叢玉指竹。唐李賀《有所思》詩："鴉鴉向曉鳴森木，風過池塘響叢玉。"宋強至《依韻奉和經略司徒侍中寒食後池詩》："曉竹洗煙叢玉瘦，春池濺雨亂珠圓。"明李賢等《明一統志·饒州府》："洪巖蓊蔥，叢玉森秀。"宋楊由義《吊王忠肅》詩："太原城下屹行宮，雲樹龍蔥掩碧空。鐵馬無聲汾水急，滿天風雨泣英雄。"清御定曲譜《梨花兒》："愁聽鐵馬丁當韻。"

雙珩

置於佩玉上之物。《新書·容經》："鳴玉者，佩玉也，上有雙珩。"《格致鏡源》卷一七："魚豢《魏略》：有雙璜、雙珩、琚瑀、衝牙、琨珠爲佩者。"清毛奇齡《陳法曹妓席觀藝蘭作》詩："古人貴紉佩，比之雙珩牙。"

雙璧

亦稱"聯璧""璧麗"。并列之美玉。喻兩者可相媲美。晉傅玄《乘輿馬賦》："高顛懸日，雙璧象月。"南朝梁劉孝標《廣絕交論》："日月聯璧，贊亶亶之弘致。"南朝梁劉勰《文心雕龍·時序》："岳湛曜聯璧之華，機雲標二俊之采。"《周書·韋孝寬傳》："以功除浙陽郡守。時獨孤信爲新野郡守，司荊州，與孝寬情好款密，政術俱美，荊部吏人號爲聯璧。"唐盧照鄰《中和樂九章·歌登封》："山稱萬歲，河慶千年。金繩永結，璧麗長懸。"

【聯璧】

即雙璧。此稱南北朝時期已行用。見該文。

【璧麗】

即雙璧。此稱唐代已行用。見該文。

雜佩

連綴在一起的各種佩玉。《詩·鄭風·女曰鷄鳴》："知子之來之，雜佩以贈之。"毛傳："雜佩者，珩、璜、琚、瑀、衝牙之類。"一說指佩玉的中綴，即琚瑀。明王夫之《詩經稗疏·鄭風》："下垂者爲垂佩，中綴者爲雜佩。

雜之爲言間于其中也。則雜佩者專指琚瑀而言。"《詩·鄭風·有女同車》："佩玉瓊琚。"毛傳："佩有琚瑀，所以納間。"《大戴禮記·保傅》："上車以和鸞爲節，下車以佩玉爲度，上有雙衡，下有雙璜，衝牙批珠，以納其間，琚瑀以雜之。"盧辯注："總曰批珠，而赤者曰琚，白者曰瑀。或曰：瑀，美玉；琚，石，次玉。"孔廣森補注："衡璜衝牙，佩之大名，其中仍雜貫他玉。"元劉詵《賀張尚德憲郎》詩："銛鋩幹莫鋒，温潤琚瑀佩。"一說以珩璜指雜佩。唐陸德明《經典釋文》："珩音衡，佩上玉也；璜音黃，半璧曰璜。"北周庾信《周安昌公夫人鄭氏墓誌銘》："珩璜節步，藻火文衣。"宋蘇轍《西掖告詞·曾祖母李氏燕國》："珩璜之節，動必以時。"清惠士奇《除夕寫懷二章》詩："匔匔偕先後，雜佩鳴珩璜。"

【琚瑀】

即雜佩。此稱先秦時期已行用。見該文。

【珩璜】

即雜佩。此稱南北朝時期已行用。見該文。

瓊舟

玉製之托盤。亦借指酒器。宋蘇軾《玉盤盂》詩："但持白酒勸嘉客，直待瓊舟覆玉蠡。"宋張孝祥《醜奴兒》詞："主人白玉堂中老，曾侍凝旒。滿酌瓊舟，即上羲皇香案頭。"金趙秉文《滿庭芳·遺山樂府中附以上周泳先輯》詞："盡揭紗籠護日，容光動、玉斝瓊舟。"元高明《琵琶記·杏園春宴》："瓊舟銀海，翻動酒鱗紅，一飲盡教空。"

瓊佩

玉製之佩飾。《楚辭·離騷》："何瓊佩之偃蹇兮，衆薆然而蔽之。"晉陸機《日出東南隅行》詩："金雀垂藻翹，瓊佩結瑤璠。"唐韋應物《龍頭山神女歌》詩："陰深靈氣静凝美，的礫龍綃雜瓊佩。"清黃驚來《馮公澤先生招看紅梅漫成長句》詩："又疑帝子列華宴，霞裾瓊佩光參錯。"

瓊琚

美玉佩飾。《詩・衛風・木瓜》："投我以木瓜，報之以瓊琚。"毛傳："瓊，玉之美者。琚，佩玉名。"孔穎達疏："瓊琚，琚是玉名，則瓊非玉名，故云瓊，玉之美者，言瓊是玉之美名，非玉名也。"

寶玦

珍貴之佩玉。三國魏曹丕《又與鍾繇書》："鄴騎既到，寶玦初至。"南朝梁簡文帝《金錞賦》："豈寶玦之爲貴，非瑚璉之可欽。"唐杜甫《哀王孫》詩："腰下寶玦青珊瑚，可憐王孫泣路隅。"元趙孟頫《趙子昂春遊圖》題款："目送金丸落飛羽，白頭烏啄延秋門。漁陽塵起天地昏，珊瑚寶玦散原野。"明王燧《題趙松雪畫》詩："自從玉馬去朝周，雲散花飛幾度秋。寶玦玉還零落後，吳興留得晉風流。"

寶玦
（宋龍大淵《古玉圖譜》）

寶鏤

指珠玉金銀雕製之工藝品。《宋書・陸徽傳》："歷宰金山，家無寶鏤之飾；連組珠海，室靡璫珥之珍。"《宋史・樂志十四》："寶鏤精鏐，冊鏤華玉。"《冊府元龜》卷九六〇："〔婆利國〕王戴花冠形如皮弁……侍女有金花寶鏤之飾，或持白旄拂孔雀扇。"

五玉

亦稱"五瑞"。古代諸侯作符信用之五種玉。即璜、璧、璋、珪、琮。《書・舜典》："修五禮、五玉、三帛、二生、一死、贄。"孔傳："修吉凶賓軍嘉之禮，五等諸侯執其玉。"孔穎達疏："此云五玉即上文五瑞，故知五等諸侯執其玉也。"漢班固《白虎通義・文質》："五玉者各何施？蓋以爲璜以徵召，璧以聘問，璋以發兵，珪以質信，琮以起土功之事也。"《書・舜典》："輯五瑞，既月，乃日覲四岳羣牧，班瑞於羣后。"孔穎達疏："《周禮・典瑞》云：'公執桓圭，侯執信圭，伯執躬圭，子執穀璧，男執蒲璧。'是圭璧爲五等之瑞，諸侯執之以爲王者瑞信，故稱瑞也。"漢班固《白虎通義・文質》："何謂五瑞？謂珪、璧、琮、璜、璋也……五玉者各何施？蓋以爲璜以徵召，璧以聘問，璋以發兵，珪以質信，琮以起土功之事。"宋蘇軾《洗玉池銘》："秦漢以還，龜玉道熄。六器僅存，五瑞莫輯。"

【五瑞】

即五玉。此稱先秦時期已行用。見該文。

介圭

亦作"介珪"。大圭。圭，上尖下方之玉版。《書・顧命》："太保承介圭。"孔傳："大圭尺二寸，天子守之。"《詩・大雅・崧高》："錫爾介圭，以作爾寶。"鄭玄箋："圭長尺二寸謂之介。非諸侯之圭。"《後漢書・張衡

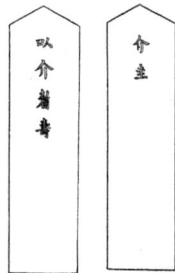

介圭
（宋龍大淵《古玉圖譜》）

傳》："服袞而朝，介圭作瑞。"唐皎然《贈李中丞洪》詩："地裂大將封，家傳介珪瑞。"宋王安石《賀慶州杜待制啓》："韓侯獻功，即介圭而入覲。"

【介珪】

同"介圭"。此體唐代已行用。見該文。

尺璧

直徑一尺之璧玉。言其珍貴。《淮南子·原道訓》："聖人不貴尺之璧而重寸之陰，時難得而易失也。"三國魏曹丕《典論·論文》："則古人賤尺璧而重寸陰，懼乎時之過已。"五代王定保《唐摭言·表薦及第》："於菟獵食，非求尺璧之珍；鷄鶋避風，不望洪鐘之樂。"宋周密《武林舊事》卷三："玉山寶帶，尺璧寸珠，璀璨奪目，而天驥龍媒，絨韉寶鞚，競賞神駿。"清車萬育《聲律啓蒙》下卷："書生惜壯歲時光，寸陰尺璧；遊子愛良宵風景，一刻千金。"

六器

祭享天地四方之六種玉器。即蒼璧、黃琮、青圭、赤璋、白琥、玄璜。《周禮·春官·大宗伯》："以玉作六器，以禮天地四方：以蒼璧禮天，以黃琮禮地，以青圭禮東方，以赤璋禮南方，以白琥禮西方，以玄璜禮北方。"鄭玄注："禮神者必象其類：璧圜象天；琮八方象地；圭銳象春物初生；半圭曰璋，象夏物半死；琥猛象秋嚴；半璧曰璜，象冬閉藏，地上無物，唯天半見。"宋蘇軾《洗玉池銘》："秦漢以還，龜玉道熄，六器僅存，五瑞莫輯。"

玉圭

亦作"玉珪"。古代帝王、諸侯朝聘或祭祀時所持之玉器。三國魏曹植《辨道論》："瓊蕊玉華，不若玉圭之潔也。"宋周密《癸辛雜識·別集·升遷玉圭》載，"國朝典故：凡人主升遷，玉帶則取之霍山，玉圭則取之文宣王，向後復送還之。"《後漢書·禮儀志》："玉珪長尺四寸。"《後漢書·張衡傳》："僞稱洞視玉版。"李賢注引《遁甲開山圖》："禹遊於東海，得玉珪，碧色，長一尺二寸，圓如日月，以自照，自達幽冥。"

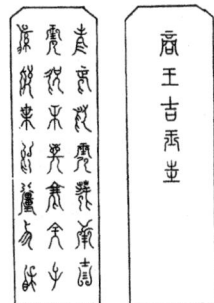

玉圭
（宋龍大淵《古玉圖譜》）

【玉珪】

同"玉圭"。此體漢代已行用。見該文。

玉哀册

亦稱"哀册"。古代帝王死後，遣葬日舉行"遣奠"時最後一篇祭文刻於册上，埋入陵中，稱爲哀册。前蜀永陵和南唐兩陵中之哀册，皆作玉石策册之開頭。故名玉哀册。《晉書·王珣傳》："珣夢人以大筆如椽與之，既覺，語人云：'此當有大手筆事。'俄而帝崩，哀册、諡議皆珣所草。"清徐乾學《讀禮通考》卷六八："少府監設讀哀册。"蘇洪泉《千古一奇南唐二陵》（《江南時報》2005年03月13日第十五版）："古代帝王死後下葬時，一般將祭文刻在竹、木或石片上，放在死者的棺木中，以證明墓主人的身份，叫'哀册'。而刻有文字的玉片，是用金絲串起來，稱爲'玉哀册'，更爲珍貴。"北京市豐臺區王佐鄉唐代史思明墓出土唐代玉哀册。長28.4～28.6厘米，寬2.8～3.2厘米，厚1.4厘米。漢白玉質地，共出土四十四枚，殘斷較嚴重，僅八枚完整。玉册形制規整，上下兩端 1.5 厘米處均有直徑 0.3 厘米小孔，借此相互連綴，每枚玉册皆陰刻行書體文字，字口內填金，七枚玉册背面極淺細刻劃“哀”字，一枚玉册背面有磨痕，僅可辨認一“七”字。現藏於北京市文物研究所。

【哀册】

即玉哀册。此稱晋代已行用。見該文。

玉柙

喪葬時用以裝斂死者腰部以下部位之玉製器物。《漢書·董賢傳》：“及至東園秘器、珠襦、玉柙，豫以賜賢，無不備具。”顏師古曰：“東園，署名也。《漢舊儀》云，東園秘器，作棺梓素木長二丈、崇廣四尺，珠襦以珠爲襦，如鎧狀連縫之，以黃金爲鏤，要以下玉爲柙至足，亦縫以黃金爲鏤。”清徐乾學《讀禮通考》卷六八：“守宮令兼東園匠將女執事黃綿、緹繒、金縷、玉柙，如故事。飯含珠玉如禮。”又卷九五：“漢舊儀，帝崩，含以珠；纏以緹繒十二重；以玉爲襦如鎧狀，連縫之；以黃金爲縷；腰以下以玉爲紮，長一尺二寸半爲柙，下至足，亦縫以黃金縷。”亦泛指玉製裝書的盒子。《藝文類聚》卷七八《梁簡文帝招真館碑》：“書藏玉柙，藥蘊銀筒。”

玉符

玉製信物。《史記·吕不韋列傳》：“安國君許之，乃與夫人刻玉符，約以爲適嗣。”宋趙抃《次韻程給事寓越廨宇有懷》：“言念玉符分鎮日，却思瓊苑拜恩初。”元方回《續古今考·附廣玉考下》：“玉符：《史記》韋昭注，《璽符節》云，天子印稱璽；又獨以玉符發兵符也。”明朱珪《名迹録·附方寸鐵錢逢篆·詩》：“袖裏昆吾一寸鐵，江南碑碣萬家文。玉符金印雲臺將，

大篆煩君爲勒勳。”

玉璜

半圓形璧。《山海經·海外西經》中說道：“〔夏后啓〕左手操翳，右手操環，佩玉璜。”郭璞注：“半璧曰璜。”《宋書·符瑞志上》：“有玉匣開蓋於前，有玉玦二，玉璜一。”《山堂肆考》卷二四：“吕望得璜：尚書太傅吕望釣蟠溪，於魚腹中得玉璜。溪在鳳翔府寶鷄縣東南谷中。”

玉鎮 [1]

玉瑞及鎮圭之屬。《周禮·春官·天府》：“天府掌祖廟之守藏與其禁令，凡國之玉鎮大寶器藏焉。”鄭玄注：“玉鎮、大寶器，玉瑞，玉器之美者。”賈公彥疏：“玉鎮，即《大宗伯》云：以玉作六瑞鎮圭之屬。”孫詒讓正義：“王及諸侯六瑞通謂之玉鎮。《蘇氏演義》引《三禮義宗》云：上公鎮桓圭，九寸；侯鎮信圭，七寸；伯鎮躬圭，六寸；子鎮穀璧，五寸；男鎮蒲璧，五寸。謂之鎮者，皆受之於天子以爲瑞信，鎮撫國家也。”

四器

古代作爲聘禮之四種玉器。即圭、璋、璧、琮。《儀禮·聘禮》：“凡四器者，唯其所寶，以聘可也。”鄭玄注：“言國獨以此爲寶也，四器謂圭、璋、璧、琮。”宋林希逸《考工記解》卷下：“圭、璋、璧、琮四器，其長皆八寸。璧琮不琢，而圭璋則琢飾。琢文飾之也。”元吳澄《書纂言·虞書·堯典》：“諸侯之國皆遵天子法制，四器有不一者，則審而同之。”

玄圭

亦作“玄珪”。黑色玉器，上尖下方，古代用以賞賜建立特殊功績之人。《書·禹貢》中記載：“禹錫玄圭，告厥成功。”孔傳：“玄，天

色，禹功盡加於四海，故堯賜玄圭以彰顯之，言天功成。"《漢書·王莽傳上》又稱："伯禹錫玄圭，周公受郊祀，蓋以達天之使，不敢擅天之功也。"明楊慎《別陳玉泉》詩："平成紹禹績，玄圭獻堯天。"清李漁《蜃中樓·傳書》："他別有土茅封地，居水國，秉玄圭。"南朝陳徐陵《勸進元帝表》："玄珪既賜，蒼玉無陳，乃械樸之愆期，非苞茅之不貢。"

墨玉圭
（明魯荒王墓出土）

【玄珪】

同"玄圭"。此體南北朝時期已行用。見該文。

玄璜

以黑玉製作之半圓形瑞玉。《周禮·春官·大宗伯》："以白琥禮西方，以玄璜禮北方。"《舊唐書·禮儀志三》："其青圭、赤璋、白琥、玄璜，自是立春、立夏、立秋、立冬之日，各於其方迎氣所用，自分別矣。"明丘濬《大學衍義補·備規制·寶玉之器》："玄璜禮北方。半璧曰璜。冬者陰陽亦居其半，故用璜禮北方以立冬。"

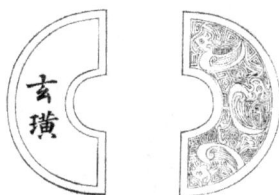

玄璜
（明方于魯《方氏墨譜》）

玄璧

黑色璧玉。《穆天子傳》卷三："天子賓於西王母，乃執白圭玄璧，以見西王母。"《宋書·符瑞志下》："明帝泰始五年十月庚辰，郢州獲玄璧，廣八寸五分。安西將軍蔡興宗以獻。"《太平御覽》卷八〇六引《魏文帝蔡伯喈女賦序》："家公與蔡伯喈有管鮑之好，乃命使者周近持玄璧於匈奴贖其女還，以妻屯田郡都命使者。"

半璧

即璜。半圓形玉器。漢班固《白虎通義·文質》："璜者半璧，位在北方。"宋蘇子瞻《湖中夜泛詩》："新月生魄迹未安，纔破五六漸盤桓。今夜吐艷如半璧，游人得向三更看。"明孫詢《大勝橋》詩："架海爲梁事若何，分明神劍斫蛟鼉。光涵半璧初三後，影破連環二八過。"

白圭

亦作"白珪"。古代的白玉製禮器。《詩·大雅·抑》："白圭之玷，尚可磨也。"晋葛洪《抱朴子·擢才》："乃有播埃塵於白珪，生瘡痏於玉肌，訕疵雷同，攻伐獨立。"南朝宋謝靈運《初發石首城》詩："白珪尚可磨，斯言易爲緇。"清崔象川《白圭志》第七回："劉忠謂南康府曰：'昨夢神賜白圭，可以爲證。'遂從袖中取出白圭，與知府看，却命左右用大刑。知府看了白圭，謂宏曰：'事已顯然，何得强

白圭
（明魯荒王墓出土）

辯，自取刑苦。'"

【白珪】

同"白圭"。此體晉代已行用。見該文。

白琥

白玉雕成之虎。
古代祭祀西方時用
之。《周禮・春官・大
宗伯》："以白琥禮西
方。"鄭玄注："琥猛
象秋嚴。"賈公彥疏：
"云'琥猛象秋嚴'
者，謂以玉爲琥形，
猛屬西方，是象秋嚴
也。"宋蘇軾《龍尾硯歌》："黃琮白琥天不惜，
顧恐貪夫死懷璧。"明李時珍《本草綱目・石之
二・玉》："古禮：玄珪蒼璧，黃琮赤璋，白琥
玄璜，以象天地四時而立名。"

古玉斑文白琥
（宋龍大淵《古玉圖譜》）

白管

白色玉管。《大戴禮記・少閑》："昔虞舜
以天德嗣堯，布功散德，制禮朔方，幽都來服，
南撫交趾，出入日月，莫不率俾，西王母來獻
其白管。"唐王起《鄒子吹律賦》："廟列零陵，
徒聞白管之麗；竹收嶰谷，空爲丹穴之鳴。"

白環

白玉環。《竹書紀年》卷上："六年，西王
母之來朝，獻白環玉玦。"《後漢書・馬融傳》：
"納僬僥之珍羽，受王母之白環。"唐杜甫《洗
兵馬》詩："不知何國致白環，復道諸山得銀
甕。"宋王應麟《困學紀聞・評文》："函封遠
致，不知何國之白環；琢刻孔章，咸曰寧王之
大寶。"

白璧

平圓形而中有孔之白玉。《管子・輕重甲》：
"禺氏不朝，請以白璧爲幣乎？"《史記・滑稽
列傳》："於是齊威王乃益齎黃金千鎰，白璧十
雙，車馬百駟。"北魏酈道元《水經注・鮑丘
水》："北平徐氏有女，雍伯求之，要以白璧一
雙。"宋劉過《念奴橋・留別辛稼軒》詞："白
璧追歡，黃金買笑，付與君爲主。"

圭

古代帝王、諸侯舉行喪葬、朝聘、祭祀等
隆重儀式時所用之玉製禮器，多數呈長條形，
上尖下方。圭之形制大小，因用途和爵位不同
而有差異。《周禮・春官・典瑞》中記載鎮圭、
大圭、信圭、桓圭、祼圭、躬圭、蒲璧、穀璧、
四圭之別。因時代不同，圭之形制特點、種類
有較大差別。新石器時代圭長條形、平首、素
面，少數於下端飾陰綫弦紋，精美者刻獸面紋；
紋飾係用利石刻成，有明顯刻劃痕迹。商代圭
有兩種形式，一種平首，圭身飾雙鉤弦紋。另
一種尖首平端，近似後代之圭。周代玉圭，以
尖首長條形爲多。圭身素面，一般長 15 ~ 20
厘米。戰國時圭，以石製者多。圭身寬窄、大
小不一，爲光素面。山西侯馬盟誓遺址所出土
盟書均書寫於不規則石圭上。漢代之圭數量較

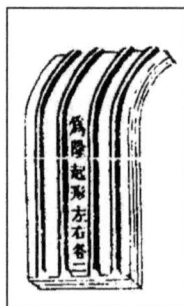

躬圭　　　信圭　　　桓圭
（清吳之英《儀禮奭固禮器圖》）

少，衹是王公貴族爲凸顯身份地位，纔特別雕造少量玉圭。自宋代以後，歷代均有不少仿製品。明代，玉圭多呈尖首平底狀，其中一些器的表面滿布浮雕蒲紋或穀紋，還有一些陰刻四山紋，寓意安定四方。《說文·土部》："圭，瑞玉也，上圓下方。"《易·益》中有："有孚中行，告公用圭。"《儀禮·聘禮》記載："所以朝天子，圭與繅皆九寸，剡上寸半，厚半寸，博三寸。"鄭玄注："圭，所執以爲瑞節也，剡上象天圓地方也……九寸，上公之圭也。"賈公彥疏："凡圭，天子鎮圭，公桓圭，侯信圭，皆博三寸，厚半寸，剡上左右各寸半，唯長短依命數不同。"漢代劉向《說苑·修文》載："諸侯以圭爲贄。圭者玉也，薄而不撓，廉而不劌，有瑕於中，必見於外，故諸侯以玉爲贄。"唐代段成式《酉陽雜俎·禮異》中記載："古者安平用璧，興事用圭，成功用璋，邊戎用珩。"新石器時代遺址曾出土玉獸面紋圭，長21.8厘米，寬5.5厘米，厚0.9厘米。玉料表面經過染色呈現漆黑色，器身形狀扁而長，其一端略寬，有刃，另一端有一孔。圭兩面均帶紋飾，一面中部飾陰綫獸面紋，獸面上、下方分別爲陰綫繩紋與成組凸綫，另一面主體紋飾和前一面所飾紋路大致相同，但其下方有一組凸綫組成的變形獸面紋。

圭璋

亦作"珪璋"。兩種貴重玉製禮器。《禮記·禮器》："圭璋特。"孔穎達疏："'圭璋'，玉中之貴也；'特'謂不用他物媲之也。諸侯朝王以圭，朝后執璋，表德特達不加物也。"《淮南子·繆稱訓》："錦繡登廟，貴文也；圭璋在前，尚質也。"清袁枚《新齊諧·滑伯》："滑伯之神，時時出現。圭璋袞冕而出者，官必陞遷；深衣便服而出者，官多不祥。"《莊子·馬蹄》："白玉不毀，孰爲珪璋。"《南齊書·禮志上》："用珪璋等六玉，禮天地四方之神。"宋曾鞏《明州擬辭高麗送遺狀》："蓋古者相聘，贄有珪璋。及其卒事，則皆還之，以明輕財重禮之義。"

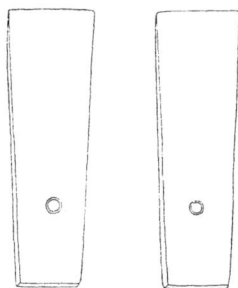
圭
（清吳大澂《古玉圖考》）

圭璋
（明王圻等《三才圖會》）

【珪璋】

同"圭璋"。此體先秦時期已行用。見該文。

圭璧

亦作"珪璧"。古時帝王、諸侯於朝聘或祭祀時所用玉器。《詩·大雅·雲漢》中記載："靡神不舉，靡愛斯牲。圭璧既卒，寧莫我聽。"朱熹集傳："圭璧，禮神之玉也。"《周禮·考工記·玉人》："圭璧五寸，以祀日月星辰。"唐封演《封氏聞見記·紙錢》："按古者享祀鬼神有圭璧幣帛，事畢則埋之。"明唐順之《送人上陵作》詩："恭將圭璧

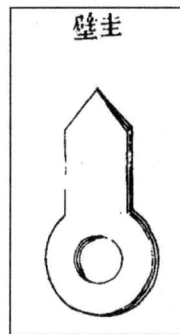
圭璧
（清吳之英《儀禮奭固禮器圖》）

朝群帝，遥奉馨香薦五陵。”《墨子·尚同中》：“珪璧幣帛不敢不中度量。”南朝梁劉孝標《辯命論》：“周宣祈雨，珪璧斯罄。”《舊唐書·王起傳》：“邦國之禮，祀爲大事；珪璧之議，經有前規。”

圭璧
（明方于魯《方氏墨譜》）

【珪璧】

同“圭璧”，此體戰國時已行用。見該文。

圭瓚

古代玉製酒器，形狀如勺，以圭爲柄，用於祭祀。《書·文侯之命》：“平王錫晉文侯秬鬯圭瓚。”孔傳：“以圭爲杓柄，謂之圭瓚。”《禮記·王制》：“〔諸侯〕賜圭瓚，然後爲鬯，未

圭瓚
（清蔣廷錫等《古今圖書集成》）

賜圭瓚，則資鬯於天子。”鄭玄注：“圭瓚，鬯爵也。”《漢書·王莽傳上》：“於是莽稽首再拜……左建朱鉞，右建金戚，甲胄一具，秬鬯二卣，圭瓚二。”《南齊書·樂志》：“脅鬯芬，圭瓚瑟。靈之來，帝闔開。”清趙翼《岳祠銅爵》詩：“聊抵鼎銘傳世古，何須圭瓚報功多。”

合瑞

對驗瑞玉。《春秋·文公元年》：“天王使毛伯來錫公命。”晉杜預注：“諸侯即位，天子錫以命圭，合瑞爲信。”《文獻通考·王禮考六》：

“及其合瑞而授圭，則執其所揣而已。”宋米芾《參賦》：“閱符合瑞，至於嚮暮。”《明集禮·冠服·群臣冠服》：“禮曰：公執桓圭，侯執信圭，伯執躬圭，子執穀璧，男執蒲璧，此諸侯朝於天子執以合瑞者也。”

延喜

亦作“延嬉”。玉圭名。相傳禹得玄圭，上刻“延喜之玉”，故名。《書·璿璣鈐》：“禹開龍門，導積石，玄圭出，刻曰：‘延喜玉，受德，天賜佩。’”後用爲宣揚帝王瑞應的典故。《宋書·符瑞志下》：“延嬉，王者孝道行則至。”宋羅泌《路史·前紀五·因提紀·遂人氏》：“隁藍録乎延嬉。”清馬驌《繹史·開闢原始》：“《論語摘輔象》：燧人四佐，明由曉升，級必育受，税俗成博，受古諸隉，丘受延嬉，燧人出天，四佐出世。”

【延嬉】

同“延喜”。此體南北朝時期已行用。見該文。

邸射

古代玉器名。上璋下琮，形有尖角，用以祭山川，贈賓客。《周禮·春官·典瑞》：“璋邸射，以祀山川，以造贈賓客。”鄭玄注：“璋有邸而射，取殺於四望。”《周禮·考工記·玉人》：“璋邸射，素功，以祀山川，以致稍餼。”鄭玄注：“邸射，剡而出也。”賈公彥疏：“向上謂之出，半圭曰璋。璋首邪却之，今於邪却之處從下向上，揔邪却

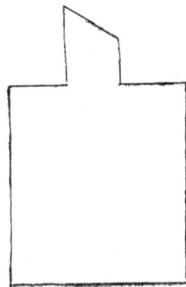

璋邸射
（明王圻等《三才圖會》）

之名爲剡而出。"章炳麟《訄書·原變》："闓胡觀於鞞琫璏具之用？以知璋之邸射，古之刀也；圭之上郪，古之鋏也。"

含玉

亦稱"唅玉""琀"。古喪禮，入殮時納於死者口中之玉。《周禮·天官·太宰》："大喪，贊贈玉、含玉。"鄭玄注："含玉，死者口實天子以玉。音義：'含'本又作'唅'，户暗反；後同'窆'，彼驗反，徐補贈反。"《公羊傳·文公五年》："含者何？口實也。"何休注："孝子所以實親口也。緣生以事死，不忍虚其口。天子以珠，諸侯以玉，大夫以璧，士以貝，春秋之制也。文家加飯以稻米。"宋易被《周官總義》卷一："含玉施於始死之時，贈玉施於既窆之後。"郭沫若《羽書集·龍戰與雞鳴》："古人的習慣，人死了在口裏有含玉的一種禮節。被含的玉就叫作'含玉'。那玉的形式，有時候是珠，有時候似乎是蟬。"清姚之駰《後漢書補逸》卷七："梁商薨。……案商病篤，敕子冀等曰：'吾以不德，享受多福。生無以輔益朝廷，死必耗費帑藏衣衾。飯唅、玉匣、珠褥之屬，何益朽

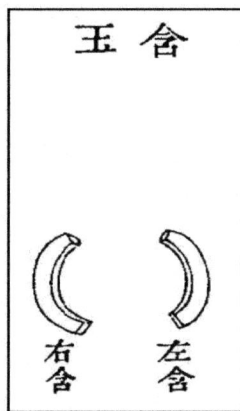

含玉
（清吴之英《儀禮奭固禮器圖》）

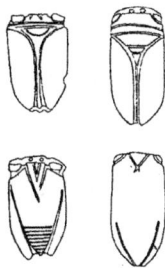

琀
（清吴大澂《古玉圖考》）

骨？……'"清倪濤《六藝之一録》卷二五九："《説文》引《逸周書》……'含玉'作'琀'。"玉蟬主要有兩種用途，一種爲佩飾，一種爲逝者口中之含玉，稱作"琀"。逝者口中置玉爲古代入葬習俗。戰國早期曾侯乙墓出土之玉琀爲一組小牲畜。漢代墓葬出土較多玉蟬，多數玉蟬無穿繩挂繫之孔，以蟬作琀，包含祝願逝者蜕變再生之意。

【唅玉】

即含玉。此稱清代已行用。見該文。

【琀】

即含玉。此稱清代已行用。見該文。

青圭

亦作"青珪"。古代禮器。以青玉製成，上尖下方。《周禮·春官·大宗伯》："以青圭禮東方，以赤璋禮南方。"鄭玄注："圭鋭，象春物初生。"宋王安石《周官新義》卷八："以青圭禮東方，以赤璋禮南方，以白琥禮西方，以玄璜禮北方。皆有牲幣，各放其器之色。"南朝齊謝朓《齊雩祭樂歌·歌青帝》："女夷歌，東皇集。奠春酒，秉青珪。"唐蘇頲《故高安大長公主挽詞》："彤管承師訓，青圭備禮容。"宋文彦博《青圭禮東方賦》："青圭之秘寶，爰資蒼帝之明靈。"

青圭
（明方于魯《方氏墨譜》）

【青珪】

同"青圭"。此體南北朝時期已行用。見該文。

班

本指分瑞玉。瑞玉爲古代玉質確信物，中分爲二，各執一爲信。《説文・珏部》："班，分瑞玉。"《書・洪範》："武王既勝殷，邦諸侯，班宗彝，作《分器》。"孔穎達疏："既封爲國君，乃班賦宗廟彝器以賜之。"《禮記・檀弓上》："請班諸兄弟之貧者。"《東觀漢記・馬援傳》："〔援〕曰：'凡殖貨財産，貴其能施賑也，否則守錢虜耳！'乃盡散，以班昆弟故舊。"唐韓愈《清河郡公房公墓碣銘》："〔公〕削衣貶食，不立資遺，以班親舊朋友爲義。"

垂棘之璧

省稱"垂棘"。垂棘所産之玉璧。早於和氏璧。《公羊傳・僖公二年》："荀息曰：'請以屈産之乘，與垂棘之白璧往，必可得也。則寶出之内藏，藏之外府，馬出之内厩，繫之外厩爾，君何喪焉？'"《孟子・萬章上》："孟子曰：'百里奚，虞人也。晋人以垂棘之璧與屈産之乘，假道於虞以伐虢。宫之奇諫，百里奚不諫。知虞公之不可諫而去之秦，年已七十矣，曾不知以食牛幹秦繆公之爲汙也，可謂智乎？不可諫而不諫，可謂不智乎？知虞公之將亡而先去之，不可謂不智也。'"南朝梁簡文帝《中庶子王規墓志銘》："玉挺藍田，珠潤隨水，價重連城，聲同垂棘。"唐貫休《壽春進祝聖七首之搜揚草澤》詩："俟時兼待價，垂棘出塵埃。仄席三旌切，移山萬里來。"唐辛洪《賦得白珪無玷》詩："皎皎無瑕玷，鏘鏘有佩聲。昆山標重價，垂棘振香名。"

【垂棘】

"垂棘之璧"之省稱。此稱先秦時期已行用。見該文。

和氏璧

省稱"和璧"，亦稱"和寶""和玉""和璞"。中國歷史上著名美玉。與"隨侯珠"齊名，共爲天下兩大奇寶。《韓非子・和氏》："楚人和氏（卞和）得玉璞楚山中。奉而獻之厲王。厲王使玉人相之，玉人曰：'石也。'王以和爲誑，而刖其左足。及厲王薨，武王即位，和又奉其璞而獻之武王。武王使玉人相之，又曰：'石也。'王又以和爲誑，而刖其右足。武王薨，文王即位……王乃使玉人理其璞，而得寶焉，遂命曰'和氏之璧'。"明張煌言《黎大行瀕行》詩："殿上未歸和氏璧，橐中誰賜陸生金。"《漢書・鄒陽傳》："故無因而至前，雖出隨珠、和璧，祇怨結而不見德。"南朝梁沈約《咏帳》："甲帳垂和璧，蠣雲張桂宫。"宋陸游《老學庵筆記》卷五："賀方回作王子開《挽詞》：'和璧終歸趙，干將不葬吳。'"清姚鼐《咏古》："和璧非珠翠，流光悅婦人。"漢王褒《四子講德論》："故美玉蘊於碔砆，凡人視之怢焉，良工砥之，然後知其和寶也。"《後漢書・宦者傳序》："南金、和寶、冰紈、霧縠之積，盈仞珍藏。"《後漢書・劉陶傳》："就使當今沙礫化爲南金，瓦石變爲和玉，使百姓渴無所飲，饑無所食……猶不能以保蕭墻之内也。"李賢注："和玉，卞和之玉也。"《史記・范雎蔡澤列傳》："周有砥砨，宋有結緑，梁有縣藜，楚有和璞。"三國魏曹植《玄暢賦》："思薦寶以繼佩，怨和璞之始鐫。"唐白居易《三十四牧宰考課策》："雖有和璞之真，不能識也。"明張居正《七賢咏》序："和璞之緼玄巖，非獨鑑冥搜者，誰得而寶之。"

【和璧】

"和氏璧"之省稱。此稱漢代已行用。見該文。

【和寶】

即和氏璧。此稱漢代已行用。見該文。

【和玉】

即和氏璧。此稱漢代已行用。見該文。

【和璞】

即和氏璧。此稱漢代已行用。見該文。

【荆璧】

亦稱"荆玉""荆文璧""荆璞""荆寶""荆虹"。即和氏璧。亦泛指美玉。此稱漢代已行用。漢荀悦《漢紀·武帝紀六》:"立神明通天之臺,造甲乙之帳,絡以隋珠荆璧。"南朝宋謝惠連《鞠歌行》:"南荆璧,萬金貲,卞和不斫與石離。"北周庾信《哀江南賦》:"荆璧睨柱,受連城而見欺;載書横階,捧珠盤而不定。"晋盧諶《覽古》詩:"連城既僞往,荆玉亦真還。"《文選·盧諶〈答魏子悌〉》:"恨無隨侯珠,以酬荆文璧。"李善注:"韓子曰:楚人卞和得璞玉於荆山之中,文王即位,乃使理其璞,得寶焉。"晋傅玄《傅子·闕題》:"必得昆山之玉而後寶,則荆璞無夜光之美;必須南國之珠而後珍,則隨侯無明月之稱。"唐張唯儉《賦得西戎獻白玉環》:"自將荆璞比,不與鄭環同。"宋周孚《次韻寄士美》詩:"隋珠荆文璧,子餽梁則酬。寄聲問平安,憶此衰病不?"亦有稱"荆寶"。《文選·潘岳〈楊仲武誄〉》:"春蘭擢莖,方茂其華;荆寶挺璞,將剖於和。"李善注:"言德業之美類於蘭玉。"南朝宋劉義恭《游子移》詩:"三河游蕩子,麗顔邁荆寶。"唐孟郊《古興》詩:"楚血未乾衣,荆虹尚埋輝。痛玉

不痛身,抱璞求所歸。"

【荆玉】

即荆璧。此稱晋代已行用。見該文。

【荆文璧】

即荆璧。此稱晋代已行用。見該文。

【荆璞】

即荆璧。此稱晋代已行用。見該文。

【荆寶】

即荆璧。此稱晋代已行用。見該文。

【荆虹】

即荆璧。此稱唐代已行用。見該文。

【趙氏璧】

亦稱"趙王璧""秦璧""趙玉"。亦省稱"趙璧"。即和氏璧。春秋時,楚人卞和自山中所得寶玉。戰國時,爲趙惠文王所得,故稱。據《史記·廉頗藺相如列傳》所載:秦昭王曾恃強遣書趙王,願以十五城請易璧。藺相如奉璧出使,終於完璧歸趙。"趙氏璧"遂以著稱,并常爲後人詩文所道及。南朝宋謝靈運《永初三年七月十六日之郡初發都》詩:"空班趙氏璧,徒乖魏王瓠。"唐李白《古風》詩:"誇作天下珍,却哂趙王璧。"因秦昭王曾致書趙惠文王願以十五城易之,故唐代或稱爲"秦璧"。唐韋嗣立《酬崔光禄冬日述懷贈答》詩:"魏珠能燭乘,秦璧許連城。"唐方干《送鄭端公》詩:"隨珠此去方酬德,趙璧當時誤指瑕。"宋王安石《次韻酬微之贈池紙并詩》:"篇終有意責趙璧,窮國恐誤連城歸。"明沈鯨《雙珠記·珠傳女信》:"看此物既著神奇,如趙璧有完期。"清吳嘉紀《嗟哉行贈錢烈士》:"隋珠趙玉,挈還烈士。"

【趙王璧】

即趙氏璧。此稱唐代已行用。見該文。

【秦璧】

即趙氏璧。此稱唐代已行用。見該文。

【趙璧】

"趙氏璧"之省稱。此稱唐代已行用。見該文。

【趙玉】

即趙氏璧。此稱清代已行用。見該文。

【連城璧】

亦稱"連城玉""連城璞"。價值連城之玉，特指和氏璧。後用以指極珍貴的東西。晉張載《擬四愁詩》："佳人遺我雲中翮，何以贈之連城璧。"金元好問《論詩》："少陵自有連城璧，爭奈微之識珷玞。"北周庾信《擬咏懷》："欲竟連城玉，翻徵縮酒茅。"元無名氏《九世同居》第一折："你爲人要比連城玉，濟時須作擎天柱。"柳亞子《次韻答左海少年》詩："盲心疇識連城璞，長夜空懷照乘珠。"

【連城玉】

即連城璧。此稱南北朝時期已行用。見該文。

【連城璞】

即連城璧。此稱近代行用。見該文。

【聯城】

亦稱"兼城"。價值連城之寶玉。《文選·謝莊〈宋孝武宣貴妃誄〉》："照車去魏，聯城辭趙。"李善注引《史記》："趙惠文王得和氏璧，秦王聞之，使遣趙王書曰願以十五城易璧。趙王遂使相如奉璧西入秦。"又引三國魏曹丕《與鍾大理書》："不損連城之價。"明高叔嗣《古歌》："荊和當路泣，良璞爲誰明？茫然大楚國，白日失兼城。"

【兼城】

即聯城。此稱明代已行用。見該文。

命圭

亦作"命珪"。天子賜於王公大臣之玉圭。據《周禮·考工記·玉人》記載："命圭九寸，謂之桓圭，公守之；命圭七寸，謂之信圭，侯守之；命圭七寸，謂之躬圭，伯守之。"唐韓愈《桃林夜賀晉公》詩："手把命珪兼相印，一時重叠賞元功。"元劉塤《隱居通議·范去非諸作》："賈師憲自江上入相，去非作賀啓，有曰：'命珪相印，瞻騎火之西來；羽扇綸巾，賦大江之東去。'"

【命珪】

同"命圭"。此體唐代已行用。見該文。

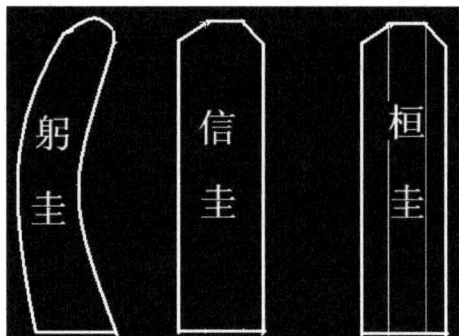

躬圭、信圭、桓圭
（元朱公遷《詩經疏義會通》）

冒

亦作"瑁"。玉製禮器。冒爲"帽"之初文，有自上而下覆蓋之意。天子所執之玉，用以合諸侯之圭。因冒其上，故寫作"冒"。《周禮·考工記·玉人》："天子執冒四寸，以朝諸侯。"鄭玄注："名玉曰冒者，言德能覆蓋天下也。"孫詒讓正義："《白虎通義·文質》云：'合符信者，謂天子執瑁以朝諸侯，諸侯執圭以觀天子。瑁之爲言冒也，上有所覆，下有所冒也。'"《書·顧命》："太保承介圭，上宗奉同瑁，由阼階隮。"孔傳："瑁，所以冒諸侯圭，以齊瑞信，方四寸，邪刻之。"《說文·玉部》中有："瑁，諸侯執圭朝天子，天子執玉以冒之似黎冠。"

冒

（清吳之英《儀禮奭固禮器圖》）

【瑁】

同"冒"。此體先秦時期已行用。見該文。

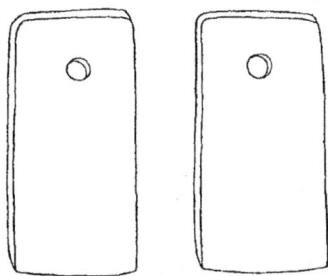

瑁

（清吳大澂《古玉圖考》）

牲玉

供祭祀用的犧牲和玉器。《左傳·昭公十八年》："鄭國有災，晉君、大夫不敢寧居，卜筮走望，不愛牲玉。"《國語·魯語上》："余不愛衣食於民，不愛牲玉於神。"韋昭注："牲，犧牲；玉，珪璧，所以祭祀也。"唐李白《爲宋中丞祭九江文》："牲玉有禮，祀典無虧。"王琦注："玉，告神時薦於座之玉器，與牲幣俱陳者。"康有爲《大同書》甲部第二章："望走群祀，歌舞牲玉，神巫則肥，農夫則酷。"

信瑞

用作信物之瑞玉。漢班固《白虎通義·文質》："何謂五瑞？謂珪、璧、琮、璜、璋也……《尚書大傳》曰：'天子執瑁以朝諸侯。'又曰：'諸侯執所受圭與璧，朝於天子。無過者，復得其珪以歸其邦；有過者，留其圭；能正行者，復還其圭。三年珪不復，少絀以爵。'圭所以還何？以爲珪信瑞也。"

珙璧

大璧。宋李光《讀易詳說》卷八："有鼎之象必有鼎之用，非若珙璧琬琰徒爲寶器而已。"明唐順之《荊川稗編》卷五八："得君之書，欣然如獲珙璧。"明方孝孺《失硯嘆》詩："錢塘會稽屢游歷，鬼神呵護同珙璧。"清錢杜《松壺畫憶》卷下："蔣伯生藏文五峰《南湖春曉》……蓋全仿右丞《輞川圖》神韻。伯生珍若珙璧，已攜歸江南矣。"

夏璜

美玉名。相傳爲夏后氏之珍寶，故名。璜，半璧形玉。古時，在喪葬、朝聘、祭祀中充當禮器。亦爲裝飾品用。《周禮·春官·大宗伯》："以玄璜禮北方。"鄭玄注："半璧曰璜，象冬閉藏，地上無物，唯天半見。"《楚辭·招魂》："纂組綺縞，結琦璜些。"王逸注："璜，玉名也……玉璜爲帷帳之飾也。"《左傳·定公四年》："夏后氏之璜。"孔穎達疏："夏后氏所寶，歷代傳之，知美玉名也。"漢張衡《思玄賦》："昭彩藻與雕琭兮，璜聲遠而彌長。"唐馬總《意林》卷三引漢桓譚《新論》："此乃國之大寶，亦無價矣，雖積和璧、纍夏璜、囊隋侯、篋夜光，未足喻也。"宋蘇軾《峻靈王廟碑》："古者王室及大諸侯國，皆有寶，周有琬琰大玉，魯有夏后氏之璜，皆所以守其社稷，鎮撫其人民也。"崧澤文化時期玉璜之一。高 5.2 厘米，長 10.6 厘米，厚 0.3 厘米。璜玉料材質比較好，呈黃褐色，較薄。近似半圓形，直弦，其中部下凹，兩側各有一孔，底部兩角略微向外伸出。璜一面有弧形凹槽，爲玉料開片時留下的切割痕迹，此類切割痕於新石器時代玉器上時常出現，自痕迹可查，玉器加工時使用綫切割剖料方法。玉片厚度約 0.3 厘米，説明當時玉料開片技術已達到一定水準。作品呈現不規則半圓形，兩角外伸，表明此璜并不是由圓形玉器切割而成，很有可能以三角形或長方形玉片打磨而成。

琮

瑞玉。方柱形，中有圓孔。用爲禮器、贄品、符節等。《周禮・春官・大宗伯》："以玉作六器，以禮天地四方，以蒼璧禮天，以黃琮禮地。"又《小行人》："琮以錦。"鄭玄注："五等諸侯享天子用璧，享后用琮。"《儀禮・聘禮》："聘於夫人用璋，享用琮。"《公羊傳・定公八年》："璋判白。"漢何休注："琮以發兵。"

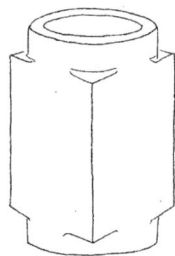

琮
（清吳大澂《古玉圖考》）

琮璜

琮與璜，皆廟堂玉器。《墨子・明鬼下》："珪璧琮璜，稱財爲度。"漢班固《白虎通義・文質》："天子圭，尺二寸，博三寸，剡上寸半，厚半寸。半珪爲璋，方中圓外曰璧，半璧曰璜，圓中牙身玄外曰琮。璜以徵召，璧

以聘問，璋以發兵，珪以質信，琮以起土功之事。"唐陸龜蒙《江南秋懷寄華陽山人》詩："琮璜陳始畢，《韶》《夏》教初成。"元郝經《渾源劉先生哀辭》："挺特溫潤直以方，有虞圭璋夏琮璜。"

黃琮

黃色瑞玉。古代祭祀用。《周禮・春官・大宗伯》："以蒼璧禮天，以黃琮禮地。"鄭玄注："琮，八方，象地。"唐褚亮《祭神州樂章・雍和》："黝牲在列，黃琮俯映。"《宋史・禮志四》："夏祭方澤，兩圭有邸與黃琮並用。"《明史・職官志三》："凡玉四等：曰蒼璧，曰黃琮，曰赤璋、白琥，曰兩圭有邸。"

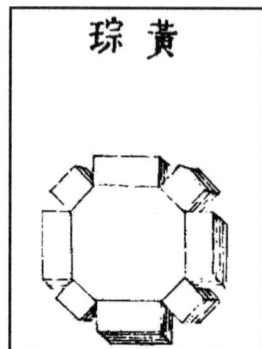

黃琮
（清吳之英《儀禮奭固禮器圖》）

古玉雷文卦象黃琮
（宋龍大淵《古玉圖譜》）

祭玉

祭祀時所用之玉。宋龐元英《文昌雜録》卷四："前代禮神，有祭玉、燔玉二品。"《資治通鑑・後周世宗顯德四年》："庚午，詔有司更造祭器、祭玉等。"

琪樹

仙境中之玉樹。《文選・孫綽〈游天臺山

賦〉》："建木滅景於千尋，琪樹璀璨而垂珠。"
呂延濟注："琪樹，玉樹。"唐崔珏《哭李商隱》
詩："應游物外攀琪樹，便著霓衣上玉壇。"宋
范成大《步虛詞》詩："琪樹玲瓏珠網碎，仙風
吹作步虛聲。"元薩都剌《將游茅山》詩："借
騎白鶴訪茅君，琪樹秋聲隔夜聞。"明田汝成
《西湖遊覽志·北山分脉城外勝迹》引聶大年
詞："昨日孤峰如潑翠，今朝玉立巉岏瑤林琪樹
間。琅玕蓬萊塵世隔，弱水竟漫漫。"宋陳耆
卿《赤城志·風土門一·土貢》："琪樹。按孫
綽賦云：'琪樹璀璨而垂珠'，李善注云：'仙都
所產'，未言其狀也。至唐人詩咏始盛。李紳詩
注云：'垂條如弱柳，結子如碧珠。三年子乃一
熟，每歲生者、相續一年者、綠二年者、碧三
年者。紅綴條上，璀錯相間。'此言其狀。而其
詩云：'石橋峰上棲玄鶴，碧潤巖邊蔭羽人。冰
葉萬條垂碧實，玉珠千日保青春。月中泣露應
同色，澗底侵雲尚有塵。徒使伏根成琥珀，不
知松老化龍鱗。'許渾詩云：'月明琪樹陰。'鮑
溶詩：'閑踏莓苔繞琪樹。'皆謂此也。"

琥

亦稱"玉虎"。瑞玉。古代雕成虎形的禮
器。《説文·玉部》："琥，《春秋傳》曰：'賜子
家雙琥。'"《周禮·春官·大宗伯》："以玉作六
器，以禮天地四方。……以白琥禮西方。"《左
傳·昭公三十二年》："賜子家子雙琥。"孔穎達
疏："蓋刻玉爲虎形也。"晋王嘉《拾遺記》卷

琥
（宋呂大臨《考古圖》）

四："始皇嗟曰：'刻畫之形，何得飛走？'使
以淳漆各點兩玉虎一眼睛，旬日則失之，不知
所在。"

【玉虎】[2]

即琥。此稱秦代已行用。見該文。

琥璜

質劣於圭璋之玉。《禮記·禮器》："琥璜
爵。"孔穎達疏："琥璜是玉，劣於圭璋者……
故云琥璜爵也，琥璜既賤，不能將達，故附爵
乃通也。"《舊五代史·禮志下》："以蒼璧祀地
祇，以黃琮祀五帝，以珪璋、琥璜，其玉各依
本方正色祀日月……"元方回《續古今考·附
廣玉考下》："唯琥璜不以俯聘，諸侯以用之酬
爵酬幣。"

瑜璉

玉製禮器。因借喻德才兼備的人才。唐元
稹《代曲江老人百韻》詩："羽翼皆隨鳳，瑜璉
肯稱瑚？"

琮璧

玉製禮器。亦指珍貴物品。唐劉禹錫《游
桃源》詩："賜宴聆《簫》《韶》，侍祠閱琮璧。"
宋梅堯臣《還吳長文舍人詩卷》詩："茸書成
大軸，許我觀琮璧。"
明丘濬《大學衍義
補·治國平天下之
要·寶玉之器》："臣
按：先儒謂玉者純陽
之精氣而聖人之至寶
也，將禮於天地四方
而無以歸其誠，乃以
玉作六器……後世唯
祀天地有琮璧，而於

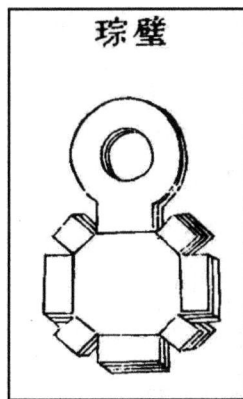

琮璧
（清吳之英《儀禮奭固禮
器圖》）

其他之祭則無焉，豈非缺典乎？"

敦盤

　　鑲嵌珠玉的敦和盤。古代天子或諸侯盟會所用禮器。敦以盛食，盤以盛血，皆用木製，珠玉爲飾。見《周禮·天官·玉府》。後以"敦盤"指賓主聚會或使節交往。明陳子龍《重遊弇園》詩："十二敦盤誰狎主，三千賓客半知音。"清薛福成《〈出使四國日記〉跋》："宛乎縞帶之歡，允矣敦盤之盛，此交際之可記者也。"清薛福成《保薦使才疏》："則以黼黻之才，出潤敦盤之色；以羽儀之選，戀成樽俎之功。"

祼玉

　　祼祭時酌香酒器具上所用之玉柄。亦借指酌酒器，如圭瓚、璋瓚之類。《周禮·春官·鬱人》："凡祼玉，濯之陳之，以贊祼事。"鄭玄注："祼玉，謂圭瓚、璋瓚。"賈公彥疏："此祼玉即圭璋是也。故《玉人》《典瑞》皆云：'祼圭，尺有二寸。'《禮記·郊特牲》云：'灌以圭璋，用玉氣也。'……《禮記·祭統》云：'君用圭瓚祼尸，太宗用璋瓚亞祼。'鄭云：'太宗亞祼，容夫人有故攝焉。'若然，王用圭瓚，后用璋瓚可知。故鄭并言之也。"孫詒讓正義："瓚，勺。以金爲之，不用玉。因其以圭璋爲柄，故通謂之祼玉。"《玉海》卷八七："圭璋，皆祼玉也。圭以象陽之生物，璋以象陰之成事。祼圭尺有二寸，象陽以偶成；大璋、中璋九寸，象陰以奇立。此宗廟賓客山川隆殺之辨也。"

瑞

　　古代用作符信之玉。《書·舜典》："〔舜〕輯五瑞，既月乃日，覲四岳羣牧，班瑞於群后。"《說文·玉部》："瑞，以玉爲信也。"王筠《說文句讀》："猶今言印信，故璧、琮、琥及《土部》'圭'下皆云'瑞玉'。"《玉篇·玉部》："瑞，信節也，諸侯之珪也。"唐陸德明《經典釋文》："瑞，信也。"《左傳·哀公十四年》："司馬請瑞焉，以命其徒攻桓氏。"杜預注："瑞，符節，以發兵。"《文選·范雲〈贈張徐州稷詩〉》："軒蓋照墟落，傳瑞生光輝。"李善注引鄭玄曰："瑞，節信也。"

瑗

　　孔大邊小之璧。《爾雅·釋器》："肉倍好謂之璧，好倍肉謂之瑗，肉好若一謂之環。"郭璞注："瑗，孔大而邊小。"《管子·輕重丁》："因使玉人刻石而爲璧，尺者萬泉……珪中四千，瑗中五百，璧之數已具。"《荀子·大略》："聘人以珪，問士以璧，召人以瑗。"凌家灘新石器時代遺址出土的玉扭絲紋瑗，直徑8.3厘米，厚0.3厘米。瑗呈內、外雙重環狀，環面飾扭絲狀紋飾，兩環相連之六處，其中三處飾橫嚮扭絲紋。兩環間細長透孔相隔，共六處，其中三條透孔中部開圓形小孔，應爲穿繩懸挂所備。可見這類環形玉源遠流長，戰國玉器中此類器物并不多見，尤其是扭絲紋環形玉多爲單層，所以此雙重玉瑗更顯珍貴。

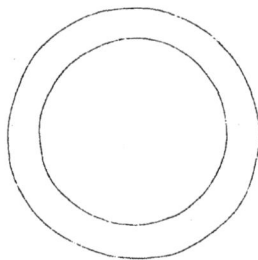

瑗
（清吳大澂《古玉圖考》）

瑄玉

古代祭天之大璧。《史記·孝武本紀》:"皇帝始郊見泰一雲陽,有司奉瑄玉嘉牲薦饗。"裴駰集解引孟康曰:"璧大六寸謂之瑄。"《樂府詩集·郊廟歌辭四·隋圜丘歌一》:"膺介圭,受瑄玉。"宋楊萬里《代賀郊祀慶成》詩:"鬱金裸鬯周茅屋,瑄玉親郊漢竹宮。"明宋濂《黃瑄字辭》:"漢代郊祀則有司奉瑄玉,而瑄又通作宣。然則瑄玉者,亦玉中之最貴者歟!"

琢琮

有雕紋之琮玉。《周禮·考工記·玉人》:"琢琮八寸,諸侯以享夫人。"有良渚文化時期玉神人紋多節琮,高 32.1 厘米,孔徑 6.3 ~ 7.2 厘米。琮呈現外方內圓柱形,上寬下窄,中心有圓孔,上下相通。玉料為深褐黃色,局部有黃白沁斑。玉琮圖案以橫綫截成十一節,每節均以四琮角為人面部的中心綫,以四面凹槽為隔界,雕刻出四個簡化的神人面紋。神人之冠、鼻清晰可見,圓眼及嘴則模糊不清,僅象徵性刻出。玉琮上端相對兩側面的中部,隱約可見各有一陰刻的帶雙翼紋符號。《周禮·春官·大伯宗》記載"以黃琮禮地",説明玉琮為古時人們用來禮地之祭器。從目前良渚文化墓葬出土情況看,玉琮多置於尸體周圍。

蒲穀

蒲璧和穀璧,兩種璧名。古代代表爵位等級的一種憑證。《周禮·春官·大宗伯》:"以玉作六瑞,以等邦國。王執鎮圭,公執桓圭,侯執

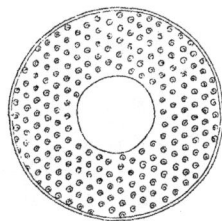

穀璧
(清吳大澂《古玉圖考》)

信圭,伯執躬圭,子執穀璧,男執蒲璧。"後因以"蒲穀"借指一定的等級和權力。宋沈括《夢溪筆談·器用》:"如蒲穀璧,《禮圖》悉作草稼之象,今世人發古冢得蒲璧,乃刻文蓬蓬如蒲花敷時,穀璧如粟粒耳。"清夏燮《中西紀事·粵民義師》:"一朝受蒲穀之錫,專制嶺海間,比於古之藩鎮,不亦身與名之兩全乎?"

蒲璧
(明方于魯《方氏墨譜》)

鳴璜

半璧形玉器。古代貴族用作朝聘、祭祀、喪葬等的禮器。也作裝飾用。因其互相碰擊而鳴響,故稱。漢徐幹《中論·法象》:"是故先王之制禮也,為冕服采章以旌之,為佩玉鳴璜以聲之,欲其尊也,欲其莊也,焉可懈慢也。"東晉袁宏《後漢紀·孝靈皇帝紀上》:"昔周王承文王之盛,一朝晏起,夫人不鳴璜,宮門不擊柝,關雎之人,見機而作。"明何景明《七述》詩:"長裙單衫曳鳴璜,吳娃雙歌出洞房。不惜緩步升君堂,華燈錯兮夜未央。"

瑱圭

亦作"鎮圭"。六瑞之一。為古代帝王受諸侯朝見時所執,象徵安定天下四方之意。《周禮·秋官·小行人》:"成六瑞,王用瑱圭。"唐陸德明《經典釋文》:"瑱,劉:吐電反。按王執鎮圭,瑱宜作鎮音。"《周禮·春官·典瑞》:"王晉大圭,執鎮圭,繅藉五采,五就以朝日。"鄭玄注:"繅有五采文,所以薦玉,木為中幹,用韋衣而畫之。就,成也。王朝日者,示有所尊,訓民事君也。天子常春分朝日,秋分夕

月。覲禮曰拜日於東門之外，故書鎮作瑱。"清惠士奇《禮說・天官二》："古者葬用明器，含以次玉。季平子卒，將以璠璵斂。孔子歷級而救焉，曰：'送而以寶玉，是猶曝尸於中原也。'聖人明戒如此。典瑞贈玉，不以大圭、鎮圭。生所服者，死不以之贈。則玉府含玉，亦不以服玉、佩玉、珠玉。生所佩者，死不以之含。曰明器，神明之也，故死者不用生者之器。"

鎮圭
（宋龍大淵《古玉圖譜》）

【鎮圭】

同"瑱圭"。此體先秦時期已行用。見該文。

嘉玉

用於祭祀之美玉。《禮記・曲禮下》："凡祭宗廟之禮……玉曰嘉玉。"陳澔集說："無瑕之玉也。"漢蔡邕《獨斷》："凡祭，號牲、物異於人者，所以尊鬼神也……玉曰嘉玉，幣曰量幣。"《後漢書・明帝紀》："今既築堤理渠，絕水立門，河汴分流，復其舊迹，陶丘之北，漸就壞墳，故薦嘉玉絜牲，以禮河神。"《宋史・樂志七》："嘉玉製幣，以通神明。神不享物，享於克誠。"

璋

玉器名。六瑞之一。古代朝聘、祭祀、喪葬、治軍時用作禮器或信物。古人以玉作瑞信之物，用於朝聘，計有六種，故名"六瑞"。《周禮・春官・大宗伯》："以玉作六瑞。"又："以玉作六器，禮天地四方。以蒼璧禮天，以黃琮禮地，以青圭禮東方，以赤璋禮南方，以白琥禮西方，以玄璜禮北方。"璋即爲六器之一。形狀多爲片刀狀，一端斜刃，刀柄前端穿孔，刀尖處多呈丫形，器表素紋或有紋。用途多爲天子巡狩疆域時，祭拜名山大川，禮畢將璋沉入水中或埋於山下。璋分三類："赤璋"（以赤玉瑪瑙製），禮南方之神朱雀；"大璋、中璋、邊璋"，天子巡狩用；"中璋、牙璋"，作符節器用。璋始見於新石器時代晚期，山東龍山文化遺址出土三件玉璋，爲迄今所知最古老玉璋。戰國以後，玉璋未見出土著錄。《說文・玉部》："剡上爲圭，半圭爲璋。"《書・顧命》："秉璋以酢。"孔傳："半圭曰璋。"《周禮・考工記・玉人》："大璋亦如之，諸侯以聘女。"又："牙璋中璋七寸，射二寸，厚寸，以起軍旅，以治兵守。"《左傳・昭公五年》："朝聘有珪，享眺有璋。"唐段成式《酉陽雜俎・禮異》："古者安平用璧，興事用圭，成功用璋。"按，古人在祭祀、朝會、交聘等禮儀場合使用的玉器，被簡稱爲"禮器"或"禮玉"，由原始古玉中"法器"變化而來。

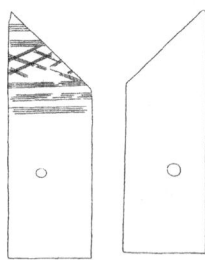

璋
（清吳大澂《古玉圖考》）

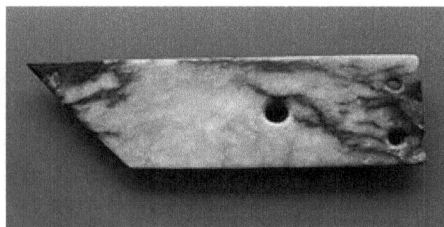

玉璋
（寶雞橋鎮村西周早期墓葬出土）

璋瓚

古代祭祀時酌鬯酒之玉器，以璋爲柄。《禮記·祭統》："君執圭瓚裸尸，大宗執璋瓚亞裸。"鄭玄注："圭瓚、璋瓚，裸器也，以圭璋爲柄。"南朝齊謝朓《齊敬皇后哀策文》："璋瓚奚獻，褘褕罔設。"宋趙彥衛《雲麓漫抄》卷四："王用圭瓚酌鬱鬯灌於地求神，而后以璋瓚酌鬱鬯以亞灌。"

璋瓚
（宋龍大淵《古玉圖譜》）

璲

瑞玉。《詩·小雅·大東》："鞙鞙佩璲，不以其長。"毛傳："璲，瑞也。"鄭玄箋："佩璲者，以瑞玉爲佩。"《金史·宗弼傳》："以袞冕圭寶佩璲玉册册康王爲宋帝。"

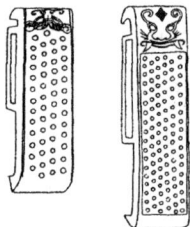

璲
（清吳大澂《古玉圖考》）

禮玉

古代禮神之玉器。祭神之禮必有玉帛。《論語·陽貨》："子曰：'禮云禮云，玉帛云乎哉！樂云樂云，鐘鼓云乎哉！'"宋王與之《周禮訂義》卷六八引鄭玄曰："幣所以將其禮，玉所以彰其德。有是德故有是幣，然後足以見其誠。圭也，璋也，與夫璧琮、琥璜，皆玉也，所以比德。"宋葉時《禮經會元》卷三下："宗伯六器，則以蒼璧禮天，黃琮禮地，是天地之禮玉有別也。典瑞則以四圭祀天，兩圭祀地，是天地之祀玉不同也。"清夏炘《學禮管釋·釋禮玉祀玉》："古者祭天地之玉，有禮玉，有祀玉。禮玉薦於神坐，祀玉執之於手，《書·金縢》所謂'周公植璧秉圭'是也。"清顧鎮《虞東學詩》卷一〇："陳祥道曰：璧琮禮天地，四圭兩圭祀天地，皆一祭。兼用之四方，有禮玉，無祀玉。日月星辰山川，有祀玉無禮王（疑爲"玉"之誤），祀之乃所以禮之。"

環璧

玉環和玉璧。環爲圈形，璧的邊闊大於孔徑。古代用作朝聘、祭祀、喪葬之禮器。亦用作裝飾品。《墨子·天志中》："若國家治，財用足，則內有以潔爲酒醴粢盛，以祭祀天鬼；外有以爲環璧珠玉，以聘撓四鄰。"漢劉勝《文木賦》："青綢紫綬，環璧珪璋。"宋趙明誠《金石錄》卷二七引北海太守趙居貞爲《唐雲門山投龍詩》撰序言："天寶玄黓歲下元日，居貞投金龍環璧於此山，有瑞雲出於洞中，有聲云：'皇帝壽一萬一千一百歲。'"明陳子龍《安雅堂稿》卷一五："孔子三十四世孫禎宦游於吳，因家焉，而立家廟，又藏先聖衣冠，環璧封之以爲墓，世世奉祀。"

簡圭

大圭。《淮南子·説山訓》："周之簡圭，生於垢石。"高誘注："簡圭，大圭。美玉出於石中，故曰生垢石。"

璧

玉器名，爲六器與六瑞之首。其形扁平、圓形、中心有孔，邊闊大於孔徑。爲古代貴族用作朝聘、祭祀、喪葬時之禮器，亦用作佩帶

之裝飾。《詩・衛風・淇奧》："有匪君子，如
金如錫，如圭如璧。"《荀子・大略》："聘人以
珪，問士以璧。"《說文・玉部》："璧，瑞玉，
圓也。"《爾雅・釋器》："肉倍好謂之璧。"邢
昺疏："璧亦玉器，子男所執者也……璧之制，
肉，邊也；好，孔也。邊大倍於孔者，名璧。"
唐段成式《酉陽雜俎・禮異》："凡節……古者
安平用璧，興事用圭，成功用璋。"亦泛指美
玉。《莊子・山木》："子獨不聞假人之亡與？林
回棄千金之璧，負赤子而趨。"南朝宋鮑照《河
清頌》："如彼七緯，累璧重珠。"唐劉知幾《史
通・探賾》："蓋明月之珠不能無瑕，夜光之璧
不能無纇。"南越王墓出土的西漢龍紋玉璧，外
徑 33.4 厘米，厚 1.1 厘米。深綠色，有白斑。
體扁平，兩面紋飾相同。周緣起棱，內圈飾三
組一首雙身夔龍紋，并有刻紋相隔。中圈飾穀
紋，外圈飾七組夔龍紋。由三周繩索紋相隔。
此器徑大體厚，圖案複雜。出土時，置於墓主
背部，并留有十字形絹帶痕。1983 年廣東廣州
南越王墓出土。現收藏於廣州西漢南越王墓博
物館。

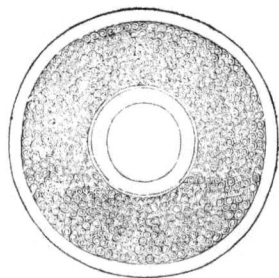

璧
（元朱德潤《考古圖》）

璧玉

上等美玉。《墨子・節葬下》："革闐三操，

璧玉即具。"漢陸賈《新語・本行》："璧玉珠璣
不御於上，則玩好之物棄於下。"元王沂《送天
師還山》詩："椒蘭紛馥鬱，璧玉爛華光。"震
旦藝術博物館收藏的春秋晚期獸紋玉璧，外徑
11.8 厘米，孔徑 6.5 厘米，厚 0.5 厘米。玉質整
體白化，表面附着黑褐色有機質，器形以圓璧
爲主體，表面雕琢兩圈浮雕虺龍紋，虺龍紋以
圓圈爲眼，S 紋和雲紋連成翹鼻與張口，細扭
絲紋爲下吐舌頭，朝逆時針方嚮排列，圓璧周
邊附飾四浮雕獸紋，器形設計極爲特殊。

璧琰

玉璧與琰圭。《逸周書・王會》："四方玄繚
璧琰十二。"孔晁注："琰，珪也。"

璹

玉器，八寸之璋。《說文・玉部》："璹，玉
器也。"元李序《和胡景雲白玉心黃金淚二歌》：
"飛神出入洞八荒，璆琳爲衣璹爲裳。"

瓊璧

玉璧。晉張協《七命》："雲屛爛汗，瓊璧
青蔥。"唐黃滔《水殿賦》詩："裝羽毛而搖裔，
叠瓊璧而熒煌。"唐李亢《獨異志》卷下："唐
宰相王涯，奢豪貴極。庭穿大井，合木爲櫃，
嚴其鎖鑰，天下寶玉，珍珠瓊璧，投置水中，
汲水供涯所飲。"元陳樵《蔗庵賦》："群仙之居
兮，瓊璧連楹。"

寶鎮

亦稱"玉鎮"。玉圭之類的珍貴玉器。《周
禮・春官・天府》："上春，釁寶鎮及寶器。"宋
李覯《魯公碑》詩："唯恐此碑壞，此書難再
睹。安得同寶鎮，收藏在天府。"宋袁燮《絜齋
家塾書鈔》卷一〇："神龜者，國之寶鎮，吉凶
禍福將於是乎占焉。"明丘濬《大學衍義補》卷

九一："吕祖謙曰：'此非特盛彌文而彰備物，天位峻極，幄座靚深，寶鎮燁華，車輅峙列，入其庭肅然起敬，懼不克承，委重投艱之意，不言而已傳矣。'"《周禮·春官·天府》"凡國之玉鎮大寶器藏焉"唐賈公彥疏："此云玉鎮，即《大宗伯》云以玉作六瑞鎮圭之屬，即此寶鎮也。"

【玉鎮】[2]

即寶鎮。此稱先秦時期已行用。見該文。

瓏

古人大旱求雨時所用之玉，上刻龍紋。《説文·玉部》："瓏，禱旱玉也。"

瓏
（清吳大澂《古玉圖考》）

琅玕[1]

亦稱"瓓玕"。似珠玉之美石。《書·禹貢》："厥貢唯球、琳、琅玕。"孔傳："琅玕，石而似玉。"孔穎達疏："琅玕，石而似珠者。"《舊唐書·肅宗紀》："壬子，楚州刺史崔侁獻定國寶玉十三枚：一曰玄黃天符，如笏，長八寸，闊三寸，上圓下方，近圓有孔，黃玉也。……八曰琅玕珠，二枚，長一寸二分。九曰玉玦，形如玉環，四分缺一。……十三寶置於日中，皆白氣連天。"元王旭《離憂賦》："佩琅玕而服明月兮，裁青霞以爲裙；懷真符而欲獻兮，顧君門而躊躇。"清孫枝蔚《牛饑紀事·二二韻》："獸醫歸部伍，柴藥貴琅玕。"南朝宋鮑照《冬

至》詩："長河結瓓玕。層冰如玉岸。"錢振倫注："《集韻》：'瓓，玉采文。玕，琅玕也。'"

【瓓玕】

即琅玕。此稱南北朝時期已行用。見該文。

菜玉

次等玉石，其色如菜，爲青色寶石。元王士點、商企翁《秘書監志》卷六："青菜玉軸頭大小五十四個，內水石一個，菜玉軸頭三個，瑪瑙軸頭二個。"明宋應星《天工開物·珠玉》："凡玉唯白與綠兩色。綠者中國名菜玉。其赤玉、黃玉之説，皆奇石、琅玕之類，價即不下於玉，然非玉也。凡玉璞根系係山石流水，未推出位時，璞中玉軟如棉絮，推出位時則已硬，入塵見風則愈硬。謂世間琢磨有軟玉，則又非也。凡璞藏玉，其外者曰玉皮，取爲硯托之類，其值無幾。璞中之玉有縱橫尺餘無瑕玷者，古者帝王取以爲璽。所謂連城之璧，亦不易得。其縱橫五六寸無瑕者，治以爲杯斝，此亦當世重寶也。"明朱國楨《湧幢小品》卷三："世宗既改郊壇方丘，并朝日夕月壇。所用玉爵，各因其色，詔戶部覓紅黃玉送御用監製造。戶部多方購之，不獲。但得紅黃瑪瑙、水晶等石以進。詔暫充用，仍責求玉。十年，部臣言：'中國所用玉，大段出自西域、于闐、天方諸國。及查節年貢牘，唯有漿水玉、菜玉，并無紅黃兩色。且諸國俱接陝西邊界，宜行彼處撫臣厚價訪購。'詔可。"明曹昭《格古要論·珍奇論》："菜玉，非青非綠，色如菜葉。玉之低者。"

綠松石

爲含水的銅鋁磷酸鹽。因其形似松球，色近松綠，故名。屬磷酸鹽類礦物。三斜晶系，

隱晶質。摩氏硬度 4.5 ～ 6，密度 2.6 ～ 2.9 克每立方厘米。不透明。白堊狀者韌性小，易斷裂，緻密者韌性好，斷口貝殼狀到粒狀。拋光面爲油脂光澤或玻璃光澤。綠松石含銅、鐵等元素，因所含元素不同，形成顏色差異較大，含銅的氧化物呈藍色，含鐵的氧化物呈綠色。其中，不透明蔚藍色最具特色。但亦有蒼白色、黃綠色、淺綠色、綠色、灰綠色、藍綠色、淡藍色等。在長波紫外綫照射下可發淡黃綠色到藍色的熒光。遇熱通常會爆裂成碎片，變爲褐色；火焰下呈綠色。在鹽酸中會慢慢溶解。由於優質綠松石較少，珠寶界達成共識，采用注蠟、注塑等方法來改變天然綠松石品質，取得成效。綠松石硬度適中，色彩美觀，質地細膩，但品種之間的差異比較大，綠松石通常分四種品種，即綠松、瓷松、泡（面）松和鐵綫松等。優質綠松石主要用於製作耳飾、胸飾、戒面等。品質一般的綠松石，則用於製作各種款式的服飾、手鏈、項鏈等。體積較大者則用於雕刻工藝品。佛家神聖的一百零八顆念珠上，綠松石充當主要墊圈或珠子。綠松石的主要產地之一爲中國。其中，湖北竹山、鄖縣、鄖西一帶所產綠松石爲最佳，因此，湖北成爲世界著名綠松石產地。此外，安徽馬鞍山、河南淅川、陝西白河、青海烏蘭、新疆哈密等地均產綠松石。

綠松石原石

國外著名綠松石產地有伊朗，此外，美國、埃及、阿富汗、墨西哥、俄羅斯和印度等國亦產綠松石。《清會典事例・禮部冠服冠幅通例》："公飾玉以貓睛眼、侯綠松石、伯紅寶石，男冠服各從其品。"《大清會典》卷三〇："宗廟朝帶，用綠松石四，銜以金飾東珠如前制。"清歐陽昱《見聞瑣錄》："睿宗命將財物一一估值……貓兒眼、密脂綠松石，值銀一百二十四萬兩。古玩器物，值銀三百七十二萬兩。"

翠琅玕

亦稱"青琅玕""石珠""青珠""石闌幹""孔雀石"。碧綠色美石。翠琅玕爲含銅的碳酸鹽礦物，屬單斜晶系。晶體形態常呈針狀或柱狀，通常情況下，呈隱晶鍾乳狀、皮殼狀、塊狀、纖維狀和結核狀集合體。具有纖維放射狀和同心層狀結構。顏色有綠、暗綠色、孔雀綠等，并帶有色彩濃淡的條狀花紋，玻璃光澤或絲絹光澤，似透明至不透明之間。摩氏硬度爲 3.5 ～ 4.5，密度爲 3.54 ～ 4.1 克每立方厘米。性質比較脆，有貝殼狀至參差狀斷口。翠琅玕遇鹽酸起反應，而且易溶解。其紋理和顏色決定品質，顏色越鮮艷，紋理越細膩，品質越上乘。翠琅玕產於銅的硫化物礦床氧化帶，經常與其他含銅礦物共生（如赤銅礦、藍銅礦等）。世界著名產地有納米比亞、澳大利亞、美國、俄羅斯等。國內主要產地有贛西北、廣東陽春以及湖北大冶等。翠琅玕也是一味中藥。其味澀、酸、苦，有毒、性寒；有去腐、殺蟲、解毒之功效。經常外用於治療眼瞼糜爛、瘡瘍頑癣、鼻息肉等。内科配方用於治療風痰，突然昏厥及血氣心痛等症。翠琅玕亦作飾品。漢張衡《四愁詩》："美人贈我翠琅玕，何以報之雙玉盤。"魏曹植《美女篇》詩:"頭上金爵釵,腰佩翠琅玕。"唐杜甫《與鄠縣源大少府宴渼陂》詩:"愁避酒難主人情,爛熳持答翠琅玕。"元趙孟頫《題所畫梅竹幽蘭水仙贈鶴皋》詩:"蕭蕭葉帶雨聲寒,裊裊枝搖月影殘。欲引九苞威鳳宿,晴窗試寫翠琅玕。"《神農本草經·玉石部下品·青琅玕》:"青琅玕味辛平。主身癢,火創,癰傷,疥搔,死肌。一名石珠。生平澤。"南朝梁陶弘景《名醫別錄·下品·青琅》:"一名青珠。採無時。"唐杜甫《鄭駙馬宅宴洞中》詩:"主家陰洞細煙霧,留客夏簟青琅玕。"宋唐慎微《證類本草·玉石部下品·青琅玕》:"青琅玕味辛平,無毒。主身癢火瘡,癰傷,白禿疥瘙,死肌侵淫在皮膚中。煮鍊服之起陰氣。可化爲丹。"元汪大淵《島夷志略·哩伽塔》:"産青琅玕、珊瑚樹……秋冬民間皆用船採取。"明李時珍《本草綱目·石之四·婆娑石》:"釋名:石闌幹(拾遺)。"又集解:"《別錄》曰:石闌幹生蜀郡平澤,採無時。弘景曰,此《蜀都賦》所稱青珠黃環者也。……恭曰琅玕有數種,色以青者入藥爲勝,是琉璃之類火

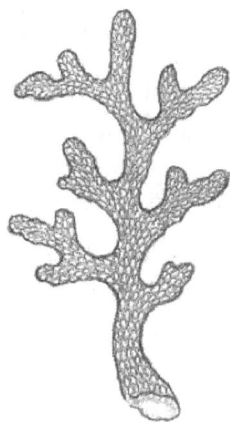

青琅玕
(清文俶《金石昆蟲草木狀》)

齊寶也。……藏器曰石闌幹生大海底,高尺餘如樹有根莖,莖上有孔如物點之。"清蔣廷錫《雙塔峰歌》:"今朝所見真大觀,半空落下青琅玕。"

【青琅玕】

即翠琅玕。此稱漢代已行用。見該文。

【石珠】

即翠琅玕。此稱漢代已行用。見該文。

【青珠】

即翠琅玕。此稱南北朝時期已行用。見該文。

【石闌幹】

即翠琅玕。此稱明代已行用。見該文。

【孔雀石】

即翠琅玕。因顏色酷似孔雀羽毛上斑點的綠色,近代人美其名曰"孔雀石"。清曾紀澤《出使英法俄國日記·光緒六年》:"至俄國太子宮門挂號,因其號簿已携赴鄉,遂出至大禮拜堂遊觀良久。殿柱以青金石爲之者二,其大約徑二尺,高約丈許。以孔雀石爲之者十,其大約徑三尺有奇,高四丈許。神像十餘,皆以寶石嵌而成之,最下者黃金也。"清鄂爾泰、張廷玉《國朝宮史·經費二》:"丹山春永催生石鳳凰松桃花插一件……碧筒凝液孔雀石蓮枝洗一件、九霄葩採孔雀石流雲洗一件、坤元合德荆石腰圓盒一件、玉規量月花石圈一件、昆侖瑞璞黃石子一件〔以上石器一九〕。"孫殿起輯《琉璃廠小志·文昌館及火神廟》:"又有所謂孔雀石者,不詳其名之所始,或曰紋如孔雀之羽,故名,其或然歟。曩時謂之綠青,一名石綠,僅僅爲繪畫之需,近且雕琢之以爲滴硯煙壺及種種裝飾玩具,色暗綠而紋重疊。佳者與金玉

并重，市人往往謂得之俄國云。"按，現代寶石學中，孔雀石屬於玉石。

珇

次於玉的美石。《説文・玉部》："珇，石之次玉者，以爲繫璧。"段玉裁注："繫璧，蓋爲小璧，繫帶間，縣左右佩物也。"宋胡仔《漁隱叢話後集・東坡四》："《復齋漫録》云……佩刀柄珈瑱、珙、璧、珥、珇……是也。"

珂

白色似玉的美石。一説爲螺屬貝類。《玉篇・玉部》："珂，石次玉，亦碼磎白如雪者。一云螺屬。"《爾雅翼・釋魚》："貝，大者爲珂，黄黑色，其骨白，可以飾馬。"明李時珍《本草綱目・介之二・珂》："珂生南海，採無時，白如蚌。恭曰：珂，貝類也。大如鰒，皮黄黑而骨白，堪以爲飾。"

玹

次於玉的美石。《廣韻・平先》："玹，石次玉。"又《去霰》："玹，玉名。"

黄碝

玉石之次者，黄色的如玉美石。漢司馬相如《上林賦》："蜀石黄碝，水玉磊砢。"郭璞注："碝，碝石，黄色。"

璠

亦作"瑻"。次於玉的美石。《禮記・聘義》："敢問君子貴玉而賤璠者何也？"注："璠，石似玉。"《龍龕手鑑・玉部》："'璠'，同'瑻'。"《史記・司馬相如列傳》："琳璠琨珸。"裴駰集解："《漢書音義》曰：琳，球也。璠，石次玉者。琨珸山名也。"清馬驌《繹史・夏官司馬四》："弁師掌王之五冕，皆玄冕、朱裏、延紐，五采繅十有二就，皆五采玉十有二，玉笄朱紘。

諸侯之繅旒九就，瑻玉三采。"

【瑻】

同"璠"。此稱漢代已行用。見該文。

砷

次於玉的美石。《廣雅・釋地》："蜀石、硬、玫、砷磲……石之次玉。"《明史・婆羅國傳》："每祭用犧，厥貢玳瑁、瑪瑙、砷磲、珠、白焦布、花蕉布、降真香、黄蠟、黑小廝。"

瑊玏

次於玉的美石。《廣雅・釋地》："瑊玏，石之次玉。"漢司馬相如《上林賦》："其石則赤玉玫瑰，琳瑻昆吾，瑊玏玄厲，碝石碔砆。"郭璞注引張揖曰："瑊玏，石之次玉者。"清鈕琇《觚賸・石言》："羚羊峽距郡東三十里，束三江之水，其山産石，類瑊玏。"

琨

玉石。《書・禹貢》："厥貢唯金三品、瑶、琨、筱簜。"孔傳："瑶、琨皆美玉。"孔穎達疏："美石似玉者也……王肅云：'瑶、琨，美石次玉者也。'"漢張衡《思玄賦》："獻環琨與琛縭兮，申厥好以玄黄。"舊注："琨，璧也。"

瑀

似玉的美石。《説文・玉部》："瑀，石之似玉者。"《詩・鄭風・女曰雞鳴》："雜佩以贈之。"毛傳："雜佩者，珩、璜、琚、瑀、衝牙之類。"鄭玄箋："瑀，石次玉也。"

蜀石

産於蜀地次於玉的石。《文選・司馬相如〈上林賦〉》："蜀石黄碝，水玉磊砢。"李善注引張揖曰："蜀石，石次玉者也。"《廣雅・釋地》："蜀石硬。"宋高似孫《緯略・蜀石》："有人遺余玉筆格一枚，狀如漿水瑪瑙而非玉也。因

叩之，謂玉出嘉陵。按司馬相如《上林賦》曰
'蜀石黃碝'，張揖曰：'蜀石，次玉者也。'嘉
陵之玉，蓋出於此。"

瑨

次於玉的美石。《廣韻·去震》："瑨，美
石次玉。"《古今通韻·去聲·十二震》："瑨爲
美石之似玉者。"元方回《續古今考·皇帝璽符
節》："使人浚井，得傳國璽。文曰：'受命於
天，既壽永昌。'方圍四寸，上有鈕交盤五龍，
瑨七寸，龍上一角缺。"

碝石

亦作"礝石"，又稱"碝碱"。次於玉的美
石。《山海經·中山經》："西五十里，曰扶豬
之山，其上多礝石。"郝懿行箋疏："礝當爲
碝。"《文選·司馬相如〈子虛賦〉》："瑊玏玄
厲，碝石碔砆。"李善注引張揖曰："碝石、碔
砆，皆石之次玉者。碝石，白者如冰，半有赤
色。"《文選·班固〈西都賦〉》："碝碱彩致，琳
瑉青熒。"李善注："《説文》曰：'碝，石之次
玉也。'……碱，碝類也。"

【碝碱】

即碝石。此稱漢代已行用。見該文。

【礝石】

同"碝石"。此體先秦時期已行用。見該文。

璓

亦作"琇"。次於玉的美石。《説文·玉部》：
"璓，石之次玉者。"《詩·小雅·都人士》："彼
都人士，充耳琇實。"毛傳："琇，美石也。"
《隋書·禮儀志七》："《大戴禮》云：冕而加旒
以蔽明也；琇纊塞耳以蔽聰也。"

【琇】[2]

同"璓"。此體先秦時期已行用。見該文。

瓀

似玉的美石。《集韻·平遷》："瓀，瑌也。"
《禮記·玉藻》："士佩瓀玟而縕組綬。"孔穎達
疏："瓀、玟，石次玉者，賤，故士佩之。"漢
張衡《西京賦》："珊瑚琳碧，瓀瑉璘彬。"明鄭
真《季純夫字説》："天子之佩以白玉，公侯以
山玄玉，大夫以水蒼玉，世子以瑜，士以瓀玟；
其玉固貴乎純矣。"

瓊瑰

次於玉的美石。《詩·秦風·渭陽》："何以
贈之，瓊瑰玉佩。"毛傳："瓊瑰，石而次玉。"
宋胡宏《皇王大紀·三王紀·襄王》："我送舅
氏，悠悠我思，何以贈之，瓊瑰玉佩。"宋石仲
元《陽朔道中》詩："平原翠削萬瓊瑰，頓轡
塵沙眼暫開。文網牽人寧底急，未妨得意看山
來。"

青田凍

晶瑩透明如凍冰的美石類珍寶。明方以智
《物理小識·金石類》："青田凍石：青田石之心
爲凍石。如蠟者曰蠟凍；光明者曰燈光；近心
者爲豆青；次爲封門青。圖書取之爲其易於下
刀而芝泥油不滯浮石面也。遼凍下刀有沙聲，
作印最沾印色。"明楊士修《印母》："金銀作
私印便俗氣，如今之青田凍石，有光瑩潔净比
亞於玉者，甚可寶惜。其高者價亦倍至矣。"清
阮葵生《茶餘客話·青田凍壽山石》："明萬曆
時，處州山中往往出'青田凍'，璞中剖出，初
本軟膩，見風始結爲石，故名'凍'。其色有淡
白、淡黃、淡青三種，以之鐫刻圖記，遠勝銅、
玉。"徐珂《清稗類鈔·鑒賞類》："洪鼐，青田
人。……青田凍石最宜印章，每見秦漢以來古
印，即購美石，師其意而爲之，四十年無倦容。

其所鑄章，不啻千百，皆爲好事所攫奪。”

松風石

一種有古松印痕似玉的美石類珍寶。唐蘇
鶚《杜陽雜編》卷下：“會昌元年，夫餘國貢火
玉三斗及松風石……松風石方一丈，瑩徹如玉，
其中有樹，形若古松偃蓋，颯颯焉而涼飆生於
其間。至盛夏，上令置於殿內，稍秋風颼颼，
即令撤去。”明王同軌《耳談類增·膇志地里居
室篇》：“武宗時，夫餘國獻松風石。聽之，常
作風聲。故鄭善夫詩有‘乃知此石有神靈，四
時常帶松風聲’。”

空青

孔雀石的一種。產於川贛等地。隨銅礦生
成，球形、中空、翠綠色。可作繪畫顏料，亦
可入藥。南朝梁江淹《扇上彩畫賦》：“空青出
峨眉之陽，雌黃出嶓
冢之陰。”《隋書·禮
儀志五》：“其下施
重層，以空青雕鏤
爲龍鳳象。”明李時
珍《本草綱目·石之
四·空青》集解引漢
劉向《別錄》：“空青
生益州山谷及越巂山

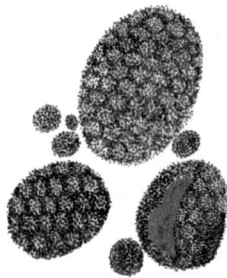

空青
（明刊《補遺雷公炮製便覽》）

有銅處，銅精熏則生空青，其腹中空。”清龔自
珍《送吳君序》：“怪鳥悲鳴，日暮冥冥，求所
謂奇虬、巨鯨、大珠、空青，卒無有。”

鷄血石

美石類珍寶名。因石上顏色像鷄血般鮮
紅，故名。爲中國特有之珍貴寶石，譽爲“國
寶”，馳名中外。此石形成於約一億年前火山爆
發，辰砂於高嶺石與地開石之間不斷滲染而成。

故此石爲辰砂與高嶺
石、地開石、葉臘石
等多礦物共生體。辰
砂是產生“血”的主
要成分。在我國，浙
江昌化爲鷄血石最早
產地，後來內蒙古巴
林右旗發現巴林石。
20世紀90年代，甘

鷄血石

肅、陝西、雲南、四川、湖南等地亦陸續發現
鷄血石。產地不同，鷄血石質地成分亦有所不
同。凍地鷄血石爲鷄血石中之名品。最常見爲
軟地鷄血石，血色及形狀形成的圖紋非常美麗。
剛地鷄血石硬度大，大部分不宜雕刻，一般稍
作加工後以觀賞其自然美爲主。硬地鷄血石絕
難雕刻，屬鷄血石中低檔品。血色的多寡與鮮
艷程度決定了其品質，其血色有鮮紅、大紅、
深紅、淺紅、紫紅等多種，最可貴的是帶活性
鮮紅血形。血的形狀有團塊狀，條帶狀，星點
狀等。早在明清時期，鷄血石就已被開採利用，
以其製作的工藝品已成皇宮珍藏品。1949年後
毛澤東主席曾收藏有鷄血石印章；周恩來總理
曾選鷄血石印章作爲國禮贈送田中角榮。清郭
嵩燾《倫敦與巴黎日記》卷二六：“一曰薩克
遜爾阿格得，薩克遜爾爲德國地名，阿格得蓋
瑠璃〔瑪瑙〕之屬也，狀如壽山鷄血石。”徐
珂《清稗類鈔·礦物類》：“昌化縣距城百餘里
十二都山中產圖書石，紅點若硃砂，世所謂鷄
血石者是也，亦有青紫如玳瑁者，頗可愛玩。
然近數十年來，求石質明活而斑鮮若鷄血者，
一方印章，價值數十金，亦鮮不可得也。”鄭孝
胥《鄭孝胥日記·癸酉日記》：“遼陽朱松生投

書求見，其辭曰："二陸去國，修謁耐空。小蘇通籍，必拜六一。"余見之。以鷄血石小印章二枚爲贄，乃于衡漢之婿也，年二十八，于孝初來示沈石田山水巨幅，後有何子貞大行書長跋。"秦翰才《滿宮殘照記·性情一斑》："四月十七日賞鷄血石小印一件。"孫殿起輯《琉璃廠小志·文昌館及火神廟》："而昌化石之多朱者，俗名鷄血石，佳者亦復珍如拱璧焉。"

附：　　　　玉名表

（續表）

玉名	出　處	釋　義
瑼	《類篇·玉部》《篇海類編·珍寶類·玉部》	瑼，玉名；一説似玉的美石
瑅	《説文·玉部》《集韻·平齊》	瑅，玉也，在瑅，瑅瑭，玉名
瑒	《説文新附·玉部》《廣韻·上虞》	瑒，玉名
瑃	《廣韻·平諄》《集韻·平諄》	瑃，玉名，或從春
瑒	《廣韻·平陽》、明楊慎《玉名詁》	瑒，玉名，祀天玉也
瑫	《廣韻·平豪》《集韻·平豪》	瑫，玉名，美玉
琠	《説文·玉部》《玉篇·玉部》	琠，玉名
瑒	《玉篇·玉部》《集韻·平陽》	瑒，玉名
璥	《説文·玉部》《玉篇·玉部》	璥，玉名
瑄	《玉篇·玉部》《集韻·上緩》	瑄，玉名
珣	《説文·玉部》《廣韻·去漾》	珣，玉名
瑋	《廣韻·上尾》《集韻·上尾》	瑋，玉名，美玉
璕	《廣韻·平尤》	璕，玉名
琿	《集韻·平魂》《玉篇·玉部》	琿，玉名，美玉
瓊	《玉篇·玉部》	瓊，美玉
玌	《改併四聲篇海·玉部》引《奚韻》	玌，玉
珣	《篇海類編·珍寶類·玉部》	珣，玉名
珇	《篇海類編·珍寶類·玉部》	珇，玉名
瓇	《五音集韻·平尤》	瓇，玉名
玪	《改併四聲篇海·玉部》引《川篇》	玪，玉名
玶	《玉篇·玉部》	玶，玉名
珆	《玉篇·玉部》	珆，玉名
瑹	《玉篇·玉部》	瑹，玉名
珹	《玉篇·玉部》	珹，玉名
珣	《玉篇·玉部》	珣，玉名
瑯	《玉篇·玉部》	瑯，玉名
瓕	《玉篇·玉部》	瓕，玉名
肂	《玉篇·玉部》	肂，玉名
璙	《説文·玉部》	璙，玉名
玘	《説文新附·玉部》	玘，玉名
瑧	《龍龕手鑑·玉部》	瑧，玉名
珖	《集韻·平唐》	珖，玉名
珜	《集韻·去霰》	珜，玉名
瑈	《集韻·上獮》	瑈，玉名
璿	《集韻·平遷》	璿，玉名
琜	《集韻·平咍》《説文·玉部》	棶，《説文》："棶璸，玉也。"或書作琜
珅	《集韻·平真》	珅，玉名
瑓	《集韻·去霰》	瑓，玉名
璓	《廣韻·平尤》	璓，玉名
琭	《廣韻·入屋》	琭，玉名
珋	《廣韻·入狎》	珋，玉名
瓗	《廣韻·平支》	瓗，玉名
璀	《廣韻·上賄》	璀，玉名
瑭	《廣雅·釋地》	瑭，玉名
珊	《説文·玉部》	珊，玉名
礐	《集韻·入沃》	礐，玉名

第二節　瑪瑙考

今之學術界以"玉髓"之名統稱玉髓、瑪瑙與碧石三類。從礦物學角度來講，三者都屬於多晶質石英。寶石界習慣以"瑪瑙"之名統稱之，故社會上常將"玉髓"與"瑪瑙"混稱。本書依寶石界習慣而對此加以介紹。有紋帶之玉髓爲瑪瑙，以其紋帶之形狀與色彩而冠以不同名稱。瑪瑙在寶石學上屬於玉石。其字亦寫作"碼瑙""馬瑙""碼磂""馬腦"，有不同顏色所構成之花紋。若無環帶構造時則稱爲玉髓。"瑪瑙"一詞源於佛經。梵語本名"阿斯馬加波"，意爲馬之腦，因其紋帶及顏色文理交錯，"色如馬腦"，故有"馬腦""馬瑙"之稱。又因瑪瑙石中有一汪天然清水，或別稱"瓊漿石""漿水石""漿水瑪瑙"諸稱。如紋帶與色彩較爲豐富多彩者，則冠以"縞瑪瑙""苔紋瑪瑙（水草瑪瑙）""帶瑪瑙"等名稱。雖有紋帶，但較爲簡單者，則爲"縞瑪瑙"，其中以"紅縞瑪瑙"爲優；紋帶爲肉紅色或白、黑色平行似有絲纏繞者，稱爲"纏絲瑪瑙"。瑪瑙分類可按形態特徵劃分爲：縞瑪瑙（有纏絲瑪瑙和截子瑪瑙之分）、苔蘚瑪瑙（又稱樹枝狀瑪瑙）、風景瑪瑙（又稱城砦瑪瑙）、火瑪瑙、水膽瑪瑙。瑪瑙的評價與選購因素主要爲顏色、質地、透明度、塊度、加工工藝。工藝要求爲顏色鮮艷、純正，色層厚；表面光潔，透明度高；紋飾均匀、明晰，綫性程度好；質地細膩、堅韌；沒有裂紋或裂紋少；塊度大。紅色和藍色爲最佳。瑪瑙不僅可用作工藝裝飾物，亦可製耐磨器皿，亦可入藥。

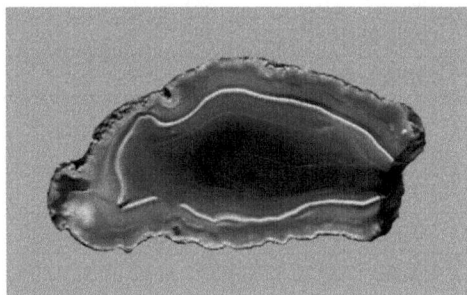

瑪瑙

以今之物理及化學成分而論，瑪瑙與玉髓物理性質相似，質純爲白色，因含 Fe、Ni、Mn 等色素離子而呈灰、紅、褐、綠藍等顏色，或因顏色紋帶相間而美麗無比。瑪瑙及玉髓質地極細膩，肉眼不可見顆粒，具玻璃光澤，密度 2.60~2.71 克/立方厘米。其紋理實爲含不同雜質之二氧化硅膠體溶液沿岩石間隙向内沉積而成。瑪瑙和玉髓產於火山岩空洞和裂隙中（原生礦），亦產於沉積岩礫石層、殘積和坡積層中（次生礦），如南京雨花石即爲瑪瑙和玉髓構成之礫石。關於瑪瑙之形成，有種種傳說，如晋王嘉《拾遺記》說是鬼血所化，明李時珍《本草綱目・石二・馬瑙》則說："瑪瑙……胡人云是馬吐出者。"目前瑪瑙的形成機制有兩種觀點：1.瑪瑙直接從岩漿熱流體中沉澱；2.硅飽和度低的岩漿熱液導致非晶質硅沉澱，這些初始物質（如非晶質蛋白石或硅膠圍塊）同時含有鐵、鋅、鎳、鉻、鈷、錳等多種微量元素，隨着温度降低，脱水作用導致瑪瑙形成。

瑪瑙珠串

瑪瑙與玉髓品種繁多，有紅、黄、白、灰諸色。除上述分類之外，多以其顏色定名。如顏色淡紅至濃紅者爲"紅玉髓"，帶肉紅色者又稱"肉紅玉髓"；呈蘋果綠或粉綠色者名爲"綠玉髓"，亦稱"澳玉""英卡石"，呈蔥綠色者爲"蔥綠玉髓"，黄綠色者"黄綠玉髓"等。此外，若玉髓之顏色或成分不純，而含有氧化鐵，則名爲"碧石"，以其顏色不同而冠以"紅碧石""綠碧石""黄褐碧石"之名。徐珂《清稗類鈔·礦物類》："瑪瑙，石英類礦物也，與玉髓同質，時有赤、白、灰各色相間，成平行層，多爲圓形，中心常空洞，水晶簇生其中，品類甚多，吾國有之。生南方者，色正紅而無瑕，生西北者，色青黑，謂之鬼面青，間以紅色如蛛絲者爲妙。上有枝葉儼如柏枝者，曰柏枝瑪瑙；黑白相間者，曰金子瑪瑙；質理純黑，中間白綠者，曰合子瑪瑙。正視之，瑩白光彩，側視之，若凝血者，曰夾胎瑪瑙，最珍貴。"

據考古發現，我國早在遠古時代即使用瑪瑙工具與飾品。1990年河北遷西西寨新石器時代遺址出土一百多件形態各异瑪瑙製品，有各種人像、動物、器物等造型。這組瑪瑙器大多由天然瑪瑙進行簡單加工製作而成。另南京北陰陽營新石器時代遺址中出土瑪瑙杯，甘肅永靖大何莊齊家文化遺址中出土瑪瑙珠。中國古代瑪瑙也有的來自西域、印度、波斯、康國、日本等國之貢品。我國也有產地，如東北扶餘和長白山北，松花江、黑龍江下游等地區，這裏自古以出"赤石"享名（見《後漢書·東夷傳》）。此外蔚州（今蔚縣）九空山和宣府（宣化）、四角山（見《天工開物》），甘肅和寧夏一帶（見《博物要覽》），陝西延安府神木和府谷地區（見《廣輿記》），汝州赤嶺鎮（見《宋史》），廣西博白縣（見《博白縣志》），南京雨花臺（見《珍玩續考》）等地區，均産瑪瑙。現今我國地質工作者於西北、華北、東北以及西南、華南等許多地區皆探明爲瑪瑙產地。（參見孫毓騏：《中國瑪瑙圖譜》，藍天出版社2004年版）

瑪瑙

亦作"馬瑙""馬腦""碼瑙"。亦稱"文石""馬腦珠"。玉石的一種。此稱漢代已行用。《西京雜記》卷二："武帝時，身毒國獻連環羇，皆以玉石作之，瑪瑙石爲勒，白光琉璃爲鞍。"《北史·薛端傳》："梁主蕭詧曾獻瑪瑙鐘。"《宋史·五行志四》："〔政和〕四年，府畿汝蔡之間，連山大小石皆變爲瑪瑙，尚方取爲寶帶，器玩甚富。"明孫瑴《古微書》卷三四："琉璃瑪瑙先以自然灰煮之令軟，可以雕刻。"三國魏文帝《瑪瑙勒賦》："馬瑙，玉屬也，出自西域，文理交錯，有似馬瑙，故其鄉人因以名之。"南朝梁元帝《烏棲曲》之一："幄中清酒馬腦鐘，裙邊雜佩琥珀龍。"明李時珍《本草綱目·石二·馬瑙》〔釋名〕："瑪瑙，文石，摩羅迦隸。藏器曰：馬腦珠，胡人云是馬吐出者，謬言也。時珍曰：按《增韻》云：'玉屬也。文理交錯，有似馬腦，因以名之。'《拾遺記》云是鬼血所化，更謬。"又"集解：藏器曰：'馬腦生西國玉石間，亦美石之類，重寶也。來中國者，皆以爲器，又入日本國，用斫木不熱者爲上，熱者非真也。'宗奭曰：'馬腦非玉非石，自是一類。'"《新唐書·東夷傳》："獻虎魄大如斗，碼

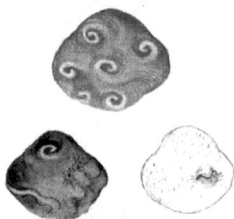

瑪瑙
（明刊《補遺雷公炮製便覽》）

瑪瑙手鐲

瑙若五升器。"宋潘自牧《記纂淵海·果食部》引《揚州事迹》："李漢碎胡碼瑙，盤盛送王莒曰：'安石榴。'莒見之，不疑，既食，乃覺之。"明李東陽《戲贈王古直》詩："碼瑙照案堆琉璃，問渠寶此亦安用。"

【馬瑙】

同"瑪瑙"。此體三國時期已行用。見該文。

【馬腦】

同"瑪瑙"。此體南北朝時期已行用。見該文。

【文石】

即瑪瑙。此稱明代已行用。見該文。

【馬腦珠】

即瑪瑙。此稱明代已行用。見該文。

【碼瑙】

同"瑪瑙"。此體唐代已行用。見該文。

土瑪瑙

亦稱"縣土瑪瑙""錦犀瑪瑙"。瑪瑙之一種。明文震亨《長物志》卷三："土瑪瑙，出山東兗州府、沂州，花紋如瑪瑙，紅多而細潤者佳。"明謝肇淛《滇略·產略》："有土瑪瑙，其色微紅而堅不足。"明張應文《清秘藏·水晶瑪瑙琥珀》："今雲南處處有之，名土瑪瑙，至賤者。"《山東通志·物產志》："縣土瑪瑙，出蘭山縣，紅多細潤者佳，胡桃紋者最貴，雲頭花及纏絲者次之，大者至五六尺。又名錦犀瑪瑙。"明方以智《物理小識·金石類》："有五色其兼者錦犀瑪瑙。"

【縣土瑪瑙】

即土瑪瑙。此稱清代已行用。見該文。

【錦犀瑪瑙】

即土瑪瑙。此稱明代已行用。見該文。

曲蟮瑪瑙

瑪瑙中紅花内又有粉紅花者。《格致鏡原》卷三三引《事物紺珠》:"曲蟮瑪瑙,紅花内有粉紅花。"

竹葉瑪瑙

瑪瑙中紋帶如竹葉者。明方以智《通雅》卷四八:"至竹葉瑪瑙、土瑪瑙,出沂州,可作屏風。"清谷應泰《博物要覽》卷六:"竹葉瑪瑙産淮右,色黄,有紋如竹葉,可作桌面圖屏。"清張紫琳《紅蘭逸乘·古迹》:"元妙觀西劉進士宅中有石井闌,銘曰'宋朝寧國寺井',蓋其寺址也。此寺蓋毀於宋末兵亂,今宅前竹葉瑪瑙旗杆墩及門旁滚石,俱舊物。"《七劍十三俠》第一七回:"〔嗚皋〕轉到裏面,却是一隻大殿,裝嚴得十分華麗,雕樑畫棟,鏤嵌精工。中間塑一尊魚籃觀世音。那桌子、椅子都是紫檀鑲嵌竹葉瑪瑙做成。有一隻百靈臺,却是沈香做的;下邊都是金漆地枰。"

花紅瑪瑙

瑪瑙中有錦花者。明曹昭《格古要論·瑪瑙器》:"有錦花者,謂之花紅瑪瑙。"

夾胎瑪瑙

瑪瑙中正視與倒視成兩色者。明宋應星《天工開物·珠玉》:"凡瑪瑙非石非玉,中國産處頗多……上品者産寧夏外徼羌地砂磧中,然中國即廣有,商販者亦不遠涉也。今京師貨者,多是大同、蔚州九空山、宣府四角山所産,有夾胎瑪瑙、截子瑪瑙、錦紅瑪瑙,是不一類。而神木、府谷出漿水瑪瑙、錦纏瑪瑙,隨方貨鬻,此其大端云。試法以砑木不熱者爲真。"明徐應秋《玉芝堂談薈·碼瑙櫃》:"又有夾胎瑪瑙,正視之則瑩白光彩,倒視之則若凝血。蓋一物而有兩色也,世不多見。"徐珂《清稗類鈔·礦物類》:"瑪瑙……色正紅而無瑕,生西北者,色青黑,謂之鬼面青,間以紅色如蛛絲者爲妙。上有枝葉儼如柏枝者,曰柏枝瑪瑙;黑白相間者,曰金子瑪瑙;質理純黑,中間白緑者,曰合子瑪瑙。正視之,瑩白光彩,側視之,若凝血者,曰夾胎瑪瑙,最珍貴。"

柏枝瑪瑙

瑪瑙中有花紋如柏枝者。明曹昭《格古要論·柏枝瑪瑙》:"漿水瑪瑙色,内有花紋如柏枝,故謂之柏枝瑪瑙,亦可愛。"明徐應秋《玉芝堂談薈·碼瑙櫃》:"有柏枝瑪瑙,質如冰玉,上有枝葉,儼如柏枝。"清王士禎《居易録》卷二一:"漿水瑪瑙淡紅者,内有花紋如柏枝,亦謂之柏枝瑪瑙。"參閱本節"夾胎瑪瑙"。

鬼面青

青黑色瑪瑙。徐珂《清稗類鈔·礦物類》:"瑪瑙……色青黑,謂之鬼面青,間以紅色如蛛絲者爲妙。"

紫雲瑪瑙

瑪瑙中紋帶如紫雲者。明徐應秋《玉芝堂談薈·碼瑙櫃》:"有紫雲瑪瑙,今和州産者,可作屏幛桌面等用。"

錦紅瑪瑙

瑪瑙中有錦紅花者。明曹昭《格古要論·瑪瑙器》:"有錦紅花者,謂之錦紅瑪瑙。"明宋應星《天工開物·珠玉》:"凡瑪瑙非石非玉,中國産處頗多……今京師貨者多是大同、蔚州九空山、宣府四角山所産,有夾胎瑪瑙、截子瑪瑙、錦紅瑪瑙,是不一類。而神木、府谷出漿水瑪瑙、錦纏瑪瑙,隨方貨鬻,此其大端云。試法以砑木不熱者爲真。"

醬斑瑪瑙

瑪瑙中有紫紅花者。明曹昭《格古要論・瑪瑙器》："有紫紅花者，謂之醬斑瑪瑙。"

纏絲瑪瑙

亦稱"截子瑪瑙""合子瑪瑙""金子瑪瑙"。有各色花紋相纏之瑪瑙。明曹昭《格古要論・瑪瑙器》："有錦紅花者謂之錦紅瑪瑙，有漆黑中一縷白者謂之合子瑪瑙，有黑白相間者謂之截子瑪瑙，有紅白雜色如絲相間者謂之纏絲瑪瑙。此幾種皆貴。"明李時珍《本草綱目・金石二・馬腦》："合子馬腦，漆黑中有一白縷間之；錦紅馬腦，其色如錦；纏絲馬腦，紅白如絲，此皆貴品。"《廣志》："瑪瑙出西洋者，名番瑪瑙，紅色爲佳。内有柏枝及五色纏絲者勝之，白者最殿。"黑白相間紋帶者爲截子瑪瑙。明徐應秋《玉芝堂談薈・碼瑙櫃》："又有金子瑪瑙，黑白相間，大不過一二寸。又有合子瑪瑙，質理純黑中間白綠者，可作數珠間隔。"

【截子瑪瑙】

即纏絲瑪瑙。此稱明代已行用。見該文。

【合子瑪瑙】

即纏絲瑪瑙。此稱明代已行用。見該文。

【金子瑪瑙】

即纏絲瑪瑙。此稱明代已行用。見該文。

小瑪瑙子

亦稱"六合石""螺子石"。雨花石中屬瑪瑙、玉髓類之礫石。有紅、藍、綠、紫、青、白、醬斑、金黃以及漿水瑪瑙、五色錦屏瑪瑙等，以藍瑪瑙、金黃瑪瑙較稀見；玉髓常見者狀如葡萄或鍾乳，色彩以灰白、乳白色居多，亦有少量呈鮮紅、深紅、葱綠諸色，火紅極艷者，較爲難得。此類雨花石質堅紋細，晶瑩剔透，呈半透明，光彩照人，爲雨花石中之上品。主要產於江蘇揚州儀徵市境内及南京市六合區，形狀以圓扁形爲主，色澤鮮艷多彩，花紋瑰麗無比，朦朧透明中似有山川雲霞、花鳥魚蟲。《格致鏡原》卷三三引《珍玩續考》："金陵雨花臺下有小瑪瑙子，但可充盆盎水石之玩。"明方以智《物理小識・金石類》："小石旋文則有六合石、日照石、上杭石、西昌石、塞外石。"宋杜綰《雲林石譜・螺子石》："江寧府江水中有碎石，謂之螺子。凡有五色，大抵全如六合縣靈巖及他處所產瑪瑙無異。紋理縈繞石面，望之透明，溫潤可喜。"明俞汝楫《禮部志稿》卷三八："弘治三年，奏定價例：……螺子石六塊，絹一定。"

【六合石】

即小瑪瑙子。此稱明代已行用。見該文。

【螺子石】[1]

即小瑪瑙子。此稱宋代已行用。見該文。

玉髓

亦稱"石髓"。玉髓晶體結構屬於隱晶質，具有粒狀、纖維狀結構，集合體常爲鍾乳狀、腎狀、結核狀、緻密塊狀。玉髓品種因其顏色不同而分綠玉髓（又稱澳玉，中國又稱英卡石）、濃綠玉髓、碧石等種類。玉髓顏色純正而美麗，塊度越大越好。綠玉髓、葱綠玉髓之優者最爲珍貴。玉髓多加工戒面、手鐲、項鏈等首飾。玉髓之名，始見於北朝魏時，但一般指玉液，未凝之時爲石鍾乳，已凝之後則成鍾乳石或石筍，與今所謂玉髓非同類。《魏書・陽固傳》載陽固《演賾賦》："咀玉髓而充渴兮，嚼正陽以長生。"宋唐慎微《證類本草・玉石類·白玉髓》："白玉髓，味甘平，無毒，主婦人無子，不老延年，生藍田玉石間。"《陝西通志·物産一》引《名醫別録》："玉髓生藍田玉石間。"遼耶律楚材《鹿尾》詩："濃色殷殷紅玉髓，微香馥馥紫瓊漿。"明胡奎《賦石蟹泉送僧游南山》詩："暗通雪竇金膏滑，清漱雲根玉髓堅。"北魏酈道元《水經注》卷四〇："'太行山，在河内野王縣西北'，王烈得石髓處也。"《晋書·嵇康傳》："康又遇王烈，共入山。烈嘗得石髓如飴，即自服半，余半與康，皆凝而爲石。"《資治通鑑·隋煬帝大業八年》："初嵩高道士潘誕自言三百歲，爲帝合煉金丹，帝爲之作嵩陽觀……所費巨萬。云金丹應用石膽、石髓。發石工鑿嵩高大石，深百尺者數十處。凡六年，丹不成。"《明一統志·嘉定州》："思娥洞，在州城西南二百里。初入稍隘，已乃弘廣，石髓凝結，千態萬狀，前望宛若堂亭。"《大清一統志·建寧府》："西峰洞，在建安縣東北，一名石橋洞，内可坐百人。有鼎爐石，石上五坎如碗形，皆藏石髓。前有巨石如方座，高三十餘丈。"

【石髓】

即玉髓。此稱南北朝時期已行用。見該文。

雨花石

亦稱"瑪瑙石""螺子石""雨石""雨花臺石""綺石""五色石""靈巖子石""小瑪瑙""六合石子"。有美麗色彩和花紋之小卵石，因産於南京雨花臺，故名。宋杜綰《雲林石譜·瑪瑙石》："真州、六合水中或沙土中，出瑪瑙石。"又云："江寧府水中有碎石，謂之螺子，凡有五色。"元馬祖常《登雨花臺》詩："雨石逢芝箭，風林得鳳毛。"《明一統志·南京》："雨花臺石，聚寶山出。"明林有麟《素園石譜》："綺石諸溪間皆有之，出六合水最佳，文理可玩，多奇形怪狀。"明陳貞慧《秋園雜佩》："五色石子出六合山瑪瑙澗，雨後胭痕螺髻，纍纍濯出。"明姜二酉《靈巖子石記》："余性好石，尤好靈巖子石。此種出靈巖山之澗中，山在六合，而聚於金陵。"明李時珍《本草綱目·馬腦》："金陵雨花臺小馬腦，止可充玩耳。"清孔尚任《六合石子》詩："黑者蝌蚪書，黃者斑紋虎，其一如透冰，朱鯉活堪數。"徐珂《清稗類鈔·鑒賞類》："佘某江某藏雨花臺石：江寧雨花臺所産小石，五色斑斕。光緒時，將備學堂學生佘某，一日，雨後登臺，得一石，徑寸餘，白質瑩潔如水晶，中有人影，作軍士荷槍狀，口鼻眉睫及冠上徽章皆可辨。佘故貧，付之質庫，得四十金，已出非望，竟不贖也。又某校教員有江某者，曾得一石，上有紅日一輪，下爲兩鷄相對，羽色畢具，冠距嶄然，質晶瑩，映日益顯，乃以八金購得之。"

【瑪瑙石】

即雨花石。此稱宋代已行用。見該文。

【螺子石】[2]

即雨花石。此稱宋代已行用。見該文。

【雨石】

即雨花石。此稱元代已行用。見該文。

【雨花臺石】

即雨花石。此稱明代已行用。見該文。

【綺石】

即雨花石。此稱明代已行用。見該文。

【五色石】

即雨花石。此稱明代已行用。見該文。

【靈巖子石】

　　即雨花石。此稱明代已行用。見該文。

【小瑪瑙】

　　即雨花石。此稱明代已行用。見該文。

【六合石子】

　　即雨花石。此稱清代已行用。見該文。

鬼功石

　　亦稱"鬼國石"。瑪瑙飾品。因其似非人功所爲，故名。明曹昭《格古要論·鬼功石》："嘗有戒指，内嵌瑪瑙一塊，面上碾成十二隻生肖，其文理如髮，似非人功，故謂之鬼功石。又曰鬼國石。"

【鬼國石】

　　即鬼功石，此稱明代已行用。見該文。

碧石

　　亦稱"碧""青石"。若玉髓之顏色或成分不純，成分中含有氧化鐵和黏土礦物等礦物雜質，則名爲"碧石"。其雜質含量常達15%以上。因其質地不純，通常表現爲不透明或微透明，并且光澤亦稍暗於普通玉髓。以其顏色不同而冠以"紅碧石""緑碧石""白碧石""黄碧石""黄褐碧石"之名。碧石質地常常不均勻，其顏色亦較多變，除有單色品種以外，亦常見雜色品種。如暗緑至緑色底色上帶紅色、棕紅色斑點者，被稱爲"血滴石"或"血星石""血石"，因其色彩對比度大，視覺效果强烈，非常美觀。當碧石中有兩種以上顏色組成的各種條帶狀或風景圖畫狀花紋時，則被統稱爲"圖畫碧石"，亦可具體分爲條帶狀碧石、風景碧石等，這種碧石多直接用作觀賞石。《宋書·符瑞志下》："碧石者玩好之物。"《宋史·輿服志》："内設金牀、暈錦褥，飾以雜色玻黎、碧石、珊瑚、金精石、瑪瑙。"《資治通鑑·晋懷帝永嘉五年》："〔劉〕琨牙門將邢延以碧石獻琨。"《浙江府志》："弘治《紹興府志》：'山陰縣碧山産碧石'。"《説文·玉部》："碧，石之青美者，從玉石，白聲。"段玉裁注："《西山經》：'高山其下多青碧。'傳：'碧亦玉類也。'《淮南書》：'昆侖有碧樹'，注：'碧，青石也。'……從玉石者，似玉之石也。碧色青白，金克木之色也，故從白。"漢張衡《南都賦》："緑碧紫英，青腰丹縹。"晋左思《吴都賦》："紫貝流黄，縹碧素玉。"宋高似孫《緯略》卷八："《廣志》曰：'碧有縹碧，有緑碧，出越巂。'……《矯世論》曰：'碧似玉，唯猗頓能别之。'"《後漢書·東夷傳》："弓長四尺，力如弩，矢用楛，長一尺八寸，青石爲鏃，鏃皆施毒，中人即死。"清杭世駿《三國志補注》卷二引《襄陽耆舊傳》曰："〔蔡瑁〕屋宇甚好，四墻皆以青石結角。"

【碧】

　　即碧石。此稱漢代已行用。見該文。

【青石】

　　即碧石。此稱漢代已行用。見該文。

瓊漿石

　　亦稱"漿水石""漿水瑪瑙"。瑪瑙中含有天然清水。元湯允謨《雲煙過眼續録》："瓊漿石，漿水石，瑪瑙也。"唐王仁裕《蜀石》："有人遺余玉筆格一枚，狀如漿水瑪瑙，而非玉也。"明曹昭《格古要論·瑪瑙器》："有淡水花者，謂之漿水瑪瑙。"清王士禎《居易録》卷二一："漿水瑪瑙淡紅者，内有花紋如柏枝，亦謂之柏枝瑪瑙。"

【漿水石】

　　即瓊漿石。此稱元代已行用。見該文。

【漿水瑪瑙】

即瓊漿石。此稱唐代已行用。見該文。

瑪瑙刀柄

以瑪瑙製作或鑲嵌瑪瑙之刀柄。《皇朝通典·禮賓》："西洋意達里亞國，教化王伯納第多，遣使奉表進貢方物……花盆，巴爾薩木油，阿噶達片，番銀筆，裹金規矩，鑲牙片，瑪瑙刀柄，鼻煙壺，珠，各色石鞭頭……"《大清一統志·西洋》："乾隆十八年復遣使進貢……瑪瑙刀柄，瑪瑙鼻煙壺，各色石鞭頭，小石盒，珊瑚素珠，瑪瑙珠……"清梁廷枏《海國四説·粵道貢國説》："瑪瑙刀柄一、瑪瑙鼻煙壺一、各色石鞭頭六、小石盒……"

瑪瑙太平車

以瑪瑙裝飾之輜重車輛。指民間輜重車輛。由於車重牛慢，日行距離有限，故謂太平車。《續資治通鑑長編·宋神宗熙寧七年》："今之民間輜車，重大椎樸，以牛輓之，日不能三十里，少蒙雨雪則跬步不進，故世謂之太平車，或可施於無事之日，恐兵間不可用耳。"清鄂爾泰、張廷玉《國朝宮史·經費二》："春臺朗照紫檀鑲玻璃插屏九件、祥輪永駐瑪瑙太平車九件、寶鼎長調瑪瑙匙九件……"

瑪瑙印

以瑪瑙刻製印章，多爲私人印章。明甘暘《印章集説》："瑪瑙印：瑪瑙，亦無官印，私印間有之，硬不可刻。其文剛燥不温，用爲私印，近俗。"清陳克恕《篆刻針度·例言》："玉石古用昆吾刀刻，近無此刀，而能刻者亦罕……唯余亦有切玉刀，應手如意，其他寶石瑪瑙水晶磁印，可以游刃有餘。因録其法，以公同好。"《品花寶鑑》第一一回："次早袁夫人檢出了十樣玩好，都是重價之珍，開了一個單子是：'瓊瑶玉連環，七寶釵翠羽扇，珊瑚搔頭，鏤金博山爐，青瑶玉琴軫，沈水香瑟柱，奇楠香串，瑪瑙印章。'先着人送去。"清倪濤《六藝之一録·上平私印》："温御：白瑪瑙印覆斗鈕。"

瑪瑙池

以瑪瑙砌成的周圍高中間低之池狀物。亦指狀如瑪瑙之水池。清郭嵩燾《倫敦與巴黎日記》卷六："其珍奇若琥珀缸及花樹，瑪瑙池、缸、藍晶、紫晶瓶、盤，參錯玉器中，用玻璃巨罩盛之，所見已不下十餘處。"清梁詩正等《西湖志纂·西溪勝迹》："瑪瑙池，在西溪南，《西溪百咏》序：'出百丈源，清如碧靛，池底細石圓秀，狀如瑪瑙。'"

瑪瑙花插

以瑪瑙製之插花用底座。方圓多角形等可成多種形式以表現插花之藝術性。清沈初《西清筆記·紀庶品》："安息雀卵……竅起一端，以當花插。"清鄂爾泰、張廷玉《國朝宮史·經費二》："龍鳳山河宋瑪瑙花觚一件、雙蟠百福紅瑪瑙花瓶一件、瑞捧雙桃五色瑪瑙花插一件、三壽作朋綠瑪瑙花插一件、瑶圃芝雲五色瑪瑙花插一件、天禄長春五色瑪瑙花樽一件、紅英雪幹二色瑪瑙花插一件、松茂萬年黃瑪瑙花插一件、雙魚兆瑞二色瑪瑙花插一件（以上瑪瑙器一九）。"

瑪瑙如意

以瑪瑙製之如意。清鄂爾泰、張廷玉《國朝宮史·經費二》："景福長生象牙嵌瑪瑙如意一柄、玉井舒華白檀香嵌瑪瑙如意一柄、慶衍三多紫檀嵌瑪瑙如意一柄、寶珠長滿白檀香嵌玻璃如意一柄、華林駢瑞黃楊木嵌瑪瑙如意一柄、九芝毓秀沈香嵌瑪瑙如意一柄、華寶同芳沈香鑲嵌花卉如意一柄（以上如意一九）。"參閱第二章第二節"水晶如意"。

瑪瑙床

以瑪瑙製作或鑲嵌瑪瑙的供人睡臥之傢具。《舊唐書·波斯國傳》："自開元十年至天寶六載，凡十遣使來朝，并獻方物。四月，遣使獻瑪瑙床。"《大集經》卷三三："時四天王，復以瑪瑙造床及道。亦言：如來願行此道坐瑪瑙床。"《文獻通考·四裔考十六》："開元、天寶間，遣使者十輩獻瑪瑙床、火毛繡舞筵。"《冊府元龜》卷九七一："四月，突厥九姓獻馬一百五十匹，堅昆獻馬九十八匹，波斯遣使獻瑪瑙床。"參閱清魏源《海國圖志》卷二四。

瑪瑙盂

以瑪瑙製盛湯液或飯食之圓形器皿。宋周輝《清波雜志》卷五："扶又言：家有瑪瑙盂，用以日飯一尊者。一失具飯，太夫人夜必夢求齋。其靈異如此。"宋何薳《春渚紀聞·記硯·躍魚見水石中》："徐州護戎陳皋供奉，行田間遇開墓者，得瑪瑙盂，圓淨無雕鏤紋，盂中容二合許，疑古酒巵也。"清梁廷枏《海國四說·粵道貢國說》："二十九日，於太和門頒給敕書。賜該國王百花蟒緞二，袍緞、綾緞各四，紫檀彩漆銅掐絲琺瑯龍舟仙臺一，玉器八，瑪瑙盂盤一，瓷器二百有二十，漆器三十七，葫蘆器十四……"

瑪瑙杯

以瑪瑙製盛酒、羹類液體之器具。《北史·西域傳》："煬帝時，乃遣侍御史韋節、司隸從事杜行滿使於西蕃諸國，至罽賓得瑪瑙杯，王舍城得佛經，史國得十舞女、師子皮、火鼠

毛而還。"《續通典·邊防·波斯》："元宗開元天寶間，遣使者十輩，獻瑪瑙杯等物，遼太祖天贊二年來貢。"清俞揚《泰州舊事摭拾·文物》："辛丑四月，城內東園賣花人李乙，靠城根治菊畦，發土得銅爐、玉杯、瑪瑙杯及雜色小玉器，鄰人哄傳乙得窖藏物，且不貲。乙恐禍，舉玉杯、瑪瑙杯獻於官，官又取其器之精好者量賞之。"《御定淵鑑類函》卷三六四引《增潛確類書》："宋周公謹云：見瑪瑙杯二隻，其一純白，中有金鱔魚一條；其一純紅，中有白鰍魚一條。"清龔煒《巢林筆談》卷三："又有一瑪瑙杯，旁隱紅日，酒注日落，光溶溶如浴然，名'海天落照'。"

瑪瑙枕

藥枕之一。中醫認爲，瑪瑙辛、寒、無毒，主辟惡，目生翳障，可改善內分泌，促進血液循環，活化內臟，預防便秘，助排毒素，對消化系統、風濕、神經痛等均有一定功用。長期佩帶、使用瑪瑙製品可使皮膚潤滑，心情開朗，血液循環增強，眼睛明亮有神。長期使用瑪瑙枕，可促進頭部血液循環，改善睡眠。唐何延之《蘭亭始末記》："太宗大悅，以玄齡舉得其人，賞錦彩千段。擢拜翼爲員外郎，加入五品，賜銀瓶一，金縷瓶一，瑪瑙枕一，並實以珠，內廄良馬兩匹兼寶裝鞍轡，莊宅各一區。"明徐應秋《玉芝堂談薈·碼瑙櫃》引《天寶遺事》："唐開元，龜茲國進瑪瑙枕，枕之十洲三島在夢中，帝號游仙枕。"（原文瑪、碼二字混用。）《紅樓夢》第二八回："襲人道：老太太的多着一個香如意，一個瑪瑙枕。太太、老爺、姨太太的祇多着一個如意。"清蟲天子《紅樓夢賦·叙》："夜深則海棠欲睡，風高則燕子先斜。瑪瑙枕

邊，夢斷合歡之榻；芙蓉帳裏，香飄并蒂之
花。"

瑪瑙盆

以瑪瑙製圓形，口大、底小、較淺之盛器，
用於盛放東西或洗滌。宋王明清《揮麈後録》
卷八："宣和中，有鄭良者，本茶商，交結閹寺
以進，至秘閣修撰、廣南轉運使。恃恩自恣。
部内有巨室，蓄一瑪瑙盆，每盛水則有二魚躍
其中。良聞之，厚酬其價不售，乃爲一番舶曾
訥者所得。"宋無名氏《宣和畫譜》卷一六：
"鷯子鵪鶉圖一，瑪瑙盆鵪鴿圖一，没骨花枝圖
一。"

瑪瑙珠

以瑪瑙製有光澤之小圓球。《金史·地理
志上·西京路》："舊置兵馬都部署司，天德二
年，改置本路都總管府，後更置留守司。置轉
運司及中都西京路提刑司。貢瑪瑙環子、瑪瑙
數珠。產白駝、安息香、松明……"《明史·外
國傳·巴喇西》："迄今年五月始附番舶入廣
東，得達闕下。進金葉表，貢祖母緑一、珊瑚
樹、琉璃瓶、玻璃盞各四，及瑪瑙珠、胡黑丹
諸物。帝嘉其遠來，賜賚有加。"明祝允明《野
記》："巴喇西國遣使臣沙地白入貢……其所貢
木匣六枚，内金葉表文、祖母緑一塊，珊瑚樹
四株、琉璃瓶四把，玻璃醆四個，及瑪瑙珠、
胡黑丹。"清胡式鈺《竇存·事竇》："金玉條脱
飾臂，尚已！今又以紅瑪瑙珠貫絲成釧，尤爲
鮮炫。殆本古朱腕繩而靡之，蓋以朱縷纏臂爲
媚也。"清梁廷柟《海國四説·粤道貢國説》：
"瑪瑙刀柄一、瑪瑙鼻煙壺一、各色石鞭頭六、
小石盒一對、珊瑚珠二串、瑪瑙珠四串、各寶
素珠十四串。"

瑪瑙桃

以瑪瑙刻製桃子或桃形製品。清宋犖《筠
廊偶筆》卷下："同里楊滄嶼先生（鎬），奉使
高麗，得瑪瑙桃一枚，上紅點如丹砂者七，以
錦袱裹之，袱上織成六字，云'此桃原現七
星'。"清鄂爾泰、張廷玉《國朝宫史·經費
二》："金霞注液黄瑪瑙蓋罐一件、仙源春麗紅
瑪瑙桃椿花插一件、舞呈鏡彩紅瑪瑙天鷄花插
一件。"又："昆島蟠枝紅白瑪瑙桃式鼻煙壺一
件、瓊嵒仙蒂紅白瑪瑙瓜式鼻煙壺一件、壺天
春盎瑪瑙天然鼻煙壺一件、寶掌浮瑪瑙佛手鼻
煙壺一件。"

瑪瑙帶

以瑪瑙製或鑲嵌瑪瑙之腰帶。明丘濬《重
編瓊臺稿·余肅敏公傳》："丁酉，召拜兵部尚
書，論前功加一品俸。逾年加太子太保，賜金
瑪瑙帶，織金麒麟衣一襲。"明劉昌《懸笥瑣
探·曾狀元絶筆詞》："御試《天馬歌》，子啓之
文先成，文多溜亮；士人後成，詞復塞澀。上
立賜子啓瑪瑙帶，始授士人官，由是子啓寵遇
日至。"《金瓶梅詞話》第九一回："玉樓戴着
金梁冠兒，插着滿頭珠翠、胡珠子，身穿大紅
通袖袍兒，繫金鑲瑪瑙帶、玎擋七事，下着柳
黄百花裙，先辭拜西門慶靈位，然後拜月娘。"
清紀昀等《四庫全書總目提要·西墅集》："劉
昌《懸笥瑣探》稱成祖嘗御試《天馬歌》，榮文
先成，詞旨瀏亮，成祖賜以瑪瑙帶，其思速可
見。"

瑪瑙瓶

以瑪瑙製腹大、頸長之容器。晉王嘉《拾
遺記》："丹丘之地，有夜叉駒跋之鬼，能以赤
馬腦爲瓶盂及樂器，皆精妙輕麗，中國人有用

者，則魑魅不能逢之。"唐釋道世《法苑珠林出家部・剃髮部》："佛告龍王：令造瑪瑙瓶、黃金函，將付帝釋，用盛螺髮。"《冊府元龜》卷九七一："康國遣使貢獻鎖子甲，水精杯，瑪瑙瓶，馳鳥卵及越諾之類。"元耶律楚材《贈蒲察元帥》詩："閑乘羸馬過蒲華，又到西陽太守家。瑪瑙瓶中簪亂錦，琉璃鐘裏泛流霞。"清郭嵩燾《倫敦與巴黎日記》卷八："瑪瑙巨瓶高二尺許，青黑色，遍繞赭色蛇紋，而起絲如毛。"

瑪瑙鉢

以瑪瑙製僧人餐具。底平口略小，圓形稍扁。宋普濟《五燈會元開元琦禪師法嗣》："饒州薦福道英禪師，僧問：'佛未出世時如何？'師曰：'琉璃瓶貯花。'曰：'出世後如何？'師曰：'瑪瑙鉢盛果。'"《佛本行集經》卷三二："如是更將四赤珠鉢，而亦不受。次復更將四瑪瑙鉢，而亦不受。"《佛說無量清净平等覺經》卷二："諸菩薩阿羅漢中有欲得銀鉢者……中有欲得瑪瑙鉢者，中有欲得明月珠鉢者，中有欲得摩尼珠鉢者，中欲得紫磨金鉢者，皆滿其中百味飲食。"

瑪瑙壺

以瑪瑙製深腹斂口有嘴有把之容器，多為圓形，亦有方、扁、橢圓等形。明張應文《清秘藏・水晶瑪瑙琥珀》："《珍玩考》載：沈萬三有瑪瑙壺一，質通明，類水晶。上有葡萄一蔓枝，如墨點就。余初不甚信之。後見一白瑪瑙盤中有黑色窠石及朱魚二枚，毫髮畢具，在白下人家，不知存否？始信三書所載不謬也。"明朱國禎《湧幢小品》卷一七："萬三宅在周莊，所藏有瑪瑙酒壺，其質通明，類水晶。中有葡萄一枝，如墨點，因號月下葡萄。籍没後，為

吳江某甲所得，以贈吏梅元衡。元衡死，其物不知所在。天順間，邑人李銘教童子為業。一夕於市中見溝渠有光，私識之。詰旦往發，獲此壺。有劉姓者曰：'若持此獻鎮守張太監，可得僉嘉興一郡鹽鈔。'李喜諾，遂與之夤緣，果獲所圖，計利三千金，劉分其三之一。李領鈔渡江，舟覆，皆濕毀。太守楊繼宗追捕前鈔，瘐死獄中，劉廢產與償。懷璧其罪，信非虛語。"清《萬壽盛典初集・慶祝五・康熙五十二年恭遇皇上六旬萬壽普天同慶》："恒親王進：無量壽佛四尊……鶴鹿長春瑪瑙壺……"《品花寶鑑》第三三回："富三看這和尚也就生得異樣，五短身材，穿一件青綢細羊皮僧袍，拴一條黃絲條，腳下是灰色絨毛兒窩，滿面陰騭紋，一雙色眼，手中拿個白玉煙壺，遞給富三，富三也把個瑪瑙壺送給他。"

瑪瑙軸

以瑪瑙製，裝裱好的字畫下端便於懸掛、捲起的圓杆。宋周密《齊東野語・紹興御府書畫式》："御府臨書六朝羲、獻、唐人法帖，并雜詩賦等：用毬路錦……玉軸或瑪瑙軸臨時取旨。內趙世元鈎摹者亦用衲錦褾。斕紙贉。瑪瑙軸。"又："米芾雜畫橫軸：用皂鸞綾褾，碧鸞綾裏，白鸞綾引首，白玉軸或瑪瑙軸。"

瑪瑙軸頭

卷軸兩端用於裝飾、墜底、固定之包頭。憑藉軸頭，書畫可以拉開并展平，且為畫軸增加美感。元王士點、商企翁《秘書監志・秘書庫》："青菜玉軸頭大小五十四個，內水石一個、菜玉軸頭三個、瑪瑙軸頭二個。"《金瓶梅詞話》第四九回："一張蜻蜓腿螳螂肚肥皂色起楞的桌子。桌子上安着條環樣須彌座大理石屏風。周

圍擺的都是泥鰍頭楠木靶腫筋的校椅，兩壁掛的畫都是紫竹杆兒綾邊瑪瑙軸頭。"

瑪瑙硯

以瑪瑙製磨墨之文具。宋洪邁《夷堅志補》卷二一："何子楚《春渚紀聞》載：……徐州護戎陳皋，於田間得瑪瑙硯盂，以貯水注硯。因閒視之，中有一鯽，長三寸許，游泳可愛。意謂偶汲池水得之，不爲異也。後取置缶中，盡出餘水驗之，魚不復見。後酌水滿中，須臾，一魚泛然而起，及取之。終無形體可拘，不知爲何寶也。"宋錢世昭《錢氏私志》："徽皇聞米元章有字學。一日，於瑶林殿張絹圖，方廣二丈許，設瑪瑙硯、李廷珪墨、牙管筆、金硯匣、玉鎮紙、水滴，召米書之上。"參閱元陶宗儀《説郛·玉壺清話》。

瑪瑙碟

以瑪瑙製比盤小，扁而淺，盛食物等之器皿。《紅樓夢》第三七回："襲人問道：'這一個纏絲白瑪瑙碟子那裏去了？'眾人見問，都你看我我看你，都想不起來。……又説道：'這都是今年咱們這裏園裏新結的果子，寶二爺送來與姑娘嘗嘗。再前日姑娘説這瑪瑙碟子好，姑娘就留下頑罷……'"清梁廷枏《海國四説·粤道貢國説》："青玉全枝葵花洗一，瑪瑙葵花碗一，瑪瑙葵花碟一，藏糖二匣……"

瑪瑙碗

以瑪瑙製作口大底小之餐具，多爲圓形。唐張彦遠《法書要録》卷三："翼便馳驛而發，至都奏御，太宗大悦，以玄齡舉得其人，賞錦綵千段，擢拜翼爲員外郎，加入五品，賜銀瓶一、金鏤瓶一、瑪瑙碗一，并實以珠。"宋馬令《馬氏南唐書·嗣主書第三》："先鋒使劉重進得其玉硯、瑪瑙碗、翡翠瓶以獻。"金劉迎《鰒魚》詩："筠籃一一千里來，百金一笑收羹材。色新欲透瑪瑙盌，味勝可泡葡萄醅。"《元史·鐵哥傳》："成宗即位，以鐵哥先朝舊臣，賜銀一千兩、鈔十萬貫。他日又賜以瑪瑙碗，謂鐵哥曰：'此器先皇所用，朕今賜卿，以卿久侍先皇故也。'"清梁廷枏《海國四説·粤道貢國説》："白玉全枝蔡花洗一，花瑪瑙菊花瓣碗一，葫蘆器藏糖二匣。"河北省博物館藏一宋代瑪瑙花式碗。此碗色彩斑斕，質地緻密，晶瑩剔透，深腹，圈足，形若盛開的海棠花，六瓣"花瓣"上，可見紫紅色斑紋。整器琢雕自然流暢，工藝精美。

瑪瑙榼

亦稱"瑪瑙盒"。以瑪瑙製盒類容器，用於盛酒或貯水。《太平御覽》卷七六一引《北齊書》曰："元韶，字世胄。魏室奇寶多入韶家。有瑪瑙榼，容三升，玉縫之。皆稱西域鬼作也。"元陶宗儀《説郛·涼州記》："瑪瑙鐘榼：吕纂咸寧三年，有人發張駿冢，得玉簫、玉尊、玉笛、瑪瑙鐘榼。"明陸深《春雨堂隨筆》："元韶娶魏孝武帝后，魏室奇寶多隨后入韶家，有二玉鉢相盛，可轉而不可出。瑪瑙榼容三升，玉縫之。皆西域鬼作也。鬼作，即世所謂鬼工。"清梁廷枏《海國四説·粤道貢國説》："五年，其國又遣使貢方物：大珊瑚珠、寶石素珠、金鑲咖石喻瓶、金琺瑯盒、金鑲蜜蠟盒、銀鑲咖石喻盒、金鑲瑪瑙盒、銀鑲藍石盒、銀鍍金鑲雲母盒。"參閱清沈自南《藝林彙考·稱號篇·編户類》。

【瑪瑙盒】

即瑪瑙榼。此稱多行用於清代。見該文。

瑪瑙鼻煙壺

以瑪瑙製鼻烟壺。爲外國貢品。清梁廷枏《海國四說·粵道貢國說》:"瑪瑙刀柄一、瑪瑙鼻煙壺一、各色石鞭頭六、小石盒一對、珊瑚珠二串、瑪瑙珠四串。"又:"螺鈿鼻煙盒,瑪瑙鼻煙盒,綠石鼻煙盒,銀裝春、夏、秋、冬四季花。"清鄂爾泰、張廷玉《國朝宮史·經費二》卷一八:"瓊罍仙蒂紅白瑪瑙瓜式鼻煙壺一件、壺天春盎瑪瑙天然鼻煙壺一件、寶掌浮瑪瑙佛手鼻煙壺一件、塗林衍慶紅白瑪瑙石榴鼻煙壺一件、瑤蕊含芳瑪瑙玉蘭花鼻煙壺一件、檀木勝果瑪瑙佛手鼻煙壺一件、香繞蓬壺花瑪瑙背壺式鼻煙壺一件、瑞捧仙匏象牙葫蘆鼻煙壺一件(以上鼻煙壺一九)。"清薛福成《庸庵筆記》卷三:"比璽煙壺(三百餘個),瑪瑙煙壺(一百餘個),漢玉煙壺(一百餘個)。"

瑪瑙盤

以瑪瑙製圓形敞口、扁淺之器皿。用於盛食承物。《新唐書·裴行儉傳》:"初,平都支、遮匐,獲瑰寶,不貲,蕃酋將士願觀焉,行儉因宴,遍出示坐者。有瑪瑙盤廣二尺,文彩粲然,軍吏趨跌盤,碎,惶怖,叩頭流血。儉笑曰,爾非故也,何至是,色不少吝。"唐姚汝能《安祿山事迹》卷上:"十載正月一日,是祿山生日,先日賜諸器物衣,太真亦厚加賞遺。(玄宗賜金花大銀盆二,金花銀雙絲瓶二,金鍍銀蓋碗二,金平脱酒海一并蓋,金平脱杓一,小瑪瑙盤二,金平脱大盞四)。"明張應文《清秘藏·水晶瑪瑙琥珀》:"《珍玩考》載沈萬三有瑪瑙壺一質,通明類水晶,上有葡萄一蔓,枝如墨點就。余初不甚信之,後見一白瑪瑙盤,中有黑色棄石及朱魚二枚,毫髮畢具,在白下人

家,不知存否,始信三書所載不謬也。"明瞿佑《剪燈新話》卷二:"謝堂乃太后之侄,殷富無比。嘗夜宴客,設水晶簾,燒沈香火,以徑尺瑪瑙盤,盛大珠四顆,光照一室,不用燈燭。"明程登吉《幼學求源》卷二四:"珊瑚樹,塞滿齊奴之室;瑪瑙盤,捧來行儉之家。"

瑪瑙樹

佛門七寶樹之一。佛門七寶係指金、銀、琉璃、水精、赤真珠、車磲、瑪瑙。《大樓炭經》卷一:"金樹金根金莖,銀枝葉花實。銀樹銀根銀莖,金枝葉華實。琉璃樹琉璃根莖,水精枝葉華實。水精樹水精根莖,琉璃枝葉華實。赤真珠樹赤真珠根,馬瑙莖枝葉華實。瑪瑙樹馬瑙根莖,赤真珠枝葉華實。車磲樹車磲根莖,一切寶枝葉華實。"又:"七寶:金、銀、琉璃、水精、赤真珠、車磲、馬瑙。"《佛說華手經》卷六:"諸塹岸上皆有七寶七重行樹。金樹:銀枝,碼瑙爲條,琉璃爲葉,頗梨爲華,車磲爲果,赤真珠根。……車磲樹者,瑪瑙爲枝,珊瑚爲條,銀葉,金華,頗梨爲果,琉瑙爲根。瑪瑙樹者,珊瑚爲枝,銀條,金葉,頗梨爲華,琉璃爲果,車磲爲根。珊瑚樹者,金枝,銀條,頗梨爲葉,琉璃爲華,車磲爲果,瑪瑙爲根。諸城各有八萬園林。縱廣正等二十由旬。"《佛說無量壽經》卷上:"金樹,銀樹,琉璃樹,頗梨樹,珊瑚樹,瑪瑙樹,車磲樹。或有二寶三乃至七寶轉共合成。或有金樹,銀葉華果。或有銀樹,二寶三乃至

樹化玉

七寶轉共合成。"亦指樹化石。木化石爲上億年前樹木被埋入地下後，木質部分被地下水中的二氧化硅、硫化鐵、碳酸鈣等替換了原來的木質成分，保留了樹木的木質結構和紋理，經過石化作用形成的植物化石。其中所含二氧化硅成分多，呈現玉石質感者，被稱硅化木或樹化玉。

瑪瑙龍舟

以瑪瑙製或鑲嵌瑪瑙之龍形船。清周伯義《揚州夢·夢中事》："珍藏家無用物甚多，極巧亦極貴。見一瑪瑙龍舟，透空玲瓏，器物咸備，左右水工十二，口眉各異。"

瑪瑙鐘

亦稱"瑪瑙酒鐘"。以瑪瑙製古代飲酒之器皿。北凉段龜龍《凉州記》："胡安據等發張駿墓，得瑪瑙鐘、白玉樽，受三升琉璃榼。"《北史·薛憕傳》："梁主蕭察曾獻瑪瑙鐘，周文帝執之顧丞郎曰：'能擲掆蒱頭得盧者，便與鐘。'"宋朱勝非《紺珠集·古樂府》："瑪瑙鐘：湘東王雲幄中清酒瑪瑙鐘，裙邊雜佩琥珀龍。"明郭勳編《雍熙樂府》卷三："〔尾聲〕瑤階玉砌排麟鳳，寶鐙金鞍控玉驄。碧玻璃瑪瑙鐘，輕貂裘細剪絨。"清孫承澤《天府廣記》卷三三："鮮於世榮，漁陽人。沈敏有器幹，仕北齊爲太子太傅，周武帝入代，遺以瑪瑙酒鐘，世榮得即碎之。周兵入鄴，諸將皆降，獨被執不屈而死。"

【瑪瑙酒鐘】

即瑪瑙鐘。此稱清代已行用。見該文。

瑪瑙鞭

指鑲嵌瑪瑙或以瑪瑙做杆之鞭子。用於鞭打或驅趕人畜等。宋陳隨隱《從駕記》："控攏御馬左右直執七寶素紅瑪瑙鞭，各二；擎朱紅水地戲珠龍杌子，各一。"宋錢世昭《錢氏私志》："賢穆有荆雍大長公主牌印，金鑄也，金鞍勒、瑪瑙鞭、金撮角，紅藤下馬杌子。闔國初貴主乘馬，元祐後不鑄印，無乘馬儀物。"明張元凱《少年》詩："玉具芙蓉劍，銀裝瑪瑙鞭。單車花底散，人望儼如仙。"明王世貞《從軍篇》："雙層鐵鏁桃花甲，三尺絨緣瑪瑙鞭。自道青雲能立上，復誇黃石有真傳。"

瑪瑙櫃

以瑪瑙製小型匣子，方形或長方形。用於盛放書籍、文件、衣物等。明高濂《遵生八牋·燕閒清賞牋上卷》："古有神物，如禹鼎知興廢。《瑞應圖》寶鼎，不爨自沸，不炊自熱，不汲自滿，不舉自藏。……勃海貢瑪瑙櫃，長三尺。南昌國貢大玳瑁盆，容十斛。又貢紫磁盆，可容五斗，舉之輕若鴻毛。"明徐應秋《玉芝堂談薈·碼瑙櫃》："武帝會昌中，渤海貢瑪瑙櫃。"《格致鏡原》卷三三引《珍玩考》："武宗會昌元年，渤海貢瑪瑙櫃，方三尺，深茜色，工巧無比。"

瑪瑙甕

以瑪瑙製口小腹大之罇子。可用於盛儲液體。晋王嘉《拾遺記》："有丹丘之國，獻瑪瑙甕，以盛甘露。帝德所洽，被於殊方，以露充於厨也。"宋曾慥《類説·燕北雜記》："當黃帝時瑪瑙甕，堯時猶存。甘露在其中，盈而不竭，謂之寶露，以頒賜群臣。"元程益《賦得金盤露酒送宋顯夫僉事之山南》詩："鳳城仙客來揚州，便當解此千金裘。丹丘夜出瑪瑙甕，洞庭春泛瑤華舟。"明張鳳翔《紅梅》詩："渴服胭脂井底泉，饑餐瑪瑙甕中露。"清陳璉《登崇文閣》詩："葡萄酒傾瑪瑙甕，日醉三百玻璃鐘。

人間亦是有勝境，何必遠度扶桑東。"

瑪瑙簪

以瑪瑙製縮髮髻之條狀物。亦用作頭部飾品。明王同軌《耳談類增·諦義篇下》："瑪瑙簪長五六寸，爲女縮髮者，今屬某孝廉，轉售今御史大夫沈公。"明馮夢龍《挂枝兒·謔部九》："邇年以來，風俗又異矣，余所聞有十無賴語，錄以志感，云：'一無賴，網巾邊兒像脚帶；二無賴，做完巾後饒一塊；三無賴，瑪瑙簪兒束銀帶；四無賴，一雙袖兒脚面蓋；五無賴，兩條魂幡做衣帶；六無賴，蜷了脚指鞋中耐；七無賴，排骨扇兒好躲債；八無賴，馬吊花園圖口賴；九無賴，無腔曲子賭色賽；十無賴，逢著小娘舍舍空口愛。'"《于公案》第五十三回："賢臣聞聽甚喜，便向公子要出瑪瑙簪爲定，令奚讓帶羞花回家聽候，擇吉完娶。"

第四章　象牙犀角説

第一節　象牙考

　　象牙爲象上齶之門牙，狹義指雄性象之獠牙，質硬，色白，牡者較長，牝者較短。可供雕塑工藝品，加工成首飾或珠寶，此外還可加工爲檯球和鋼琴鍵，是一種非常昂貴的原材料。古代將它分爲三等。據元周達觀《真臘風土記》記載："象牙殺取者上也，自死者次之，蜕於山中多年者下矣。"象牙因色澤悦目，質地細膩，自古爲雕刻上佳材料。早在舊石器時代，居住於周口店的山頂洞人，以象牙雕刻作裝飾品而隨葬。象牙雕刻製品於河姆渡文化早期時十分突出。河姆渡遺址出土距今約七千年的象牙雕小盅、象牙雕蝶形器、"雙鳥朝陽"象牙佩、圓雕象牙鳥形匕。象牙小盅是以象牙雕成之盅形器，以綫刻法於口沿下部刻一圈三角形紋飾，腹部刻飾蠶紋，形象逼真，姿態各异，高 2.4厘米，外口徑 4.8 厘米。雙鳥朝陽象牙雕佩長 16.6 厘米，寬 5.9 厘米，厚 1.2 厘米，

雙鳥朝陽象牙雕佩
（河姆渡遺址出土）

中部陰刻五個由小漸大之同心圓，外圓上端刻熊熊烈焰，兩側對稱各刻一鳥，喙部銳利微勾，圓眼，翹尾，刀法嫻熟，綫條流暢，構圖新奇。象牙圓雕鳥形匕長 15.8 厘米，寬 3.4 厘米，厚 0.8 厘米。選用長條形牙料，以圓雕手法於柄端刻鳥頭，柄部刻鳥之軀體，匕身爲鳥尾，柄身兩側和背部刻短綫表示雙翼和羽毛，頭部再穿一小孔表示眼睛，整件器物也顯得勻稱圓潤，甚爲精美。

　　比河姆渡文化較晚的山東大汶口文化（距今 5000 ～ 6000 年）發現許多牙雕，其技法更爲成熟，并出現透雕和鑲嵌等新技法，器物種類有牙雕猪頭、筒、梳、琮、鐲、環、管、珠等。江蘇邳縣劉林大汶口文化遺址出土一牙雕猪頭，猪牙一端以圓雕手法雕刻猪頭，嘴、鼻、眼、耳俱全，形象逼真。象牙非常堅硬，用非金屬雕刻工具雕刻很不容易，表明當時雕刻技術已達到相當高之水準。商代，河南安陽殷墟出土象牙製梳、筒、杯、碟、碗、鴞尊、飾片等。婦好墓出土兩件象牙杯最爲珍貴，體現了高超藝術水準。嵌松石獸面鳳紋象牙杯，爲當時飲酒器。高 30.3 厘米，杯身以中空象牙根部製成，杯身通體飾滿花紋，鑲綠松石，紋飾繁縟，極爲罕見。西周史籍記載牙雕工藝品有尊、觚、笏，以及象牙裝飾的床、象輅等。河南陝縣上村嶺春秋虢國墓出土一象牙鞘銅劍，劍鞘用整塊象牙雕成，鞘身有細密精緻之蟠螭紋，具極高工藝價值。

　　此後歷代皆有很多的象牙雕刻製品，有牙笏、牙梳、牙符、牙扇、牙盤諸物，不一而論。文獻亦有記載，如晋陸翽《鄴中記》中載象牙扇。唐代出現染色、傅彩之牙雕工藝品，即將象牙雕成器具，磨光後染成紅、藍、綠等色，其上鏤刻圖案，或於鏤刻圖案上施以彩繪。日本奈良正倉院所藏之唐代紅、白鏤牙尺，爲中國傳入。上海博物館藏的白鏤牙尺，十分精美。這些唐代象牙尺刻有禽獸、花草或亭臺建築等紋飾，綫條活潑流暢，細如毫髮，顯示了唐代牙雕高超藝術水準。宋代出現象牙球，即以一塊完整的象牙，巧妙地從內至外，逐層雕鏤成一層套一層的同心圓的薄殼牙球。當時已有三層，各層可自由轉動，稱爲鬼工球。明曹昭《格古要論》載有象牙圓球，中直通一竅，內二重，皆可轉動，謂之"鬼工球"。金代女真族的牙雕腰帶稱爲吐鶻，大多以狩獵爲題材，爲中、下級官吏所佩戴。此外，金代宮廷還明文禁止民間以象牙製作器皿，或裝飾刀柄、床榻等。

　　元代官府設有牙雕作坊。帝王禮儀繼承古制，出行乘象輅，車輛和坐椅上裝飾象牙雕刻的龍、螭等圖案，并飾以描金。社稷祭祀禮儀場合，官員均使用牙笏。明代象牙雕刻多隨材料原狀成形，俗稱"隨形"。多做人物、花卉等，間有山水，刀工簡練，强而有力。

牙雕於技法上主要分南北二派。北派以北京傳統雕刻爲主，主要爲宮廷製品。宮廷雕刻藝匠工藝細膩，多以古裝仕女、人物、山水、花鳥等爲題材，并且着色填彩均有一定章法，逐漸形成華麗、莊嚴、纖細、富貴、典雅之風格。南派則以廣州製品爲代表，側重雕工，講究雕刻和漂白色彩之裝飾，尤以質白瑩潤、精鏤細雕、玲瓏透剔見長。著名産品有象牙套球、樓船等。清代繼承明代傳統，南、

清象牙雕人物雙耳杯

北二派技術更加精細，雍正皇帝從南方徵召藝匠進宮，使南、北兩派雕刻技術融爲一體，取長補短，技藝創新。康、雍、乾三朝，爲象牙雕刻較盛。雕刻多以文人故事、花鳥圖案、吉祥紋飾爲題材，滿足帝王對藝術的欣賞。牙雕一般分爲四種類型，即人物、動物、花卉和風景。再配以造型優美之托件，融爲一體，更增加其藝術魅力。

當今大象是國家嚴格保護的野生動物，國家嚴禁捕殺大象和銷售象牙及象牙製品。

象牙

亦稱“象齒”“白暗”，省稱“象”或“齒”“牙”。象上顎伸出口外之二門齒。堅硬、乳白色、不透明、結構緊密、有彈性，爲雕刻工藝品之珍貴材料。象牙最早稱爲“象齒”。《詩·魯頌·泮水》：“憬彼淮夷，來獻其琛。元龜象齒，大賂南金。”《周禮·秋官·壺涿氏》：“若欲殺其神，則以牡橭午貫象齒而沈之，則其神死，淵爲陵。”唐李嶠《餞薛大夫護邊》詩：“犀皮擁青橐，象齒飾雕弓。決勝三河勇，長驅六郡雄。”宋姜夔《念奴嬌》詞：“象齒爲材，花藤作面，終是無真趣。”《禮記·玉藻》：“笏，天子以球玉，諸侯以象。”《史記·微子世家》：“紂始爲象箸。”《楚辭·離騷》：“爲余駕飛龍兮，雜瑤象以爲車。”漢王逸注：“象，象牙

也。”《新唐書·南蠻傳下·驃》：“有橫笛二：一長尺餘，取其合律，去節無爪，以蠟實首，上加獅子頭，以牙爲之，穴六以應黃鐘商，備五音七聲。”宋蘇軾《書傳》卷五：“齒革羽毛唯木。齒，象齒也。”清查繼佐《罪惟録》：“始製值祭縣牌，牌以牙爲之。有二式：圓者與祭官佩之，方者諸執事佩之，非牌不得入祭所。”至漢，始有“象牙”之稱。漢王褒《洞簫賦》：

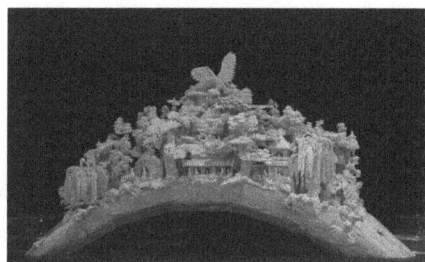

猛獁象牙雕

"帶以象牙，捉其會合。鍍鏤離灑，絳唇錯雜。"晉葛洪《抱朴子·清監》："虎尾不附狸身，象牙不出鼠口。"明馮復京《六家詩名物疏·君子偕老篇·象》引南朝陳沈懷遠《南越志》云："象牙，長丈餘。"又引《埤雅》云："象……其牙生花，必因雷聲故，古者以爲器飾。"唐殷堯藩《偶題》詩："越女收龍眼，蠻兒拾象牙。長安千萬里，走馬送誰家。"《明史·輿服志》："凡文武朝參官、錦衣衛、當駕官亦領牙牌，以防奸僞，洪武十一年始也。其制以象牙爲之，刻官職於上，不佩則門者却之，私相借者論如律。"別稱"白暗"。唐段成式《酉陽雜俎·毛篇》："故波斯謂牙爲白暗，犀爲黑暗。"宋釋惠洪《冷齋夜話》卷一："詩人多用方言，南人謂象牙爲白暗，犀爲黑暗。"宋朱勝非《紺珠集·黑暗白暗》："海賈以象牙爲白暗，以犀爲黑暗。"

【象】

"象牙"之省稱。此稱先秦時期已行用。見該文。

【牙】

"象牙"之省稱。此稱唐代已行用。見該文。

【齒】

"象牙"之省稱。此稱宋代已行用。見該文。

【象齒】

即象牙。此稱先秦時期已行用。見該文。

【白暗】

即象牙。此稱唐朝已行用。見該文。

象牙球

即透雕象牙套球，其外觀爲球體，表面刻鏤各式浮雕花紋，球內有大小數層空心球連續套成，并且所套每一層球裏外均鏤刻精美繁複之紋飾，活潑流暢，玲瓏空透。因其工藝複雜，令人匪夷所思，說"鬼斧神工"亦不爲過。明曹昭《格古要論·珍寶論》："嘗有象牙圓球一個，中直通一竅，內車二重，皆可轉動，謂之'鬼工球'，或云宋院作者。"由此可知"鬼工球"是宋代內院，即"文思院"所作，它的內外有三層。清高士奇《高江村集》："周身百孔，凡九層，亦有七層、五層者。"清汪啓淑《水曹清暇錄》："頃於琉璃廠見一'鬼工球'，對心四寸許，牙色微黃，共十三層，以銀針撥之，層層可轉。"

象牙印

以象牙刻製之印章。《文獻通考·王禮考十》："如慈寧之制（紹興時，製皇太后冊寶，寶用金，文曰"皇太后寶冊"，以瑁或象牙印寶法物皆以金，詔以玉石製冊，上親書其文奉慈寧殿）。"《明史·邵元節傳》："嘉靖三年，徵元節入京，見於便殿，大加寵信，俾居顯靈宮，專司禱祀。雨雪愆期，禱有驗，封爲清微妙濟守靜修真凝玄衍範志默秉誠致一真人，統轄朝天、顯靈、靈濟三宮，總領道教，錫金、玉、銀、象牙印各一。"明甘暘《印章集說》："象牙印：漢乘輿雙印，二千石至四百石以下，皆以象牙爲之。唐、宋用以爲私印，其質軟，朱文則可，白文無神，且涉於板，時欲朱文深細者用之。"清趙翼《廿二史劄記》卷三四："道士邵元節以禱祠有驗，封爲清微妙濟守靜修真凝元演範種爽秉誠致一真人，統轄朝天、顯炅、炅濟三宮，總領道教，賜金、玉印、象牙印各一，班二品，紫衣玉帶，以校尉四十人供灑掃。"清況周頤《眉廬叢話》："吳縣王惕甫夫人曹墨琴像印，橢圓形象牙印，直徑八分，橫徑六分强。左方刻時裝闥秀小像，右近邊刻'墨琴'二字，朱文。邊款云：'墨琴淑妹小影，菽子作。'"

象牙佛

以象牙製之佛像。《法苑珠林·伽藍篇·致敬部》："《西域志》云：王玄策至大唐顯慶五年九月二十七日菩提寺，寺主名戒龍，爲漢使王玄策等設

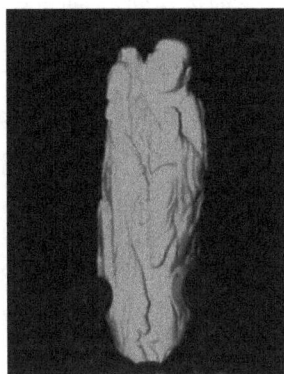

猛獁象牙佛

大會。使人已下，各贈華氈十段，並食器，次申呈使獻物龍珠等，具録大真珠八箱，象牙佛塔一，舍利寶塔一，佛印四……"《元史·順帝紀六》："帝怠於政事，荒於游宴，以宮女三聖努妙、樂奴、文殊奴等一十六人，按舞名爲十六天魔，首垂髮，數辮，戴象牙佛冠，身被纓絡，大紅綃金長短裙，金雜襖雲肩，合袖天衣綬帶鞋襪，各執加巴剌般之器，内一人執鈴杵奏樂。"

象牙床

亦稱"象牙牀"。以象牙製供人睡卧之傢具。唐徐堅《初學記》卷二五引《戰國策》曰："孟嘗君出行五國，至楚，獻象牙牀。"唐張鷟《游仙窟》詩："八尺象牙床，緋綾帖薦褥。"唐張鷟《朝野僉載》卷三："易之爲母阿臧造七寶帳，金銀、珠玉、寶貝之屬，罔不畢萃。鋪象牙床，織犀角簟，貔貂之褥，蛮蝛之氊，汾晋之龍鬚，臨河之鳳翮以爲席。"《敦煌變文·妙法蓮華經講經文三》："若將卧具廣鋪陳，供養還須事事新。白角簟中安錦褥，象牙床上布紅

綱。"《女仙外史》第七〇回："簾兒，側身而入。不進猶可，却見赤條條一個女人，周身雪白，肌膚内映出丹霞似的顏色，雖肥而不胖。頭上烏黑的細髮，十分香膩，挽著一堆盤雲肉髻，橫倒在象牙床上。"

【象牙牀】

同"象牙床"。此體先秦時期已行用。見該文。

象牙杯

以象牙雕刻盛酒或水之容器。七千年前餘姚河姆渡新石器時代遺址曾出土刻花紋之象牙杯。1976年河南安陽殷墟婦好墓出土象牙杯三件，其中兩件鑲綠松石。一件高30.5厘米，以象牙根段製成，外形侈口薄唇，中腰微束。下腹部安有圓形底，底部比口部稍小。杯一側上下鑽兩個對稱的小圓孔，以此鑲入榫，使杯和把手連在一起。把手爲象牙製成，與杯身等高，呈夔形狀，上部爲頭，寬尾下垂。把手上部雕鳥形，鈎喙短冠，綠松石鑲嵌眼睛。背中部雕一獸面，下有一獸頭凸出，上竪雙角，綠松石嵌鑲獸眼、眉、口。把手上下各一小圓榫插進杯身。象牙杯通體飾滿饕餮紋及獸面紋。中下部雕刻三組變形夔紋，眼部以綠松石鑲嵌。地紋之上有饕餮、夔龍、鳳鳥等，鋬部亦雕虎、鳥等形象。商代極其罕見之藝術珍品。以此爲藍本復製象牙杯，曾作爲饋贈外國領導人之高貴禮品。現藏於中國社會科學院考古研究所。《太平御覽》卷七五九引魏武帝《上雜物疏》曰："有銀畫象牙杯盤五具。"杜金鵬《醉鄉酒海——中國古代酒具與酒文化》："這是殷墟婦好墓出的一件象牙杯，非常精美，這個上頭鑲嵌的都是綠松石，這件文物是國家的國寶，現

在已經規定不准出館展覽了；這跟剛才那象牙杯是一對，祇是花紋不一樣。"

象牙席

　　亦稱"象牙簟""象簟"。坐席名。以象牙抽絲編織而成，漢代已有製作。今煙臺市博物館藏有清代遺物，長205厘米，寬125厘米，厚0.1厘米，重2.2千克，係清雍正朝製作。據清宮內務府造辦處檔案《各作成做活計清檔》所載，製作象牙席選用暹羅（古泰國）進貢的象牙，由廣州工匠編織而成。匠人將象牙以藥水浸泡，剖成0.3厘米寬、0.05厘米厚之席篾，然後精心編織成席。席子紋理呈人字形，兩面皆平整光滑，展卷自如。席面爲牙白色，四緣用檀色漆過三周，後以黑色綢緞包邊，邊寬約4.5厘米。由於製作象牙席耗資巨大，雍正帝曾下令禁止製作。因此清宮中象牙席僅有五張，現存世三張。煙臺市博物館所藏即爲其中之一，爲國家一級文物。《魏書・韓秀傳》："〔韓務〕後除龍驤將軍、郢州刺史。務獻七寶床、象牙席。"南朝梁吳筠《行路難》詩："君不見上林苑中客，冰羅霧縠象牙席。盡是得意忘言者，探腸見膽無所惜。"《天中記》卷四八引晉葛洪《神仙傳》："象牙席：淮南王爲八公設象牙席。"明王世貞《袁江流鈐山岡當廬江小吏行》詩："銀床金絲帳，玉枕象牙席。"《世宗憲皇帝聖訓・聖德二》："雍正十二年甲寅四月庚午上諭：大學士等，朕於一切器具但取樸素適用，不尚華麗工巧，屢降諭旨甚明。從前廣東曾進象牙席，朕甚不取，以爲不過偶然之進獻，未降諭旨切戒。今則獻者日多，大非朕意。夫以象牙編織成器，或如團扇之類，其體尚小，今製爲座席，則取材甚多，倍費人工，開奢靡之端矣。

著傳諭廣東督撫，若廣東工匠爲此，則禁其毋得再製，若從海洋而來，後此屏棄勿買，則製造之風自然止息矣。"

【象牙簟】

　　即象牙席。《西京雜記》卷一："玉几、玉床、白象牙簟、綠熊席。"又卷五："象牙簟：武帝以象牙爲簟，賜李夫人。"唐釋道宣編《廣弘明集》卷二八："今遣使者，送五色珠像一軀，明光錦五十匹，象牙簟五領，金鉢五枚。到願納受。"《藝文類聚》卷三二："後漢焦仲卿妻劉氏，爲姑所遣，時人傷之，作詩曰：'孔雀東南飛，五里一徘徊，十三能織綺……葳蕤金縷光，紅羅複斗帳，四角垂香囊，交文象牙簟，宛轉素絲繩，鄙賤雖可薄，猶中迎後人。'"《三寶太監西洋記通俗演義》第三二回："老爺道：'象牙簟是甚麼？'丞相道：'象牙簟就是象牙抽成細絲，織之成簟，睡在上面，百病俱除，土名象牙簟。'"又第九九回："元帥獻上進貢禮單，黃門官宣讀金蓮寶象國進貢：寶母一枚，海鏡一雙，大火珠四枚，澄水珠十枚，辟寒犀二根，象牙簟二床，吉貝布十匹，奇南香一箱，白鶴香一箱，千步草一箱，雞舌香一盤，海棗一盤，如何一盤。"清談遷《北游錄・記咏上》詩："溪水流漸漸，種荷亦種芡。荷芡俱徂秋，好滌象牙簟。"

【象簟】

　　即象牙席。南朝宋丘巨源《咏七寶扇詩》："卷情隨象簟。舒心謝錦茵。厭歌何足道。敬哉先後晨。"南朝梁蕭綱《艷歌篇十八韻》："流蘇時下帳。象簟複韜筒。霧暗窗前柳。寒疏井上桐。"《太平廣記》卷二二六引《大業拾遺記》："觀文殿：隋煬帝令造觀文殿。前兩廂爲書堂，各十二間。堂前通爲閣道。承殿，每一間十二寶厨。前設方五香重床，亦裝以金玉。春夏鋪九曲象簟，秋設鳳綾花褥，冬則加綿裝須彌氈。"明祝允明《野記》："安南鄧上舍説，其祖初入朝時，貢象簟、金碗。象簟者，凡象齒之中，悉是逐條縱攢於內，用法煑軟牙，逐條抽出之，柔鞠如線，以織爲席。今橫截牙心，有花紋即是也。"

象牙竿

以象牙製作的直竿。可在直竿上雕刻、繪畫各種圖案。清裕德菱《清宮禁二年記》："至圖上所繪者，則中國地圖也。另有象牙竿八，對徑約寸半，厚約寸之四分之一，上鐫八仙之名。此戲可由八人爲之，或四人各執兩仙以當八人焉。"

象牙扇

省稱"牙扇"。以象牙製作的生風納涼用具。晉干寶《搜神記》卷一："魯少千者，山陽人也。漢文帝嘗微服懷金過之，欲問其道。少千拄金杖，執象牙扇，出應門。"梁釋慧皎《高僧傳》卷一一："自金河滅影，迦葉嗣興，因命持律尊者優波離比丘，使出律藏。波離乃手執象牙之扇，口誦調御之言。滿八十反，其文乃訖。於是題之樹葉，號曰《八十誦律》。"明徐應秋《玉芝堂談薈·綠沈槍》："《鄴中記》：石虎造象牙扇，或綠沈色，或木難色。"《海上塵天影》第五二回："那婦人本是風月中的第一等名角，見玉珂雖四十歲的左右，身上衣服却焕然一新，指上有三四枚金剛石約指，手中執着一柄象牙扇兒。一雙不懷好意偷情的怪眼，衹管向婦人溜送。"唐王勃《四分律宗記序》："葭灰屢變，槐燧驟遷。開遮持犯之異同，廢立止

作之輕重。故以該象牙之扇，窮貝葉之圖，鑽研刊削，五載而就，名曰《開四分律宗記》，凡十卷三十七萬六百三十言。"明王世貞《君臣同遊》："遣中官齎賜艾虎、花條、百索、牙扇等物。"

【牙扇】

"象牙扇"的省稱。此稱多行用於明代。見該文。

象牙梳

省稱"牙梳"。以象牙製作的整理頭髮之用具。《南史·侯景傳》："〔侯景〕自纂立後，時著白紗帽，而尚披青袍，頭插象牙梳，牀上常設胡牀及筌蹄，著靴垂脚坐。"唐崔涯《嘲李端端》詩："黄昏不語不知行，鼻似煙窗耳似鐺。獨把象牙梳插鬢，昆侖山上月初明。"宋慧洪撰《禪林僧寶傳》卷一七："黄金打作鍮石箸，白玉碾成象牙梳。千手大悲拈不動，無言童子暗嗟吁。"元危亦林《世醫得效方·大方脉雜醫科·骨鯁》："獸骨鯁：象牙梳或牙笏等磨水咽下；桑木上蟲屑，米醋煎灌嗽，自下。"明李禎《剪燈餘話》卷四："玉鏡臺前釋綠鬢，象牙梳滑墜床間。寶釵金鳳都簪遍，早出紅羅繡幔看。"《梁書·侯景傳》："此自纂立後，時著白紗帽，而尚披青袍，或以牙梳插髻。"

【牙梳】

"象牙梳"之省稱。此稱多行用於南北朝時期。見該文。

象牙船

象牙雕製之小船。蘇州博物館曾展出一件清代象牙微雕小船，其形制與清代宮廷畫家徐揚所畫《姑蘇繁華圖》內河座船相仿，爲清代藝人黄振效所製。船欄杆細如篾絲，船艙鏤空

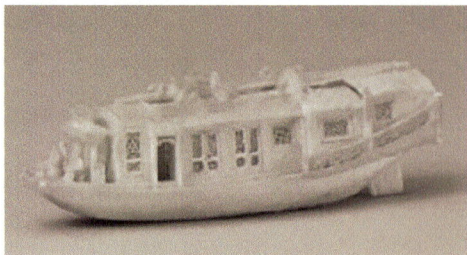

清黃振效製象牙船

樓閣式，門窗具備，開合自如，對窗可以相望。船首雕有牌坊與船艙隔離，牌坊前雕有三人，或坐或立各司其職。艙頂有船公七人正安置船桅杆。甲板上繩索懸垂盤繞自然。船下有舵，可轉動。右船舷下側陰刻填漆：“乾隆戊午花月小臣黃振效恭製”款識。乾隆戊午花月即乾隆三年（1738）二月。清劉錫鴻《英軺私記》：“遊廊夾道，皆遍間以古銅、瓷器。有象牙船三，如吳粵花船，雕刻人物，篙槳畢具。”

象牙棋

亦稱“象棊”。以象牙製作的棋子。《明史・盛寅傳》：“帝喜，命賦詩，立就。帝益喜，賜象牙棋枰并詞一闋。帝晚年猶欲出塞，寅以帝春秋高，勸毋行。不納，果有榆木川之變。”明王鏊《震澤長語》卷上：“相傳宣宗一日過城上，令內竪瞰閣老何爲，曰：‘方退食於外。’曰：‘曷不就內食？’曰：‘禁中不得舉火。’上指庭中隙地曰：‘是中獨不可置庖乎？’今烹膳處是也。自是得會食中堂。又傳一日過城上，瞰閣老何爲，曰：‘方對弈。’‘何不聞落子聲？’曰：‘棊以紙上。’咲曰：‘何陋也！’明日賜象牙棋一副，至今藏閣中。”清蔣驥《山帶閣注楚辭》卷六：“象棊有六簙。”注：“棊者，象牙棋棋子也。”

【象棊】

即象牙棋。此稱清朝已行用。見該文。

象牙箸

以象牙製作的筷子。明張岱輯《夜航船・物理部》：“舊象牙箸，煮木賊草令軟，擦之，再以甘草湯洗之。又法，以白梅洗之，插芭蕉樹中，二三日出之，如新。”《金瓶梅詞話》第四七回：“吃了飯，收了家火去，就是吃酒的各樣菜蔬出來，小金把鐘兒，銀臺盤兒，金鑲象牙箸兒。”清孫靜庵《棲霞閣野乘》卷下：“張具飲客，議論風生。閱須臾，而健兒二人，各以利刃挾一血孩至矣。顧大駭，手內象牙箸，鏗然落地。”《儒林外史》第四回：“靜齋笑道：‘世先生因遵制，想是不用這個杯箸。’知縣忙叫換去，換了一個磁杯、一雙象牙箸來。”《海上花列傳》第八回：“黃二姐盛上三碗飯來，金鳳自取一雙象牙箸同坐陪吃。”

象牙筆

以象牙作筆杆之毛筆。《南史・庾易傳》：“庾易，字幼簡，新野人也，徙居江陵。……安西長史袁象欽其風，贈以鹿角書格、蚌盤、蚌研、白象牙筆。并贈詩曰：‘白日清明，青雲遼亮，昔聞巢許，今睹臺尚。’易以連理几、竹翹書格報之。建武三年，詔徵爲司空主簿，不就，卒。”明謝肇淛《五雜俎・物部四》：“筆之所貴者，毫中用耳，然古今談咏多及鏤飾。劉婕好折琉璃筆管。晋武賜張茂先麟角爲管。袁象贈庾廣象牙筆管。南朝筆工鐵頭者，能塋管如玉。湘州守贈李德裕斑竹管。段成式寄溫飛卿葫蘆筆管。”《宋史・吳越錢俶傳》：“吳越錢俶善草書，上遣使謂曰：‘聞卿善草聖，可寫一二紙進來’。俶即以舊所書紺圖上之。詔書褒美，因賜玉硯金匣一，紅緑象牙筆管，龍鳳墨，蜀箋，盈丈紙皆百數。"

象牙管

以象牙製作之細長、中空樂器或器具。《宋史·吳越錢俶傳》："〔錢俶〕善草書，上一日遣使謂曰：'聞卿善草聖，可寫一二紙進來。'俶即以舊所書絹圖上之，詔書褒美，因賜玉硯金匣一，紅緑象牙管筆、龍鳳墨、蜀箋、盈丈紙皆百數。"宋陳暘《樂書·八音·牙管》："聖朝更以紅象牙管竅而吹之，其聲與律，隔八相吹，仍存羊骨舊制焉。"《文獻通考·樂考十二》："骨管、牙管、哀笳以羊骨爲管而無孔，唯恤禮用之。今鼓吹備而不用，以觱篥代之，鹵簿與熊羆十二案工具尚存焉。宋朝更以紅象牙管，竅而吹之，其聲與律，隔八相吹，仍存羊骨舊制焉。"明顧起元《客座贅語》卷三："……南榴枕一枚，和香一盒，鐵錫杖一柄，象牙管一管，麈尾一柄，烏油鐵鉢一口并袋，斑竹筆二管……"清嚴可均輯《全三國文·魏一》："中宮雜物：雜象牙管，針筒一枚。"

象牙簪

以象牙製作綰髮髻之條狀物。亦用作頭部飾品。《魏書·宣武靈皇后傳》："……幸闕口溫水，登鷄頭山，自射象牙簪，一發中之，敕示文武。"《隋書·何稠傳》："帝使兵部侍郎明雅、選部郎薛邁等勾核之，數年方竟，毫釐無舛。稠參會，今古多所改創，魏晉以來，皮弁有纓而無笄導，稠曰：'此古田獵之服也，今服以入朝，宜變其制。'故弁施象牙簪導，自稠始也。"明董斯張《廣博物志》卷三八引明羅頎《物原》："女媧作竹簪。堯作銅簪。舜作象牙簪，玳瑁釵。桀作金玉釧。紂作翠翹，金鈿步

摇，寶幹指環。吕后製五采通草花。晉郭隗始剪綵爲花。"《禮説·夏官二》："案《禮圖》有結纓而無笄導，少府少監何稠，請施象牙簪導，詔許之，弁加簪導，自兹始也。"漢劉歆《西京雜記》卷一："趙飛燕女弟昭陽殿中設玉几、玉牀、白象牙簪緑熊席，席毛長二尺餘，入眠而擁毛自蔽，望之不見，坐則没膝，其中雜熏諸香，一坐此席，餘香百日不歇。"

象牙鎮紙

以象牙製作的寫字、作畫時用以壓紙之器物，多爲長方條形。《元史·徹爾揚珠濟達傳》："帝從之。於是交趾感懼，遣其僞昭明王等詣闕謝罪，盡獻前六歲所當貢物。帝喜曰：'卿一言之力也。'即以其半賜之，不忽木辭曰：'此陛下神武不殺所致，臣何功焉。'唯受沈水假山、象牙鎮紙、水晶筆格而已。"清姚之駰《元明事類鈔·文學門二·文具》："水晶筆格：《元史》交趾獻貢物，帝嘉布呼珠之功，以其半賜之，布呼珠唯受沈水假山、象牙鎮紙、水晶筆格。"

象牙鐲

以象牙製作套在手腕、脚腕上的環狀裝飾物。明嚴從簡《殊域周諮録·蘇門答剌》："男子則文身、髡髮、摘髭鬚、修眉睫。婦人則上衣白衣，下圍桶裙，耳帶大金圈，手貫象牙鐲。男貴女賤。雖小民視其妻如奴僕，耕織貿易差

清象牙雕人物手鐲

徭之類皆繫之〔木邦〕。"

魚牙雕

　　大型魚類的牙齒，潔白（或微黃）堅硬。利用魚牙的形狀、大小、硬度，即可雕刻各種工藝品，亦可製作箭矢等。《舊唐書・東夷傳・新羅國》："〔大曆〕八年遣使來朝，并獻金、銀、牛黃、魚牙，納朝霞紬等。"明劉基《郁離子・九難》："純鈞太阿，縵理龜鱗，雄戟揚虹，厷矛掣蛇，舒光發輝，上纏斗杓，乃有角端之弓，魚牙之矢，控弦而滿月……"《大明會典・給賜三・外夷下》："魚牙靶小刀、每把絹二疋。"《皇朝文獻通考・樂考・奚琴》："軸頭弦孔及覆手內邊用魚牙爲飾。"

魚牙雕

小觿

　　以象骨製錐狀用具，亦作佩飾。《禮記・內則》："左佩紛帨、刀礪、小觿、金燧。"鄭玄注："小觿，解小結也。觿貌如錐，以象骨爲之。"唐韋端符《衛公故物記》："火鏡二、大觿一、小觿一、笄囊二、椰盂一，蓋常佩於玉帶環者十三物，亡其五，有存者八。"宋王十朋《上舍試策三道》："事佩子所以事父母，使二佩不廢，則金燧、木燧、大觿、小觿不幾於贅乎？"

牙尺

　　亦稱"撥鏤牙尺""象牙尺"。象牙做成的尺子。從形式上看，像是古代用來測量長度之器具，實際是皇帝用來恩寵近臣，示信示戒之物。《晉書・庾亮傳》："璠蓴見誅，物議稱其拔本；牙尺垂訓，帝念深於負芒。"唐代朝廷常在每年的二月二日中和節，以鏤刻十分精美的牙尺或木畫紫檀尺賜於王公大臣。唐李林甫《大唐六典・尚署令》："中尚署令掌供郊祠之圭璧，及歲時乘輿器玩，中宮服飾，彫文錯彩，珍麗之制，皆供焉。丞爲之貳。每年二月二二日，進鏤牙尺及木畫紫檀尺。"《新唐書・百官志三》："歲二月，獻牙尺，寒食獻球，五月獻綏帶。"唐代牙尺，後人多稱之爲"撥鏤牙尺"。所謂"撥鏤"，是指施以雕鏤之外，多先行染色之法。傅芸子《正倉院考古記》載：其法"以象牙染成紅、綠諸色，表面鏤以花紋。所染諸色，層層現出，或更有於上再傅他色者"。《太平御覽》卷八三〇引三國魏曹操《雜物疏》："中宮用物，雜畫象列尺一枚，貴人、公主有象牙尺三十枚，宮人有象牙尺百五十枚，骨尺五十枚。"清曾紀澤《出使英法俄國日記・光緒八年》："已初起，茶食後，自刻象牙四種尺。清臣來，久談。飯後，圍棋一局，刻象牙尺，核公文一件。飯後，圍棋一局，刻牙尺畢。"

【撥鏤牙尺】

　　即牙尺。此稱唐朝已行用。見該文。

【象牙尺】

　　即牙尺。此稱魏晉時期已行用。見該文。

牙笏

　　亦稱"象牙笏"。象牙製成的手板。亦指朝笏。古代品位較高的官員朝見君主時所執，供書寫和記事。後來道教禮儀受朝禮影響在朝真或齋醮時亦使用朝板。《禮記·玉藻》："史進象笏，書思對命。"鄭玄注："書之於笏，爲失忘也。"《舊唐書·輿服志》有"文武之官皆執笏，五品以上用象牙爲之，六品以下用竹木"的記載。元危亦林《世醫得效方·大方脈雜醫科·骨鯁》："獸骨鯁，象牙梳或牙笏等磨水咽下，桑木上蟲屑、米醋煎灌嗽，自下。"明吳寬《登光福鳳岡》詩："遠山朝臣抱牙笏，近山美人盤鬢髮。"《元史·輿服志一》："象牙笏七，木笏三十有八，玉佩七。"元黎崱《安南志略》卷一四："常禮止襆頭紫服，如恭候書舍翁類也。帶，或犀或金，各依品等。象牙笏同。職官借職等，襆頭紫服，角帶，無笏。"《明會典·長子冠服·朝服》："七梁冠，大紅素羅衣，白素紗中單，大紅素羅裳及蔽膝，大紅素羅白素紗二色夾帶、玉朝帶大丹礬紅花錦，錦雞綬，玉佩，象牙笏，白絹襪，皂皮雲頭履鞋。"《三寶太監西洋記通俗演義》第一〇回："這位神道又怎麼打扮？祇見他頭戴的皂襆頭，身穿的大紅袍，腰繫的黃金帶，手拿的象牙笏板當張刀。且自生得眉清目秀，齒白唇紅，傅粉的臉，三分的髭髯。見了長老，繞佛三匝，叩齒通虔。"《江西通志·方技》："西渚子，鄱陽人。或謂其本孝廉。以卜隱遇。物起數甚驗。有某儀賓，持象牙笏問之，曰：簪笏之貴却緣骨。月後優人亦以簪笏往，曰：雖近簪笏奈體輕微。居鄱久著名。尋游四方，各變名號以顯其術。"

【象牙笏】

即牙笏。此稱元代已行用。見該文。

牙符

象牙製獎牌。此稱宋代始多見。《宋史·高宗紀五》："〔紹興五年〕十一月庚午朔，初置節度使以下金字牙符，命都督府掌之，給將帥立戰功者。"《冊府元龜》卷九六〇："秦多金、銀、銅、鐵……象牙符，采玉明月珠、夜光珠、真白珠"。《元史·世祖紀四》："李庭芝爲書，遣永寧僧齎金印牙符，來授劉整盧龍軍節度使，封燕郡王。"

牙盤

象牙製盤子。《駢字類編》卷七七引唐杜寶《大業拾遺錄》："隋煬帝諸郡進食用九飣牙盤。"又引宋宋敏求《退朝錄》："自開元後，朔望宗廟上牙盤食。"《舊唐書·玄宗紀下》："丙午制，今後每月朔望宜令薦食於太廟，每室一牙盤，仍五日一開室門灑掃。"宋無名氏《永裕陵歌》："守陵嬪御，想像奉龍輴，牙盤赭案肅神休。"亦代指這種盤子所盛的珍饈。明方以智《通雅》卷三九："牙盤，看食盤也。看卓，一名香藥卓。唐少府監御饌器用：九飣食，以牙盤九枚裝食，亦謂之看食。《演繁露》曰：'據此即是以牙飾盤矣。'此説拘甚，或曰：牙盤謂其色白也……隋唐皆以牙盤進食。高似孫言：'奉祀攢陵得牙盤食，有薄餌甘脆。'"

牙籤

夾在書上的標籤。在發明造紙術以前，簡是人們用來書寫的主要材料，籤是當時人們繫在簡冊上用來區分的標誌。故宮博物院藏有傳世牙籤——王玄象牙籤。象牙籤通高23毫米，寬13毫米。象牙籤浸成淡綠色，旁邊有赭斑，瑩潤如玉。兩邊刻有隸書體字，記載王玄避世隱居之故事。經過著名學者唐蘭先生鑒定，屬漢代牙籤。這件象牙籤作品磨製精細，似玉非玉，文字清晰，雕刻質樸，極具漢代牙雕風格。

《舊唐書・經籍志下》："其集賢院御書經庫皆鈿白牙軸、黃縹帶、紅牙籤；史書庫鈿青牙軸、縹帶、綠牙籤；子庫皆雕紫檀軸、紫帶、碧牙籤；集庫皆綠牙軸、朱帶、白牙籤，以分別之。"唐韓愈《送諸葛覺往隨州讀書》詩："鄴侯家多書，插架三萬軸。一一懸牙籤，新若手未觸。"《宋史・禮志十七》："內侍進書案牙籤，以經授執經官。"《明史・禮志九》："讀者先至御前一揖，至案展書，壓金尺，執牙籤，讀五過，掩書一揖退。"

第二節　犀角考

犀角，犀牛之角。生長於犀牛顏面鼻骨部，有較粗之直綫紋，角頂端有小砂眼，近似蜂窩形狀。犀角形狀呈圓錐形，稍有彎曲，長短不等，在 15 ～ 30 厘米之間。表面爲烏黑色，內中漸淺，爲灰褐色，亦有淺灰黃色。犀角爲有機物質，成分始於毛髮，後經過生長、硬化而形成，有些許柔軟。故一般很難保存爲化石。犀牛角區別於其他牛角的重要特徵是：犀角表面的縱嚮紋路永遠都是相互平行的，而其他牛角則出現交叉網紋；犀角橫斷面有"魚子紋"，而其他牛角則不具備這一特點。

犀牛是世界稀有動物，産於亞洲東南及非洲部分國家。中國古代不僅産犀，而且數量多分布廣。據清李調元《骨董志》記載："犀出永昌山谷及益州永昌，即今滇南也。犀牛出産武陵、交州、寧州諸遠山。"後因氣候等自然條件的變化以及人爲濫捕濫殺，至唐代時犀角已很罕見，中國野生犀牛數量急劇減少，依靠進口。

犀角，也是世界上非常有名的牙角材料之一。中國古代與夜光璧、明月珠和碧玉相提并論，是皇帝和貴族纔能夠享用的物品。《漢書》曾記載"南越王趙陀獻文帝犀角十"。又如《戰國策・楚策》中稱：楚王"遣使車百乘，獻鷄駭之犀，夜光之璧於秦王"。《法言・孝至》："或曰：詾詾北夷，被我純繢，帶我金犀。"李軌注："犀，劍飾。"曹植《七啓》："飾以文犀，雕以翠綠。"由此可見在古代，犀角已十分昂貴。

關於犀角的製作，春秋時已見製作犀角酒杯之工藝。如《詩・豳風・七月》："躋彼公堂，稱彼兕觥，萬壽無疆。"至唐代，犀角製作工藝愈加精細華美，出現腰飾"帶銙"。《新唐書・輿服志》曰："宴會之服，一品、二品服玉及通犀，三品服花犀、

明錦荔紋犀角杯

斑犀。"作爲藝術擺件的犀角雕刻品，宋元以前較少見，明代始進入迅速發展時期，清朝乾隆年間達到高峰。能工巧匠們根據犀角特有造型姿態、表面紋理，精雕細琢成玲瓏精巧之藝術品，被視爲藝林珍品。犀角常雕刻成杯、碗、鼎等器物及動植物等。工藝技法以圓雕、陰刻、高浮雕、淺浮雕、鏤空雕等爲主，在其製作中充分利用質材美、并巧妙地運用犀角表面"天溝""地崗"，故爾其造型常常巧奪天工，精美絕倫。明清時涌現了大批犀角雕刻名家，如鮑天成、蔣烈卿、尤通等。乾隆帝曾賦詩咏贊尤通所雕刻之"仙人乘槎杯"："照清幸而追溫氏，刻杯仍此遇尤家。河源自在人間世，漢室訛傳星漢槎。"現收藏於北京故宫博物院。

　　犀角爲珍貴藥材，味苦酸鹹、性寒。入心肝經。具消熱、凉血、定驚、解毒之功。臨床用於治療傷寒瘟疫熱入血分，驚狂煩躁，癰腫毒，吐血下血等。早在晋代人們就對犀角的藥性有了一定認識。南朝梁陶弘景《本草經集注》載："入藥惟雄犀生者爲佳。若犀片及見成器物，皆被蒸煮不堪用。"説明犀角當時有兩個主要用途，一是入藥，二是雕刻成器物。用於雕刻器物的犀角要先進行蒸煮，使其變軟，再行雕刻。唐宋時期的犀角依靠進口，當時犀角雕刻品應該不會少，我們之所以見不到的原因可能是：一、當時犀角大部分作爲藥材使用；二、極少部分雕刻成藝術品的犀角或保存不善或自身材質原因腐朽掉。犀角製器，以明代爲盛，有杯、盤、人物、花卉飾品等。犀角屬角質類，爲毛髮類物質的衍生物，内含角質及碳酸鈣、磷酸鈣、酪氨酸等成分，是清熱解毒、定驚止血之良藥。故早在漢代人們就有用犀角製成的器皿來飲酒、喝水，以期犀角的藥性能溶於酒水中，在飲酒的同時，亦能達到袪病强身之目的。犀角可分爲辟暑犀（明李時珍《本草綱目·獸二·犀》）、辟寒犀（五代王仁裕《開元天寶遺事·辟寒犀》）、夜明犀（漢郭憲《洞冥記》）、辟水犀（晋葛洪《抱朴子·登涉》）、辟塵犀等。按，犀角底盤造型爲馬蹄形，角的前端有一縱長凹槽，習稱"天溝"。犀角後端有一楞凸起筋脉，稱爲"地崗"。因此，犀角雕件造型多爲馬蹄形杯，利用天溝作杯的流口，地崗作杯的把柄。

　　當今犀牛是國家嚴格保護的野生動物，國家對犀牛及其製品實施嚴格的管制。

山犀

　　犀角之一種。宋沈括《夢溪筆談·異事》："至和中，交趾獻麟，如牛而大，通身皆大鱗，首有一角，考之記傳與麟不類，當時有謂之山犀者。"宋張世南《游宦紀聞》卷二："《五溪記》云：'山犀'者，食竹木，小便竟日不盡。

夷獠以弓矢採取，故曰‘黔犀’。”明李時珍《本草綱目・獸二・犀》：“山犀居山林，人多得之。”明曹昭《格古要論・珍奇論・犀角》：“其紋如魚子相似，謂之粟紋，每粟紋中有眼，謂之粟眼，此謂之山犀。”《水滸傳》第三三回：“看那花榮，怎生打扮？但見：身上戰袍金翠繡，腰間玉帶嵌山犀。滲青巾幘雙環小，文武花靴抹綠低。”

水犀

犀角之一種。《國語・越語上》：“今夫差衣水犀之甲者，億有三千。”清李調元《骨董志》卷九：“水犀產西蕃、南蕃及滇南、交州諸處，有山犀、水犀之分。水犀出入水中最爲難得，並有二角，鼻角長而額角短。水犀皮有珠甲，而山犀無之，刻其角爲魚，銜之入水，水開三尺者是也。”清王士禎《漁洋山人精華錄》卷九：“扶桑東望海天孤，虎節龍章擁萬夫。正是水犀酣戰日，樓船十道下澎湖。”

毛犀

犀角之一種，顏色、花斑與山犀類似。唐劉恂《嶺表錄異》卷中：“嶺表所產犀牛，大約似牛，而豬頭，脚似象蹄，有三甲。首有二角，一在額上爲兕犀，一在鼻上較小爲胡帽犀；鼻上者，皆窣束而花點少，多有奇文。牯犀亦有二角，皆爲毛犀，俱有粟文，堪爲腰帶。”明曹昭《格古要論・珍奇論・毛犀》：“其色與花斑皆類山犀，而無粟紋，其紋理似竹，故謂之犛犀。”明李時珍《本草綱目・獸二・犀》：“有山犀、水犀、兕犀三種，又有毛犀似之。”

文犀

有文理之犀角。《國語・吳語》：“建肥胡，奉文犀之渠。”韋昭注：“文犀，犀之有文理者。”《汲冢周書・王會解》：“請令以珠璣、瑇瑁、象齒、文犀、翠羽、菌鶴、短狗爲獻。”宋朱熹《五朝名臣言行錄》卷九：“上特命以文犀帶賜之。”《文選・曹植〈七啓〉》：“飾以文犀，雕以翠綠。”呂向注：“文犀，犀角有文章者也。”《後漢書・馬援傳》：“及卒後，有上書譖之者，以爲前所載還，皆明珠文犀。”

白犀

白犀之角，致雅如玉，性涼。《山海經・中山經》：“又東南二百里曰琴鼓之山，其木多穀柞椒柘（椒爲樹小而叢生，下有草木則蠚死），其上多白珉，其下多洗石，其獸多豕鹿、多白犀，其鳥多鴆。”《太平御覽》卷八九〇引《東觀漢記》曰：“章帝元和元年，日南獻白雉、白犀。”又：“《山海經》曰：‘琴鼓之山多白犀。’”清李調元《骨董志》卷九：“白犀出招搖山，其犀毛角如雪。取其角爲器物，致雅如玉。性大涼，能已心熱之疾。含之可以走逐奔馬而不渴，亦寶物也。”

夜明犀

亦稱“明犀”“影犀”。夜間可發光之犀角。漢郭憲《洞冥記》卷二：“元封中，吠勒國貢文犀四頭，狀如水兕。角表有光，因名明犀；置暗中有光影，亦曰影犀。織以爲簟，如錦綺之文。”唐蘇鶚《杜陽雜編》卷中：“敬宗皇帝寶曆元年，南昌國（當作高昌國）獻玳瑁盆、浮光裘、夜明犀……夜明犀，其狀類通天犀，夜則光明，可照百步，覆繒千重，終不能掩其輝煥。上令解爲腰帶，每游獵則夜不施蠟炬，有如晝日。”明盧之頤《本草乘雅半偈・本經中品・犀角》：“夜視有光者，曰夜明犀。通神開水，禽獸見之皆驚。乃絕品也。”明陳繼儒《珍珠船》卷三："疏勒獻犀角，表裏有光，因名明犀。暗中有影，亦曰影犀。織以爲簟，如錦綺之文。"清王夫之《姜齋詩文集》卷三："明犀照水終嫌逼，寶劍沈淵免再探。"清朱彝尊《曝書亭集·越王臺懷古》："漢使陳觴更行樂，紫貝明犀雙孔雀。"清李調元《骨董志》卷九："夜明犀，即通天犀之別類。夜視有光，故名。夜明犀能通神開水，飛禽走獸見之皆驚。"

【明犀】

即夜明犀。此稱漢代已行用。見該文。

【影犀】

即夜明犀。此稱漢代已行用。見該文。

骨咄犀

亦作"骨篤犀""蠱毒犀"，亦稱"碧犀""蛇角""骨篤"。傳爲大蛇之角。色淡綠，略帶黃色，有紋理。可製飾物，亦可供藥用。清厲鶚《遼史拾遺》："《契丹國志》曰：'契丹重骨咄犀，犀不大。萬株犀，無一不曾作帶紋，如象牙，帶黃色，止是作刀把已爲無價。'"宋周密《雲煙過眼録》載："骨咄犀，乃蛇角也。"明陶宗儀《南村輟耕録·骨咄犀》："骨咄犀，蛇角也。其性至毒而能解毒，蓋以毒攻毒也。故曰'蠱毒犀'。《唐書》有古都國，必其地所産，今人訛爲骨咄耳。"明李時珍《本草綱目·鱗一·蛇角》："骨咄犀亦作骨篤。"元王秋澗《秋澗先生大全文集》卷九四："骨篤犀，大蛇之角也，解諸毒。"明曹昭《格古要論·珍奇論·骨咄犀》："出西蕃，其色如淡碧玉，稍有黃，其紋理似角，扣之聲清如玉。磨刮嗅之，有香，燒之不臭。能消腫毒及能辨毒藥，有謂之碧犀，此等最貴。"

【骨篤犀】

同"骨咄犀"。此體元代已行用。見該文。

【蠱毒犀】

同"骨咄犀"。以其能解蠱毒如犀角，故名。此體明代已行用。見該文。

【碧犀】

即骨咄犀。因其色如淡碧玉，故稱。此稱明代已行用。見該文。

【蛇角】

即骨咄犀。宋周密《雲煙過眼録》載："骨咄犀，乃蛇角也。"明李時珍《本草綱目·鱗之一》引明曹昭《格古要論》云："骨篤犀即大蛇角，出西番。"藏於山東博物館的春秋時期文物"公鑄壺"，壺蓋以圓雕刻畫兩條相互盤繞的蛇（或蟒蛇），蛇頭長角，蛇角不大，與宋洪皓《松漠紀聞》裏"犀不甚大"的記載相吻合，此爲一件不可多得的對於蛇角研究具有重要價值之文物。

【骨篤】

即骨咄犀。此稱明代已行用。見該文。

牯犀

山犀。唐劉恂《嶺表録異》卷中："又有墮羅犀，犀中最大，一株有重七八斤者，云是牯犀。額上有心，花多是撒豆斑，色深者，堪爲胯具，斑散而淺，即治爲盤碟器皿之類。"《宋史·外國傳五·占城》："乾德四年，其王悉利因陀盤遣使因陀玢李帝婆羅貢馴象、牯犀、象牙、白氎……"清李調元《骨董志》卷九："牯犀一名毫犀，即山犀也。亦有二角，但其角縱文粗而欠細。青黑色，大者每角一枝可重五六斤，小者三四斤。可用作器，用雕刻費工摩治，因角紋粗故也。"

胡帽犀

犀角之一種，産於兩廣一帶。唐劉恂《嶺表録異》卷中：“首有二角，一在額上爲兕犀，一在鼻上較小爲胡帽犀；鼻上者，皆窘束而花點少，多有奇文。”清李調元《骨董志》卷九：“胡帽犀生嶺表，有二角，一在額上，一在鼻上。其角能改毒藥，以其角置飲食中，若有毒者即生白沫。”

胡帽犀
（清文俶《金石昆蟲草木狀》）

通天犀

上下貫通之犀牛角。《爾雅翼・犀》：“今通天犀，長且鋭，皆腦上角。千歲者長且鋭，有一白縷直上徹端，名曰通天，或以爲白理徹端，則能出氣通天，故曰通天，或曰赤理，蓋水犀之角也。通天則能通神，可以破水，駭鷄，大霧重露之夜以置中庭終不沾濡。得三寸以上刻爲魚而銜之入水，水常開。方三尺，又以角盛米，置群鷄中，鷄欲往啄，未至數寸輒驚退，置屋上，則鳥不敢集。”唐白居易《馴犀》：“馴犀馴犀通天犀，軀貌駭人角駭鷄。”《宋史・仁宗紀》：“壬申，碎通天犀和藥，以療民疫。”《太平御覽》卷一五引晋葛洪《抱朴子》曰：“通天犀角有白理如綾，自本徹末者。以此角大霧重雲之夜，置中庭終不沾濡。”宋王辟之《澠水燕談録・事志》：“尤異者曰通天犀，或如日星，或如雲月，或如葩花，或如山水，或成飛走，或成龍魚，或成神仙，或成宮殿，至有衣冠眉目杖履毛羽麟角完具，若繪畫然，爲世所貴，其價不資，莫知其所以然也。”

【駭鷄犀】

即通天犀。因鷄見之即驚，故名。《韓詩外傳》：“太公使南宫適至義渠，得駭鷄犀以獻紂。”晋葛洪《抱朴子・内篇》卷一七：“又通天犀角，有一赤理如綖，有自本徹末。以角盛米置群鷄中，鷄欲啄之，未至數寸，即驚却退，故南人或名通天犀爲駭鷄犀。以此犀角著穀積上，百鳥不敢集。大霧、重露之夜，以置中庭，終不沾濡也。”《後漢書・西域傳・大秦》：“〔大秦〕土多金銀奇寶，有夜光璧、明月珠、駭鷄犀、珊瑚、琥珀、琉璃、琅玕……”唐段公路《北户録・通犀》：“通犀……撓藥酒，酒生沫。若貯米伺鷄，鷄見，輒驚散，一呼爲駭鷄犀。”唐馮贄《雲仙雜記》卷九：“〔駭鷄犀〕通天犀中有白紋如絲者。置米其上以飼鷄，鷄見驚走，名駭鷄犀。刻爲魚形持入水，水輒開（出《抱朴子》）。”元宋本《舶上謡送伯庸以番貨事奉使閩浙》：“熏陸胡椒腽肭臍，明珠象齒駭鷄犀。世間莫作珍奇看，解使英雄價盡低。”清方東樹《答葉溥求論古文書》：“史言大秦國有駭鷄犀，置犀於地，鷄見之却走，而人之過之者，蹴踏踐履，童孺丈夫千百，而無稍異也。”

【夜光驚鳥犀】

即通天犀。因夜間發光，鳥獸見之皆驚，故名。《太平御覽》卷八九〇引三國吴萬震《南州異物志》曰：“犀有特神者，角有光曜，白日視之如角，夜暗擲地理皆燦然，光由中出，望如火炬。欲知此角神異，置之草野，飛鳥走獸過皆驚。昔行野中見一死人，鳶鳥欲往啄之，每至其頭輒驚走飛去，怪而視之其頭中有犀簪，近此角也。"又："或有神異，表露以角，含精吐烈，望如華燭，置之荒野，禽獸莫觸。"

通犀

犀角之一種，黃黑二色紋理交雜，以其形變幻似物象者爲貴。《漢書·西域傳贊》："自是之後，明珠、文甲、通犀、翠羽之珍盈於後宮。"顏師古注引如淳曰："通犀，中央色白，通兩頭。"唐李德裕《李文饒集別集·通犀帶賦》："客有以通犀帶示余者，嘉其珍物，古人未有詞賦，因抒此作，蓋盡其美焉。"《資治通鑑·唐僖宗光啓三年》："競以珠玉金繒詣雄軍貿食，通犀帶一，得米五升；錦衾一，得糠五升。雄軍既富，不復肯戰。"陸德明釋文："通犀，先齊切，犀牛，似豕，角生鼻上。"明李時珍《本草綱目·獸二·犀》："既曰通犀，必須文頭顯著，黃黑分明，有兩脚潤滑者爲第一。"又："黑中有黃花者爲正透，黃中有黑花者爲倒透，花中復有花者爲重透，并名通犀，乃上品也。"清鈕琇《觚剩·石言》："嶺表珍奇，是不一類，珊瑚硨磲，明珠文貝，沈檀通犀，象齒翡翠。"

望月犀

犀牛望月日久，感月影於角，故稱。《關尹子·五鑑》："譬如犀牛望月，月形入角，特因識生，始有月形，而彼真月，初不在角。"明陳繼儒《太平清話》卷四："呂東萊畜犀帶一圍，文理縝密，中有一月影，過望則見，蓋犀牛望月之久，故感其影於角。"清李調元《骨董志》卷九："石晉幼主有一犀帶，正透中有一月影，與月弦望相準，每當望時，其影則圓滿，過望則圓缺。"

辟水犀

能辟水之犀角。唐劉恂《嶺表録異》卷中："又有駭雞犀、辟塵犀、辟水犀、光明犀。此數犀，但聞其説，不可得而見也。"元黎崱《安南志略》注："辟水犀，舊傳安陽王有七寸文犀，戰敗，投犀於海，水開，入水免禍。"《佩文韻府·八齊·犀》："辟水犀……《南越志》：'海中出辟水犀，其出入有光，水爲之開。'"

【開水犀】

即辟水犀。唐李朝威《柳毅傳》："洞庭君因出碧玉箱，貯以開水犀。錢塘君復出紅珀盤，貯以照夜璣。"清李漁《蜃中樓·辭婚》："本待屈留數日，恐怕侮慢招尤，祇得要相送了。有幾種薄儀相贈。左右，取禮過來。（衆應，取上）（外）開水犀十笏，照夜珠十顆。愧不成儀，聊申謝意，請收下。"

辟暑犀

能避暑驅熱之犀角。唐蘇鶚《杜陽雜編》卷中："李訓講《周易》微義，頗叶於上意。時方盛夏，遂命取水玉腰帶，及辟暑犀如意以賜訓。訓謝之。上曰：'如意足以與卿爲談柄也。'"明徐應秋《玉芝堂談薈·物反常性》："夏宜暑而有避暑犀，冬宜寒而有辟寒玉。"清李調元《骨董志》卷九："辟暑犀出渤泥海，角色潤瑩如碧玉。當炎夏暑時，置之室中，則清涼如在深秋矣。"清周亮工《書影》卷九："偶覽張無垢《橫浦集》云：其家舊畜犀帶一銙，文理縝密，中有一月影，遇望則見。蓋犀牛望月之久，故感其形於角也。無垢正人君子，以道學稱，決非妄言。然此帶亦太奇也。以此推之，古有辟寒犀、辟塵犀、駭雞犀、辟暑犀、夜明犀，當皆有之。"

辟寒犀

能辟寒之犀角。史料記載，唐開元二年（714）冬至日，交趾國進犀一株，色黃如金。使者請以金盤置於殿中，温温然有暖氣襲人。此辟寒犀也。唐馮贄在《雲仙雜記》中亦有記載：“交趾國進犀一株，以金盤置於殿中，暖氣襲人，使者曰：‘此辟寒犀也。’”元湯舜民《尋春不遇》：“洞房香冷辟寒犀，花壓翠簾低。”清李調元《骨董志》卷九：“唐德宗時，外域進辟寒犀，其色如金。每於隆冬之時，以金盤貯之，置於御座，則滿殿和煦如春。”

辟塵犀

亦稱“却塵犀”。傳説中之海獸，狀如犀牛，其角可避却塵埃，故稱。南朝梁任昉《述異記》卷上：“却塵犀，海獸也，然其角辟塵，致之於座，塵埃不入。”宋晁説之《嵩山文集》卷六：“美求鮮鯉膾，珍訪辟塵犀。”唐李商隱《碧城》三首之一：“碧城十二曲闌幹，犀辟塵埃玉辟寒。”唐劉恂《嶺表録異》：“辟塵犀爲婦人簪梳，塵不著髮也。”清李調元《骨董志》卷九：“辟塵犀産南丹國，色紅潤如珊瑚，可作腰帶、簪、導，即於塵中騎馬馳驟，而纖塵不沾馬尾。以其角屑致之室中，纖塵不入。”

【却塵犀】

即辟塵犀。此稱南北朝時期已行用。見該文。

壽星犀

犀角之一種，因角中有壽星之形，故名。清李調元《骨董志》卷九：“有鉅賈齎一犀帶，乃正透中現一壽星之形，五官俱備。”參閲宋無名氏《湖海新聞夷堅續志後集》卷二“壽星犀角”。

墮羅犀

大犀角。一株重七八斤。據記載産於古南海墮和羅國，故稱。唐劉恂《嶺表録異》卷下：“又有墮羅犀，犀中最大，一株有重七八斤者。云是牯犀，額上有心，花多是撒豆斑。色深者堪爲胯具，斑散而淺，即治爲盤碟器皿之類。”《天中記》卷六○：“墮和國多美犀，是謂墮和羅犀。”清李調元《骨董志》卷九：“墮羅犀，犀中之最大者，角一株可重七八斤，云是牯犀額角。其花多作撒豆瓣。色深者堪作腰帶胯，斑散者可作器皿也。”

暹羅犀

犀角之一種，産於暹羅國，故稱。清李調元《骨董志》卷九：“暹羅國産犀，色如蜜蠟而潤澤有香，如松柏子。又有一種色紫者，亦佳。俱堪作酒杯、簪、導、帶、胯之類，諸犀中之上品也，價亦甚高。”清朱彝尊《曝書亭集》卷八：“房山香醪貯一石，浮以斛角暹羅犀。”

響犀

犀角之一種，相傳其聞聲則有迴響應之，故稱。唐蘇鶚《杜陽雜編》卷中：“時有宮人沈阿翹爲上舞《何滿子》，調聲風態，率皆宛暢。曲罷，上賜金臂環，即問其從來。阿翹曰：‘妾本吳元濟之妓女，濟敗，因以聲得爲宮人。’俄遂進白玉方響，云本吳元濟所與也，光明皎潔，可照十數步。言其犀槌即響犀也，凡物有聲乃回應其中焉。”宋計有功《唐詩紀事》卷二：“又奏曰：‘妾本藝，方響乃白玉也，搥則響犀爲之，願賜臣妾。’帝命賜之。”

蠲忿犀

能使人消除忿怒之犀角。唐蘇鶚《杜陽雜編》卷下：“咸通九年，同昌公主出降……又帶蠲忿犀、如意玉。其犀圓如彈丸，入土不朽爛，帶之令人蠲忿忿怒。"宋金盈之《醉翁談録·榮貴要覽》："〔公主下嫁〕又帶蠲忿犀、如意玉，時張瑟瑟幕於堂。其幕闊三丈，長一百尺，輕虛明薄，向空張之，則疏明之紋如碧鈿之貫真珠，雖大雨暴降，終不沾濡。"《醒世恒言·金海陵縱欲亡身》："更帶九玉釵、蠲忿犀、如意玉、龍綃衣、龍髯紫拂。釵刻九鸞，皆九色，其上有字。"清李調元《骨董志》卷九："唐同昌公主有蠲忿犀，佩之心意恒歡，忿怒蠲息，名爲至寶。"

靈犀

犀角之別稱。古代傳説犀牛角有白紋，感應靈敏，被看作靈異之物，故稱。唐李商隱《無題》詩："昨夜星辰昨夜風，畫樓西畔桂堂東。身無彩鳳雙飛翼，心有靈犀一點通。"元郝經《續後漢書·西域傳》："赤翠羽之背，童靈犀之首，糞苴蓿之種。"明朱櫹《普濟方·諸風門·諸風雜治方》："靈犀丹，治一切風，言語謇澀，心神昏憒。"宋黃庭堅《次韻奉答少微紀贈》詩："文如霧豹容窺管，氣似靈犀可辟塵。"

寶犀

犀角。宋俞文豹《吹劍録外集》："〔交趾〕國主大喜，親與宴會，出宮女佐樽，以德用材藝而敏，給厚禮而留之，遣乃兄回金玉貨寶犀、象白、牛角之類。"宋黃庭堅《鼓笛令》："寶犀未解心先透。惱煞人，遠山微皺。"宋洪諮夔《和趙保之青田即事》："寶犀壓帳春風入，渴烏傳箭寒漸滴。"

犀弓

以犀角製的弓，泛指強弓。宋梅堯臣《兵》詩："金甲不曾擐，犀弓應自調。"《遼史·太宗紀》："八月癸巳，南唐奉蠟丸書。庚子，晋遣使進犀弓、竹矢。"《金史·唐古特溫傳》："四年，爲勸農使，出爲西京留守，賜犀弓玉帶，召入爲皇太子太傅。"明袁宏道《破研齋集》卷一："寶劍犀弓大羽囊，軍中聊作健兒裝。一函雲卷天驕檄，十里風吹侍史香。"

犀角

犀之角，可製器。1986 年湖北荆門包山戰國時期楚墓曾出土一犀角雕製的虎首龍身異獸，器高 10.2 厘米、最大徑 1.9 厘米，透雕三虎首、一龍身之物，相互蟠繞。最大一個首尾貫通全器，頭嚮下；次者尾卷成圓形，頭嚮上；最小一個沿最大的尾部作同嚮爬行，口咬次者右足。先秦典籍中已有此名稱。《竹書紀年》卷下："四月越王使公師隅來獻舟三百，箭五百萬及犀角象齒。"《後漢紀》卷一五："及桓帝建初中，王安都遣使者奉獻象牙、犀角、玳瑁，始一通焉。"犀角亦可入藥，《神農本草經·中品·蟲獸部》："犀角味苦寒。主治百毒蠱疰，邪鬼瘴氣，殺鈎吻鴆羽蛇毒，除邪，不迷惑魘寐……久服輕身。生川谷。"漢張仲景《金匱要略》卷下："飲食中毒煩滿，治之方：苦參三兩，苦酒一升半。上二味，煮三沸，三上三下，服之，吐食出即差，或以水煮亦得。又方：犀角湯亦佳。"明李時珍《本草綱目·獸之二·犀》："犀角，犀之精靈所聚，足陽明藥也。胃爲水穀之

犀角
（明刊《補遺雷公炮製便覽》）

海，飲食藥物必先受之，故犀角能解一切諸毒，五臟六腑，皆禀氣于胃，風邪熱毒，必先干之。故犀角能療諸血，及驚狂斑痘之證。”宋唐慎微《政類本草・序例上》：“凡湯中用麝香、犀角、鹿角、羚羊角、牛黄、蒲黄、丹砂須熟，末如粉，臨服内湯中攪令調和服之。”

【低密】

即犀角。明李時珍《本草綱目・獸之二・犀》：“犀角，番名低密。”

【雞昧白】

即犀角。晋時稱犀角上等者爲“雞昧白”。晋郭義恭《廣志》：“犀角之好者稱雞昧白。”

【黑暗】

即犀角。唐代稱犀角爲“黑暗”。唐段成式《酉陽雜俎・毛篇》：“或云犀角通者是其病。然其理有倒插、正插、腰鼓插。倒者一半已下通，正者一半已上通，腰鼓者中斷不通。故波斯謂牙爲白暗，犀爲黑暗。”《唐詩紀事》卷五七：“又云波斯國謂象牙爲白暗，犀角爲黑暗，故老杜有‘黑暗通蠻貨’之句。”宋蘇軾《送喬施州》詩：“雞號黑暗通蠻貨，蜂鬧黄連采蜜花。”自注：“胡人謂犀爲黑暗。”

【犀株】

即犀角。角計數以株爲量，故稱。唐李賀《惱公》詩：“犀株防膽怯，銀液鎮心忪。跳脱看年命，琵琶道吉凶。”唐元稹《元和五年予官不了罰俸西歸三月六日至陝府與吴十一兄端公崔二十二院長愴曩游因投五十韻》詩：“藤開九華觀，草結三條隧。新筍踴犀株，落梅翻蝶翅。”《宋史・西南諸夷傳》：“慶曆四年，卭部州山前山後百蠻都鬼主牟黑，遣將軍阿濟等三百三十九人，獻馬二百一十，犛牛一，大角

羊四，犀株一，莎羅毯一。”宋唐藝孫《天香》詞：“螺甲磨星，犀株杵月，蕊英嫩壓拖水。”清王士禎《米海嶽研山歌爲朱竹垞翰林賦》詩：“華蓋一峰獨秀拔，宛插玉笏翹犀株。”

犀角刀

以犀角製作的刀子，乃巫術所用。明周嬰《卮林・犀角刀子》：“《紀聞》曰：牛騰，字思遠。唐朝散大夫，郯城令……公子將見察懼不知所爲，忽衢中遇一人形狀瑰偉，問公：‘欲過中丞得無懼死乎？’公子驚曰：‘然。’異人曰：‘公有犀角刀乎？’曰：‘有。’異人曰：‘甚善，今授公神呪，見中丞時但俯伏掐訣（注曰：言帶犀角刀子掐手訣，乃可以誦呪，其訣左手中指第三節橫文，以大指爪掐之）而密誦呪七遍，當有所見，可無患矣。’”參閲清王士禎《池北偶談・談異四》。

犀角印

以犀角刻製的印章。明甘暘《印章集説》：“犀角印：漢乘輿雙印，二千石至四百石以黑犀爲之，餘印不用。好奇者用以爲私印，其質粗軟，久則歪斜不足玩。”參閲清陳克恕《篆刻針度・犀角印》。

犀角如意

以犀角製作的如意。《漢魏六朝百三名家集》卷一一四：“答智顗遺旨書：菩薩戒弟子總持稽首，和南先師天臺智者，内弟子灌頂普明至奉，去十七年十一月二十一日，遺書七紙，手迹四十六字，并净名義疏三十一卷，犀角如意，蓮華香爐等，跪對修讀，摧振於心，舍利儼然，德音具在。”明顧起元《客座贅語》卷三：“斑竹筆二管，銅匕箸一具，犀角如意一柄并匣，白檀曲几一枚，銅重碗三口……”明

吴之鯨《武林梵志·普福寺》："普福法師天岸
諱弘濟……髠髴於觀定中覩尊者，畀以犀角如
意，自是談辯日增。"清嚴可均輯《全隋文》卷
三二："蓮華香爐，犀角如意，是王所施，今以
仰別，願德香遐遠，長保如意也。"參閱本卷第
二章第二節"水晶如意"。

犀角杯

以犀角製盛酒、羹類液體的器具。明趙南
星《聞陳荆山方伯病免》詩："同心眇天末，難
鼓山陰柁。酌我犀角杯，遥思澆磊砢。"清乾隆
《咏尤通刻犀角乘槎杯》詩："照渚幸而迠温氏，
刻杯仍此遇尤家。河源自在人間世，漢使訛傳
星漢槎。"自注："今此犀角杯，歙刻尤通作乘
槎式，雕鏤精巧、生動。按《無錫縣志》，稱尤
氏以犀角飲，器名即尤通也。因所刻杯上乘槎
事復爲辨識。"清孫文川《淞南隨筆·同治三年
甲子》："犀角杯贈趙用賢：文羊一角，其理沈
黝。不惜剖心，寧辭碎首？黃流在中，爲君子
壽。"

犀角枕

藥枕之一。中醫認爲：犀角味酸、鹹，性
寒。入心、肝經。具清熱，涼血，定驚，解毒
之功。臨床用於治療頭痛寒熱，驚狂煩躁，癰
疽發背，吐血衄血，斑疹瘡腫，辟惡驅毒等。
長期以犀角做枕，可清熱鎮驚，促進睡眠。晋
葛洪《肘後備急方·治卒魘寐不寤方》："又方
作犀角枕佳，以青木香内枕中，并帶。"宋葛長
庚《玉蟾先生詩餘·附》："犀角枕，象牙床。
椰心纖簟晝生凉。"宋陳允平《香奩體》詩：
"雨聲犀角枕，月色象牙床。掌上雙鸚鵡，屏間
兩鳳凰。"明朱橚《普濟方·雜治門·鬼擊》：
"治鬼擊忽然不寤，若火照之則殺人，但痛醅，

其踵後足拇指甲際而多唾其面即活，右以犀角
枕佳，或以青木香内鼻中，并帶亦辟魘寐。"

犀角帶

亦稱"犀角腰帶""犀角寶帶"。以犀角製
作或鑲嵌犀角之腰帶。《宋史·輿服志五》："太
宗太平興國七年正月，翰林學士承旨李昉等奏
曰：奉詔詳定車服制度……雖升朝著綠者公服
上，不得繫銀帶，餘官服，黑銀方團胯及犀角
帶。"《金瓶梅詞話》第三一回："不是面獎，説
是東京衛主老爺，玉帶金帶空有，也没這條犀
角帶。這是水犀角，不是旱犀角。"清孫旭《平
吳錄》："四時服蟒，嚇以爲未全，另造各色哆
囉及金甲嵌胡珠、銀甲嵌珊瑚，又玉帶、金帶、
銀帶、枷南帶、犀角帶、沈香帶俱嵌珠寶，又
爲箱三十，約費數萬金，進安福園供奉。"清王
夫之《永曆實錄》卷二："起恒相四年，隨上播
遷，上屢欲加恩，固辭不受。唯以上兩宮徽號，
進太子少傅。南郊，賜玉帶，不服，以犀角帶
二品服色終。"《駢志·辛部上》引《隋書》曰：
"劉宏，字仲遠，拜泉州刺史。會高智慧作亂，
以兵攻州，宏城中守百餘日，救兵不至。前後
出戰，死亡大半，糧盡無所食，與士卒數百人
煮犀角腰帶，及剥樹皮而食之，一無離叛。"
《水滸傳》第八二回："第二個戲色的，繫離水
犀角腰帶，裹紅花綠葉羅巾。"《濟公全傳》第
一五〇回："左右兩旁站着文武判官，一位拿着
善惡簿，一位拿着生死簿，那判官都是頭戴軟
翅烏紗，身穿大紅袍，圓領闊袖，束着一條犀
角寶帶，足下方頭皂靴。"

【犀角腰帶】

即犀角帶。此稱明代已行用。見該文。

【犀角寶帶】

即犀角帶。此稱清代已行用。見該文。

犀角酒樽

以犀角製盛酒之器具。唐牛僧孺《玄怪錄》卷二："未幾而三女郎至，一孩兒，色皆絕國。於是紫綏鋪花茵於庭中，揖讓班坐。坐中設犀角酒樽，象牙杓，綠屬花觶，白琉璃盞，醪醴馨香，遠聞空際。"《類説》卷一一："俄頃三女至，携一小兒，設犀角酒樽，象杓。一女郎傳口令曰：'鸞老頭腦好，好頭腦鸞老。'"參閱《太平廣記》卷三二九《劉諷》。

犀角梳

以犀角製整理頭髮之用具。唐姚汝能《安禄山事迹》卷上："太真賜金平脱裝一具，内漆半花鏡一，犀角梳篦刷子一，骨骰盒子三，金鍍銀盒子二……"清沈起鳳《諧鐸》卷三："方撲圓冰犀角梳，九梁花插兩鬢虛。高情懶學鳴蟬髻，垂手愁拈飛燕裙。"

犀角筆管

以犀角製毛筆杆。唐張鷟《朝野僉載》卷三："歐陽通，詢之子，善書，瘦怯於父。常自矜能書，必以象牙、犀角爲筆管，狸毛爲心，覆以秋兔毫；松煙爲墨，末以麝香；紙必須堅薄白滑者，乃書之。蓋自重其書。"明謝肇淛《五雜俎·物部四》："歐陽通，能書者也，猶以象牙、犀角爲筆管，況庸人乎？"

犀角鼎

以犀角製三足兩耳蓄酒器。徐珂《清稗類鈔·飲食類》："吳興金彦翹亦大户，多蓄酒器，有犀角鼎，極精妙。"

犀角槍

以犀角製抽烟用具。槍，指烟槍。《負曝閒談》第二五回："叫天兒進了這屋子，夥計打開煙槍袋，揀出一枝犀角槍，擱在炕上煙盤裏。"

犀角箸

以犀角製筷子。箸，筷子。漢張仲景《金匱要略方論》卷下："犀角箸攪飲食，沫出，及澆地墳起者，食之殺人。"參閱清吳謙《醫宗金鑑·訂正仲景全書金匱要略注下之三》。

犀角簪

以犀角製綰髮髻之條狀物。亦用作頭部飾品。《宋史·輿服志四》："七旒冕：犀角簪導，衣畫虎蜼、藻、粉米三章，裳畫黼、黻二章，銀裝佩劍，革帶，餘同九旒冕，九卿奉祀則服之。"《續通典·禮嘉·進賢冠》："貂蟬冠：宋制冠，三梁犀角簪導，諸司三品，御史臺四品，兩省五品，侍祠朝會則服之。"又《冕》："親王中書門下，祭祀服之無額花者，三公奉祀服之，七旒冕，犀角簪導。"

第五章 玻璃琉璃説

第一節 玻璃考

　　至遲自周朝開始，不同種類玉石中已有"玻璃"之名，但不稱之爲"玻璃"，而將其看作爲玉石之類。近年考古發掘出土大量實物，根據專家的具體分析，普遍認爲這些實物大多與人造珠玉有關聯，因其似珠玉而與玉石相聯係，其中有天然所産、質似玻璃而歷史上稱爲玉石的，亦有以天然材料進行人工製造的。一説將半透明的稱作"璃"，全透明的稱作"玻璃"；又説全透明如水晶爲玻璃，半透明如釉彩爲料器，不透明如玉石爲琉璃。爲便於區別，特分狹義與廣義兩種情況。狹義玻璃專指當今意義上的玻璃，廣義玻璃泛指中外不同時期、以不同技術製造的玻璃，以及質似玻璃的玉石。本篇所言之"玻璃"，取其廣義。

　　據目前文獻可知，《書·禹貢》中有最早關於玻璃的記載。稱爲"璆琳"，即美玉。《楚辭·九嘆·逢紛》："薜荔飾而陸離薦兮，魚鱗衣而白霓裳。"王逸注："陸離，美玉也。""陸離"即"璆琳"。中國現代地質學家章鴻釗先生認爲：古璆琳即琉璃，顔色爲寶青色或碧色，可能爲青金或碧玉，但至漢以降，名爲琉璃者已指人造物。古代琉璃製品大多仿造玉石而做，冶煉時加入大量鋇、鉛等呈色劑，使之呈現黃、紅、藍、綠等玉石效果，故琉璃又稱"五色之玉"。近代，古玩行將其稱作"燒料"。近年考古工作者自戰國、漢代古墓發現大量琉璃製品，其中大多爲珠、管串飾，當然也有少量仿玉器、容器等製品。唐朝以後，特別於明清時期，琉璃中加入氧化銅、氧化鐵等呈色劑製成低溫釉裝飾陶器，可做建築飾件，大量用作琉璃磚瓦。清朝玻璃在生活用品和工藝品中被大量應用，宮廷中亦有精美玻璃製品。通常被製成罐、杯、爐、瓶、鼻烟壺等。秦漢時，"玻璃"亦稱"琉璃"（也做"流離""瑠璃"）"璧琉璃""五色玉"等。漢桓寬《鹽鐵論·力耕》最早出現"琉璃"一稱："鼲鼯狐貉采旃文罽，充於內府；而璧玉珊瑚琉璃，咸爲國之寶。"古代文獻亦稱"五色石"。漢王充《論衡·率性》："道人消爍五石，作五色之玉，比之真玉，光不殊別。兼魚蚌之珠與禹貢璆琳皆真玉珠也。然而，隨侯以藥作珠，精耀如真。""玻璃"之名始於漢魏六朝時期，皆來自外來譯音，故有數種寫法，如"頗黎"（舊題漢東方朔《十洲記》）、"玻璨"（《舊唐書·波斯傳》）等；作爲實物又有多種名稱，如"璆琳""火齊珠""琉璃""璧琉璃""琅玕"等，繁複不一。唐宋以後玻璃一詞使用得較爲廣泛。至元明，琉璃則專指以低溫燒製的釉陶磚瓦。

以往多認爲中國製造玻璃的時代較晚，歷史上在國內發現的玻璃一般均從國外傳入。而考古發現改變了這一說法。1975年陝西寶雞茹家莊古墓發現上千件西周時期玻璃管珠，以此證明中國早在西周時就能製造玻璃，距今已經三千多年的歷史。2003年薊縣崔店子地區，天津市文化遺産保護中心自一座平民墓中發現一串距今兩千多年的漢代玻璃項鏈。據專家介紹，此爲天津地區目前發現的年代最久遠的玻璃製品。2001年杭州雷峰塔地宮舍利函裝一玻璃瓶。部分專家認爲，此玻璃瓶爲中國製造，而非國外傳入。衆多出土玻璃製品中，除部分來自羅馬與近東地區，絕大部分已被證實爲中國製造。

中國古代歷史上的這些玻璃，與我們今天所說的玻璃有所不同。現今之玻璃，按照西方玻璃的構成成分和製造方法詮釋。西方玻璃的主要成分爲二氧化硅、氧化鈉和氧化鈣，稱之爲"鈉鈣玻璃"。中國出土的玻璃經中外有關單位化驗，得出的共同結論爲"鉛鋇玻璃"，采用特殊工藝製作，由於製作工藝十分複雜，且按照精美藝術品之要求加以製作，因此數量較少。宋人稱其"色甚光鮮，質則輕脆"。

據玻璃製造史和製造方法考證研究，最早製造玻璃者爲公元前3400～前2500年埃及美索不達米亞人，用胚心製法；公元1～5世紀的羅馬人以吹製法製造玻璃，吹製法的產生爲玻璃史上最重要之轉折點；之後在 7 ~ 9 世紀玻璃之製作方法以模吹加金箔與彩繪裝飾；到 15 ~ 17 世紀歐洲意大利、威尼斯人（慕拉諾）的製作方法爲吹製及各樣技術。17 世紀英國玻璃製作方法爲切割、研磨；美國玻璃 18 ~ 19 世紀製作方法爲機械壓模；至 1962 年以後，吹製爲最主要技法，亦有其他各類技法。由此可知，不同時期和不同國家地區，製作玻璃技術不同，故不能依據某個時期和某個國家的標準來衡量。亦可認爲中國製造玻璃的時代與國外最早製造玻璃的美索不達米亞同時。

中國傳統玻璃最初的生產爲天然珠寶玉器之代用品，因中國是一個重視玉器而且生產玉器的國家，故玻璃作爲人工製造的天然珠寶玉器的代用品，對其重視程度并不高。據專家介紹，中國先前就有蜻蜓珠之類的玻璃製品，西周時的玻璃製品質地疏鬆，色彩晦暗，器形較簡單，樸實無華。春秋戰國時則以仿造玉器爲主，其製品不僅光潔度好，工藝水準也較高。

西漢時開始使用鑄造方法製作鉛鋇玻璃，延續春秋戰國傳統。三國、兩晋、南北朝時期用吹製方法製造鈣鈉玻璃，器物輕薄，透明度較好。安徽亳州曹操宗族墓出土五件三國時期的玻璃鏡片，除内含微量氣泡，其透明度以及光潔度均同於水晶，配方與工藝亦達到很高水準。

隋唐時期的吹製技術變得更加成熟，相繼製作出一些實用容器，其作品亮麗而又多姿。裝飾手法上亦更加多元化，自之前的磨鑄、貼塑、刻花等簡單裝飾手段發展演化至更加精緻的新工藝。1985 年陝西臨潼出土的唐代玻璃網紋瓶，其所飾凸起網格紋即用二次貼塑工藝方法。

宋元時期以高鉛玻璃製造仿瓷製品，小巧精緻。1969 年 7 月河北定縣五號塔出土衆多宋代玻璃器物。這些器物充分顯示北宋時中國玻璃製造業的水準。其中一串玻璃葡萄技術非常精良，葡萄粒大小不一，有圓形、橢圓形。最大者直徑 1.82 厘米，長 2.15 厘米，最小者直徑 1.3 厘米，長 1.4 厘米。中空，腹壁極薄。顏色以棕色爲多，白色與綠色較少。其工藝爲無模吹製法，自吹管上剪下即成。塔基出土若干件伊斯蘭風格玻璃器皿，反映當時我國與外域的物質文化交流。江西南豐縣桑田宋墓出土一扁長條形玻璃簪，其簪體爲艷麗孔雀藍色，精巧別致，光潔細潤。大量玻璃飾物的出現説明宋代玻璃器具已逐漸趨於實用型。

元代玻璃器在工藝上采用掐絲法，其形如流水，別有一番韵致。雖然元代玻璃產量不高，但是官方比較重視玻璃製造，因此專門設立官辦玻璃作坊——"玉局"，而這項制度被延續至明朝。

明代玻璃製造亦備受官方重視，不過至今發現得較少。山東博山顏神鎮爲主要生產基地。明代玻璃飾物與日用器皿在官方、民間都日漸流行。目前爲止出土帶板以明代居多。1978 年江蘇揚州梅花嶺史可法衣冠冢出土一玻璃帶板，長 9 厘米，寬 6 厘米，色澤温潤而又光潔可人。

清八角料瓶

清代采用套彩、浮刻的方法，故玻璃器與前朝迥異，不僅數量繁多、色彩絢爛，而且工藝十分複雜、高超，爲中國傳統玻璃工藝鼎盛時期。自康熙三十五年（1696）始，朝廷設置皇家玻璃廠，聘用西方傳教士進廠，汲取先進技法，初步掀起清朝初期玻璃生產的高潮。至清代乾隆年間，玻璃製造進一步得到宮廷支援并正式納入皇家管理體系，使得當時玻璃製品更加重視藝術性，忽視生活化。雖然誕生許多玻璃精品，却難以普及至百姓生活。期間所製金星玻璃天鷄式水盂，采用失蠟鑄造法，深茶色，通體遍布金色斑點。其時北京、廣州、博山已成清宮玻璃製造的三大中心。自乾隆三十五年（1770）開始，玻璃製造逐步失去宮廷支持，玻璃工匠漸漸失去王朝贊助，開始重視市場需求，從而轉嚮製造平民化、生活化之器物，如油燈罩、窗玻璃片等，使得玻璃製品更爲普及，遂成爲生活中重要組成部分。

如今我們所説的玻璃，已經與中國傳統玻璃很不相同。今所謂玻璃，爲含石英砂、石灰石、純鹼等混合物，於高温下熔化、成型、冷却製成的質地硬而脆的透明物體。北京故宮博物院收藏的清代白地套紅玻璃雲龍紋瓶，高 29.5 厘米，口徑 9.5 厘米。采用玻璃套料製作。以涅白玻璃做胎，體成圓形，口沿爲喇叭狀，頸部内收成細頸，腹部大而垂，帶一短足，平底；胎外紋飾爲紫紅色玻璃，瓶口飾弦紋一圈，頸部爲蕉葉紋，肩部飾如意紋，蕉葉紋與如意紋之間飾蔓草紋，腹部爲龍戲珠圖，間飾雲紋，近底處飾蓮瓣紋，瓶底刻"大清乾隆年製"楷書款，外以雙方框圈欄。

因中國歷史上的玻璃多與人造珠玉相關，故亦常被解釋爲玉名。現今以"玻璃"之名，兩字均從"玉"字，亦未脱離"玉名"範圍。明乎此，本篇將歷史上稱"玉名"的實物列入玻璃之中，便可理解。現將中國歷史上的玻璃分爲兩類，對其名物加以梳理：一類爲直接用"玻璃"或相通的名字命名；一類爲歷史上當作"玉名"，却又用來指玻璃實物。此外，再列舉部分玻璃製品名物加以考辨。

子玉

質似玻璃的人造玉石，可製作簪子、棋子等器物。宋劉子翬《汴京紀事》詩："篤耨清香步障遮，并桃冠子玉簪斜。一時風物堪魂斷，機女猶挑韻字紗。"元黄庚《棋聲》詩："何處仙翁愛手談，時聞剥啄竹林間。一枰子玉敲雲碎，幾度午窗驚夢殘。"

水玉 [1]

亦稱"水精"。質似玻璃的人造玉石，意謂似水之玉，又説"千年之冰所化"，因質地"其瑩如水，其堅如玉"，故名。《史記·司馬相如列傳》："水玉磊砢。"裴駰集解："郭璞曰：水玉，水精也。"《廣雅·釋地》："玉：水精，謂之石英、琉璃、珊瑚、玫瑰、夜光、隋庚。"唐温庭筠《題李處士幽居》寫道："水玉簪頭白角巾，瑶琴寂曆拂輕塵。"宋羅泌《路史·赤松石室》："《神仙傳》云：赤松子者，服水玉。神農時爲雨師，教神農。入火。炎帝少女追，言與之俱仙。高辛之時復爲雨師。"宋朱震《漢上易傳》卷九："《太玄》以二八爲金、爲環佩、爲重寶、爲扣器，以一六爲水、爲玉者，六即乾也。玉有水玉，水得乾氣乎？"清乾隆《金蓮花》詩："水玉裁爲葉，黄金縷作英。"水精一名，最初見於佛書，《具光明定意經》："其所行道，色如水精。"因其"其瑩如水""瑩潔晶光"，稱"水晶"。1990年浙江杭州市半山鎮石塘村的戰國墓出土一水晶杯，高15.4厘米，圈足外撇，圓底，斜壁，敞口。素面無紋飾，透明，器表經過抛光處理，器底與中部有海綿體狀之自然結晶。此水晶杯以優質天然水晶製作實用器皿，國内十分罕見，其製作技巧與工藝水準均令人驚嘆。現收藏於浙江杭州市文物考古研究所。

【水精】[2]

即水玉。此稱漢代已行用。見該文。

五色之玉

省稱"五色玉"。亦稱"華玉"。質似玻璃之美玉。漢王充《論衡·無形篇》："然而道人消爍五石，作五色之玉，比之真玉，光不殊别。"晋王嘉《拾遺記》卷二："〔成王〕四年，旃塗國獻鳳雛，載以瑶華之車，飾以五色之玉。"宋林之奇《尚書全解》卷三七："華玉，先儒以爲彩色，鄭氏則曰五色玉也。"《宋史·輿服志三》："中興仍舊制，延以羅衣木，玄表朱裏，長尺有六寸，前低一寸二分，四旁緣以金，覆於卷武之上，繅以五色絲，貫五色玉，前後各十二。"明高濂《遵生八牋·延年却病牋上》："坐於朱陵帳中，下視四體情狀，肝脾膽腎皆令清潔如五色玉。"由"清潔如五色玉"可知，"五色玉"之質似玻璃。清江永《鄉黨圖考》卷五："以此五色玉，貫於藻繩之上，每玉間相去一寸十二。"又名"華玉"。《書·顧命》："牖間南嚮，敷重篾席，黼純華玉，仍几。"《隋書·音樂志中》："皇天有命，歸我大齊，受兹華玉，爰錫玄珪。"《宋史·樂志七》："帝臨中壇，神從八陛，華玉展瑞，明馨薦醴。"

清高士奇《編珠補遺》："劉楨《清慮賦》曰：'錯華玉以茨屋，駢雄黃以爲堚，紛以瑤藥，楥以玉蓂。'"

【五色玉】

"五色之玉"之省稱。此稱宋代已行用。見該文。

【華玉】

即五色之玉。此稱先秦時期已行用。見該文。

冰玉

質似玻璃之人造玉石。宋宋敏求《唐大詔令集》卷五二："雅裁既揚於冰玉，衝襟咸契於神明。"《元史·李洹傳》："顏面如冰玉，而唇如渥丹。"清姚炳《詩識名解》卷一三："《詩》特以梅實之零落喻盛年之難久，是以思及時婚姻耳，何嘗念及梅之香色，與花實早晚？且即以色論之，冰玉之姿較勝夭斜多矣。"按，《詩》係指《詩·召南·摽有梅》篇。

玻璃

亦作"頗梨""玻瓈""頗黎""波黎"。人工製作之珠玉代用品。玻璃之名，外來譯音。《周書·異域傳下》載有波斯國出頗黎、珊瑚。取名之時，蓋用音譯加意譯之法，"玻""頗""波"三字當取其薄如皮之意，"梨""瓈""黎"，皆通"璃"，當取其透明之意。《周易函書約存·別集》："頗梨，千歲水所化也。"有直接寫爲"玻璃"的。唐釋貫休《禪月集》："玻璃門外仙猷睡，幢節森森絳煙密。"南宋熊克《中興小紀》："……寶器有玻璃、瑪瑙之屬皆遐方異物。"《金史·世宗紀下》："癸巳，宋使朝辭，以所獻禮物中，玉器五，玻璃器二十。"《別雅》卷一："頗黎、波黎，玻璃也。"

有寫爲"玻瓈"者，《舊唐書·高宗紀下》："壬戌，支汗郡王獻碧玻瓈。"清秦蕙田《五禮通考》卷八三："玉器、水晶、瑪瑙之器，爲數不同。有玻瓈瓶、琥珀勺。世祖影堂有真珠簾。又皆有珊瑚樹、碧甸子山之屬。"明曹昭《格古要論》卷中："玻瓈，出南蕃，有酒色、紫色、白色者，與水晶相似，器皿皆多碾雨點花兒者是真，其用藥燒者入手輕、有氣眼，與琉璃相似。"有寫爲"頗黎"者。舊本題漢東方朔《十洲記》："崑崙山上，有紅碧頗黎宮色，七寶堂是也。"《太平御覽》卷八〇八引《梁四公子記》曰："扶南大舶從西天竺國來，賣碧頗黎鏡，面廣一尺五寸，重四十斤，内外皎潔，置五色物於其上，向明視之，不見其質。問其價，約錢百萬貫。"《新唐書·西域傳》："其君服珠、頗黎、車渠、珊瑚、虎魄……"唐溫庭筠《菩薩蠻》詞："水精簾裏頗黎枕。"《宋史·外國傳》："悉蘭池國……地產真珠、象牙、珊瑚、頗黎、檳榔、豆蔻、吉貝布。"以上幾種寫法之間經常互相注解。《明史·樂志三》樂章二："《上清歌》：一願四時風調雨順民心喜。攝外國，將寶貝。攝外國，將寶貝。見君王，來朝寶殿裏，珊瑚、瑪瑙、玻璃進在丹墀。"明李時珍《本草綱目·石之二·玻璃》："本作'頗黎'。頗黎，國名也。其瑩如水，其堅如玉，故名水玉，與水精同名。"

【玻瓈】

同"玻璃"。此體唐代已行用。見該文。

【頗黎】 [2]

同"玻璃"。此體漢代已行用。見該文。

【頗梨】

同"玻璃"。此體清代已行用。見該文。

【波黎】

同"玻璃"。此體清代已行用。見該文。

料器

亦稱"琉璃石""琉璃器"。質似玻璃之玉石。料器什麼時候自國外流傳至中國，考古學界說法不一。明朝萬曆年間，山東博山料器製造已十分繁榮興盛，并且流傳至北京。清朝康熙三十五年（1696），北京出現大規模"琉璃廠"，其生產皇宮享用之料器，頗受皇室人員之青睞，明代以山東博山所製料器最佳，透明度高，光澤晶瑩。《青州府志》介紹："琉璃器，出顏神鎮（今山東博山），以土產馬牙、紫石爲主，法用黃丹、白鉛、銅綠，焦剪成珠、穿燈屏、棋局、帳鈎、枕頂類，光瑩可愛。"早期中國料器多以彩球與盞、瓶、碗、尊等生活用品爲主，精美而又獨特。清朝後期，山東博山料器藝人，北京城內鼻烟壺畫匠，開始於料器鼻烟壺內繪製圖案，贏得人們愛惜。故清末民初料器鼻烟壺曾風行一時，并流傳至海外各國，不少歐美藝術品收藏家均集藏中國料器鼻烟壺。明宋應星《天工開物·珠玉·玉》："凡琉璃石，

清鷄肝石料瓶　　　民國綠料瓶

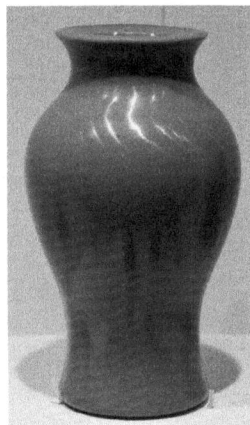

與中國水精、占城火齊其類相同，同一精光明透之義。然不產中國，產於西域。其石五色皆具，中華人艷之，遂竭人巧以肖之。於是燒瓴甋轉釉成黃綠色者曰'琉璃瓦'。煎化羊角爲盛油與籠燭者爲琉璃碗。合化硝、鉛寫珠銅綫穿合者爲琉璃燈。捏片爲琉璃瓶袋。（硝用煎煉上結馬牙者。）各色顏料汁任從點染。凡爲燈、珠皆淮北齊地人，以其地產硝之故。"

【琉璃石】

即料器。此稱明代已行用。見該文。

【琉璃器】

即料器。此稱清代已行用。見該文。

琅玕[2]

亦作"瑯玕"。指玻璃。《書·禹貢》："厥貢唯璆琳琅玕。"宋蔡沈集傳："球琳，美玉也；琅玕，石之似珠者。"宋程大昌《禹貢論下》："所貢者璆琳、琅玕而已。"三國魏曹植《美女篇》曰："腰佩翠琅玕，琅玕色青翠。"清朱鶴齡《尚書埤傳》卷五："按：'琅玕，石似玉'，此孔傳也。《說文》云'似珠'，孔疏及蔡傳從之。蓋古人謂石之美者多曰珠。《廣雅》謂琉璃、珊瑚皆爲珠是也。"然而亦有疑之者。清胡渭《禹貢錐指》卷一〇："寇宗奭曰：《西域記》云，天竺國出琅玕。蘇恭謂是琉璃之類。琉璃乃火成之物，琅玕非火成者，安得同類？"清徐文靖《禹貢會箋》卷九："《說文》'琅玕，石似玉'，徐氏總龜曰，琅玕生南海石厓上，狀如筍，質似玉。"清沈廷芳《十三經注疏正字》卷八〇："'有崑崙虛之璆琳瑯玕焉。''琅'，《釋文》作'瑯'。"

【瑯玕】

同"琅玕"。此稱清代已行用。見該文。

硝子 [2]

人工製造像水晶、玻璃之製品，今亦稱之爲玻璃。明李時珍《本草綱目·石之二·水精》集解："時珍曰……藥燒成者，有氣眼，謂之硝子。"明曹昭《格古要論》卷中："硝子，假水晶，用藥燒成者，色暗青，有氣眼。或有黃青色者，亦有白者，但不潔白明瑩。"古代日本的玻璃傳自中國，是以日文之"玻璃"以漢字"硝子"稱之。

璆琳 [1]

亦稱"球琳""琉璃""陸離""璧琉璃"。傳統上稱爲玉類而質似玻璃，今人或以爲玻璃之別名。《書·禹貢》："厥貢唯璆琳琅玕。"宋蔡沈集傳："球琳，美玉也；琅玕，石之似珠者。"唐陸元朗《經典釋文》卷七："璆，其樛反，又其休反。琳，又作玲，音林，孔安國云：璆玲，美玉也。鄭注：《尚書》云，璆，美玉；玲，美石也。"宋傅寅《禹貢説斷》卷二："唐孔氏曰：《釋器》云，璆琳，玉也。郭璞云，璆琳，美玉之別名。"清閻若璩《尚書古文疏證》卷六下："又按，蔡氏'球琳琅玕'，《傳證》以《爾雅》'西北之美者，有崑崙虛之球琳、琅玕'，或曰《爾雅》'球'本作'璆'，二字各別，子指摘何不及之？余曰：蓋兼用《説文》。《説文》'球'字下即接'璆'字，曰'球或從翏'，此正蔡氏之所本。前'厥貢璆'《傳》'璆，玉磬'已用《説文》'球，玉磬也'之解矣。"到西漢時，"璆琳"隨音演化爲"琉璃"。但此處之"琉璃"，當指其中質若玻璃者，另有不似玻璃者，詳見"琉璃考"，蓋稱之爲"璧琉璃"者即此類。《通典·西戎四·罽賓》："珠璣、珊瑚、琥珀、璧琉璃。"注："琉璃，青色

如玉。《魏略》：大秦國出赤白、赤黃、青縹、綠紺、紅紫十種琉璃。孟康言：青色，不博通也。此蓋自然之物，彩澤光潤，踰於衆玉，其色不常。今俗所用。皆銷冶石汁以衆藥灌而成之，尤虛脆不真實，非其物也。"《太平御覽》卷七九三引《漢書》："罽賓國王治循鮮城，去長安萬二千二百里……琥珀，璧瑠璃，自武帝始通。"《廣東通志·外番志》："西漢朱崖郡南有都元譅……其州境廣大，户口蕃滋，多異物。武帝時。常遣應募人與其使俱入海，市明珠、璧琉璃、奇石、異物。""璧琉璃"亦作"璧流離"。《漢書·西域傳》："〔罽賓國〕出封牛、水牛、象、大狗、沐猴、孔爵、珠璣、珊瑚、虜魄、璧流離。"亦有泛稱爲"琉璃"者，"琉璃"又轉音爲"陸離"。漢王逸《九嘆·逢紛》："薜荔飾而陸離薦兮，魚鱗衣而白霓裳。"王逸注："陸離，美玉也。"《楚辭·離騷》："長余佩之陸離。"許慎注："陸離，美好貌。"顏師古注："陸離，分散也。"兩注蓋取質若玻璃之玉，美麗而易碎之意。今人或稱之爲"青金石"者。

【琉璃】 [2]

即璆琳 [2]。此稱漢代已行用。見該文。

【陸離】

即璆琳 [2]。此稱先秦時期已行用。見該文。

【璧琉璃】

即璆琳 [2]。此稱漢代已行用。見該文。

【球琳】 [2]

即璆琳 [2]。此稱宋代已行用。見該文。

【青金石】

古代稱作"璆琳"或"琉璃"，多用以製作皇帝葬器，因其色青，可達至升天之路。晉王嘉《拾遺記》卷五："昔始皇爲塚……以琉璃雜

寶爲龜魚。"有人認爲此處"琉璃"即青金石。不過古人辨別寶石，往往在其色而不在其質，其色彩相似，本質雖不同，其

青金石念珠

名仍然相同。青金石玉料由青金石礦物組成，常常含黃鐵礦、方解石，有時出現少量透輝石等。阿富汗產青金石玉料，其礦物平均含量達 25% ～ 40%。其玉質呈現獨特的深藍、淡藍、藍色以及群青色。非透明，玻璃質，油脂般光澤。硬度爲 5.5，比重達 2.7 ～ 2.9。色深藍濃而不黑者稱"青金"；深藍與黃鐵礦含量比青金石礦物多時，被稱"金格浪"；淺藍色與含有白色方解石（一般不含有黃鐵礦）者稱"催生石"（這一名源自古人以青金石爲催生藥之説）。

燒料

低温玻璃，以含硅酸鹽之岩石粉末和純鹼混合，加上顏料，加熱熔化，待冷却後凝成之物體。與玻璃相似，不過熔點較低，透明度較小（有的不透明）。用以製造器皿或手工藝品。產於山東、北京等地。常以製手鐲及簪子等裝飾品，有紅、白、綠等多種顏色。許多名貴色釉配方均以燒料之廢料做添加劑，銅紅及窑變、宋鈞等釉應用較多。幾種燒料的區別除着色劑有所不同外，其組成亦有不同，如紅燒料的鹼金屬（R20 族）氧化物在 23% 以上，鹼土金屬（BO 族）氧化物在 6% 以下，白燒料的 R20 族氧化物僅 12% 左右，而燒料 RO 族氧化物高達 17% 左右。配色釉時根據需要選用。明方以智《物理小識》卷二："若以燒料作火圓珠，以紙艾等承其後即可得。"清孫承澤《硯山齋雜記》

卷四："眼鏡初入中國，名曰靉靆，唯一鏡之貴，價準匹馬，今則三五分可得，然不過山東米汁燒料玻瓈者貴矣。"

藥玉

以礦物冶煉製類玉器物。《文獻通考·王禮考二十一·山陵》："魏孝明帝改葬文昭皇太后，崔光上言：'……贈玉鎮、圭劍、佩旒冕、玉寶，以瑉玉、藥玉製綬以青錦。'"《宋史·輿服志四》："今群臣之冕，用藥玉、青珠、五色茸綫。"宋李心傳《建炎以來繫年要録·高宗紹興十四年》："戊寅，内出鎮圭付國子監，以奉文宣王。先是，有司請以藥玉或瑉石爲之。上曰：'崇奉先聖，豈可用假玉？'"《明史·輿服志二》："唯冠四梁，帶用素金，佩用藥玉。"由此可知，藥玉非真玉，乃如玻璃般由人工製造。

玻璃几

以玻璃製作的小或矮之桌子。清魏源《海國圖志》卷九四："有一火法不知其名，爲玻璃圓罌，周尺許，四面無孔竅，罌中有二小鐵錘，著其半腰，一鐵絲細於髮，著錘旁而出罌外，人立一玻璃几上，以手指拈鐵絲，則其人鬚髮皆植立。"

玻璃瓦

以玻璃製作的用於覆蓋房頂之器具。明文秉《先撥志始》卷下："嗟乎！如朱童蒙，建祠僭用琉璃瓦，毫無避忌。閻鳴泰公然稱'人心歸依，天心向順'。李精白公然稱'堯天巍蕩，帝德難名'。"清魏源《海國圖志》卷五一："物產較他國特異，因英船所至，多采奇葩，歸國種植，天寒建暖房，護以玻璃瓦。"清李岳瑞《春冰室野乘》卷上："鄂之黃鶴樓，形製悉仿武昌，唯稍小耳。最奇者，重樓三成，千門萬

戶，不用一土一木，唯以五色玻璃瓦砌成，日光照之，輝映數里。"《孽海花》第二一回："尚書道：别忙，我且把今早的事情告訴你。今天户部值日，我老早就到六部朝房裏。天纔亮，剛望見五鳳樓上的玻璃瓦，亮晶晶映出太陽光來，從午門起到乾清門，一路白石橋欄，綠雲草地，還是滑轄轄、濕汪汪帶着曉霧哩！"

玻璃匣

以玻璃製作的小型箱子，一般爲方形或長方形，有蓋可以開合。元台哈布哈《桐花煙歌爲吳國良賦》："芙蓉粉暖玻璃匣，雲藍色映彤墀柳。"清梁廷枏《海國四説 · 粵道貢國説》："恭進皇后鏡一面，玳瑁匣、玻璃匣、烏木飾人物匣各一個，珊瑚珠、琥珀珠各三串，琥珀四塊，哆囉絨二疋，嗶嘰緞三疋，西洋布十八疋，白倭緞……"清劉錫鴻《英軺私記》："其教醫，則取死者之骨節臟腑，罩諸玻璃匣中，俾人辨視。行其庭，頭顱林立，肢體橫陳，血色殷殷，令人不忍寓目（或云多是以蠟爲之）。"《大清會典則例 · 禮部 · 朝貢上》："皇后方物：玻璃鏡，玳瑁匣，玻璃匣，烏木飾人物匣，珊瑚珠，琥珀珠，琥珀哆囉絨，嗶吱段西洋布，白倭段花氈，花被面，玻璃杯，花石合，白石畫，薔薇露。"清曾紀澤《出使英法俄國日記 · 光緒十二年》："慶祝者來，酬應甚久，復撿儀物以玻璃匣罩之。封發呈九叔父稟。"

玻璃戒指

以玻璃製作的戒指。湖南省博物館藏1958年長沙市出土隋代玻璃質戒指。藍色玻璃製成，作小圓環狀，靠一側稍扁寬。此戒指形製簡單，小巧別致。雖長期深埋地下，至今仍然色澤光亮。

玻璃卵形器

以玻璃製作的卵形器。體似卵形，直徑4.7～6.3厘米，薄壁，中空，一端有一小孔。環繞小孔處有塗金痕迹。内壁因長期受水土浸蝕有污痕。1957年陝西西安市隋李静訓墓出土。今收藏於中國國家博物館。

玻璃杯

以玻璃製作的盛酒、水、茶、羹類液體之器具。《古今事文類聚 · 續集》卷一三引《樂史 · 李太白後序》："玻瓈杯：太真妃持玻瓈七寶杯酌蒲萄酒。"《説略》卷二六："玻璃一作頗黎，一作玻瓈。西國寶。千年冰化故曰冰玉。今有外國所市玻璃杯、鏡，乃燒成者。又有五色小餅，值極高，其質俱自銷冶所成，非所謂冰玉也，恐别是一種耳。"明江南詹詹外史《情史 · 情鬼類》："美人麾婢撤去舊俎，再出佳餚，中多異味，不能識。取玻璃杯酌洙，洙口占一詩云：'路入桃源小洞天，亂紅飛處遇嬋娟。襄王誤作高唐夢，不是陽臺雲雨仙。'"清查慎行《人海記》："口外有一種草，長尺餘，六月開花，似虞美人而重臺，淺紫色，每本三椏，結子如桑椹，因名'地椹'，壓其漿，熬成膏，點湯飲之，味極芳甘，盛以玻璃杯，色尤可愛。"清梁廷枏《海國四説 · 粵道貢國説》："使臣進貢方物：哆囉絨、倭緞各二疋……玻璃杯、雕花木盒、石山匣各二個，纓帽一頂……"

玻璃果

玻璃質果品。直徑2～3.5厘米，厚0.1厘米。共六件，球形，壁薄且半透明，中空，如核桃般大小，其中一件爲乳白色，兩件褐黃色，另三件綠色。此品出土時置於石雕寶帳前的兩個三彩盤裏，爲佛教舍利塔中的供奉物，故稱阿那含果。阿那含爲佛教用語的梵文音譯，意譯則爲"不還"，故阿那含果即"不還果"。1958 年 5 月陝西臨潼慶山寺唐舍利塔精室出土。今收藏於陝西臨潼博物館。

玻璃版

以玻璃製作的有文字或圖形供印刷之器具。清楊守敬《書學邇言》："張黑女墓誌，道州何氏所藏，此海內孤本，近日上海有玻璃版印行。"清吳慶坻《蕉廊脞録》卷五："右十八種，用玻璃版上等宣紙精印，大小悉照原卷尺寸，與原迹絲毫不爽，誠奇觀也。"徐珂《清稗類鈔·工藝類》："製玻璃版者，亦先吹成大圓筒，後切開以製平板，通常皆透明如水，浸以弗化輕酸等腐蝕藥，則不透明，俗稱毛玻璃。製時，加各種顏料，即呈種種彩色，山東博山玻璃有限公司能製之。"鄭孝胥《鄭孝胥日記·丙辰日記·民國五年》："印書館送來玻璃版《宋拓皇甫帖》，求余題簽，其碑乃翻本。"

玻璃缸

以玻璃製作的盛東西之器物。圓筒狀，底小口大。元耶律楚材《和許昌張彦昇見寄》："詔公入北闕，蒲萄佳醞，爛飲玻璃缸。"清江藩《漢學師承記》卷七："濱石少孤，從黃大令洙讀《四子書》，黃君愛其聰穎。忽棄而學買，一日誤碎肆中玻璃缸，買者責之，濱石大哭。黃君適過之，曰：'所碎之器，我償汝值。'買者遜謝。乃攜濱石歸，謂其母曰：'此子能讀不能買，而使之買何哉？'母曰：'家貧不能供脩脯。'黃君曰：'第從我讀，何脩脯爲！'一年之後，補邑庠生，文名大著。"清陳其元《庸閒齋筆記》卷五："旁有古玩店，余購數器，因得覘其鋪後花園，以盆植香桃及各種鮮花羅列殆

滿；中一玻璃缸，水滿其中，蓄魚數十頭，長約一指，色如真金，有脫鱗者，肉際紫色，實爲天下所罕有。"《九尾龜》第一回："二十杯莊打完，秋穀自己也輸了十五六杯，秋穀慢慢地喝了十杯，還有五杯，便折在一個大玻璃缸裏，回過身來遞與阿彩，叫他代飲。"《海上花列傳》第五七回："巧囡即向梳妝檯抽屜裏面取出一隻玻璃缸，內盛半缸山楂脯，請王老爺、洪老爺用點。"

玻璃盆

以玻璃製作的盛東西或洗滌之器皿。通常爲圓形，口大底小，比盤深。唐黃庭堅《太平寺慈氏閣》詩："青玻瓈盆插千岑，湘江水清無古今。何處拭目窮表裏，太平飛閣暫登臨。"宋蘇軾《入寺》詩："光圓摩尼珠，照耀玻璃盆。來從佛印可，稍覺魔忙奔。"金劉祁《歸潛志》卷一三："翌日，同邑中士人尊酒坐池上。池有數泉鬐沸，如玻璃盆湧出萬珠。柳陰映蔚，頗蕭灑。南謁宋韓諫議墳，魏公琦父也。墳皆老柏參天。碑有樓，文則富鄭公弼撰……"《海上塵天影》第三五回："停了一回，韻蘭覺得有些倦意，因問伴馨道：'小房間裏的溺盆換没換？我今懶極，要睡一回，晚上恐防客到。'伴馨道：'現在天氣暖，姑娘不如用玻璃盆罷。'"《九尾龜》第五回："方幼惲自知錯了，漲紅了臉，把手往回一縮，書玉手中一個脫空，把一隻高腳玻璃盆子跌在地下，打得粉碎。"

玻璃珠

以玻璃製作的圓球。《妙法蓮華經·譬喻品》："其父先來求子不得，中止一城，其家大富，財寶無量，金銀琉璃，珊瑚琥珀，玻璃珠等。其諸倉庫，悉皆盈溢。"《大乘本生心地觀

經》卷四："又經數日大海水，悉皆變作紅赤色。紅玻璃珠滿海中，故變水色同於彼。復經數日大海水，變爲黑色如墨汁。如是天火所焚燒，海水盡皆如墨色。"宋張敦頤《六朝事迹編類・蔣山太平興國禪寺》："梁武帝命陸倕製銘藎已，賜玻瓈珠以飾塔表，南唐保大七年加號妙覺塔。"明朱橚《普濟方・眼目門・一切眼疾難治》："主驚悸心熱、能安心明目、去赤眼翳障、熨熱腫：以玻璃珠。此西國寶也，是水玉或云是千歲水化之，應玉石之類。生土中，未必是今水晶珠。精者極光明，置水中不見珠，熨目除熱淚，或云火燧珠，向日取得火。"清屈大均《廣東新語・貨語》："合浦珠名曰南珠，其出西洋者曰西珠，出東洋者曰東珠。……宓山云：洋珠大如豆者，竟似夜光。但易碎又輕，一名玻璃珠。其中空故輕，凡珠有生珠，有養珠。"

玻璃圓球

玻璃連環

以玻璃製作的連成串之環。唐蘇鶚《杜陽雜編》卷中："金蛇：開成初，宮中有黃色蛇，夜則自寶庫中出，游於階陛間，光明照灼不可擒捕，宮人擲珊瑚玦擊之，遂并玦而亡去。掌庫者具以事告，上命遍搜庫內，乃得黃金蛇而珊瑚玦着其首。上熟視之，昔隋煬帝爲晉王時，以黃金蛇贈陳夫人，吾不知此蛇得自何處。左右因覯額下有阿麼字。上蹶然曰：果不失朕所疑耳，阿麼煬帝小字也。上之博學敏悟，率多此類。遂命取玻璃連環，繫於玉麑之前足。其

後更不復見焉，以麑食蛇也。"

玻璃帶

以玻璃製作或以之鑲嵌之腰帶。《元史・穆呼哩傳》："悅曰：'塔思雖年少，英風美績，簡在朕心，終能成我家大事矣。'賜黃金甲、玻璃帶及良弓二十，命與王子曲出總軍南征。"明文徵明《游洞庭西山圖并題》："萬頃玻璃帶曲限，眼中圖畫自天開。春風爛漫難忘酒，落日登臨更有臺。百迭蒼螺湖上島，千林香雪崦邊梅。故人何在空馳想，縹緲峰頭獨自來。"

玻璃帶鈎

以玻璃製作的帶鈎。中國古代鈎狀服飾用品，束於腰間皮帶上的鈎，質地多爲金屬與玉，戰國金屬帶鈎上時見鑲嵌之玻璃塊，而玻璃帶鈎則出現於西漢。1954年廣東廣州市出土西漢玻璃帶鈎，以深綠色玻璃製成，長7.8厘米，半透明，器體扁平狀，鈎扣彎圓，尾端齊平，有一圓紐，全器光素無紋飾。西漢時玻璃器之典型品種。此帶鈎不僅反映西漢時玻璃製作技術之水準，同時亦爲研究古代服飾提供新的實物資料。今收藏於廣東廣州市博物館。

玻璃帶鈎
（元朱德潤《古玉圖》）

玻璃瓶

以玻璃製作的腹大、頸長之容器。宋佚名《五國故事・僞閩王氏》："審知性儉約，嘗衣紬。一日，褲敗，乃取酒庫酢袋而補之。又嘗使南方回者以玻璃瓶獻之。審知看玩久之，因擲於地，謂左右曰：'好奇尚異，乃奢侈之本。

今沮之貴，後代無爲漸也。'"宋周密《齊東野語·琴繁聲爲鄭衞》："翁往矣，回思著唐衣，坐紫霞樓，調手製聞素琴（第一），作新製《瓊林》《玉樹》二曲，供客以玻璃瓶插花，飲客以玉缸春酒（翁家釀名），笑語竟夕不休，猶昨日事。而人琴俱亡，冢上之木已拱矣，悲哉！"《元史·祭祀志》："其祭器，則黄金瓶斝盤盂之屬……玉器、水晶、瑪瑙之器爲數不同，有玻璃瓶、琥珀勺。世祖影堂有真珠簾，又皆有珊瑚樹、碧甸子山之屬。"清郭嵩燾《使西紀程》："白蟻二，用玻璃瓶貯水養之，長約二寸；有兩石卵藏之，上鑿一孔通飲食，剖卵乃得之，謂災白蟻王也。"清魏源《海國圖志》卷一三："徐曰：此誠故鄉中珍果也……安汶有丁香油，用玻璃瓶寶之，大者每瓶價百金。"

玻璃鉢

以玻璃製作的僧人食器。底平口略小，圓形稍扁。1964年河北定縣華塔塔基出土一北魏時玻璃鉢。圓底，腹微鼓，圓唇，口内斂。鉢體以天青色透明玻璃用無模吹製法（玻璃空心器主要成型方法）製作而成，有大量密集小氣泡，表面形成銀白色風化層。現收藏於河北省文物研究所。宋楊延齡《楊公筆錄》："越州法華山天衣寺，有梁舉禪師金鏤袈裟、玻璃鉢，晉飛雲大師疊翼真身，婁約禪師紅銀無底澡瓶，智者禪師刺血書小字《法華經》。"《品花寶鑑》第四八回："金粟、子玉上了岸，進了第一層，聽得樓上叮叮噹當的響，又聽得南湘朗吟東坡的《水調歌頭》道：'我欲乘風歸去，祇恐瓊樓玉宇，高處不勝寒。'當的一聲，像把個玻璃鉢擊碎了，遂狂笑進來。金粟笑道：'何物狂奴，悲歌擊節？'"

玻璃盒

以玻璃製作的底蓋相合之盛器。鄭孝胥《鄭孝胥日記·丁丑日記》："雨，頃之遂晴。青木喬來求書，致玻璃盒一枚。與稚辛、女景鬥牌。五丁寄來平房圖樣。"《紅樓夢》第四九回："出了院門，四顧一望，并無二色，遠遠的是青松翠竹，自己却如裝在玻璃盒内一般。於是走至山坡之下，順著山脚剛轉過去，已聞得一股寒香拂鼻。"《負曝閒談》第八回："勁齋進去一看，見玻璃盒内擺着石板、鉛筆、墨水壺之類。向掌櫃的要一本泰西的圖書看看，掌櫃的鄭重其事拿將出來，原來是本《珀拉瑪》。"

玻璃硯

以玻璃製作的用於研墨之工具。明徐應秋《玉芝堂談薈·雪方硯》："李白集有酬殷十一贈栗岡硯詩，又有自漢陽歸詩，去歲左遷夜郎道，玻璃硯水常枯槁。"徐珂《清稗類鈔·鑒賞類》："玻璃在國初尚爲珍寶，故袁子才所建隨園，以紫玻璃鑲窗，一時咏之者幾及百人。朱竹有玻璃硯一方，大僅如小兒手掌。四緣刻銘識殆遍，俱鑲以金，底邊隱隱似水紋。蓋錢牧齋之物也。"清許廎臣纂輯《香咳集選存》卷三："芍藥裁成絶妙詞，簪花小試玻璃硯。侯門白璧自無瑕，誰教青鳥偷嬌面？"

玻璃窗

以玻璃製作的房屋上可通風、透氣之裝置。清何剛德《春明夢錄》卷上："德宗之初親政也，内務府大臣立山新署户部侍郎，因皇上畏冷，造一片玻璃窗，裝於殿門。太后聞之大怒……"清周伯義《揚州夢·夢中事》："玻璃窗，雖内外通明，然暗處視明處透徹，明處視暗處模糊。官齋書室，掛碧紗簾一方，如玻璃大小。間旁捲，以光被日影所障，内窺爲難，夕則張護，恐燈光之下，僕奴在外，洩漏要物文書。"《歧路燈》第一〇八回："撫臺的軍牢皂隸烏鞘鞭子衹向空中亂揮，争乃人衆衹管排捱，把榆次公一頂舊轎擠得玻璃窗子成了碎瓷紋。"《品花寶鑑》第五八回："從人揭開簾子，見是兩面大玻璃窗，屋中擺設精雅，名人書畫掛了好些。兩邊是畫橱、書架，還有些陳設古玩。"徐珂《清稗類鈔·譏諷類》："德静山中丞撫粤省，辦差者於署中建涼樓一所，四週圍以玻璃窗，光明洞澈，略無纖翳。外加管鑰，唯中丞得如廁，不許他人闌入。"

玻璃碟

以玻璃製作的比盤小，扁而淺，盛食物等之器皿。《萬壽盛典初集·恩賚一·賜鎮國公額爾圖》："御書字一幅，藍玻璃碟四，白玻璃碟一，白玻璃瓶二，藍玻璃瓶一，綠玻璃碟一……"《海上塵天影》第二四回："沿窗一張玻璃面子紅木寧式半桌，却無桌罩，放着幾個高脚玻璃碟，碟中裝着幾種水果，杏仁瓜子之類。"徐珂《清稗類鈔·時令類》："二十三日，裝各種乾鮮果碟，上插長青枝，陳之神前。宮眷皆隨孝欽入厨，以糖果置玻璃碟，陳竈神前。"

玻璃碗

以玻璃製作的圓形、凹心，盛食品之器具。形似半球形。《福建通志·雜記·福州府》："閩忠懿王及夫人任氏，初葬於閩縣靈岫鄉鳳池山……有水碗，其底寸許如橄欖，瑩如金色，不識爲何寶，召回回人辨之，曰：'此玻璨碗也'。"宋張端義《貴耳集》卷中："一姬捧玻璃碗，酒一勺，棗二枚；一姬就首上取金鳳釵插其首。黃袍以一詩絳囊置之胸間。寤也，五上取金鳳釵插其首。"《明會典·禮部·諸番四夷土官人等二》："凡……進貢寶石等項，内府估驗定價例，胡椒每斤直鈔三貫……大玻璨碗每個三貫，小玻璨碗每個二貫，玻璨燈甌每個二貫。"《水滸傳》第二回："水晶壺内，盡都是紫府瓊漿；琥珀杯中，滿泛着瑶池玉液。玳瑁盤堆仙桃異果，玻璃碗供熊掌駝蹄。"清梁廷枏《海國四説·粤道貢國説》："十二年，暹羅貢使於重華宮入燕。加賞二貢使、四貢使各玻璃碗一對，玻璃鼻煙壺一個，瓷帶鈎一個，茶葉二瓶，福橘五個，瓷碟一個，荷包一對；副通事一員荷包一對。"

玻璃管

以玻璃製作的筒形、中空而細長之物體。明高濂《遵生八牋·燕閒清賞牋中·論筆》："古之王者，以金管、銀管、斑管爲筆紀功，其重筆如此。向有牙管、玳瑁管、玻璃管、鏤金管、綠沉漆管及棕竹花梨紫檀等管，此何意也？以其爲可貴耳。如持用何，唯取竹之薄標者爲管筆之妙用盡矣，又何尚焉。"清郭嵩燾《倫敦與巴黎日記》卷六："其一，張玻璃管引電氣，而硝强、磺强、鹽强爲色各異，入管内輒成小輪，或斜射如魚骨，以氣之紓疾爲光之疏密，力愈弱則光愈散。"《海上塵天影》第一九回："程夫人道：'氧氣好做麽？'雙瓊道：'收氧氣的法兒，用鉀氧氯氧放在玻璃管内燒，同水銀燒還汞氧的方法一般，使其熟度加足，便有氧氣。試以吹熄之火煤紙引之即燃。倘要多聚氧氣，將鉀氧氯氧各半兩磨粉，加入黑色的錳氧，使鉀氯粉黑色爲度……'"清薛福成《出使英法義比四國日記》卷四："一曰觸發之雷。不必通至岸上，祇有玻璃管電池相連。有觸必發，不必伺察……"

玻璃碑

以玻璃刻文字紀念事業、功勛的標記之物。宋曾慥《類説·津陽門詩·玻璃碑》："筝殿側有魏溫泉堂碑，其石瑩澈，宮中號'玻璃碑'。"宋晁公遡《王才諒自行朝歸以進士題名示予愴然有感》："臨安太守今爲誰，玉字能刻玻璃碑。曲江題名豈料見，摩挲墨本心傷悲。"宋程大昌《雍錄》卷四："鐘樓（在朝元閣之東），明珠殿（長生殿之南近東也），筍殿（殿側有槐溫泉堂碑，其石瑩，見人形影。宮中號玻璃碑），觀風樓（樓在宮外東北隅。屬夾城而達於內，臨池道，周視山川。大曆中，魚朝恩毀坼以修章敬寺）……"明楊慎《津陽門詩》："象牀塵凝罨颸被，畫簷蟲網玻璨碑。煙中劈碎摩詰畫，雲間自失玄宗詩。"

玻璃燈

以玻璃所製照明用具。《明會典·禮部·諸番四夷土官人等二》："凡回回並番使人等，進貢寶石等項，內府估驗定價例，胡椒每斤直鈔三貫……小玻璨碗每箇二貫，玻璨燈甌每箇二貫，鶴頂每箇一貫……"清俞揚《泰州舊事摭拾·民情》："小飯館亦以紙燈籠爲市招，燈小於酒家所用，上書'家常便飯'字樣。亦有用扁方玻璃燈者，其所書字同。"清沈復《浮生六記·閨房記樂》："每逢神誕，衆姓各認一落，密懸一式之玻璃燈，中設寶座，旁列瓶几，插花陳設，以較勝負。"《海上花列傳》第二回："過打狗橋，至法租界新街，盡頭一家，門首挂盞熏黑的玻璃燈，跨進門口，便是樓梯。樸齋跟小村上去看時，祇有半間……"《風月夢》第

三二回："後有四名人夫，頭戴没簷紅凉篷，身穿青布號衣，擡着一架紫檀雕花亭子，四角挂着小方玻璃燈。內裏供着牌位，是楠木天藍字，上寫着：'奉旨旌表節烈恩准建坊入祠例授登仕佐郎友英袁公淑配甄氏孺人之位。'"

玻璃盤

以玻璃製作的圓形敞口、扁淺之器皿。用於盛食承物。宋西湖老人《西湖老人繁勝錄》："七寶社：珊瑚樹數十株內有三尺者、玉帶……玉條環、玻璃盤、玻璃碗、菜王、水晶、貓睛、馬價珠。奇寶甚多。"宋林宗放《陪郡守游西園》："倒影扶闌印碧溪，玻璨盤上玉東西。落紅那得愁如海，舉白難逃醉似泥。"明瞿佑《剪燈新話》卷一："明日，廣利特設一宴，以謝善文。宴罷，以玻璃盤盛照夜之珠十，通天之犀二，爲潤筆之資。"清裕德菱《清宮禁二年記》："次乃取玻璃盤，盛以糧食，預備祀灶。相傳臘月二十三日，灶神朝天，一奏歲間吾人所事，至除夕而歸。至以糧食祀之之故，蓋欲借此以緘其口，不致多言也。"清郭嵩燾《倫敦與巴黎日記》卷二七："中桌置一巨玻璃盤，中安蓮花蕊一朵。已而向蓮花蕊指揮，花蕊盡開，中立一人相拱揖，左手攜所取小表還之客。"玻璃盤底座較高者曰"高脚盤"。徐珂《清稗類鈔·戲劇類》："妓女請客觀戲，必排連兩几，增設西洋玻璃高脚盤，名花美果，交映生輝。唯專尚京班，徽腔次之，而西昆雅調，真如引商刻羽，曲高和寡矣。"

玻璃樹

佛門七寶樹之一。佛門七寶指金、銀、琉璃、水精、赤真珠、車磲、瑪瑙。七寶樹即以此七寶製作而成。《無量壽經》卷上："又其國

土七寶諸樹，周滿世界金樹、銀樹、琉璃樹、玻璃樹、珊瑚樹、碼瑙樹、硨磲之樹，或有二寶、三寶，乃至七寶轉共合成。"《父子合集經》卷一九："……吠琉璃樹，其葉花果皆玻胝迦。彼玻璃樹，其葉花果悉是琉璃。其城七重寶網寶鈴諸妙珍琦彌覆其上，城外復有七重寶塹，皆以七寶所共合成。"《喻林》卷一一九引《大集菩薩三昧經》卷一："多羅寶樹周匝圍繞鮮明可愛，七寶合成。其黃金樹白……玻璃樹者，瑪瑙爲葉及以華果。"

玻璃磚

以玻璃製作的形狀似磚之物。徐珂《清稗類鈔·朝貢類》："鄂之黃鶴樓，形製悉仿武昌，重樓三成，千門萬戶，不用一土一木，唯以五色玻璃磚砌成，日光照之，輝映數里。"清郭嵩燾《倫敦與巴黎日記》卷一七："製玻璃磚片爲輪，環合四週至七八層以聚光。爲鐵條銜白金，引電氣。玻璃磚心，向人照之，上下左右惟所便。比諸日光之正照其身，可以射入照像鏡箱，風雨陰晦及夜皆可用以照像。"《海上塵天影》第五八回："曬相盒大小數個，洗相大木盆數個，厚玻璃磚大小數方，裁紙小刀一把……"

玻璃甕

以玻璃製作的盛水或酒等之大缸。宋范成大《石湖詞·補遺》："舊游渾似夢，鬢點吳霜重。多少燕情鶯意，都瀉入、玻璃甕。"金王寂《紅袖扶·酌酒》："風拂冰簪，鎮犀動、翠簾珠箔。秘壺暖、宮黃破萼。寶熏閒却。玻璃甕頭，漉雪擘新橙，秀色浮杯杓。"元王惲《平湖樂·十章》："綠荷相背倚西風，涼露煙霏重。翠蓋銀瓶醉時捧，使君公，徑須傾倒玻璃甕。青山城郭，暮雲樓閣，高下一重重。"徐珂

《清稗類鈔·飲食類》："閩人邱子明篤嗜之。其法，先置玻璃甕於庭，經月，輒汲新泉水滿注一……"

玻璃鏡

以玻璃製作的映照形象之器具。《大方廣佛華嚴經》卷四八："如有玻璃鏡，名爲能照，清净鑑徹，與十世界。"《觀無量壽經》："復有國土，如玻璃鏡。十方國土，皆於中現。有如是等無量諸佛國土，嚴顯可觀，令韋提希見。"《太平御覽》卷八〇八引《梁四公子記》："明年冬，扶南大舶從西天竺國來，賣碧玻黎鏡，面廣一尺五寸，重四十斤，内外皎潔。置五色物於其上，向明視之，不見其質。問其價，約錢百萬貫文。"明徐光啓等《新法算書·月離歷指·三圜比例說》："又如平面玻璃鏡，以鑑物

清代梳妝臺

則景較形爲大，如輕雲薄霧籠罩日體，亦見爲大皆是也。"清梁廷枏《海國四說·粵道貢國說》："九年六月，西洋國王阿豐肅，遣陪臣奉表入貢方物：國王畫像、金剛石……花幔、花氈、大玻璃鏡等物。"

玻璃寶車

以玻璃製作或鑲嵌玻璃之車輛。《大方廣佛

華嚴經》卷一六："或施玻璃寶車，載以寶女。端正殊特，顏容無倫。威儀具足，進止安詳。神珠名寶，嬰珞其身。樂修善法。"又卷二六："或復施與玻璃寶車，悉載寶女，充滿其上。顏容端正，色相無比。袨服莊嚴，見者欣悦。"

清俞揚《泰州舊事摭拾·寺觀》卷六："東西厢各二楹，院北正殿三楹，較大，玻璃龕内供玉皇金像，壁列小金像三百六十，曰管應天尊。"清孫詩樵《餘墨偶談》："蘭初爲裝玻璃龕奉之，入其室者，知非俗物也。友人曾作蠅頭楷手録其詩見示。"

玻璃龕

以玻璃製作的供奉佛像或神位之小閣子。

第二節　琉璃考

"琉璃"二字寫法較多，其所指實物也與今之所謂琉璃不盡相同。其中有似玻璃或實爲玻璃的歸入本卷"玻璃考"，非玻璃類（包括青金石的部分以及指水晶的部分）歸入本篇。含氧化鉛之玻璃，因其透射度和澄重感如天然水晶，故亦稱其爲水晶或水晶玻璃（crystal）。中國早期用琉璃指代玻璃，自宋代逐漸以玻璃爲主，至元明時琉璃專指低温燒製釉陶磚瓦。目前所稱之琉璃，實際以脱蠟鑄造法製作，并融合各種顏色而混合燒製成的氧化鉛水晶玻璃。故中國歷史上玻璃與琉璃之間并無絶對界限。

琉璃，最早來自西域。北魏時自産。琉璃製品日漸增多，有"琉璃碗""琉璃榻"等。大約至唐代，將琉璃燒製成瓦形略長。琉璃瓦外部多呈綠色或金黃色，古代建築皇宫，聖廟屋頂多用之。《格致鏡原》卷三三引顏師古《漢書》注："琉璃：琉璃蓋自然之物，采澤光潤，異於衆玉，其色不恒。今俗所用，皆消冶石汁，加以衆藥灌而爲之，尤虚脆不貞，實非真物。"今所謂琉璃，用鋁和鈉之硅酸化合物燒製成釉料，中國漢代已見（載漢王充《論衡·亂龍》）。自漢代起，琉璃始用於建築裝飾上。《西京雜記》中記載，漢成帝之昭陽殿已"窗扉多是綠琉璃"，此比英格蘭教堂玻璃窗早七百年左右。

北魏時中外文化交流日漸頻繁，根據魏朝典籍記述，世祖時期西域大月氏商人將西方琉璃技術引入中國，并於北魏京師平城（今之大同）建立我國歷史上第一個大型琉璃工廠。

《魏書·西域傳》："〔大月氏〕世祖時，其國人商販京師，自云能鑄石爲五色琉璃。於是採礦山中，於京師鑄之，既成，光澤乃美於西方來者。……觀者見之，莫不驚駭，以爲神明所作。自此中國琉璃遂賤，人不復珍之。"北魏生産建築琉璃可裝修一座"容百餘人"

之行殿。此廠爲北魏朝廷專用，與北魏政權共存亡，持續時間并不長，可謂曇花一現。

唐代琉璃工藝復興，景德鎮修建琉璃窰，專門生産琉璃。琉璃製造工藝已相當成熟，開始大量生産實用器具。1987 年陝西扶風法門寺唐代地宮出土琉璃杯二件。其中一件高 8.4 厘米，口徑 8.2 厘米。直口，尖唇，深腹，平底微内凹。腹壁外鼓，壁面裝飾五組花紋；每組中間爲一菱紋，菱紋内飾雙環紋，菱紋外上下各飾三組雙環紋；每組之間以兩竪行聯珠紋相隔。另出土琉璃盤十三件，皆工藝精湛，製作優良。唐三彩之釉陶技術之成熟亦使其廣泛運用於建築業。建築琉璃有影壁、通花、琉璃瓦等。

宋代建築深受唐代影響，建築琉璃構件逐漸趨嚮標準化。河南開封的宋朝繁塔爲當時琉璃建築之佳作，北宋開寶七年（974）創建，塔身以二十八種形制不同之琉璃磚仿造木塔結構砌成。塔身細部之琉璃磚雕獅子、飛天、人物、花卉等五十多種圖案，雕工精細，神態生動。塔身琉璃面磚的顏色酷似鐵褐色，故稱鐵塔。通高 36.68 米，底面積 501.6 平方米。此塔爲六角形樓閣式仿木青磚建築，每層簷部由斗拱承托，一層兩個塔心室，彼此不通，二層兩個通道，四個佛洞，三層僅西北一個通道，前後兩個佛洞，各層構造不同。

元代寺廟和宮殿建築普遍應用琉璃。專設琉璃局，管理製作琉璃事務。《元史·百官志六》記載，"中統四年置"，管理製作琉璃的事務。元朝宮殿修建得極其奢華。明陶宗儀《南村輟耕録·宮闕制度》記載："凡諸宮門，皆金鋪、朱户、丹楹、藻繪、彤壁、琉璃瓦飾簷脊。"又言："凡諸宮殿乘輿所臨御者，皆丹楹、彤壁、藻繪，琉璃瓦飾簷脊。"當時元朝宮殿屋頂已大量使用琉璃瓦。元至元十三年（1276）於大都建造四座窰廠，用於製造素白琉璃。1983 年北京公主墳附近元朝琉璃窰遺址出土大量琉璃建築構件，其中有數塊白琉璃，其色彩純潔而又光澤灼人。

故宮博物院於 20 世紀 80 年代初進行設備施工時挖掘出一些元朝琉璃筒瓦，部分爲綠色琉璃瓦。此種瓦件胚胎堅實，釉色光澤均勻，經久不褪色。由此可見，當時用於建築上的琉璃，其製作已有高超技術水準，已達較成熟階段。元王實甫《西廂記》中亦有"凡宮殿月輪高，碧琉璃瑞煙籠罩"的曲詞。

明清時期是琉璃技術發展最成熟時期，當時無論從琉璃數量還是品質上均遠超過去任何朝代。北海公園及故宮黄極門前之九龍壁和山西大同之琉璃九龍壁爲代表，兩者均以琉璃色彩絢麗與龍之變化多姿而著稱於世。

五石

指冶煉玻璃的五種石料。漢王充《論衡·率性》：“陽燧取火於天，五月丙午日中之時，消煉五石，鑄以爲器，磨礪生光，仰以向日，則火來至。”《北史·梁彥光傳》：“梁彥光，字脩芝，安定烏氏人也……彥光少岐嶷，有至性，其父每謂所親曰：‘此兒有風骨，當興吾宗。’七歲時，父遇篤疾，醫云：‘餌五石可愈’。時求紫石英不得，彥光憂瘁，不知所爲。忽於園中見一物，彥光所不識，怪而持歸，即紫石英也。”

琉璃[1]

亦作“瑠璃”“流離”，亦稱“青瑠璃”。寶石名。用鋁和鈉的硅酸化合物燒製成的釉料，加於黏土外層，經燒製而成。漢桓寬《鹽鐵論·力耕》：“鼅鼊狐貉采旃文罽，充於内府；而璧玉、珊瑚、瑠璃，咸爲國之寶。”漢郭憲《洞冥記》卷二：“元鼎元年，起招仙閣於甘泉宮西，編翠羽麟毫爲簾，青瑠璃爲扇，懸黎火齊爲牀，其上懸浮金輕玉之磬。”《漢書·西域傳》：“璧琉璃。”顏師古注引《魏略》：“大秦國出赤、白、黑、黄、青、緑、紺、縹、紅、紫十種流離。”北魏楊衒之《洛陽伽藍記·法雲寺》：“有水晶鉢、瑪瑙杯、琉璃碗、赤玉巵數十枚。”

【瑠璃】

同“琉璃”。此體漢代已行用。見該文。

【流離】

同“琉璃”。此體唐代已行用。見該文。

【青瑠璃】

即琉璃。此稱漢代已行用。見該文。

琉璃瓦

亦稱“縹瓦”“瑠璃瓦”。用鋁和鈉的硅酸化合物燒製成的釉料，加在黏土外層，燒製成的磚瓦。琉璃瓦，形狀和普通瓦相似而略長，外部多呈緑色或金黄色，鮮艷發光。古代建築皇宫、聖廟屋頂多用之。始建於漢代的山西飛虹塔爲國内保存最爲完整的閣樓

明琉璃瓦
（山東汶上龍王廟出土）

式琉璃塔。其塔身之外表通體貼有琉璃瓦與琉璃面磚，琉璃濃淡不一，在晴日映照之下，艷若飛虹。明宋應星《天工開物·陶埏·瓦》：“其製爲琉璃瓦者，或爲板片，或爲宛岪，以圓竹與斫木爲模，逐片成造，其土必取於太平府造成，先裝入琉璃窰内，每柴五千斤燒瓦百片。取出，成色以無名異、棕櫚毛等煎汁塗染成緑黛；赭石、松香、蒲草等染成黄。再入別窰，減殺薪火，逼成琉璃寶色。”明陶宗儀《南村輟耕録·宫闕制度》：“延華閣五間，方七十九尺二寸，重阿，十字脊，白琉璃瓦覆，青琉璃瓦飾其簷。”唐元稹《和友封題開善寺十韻》：“匠正琉璃瓦，僧鋤芍藥苗。”後蜀歐陽炯《題景焕畫應天寺壁天王歌》：“我聞天王分理四天下，水晶宫殿琉璃瓦。”《玉海》卷一六八：“雍熙啓聖院……殿宇凡九百餘間皆以瑠璃瓦覆之。”唐皮日休《奉和魯望早春雪中作吳體見寄》：“全吳縹瓦十萬户，唯君與我如袁安。”《類説》卷二九：“縹瓦，琉璃名。劉陶詩云：‘縹碧以爲瓦。’”《聊齋志異·酒狂》：“移時，至一府署，縹碧爲瓦，世間無其壯麗。”

【縹瓦】

即琉璃瓦。此稱唐代已行用。見該文。

【瑠璃瓦】

即琉璃瓦。此稱宋代已行用。見該文。

琉璃坊

以鋁和鈉的硅酸化合物製成的釉料,加在黏土外層,燒製成的牌坊。爲標榜功德之建築物。清于敏中《日下舊聞考·國朝苑囿》:"外垣之北別垣內佛樓爲宗鏡大昭之廟門,東向建琉璃坊,楔前殿三楹内爲白臺,繞東南北三面上下凡四層。西爲清净法智殿。"徐珂《清稗類鈔·名勝類》:"由玉泉山來者先至荷葉山,山在玉泉西南平壤間,約八九里入卧佛寺,即唐之兜率寺,雍正間賜名十方普覺寺。門前有琉璃坊一座,前鑴'同參密藏'四字,後鑴'具足精嚴'四字,皆高宗御筆。"清吳長元《宸垣識略》卷一一:"鴻慈永祜,即安佑宫,前琉璃坊,左右華表。南爲月河橋,又東南爲致孚殿。"清慶桂等《國朝宫史續編》卷六八:"闡福寺西,有方殿,廣七楹,榜曰'極樂世界'。四隅各有亭,池流環抱,四面跨白石橋。橋外各樹琉璃坊楔,南曰'證功德水',曰'現歡喜園'……"孫殿起輯《琉璃廠小志·概述》:"仙境蓬萊琉璃坊,六壬相法説荒唐。殷殷猶問明年運,兩鬢新沾昨夜霜。"

琉璃匣

以鋁和鈉的硅酸化合物製成的釉料,加在黏土外層,燒製成的盛東西之小盒子。《初學記》卷二二引郭元振《古劍歌》:"龍泉顏色如霜雪,良工諮嗟嘆奇絕;琉璃匣裏吐蓮花,錯鏤金環映明月。"唐李白《留別曹南群官之江南》詩:"十年罷西笑,覽鏡如秋霜。閉劍琉璃匣,煉丹紫翠房。"明朱治憪《麥章閭贈硯》:"頻年硯欲焚,是物不我甲。朝來三摩挲,貯以琉璃匣。"清郭嵩燾《倫敦與巴黎日記》卷六:"最後一層藏諸古迹,在巨册二,盛以琉璃匣,一千零八十五年所記英國田土册也,字皆刺丁文,相距八百年矣。"清梁章鉅、朱智《樞垣記略·詩文二》:"霞林靺鞨裝,月館琉璃匣。橐筆侍法從,能事在草絜。"

琉璃杯

以鋁和鈉的硅酸化合物製成的釉料,加在黏土外層,燒製成的盛酒、茶或其他飲料之器皿。宋佚名《李師師外傳》:"帝嘗御畫院,出詩句賜諸畫工,中式者歲間得一二。是年九月,以'金勒馬嘶芳草地,玉樓人醉杏花天'名畫一幅,賜隴西氏,又賜藕絲燈、暖雪燈、芳苡燈、大鳳銜珠燈各十盞;鸂鶒杯、琥珀杯、琉璃杯、金偏提各十事;月團鳳轉蒙頂等茶百斤……"宋范成大《吳郡志·異聞》:"《續博物志》:永嘉中,吳郡趙文昭宅在清溪橋,與吏部尚書文叔卿宅相近。秋夜對月,臨溪唱烏棲之詞,音旨凄然。忽有一女子,從女婢來,姿態端麗,云是文尚書家人。比去,解金纓留贈,文昭答以琉璃杯。後游清溪廟,忽見琉璃杯在神女前。又顧其壁畫侍女,并是偕來者。"明田汝成《西湖游覽志餘·偏安佚豫》:"琉璃杯深琥珀濃,新翻曲調聲摩空。使君一笑賜金帛,今年酒賽真珠紅。"明朱陽仲《楊花篇》:"池館樓臺媚春晝,珠箔重重散花柳。白玉筵中拂畫衣,琉璃杯裏沾春酒。"清梁廷枏《海國四説·粵道貢國説》:"定減貢額。嗣後荷蘭貢物,止令進大尚馬、珊瑚等十三種,其織金緞、羽緞、倭緞及各樣油、小箱、腰刀、劍、布、琉璃鐙、聚耀燭臺、琉璃杯、肉豆蔻、葡萄酒、象牙、皮袋、夾板樣船，俱免其進獻。由是職貢彌謹。"

琉璃枕

以鋁和鈉的硅酸化合物製成的釉料，加在黏土外層，燒製成的枕頭。《初學記》卷二三引《優樓頻羅經》曰："昔有童子，修悟世間，化作女形，生長者家。其母夢琉璃枕有寶蓋，菩薩曰：'所懷子是空明菩薩。'"《明史·外國傳》："所貢物有寶石、珊瑚珠、琉璃瓶、琉璃枕、寶鐵刀、拂郎雙刃刀、金繫腰、阿思模達塗兒氣、龍涎香、蘇合油、花氈單、伯蘭布、布之屬。"《太平御覽》卷八〇八引《諸葛恢集》曰："詔答恢，今致琉璃枕一。"

琉璃屏風

以鋁和鈉的硅酸化合物製成的釉料，加在黏土外層，燒製成的室內陳設。用以擋風或遮蔽的器具，上面常有字畫。晋王嘉《拾遺記》："孫亮作琉璃屏風，甚薄而瑩徹，每於月下清夜舒之。常寵四姬，皆振古絕色：一名朝姝，二名麗居，三名洛珍，四名潔華。使四人坐屏風內，而外望之如無隔，唯香氣不通於外。"唐韋續《墨藪·書論》："夫誦聖人之語，不如親聞其言；評先賢之書，必不能盡其深意，有千年明鏡，可以照之不疲；琉璃屏風，可以洞徹無礙。"明梅鼎祚《西漢文紀·趙飛燕外傳》："光登正位，爲先人休，不堪喜豫，謹奏上二十六物以賀：金屑組文茵一鋪，沈水香蓮心碗一面，五色同心大結一盤，鴛鴦萬金錦一匹，琉璃屏風一張，枕前不夜珠一枚，含香綠毛狸藉一鋪……"《天中記》卷四九引《拾遺錄》："紫琉璃：董偓嘗臥延清之室，設紫琉璃屏風，列靈

蔴之燭，於户外視屏風若無屏風矣。侍人唯見燈明，以言無礙，乃於屏風外扇偓，偓曰：'玉石豈須扇而後清凉耶。'侍者乃郤扇，以手摸之，方知有屏風之礙矣。"

琉璃座

以鋁和鈉的硅酸化合物製成的釉料，加在黏土外層，燒製成的底座。《正法念處經》卷四四："第五羞者，如天之業，如是得報，如業坐處。若於本時作大善業，則有妙好毗琉璃座，或青寶座。或時復有赤蓮花色勝坐處坐。"《金光明經》卷一："即於其夜夢見金鼓。其狀姝大，其明普照，喻如日光。復於光中得見十方無量無邊諸佛世尊，衆寶樹下坐琉璃座。與無量百千眷屬圍繞而爲説法。"《合部金光明經》卷二："願諸女人，皆成男子，具足智慧。精勤不懈，一切皆行，菩薩之道。勤心修集，六波羅蜜，常見十方。無量諸佛，坐寶樹下，琉璃座上。"《太平御覽》卷六七七引《本際經》曰："元始上尊在長樂舍寶飾高座，雖有座形，不障於物，人所往來，亦無隔礙。復有小琉璃座，行列兩邊，悉高五尺。"《欽定國子監志·祀位二·配饗從祀》："大成殿……綠琉璃座高二尺三寸，廣一丈六尺五寸，深七尺。"

琉璃瓶

以鋁和鈉的硅酸化合物製成的釉料，加在黏土外層，燒製成的腹大、頸長之容器。唐釋道宣編《廣弘明集》卷一七："《衛州表》云：四月三日齋訖，舍利金瓶外，其色紅赤鮮麗殊常，或行琉璃瓶底，或游瓶側，緣瓶上下光明外照，比至八日，照灼如初。"南唐劉崇遠《金華子雜編》卷下："徐太尉彥若之赴東南，將渡小海，親隨軍將息，忽於淺瀨中，得一小琉璃

瓶子，大如嬰兒之拳，其內有一小龜子，可長一寸許，旋轉其間，略無暫已。瓶口極小，不知所入之由也，因取而戲之。其夕，忽覺船一舷壓重，及曉視之，即有衆龜層迭乘船而上。大懼，以其將涉海，慮蹈不虞，因取所藏之瓶子祝而投於海中，龜遂散。"《舊五代史·盧文紀傳》："末帝乃俱書當時清望達官數人姓名，投琉璃瓶中，月夜焚香，禱請於天，旭旦以箸挾之，首得文紀之名，次即姚顗。"《宋史·外國傳五·三佛齊》："建隆元年九月，其王悉利胡大霞里檀遣使李遮帝來朝貢。……七年，又貢象牙、乳香、薔薇水、萬歲棗、褊桃、白沙糖、水晶指環、琉璃瓶、珊瑚樹。"明黃省曾《西洋朝貢典錄》卷下："〔永樂三年，遣使朝貢。詔封爲古里國王，給印及誥。五年、七年，復遣使來朝貢〕其貢物：寶石、金繫腰、珊瑚珠、琉璃瓶、琉璃碗、拂郎雙刃刀、寶鐵刀、蘇合油……"

琉璃扇

以鋁和鈉的硅酸化合物製成的釉料，加於黏土外層，燒製成的生風納涼用具。唐溫庭筠《洞戶二十二韻》："素手琉璃扇，玄髻玟瑰簪。昔邪看寄迹，梔子咏同心。"南朝梁簡文帝《紹古歌》："誰家妖冶折花枝，衫長釧動任風吹。金鋪玉鎖琉璃扇，花鈿寶鏡織成衣。"清柳如是《東山酬和集》："織女迎秋欲到家，迢迢天漢未雲賒。和風交倚琉璃扇，香霧深藏雲母車。"孫殿起輯《琉璃廠小志·概述》："王鴻緒《燕京雜咏詩》云：'官廠玲瓏百物奇，琢成水玉競春嬉。豪家買得琉璃扇，珍重風前付雪兒。'所説官廠，即指琉璃廠。琉璃扇之爲何物，其質與形，不可考矣。"

琉璃球

以鋁和鈉的硅酸化合物製成的釉料，加在黏土外層，燒製成的圓球。宋范成大《吳郡志·風俗》："上元影燈巧麗，他郡莫及。有萬眼羅及琉璃球者，尤妙天下。"明田汝成《西湖游覽志餘·偏安佚豫》："燈品。蘇、福爲冠，新安晚出，精妙絕倫。有無骨燈，用絹囊貯粟爲胎燒之，及成去粟，則渾然琉璃球也。景物奇巧無比。"清汪詩儂《所聞錄》："王文韶在樞府，慈眷始終不衰。爲人透亮圓到，以其遇事不持己見，故有'琉璃球'之號。然獨於廢科舉一事，則堅持到底，人多以爲異。"清宣鼎《夜雨秋燈錄》卷三："正癡望，光忽分散，如萬顆琉璃球激波欲舞。颺颺一聲，光忽飛至船之篷下，走不定。趨視之，一蚌珠也，大如彈子。知非凡寶物，急藏諸篋。"

琉璃唾壺

以鋁和鈉的硅酸化合物製成的釉料，加在黏土外層，燒製成的大肚痰盂。《梁書·諸夷傳·中天竺國》："所白如允，願加采納。今奉獻琉璃唾壺、雜香、吉貝等物。"《南史·夷貊傳上·海南諸國·中天竺國》："天監初，其王屈多遣長史竺羅達奉表獻琉璃唾壺、雜香、古貝等物。"《大清一統志·榜葛刺》："梁天監初，天竺王屈多，遣長史竺羅達奉表獻琉璃唾壺、雜香、吉貝等物。隋煬帝時命裴矩應接西番諸國，唯天竺不通。唐貞觀十五年，天竺國王尸羅逸多遣使入貢。"

琉璃帳

以鋁和鈉的硅酸化合物製成的釉料，加在黏土外層，燒製成用於支架起來的帷幕。起遮蔽作用。晉王嘉《拾遺記》卷五："董偃常卧延清之室，以畫石爲牀，蓋石文如畫也。石體甚輕，出郅支國。上設紫琉璃帳，火齊屏風，列靈蔴之燭，以紫玉爲盤，如屈龍，皆用雜寶飾之。"南朝梁簡文帝《和徐録事見内人作卧具》詩："針用雙縫縷，絮是八蠶綿。香和麗丘蜜，麝吐中臺煙。已入琉璃帳，兼雜泰華氈。且共雕爐暖，非同團扇捐。"宋張邦畿《侍兒小名録拾遺》引《洞冥記》："漢武帝所幸宫人，麗娟，年十四，玉膚柔軟，吹氣如蘭。娟身輕弱不欲衣纓拂之，恐傷爲痕。每歌，李延年和之，於芝生殿旁，唱迴風之曲。庭中樹爲之翻落，常致娟於琉璃帳，恐垢汙體也。常以衣帶繫娟袂，閉於重幕中，恐隨風起。娟以琥珀佩置衣中，不使人知，乃言娟骨節自鳴，相與爲神怪也。"宋葛立方《聞歌》："月明如鏡酒如空，響谷清聲出漢宫。怪得中庭紅葉墮，琉璃帳底唱迴風。"宋曾慥《類説·燕北雜記》："紫琉璃帳：黃偓以玉精爲盤，貯冰於前，設紫琉璃帳，火齊屏風，列靈蔴之燭。"

琉璃釵

以鋁和鈉的硅酸化合物製成的釉料，加在黏土外層，燒製成的形似叉於婦女頭上之飾物。《宋史·五行志三》："紹熙元年，里巷婦人以琉璃爲首飾。《唐志》琉璃釵釧有流離之兆，亦服妖也。後連年有流徙之厄。"明徐應秋《玉芝堂談薈·琉璃鞍》："同昌公主以紅琉璃盤盛夜光珠於堂中光如晝，唐末有琉璃釵，唐召侍臣食櫻桃以琉璃盤盛。"

琉璃軸

以鋁和鈉的硅酸化合物製成的釉料，加在黏土外層，燒製成的圓杆，用在裝裱好的字畫的下端，便於懸挂、捲起。《隋書·經籍志一》：

"煬帝即位，秘閣之書，限寫五十副本，分爲三品：上品紅琉璃軸，中品紺琉璃軸，下品漆軸。於東都觀文殿東西厢構屋以貯之，東屋藏甲乙，西屋藏丙丁。"《文獻通考·經籍考一》："初，西京嘉則殿有書三十七萬卷，帝命秘書監柳顧言等詮次，除其複重猥雜，得正御本三萬七千餘卷，納於東都修文殿。又寫五十副本，分爲三品：上品紅琉璃軸，中品紺琉璃軸，下品漆軸。於東都觀文殿東西厢構屋以貯之。"

琉璃硯

以鋁和鈉的硅酸化合物製成的釉料，加在黏土外層，燒製成的研墨工具。唐李白《自漢陽病酒歸寄王明府》詩："去歲左遷夜郎道，琉璃硯水長枯槁。今歲敕放巫山陽，蛟龍筆翰生輝光。"明馮夢禎《無題》詩："琉璃硯匣鎮隨身，彩筆揮來字字新。他日長門如有恨，千金詞賦不求人。"明宋登春《擬宫中行樂詞》："琉璃硯水黃金餅，十樣鸞箋寫道經。太乙紫壇朝帝罷，蕊珠深殿彩花馨。"明徐熥《題薛姬畫芭蕉》："名冠青樓有幾春，琉璃硯匣自隨身。相思不寄崔徽筆，但寫紅蕉當美人。"清吳綺《管夫人硯》詩："秘閣才人管仲姬，琉璃硯匣玉珪携。看來尚作連環樣，未破當年一塊泥。"

琉璃筆管

以鋁和鈉的硅酸化合物製成的釉料，加在黏土外層，燒製成的筆杆。宋蘇易簡《文房四譜·筆譜上》："晋陸士龍云：魏武帝劉婕好，以七月七日折琉璃筆管，此其時也。"明謝肇淛《五雜俎·物部四》："筆之所貴者，毫中用耳，然古今談咏多及鏤飾。劉婕好折琉璃筆管。晋武賜張茂先麟角爲管。袁彖贈庾廣象牙筆管。南朝筆工鐵頭者，能瑩管如玉。湘州守贈李德裕斑竹管。段成式寄温飛卿葫蘆筆管。"

琉璃蓋

以鋁和鈉的硅酸化合物製成的釉料，加在黏土外層，燒製成的掩遮、覆蓋器物的東西。《佛説觀佛三昧海經》卷三："如琉璃蓋以覆佛上，顯發金顏分齊分明。如是化像其數無量。"《初學記》卷二三引《持法門經》曰："勝怨菩薩在虛空中立，與流離雲覆世界，雨金色之花。沈水香，赤真珠蓋，紺琉璃蓋，瑚珊蓋。"明鄭岳《山齋文集・行狀》引《故榮禄大夫太子太保刑部尚書見素林公行狀》："公上疏極言其罪，大略言，先年寧府移封之時，係至親，其時府殿不用琉璃蓋，是賢王崇儉法古，獨示質樸，垂憲於今傳，且數世歷百餘年，一旦無故而改之，豈孝子順孫！"清杭世駿《三國志補注・吳書》："《胡綜別傳》曰：吳時掘得銅印，以琉璃蓋畫布雲布於其上，間之得白玉如意。太子因問綜，綜曰：'秦王以金陵有天子氣象，處處埋寶物以當王者之氣，此即是也。'"

琉璃碗

以鋁和鈉的硅酸化合物製成的釉料，加在黏土外層，燒製成的圓形、凹心，盛食品的器具。《佛説未曾有因緣經》卷下："于王殿上，莊嚴太樂。王敕忠臣，辦琉璃碗，受三升許。諸寶碗中，盛滿好酒。我於衆前，先吃一碗。"北魏楊衒之《洛陽伽藍記・城西》："琛常會宗室，陳諸寶器，金瓶銀甕百餘口，甌檠盤盒稱是。自餘酒器，有水晶鉢、瑪瑙琉璃碗、赤玉卮數十枚。"《梁書・扶南國傳》："十六年，又使沙門僧尚伽爲三層，即高祖所開者也。初穿土四尺，得龍窟及昔人所捨金銀鐶釧釵鑷等諸雜寶物。可深九尺許，方至石礫，礫下有石函，

函內有鐵壺，以盛銀坩，坩內有金鏤罌，盛三舍利，如粟粒大，圓正光潔。函內又有琉璃碗，内得四舍利及髮爪，爪有四枚，並爲沈香色。"唐岑參《成王挽歌》："銘旌門客送，騎吹路人看。漫作琉璃椀，淮王誤合丹。"明李流芳《尊羹歌》："一朝能作千里羹，頓使吾徒搖食指。琉璃盌盛碧玉光，五味紛錯生馨香。"

琉璃鞍

以鋁和鈉的硅酸化合物製成的釉料，加在黏土外層，燒製成的套在騾馬背上便於騎坐的坐具。《西京雜記》卷二："武帝時，身毒國獻連環羈，皆以白玉作之，瑪瑙石爲勒，白光琉璃爲鞍。鞍在闇室中常照十餘丈，如晝日。"明徐應秋《玉芝堂談薈・却火錐》："《拾遺記》：武帝以金彈彈鳥，碎其白光琉璃鞍。李少君取續膏和豨膏接之，映日而視初無損處。續膏一名都膏，形色如櫻桃，言出於鞠陵之東，以其能接人骨，故以爲名。"《三寶太監西洋記通俗演義》第五一回："金錢二千銀錢五千（俱無孔，面鑿彌勒佛於其上，背鑿國王之名），五色玉各五端（青黃赤白黑俱有），夜光璧五片（可照二十餘丈），白光琉璃鞍一副（放在暗室中，可照十餘丈）。"

琉璃盤

以鋁和鈉的硅酸化合物製成的釉料，加在黏土外層，燒製成的圓形敞口、扁淺的器皿。用於盛食承物。唐蘇鶚《杜陽雜編》卷下："韋氏諸家好爲葉子戲，夜則公主以紅琉璃盤盛夜光珠，令僧祁捧立堂中，而光明如晝焉。"宋羅大經《鶴林玉露・甲編》："唐代宗謂李泌曰：'路嗣恭獻琉璃盤九寸，乃以徑尺者遺元載，須其至議之。'"明馮夢龍《古今談概・謬誤部》：

"王敦初尚主，如廁，見漆箱盛乾棗，本以塞鼻。王謂廁上亦下果，遂至食盡。既還，婢擎金澡盤盛水，琉璃盤盛澡豆。因倒著水中而飲之，謂是乾飯。群婢掩口。"清乾隆《松月》詩："舟行岸轉露松梢，摩詰詩中有故交。恰是廣寒開夜燕，琉璃盤子玉釵敲。"

琉璃磚

以鋁和鈉的硅酸化合物製成的釉料，加在黏土外層，燒製成的建築材料。多呈長方體形。金元好問《遺山集·畫記二·張萱四景宮女》："一轉角亭，桷欄楹檻，渥丹爲飾，綠琉璃磚爲地。女學士三，皆素錦帕首。"《元史·百官志六》："大都四窰場，秩從六品，提領、大使、副使各一員，領匠夫三百餘户，營造素白琉璃磚瓦，隸少府監。"《明會典·工部·磚瓦》："凡在京營造合用磚瓦……所用磚瓦數多，須要具奏，著落各處人民共造。如燒造琉璃磚瓦，所用白土例於太平府採取。"明韓邦奇《苑洛集·下情激切懇乞天恩，願辭料價早賜夫匠修理府第以全母子居處事》："及照府第，宫殿厢房門樓，并燒造琉璃磚瓦築砌墙垣等項工程浩大，若以五年或恐過多而民力不堪，若以三年似乎太少而工難就緒。今定擬四年爲期，庶民不甚勞而工得早完。"清朱彝尊、于敏中《日下舊聞考》卷一五〇："凡修建宫殿所需物材，攻石煉灰皆京西山麓，琉璃磚甓取備於京窰。"

琉璃燈

亦稱"瑠璃燈"。以鋁和鈉的硅酸化合物製成的釉料，加在黏土外層，燒製成的照明用具。《大方廣佛華嚴經·如來相海品》："如來有大人相，名瑠璃燈雲。一切世界衆寶色地普照莊嚴，皆放諸佛金色光明，以一切莊嚴而莊校之。於一念中，皆悉示現一切法門。"宋周密《武林舊事·元夕》："近歲新安所進益奇，雖圈骨悉皆琉璃所爲，號'無骨燈'。禁中嘗令作琉璃燈山，其高五丈，人物皆用機關活動，結大彩樓貯之。"宋陸游《陸氏南唐書·仲宣傳》："宋乾德二年，仲宣纔四歲。一日戲，佛像前有大琉璃燈爲貓觸，墮地劃然作聲，仲宣因驚癇得疾，竟卒，追封岐王。"《水滸傳》第二六回："武松扒將起來，看了那靈牀子前琉璃燈，半明半滅。側耳聽那更鼓時，正打三更三點。武松嘆了一口氣，坐在席子上，自言自語，口裏説道：'我哥哥生時懦弱，死了却有甚分明！'"《醒世姻緣傳》第六五回："冰輪一轂碌爬起，穿了衣裳，登上褲子，佛前琉璃燈上點着了火，在厨房門口經過。"

【瑠璃燈】

同"琉璃燈"。此稱南北朝時期已行用。見該文。

琉璃鍾

以鋁和鈉的硅酸化合物製成的釉料，加在黏土外層，燒製成的酒杯。《晉書·崔洪傳》："汝南王亮常燕公卿，以琉璃鍾行酒。"宋釋法顯《佛國記》："西行十六由延，便至那竭國界醯羅城，中有佛頂骨精舍，盡以金薄、七寶校飾。國王敬重頂骨，慮人抄奪，乃取國中豪姓八人，人持一印，印封守護。清晨，八人俱到，各視其印，然後開户。開户已，以香汁洗手，出佛頂骨，置精舍外高座上，以七寶圓碪，碪下，琉璃鍾覆上，皆珠璣校飾。骨黃白色，方圓四寸，其上隆起，每日出後，精舍人則登高樓，擊大鼓，吹螺，敲銅鉥。王聞已，則詣精舍，以華香供養。供養已，次第頂戴而去。"唐李賀《將進酒》詩："琉璃鍾，琥珀濃，小槽酒滴真珠紅。烹龍炮鳳玉脂泣，羅屏繡幕圍香風。"《明集禮・蕃使朝貢・貢獻》："大食貢象齒，錦繡琉璃鍾。"清周清原《西湖二集・吳越王再世索江山》："這樣的人。就該官居極品，位列三臺，把他住在玉樓金屋之中，愛用些百味珍饈，七寶牀、青玉案、琉璃鍾、琥珀濃，也不爲過。"

琉璃鏡

以鋁和鈉的硅酸化合物製成的釉料，加在黏土外層，燒製成的映照形象的器具。唐段成式《酉陽雜俎・貝編》："又見身光衣觸如金剛，及照毗琉璃鏡，不見其道。"唐白居易《答尉遲少監水閣重宴》詩："水軒平寫琉璃鏡，草岸斜鋪翡翠茵。聞道經營費心力，忍教成後屬他人。"《太平御覽》卷八〇八引《孝經援神契》曰："神靈滋液則琉璃鏡。"明畢振姬《雪後望吉祥寺松》詩："雪隱禪花石磬聞，上方僧衲帶雲還。一龕冷浸琉璃鏡，門外蒼龍吼萬山。"清弘曆《平湖雨渡》詩："煙絲斜拂布帆風，上下琉璃鏡影中。蟬咽蝸盤花遞馥，當前樂趣物情同。"

琉璃罌

以鋁和鈉的硅酸化合物製成的釉料，加在黏土外層，燒製成的大腹小口的瓶子。晉劉敬叔《異苑》卷二："月支國有佛髮，盛以琉璃罌。"《南史・夷貊傳下・西域諸國》："于闐者，西域之舊國也。梁天監九年，始通江左，遣使獻方物。十三年，又獻波羅婆步鄣。十八年，又獻琉璃罌。"《新唐書・南蠻傳下・驃》："與諸蠻市，以江豬、白氈、琉璃罌缶相易。"唐樊綽《蠻書・南蠻疆界接連諸蕃夷國名・驃國》：

"貴家婦皆三人五人在傍持扇有移，信使到，蠻界河赕，則以江豬、白氈及琉璃罌爲貿易。"《天中記》卷四三引《孔帖》曰："琉璃罌缶：南蠻婆賄伽盧國與諸蠻市，以琉璃罌缶相易。"

碧瓦

綠色琉璃瓦。唐崔融《瓦松賦》："間紫苔而裹露，凌碧瓦而含煙。"唐李商隱《令狐舍人說昨夜西掖翫月因戲贈》："凉波衝碧瓦，曉暈落金莖。"宋田況《儒林公議》卷上："真宗建玉清宮，自經始及告成，凡十四年。……遠而望之，但見碧瓦凌空，聳耀京國。每曦光上浮，翠彩照射，不可正視。"元熊夢祥《析津志輯佚》一卷："坊之東，金玉府內有琉璃碧瓦所蓋八座藏，藏經板在內，甚爲精製。"清朱彝尊、于敏中《日下舊聞考》卷三六："承光殿南，從朱扉循東水滸半里，崇闥廣砌，中一殿，碧瓦穹窿如蓋，又貫以黃金雙龍頂，纓絡懸綴，雕龍綺窗，朱楹玉檻，八面旋匝，曰崇智殿。"

翠瓦

綠色琉璃瓦。唐盧照鄰《五悲・悲今日》："橫雕龍於翠瓦，飛縞鳳於瓊筵。"宋林之奇《拙齋文集・賀雨拜表》："朝元泛翠瓦，佳氣去人近。"金馬定國《雪》詩："紅樓翠瓦不禁寒，欲剪梅花去路難。"元吾丘衍《聽張供奉歌赤壁》："銅臺翠瓦散春煙，歌舞人空曲尚傳。"宋周邦彥《綺寮怨》："映水曲，翠瓦朱簷，垂楊裏。"參閱金元好問《中州集》卷一。

碧碗

亦作"碧盌""碧椀"。上等琉璃碗。唐杜甫《喜聞盜賊蕃寇總退口號》詩："勃律天西采玉河，堅昆碧碗最來多。"宋孟元老《東京夢華錄・食店》："吾輩入店，則用一等琉璃淺棱碗，謂之‘碧碗’，亦謂之‘造羹’……每碗十文。”明蔣一葵《堯山堂外紀·國朝》：“馮佩之饋西涯石首魚，有詩，西涯次韻謝曰：……碧碗分香憐冷冽，金鱗出浪想崔嵬。高堂正憶東鄰送，詩句情多不易裁。”清陳康祺《郎潛紀聞二筆》卷一五：“聖祖不飲酒，尤惡吃煙。溧陽史文靖、海寧陳文簡兩公，酷嗜淡巴菰，不能釋手。聖祖南巡，駐蹕德州，聞二公之嗜也，賜以水晶煙管。偶呼吸，火焰上昇，爆及唇際，二公懼而不敢用。遂傳旨禁天下吃煙。蔣學士陳錫詩云：‘碧碗瓊漿瀲灩開，肆筵先已戒深杯，瑤池宴罷雲屏敞，不許人間煙火來。’即紀此事。”宋歐陽修《漁家傲》：“碧盌敲冰傾玉處。”明謝肇淛《北河紀餘》卷一：“日中市貿群物聚，紅氍碧椀堆如山。”

【碧盌】

　　同“碧碗”。此體宋代已行用。見該文。

【碧椀】

　　同“碧碗”。此體明代已行用。見該文。

第六章　珊瑚珠貝説

第一節　寶貝考

　　本節所謂"寶貝"，是指貴重、罕見、具有收藏價值和實用價值的貝殼，非泛論各種貝類，亦非泛論珍奇之物。貝是蛤螺等類有殼軟體動物的總稱。《説文·貝部》："貝，海介蟲也。居陸名猋，在水名蜬。"《漢書·司馬相如傳上》云："罔毒冒，釣紫貝。"顔師古注："貝，水中介蟲。"貝類的外殼在周以前就被用來做裝飾品。《書·顧命》："文貝仍几。"孔傳："有文之貝飾几。"除裝飾作用外，貝還在一定的時期充當貨幣的功能。《説文·貝部》："貝……古者貨貝而寶龜，周而有泉，至秦廢貝行錢。"周代有許慎認爲的正規貨幣（金屬貨幣），至秦統一廢除貝幣，行用半兩錢。《史記·平準書》："及至秦……珠玉、龜貝、銀錫之屬爲器飾寶藏，不爲幣。"古代用貝作貨幣，稱"貝貨""貝幣"。亦爲其印證。清魏源《古

商代貝幣
（河南安陽出土）

微堂外集》卷八："貨幣者，聖人所以權衡萬物之輕重，而時爲之制。夫豈無法以馭之？曰：仿鑄西洋之銀錢，兼行古時之玉幣、貝幣而已。中國銅錢，西北行至哈密而止，西南行至打箭爐而止。"

貝種類繁多。漢代《相貝經》爲專門研究貝殼、貝雕工藝品分類和功用之册。《藝文類聚》卷八四引漢朱仲《相貝經》記載："朱仲受之于琴高，……遺助以徑尺之

商銅扇貝形掛飾
（四川廣漢三星堆文化遺址出土）

具……貝盈尺，狀如赤電黑雲謂之紫貝，素質紅黑謂之朱貝，青地綠文謂之綬貝，黑文黃畫謂之霞貝。《太平御覽》卷八〇七引《山海經》記載："陰山漁水中多文貝，邽山蒙水多黃貝。"貝用途廣泛，可作裝飾。《詩》等先秦典籍中，有許多關於"賜貝"（帝王用貝殼獎勵有功之臣或親族）和利用貝殼作裝飾物的記載。《詩·魯頌·閟宫》："貝冑朱綬。"孔傳："貝冑，貝飾也。"孔穎達疏："貝甲有文章，故以爲飾。"貝亦可食用。唐代韓愈《初南食貽元協律》與宋人朱熹《次秀野雜詩韻又五絶》均爲此類記載。

古人取其甲以爲貨，如今之用錢然。大海裏的"環貝""虎貝"，因其數量可觀，光潔亮麗不易腐朽，曾爲中國和世界其他地區最早使用之規範貨幣。殷商和西周前期廣泛使用貝幣，流通時間超過一千年。故漢字裏凡是與錢財相關之文字，大多帶貝字，如"貸""貧""債""賄""賑""購"，等等。《甲骨文合集》29694 亦有"惠（惠）貝十朋"的記載。《史記·平準書》："農工商交易之路通，而龜貝金錢刀布之幣興焉。""朋"是貝幣計量單位。裴駰集解引《漢書·食貨志》曰："有十朋五貝，皆用爲貨，各有多少，兩貝爲朋，故直二百一十六。"天然海貝中"貨貝"較爲常見，貝面之上有條形長齒槽稱爲"貝齒"或者"貝唇"。貝之正面比較平整，貝之側面略微鼓突。爲攜帶方便，大多於貨貝之背部鑿有小孔，早期孔相對較小，將其稱爲"小孔式貨貝"。之後，穿孔逐漸擴大，則稱"大孔式貨貝"。春秋戰國時，"貨貝"背部幾乎磨平，故稱"磨背式貨貝"。2008 年 4 月西安市長安區一古墓出土青銅器、貝殼類等陪葬品，亦有牛腿骨等。其中不少蚌魚飾品，有些蚌魚還保存串聯孔。或西周時，蚌魚、白色海貝等來自海中之物品，因爲稀缺異常珍貴而被視爲寶貝，以此做裝飾品佩戴以示美觀。在出土的白色海貝中，專家推測有的

可能爲西周時期貨幣“貝幣”。2008 年 7 月山貝丘遺址發掘大量貝殼，距今約四千多年。據考古人員介紹，當地民間有用貝殼研成粉末用於治療惡瘡之習慣，有一定療效。

貝産於海洋，不敷流通時，即用仿製品替代，甚至於鑄造貝幣的型範，故以蚌製貝、珧貝、石貝、骨貝、陶貝等，乃至於出現向金屬貨幣形態過渡之銅貝。秦始皇統一全國後，即行鑄錢，貝、布、刀等原始貨幣纔被廢。

安徽繁昌曾出土戰國時貝幣錢銅範兩件，澆鑄口皆殘。兩範形制相似，長方形，薄邊，澆鑄口爲長條形，在一端。背中心鑄造一長方形鈕。正面陰刻貝型和澆鑄槽。貝型排列四行，作對稱式，每行十六枚凹貝型。正面計兩條澆鑄銅液之溝槽，於鑄口匯合爲一溝槽，右範在四行貝型前端中心又單置一枚貝型。貝幣背部隆起，并有鑄文，底平，無文，面澀，以示銅貝幣範衹需用一面，平放在砂面上，即可進行澆鑄銅液。

大貝

貝之大者。可做貨幣。《書・顧命》：“文貝仍几……大貝、鼖鼓在西房……”元朱祖義《尚書句解》卷一一：“文貝仍几，貝，水蟲取其甲以飾器物。文貝，有文之貝，用以飾几中。……大貝，猶前之文貝取其大者。”《爾雅・釋魚》“貝……大者䗇”郭璞注引《尚書大傳》曰：“大貝如車渠。”又云：“西伯既戡黎，紂囚之羑里。散宜生之江淮之浦，取大貝大如大車之渠，以贖其辠。”《文選・曹植〈贈丁翼〉》：“譬海出珍珠”李善注引《禮斗盛儀》：“其君乘金而王，其政蕩平，則海出大貝。”《孝經援神契》：“德至淵泉，則江出大貝。”《三國志・吳書・士燮傳》記載有：“明珠、大貝、流離、翡翠、玳瑁、犀象……”

車渠

亦作“硨磲”“車磲”“硨渠”。有機寶石，佛門七寶之一。車渠爲大型海産雙殼類軟體動物，是硨磲科兩屬十種生物之統稱。分布於印度洋和西太平洋熱帶珊瑚礁海域。我國臺灣、海南島、東沙群島、南沙群島及西沙群島均有出産。車渠貝殼很厚，略呈三角形，兩殼相同，直徑可達 1.8 厘米。殼之表面爲白色，十分粗糙，有五條粗大覆瓦狀放射肋，生長的輪脉很明顯，且往往在貝殼的表面形成彎曲重叠之皺褶。貝殼内面爲白色，富有光澤，有與放射肋相應肋間溝，鉸合部狹長，兩殼均有主齒和後齒各一個。主齒短，後齒弱。由於火山爆發、地殼變動、造山運動等地質活動，原來的海底變成了平原和高山，車渠亦被深埋其中。經過千百萬年，車渠變成化石。被人工開采并加工成各種各樣之工藝品。因其珍貴、稀少，常被用作佛教聖物及朝廷官員之頂戴、朝珠等。車渠的殼内白而光潤，外殼則呈現出黃褐色，尾端切磨成的珠，具有車輪溝渠之圖案，因稱車渠。而在“車渠”二字加石字旁，意謂“硨磲”

是一種寶石。車渠早在先秦時期就被視爲寶物，《尚書大傳》記載一則散宜生以車渠大貝敬獻紂王，贖回周文王的故事。《尚書大傳·商書》："太公之羑里見文王。散宜生遂至犬戎氏，取美馬駮身朱鬣鷄目，之西海之濵取白狐青翰，之於陵氏取怪獸，尾倍其身，名曰騶虞，之有參氏取美女，之江淮之浦取大貝如車渠，陳於紂之廷。紂悦曰：'非子罪也，崇侯也。'遂遣西伯伐崇。"車渠化學成分爲碳酸鈣、殼角蛋白等。摩氏硬度爲 3 ～ 4，密度 2.70~2.89 克/立方厘米。以牙白與棕黃相間形成太極圖形并帶有耀眼之金色絲光和金色暈彩者爲上品，如帶有青綠色之化石腸管隔在其間者爲極品。車渠也是一味中藥，味甘鹹，大寒，無毒。入腎經。有鎖心、安神之效，能涼血降壓、安神定驚，解諸毒及蟲螫。特別對咽喉腫痛，小孩生皰具有顯效。現代醫學研究證明，長期佩戴車渠有助於强身健體，增强免疫力，防止老化，穩定心律，改善睡眠。藏傳佛教視其爲驅魔辟邪寶物，認爲其具有辟邪保平安、消灾解厄、除惡聚靈和改變風水之作用，故將其列爲"七寶"之一。《摩訶般若波羅蜜經》卷二七："七重城上皆有七寶樓櫓。寶樹行列以黃金、白銀、硨磲、碼瑙、珊瑚、琉璃、頗梨、紅色真珠，以爲枝葉。寶繩連綿金爲鈴網，以覆城上。風吹鈴聲，其音和雅。"《正法念處經》卷三二："毗琉璃花，真金爲莖。青寶蓮花，白銀爲莖。硨磲蓮花，青寶珠玉，以爲其莖。赤蓮花寶，金剛爲須。如是天女，至天子所，以所持花，散天子上，猶如盛夏降澍洪雨。"《北史·西域傳》："波斯國，都宿利城，在忸密西，古條支國也……出金、銀……珊瑚、琥珀、車渠、馬腦。"唐玄奘《大唐西域記·一國》："四天王舍金鉢，奉銀鉢，乃至頗胝、琉璃、馬腦、車渠、真珠等鉢，世尊如是皆不爲受。"唐蘇鶚《蘇式演義》卷下："魏武帝以瑪瑙石爲馬肋，硨磲爲酒椀。"宋周去非《嶺外代答·硨磲》："南海，有蚌屬曰硨磲，形如大蚶，盈三尺許，亦有盈一尺以下者，惟其大之爲貴。"明李時珍《本草綱目·介之二·車渠》〔釋名〕："海扇。時珍案《韻會》云：車渠，海中大貝也，背上壟文，如車輪之渠，故名。車溝曰渠。……殼，氣味甘鹹，大寒無毒。主治安神鎮宅。解諸毒藥及蟲螫，同玳瑁等分磨，人乳服之。極驗。"清桂馥《續三十五舉》："江皜臣曰：堅者易取勢，吾切玉後……如水晶、硨磲、瑪瑙、兕角、象牙，皆取其堅，自王冕易以花乳石，而攻堅者鮮矣。"

【硨磲】

同 "車渠"。此體漢代已行用。見該文。

【車磲】

同 "車渠"。《大方等大集經》卷八："善男子，净寶珠者離九種寶。何等爲九？一者金性，二者銀性，三者琉璃性，四者頗梨性，五者馬瑙性，六者蓮花性，七者車磲性，八者功德寶性，九者珊瑚性，是名爲九離。是九性名净寶珠。其價無量。轉輪聖王之所受用。是珠光明，餘光不及。"又卷五："車磲馬瑙青琉璃，金剛真珠日月寶。以如是寶供養佛，爲令衆生成菩提。"《新唐書·西域傳下·拂菻》："土多金、銀、夜光璧、明月珠、大貝、車磲、碼磌、木難……"清乾隆《咏痕都斯坦白玉盌》："懿此嬰垣玉，出惟瀚次山。色真勝霜雪，器豈類釵鐶。設貢岐周際，應陳琬琰間。車磲定何物，八斗費言艱。"清況周頤《眉廬叢話》："巡檢固六品頂戴，頂戴車磲。欽差指其頂，若爲斥責之者，謂之曰：'汝知吾生日，胡戴白頂來，其速歸，換藍頂來見我。'巡檢崩角肅退。"

【硨渠】

同"車渠"。《金剛頂瑜伽念珠經》："珠表菩薩之勝果，於中間絕爲斷漏。繩綫貫串表觀音，母珠以表無量壽。慎莫驀過越法罪，皆由念珠積功德。硨渠念珠一倍福，木患念珠兩倍福。"《維摩詰所説經》："又迦葉，十方無量菩薩，或有人從乞手足耳鼻，頭目髓腦，血肉皮骨，聚落城邑，妻子奴婢，象馬車乘，金銀琉璃，硨渠碼瑙，珊瑚琥珀，真珠珂貝，衣服飲食……"《中阿含經》卷二九："彼雖多有金、銀、琉璃、水精、摩尼、白珂、螺璧、珊瑚、琥珀、碼瑙、玳瑁、硨渠、碧玉……然彼故貧窮。無有力勢。是我聖法中説不善貧窮也。"清毛奇齡《後觀石録》："自康親王恢閩以來，凡將軍督撫，下至游宦茲土者，爭相尋覓。上者置几榻把弄，次者鏤刻追琢，與寶石、珊瑚、玳瑁、硨渠、螺蛤、齒貝同嵌什器，遍飾韁緤……"

車渠碗

亦作"車渠椀""車渠盌""硨磲椀"。以車渠加工之盛食物之器皿。魏曹植《車渠碗賦》："惟斯碗之所生，於涼風之浚湄。采金光之定色，擬朝陽而發輝。"魏曹丕《車渠椀賦》："車渠玉屬也，多纖理縟文，生於西國，其俗寶之，惟二儀之，普育何萬物之殊形，料珍怪之，上美無茲，椀之獨靈，包華文之，光麗發符，采而揚榮。"魏徐幹《車渠椀賦》："圓德應規，巽從易安，大小得宜，客如可觀，盛彼清醴，承

以珊盤，因歡接口，媚於君顏。"明于慎行《題王母圖壽新建張太夫人》"侍中歲星魂，燕喜何衍衍。取彼玗琪實，跪進車渠盌。"《編珠》卷三："硨磲椀璚瑁梳。魏文帝有硨磲椀賦。"

【車渠椀】

同"車渠碗"。此體三國時期已行用。見該文。

【車渠盌】

同"車渠碗"。此體明代已行用。見該文。

【硨磲椀】

同"車渠碗"。此體清代已行用。見該文。

珂玼 [2]

貝殼。《玉篇·玉部》："珂，丘何切。石，次玉也；亦碼磶，絜白如雪者；一云螺屬也，生海中。玼，思律切。珂玼也。劉逵曰：'老雕入海所化，出日南。'"《魏書·陽尼傳》："採鍾山之玉瑛兮，收珠澤之珂玼。"《文選·左思〈吳都賦〉》："果布輻湊而常然，致遠流離與珂玼。"劉逵注："玼，老雕化西海爲玼，已裁割若馬勒者，謂之珂。玼者珂之本璞也。日南郡出珂玼。"明王世貞《弇州四部稿》卷一六九："珂玼，寶名，出日南郡。"

馬甲

乾貝。江珧肉柱。此稱唐代已用。唐韓愈《初南食貽元協律》詩："章舉馬甲柱，鬬以怪自呈。其餘數十種，莫不可嘆驚。"宋高似孫《緯略·珧》："珧……趙德麟《侯鯖集》：韓退之詩所云馬甲柱，正謂此字。"明李時珍《本草綱目·介之二·海月》〔釋名〕："馬甲……時珍曰：玉珧，皆以形色名。萬震贊云：厥甲，美如珧玉是矣。"清陸以湉《冷廬雜識·蜜丁馬甲》記載："嘉慶丁卯科浙江鄉試，詩題'挂席

拾海月’，紹興吕學博《承恩詩》云：‘蜜丁曾共品，馬甲亦同名。’爲主司賞識，取中三十四名。”

珧貝

亦稱“蜃甲”“蚌殻”“蛤殻”。人工仿製貝，以蚌殻刻成的珧貝，呈乳白色，形體扁平，兩端較鈍，雙穿，餘如骨貝。亦有未經雕琢者。《説文·玉部》：“珧，蜃甲也。所以飾物也。”宋程大昌《演繁露》卷三：“後世問卜於神，有器名杯珓者，以兩蚌殻投空擲地，觀其俯仰以斷休咎。自有此制後，後人不專用蛤殻矣。”元毛應龍《周官集傳》卷一四：“歐陽氏曰：蜃若今石灰。《周禮》：‘共白盛之蜃。’古者蓋取蚌殻以爲灰，以爲白盛之用也。”明王志長《周禮注疏删翼》卷二八：“郎氏曰：蜃，大蛤，謂蛤殻，灰也。”

【蜃甲】

即珧貝。此稱漢代已行用，見該文。

【蚌殻】

即珧貝。此稱宋代已行用，見該文。

【蛤殻】

即珧貝。此稱宋代已行用，見該文。

珠母

産珍珠之蚌。《初學記》卷二七引樊文淵《七經義》：“珠母者，大珠在中，小珠環之。”《駢字類編》卷七七引《孝經援神契》：“‘神靈滋百川用，則珠母璣鏡也。’宋均注曰：‘事神明，得則文珠有光，可爲鏡。’”《爾雅·釋魚》：“蚌，含漿。”鄭樵曰：“按此，今謂之珠母。老能産珠，其甲曰方諸。照月生水，故曰‘含漿’。”元劉一清《錢塘遺事·三天竺》：“一大珠名珠母。”又指蚌肉乾。唐劉恂《嶺表録異》卷上：“取小蚌肉貫之以篾，曬乾净，謂之珠母，容桂人率將燒之以薦酒也。”

珠貝

産珠之貝，泛指珍珠、寶貝。《釋名·釋喪制》：“含，以珠貝含其口中也。”《管子·侈靡》：“若江湖之大也，求珠貝者不令也。”晋左思《蜀都賦》：“騰波沸湧，珠貝泛浮。”《舊唐書·職官志三》：“右藏令，掌國寶，貨丞爲之貳。凡四方所獻金玉、珠貝、玩好之物，皆藏之。出納禁令如左藏。”元王惲《游萬固寺》詩：“山僧喜醉顛，海會得珠貝。”亦指白地紅紋的貝殻，可以入藥。珠，通“朱”。明李時珍《本草綱目·介之二·貝子》：“素質紅章，謂之珠貝。”珠，一本作“朱”。

貽

黑色之貝。《爾雅·釋魚》：“玄貝，貽貝。”郭璞注：“黑色貝也。”刑昺疏：“黑色之貝名貽貝。”宋林之奇《尚書全解》卷八：“貝者，水物也。……唐孔氏云：‘魚有玄貝，貽貝。’”明盧柟《九騷》之六：“吾登長隰以騁望兮，君始沛乎方舟，貽貝璐兮捐明月。”

軻蟲

海貝。《後漢書·西南夷傳·哀牢》：“出銅、鐵、鉛、錫、金、銀、光珠、虎魄、水精、琉璃、軻蟲、蚌珠。”晋常璩《華陽國志》卷四：“又有闟旄、帛疊、水精、琉璃、軻蟲、蚌珠。宜五穀，出銅錫。”《佩文韻府·一東·蟲》：“軻蟲，《後漢書》注：軻蟲，海貝也。”

齒貝

貝之一種。《舊唐書·西戎傳·天竺》：“中天竺王姓乞利咥氏，或云刹利氏，世有其國，不相簒弑。……百姓殷樂，俗無簿籍。耕王地者輸地利。以齒貝爲貨。"《通典・邊防九》："又有旃檀、鬱金等香，甘蔗諸果，石蜜、胡椒、薑、黑鹽。西與大秦、安息交市海中，或至扶南、交趾貿易。多珊瑚、珠璣，琅玕。俗無簿籍。以齒貝爲貨。"宋趙汝适《諸蕃志・志國》："又有旃檀等香、甘蔗石蜜諸果。歲與大秦、扶南貿易，以齒貝爲貨。"宋何夢桂《建德路罷金課記》："建德，古睦州也。睦爲古揚州，分荆揚，貢金。……然《考古圖志》，金非其土產，如瑤琨、齒貝，皆產於揚，而睦亡是。"

餘泉

貝名，白地黄紋。《爾雅・釋魚》："餘泉，白黄文。"郭璞注："以白爲質，黄爲文點。"邢昺疏："白爲質，黄爲文點者，名餘泉。"《詩・小雅・巷伯》："成是貝錦。"鄭玄箋："錦文者，文如餘泉、餘蚳之貝文也。"孔穎達疏："《釋魚》説貝文狀云：……餘泉，白黄文。"《資治通鑑・漢成帝建平元年》："會有上書言：'古者以龜、貝爲貨，今以錢易之……'"胡三省注："孔穎達曰：《爾雅》：貝，居陸贆，在水蜬，大者魧，小者贆。今之細貝亦有紫色者，出日南。玄貝，胎貝黑色者。餘蚳，黄白文。餘泉，白黄文，白質黄文也。詩成貝錦，則紫貝也。紫貝，以紫爲質，黑爲文點也。"

餘蚳

貝名，黄地白紋。《爾雅・釋魚》："餘蚳，黄白文。"郭璞注："以黄爲質，白文爲點。"邢昺疏："黄爲質，白爲文點者，名餘蚳。"《詩經・小雅・巷伯》："萋兮斐兮，成是貝錦。"孔穎達疏："《釋魚》説貝文狀云：餘蚳，黄白文。"《資治通鑑・漢成帝建平元年》："會有上書言：'古者以龜、貝爲貨，今以錢易之……'"

胡三省注："孔穎達曰：《爾雅》：貝，居陸贆，在水蜬，大者魧，小者贆。今之細貝亦有紫色者，出日南。玄貝，胎貝黑色者。餘蚳，黄白文。餘泉，白黄文，白質黄文也。詩成貝錦，則紫貝也。紫貝，以紫爲質，黑爲文點也。"

寶貝

寶貴之貝類。此名記載較早。漢焦贛《焦氏易林・大畜》："憒憒不脱，憂從中出。喪我寶貝，亡妾失位。"晉木華《海賦》："吐雲霓含龍魚，隱鯤鱗潛靈居。豈徒積太顛之寶貝，與隋侯之明珠。"清秦蕙田《五禮通考》卷一三九："《上清歌》：一願四時風調雨順民心喜，攝外國，將寶貝；攝外國，將寶貝。見君王，來朝寶殿裏，珊瑚、瑪瑙、玻璃進在丹墀。"

玉貝

以玉質材料製作成的貝形貨幣，夏商周時代已出現。清允禄《西清古鑑》卷二七："又古稱泉貝。《説文》謂至秦而廢貝行錢，《食貨志》有十朋、五貝，則不必概與貝、玉貝、錦同也。"亦用於安葬死者時製作口中所含之隨葬品。清惠士奇《禮説・天官二》："《荀子》曰：'玉貝曰含。'又曰：'飯以生稻，含以槁骨，反生術也。'注：槁骨，貝也。《士喪禮》：'含以貝。'《列子》云：'不含珠玉，不服文錦，不設明器。'亦謂玉圝，似珠。"亦用作禮器之一。《通志・凶禮》："中黄門掌兵，以玉貝、隋侯珠、斬蛇寶劍授太尉，告令群臣。"另亦用作飾物。南朝梁沈約《日出東南隅行》："寶劍垂玉貝，汗馬飾金鞍。"《天中記》卷四八引《楚漢春秋》曰："項王使武涉説淮陰侯，淮陰侯曰：'臣故事項王，位不過中郎官，不過執戟。及去項歸漢，漢王賜臣玉案之食、玉貝之劍，臣背之，内愧於心。'"

石貝

　　用石質材料製作的貝形貨幣。或稱其爲玉貝，以黄色軟石或白色軟石製成，與真貝相類似，且背面被磨製過。另外還有菱角形石貝，其一端有一穿孔，有溝紋，但無橫紋。有的白色石貝略帶青緑色，河北省、河南省都有出土。

壯貝

　　錢幣名，漢貝貨五品之一。《漢書・食貨志下》："公龜九寸，直五百，爲壯貝十朋。壯貝三寸六分以上，二枚爲一朋，直五十。"元梁益《詩傳旁通》卷七："孔穎達詩疏：'《漢書》以大貝、壯貝、么貝、小貝、不成貝，爲五也。'"

青銅貝幣

　　以青銅鑄造之貝形貨幣。三星堆文化遺址曾出土此類貝幣：青銅質，三枚成套，上端三環鈕并聯，三環鈕上套連環，銅貝藉尾的圓鈕套於鏈環上。

骨貝

　　以獸骨製之貝形貨幣。形制與珧貝相同，但其溝紋橫綫非常密，有一至二穿孔。此貝在河北、河南、山東、山西、青海等省均有出土。

陶貝

　　陶製之貝形貨幣，亦有非貝形者。或爲冥器，即用於喪葬時之隨葬品。

蚌製貝

　　以蚌殼製之貝形貨幣。無孔蚌貝又分横嚮齒紋、單方嚮斜齒紋和對稱性斜齒紋三種，此類貝每枚重約 2.4 克左右。河南洛陽附近曾有出土。

純金貝

　　以薄金片壓成的貝殼形貝幣。純金貝很少見，其中央有一齒槽，但無齒紋，兩端有穿孔。《月燈三昧經》卷三："造作如是諸惡行，以此惡行墮惡道。多饒財寶珠金貝，棄舍親愛而出家。"《金史・蒲察官奴傳》："上亦懼官奴、馬用相圖，因以爲亂，命宰執置酒和解之。……驅參知政事石盞女魯歡至其家，悉出所有金貝，然後殺之。"

銅貝

　　以銅或青銅製之仿製貝幣。形制有多種。正面中間有一道或直或曲之齒槽，據説直槽出自河南省，有貼金；曲槽出自安徽省，有包金，最是美觀。實心銅貝，形狀如骨貝，乃中國最早之鑄造貨幣，同時也是世界上最早之金屬鑄幣，商墓曾有出土。春秋戰國時，楚國銅貝蟻鼻錢亦有可能發源於殷商銅貝。已知楚幣有兩種："爰金"，一種扁平狀黄金小方塊，俗稱"金鈑""金餅"。

蟻鼻錢
（明王圻等《三才圖會》）

"爰"，一種古代重量單位。"蟻鼻錢"也稱爲銅貝，又稱爲"鬼臉錢"，其形如背面被磨平的貝殼，其面有文字，如"君""忻""金""行"等。銅貝長 1.7～1.9 厘米，寬 1.1～1.2 厘米。

【實心銅貝】

　　即銅貝。此稱先秦時期已行用。見該文。

【蟻鼻錢】

　　即銅貝。此稱先秦時期已行用。見該文。

【鬼臉錢】

　　即銅貝，爲俗稱。此稱先秦時期已行用。見該文。

朋

貝幣之計量單位。五個貝幣爲一朋。或曰五貝爲一串，合兩串爲一朋。王莽時改爲兩個貝幣爲一朋。《詩・小雅・菁菁者莪》："菁菁者莪，在彼中陵。既見君子，錫我百朋。"鄭玄箋："古者貨貝五貝爲朋，'錫我百朋'得禄多，言得意也。"宋王觀國《學林》卷二"朋"條："《前漢・食貨志》曰：'王莽變漢制，作金銀龜貝錢布之品。元龜直二千一百六十爲大貝十朋。'蘇林注曰：'兩貝爲朋，朋直二百一十六，元龜十朋，故直二千一百六十。'又有'公龜壯貝十朋，伯龜麼貝十朋，子龜小貝十朋，是爲龜寶'。觀國案：鄭氏箋《詩》曰'五貝爲朋'，王莽變法以兩貝爲朋者，《廣韻》'朋'字注云：'五貝曰朋，武王悦箕子之對，賜十朋，以此知古以五貝爲朋。至王莽改其名品，更以兩貝爲朋耳。'《易・損卦・六五》：'或益之十朋之龜，弗克違。'《益卦》：'或益之十朋之龜，弗克違。'案，此二爻皆在中正之位，以柔謙自居，而天下之美利不期自至，故曰'十朋之龜，弗克違'，以譬則群賢皆願爲用者也。而王弼注釋以'朋'爲'朋黨'，非也。許慎《説文》曰：'貝，海介蟲也。'《玉篇》曰：'貝如車渠，又貝甲也。'古貨貝而寶龜。《前漢・食貨志》曰：'金刀龜貝，所以通有無也。'顏師古注曰：'貝以表飾。'然則龜貝，古人記此以爲寶貨，而朋，則其名數也。"

貝雕

以貝殼雕琢、嵌鑲之工藝品。清宮夢仁《讀書紀事略・物部・器物類》："《顧命》四几：華、貝、雕、漆。"包括以貝和雕玉裝飾之几，可知貝、雕之飾由來已久。張煒《古船》第十九章：

"正面的墙壁挂了一幅巨大的貝雕畫，畫面上是縮小了的蓬萊仙閣。在離開貝雕畫框稍遠一點的角落，是一個老樹根刻成的一個花架。"

【龍鳳呈祥貝雕畫】

清中期貝雕畫。圖案下部爲騰飛之巨龍，圖案上部爲展翅之飛鳳，意爲龍飛鳳舞，龍鳳呈祥。滿樹遍開鮮花，樹幹婉轉嚮上，枝條節節升高，意爲花開富貴，步步高升。整體圖案形似如意，意爲萬事如意。圖案上部兩角，飾以飛翔的蝙蝠，意爲福在眼前，福從天降。周邊錢幣環繞，意爲處處有錢。現收藏於廣西北海市李繼全民間博物館。

螺杯

亦稱"九曲杯""九曲螺杯"。螺殼所作之酒杯。鸚鵡貝之別稱。後亦爲酒杯之美稱。《宋書・張暢傳》："今致魏主螺杯、雜粽，南土所珍。"唐張籍《和韋開州盛山十二首・流杯渠》詩："渌酒白螺杯，隨流去復回。似知人把處，各向面前來。"宋周去非《嶺外代答》卷六："螺杯，南海出大螺。南人以爲酒杯，螺之類不一：有哆口而圓長者，曰螺杯。"元陶宗儀《説郛・清異録二・器具》："九曲杯，以螺爲杯，亦無甚奇，唯數穴極彎曲，則可以藏酒，有一螺能貯三盞許者，號九曲螺杯。"明李昌祺《剪燈餘話・至正妓人行》："螺杯謾想紅樓飲，雁柱徒懷錦瑟弦。"《花月痕》第一四回："於是曼雲執壺，丹暈斟酒，荷生便喝了三螺杯酒。"

【九曲杯】

即螺杯。此稱元代已行用。見該文。

【九曲螺杯】

即螺杯。此稱元代已行用。見該文。

第二節　珊瑚考

　　珊瑚之名，漢代典籍已有記載，見《史記·司馬相如列傳》。明李時珍《本草綱目·石之二·珊瑚》論説頗爲完備："珊瑚生海底，五七株成林，謂之珊瑚林。居水中直而軟，見風日則曲而硬，變紅色者爲上，漢趙佗謂之火樹是也。亦有黑色者不佳，碧色者亦良。昔人謂碧者爲青琅玕，俱可作珠。許慎《説文》云：'珊瑚色赤，或生於海，或生於山。'據此説，則生於海者爲珊瑚，生於山者爲琅玕，尤可徵矣。"

　　文獻所載之珊瑚，多從其形態而名之，因其似玉，故"珊瑚"二字皆從"玉"。所謂生於海底者，即今所言之珊瑚，但又有因其形似而謂之生於山中者。元黄鎮成《尚書通考》卷七："今南海有青琅玕，珊瑚屬也。《山海經》云：崑崙山有琅玕樹。"由此可知，前人將珊瑚分爲海生與陸生兩種，生於海中者謂之珊瑚，生於山中者謂之青琅玕。此與今所謂"珊瑚"不盡相同。

　　今所謂珊瑚，皆取西方科學之名解，由珊瑚之性質與構成成分而言之。謂珊瑚爲非生物，而珊瑚蟲纔是海洋中的一種屬於刺胞動物門之腔腸動物，包括水螅、水母、海葵、軟珊瑚等動物。珊瑚蟲是靠捕食海洋中的浮游生物存活，其生長的過程中吸收水中鈣和二氧化碳，之後分泌出石灰石，并以此成爲其生存的外殼。每個珊瑚蟲都很小，但其群居生存，分泌出的石灰石粘合在一起，代代叠積，終形成人們所見之珊瑚樹形狀，底層形成珊瑚礁。珊瑚顔色常呈白色，也有少量藍色與黑色。還有金色和黑色角質珊瑚。寶石級珊瑚呈現玻璃至蠟狀光澤，不透明至半透明，性脆。珊瑚之生存習性及分類，非本卷之任務，故不贅述。

　　古人亦用珊瑚作裝飾品，常用作皇帝冠冕的裝飾品。《晋書·輿服志》載魏明帝改天子冕飾爲珊瑚珠。因珊瑚色相如珠玉、奇美而難得，因而成爲貴族豪門及愛好者之重要收藏品之一，乃至於成爲地位和財富之象徵，《晋書·石崇傳》記載石崇和王愷用珊瑚樹鬥富的故事。珊瑚又被作爲饋贈之禮品，見《西京雜記》、南朝劉義慶《世説新語·汰侈》。

紅珊瑚

　　珊瑚亦是一種建築裝飾材料。漢司馬相如《上林賦》言："玫瑰碧琳，珊瑚叢生，瑉玉旁唐。"此處之珊瑚應爲珊瑚樹或以珊瑚爲枝之玉樹。《晋書・食貨志》言："王君夫、武子、石崇等更相誇尚，輿服鼎俎之盛，連衡帝室，布金塪之泉，粉珊瑚之樹。"可知漢晋時上至帝王，下至士族，均紛紛使用珊瑚作其居室和庭院建築之裝飾材料。除此之外，珊瑚也有很高的醫藥價值。其成分主要爲碳酸鈣，經處理可變爲與人體骨骼相類似之磷酸鈣。故醫生常將它用於修補人體骨骼。中醫用珊瑚研成的粉末入藥可去翳，消除積血，將其吹入鼻内可止鼻衄，將其點到眼睛裏可去飛絲，并有明目鎮心和安神止癇之妙用。珊瑚自古以來就被看作吉祥物，有驅邪和避禍之功能，而且還是小孩與女人的護身符。珊瑚的梵語稱爲鉢攞娑福羅，印度與中國西藏之佛教徒，將紅色珊瑚視爲如來佛化身，并把珊瑚作爲其敬佛之吉祥物，另外，珊瑚粒珠也被用作敬佛之貢品。

石花

亦作"石華"。珊瑚之一種。《通志・昆蟲草木略・草類》："又有生於石上連緣作暈者謂之石花。"明李時珍《本草綱目・石之三・殷孽》："〔附錄〕石花，宗奭曰：'石花，白色，圓如覆大馬杓，上有百十枝，每枝各

石花
（明刊《補遺雷公炮製便覽》）

槎牙分岐如鹿角。上有細文起。以指撩之。錚錚然有聲。其體甚脆，不禁觸擊。多生海中石上，世方難得。'時珍曰：'寇宗奭所説乃是海中石梅石柏之類，亦名石花，不入藥用。'"晋郭璞《江賦》："玉珧海月，土肉石華。"南朝宋謝靈運《游赤石進帆海》詩："揚帆採石華，挂席拾海月。"

【石華】

同"石花"，此體晋代已行用，見該文。

石柏

珊瑚之一種。狀似柏，故稱。《宋書・樂志》："江波澈映，石柏開文。觀毓花蕊，棲凝景雲。"《江南通志・雜類志》："泰始二年，赭圻獲石柏，長三尺二寸，廣三尺五寸。"宋范成大《桂海虞衡志・志金石》："石柏，生海中，一幹極細，上有一葉，宛是側柏，扶疎無小異，根所附著如烏藥，大抵皆化爲石也。此與石梅雖未詳可以入藥否，然皆奇物。"明高濂《遵生八牋・飲饌服食牋下・輕身延年仙術丸方》："蒼術米泔浸夏秋三日、春七日，去皮，洗净，蒸半日作片，焙乾，石柏搗爲末，煉蜜爲丸，如梧桐子大。每日早晨日午酒下五十丸。"

石連樹

珊瑚之一種。唐鄭常《洽聞記》："永昌中臺州司馬孟詵奏：臨海水下，馮義得石連樹三株，皆白石。"

石梅

珊瑚之一種。宋范成大《桂海虞衡志·志金石》："石梅生海中，一叢數枝，橫斜瘦硬，形色真枯梅也，雖巧工造作所不能及。根所附著如覆菌。或云：本質爲海水所化，如石蟹、石蝦之類。"《通雅》卷四三："水松，水杉也。閩廣海塘邊皆生之，如鳳尾杉，又如松，其根浸水，生須如赤楊。范至能言，有石梅、石柏生海中，乃小如鐵樹，非此種也。"《廣東通志·物産志》："石柏亦生海中，一幹極細，上有葉宛是側柏，此與石梅未詳可以入藥否，然皆奇物不可不志。"

石欄幹

珊瑚樹之一種。唐段成式《酉陽雜俎·物異》："石欄幹生大海底，高尺餘，有根，莖上有孔如物點，漁人網罥取之。初出水正紅色，見風漸漸青色。"宋唐慎微《證類本草·玉石部上品》："石欄幹，味辛平，無毒。主石淋破血，産後惡血。"明朱橚《普濟方·小便淋秘門·沙石淋》："治石淋破血，以石欄幹磨服，亦煮汁服，亦火燒投酒中服之。"

珊瑚

亦稱"烽火樹""珊瑚樹""珊瑚石""珊瑚珠""鉢擺娑福羅"。許多珊瑚蟲之骨骼聚集物，樹狀，多爲紅色，也有白色或黑色、金色。鮮艷美觀，可做裝飾品，供玩賞。《説文·玉部》："珊，珊瑚，色赤，生於海，或生於山。"《史記·司馬相如列傳》："玫瑰碧琳，珊瑚叢生。"張守節正義引郭璞曰："珊瑚生水底石邊，大者樹高三尺餘，枝格交錯，無有葉者也。"唐張繼《長相思》詩："遼陽望河縣，白首無由見。海上珊瑚枝，年年寄春燕。"宋吳仁傑《離騷草木疏·芝》引東晉葛洪《抱朴子》云："赤者如珊瑚。"《西京雜記》卷一："積草池中有珊瑚樹，高一丈二尺，一本三柯，上有四百六十二條，是南越王趙佗所獻，號爲烽火樹。"《梁書·西北諸戎傳》："〔波斯國〕咸池生珊瑚樹，長一二尺。"宋戴侗《六書故·珊》："珊瑚石也。出海底。或赤或青，高一二尺餘。海人没水候其初出，羅以鐵網，俟其扶疎，揭而取之。徐鍇曰：'裹以繒帛，燒之不熱，生海島，根其爲樹者，交柯可愛，或如今太湖石，可琢爲器。'"《福建通志·古迹二·延平府》："珊瑚石，在李延平祠左，色紫黑而潤，有紋理，高丈餘，狀如人立。"《南齊書·輿服志》："漢世，冕用白玉珠爲旒，魏明帝好婦人飾，改以珊瑚珠。"明李時珍《本草綱目·石之二·珊瑚》〔釋名〕："鉢擺娑福羅。"

珊瑚
（明王圻等《三才圖會》）

【烽火樹】

即珊瑚。此稱漢代已行用。見該文。

【珊瑚樹】²

即珊瑚。此稱漢代已行用。見該文。

【珊瑚石】

即珊瑚。此稱宋代已行用。見該文。

【珊瑚珠】²

即珊瑚。此稱南北朝時期已行用。見該文。

【鉢攞娑福羅】

即珊瑚。此稱明代已行用。見該文。

珊瑚串

多種珊瑚製品連貫在一起。清陳端生《再生緣》卷一九：“黃金即配九連環，嵌寶團龍古籙錢。絕細蒜苗雙響鈕，珊瑚串對玉連環，翡翠手釧和瑪瑙，配成顏色擺於盤。”

珊瑚佛

以珊瑚製作之佛像。《梁書·扶南國傳》：“天監二年，跋摩復遣使送珊瑚佛像，并獻方物。詔曰：‘扶南王憍陳如闍邪跋摩，介居海表，世纂南服，厥誠遠著，重譯獻琛。宜蒙酬納，班以榮號。可安南將軍、扶南王。’”《太平御覽》卷七八六引《齊書》曰：“扶南王憍陳如，本天竺婆羅門也……憍陳如死後，王持梨陁跋摩，宋文帝元嘉中，三奉表獻方物。齊永明中，王憍陳如闍邪跋摩遣使送珊瑚佛像，并獻方物，詔授安南將軍，扶南王。”

珊瑚枝

狀如樹枝之珊瑚製品。宋范成大《吳郡志》卷四九：“扶疏珊瑚枝，本不自雕巧。當珍王府中，何故委衰草。”元俞希魯《至順鎮江志》卷一九：“默師。”書中注：“羅隱有《錢塘遇默師憶潤州舊游》詩中有云：‘自吾識默師，倏忽綿歲時。平生負才氣，不肯空披緇。歌敲玉唾壺，手擊珊瑚枝。石羊妙喜街，甘露平泉碑……’以詩意觀之，殆非庸僧也。”明鞏珍《西洋番國志·諸番國名》：“珊瑚連枝柯者以斤論價，做成珠者以分兩論價。哲地多收買珊瑚枝柯，僱匠製造成珠，論分兩賣。”清朱彝尊、于敏中《日下舊聞考》卷六四：“燦若珊瑚枝，昱昱三秀姿。”

珊瑚連枝

數個狀如樹枝之珊瑚連接在一起。明鞏珍《西洋番國志·諸番國名》：“珊瑚連枝柯者以斤論價，做成珠者以分兩論價。哲地多收買珊瑚枝柯，僱匠製造成珠，論分兩賣。”

珊瑚珠 [1]

以珊瑚製作的小圓球。《晋書·輿服志》：“後漢以來，天子之冕前後旒用真白玉珠。魏明帝好婦人之飾，改以珊瑚珠。晋初仍舊不改，及過江，服章多闕，而冕飾以翡翠、珊瑚雜珠。”元楊瑀《山居新話》：“皇元纍朝即位之初，必降詔誕布天下。唯西番一詔，用青紵絲，粉書詔文，繡以白絨，穿珍珠網於其上，寶用珊瑚珠蓋之。如此寶至其國，張於帝師所居殿中，可謂盛哉。”《明史·西域傳附考證》：“嚕黙特傅遣使貢獅子、西牛。”又：“嘉靖三年，嚕黙特所貢，尚有西狗、西馬、珊瑚珠、玉等

紅珊瑚珠

物。不僅獅子、西牛二物也。”明嚴從簡《殊域周諮錄·真臘》：“其貢：寶石、金繫腰、珊瑚珠、琉璃瓶、琉璃碗、寶鐵刀……”清魏源《海國圖志》卷四三：“康熙九年六月，國王遣使奉表，貢金剛石飾金劍、金珀書箱、珊瑚樹、珊瑚珠、琥珀珠、伽南香、哆囉絨……”清黃叔璥《臺海使槎錄·進貢》：“康熙二十五年，臺灣平，設郡縣，其王耀、漢連氏、甘勃氏、遣陪臣賓先吧芝復奉表進貢……貢物大珊瑚珠一串，照身大鏡二面，奇秀琥珀二十四塊，哆囉絨二十五疋……”

珊瑚朝珠

朝珠係清代官員於朝服上佩戴之珠串，其形狀如念珠，共計一百零八顆。用東珠（珍珠的一種）、珊瑚、翡翠、琥珀、蜜蠟等製成，并以明黃、金黃以及石青色等諸色絛爲裝飾，挂於項上，垂於胸前。佩戴朝珠者五品以上文官，四品以上武官，軍機處、侍衞、國子監、太常寺、禮部、光祿寺、鴻臚寺之主官，五品官以上命婦。可根據用珠與絛色區別官品之大小與地位之高低。其中東珠與明黃色絛僅皇帝、皇后與皇太后能使用。清福格《聽雨叢談》卷五："素珠之制，以雜寶及諸香穿綴。惟東珠、珍珠者，上用而外，餘皆禁之。諸王用珊瑚朝珠，珍珠紀念。一品大臣許用珊瑚朝珠，五色紀念。"清陳其元《庸閒齋筆記》卷五："皇上盤膝而坐。仰瞻御容，非必秀出人寰，然視之令人忠愛之心油然而生。黑睛奕奕有光，隆準，頭微向上，鬚黑而短，頦下頗疏，面多細麻；身適中，衣青緞袍，藍青色褂，出銀鼠風，項挂珊瑚朝珠，垂於胸腹；冠貂冠，紅絨結頂，後被孔雀翎數層，髮後結一辮，無他金寶之飾；足登元色絨靴。用膳時合殿寂然，惟見各大臣以目下視，皆若忘於言也。"清昭槤《嘯亭雜錄》卷四："有某探花者，人愚闇，爭慕時趨，命其妻拜于妾某爲母，情誼甚密。及于公死，梁瑤峰秉樞柄，某又令其妻拜梁爲義父，饋以珊瑚朝珠。紀曉嵐參政時作詩譏之，云'昔曾相府拜乾娘，今日乾爺又姓梁。赫奕門楣新吏部，淒涼池館舊中堂。君如有意應憐妾，奴豈無顏祗爲郎。百八年尼親手捧，探來猶帶乳花香'之句，某慚恧謝病歸。"清《八旬萬壽盛典·恩賚十三·賞賚》："賜安南國王……玉盌二對，玉盒一對，玉玩二件，珊瑚朝珠一盤，銀一萬兩……"

珊瑚雜珠

以翡翠、珊瑚混雜爲飾之朝珠。《晉書·輿服志》："後漢以來，天子之冕，前後旒用真白玉珠。魏明帝好婦人之飾，改以珊瑚珠。晉初仍舊不改。及過江，服章多闕，而冕飾以翡翠、珊瑚雜珠。侍中顧和奏：'舊禮，冕十二旒，用白玉珠。今美玉難得，不能備，可用白璿珠。'從之。"《太平御覽》卷六八六引何法盛《晉中興書》曰："初，中興儀服不備，又冕旒飾以翡翠、珊瑚雜珠。"《通志·器服略一》："東晉元帝初過江，章多闕，而冕飾以翡翠、珊瑚雜珠。"《隋書·禮儀志六》："陳永定元年，武帝即位，徐陵曰：'所定乘輿御服，皆採梁之舊制。'又以爲'冕旒，後漢用白玉珠，晉過江，服章多闕，遂用珊瑚雜珠，飾以翡翠。'"《明史·輿服志一》："其服冕也，或飾翡翠、珊瑚雜珠。豈古所謂法駕、法服者哉？"

珊瑚帶

以珊瑚鑲嵌之腰帶。清《康熙起居注·康熙二十三年》："賜科爾沁國端敏公主緞八疋、鞍一副，蘇尼特部落和碩郡主、翁牛忒部落和碩郡主緞各六疋、鞍各一副，巴林王納木達克涼帽一頂、蟒袍一領、妝緞套一件、鑲珊瑚金帶一條、嵌金玲瓏刀、翁牛忒部落和碩郡主緞各六疋、鞍各一副，巴林王納木達克涼帽一頂、蟒袍一領、妝緞套一件、鑲珊瑚金帶一條、嵌金玲瓏刀一口、靴一雙、插弓箭鑲珊瑚嵌金撒袋一副、鞍一副，固山貝子吳爾占、溫純涼帽各一頂、蟒袍各一領、妝緞套各一件、鑲珊瑚金帶各一條、嵌金玲瓏刀客一口、靴各一雙、插弓箭七塊飾件撒袋各一副、鞍各一副，又賜多羅額駙阿拉布談、一品臺吉葛勒爾都等以下，護衛……"《錦香亭》第一一回："第二隊樂官是馬仙期，頭戴絳紅巾，腰繫珊瑚帶，身穿紅錦團花袍，後面一個童子手執繡龍紅幡一首，用翠羽貼成'南方徽音'四個大字。"

珊瑚盔甲

盔甲，古代軍人作戰服，護頭曰盔，多用金屬製成；護身曰甲，多用皮革製成。此指鑲嵌有珊瑚之盔甲。清刊《康熙起居注·康熙十三年》："初十日甲戌。早，上御乾清門，聽部院各衙門官員面奏政事。未時，上復御清門，賜四川巡撫張德地食，又賜嵌松子珊瑚盔甲一副、鞍馬一匹。"又《康熙十五年》："是日，照常例賜寧夏提督趙良棟鞍馬一匹、撒袋弓箭一副，又加賜內庫嵌珊瑚松子石盔甲一副……"

珊瑚鈎

以珊瑚的自然形狀製成的鈎狀物。《宋書·符瑞志下》："珊瑚鈎，王者恭信則見。"唐韓翃《漢宮曲》："繡幕珊瑚鈎，春開翡翠樓。深情不肯道，嬌倚鈿箜篌。"元薩都剌《蕊珠曲》："芙蓉城裏白玉樓，冰簾倒挂珊瑚鈎。玉人晏坐太清室，蛾眉不鎖人間愁。"清紀昀《閱微草堂筆記·姑妄聽之三》："《宋書·符瑞志》曰：珊瑚鈎，王者恭信則見。然不言其形狀，蓋自然之寶也。杜工部詩曰：'飄飄青瑣郎，文采珊瑚鈎。'似即指此。蕭詮詩曰：'珠簾半上珊瑚鈎。'則以珊瑚爲鈎耳。余見故大學士楊公一帶鈎，長約四寸餘，圍約一寸六七分。其鈎就倒垂椏杈，截去附枝，作一螭頭。其繫條緶柱，亦就一橫出之瘦瘤，作一芝草。其幹天然彎曲，脉理分明，無一毫斧鑿迹，色亦純作櫻

桃紅，殆爲奇絕。其掛鈎之環，則以交柯連理之枝，去其外歧，而存其週圍相屬者，亦似天成。然珊瑚連理者多，佩環似此者亦多，不爲異也。云以千四百金得諸洋舶。此在壬午、癸未間，其時珊瑚易致價，尚未昂云。"徐珂《清稗類鈔·藝術類》："吳梅村有《畫中九友歌》，評泊丹青，揚扢風雅，洵足爲繪林增色。丹徒趙季梅中翰彥修用其韻，作《續九友歌》云：'剡溪侍郎荆關流，淋漓墨障煙雲浮。放筆天外烏紗投，西溪高隱夫何求（醇士）。雷州鑒賞珊瑚鈎，游心藝苑春復秋。'"

珊瑚鳳冠

鳳冠，指古代皇帝后妃所戴的帽子，其上飾有鳳凰樣珠寶。亦指婦女出嫁時所戴禮帽。此指鑲嵌珊瑚的鳳冠。《明史·輿服志二》："皇后常服……銜珠結三，博鬢飾以鸞鳳，金寶鈿二十四，邊垂珠滴，金簪二，珊瑚鳳冠觜一副。"《明會典·禮部·親王婚禮》："納徵禮物……冠上珊瑚鳳冠觜一副。"《續通典·禮·后妃命婦首飾制度》："皇妃皇嬪及內命婦冠，洪武三年定……金鳳一對，口銜珠結雙博鬢，飾以鸞鳳，金寶鈿十八，邊垂珠滴，金簪一對，珊瑚鳳冠觜一副。"

珊瑚幡

幡，指用竹竿直挑之長條形旗子。此指以珊瑚爲杆或鑲嵌有珊瑚的條形旗。唐白居易《游悟真寺》詩："黑夜自光明，不待燈燭燃。衆寶互低昂，碧佩珊瑚幡。"清朱彝尊、于敏中《日下舊聞考》卷七四："御製《德壽寺古鼎歌》：龍宮巍巍紫氣軒，輝耀槵甍煥崇垣。寺名德壽菴羅園，刹竿高挂珊瑚旛。停鞭卸響山門前，一滴欲尋曹溪源。東瞻紫霧明朝暾，清凉

頓覺隔塵喧。"

珊瑚樹[1]

佛門七寶樹之一。七寶諸樹以七寶轉共合成。《無量壽經》卷上："其國土七寶諸樹，周滿世界金樹、銀樹、琉璃樹、玻璃樹、珊瑚樹、碼瑙樹、硨磲之樹，或有二寶、三寶，乃至七寶轉共合成。……或珊瑚樹，碼瑙爲葉，華果亦然。"《西京雜記》卷一："積草池中有珊瑚樹，高一丈二尺，一本三柯，上有四百六十二條，是南越王趙佗所獻，號爲'烽火樹'，至夜光景常欲然。"《晋書·石苞傳》："武帝每助愷，嘗以珊瑚樹賜之，高二尺許，枝柯扶疏，世所罕比。愷以示崇，崇便以鐵如意擊之，應手而碎。愷既惋惜……"《佛説華手經》卷六："諸塹岸上皆有七寶七重行樹。……珊瑚樹者，金枝，銀條，頗梨爲葉，琉璃爲華，車磲爲果，瑪瑙爲根。"《宋史·外國傳五·三佛齊》："〔建隆〕七年，又貢象牙、乳香、薔薇水、萬歲棗、褊桃、白沙糖、水晶指環、琉璃瓶、珊瑚樹。"《再生緣》第七四回："珊瑚樹，翡翠瓶，珈南筆架水晶盛。羊脂琢就雙如意，紫檀匣子巧瓏玲。"

珊瑚連理樹

兩棵以上珊瑚樹的枝幹連生纏繞於一起。《宋書·劉勔傳》："除勔龍驤將軍、西江督護、鬱林太守。勔既至，率軍進討，隨宜翦定，大致名馬，并獻珊瑚連理樹。上甚悦。"《太平御覽》卷八〇七引《宋記》曰："大明六年，鬱林郡獻珊瑚連理樹。"

珊瑚碧樹

青綠色珊瑚樹。《後漢書·班彪傳》："於是玄犀扣切，玉階彤庭，硨磲采緻，琳瑉青熒，

珊瑚碧樹，周阿而生。紅羅颯纚，綺組繽紛，精曜華燭，俯仰如神。"唐韓愈《石鼓歌》："鸞翔鳳翥衆仙下，珊瑚碧樹交枝柯。金繩鐵索鎖鈕壯，古鼎躍水龍騰梭。"宋李彌遜《同坐客賦席上牡丹酴醿海棠》："珊瑚碧樹小明月，散作人間無盡香。伏雨闌風渾不惜，爲君高處踞胡牀。"明楊慎《墨池瑣録》卷三："杜叔循（名環，廬陵人）真書：'清風蘭雪。'胡子申（名布，盱江人）：'珊瑚碧樹，頗謝琮璜。'揭平（名樞，豐城人）：'旱蛟得雨，秋鷹入雲。'"明袁中道《游居柿録》卷一〇："又題云：'修篁古木石龍縱，墨沼雲香識妙蹤。仿佛仙壇春雨過，珊瑚碧樹鬱菁葱。'"

珊瑚燈檠

以珊瑚製作的燈架或燭臺。《元史·郭寶玉傳》："西戎，大國也，地方八千里，父子相傳四十二世，勝兵數千萬。〔郭〕侃兵至。又破其兵七萬……得七十二弦琵琶、五尺珊瑚燈檠。"清姚之駰《元明事類鈔·珍寶門·雜寶》："珊瑚燈檠：《元史》郭侃將兵至克實密爾，部屠西城，又破其東城。東城殿宇皆構以沈檀，焚之香聞百里，得七十二弦琵琶，五尺珊瑚燈檠。"

珊瑚鞭

鑲嵌珊瑚或以珊瑚做竿之鞭子。用於鞭打或驅趕人畜等。《晋書·呂光載記》："胡安據盜發張駿墓，見駿貌如生。得真珠簏、琉璃榼、白玉樽、赤玉簫、紫玉笛、珊瑚鞭、馬腦鍾，水陸奇珍不可勝紀。"唐崔國輔《少年行》："遺却珊瑚鞭，白馬驕不行。章臺折楊柳，春日路傍情。"宋徐夢莘《三朝北盟會編·靖康中帙》："御馬御鞍，御塵拂子，御馬二十匹，珊瑚鞭兩條……"明葉盛《重送徐汝陽》："繡衣驄馬珊

瑚鞭，看君文采何翩翩。河梁話別未三月，天府論功今六年。"明皇甫滌《洪都行送葉山南侍御》："洪都日出照湖水，湖上飛塵暗荆杞。千村萬落空寒煙，洪濤雨泣珊瑚鞭。"

【珊瑚白玉鞭】

鑲嵌珊瑚、白玉之鞭子。唐李白《玉壺吟》："朝天數換飛龍馬，敕賜珊瑚白玉鞭。世人不識東方朔，大隱金門是謫仙。"清孫承澤《天府廣記》卷四四："不將寶劍舞秋月，且贈珊瑚白玉鞭。"

珊瑚鍾

以珊瑚製成之盛酒器皿。唐佚名《樹萱錄》："揖生曰：'延佇嘉德，積有年矣。今夕何夕？邂逅相逢。'命青衣捧方丈，酌酒珊瑚鍾以勸。侍兒數輩執樂，女郎倚曲歌《玉波冷雙蓮》之曲。"明周南老《玉波冷雙蓮》："美人久延佇，盈盈素妝靚。酒進珊瑚鍾，神游蓬海境。"

《晚晴簃詩彙》卷七三："江妃獻琛魚縢舞，龍頭瀉酒珊瑚鍾。更登天壇掃落葉，燒丹夜燭層霄紅。"

珊瑚鏡

以珊瑚爲框製作用以映照形象之器具。唐陸廣微《吳地記》："唐東宮長史陸柬之書碑中宗載，初九年，則天皇后遣使送珊瑚鏡一面，鉢一副，宣賜供養，兼改通玄寺爲重雲寺。"《皇朝文獻通考·土貢考》："荷蘭國貢馬匹、珊瑚鏡、哆囉絨、織金毯、嗶嘰緞……貢期五歲一至。貢道舊由廣東，今改由福建。"清李慶辰《醉茶志怪》卷四："司理備乘輿至期往，見王氏第僕役紛紜，金玉錦繡，居然素封。奩物豐侈，有珊瑚鏡臺高三尺許，中嵌漢時透光鏡。其餘珍物，多不能指其名。"清丁治棠《仕隱齋涉筆》卷八："拈'眉、燕'，咏：'黛痕曉入珊瑚鏡，香夢春酣玳瑁梁。'"

第三節　珍珠考

珍珠，因其珍貴難得而名爲珍，因其圓潤而稱爲珠。因由蚌類所生珍珠又被稱爲"真珠""蚌珠""蠙珠""珠子"等。這是一種珍貴無比的有機寶石，與水晶、瑪瑙、玉石一起并稱爲中國古代的傳統"四寶"。明李時珍《本草綱目·介之二·真珠》："真珠（宋《開寶》），珍珠（《開寶》），蚌珠（《南方志》），蠙珠（《禹貢》）。"又集解："李珣曰：真珠出南海，石決明產也。蜀中西路女瓜出者，是蚌蛤產，光白甚好，不及舶上者采耀。欲穿須得金剛鑽也。頌曰：今出廉州，北海亦有之，生於珠牡，亦曰珠母，蚌類也。"珍珠包括天然珍珠和養殖珍珠，養殖珍珠簡稱爲珍珠，包括海水養殖珍珠和淡水養殖珍珠。假珍珠於宋代以前已出現。《越史略·英宗》卷下："政隆寶應元年正月改元，禁天下不得服用假珍珠。"此書不著撰人名氏，《四庫全書總目提要》考證，當在宋代以前。同時，還包括珠玉珍寶。《戰國策·秦策五》："君之府，藏珍珠寶玉。"其名亦寫作"珍珠"。根據考古學與地質學的研究證明，約在兩億年以前，地球上已有珍珠。珍珠用英語説是 Pearl，源自拉丁語的 Pernnla。它另一個名字是 Margarite，是由古代波斯的梵語衍生來的，意思是"大海之子"。

在海水與淡水中，都有可産珍珠的蚌蛤，全年皆産，通常以十二月份較多。采珠人潛入海底，從水草或者石頭上取下海蚌，再從其中將珍珠取出。蚌肉可食用。

采珠工作非常危險。明李賢等《明一統志·廉州府》："珍珠：合浦縣東海中有平江等池産珠，蜑人采之極難，每以長繩繫腰，携竹籃入水，拾蚌置籃内，則振繩令舟人汲取之，不幸遇惡魚，一縷之血浮於水面，則已葬魚腹矣。"珍珠由蛤類以及螺類受到刺激而産生分泌物層叠而成。珍珠可分成兩類：一類是天然産的珍珠；另一類是人工養殖珍珠，稱作"養珠"，將生石決明之顆粒或者砂粒等投到珍珠蚌殼内再經過數年形成。歷史上所采珍珠，均爲天然珍珠。海水珠與淡水珠均有天然珍珠與養殖珍珠。淡水珍珠與海水珍珠養殖技術不同，其結構亦有所不同。淡水珍珠無核，珍珠體由珍珠質組成，其形成時間達 4～5 年，若製成珍珠粉，不存在其他物質混雜。海水珍珠有核，其核一般由豬蹄蚌貝殼磨成，珍珠質僅覆蓋於表面，厚 0.01～0.03 厘米，生長期一年左右，若以海水珠全部磨粉，祇有少量珍珠質，大部分則是貝殼粉。淡水珍珠粉所含氨基酸除胱氨酸、纈氨酸、酪氨酸較海水珍珠粉稍低，蛋氨酸持平以外，其他十三種氨基酸含量皆較海水珍珠粉高。（摘自《上海中醫藥雜志》第 38 卷第 3 期的文章《海水珍珠與淡水珍珠的成分、藥理作用及功效》）今人工養殖之珍珠，既有有核珍珠，亦有無核珍珠。珍珠加工的基本步驟爲取出原珠，清洗珍珠，珍珠分揀，製成飾品。

中國明代就有人工養殖珍珠方法的記載。明方以智《物理小識》卷七："養珠法：意蘭國珠最上。土人取海蚌置日中曬之，其口自開，則珠光瑩。其剖蚌出珠則黯黯矣。宋陳襄《文昌雜録》曰：以蚌質作圓珠，復取大蚌，清水盆浸，俟大蚌口開而投之，頻換清水，夜置月中，蚌蛤采玩月華，數月即成真珠。近日廣有洋珠，大如豆，竟似夜光，但易碎又輕耳。"

中國珍珠産地，主要在廣東合浦，黑龍江慶安，安徽宣城、南陵、當塗，臺灣等地。因産地不同，珍珠品質亦有不同。明李時珍《本草綱目·介之二·真珠》引《嶺表録異》曰："廉州邊海中有洲島，島上有大池，謂之珠池，每歲刺史親監珠户入池，採老蚌剖取珠，以充貢。池雖在海上，而人疑其底與海通，池水乃淡，此不可測也。土人採小蚌，肉作脯食，亦往往得細珠如米，乃知此池之蚌，大小皆有珠也。而今之取珠牡者云得之海旁，不必是池中也。其北海珠蚌種類小別，人取其肉，或有得珠者，不甚光瑩，亦不常有，不堪入藥。又蚌中一種似江珧者，腹亦有珠，皆不及南海者奇而且多。宗奭曰：河北溏濼中，亦有圍及寸者，色多微紅，珠母與廉州者不相類，但清水急流處其色光白，濁水及不流處其色暗也。"

天然珍珠爲圓球形、橢圓形、長圓形或者不規則球形，直徑爲 0.1 ～ 0.6 厘米，表面爲黃白色、類白色、淺粉紅色、淺藍色等，具有美麗的彩色暈彩，很平滑。作過裝飾品之珍珠，其中央多數都有穿孔。珍珠質堅硬，難破碎，其斷面呈現出層狀。用火燒有爆裂的聲音。氣無，味略鹹。養珠形狀與天然珍珠相類似，不過表面的光澤比較弱，且斷面中央有圓形砂粒或者石決明碎粒，表面有一層薄的真珠層。入藥時祇用真珠層，味略鹹，以光澤透明、顆粒圓整、質地堅硬、有寶光者爲佳。

珍珠有白色系、黃色系、紅色系、深色系與雜色系五種，多數不透明。白色最多，其他顏色均被稱作彩色珍珠。今人已經可以在養殖珍珠的過程中自行控制與調整珍珠的顏色。

珍珠主要成分爲碳酸鈣，大約占總量的 90%。除此之外，珍珠含有約 10% 的有機成分及少量的水分，以及十幾種氨基酸與二十八種微量元素，其中包括了硒、鍺等抗衰物質。珍珠硬度爲 2.5~4.5，比重爲 2.61~2.85，折射率是 1.500 ～ 1.685，大多數爲 1.53~1.56，珍珠用穀令來計量，1 穀令大約爲 0.0648 克。

珍珠之品質優劣，首先分淡水珠和海水珠。在同類珍珠中，要綜合考慮其光澤、顏色、形狀瑕疵（斑點）、珠母層厚度、大小等因素。珠層越厚越具收藏價值（珍珠落地彈起高度約 2 ～ 10 厘米的一般爲珠層較厚之珍珠）。珍珠越大其價值越高，要達到收藏級別，其直徑必須在 8 毫米以上。毫無瑕疵的珍珠基本沒有，每顆珍珠的瑕疵越是自然、表層光暈越是柔和，其收藏的價值越高。明李時珍《本草綱目·介之二·真珠》："《南越志》云，珠有九品，以五分至一寸八九分者爲大品，有光彩，一邊似度金者，名璫珠；次則走珠、滑珠等品也。《格古論》云，南番珠，色白圓耀者爲上，廣西者次之，北海珠色微青者爲上，粉白油黃者下也；西番馬價珠爲上，色青如翠，其老色夾石粉青油煙者下也。"

中華民族是世界上最早認識珍珠并利用珍珠的民族之一。《書·禹貢》記載"淮夷蠙珠"，至遲公元前 2070 年夏禹時，淮水和夷水等地已經出現淡水珍珠。《史記·平準書》

載：秦時，"珠玉龜貝銀錫之屬，爲器飾寶藏，不爲幣"。收藏品究珍珠者，早已有之。宋徐夢莘《三朝北盟會編・靖康中帙》："上皇平時好玩珍寶，有司及軍前莫能知也。内侍梁平王仍輩曲奉金人，指所在而取之，珍珠、水晶、簾繡、珠翠、步障，紅牙大匱、龍射沈香、藥犀玉雕、鏤屏榻、古書、珍珠畫，絡繹於路。"

珍珠之市肆交易宋代之前亦有之。宋鄭樵《六經奧論》卷五："然其文繁，其義博，學者觀之，如適大都之市珍珠寶貝，隨其所取。"清英廉等《日下舊聞考・京城總紀》："舒嚕市一巷，皆賣金銀、珍珠、寶貝，在鍾樓前。"明朝之時，嘗購珍珠於外邦。《明史・食貨志六》："遣使覓於阿丹，去土魯番西南二千里，太倉之銀頗取入。承運庫辦金寶珍珠，於是貓兒睛、祖母碌、石緑、撤字尼口紅、剌石、北河洗石、金剛鑽、珠藍石、紫英石、甘黃玉，無所不購。穆宗承之，購珠寶益急。"《明史・劉體乾傳》："是時内供已多數下部取太倉銀，又趣市珍珠、黃緑玉諸物。"

珍珠多爲外邦貢品之選。《周書・異域傳下》："波斯國，大月氏（氏）之別種，治蘇利城，古條支國也，東去長安一萬五千三百里。城方十餘里，户十餘萬。王姓波斯氏（按疑爲"氏"），坐金羊牀，戴金花冠，衣錦袍，織成帔，皆餙以珍珠寶物。"《舊五代史・梁書・太祖紀三》："廣州進獻助軍錢二十萬，又進龍腦腰帶、珍珠枕、玳瑁香藥等。"《宋史・真宗紀三》："九月，注輦國貢土物珍珠衫帽。"亦有國内獻之者。《明史・彭時傳》："是冬無雪，疏言：光禄寺採辦各城門抽分，掊克不堪，而獻珍珠寶石者倍古增直。"明胡粹中《元史續編》卷三："江淮行省平章蒙固岱獻珍珠。"珍珠可用以代表品級。《元史・輿服志一》："命婦衣服：一品至三品服渾金，四品、五品服金褡子，六品以下唯服銷金并金紗褡子。首飾：一品至三品許用金珠寶玉，四品五品用金玉珍珠，六品以下用金，唯耳環用珠玉。"還用於賞賜。《元史・憲宗紀》："九月出師南征，以駙馬琳沁之子奇塔特爲達魯噶齊，鎮守俄羅斯，仍賜馬三百、羊五千，回鶻獻水精盆、珍珠傘等物。可直銀三萬餘錠。"《元史・扎哈傳》："壬申，從攻庫楚克諸國，復賜珍珠旗，佩金虎符。"

珍珠亦用以製作裝飾皇帝及皇后冠服。《金史・輿服志上》："皇后冠服……後有納言，上有金蟬鑻，金兩博鬢以上，并用鋪翠滴粉鏤金裝珍珠結，製下有金圈……"《宋史・輿服志一》："初，有司言，東都舊制，輦飾以玉裙，網用七寶，而滴子用珍珠。"《元史・輿服志一》："天子冕服，袞冕制以漆紗，上覆曰綖，青表朱裏；綖之四週，匝以雲龍；冠之口圍，紫以珍珠；綖之前後旒各十二，以珍珠爲之……"朝廷及地方官員亦有直接索取珍珠之時。明商輅《商文毅疏稿·修德弭災疏》："近來廣西、雲南等處有貢奇花異卉、珍禽奇獸、珍珠寶石、金銀器物，蓋此物非出於所貢之人，必取於民；取於民不足，又取於土官、夷人之家。"清李清馥《閩中理學淵源考·詹仰庇》："穆宗命戶部購寶石、珍珠諸物，責三日取辦。"或用珍珠作爲飾物。無名氏《五國故事》卷下："昭陽殿以金爲仰陽，銀爲地面，簷楹檳桷亦皆飾之以銀；殿下設水渠，浸以珍珠；又琢水晶、琥珀爲日月，列於東西二樓之上。"

珍珠亦是國庫之資財。《宋史·食貨志一》："神宗……嘗謂輔臣曰：比閱內藏庫籍，文具而已，財貨出入，初無關防。舊以龍腦、珍珠鬻於榷貨務，數年不輸直，亦不鉤考。"《清開國方略》卷三一："大軍自崇德七年十月征明。是年五月癸卯……所獲黃金萬有二千二百五十兩，白金二百二十萬五千二百七十兩，珍珠四千四百四十兩。"宋徐夢莘《三朝北盟會編·靖康中帙》卷九七："日下盡數所有送納，金人入內，徑取諸庫珍珠四百二十三斤、玉六百二十三斤、珊瑚六百斤、瑪瑙一千二百斤、北珠四十斤……"也有以珍珠行賄者。《三朝北盟會編·炎興下帙》："又有珠子行人姓徐者，犯罪不輕，繼先受其珍珠貨賂，遂與其求，囑大理寺官，因得釋放。"《弇山堂別集·中官考四》："時芳興喜與太監張軒、莫英先後以獻珍珠得寵，一時後宮器用以珍寶相尚。"

此外，珍珠亦被作爲藥物使用見於明李時珍《本草綱目·介之二·真珠》。其性味甘鹹且寒，有清熱滋陰、安神定驚、明目解毒之功效，主治熱病驚癇、咽喉腫痛腐爛、煩熱不眠、目赤翳障、口瘡、潰瘍不收口，并能够潤澤肌膚。但從醫學角度來看，祇有天然海水珠研磨的珍珠粉功效顯著，而淡水珍珠研磨而成的粉則遠遜之。

合浦珠

產於合浦之珍珠。南朝梁沈約《少年新婚爲之咏》詩："盈尺青銅鏡，徑寸合浦珠。"唐韓愈《明水賦》："如還合浦之珠。"《山堂肆考·地理·採珠》："廉州府城東南有珠母海，海中有平江懸梅青嬰三池。池中出大蚌，蚌中有珠，每月明之夜，其光燭天，即古合浦珠也。"清李清馥《閩中理學淵源考》卷四五："未幾，有詔採合浦珠及滇南珍石。"

走珠

品質稍次之真珠。南朝宋沈懷遠《南越志》："珠有九品……其次爲走珠。"宋朱勝非《紺珠集·物類相感志·走珠》："閬風山間出，置之於地能自走，世謂之'走珠'。"清《江南通志·輿池志·山川》："又西三里曰萬春山，圓墩，小埠纍纍，如走珠，松木翁鬱。"

走盤珠

珍珠最好的形態是正圓形，古人將天然正圓形珍珠稱作走盤珠。宋黃裳《觀蓮亭》詩："不著故不染，走盤珠自忙。"宋蘇軾《書〈楞伽經〉後》："《楞伽》四卷可以印心……如盤走珠，如珠走盤。"

珍珠

因其珍貴難得而名爲珍，因其圓潤而稱爲珠。由蚌類所生者或被稱爲"真珠""蚌珠""蠙珠""珠子"等，此爲珍貴有機寶石，與水晶、瑪瑙、玉石一起并稱爲我國古代的傳統"四寶"。《書·禹貢》記載"淮夷蠙珠"，至遲於公元前2200年夏禹時，淮水、夷水等地出現淡水珍珠。明李時珍《本草綱目·介之二·真珠》："真珠（宋《開寶》），珍珠（《開寶》），蚌珠（《南方志》），蠙珠（《禹貢》）。"集解"李珣曰：真珠出南海石決明産也。蜀中西路女瓜出者，是蚌蛤産，光白甚好，不及舶上者，采耀欲穿，須得金剛鑽也。頌曰：今出廉州，北海亦有之，生於珠牡，亦曰珠母，蚌類也。"珍珠包括"真珠"，亦包括人造珍珠在內。同時，還包括珠玉珍寶。《戰國策·秦策五》："君之府，藏珍珠寶玉。"《史記·平準書》："〔秦時〕珠玉龜貝銀錫之屬，爲器飾寶藏，不爲幣。"清李清馥《閩中理學淵源考·詹仰庇》："穆宗命户部購寶石、珍珠諸物，責三日取辦。"

珠子

亦省稱爲"珠"。本指蚌殼內所生珍珠，亦可泛指圓球狀小顆粒。《史記·司馬相如列傳》："捷鰭擢尾，振鱗奮翼，潛處於深巖。魚鱉讙聲，萬物衆夥，明月珠子，玓瓅江靡。"《元史·仁宗紀三》："十二月丁酉，復廣州採金銀珠子。"《説文·玉部》："珠，蚌之陰精。"《荀子·勸學》："淵生珠而崖不枯。"《金史·海陵紀》："辛丑，買珠於烏爾古德呼勒部，及扶餘路，禁私相貿易。"

【珠】

"珠子"之省稱。此稱先秦時期已行用。見該文。

真珠

由蚌類所生之珠，人造珠不在其列，亦無須人爲加工。《三國志·魏書·倭人傳》："銅鏡百枚，真珠、鉛丹各五十斤。"《舊唐書·林邑傳》："加真珠金鎖以爲瓔珞。"清王夫之《尚書稗疏》卷二："蠙珠：蠙，《説文》正作玭。宋弘云：'淮水出玭珠'，即此。古之珠皆以玉爲之，後世南粵即通中國，合浦之珠始登服飾，而謂之真珠。真者，言其不假琢而圓也。"宋陳暘《樂書·歌·南蠻》："凡飲宴會之人，悉令解帶，冠以帽子，帷帽以真珠爲飾。"清秦蕙田《五禮通考·嘉禮二十八·昏禮》："……黃金釵釧四雙，條脱一副，真珠、琥珀、瓔珞，翠毛、玉釵朵各二副。"

真珠
（明刊《補遺雷公炮製便覽》）

蚌珠

亦稱"蠙珠""玭珠"。由蚌類所生之珠。《後漢書·南蠻西南夷傳》："水精、琉璃、軻蟲、蚌珠。"李賢注："徐衷《南方草物狀》：'白蚌珠長三寸半，在漲海中。'"宋范致明《岳陽風土記》："御池在湖南，出蚌珠，有甚大者。"明朱橚《普濟方·癮疹門》："治癮疹，以蚌珠煮汁洗之。"清胡渭《禹貢錐指》卷五："陸佃《埤雅》云：龍珠在頷，蛇珠在口，魚珠在眼，鮫珠在皮，鱉珠在足，蚌珠在腹，皆不及蚌珠。此言最爲明晰。蓋他物皆能生珠，而蚌珠獨多且美，故經言蠙珠以別之。蠙衹是蚌之別名，非殊形詭類之物也。"《書·禹貢》："泗濱浮磬，淮夷蠙珠。"孔安國傳："蠙珠，珠名，淮夷二水出蠙珠及美魚。"音義："蠙，蒲邊反；徐扶堅反。字又作蚍，韋昭薄迷反，蚌也。"孔穎達疏："蠙是蚌之別名。此蠙出珠，遂以蠙爲珠名。蠙之與魚，皆是水物，而以淮夷冠之，知淮夷是二水之名……涸不復有其處耳。"宋袁燮《絜齋家塾書鈔》卷四："蠙珠，蚌珠也。"《說文·玉部》："玭，珠也。從玉，比聲。宋弘云：淮水中出玭珠。玭珠之有聲。"宋陳祥道《禮書》卷二〇："玭珠：玉府共王之服玉、佩玉、珠玉。《大戴禮》曰：'玭珠以納其間。'《韓詩傳》亦曰：'蠙珠以納其間。'蠙者，蚌也，玭即蠙也。然荀卿《賦》曰：'璿玉瑤珠，弗之佩也。'謂之瑤珠，則以玉爲珠，非蚌珠也；謂之蠙珠，蓋其狀若蚌珠然。"

【蠙珠】

即蚌珠。此稱先秦時期已行用。見該文。

【玭珠】

即蚌珠。此稱漢代已行用。見該文。

消凉珠

燕昭王對黑蚌珠的贊美之稱。宋陳元靚《歲時廣記》卷二引晉王嘉《拾遺記》："黑蚌珠，千年一生。燕昭王常懷此珠，當盛暑之月，體自輕凉，號消暑招凉之珠。"《封神演義》第四四回："武成王黃飛虎上前啓曰：丞相在上：佳夢關魔家四將乃弟兄四人，皆係異人秘授奇術變幻，大是難敵……還有魔禮紅，秘授一把傘，名曰'混元傘'。傘上有祖母綠、祖母印、祖母碧，有夜明珠、碧塵珠、碧火珠、碧水珠、消凉珠、九曲珠、定顏珠、定風珠，還有珍珠穿成四字：'裝載乾坤'。這把傘不敢撑，撑開時，天昏地暗，日月無光；轉一轉，乾坤晃動。"

黑珍珠項墜

珠璣

珍珠之中，相對而言，大而圓者爲珠，小而不圓者爲璣，合之則泛指各種珍珠。《墨子·節葬下》："諸侯死者，虛車府，然後金玉珠璣比乎身。"《漢書·地理志下》："處近海，多犀、象、毒冒、珠璣、銀、銅、果、布之湊。"宋柳永《望海潮》詞："市列珠璣，户盈羅綺。"清胡渭《禹貢錐指》卷七："璣，珠之不圓者。字書又云，小珠也。《呂氏春秋》曰：'人不愛崑山之玉，江漢之珠，而愛己之蒼璧小璣。'李斯《諫逐客書》曰：'宛珠之簪，傅璣之珥。'是亦爲婦人首飾。璣，小而不圓，故薛士龍云：'今荆州多蚌珠，不足貴也。'"

滑珠

品質較次之真珠。南朝宋沈懷遠《南越志》："珠有九品，一邊水準似覆釜者曰璫珠，其次爲走珠，又次爲滑珠，又次爲官兩珠，又次爲稅珠，又次爲蔥符珠。"明李時珍《本草綱目·介之二·真珠》引徐衷《南方草物狀》："白蚌珠長三寸半，在漲海中。……其一寸三分，雖有光色，形不圓正，爲第二滑珠，凡三品。"清王士禎《香祖筆記》卷八："珠之名類不一，有精珠、褪光珠、璫珠、走珠、滑珠、礓砢珠、官雨珠、稅珠、蔥符珠。"

璫珠

品質稍次的珍珠。《初學記》卷二七："白蚌珠長三寸半，在漲海中，其一寸五分有光色，一旁小，形似覆釜，爲第一璫珠。"《太平御覽》卷八〇三引南朝宋沈懷遠《南越志》曰："珠有九品，大五分以上至一寸八分，分爲八品。有光彩，一邊小平似覆釜者名璫珠。璫珠之次爲走珠……"清王士禎《香祖筆記》卷八："《嶺海見聞》云：珠之名類不一，有精珠、褪光珠、璫珠、走珠、滑珠……"

假珍珠

人工仿製之珠。《越史略·英宗》："政隆寶應元年正月改元，禁國中不得服用假珍珠。"

珍珠手串

手串即佛珠，以綫貫穿一定數目之珠粒，於念佛或持咒時，用以記數之隨身法具。佛珠起源於印度。古印度人有纓珞疊條纏身之風尚，沿襲至後世，逐漸演變成爲佛珠。手串一般貫穿十四顆或十八顆珠粒，分別代表令諸衆生獲得十四種無畏的功德或十八界（即六根、六塵、六識）。珍珠手串即以珍珠貫穿起來的佛珠。清刊《八旬萬壽盛典·聖功三·緬甸歸順》："奉天承運皇帝敕諭：緬甸國長孟隕知悉……朕甚嘉焉，已降旨交該部封爾王爵。俟爾使臣到京再將錫封印信、敕書交與齎回。茲先降敕褒諭親書御製詩章以賜，加賞珍珠手串一挂。使爾益加欣忭，并使爾舉國臣民同深慶倖已。"清佚名《查抄和珅家産清單》："珠寶庫：桂圓大東珠十粒，珍珠手串二百三十串，大映紅寶石十塊計重二百八十斤，小映紅寶石八十塊未計斤重……"徐珂《清稗類鈔·獄訟類》："一問和珅：'昨將抄出你所藏珠寶進呈，珍珠手串有二百餘串之多，大内所貯珠串，尚祇六十餘串，你家轉多至兩三倍，并有大珠一顆，較之御用冠頂蒼龍教子大珠更大。又真寶石頂十餘個，并非你應戴之物，何以收貯如許之多？而整塊大寶石，尤不計其數，且有極大爲内府所無者，豈不是你貪黷證據麼？'"《濟公全傳》第二三二回："這兩個人，一個姓王，一個姓李，在我們廟裏住下，夜間把老方丈的侄兒鄭虎殺死，盜去珍珠手串，留下字束。"《彭公案》第六六回："進内到了養心殿見駕，朝賀已華，彭公奉獻上珍珠手串，説：'奴才奉旨拿獲盜珍珠手串之人，奴才今找回珍珠串；徐勝膽小，不敢面君。'"

珍珠枕

以珍珠串編而成的枕頭。珍珠爲一味中藥。中醫認爲，珍珠性味甘鹹、寒而無毒，入心、肝二經。具有定驚安神、養陰熄風、清熱解毒、止咳墜痰、去翳明目、止血生肌等功用。其在臨床上常用於治療驚悸失眠，驚風癲癇，目生翳障，瘡瘍不斂，小兒高熱不退、驚風抽搐、夜啼、喉痹口疳等症。長期使用珍珠枕，可收鎮驚安神、明目去翳之功效。《舊五代史·梁太祖紀三》："帝閲其圖書，至是命師厚進焉。廣州進獻助軍錢二十萬，又進龍腦、腰帶、珍珠枕、玳瑁、香藥等。"《册府元龜》卷三八六："羅紹威爲魏博節度使……至太祖開平元年十月，帝以紹威近年以來貢輸極頻，且倍於諸道，帝慮其殫於事力，以及於民遂勞而止之。賜以南越所貢珍珠枕，龍腦帶。”

珍珠衫

以珍珠串編而成的襯衫。《宋史・真宗紀三》：“九月，注輦國貢土物、珍珠衫帽。”《喻世明言・蔣興哥重會珍珠衫》：“三巧兒在房中獨坐，想着珍珠衫洩漏的緣故，好生難解！這汗巾簪子，又不知那裏來的。”明江南詹詹外史《情史・情報類》：“一日，結伴欲返，流涕謂婦曰：‘別後煩思，乞一物以當會面。’婦開箱檢珍珠衫一件，自提領袖，爲其人服之。”清魏源《海國圖志》卷三〇：“凡宴賜恩例同龜兹使。明道二年，表進珍珠衫帽及真珠一百五兩，象牙百株。自言數朝貢，而海風破船不達，願將上等珠，就龍牀脚撒殿，頂戴瞻禮，以申向慕之心，乃奉銀盤昇殿，跪撒珠于御榻下而退。”《野叟曝言》第八八回：“因復取一匹火浣布、一件珍珠衫道：‘此寡人入正妃送與太夫人者：汗衫以消暑，火浣以禦寒；寒暑不侵，壽考維祺，聊以表頌禱之誠也！’”

珍珠船

以珍珠串編、鑲嵌或有珍珠標識物之船隻。明陳子昇《中洲草堂詞》：“押得來時全不異，押未來時，天地森元氣。莫怪便便無腹笥，珍珠船到君須避。”明朱謀垔《畫史會要・北齊》：“楊子華，世祖時任直閣將軍、員外散騎常侍，嘗畫馬……子華又善畫牡丹，語在陳眉公《珍珠船》。”明徐渭《女狀元》第四齣：“賢弟，你就是撐着珍珠船一般，顆顆的都是寶。”清楊掌生《京塵雜錄・夢華瑣簿》：“或一日三摩挲，珍重愛惜，以之爲記事珠，以之爲衣貧珠，以

之爲珍珠船焉。”清錢曾《讀書敏求記》卷一：“此書乃遼海蕭公諱應宮，監軍朝鮮時所得。甲午初夏，予以重價購之於公之乃孫，不啻獲一珍珠船也。筆劃奇古，似六朝初唐人隸書碑版，居然東國舊抄。行間所注字，中華罕有識之者。”

珍珠傘

亦稱“珍珠黃羅傘”。由長柄和圓頂傘蓋組成。傘蓋由珍珠串編而成。《元史・憲宗紀三》：“九月出師南征，以駙馬琳沁之子奇塔特爲達魯噶齊，鎮守俄羅斯。仍賜馬三百，羊五千。回鶻獻水精盆、珍珠傘等物，可直銀三萬餘錠。”《明史・外國傳・小葛蘭》：“鄭和嘗使其國。厥貢惟珍珠傘、白棉布、胡椒。”明周亮工《閩小記》卷一：“人言南宋時，汪革僭據歙郡，與其妻巡行山川，堵築險要以修四塞之固，出入張珍珠傘爲美觀。一日天驟風，製傘於雲表，良久墜下珠，悉迸落草間，因生草綴珠，至今人名爲珍珠傘，云二事殊相類。”《封神演義》第四四回：“且說楊戩復到西岐城來見子牙，將混元珍珠傘獻上。金木二吒、哪吒都來看傘。”《品花寶鑑》第二〇回：“望見東北角上柳陰中，泊着龍舟，有三丈多高，舟身子是刻成彩畫一條青龍，中間却是五六層架子裝起，純用五彩綢緞綾錦氍泥，製成傘蓋旗幡，繡的灑綫平金打子各種花卉，還搭配些孔雀泥金傘、珍珠傘、銀針穿成的傘，中間又裝上些剪綵樓臺庭院，王宮梵宇，裝點古迹。”《吳越備史補遺》：“夏五月，遣内使賜王珍珠黃羅傘一，龍香凉茶二十觔。”清吳任臣《十國春秋・吳越六・忠懿王世家下》：“八年夏五月，宋帝遣内使賜王珍珠黃羅傘一，龍香凉茶二十斤。”

【珍珠黃羅傘】

即珍珠傘。此稱多行用於五代十國時期。見該文。

珍珠旒

以珍珠串編、帝王冠冕前後懸垂之珠串。《元史·輿服志一》："按太常集禮：至元十二年十一月，博士議擬：冕天版長一尺六寸，廣八寸，前高八寸五分，後高九寸五分，身圍一尺八寸三分，納言，并用青羅爲表，紅羅爲裏，周迴緣以黃金，天版下四面，珠網結子花素墜子，前後共二十有四旒，以珍珠爲之，青碧線織天河帶，兩頭各有珍珠金翠旒三節，玉滴子節花全。紅線組帶二，上有珍珠金翠旒，玉滴子，下有金鐸二，梅紅繡款幔帶一，紞纊二，珍珠垂繫。"《欽定續通志·器服略·君臣冠冕巾幘等制度》："元制，天子衮冕廣八寸，長一尺六寸，前後珍珠旒各十二紞纊，二朱絲組爲纓，玉簪導。"

珍珠絹

串有珍珠、厚而疏之生絲織物。《舊唐書·文宗紀下》："日本國貢珍珠絹。"

珍珠旗

以珍珠串編而成的標幟物，多是長方形或方形。《元史·扎哈傳》："扎哈齊哩克台氏，以軍伍長從太祖同飲班朱爾河水，與諸王百官大會鄂諾河上，太祖尊號曰青吉斯皇帝，歲庚午，從征奈曼有功，賜良馬一。壬申，從攻庫楚克諸國，復賜珍珠旗，佩金虎符，爲錫里巴。"元鍾嗣成《録鬼簿》卷上："丁香回回鬼風月，荇和尚復奪珍珠旗，尉遲公病立小秦王。"清李斗《揚州畫舫録》卷五："混元盒、彩衣堂、珍珠旗、元都觀、金花記、金瓶梅……"

珍珠網

亦作"真珠網"。指皇冠上以珍珠串成的像網一樣的東西。《觀無量壽經》一卷："釋迦毘楞伽寶，以爲其臺；此蓮華臺，八萬金剛甄叔迦寶，梵摩尼寶，妙真珠網，以爲嚴飾；於其臺上，自然而有四柱寶幢，一一寶幢，如八萬四千億須彌山，幢上寶幔，如夜摩天宮，有五百億微妙寶珠，以爲映飾；一一寶珠，有八萬四千光，一一光，作八萬四千異種金色，一一金色，遍安樂寶土，處處變化，各作異相。或爲金剛臺、或作珍珠網、或作雜華雲，於十方面，隨意變現，化作佛事。如是等事，出過數量，是故言無量大寶王微妙净華臺。"《金史·輿服志上》："冕制：天板長一尺六寸，廣八寸；前高八寸五分，後高九寸五分，身圍一尺八寸三分，并納言，並用青羅爲表，紅羅爲裏，週迴用金棱，天板下有四柱，四面珍珠網結子，花素墜子，前後珠旒共二十四，旒各長一尺二寸。"《大金集禮·輿服上·冠服》："大定十一年九月，大禮使劄付禮部下宣徽院前所奏稟，衮冕有無創造，通天冠、絳紗袍亦合修飾。計問得內藏庫，奉聖旨已製成，造秘書監見收。冠服圖樣，下項冕天板長一尺六寸，廣八寸，前高八寸五分，後高九寸五分，身圍一尺八寸三分，并納言並用青羅爲表，紅羅爲裏，週迴用金棱。天板下有四柱，四面珍珠網結子花素墜子（舊用金絲網子，今減輕用真珠結造）。前後珠旒共二十四，旒各長一尺二寸。青碧綾織造天河帶一條，長一丈二尺，闊二寸，兩頭各有真珠金碧旒三節，玉滴子節花全紅綾組帶二條。"元楊瑀《山居新話》卷二："皇元累朝即位之初，必降詔誕布天下，惟西番一詔，用青紵絲粉書詔文，繡以白絨，穿珍珠網於其上，寶用珊瑚珠蓋之。如此齎至其國，張於帝師所居殿中，可謂盛哉。"清袁枚《小倉山房詩集》卷一八："入相屢教遲使者，求賢原本爲蒼生。珍珠網盡珊瑚老，秋雨瀟瀟戀闕情。"

【真珠網】

同"珍珠網"。見該文。

珍珠燈

亦稱"珍珠寶燈"。鑲嵌珍珠的燈具。明徐應秋《玉芝堂談薈・自奉之侈》："國朝王文恪子、大理寺副延喆，性豪奢，治大第，多蓄伎妾，子女斥，置珠玉寶玩、石尊罍窯器，法書名畫價值數萬。嘗以元夕宴客，客席必懸珍珠燈，飲皆古玉杯，恒醉歸，肩輿至門，門啓，則健婦舁之。"明周履靖《錦箋記・友聚》："〔末〕但見霞蒸日燦，電閃星垂。分明貝闕瑤臺，説甚蓬壺閬苑。照發蘭膏，滿室扶餘火玉；光搖蓮炬，盈眸洞穴明珠。窮人力剪就輕羅萬眼，似鬼工壘成弱骨千絲。珍珠燈、水晶燈、琉璃燈、蝦鬚燈、魚骨燈，方方圓圓，大大小小，總不下千餘盞；料絲屏、料條屏、雲母屏、夾紗屏、羊皮屏，高高矮矮，叠叠重重，少可有百來層。"《三俠劍》第三回："勝爺説道：'道兄，明清八義我們七爺，忍了十數年啦，納享清福。倘若請他出世，他告病不出，我要派人請他，赴湯蹈火，他也得急速前來。此陣凶險之甚，倘若我盟弟蹭蹬失脚，我有何面目見人家老少？皇宮内院盜珍珠燈，是狀告小弟勝英，我何必又連累好朋友？是福不是禍，是禍脱不過，我何戀此餘生？'勝爺説到此處，甩大氅，一伏腰下山坡，要頭探飛蛇陣，虎穴龍

潭也要闖一遭。"《吳越備史補遺》："八年春正月十三日，遣中使賜王珍珠寶燈一座，仍命坊市張燈於王第前後，俾王怡悦。"《三俠劍》第三回："勝爺看罷珍珠燈，遂向佛龕内觀看，供的乃是五祖之像，勝爺看罷，跪倒身軀，心中禱告道：'弟子草野愚民勝英，今因被人所告，前來盜聖上萬壽珍珠寶燈，叩求佛祖保佑弟子成功，將珍珠燈盜出完案，弟子從此回歸莫州爲民，是事不問，若再行俠作義，叫弟子生不能還鄉，死作異域之鬼。'"

【珍珠寶燈】

即珍珠燈。此稱五代時期已行用。見該文。

珍珠簾

以珍珠串編而成的遮蔽門窗之物。唐李白《擣衣篇》："曉吹篔管隨落花，夜擣戎衣向明月。明月高高刻漏長，珍珠簾箔掩蘭堂。"《太平廣記》卷三〇三引《瀟湘録》："須臾，有三四人黄衣小兒至，急喚蒼璧入，經七重門宇，至一大殿下。黄衣小兒曰：'且立於此，候君命。'見殿上捲一珍珠簾，一貴人臨階坐，似剖割事。"明江南詹詹外史《情史・情芽類》："文正公有《御街行》詞云：'紛紛墜葉飄香砌。夜寂静，寒聲碎。珍珠簾捲玉樓空，天澹銀河垂地。'"《西游記》第三九回："孔雀屏開香靄出，珍珠簾捲彩旗張。太平景象真堪賀，静列多官没奏章。"《紅樓夢》第四八回："翡翠樓邊懸玉鏡，珍珠簾外掛冰盤。良宵何用燒銀燭，晴彩輝煌映畫欄。"《再生緣》第四二回："言訖含歡遜幾聲，殷勤請進少夫人。珍珠簾内齊相見，飛鳳端然把禮行。"

第四節　玳瑁考

玳瑁又稱十三鱗，古名瑇瑁、文甲，龜鱉目海龜科之一種，生活於海洋，以魚、軟體動物和海藻爲食。背及腹部均有堅硬之鱗甲。背甲紅棕色，有淡黃色雲狀斑，具光澤；腹甲黃色。頭部具有前額鱗甲兩對。吻爲側扁，上顎則鈎曲如鷹嘴。貝甲呈現爲心形，盾片排列成覆瓦狀，老年個體則趨嚮於鑲嵌式排列。椎盾爲五片；肋盾爲每側四片；緣盾爲每側十一片，在其體後部呈現鋸齒狀；臀盾爲兩片，中間一條縫隙，互不相切。四肢爲槳狀，前肢較長且較大，各有兩爪；後肢較短且較小，各有一爪。尾短小，通常不露於甲外。目前已知最大的龜殼長度近 1 米，重量達 27 千克。一般所見殼長僅爲 60 厘米左右，重量達 9～14 千克。貝甲一共十三塊，作覆瓦狀排列，故名爲"十三鱗"。背甲盾片可入藥。三角形、多角形或近圓形板片，長度 10～20 厘米，厚度 0.15～0.3 厘米。邊緣較薄，中央稍厚。表面呈現暗褐色半透明體，并有暗褐色和乳黃色花紋，平滑而有光澤；其內面密布白色條紋或者斑點，并有縱橫交錯之溝紋。其質堅韌，不容易折斷，斷面爲角質樣。以花紋明顯、半透明、片厚者爲佳。

中國早在商代就有用玳瑁作祭品之習俗，甲骨文有將玳瑁與黃牛、幽牛、赤色牛一起作祭品的記載。另外先秦文獻已有對玳瑁名稱的記載。清徐文靖《禹貢會箋·厥篚玄纁璣組》引伊尹《四方獻令》記載玳瑁爲貢品。

玳瑁早已爲裝飾品。漢《孔雀東南飛》有"足下躡絲履，頭上玳瑁光"詩句。玳瑁角質有"海金"之美譽，自古即被視爲祥瑞、幸福之物，代表高貴、神聖寓意。深得歷代王親貴族或者商賈富客的寵愛，被看作傳世之寶，是萬壽無疆之象徵。如唐朝女皇武則天就有用玳瑁製作的手鐲和耳環等，清朝慈禧太后使用玳瑁製作髮夾、梳子、扇把、琴板乃至整個的玳瑁標本，現在博物館內還收藏展出她們用過的玳瑁製品。

當今玳瑁是國家一級野生保護動物，製作、運輸、銷售玳瑁製品等行爲屬於違法。

玳筵

亦作"瑇筵"。以玳瑁裝飾坐具的宴席，指盛宴。三國魏劉楨《瓜賦序》："布象牙之席，熏玳瑁之筵。"南朝陳江總《今日樂相樂》詩："綺殿文雅道，玳筵歡趣密。"清秦蕙田《五禮通考·嘉禮十二·朝禮》："公卿文武來朝會，

開玳筵捧金杯。"唐李敬元《别魯王詩》："别念
凝神宸，崇恩洽瑇筵。"唐杜甫《觀公孫大娘弟
子舞劍器行》："瑇筵急管曲復終，樂極哀來月
東出。"

【瑇筵】

同"玳筵"。此體唐代已行用。見該文。

玳瑁

省稱"玳"，亦作"瑇瑁""毒冒""蝳蜖"，
又稱"班希"。海中像大龜的爬行動物，其背面
呈現出淡黄色與褐色相間的花紋，甲片上有光
澤，可以作爲裝飾品，也可以入藥。《晋書・輿
服志》："漢制自天子至於百官無不佩劍，其後
唯朝帶劍。晋世始代之以木，貴者猶用玉首，
賤者亦用蚌、金銀、玳瑁爲雕飾。"唐李商隱
《蠅蝶雞麝鸞鳳等成篇》："玳瑁明書閣，琉璃冰
酒缸。畫樓多有主，鸞鳳各雙雙。"清程林《聖
濟總錄纂要》卷二二："治蠱毒神驗方：玳瑁，
以水磨濃汁，飲服，一盞即解。"清徐文靖《禹
貢會箋・厥篚玄纁璣組》："伊尹《四方獻令》
曰：'正南甌鄧桂國以珠璣玳瑁爲獻。'"魯迅
《彷徨・弟兄》："白問山却毫不介意，立刻戴起
玳瑁邊墨晶眼鏡，同到靖甫的房裏來。"文獻中

玳瑁
（明王圻等《三才圖會》）

亦多作"瑇瑁"，又稱"文甲"。《史記・司馬
相如列傳》："其中則有神龜、蛟鼉、瑇瑁、鱉
黿。"唐張守節正義："似觜鱹，甲有文，出南
海，可以飾器物也。"《漢書・賈捐之傳》："霧
露氣濕多毒草蟲蛇，水土之害人。未見虜，戰
士自死。又非獨珠厓有珠犀、瑇瑁也。師古曰：
'瑇瑁，文甲也。'"宋羅願《爾雅翼》卷三一：
"瑇瑁，龜類也。出廣南，身似龜首，觜如鸚
鵡，腹背甲皆有紅點斑文，大者如盤。應劭
曰：'雄曰瑇瑁，雌曰觜蠵。'"省稱"玳"。《玉
篇・玉部》："玳，俗以瑇瑁作玳。"又作"毒
冒""蝳蜖"。《別雅・毒冒》："瑇瑁也。《漢書・地
理志》：'多犀象、毒冒、珠璣。'師古曰：'毒，
音代。'《廣韻》：'瑇瑁，亦作蝳蝐，又云瑇，
俗作玳。'"《爾雅・釋魚》："二曰靈龜。"郭璞
注："緣中文似蝳蜖。"《三寶太監西洋記通俗
演義》第二回："老祖起頭看時，祇見鯤鰲以頭
獻……蝳蜖以其甲獻。"宋代亦有稱"玳瑁"爲
"班希"者。宋毛勝《水族加恩簿》："班希裁
簪製器，不在金銀珠玉之下。"注："班希即玳
瑁。"

【玳】

"玳瑁"之省稱。此稱南北朝時期已行用。
見該文。

【瑇瑁】

同"玳瑁"。此體漢代已行用。見該文。

【毒冒】

同"玳瑁"。此體漢代已行用。見該文。

【文甲】

即玳瑁。此稱唐代已行用。見該文。

【蝳蜖】

同"玳瑁"。此體晋代已行用。見該文。

【玳瑁】

即玳瑁。此稱宋代已行用。見該文。

玳瑁匣

以玳瑁製作的盛東西的小盒子。《初學記》卷二五引梁簡文帝《咏鏡》詩："鏑鉼恒在側，誰言攬鏡稀；如冰不見水，似扇長含暉。全開玳瑁匣，并捲織成衣；脱入相如手，疑言趙璧歸。"明陶輔《花影集》卷三："珍奇詭異不可名，黃琮紫貝同天璜。白圭碧璞雜丹珩，其中一物尤爲精。偉哉製造規模宏，玳瑁匣瑣食緘盛。冰紈擁襯雲錦繡，異香馥鬱百寶成。"

玳瑁牀

"牀"即"床"。以玳瑁製作的臥具。唐權德輿《玉臺體》："淚盡珊瑚枕，魂銷玳瑁牀。羅衣不忍著，羞見繡鴛鴦。"唐王建《宮詞》："窗窗户户院相當，總有珠簾玳瑁牀。雖道君王不來宿，帳中長是炷衙香。"元陶宗儀《説郛·釵小志》："玳瑁牀：楚娘，名伎也。江都王寵之，寢玳瑁之牀，懸翡翠之帳。"清朱鶴齡《無題》詩："短夢初回玳瑁牀，博山沈水懶添香。重幃月沁寒先覺，洞户霜侵夜漸長。"

玳瑁席

以玳瑁抽絲編製的席子。清于敏中《日下舊聞考》卷六三："庫中有玳瑁簾，橫數尺，其長倍之，四旁縫以錦繡。又有玳瑁席，經緯相錯，若莞與蒲，不知何代物。先君子爲屯田郎日嘗見之。"

玳瑁扇

以玳瑁背甲或腹甲製作的用以生風取凉的工具。多爲王公大臣內眷使用。由於玳瑁數量較少，且可以辟邪驅寒，故爲宮廷、達官貴人及少數才子佳人所擁有，民間流傳使用較少。明代名人董小宛所用玳瑁扇至今仍留存於世。董小宛因避戰亂和求醫，至徽州府太平縣（今安徽黃山市黃山區）親戚家，故"徽州"留有其所用的玳瑁扇。該扇長24厘

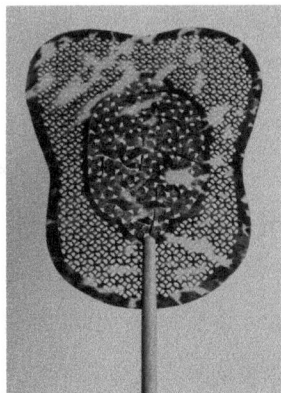

清玳瑁扇

米，寬15.5厘米；象牙製柄，雕牡丹花紋；扇面上盛開的桃花爲董小宛所畫，經鏤空雕琢而成；圖紋爲雙錢紋，有數千個錢眼和凸雕盛開的桃花，紅、黃、褐、白相間，布局整潔有致。背面題款爲"乙丑夏月青蓮女史記"（農曆乙丑年爲1648年），字體俊秀美麗。扇子小巧玲瓏，雕刻剔透。清談遷《北游録·紀郵下》："丁酉，同朱義儒過吳醫。吳於亂時以賤直購得大內書畫古器若干，因出杯珱珮瓶注俱舊玉各一，昆侖奴一……又玳瑁扇一，係張居正書進。"

玳瑁梳

以玳瑁製作的整理頭髮用具。《太平御覽》卷七一四引《修復山陵故事》曰："梓宮用象牙五枚。後梓宮用象牙梳六枚，玳瑁梳六枚。"《廣博物志·斧扆下》："皇太子納妃，給織成衮帶白玉佩四……金塗連盤鴨燈一，玳瑁梳二枚，百濟白手巾赤花雙文篿絳地文履一……"明楊慎《異魚圖贊箋·螺貝蠃蚶海錯附·山蠔》引《南州異物志》："按《史記》趙欲誇楚，簪劍器悉飾以玳瑁。《續漢書·輿服志》，貴人助蠶，玳瑁釵，高文惠與婦書：今致玳瑁梳一枚。晋潘尼有玳瑁椀。賦此物之珍尚也久矣。"明祁彪佳《莆陽讞牘》卷上："扶手中有銀五兩餘，箱

内銀一兩餘，及玉環、短裘、玳瑁梳等十四五件俱被衆犯混行毀失。此即盜賊夷虜弗橫於此矣。"《格致鏡原》引晉《東宮舊事》："太子納妃，有玳瑁梳三枚，象牙梳三枚。"

玳瑁釵

以玳瑁製作的一種首飾，形似叉。漢魏繁欽《定情》詩："何以結相於，金薄畫搔頭。何以表別離，耳後玳瑁釵。"五代馬縞《中華古今注·釵子》："蓋古笄之遺象也。至秦穆公以象牙爲之。敬王以玳瑁爲之。始皇又金銀作鳳頭，以玳瑁爲脚，號曰鳳釵。又至東晉，有童謠言：'織女死時，人插白骨釵子，白妝，爲織女作孝。'至隋煬帝，宮人插鈿頭釵子，常以端午日，賜百僚玳瑁釵冠。《後漢書》：'貴人助簪玳瑁釵。'"《後漢書補逸·助簪》："貴人助簪，玳瑁釵加簪珥。"清宣鼎《夜雨秋燈續錄》卷四："聞説年時懺綺懷，等閒不肯下香階。春風懶解鴛鴦佩，夜月羞簪玳瑁釵。"

玳瑁笛

以玳瑁製作的管狀樂器。宋陳暘《樂書·樂圖論》："玳瑁笛：聖朝嘉祐中，王疇欲定大樂，嘗就成都房庶取玳瑁古笛，以校金石。然則笛之爲器，豈特玉與竹哉？"《續通典·樂四》："管吹葉也，今採歷代雜樂，增載玳瑁古笛四條，共爲七云。"

玳瑁梁

省稱"玳梁"。畫有玳瑁斑紋之屋梁。唐沈佺期《古意呈晁補闕喬知之》詩："盧家少婦郁金堂，海燕雙棲玳瑁梁。"明張元凱《曹太史席上二咏》："紅牙翠袖按清商，瞥見塵飛玳瑁梁。"清葉方藹《舊遊》詩："一雙紫燕尋巢入，祇認當時玳瑁梁。"唐宋之問《宴安樂公主宅》詩："玳梁翻賀燕，金埒倚晴虹。"

【玳梁】

"玳瑁梁"之省稱。此稱唐代已行用。見該文。

玳瑁硯

以玳瑁製之研磨工具。清紀昀等《四庫全書總目提要》卷一七四："其《事迹類》中載萬俟卨子孫與岳飛家爭田，委問一十三州府縣不能決，理宗御批金牌，敕賜諸侯劍、皂纛旗、袞龍筆架、玳瑁硯，委公裁斷。"參閱《江西通志·雜記二》。

玳瑁筆

以玳瑁爲杆製作的毛筆。明廖道南《殿閣詞林記·院學·翰林院侍講學士葛鈞》："今中山王徐達，岐陽王李文忠，追贈三代宜准。宋制。上謂中山、岐陽皆開國元勳，三代准贈王爵。十一月高麗貢玳瑁筆，分賜三吾及鈞等。"《大清會典則例·禮部·朝貢上》："賜御書、書籍、段幣、寶玉器皿，恭進禮物，并進金龍黃紙二百張，玳瑁筆百枝，斑石硯二方，土墨二包。"清王士禛《居易錄》卷二三："以五字咳唾九天，隨風珠玉引鷄犬，而納之雲中或亦度世，真仙所慈憫而不終遐棄者也，玳瑁筆、牀一具，松明茶一斤。"清陳維崧《陳檢討四六·茹蕙集序》："玳瑁筆牀：見天篆序《樹萱錄》。南朝呼筆管爲牀，又以四管爲一牀。"

玳瑁軸

省稱"玳軸"。以玳瑁製裝裱好的字畫下端便於懸掛、捲起的圓杆。唐張彥遠《法書要錄·唐盧元卿法書錄》："右前件卷，是官庫目錄第三十，共四帖，都一百六十一字，玳瑁軸，古錦褾，有'貞觀'印字及李氏印。"又唐武平一《徐氏法書記》："其中有故青綾褾玳瑁軸者，云是梁朝舊迹，褾首各題篇目行、字等數章，草書多，於其側帖以真字楷書。"宋羅大經《鶴林玉露丙編》卷二："玳瑁軸素繪二等，而繪爲尊。告身五彩，而又有紫絲法錦囊其外。其小異者，錦之紅綠耳。"宋宋敏求《春明退朝録》卷中："凡官告之制，后妃銷金雲龍羅紙十七張，銷金褾袋，寶裝軸，紅絲網，金盼鐈，公主銷金大鳳羅紙十七張，銷金褾袋，玳瑁軸，紅絲網，塗金銀盼鐈。"《金史·百官志四》："官誥……二品、三品，紅遍地龜蓮錦褾，素五色綾十二幅，玳瑁軸。"

【玳軸】

"玳瑁軸"之省稱。宋岳珂《寶真齋法書贊》卷二："贊曰：'猗百工之精能兮，璨玳軸而金朱。'"宋魏齊賢等《五百家播芳大全文粹》卷八一載《福應廟乞加爵化緣疏》："漢令……温詔寶韜玳軸，來九命之真封，兹事不凡，吾人何吝？"

玳瑁履

以玳瑁嵌鑲或製作的鞋子。明張燮《東西洋考》卷二："其俗果於戰鬥，尚釋教。王冠三山金花玲瓏冠，披錦帔，着玳瑁履，腰束八寶方帶。"明嚴從簡《殊域周諮録·南蠻》："海船到彼，其酋長頭戴三山金花冠，身披錦花手巾，臂腿四腕俱以金鐲，足穿玳瑁履，腰束八寶方帶，如妝塑金剛狀。乘象，前後擁蕃兵五百餘。或執鋒刃短槍，或舞皮牌，槌鼓吹椰殼筒。其部領皆乘馬，出郊迎詔。"

玳瑁鞭

以玳瑁製或鑲嵌玳瑁的鞭子。用於鞭打或驅趕人畜等。《宋史·吳越錢俶傳》："太祖宴餞於講武殿，賜窄衣、玉束帶、玉鞍勒馬、玳瑁鞭、金銀錦彩二十餘萬、銀裝兵八百事……"唐段成式《酉陽雜俎續集·寺塔記上》："寺之制度，鐘樓在東，唯此寺緣李右座林甫宅在東，故建鐘樓於西。寺内有郭令玳瑁鞭及郭令王夫人七寶帳。"《册府元龜》卷二三二："江南僞命臨汝郡公徐遼，代李景捧壽觴以獻；仍進上金酒器一副……金銀鞍轡各一副，玉鞭、玳瑁鞭各一。"

玳瑁蟬

玳瑁製作的蟬形冠飾。《宋史·輿服志四》："〔貂蟬冠〕上綴玳瑁蟬，左右爲三小蟬，衔玉鼻，左插貂尾。"《明史·輿服志三》："伯七梁籠巾貂蟬……前後玳瑁蟬，俱插雉尾。"《續通典·進賢冠》："前後玳瑁蟬，爲伯之冠，俱插雉尾。"

玳瑁簾

以玳瑁製作的門簾。清于敏中《日下舊聞考》卷六三："庫中有玳瑁簾，橫數尺，其長倍之，四旁縫以錦繡。又有玳瑁席，經緯相錯，若莞與蒲，不知何代物。先君子爲屯田郎日嘗見之。"

玳瑁簪

省稱"玳簪"。以玳瑁製綰髮髻的條狀物。亦用作頭部飾品。《史記·春申君列傳》："趙平原君使人於春申君，春申君舍之於上舍。趙使欲誇楚，爲玳瑁簪，刀劍室以珠玉飾之，請命春申君客。"漢無名氏《古絶句》："日暮秋雲陰，江水清且深。何用通音信，蓮花玳瑁簪。"《宋書·樂志四》："《有所思曲》：有所思，乃在大海南。何用問遺君，雙珠玳瑁簪，用玉紹繚之。聞君有他心，拉雜摧燒之。"《宋史·輿服志四》："宋初之制，進賢五梁冠：塗金銀花額，犀、玳瑁簪導，立筆。"唐張九齡《答陳拾遺贈竹簪》："與君嘗此志，因物復知心。遺我龍鍾節，非無玳瑁簪。"

【玳簪】

"玳瑁簪"之省稱。南朝梁元帝《金樓子・立言篇上》："〔夫子〕豪匹四君，威同五伯。玳簪之客鴈，行接踵；珠劍之賓，肩隨鱗次。"唐羅隱《尚父偶建小樓，特摛麗藻絶句不敢稱揚》三首之二："玳簪珠履愧非才，時憑闌幹首重回。"宋吳文英《花心動》詞："夜雨試燈，晴雪吹梅，趁取玳簪重盍。"明陳耀文《花草稡編》卷二二引吳浩然《立春》："奇絶開宴處珠履，玳簪俎豆争羅列。"

第五節　琥珀考

琥珀是松樹脂在漫長地質時期經高温、高壓而形成的一種化石，實則爲由碳、氫和氧所組成的有機礦物。非晶質體，透明，性脆，多呈結核狀、瘤狀、淚滴狀、腎狀以及不規則塊狀或片狀，樹脂光澤，内有細密的碎紋和蠅翅狀閃亮，硬度爲 2～3，密度爲 1～1.10（1.08）克/立方厘米。其成分含有琥珀酸和琥珀樹脂，琥珀酸含量越少，琥珀越清澈透明。透明琥珀的琥珀酸含量爲 3～4%，琥珀酸超過 4%，就會出現雲霧般半透明狀態。而泡沫狀琥珀的琥珀酸甚至超過 8%。常温摩擦還會釋出迷人松香味并産生静電吸引力。温度影響琥珀物理性質，加温至 150℃～180℃，琥珀開始軟化。温度達到 250℃～375℃時琥珀將完全融化。世界琥珀類型約 100～200 餘種，歐洲波羅的海沿岸國家所産琥珀最有名，品種繁多，質地透明、半透明、不透明均有，顔色有黄、紅、褐、白、藍、綠色。波羅的海琥珀常從海底地層中被海水冲刷出來，在含鹽分的海水中成似沉非沉狀態，受洋流、季風作用漂流至英國、挪威、丹麥等沿岸國家。丹麥是世界上第一個發現琥珀的國家。14 世紀丹麥强盛時期，波羅的海沿岸國家大都受其統治。那時，琥珀作爲北歐的貨幣在市場上流通，同時也作爲最珍貴的寶石飾品，被進貢給顯赫的羅馬帝國。我國主要産地在遼寧的撫順，雲南、貴州和河南等地也有出産。琥珀品種包括蜜蠟、金珀、血珀、花珀、明珀、藍珀、綠珀、蟲珀、金絞蜜、翳珀，等等，尤以含有完整昆蟲或植物的琥珀最爲珍貴。琥珀顔色繁多，黑色的琥珀稱爲"翳珀"；黄色透明而澄澈者稱爲"金珀"；血紅色琥珀稱爲"血珀"；另有一類琥珀，在普通光源下爲黑色，置於强光中則呈現殷紅色澤，稱爲"翳珀"；透明度差且含有微小氣泡者，因其顔色似蜜、質感如蠟，稱爲"蜜蠟"。

"琥珀"在中國古代被認爲是"虎魄"。佛教《大藏經·本緣部上》第三卷記載大千國太子摩阿薩填，爲救活即將餓死的母虎和幼虎，捨身飼虎……老虎爲報答摩阿薩填的恩德，死後其精魂入地生成虎魄。故佛教界亦視"琥珀"爲聖物。宋代黃休復在《茅亭客話》中也記有老虎魂魄入地化作琥珀的傳説。對此，明代藥物學家李時珍亦誤信爲真，説："虎死則精魄入地化爲石，此物狀似之，故謂之虎魄。俗文從玉，以其類玉也。"唐代詩人韋應物獨具慧眼，於《咏琥珀》詩中道破天機："曾爲老茯神，本是寒松液。蚊蚋落其中，千年猶可觀"，生動傳神地描述了琥珀形成之原因。

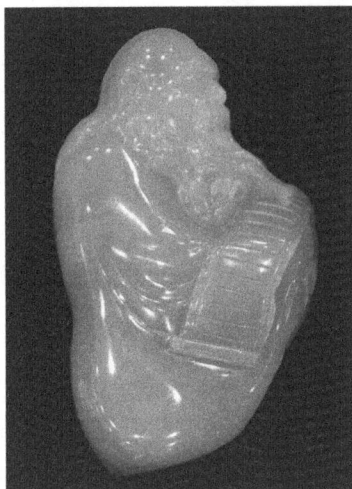

琥珀雕件

《漢書·西域傳》記有"虎魄"之稱："珠璣、珊瑚、虎魄、璧流離。"《後漢書·王充傳》《後漢書·南蠻西南夷傳》也有記載。亦作"琥珀"。《後漢書·西域傳》："〔大秦多〕珊瑚、琥珀、琉璃、琅玕、朱丹……"

中國用琥珀雕琢工藝品始於秦漢時期。1975年廣西合浦堂排漢代墓地出土一件琥珀圓雕獅。1981年發掘的柘城西郊邵園村内的邵園漢墓，出土隨葬品有琥珀、蟾蜍等。1987年甘肅永登縣河橋鎮南關村發掘的漢代晚期古墓，出土一琥珀小猪。中國古代以天然琥珀爲材料的器物、飾品并不少見，各種琥珀挂珠、琥珀鼻烟壺、琥珀手串、琥珀擺件、琥珀料膽瓶等成爲達官貴族經常佩戴和收藏之裝飾品與收藏品。優質琥珀常被做成工藝品，劣質琥珀則可用作染料、香料及油漆等。

琥珀亦作藥用，入藥見於南朝梁陶弘景《名醫別録》。中醫認爲，琥珀味甘性平無毒。入心、肝、小腸經。具鎮驚安神、活血散瘀、化痰清肺，明目磨翳，止血生肌、通經活絡之功。臨床上用於治療驚風癲癇、驚悸失眠、閉經後腹痛、産後枕痛、癰疽瘡毒等；對甲狀腺腫大引起的疼痛有奇效；可殺菌消毒及避免傳染病；對發燒、腸胃不適情況也有舒緩作用，甚至可以促進肝、腎細胞的活化。黑與紅色的血珀，可增加生殖能力及性器官功能。唐孫思邈《備急千金要方·膀胱腑方·胞囊論》："治胞轉小便不得方：蔥白四七莖，阿膠一兩，琥珀三兩，車前子一升。……以水一斗煮取三升，分三服。"清吳謙等《醫宗金鑑·外科心法要訣·髮際瘡》："琥珀膏方：琥珀膏能治諸瘡，活瘀解毒化腐良。定血輕銀椒蠟珀，麻油熬膏亦療瘍。"

琥珀

省稱"珀"，亦作"虎魄""琥魄""虎珀"。松柏樹脂之化石，色淡黃、褐或紅褐，摩擦帶電。琥珀質優者作裝飾品，質差者用作工業原料。中醫作藥材使用。琥珀產於煤層中，性脆，燃燒時有香氣。顏色一般爲紅黃色調，透明至半透明。琥珀的品種包括蜜蠟、金珀、血珀、花珀、明珀、藍珀、綠珀、蟲珀、金絞蜜、翳珀等。最貴重的品種爲包含昆蟲之琥珀，俗稱"琥珀藏蜂"。唐韋應物《咏琥珀》："曾爲老茯苓，元是寒松液。蚊蚋落其中，千年猶可觀。"清吳景旭《歷代詩話·庚集中之上·唐詩》："吳旦生曰：《通志》云，虎魄中有一蜂形色如生者，可以拾芥，名靈魄。"《廣韻·入陌》："珀，琥珀。"《急就篇》卷三："繫臂琅玕虎魄龍。"顏師古注："琅玕火齊珠也，一曰石之似珠者也。言以虎魄爲龍，并取琅玕繫著臂肘，取其媚好且珍貴也。"《後漢書·王符傳》："且其徒御僕妾，皆服文組彩牒，錦繡綺紈，葛子升越，筩中女布，犀象珠玉，虎魄玳瑁，石山隱飾，金銀錯鏤，窮極麗美，轉相誇吒。"李賢注曰："《廣雅》曰：虎魄，珠也。生地中其上及旁不生草，深者八九尺。初時如桃膠，凝堅乃成。其方人以爲枕。出罽賓及大秦國。"明李時珍《本草綱目·木四·琥珀》〔時珍曰〕："虎死則精魄入地化爲石，此物狀似之，故謂之虎魄。俗文從玉，以其類玉也。"《古音駢

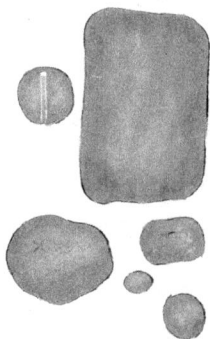

琥珀
（明刊《補遺雷公炮製便覽》）

字續編》卷五："虎魄：琥珀（《西域傳》）。"晉袁宏《後漢紀·孝殤皇帝紀》："多金銀、真珠、珊瑚、琥魄、琉璃……"唐李肇《唐國史補》卷中："松脂入地千歲爲茯苓，茯苓千歲爲琥魄，琥魄千歲爲璽玉，愈久則愈精也。"漢陸賈《新語·道基》："夫驢騾駱駝，犀象玳瑁，琥珀珊瑚，翠羽珠玉，山生水藏，擇地而居，潔清明朗。"《太平御覽》卷八〇八引《廣雅》曰："琥珀，珠也。生地中，其上及旁不生草，淺者五尺，深者八九尺，大如斛，削去皮，成琥珀。初時如桃膠，凝堅乃成，其方人以爲枕。出博南縣。"元貢師泰《題天臺道士李東柯卷》："歲久松肪成琥珀，夜深丹氣出芙蓉。"晉左思《蜀都賦》："其間則有虎珀丹青，江珠瑕英。金沙銀鑠，符采彪炳，暉麗灼爍。"注："劉曰：'永昌、博南縣出琥珀。'善曰：'《博物志》曰：虎珀一名江珠。'良曰：'丹青，石色也。虎魄、江珠、瑕英、金沙、銀礫，皆珍寶也。'"

【珀】

"琥珀"之省稱。此稱宋代已行用。見該文。

【虎魄】

同"琥珀"。此體漢代已行用。見該文。

【琥魄】

同"琥珀"。此體晉代已行用。見該文。

【虎珀】

同"琥珀"。此體晉代已行用。見該文。

【靈魄】

即琥珀。包裹昆蟲者之琥珀。

江珠

亦稱"光珠""頓牟"。漢揚雄《蜀都賦》："近則有瑕英菌芝，玉石江珠。於遠則有銀、鉛、錫、碧、馬、犀、象、僰。"晉張華《博物

志》卷四：“《神仙傳》云松柏脂淪入地中千年化爲茯苓，茯苓千年化爲琥珀。琥珀，一名江珠。”宋楊侃《兩漢博聞·金沙光珠》：“金沙、光珠，注云：《華陽國志》曰：‘蘭滄水有金沙，洗取融爲金，有光珠穴。《博物志》曰：光珠，即江珠也。”元張雨《句曲外史貞居先生詩集》卷二：“伏靈潛其陰，千歲名江珠。”明李時珍《本草綱目·木四·琥珀》〔釋名〕：“江珠。”《事物異名録·珍寶》：“〔五侯鯖〕江珠即琥珀，千年茯苓所化。”晋常璩《華陽國志》卷四：“〔博南縣〕西山高四十里，越之，得蘭滄水，有金沙，以火融之，爲黃金。有光珠穴，出光珠。有虎魄，能吸芥。又有珊瑚。”漢王充《論衡·亂龍篇》：“頓牟掇芥，磁石引針，皆以其真是，不假他類。他類肖似不能掇取者何也？氣性異殊不能相感動也。”明朱謀㙔《駢雅》卷五：“頓牟，琥珀也。”《格致鏡原》卷三三引明陳懋仁《庶物異名疏》：“《論衡》曰：‘頓牟掇芥。’頓牟，琥珀也。”

【頓牟】

即江珠，此稱漢代已行用。見該文。

【光珠】

即江珠，此稱晋代已行用。見該文。

丹魄

又作“丹珀”。“琥珀”的別名。南朝梁江淹《爲蕭重讓揚州表》：“素心丹魄，皦然靡疚矣，不任憂迫之情。”《宋書·恩幸傳》：“南金北毳，來悉方艖。素縑丹魄，至皆兼兩。”李善注：“《文選》曰：丹魄，虎魄也。色赤，故曰丹。”宋任廣《書叙指南·醫工藥物》：“虎魄曰丹珀。”清谷應泰《明史紀事本末·鄭芝龍受撫》：“然予又怪崇禎之初，芝龍既撫，鋭意行

金，織皮丹珀來自賈胡，明珠文犀至皆兼兩，是以薦剡頻上，爵秩屢貤，坐論海王，奄有數郡。”

【丹珀】

同“丹魄”。此體宋代已行用。見該文。

水珀

琥珀之一種，淺黃色多皺紋。南朝宋雷斆《雷公炮炙論》上卷：“凡用，紅松脂、石珀、水珀、花珀、物象珀、瑿珀、琥珀。紅松脂如琥珀，祇是濁，太脆，文摜；水珀多無紅色，如淺黃，多粗皮皺；石珀如石重，色黃，不堪用；花珀文似新馬尾松心文，一路赤，一路黃；物象珀其內自有物命動，此使有神妙；瑿珀，其珀衆珀之長，故號曰瑿珀；琥珀如血色，熟於布任拭，吸得芥子者，真也。”明俞汝楫《禮部志稿》卷三八：“松都魯石，即水珀。舊例每斤鈔十五貫，正統四年添作一百貫，每二百貫折絹二疋。”明馬歡《瀛涯勝覽》：“〔滿剌加國〕土産黃速香、烏本、打麻兒香、花錫之類。打麻兒香本是一等樹脂，流出入土，掘出如松香瀝青之樣，火燒即著。番人皆以此物點照當燈。番船造完，則用此物熔塗於縫，水莫能入，甚好。彼地之人多採取此物以轉賣他國。內有明净好者，却似金珀一樣，名損都盧斯。番人做成帽珠而賣，今水珀即此物也。”明黄一正《事物紺珠》：“水珀，色淺黃，皮粗皺。”清屈大均《廣東新語》卷一五：“琥珀，來自雲南者多血珀，來自洋舶者多金珀、蜜蠟、水珀，廣人雕琢爲器物特工，餘則以作丸藥之用。”

石珀

琥珀之一種，色黃重如石，故稱。南朝宋雷斆《雷公炮炙論》上卷：“凡用紅松脂、石

珀、水珀、花珀……石珀如石重，色黃，不堪用。”明盧之頤《本草乘雅半偈・別錄上品》："石珀，深黃色，重如砂石。”明黃一正《事物紺珠》："石珀，如石，色黃而重。”

血珀

深紅色之琥珀。明謝肇淛《滇略・產略》卷三："琥珀產緬甸諸西夷地，相傳松脂入地千年所化。又云楓木精液凝成，未知信否。但其中亦有蚊蠅等形，想不誣也。其直火珀及杏紅爲上，血珀、金珀次之，蠟珀最下。”明盧之頤《本草乘雅半偈・別錄上品・琥珀》："一種血珀，殷紅如血色。”《格致鏡原》卷三三引《奇玩林》："深紅色者謂之血珀，此出高麗、倭國。其中有蟻蜂松枝者甚可愛。”

赤松脂

琥珀之一種，又名"紅松脂"。明盧之頤《本草乘雅半偈・別錄上品・琥珀》："一種赤松脂，形如琥珀，濁大而脆，文理皆橫。”明黃一正《事物紺珠》："紅松脂如琥珀而濁，文橫而脆。”

花珀

熱處理琥珀，內部產生黃色或紅色葉片狀裂紋。顏色較深，花紋好像馬尾松，紅白相間。南朝宋雷斆《雷公炮炙論》上卷："凡用紅松脂、石珀、水珀、花珀……花珀文似新馬尾松心文，一路赤，一路黃。”明盧之頤《本草乘雅半偈・別錄上品》："花珀，文如馬尾松而黃白相間者。”明黃一正《事物紺珠》："花珀，紋如馬尾松，心文一道黃一道赤。”

明珀

琥珀之一種。明曹昭《格古要論・珍奇論・琥珀》："色紅而且黃者謂之明珀。”明李時珍《本草綱目・木四・琥珀》："按：曹昭《格古論》云：琥珀出西番、南番，乃楓木津液多年所化。色黃而明瑩者名蠟珀，色若松香紅而且黃者名明珀，有香者名香珀，出高麗、倭國者色深紅。有蜂、蟻、松枝者尤好。”《佩文韻府・十一陌・珀》："蠟珀，《本草》：'虎珀……色若松香紅而且黃者，名明珀。'”

金珀

金黃色琥珀。《冊府元龜》卷五二九："金珀、翠玉、錦繡、縠羅、奇色異章，小民既不得服，在上亦不得賜。”明方以智《通雅・金石》："琥珀色赤曰血珀，從雲南來；而淡者曰金珀、曰蜜蠟，皆從閩番舶來。”明陸楫《古今說海・說選》："〔古里國〕其有珊瑚、真珠、乳香、木香、金珀之類，皆由別國來。”明陳謨《題復初上人松雲山房》："千年養金珀，五色麗乾文。”《大清一統志・西洋》："土產金剛石餙金劍、金珀書箱、珊瑚樹、珊瑚珠、琥珀珠……”

琥珀末

琥珀粉，藥用。《太平御覽》卷八〇八引晉王嘉《拾遺記》："江引爲悅鄧夫人，月下舞水精如意，誤傷其頰。令太醫醫之，以白獺髓和琥珀末塗之，遂差。”元危亦林《世醫得效方・瘡腫科・瘰癧》卷一九："牽牛圓……更以燈心湯調琥珀末一錢服之。”明張介賓《景岳全書・和陣・琥珀散》："治老人虛人小便不通淋瀝：琥珀爲末，人參煎湯。空心以人參湯調服琥珀末一錢。”清魏之琇《續名醫類案・小便秘》："龔子才治一人小便不通，服涼藥過多，脹滿幾死：以附子理中東加琥珀末調服，立通。”

香珀

有香味之琥珀。宋周密《武林舊事·德壽宮起居注》："又進太皇后白玉香珀扇柄兒四把。"明曹昭《格古要論·珍奇論·琥珀》："有香者謂之香珀。"清史簡《鄱陽五家集·五言古風·登聚遠亭》："六丁獲香珀，千歲以爲期。"《佩文韻府·十一陌·珀》："蠟珀，《本草》：'虎珀……有香者名香珀。'"

紅珀

紅色琥珀。唐李朝威《柳毅傳》："洞庭君因出碧玉箱，貯以開水犀。錢塘君復出紅珀盤，貯以照夜璣，皆起進毅。"宋蘇籀《刺少年行》詩："瑣窗犀按衙珍具，瑤瑛紅珀瑩杯棬。"明王世貞《不佞故嘗爲冢宰楊公歌桃花嶺矣復以郡丞王侯請得五言古體一章知公夢寐兹嶺當不厭余言之瀆也》詩："雨過媚紫瓊，風回碎紅珀。"

神珀

極美好之琥珀。元秦約《仙山樓觀圖詩》："千樹松肪化神珀，萬山靈籟答空歌。"明黄省曾《西洋朝貢典録》卷下："諸珀謂之撒白植，其類有五：一曰金珀，二曰并珀，三曰珠神珀，四曰蠟珀，五曰黑珀。"明鞏珍《西洋番國志·諸番國名》："其處諸番寶物皆有。如紅鴉鶻、剌石……大塊金珀、并珀珠、神珀、蠟珀，黑珀番名撒白，值錢各色美玉器皿。"

黑魄

亦作"黑珀"。黑色琥珀。《太平御覽》卷一七八引晋王嘉《拾遺記》："始皇起雲明臺，窮四方之珍木，搜天下之巧工……北得冥阜乾漆，陰阪文梓，褰流黑魄，闇海香瓊。"清胡煦《周易函書約存·原圖·循環圖表擬月窟》："若坤之得朋喪朋，則以黑魄之全體……"明黄省曾《西洋朝貢典録》卷下："諸珀謂之撒白植，其類有五：一曰金珀，二曰并珀，三曰珠神珀，四曰蠟珀，五曰黑珀。"明鞏珍《西洋番國志·諸番國名》："其處諸番寶物皆有。如紅鴉鶻、剌石……大塊金珀、并珀珠、神珀、蠟珀，黑珀番名撒白，值錢各色美玉器皿。"

蜜蠟

琥珀之一種。爲樹木脂液化石，非晶質體，無固定内部原子結構和外部形狀，斷口常呈貝層狀。蜜蠟顔色以蛋清色、米色、淺黄色、鷄油黄、橘黄色等黄色系爲主。棗紅色蜜蠟是黄色系蜜蠟外皮氧化産生包漿而顔色變深導致。蜜蠟可作藥材和裝飾品。元黄鎮成《尚書通考·竹八·簫》引東漢蔡邕文："凡簫，一名籟，前代有洞簫，今無其器。蔡邕曰：'簫，編竹有底，大者二十三管，小者十六管，長則濁，短則清，以蜜蠟實其底，而增減之，則和。'然則邕時無洞簫矣。"無論是否有洞簫，然則已有"蜜蠟"之名。《新唐書·地理志》："歸州巴東郡下，武德二年，析夔州之秭歸巴東，置土貢紵、葛、茶、蜜蠟。"明盧之頤《本草乘雅半偈·別録上品》："別有一種蜜蠟珀，臭之作蜜蠟香，色黄白，即蜂蜜所化。"明方以智《物理小識·金石類》："珀類，韓保升曰：木脂皆化，而松楓爲多。紅如血者琥珀，出雲

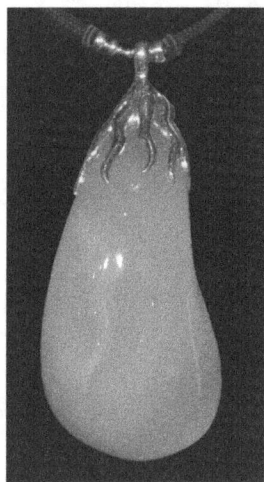

黄蜜蠟吊墜

南者上。金珀、蜜蠟、
水珀則閩廣舶來，久
亦油壞，或云近有藥
煉木脂蜂窠而埋土成

蜜蠟
（明刊《補遺雷公炮製便覽》）

者。"清劉鑾《五石
瓠·冠佩》："巾上繫
珠玉、琥珀、蜜蠟之屬，非古也。"

瑿珀

亦作"瑿魄""翳魄"。省稱"瑿"。瑿，近
黑色，在强光下呈棗紅色，色彩濃艷凝重。唐
權德輿《揚州兵曹參軍蕭府君墓誌銘》銘曰：
"南齊之後……厥生兵
曹，洵美且仁。如何
中路，翳魄荆榛，刻
石窮泉，永志聲塵。"
《通志·昆蟲草木略
二》："瑿曰瑿珀。舊
云琥珀千年爲瑿，然

瑿
（明文俶《金石昆蟲草木狀》）

不生中國不可知也。"
明李時珍《本草綱目·木四·琥珀》釋名：
"瑿，瑿珀。"注："敩曰：瑿是衆珀之長，故號
瑿珀。"集解："時珍曰：瑿即琥珀之黑色者，
或因土色薰染，或是一種木瀋結成，未必是千
年琥珀復化也。"元袁桷《送潘元卿續溪邑諭》：
"君不聞，黃山種松法，纍纍如珠苗如髮，十年
拱把百年梁，華表相看化瑿魄。"

【翳魄】

同"瑿珀"。此體唐代已行用。見該文。

【瑿】

"瑿珀"的省稱。此稱宋代已行用。見該文。

【瑿魄】

同"瑿珀"。此體元代已行用。見該文。

蠟珀

琥珀之一種，蠟黃色，具蠟狀感，因含有
大量氣泡，故透明度較差，相對密度也較低。
明謝肇淛《滇略·産略》："其直火珀及杏紅爲
上，血珀、金珀次之，蠟珀最下。"明曹昭《格
古要論·珍奇論》："鵝黃色者謂之蠟珀，此等
價輕。"《佩文韻府·十一陌·珀》："蠟珀，《本
草》：'虎珀，色黃而明瑩者，名蠟珀。'"

靈珀

琥珀之一種。唐韓愈《雨中寄孟刑部幾道
聯句》："欲知相從盡，靈珀拾纖芥。"《別本韓
文考異》卷八對靈珀作注曰："韓曰：琥珀也。
虞翻曰：琥珀拾芥。樊曰：謂無所遺。"明黃一
正《事物紺珠》："靈珀中有一蜂，形色如生，
可拾芥。"清乾隆《靈珀詩》序："珀本松之精
氣凝結，數千年而成。是珀外射晶光，內含生
意，中著方寸，樹如蓮蒲，然按候舒縮，四時
之運備焉，非尋常珍玩者比，名之曰'靈珀'，
因繫以詩。"其詩云："靈珀含精氣，仙胎托古
松。"

琥珀勺

以琥珀製有柄可以舀取東西的器具。《元
史·祭祀志》："其祭器……玉器、水晶、瑪瑙
之器爲數不同，有玻璃瓶、琥珀勺。世祖影堂
有真珠簾，又皆有珊瑚樹、碧甸子山之屬。"參
閱清姚之駰《元明事類鈔·珍寶門·雜寶》。

琥珀印

以琥珀雕刻之印章。清陳克恕《篆刻針度》
卷一："瑪瑙、琥珀、蜜蠟印：琥珀、蜜蠟亦有
刻印，第可備以飾觀。"

琥珀合

以琥珀製作的小盒子。《雲笈七籤·南溟夫

人傳》:"〔侍女〕曰:前程有事,可叩此壺也。遂辭夫人,登橋而去。橋長且廣,欄杆上皆異花,二子花間窺見千虬萬龍,互相繳結而爲橋矣。見向之巨獸,已身首異處,浮于波間。二子問所送使者斬獸之由,答曰:'爲不知二客故也。'使者謂二客曰:'我不當爲使送子,蓋有深意,欲奉託也。'衣帶間解合子琥珀與之,中有物隱隱然,若蜘蛛形。謂二子曰:'我輩水仙也,頃與番禺少年情好之至,有一子三歲,合棄之,夫人令與南嶽郎君爲子矣。中間迴鴈峯使者有事于水府,吾寄與子所弄玉環與之,而爲使者隱却,頗以爲恨。望二客持此合子,于迴鴈峯廟中投之,若得玉環,爲送嶽廟……'"

琥珀池

鑲嵌琥珀或以琥珀命名之佛門浴池。《佛說無量壽經》卷上:"內外左右有諸浴池,或十由旬、或二十、三十、乃至百千由旬。縱廣深淺皆各一等,八功德水湛然盈滿,清净香潔,味如甘露。黄金池者,底白銀沙……珊瑚池者底琥珀沙,琥珀池者底珊瑚沙,車磲池者底瑪瑙沙……乃至七寶轉共合成。"

琥珀如意

以琥珀製作之如意。晋王嘉《拾遺記》:"吴主潘夫人,父坐法,夫人輸入織室,容態少儔,爲江東絶色。同幽者百餘人,謂夫人爲神女,敬而遠之。有司聞於吴主,使圖其容貌。夫人憂戚不食,減瘦改形。工人寫其真狀以進,吴主見而喜悦,以琥珀如意撫按即折,嗟曰:'此神女也,愁貌尚能惑人,況在歡樂。'乃命雕輪就織室,納於後宫,果以姿色見寵。"《太平御覽》卷八〇八引晋張華《博物志》曰:"吴主聞潘夫人有色,令進其圖。圖成,吴主見

之,驚喜,以琥珀如意撫案即折,曰:'此神女也!'因納之。"

琥珀佛

以琥珀刻製之佛像。《南無諸佛要集經》卷三〇:"南無琥珀佛,南無雷音雲佛,南無善愛目佛,南無善智佛,南無具足佛,南無德積佛。"《國朝宫史·典禮五·冠服》:"皇子側室福晋朝珠:中左右共三盤,中以珊瑚,左右以琥珀佛頭,紀念背雲大小墜珠、寶雜飾,唯其宜條俱金黄色。"參閱《現在賢劫千佛名經》。

琥珀杯

以琥珀製作的盛酒、羹類液體之器具。唐羊士諤《臘夜對酒》:"琥珀杯中物,瓊枝席上人。樂聲方助醉,燭影已含春。"宋蘇軾《皇太后合》詩:"萬壽菖蒲酒,千金琥珀杯。年年行樂處,新月挂池臺。"宋佚名《李師師外傳》:"帝嘗御畫院,出詩句賜諸畫工,中式者歲間得一二。是年九月,以'金勒馬嘶芳草地,玉樓人醉杏花天'名畫一幅,賜隴西氏,又賜……鸂鶒杯、琥珀杯、琉璃盞、鏤金偏提各十事……"《宋史·樂志十七》:"日南至、帝道昌、文風盛、琥珀杯、雪花飛……"《三遂平妖傳》第七回:"水晶壺內,盡是紫府瓊漿;琥珀杯中,滿泛瑶池玉液,玳瑁盤,堆仙桃異果;玻璃碗,供熊掌駝峰。"

琥珀杵

以琥珀製作的棍棒。《大般若波羅蜜多經·初分常啼菩薩品》:"父母報言:汝應嚴辦供具侍從,速當共往。時長者女即便營辦五百乘車,七寶嚴飾。亦令五百常隨侍女,恣意各取衆寶嚴身。復取金銀吠琉璃寶、頗胝迦寶、末尼真珠、帝青大青螺、貝璧、玉珊瑚、琥珀

杵、藏石藏。及餘無量異類珍財，種種花香，衣服瓔珞，寶幢幡蓋伎樂，蘇油上妙珍財各無量種，并餘種種上妙供具。其女既辦如是事已，恭敬啓請常啼菩薩前乘一車……"

琥珀枕

亦稱"虎珀枕"。藥枕之一。中醫認爲，琥珀味甘性平無毒。入心、肝、小腸經。具鎮驚安神，通經活絡，止渴除煩，化痰清肺，明目磨翳，止血生肌之功。臨床用於治療驚風癲癇，驚悸失眠，血淋血尿，產後枕痛，癰疽瘡毒等，對甲狀腺腫大引起的疼痛有奇效。久用琥珀枕可收鎮驚安神、通經活絡之功效。《西京雜記》卷一："同心七寶釵、黃金步搖、合歡圓璫、琥珀枕、龜文枕、珊瑚玦、馬瑙區……"《新唐書・常袞傳》："漢文帝還千里馬不用，晉武帝焚雉頭裘，宋高祖碎琥珀枕，是三主者，非有聰明大聖以致治安，謹身率下而已。"唐李商隱《偶題》詩："小亭閑眠微醉消，石榴海柏枝相交。水紋簟上琥珀枕，旁有墮釵雙翠翹。"宋袁樞《通鑑紀事本末・劉裕滅南燕》："秋八月，寧州獻琥珀枕於太尉裕。裕以琥珀治金創，得之大喜，命碎擣分賜北征將士。裕以世子義符爲中軍將軍，監太尉留府事。"清宋犖《筠廊偶筆》卷下："先文康公於京師買碧璞如升，厮養卒見而笑之曰：'吾家廁中便有，何買爲？'先公命向廁中取之，果得碧璞，長二尺，圓一尺有半，洗滌之，光瑩動人，因置石床上，爲玉枕。題曰：'龜茲國有琥珀枕，枕之，則十洲三島五湖四海盡入夢中，此枕無乃是？'蓋所居乃前朝中貴舊業，闖賊陷長安，其家藏珍玩遂流落廁中塵埋也。"《太平御覽》卷七〇七引《西京雜記》卷一："趙飛燕爲皇后，其女弟上遺虎珀枕、龜文枕。"明王世貞《楊叛兒》："六尺龍鬚席，尺二虎珀枕。甲夜不見儂，丙夜不成寢。"

【虎珀枕】

同"琥珀枕"。此體漢代已行用。見該文。

琥珀枋

以琥珀製作的兩柱之間起聯繫作用之方柱形材料。宋郭若虛《圖畫見聞志・論製作楷模》："設或未識漢殿、吳殿、樑柱、斗栱……猢孫頭、琥珀枋、龜頭、虎座、飛簷、撲水……"宋劉道醇《宋朝名畫評》卷三："郭忠恕，字恕先，無棣清河人。有藝文，善篆籀隸書。周時爲國子博士兼宗正左丞。太祖有天下，忠恕以忤旨流嶺南……凡唐畫屋宇，柱頭坐斗，飛簷直插，今之畫者，先取折勢，翻簷竦壯，更加琥珀枋，及於柱頭添鋪矣。凡欲畫，多與王士元對手。而忠恕於人物不深留意，往往自爲屋木，假士元寫人物於中，以成全美。"

琥珀珠

以琥珀製作的有光澤之小圓球。《菩薩從兜率天降神母胎説》卷五："亦如大導師，將諸商賈等。入海採珍琦，珊瑚琥珀珠。明月隨意寶，安隱還本國。"唐皮日休《冬曉章上人院》："山堂冬曉寂無聞，一句清言憶領軍。琥珀珠黏行處雪，棕櫚帚掃卧來雲。"明陶宗儀《輟耕錄・中書鬼案》："社長吳信甫於王先生房內

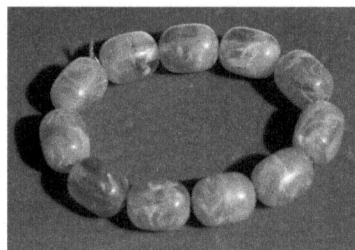

琥珀手串

搜獲木印二顆，黑羅繩二條，上釘鐵針四個。魘鎮女身、小紙人八個，五色采，五色絨，上俱有頭髮相纏。又小葫蘆一個，上拴紅頭繩一條，内盛琥珀珠二顆，外包五色絨，朱書符命一遝。"明李時珍《本草綱目·木之四·琥珀》："魚骨哽咽：六、七日不出。用琥珀珠一串，推入哽所，牽引之即出。"清梁廷枏《海國四説·粤道貢國説》："九年六月，西洋國王阿豐肅，遣陪臣奉表入貢方物：國王畫像、金剛石、飾金劍、金珀畫箱、珊瑚樹、珊瑚珠、琥珀珠、伽楠香、哆囉絨、象牙、犀角、乳香、蘇合油、丁香、金銀乳香、花露、花幔、花氈、大玻璃鏡等物。"

琥珀盆

以琥珀製圓形，口大、底小、較淺的盛器，用於盛放物品或洗滌。《法苑珠林·祭祠篇·獻佛部》："十六國王聞佛説目連救母，脱三劫餓鬼之苦，生人道中，母子相見。時瓶沙王即敕藏臣爲吾造盆。藏臣奉敕，即以五百金盆、五百銀盆、五百琉璃盆、五百硨渠盆、五百碼碯盆、五百珊瑚盆、五百琥珀盆，各各盛滿百一味飲食，事事如法，將來獻佛及僧。准此定得。"

琥珀瓶

以琥珀製作的腹大、頸長之容器。《宋史·輿服志》："所有犀瓶、琥珀瓶各二十四，今減不用。金絲結網子上，舊有金絲結龍八，今減四，亦減絲令細。"《續資治通鑑長編·宋英宗治平二年》："以龍鱗錦表，上綴玉爲七星，旁施琥珀瓶、犀瓶各二十四，綴金絲網，鈿以珠璣、雜寶玉……祭天地宗廟，饗太清、玉清昭應、景靈宮等服之。"《文獻通考·王禮考八》："君臣冠冕服章：服冕版截令廣八寸，長一尺六寸，所謂翠旒碧鳳、二十四犀瓶、二十四琥珀瓶，四神帶，分旒玉鈎二。"明陳氏《睡起》詩："旭日暉暉上枕屏，芙蓉衾暖夢初醒。銀鈎半卷鮫綃帳，玉體新傾琥珀瓶。"

琥珀書案

以琥珀製作的長形書桌。徐珂《清稗類鈔·物品類》："嘉慶己未，和坤籍没時，有書案一具，乃琥珀琢成而嵌水晶者，方廣二尺。一承一替，亦水晶爲之，高可三寸，貯水蓄朱魚，紅鱗碧藻，照沫游泳，恍若麗空。"

琥珀鉢

以琥珀製作的僧人餐具。底平口略小，圓形稍扁。《法苑珠林·獻佛部》："故《大盆經》云：瓶沙王造五百金鉢盛滿千色華，五百銀鉢盛滿千色百木香，五百琉璃鉢盛滿千色紫金香，五百硨渠鉢盛滿千色黃蓮華，五百瑪瑙鉢盛滿千色赤蓮華，五百珊瑚鉢盛滿千色青木香，五百琥珀鉢盛滿千色白蓮華。王視如法，即敕兵臣嚴駕，十四萬衆俱到祇洹寺禮佛奉盆及僧。以七寶盆鉢俱施與佛及僧。僧受用竟，還駕歸國……"

琥珀釧

以琥珀製珠子穿起做成的鐲子。《南史·齊東昏侯紀下》："潘氏服御，極選珍寶，主衣庫舊物不復周用，貴市人間金銀寶物價皆數倍，琥珀釧一隻直百七十萬。"南朝梁蕭繹《金樓子·箴戒篇二》："齊東昏侯妃潘氏服御極選珍寶，琥珀釧一隻直七千萬（案《南齊書》作百七十萬）。"唐陸龜蒙《中酒賦》："仙莫得而媒，艷何能而有。麟毫簾近，遮雲母不足驚心；琥珀釧將，還玉兒未能回首。"《御定淵鑑類函·服飾部·釧》："增《說文》曰釧臂鐶也。《通俗文》曰環臂謂之釧。"

琥珀釵

以琥珀製作的首飾，形似叉。用於綰頭髮，亦可用之將帽子別於頭髮上。唐羅虯《比紅兒詩》："琥珀釵成恩正深，玉兒妖惑蕩君心。莫教回首看妝面，始覺曾虛擲萬金。"唐陸龜蒙《小名錄》卷下："東昏侯潘淑妃，小字玉兒。帝爲潘起神仙永壽玉殿，鑿爲蓮花貼地上，令潘妃行。曰：步步生蓮花常。市琥珀釵一隻直百七十萬。"明江南詹詹外史《情史·情豪類》："……貴市人間金銀寶物，價皆數倍。琥珀釵一隻，值百七十萬。"清張鑑《冬青館古宮詞》卷一："夜深涼露浥金階，鬢腳剛辭琥珀釵。明日看花芳樂苑，燈前試取綠絲鞋。"

琥珀棟

以琥珀製房屋之正梁或粘貼有琥珀之房屋正梁。宋曾慥《類說·異聞集·洞庭靈姻傳》："父曰：'此靈虛殿也。'白璧柱、青玉床、珊瑚簾、琥珀棟。君王方幸玄珠閣，與太陽道士講論《火經》。"

琥珀鳳凰

以琥珀雕刻之鳳凰。晉王嘉《拾遺記》卷三："有韓房者自渠胥國來，獻玉駱駝高五丈，虎魄鳳凰高六尺，火齊鏡廣三尺，闇中視物如畫，向鏡語則鏡中影應聲而答。韓房身長一丈，垂髮至膝，以丹砂畫左右手如日月盈缺之勢，可照百餘步。周人見之如神明矣。靈王末年亦不知所在。"參閱《太平廣記》卷二二九。

琥珀燕

琥珀色珍異怪鳥。晉王嘉《拾遺記》卷一："建安三年，胥徒國獻沈明石雞，色如丹，大如燕，常在地中，應時而鳴，聲能遠徹。其國聞鳴，乃殺牲以祀之，當鳴處掘地，則得此雞。若天下太平，翔飛頡頏，以爲嘉瑞，亦爲寶雞。其國無雞犬，聽地中候晷刻。道家云：'昔仙人桐君採石，入穴數里，得丹石雞，舂碎爲藥，服之者令人有聲氣，後天而死。'昔漢武帝寶鼎元年，西方貢珍怪，有琥珀燕，置之靜室，自於室中鳴翔，蓋此類也。《洛書》云：'皇圖之寶，土德之徵，大魏之嘉瑞。'"參閱元趙道一《歷世真仙體道通鑑》卷七、明徐應秋《玉芝堂談薈·土中玉豚》。

琥珀樹

以琥珀製作的佛門寶樹。《阿彌陀三耶三佛薩樓佛》卷上："內外浴池上，皆有七寶樹。中有淳金樹、銀樹、淳水精樹、淳琉璃樹、淳白玉樹、淳珊瑚樹、淳琥珀樹、淳車磲樹。"

第七章　金銀琺瑯説

第一節　金銀考

金銀，今指金和銀兩種金屬元素。包括金銀礦石、經提煉後的金銀、金銀貨幣、金銀製品四種。中國古代金泛指各種金屬，銀亦可稱爲金。本節所述之金銀主要指金銀製品。金銀製品可以從其應用方面分爲兩類：一類爲飾品，包括頭飾、服飾、主器上的嵌件等；一類爲器物，包括壺、碗、盤、盒、印、元寶、塔、棺、造像等。從其工藝方面又可分爲金銀器、錯金銀器、貼金銀器和鎏金銀器等。中國古代相關史料亦有記載，如《吳越春秋·越王無餘外傳》："禹登委山，得五金簡，青玉爲字，編以白銀。"《穆天子傳》卷二："天子乃賜曹奴之人戲、黃金之鹿、銀麕。"《列子·周穆王》曾曰："周穆王執化人之柄，騰而上天，暨化人之宮，構以金銀，絡以珠玉。"《吳越春秋·闔閭内傳》亦曰："闔閭痛之，葬於國西閶門。外鑿池積土，文石爲槨，題湊爲中，金鼎玉杯、銀樽珠襦之寶，皆以送女。"《史記·封禪書》又曰："蓬萊、方丈、瀛州，此三神山，黃金、白銀爲宮闕。"《漢書·食貨志上》曾有："食謂農殖嘉穀可食之物，貨謂布帛可衣，及金、刀、魚、貝，所以分財布利通有無者也。"又："民者，在上所以牧之，趨利如水走下，四方忘擇也。夫珠玉金銀，饑不可食，寒不可衣，然而衆貴之者，以上用之故也。”又如《漢書·百官公卿表上》亦曰：“相國、丞相，皆秦官，金印紫綬，掌丞天子助理萬機。”漢東方朔《神異經》亦有：“東方外有東明山，有宮焉。左右闕而立，其高百尺。建以五色門，有銀榜，以青碧鏤，題曰：‘天地長男之宮。’南方有閻明山，有宮焉。有銀榜，題曰：‘天地中女之宮。’”再如《晉書·食貨志》曰：“永寧之初，洛中尚有錦帛四百萬，珠寶金銀百餘斛。”《十六國春秋·後趙録》又曰：“大武殿室皆銀楹金柱。”《魏書·食貨志》有：“九州致貢，殊域來賓；乃作兹器，錯用奇珍。鍛以紫金，鏤以燭銀。”《魏書·食貨志》又有：“和平二年秋詔：中尚坊作黄金合盤，十二，具徑二尺二寸，鏤以白銀，鈿以玫瑰。”《三禮圖》卷四更有：“牛鼎受一斛，諸侯飾以白銀，天子飾以黄金。”類似之説，不勝枚舉。

從考古資料來看，1976年甘肅玉門火燒溝遺址墓葬中發現夏朝時金耳環和金鼻環，此遺址經碳十四測定，年代距今約3700～3900年；2007年四川成都金沙遺址出土商代晚期金器四十五件，包括一金面具；2005年陝西韓城出土西周晚期一金劍鞘；2006年甘肅張家川出土戰國時期一鎏金車；1978年湖北隨縣曾侯乙墓曾出土九百四十九件戰國時金器，包括金盞、金勺、金杯、金鎮、金帶鈎和金箔等。其中金盞爲當時所見最大。2005年陝西鳳翔出土十餘件金器，包括一金盆；匈奴金器代表作——鷹形金冠（内蒙古伊克昭盟杭錦旗阿魯柴登戰國墓出土）、鹿形金獸（陝西神木納林高兔村出土）等。以上金製品，大都使用金鈿工藝中錘揲、壓印、抽絲、鑲嵌和鎏鑄等手段。

相對金器而言，銀器出現較晚。美國紐約索思比行收藏一中國古代銀馬冠，長27.3厘米、寬29.9厘米，形狀與北京琉璃河西周墓地出土的銅馬冠和獸面具極爲相似。據文物專家鑒定和推測，應爲西周時期遺物；1949年前出土於安徽壽縣，現藏於北京故宮博物院的楚王銀匜，通體光素，製作精細，高4.9厘米，口徑11.8～12.5厘米，重100克，應爲楚王招待賓客宴飲時所用之酒器；1951年河南輝縣固圍村五號戰國墓出土一包金鑲玉嵌琉璃銀帶鈎，其鈎體長18.4厘米，寬4.9厘米，爲白銀鑄造，通體鎏金，應爲戰國時魏國貴族所用之飾件；河南洛陽金村墓葬出土許多戰國時銀製器皿，如銀盒、銀匜、銀銚等；陝西神木納林高兔匈奴墓還出土五件銀鹿，每件長10厘米，通高8.5厘米，均呈俯臥之狀，且體態匀稱。據文獻記載，《書·禹貢》已有金銀銅爲“金三品”之説，《爾雅》已有“白金謂之銀”説。綜上所述，銀器至遲出現於春秋戰國時期，甚至西周時期已出現。且至戰國，製作工藝已臻成熟，其製品已相當繁夥。如此衆多之考古發現所能證明者，衹是銀器產生之下限而已，未足以説明此前并無其物。

　　秦代年限極短，迄今尚未發現有關金器。據《史記·秦本紀》載："秦始皇葬驪山，以黃金爲鳧雁。"對於秦代所製之銀器，1978 年山東淄博大武鄉窩托村西漢齊王劉襄墓曾出土一鎏金刻花銀盤，製作精細，裝飾講究，是目前唯一刻有秦代紀年之銀器，亦是當今唯一秦代銀製器皿。漢代黃金産量激增，製金工藝趨於成熟，分布範圍擴大至北地、中原和南方地區。北方地區有陝西西安沙坡村出土的金竈、河北滿城中山静王劉勝墓出土的金龍等等。中原地區當以江蘇盱眙南窣莊發現的窖藏金獸爲代表，重 9000 克，是中國古代金器中極具歷史地位的一件重器。南方地區則是以廣州南越王墓出土的"文帝行璽"龍鈕金印、金杯形器爲代表。漢代出土之銀器亦實屬不少，如山東淄博與鎏金刻花銀盤同時出土一件銀盒，呈豆形，極爲美觀，值得重視；1991 年河北獲鹿西漢墓出土一銀盆，口徑 26.6 厘米，通體光素無華，色白如新，應爲王室用品。另外，隨着絲綢之路的開拓，中西方文化交流日益廣泛，兼具中西風格的金銀器大量出現，如廣陵王劉荆墓出土的王冠形器和金絲刀鞘，其工藝特點、器形風格當源於西方，而花的紋飾和"宜子"銘文具中國特色。又如廣州西漢南越王墓和雲南晉寧石寨西漢滇國墓出土的銀盒，裝飾有凸瓣型紋飾，此紋飾在我國十分罕見，但在波斯阿契美尼德王朝以及後來的安西王朝金銀器上却較爲常見，故銀盒上的凸瓣型紋飾應源於古代伊朗。時至東漢、三國，宫廷、貴族、富豪冶鑄、使用、收藏金銀器的行爲更爲普遍。據《太平廣記》卷二三六引王嘉《拾遺記》載：光武皇后弟郭況"累金數億，家僮四百人，以金爲器皿，鑄冶之聲，徹於都鄙"。曹操《上獻帝器物表》也提及金銀香爐、金唾盂、銀粉錡、銀盤、銀澡豆奩等金銀器物。就目前出土金銀器，與史籍記載漢代金銀器文化并不相稱，有待進一步考證。然出土金銀器之多少不能判定某時代金銀器多寡。應與金銀器殉葬，墓主地位及其喜好，時代風氣有關。魏晉南北朝時期之金銀器，多出土於北方地區墓。以北方重視金銀厚葬、崇尚財富之故。如内蒙古科爾沁左翼中旗出土之金奔馬、金瑞獸，内蒙古達爾罕茂明安聯合旗出土之金龍，内蒙古涼城小垻子灘出土鑲嵌寶石之獸形金印和銀印，以及遼寧北票西官營子北燕馮素弗墓出土"范陽公章"龜鈕金印、喇叭管形金器、筆帽形金器、小銀笄、銀帶環等等。此時期還出土了大量西方樣式的金銀器物：江蘇南京象山七號東晉墓出土的嵌金剛石金戒指，山西大同南郊張女墳一○七號北魏墓出土的刻花銀碗，山西大同小站北魏封和突墓出土的鎏金銀盤，山西大同南郊北魏建築遺址出土的八區銀洗和刻花銀碗，河北贊皇東魏李希宗夫婦墓出土的波紋銀碗和戒指，寧夏固原北周李賢夫婦墓中出土的鎏金銀壺和青金石金戒指，廣東遂溪出土的南朝後期銀碗等，以上所述之金銀器物，皆精緻而華貴，精美而富麗。

　　隋代金銀製品，目前出土較少。已出土的金器，最重要的當屬西安李靜訓墓及豐寧公主墓各一金杯。二者均爲高足杯，與同時出土之金幣、金戒指、頭冠金飾片等物品，均似歐洲拜占庭風格。而出土的銀器，較有特點的實物更是少之又少。唐代富庶繁華，中外交流頻繁，故金銀器物製作亦有中外合璧風格。以中亞之粟特、西亞之波斯薩珊風格爲主，少量受歐洲拜占庭、印度和阿拉伯等地區藝術風格影響。此類器物，或多保持异域特徵，或以大唐本土風格爲主。以安史之亂爲界，前期器物外來風格濃鬱，有諸多前所未有之器形，如帶把杯、長杯等。紋飾以忍冬紋、折枝花鳥紋爲主體，輔助以各種動物紋飾和連珠紋。後期以大唐風格爲主，呈現出嶄新的面貌。器形主體不變，局部有所改進，如將帶把杯之指墊取消，或將八棱形器體改爲花瓣形等。流行於前期的忍冬紋少見，而團花、纏枝花、花鳥紋案盛行。綜合而言，唐代金銀製品前期純模仿器多，亦有直接輸入品。後期創新與仿製品較多。據文獻記載，自貞觀十四年（640）至太和元年（827），均有吐蕃金器輸入。貞觀二十年，吐蕃遣大使禄東贊"作金鵝奉獻，其鵝黄金鑄成，高七尺，中可實酒三斛"（《册府元龜》卷九七〇）。開元十七年（729），吐蕃贊普向唐朝進"金胡瓶一、金盤一、金碗一"（《舊唐書·吐蕃傳上》）等等。開元後，宮廷自製銀器逐漸增多。依史料記載，天寶十年（751），安禄山生辰，唐玄宗賜予金花大銀盤、金鍍銀蓋碗、鍍金銀盒子、銀沙羅、銀碗等大量銀器皿。時隔不久，唐玄宗又賜安禄山"銀淘盆二，銀私筐及笊籬各一"，此"皆厨厩之物"。另唐段成式所著《酉陽雜俎》中，亦記載唐玄宗賞賜安禄山長列禮品單，包括銀瓶、八斗金鍍銀酒瓮等許多銀製品。除此之外，北方陝西法門寺之金銀器，南方浙江、江西等地之金銀器，均具有上述特點。

　　宋代金銀器製造業日益繁榮，製造工藝日臻成熟，如唐代金銀器方法原十四種，至宋代增加爲十九種，且有重要變化。金銀器原爲皇室王族特享之物，後擴至商賈富民範圍，再至酒肆妓館。金銀器作坊遍及境内，僅臨安便"紛紜無數"。皇室王族以使用金銀器，爲權力與財富之象徵，亦有條件精益求精、窮奢極欲。商賈富民之金銀器爲財富之象徵，無需精雕細刻，終使宋代金銀器趨於實用化、平庸化、大衆化、商品化。如浙江義烏宋代窖藏出土的金龍，陝西武功報本寺塔地宮出土的金棺，江蘇溧陽平橋出土的仿古鎏金銀簋，江蘇江浦黄悦嶺南宋張同之夫婦墓出土的梅花銀盤等，均不見炫奇鬥彩、富麗浪漫之風。漢朝雅正之風減退，唐朝雍容之氣消失。遼、金、大理等國，金銀器製造業各有其民族特色，別具一格。如内蒙古哲里木盟遼代陳國公主與駙馬合葬墓出土的金面具、鎏金銀冠和金花銀靴，内蒙古赤峰洞後村遼代窖藏出土的鎏金銀鷄冠壺，陝西西安臨潼金代窖藏的金鳳步摇、雲南大理崇聖寺出土的金佛像和鎏金銀嵌珠金翅鳥等。

元代繼承宋代傳統，風格也大體相近，製作中心亦集中於長江中下游和太湖之間。代表器物爲江蘇吴縣元吕師孟墓出土的如意金盤和御仙花金束帶，江蘇無錫南郊錢裕墓出土的鎏金花瓣式銀托和銀盞，臺北故宫博物院所藏的元代著名銀匠朱碧山所製之傳世銀槎等。

中國文化，尚義而不尚利。即或爲金銀寶玉，亦或爲禮器，亦或爲國用。而以華麗奢侈之飾物、權力財富之象徵，絕非所崇尚。如宋魏了翁《周易要義·賁》："舉束帛言之，則金銀珠玉之等皆是也。若賁飾於此束帛珍寶，則質素之道乃損落，故云'丘園乃落'也。"清胡渭《禹貢錐

商金箔虎形飾

指·略例》："王者以一人養天下，不以天下奉一人。禹任土作貢，皆祭祀燕饗之需，車服器械之飾，吉凶禮樂之用，國家之所必不可缺者，夫子'無間然'三語，深得其心，非但季世徵求之濫不可與同日而論，即伊尹之《獻令》，今周公之《王會》，恐亦屬後人依托，借曰有之，則殷周之志荒矣。今釋厥貢，必一一明其所用，如金銀、珠玉、琅玕、怪石、竹木、橘柚、菁茅之類，則又必詳致其辨，使知聖人無一徇欲之事，庶不敢厲民以自養耳。"殉葬以金銀珠玉及侈求金銀珠玉之享用者，皆非明君所當行當倡。明乎此，則漢、宋及明金銀之器不盛，即可知矣。

明代金銀器工藝頗有特點，如多用寶石鑲嵌等。單就其藝術性而言，能代表明代金銀器發展水準者，當屬北京定陵出土的諸多金器，如金冠、金壺、金爵杯、金盂、金粉盒等。以及湖南道縣瓜地村南明窖藏出土的衆多銀器，如銀鼎、銀斝、銀匜、銀爵等。其金器造型大方，紋飾繁縟，銀器則輕靈秀麗，細膩精美，且兩者皆與唐代之後金銀器風格迥然不同。

清代執政者雖宣導儒學，但從金銀器之製造與使用考證，此類華貴器物主要集中於皇家。固然有作爲禮器者，然表現權力與財富之意更多。遍觀故宫博物院珍藏之清代金銀器

物，種類之衆多，工藝之精緻，令人稱奇。清代之金銀器種類繁多精美。金器：金編鐘、嵌寶石金佛塔、金壇城、金盔甲、銀盆金鐵樹、金天球儀、金鏨花八寶雙鳳盆、嵌珠金杯，等等；銀器：銀提梁壺、銀經匣、白銀碗碟、銀唾壺、銀面盆、銀纍絲花瓶、銀纍絲圓盒等，確是應有盡有；應用金銀器：純金銀之器、嵌金銀之器、鍍金銀之器、雕金銀之器、綴金銀之器等，更是無奇不備。（參見趙桂玲著《漫談中國古代金器文化》，李澤奉編《金銀器鑒賞與收藏》）

常見銀飾品純度的稱謂，有純銀、925 銀、泰銀、藏銀、苗銀等，它們的品質是不相同的。

純銀：從理論上講銀的含量達到 100% 纔是純銀，但實際很難獲得 100% 的純度。因此含量達到 99% 的銀，就代表純銀（含量達到 98% 的銀稱爲 "足銀"，在首飾上標注爲 980S。其他 2% 爲銅）。純銀很軟，用它做的首飾容易變形，不能製作仿白金或鑲嵌類飾品；且易被氧化變色，故不宜做高檔首飾。但用其製作的素銀類飾品有其獨特的質感。

925 銀：是指含銀 92.5%，含銅 7.5% 的銀。由於加入了一定比例的銅，使銀的品質（光澤、亮度、硬度）有所改善，故 925 銀被國際公認爲標準銀。在首飾上標注爲 925。在首飾界説到 "純銀飾品" 指的就是 925 銀。925 銀能够鑲嵌寶石，做中高檔首飾。

素銀：指没有外鍍白金的 925 銀。爲解决銀容易氧化的問題，一般會在 925 銀外鍍一層 "金屬銠"（白金），這樣就能够最大限度地延緩銀的氧化變色問題。

泰銀：泰銀是源於泰國的一種仿古工藝銀飾品。是在銀首飾上把銀和硫的混合物加熱熔化，并以玻璃質狀態形成覆蓋層，覆蓋層的烏黑與銀的光潔亮白形成鮮明對比，産生特殊的視覺效果。經硫化處理後的銀飾品，又叫 "烏銀"。這種銀飾品不會再變色，且硬度亦有所增强，還會呈現一種原始古樸的效果，色彩啞光，深受時尚一族人的喜愛。因這種方法源於泰國，所以稱爲 "泰銀"，其質地爲 925 銀。泰銀可以鑲嵌寶石。

藏銀：藏銀是白銅（銅鎳合金）的雅稱。傳統意義上的藏銀爲 30% 銀加上 70% 的銅，目前市場上已絶迹。市售的藏銀大多爲白銅製品。

苗銀：苗銀是雲、貴兩省苗族製作的銀飾品的統稱。其主要成分爲白銅、鎳合金，表面鍍銀，銀含量不足 20%。主産於貴州黔東南一帶，以家庭手工製作爲主，圖案精美，富有寓意。産於雲南的苗銀材質主要使用黃銅或紫銅，以模具製作爲主。區別苗銀的品質，主要是看鍍銀的厚薄程度。

　　檢測銀器的銀含量，可用硝酸點試法：在銀器上鎈一小口，將硝酸點在缺口上，觀其變化，其口訣爲："七綠、八黑、九五白"。也就是説，其色澤保持不變者，含銀95%以上；色澤變黑者，含銀達80%~95%；而含銀爲50%~75%的銀器，則變綠色，綠色越深，銀含量越低。

十四種金

　　金飾工藝名。十四種金飾品加工工藝。明楊慎《丹鉛續錄·鈿金》："《唐六典》有十四種金：曰銷金、曰拍金、曰鍍金、曰織金、曰砑金、曰披金、曰泥金、曰鏤金、曰撚金、曰餙金、曰圈金、曰貼金、曰嵌金、曰裹金，而鈿金不在其中，今併其名亦不知矣。"散見於《唐六典》諸篇，其名詞爲楊慎轉述。

拍金

　　金飾工藝名。以拍打錘製之金製品。宋陶穀《清異錄·人事門·金搭膝》："溫韜少無賴，拳人幾死市。魁將送官，謝過魁前，拜逾數百，魁釋之。韜每念之以爲恥，既貴達，拍金薄爲搭膝帶之，曰：'聊酬此膝。'"《鍾馗斬鬼傳》第九回："醉死鬼道：'你要擲骰兒麼？俺就一點一鐘買上，任你趕老羊、起搶、夾蛋蛋、打羅羅、翻么、打正快、丟狗頭、拍金都不怯你。'"清徐松《宋會要輯稿·職官三六》："後苑造作所：在皇城北，掌造禁中及皇屬婚娶名物……棱作、匙作、拍金作、鐵作、小爐作、錯磨作……"

抹金

　　金飾工藝名。以金粉於器物上塗抹出紋飾。明鄭若曾《鄭開陽雜著》卷四："抹金提銅銚。"《明史·儀衛志》："舊例，郡王儀仗有交椅、馬杌，皆木質銀裹；水盆、水罐及香爐香合，皆銀質抹金，量折銀三百二十兩。"《明史·輿服志一》："風屏後壁板俱紅髹，用抹金銅鈒花葉片裝釘。"《續通志·器服略五》："用犛牛尾染紅簇爲纛，上施抹金銀寶。"

披金

　　金飾工藝名。將金箔貼於器皿之某一面或多面。《陝西通志·藝文·序》引明黃省曾《西京雜記序》："凡若此者，披金置沙，法所删棄矣。"

泥金

　　金飾工藝名。以金粉或加以油漆塗飾器物。《宋史·輿服志五》："大中祥符元年，三司言：'竊唯山澤之寶，所得至難，倘縱銷釋，實爲虛費。今約天下所用，歲不下十

泥金如来

萬兩，憚上市棄於下民。自今金銀箔綫、貼金、銷金、泥金、蹙金綫裝貼什器土木玩用之物，并請禁斷，非命婦不得以爲首飾……'"《浙江通志·物產七·溫州府》："漆器。《溫州府志》：鸝色、綠色、牙色、錦犀、純朱、刻花、退光、磨光、卷素、剔金、灑金、泥金、嵌螺、漂霞，今漸失其制。"

研金

金飾工藝名。以金研碾於器皿上。宋岳珂《寶真齋法書贊・歷代帝王帖》："是書在承平時，實彙藏天章閣上，寫以七寶研金箋，首用御製小璽，後列天聖職掌官吏臣名，背用天章閣印。"元曹文晦《書所見》詩："柳黃鶴袖桃花裙，釵梁研金光射人。"元劉渙《青樓怨》詩："翠綃舞衣珠佩結，研金天鵝銀蛺蝶。"《元史・百官志五》："研金局大使一員，至元二十年置。"明周嘉冑《香乘・香品》："晋天福三年，賜僧法城跋遮那（袈裟環也）。王言云，敕法城卿佛國棟梁、僧壇領袖，今遣內官賜卿研金虛鏤沈水香紐列環一枚，至可領取。"

背影金

金飾工藝名。用金銀作裝飾性底色。《續資治通鑑長編・宋仁宗慶曆二年》："戊辰，詔有司申明前後條約，禁以銷金、貼金、縷金、間金、蹙金、圈金、剔金、陷金、明金、泥金、楞金、背金、闌金、盤金、織金、綫金、撚金爲服飾，自宮庭始，民庶犯者必致之法。"《宋史・輿服志五》："〔大中祥符〕八年，詔內庭自中官以下，並不得銷金、貼金、間金、餤金、圈金、解金，剔金、陷金、明金、泥金、楞金、背影金、盤金、織金、金綫拈絲裝着衣服，並不得以金爲飾。其外廷臣庶家悉皆斷禁。"參閱清顧炎武《日知錄之餘》卷二。

剔金

金飾工藝名。剔除金飾圖案餘金的工藝。《續資治通鑑長編・宋仁宗慶曆二年》："戊辰，詔有司申明前後條約，禁以銷金、貼金、縷金、間金、蹙金、圈金、剔金……爲服飾，自宮庭始，民庶犯者必致之法。"《宋史・輿服志五》："〔大中祥符〕八年，詔內庭自中官以下，並不得銷金、貼金、間金、餤金、圈金、解金，剔金、陷金……裝着衣服，並不得以金爲飾。其外廷臣庶家悉皆斷禁。"明趙宧光《寒山帚談・權輿一》："世主有以金填其文者，金人剔金棄石，或遭杵臼之厄，或經修研之異。"參閱清顧炎武《日知錄之餘》卷二。

陷金

金飾工藝名。在金銀上鎪刻圖案、花紋或文字的工藝。《續資治通鑑長編・宋仁宗慶曆二年》："戊辰，詔有司申明前後條約，禁以銷金、貼金、縷金、間金、蹙金、圈金、剔金、陷金……爲服飾，自宮庭始，民庶犯者必致之法。"宋勾延慶《錦里耆舊傳》卷二："陷金玉五垂鞍彎一副。"宋程大昌《演繁露》卷一〇："鐵券形似半破小木甌子，曲處着肚上有四孔穿絃處，其文於外面鎪陷金。"又："形如小木甌上有四竅，可以穿條，凸面鎪字，陷金以煥之。"清倪濤《六藝之一錄・金器欵識二十・歷代刀布》："契刀：《前漢・食貨志》曰，王莽造契刀，其環如大錢，身形如刀，長二寸，文曰契刀五百……其文鋪成，若錯刀之陷金也。"

描金

金飾工藝名。以金銀粉於器物或墙、柱圖案上勾勒描畫作爲裝飾。《元史・輿服志一》："革輅白質金妝，青綠藻井，栲栳輪蓋，外施金妝雕木雲龍，內盤描金白檀雕福圓海龍一頂，上匝以金塗鍮石耀葉八十有一。"《明史・輿服志三》："明初，置內使監，冠烏紗描金曲脚帽。"《禪真逸史》第七回："側首挂着一張七弦古琴，琴邊又斜懸着幾枝簫管，一口寶劍。上面放着一張雕花描金供桌，侍奉一尊滲金的達摩祖師。"清況周頤《續眉廬叢話》:"朱竹垞《静志居琴趣·繡鞋詞》云:'假饒無意與人看,又何用描金撇繡。'語意刻深,令人無從置辯。"《再生緣》第四三回:"言訖欣然面帶春,回頭含笑叫夫人。可將盒内携來物,付與元郎幼弟吞。梁氏素華忙取過,描金盤内擺紛紛。俱是御賜明堂物,果餅鮮幹樣樣新。猶恐元郎拿不起,丫環幫送到圍廳。"

圈金

金飾工藝名。以金銀圈裝飾器物的工藝。《續資治通鑑長編·宋仁宗慶曆二年》:"戊辰,詔有司申明前後條約,禁以銷金、貼金、縷金、間金、蹙金、圈金……爲服飾,自宮庭始,民庶犯者必致之法。"明王世貞《弇山堂別集·異典述九》:"織金虎,并圈金寶相花。"明俞汝楫《禮部志稿·宗藩備考》:"鞠衣實金繡鸞鳳、彩繡圈金雲夾四件。"又:"造完霞帔青綾羅實金繡鸞鳳、彩繡圈金雲二副。"《明史·輿服志二》:"大彩霞帔衫、黃霞帔,深青,織金雲霞龍文,或繡或鋪翠、圈金,飾以珠玉墜子。"清吳任臣《十國春秋·後蜀二·後主紀》:"每臘日,内官各獻羅體圈金花樹,所費不貲。"

貼金

亦作"帖金"。金飾工藝名。以金箔貼於器物上之工藝。宋王溥《唐會要·服紀下》:

貼金佛

"纛杆九尺,不得安火珠,帖金銀,立鳥獸旗幡等。"《續資治通鑑長編·宋仁宗慶曆二年》:"戊辰,詔有司申明前後條約,禁以銷金、貼金……爲服飾,自宮廷始,民庶犯者必致之法。"《宋史·儀衛志六》:"仗者服帖金帽。"明鄭若曾《鄭開陽雜著》卷四:"貼金扇。"《明會典·麾》:"一朱紅漆木杆,長一丈一尺,飾以貼金銅龍頭。"清胡渭《禹貢錐指》卷六:"然摹畫宮闕,塗飾器服,有銷金、泥金、貼金、剔金,及爲絲、爲線之類,名號非一,皆耗金之由也。"清徐乾學《讀禮通考·葬考十二·英宗裕陵》:"雲龍五彩貼金朱紅油石碑一。"

【帖金】

同"貼金"。此體宋代已行用。見該文。

間金

金飾工藝名。將金銀夾雜其中裝飾器物的工藝。《宋史·沈與求傳》:"兩浙轉運副使徐康國,自溫州進發宣和間所製間金、銷金、屏障、什物。與求奏曰:'陛下儉侔大禹,今康國欲以微物累盛德,乞斥而焚之,仍顯黜康國。'從之。"《宋史·輿服志五》:"〔大中祥符〕八年,詔内庭自中宮以下,並不得銷金、貼金、間金……裝着衣服,並不得以金爲飾。"《宋史·唐介傳》:"宰相文彦博守蜀日,造間金奇錦,緣闇侍,通宮掖,以得執政。"《金史·輿服志上》:"明昌元年三月,定妃嬪車輦同鍍金鳳頭,黃結;御妻世婦用間金鳳頭,梅紅結子。"

楞金

金飾工藝名。一種金銀器製作或修飾方式。《續資治通鑑長編·宋仁宗慶曆二年》:"戊辰,詔有司申明前後條約,禁以……楞金、背金、闌金、盤金、織金、綫金、撚金爲服飾，自宮廷始，民庶犯者必致之法。”明陶宗儀《説郛·徐明善〈天南行記〉》：“楞金度銀御前花石盤一面。”又：“楞金犀楪連底一口。”《大清會典則例·工部·製造庫》：“輦蓋，高二尺方六尺二寸，飾天青色，嵌圓玉版四，起四楞金脊，角出雲朵，上安金頂，承以鈑花盤。”

解金

金飾工藝名。熔化金銀而再造其他器物的工藝。《宋書·毛修之傳》：“求情既所不容，即實又非所繼，但以方仗威靈，要須綜攝，乞解金紫寵私之榮，賜以鷹揚折衝之號。臣之於國，理無虛請。”《畿輔通志·石星傳》：“户部有解金而穴以銅者，可數十金。”《續通典·食貨·錢幣下·元明》：“夫錢曰金背、火漆、旋邊、一條棍，蓋四名矣。然其實寶源局所鑄一條棍之數多，而南京所解金背之數少，故今所通僅得十分之五也。”

戗金

亦作“鎗金”“槍金”，亦稱“戣金”。金飾工藝名。於器物上刺刻圖案，填嵌金銀的工藝。唐李庚《西都賦》：“太傅在前，少傅在後，載言載筆，出納謨誥，鶂動鷺飛，振玉鎗金。殷廟羞瑚璉之器，楚材慚杞梓之林。”宋陳均《九朝編年備要·真宗皇帝》：“詔自中宮宗室、皇親及外庭臣庶之家，衣服器用並不得以銷金、戗金、金綫之類爲飾。”《宋史·輿服志五》：“内庭自中宮以下，並不得銷金、貼金、間金、戣金、圈金……”《元史·禮樂志二》：“簫二，編竹爲之，每架十有六管，闊尺有六分，黑槍金鸞鳳爲餙。”明陶宗儀《輟耕録·鎗金銀法》：“嘉興斜塘楊匯鬜工鎗金、鎗銀法，凡器用什物，先用黑漆爲地，以針刻畫，或山水樹石，或花竹翎毛，或亭臺屋宇，或人物故事，一一完整，然後用新羅漆。若鎗金，則調雌黃；若鎗銀，則調韶粉。日曬，後角挑挑，嵌所刻縫罅以金薄或銀薄，依銀匠所用紙糊籠罩，置金銀薄在内，遂旋細切取，鋪已施漆上，新綿揩拭牢實，但着漆者自然黏住，其餘金銀都在綿上，於熨斗中燒灰，甘鍋内熔鍛，渾不走失。”《律吕正義後編·樂器考四·中和樂器》：“管皆用紫竹匏，身嘴頸皆用黑漆戧金雲龍垂五彩流蘇爲飾。”

【鎗金】

同“戧金”。此體唐代已行用。見該文。

【戣金】

即戧金。戣，刺擊的長槍。此稱宋代已行用。見該文。

【槍金】

同“戧金”。此體元代已行用。見該文。

裹金

金飾工藝名。以金包裹器物或器物某一部分作裝飾的工藝。《新五代史·晉臣傳·景延廣》：“延廣所進器服、鞍馬、茶牀、椅榻，皆裹金銀，飾以龍鳳。”《明會典·工部二》：“金馬兀一個，木質、金葉、裹金釘裝釘，鈑盤龍雲文。”清厲鶚《遼史拾遺·地理志五》：“今蹀躞副使服裹金帶，如漢帶。”《大清會典·禮部》：“士庶公服，狀元頂帶視六品，會試中式貢士冠用裹金三枝九葉頂，服均如常制。”

撚金

金飾工藝名。將金銀撚成綫以作裝飾之用的工藝。宋李心傳《建炎以來繫年要録》卷一七四：“辛丑，沈該等奏，安南人欲買撚金綫緞，此服華侈，非所以示四方。"《金史·輿服志上》："小綬三色，同大綬，閒七寶鈿窠，施三玉環，上碾雲龍，撚金綫織成。"清翟灝《通俗編》卷二五："〔《唐六典》〕有十四種金，曰銷金、曰拍金、曰鍍金、曰織金、曰砑金、曰披金、曰泥金、曰鏤金、曰撚金、曰餤金、曰圈金、曰貼金、曰嵌金、曰裹金。"

銷金

金飾工藝名。指銷熔金屬。《漢書·公孫弘傳》："銷金石者不纍月。"顏師古注："冶，銷金鐵之爐也。"《宋史·真宗紀二》："丙午，申明非命服勿服銷金，及不許以金銀爲箔之制。"元詹道傳《四書纂箋·孟子纂箋·告子上》："鑠，以火銷金之名，自外以至内也。"清胡渭《禹貢錐指》卷六："帝位於右，后位於左，題號其面，籠以銷金絳紗，其制如檀。"

盤金

金飾工藝名。以金銀盤繞作裝飾的工藝。唐李咸用《升天行》詩："盤金束紫身屬官，强仁小德終無端。"《續資治通鑑長編·宋仁宗慶曆二年》："戊辰，詔有司申明前後條約，禁以……盤金、織金、綫金、撚金爲服飾，自宮廷始，民庶犯者必致之法。"《明集禮》卷二七："綴珠，銷金，盤金，繡畫衣二十襲。"《清朝文獻通考·四裔考三》："朝使冠烏紗冠，雙翅，側衝，上向，盤金朱纓垂頷下。"《第一美女傳》第一六回："次日，天然戴着玲瓏碧玉鳳頭冠，穿着大紅盤金團鳳袍，月白瀟花湘水裙，叫勇兒隨着……"

綫金

金飾工藝名。將金加工成綫的工藝。《續資治通鑑長編·宋仁宗慶曆二年》："戊辰，詔有司申明前後條約，禁以銷金……綫金、撚金爲服飾。自宮廷始，民庶犯者必致之法。"明蕭洵編《元故宮遺録》："由東而上爲玉虹殿，殿前有石巖如屋。每設宴，必温酒其中，更衣玉虹金露，交馳而繞層闌。登廣寒殿，殿皆綫金朱瑣窗，綴以金鋪。"《明史·輿服志一·大輅》："共十二柱，柱首雕木貼金，蹲龍及綫金五彩蓮花抱柱，闌干内四周布花毯。"

錯金

亦稱"嵌金""鑲金"。金飾工藝名。以金銀絲縷交錯鑲嵌於器物之上的工藝。《説文·金部》："錯，金塗也。"漢董仲舒《春秋繁露》卷九："今握棗與錯金，以示嬰兒，必取棗而不取金也。"明謝肇淛《滇略》卷二："各錯金爲金翅鳥立其上，以厭龍也。"明俞汝楫《禮部志稿·宗藩備考》："乃敢僭用鑲金帶。"清黃宗炎《周易象辭》卷九："錯，金塗也。從金，從昔。昔有過往之義，以金錯銅鐵爲往來交互之文。"《元史·輿服志一》："雲肩，製如四垂雲，青縁黃羅五色，嵌金爲之。"《明史·外國傳·古里傳》："椰子樹至數千，其嫩者漿可飲，亦可釀酒，老者可作油糖，亦可作飯；幹可構屋，葉可代瓦，殼可製杯……可鑲金。"清黃叔璥《臺海使槎録》卷二："鑲金鳥銃三十把，馬銃六十把，彩帶三十佩，鑲金佩刀三十把，鑲金雙利劍二十把。"

【嵌金】

即錯金。此稱元代已行用。見該文。

【鑲金】

即錯金。此稱明代已行用。見該文。

鍍金

亦稱"鎏金"。金飾工藝名。指在器物表面

鍍上一層薄薄的金子。東周以來頗爲流行。金溶解於水銀中製成金汞泥，塗於器物表面，加熱使水銀蒸發，金即附着於器物表面。繼而以瑪瑙壓子於鍍金表面反復輾軋以固和出光。唐李紳《答章孝標》詩：“假金方用真金鍍，若是真金不鍍金。”宋錢時《融堂書解・宋進書原札狀》：“右件書一百册，用黃綾背褙，黃羅絹裏，夾複五條，象牙牌五面，紅絨條繫彩畫木匣五隻盛貯，鍍金鐵鎖並全，謹具狀上進以聞。”《金史・輿服志上》：“明昌元年三月，定妃嬪車輦同鍍金鳳頭，黃結；御妻世婦用間金鳳頭，梅紅結子。”《元史・輿服志一》：“器皿：除釵造龍鳳文不得使用外，一品至三品許用金玉，四品、五品惟臺盞用金，六品以下臺盞用鍍金，餘並用銀。”《平定準噶爾方略正編》卷四三：“賞賚敦多蔔達什及其眷屬鍍金器、銀器、鞍轡、緞布、茶葉及使臣跟役等。”

【鎏金】

即鍍金。元高明《送駙馬西山公》詩：“王姬下嫁禮服優，鎏金爲車白玉輞。閨中通籍埶輿僁，貴宜列爵同徹侯。”明李蓘《胡明府書來道舊花園之游憮然作歌》：“池水漣漪鏡靚妝，鎏金寶鴨焚都梁。”明文震亨《長物志・小室》“以小佛櫥供鎏金小佛於上亦可。”明李時珍《本草綱目・金石之三・水銀》集解引南朝梁陶弘景曰：“〔水銀〕能消化金銀使成泥，人以鍍物是也。”清李斗《揚州畫舫録・橋西録》：“〔蓮性寺〕中建臺五十三級，臺上造白塔，塔身中空，供白衣大士像。其外層級而上，加青銅纓絡，鎏金

漢鎏金車飾

塔鈴，最上簇鎏金頂。”

縷金

金飾工藝名。製金成縷用以修飾器物的工藝。《舊唐書・五行志》：“蜀川獻單絲碧羅籠裙，縷金爲花鳥，細如絲髮，鳥子大如黍米，眼鼻嘴甲俱成，明目者方見之。”《宋史・禮志二十二》：“元祐二年十一月冬至，詔賜御筵於呂公著私第，遣中使賜上尊酒、香藥、果實、縷金花等，以御飲器勸酒，遣教坊樂工，給內帑錢賜之。”《遼史・聖宗紀七》：“庚辰，禁服用明金、縷金、貼金。”《明史・輿服志三》：“洪武三年定制，執仗之士首服皆縷金額交脚襆頭。”清秦蕙田《五禮通考・吉禮》：“祝册，親祀用之，製以竹，每副二十有四簡，貫以紅絨條，面用膠粉塗飾，背飾以絳金綺，藏以楠木縷金雲龍匣……”

織金

金飾工藝名。製金成絲，織成服飾的工藝。《後漢書・西域傳》：“織成金縷罽是也。”《別雅》卷二：“又《南史・宜都王鏗傳》，於時，人發桓温女冢，得金巾箱，織金葰爲嚴器。嚴器亦即籢器，當以音近借用耳。”清徐文靖《禹貢會箋》卷八：“孔安國傳：‘貢四獸之皮。’織金罽也。”清秦蕙田《五禮通考・吉禮》：“五嶽組金幡二，鈔五百貫；四瀆織金幡二，鈔二百五十貫；四海五鎮銷金幡二，鈔二百五十貫。”

鏤金

金飾工藝名。以雕鏤之法製作或修飾金銀之器的工藝。亦指雕鏤物體，中間嵌金。《詩・秦風・小戎》：“虎韔鏤膺。”鄭玄注：“鏤，刻金飾也。”《梁書・任昉傳》：“聖賢以

此鏤金版而鎸盤盂，書玉牒而刻鐘鼎。"《新唐書·地理志》："綿州巴西郡，上本金山郡，天寶元年更名土貢，鏤金銀器、數金輕容、雙紃綾錦、白藕、蔗。"宋林岊《毛詩講義》卷八："馬之眉上，鏤金爲飾。"《明史·職官志》："土官朝貢，亦驗勘籍，其返，則以鏤金敕諭行之，必與銅符相比。"

鑄金

金飾工藝名。以鑄造法製作金銀器的工藝。《淮南子·氾論訓》"齊桓公將欲征伐，甲兵不足，令有重罪者出犀甲一戟，有輕罪者贖以金分，訟而不勝者出一束箭。百姓皆説，乃矯箭爲矢，鑄金而爲刃，以伐不義而征無道，遂霸天下。此入多而無怨者也。"楊守敬、熊會貞《水經注疏》卷二七："亮薨，百姓野祭。步兵校尉習隆、中書郎向充共表云：臣聞周人思召伯之德，甘棠爲之不伐。越王懷范蠡之功，鑄金以存其像。亮德軌遐邇，勳蓋來世。王室之不壞，實賴斯人，而使百姓巷祭，戎夷野祀，非所以存德念功，追述在昔者也。"明郎瑛《七修類稿·國事類·天師印》："洪武二十四年，真人張宇奏；以代嘗給正一玄壇傳籙之印……則英宗朝因使拜表，回鑾有驗，鑄金易之。"

欄金

亦稱"闌金"。金飾工藝名。以金銀作欄綫以爲裝飾的工藝。宋王稱《東都事略》卷六："自中宮已下，並不得衣銷金、縷金、蹙金、陷金、明金、泥金、楞金、背金、欄金、盤金、織金……"《文獻通考·王禮考九》："自内廷後宮以下，毋得衣銷金、貼金、縷金、間金、蹙金、圈金、解金、剔金、陷金、明金、泥金、楞金、脊金、闌金、盤金、織金、綫金、撚金等。"

【闌金】

即欄金。此稱元代已行用。見該文。

金人

以純金鑄造之人像。《史記·匈奴列傳》："漢使驃騎將軍霍去病，將萬騎出隴西……破得休屠王祭天金人。"《後漢書·西域傳》："世傳明帝夢見金人，長大，頂有光明，以問群臣。或曰：西方有神，名曰佛，其形長丈六尺而黃金色。"亦有以銅鑄造之像，不在本節所指範圍之内。

金三事

隨身佩帶的三種金製用具，即鑷子、挑牙和耳挖勺。鑷子用於清理毛髮；挑牙用於剔除牙垢，猶今之牙籤；耳挖勺用於挖耳。以銀製稱爲"銀三事"。宋龍袞《江南野史》卷三："又勸説令廣施刹梵，營造塔像，身被紅羅銷金三事，後主讓其太奢。"《金瓶梅詞話》第一九回："婦人一面摘下塞領子的金三事兒來，用口咬着，攤開羅衫。"《醒世姻緣傳》第五○回："狄希陳仍到前邊坐下，取下簪髻的一隻玉簪并袖中一個白湖綢汗巾，一副金三事挑牙，都用汗巾包了，也得空撩與孫蘭姬懷内。"

金斗

即金勺，用以斟羹湯、酌酒。《吕氏春秋·孝行覽·長攻》："代君以善馬奉襄子，襄子謁於代君而請觴之。馬郡盡先令舞者置兵其羽中數百人，先具大金斗，代君至，酒酣，反斗而擊之，一成，腦塗地，舞者操兵以鬪，盡殺其從者。"《史記·張儀列傳》："乃令工人作爲金斗，長其尾，令可以擊人。"

金甲

飾以黃金的武士護身服。《隋書・禮儀志七》："後周警衛之制，置左右宮伯，掌侍衛之禁，各更直於内小，宮伯貳之；臨朝則分在前侍之首，並金甲，各執龍環、金飾長刀；行則夾路車左右。中侍掌御寢之禁，皆金甲，左執龍環，右執獸環長刀，並飾以金。"《舊唐書・音樂志一》："〔永徽二年十一月，高宗親祀南郊〕其武舞宜用《神功破陣》之樂，皆被甲持戟，其執纛之人，亦着金甲。人數並依八佾，仍量加簫、笛、歌鼓等，並於懸南列坐，若舞即與宮懸合奏。"《白圭志》第九回："庭瑞不解其故，正要爭辯，忽見一金盔金甲人，形容古怪，左手拿一金斗，右手拿一朱筆，用筆在庭瑞頭上一點，左右武士將庭瑞推入於黑暗洞中。霎時醒來，乃是南柯一夢。"

金瓜

衛士所執之兵仗。仗端作瓜形，有立瓜、臥瓜兩式，以黃金爲飾。宋佚名《大宋宣和遺事・亨集》："這賈奕爲看了那天子龍鳳之衣，想是：天子在此行踏，我怎敢再踏李氏之門，他動不動金瓜碎腦，是不是斧鉞臨身。我與師師兩個膠漆之情甚美……"元張昱《輦下曲》："衛士金瓜雙引導，百司擁醉早朝回。"《明會典・兵部・侍衛》："錦衣衛將軍八人，明盔甲，懸金牌佩刀，執金瓜。"清朱彝尊、于敏中《日下舊聞考》卷三四："大漢將軍二十人，導駕至左順門易冠帶，仍執金瓜，侯伯則易金繡蟒衣，綴立文華門外，宣入將軍負東西牆立。"

金耳飾

以黃金打造佩戴於耳部的飾品。可有多種形狀。清刊《皇朝通典・婚禮》："順治九年，定官員士庶婚禮。公納采禮緞衣五襲，緞衾褥三具，金領約一具，金簪二枝，金耳飾全副。是日具筵，用牲九。"清阮葵生《茶餘客話・禮制》："雍正元年，定公納采禮：金領約一具，金簪三枝，金耳飾一副，段衣四襲，段衾褥三具……四品官納采禮，金領約一具，金耳飾一副，段衣一襲，段衾褥一具，納采日燕用牲二，成婚日具筵六席。"

金車

飾金之車，貴者所乘坐。《易・困》："來徐徐，困於金車。"王弼注："金車，謂二也。二，剛以載者也，故謂之金車。"漢焦延壽《易林・小畜・剝》："木馬金車，駕游大都。"《大般若波羅蜜多經》卷五八一："如是行施無所染着。晝夜精勤常無厭倦。時舍利子及諸大眾，一切復見無礙菩薩七寶莊飾百千金車。"元周達觀《真臘風土記》："凡諸臣與百姓之欲見國主者，皆列坐地上以俟。少頃聞内中隱隱有樂聲，在外方吹螺以迎之。聞止用金車子，來處稍遠。須臾，見二宮女纖手捲簾，而國主已仗劍立于金窗之中矣。"

金佛

金製佛像或鍍金、鎏金、貼金、包金佛像。唐玄奘《大唐西域記・五國》："大垣中有精舍……石爲基陛，磚作層龕，龕匝四周，節級百數，皆有隱起黃金佛像。"《太平御覽》："周天和二年，齊武安妖人與其徒僞云盲聾，因飲泉水下得金佛，其聾遂愈。"宋僧賾藏《古尊宿語録》卷四七："舉趙州示衆云：'金佛不度爐，木佛不度火，泥佛不度水，真佛屋裹坐。'"元周達觀《真臘風土記》："北池在城北五里，中有金方塔一座，石屋數十間。金獅子、金佛、銅象、銅牛、銅馬之屬，皆有之。"徐珂《清稗類鈔·祠廟類》："〔金瓦寺〕金玉寶石佛像無數，金佛皆嵌珠粒，巨者如豆……"

金函

金製小盒。佛門用於盛放舍利子。唐玄奘《大唐西域記·八國》："別有大象，持金函授與病象，象既得已，轉授沙門，沙門開函，乃佛牙也。"唐張祜《題善權寺》："金函崇寶藏，玉樹閟靈根。寄謝香花叟，高蹤不可援。"明顧起元《客座贅語》卷九："萬曆中，僧人真淳獻之尚書五臺陸公，公因具金函檀龕盛之，迎供於寺之毗盧閣，牙得之天臺山中。"《西遊記》第九六回："又見那：'方臺豎櫃，玉匣金函。方臺豎櫃，堆積着無數經文；玉匣金函，收貯着許多簡劄……'"《巧冤家》第五回："朱能叩頭曰：'大老爺恩德，死生均感，俟啓行時再來叩領金函。'"

金冠

以細金絲編織的帽子。帝王、皇后專用。明十三陵定陵（明神宗朱翊鈞夫妻合葬墓）出土一金冠、鳳冠。均爲極細金絲編成。金冠裝飾一對金龍，栩栩如生。鳳冠鑲嵌各色寶石和數千顆珍珠，并飾以口銜寶珠的龍鳳。安徽省博物館館藏金冠爲元代范文虎所用，橢圓形，五塊金片壓模扣合而成：頂部飾一如意形薄金片；中間長方形；兩邊各飾兩塊雲狀形金片，各一小金片收尾，有穿眼，以固定髮髻；底大方洞以套髮髻。金冠鏨刻纏枝花紋，花蕊以珠寶鑲嵌。內蒙古自治區博物館館藏匈奴單于金冠。金冠爲半球形，金鷹立於金冠之上，下有冠帶，浮雕羊和狼圖案。金鷹高高在上，俯視着冠帶上狼和羊搏鬥。《入楞伽經·請佛品一》：

"汝問此二法。爾時夜叉王更着種種金冠瓔珞金莊嚴具而作是言：如來常説，法尚應舍何況非法。"《梁書·諸夷傳·婆利國》："王乃用斑絲布，以瓔珞繞身，頭着金冠高尺餘，形如弁，綴以七寶之飾，帶金裝劍，偏坐金高坐，以銀蹬支足。"《隋書·梁毗傳》："先是，蠻夷酋長皆服金冠，以金多者爲豪俊，由此遞相陵奪，每尋干戈，邊境略無寧歲……"《遼史·儀衞志二·國服》："祭服：遼國以祭山爲大禮，服飾尤盛。大祀，皇帝服金文金冠，白綾袍，紅帶，懸魚，三山紅垂。飾犀玉刀錯，絡縫烏靴。"明于慎行《穀山筆塵》卷一八："劍南、西山諸羌可十餘種……中有女蠻，其先爲白狼國，以女爲國君，人危髻金冠，纓絡被體，謂之菩薩蠻，當時樂遂製此曲，至今傳之。"

金針

黃金針。唐馮翊《桂苑叢談·史遺》："鄭代，肅宗時爲潤州刺史，兄侃，嫂張氏，女年十六，名采娘，淑貞其儀。七夕夜陳香筵祈於織女……曰：願丐巧耳。乃遺一金針長寸餘，綴於紙上，置裙帶中。令三日勿語，汝當奇巧。"參閱本書《醫藥卷·醫療器具·金針》條。

金符

以純金製符節，亦有其他金屬製。晋謝朓《思歸賦》："拖銀黃之沃若，剖金符之陸離。"北魏孔稚珪《褚先生伯玉碑》："事詳於玉牒，理煥於金符。"唐宋之問《謁禹廟》詩："夏王乘四載，兹地發金符。"宋陸游《老學庵筆記》卷九："會稽天寧萬壽觀有老道士盧浩真者，嘗被金符之賜。予少時親見之。"明黃省曾《西洋朝貢典錄》卷上："淳化間，國使陀湛言，中國有真主至乃修朝貢禮云。故元世祖命史弼、高興發舟千艘，持一歲糧、虎符十、金符四十、銀符百、鈔錠四萬，費大且勞矣，而卒敗没以歸。"

金棺

以金打造棺材，多以盛放佛舍利。《水經注・河水》："佛泥洹後，天人以新白㲲裹佛，以香花供養，滿七日，盛以金棺，送出王宮。"唐李白《古風》五十九首之三："徐市載秦女，樓船幾時回。但見三泉下，金棺葬寒灰。"宋道原《景德傳燈錄》卷八："〔師多〕言訖，跏趺而逝。茶毗日，祥雲五色異香四徹。所獲舍利，璨若玉珠。弟子等貯以金棺。當長慶三年十二月。二十一日葬於石塔。壽六十二臘四十二。"貴妃所用之棺亦稱金棺，徐珂《清稗類鈔・物品類》："梓宮：帝后之棺稱梓宮。金棺：貴妃之棺稱金棺。"

金塔

金飾之塔。唐黄滔《和王舍人崔補闕題福州天王寺》："粉垣千堵束，金塔九層支。"宋晁補之《赴廣陵道中》詩："急鼓冬冬下泗州，却瞻金塔在中流。"元周達觀《真臘風土記》："大凡出入，必迎小金塔金佛在其前，觀者皆當跪地頂禮，名爲三罷。不然，則爲貌事者所擒，不虛釋也。"明嚴從簡《殊域周諮錄・真臘》："當國之中有金塔一座，傍有石塔二十餘座，石屋百餘間，東向金橋一所，金獅子二枚，列於橋之左右，金佛八身列於石屋之下。金塔至北可一里許，有銅塔一座，比金塔更高，望之鬱然。"

金蓮花

以金製作的蓮花。南朝宋鮑照《代陳思王京洛賦》："繡㮰金蓮花，桂柱玉盤龍。"《新唐書・禮樂志》："童子五人，繡衣，執金蓮花，以導舞者。"宋陳暘《樂圖論・雲韶樂》："童子五人，衣繡衣，各執金蓮花，以引舞者。金蓮花，如佛家行道者也。"清秦蕙田《五禮通考・賓禮七》："以真珠、龍腦、金蓮花等登陛，跪散之，謂之撒殿。"

金甌

金製小盆。南朝宋劉義慶《幽明錄》："婦以金甌麝香囊與婿，泣涕而分，又與錢十萬，藥方三卷，云可以施功布德。復云十年當相迎。此人歸家，遂不肯别婚，辭親出家作道人。"唐李德裕《明皇十七事》："上命相，先以八分書姓名，以金甌覆之。"明徐弘祖《徐霞客遊記・黔遊日記》："安南衛城内，即永寧州所駐。考《一統志》，三衛三州，舊各有分地，衛俱在北，州俱在南。今州衛同城，欲以文轄武，實借武衛文也。但各州之地，俱半錯衛屯，半淪苗孽，似非當時金甌無缺矣。"清龍文彬《明會要・職官二》："莊烈帝即位，以施鳳來輩皆忠賢所用，不足倚。詔廷推閣臣，仿古枚卜典，召九卿科道入乾清宮，貯名金甌，焚香肅拜，以次探之。"

金樹

佛門七寶樹之一。佛門七寶係金、銀、琉璃、水精、赤真珠、車磲、瑪瑙。七寶樹以此七寶製作而成。《大樓炭經》卷一："金樹金根金莖，銀枝葉花實。銀樹銀根銀莖，金枝葉華實。琉璃樹琉璃根莖，水精枝葉華實。"《佛說華手經》卷六："諸塹岸上皆有七寶七重行樹。金樹：銀枝，碼瑙爲條，琉璃爲葉，頗梨爲華，車磲爲果，赤真珠根。銀樹：金枝，頗梨爲條，琉璃爲葉，車磲爲華，瑪瑙爲果，赤真珠根。……縱廣正等二十由旬。"《佛説無量壽經》卷上："金樹，銀樹，琉璃樹，頗梨樹，珊瑚樹，瑪瑙樹，車磲樹。或有二寶三乃至七寶轉共合成。或有金樹，銀葉華果。或有銀樹，二寶三乃至七寶轉共合成。"

金錢

以金屬（包括金、銀、銅、鐵）鑄成的貨幣。《管子·輕重戊》："彼金錢，人之所重也。"《史記·孝武本紀》："人聞其能使物及不死，更饋遺之，常餘金錢帛衣食。"《後漢書·西域傳·大秦國》："以金銀爲錢，銀錢十當金錢一。"宋周密《武林舊事·皇后歸謁家廟》："皇后散付本府親屬宅眷幹辦使臣以下：金合、金瓶、金盤盞、金環、金鋌、金釵、金錢，共金五百兩。"清鄭燮《范縣署中寄舍弟墨第四書》："一捧書本，便想中舉，中進士，作官，如何攫取金錢，造大房屋，置多田產。"後泛指貨幣財富。明高攀龍《江西安福縣知縣臺卿夏公行狀略》："未嘗損國家之一卒，用國家之金錢，而卒使遠夷懾伏，近夷歸命，一方底寧。"

元金錢

金龜

亦稱"金印"。以黃金製作的印璽。漢制與唐制皆有之。漢制，丞相、三公、列侯、將軍之印璽，皆金印、龜鈕，簡稱金龜。漢衛宏撰、清孫星衍校集《漢舊儀補遺》卷上："諸侯王印，黃金橐駝紐，文曰璽，赤地綬。列侯黃金印，龜紐，文曰印。丞相、大將軍黃金印，龜

紐，文曰章。"《史記·五宗世家》："太史公曰：高祖時諸侯皆賦，得自除内史以下，漢獨爲置丞相，黃金印。"《文選·曹植〈王仲宣誄〉》："金龜紫綬，以彰勳則。"唐武后時，三品以上官員佩飾金之龜袋，四品以銀，五品以銅，中宗後改變。見《舊唐書·輿服志》。宋胡宿《飛將》詩："後殿拜恩金印重，北堂開宴玉壺空。從來敵國威名大，麾下多稱黑矟公。"

【金印】

即金龜。此稱漢代已行用。見該文。

【金押】

即金龜。《宋史·輿服志六》："天禧元年十二月，召輔臣於滋福殿觀新刻昭受乾符之寶，金押玉鈕，製作精妙。"《續資治通鑑·宋高宗建炎三年》："康履之從者有得小黃卷文書，卷末字兩行，曰：'統制官田押，統制官金押。'履問：'此何謂也？'曰：'軍中有謀爲變者，以此爲信號，從之者書其名於前。'履密以奏。"《禪真逸史》第一〇回："再説祝鸇回縣欽遵聖旨，將秦氏、陳阿保放回……當晚金押牌票，次早拘集人役，點起二百名軍兵……離皇城取路望西北而進。"

金縷

金絲。漢桓寬《鹽鐵論·散不足》："今富者黼黻狐白鳧鷖，中者蜀衣金縷，燕貉代黃。"唐蘇鶚《杜陽雜編》："同昌公主下嫁，乘七寶步輦，金絲爲流蘇，晶熒照耀，觀者眩目。"唐杜牧《杜秋詩》注："'勸君莫惜金縷衣，勸君須惜少年時。'李錡嘗唱此辭。"宋范成大《攬轡録》："秦樓有胡婦，衣金縷鵝紅大袖袍，金縷紫勒帛，褰簾旻語。云是宗室女、郡守家也。遺黎往往垂涕嗟嘖，指使人云：'此中華佛國人

也。'老姬跪拜者尤多。"元姚燧《牧庵詞》卷
一："玉環穿耳誰家女,自獻歌金縷。新聲和出
紫檀槽。袖出烏絲才説、要揮毫。"

金題

金飾書籤。《後漢書·輿服志下》:"諸爵獸
皆以翡翠爲毛羽。金題,白珠瑙繞,以翡翠爲
華。"宋米芾《書史》:"嗟爾方來眼須洗,玉躞
金題半歸米。"又:"隋唐藏書皆金題、玉躞、
錦贉、繡褫。"元趙道一《歷世真仙體道通鑑後
集》卷五:"謂刺史李堅曰:天上有玉堂最高,
老君居焉,白玉爲壁。上皆金題神仙之名,時
有朱書注其下云:降世爲帝王,或爲宰輔。"

金蟬

以金所製之蟬。婦女所佩首飾之一。唐李
賀《屏風曲》:"團回回六曲抱膏藍,將鬌鏡
上擲金蟬。"《太平御覽》卷六八五引《梁書》
曰:"天監十四年正月朔旦,帝臨軒冠太子於
太極殿。舊制太子着遠游冠、金蟬翠緌緌,至
是詔加金博山。"《文獻通考·王禮考七·君臣
冠冕服章》:"宣帝既傳位於太子,自稱天元皇
帝……常自帶綬及冠通天冠,加金附蟬,顧見
侍臣弁上有金蟬及王公有綬者,並令去之。"宋
陳允平《日湖漁唱·附錄》:"銀屏彩鳳,霧帳
金蟬,舊家坊院。"

金簪

金製簪子。用以綰髮或繫冠的條形用品,
後專指婦女插髻首飾。南朝梁簡文帝《楚妃嘆》
詩:"薄笑未爲欣,微嘆還成戚。金簪鬌下垂,
玉筋衣前滴。"南朝梁劉孝威《郤縣遇見人織率
爾寄婦》詩:"鏤玉同心藕,雜寶連枝花。紅
衫向後結,金簪臨鬢斜。"唐韋莊《閨怨》詩:
"良人去淄右,鏡破金簪折。空藏蘭蕙心,不

忍琴中説。"明徐熥
《青樓俠氣贈李姬》
詩:"綠雲慵理黛
痕銷,時把金簪竹
上敲。但得黃金能
買賦,何須珠翠鬪

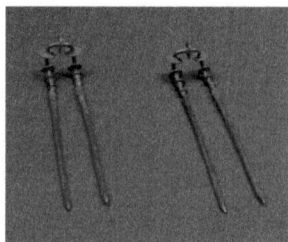
元金簪

妖嬈。"清彭孫遹《金粟閨詞一百首》之一二:
"翠羽明璫百寶函,年來魚鑰幾曾探。欲將雅淡
存真色,不插金簪插玉簪。"

金鷄

以金打製之鷄。古頒詔日,設金鷄於杆,
以示吉辰。唐封演《封氏聞見記·金鷄》:"按
金鷄,魏晉已前無聞焉。或云始自後魏,亦云
起自呂光。〔北齊〕武成帝〔高湛〕即位,大赦
天下,其日設金鷄。宋孝王不識其義,問于光
禄大夫司馬膺之曰:'赦建金鷄,其義何也?'
答曰:'按《海中星占》,天鷄星動,必當有
赦。'由是王以鷄爲候。"唐李白《流夜郎贈辛
判官》詩:"我愁遠謫夜郎去,何日金鷄放赦
回。"《舊唐書·職官志二》:"凡國有赦宥之事,
先集囚徒於闕下,命衛尉樹金鷄,待宣制訖,
乃釋之。"《新唐書·五行志》:"武德元年八月
戊戌,突厥始畢可汗衙帳無故自壞。中宗即位,
金鷄桿折,樹鷄桿所以肆赦,始發大號而鷄桿
折,不祥。"清王士禎《皇華紀聞》卷二:"《金
鷄橋》云:'短甲輕兵入武鄉,西風吹骨鐵衣
涼。大幽山下無情水,笑問金鷄舊戰場。'"

金罍

金製酒器。尊形,刻雲雷紋。《詩·周
南·卷耳》:"我姑酌彼金罍,維以不永懷。"孔
穎達疏:"《韓詩》説:金罍,大夫器也。天子
以玉,諸侯大夫皆以金,士以梓。《毛詩》説:

金罍，酒器也。諸臣之所酢，人君以黄金飾尊。大一碩，金飾龜目，蓋刻爲雲雷之象。”宋蘇洵《九日和韓魏公》詩：“晚歲登門最不才，蕭蕭華髪映金罍。不堪丞相筵東閣，聞伴諸儒老曲臺。”金雷管《陽夏懷古》詩：“短衣匹馬西北來，十年去國隨風埃。解鞍呼酒歌一曲，玉鞭倒捉敲金罍。君不見項王臺，昔時崔嵬今已頽，秋風蕭瑟吹草萊。”明季本《詩説解頤·字義》：“罍，酒器，尊彝之類。罍則畫爲雲雷之形，而上有龜目，其飾以金，故謂之金罍。與尊彝皆祭祀時用之。”

金鐲

亦作“金鋌”。鐲爲環狀飾物。手腕或足腕裝飾品。多以金銀製。《江南通志·列女志·太平府》：“胡之寧妻戴氏，當塗人。黄兵屠城之，寧被殺，驅氏行。氏紿之曰：‘家内有金鐲可取去。’見婢亦被縛，更紿之曰：‘願偕婢從汝。’婢得釋，經市河牽婢躍水死。”插圖爲元代金鐲一對，呈橢圓形。鐲兩端爲兩個龍頭，龍頭嘴部連接金球。環以圓珠聯接成龍身；兩首相對成雙龍奪珠之勢，造型純樸，別具風格。宋吴自牧《夢粱録·嫁娶》：“富貴之家，當備三金送之，則金釧、金鋌、金帔墜者是也。”宋周密《武林舊事·皇后歸謁家廟》：“皇后散付本府親屬宅眷幹辦使臣以下：金合、金瓶、金盤盞、金環、金鋌、金釵、金錢，共金五百兩。”元周

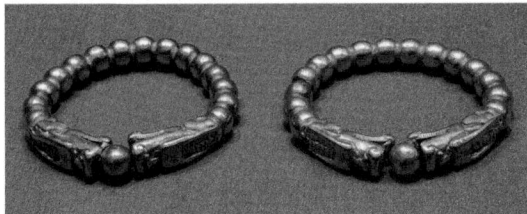

元金鐲

達觀《真臘風土記·服飾》：“自國主以下男女皆椎髻袒裼……手足及諸指上皆帶金鐲，指展上皆嵌貓兒眼睛石。”《欽定續文獻通考·錢幣考·明鈔》：“〔明成祖永樂〕九年四月，守聚寶門千户奏，有民入城，檢其行李得金鐲及銀數錠。帝問刑部尚書劉觀：‘此在何法對？’曰：‘法不得以銀交易，百姓不得用金首飾。’”

【金鋌】

同“金鐲”。爲足腕飾品。此體宋代已行用。見該文。

銀刀

銀質或銀飾之刀。唐張籍《賀秘書王丞南郊攝將軍》詩：“斜帶銀刀入黄道，先隨玉輅到青城。”《新唐書·西域傳》：“大食本波斯地，男子鼻高黑而髯，女子白皙，出輒障面，日五拜天神，銀帶佩銀刀，不飲酒。”《册府元龜》卷一六九：“荆南高保融進白龍腦、法錦、金酒器、紅六銖段五十，白羅、花羅、熟縠、鹿胎、袴段六銖、襠面等各一百，九鍊神鋼

沂州銀刀
（明王圻等《三才圖會》）

陷金銀刀劍各一。”《宋史·張永德傳》：“及永德屯下蔡，牙帳前後隊部曲八百人，皆金銀刀槊繡旗幟。”清馮蘇《滇考·世隆僭號》：“凡部有強弩二百，鑄斧輔之；勁弓二百，越銀刀輔之。”

銀瓦

銀飾之瓦當。《新唐書·南蠻傳》：“王居以

金爲甍，厨覆銀瓦，爨香木堂飾明珠。"《越史略·黎紀大行王》："天福四年，造百寶千歲殿於火雲山，其柱裹以金銀，東建風流殿，西建榮華殿，左建蓬萊殿，右建極樂殿，次構火雲樓，連起長春殿，其側起龍禄殿，蓋以銀瓦。"又《阮氏英宗》："秋造衆仙臺，上層蓋以金瓦，下層蓋以銀瓦。"

銀甲

銀飾鎧甲，自後周至明代皆用於儀仗隊。亦指彈奏弦樂器時撥弦銀製假指甲。《隋書·禮儀志七》："後周警衛之制……次左右前侍掌御寢，南門之左右，並銀甲，左執師子環，右執象環長刀。次左右後侍掌御寢，北門之左右，並銀甲，左執犀環，右執兕環長刀，左右騎侍立於寢之東西階，並銀甲。"唐杜甫《陪鄭廣文游何將軍山林》詩："銀甲彈箏用，金魚換酒來。"《新唐書·禮樂志》："乃製舞圖，左圓右方先偏後伍，交錯屈伸，以象魚麗鵝鸛。命呂才以圖教樂工百二十八人，被銀甲，執戟而舞。"《宋史·叛臣傳中·李全上》："金參政蒙古剛帥衆守東平，全以三千人金銀甲、赤幟，遶濠躍馬索戰。"《明會典·兵部十二》："丹墀左右，將軍二千八百五十六人，錦衣衛一千六十有六人。九百五十二人紅盔、青甲，懸金牌、弓矢、佩刀，五十人。紅皮盔、戧金甲五十人，紅皮盔、描銀甲，俱懸金牌、佩刀、執金瓜，十四人。"

銀印

銀質官印。《史記·南越列傳》："於是天子許之，賜其丞相呂嘉銀印及内史中尉太傅印，餘得自置。"《漢書·百官公卿表上》："凡吏秩比二千石以上，皆銀印青綬。"《晋書·輿服志》："淑妃、淑媛、淑儀、修華、修容、修儀、婕妤、容華、充華是爲九嬪，銀印青綬。"《宋書·禮志五》："郡公侯太子，銀印青綬，給五時朝服、進賢兩梁冠、佩水蒼玉。"《金史·完顏仲德傳》："八年四月，詔授仲德鞏昌行省及虎符、銀印。"《元史·世祖紀十》："甲寅，詔封皇子脱歡爲鎮南王，賜塗金銀印，駐鄂州。"《明史·職官志四·應天府》："洪武三年，改應天府知府爲府尹，秩正三品，賜銀印。"

銀花

以銀製作的飾品花。《三國志·魏書·東夷傳》："衣服有異，男女衣皆着曲領，男子繫銀花，廣數寸，以爲飾。"《隋書·百濟傳》："其冠制並同，唯奈率以上飾以銀花。"唐白居易《題周皓大夫新亭子二十二韻》："錦額簾高捲，銀花盞慢巡。"《舊唐書·東夷傳·倭國》："婦人衣純色，裙長腰襦，束髮於後，佩銀花，長八寸，左右各數枝，以明貴賤等級。"《元史·輿服志一·冕服》："紅蔽膝昇龍二並織成間，以雲彩飾以金銀花。"《明史·輿服志二·皇太子親王以下冠服》："奉國將軍冠服與輔國將軍同，惟冠五梁，帶用金銀花。"

銀卮

銀質或銀飾之酒器。宋梁克家《淳熙三山志·公廨類三·諸縣祠廟》："有洪氏女，浣紗其旁，見若銀卮浮水中。褰裳探之，水漸深，爲蛟所吞。"宋汪夢斗《富春方史君萬里與之別七年矣離亂之後不意得聚首於此一見道舊有感》："少年紅燭照銀卮，頗憶沙河共客衣。"元劉一清《錢塘遺事·赴省登科五榮須知·置狀元局》："初坐則以銀臺盞酌，再坐則易以銀卮。共九行，而飯則粟米爲之。"明楊士奇《然念舊

之懷其歸也索詩爲別因賦絶句》："一樂堂中坐
絳帷，青鬒白髮勸銀卮。"《皇清開國方略·清
太宗天聰三年》："第二登城親酌以銀卮，與第
三登城之多禮善合授，備御。"

銀盂

銀質或銀飾之酒器。唐白居易《早飲湖州
酒寄崔使君》詩："十分釀甲酚，瀲灩滿銀盂。"
《續資治通鑑·宋神宗元豐七年》："壬辰，詔
保甲願賣所賞銀盂椀，入官者聽保甲司買。"宋
孟元老《東京夢華錄·會仙酒樓》："雖一人獨
飲，盌遂亦用銀盂之類。"《太平廣記》卷四三
引《神仙感應傳》："叟忻然爲請，即以銀盂授
之，令自酌飲，頃之酒盡，已昏晦矣。遂以銀
盂枕首而睡，時蚊蚋盛，無有近叟者。及旦失
叟，唯銀盂在焉。"《元史·賈文備傳》："文備
襲父千户職，張柔命屯三漢口，備宋兵。宋以
雲梯三十餘來攻，文備率兵鏖戰，却之，憲宗
賜弓矢銀盂。"

銀蚪

漏壺底部的銀質流水龍頭。唐王維《送張
舍人佐江州同薛據十韻》："清晨聽銀蚪，薄暮
辭金馬。"明王世貞《謝吏部脁省直》詩："銀
蚪隱自鳴，金鷗對如翫。"又《北高峰望大江
暮歸即事》："扶路嘯歌那覺晚，麗譙清響滴銀
蚪。"明胡應麟《蚤春苦雨邦相明府見過留飲齋
中竟夕走筆放歌爲今雨行並懷燕社諸子》："漏
盡銀蚪雨聲歇，蕭颯如聞二龍語。"清納蘭性德
《金菊對芙蓉·上元》詞："金鴨消香，銀蚪瀉
水，誰家玉笛飛聲。"

銀兔符

亦稱"銀菟符"。銀製兔形兵符。《舊唐
書·輿服志》："高祖武德元年九月，改銀菟符

爲銀魚符。"宋程大昌《演繁露·龜符》："張鷟
《朝野僉載》：漢發兵用銅虎符，唐初爲銀兔符，
以兔爲符瑞也。"宋葉廷珪《海錄碎事·印綬》：
"隋開皇中頒青龍符於東方刺史，西方以騶虞，
南方以朱雀，北方以玄武，中頒銀兔符於諸郡，
武德中改銅符。"宋范成大《送郭明復寺丞守蜀
州》詩："勿輕銀兔符，傾倒金貂蟬。"明徐應
秋《玉芝堂談薈·魚符》："北齊有玉麟符，後
有銀兔符。"明孫一元《憶鄭繼之》詩："何時
共采金鵝藥，此日君猶銀兔符。"

【銀菟符】

同"銀兔符"。此體唐代已行用。見該文。

銀杯

亦作"銀盃"。銀質茶杯或酒杯。唐白居
易《獨酌憶微之》詩："惆悵銀杯來處重，不
曾盛酒勸閒人。"《舊唐書·胡楚賓傳》："高宗
每令作文，必以金銀杯盛酒。令飲，便以杯賜
之。"宋蘇軾《謝人見和前篇》："九陌凄風戰齒
牙，銀杯逐馬帶隨車。"《宋史·安丙傳》："先
是，從事郎錢鞏之從曦在河池，嘗夢曦禱神
祠，以銀杯爲玦擲之。"宋范成大《吳郡志·冢
墓》："有東西銀杯，初若燦花，良久化爲腐
土。"元宋褧《春城曲和馬伯庸》詩："門前佩
馬春泥聲，香闌瑣暗銀杯傾。"明曹學佺《蜀中
廣記·神仙記十》："令贈羅十疋，去後恒思之，
持銀杯，不捨手，每至公衙即置案上。"《南
史·齊本紀下》："王侯貴人昏，連卺以真銀盃，
蓋出近俗；又牢燭侈續，亦虧儉蠹制。"

【銀盃】

同"銀杯"。此體南北朝時期已行用。見該
文。

銀函

銀質盒子，佛門多用盛放舍利子。晋葛洪《抱朴子・遐覽》："道經有三皇内文天地人三卷……安魂記、皇道經、九陰經、雜集書録、銀函玉匱記金板經、黄老仙録、厚都經……"宋蘇易簡《文房四譜・筆譜上》："《景龍文館集》云：中宗令諸學士入甘露殿，其北壁列書架。架上之書學士等略見，有《新序》《説苑》《鹽鐵》《潛夫》等論。架前有銀硯一，碧鏤牙管十，銀函盛紙數十種。"明顧起元《客座贅語》卷五："因此出家游行禮塔，至丹陽……由是定知有舍利，乃集衆掘之，入一丈，得三石碑，中一碑有鐵函，函中有銀函，銀函中有金函，盛三舍利及爪髮各一枚，長數尺。"明僧一然《三國遺事》卷三："以火撿看，乃佛牙函也。函本内一重沈香合，次重純金合，次外重白銀函，次外重琉璃函，次外重螺鈿函。各幅子如之。今但琉璃函爾。"清慵訥居士《咫聞録》卷一〇："王眉蹙良久，對店子曰：'張二與余莫逆，臨行曾有銀函托寄，煩爲先容。'店子領言往告。"

銀盆

銀質盆。《舊五代史・唐書・莊宗紀》："帝召宰臣於便殿，皇后出宫中妝奩、銀盆各二，并皇子滿哥三人，謂宰臣曰：'外人謂内府金寶無數，向者諸侯貢獻，旋供賜與，今宫中有者妝奩嬰孺而已，可鬻之給軍。'"《册府元龜》卷一七九："十月宣遣東上合門副使張瓊祚押福建進來牙一株，犀三株，玳瑁三十斤，銀盆四口，臘麪茶三十斤，香藥二百斤，往魏府賜楊光遠。"宋楊萬里《秋暑》詩："銀盆滿注水，銀水同一色。"《宋史・外國傳四・交趾》："桓前遣都知兵馬使阮紹恭、副使趙懷德，以金銀七寶裝交椅一，銀盆十，犀角象牙五十枚，絹紬布萬匹來貢。"

銀盌

亦作"銀碗"。銀質大口小腹之容器。《三國志・吳書・甘寧傳》："寧乃料賜手下百餘人食，食畢，寧先以銀盌酌酒，自飲兩盌，乃酌與其都督。"《舊唐書・王播傳》："太和元年五月，自淮南入覲，進大小銀盌三千四百枚，綾絹二十萬匹。"宋孟元老《東京夢華録・駕幸臨水殿觀爭標錫宴》："又以旗招之，則諸船皆列五殿之東面，對水殿排成行列，則有小舟一軍校執一杆，上掛以錦綵銀盌之類，謂之標竿，插在近殿水中。"《宋史・兵志五》："且以永興一路言之所發人馬甲八千副，錢九萬貫，銀二萬三千兩，銀盌六千枚，其餘細瑣之物不可勝數。"明胡翰《書黃賀州平蠻事後》詩："賜以大銀盌，副之金帛對。"

【銀碗】

同"銀盌"。南朝梁吳均《續齊諧記》："歌闋，夜已久，遂相佇燕寢。竟四更別去，脱金簪以贈文韶。文韶亦答以銀碗、白琉璃匕各一枚。"《新唐書・王播傳》："自淮南還，獻玉帶十有三、銀碗數千、綾絹四十萬，遂再得相云。"《宋史・蠻夷傳二・南丹州》："淳化元年，洪醬卒，其弟洪皓襲稱刺史，遣其子淮通來貢銀碗二十，銅鈸三面，銅印一鈕，旗一帖，繡真珠紅羅襦一。"清翟灝《通俗編》卷三："〔《南唐書》〕每端午競渡，官給綵段，倅兩兩較其遲速，勝者加以銀碗，謂之打標。"

銀瓶

亦作"銀缾"。銀質或銀飾之瓶。《隋書・西域傳·真臘》:"僧尼、道士、親故皆來聚會，音樂送之，以五香木燒尸收灰，以金銀瓶盛送於大水之内。"唐張籍《楚妃怨》詩:"美人初起天未明，手拂銀瓶秋水冷。"《舊唐書·賈耽傳》:"德宗覽之稱善，賜厩馬一匹，銀綵百匹，銀缾盤各一。"《册府元龜》卷一〇九:"及還，帝御天成殿陳十部樂，宴而遣之，設高坫於殿前，置銀瓶於坫上。"《元史·伯勒齊爾布哈傳》:"宣徽所造酒，横索者衆，歲費陶瓶甚多，伯勒齊爾布哈奏制銀瓶以貯，索者遂止。"《朝鮮史略·高麗紀》:"始用銀瓶爲貨，其製以銀一斤爲之。"

【銀缾】

同"銀瓶"。此體唐代已行用。見該文。

銀袍

銀飾戰袍。《册府元龜》卷九七五:"三月乙酉，突厥遣其大臣斯壁紆思鮮闕來朝，授左金吾衛大將軍員外，賜紫衣、銀袍、繡半臂、金鈿帶、魚袋七事，絹二百疋，金銀器六事，放還。"宋韓琦《次韻答王拱辰宣徽將交政惠詩》:"金印此時交大府，銀袍當日接英躔。"元劉仁本《奉檄征漳寇》:"鞭鳴金鐙敲霜月，錦刺銀袍映海霞。"明盧柟《出自薊北門行》詩:"邊霜飛玉關，漢月照銀袍。"《淵鑑類函》卷三七一引《舊唐書·突厥傳》:"統葉護可汗獻萬釘寶、鈿金帶，可汗拜蘇禄左羽林大將軍，賜銀袍、鈿帶、魚袋七事。"

銀帶

銀飾腰帶。《新唐書·車服志》:"深緑爲六品之服，淺緑爲七品之服，皆銀帶銙九。"《舊五代史·梁書·太祖紀五》:"賜潞州投歸軍使張行恭錦服、銀帶并食。……戊辰宴於金鑾殿。"

《宋史·神宗紀三》:"甲午，鄜延、涇原、環慶、熙河、麟府路，各賜金銀帶、綿襖、銀器、鞍轡、象笏。"《遼史·聖宗紀四》:"霸州民李在宥，年百三十有三，賜束帛、錦袍、銀帶，月給羊酒，仍復其家。"《元史·輿服志二·依仗》:"控馬八人，錦帽，紫衫，銀帶，烏靴。"《明史·雲南土司傳》:"十六年，永昌州土官申保來朝，詔賜錦二正、織金文綺二、匹衣一襲及釵花、銀帶、靴襪。"

銀釵

婦女綰髮用之銀質首飾。《後漢書·五行志五》:"靈帝時，江夏黄氏之母浴而化爲黿，入於深淵，其後時出見。初浴簪一銀釵，及見，猶在其首。"《續資治通鑑長編·宋真宗祥符九年》:"會有屯駐禁軍白晝挈婦人銀釵於市中，吏執以聞，及方坐觀書，召之使前，略加詰問。"宋陸游《新安驛》詩:"木盎汲江人起早，銀釵簇髻女妝新。"元黎崱《安南志略·獠子》:"豪富女子以金銀釵擊鼓，叩竟留與主人。"明高啓《采茶詞》:"銀釵女兒相應歌，筐中摘得誰最多。"

銀魚袋

銀飾魚袋，内盛銀魚符。爲唐、宋官員佩戴以證身份之物。出入宮廷時須經檢查，以防止作僞。唐李廓《長安少年行》十首之三:"倒插銀魚袋，行隨金犢車。"宋歐陽修《集古録》卷九:"今世自以賜緋銀魚袋，賜紫金魚袋，結入官銜，階至金紫光禄大夫者，遂於結銜去賜紫金魚袋，皆流俗相承，不復討正久矣。"宋趙昇《朝野類要·陞轉》:"本朝之制，文臣自入仕著緑滿二十年，換賜緋及銀魚袋;又滿二十年，換賜紫金魚袋。"《册府元龜》卷六〇:"咸亨三年五月，始令京四品、五品職事佩銀魚袋。"《文獻通考・王禮七》："高宗給五品以上隨身銀魚袋，以防召命之詐，出內必合之。"清袁枚《隨園隨筆・賜金紫非本秩》："紫綬則金魚袋，青綬則銀魚袋。"

銀笙

銀字笙或銀飾古笙。唐李群玉《臘夜雪霽月彩交光命家僕吹笙》詩："桂酒寒無醉，銀笙凍不流。"前蜀花蕊夫人《宮詞》詩："旋炙銀笙先按拍，海棠花下合《梁州》。"宋張鎡《約周希稷遊湖上園》詩："箬葉露方高石室，桂枝香譜度銀笙。"元仇遠《秋日西湖園亭》詩："銀笙玉笛清歌外，畫舫珠簾落照中。"明王彥泓《寒詞》："雪壓紅樓照座明，旋添香獸暖銀笙。"清洪昇《毛玉斯邀飲》詩："玉斝揮無算，銀笙度更遲。"

銀塔

銀質寶塔。唐釋智昇《開元釋教錄》卷四下："華氏城是阿育王舊都，有大智婆羅門，名羅閱宗，舉族弘法，王所欽重，造純銀塔高三丈。"唐段成式《酉陽雜俎・廣動植之三》："樹高四百尺，下有銀塔，周迴遶之。"元許碩《至元嘉禾志・真如寶塔記》："宣和庚子，逆寇兆亂，焚蕩無餘，僅存地宮治銀塔像、佛牙、舍利，光彩如新。"元汪大淵《島夷志略・真臘》："以玉猿、金孔雀、六牙白象、三角銀蹄牛羅獻於前，列金獅子十隻於銅臺上，列十二銀塔鎮以銅象人。"明梅鼎祚《釋文紀・二十卷泥洹記》："家有銀塔，縱廣八尺，高三丈四。"

銀壺

盛酒或水之銀製壺。《南齊書・高帝紀》："明帝愈以為疑，遣冠軍將軍吳喜以三千人北使，令喜留軍破釜，自持銀壺酒封賜太祖。"唐杜甫《對雪》詩："金錯囊垂罄，銀壺酒易賒。"《新唐書・李絳傳》："命百牛倒石，令使者勞諭絳，襄陽裴均違詔書，獻銀壺甕數百具，絳請歸之度支，示天下以信。"宋韋驤《幽谷謝惠新釀家饌奉親》詩："花裏深深使語傳，銀壺乘酒副珍鮮。"《元史・李謙傳》："至元十五年，陞待制扈駕至上都，賜以銀壺、藤枕。"《明史・張問達傳》："問：'導者誰？'曰：'大老公龐公，小老公劉公。'且曰：'豢我三年矣，予我金銀壺各一。'夢龍曰：'何為。'曰：'打小爺。'"

銀硯

以銀製之硯臺。晉習鑿齒《漢晉春秋》卷三："朕（晉懷帝）與武子俱為《盛德頌》，卿稱善者久之。又引朕射於皇堂，朕得十二籌，卿與武子俱得九籌。卿又贈朕柘弓、銀硯，卿頗憶否？"宋高似孫《硯箋》卷三："磁硯、虢硯、澄泥硯、缸硯、銀硯、鐵硯、銅硯、蟀硯、漆硯、金龜硯。"宋蘇易簡《文房四譜・筆譜上・一之敘事》："《景龍文館集》云：中宗令諸學士入甘露殿，其北壁列書架，架上其書，學士等署見《新序》《說苑》《鹽鐵》《潛夫》等論，架前有銀硯一，碧鏤牙管十，銀函盛紙數十種。"明宋詡《竹嶼山房・燕閒部一・文房事宜》："〔硯墨池曰〕銀硯：凡硯，堅細發墨，欵識拙古為上，今惟重端溪石、歙石，常用洗潔，不得留宿；滯墨，寫字無精采，有剖蓮房洗之，有切半夏洗之，大去宿滯。漢未央宮、魏銅雀臺瓦甓皆製硯，真而舊者亦鮮。倭國有漆查硯，體輕而發墨。"明謝肇淛《五雜俎・物部四》："楊雄、桑維翰皆用鐵硯。東魏孝靜帝用銅硯。

景龍文館用銀硯。今天下官署皆用錫硯，俗陋甚矣。"

銀鼎

銀質或銀飾之鼎。唐王勃《梓州郪縣兜率寺浮圖碑》："咸以垣墉遞覆，猶傳路寢之歌；銀鼎俄穿，尚勒靈臺之頌。"宋謝采伯《密齋筆記》卷五："每同出入至一銀鋪，因與其家厚善，鋪家感其意，問曰：'尊官豈無所湏？'雷曰：'無他欲，得公鍛銀鼎，當以白金百笏為謝。'"《太平廣記》卷一四三引唐張讀《宣室志》："嘗一日坐於堂，其榻前有銀鼎，忽相鼓，其一鼎耳足盡墜。後月餘，劉悟手刃師道，青齊遂平。蓋銀鼎相鼓之兆也。"宋華岳《野菜吟》詩："漉歸銀鼎作波濤，無限春工上盤飣。"《金史·太宗諸子傳·宗盤》："以黃金合及兩銀鼎獻明德宮太皇太后，并以金合銀鼎賜宗幹希尹焉。"

銀勝

銀箔彩花，古代婦女頭飾。宋孟元老《東京夢華録·娶婦》："裝以大花八朵，羅絹生色或銀勝八枚。"宋陸游《殘蠟》詩："乳糜但喜分香鉢，銀勝那思映彩鞭。"《宋史·禮志十八》："納財用金器百兩，綵千匹，錢五十萬，錦綺綾羅絹各三百匹，銷金繡畫衣十襲，真珠翠毛玉釵朵各三副，函書一架，纏束帛押馬函馬二十匹，羊五十口，酒五十壺，繫羊酒紅絹百匹，花粉、花冪、果盤、銀勝、羅勝等物。"明陸深《途中見縣僚迎春》詩："綵幡銀勝颭微風，塵影人聲蹴踏中。"清毛奇齡《白石榴花賦》："分銀勝於釵梁兮，散珠翹於鬢朵。"

銀牌

銀質牌符。《宋史·外國傳·夏國上》："選豪族善弓馬五千人迭直，號六班直，月給米二石。鐵騎三千，分十部。發兵以銀牌召部長，面受約束。"《遼史·兵衛志上》："鑄金魚符調發軍馬，其捉馬及傳命有銀牌。"《金史·食貨志四》："三年十一月，詔以銀牌給益都濱滄鹽使司。"《元史·百官志七》："鎮撫司、鎮撫二員，蒙古漢人參用，上萬户府正五品，中萬户府從五品，俱金牌；下萬户府正六品，俱銀牌。"《明史·輿服志四·印信》："指揮佩金牌，雙雲龍，雙虎符，千户佩鍍金銀牌，獨雲龍，獨虎符，百户素雲銀牌符。"

銀槎

銀質酒器。元李昱《夏夜》詩："銀槎渾不到，玉宇尚依然。"明張以寧《賀禮部王尚書本中二十韻》："金掌新卿月，銀槎舊客星。"清王士禎《居易録》卷六："唯元朱碧山鍛銀器有名，孫侍郎、北海宋按察、荔裳皆藏銀槎一，上有仙人款曰朱碧山製。"清梁紹壬《兩般秋雨盦隨筆·銀槎》："道光乙酉，胡書農學士敬，以朱碧山銀槎飲客，上鐫至正乙酉年造，有碧山款識。"清金農《伎席咏落梅》二首之一："粉綿已退衣香減，空捧銀槎唱《落梅》。"

銀鼓

銀飾之鼓，古代樂器。南朝梁簡文帝《答湘東王書》："宣鳴銀鼓於寶坊，轉金輪於香地。"《法苑珠林·游學部之餘·捔力》："四遠人民百千萬億皆集來看，園中有七重，金鼓、銀鼓、鍮石銅鐵等鼓各有七枚，提婆達多最先射之，徹三金鼓，次及難陀，亦徹三鼓。"《續通典·兵·軍行自表異致敗》："聞其好擊鼓，乃造一馬持戰鼓，以銀裹之，極華煥。密使諜者陽賣之入敏珠爾族後，乃擇驍卒數百人，戒"

之曰：凡有負銀鼓隨者，併力擒之。”

銀像

銀質佛像。《南史·梁本紀中》：“四月庚子，波斯國遣使朝貢，壬戌幸同泰寺鑄十方銀像，并設無礙會。”唐段成式《酉陽雜俎續集·寺塔記上》：“寺有小銀像六百餘軀，金佛一軀，長數尺，大銀像高六尺餘。”唐釋道宣《廣弘明集·舍利感應記》：“番州于洪楊鄉崇楊里之靈鷲山寺起塔，掘得宋末所置石函三，其二各有銅函，盛二小銀像，其一有銀瓶子，盛金瓶。”《新唐書·南蠻傳》：“有文字，喜浮屠道，冶金銀像，大或十圍。”宋施宿等《會稽志·宮觀寺院》：“其爲寺不知所始。南陳太建二年，有僧定光來寓寺中，耳過其頂擎銀像，長立不卧。”明陳耀文《天中記·事佛》引《續高僧僧名傳》：“高祖崇重釋侶，欣尚靈儀，造等身金銀像二軀於重雲殿，晨夕禮敬，五十許年，初無替廢。”

銀製觀音像

銀鈎

銀質或銀飾鈎子。南朝梁劉孝威《釣竿篇》：“金轄茱萸網，銀鈎翡翠竿。”《晉書·索靖傳》：“蓋草書之爲狀也，婉若銀鈎，飄若驚鸞。”唐駱賓王《上吏部侍郎·帝京篇》詩：“俠客珠彈垂楊道，倡婦銀鈎採桑路。”宋郭祥正《畫船搥鼓下靈羊》詩：“銀鈎玉紐徒稱妙，大庾嶺南無此碑。”《宋史·樂志十五》：“翠簾人靜月光浮，但半捲銀鈎。”元顧嗣立《京師上元夜》詩：“公子錦韉鳴玉勒，内家珠箔控銀

鈎。”《皇朝文獻通考·郊社十二》：“妃、嬪銀鈎均黃筐，福晉、夫人、命婦均鐵鈎朱筐，依期畢辦。”

銀鈴

銀質鈴鐺。《中阿含經·中阿含王相應品四》：“金鈴銀舌，銀鈴金舌。”宋劉敬叔《異苑》卷六：“晋義熙三年，山陰徐琦每出門見一女子，貌極艷麗，琦便解銀鈴贈之，女曰：‘感君佳貺。’以青銅鏡與琦，便結爲伉儷。”《宋史·輿服志一·大輦》：“頂輪施耀葉，紅羅輪衣一，綴銀鈴，紅羅絡帶二。”《江西通志·山川·南安府》：“明天啓間，知縣龍文光旱禱至井，得小蛇，納之甕中，載以入城，未至而雨隨注，乃以銀鈴繫蛇項，還之井。”清毛奇齡《楊童子歌》：“楊家童子方九齡，錦襠朱帽垂銀鈴。”

銀臺

銀質或銀飾燭臺。唐段懷然《挽湧泉寺僧懷玉》詩：“唯有門前古槐樹，枝低秪爲掛銀臺。”五代劉保乂《生查子》詞：“深秋更漏長，滴盡銀臺燭。”宋沈括《夢溪筆談·補筆談卷上》：“熙寧三年，召對翰林學士丞旨王禹玉於内東門小殿，夜深賜銀臺燭雙，引歸院。”宋毛滂《如夢令》詞：“深苑重調弦管，不覺銀臺燭短。”元王惲《燭花詩李真人索賦》：“燦燦銀臺燭，清光散彩霞。”明謝讜《四喜記·花亭佳偶》詩：“花簇銀臺巧，花映金樽好。”

銀槍

亦作“銀鎗”。銀飾長矛。宋熊克《中興小紀·高宗紹興二年》：“至是建康大帥兼淮西宣撫使葉夢得遣使拊之，辨、宏皆聽命，因與以錦袍銀鎗之屬。”《冊府元龜》卷一六六：“東

西掩擊，勢若山摧，擒戰將二百餘員，奪鐵騎五千餘匹。橫尸滿野，皆龍驤神捷之徒；棄甲如山，悉長劍銀鎗之類。"宋楊萬里《野炊猿藤徑樹下》詩："苔錦銀槍電，蘆茸玉帳氈。"《宋史·姚兕傳》："神宗聞其名，召入觀，試以騎射，屢中的，賜銀槍、袍帶。"元張憲《岳飛墓祠》詩："銀鎗火光現，鐵鏈雪花寒。"

【銀鎗】

同"銀槍"。此體宋代已行用。見該文。

銀箏

銀飾之箏或用銀字表示音調高低之箏。唐王涯《秋夜曲》詩："銀箏夜久殷勤弄，心怯空房不忍歸。"後蜀毛熙震《河滿子》詞："曲檻絲垂金柳，小窗弦斷銀箏。"宋田錫《風箏》詩："白蘋洲暖春風生，畫樓檻迴銀箏鳴。"元乃賢《羽林軍》詩："黃鷹白犬朝出游，翠管銀箏夜歌舞。"明皇甫涍《西湖歌寄方思道》詩："城頭日出照高樓，銀箏翠管喧行舟。"清吳偉業《贈馮子淵總戎》詩："十二銀箏歌芍藥，三千練甲醉葡萄。"

銀漏

銀飾漏壺，計時器具。唐王勃《乾元殿頌》序："虯箭司更，銀漏與三辰合運。"宋秦觀《醉桃源》詞："碧天如水月如眉，城頭銀漏遲。"宋周邦彥《一剪梅》詞："玉釧輕敲，城頭誰恁促殘更。銀漏何如，且慢明朝。"宋周紫芝《阮郎歸》詞："飛電冷水精圓，夜深人未眠。笑催爐獸暖衾鴛，莫教銀漏殘。"元貢性之《宮梅圖》詩："璚樓夜寒銀漏澀，滿地霜華月光白。"清洪昇《大酺》詞："沈沈銀漏滴，蚤忘却，新露塗階白。"

銀幡

亦作"銀旛"。以銀箔製幡勝。宋吳自牧《夢粱錄·立春》："宰臣以下皆賜金銀幡勝，懸於幞頭上，入朝稱賀。"宋蘇軾《和子由除夜元日省宿致齋》詩："朝回兩袖天香滿，頭上銀幡笑阿咸。"宋陸游《木蘭花·立春日作》詞："春盤春酒年年好，試戴銀旛判醉倒。"元丁鶴年《元旦寄朝真宮諸道侶》詩："五雲扶日麗層霄，媚時久厭銀幡巧。"明程本立《歸田後次友人正旦早朝韻》詩："騎馬天街踏雪晴，銀幡猶記入新正。"清汪由敦《戊辰春帖子詞》："玉殿祥烟徧鳳城，銀旛綵勝物華明。"

【銀旛】

同"銀幡"。此體宋代已行用。見該文。

銀盤

銀質或鍍銀之盤碟。唐雍裕之《豪家夏冰咏》詩："金錯銀盤貯賜冰，清光如聳玉山棱。"《舊唐書·吐蕃傳上》："上引入內宴與語，甚禮之，賜紫袍、金帶及魚袋，并時服，繒彩、銀盤、胡瓶仍於別館供。"《册府元龜》卷二五："周太祖廣順二年四月，徐州以兩岐麥二十本來獻，八月靈武獻嘉禾、二銀盤。"《金史·外國傳下·高麗》："未幾，復使色克與鄂勒歡往聘，高麗王曰：'色克，女直之族弟也，其禮有加矣。'乃以一大銀盤爲謝。"《廣西通志·諸蠻·朝貢方物》："每貢金香爐花瓶四副，重二百零九兩；銀盤一十二口，重六百九十一兩。"

銀鞍

銀飾馬鞍。南朝梁江淹《別賦》："至若龍馬銀鞍，朱軒繡軸。"《北史·賀岳勝傳》："榮乃表勝鎮井陘，以所乘大馬并銀鞍遺之。"唐李白《俠客行》詩："銀鞍照白馬，颯遝如流星。"《舊五代史·梁書·太祖紀》："開平三年九月癸巳朔，御崇勳殿宴群臣文武百官，賜張宗奭、楊師厚白綾各三百匹，銀鞍轡馬。"《宋史·高懷德傳》："盡偵知其形勢强弱以白世宗，世宗大喜，賜襲衣、金帶、器幣、銀鞍勒馬。"《元史·托音色辰傳》："江南平，從元帥張弘範觀帝於柳林，賜金錦、銀鞍勒，授昭勇大將軍、福州路總管。"

銀箭

以銀飾標記時刻用於計時之漏箭。《梁書·元帝紀》："於是卿雲似蓋，晨映姚鄉，甘露如珠，朝華景寢，芝房感德，咸出銅池，蓂莢伺辰，無勞銀箭。"唐杜牧《池州造刻漏記》："牧太和三年佐沈吏部江西府，暇日公與賓吏環城見銅壺銀箭，律如古法。"唐李白《烏樓曲》："銀箭金壺漏水多，起看秋月墜江波，東方漸高奈樂何。"宋夏竦《放宮人賦》："於時銀箭初殘，瓊宮乍曉，星眸争別於天。"宋楊億《初秋夜坐》詩："迢迢宮漏傳銀箭，淅淅天風下白榆。"元薩都剌《章貢道中》詩："憶得當年曾夜直，玉龍銀箭漏聲長。"明楊慎《中秋禁中對月》詩："銀箭金壺催漏水，仙音法曲獻霓裳。"

銀樹

佛門七寶樹之一。佛門七寶係金、銀、琉璃、水精、赤真珠、車磲、瑪瑙。七寶樹即以此七寶製作而成。《大樓炭經》卷一："金樹金根金莖，銀枝葉花實。銀樹銀根銀莖，金枝葉華實。琉璃樹琉璃根莖，水精枝葉華實。"又："七寶：金、銀、琉璃、水精、赤真珠、車磲、馬瑙。"《佛說華手經》卷六："諸墼岸上皆有七寶七重行樹。金樹：銀枝，碼瑙爲條，琉璃爲葉，頗梨爲華，車磲爲果，赤真珠根。銀樹：金枝，頗梨爲條，琉璃爲葉，車磲爲華，瑪瑙爲果，赤真珠根。"《佛說無量壽經》卷上："金樹，銀樹，琉璃樹，頗梨樹，珊瑚樹，瑪瑙樹，車磲樹。或有二寶三寶乃至七寶轉共合成。或有金樹，銀葉華果。或有銀樹，二寶三寶乃至七寶轉共合成。"

銀錯

銀飾工藝名。以銀填塗或鑲嵌文字或花紋的工藝。《宋書·禮志五》："諸王皆不得私作禁物，及闟碧校鞍，珠玉金銀錯刻鏤雕飾無用之物。"《梁書·劉之遴傳》："銘云：'建平二年造。'其第二種，金銀錯鏤古罇二枚，有篆銘云。"宋陳暘《樂書·樂圖論·定尺》："漢章帝之時，舜祠下得玉律度爲尺，與古銅尺近，同及蔡邕銅龠，以銀錯識之。"《太平御覽》卷七一七引曹操《上雜物疏》："御物有尺二寸金錯鏡一枚，皇太子雜純銀錯七寸鐵鏡四枚。"宋王珪《白鷺亭詩》："蒼茫洲渚寒，銀錯星斗大。"《尚書通考》卷三："後魏永興中，詔造太史候部鐵儀，其制并以銅鐵惟星度以銀錯之。"

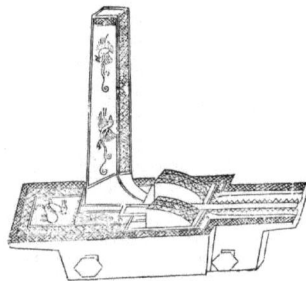

漢銀錯弩機六
（清刊《亦政堂重修宣和博古圖録》）

銀錠

省稱"銀"。以白銀熔鑄成錠。始於漢，漢武帝時造白金三品，王莽亦鑄有銀貨二品。《史記・平準書》："又造銀錫爲白金，以爲天用莫如龍，地用莫如馬，人用莫如龜，故白金三品。其一曰重八兩，圜之，其文龍，名曰白選，直三千；二曰重差小，方之，其文馬，直五百；三曰復小，撱之，其文龜，直三百。"清胡渭《禹貢錐指》卷六："銀，一名鋈……則器物亦有以銀爲餙者。秦制幣二等，黃金爲上幣，銅錢爲下幣，而銀爲器飾，寶藏不爲幣。漢初因之。至武帝造白金三品，銀復爲幣。唐、宋時上下通行之貨，亦皆以錢。唯嶺南用銀。迨金之季年，寶泉日賤，民間以銀市易。上下用銀，由此始也。近世權百貨以行於海内者，唯銀最爲流通，其數當亦不減於昔。"清周亮工《書影》卷九："予按唐宋以前，上下通行之貨，一皆以錢而已，未嘗用銀。《漢書・食貨志》言：秦并天下，幣爲二等，而珠玉、龜貝、銀錫之屬，爲器飾寶藏，不爲幣。孝武始造白金三品，尋廢不行。《舊唐書》：憲宗元和三年六月詔曰：天下有銀之山，必有銅鑛。銅者可資於鼓鑄，銀者無益於生人。其天下自五嶺以北，見採銀坑，並宜禁斷。至韓愈奏狀，始言五嶺買賣一以銀。"《漢書・食貨志下》："莽即真，以爲書劉字有金刀，迺罷錯刀、契刀及五銖錢。而更作金銀龜貝錢布之品名曰寶貨……黃金重一斤直錢萬，朱提銀重八兩爲一流，直一千五百八十；它銀一流直千是爲銀貨二品……"《資治通鑑・王莽始建國二

清光緒十九年銀錠

清代散碎銀子

年》："莽以錢幣訖不行，復下書曰：'寶貨皆重則小用不給，皆輕則儳載煩費。輕重大小各有差品，則用便而民樂。'於是更作金銀龜貝錢布之品，名曰寶貨。錢貨六品：金貨一品，銀貨二品，龜貨四品，貝貨五品，布貨十品。凡寶貨五物、六名、二十八品，鑄作錢布，皆用銅，殽以連錫。"其後歷代均有鑄造，但流通不廣。至明清始漸盛行，并作爲貨幣流通。宋蘇軾《東坡志林・高麗》："又見淮東提舉黃寔言：'見奉使高麗人言：所致贈作有假金銀錠，夷人皆坼壞，使露胎素，使者甚不樂。夷云：非敢慢也，恐北虜有覘者以爲真爾。'"元陳繹曾《翰林要訣》："宋太宗淳化三年，出内府真迹，命王著用棗板摹刻十卷，雖近肥俗，深得古意，不見真迹，得此足矣。上有銀錠紋，用澄心堂紙、李廷珪墨拓打，手摸之而不汙。親王大臣各賜一本，人間罕有。"明陶宗儀《南村輟耕錄・銀錠字號》："銀錠上有字號，揚州元寶，乃至元十三年，大兵平宋，回至揚州丞相伯顏號令搜撿將士行李，所得撒花銀子，銷鑄作錠，每重五十兩，歸朝，獻納。"銀錠形式不一，有元寶、中錠、錁子、福珠四種。

【銀】

"銀錠"之省稱。此稱漢代已行用。見該文。

銀篦

銀質髮梳，梳髮器具。唐白居易《琵琶行》詩："鈿頭銀篦擊節碎，血色羅裙翻酒汙。"宋岳珂《次韻喬江州琵琶亭詩》："擊節銀篦定誰是，茫茫江月思何窮。"宋周去非《嶺外代答・外國門上・海外黎蠻》："首或以絳帛彩帛包髻，或帶小花笠，或加雞尾，而皆簪銀篦二枝。"明曹學佺《蜀中廣記・名勝・川西道成都

府》："羅衫玉帶最風流，斜插銀篦慢裹頭，閒向殿前騎御馬，掉鞭橫過小紅樓。"明湯顯祖《黎女歌》："女兒競戴小花笠，簪兩銀篦加雉翠。"

銀璫

銀質冠飾，漢代近侍之臣常侍之冠飾，後爲宦者代稱。《後漢書·宦者傳·序》："漢興，仍襲秦制，置中常侍官。然亦引用士人，以參其選，皆銀璫左貂，給事殿省。"唐司空圖《王縱追述碑》："內司環衛，外峻巨防。通班石室，進秩銀璫。"唐劉禹錫《和令狐相公送趙常盈煉師與中貴人同拜嶽及天台投龍畢却赴京師》詩："銀璫謁者引霓旌，霞帔仙官到赤城。"宋梅堯臣《書鼠詩》："銀璫插左貂，窮臘使馳驛。"

銀環

銀質圓形飾品。《南史·夷貊傳上》："七寶塔內又以石函盛寶塔分入兩刹，刹下及王侯、妃主、百姓、富室所捨金銀環釧等珍寶充積。"《宋史·輿服志四》："其冕無額花者，玄衣纁裳悉畫小白綾，中單獅子錦綬二銀環，餘同上。"《金史·輿服志中》："正四品，五梁冠，銀立筆，犀簪，白獅錦銀環綬，珠佩，銀革帶。"明田汝成《炎徼紀聞·蠻夷》："未娶者以銀環飾耳，號曰馬郎，婚則脫之。"清杜臻《粵閩巡視紀略》卷三："男子亦紋臂股。其富者，男戴藤六角帽，花鬘纏腰，銀環綴耳；婦人戴花箬笠，文領露胸，加裘數重，以五色吉貝爲之。"

銀甕

銀質酒器。傳説爲祥瑞之物。政治清平，則銀甕（瓮）出。《初學記》卷二七引《瑞應圖》曰："王者宴不及醉，刑罰中，人不爲非，則銀甕出。"《北史·周太祖紀上》："帝至上邽，悦府庫財物山積，皆以賞士卒，毫釐無所取，左右竊以一銀甕歸，帝知而罪之。"《隋書·周法尚傳》："賜綵五百段，奴婢五十口，并銀甕、寶帶、良馬十匹。"唐杜甫《洗兵行》詩："寸地尺天皆入貢，奇祥異瑞争來送。不知何國致白環，復道諸山得銀甕。"《元史·呼魯蘇傳》："以其功聞，世祖以克宋所得銀甕及金酒器等賜之。"明劉基《君子有所思》詩："扈從金宮歸，賜酒銀甕盈。"

銀縷

銀質絲綫。《後漢書·禮儀志下》："諸侯王、列侯始封貴人、公主薨，皆令贈印璽、玉柙、銀縷。"《隋書·禮儀志七》："婕妤，銀縷織成獸頭鞶囊、首飾花七鈿，他如嬪服。"《宋史·輿服志四》："其制削竹爲幹，裹以緋羅，以黄絲爲毫拓，以銀縷葉插於冠後。"《金史·百官志四·官誥》："六品、七品，紅遍地草錦褾，小白綾八幅，角軸大安加銀縷。"明田汝成《西湖游覽志餘·委巷叢談》："咸淳癸酉，臨安地産白毛，長四五寸，瑩若銀縷，焚之臭類羊毛，占爲大臣專國之兆。"

銀罌

銀質或銀飾貯器，盛流質物品。唐楊巨源《石水調》二首之一："銀罌深鎖貯清光，無限來人不得嘗。"《新唐書·柳公綽傳》："未幾，馮晨謁賈，賈未出，有二青衣齎銀罌出，曰：'公恐君寒，奉地黄酒三杯。'馮悦，盡舉之。"《遼史·禮志五·嘉儀上》："皇后車至便殿東南七十步止，特哩袞夫人請降車，負銀罌，捧縢履，黄道行，後一人張羔裘若襲之。"《元史·速不台傳》："帝曰：'速不台枕干血戰，爲我家宣勞，朕甚嘉之。'賜以大珠銀罌。"清陳維崧《曲游春·花朝》詞："回首夭桃露井，憶檀板銀罌，那時偎並。"

銀鐙

銀飾脚鐙。《通志·四夷·傳五·南蠻》："王乃用班絲者，以纓絡繞身，頭着金長冠，高尺餘，形如弁，綴以七寶之飾。帶金裝劍，偏坐金高座，以銀鐙支足。"宋王溥《唐會要·裘冕·雜録》："又奏商人乘馬，前代所禁，近日得恣其乘馬，雕鞍銀鐙，裝飾焕爛，從以童騎，最爲僭越。"元薩都剌《京城春日》詩："燕姬白馬青絲繮，短鞭窄袖銀鐙光。"明顧起元《説略·珍格》："李昌夔在荆州打獵，大修裝具；其夫人獨孤氏亦出女騎一千，皆着紅繡襖、錦鞍、轎鳳靴、銀鐙。"明張元凱《乘騎》詩："聯鑣舉袂柳風吹，銀鐙金蓮步步垂。"

銀爐

銀質香爐。唐李乂《高安公主挽歌》詩："銀爐稱貴幸，玉輦盛過逢。"《舊五代史·周書·太祖紀》："即拜奠於祠前，其所奠酒器、銀爐並留於祠所，遂幸孔林，拜孔子墓。"宋于石《夜燒松明火次韻黃養正》："銀爐熾炭麒麟紅，銷金帳暖熏籠烘。"清吳任臣《十國春秋·吳越·孫承佑》："忠懿王常以大片生龍腦十觔賜承祐，承祐即對使者索大銀爐，作一聚焚之，曰聊以祝王壽，其豪貴如此。"清《江西通志·山川·廣信府》："縣東南七十里有仙巖，巖半有穴二十四，大小相對，下有溪流，漁人仰視穴中，有杵臼、織機、紡車、銀爐、牀櫃、倉板之類。"

煨水銀爐（明王圻等《三才圖會》）

鏤銀

銀飾工藝名。雕鏤物體時，中間嵌銀。唐賀知章《答朝士》詩："鈒鏤銀盤盛蛤蜊，鏡湖蒪菜亂如絲。"宋熊克《中興小紀·高宗紹興五年》："張浚被召，綱賸行一百二十合，合以朱漆鏤銀裝飾，樣致如一，皆其宅庫所有也。"宋洪遵《翰苑群書·蘇易簡續翰林志上》："厥後立春，鏤銀飾綵旛勝之物。"宋張耒《立春》三首之三："車馬紛紛殘雪裏，鏤銀剪綵舞新旛。"清《貴州通志·地理風俗·遵義府》："自濟火以來千有餘年，世長其土勒四十八部，部之長曰頭目，其等有九，曰九扯，最貴者曰更苴不，名不拜，賜鏤銀鳩杖，凡有大事取決焉。"

第二節　琺瑯考

"琺瑯"一詞源於中國隋唐時期古西域地名拂菻。人們將此地名的音譯用以指稱搪瓷嵌釉工藝。中國琺瑯器在元代形成，至明代景泰年間，琺瑯器廣泛流行，時以藍色釉最爲出色，習慣稱爲景泰藍。其他名稱有"佛郎嵌""鬼國嵌""法藍""法郎""拂林""佛郎”“富浪”等。“琺瑯”一稱明代已有。清代又稱“古月軒”。1918年後，琺瑯與搪瓷同義合用。1956年中國制訂搪瓷製品標準，將琺瑯定爲藝術搪瓷的同義詞。

北京故宮博物院藏有金屬胎琺瑯器七千多件，包括元明清掐絲琺瑯器、明清鏨胎琺瑯器、清代畫琺瑯器和透明琺瑯器等。大多爲宮廷製作，亦有少量民間製品。具紀年款識者有明代宣德、景泰、嘉靖、萬曆四朝，清代康熙、雍正、乾隆、嘉慶、同治、光緒等朝，以及如“老天利”“德興成”“志遠堂”等。其造型淳厚、裝飾華美、工藝精湛，用途涉及皇家陳設、祭祀、生活等各方面。

中國琺瑯器工藝主要包括鏨胎琺瑯、掐絲琺瑯、淺浮雕琺瑯和畫琺瑯四種。總體具有薄、平、光、艷、雅五個優點。琺瑯器銅胎主要有鍛打銅胎和鏨胎兩種，以掐絲爲主。其工序：製胎，用錘將紫銅敲打成所需形狀之銅胎，將某些部分以焊藥加以高溫焊接；掐絲，用鑷子將紫銅絲掐、掰成各種精美圖案花紋，蘸白芨粘附於其上，篩銀焊藥粉，將經900℃左右高溫焙燒銅絲所製之花紋焊接於銅胎上；點藍（填釉），將各種琺瑯釉料填入絲紋空隙；燒藍，以800℃左右高溫燒熔，使釉面平整光亮，此過程需反復兩次至四次；磨光，用粗砂石、黃石、木炭分三次將釉面磨平，用木炭、刮刀將沒有藍釉的銅綫、底綫、口綫刮平磨光；鍍金，將金屑以水銀熔之，塗於需鎏金之處，以炭火烘烤使鍍金牢固；再經磨光，一件掐絲琺瑯作品終宣告完成。琺瑯器雖源於國外，但其製作工藝融青銅、瓷器工藝及傳統繪畫和雕刻技藝爲一體，堪稱中國傳統工藝之集大成者。

據文獻記載，唐代吐蕃時期之金胎掐絲琺瑯牌飾爲中國現存最早掐絲琺瑯器，中國製作琺瑯器始於元代成吉思汗進攻大食時。自唐代以後，稱阿拉伯帝國爲大食，大食窯蓋泛指西方國家傳入我國之嵌掐絲琺瑯器皿，與中國瓷器不同。元代琺瑯器藉鑒“大食窯”器製作工藝，而將中國傳統文化思想融入了琺瑯器生產製作之中，中國琺瑯器由此形成。元代琺瑯器之釉料質地細膩潔净，表面異常光亮，通明如水晶。其圖案題材多爲纏枝蓮花紋。

元末明初掐絲琺瑯器釉質細膩，色調純正，鮮艷明快，具水晶般透明質感。其常以淺藍色作底，中間飾紅、綠、白、黃、紫、深藍等色釉。明代琺瑯器由内廷御用監製燒造，有掐絲琺瑯和鏨胎琺瑯兩種。有紀年款識者，僅見宣德、景泰、嘉靖、萬曆年號。永樂、宣德年間，宮廷開始製作并應用掐絲琺瑯，但其釉色略顯灰暗，光澤度偏低。此時期之掐絲琺瑯器底色除淺藍色外，廣泛應用寶藍色。該工藝至景泰年間達到極盛，其製品“釉色齊備，金光燦爛，細潤可愛”。故後世將其稱爲“景泰藍”，爲中國琺瑯之名稱。萬曆年間，除寶藍色之外，淡青、白色等中間色底亦出現，琺瑯色釉亦有所增加。出現了如赭、豆青、松石綠等色釉品種。器物多以藍色琺瑯釉爲底，以紅、藍、黃、綠、白、紫等色填飾圖案，色調純正，釉質細膩，胎體大氣，成型規矩，釉面比較平滑，氣泡較少。明代晚期掐絲琺瑯器裝飾題材更爲廣泛，靈芝仙鶴、松竹梅、荷鷺魚藻等紋飾一時成爲時尚。

清代琺瑯器繼承明代傳統，又結合西洋畫琺瑯製作工藝而有所創新。清初内廷武英殿設"琺瑯作"，康熙五十七年（1718）與養心殿"造辦處"合并。康熙五十年後，廣州與歐洲畫琺瑯器製作匠師先後進入清宮内廷琺瑯作供職，參與指導并燒製畫琺瑯器，至此畫琺瑯生產開始趨於成熟并規範化，當時稱爲"西洋琺瑯"或"洋琺瑯"。此時掐絲琺瑯分爲粗絲淡釉和勻絲濃釉。掐絲比明代更細密均勻，釉色雖不及明代但胎骨厚重而堅實。器形以杯、碗、盒、盤、爐等小型器爲主。據清宮造辦處《各作成做活計清檔》記載，雍正朝燒製金屬胎琺瑯器祇有掐絲琺瑯和畫琺瑯兩種。雍正朝在琺瑯器製作方面創製甚多。據雍正六年（1728）《造辦處各作成做活計清檔》記載，宮中作坊新試製新煉琺瑯料有月白色、白色、黃色、淺綠色、亮青色、藍色、松綠色、亮綠色、黑色共九樣；新增琺瑯料有軟白色、秋香色、淡松黃綠色、藕荷色、淺藍色、醬色、深葡萄紫色、青銅色、松黃色共九樣。目前落雍正款掐絲琺瑯器，僅臺北故宮典藏的一件仿古豆形器。乾隆時期，琺瑯器製作最爲繁榮，做工超過明代。釉面多用錦底，用料多爲天藍、寶藍等色。并新創粉紅、綠和黑色。品種除爐、盒、盤、文房等器外，還有宮廷陳設桌椅、床榻、屏風等大型器皿。琺瑯釉料的另一特徵爲表面沙眼現象，由於硼酸鹽含量過高以及燒製過程中氧化還原作用引起。工匠們常用"蠟補"方補救，即用石蠟加入色粉製成色蠟，填充沙眼。至乾隆時，工藝得到改進，杜絕了沙眼現象。道光時期，琺瑯器以黃、紅、粉紅作底色，做工精良、富麗華貴。當時，因需求量龐大，内廷琺瑯作力不從心時，便向粵海關監督、兩淮鹽政監督下達旨意，令其承包製作。現存清乾隆時期琺瑯器，不僅有内廷琺瑯作燒造，亦有廣州、揚州兩州所生產進貢者。清末，北京民間作坊亦相當興盛，并出現專營琺瑯器商號。揚州王世雄有"掐絲琺瑯王"之稱。民國時期，景泰藍總體製作水準不及前代，胎體薄，色彩鮮艷有浮感，做工較粗。此時唯"老天利""德興成"景泰藍製品做工細，品質好。琺瑯器走向民間，生產大量搪瓷製品，今尚作爲日常用品使用。

古月軒

習慣上將彩繪精細入微、畫面多配以詩、印，并有料書乾隆帝年號款的琺瑯彩瓷稱爲"古月軒"瓷。始於康熙時仿西方琺瑯器，故名琺瑯彩。清末《飲流齋説瓷》："古月軒凡三説：一謂古月軒屬於乾隆之軒名，畫工爲金成字旭映者也；一謂古月軒係胡姓人，精畫料器，而乾隆御製仿之也；一謂古月爲清帝軒名，不專屬乾隆，歷代精製之品，均藏於是軒也。三説者，所聞異詞，所傳聞又異詞。"民國趙汝珍《古玩指南》確定"古月軒"即琺瑯彩和琺瑯釉的瓷或料器，并認定康熙朝已有"古月軒"瓷器、料器，"古月軒"的款識却出現於乾隆朝。"古月軒"主人，即乾隆時人。清趙之謙《勇廬閑詰》："鼻煙壺……上爲畫采，間書小詩，壺足題古月軒，其題乾隆年製者尤美。"清富察敦崇《燕京歲時記・廠甸兒》："翡翠之外并重料壺，然必須官窯古月軒者方爲上品，新料不足道也。"

琺瑯

亦稱"佛郎嵌""法藍"等。塗料名。以長石、石英、硝石、碳酸鈉等加錫和鉛的氧化物燒製而成。以此塗在銀、銅質器物上，經燒製，形成質地、色澤似釉子不同顏色的表面。既可裝飾，亦可防銹。明曹昭《格古要論・古窯器論》："大食窯，以銅作身，用藥燒成。五色花者，與佛郎嵌相似。"明方以智《格物要論・金石類》："金銀皆有鑲嵌纍絲琺瑯，因拂菻之法也。"《西遊記》第一六回："有一個小幸童，拿出一個羊脂玉的盤兒，有三個法藍鑲金的茶鍾。又一童，提一把白銅壺兒，斟了三杯香茶。真個是色欺榴蕊艷，味勝桂花香。三藏

見了，誇愛不盡道：'好物件！好物件！真是美食美器！'"清刊《聖祖仁皇帝庭訓格言》："如朕新製法藍碗，因思先帝時未嘗得用，亦特擇其嘉者恭奉。"清孫廷銓《顏山雜記・物産》："瑪瑙者，琺瑯點之，纏絲者以藥夾絲，待其融也，引而旋之。"清刊《平定準噶爾方略前編》卷四七："賞噶爾丹策零妝緞漳絨寧紬各二端，玻璃器六事，琺瑯器四事。"

【佛郎嵌】

即琺瑯。此稱明代已行用。見該文。

【法藍】

即琺瑯。此稱明代已行用。見該文。

金胎琺瑯

以黃金爲胎燒製成的琺瑯器。金質坯胎因造價高，難以被常人接受，故基本祇在內府製作和使用，數量有限。明方以智《物理小識・金石類》："金銀皆有鑲嵌纍絲琺瑯，因拂菻之法也。有鋜絲鑲嵌，即三代商金銀法也。"

玻璃胎琺瑯

省稱"玻璃琺瑯"。以玻璃爲胎，琺瑯彩作色料製成的琺瑯器。清雍正年間由宮內造辦處製造。《平定準噶爾方略前編》卷五〇："隨敕賜各色緞十端，妝緞十端，玻璃琺瑯磁器十八事。"清刊《八旬萬壽盛典・恩賚十三・賞賚》："……銀絲匣九個，漆桌二張，玻璃琺瑯瓷、漆盤、盌、花瓶、煙壺等器五十二件。"

【玻璃琺瑯】

即玻璃胎琺瑯。此稱清代已行用。見該文。

瓷琺瑯

以瓷爲胎，上繪圖案和花紋製成的畫琺瑯。此類琺瑯器爲瓷器和畫琺瑯製作工藝完美結合的産物，其製作要求高於瓷器製作，亦高於畫

琺瑯製作。因其製作方法藉鑒銅胎畫琺瑯技法，在瓷質胎上用各種琺瑯彩料描繪而成，類似於釉上彩瓷，故亦稱“瓷胎畫琺瑯”。此類琺瑯器產生於雍正時期，景德鎮製瓷藝人社會地位有所提高，又因雍正酷愛瓷器，故對此類琺瑯器產生有很大推動作用。康熙、雍正年間製作的瓷胎琺瑯，先在景德鎮官窯精選出最佳的原料燒製成素胎，再送至宮中由宮廷畫師加彩後第二次入低溫爐烘烤而成。《清朝宮史·經費二》：“玉池圓照磁琺瑯面盆一對，銀河璧月磁琺瑯手盆一對。”

紫砂胎琺瑯

以紫砂陶器爲坯胎，琺瑯彩做色料製成的琺瑯器。清康熙年間已有燒製。今內廷紫砂胎琺瑯器僅見康熙年間製品，未見雍正乾隆年間製作資料。

銅胎琺瑯

以銅爲胎製作而成的琺瑯器。此器因銅料與表面琺瑯易結合，銅價相對較低，易被常人接受，故銅胎琺瑯被廣泛使用。時至今日，大多琺瑯器的製作依舊使用銅質胚胎。

景泰藍

琺瑯器。又稱“銅胎掐絲琺瑯”。瓷和銅相結合的獨特工藝品。其製作過程爲：以紫銅製作胚胎，工藝師於胎上作畫，再據所畫圖案以銅絲粘出相對應的花紋，再將不同顏色琺瑯釉料鑲嵌於圖案中，經反復燒結、磨光和鍍金而成。其製作既用青銅與瓷器工藝，又融合傳統手工繪畫與雕刻技藝，堪稱中國傳統工藝之集大成者。景泰藍釉料隨時代而變化。明朝景泰藍原料主要是琺瑯料，有紅、黃、綠、藍、黑、白等等。製作時加進一種進口油劑將其調成糊狀填塗。經燒製後色澤晶瑩透亮、釉面肥厚。清朝景泰藍多不用琺瑯，而使用彩釉料。清薛福成《出使英法義比四國日記續》卷七：“中國古磁器向爲西人所愛玩，余適攜有景泰藍數件，遂舉以備賀婚儀物，計天球形高口瓶二座，穿枝花小罐二個，十景花六楞小爐二座，金地高把酒壺一把，皆景泰藍也。”清胡思敬《國聞備乘》卷二：“思永初開工藝局，言官參其以水磨豆腐專小販之利，遂落職。其子中慧通英文，兩詣西洋賽會，得超等文憑歸。工業漸振，其製作以景泰藍銅器爲最精，一瓶值五千元。”《老殘遊記》第一二回：“那煙盤裏擺了幾個景泰藍的匣子，兩枝廣竹煙槍，兩邊兩個枕頭。”徐珂《清稗類鈔·工藝類》：“景泰藍者，始於明代宗景泰時，今都人能製之。其製法，銅器之表面塗以琺瑯質，燒成花鳥人物等種種花紋，花紋之周廓，或界以細銅絲，或否。日本謂之七寶燒，因其光色璀璨，若有各種寶玉雜於其中也。”

掐絲琺瑯

金屬絲或金屬條（如金、銅、銀等）焊於金屬胎板表面，以此分隔各種顏色製作而成的琺瑯器。其工序：製胎，以錘敲打紫銅成所需形狀之銅胎，以焊藥加高溫

清掐絲琺瑯牡丹紋葫蘆扁瓶

焊接；掐絲，將紫銅絲掐、掰成各種精美圖案和花紋，蘸白芨粘附於銅胎上，後篩銀焊藥粉，經900℃左右高溫焙燒使銅絲所製花紋焊接於銅胎上；點藍（填釉），將各種琺瑯釉料填充絲

紋空隙；燒藍，以 800℃ 左右的高溫燒熔，使其釉面平整光亮，此過程需反復兩至四次；磨光，以木炭、黃石、粗砂石磨平釉面，至少打磨三次。後以刮刀、木炭刮平沒有藍釉的口綫、底綫、銅綫。再磨光；鍍金，以水銀熔化金屑，塗於鎏金處，以炭火烘烤使其鍍金更牢固；再次磨光即完成。掐絲爲琺瑯器製作中最主要的一道工藝。清梁廷枏《海國四説·粤道貢國説》："二十九日，於太和門頒給敕書。賜該國王百花蟒緞二，袍緞、綫緞各四，紫檀彩漆銅掐絲琺瑯龍舟仙臺一，玉器八，瑪瑙盂盤一，瓷器二百有二十，漆器三十七。"

著色琺瑯

於銅、金或銀胎板上用各種顔色琺瑯逐層著色製成之琺瑯器。因各種琺瑯色料熔點不同，故先用高熔點之色料着色，每着完一種色料焙燒一次，以防各種色料相混。所用之色料可爲單色，亦可爲多色。此工藝在雙面琺瑯發明後廣爲流傳。

畫琺瑯

源於法國，16 世紀傳入中國，最早製造於廣東。廣東稱其"燒青""廣琺瑯"或"洋琺瑯"。此爲清康熙、雍正、乾隆皇帝的喜愛與重視。北京皇宮造辦處及廣東兩地設立琺瑯作坊，挑選廣東優秀畫琺瑯工匠進京效力，大量生產琺瑯製品，供皇室享用。後歷經晚清國衰、民國戰亂，漸趨稀少。北京以掐絲琺瑯（俗稱景泰藍）爲長，廣東以畫琺瑯爲長，南北兩地工藝各有特色，同爲中國傳統琺瑯工藝的兩大瑰寶，享譽中外。畫琺瑯在金、銅胎上以琺瑯粉直接描繪圖案和畫面，經燒製後顯色而成。掐絲琺瑯先以金屬絲顯現圖案花紋而後填以琺瑯料。就繪畫方式製作琺瑯而言，稱之爲"畫琺瑯"；就琺瑯料繪製圖畫而言，稱之爲"琺瑯畫"。畫琺瑯器之圖案以琺瑯料爲主，而琺瑯又簡稱"料"，故又名"料琺瑯"。畫琺瑯於康熙年間產生，乾隆年間興盛，并進一步發展至製作琺瑯彩瓷。早期畫琺瑯色調較暗，有細孔，後期釉料較薄，表面較平滑，畫風工整，花紋圖案精美而又生動，色澤較鮮艷。其工藝先於器表塗一層白色琺瑯，後繪畫施彩。器裏施以淡藍色琺瑯，器底掛白釉。雍正時，琺瑯彩鼻煙壺最爲流行，多繪花卉、山水、樓閣、人物、鳥獸，色彩艷麗。

銀胎畫琺瑯

於銀胎上采用畫琺瑯工藝製成的琺瑯器。早期銀胎畫琺瑯器由清朝內務府製作，至晚清，民間銀鋪亦有燒製。至民國時，成爲集冶金、鑄造、繪畫、焙燒、鏨刻、錘揲等工藝於一體的復合性工藝。絢麗明快，風格別致。此器多以製作瓶、罐、盒或小型擺件，大件相對較少。亦有鑲嵌瑪瑙、松石等裝飾器物。也稱爲"銀燒藍"。

琺瑯刀

塗琺瑯後燒製的刀具。清梁廷枏《海國四説·粤道貢國説》："乾隆十八年三月，西洋博爾都噶爾雅國王若瑟，遣陪臣巴哲格等，進貢方物：自來火鳥槍、琺瑯洋刀、銀裝蠟臺、赤金文具、伽什倫文具、螺鈿文具、瑪瑙文具、綠石文具、赤金鼻煙盒、咖什倫鼻煙盒、螺鈿鼻煙盒、瑪瑙鼻煙盒、綠石鼻煙盒、銀裝春夏秋冬四季花、金絲花緞、銀絲花緞、金絲表緞、銀絲表緞、各色哆囉呢、織人物花氈、露酒、白葡萄酒、紅葡萄酒、巴爾撒木酒、鼻煙、洋糖果、香餅，凡二十八種。"

琺瑯三寶珠

塗琺瑯後燒製，仿三寶造型之工藝品。三寶指佛寶、法寶、僧寶。清鄂爾泰、張廷玉《國朝宮史·經費二》："法幢永護廣琺瑯將軍寶一件、隻園同樂廣琺瑯男寶一件、散花仙侶廣琺瑯女寶一件、陀林大力廣琺瑯象寶一件、檀山龍駒廣琺瑯馬寶一件、智光圓朗廣琺瑯三寶珠一件、照臨香界廣琺瑯輪寶一件、圓光妙轉廣琺瑯輪二件……（以上供器一九）"

琺瑯女寶

塗琺瑯後燒製，仿女士造型之工藝品。清鄂爾泰、張廷玉《國朝宮史·經費二》："法幢永護廣琺瑯將軍寶一件、祇園同樂廣琺瑯男寶一件、散花仙侶廣琺瑯女寶一件、陀林大力廣琺瑯象寶一件、檀山龍駒廣琺瑯馬寶一件、智光圓朗廣琺瑯三寶珠一件、照臨香界廣琺瑯輪寶一件、圓光妙轉廣琺瑯輪二件……"

琺瑯比目魚

塗琺瑯後燒製，比目魚形狀之工藝品。《綠野仙蹤》第四四回："傍邊又寫着三個大字'你快來'，上寫'書請溫大爺移玉'；下面落着名字，是'辱愛妾金鍾兒具'。書內又有小荷包一個，裝着個琺瑯比目魚兒；聞了聞，噴鼻兒香。"

琺瑯手爐

塗琺瑯後燒製，貯火之器具，取暖用。清鄂爾泰、張廷玉《國朝宮史·經費二》："陽和回律廣琺瑯手爐九件（手爐十九）……香苗奇葩廣琺瑯花瓶九對。"

琺瑯戒指

塗琺瑯後燒製的戒指。清王廷紹《霓裳續譜·雜曲》："上寫着情郎頓首，拜上那年小的多嬌，有心和你相逢，阻隔路遠山遥，帶來的烏綾手帕，白綾汗巾還有兩條，琺瑯戒指八個，下綴着紅絨絲條，木梳櫳子一套，還有煙袋荷包，雖然是禮物不堪，冤家你暫且收着，要問我多早歸期，八月中秋到了……"

琺瑯男寶

塗琺瑯後燒製，仿男士造型之工藝品。清鄂爾泰、張廷玉《國朝宮史·經費二》："法幢永護廣琺瑯將軍寶一件、隻園同樂廣琺瑯男寶一件、散花仙侶廣琺瑯女寶一件、陀林大力廣琺瑯象寶一件、檀山龍駒廣琺瑯馬寶一件、智光圓朗廣琺瑯三寶珠一件、照臨香界廣琺瑯輪寶一件、圓光妙轉廣琺瑯輪二件……"

琺瑯馬寶

塗琺瑯後燒製，仿馬匹造型之工藝品。清鄂爾泰、張廷玉《國朝宮史·經費二》："法幢永護廣琺瑯將軍寶一件、隻園同樂廣琺瑯男寶一件、散花仙侶廣琺瑯女寶一件、陀林大力廣琺瑯象寶一件、檀山龍駒廣琺瑯馬寶一件、智光圓朗廣琺瑯三寶珠一件、照臨香界廣琺瑯輪寶一件、圓光妙轉廣琺瑯輪二件……"

琺瑯杯

塗琺瑯後燒製，盛水、酒、羹類液體的器皿。《十洲春語》卷上："對濃品，如擁彈墨綾薄棉衣，坐迴廊，理針綫。對靚品，如宴客綴錦閣下，携十錦琺瑯杯，宣牙牌令。對綺品，如綺白犀塵，繡紅蓮綠葉五色鴛鴦。"《紅樓夢》第四〇回："每人一把烏銀洋鏨自斟壺，一個十錦琺瑯杯。"清刊《八旬萬壽盛典·盛事·千叟宴三》："御製千叟宴詩一張，如意一柄壽杖一根，小卷宮寧紬二疋，素緞一疋，倭緞一疋，紬一疋，綾一疋，袍褂料二件，貂皮四張，琺瑯小杯一件，磁帶鉤一件，皮盤碗二件，小荷包一對。"

琺瑯盆

塗琺瑯後燒製，口大底小之圓形盛器。清鄂爾泰、張廷玉《國朝宮史·經費二》："箕範天全紫檀嵌玉福壽如意一柄、玉池圓照瓷琺瑯面盆一對、銀河璧月磁琺瑯手盆一對、四維環拱洋磁四方套環盒一件、赤瑛迭采紅洋磁套圓盒一對、彤雲綺合五彩磁油盒一對……"《紅樓夢》第五三回："尤氏上房早已襲地鋪滿紅氈，當地放着像鼻三足鰍沿鎏金琺瑯大火盆，正面炕上鋪新猩紅氈，設着大紅彩繡雲龍捧壽的靠背引枕……"

琺瑯瓶

塗琺瑯後燒製，腹大、頸長之容器。清刊《八旬萬壽盛典·恩賚·賞賚一》："賜緬甸國王御書扇一柄，又扇一柄，玉佛一尊，玉如意一柄，金鑲玉亭一座，蟒妝等緞一百十八疋，玉器六件，琺瑯爐瓶一具，硯一方，玻璃瓷器八十三件，交來使齎回。"又："賜達賴喇嘛玉佛一尊，玉如意一柄，玉器一件，銅鈴杵一分，雲產石朝珠一盤，六十兩重銀茶桶一件，銀壺一件，銀執盂一件，琺瑯瓶一件，盤一對……"清梁廷柟《海國四說·粵道貢國說》："是年照康熙六十一年加賜之例，特賜國王御書'炎服屏藩'四字，蟒緞、片金緞、妝緞、閃緞各二，錦緞四，各色緞八，玉器六，瑪瑙器二，琺瑯爐瓶一副，松花石硯二方，玻璃器五種共十件，瓷器二十三種共百四十六件。"清鄂爾泰、張廷玉《國朝宮史·經費二》："星洲麗景廣琺瑯西洋人物瓶一件、雙虯環拱廣琺（以上瑪瑙器

一九）、星洲麗景廣琺瑯五彩西洋人物瓶一件、雙虯環拱廣琺瑯五福螭虎耳瓶一對、昆閬同登廣琺瑯五彩西洋人物瓶一對、琪葩光絢廣琺瑯五彩花六方瓶一對、錦蕚春暄廣琺瑯五彩洋花瓶一對（以上琺瑯瓶一九）……"又："四維環拱廣琺瑯雙環方瓶一對、仙苑留春廣磬一架、隆祺聯慶白玉雙福磬一架、萬禩珍符白玉萬字磬一架（以上玉磬一九），四維環拱廣琺瑯雙環方瓶一對、仙苑留春廣琺瑯花瓴一對、疊華常現廣琺瑯雙耳圓瓶一對、潤涵寶露廣琺瑯圓罐一對、珍圍般文廣琺瑯獸耳方瓶一件（以上琺瑯器一九）……"

琺瑯盒

塗琺瑯後燒製，底蓋相合之盛器。清梁廷柟《海國四說·粵道貢國說》："雍正五年，西洋博爾都噶爾國王若望，遣陪臣麥德樂等具表慶賀，恭請聖安，進獻方物：大珊瑚珠一串，寶石素珠一串，金鑲咖石崙瓶一，金琺瑯盒一，金鑲蜜蠟盒一，銀鑲咖石崙盒一，金鑲瑪瑙盒一，銀鑲藍石盒一，銀鍍金鑲雲母盒五，銀鑲金鍍玳瑁盒一……"《風月夢》第三回："吳珍看見燈已開好，就立起身來，走到炕上坐下。在腰間挂的一個戳紗五彩須煙匣袋內，拿出一個琺瑯紋銀轉珠煙盒，蓋子上有一個獅子滾球，那獅子的眼睛、舌頭同那一個球總是活的。"

琺瑯翎管

塗琺瑯後燒製，類鳥翅和尾上長而硬羽毛的管狀物。清刊《世宗憲皇帝硃批諭旨·硃批諭旨上》："皇上欽賜臣藏翎及琺瑯翎管。"

琺瑯象寶

塗琺瑯後燒製，仿大象造型之工藝品。清

鄂爾泰、張廷玉《國朝宮史·經費二》："法幢永護廣琺瑯將軍寶一件、隻園同樂廣琺瑯男寶一件、散花仙侶廣琺瑯女寶一件、陀林大力廣琺瑯象寶一件、檀山龍馹廣琺瑯馬寶一件、智光圓朗廣琺瑯三寶珠一件、照臨香界廣琺瑯輪寶一件、圓光妙轉廣琺瑯輪二件（以上供器一九）。"

琺瑯將軍寶

塗琺瑯後燒製，仿將軍造型之工藝品。清鄂爾泰、張廷玉《國朝宮史·經費二》："法幢永護廣琺瑯將軍寶一件、隻園同樂廣琺瑯男寶一件、散花仙侶廣琺瑯女寶一件、陀林大力廣琺瑯象寶一件、檀山龍馹廣琺瑯馬寶一件、智光圓朗廣琺瑯三寶珠一件、照臨香界廣琺瑯輪寶一件、圓光妙轉廣琺瑯輪二件（以上供器一九）。"

琺瑯鈕扣

塗琺瑯後燒製的球狀或片狀鈕扣。清華廣生《白雪遺音》卷三："忽聽得，嬌滴滴聲音叫相公，即忙回轉頭來看，魂靈飛入九霄空。見他是，時樣金釵斜插烏雲鬢，青絲挽就髻盤龍。眉似三春初放柳，臉如日月映芙蓉。櫻桃一點生得好低垂粉頸笑溶溶，耳上金圈光閃閃鼻掛瓊瑤第一峰，秋波一轉情無限，動人心處亂人胸。月白單衫元色領，琺瑯鈕扣式蓮蓮，黑羅裙子低低束，三寸金蓮血染紅，玉手尖尖如春筍，拿着白地青花好蓋忠，我絶色佳人見過多多少，國色天姿尚未逢。"

琺瑯碗

塗琺瑯後燒製，口大底小之餐具，多爲圓形。清鄂爾泰、張廷玉《國朝宮史·經費二》："金虯湧現廣琺瑯五彩雲龍大碗四件、絳霄鱗鬣

清雍正琺瑯彩雉雞牡丹紋碗

廣琺瑯五彩雲龍碗八件、錦繡圍春廣琺瑯五彩洋花碗六件（以上琺瑯碗二九）。"

琺瑯鈿

塗琺瑯後燒製的花朵狀首飾，多鑲以金屬、珠寶等。《十洲春語》卷下："……飾顏者，有蛾包、春包、貂搭、半邊杓、琺瑯鈿、流蘇帶；飾指臂者，有馬鞍指釧、想思釧、唧魚背指鎖、手鎖、纏絲、纍絲、連環。"

琺瑯銀鎖

塗琺瑯後燒製，置於可啓閉的器物上，以鑰匙打開的扣件。《歧路燈》第七八回："第二桌，是'長命富貴'琺瑯銀鎖一掛，金項圈一圓，象牙邊箍洋扇二柄，沈香扇墜兩掛，鍍金老虎頭一面，蓮蓬鈴、荔枝鈴、甜瓜鈴、菱角鈴各兩串，'五子奪魁'小銀娃娃五位，其餘咬牙棒、螺螄金斗等，十樣孩事俱全。"

琺瑯輪

塗琺瑯後燒製，安在軸上可以轉動的圓形物。清鄂爾泰、張廷玉《國朝宮史·經費二》："楊枝灑潤磁奔巴瓶二件、天雨寶花廣琺瑯六方瓶二件、梵天轉運廣琺瑯運廣琺瑯輪二件（以上供器一九）。"又："法幢永護廣琺瑯將軍寶一件、祇園同樂廣琺瑯男寶一件、散花仙侶廣琺瑯女寶一件、陀林大力廣琺瑯象寶一件、檀山龍馹廣琺瑯馬寶一件、智光圓朗廣琺瑯三寶珠

一件、照臨香界廣琺瑯輪寶一件、圓光妙轉廣琺瑯輪二件（以上供器一九），光生蓮藏銀琺瑯七珍一分、天花瑞現銀七珍一分。"

琺瑯盤

塗琺瑯後燒製，盛放物品扁而淺的敞口用具。清刊《八旬萬壽盛典・恩賚・賞賚一》："賜班禪額爾德呢玉佛一尊，玉如意一柄，玉器一件……銀執盂一件，琺瑯盤三對，玻璃瓶二對……"小一點的盤子曰"小盤"。清刊《八旬萬壽盛典・盛事・千叟宴三》："御製千叟宴詩一張，如意一柄……貂皮八張，琺瑯小盤一件，文竹茶盤二件，皮盤二件，小荷包二對。"小盤亦曰"小碟"。清刊《八旬萬壽盛典・盛事・千叟宴三》："御製千叟宴詩一張，如意一柄，朝珠一盤，壽杖一根，小卷宮寧紬二疋，錦一疋，倭緞一疋，紬二疋，綾二疋，袍褂料二件，貂皮六張，琺瑯小碟一件，磁帶版一件，皮盤碗二件，小荷包一對。"

【琺瑯小盤】

即小一點的琺瑯盤。此稱清代已行用。見該文。

【琺瑯小碟】

即小一點的琺瑯盤。此稱清代已行用。見該文。

琺瑯龍舟仙臺

塗琺瑯後燒製，擺放龍舟之供臺。清梁廷枏《海國四説・粵道貢國説》："二十九日，於太和門頒給敕書。賜該國王百花蟒緞二，袍緞、綫緞各四，紫檀彩漆銅掐絲琺瑯龍舟仙臺一，玉器八，瑪瑙盂盤一，瓷器二百有二十，漆器三十七，葫蘆器十四，文竹掛格。"

琺瑯蠟臺

塗琺瑯後燒製的蠟燭臺。清鄂爾泰、張廷玉《國朝宮史・經費二》："四時玉燭廣琺瑯蠟臺一對、博山瑞靄廣琺瑯香爐一件、曼陀散彩廣琺瑯净瓶一對、瑜伽净寶銅鍍金滿達二件。"

琺瑯罐

塗琺瑯後燒製，盛物、烹煮、汲水的圓形、大口之容器。清鄂爾泰、張廷玉《國朝宮史・經費二》："四維環拱廣琺瑯雙環方瓶一對、仙苑留春廣琺瑯花觚一對、曡華常現廣琺瑯雙耳圓瓶一對、潤涵寶露廣琺瑯圓罐一對、珍囿般文廣琺瑯獸耳方瓶一件（以上琺瑯器一九）。"

第八章　奇物説

第一節　名類考

　　“名類”指有關奇物的各類名稱。“奇物”指世間各種稀有罕見之物，此物名稱涵義不盡相同，常有“玩物”“古玩”“古物”“奇玩”“珍奇”“珍玩”“珍物”“玩好”“古董”等。諸類名稱的出現，并非如詩詞用語、辭藻偶或一見，也并非某朝某代姑且一用，多是通代性，幾乎貫穿整部中華文明史。如《書·旅獒》中已有“玩人喪德，玩物喪志”之語。此“玩物”雖屬玩物之舉，却有玩物其實。後世有以女性爲玩物者，“玩物”已非單指器物，權可不論。先秦文獻另有“玩好”一詞，語意最爲明確。如《周禮·天官·大府》：“凡式貢之餘財，以共玩好之用。”鄭玄注：“有餘財，乃可以共玩好，明玩好非治國之用。”據此可知，周代已見此詞，表示以供娛樂玩賞。此“玩好”指嚮範圍非常廣泛，未加任何區別。同書《天官·内饔》有“珍物”一詞，通常釋爲“諸八珍之類”（見賈公彦疏），實則指一切珍奇之物。《漢書·高帝紀上》記載：“沛公居山東時，貪財好色，今聞其入關，珍物無所取，婦女無所幸，此其志不小。”此處“珍物”與“貪財”相對，非常明確，指一切珍奇之物。漢代亦有“珍奇”（見《後漢書·竇融傳》）、“珍玩”（見《後漢書·獨行傳・劉翊》）、"奇玩"（見《後漢書・董卓傳》）諸詞，其共同點是皆强調"珍"或"奇"。至南齊又出現"古物"一詞（見《南齊書・孔稚珪傳》），則强調一個"古"字。唐宋至元代，隨同社會生活的複雜化，"谷董""骨董""汩董""古董"諸詞相繼產生。至元代，"古玩"一詞（見元吳萊《陳彥理昨以漢石經見遺》詩）產生，與南齊"古物"意同，强調玩賞性。憑藉以上名類可知，上自君王，下至百姓，無不喜歡奇物。以名類變幻演進，亦大抵可知朝代興衰。自兩漢初具規模的奇物鑒賞、收藏與交易，至兩宋古董行風行，充分説明中華奇物的衍生發展史。參見下文《古董考》。

另一種名類，由古代游戲類專有名物詞演化而來。如"魚龍"，本指古代百戲中能變化爲魚和龍的猞猁型道具，後泛指百戲類游戲名。又如"爵馬"，本指古代角鬥性質的雜耍，後泛指角鬥類游戲名。與"玩物""古玩"之類專指玩賞器物有所不同，特予説明。

古玩

單稱"玩"。可供玩賞的古代器物。《國語・楚語下》："若夫白珩，先王之玩也。何寶焉？"韋昭注："玩，玩弄之物。"元代始有"古玩"之稱。元吳萊《陳彥理昨以漢石經見遺》詩："橫山先生多古玩，太學石經分我半。"《明史・宦官傳・梁芳》："王敬好左道，信妖人王臣。使南方，挾臣同行，僞爲詔，括書畫古玩，聚白金十萬餘兩。"《紅樓夢》第四一回："寶玉笑道：'常言世法平等，他兩個就用那樣古玩奇珍，我就是個俗器了？'"

【玩】

"古玩"之單稱。此稱先秦時期已行用。見該文。

古董

亦作"骨董""汩董"。珍藏之古物。唐張萱《疑耀》卷五："'骨董'二字乃方言，初無定字。"宋韓駒《送海常化士》詩："莫言衲子籃無底，盛取江南骨董歸。"《朱子語類》卷七："今人既無本領，只去理會許多閑汩董。"元代始見"古董"之名。元秦簡夫《東堂老》第一折："可早十年光景，把那家緣過活金銀珠翠，古董玩器……典盡賣絶，都使得無了也。"元曹繼善《安雅堂觥律・杜甫錢青》："街頭酒價貴，酒徒稀醉眠，相就飲一斗，三百青銅錢。累坐：誇買古董得便宜，席上打盹者滿杯。"清王夫之《詩經稗疏》卷四："若《宣和博古圖》有犧尊鑄作牛形，刻肖纖巧，絶不類古樸之制，斷非商、周彝器，而當時僞骨董家竊王安石、陸佃之説仿爲之以紿徽宗者，蓋不足信。"清李漁《意中緣・毒餌》："單靠一雙識貨眼，賤收骨董賣湖邊。"清莊履豐、莊鼎鉉《古音駢字續編》卷三："汩董（晦庵《語類》）、骨懂（《温泉賦》）、古董、谷董、骨董（五同）。"《清史稿・職官志・内務府》："兼吉祥門宮殿監副侍副總管一人，執守侍首領、侍監副首領各二人，專司近御隨侍，收掌內庫錢糧及古玩書畫，古董房。"《清史稿·李衛傳》："聞汝恀能放縱，操守亦不純，川馬骨董，俱當檢點。又製欽用牌，是不可以已乎？爾其謹慎，毋忽。"

【骨董】

通"古董"。此體唐代已行用。見該文。

【汩董】

通"古董"。此體宋代已行用。見該文。

玩好

喜歡賞玩的古董之物。《周禮·天官·玉府》："玉府掌王之金玉、玩好、兵器。"秦李斯《諫逐客書》："必秦國之所生而然後可，則是夜光之璧不飾朝廷，犀象之器不爲玩好，鄭、衛之女不充後宮，而駿馬駃騠不實外廄，江南金錫不爲用，西蜀丹青不爲采。"《宋書·符瑞志下》："碧石者，玩好之物棄則至。"宋夏僎《夏氏尚書詳解》卷一八："苟役耳目於玩好之末，如受癸而用之，以攫噬於人，則以人爲玩弄矣。"清萬斯大《三禮圖集注》卷一八："《士喪禮下》記云：凡贈幣無常。注云：賓之贈也玩好，曰贈所有也。玩好者，謂生時玩弄之具，與死者相知，皆可以贈死者。"

奇玩

供玩賞的珍奇物品。漢代已見"奇玩"之名。《後漢書·董卓傳》："塢中珍藏有金二三萬斤，銀八九萬斤，錦綺繢縠紈素奇玩，積如丘山。"其後，沿用至清。晉陸機《辯亡論》上篇："明珠瑋寶耀於內府，珍瑰重迹而至奇玩，應響而赴。"《梁書·諸夷傳》："水陸通流，百賈交會，奇玩珍瑋，恣心所欲。"宋黃倫《尚書精義》卷三一："無垢曰：紂在上，九夷八蠻皆不得其所，故誠意斷絕，不復修朝貢之禮。及

武王克商，小人盡去，弊政盡除，四海一家，中國一人，九夷八蠻皆有獻誠之路，而西旅所以致四尺之獒以爲貢也。犬四尺曰獒。然則西旅貢非所當貢之物，亦有罪乎？曰：夷狄何罪？其國中所出者惟獒，故以通誠意耳，至受與不受，有教化存焉。受之，則夷狄以謂中國好珍奇狗馬之玩，將有輕中國之心；不受，則使四夷知中國所尚者理義，不以奇玩爲高也，其敢不儆乎？"宋梅堯臣《觀邵不疑學士所藏名書名畫》詩："邵侯多奇玩，留我特開笥。"元陳師凱《書蔡氏傳旁通》卷四下："惟所貢無異物，所以見其慎德。若奇玩之物，非所當獻，亦非所當受，一受之，則荒怠之心生，而慎德之意失矣。"元吾丘衍《周秦刻石釋音·石鼓文》："金人得汴梁奇玩，悉輦至燕京。"明黃佐《泰泉鄉禮》卷一："凡讀書講學，必以治心養性爲本，寡嗜欲，薄滋味，正其衣冠，攝其威儀，以爲民望。聽琴賦詩之外，聲伎、演戲、博弈、奇玩之類，及世利紛華，一切屏絕。其有非僻傲惰者，眾共罰之。"

奇珍

罕見的奇异珍貴之物。《漢書·景十三王傳·江都易王劉非》："遣人通越繇王閩侯，遺以錦帛奇珍。"《晉書·呂纂載記》："即序胡安據盜發張駿墓，見駿貌如生，得真珠簾、琉璃榼、白玉樽、赤玉簫、紫玉笛、珊瑚鞭、馬腦鍾，水陸奇珍不可勝紀。"《舊唐書·魏徵傳》："今宮觀臺榭，盡居之矣；奇珍異物，盡收之矣；姬姜淑媛，盡侍於側矣；四海九州盡爲臣妾矣。"《舊五代史·梁書·太祖紀六》："廣州貢犀、象、奇珍及金銀等，其估數千萬。"《明史·樂志三》："得勝令：聖德感皇，乾甘露降，

山川萬邦來朝，貢奇珍，擺布全玉，階下鳴鞭仰，聖主升金殿，丹墀列英賢，讚吾皇豐稔年。"

珍玩

供玩賞的珍稀之物。《後漢書・耿弇傳》："貴人薨，大將軍梁冀從承求貴人珍玩，不能得，冀怒，諷有司奏奪其封。"北魏酈道元《水經注・浪水》："王氏《交廣春秋》曰：越王趙佗……佗之葬也，因山爲墳，其瑩塋可謂奢大，葬積珍玩。吳時，遣使發掘其墓，求索棺柩，鑿山破石，費日損力，卒無所獲。"《北史・李延孫傳》："廣陵王欣、錄尚書長孫承業……并百官等携持妻子來投延孫者，即率衆衞送，并贈以珍玩，咸達關中。"《舊唐書・姚璹傳》："太子使追還之，謂曰：'珠玉珍玩，寒不可衣，饑不可食，無遺我賊。'經侯杜門不出。"《文獻通考・物異考四》："夫蘭臺者，乃周家之所造也，圖書、術籍、珍玩、寶怪皆所藏在也。"宋周密《武林舊事・湖山勝概》："上天竺靈感觀音院天福中建，名'天竺看經院'。咸平初賜今名。淳祐中，賜'廣大靈感觀音教寺'……前後賜珠冠玉爐珍玩甚多。每水旱，朝廷必禱焉。"

珍奇

意爲珍貴而稀奇，亦指珍貴奇異之物。《後漢書・西域傳》："安息國……自此南乘海乃通大秦，其土多海西珍奇異物焉。"《晉書・陶侃傳》："然媵妾數十，家僮千餘，珍奇寶貨富於天府。"《宋書・夷蠻傳》："天竺迦毗黎國……今遣奉使表誠大王，若有所須，珍奇異物悉當奉送。"《舊唐書・郭虔瓘傳》："其後漢武廓圖志恢土宇，西通絕域，北擊匈奴，雖廣獲珍奇，

多斬首級，而中國疲耗殆至危亡。"明崔銑《讀易餘言》卷二："如君好貨，先以珍奇動之；君好勇，先以征伐投之也。"清魏源《詩古微》卷下："今賢者隱退伐木，小人在位食祿，懸珍奇，積百谷，并包有土，德澤不加，百姓傷痛，上之不知，王道之不施，仰天長歎，援琴而鼓之。"

國寶

國家的寶物、寶器。既可是物品，亦可是非物品。國寶作爲無價之寶，受到國家的特別保護。《左傳・成公二年》："子得其國寶，我亦得地。"《公羊傳・定公九年》："得寶玉、大弓，何以書？國寶也。喪之書，得之書。"《舊唐書・李邕傳》："臣聞生無益於國，不若殺身以明，賢臣朽賤，庸夫輪轅，無取獸息禽視，雖生何爲？況賢爲國寶社稷之衞，是臣痛惜深矣。"《通志・器服略一》："天寶十載，改傳國寶爲承天大寶。"

魚龍

古代百戲中能變化爲魚龍的猞猁型道具。後亦作此類百戲名。猞猁，繁盛於侏羅紀時的一種爬行動物。形似魚，四肢槳狀，眼大，嘴長，牙齒銳利，生於海洋，善游泳。《漢書・西域傳贊》："設酒池肉林以饗四夷之客，作《巴俞》都盧、海中《碭極》、漫衍魚龍、角抵之戲以觀視之。"顏師古注："魚龍者，爲舍利之獸，先戲於庭極，畢乃入殿前激水，化成比目魚，跳躍漱水，作霧障日，畢，化成黃龍八丈，出水敖戲於庭，炫燿日光。"《周書・宣帝紀》："散樂雜戲魚龍爛漫之伎，常在目前。"《隋書・煬帝紀下》："乙卯，大會蠻夷，設魚龍蔓延之樂，頒賜各有差。"唐李商隱《宮妓》詩：

"珠箔輕明拂玉墀，披香新殿鬪腰支。不須看盡魚龍戲，終遣君王怒堰師。"宋秦觀《望海潮》詞："追思故國繁雄。有迷樓掛斗，月觀橫空。紋錦製帆，明珠濺雨，寧論爵馬魚龍。往事逐孤鴻。但亂雲流水，縈帶離宮。最好揮毫萬字，一飲拚千鐘。"

器玩

供玩賞的器物。"器玩"與"古董"之意不盡相同。"古董"爲前代可資珍藏玩賞之舊物，"器玩"則爲當代所使用或玩賞之器物。《新唐書·百官志三》："天子器玩，后妃服飾。"《新唐書·玄宗紀》："禁采珠玉及爲刻鏤器玩、珠繩帖絛服者，廢織錦坊。"宋歐陽修《日本刀歌》："百工五種與之居，至今器玩皆精巧。"元陳應潤《周易爻變易縕》卷四："然則寵以宮人之道若何？如尚飲膳、御服飾、供筆札、掌器玩，令其朝夕執役侍奉，毋令干預朝政，時加賜賚，以肥其家，使其毋生怨尤，則人君亦無所不利。"清徐乾學《讀禮通考》卷九一："古者，藏先王衣服於廟寢，至於平生器玩，則世皆納於方中，亦不悉陳於陵寢。""器玩"亦指與"古董"之意相關者，如宋陳大猷《書集傳或問》卷上："親見士大夫子弟有以琴棋詩酒器玩書畫而亡其家者，蓋心溺於此，則餘事盡廢。"宋文瑩《玉壺清話》卷三："其子弟亦粗

知書，留中立凡數日，出圖史、器玩、琴尊、弧矢之具，雖皇州搢紳家止於是爾。"亦作"器翫"。宋竇儀《宋建隆詳定刑統宋刑統·職制律》："借衣服器翫之屬，經三十日不還者，坐贓論。罪止徒一年。"清徐乾學《讀禮通考》卷一○○："國朝開平忠武王之葬墓中所用器翫九十件。"

【器翫】

同"器玩"。此體宋代已行用，見該文。

爵馬

古代角鬥性質的雜耍，後泛指百戲類玩賞之物。爵，通"雀"。南朝宋鮑照《蕪城賦》："璿淵碧樹，弋林釣渚之館，吳蔡齊秦之聲，魚龍爵馬之玩，皆薰歇燼滅，煙沉響絕。"《後漢書·南匈奴傳》："饗賜作樂，角抵百戲。"唐李賢注："角抵之戲則魚龍爵馬之屬，言兩兩相當，亦角而爲抵對，即今之鬪，古之角抵也。"唐韋莊《雜感》詩："魚龍爵馬皆如夢，風月煙花豈有情？行客不勞頻悵望，古來朝市嘆衰榮。"宋秦觀《望海潮》詞："追思故國繁雄。有迷樓掛斗，月觀橫空。紋錦製帆，明珠濺雨，寧論爵馬魚龍。往事逐孤鴻。但亂雲流水，縈帶離宮。最好揮毫萬字，一飲拚千鐘。"宋黃彥平《樂府雜擬》："昔日城中居，此日城邊暮。魚龍與爵馬，共盡誰能數。"

第二節　古董考

何謂"古董"？"古董"原無定字，亦無定意，或作"谷董""汩董""骨董"。兩宋時"古董"涵義甚廣，涵蓋日常生活雜用之物。此詞首見元秦簡夫雜劇《東堂老》第一

折，指可供鑒賞把玩的古代遺存物，始與今音形義盡同，指繁雜古器物。其鑒賞把玩，先秦時已出現。兩漢時“古董”交易已頗具規模。至兩宋時已見“骨董行”之名。明董其昌《骨董十三說》稱：“雜古器物不類者爲類，名骨董。向有人以食品雜烹之名骨董。”乾隆時至20世紀50年代初稱“古玩”。1953年鑒於《書・旅獒》有“玩人喪德，玩物喪志”之說，改“古玩”爲“文物”。後“文物”又分“古代文物”與“革命文物”兩種。近人復啓用“古玩”字樣，以代“古代文物”，如《古玩史話與鑒賞》《簡明古玩辭典》等。

我國歷史悠久，寶物衆多，其背後有不少發現與流傳的故事。試看以下三例：

1977年12月21日，山東臨沭常林村魏振芳撿得價值十億人民幣的鑽石（重158.786克拉）。消息傳開後，當地政府做了三點指示：一是抓緊找撿寶人，將鑽石保護起來；二是保護好撿寶人全家安全；三是請公社領導配合，做好撿寶人的思想工作。魏振芳的父親表態：“俺要領着閨女到北京，親手把鑽石交給中央領導。”當父女親手將鑽石上繳中央後，此鑽石被命名爲“常林鑽石”。爲表彰魏振芳的愛國精神和貢獻，國家要給予其物質獎勵，她衹提出了一個要求：“我們大隊實在太窮了，就獎勵給我們大隊一臺拖拉機吧！”1978年1月7日臨沭縣政府召開表彰大會，爲魏振芳披紅戴花，給予3000元獎金，爲她辦理了農轉非戶口，并安排她到八〇三礦當工人，獎勵魏振芳所在生產隊一臺24匹馬力拖拉機；獎勵臨沭縣100萬元，縣裏用這筆錢建了一個針織廠。臨沭縣拿出20萬元獎勵魏振芳所在公社，公社以此建成一座水電站。

再說鷄籠磚搖身變國寶的故事。1980年夏，河南新野縣城郊鄉文化站文物專家到該鄉李湖村調研，在一位老農家的院子裏發現許多磨損毀壞的古磚，上面刻有精美圖案，還在一個鷄籠裏發現了一塊保存比較完好的畫像磚。專家便用7元錢買下了這塊磚。這就是國家一級文物、漢代“斜索戲車”畫像磚。此磚描繪了古代雜技表演的驚險場面，具有極高的文化和歷史價值。古籍記載的履索皆固定於平地，而此畫像表明其已由平地升至空中，由固定形式變爲飛動狀態，是研究古文化的珍貴資料。

三談金蠶的奇遇。1984年12月一天，陝西石泉農民譚福全淘金時，從泥沙裏淘出了一個小棍子般的東西，洗净泥巴，它發出金色光芒。消息不脛而走，文物販子競相前來收購，價格提到兩萬。但譚福全認爲文物是國家的，應該交給國家。他借錢乘車到了西安，經過博物館專家鑒定，這是漢代鎏金銅蠶，國内首次發現，爲國家一級文物。譚福全毫不猶豫地無償上交。博物館得知譚福全借錢乘車來西安時，獎勵他人民幣100元。2018

年 5 月 13 日，在"絲路之源・幸福安康"2018 鎏金銅蠶與開放發展論壇上，與會人員一致通過用鎏金銅蠶作爲陝西安康的全新城市名片。史載，金蠶已見於春秋戰國時期。晉陸翽《鄴中記》："永嘉末，發齊桓公墓，得水銀池，金蠶數十箔，珠襦、玉匣、繒采，不可勝數。"何謂金蠶，金蠶何樣，文獻未有詳細描述，考古亦没有實物出土。直到譚福全發現鎏金銅蠶，纔使後人得以一睹其真容。如今漢代鎏金銅蠶已成爲陝西歷史博物館的鎮館之寶。

文物的發現常常有戲劇性，許多國寶都是在無意間發現的，1978 年 4 月"真珠舍利寶幢"的發現是如此，1956 年 7 月 14 日"鎏金喇嘛塔"的發現也是如此。這也是文物之所以成爲文物，而必須記載的歷史。描述文物，叙其歷史，正是本卷的特點之一。

印章

巴蜀"王"字紋圓形印章

青銅質圖形橋鈕"王"字紋印章。戰國巴蜀印。直徑 2.7 厘米，體厚 0.2 厘米，高 0.7 厘米。圓形印，印體扁平較薄，橋形鈕。印面兩側刻"王"字，中部上、中、下端均刻紋飾。文字加圖形共同組成巴蜀圖語。出土於四川滎經。滎經所屬的雅安爲絲綢之路關口。巴蜀圖形印章或爲出入國門之憑證，亦或爲進出關或貿易之特權憑證。現收藏於雅安市博物館。

田黄三聯璽

此印爲清代乾隆皇帝禪位後，命人以田黄石創製，爲其御用閑章。印底端正莊嚴，印身晶瑩潤澤，通體金黄。由印章和石鏈組成。三枚印章，兩枚正方形，高 1 厘米，邊長 2.6 厘米，印文"乾隆宸翰""惟精惟一"；一枚橢圓形，高 1 厘米，長徑 3 厘米，短徑 2.3 厘米，印文"樂天"。"惟精惟一"出自《書・大禹謨》："人心惟危，道心惟微，惟精惟一，允執厥中。"

意謂危則難安，微則難明，故戒以精一，信執其中。乾隆以此表明其治國理政的理念。"樂天"取自《周易・繫辭上》："樂天知命，故不憂。"意謂要知道宇宙法則，合於自然；要知道生命的真諦和價值。"乾隆宸翰"即乾隆的翰墨。三璽篆刻方式與布局各不相同。"乾隆宸翰"爲傳統格式的陽文篆刻。"樂天"采用漢印遺風，陽文居中，左右兩側飾以螭紋，富有動感。"惟精惟一"采用漢代私印形式，陰文篆刻，回文法排列，整個印面飽滿匀稱、和諧美觀。三璽采用鏈雕技法（鏈雕，即用一塊石材鏤空，雕刻出一整條活動石鏈），不見裂縫與黏合的痕迹。三條細小石鏈環環相扣，圓環大小相同，由較大石環連接成一個不可拆分的共同體。坊間傳聞，乾隆對三聯璽甚是喜愛，日夜不離身；乾隆逝後，傳於嘉慶、道光、咸豐、同治、光緒、宣統以及慈禧太后，皆分外珍愛。1924 年，清朝末代皇帝溥儀被趕出紫禁城。三聯璽被縫製於貼身衣物裏"夾帶"出宮。1950 年抗美援朝時，溥儀將其捐出，三聯璽重回故宮。1997 年 8 月 17 日，郵電部發行田黃三聯璽郵票小型張。按，田黃石爲壽山石中之精品，簡稱"田黃"，產於福州壽山鄉"壽山溪"兩旁水稻田底，其面積不足 1 平方千米，因色相呈黃色而得名。其主要礦物成分爲迪開石、高嶺石、珍珠陶土、伊利石和葉臘石等。其材質溫潤凝膩，質佳色濃，軟硬適中，在軟質雕刻石中居首位，被尊爲"石中之王"。明、清兩朝作爲貢品獻於皇宮，雕成御用璽印及藝術擺件，其身價極高，有"一兩田黃萬兩金"之稱。因其具"福""壽""田""黃"之寓意，且具備細、潔、潤、膩、溫、凝六德，故稱"帝石"。清朝將其作爲祭天專用國石。

南越王帝印

南越王印璽之一。玉印長 2.3 厘米，寬 2.3 厘米，高 1.6 厘米。玉印陰刻篆書"帝印"兩字，因水浸及年代久遠，玉印被浸蝕成黃白色。印鈕呈螭虎狀，裝飾雲紋。史載，南越國第一代王、第二代王都曾僭越稱帝，在國內行使皇帝禮儀。"帝印"的出土印證了歷史文獻的記載。此印現藏於廣州西漢南越王博物館。《史記・南越列傳》："秦已破滅，佗即擊并桂林象郡，自立爲南越武王。"又《酈生陸賈列傳》："高祖時中國初定，尉佗平南越因王之，高祖使陸賈賜尉佗印爲南越王。"《後漢書・南蠻傳》："漢興，尉佗自立爲南越王，傳國五世，至武帝元鼎五年遂滅之。"

統領釋教大元國師印

印章名。釋教即佛教。此印長 12.4 厘米，寬 12.1 厘米，高 11.4 厘米，重 3.27 千克。青玉質地，玉質溫潤。印背精雕臥龍一對。由於年代久遠，配備的紅色絲綬帶已有磨損。印文爲八思巴文，意爲"統領釋教大元國師"。西藏自古以來就是中國不可分割的一部分，1271 年忽必烈即位，定國號大元，西藏成爲元朝中央政府直接治理下的行政區域，藏傳佛教中的薩迦派亦實際參預西藏地區軍政事務的管理，其多位首領先後被封爲元代"帝師"和"國師"。薩迦派第五代祖師八思巴，是元朝第一位"國師"。此印現藏於西藏博物館。

圓環螭龍鳳鳥鈕方形印章

銅質東漢印章。印面長 1.3 厘米，寬 1.2 厘米，高 7.5 厘米。印鈕爲環狀，圓環卷曲螭龍紋，龍身飾滿鱗甲，龍爪與卷曲龍尾相連，上部蹲一隻鳳鳥（朱雀），方形印臺在下部，以一寬帶與環形相連，印文爲白文篆書"李宜私印"四字。造型奇特。龍鳳形象從漢代起專屬於皇帝皇后，關內侯印上爲神獸玄武鈕，領軍作戰和守邊的將領所持虎符印信則爲神獸白虎。而"李宜私印"，龍、鳳同時存在，又是一奇。印章由四川蘆山清源鄉搜集而來。現藏於雅安市博物館。

圓環螭龍鳳鳥鈕方形印章

傳國璽

又稱"始皇璽"。傳爲秦朝的玉璽。公元前 228 年，秦滅趙，和氏璧爲秦國所有。秦始皇統一六國後，將和氏璧製成玉璽。璽方圓四寸，螭虎鈕（一説龍魚鳳鳥鈕，一説交五龍鈕），璽文爲丞相李斯鳥蟲篆書"受命於天，既壽永昌"八字。此璽遂成爲皇權天授之象徵物，後世帝王爲示自己的正統性而欲得此璽。秦末劉邦攻入咸陽，秦王子嬰跪捧玉璽於咸陽道左，將"始皇璽"獻給劉邦。秦亡。劉邦滅項籍，建漢朝，因御服其璽，號曰"漢傳國璽"，意欲子孫世世相傳。公元 9 年，王莽篡漢稱帝，逼迫漢孝元太后交出傳國玉璽，太后怒，摔玉璽於地，玉璽崩碎一角，後以黃金鑲補，自此留下缺痕。《漢書·元后傳》："初，漢高祖入咸陽至霸上，秦王子嬰降於軹道，奉上始皇璽。及高祖誅項籍，即天子位，因御服其璽，世世傳受，號曰漢傳國璽。以孺子未立，璽藏長樂宮。及莽即位，請璽，太后不肯授莽……"東漢末，董卓作亂，孫堅率軍攻入洛陽，從水井得傳國璽，秘藏於妻吳氏處。後袁術拘吳氏，奪走玉璽。《三國志·吳書·孫堅傳》："堅乃前入，至雒修，諸陵平塞，卓所發掘。"裴松之注："堅前入城，惆悵流涕，《吳書》曰堅入洛，埽除漢宗廟，祠乙太牢。堅軍城南甄官井上，旦有五色氣，舉軍驚怪，莫有敢汲。堅令人入井，探得漢傳國璽，文曰'受命於天既壽永昌'，方圓四寸，上紐交五龍，上一角缺。初，黃門張讓等作亂，劫天子出奔，左右分散，掌璽者以投井中。山陽公《載記》曰：袁術將僭號，聞堅得傳國璽，乃拘堅夫人而奪之。"袁術死，刺史徐璆得到玉璽，交於漢獻帝，傳國璽再歸漢

室，爲此曹操幾欲讓相位於徐璆。《三國志·魏書·武帝紀》"六月以公爲丞相"裴松之注："術死後，璆得術璽，致之漢朝，拜衛尉太常。公爲丞相，以位讓璆焉。"220 年，曹丕逼漢獻帝禪讓，在傳國璽肩部刻下"大魏受漢傳國璽"七個隸書字。《三國志·魏書·世祖紀下》："〔太平真君七年〕夏四月甲申，車駕至自長安。戊子，鄴城毀五層佛圖，於泥像中得玉璽二，其文皆曰：'受命於天，既壽永昌'，其一刻其旁曰：'魏所受漢傳國璽'。"265 年，司馬炎篡權，三國歸一，傳國璽歸晋。西晋末，北方戰亂，朝代頻繁更迭。玉璽被争來奪去。330 年，後趙石勒滅前趙，得傳國璽，在璽右側加刻"天命石氏"四字。350 年，玉璽又歸東晋。南北朝時期，傳國璽歷經宋、齊、梁、陳，至隋統一，璽又歸隋。隋亡，蕭皇后携皇孫將傳國璽帶入漠北突厥。唐朝建立，爲彌補無傳國璽之憾，刻數方"受命寶""定命寶"以自慰。630 年，蕭皇后與皇孫返歸中原，傳國璽歸於李唐。唐末天下大亂，傳國璽又爲後梁所得。923 年，李存勖滅後梁，傳國璽歸後唐。936 年，後晋石敬瑭攻陷洛陽，後唐末帝李從珂持玉璽登樓自焚。從此傳國璽不知所終。一説玉璽非以和氏璧製成，而是用藍田玉。《晋書·輿服志》、唐徐令信《玉璽譜》等俱有此説。因傳國璽的特殊意義，歷代頻出造假現象。1096 年，咸陽人段義掘得玉印，被蔡京等官員認定爲"真秦製傳國璽"，實爲贗品。《宋史·輿服志六》："初，紹聖間，得漢傳國璽，無檢，幅又不闊，疑其一角缺者，乃檢也。有《檢傳》，攷驗甚詳，傳於世。帝於是取其文而黜其璽不用，自作受命寶，其方四寸有奇，琢以白玉，篆以蟲

魚。鎮國、受命二寶，合天子、皇帝六璽，是爲八寶。"明清宮中亦藏有所謂傳國璽。《明史・輿服志四・皇帝寶璽》："禮部尚書傅瀚言：自有秦璽以來，歷代得喪真僞之跡具載史籍。今所進篆文與《輟耕録》等書摹載魚鳥篆文不同，其螭紐又與史傳所紀文盤五龍、螭缺一角、旁刻魏録者不類。蓋秦璽亡已久。今所進與宋、元所得疑皆後世摹秦璽而刻之者。竊惟璽之用，以識文書，防詐僞，非以爲寶玩也。自秦始皇得藍田玉以爲璽，漢以後傳用之，自是巧爭力取，謂得此乃足以受命，而不知受命以德不以璽也。故求之不得，則僞造以欺人，得之則君臣色喜，以誇示於天下。是皆貽笑千載。"

【始皇璽】

即傳國璽，因其爲秦始皇時期所製，故稱。此稱漢代已行用。見該文。

廣陵王璽

漢代以金製成的印璽。1981年2月江蘇邗江甘泉公社老山大隊的村民，此物從發掘漢墓的垃圾堆裏撿到。經南京博物院鑒定爲東漢廣陵王璽金印。東漢廣陵王，即東漢光武帝劉秀第九子劉荆。此印面2.3厘米見方，通高2.121厘米，印臺高0.945厘米，重122.87克。印臺上立一隻憨態可掬的小烏龜，龜背鏨刻六角形紋和圈形魚子紋。雕刻精緻，紋飾精美，印文陰刻篆書"廣陵王璽"，四字布局疏密有致，行筆直中有曲，和諧流暢。此爲我國境内已發現唯一一枚漢代諸侯王印璽。劉荆爲劉秀和陰麗華所生第三子。東漢初年，劉秀廢皇后郭聖通，郭聖通之子劉彊主動讓出太子之位，改封東海王。陰麗華繼后位，其長子劉莊封爲太子。建武十七年（41），劉荆被封爲山陽王。建武中

元二年（57），劉秀去世，劉莊登基爲漢明帝。劉荆對此不滿，於是冒充東海王劉彊舅舅郭況，修書劉彊讓其舉兵攻打朝廷。劉彊將信送給劉

廣陵王璽印文

莊。劉莊念同胞之情，放過劉荆。次年，羌人反，劉荆擬出兵策應，因有人告發而敗。明帝永平元年（58）徙封劉荆爲廣陵王，賜予一金印，即"廣陵王璽"金印。

廣漢三星堆龍印

在民間所收藏的三星堆玉石器中，有一枚龍形璽印，高50厘米，龍爬柱的長柄頂端，一條巨龍攀援其上，嘴張開，作龍吟的模樣，兩隻大耳朵彎嚮頭後方。柱身雕刻一些花紋和符號。龍印座四方外凸，底有四字，筆畫頭粗尾細、曲折蜿蜒，極似蝌蚪文。有專家認爲該龍印很可能是爲紀念大禹而設計的。對印文解讀，認爲或是部落祈福的話語："老天保佑"或"本族興旺"等；或是"鷹眼守家"，意思是"鷹眼守護本族疆域"；或是"昊禹蠶叢"，古蜀國先祖蠶叢，教化蜀民蠶桑，有昊天宇内大禹之功德，此印當是蜀祖蠶叢之印。按，蠶叢，又稱蠶叢氏，古代神話傳說中的蠶神，是蜀國首位稱王者。最早居住岷山石室（今四川茂縣疊溪鎮）中，後爲養蠶，至成都居住。夏桀十四年派大軍攻打蠶叢和有

三星堆龍印

緍氏，鬷叢和有緍氏施用美女計，使夏桀回朝。鬷叢後被其他部落打敗，子孫後代逃到姚（今雲南姚安）和舊（今四川西昌）一帶。

墨寫玉印

冥章。以墨書寫文字的玉質印章。漢墓多有的無字玉印出土，考古界存兩種猜測：一謂用無字玉印陪葬，可能爲漢代貴族常規葬法，故有普遍性；一謂因年代久遠，受到侵蝕與損壞，導致印章上的字迹消失。2016 年 4 月山東青島黃島區土山屯墓葬群出土二百餘枚玉印，其中兩枚墨字玉印，一枚寫"蕭令之印"，一枚寫"堂邑令印"，説明墓主人爲漢代堂邑縣令。印章應爲雕刻印，歷代皆不許私刻官印。漢代皇帝所用璽綬均有年號，具有唯一性，死後可以隨葬。但官吏印章具有傳承性，不能隨擁有者陪葬。有些官吏對自己生前地位相當留戀，并以

墨寫玉印
（清吳大澂《古玉圖考》）

此爲榮，故模仿正章於玉質印章上書寫文字代替正規官印。如此既能滿足虚榮心，又不影響官印傳遞，亦不違法。不過此方法有一弊端，即玉印上的墨字不牢固，容易脱落，此爲漢墓中出現大量無字印章的重要原因。這兩枚墨字印章的出土，破解了困擾考古界多年的謎團。

獨孤信印章

集成印章。以煤精石製作而成。煤精又稱煤玉，黑色，爲有機寶石之一。其韌性大，適合雕刻，抛光後具有明亮的瀝青和金屬光澤。印石高 4.5 厘米，寬 4.35 厘米，八棱二十六面，十八個正方形，其餘皆爲三角形。十四個正面，楷書陰文鐫刻獨孤信於北魏朝中之官職。印文内容爲三大類：公文用印，如"大都督印""大司馬印""刺史之印""柱國之印""令""密"；上書用印，如"臣信上疏""臣信上章""臣信上表""臣信啓事"；書信用印，如"獨孤信白書""信啓事""信白箋"等。此爲我國迄今爲止發現印面最多、正文字數最多且首次發現楷書入印之印章。此印將我國楷書入印之歷史提早了四百多年。現藏於陝西歷史博物館。

玉器

于闐采玉圖玉山子

清玉雕。因以于闐之青玉雕刻采玉圖而得名。于闐，古地名，在今新疆和田地區。此玉山子高 12 厘米，寬 20.1 厘米，厚 8.2 厘米，重 2655 克。玉山子整體呈山形，正面分三層：頂層傘形鍾乳石狀，襯以松枝、階梯和流水；頂層與底層中間部位山石卓立，如峻險山峰；中

層琢懸崖絶壁，四個采玉工由洞穴走出。二人各懷抱一塊橢圓形玉料疾步前行，二人抬一塊碩大玉料緊跟其後。四人相互觀望，臉露笑容。玉山子底部略平，背面光素無紋，鐫刻乾隆皇帝御題詩《于闐采玉》記："于闐采玉春復秋，用供正賦輸皇州。奚者卞和識琳球，郵致正值金閶游。專諸巷中多妙手，琢磨無事大璞

剖。古來記載真僞半，愛者欲其生，惡者欲其死，如是雌黃，唇吻紛無算。（于闐采玉一首，乙酉春御制。）"兩方篆書印，一爲"古春"，一爲"太上"。玉山子玉質細膩光潤，包漿清晰油亮，設計精心巧妙，雕刻技法熟練，爲清宮造辦處精品之作。現藏濟南市博物館。

大禹治水圖玉山

玉雕。以新疆和田青玉雕琢成山。清代文物。高 224 厘米，寬 96 厘米，座高 60 厘米，重 5000 千克。玉質堅硬，色澤青綠，光潔滋潤，産自新疆和田密勒塔山。宋代佚名畫家曾繪有一幅《大禹治水圖》（現藏臺北故宮博物院）。圖中大禹率領民衆開山鑿石，築堤挖渠，導流洪水。乾隆皇帝欽定以此畫爲稿本雕成大禹治水圖玉山。乾隆四十六年（1781）二月，玉料運至京城。清宮造辦處按"玉山"前、後、左、右位置共畫四張紙樣。如意館畫匠照圖式於玉材上臨畫，隨後製成蠟樣。經水路運至當時擁有最好工匠的揚州。因揚州天氣較熱，蠟樣易熔化，便照蠟樣刻成木樣。後照木樣大小和紙樣所貼深淺尺寸於玉料上打鑽雕刻。乾隆五十二年六月，雕琢完成，運至京城，安置於樂壽堂進行精加工。命造辦處如意館刻玉匠朱永泰於玉山正面中部山石處刻乾隆帝陰文篆書"五福五代堂古稀天子寶"十字方璽，玉山背面上部陰刻乾隆《密勒塔山玉大禹治水圖》和詩，下部刻"八徵耄念之寶"六字篆體方璽。玉山上呈現山峰重巒，峻嶺叠嶂，瀑布急流，古木蒼松。成群結隊的勞動者正在開山治水，他們姿態各异，場面恢弘。玉山被置於高 60 厘米的嵌金絲山形褐色銅鑄座上，青白玉晶瑩光澤與雕琢古樸的青褐色銅座相配，相得益彰。此玉山爲用料最重、運路最長、用時最久、費用最高、器形最巨的玉雕作品，爲當之無愧之國寶。現藏於北京故宮博物院。

汪洙刻白壽山石山子

陳設之擺件。清代汪洙以白壽山石刻製。山子，爲文人墨客陳設於室內觀賞之精美擺件。多以整塊石料雕琢而成，以原始的自然形態巧以雕琢，表現小橋流水、山林樹木、亭臺樓閣、花鳥人物，營造出高低錯落、布局巧妙的微縮山水景觀，故名"山子"。汪洙，清代雕刻名家。此件高 13.3 厘米，底長 21.1 厘米，底寬 8 厘米。依石之自然紋理巧加精琢而成。正面崇山峻嶺間，山路崎嶇，林木茂密，房舍掩映，錯落有致。背面山巒叠峭，亭臺樓閣掩映其間。雕刻家利用石材的不同色彩，鈎琢出山川林木的無限景觀。張俊勳《壽山石考》："近有人於京師得壽山石刻，作山路崎嶇，樹木茂密，有屋有亭。一茶博士，佇立詩客，一人驅三馬登山，二人對立舟中作問訊狀，朝日自山後出。原題'如日之升'，下刻'汪洙'二字，皴法高古，石質溫潤，厥工甚細。"現藏於天津博物館。

清孝淑睿皇后謚冊

刻有爲清孝淑睿皇后上謚詔書的簡册。共十頁，青玉製成，大小一致，長 28.8 厘米，寬 12.8 厘米，厚 0.8 厘米。每片均采用填金工藝雕刻而成。謚冊之首尾兩頁，分別雕刻升降龍、火焰寶珠及雲紋。謚文分別以漢文和滿文書寫。漢文謚文占三頁，滿文謚文占五頁，共計三百二十三字。紋飾細膩，字體雋美。每一冊頁均配有木托，木托與冊頁之間用黃地織錦相隔，再將所有冊頁和木托放入大木匣中。做工嚴絲合縫、精良考究。此謚册是清道光皇帝爲其生母嘉慶帝孝淑睿皇后所做，記述孝淑睿皇后一生的功績。孝淑睿皇后屬滿洲正白旗，嘉慶元年（1796）封爲皇后，次年二月病故。其謚册現藏於天津博物館。皇后謚册由來已久，北魏已見記載，《魏書·術藝傳·江式》："以書文昭太后尊號謚册，特除奉朝請，仍符節令。"唐顔真卿《元陵儀注》："禮儀使以謚册跪奠於寶綬之西，又以哀册跪奠於謚册之西。"《明史·禮志五》："洪武元年，追尊四廟謚號，册寶皆用玉。册簡長尺二寸，廣一寸二分，厚五分。簡數從文之多寡。聯以金繩，藉以錦褥，覆以紅羅泥金夾帕。册匣，朱漆鏤金，龍鳳文……建文時，追尊謚册之典，以革除無考。"清顧炎武《廟號議》："以至謚册一頒，天下用爲譏笑。"

紅山碧玉龍

紅山文化青玉龍。1971年8月發現於内蒙古翁牛特旗塞沁塔拉村。玉龍簡潔明快，龍體呈C字形，額上、頸下刻網格紋；口閉吻長，鼻端前突，上翹起棱，端面截平，兩個鼻孔，眼突起呈棱形，頸上有約占龍體三分之一的卷曲上揚的長鬣，尾部尖收上捲，後背正中有一直徑0.95厘米穿繩孔。龍高26厘米，直徑2.3~2.9厘米，重1000克。由墨綠色的岫岩玉雕琢而成，爲目前國内發現的時代最早、體積最大的龍，堪稱"中華第一玉雕龍"，被命名爲"紅山碧玉龍"。該龍的出土，是中華早期文

紅山碧玉龍

明的重要見證。現藏中國國家博物館。按，紅山文化是我國東北地區的新石器時代文化，距今五六千年，延續時長達兩千年之久，處於母系氏族社會向父系氏族社會過渡的重要階段，是華夏文明的源頭之一。

【中華第一玉雕龍】

即紅山碧玉龍。此龍係岫岩玉雕琢而成，別於其他蚌塑龍、石龍、金屬龍等，故稱。此稱行用於現當代。見該文。

玉衣 [2]

亦稱"金縷玉衣""銀縷玉衣""銅縷玉衣""絲縷玉衣"。爲保持皇帝和貴族尸骨不朽而製的葬衣。玉衣用許多四角穿孔的玉片以金絲、銀絲、銅絲和絲綫編綴而成。玉衣約始於西漢文帝和景帝時期。河北滿城一號漢墓、陝西楊家灣漢墓、安徽亳州董家村漢墓等皆有玉衣出土。製作玉衣需耗費大量人力、物力、財力。三國魏文帝曹丕倡導薄葬，於黃初三年（222）下令禁止使用玉衣。《三國志·魏書·文帝紀》："喪亂以來，漢氏諸陵無不發掘，至乃燒取玉匣、金縷，骸骨并盡，是焚如之刑，豈不重痛哉。禍由乎厚葬、封樹。'桑、霍爲我戒'，不亦明乎！"自魏晉以後，陵墓中再未發現金縷玉衣。

玉函

玉製匣子。佛門多用於盛放舍利。晉葛洪《抱朴子·地真》："九轉丹、金液經、守一訣，皆在崑崙五城之内，藏以玉函，刻以金札，封以紫泥，印以中章焉。"唐杜牧《贈李處士長句四韻》詩："玉函怪牒鎖靈篆，紫洞香風吹碧桃。"

玉翁仲

玉製護身符。漢代辟邪三寶之一。《明一統志 · 安南 · 人物》："秦，阮翁仲，身長一丈三尺，氣質端勇，異於常人……始皇併天下，使翁仲將，兵守臨洮，聲振匈奴，秦以爲瑞。翁仲死，遂鑄銅爲其像，置咸陽宮司馬門外。匈奴至有見之者，猶以爲生。"後人遂稱立於宮闕廟堂和陵墓前的銅人或石人爲"翁仲"。漢代翁仲流行，人們藉助其威靈以辟邪，又以玉石雕刻其縮小立人像，佩戴於身，用作護身符、保護神。漢代翁仲造型簡單，體扁長，多爲半圓雕。

司南佩

配飾。多爲玉製，亦有琥珀、水晶製者。漢代辟邪三寶之一。李更夫《釋玉》(三友圖書公司 1992 年版)："到漢朝時，多用'司南'卜卦，用一隻盤子，和一隻有把的小勺，置於盤內，令其旋轉，以卜吉凶，以定方向。漢代司南佩分完整型、簡化型兩類。"完整型司南佩長 2 厘米左右，由三部分構成：上部狀如小勺，中間爲"工"字佩(方柱狀，器身以中間寬槽爲界一分爲二)，下部爲底盤。中間凹細處和小勺柄處，有一橫穿或竪穿小孔，可穿繫佩掛。1969 年河北定縣(今定州市)東漢墓出土兩件司南佩，1972 年安徽亳縣(今亳州市)鳳凰臺東漢墓出土一件司南佩，皆屬完整型。簡化型司南佩無小勺和小圓盤裝飾，而代之以下端小圓柱相同之圓柱裝飾。江

司南佩

蘇徐州東漢墓出土之司南佩爲簡化型，長 1.9 厘米，呈"工"字狀，四面外弧，面與面之間有明顯過渡，上、下段均有小圓柱飾。司南佩在東漢最爲流行，其後逐漸衰微。

剛卯

亦稱"印""殳改""射魃"。玉製，亦有犀、象牙、金或桃木製成，印章形佩戴物。漢代辟邪三寶之一。"剛"意爲堅硬和剛強不屈，"卯"爲製作時間。春秋時已有此物。剛卯長約 2 厘米，寬約 1 厘米。長方體，四面皆刻文字，中有透孔，以赤、青、白、黃四種顏色絲帶穿繫佩掛。一般兩個爲一對，另一個稱"嚴卯"。嚴卯方正平直，有棱有角。剛卯、嚴卯均刻夔龍或詛咒威嚇疫鬼之文字，字數最多達六十六字。《漢書 · 王莽傳》："今百姓咸言皇天革漢而立新，廢劉而興王。夫劉之爲字，卯金刀也，正月剛卯金刀之利皆不得行。"顏師古注引晋灼謂剛卯刻銘文三十四字："正月剛卯既央，靈殳四方。赤青白黃，四色是當。帝令祝融，以教夔龍。庶疫剛癉，莫我敢當。"又謂嚴卯刻三十二字："疾日嚴卯，帝令夔化，順爾固伏，化兹靈殳。既正既直，既觚既方，庶疫剛癉，莫我敢當。"上述六十六字銘文意爲：祇要佩掛正月卯日製成之剛卯，可不受任何疫鬼侵犯。因天帝已令夔龍改惡從善、不可害人，違者即被燒死。祇要有剛卯在身，所有邪魔、疾病被通通擋住。因剛卯有如此辟邪神效，故上至皇帝、諸侯王，下至百姓、邊關將士

剛卯
(宋龍大淵《古玉圖譜》)

等，莫不佩戴，以保平安。東漢時恢復使用，至魏晉被廢止。《後漢書·輿服志下》："佩雙印，長寸二分，方六分。乘輿諸侯王公列侯以白玉，中二千石以下至四百石皆以黑犀，二百石以至私學弟子，皆以象牙。上合絲乘輿以縢貫白珠，赤罽蕤；諸侯王以下以綵赤絲蕤，縢綵各如其印質。"製作剛卯須於新年正月卯日卯時動刀，時辰一過，即刻停止，故曰"正月剛卯"。剛卯所用文字爲古代殳書，減筆假藉，非常難認。亦有用漢隸或小篆。宋後歷朝歷代皆有仿品問世。《漢書·王莽傳》"正月剛卯"顏師古注引服虔曰："剛卯，以正月卯日作佩之，長三寸，廣一寸，四方，或用玉，或用金，或用桃，著革帶佩之。"又引晉灼曰："剛卯長一寸，廣五分，四方。當中央從穿作孔，以采絲茸其底，如冠纓頭蕤。刻其上面，作兩行書。"《急就篇》卷三"射魅辟邪除群凶"顏師古注："射魅，謂大剛卯也。以金石及桃木刻而爲之，一名殳改，其上有銘，而旁穿孔，繫以采絲，用繫臂焉，亦所以逐精魅也。"元方回《續古今攷·附攷玉剛卯》："予近見鮮于伯幾樞佩一玉，長可計一寸許，四方，濶可半寸許，中有竅可組穿之，四面有字，每一面各篆書刻八字，兩行各四字如蠅頭，差飾以金文，極精細。問何物？伯幾曰：此宣和中徽廟宮人所佩辟兵符也。予攷之，當是漢之玉剛卯。《王莽傳》皇天革漢而立新，廢劉而興王，夫劉之爲字，卯金刀也。正月剛卯，金刀之利皆不得行。服虔曰：剛卯以正月卯日作，或用玉、或用金、或用桃著，革帶佩之，今有玉在者。"

【印】

即剛卯。此稱漢代已行用。見該文。

【殳改】

即剛卯。此稱漢代已行用。見該文。

【射魅】

即剛卯。此稱漢代已行用。見該文。

玉棺

玉製之棺。佛家用於盛放舍利。《後漢書·方術傳·王喬》："天下玉棺於堂前，吏人推排，終不搖動。喬曰：'天帝獨召我耶？'乃沐浴服飾，寢其中，蓋便立覆……或云此古仙人王子喬也。"後爲升仙之典實。唐杜甫《昔游》詩："玉棺已上天，白日亦寂寞。"宋蘇軾《和蔡景繁海州石室》詩："何年霹靂起神物，玉棺飛出王喬墓。"

玉鹿

陪葬品。以黃褐玉雕刻成鹿之造像。1993年出土於山西曲沃趙村西周晉穆侯次夫人墓。高8.3厘米，寬5.9厘米，呈站立狀，仰頭看嚮前方。鹿角粗壯，分兩杈，前杈上揚，卷成兩個大O形，後杈向後勾曲。"臣"字目，大耳朵，吻部前突，前胸挺出，後背拱起，短尾，蹄趾明顯清晰。兩道圓弧綫勾勒出健壯體肌。後肢前曲，表現鹿蓄勢待發之神態，富有活力。現藏於山西博物院。

白玉雙螭耳杯

明代玉製品。1957年北京市宣武區右安門外關廂古墓出土。螭，傳說爲龍之子，龍頭魚身，無脚。人們常把螭的形象安置於屋脊兩端，以鎮壓火災。此杯高7.7厘米，口徑8厘米，足徑4.2厘米。深腹，圈足，螭耳，杯身雕琢厚薄均匀，器面光平。杯體兩側鏤雕兩條螭爲杯耳。螭面近似方形，前足緊抓杯沿，嘴巴稍微探入杯内，神態專注、頑皮。螭的後足和分叉的尾部貼於杯體兩側，尾巴盤繞於杯壁形成支點，後足向前蹬，仿佛要躍入杯中，形象生動。螭額陰刻"王"字，爲虎頭特徵，應爲螭虎。螭虎在中國古文化史上代表神武、力量、權勢等，亦爲皇權象徵。史載，秦始皇傳國玉璽即以螭虎爲鈕。此耳杯用料爲新疆和田羊脂玉，玉質極佳，雕工精湛。1993年國家文物局定爲國家一級文物，現藏北京首都博物館。

肉形石

省稱"肉石"。奇石珍玩。因外形似肉而得名。其肉皮毛孔逼真，有膠質感，脂肪潔白細膩，瘦肉色澤紅潤鮮嫩。常出現似生肉、熟肉、臘肉、風乾肉等質感。有純天然者，如民間收藏的"紅燒肉石"；亦有半加工者，如臺北故宮博物院收藏的"東坡肉形石"。肉形石爲天然石種，多屬沉積岩、硅質岩或變質岩。其色彩爲地質運動過程中與其他礦物質接觸色化而成，亦有受岩漿高溫冷却速度差异而生成。如"東坡肉形石"和"紅燒肉石"均爲自然生成的瑪瑙質玉髓，其化學成分是二氧化硅。瑪瑙生成過程受到雜質影響，呈現不同顏色層次。一塊好的肉形石，其要點有三：第一，形體規整，有形狀。第二，要有肉皮。有皮纔是上品，皮層的顏色以焦黃色、淡黃色，富有膠質感爲佳。皮上要有毛囊孔，孔洞應大小均匀，顏色一致，排列有序，過渡自然。第三，肉皮層、脂肪層、瘦肉層要層次分明、肌理清晰；脂肪層潔白細膩，如脂凝玉；瘦肉部分顏色鮮艷、紅潤有度、質感強烈。肉石寓意豐衣足食，年年有肉食。由於肉石的形成條件苛刻，所以儲量極其稀有。

【肉石】

"肉形石"之省稱。許承堯《歙事閑譚・歙風俗禮教考》："硯石出婺之龍尾山，而曰歙硯……蓋土人稱石之腴美者曰肉石，稱硯坑曰石井，因誤以爲獄井耳。"

【東坡肉形石】

肉形石之一。因形似東坡肉，故名。高5.73厘米，寬6.6厘米，厚5.3厘米，重量0.52千克。皮、膘、肉皆備，肉皮毛孔逼真，有膠質感，脂肪層潔白細膩，瘦肉色澤紅潤鮮嫩，層次分明，紋理清晰，极似一塊東坡肉。與"翠玉白菜""毛公鼎"并稱臺北故宮博物院鎮館三寶。東坡肉形石出自內蒙古阿拉善左旗，清朝康熙年間供入內府，爲清宮玉雕陳設件。此石爲一黃色瑪瑙，其色峰紋理全是天然形成。製作工匠將原石材加工雕琢，并將石皮染色，成就絕世珍品——玉東坡五花肉。

【紅燒肉石】

肉形石之一。因形似紅燒肉，故稱。2009年河北張家口民間收藏愛好者於內蒙古阿拉善左旗延福寺廣場購得。此石肉皮呈焦黃色且富有膠質感。皮下脂肪層潔白細嫩，如白玉凝脂。瘦肉部分色澤紅潤。皮、膘、肉層次分明。肉皮上的毛孔粒紋清晰平滑，呈"品"字形或三角形排列，與豬肉真皮毛孔特徵完全吻合。紅燒肉石與東坡肉形石均出自內蒙古阿拉善左旗，

紅燒肉石

且形狀和石質相同，堪稱"姊妹石"。

朱檀墓猫眼石

1970 年山東鄒城九龍山明代魯王墓出土兩顆猫眼石。猫眼效應是因寶石內部含有一組平行排列的針（管）狀、纖維狀包裹體對光的反射作用而產生的，呈現一條明亮的光帶，與猫眼珠極其相似，故名。祇有金綠色纔能稱爲猫眼寶石。其他稱爲具猫眼效應寶石。猫眼寶石因產地少、產量低而异常珍貴。明代魯王古墓中的這兩顆猫眼石價值連城。魯王墓又稱魯荒王陵，爲全國重點文物保護單位。

行氣銘玉杖首

玉雕件。戰國時期玉器，本無名，當代氣功界人士根據銘文稱其爲"行氣玉佩銘""玉銘""行氣銘"。天津博物館認爲非佩戴之玉器，而爲手杖頭之裝飾，故名"行氣銘玉杖首"。高 5.2 厘米，寬 3.4 厘米。玉蒼綠色，有灰黑色雜斑。器爲十二面棱筒體，中空，內頂部有鑽鑿痕迹，未穿透，內壁異常粗糙。器表面經磨製、拋光，晶瑩光亮。器身一面下部有一孔與中空部相通。十二棱面自上而下各陰文篆刻三字，計三十六字，有重文符號八處，按文理分析，第七行首字下漏刻一重文符號，總計四十五字。銘文曰："行氣，深則蓄，蓄則伸，伸則下，下則定，定則固，固則萌，萌則長，長則退，退則天。天几舂在上，地几舂在下。順則生，逆則死。"意爲："吸氣後自上而下逐漸運行至下腹（丹田），呼氣時行下腹之氣，自下而上逐漸返回至頭頂（百會）。因關乎生死，行氣順逆不可顛倒。"郭沫若《奴隸制時代》，解讀此段銘文："這是深呼吸的一個回合。吸氣深入則多其量，使它往下伸，往下伸則定而固；然後呼出，

如草木之萌芽，往上長，與深入時的徑路相反而退進，退到絕頂。這樣天機便朝上動，地機便朝下動。順此行之則生，逆此行之則死。"行氣銘玉杖首銘文爲我國古代關於氣功修煉養生的最早記録，亦爲中國古代醫學理論較早的文獻記載。現藏天津博物館。

【行氣玉佩銘】

即行氣銘玉杖首。此稱爲當代氣功界人士據銘文而行用。見該文。

【玉銘】

即行氣銘玉杖首。此稱爲當代氣功界人士據銘文而行用。見該文。

【行氣銘】

即行氣銘玉杖首。此稱爲當代氣功界人士據銘文而行用。見該文。

青玉鷹攫人面佩

新石器時代青玉琢製鷹形族徽。高 6.9 厘米，寬 4.7 厘米。正面陰綫雕兼鏤雕玉鷹注視前方，站姿，展翅。爪下人面及最下方獸面紋飾，用淺浮雕琢製而成。玉佩左右基本對稱，綫條舒展流暢。此玉佩可能爲圖騰崇拜之"族徽"。現藏天津博物館。

常林鑽石

1977 年發現於山東臨沭華僑鄉常林村。被命名爲"常林鑽石"。重 158.786 克拉，長 17.3 毫米。色澤透明，晶瑩剔透，質地純潔，呈淡黄色，具有金剛光澤，折光能力强。晶體形態爲八面體和菱形十二面體聚形，比重 3.52。現藏中國人民銀行。臨沭爲我國著名的金剛石產地。

金香玉

奇石名。能散發出香味的玉石，故稱。玉

質温潤，細膩光亮，半透明或不透明，有冰裂花紋，還有變色之妙；硬度較低，摩氏硬度在3~4之間；色澤古樸，半透明狀，多呈暗紅、咖啡至黃、綠等色，以暗紅和深褐色品質最好，綠色者品質較差；香味爲甜香型，能散發濃鬱的巧克力香。將金香玉石置於房中，可使滿屋飄香，摸過香石的手會留有餘香，并能保持較長時間，一般女性比男性的感覺會更長。當有異味的東西與其接觸，會停止放香而變味。金香玉石亦爲一味中藥，其粉末無毒、可食，嚼如麵粉有黏性，治黃水瘡潰爛等有奇效。中華人民共和國成立後的首塊金香玉石發現於20世紀70年代，漢中一老農在山野撿到。經地礦專家努力，在陝西漢中米倉山脉的禮溪鎮深山之中發現金香玉礦，儲量約100萬立方米。玉石爲何會散發巧克力香，有多種觀點，或認爲是帶有香料的物質經過長期侵入岩石後形成；或認爲係火山爆發，炙熱的岩漿溶合吸納鄰近芳香植物後冷却沉積下來的産物；或認爲係遠古時珍稀芳香喬木的化石。唐蘇鶚《杜陽雜編》卷上："肅宗賜輔國香玉辟邪……其玉之香聞數百步，雖鏁之金函石匱，終不能掩其氣。"明李時珍《本草綱目・石之二・玉》："《稗官》載火玉色赤，可烹鼎；暖玉可辟寒；寒玉可辟暑；香玉有香……此皆希世之寶也。"

鬼工球

亦作"鬼功毬"。現代稱之爲"同心球""牙雕套球"。以木、象牙或玉雕刻而成的鏤空圓球。鬼工，鬼斧神工之意。多以整塊象牙雕刻。球内套球，逐層鏤空，層層皆能轉動，每層厚薄均匀。球面雕刻精美圖案，并配以形式多樣、内容豐富的球柱和底座。臺北故

宮博物院收藏一清代晚期整塊象牙雕二十四層鬼工球，通高54.8厘米，球徑11.7厘米，座底徑12厘米。表面雕刻龍雲圖，九龍盤旋於祥雲間。内部各層以鏤空手法雕刻各種錦地幾何紋，二十四層旋轉自如。套球安置於象牙座承盤上。底座雕有雲龍紋，其上爲鏤雕八仙。球柱中間有一小套球，雕九層雲龍紋。小套球與承盤之間，雕以山水人物。此球玲瓏透剔，製作極爲繁複。1915年廣州牙雕大師翁昭製作整塊二十四層象牙雕球，於美國舊金山舉辦的巴拿馬萬國博覽會上奪得金獎。鬼工牙球，明朝已見四層鬼工玉球。清末時已刻至二十五至二十八層。目前最多能刻製六十層。明曹昭《格古要論・鬼功毬》："嘗有象牙圓毬兒一箇，中直通一竅，内車數重，皆可轉動，故謂之鬼功毬，或云宋内院中作者。"明周亮工《閩小記》卷一："閩中絕技五，會城去貪和尚之鬼工球，莆田姚朝士指環濟機上之日晷，龍溪孫孺理一寸許之自鳴鐘，漳浦楊玉璇之一分許三分薄玲瓏之准提像，福清郭去問一葉紙上盡書全部陶詩，筆筆仿歐率更。"清阮葵生《茶餘客話》卷二〇："其一鏤象爲球，周身百孔，凡九層。亦有七層、五層者。以金簪自孔中撥之，圓轉活動，層層相似，又皆刮磨光澤。中藏骰子一枚，丹碧粲然。其外潔白無縫，非有粘連湊合之迹，名鬼工球。"徐珂《清稗類鈔・物品類》："大内三異物：高文恪公士奇直大内，見三異物，一小金合，一鬼工球，一酒杯二十有四，皆精巧絕倫。聖祖曾取覽，以爲瑣屑無用，遂屏置之。"孫殿起《琉璃廠小志・時代風尚》："又汪啓淑《水曹清暇錄》云：'頃於琉璃廠見一鬼工球，對心四寸許，牙色微黃，共十三層，

以銀針撥之，層層可轉。’此物當係粵東所鑴象牙球類也。”

【鬼功毬】

同“鬼工球”。此體明代已行用。見該文。

【同心球】

即鬼工球。此稱行用於現當代。見該文。

【牙雕套球】

即鬼工球。此稱行用於現當代。見該文。

“宜子孫”玉璧

古代玉璧。1982年於山東青州東郊冢子村東漢無名古墓出土。外徑15.4厘米，内徑2.6厘米，出廓5.4厘米，重375克，通高20.5厘米。以新疆和田玉製成。玉質溫潤，雕工精細，爲典型出廓璧。内環與外廓之間，雕有夔龍紋和乳丁紋。另一面飾乳丁紋，外區飾蟠螭紋，中部凸起圓環。出廓上方鏤雕雙龍鈕，鈕

“宜子孫”玉璧

中央透雕篆書“宜子孫”三字吉祥用語，意爲“子子孫孫，宜家宜室”。工匠以墨玉部分，巧妙透雕雙龍出没於祥雲之中。此璧體形大，雕刻精湛，爲我國唯一一件刻有漢字的漢代大型館藏玉璧。是迄今爲止發現最古老、最完整、最大、最優、藝術性最高之玉璧。現藏於青州市博物館。此外，揚州博物館亦藏有一“宜子孫”玉璧。青玉質，高9厘米，直徑7厘米，厚0.4厘米，局部帶褐色沁澤。主體呈璧形，上出廓。通體透雕，上部出廓部分透雕仰身鳳鳥，璧面透雕一對相背游動的螭龍，廓内外透

雕篆書“宜子孫”三字。出土於江蘇揚州甘泉老虎墩漢墓。

透雕龍鳳紋重環玉佩

佩飾。以和田青白玉雕刻而成。出土於西漢南越王墓，現收藏於廣州西漢南越王博物館。直徑10.6厘米，厚0.5厘米，由上等和田青白玉籽料雕刻而成，由於年代久遠，土沁呈黄白色；玉佩呈圓璧形，圓圈分隔内外兩環，故稱“重環”。内環透雕一游龍，龍身呈S形，昂首挺胸，張嘴瞪目，兩爪及尾伸向圈外。外環透雕一飛鳳，立於游龍伸出的前爪上。鳳冠、尾羽與龍尾後爪相互連接，上下延伸成透雕卷雲紋，填滿外圈空間。鳳鳥回眸凝望游龍，二者似在喃喃細語，互訴衷腸，充分體現出龍的陽剛和鳳的陰柔之美。玉佩玉質圓潤，采用鏤雕製作工藝，構圖簡約和諧，龍居中、鳳居側的安排主次分明，爲漢玉中不可多得的藝術珍品，代表西漢玉器工藝的巔峰水準。

超大藍寶石帽頂

明梁莊王朱瞻垍之帽飾。帽頂即帽的頂端所綴的結子或珠寶，亦是區分官員等級的標志。朱瞻垍，明仁宗朱高熾第九子，庶出，永樂二十二年（1424）封梁王。宣德四年（1429），就藩安陸（今湖北鍾祥）。死後大批珍寶隨葬地下。2001年從其墓出土各種珍寶五千三百多件，鑲嵌的各類寶石七百多顆，金鑲玉或寶石工藝帽頂六件。其中一件金鑲寶石帽頂高7.5厘米，底徑4.8厘米，重76.7克，由上、下兩部分組成。金質底座像一朵倒立綻放的蓮花，漂亮精緻的花朵覆蓋一周，根部隱藏着五個小洞，五根小金釘作爲花蕊亭立在帽頂中部。座底上鑲嵌着珍貴紅、藍寶石十顆。頂上鑲嵌的

橄欖形無色藍寶石，約 200 克拉。現藏湖北省博物館。

玉韘

亦稱"扳指"。功能型玉器名。爲古代拉弓射箭時鈎拉弓弦之工具，套於射手右手拇指，保護射手拇指不受傷害。多以象牙、獸骨、玉石、翡翠、瑪瑙等製成。新石器時代晚期已見此物。1976 年河南安陽商代婦好墓出土一玉韘，上有紋飾，一側穿孔兩個，可用來繫繩，縛於腕部，用時套於右手拇指上。另一側有一凹槽，係鈎拉弓弦位置，此爲戰場上射箭用玉韘。商代玉扳指長度較長。至戰國時期，扳指開始變短。漢代扳指另帶拉弦小鈎。此後扳指多樣。宋代扳指，或片狀，或矮筒狀，花樣百出。清代扳指呈圓筒狀，一端邊緣裏凹，一端邊沿前凸，已失去射箭輔助之功用，而成爲身份及裝飾象徵。因此其材質更加圓潤、光滑。婦好尚武，故其玉韘有拉弓射箭、保護手指功能。《甲骨文合集》（6421）："乎（呼）帚（婦）好伐土方，受出（有）有（祐）。"《詩・衛風・芄蘭》："芄蘭之葉，童子佩韘。"《説文・韋部》："韘，射決也，所以拘弦。"段玉裁注："以像骨爲之，箸右大巨指以鈎弦闓體。按，即今人之扳指也……用韋爲系，箸右巨指，故字從韋。但今世扳指不用系。"《清乾隆朝實録》乾隆三十九年三月"奎林和隆武力戰受傷，更爲繫念。已賞給玉韘。並有旨，同阿爾都、珠爾格德分別賞給荷包以示慰勞矣。"《平定準噶爾方略正編》卷三六："兆惠著封爲一等伯，世襲罔替，并將御用荷包、玉韘、鼻烟壺加恩賞賜。"

【扳指】

即玉韘。清刊《耆獻類徵選編》卷一〇中："奉旨：〔舒亮〕加副都統銜，賞戴花翎；並有玉扳指、大小荷包之賜。尋授鑲藍旗漢軍副都統，命赴鍾祥協同永保辦賊。"《清乾隆朝實録》乾隆六十年二月："福康安一抵銅仁，即將正大營賊匪立時剿散。今又將嗅腦苗匪乘勢剿殺，解散圍城。所辦實屬可嘉。著賞給漢玉扳指一個，洋表一個，並大小荷包，用昭優眷。"徐珂《清稗類鈔・服飾類・扳指》："扳指，一作搬指，又作捫指，又作班指，以象牙、晶玉爲之，著於右手之大指，實即古所謂韘。韘，決也，所以鈎弦也。"

【搬指】

同"扳指"。《清道光朝實録》道光八年正月："總兵胡超，著加提督銜，賞給騎都尉世職，並頒賞白玉翎管一個、白玉搬指一個、大荷包一對、小荷包四個。"《繪芳録》第四一回："店夥報明價目，柏成伸手在便袋内掏出一件漢玉搬指，當作銀子遞了過去。"《官場現形記》第一六回："高昇道：'據小的看起來，一個搬指要他一千五。'"《三劍俠》第四回："金頭虎站起身軀，奔這個説閑話的少年背後而去……這位少年左手帶着一個搬指，是翡翠的，金頭虎是犯財迷，要將人家的搬指。"

【班指】

同"扳指"。《二十年目睹之怪現狀》第五回："一個夥計説：'你説的萬五，是那幾件的價；怎麼添了這個班指，還是萬五呢？'"《乾隆下江南》第九回："〔天子〕即在手上除下九龍漢玉班指一個，囑道：'他日孤家回朝，愛卿將此班指，見軍機劉墉，自有升賞。'"

【捫指】

即扳指。徐珂《清稗類鈔・詼諧類》："御

挵指者發痔：有西藏喇嘛僧某初入京師，見王公大臣之指多御挵指，不解其故，以詢譯人。譯人戲之曰：'此間婦女經期到時，則御戒指以戒房事。而京中多重優伶，好男色，其御挵指者，乃發痔時也。'"

象耕鳥耘擺件

清代擺件。青玉料象耕鳥耘。源於古代民間故事：相傳舜因謙讓而感動上蒼，於是派倏山象群和天上群鳥幫他建房耕地。此時堯正選拔接班人，聽説此事，帶隨從前來考察舜。擺件左側山石之上所刻兩人即堯與隨從，舜低首等候堯的到來。擺件玉質温潤，碾玉匠師採用鏤雕技法將這一故事情節刻畫得惟妙惟肖。現收藏於武漢博物館。

温凉玉圭

清代禮器。和田青玉製。玉圭全長92.2厘米，上寬29.5厘米，下寬21.7厘米，重27.75千克，分上、下兩段。玉圭上半截浮雕"日月星辰"和"海水江崖"紋飾，中間凸立者爲岱山（即泰山）。日、月、星、河、海和岱爲古代"六宗"。寓意泰山神靈應九州至高地位不可取代。下半截刻"乾隆年製"四字。此圭一半冰凉，一半温暖，乾隆愛不釋手，親賜其名"温凉玉圭"。1771年乾隆六十大壽，陝甘總督將"温凉玉圭"作爲壽禮獻於乾隆。後乾隆爲母祈壽，東巡泰山，賜予岱廟。中華人民共和國成立後，山東科學院專家經過無損測量，乃知此玉圭上半截玉質密度高，不容易吸收周圍空氣中的熱量，摸起來手感凉爽；下半截玉質密度較低，容易吸收周圍空氣中的熱量，手感温熱。兩種密度不同的玉材結合，即成"温凉玉圭"奇寶。圭，禮器。《周禮·春官·大宗伯》：

"以青圭禮東方。"清王以敏《贊温凉玉圭》詩："青圭三尺兼温凉，座上沉香獸一雙。待到翠華南幸日，道人手拓碧雲窗。"

翡翠白菜

清代藝術品。以翡翠雕琢之白菜造型。現藏於臺北故宮博物院，與"東坡肉形石""毛公鼎"并稱爲該院鎮院三寶。長18.7厘米，寬9.1厘米，厚5.0厘米。原石來自緬甸帶翠綠玉石，其翠色晶潤淡雅，通透無瑕。工匠將玉灰白部分雕成白菜幫，翠綠部分雕成白菜葉。翠玉部分有兩點黃色翡，工

翡翠白菜

匠雕成蝗蟲和螽斯蟲（北方稱爲蟈蟈）各一。二蟲觸角均清晰可見。翡翠白菜寓意清白，象徵新嫁娘純潔。昆蟲則象徵多產，祈願新婦子孫衆多。1948年運至臺北故宮博物院。

蟈蟈白菜

以翡翠雕琢有蟈蟈的白菜造型。高19.4厘米，寬14厘米，重約2千克。由一整塊翡翠玉雕刻而成。白菜下部爲灰黃相間，伴褐色斑，上部葉脉分明，葉片翻卷，形象逼真。白菜心綠色部分雕刻三隻昆蟲：一對大腹蟈蟈，一隻螳螂，栩栩如生。其卓越技藝於清代玉雕中堪稱冠絶，成爲一件稀世珍寶。翡翠爲古代生活於南方的鳥，毛色美麗。雄鳥羽毛爲紅色，謂之"翡"；雌鳥羽毛爲綠色，謂之"翠"，合稱翡翠。緬甸玉傳入中國，因色彩艷麗，有紅有綠，故被冠以"翡翠"之名。以翡翠料雕琢玉器，最早記載見於北宋。宋歐陽修《歸田錄》

卷下："余家有一玉罌，形制甚古。……後予偶以金環於罌腹信手磨之，金屑紛紛而落，如硯中磨墨，始知翡翠之能屑金也。"清乾隆、嘉慶時，琢玉工藝發展迅速，緬甸翡翠玉料大量輸入中國內地。翡翠雕琢的器物，質地堅硬，色彩明快，深得皇帝、后妃及貴族的崇尚與珍愛。蟈蟈白菜現藏於天津博物館，爲鎮館之寶。

綴玉面罩

葬具。古人認爲玉有辟邪防腐，使死者永生的作用，因以玉片琢成人五官縫綴於織物上，覆蓋於逝者面部，故稱"綴玉面罩""綴玉瞑目""玉覆面"等。產生於西周，延續至漢，盛行於中原地區。西漢後期，玉面罩逐漸消失。周代玉面罩多出土於周原、兩京及三晉地區墓葬中。據考古資料，最早玉面罩實物出土於西周中期張家坡井叔墓，由五塊玉片組成，形制較簡單，後出土面罩玉片較多。1990年三門峽虢國墓地出土玉面罩五十八片。仿成年男子五官顏面，以青玉片做成三角形、梯形等形狀薄片與若干紅瑪瑙珠組合，聯綴於絲織襯地材料上。五官比例勻稱，形象逼真，神態安詳，極富藝術性。此爲西周墓葬所見結構最完整、形制最規範、工藝最講究之殮葬玉器，爲後世玉衣雛形。現收藏於三門峽虢國博物館，爲鎮館之寶。

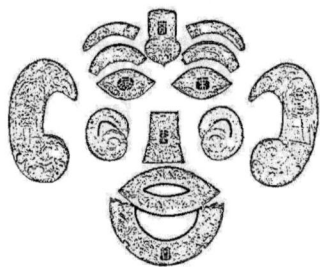

戰國玉覆面

之寶。我國其他地方亦出土有玉面罩數件，如1997年8月湖北荊州秦家山二號戰國楚墓出土的玉覆面，平面爲橢圓形，由整塊玉石雕刻而成，長20厘米，寬13.9厘米，厚0.23厘米，眼睛、鼻孔、嘴巴采取鏤空形式鑽孔和雕刻，頭髮、眉毛和鬍鬚采用陰刻技法雕刻，看上去眉清目秀，神態安詳。

劉賀墓畏獸

玉雕。畏獸是傳說中可以避凶邪的猛獸。《山海經》記載九尾狐、舉父、狸力、蠱雕等，都是畏獸。2011年江西南昌新建區西漢海昏侯劉賀墓出土一玉質畏獸，造型奇特，專家或認爲係畏獸中的玄熊，即黑熊。玉器外觀呈片狀，整體圖案呈蹲坐狀，淺雕。頭部似熊，面部造型誇張，小耳圓眼，雙眉上挑，扁形鼻梁上有橫綫紋，張嘴吐舌，門齒外露。右肘置於右大腿上，右爪伸開，掌心向內放於胸前，左臂撐在左膝上，左爪微曲，靠在左耳旁。右腿彎曲，膝蓋跪地；左足着地。袒乳露臍，凸腹。四肢粗壯有力，上臂刻紋飾。史前信仰熊代表神聖、王權、再生、復活。上古時代，伏羲自號黃熊，黃帝自號有熊，鯀、禹、啓祖孫三代都傳說曾化熊，漢朝畫像石上的承梁神獸是熊，駕雷車和幽都守門亦是熊……熊作爲華夏圖騰無處不在。熊的形象出現在墓中，是熊圖騰文化的一種延續，希望藉熊驅邪避惡，保護墓主人不受侵擾，早升天堂。晋郭璞《山海經・北山經圖贊》："孟槐：孟槐似貆，其豪則赤。列象畏獸，凶邪是辟。氣之相勝，莫見其迹。"《魏書・樂志五》："六年冬，詔太樂、總章、鼓吹增修雜伎，造五兵、角觝、麒麟、鳳皇、仙人、長蛇、白象、白虎及諸畏獸、魚龍、辟邪、鹿馬仙車、高絙百尺、長趫、緣橦、跳丸、五案以備百戲。"唐裴孝源《貞觀公私畫史》:"《畏獸圖》,王廙畫。"宋姚寬《西溪叢語》卷下:"《山海經·大荒北經》有神銜蛇,其狀虎首人身,四蹄長肘,名曰强良,亦在畏獸書中,此書今亡矣。"

金銀器

王妃封册

皇室的結婚證明。2001 年,湖北鍾祥大洪村梁莊王墓出土。封册由兩塊長方形鎏金銀板扣合而成。銀板長 23 厘米,寬 9.1 厘米,厚 0.4 厘米,重 1839.8 克,由明英宗於宣德八年(1433)賜給梁王妃魏氏。册文爲:"維宣德八年歲次癸丑七月壬子朔,越三日甲寅。皇帝制曰:朕惟太祖高皇帝之制,封建諸王必選賢女爲之配。朕弟梁王,年已長成,爾魏氏乃南城兵馬指揮魏亨之女,今特授以金册,立爲梁王妃。爾尚謹遵婦道,内助家邦。敬哉。"《明史·梁王瞻垍傳》:"梁莊王瞻垍,仁宗第九子。永樂二十二年封。宣德初,詔鄭、越、襄、荆、淮五王歲給鈔五萬貫,惟梁倍之。四年就藩安陸,故郢邸也……正統元年言府卑濕,乞更爽塏地。帝詔郢中歲歉,俟有秋理之。竟不果。六年薨。無子,封除。"《梁莊王壙志》:"梁莊王諱瞻垍,仁宗昭皇帝第九子。母恭肅貴妃郭氏,生於永樂九年六月十七日。二十二年十月十一日册封爲梁王,宣德四年八月之國湖廣之安陸州。正統六年正月十二日以疾薨。訃聞,上哀悼之,輟視朝三日,命有司致祭,營葬如制,諡曰'莊'。妃紀氏,安慶衛指揮詹之女。繼妃魏氏,南城兵馬指揮亨之女。女二人。王以是年八月二十六日葬封内瑜坪山之原。嗚呼!"《梁莊王妃壙志文》:"梁莊王妃魏氏,南城兵馬指揮亨之女,母陳氏,生有淑德。宣德八年七月初三日册封爲梁王妃,正統六年正月十二日王以疾薨,欲隨王逝。承奉司奏蒙聖恩憐憫,遂降敕旨存留撫養王二幼女,仍主王宫之事。……景泰二年三月十七日以疾薨,得年三十有八。九月初七日葬封内瑜靈山之原,同王之壙。"王妃封册隨葬入王陵。

大理國金翅鳥

銀質鎏金鑲珠金翅鳥,宋大理國時期文物。1978 年出土於雲南大理崇聖寺塔頂。高 18.5 厘米,重 125 克。通體鎏金,頭部飾羽冠,頸細長,昂首展翅,翅膀内卷作欲飛狀,尾羽鑲嵌水晶珠五粒,鏤空火焰形背光插尾、身之間,兩爪鋒利有力,立於蓮座。此鳥梵名"迦樓羅",漢譯"大鵬金翅鳥",爲佛教護法神中的天龍八部之一,被尊爲大理保護神。現藏雲南省博物館。明李元陽《萬曆雲南通志》:"〔崇聖寺三塔〕各鑄金爲頂,頂有金鵬。世傳龍性敬塔而畏鵬,大理舊爲龍澤,故以此鎮之。"

太陽神鳥金箔

裝飾太陽與金鳥圖案的金箔飾物。商代後期文物。2001 年 2 月出土於四川成都近郊的金沙村殷商遺址。外徑 12.5 厘米,内徑 5.29 厘米,厚度 0.02 厘米,重 20 克,含金量 94.2%。此箔整器圓環形,器身極薄。複雜的鏤空圖案把金飾分内、外兩層,内層一周等距分布十二

條順時針旋轉的齒
狀光芒，外層四鳥
等距分布。鳥引頸伸
腿、展翅飛翔。四鳥
首足相接，環繞金
箔一周，朝同一方
嚮飛行。飛行方嚮與

太陽神鳥金箔

內層圖案旋轉方嚮相反。四鳥象徵春夏秋冬四
季輪回，十二道弧形旋轉芒紋，象徵一年十二
月周而復始。我國自古就有"金烏負日"的神
話傳説：四隻神鳥托着一輪旋轉的太陽，運行
於天際。《山海經·大荒東經》："大荒之中有
山，名曰合虚，日月所出。有中容之國，帝俊
生中容……使四鳥。"現藏四川成都金沙遺址博
物館。

仙人樓閣金簪

　　雕有仙人樓閣的金簪。明代金飾。1958 年
江西南城長塘村水庫下發現明代藩王墓葬群，
此簪出土於朱厚燁繼妃萬氏棺椁。通長 20 厘
米，簪首寬 8 厘米。簪首爲兩棟樓閣，花樹環
繞四周。樓閣略高者分三層，重簷歇山頂，閣
內有三人，居中而立者爲主人，兩侍女持扇侍
候。閣門口一侍女和一仙鶴相對而立。閣後一
梅花鹿正在張望。樓閣略低者分兩層，爲六角
重簷頂，其六面均有隔扇。樓閣內側卧一人，
外有四侍女持物環繞。兩棟樓閣并排立於底座，
周圍繞以欄杆。簪首底部爲一鳳鳥，鳳鳥脚踏
如意祥雲，嘴銜簪底，身與簪脚相連接。此金
簪採用壘絲工藝製作完成，閣樓磚瓦、小橋畫
欄、曲徑彎幽、奇花异草、仙人悠游，雕刻得
精細入微，巧奪天工。壘絲，金銀加工工藝之
一，先將金銀原材料拉成細絲，再編綴其花樣，

然後焊接到簪子上。壘絲工藝在漢代已得到應
用，宋代多應用於大物件製作，明代則運用到
女性首飾上。

李静訓項鏈

　　1957 年陝西西安隋代李静訓墓出土。長
43 厘米，重 91.25 克。分上、中、下三部分。
項鏈上端正中爲圓形，内嵌一藍色垂珠。兩側
金鏈聯一内嵌方形藍寶石。項鏈中部由二十八
個金質球形鏈珠組成，每顆鏈珠均由十二個小
金環焊接，其上各鑲嵌珍珠十顆。項鏈下端居
中一大橢圓金飾，内鑲嵌一晶瑩鷄血石，由
二十四顆珍珠環繞。鷄血石兩側各有一方形金
飾和一圓形金飾，各鑲嵌一藍色珠飾，周邊亦
各鑲嵌珍珠十顆。鷄血石下挂一心形金飾，上
鑲嵌一塊長達 3.1 厘米的青金石。現藏中國國
家博物館。按，李静訓家世顯赫。曾祖父李賢
爲北周驃騎大將軍、河西郡公。祖父李崇爲北
周和隋朝大將，曾隨北周武
帝宇文邕平北齊，後效力隋
文帝楊堅，官至上柱國，抗
擊突厥時殉國。其父李敏，
母宇文娥英。外祖母楊麗華
爲北周皇后，隋文帝楊堅和
獨孤皇后之女。外祖父是北
周皇帝宇文贇。

李静訓項鏈

武曌金簡

　　唐代武曌除罪金簡。1982 年，河南村民屈
西懷在中岳嵩山采藥時發現這一簡片。長 36.5
厘米，寬 8 厘米，厚不足 0.1 厘米，重 233.5
克，黃金純度在 96% 以上。金簡呈長方形，正
面鐫刻雙鈎楷書銘文三行六十三字："上言：大
周國主武曌好樂真道，長生神仙，謹詣中嶽嵩

高山門，投金簡一通，乞三官九府，除武曌罪名。太歲庚子七月甲申朔七日甲寅，小使臣胡昭稽首再拜謹奏。""曌"爲武則天名字，意爲日月當空。武則天於久視元年（700）七月七日到嵩山祈福，遣道士胡超向諸神投簡以求除罪消灾。經專家鑒定，此爲唐代女皇武則天之除罪金簡，亦爲現存唯一屬於武則天的文物，也是目前我國發現的唯一金簡。現藏河南博物院。

明簪鑲寶石金冠

1958 年江西南城明代藩王朱厚燁墓出土大量金、玉器，鑲寶石金冠爲其中之一，長軸 7.5 厘米，短軸 6.5 厘米，高 5 厘米，簪長 11 厘米，外觀如一件覆扣的橢圓形鉢盂。金冠分帽圈、帽蓋、帽簪和帽舌四部分，以捲葉形金絲焊接而成。冠底以金圈圍成橢圓形，飾鏤空金絲花紋，帽圈上蓋橢圓形冠蓋，中綫處有兩條拱形橫筋，夾嵌九顆寶石；沿橫筋平均分布九條縱筋，橫筋與縱筋組成冠蓋支架；冠圈前後左右各有一片簪，後簪接兩舌，簪面、簪角和舌面、舌角均嵌有寶石。冠蓋橫筋兩側底部，各有一孔，孔內各插金簪一枚，簪頭爲傘形，鏨刻花紋，簪柄有"銀作局嘉靖二十六年十月造，金五錢"字樣；冠蓋前端中間亦留有一簪孔。金冠上共對稱鑲嵌各色寶石五十五顆。爲明代藝術珍品。現藏中國國家博物館。

金佛幣

奇幣名。鑄有佛像的金幣，故名。此幣外圓內方，正面刻有四字行書，順時針旋讀爲"淳化元寶"，字爲宋太宗親筆之行書。文字神俊端莊，筆法雋永流連，行筆岑寂穩健。金幣每枚直徑 2.4 厘米，厚 0.5 厘米，重 12 克，成

金佛幣

色 96%。背面鑄有左立右坐兩尊佛像。圖案隆起 0.2 厘米，五官清晰可見，軀體栩栩如生，立體感强烈，坐佛背後有佛光屏，下有蓮花座與祥雲。結跏趺坐於蓮花座上的爲觀音菩薩，雙手合十站立者爲散財童子。當爲"童子拜觀音"的畫面。佛像的眼鼻口是鑄後鐫刻的。背像正上方有砸戳一二三四或無號者，應爲淳化紀年序號。這批金錢是宋太宗精心設計，親書錢文，專爐鑄造，給五臺山佛寺的供養錢。金佛幣爲國家一級文物。

金枝玉葉

明代飾品。1954 年江蘇五峰山地區明朝進士張安晚小妾墓中出土。金枝玉葉由金蟬、玉葉組成，以金雕蟬，以玉刻葉。金蟬通體長爲 2.4 厘米，寬 0.8 厘米，蟬翼厚度 0.2 毫米。蟬身微側，前足翹起，後足微抬，似展翅高飛；玉葉長約 5.2 厘米，寬約 3.2 厘米。玉葉呈凹弧狀，葉上經脉紋路清晰可見，極具真實感。玉質上乘，晶瑩剔透，温潤滑膩，與金蟬搭配，

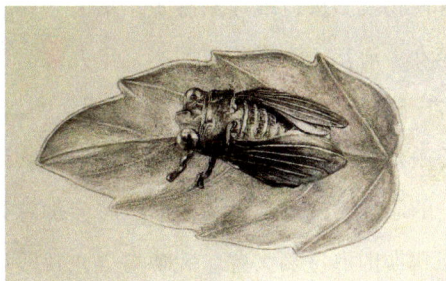

金枝玉葉

渾似天成。爲我國發現的唯一金枝玉葉實物。現藏南京博物院，爲鎮館之寶。

金虎符

戰國早期金製兵符。1979 年陝西鳳翔虢鎮出土。長 4.8 厘米，高 2.3 厘米。虎符臥虎狀，巨目大耳，大嘴齜牙，四腿曲臥，長尾上捲成 O 形，通體凸雕紋，亦有陰刻紋。虎背有扣槽，體形小巧，製作精美，雕刻生動，造型雄奇。現藏西安博物館。虎符，亦稱"兵符"，是皇帝授予臣屬調兵權之憑證。虎符起源於春秋戰國時期，多以青銅或黃金鑄造，亦有以玉、竹、木製者。延續至隋。唐朝改用魚符調兵，宋爲虎豹符，明用金牌。虎符中剖爲兩半，雙方各執一半，右半由皇室保存，左半由將軍持有。兩半相合，即爲履行某類事務定約和踐約之憑證。

金馬鞍

元代金製馬鞍。1988 年於内蒙古鑲黃旗烏蘭溝元代墓葬出土。長 72.5 厘米，寬 31 厘米，高 33 厘米；前橋高 21.8 厘米，寬 22.5 厘米；後橋高 11.2 厘米，寬 16 厘米；翅長 33 厘米。木質鞍體外包鑲黃金飾片。黃金飾片的浮雕圖案係模壓捶揲而成。圖案主體爲一隻瑞鹿靜臥於花草之中，四周裝飾牡丹、海棠等花草紋。臥鹿纏枝牡丹紋金馬鞍即由此而得名。現藏内蒙古博物館。按，經專家鑒定，墓主人爲忽必烈侄女、海都王女兒艾吉阿姆，十九歲。蒙語"艾吉阿姆"即"明月"，故稱"明月公主"。明月公主常隨父親南征北戰，接受過蒙古族傳統武士的訓練，崇拜强者。十七歲時參加忽必烈大汗舉辦的那達慕大會。武功高强，擊敗所有參賽的勇士。後忽必烈賜給明月公主八十一件

賞物，其中就有金馬鞍。因忽必烈準備的金馬鞍，不適合身材嬌小的明月公主。忽必烈下令工匠重新打造，并特命工匠在金馬鞍飾上錘揲一隻瑞鹿，既喻吉祥也象徵公主的美麗與靈性。後由忽必烈親自主婚，將明月公主嫁給以勇猛善戰而著稱的汪古部里最英勇的一位王子。婚後第二年，海都王與忽必烈發生爭執，兵戎相見。明月公主策馬來到兩軍陣前，苦心勸阻雙方休戰。勸解無果，明月公主拔劍自刎在兩軍陣前。忽必烈和海都王陷入悲傷，停止戰爭，將公主送回汪古部，厚葬在錫林郭勒大草原上。臥鹿纏枝牡丹紋金馬鞍也陪葬於公主墓中。

金瓶珍珠花樹景

清宮廷陳設品。瓶通高 56.5 厘米，最寬 27 厘米，高 20.7 厘米。扁方形，兩側各飾一隻獅耳銜環，瓶身裝飾以菱格紋，用金純度 90%。瓶内膽爲銀質。瓶中插一棵黃金樹。樹葉以碧玉雕琢，每個花朵由五粒珍珠穿成，花蕊以金絲點綴。此種金、珠、玉裝飾的盆景高雅、端莊、秀氣。現藏北京故宮博物院。

金葉

亦稱"葉子金"。黃金作爲漢代法定貨幣形式，有金餅、馬蹄金、麟趾金、金五株等。後銀、銅等多種材質的貨幣出現，金的用量減少。宋代經濟繁榮，海外貿易興盛，傳統的銅錢已無法滿足當時市場流通的需要。於是黃金又登上歷史舞臺，爲大宗交易帶來方便。但傳統的金錠不便於携帶，不易分割且無法找補。於是，宋人根據黃金質軟、延展性强的特點，將其捶成薄薄一片，如同樹葉一般，即金葉，亦稱"葉子金"。金葉可以夾在書、行李甚至衣服裏，成爲一種易於携帶的貨幣，又因其質軟，可以

折叠和剪切，又爲找零帶來方便。宋時，一兩黃金約兌兩萬四千枚銅錢，而一片半兩多的金葉，相當於萬餘枚銅錢。金葉通常呈紙扇狀折叠，其每折葉之正面四角及正中皆有宋體印文：包括地名戳、金銀鋪戳、成色戳、鋪號專用的押記戳、人名戳等五類印文。背面一般無字。南宋對黃金的管理非常嚴格，其"金葉"含金量高達97.108%，且在尺寸、重量、成色等方面都有相對統一的標準。中國錢幣博物館收藏的"陳二郎·鐵綫巷·十分金"金葉，折叠後長9.93厘米，寬3.84厘米。每頁重34.7克。表面有褶皺痕迹，係高純度黃金打造，色近赤黃。清朝亦產葉子金，以散頁居多，上有各鋪號專用的押記戳記，以及代表金銀鋪憑信的符號。《宋史·徐積傳》："〔徐積〕嘗借人書篋，經宿還之，借者給言中有金葉，積謝而不辨，賣衣償之。"元佚名《居家必用事類全集·戊集·寶貨辯疑》："葉子金，雲南者，爲地道各處鋪户拍造，杜葉亦淡，此爲罨金，再銷看顔色。"《大明會典·營建二·儀仗一》："〔製造皇帝、太子等儀仗用品〕金交椅一把。木質、金葉裹。金釘裝釘。椅中鈒花升龍雲文。穿以黃絲匾絛、四垂黃絲紛鏪、黃織金紵絲褡襫。"清谷應泰《博物要覽》卷三："葉子金產雲南省城者爲道地，各鋪户將雜色足赤金拍造葉子，有八色、九色至九五色止，無十成者。"

【葉子金】

即金葉。此稱元代已行用，見該文。

金鳳凰

陪葬品。金製。於甘肅蘭州上西園明墓出土。高4.5厘米，長5.4厘米，重7.3克。其身體和雲朵用金片錘碟而成；雙翼向上展開，翼端及雲頭，各以金片捲焊一筒狀孔，内鑲碩大紅寶石。其周邊及羽瓣均以掐絲技法結勒敷施，編織勻稱、緊凑、得體。鳳尾三條，以金片錘揲而成，有鋸齒狀缺口。雙腿直立於雲朵之上。現藏甘肅省博物館。《爾雅·釋鳥》："〔鳳凰〕鷄頭、燕頷、蛇頸、龜背、魚尾、五彩色，高六尺許。"傳說鳳凰涅槃，周身燃起大火，後在烈火中獲得重生。每重生一次都會獲得較之前更强大的生命力。周而復始，鳳凰獲得永生。用鳳凰做陪葬品，亦取此意。龍鳳多爲中國皇權象徵。皇帝爲龍，皇后嬪妃爲鳳，鳳從屬於龍。

金甌永固杯

禮器、飲酒器。金製。高12.5厘米，口徑8厘米，最寬12厘米，足高5厘米。乾隆四年（1739），乾隆下旨命内務府製造，因杯上刻"金甌永固"四字，故名。"金甌"寓義國家疆土完整。杯爲三足鼎式，杯口圓形，口邊刻回紋一周。杯口一面鑄"金甌永固"，另一面鑄"乾隆年製"篆書。杯身點翠，浮雕紋飾。通體鏨刻纏枝花卉，玲瓏剔透，花蕊以珍珠及紅、藍寶石爲主。兩側各有一奔騰向上變形夔龍耳，龍頭都有一朵寶相花，花上各嵌珍珠一顆。底部以三象捲鼻爲足，象耳略小，長牙向下，額頂及雙目間亦嵌珠寶。此杯耗費黃金二十兩，大小珍珠十一顆，上等緬甸紅、藍寶石二十一顆（部分爲星光寶石），"雙桃紅"碧璽四顆。此杯共四隻，其造型、裝飾和工藝基本一致：乾隆四年造一件（銅鎏金）、乾隆五年造兩件（金）、嘉慶二年（1797）造一件（金）。現分別收藏於北京故宫博物院（一金，嘉慶造）、臺北故宫博物院（一金，乾隆造）、倫敦華萊士博物館（一金、一銅，乾隆造）。此杯爲

金甌永固杯

重要禮器，專用於大年夜開筆儀式。開筆，又稱試筆。元旦（即農曆大年初一）開筆儀式始於雍正，定於乾隆，後世皇帝敬守成例，遵行不違。清嘉慶《元旦試筆》詩："玉燭金甌祖考貽，明窗試筆訝鴻禧。"注："養心殿元旦開筆之典，始于皇祖，而皇考繼行之。予於乙卯宣諭，立爲皇太子，即蒙召至養心殿東暖閣明窗，教以先朝留貽例典及開筆御用法物。今敬守遵行，罔或有闕其制，于每歲元旦子刻，即躬御是處，案設金甌一，中注屠蘇；玉燭一，手引發光。先御硃毫，後染墨翰，其筆管端鎸字曰'萬年青'，管曰'萬年枝'。各書吉語數字，以祈一歲之政和事理。"按，嘉慶二年製金甌永固杯，仍書"乾隆年製"。乾隆雖已退位，但仍以太上皇身份居養心殿，實際掌握國家政權。宮中仍用乾隆年號，故杯上依然署乾隆年款，以示尊崇。

金編鐘

宮廷樂器。清乾隆五十五年（1790），乾隆命工部、戶部和內務部造辦處共同鑄造金編鐘，以賀其八十壽辰。畫圖，製模，鑄造清樣，開爐鑄造過程，乾隆皆親自審閱直至滿意。金製編鐘共十六隻，外形尺寸均相同。鐘高23.8厘米，鈕高6厘米，上徑13.6厘米，中徑20.6厘米，下徑16.2厘米。上端兩側鐘鈕各爲躬身龍。鐘身使用突起圖飾，以箍飾分爲三段：上段爲祥雲圖飾；中段較寬，正中鑄有鐘名，背面鑄有"乾隆五十五年造"字樣。在龍戲珠的主題紋飾上，涌起的波濤和飛動的流雲環繞龍身，兩條蟠龍朝同一方響騰飛；下段爲對角形雲紋，平均分布八個平頭乳釘，爲鐘的敲擊點。十六隻編鐘爲一虡，陰陽各八，以鐘壁厚薄、重量定音階，以應十二本律及四倍律。鐘名由低至高依次爲：倍夷則、倍南呂、倍無射、倍應鐘、黃鐘、大呂、太簇、夾鐘、姑洗、仲呂、蕤賓、林鐘、夷則、南呂、無射、應鐘。其中倍夷則（重約4703克）壁薄音最低，而應鐘（重約14317克）壁厚音最高。此套編鐘爲清代宮廷雅樂——中和韶樂中的重要樂器。乾隆皇帝萬壽大典時，金編鐘置於太和殿。乾隆死後，金編鐘珍藏於故宮。平常置於太廟，遇有朝會、皇帝登基、大婚、祭祀大典、重大節日時，取之由玉磬配樂，音色相和，清脆悅耳。此鐘耗費黃金一萬一千四百三十九兩。1912年，清王朝覆滅。1922年，支付溥儀大婚費用，此鐘被典賣給北京鹽業銀行。逾期未贖回，金編鐘變成鹽業銀行賬外資產，被轉移至東交民巷一外商銀行倉庫密藏。九一八事變後，日軍侵占東北三省。此鐘被轉移至天津法租界內鹽業

金編鐘

銀行天津分行赤峰道十二號地下帶夾層暗室裏。1937年日本侵華戰爭全面爆發。日軍占領天津，威逼利誘必得金編鐘。鹽業銀行副總陳亦侯在四行儲蓄會經理胡仲

金編鐘
（宋呂大臨《考古圖》）

文幫助下將金編鐘轉移至四行儲蓄會地下小庫房。1941年太平洋戰爭爆發，日軍占領天津英、法、意租界。大批軍警對鹽業銀行地下庫房進行搜查，但一無所獲。1945年8月15日，日本無條件投降。國民政府接收大員孔祥熙到天津後探聽金編鐘下落，未有結果。1945年底，戴笠到天津後也，沒有搜到金編鐘。次年戴笠再次到天津，收到一封誣告陳亦侯的信件，就讓天津警察局長李漢元去抓陳亦侯。3月17日，戴笠飛機失事，葬身火海，此事自此再無人問津。1949年天津解放後，1月18日，胡仲文把他們保護下來的金編鐘和珍藏的故宮珍寶清單交到了軍管會。1954年，金編鐘在故宮博物院珍寶館向公衆展出。按，1970年4月24日21時35分，中國第一顆人造衛星帶金編鐘敲響的《東方紅》樂曲升入太空。

金鎮

器物名。1978年出土於湖北隨州擂鼓墩戰國曾侯乙墓。大的重327.65克；小的重157.35克。半圓形，鎮頂帶有手環，器身飾有變形龍鳳紋、重環紋、雲紋等。外觀非常像是一個器物的蓋子，但它是一件單獨的器物。隨葬的冥器帳册上記載的名字叫"金鎮"。出土時擺放在外棺底部南北方嚮，相距約3米，金鎮與放置

金鎮

的金盞、金杯錯開排列。金鎮不是法器，不是樂器，不是生活用品，專家至今不知其用途。現藏湖北省博物館。

法門寺十二環錫杖

佛教法器。全稱"迎真身銀金花十二環錫杖"。1987年陝西扶風法門寺唐代地宮出土。唐咸通十四年（873），唐懿宗下令製造。錫杖是比丘行路時携帶之手杖，杖頭有錫環，振時作錫錫聲，故稱。屬比丘十八物之一。《佛説得道梯橙錫杖經》："迦葉白佛：'何名錫杖？'佛言：'錫者輕也，倚依是杖，除煩惱，出三界故。錫，明也，得智明故。錫，醒也，醒悟苦空、三界結究故。錫，疏也，謂持者與五欲疏斷故。'"此杖全長196.5厘米，輪直徑25.5厘米，杖杆直徑3.25厘米，重2.39千克。由杖身、杖首、杖頂三部分組成。杖身中空圓筒形，通體飾以纏枝蔓草紋，又分二段。下段三欄紋，上兩欄飾海棠紋，下一欄團花紋。鑄作扁平狀，其上飾一周瓣覆蓮。上段由上而下鏨刻圓覺十二僧，光頭僧人身披袈裟，手持法鈴，立於蓮臺之上，個個憨態可掬，周圍襯以繞枝蔓草。兩段之間欄界飾以凸起之仰蓮瓣紋。杖首銀絲盤外側鏨流雲紋，銀絲折垂直相交四股桃形輪，相鄰側面銘刻此杖製造時間、重量、打造者等信息："文思院準咸通十四年三月二十三日敕

令造迎真身銀金花十二環錫杖一枚，并金共重六十兩，内金重二兩，五十八兩銀，打造匠臣安淑郾，判官賜紫金魚袋臣王全護，副使小供奉官臣虔詣，使左監門衛將軍弘愨。”每股輪幅上套置三個滿飾纏枝蔓草紋的扁圓錫環，共十二環。錫環外徑 67 毫米，内徑 48 毫米，厚 2 毫米；杖頂焊仰蓮流雲束腰座蓮臺兩重，上托一智慧珠。杖上花紋細織流暢，整體裝飾精美華貴。此爲目前世界上年代最早、體形最大之佛教錫杖。

【迎真身銀金花十二環錫杖】

即法門寺十二環錫杖。此稱唐代已行用，見該文。

契丹文金牌

遼代軍事傳令兵之憑信。呈長方形板狀，四角抹圓。長 21 厘米，寬 6 厘米。上端一圓孔，孔周突起。正面以雙勾陰刻契丹文“敕宜速”三字，前一字爲單文，後兩字由三單文合成複文。背後爲素面。遼代還有契丹文“敕宜速”銀牌等。現藏河北博物院。

契丹文金牌

聖旨金牌

金牌名。元聖旨金牌。質地爲金銀合金，金含金量 58.44%。呈長方形片狀，四角圓滑。牌長 25.7 厘米，寬 8 厘米，厚約 0.1 厘米，重 350 克。金牌上端有圓形穿孔，穿孔有護套，穿孔外徑 5 厘米，内徑 2 厘米。背面穿孔護套塹刻“張字九十六号”六個漢字。金牌正面三

行、反面兩行八思巴文字，意爲：“神明至上，皇帝聖旨不可達，不從者罪至死。”索倫河谷爲歷代兵家必爭之地，處於蒙古大軍直通科爾沁草原之捷徑，傳達忽必烈旨意之信使倒斃於此，使聖旨金牌遺留於河谷。1961 年科爾沁右翼前旗索倫鎮索倫屯一李姓夫婦在洮兒河挖取沙石，得此金牌。後内蒙古大學包祥教授以 6300 美元購得，捐獻給内蒙古大學民族博物館，成爲該館鎮館之寶。内蒙古正藍旗東北約 20 千米、閃電河北岸元上都遺址亦曾出土一金牌。爲第二枚八思巴文聖旨金牌，且爲忽必烈最早鑄造八思巴文聖旨金牌的初製樣牌。長條板形，四角抹圓，長 21.1 厘米，寬 6.7 厘米，厚 0.197 厘米，重 261.8 克，含金量約 40% 左右。上端有一孔，孔有護套可轉動。外徑 3.38 厘米，内徑 1.15 厘米，護套背面刻有漢字“乙字九号”。牌子兩面刻雙鈎體八思巴文字五行，意爲：“帝号勿犯，違者死罪。”聖旨金牌爲國家一級文物。除以上兩塊元代聖旨金牌外，目前存世的元代八思巴文皇帝聖旨牌還有以下幾塊：1.銀質金字長牌。1846 年發現於俄國葉尼塞州米奴辛斯克，一般稱“米奴辛斯克牌子”。長方形，銀質金字，四角抹圓。長 30.5 厘米，寬 9 厘米，穿孔直徑 1.7 厘米，上端有圓孔，孔有護套可轉動，護套刻“宿字四十二号”。無紋飾，有雙鈎體鎏金八思巴字五行。現藏俄羅斯遠東國家博物館。2.銀質金字長牌。1853 年出土於俄國貝加爾湖附近紐其村，稱“紐克斯克牌子”。長 29.5 厘米，寬 8.8 厘米，穿孔直徑 1.7 厘米。護套刻有“榮字卅四号”。形制基本同“米奴辛斯克牌子”，祇是其中一個八思巴字不同，但讀音與所表示的意義相同。現藏俄羅斯聖彼得堡

國家艾爾密塔什博物館。3.銀質長牌。1998 年內蒙古文物考古研究所在清水河縣徵集到一塊純銀聖旨牌。牌長 29 厘米，寬 8 厘米，上端有一圓孔，孔有護套可轉動，護套刻“丁字八十号”。銀牌兩面刻雙鈎體八思巴文字五行，内容亦爲：“帝号勿犯，違者死罪。”4.銀質長牌。2006 年收藏家裴元博購得一枚銀質聖旨長牌，該牌出土於河北圍場西龍頭鄉東城子村北。銀牌長條板形，四角抹圓，長 19.5 厘米，寬 7.2 厘米，厚 0.192 厘米，重 248.8 克。上端有一圓孔，孔有護套可轉動，外徑 3.77 厘米，内徑 1.2 厘米。護套刻“丁字七十八号”。牌子兩面刻雙鈎體八思巴文字五行，内容與前述“丁字八十号”銀牌之文字相同。5.銅質長牌。1950 年原西南師範學院歷史系教授鄧子琴於四川阿壩地區徵得此牌。長方形，長 25 厘米，寬 8.2 厘米，頂部有一圓孔，上半部爲梯形，從上端穿眼處往裏收縮，下半部爲長方形。正反兩面以點狀雙鈎體刻八思巴字五行，與所有元代八思巴文皇帝聖旨牌所刻文字完全相同。現收藏於西南師範學院博物館。該館認爲此銅牌爲元朝頒賜給阿壩塘錯爾基寺的忽必烈蒙古文腰牌。6.“成吉思皇帝聖旨”金牌。出土於内蒙古正藍旗東北元上都遺址。2008 年收藏家裴元博從一名藏友手中購得。一面爲漢字“天賜成吉思皇帝聖旨，疾”，背刻雙鈎體八思巴字“防務千户，准行君帳”。含金量 60％以上。7.鐵質金字圓牌。正反兩面刻雙鈎體八思巴文，意爲“依憑長生天力，皇帝聖旨，孰若不從，即要問罪”。被作爲聖物收藏於西藏扎什倫布寺。8.鐵質銀字圓牌。現存兩塊。第一塊出土於俄國托木斯克的波克托爾，習慣上稱“波克托爾牌子”；第二塊爲甘肅省博物館於 1965 年徵集并收藏者。兩塊鐵質銀字圓牌正反兩面鐫刻文字内容相同，爲雙鈎體八思巴文，亦爲“依憑長生天力，皇帝聖旨，孰若不從，即要問罪”。兩塊牌子上部鑄虎頭紋樣，有佩戴圓環。

黄金寶石鳳冠

皇宫后妃、公主所戴冠飾。2010 年陝西西安唐代李倕公主墓出土。金製。長 39 厘米，重 4 千克。由五百餘顆各類珍貴寶石、綠松石、金珠鑲嵌裝飾而成。諸多金珠細小到須用高倍放大鏡纔能看清。被公認爲華夏最貴、最重鳳冠。出土時已損壞嚴重，歷時四年終得復原。2013 年隋煬帝和蕭后合葬墓出土一鳳冠。唐製，黄金打造。嵌十三棵玉石樹，鑲數十顆各式各樣名貴寶石，重 3 千克。此冠出土時腐蝕嚴重，歷時兩年復原。爲已發現的第二重鳳冠。現藏揚州博物館。按，隋蕭皇后出身於梁朝皇室，歷經四朝，去世後被唐太宗以皇后之禮與隋煬帝合葬於揚州。

鴛鴦蓮瓣紋金碗

唐代製品，1970 年 10 月西安南郊何家村出土。金碗共出土兩件。一件高 5.5 厘米，口徑 13.7 厘米，足徑 6.8 厘米，重 392 克；另一件高 5.6 厘米，口徑 13.5 厘米，足徑 6.8 厘米，重 391 克。兩碗造型、紋飾相同。純金錘揲成形，鏨刻爲紋，侈口，弧腹，圜底，喇叭形圈足。兩碗器壁捶出上下兩層向外凸鼓的蓮花瓣紋，每層十片花瓣，上下輪廓相合，遠望如盛開的蓮花。每個蓮瓣都鏨刻有裝飾圖案，上層裝飾有鴛鴦、鸚鵡、狐、鹿、兔等動物紋飾。周圍填以形態各异的花草。下層是單一的忍冬花裝飾圖案。花瓣的空白處，飾以飛鳥和雲朵紋。金碗的圈足排列有一圈細密的小金珠，這是采用炸珠工藝製作焊接而成。金碗的紋飾全部用手工鏨刻出來，有些綫條細到不足 1 毫米，是目前所知唐代金銀器中工藝最華麗、體量最大的作品。兩碗內壁分別有墨書"九兩半""九兩三"字樣。其用途可能是皇室酒器。現藏陝西歷史博物館。

"三寸金蓮"銀鞋

亦稱"'羅雙雙'銀鞋"。銀製工藝品名。1974 年出土於浙江衢州王家公社南宋石繩祖合葬墓。鞋爲弓形，長 14 厘米，寬 4.5 厘米，高 6.7 厘米。每隻鞋各由三塊銀片焊接而成（鞋底一片、鞋面二片）。鞋頭上翹，口沿鏨刻忍冬紋，鞋面鏨刻寶相花，鞋底內鏨刻綫紋及雙鈎"羅雙雙"字樣，爲典型"三寸金蓮"鞋。墓主石繩祖，字慶長，眉山人，受業於魏了翁之門。曾官禮部郎中，晚年寓居衢州，讀《易》講學，爲著名易學家。羅雙雙爲其原配夫人。史載繩祖爲官期間，羅氏相伴左右。後羅氏因故早逝，史繩祖爲紀念羅氏而特製刻"羅雙雙"名字的銀鞋帶在身邊，以志紀念。女子纏足始於五代、北宋，早先爲表演行業的需要。南宋時有些貴族女子開始仿效。"羅雙雙"銀鞋出土，證實南宋時貴族女子的生活狀況。纏足陋習後逐漸盛行并一直延續至清朝。"羅雙雙"銀鞋爲古代女子纏足實證，1995 年經國家文物局鑒定爲一級文物。現藏衢州市博物館。

【"羅雙雙"銀鞋】

即"三村金蓮"銀鞋。因銀鞋鞋底鏨刻"羅雙雙"字樣，故稱。此稱行用於現當代。見該文。

養老銀牌

清代御賜銀牌。出土於北京市朝陽區高碑店鄉榮祿墓。長 13.9 厘米，寬 8.4 厘米。爲銀合金製成，由內府工匠采用銀皮錘揲打製而成，呈橢圓形，牌首如意祥雲狀，兩邊各有耳狀圓孔。牌身正面紋飾分爲兩層，外層兩邊高浮雕二龍戲珠，龍爲五爪，張口吐舌，龍身上鱗片係鏨刻而成，雕琢精細，一絲不苟。其下爲壽山福海。內

養老銀牌

層鑄銘文"太上皇帝御賜養老"。"御賜養老"四字由時任軍機大臣兼大學士阿桂書寫。背面陰刻銘文"丙辰年，皇極殿千叟宴，重十兩"。爲彰顯國家對老者的關懷與尊敬，清康熙、乾隆兩位皇帝曾先後四次舉辦千叟宴。乾隆五十年（1785）和嘉慶元年（丙辰，1796）之千叟宴，乾隆親自設計督造"御賜養老銀牌"。與會七十歲以上老者，每年長五歲，爲一檔，各賞十兩、十五兩、二十兩、二十五兩、三十兩養老銀牌一面，留作紀念。據說，憑此信物可在其所在地衙門支取養老費用。因此類銀牌多被化成小塊銀消費，故存世較少。《皇朝文獻通考·學校考十四·視學養老》："〔雍正〕十六年，上南巡，恩賞經過州縣老民。先是上所經過之地，遇有老民接駕者，皆命親隨侍衛頒給養老銀牌，其貧窘者加賞白金。"《欽定南巡盛典》卷七二："閩乾隆四十八年五月初十日，兩淮鹽政伊齡阿奏言，恭照歷屆聖駕南巡，賞賚官兵人等銀兩，并備辦獎武養老銀牌……奏請撥留銀十萬餘兩，以備支用，茲甲辰年恭逢。"

銅鐵器

人面紋鼎

亦稱"大禾方鼎"。商代晚期物。1958 年出土於湖南寧鄉縣黄材鎮炭河里鄉新屋灣。方形，以人面紋爲飾，通高 38.5 厘米，口長 29.8 厘米，寬 23.7 厘米。顏色碧緑，鼎身略呈矩形，四周以半浮雕人面裝飾，人面周圍以雲雷紋飾，額部兩側長角，下巴兩側有爪。鼎腹内壁鑄有"大禾"兩字銘文。商周時，青銅器皆以獸面爲飾，而此鼎則以人面浮雕爲飾，迄今爲止發現僅此一件。現藏湖南省博物館。

【大禾方鼎】

即人面紋鼎。内壁鑄有"大禾"二字，故稱。此稱行用於現當代。見該文。

八瓣蓮花密集金剛曼荼羅

藏傳佛教聖物名。明製，銅鎏金。高 45 厘米，寬 30 厘米。外形爲八瓣蓮花，各蓮瓣上立尊神，以舞蹈姿勢站立，手中持樂器、法器、供養物等，形態各異，上下排列。蓮瓣開閉自如，上方有水瓶傘蓋形裝飾扣件，以此控制八瓣蓮花開合。開則狀如蓮花，閉則形如花蕾。度母和金剛薩埵像坐蓮臺，做工精緻。密集金剛是藏傳佛教密格魯派崇奉的五大本尊之一。其手持骷髏碗和鉞刀，擁抱明妃，面露微笑，結跏趺坐於蓮臺之上。蓮莖下方左右各一龍王護持。除八瓣蓮花外，其他組件亦精心雕琢，尤其是多尊神佛，造型精巧，材質爲銅鎏金，俗稱"鎏金銅佛像"。寶物上刻"大明永樂年施"銘文。此物工藝精湛，爲歷代同類佛教造像之珍品，亦爲藏傳佛教造像之珍品。

五代銅質大金塗塔

五代佛教舍利塔。銅製。1978 年 4 月出土於瑞光塔第三層塔心窖穴中。塔通高 36.8 厘米，塔座長寬 15 厘米，可拆卸爲五部分：塔刹、蕉葉形插角、塔身、銅蓋、須彌座。塔刹占全塔約三分之一，刹身有相輪五重，刹座爲蓮形覆鉢。蕉葉形插角四個，分插四角，插角外側共刻故事三十二則，内側分立四大天王像。塔身四面均采用印度風格雕刻佛教故事。銅蓋上的文字述此塔來歷："蘇州長州縣通賢鄉清信弟子顧彦超將亡婦在生衣物敬舍鑄造釋迦如來真身舍利寶塔一所，伏用資薦亡姁胡氏五娘子，生界永充供養。歲次乙卯十月某日舍。"須彌座四面雕有十六個羅漢像。現藏蘇州博物館。

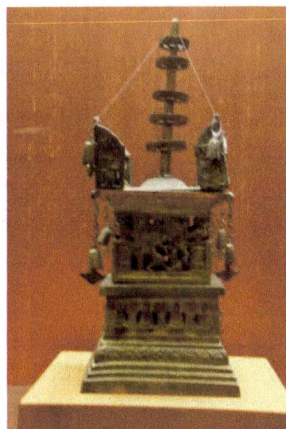

五代銅質大金塗塔

鎏金喇嘛塔

亦稱"金剛寶座塔"。明代佛教舍利塔。爲佛教密宗塔式，以供奉五方佛或者埋葬佛舍利。1956 年 7 月發現於江蘇南京牛首山弘覺寺塔底層地宫。此塔由塔基、塔身和塔刹三部分組成。塔基高 16 厘米，爲須彌寶座，由紅色砂岩雕成，正面刻二力士像，左刻雙鹿鬥角，右刻雙獅戲球，後刻雲龍等圖案。塔座下方刻題記"金陵牛首山弘覺禪寺永充供養"，背刻"佛弟子御用監太監李福善奉施"字樣。塔身前須彌座凹下處有一尊臥式銅鎏金釋迦涅槃像，長 10 厘米、寬 4 厘米，像外有金棺銀椁，內藏珍珠、水晶、瑪瑙等珠寶玉石。塔身高 35 厘米，有四壺門，塔內有釋迦、韋陀佛像等。塔刹由相輪、十三天、寶蓋、寶珠等組成。方形須彌石座四角各放一青瓷罐。其中一罐內放一顆老年人牙齒及骨灰等。鎏金塔、紅砂岩須彌座和四瓷罐合成一"金剛寶座塔"。此塔爲南京博物院鎮院之寶。

【金剛寶座塔】

即鎏金喇嘛塔。此稱明代已行用。見該文。

山字形器

上古徽標。以青銅製成。1974 年出土於河北平山三汲鄉戰國時中山國王墓。通高 119 厘米，寬 74 厘米，厚 1.2 厘米，重 50 多千克。上部呈"山"字形，頂端尖齒狀，猶如三支尖峰；兩側向下內轉成鏤空"回"字紋；下部中間呈圓筒狀銎，可裝柄或插於立柱上，銎的前後各有一方形楔孔，下端

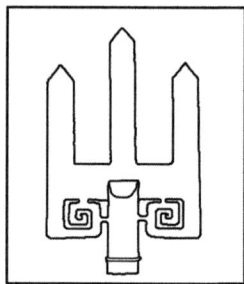

山字形器

有箍飾一周。此器造型特別，氣勢雄偉，爲中山國所特有，可立於木柱之上置於帳前和帳周，象徵國王權威。中山國因國中有山，國人對山極其崇拜，故名。山形器爲中山人心中的圖騰，亦是中山國國徽。此器共出土五件，現藏河北博物院。中山國爲春秋戰國時獨立小國，位於燕、趙之間，都靈壽（今河北靈壽西北）。爲北方游牧民族白狄、鮮虞所建。公元前 296 年被趙國滅亡。

千年怪手

青銅手型物。2000 年出土於河南安陽殷墟商代將軍亞長墓。長 13.2 厘米，寬 6.8 厘米，右手狀，大拇指較短，中指較長。五指張開，稍有彎曲，關節清晰可見，指尖圓滑。手背雕有精美饕餮紋圖案。呈半握狀。遠看如同黑色手型枯骨，令人毛骨悚然。"亞"是商代武將稱呼，"長"爲家族姓

千年怪手

氏。經遺骨分析，亞長身經百戰，戰傷纍纍，舊傷未癒，又添新傷，最後戰死沙場。亞長墓出土各類遺物五百七十多件。青銅怪手爲其一。怪手之用途，專家至今無定論。大致有五種觀點：1.癢癢撓說。當後背癢時，可用癢癢撓撓之。"青銅怪手"比較小，造型與癢癢撓相似，故爲之。2.假肢說。冷兵器時代傷亡時有發生，爲使死者全尸入葬，工匠製作青銅假肢以備用。墓主人常年征戰沙場，可能爲墓主某隻手的替代品。但怪手發現於墓主人的左小腿處，假肢應放右邊纔對。3.禮器說。從怪手的外形分析，可能是巫師祭祀時拿在手中的用品，貴族纔會用之陪葬。4.青銅畢形器說。畢，禮儀活動中與飲食有關之用具，有兩個特點：一爲有長柄或裝有長木柄，二爲長柄一端有多齒或漏算裝置。怪手應爲銅畢。銅畢通常與銅鼎配套使用，自鼎中撈肉。5.生產工具說。亞長墓選用大量生產工具作陪葬品，此物應爲特殊生產工具。《安陽殷墟花園莊東地商代墓葬發掘報告》就將其暫定爲"工具"，與鏟、銼、鑿等生產器具歸

於一類。現藏河南安陽殷墟博物館。

子仲姜盤

青銅製盥洗盤。春秋早期晉國掌管禮樂的官員爲其妻"子仲姜"所作，故名。高 18 厘米，口徑 45 厘米，重 12.4 千克，質樸渾厚，形體較大。盤壁外側一對副耳，寬厚高聳，副耳外側飾雲紋；另有一對曲角形龍，攀伏於盤壁外側，龍首聳出盤沿，探視盤中之物；圈足下三隻立虎，虎體側面與圈足邊緣相接，虎腿彎曲爲盤足。盤壁外側滿飾竊曲紋。盤内以淺浮雕手法雕刻魚、蛙和龜。七條小魚沿盤底周邊游弋，龜、蛙相間排列。四魚、四雌鳥相間環繞在踞盤中央之戴冠雄鳥周圍。盤刻銘文："佳六月初吉辛亥，大師作爲子仲姜沫盤，孔碩且好用，祈眉壽，子子孫孫永用爲寶。"1997 年 6 月由香港愛國商人葉肇夫捐贈。今藏上海博物館。

兮甲盤

亦稱"兮田盤""兮伯盤""兮伯吉父盤"。青銅盤，由西周宣王賜給輔臣兮甲，故名。直徑約 46 厘米，高近 12 厘米，圓形，敞口，淺腹，窄沿方唇，底部微下凹，盤兩側各有一附耳高出盤口，盤緣雕刻各種紋飾，圈足缺失，皮殼黑亮，造型簡樸、穩重。盤内刻一百三十三字銘文："惟五年三月既死霸庚寅，王初格伐玁狁於（餘吾），兮甲從王，折首執訊，休亡戙（潽），王賜兮甲馬四匹、輪車，王令甲政（征）司（治）成周四方責（積），至於南淮夷，淮夷舊我帛晦（賄）人，毋敢不出其帛、其責（積）、其進人，其賈，毋敢不即次即市，敢不用命，則即刑撲伐。其佳我諸侯、百姓，厥賈，毋不即市，毋敢或（有）入蠻宄

賈，則亦刑。兮伯吉父作盤，其眉壽萬年無疆，子子孫孫永寶用。"此盤出土於宋朝，南宋時擺放於紹興内府，南宋晚期於戰亂中遺失。元代浙東宣慰司書法家鮮于樞無意中得到此盤，但盤足已斷。至清於保定公家倉庫收藏。晚清八國聯軍入侵北京，此盤再次消失。2010 年愛國華僑花重金購自美國拍賣會上。2014 年回歸祖國。

【兮田盤】

即兮甲盤。"甲"舊時釋作"田"字，故稱。參閱清吳式芬《攈古錄》卷三。

【兮伯盤】

即兮甲盤。因銘文中有"兮伯吉父作盤"字樣，故稱。參閱清吳大澂《愙齋集古錄》卷一六。

【兮伯吉父盤】

即兮甲盤。因銘文中有"兮伯吉父作盤"字樣，故稱。參閱清方濬益《綴遺齋彝器考釋》卷七。

它盤

商周時盛水器。以青銅鑄造。因盤内有一"它"字，故稱。平唇淺腹，腹飾重環紋，盤内光滑有光，鑄一"它"字。雙附耳於腹部外側，高出口沿。圈足外撇，飾斜角夔紋。圈足下有四裸體男子爲足，四人均受過刖刑，作踞式，兩手扶膝，眉眼俱全。以受刖刑奴隸作足，意爲此盤不會移動。此盤爲盛水器。商周時貴族宴饗時，宴前飯後要行沃盥之禮。貴族以身長侍者澆水盥手，年幼侍者以盤承接棄水。即爲接棄水之盤。《禮記·内則》："進盥，少者奉盤，長者奉水，請沃盥，盥卒授巾。"它盤現藏陝西歷史博物館。

曾侯乙尊盤

亦稱"青銅尊盤"。以銅質失蠟法鑄造，用以祭祀、賓禮之禮器。上尊盛酒，下盤盛水。1978 年因出土於湖北隨縣（今隨州）擂鼓墩曾侯乙墓，故稱。由上、下兩部分組成：上部名爲曾侯乙尊，下部名爲曾侯乙盤。尊、盤合爲一器。尊通高 33.1 厘米，口徑 25 厘米，重約 9 千克。盤通高 24 厘米，口徑 57.6 厘米，重約 19.2 千克。尊盤通高 42 厘米，口徑 57.6 厘米，重約 30 千克。銅尊三十四部件，采用鑄接、焊接而連成一體，尊體飾有二十八條蟠龍和三十二條蟠螭。銅盤體共裝飾五十六條蟠龍和四十八條蟠螭。銅尊頸部和銅盤內底均刻有"曾侯乙作持用終"七字銘文。銅尊敞口，呈喇叭狀，外沿寬厚，下垂，上飾蟠虺透空花紋，形似朵朵彩雲，上下叠置。尊頸部飾有向上舒展的蕉葉形蟠虺紋，與頸頂的弧綫協調一致。尊頸與腹之間有四條圓雕伏獸，軀體由透雕的蟠螭紋構成。伏獸沿着尊頸向上爬升，回首吐舌，舌捲如鈎。尊腹、高足皆飾蟠虺紋，其上有高浮雕虬龍四條。銅盤直壁平底，四龍形蹄足。口沿上附有四隻方耳，皆飾蟠虺紋。方耳下各有兩條鏤空夔龍，龍首下垂。四龍之間各有一圓雕式蟠龍，龍首伏於口沿。尊爲盛酒器，盤爲盛水器，尊置於盤內，二者渾然一體。既可祭祀時酌以獻尸，又可賓禮時酌以飲客。曾侯乙青銅尊盤爲曾國傳國之寶，從先君傳到曾侯乙。銅尊盤采用失蠟法鑄造，證實我國早在二千四百年前，鑄造技術已達到極高水準。現藏湖北省博物館。

【青銅尊盤】

即曾侯乙尊盤。此稱行用於現當代。見該文。

天下第一刀

上古青銅刀具。出土於新石器時代馬家窑文化林家遺址。有"天下第一刀"之譽。通長 12.5 厘米，寬 2.4 厘米。刀體由兩塊範澆鑄而成，爲增强鋒利度，其刀刃部經過戧磨和冷鍛。刀身表面平整，厚薄均匀，因年代久遠，刀身長滿較厚的深灰綠色鏽迹。刃長柄短，刀尖圓鈍，刀背弧形，刀刃前端因磨損而凹入。柄端上寬下窄，并有鑲嵌木把的痕迹。是迄今中國發現最早的青銅刀具。現藏中國國家博物館。

中國尊

亦稱"何尊"。西周青銅酒器名。因古器物之銘文上首見"中國"一詞，故名。1963 年 6 月出土於陝西寶鷄賈村鎮（今寶鷄陳倉區）。高 39 厘米，口徑 28.6 厘米，重 14.6 千克。口圓體方，長頸，腹微鼓，高圈足。通體有四道大扉棱裝飾，扉棱鏤空。頸部飾蠶紋，口沿下飾蕉葉紋。腹足有精美高浮雕獸面紋，角端突出於器表。整個尊體以雷紋爲底，高浮雕處則爲捲角饕餮紋，圈足處也飾有饕餮紋。銅尊內膽底部鑄十二行一百二十二字銘文，記載周成王繼承周武王遺志營建陪都洛邑（今河南洛陽）的重要歷史事件。文字爲西周早期金文，銘曰："唯王初壅，宅於成周。復稟（逢）王禮福，自（躬親）天。在四月丙戌，王誥宗小子於京室，曰：'昔在爾考公氏，克逑文王，肆文王受兹命。唯武王既克大邑商，則廷告於天，曰：余其宅兹中國，自兹乂民。嗚呼！爾有雖小子無識，視於公氏，有勳於天，徹命。敬享哉！'唯王恭德裕天，訓我不敏。王咸誥。何賜貝卅朋，用作庚公寶尊彝。唯王五祀。"銘文之"中國"與現在之"中國"非同一地理概念。但

"中國"之稱源於此。文中又載，宗小子何用周成王賞賜的貝幣鑄此銅尊，故考古工作者稱之爲"何尊"。現藏寶鷄青銅器博物院。

【何尊】

即中國尊。此稱行用於現當代。見該文。

牛虎銅案

戰國時青銅祭祀用品名。以青銅鑄二牛一虎形置肉祭品之禮器。1972 年出土於雲南江川李家山古墓群遺址。此案高 43 厘米，長 76 厘米，重達十餘千克。案又稱"俎"。此案用以放置獻祭牛牲。古滇國常以牛、羊、猪三種動物祭祀，牛牲居首。虎在滇文化中地位崇高，爲受崇拜之物件，滇人祭祀時常立其於銅柱頂端。牛虎銅案爲二牛一虎巧妙組合。一頭大牛爲主體，呈站立狀，眼神剛毅沉穩，牛角前伸，頸肌豐碩，脊上凸顯，反弓狀牛背用作案之盤面，橢圓形。一隻猛虎四爪緊蹬牛身，咬牛尾，虎視眈眈注視案盤面上的祭品。大牛四脚爲案足，腹部挖空。小牛舒適地站立於大牛前後腿間，神情淡定，首尾稍露出大牛腹外，寓意大牛犧牲自己也要護住小牛犢。此案爲中國青銅藝術品之杰作，古代文化之稀世珍品。1995 年國家文物局鑒定牛虎銅案爲國寶級文物，現藏雲南省博物館，爲鎮館之寶。

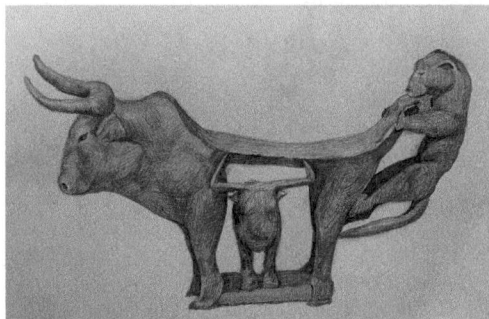

牛虎銅案

史孔和

古代青銅製，量具。西周已見此物。和，同"合"，糧食的稱量器皿。因量具銘文中，有"史孔"二字，故稱。高 7.5 厘米，直徑 11 厘米。圓口無肩，口沿略向内捲，鼓腹，腹部有一圈繩紋，平底，器表光滑圓潤，外觀似球形水盂。内底刻大篆體銘文："史孔作寶和，子子孫孫永寶用。"經學者郭沫若、夏鼐等考證，此罐爲西周法定量器——合，與"商鞅方升""秦權秦量""漢尺"同爲國寶。漢荀悦《漢紀·武帝紀五》："量者籥、合、升、斗、斛也。所以量多少，本起黄鍾之籥，以秬黍之中者。千有二百實爲一籥，十籥爲合，十合爲升，十升爲斗，十斗爲斛，而五量爲嘉矣。"《文獻通考·樂考六·度量衡》："量者龠、合、升、斗、斛也。"顏師古注："合音閤"。現藏中國國家博物館。

印花板

紡織印花工具。西漢南越王墓出土。由大小兩件銅凸板組成，大板長 5.7 厘米，寬 4.1 厘米；小板長 3.4 厘米，寬 1.8 厘米。兩塊板背面均有穿孔小鈕，可用以穿繩。大板爲主紋板，形如火焰；小板爲定位板，形如"人"字。印花板的出土將我國紡織印染業提前了九百年。現藏廣州西漢南越王博物館。

西周雲紋五柱器

青銅器。1959 年出土於安徽屯溪西周晚期古墓。分上、下兩部分。下部爲空腹方座，長 21.5 厘米，寬 20 厘米，四角圓弧過渡，除頂、底部外，四壁微微鼓起。四壁和頂部裝飾有雙勾雲紋，出土時紋飾依然光潔無銹。上部鑄造有屋脊形狀的短柱基，五根青銅圓柱并立其上。

圓柱約 16.5 厘米高，粗細相當，間隔基本一致。考古專家查閱大量古籍資料、文物圖錄，均未發現相關文物和史料。暫定名爲"西周雲紋五柱器"，列爲國家一級

西周雲紋五柱器

文物。其用途有以下幾説：一、樂器説。經試敲測音，敲擊出來的聲音非常凌亂，沒有音樂的美感。此説被排除。二、放置樂器的基座説。五根柱子恰好可以倒插管樂器。但墓葬中沒有樂器，甚至於連管樂器腐朽的殘迹都沒有。三、結繩座説。西周時期雖有文字，但大部分民衆并不識字，有可能延續先民結繩記事的方式，結繩懸挂於器物之上。隨着社會的發展，結繩器也逐漸演變爲祭祀的法器。故此物很有可能以這種方式傳承下來。

西夏第一牛

西夏鎏金銅牛。1977 年出土於寧夏銀川西郊賀蘭山東麓中段的西夏陵園。全長 1.2 米，寬 38 厘米，高 45 厘米，重 188 千克。牛身跪卧，四肢内屈跪伏，牛首高昂，兩眼圓睁且外突，兩角彎曲，雙耳橢圓形，直立狀，鼻子微上翹，鼻孔清晰。頸部肌肉綫條清晰，脊椎骨從頸部一直延伸到尾部。造型生動，比例匀稱，形象逼真，爲西夏文物中之精品，號稱"西夏第一牛"。1996 年國家文物鑒定委員會確定其爲國寶。現藏寧夏博物館。

伏鳥雙尾青銅虎

商代青銅虎。1989 年江西新贛大洋洲出土。通長 53.5 厘米，通高 25.5 厘米，體寬 13.0 厘米。立體圓雕，虎頭平視，雙目圓凸，眉粗横行，尖嘴露齒，獠牙尖長，雙耳竪張，腹部略垂、内空無腹底，背直脊凸，雙尾曲捲，四肢彎曲，呈静伏蹲立欲縱躍之態。虎面、腹部飾捲雲紋。虎背飾雲雷紋。虎鼻面、正脊和尾部飾變形鱗紋。虎四腿，上部飾雷紋，下部飾變形鱗紋。小鳥伏於虎背之上，脖頸揚起，目視前方。虎形體大，造型奇特，勇猛威武，神態詭異。是商代青銅藝術的杰出之作。現藏江西省博物館，爲鎮館之寶。

作册般銅黿

商代晚期青銅質大黿。作册般製作。黿，外形似龜，是最大的鱉科動物。長 21.4 厘米，最寬處 16 厘米，通高 10

作册般銅黿

厘米，重1.6056 千克。作爬行狀，伸頭，尾左偏，四足伸開，爪下各有一方形鈕支撑。黿身插四支箭：左肩部一支，背甲左部兩支，右後部一支。黿背鑄銘文四行三十二字，記述丙申日商王行至洹水，射黿。商王射一箭，作册般佐射三箭，皆中。商王命寢馗將此大黿賜於作册般記之。於是作册般（"作册"是商周時期的史官名，同時也是"般"的職位）製銅黿記銘文。現藏中國國家博物館。

青銅大面具

2021 年 6 月出土於三星堆遺址三號坑。高 71 厘米，寬 131 厘米，深 66 厘米，重 65.5 千克。寬頤廣額，眉、眼、嘴唇突出，長眉揚起，雙耳直立。面具的一周有多個穿孔，可用於穿繩固定。製作大面具采用的是將零部件分鑄成

型（如面部、眼睛、耳朵等），然後再組合成一體。專家認爲，青銅大面具應是陳置在神廟中供人膜拜的神器。按，面具是一種面部的防具，具有遮擋保護、戲劇僞裝、隱藏身份、增加神秘感等作用，被廣泛用於宗教儀式、慶典、節日、表演等活動。常用的製作原料有銅、鐵、皮革等。

兩詔銅橢量

戰國青銅量具。因量具上刻有兩位皇帝的詔書，故稱。1982 年陝西禮泉藥王洞鄉發現一兩詔銅橢量。此水勺樣器具爲秦時標準量器，器高 7.3 厘米，口長 20.8 厘米，口寬 12.5 厘米，柄長 5.7 厘米。器體呈橢圓形。外壁兩側分別刻兩組相同之詔書，爲秦始皇二十六年（前 221）頒布的法度量詔書，計四十字。器底刻秦二世元年（前 209）頒發之詔書，計六十字。文字清晰，保存完好。一件銅量刻兩位皇帝的詔書，極爲罕見。此爲秦王朝統一度量衡的實物見證，亦爲研究我國古代度量衡制度的珍貴資料，具有十分重要的歷史研究價值。現藏陝西歷史博物館。

虎食人銅卣

商代青銅製器具。卣，口小腹大，有蓋和提梁，底部有圈足或脚。目前存世有兩件：一件通高 35.7 厘米，現藏於日本京都鹿之谷泉屋私立博古館，爲鎮館之寶；另一件通高 35.2 厘米，現藏法國巴黎賽奴奇博物館。兩件皆出土於湖南安化與寧縣交界處之溈山，紋飾和形制基本一致，僅尺寸有細微差別。銅卣爲人獸相抱造型。虎呈蹲踞狀，以尾和兩隻後足爲支撐，前爪抱持一人。人朝虎胸蹲坐，赤足踏於虎後爪之上，雙手伸向虎肩，面扭向外。虎兩

耳竪起，耳内有層叠弧綫，以卷雲紋束至耳根部。虎兩側頸上連續分布有帶狀鱗紋。虎眉新月形，雙目圓睜，眼珠鼓出，鼻梁上飾有“王”字形紋樣。虎張大口，上顎四顆門牙突出，兩側獠牙鋒利尖銳，下顎以蛇身爲界。虎前足各飾一回首帶角的立龍。虎背部有凸起扉棱，飾有牛首饕餮紋，牛鼻連接虎尾。虎肩端附提梁，提梁兩端有長着獠牙的獸首，耳似蒲扇，眼珠外凸，長鼻子向外翻捲，提梁上以雲雷紋襯底，飾有四條長形夔龍紋，中間兩隻夔龍張口相對。虎肩後頸位置有橢圓形器口，口上有蓋，蓋上立一鹿，蓋面以雲雷紋襯底，飾卷尾夔龍紋。在虎食人卣的底部刻有一隻游龍，龍身兩旁飾有兩條游魚。虎食人卣出土後，由於外形獨特，被視爲不祥之物，未加珍惜和妥善保管，終被他國竊取。

虎噬羊形底座

春秋時青銅器件。爲青銅製編鐘底座。由甘肅省博物館於民間徵集。高 15 厘米，長 20 厘米左右。虎身鎏金，大部分已剝落。此器形象生動，老虎雙目圓睜，兩耳直竪，後腿蹬地，前腿按住羊身，大張虎口，小羊則蜷縮成一團。展現了先秦工匠們高超的鑄造技藝。現藏甘肅省博物館。

曾侯乙建鼓底座

戰國時青銅器件。爲青銅製打擊樂器附件。1978 年出土於隨州城西擂鼓墩戰國早期曾侯乙墓。高 50 厘米，直徑 80 厘米，由八對大龍和數不清的小龍相互糾結盤繞而成。龍身嵌綠松石，小龍首尾糾纏，盤在一起，難計其數。該青銅器件用失蠟法製作，分段澆鑄，焊接完成。建鼓底座爲打擊樂器附件，承插建鼓貫柱，

起穩定建鼓之作用。現藏湖北省博物館。《隋書·音樂志下》："一曰建鼓，夏后氏加四足謂之足鼓；殷人柱貫之謂之楹鼓；周人懸之謂之懸鼓；近代相承，植而貫之，謂之建鼓；蓋殷所作也。"清刊《皇朝通典·樂四·革四》："建鼓以木爲匡，冒以革，穿徑爲方孔，以柱貫其中。而樹之跗，跗上爲座，以受柱。圓柱之上爲托雲，以承鼓。柱貫鼓上出以擎蓋，蓋上壓梁上，植金鸞。"

錯金銀四龍四鳳方案座

戰國時青銅製家具名。1977 年於河北平山三汲村戰國中山王墓出土。通高 36.2 厘米，案框邊長 47.5 厘米，環座徑 31.8 厘米，重 18.65 千克。是古代日常放置物品的小桌子。因古人席地憑几而坐，故亦可將方案稱作几。整件銅方案由案面、底座和方形案框三部分組成。底座下部有兩雌兩雄梅花鹿昂首側卧，等距環列。橫卧四隻梅花鹿，承托起圓環形底座。鹿身裝飾斑紋，神態溫馴。底座上部四條獨首雙身龍，龍身相互纏繞。四條神龍昂首挺胸，朝向方案四角，與案角形成一條內收的弧形輪廓綫。相鄰兩龍蟠環交結處均有鈎狀彩羽形飾與中間璧形飾連接成拱狀。龍身蟠環糾結處四面各有一鳳，鳳頭從龍尾糾結處引頸而出，鳳翼與龍腹纏結在一起。鳳首揚起，展翅欲飛，鳳戴花冠，鳳身飾有羽毛紋飾，分別面嚮方案四方。四龍四鳳糾纏成團，位於方案正中下部，以穩固方案。四龍頭各承托方形斗拱，斗拱承托方形案框。案框內有沿口，可鑲漆木案面。漆板案面出土時已朽。案框一側沿口上刻："十四祀，右使庫，嗇夫郭痤，工班。"銅方案表面裝飾錯金銀花紋，斗拱與案框均飾勾連雲紋。銅方案由七十八個部件構成，現藏河北博物院，爲鎮館之寶。

胡騰舞俑

唐代銅俑。20 世紀 40 年代新西蘭路易·艾黎於西安古玩市場購得。1980 年將其捐贈給甘肅山丹縣文物局。銅鑄圓雕，高 13.4 厘米，銅底座高 3.5 厘米。舞者深目高鼻，頭戴尖帽，身穿窄袖胡長衫，下

胡騰舞俑

裙飄揚。足蹬彎頭錦靴，腰束長帶，身背酒葫蘆，右臂上舉向前，左臂屈肱身側，左足立於六瓣蓮花圓臺上，右腿屈伸上提，作舞蹈狀。"胡騰舞"源於中亞"昭武九姓"中的石國（今烏茲別克斯坦塔什干一帶），後經絲綢之路傳入長安，被引入宮廷。流行於北朝和唐朝。胡騰舞一般爲男子獨舞，以騰、踏、跳、躍見長，故名"胡騰舞"。此俑造型優美、匠心獨創，再現了優美的胡騰舞姿，爲目前國內僅見的"胡騰舞"雕像，1996 年被定爲國家一級文物。現藏中國國家博物館。

洛陽鎏金羽人

青銅器名。1987 年出土於河南洛陽東郊東漢中晚期墓葬。羽人通體鎏金，高 15.5 厘米，一對大耳朵高過頭頂，尖鼻、深目、長臉、闊嘴、高顴骨，下頜有短鬚。面部表情乍看頗爲猙獰，細看則有一絲笑意。腦後梳椎形髮髻。身着無領緊袖交襟右衽長衣，腰束帶，赤足。肩背部斜生羽翼，雙翅翹起。羽人跪踞

於地，臀坐脚跟上。腿部雕刻爲羽翅造型，飾有排列緊凑的鱗狀垂羽。全身刻有捲草紋、羽紋、雲氣紋等，綫條纖細。羽人雙手合抱一前方後圓、無蓋筒形器。器外飾三角形及雲氣紋，顯得奇幻華麗。

洛陽鎏金羽人

現藏河南博物院。羽人是中國古代神話中的飛仙。漢代人癡迷修仙文化，認爲若能成仙，進入仙界，能長生不老。而羽人出没於陰陽兩界，能够慰藉死者，關照生者，還能够引導衆生與亡魂飛升仙界。故羽人形象廣泛出現在漢代藝術中。

秦始皇詔文權

秦代標準砝碼。懸挂於秤杆之上可以移動的砝碼。曾流失於國外，2011 年以高價購回。青銅質，通高 5.3 厘米，徑 4.7 厘米，重 260克。圓臺形，鼻鈕。權身有十八道瓜棱，棱間陰刻秦始皇二十六年（前 221）統一度量衡詔書，詔文曰：“二十六年，皇帝盡并兼天下，諸侯黔首大安，立號爲皇帝，乃詔丞相狀、綰，灋度量，則不壹，歉疑者皆明壹之。”現藏故宫博物院。《漢書·律曆志上》：“權者，銖、兩、斤、鈞、石也。所以稱物平施，知輕重也。”

秦詔版

秦始皇二十六年（前 221）統一度量衡詔書的篆書刻版，以小篆文字刻於金屬薄版上。“秦詔版”爲青銅質，長方形，長 10.8 厘米，寬 6.8 厘米，厚 0.4 厘米，重 0.15 千克。版的四角鑽有小孔，用於固定。鑄造於秦始皇執政時期。正面以秦小篆鑄成陰刻字體，字大小約 0.9 厘米，竪五行，橫八行，上下、左右結構整齊。詔文爲“廿六年皇帝盡并兼天下，諸侯黔首大安，立號爲皇帝，乃詔丞相狀、綰，灋度量，則不壹，歉疑者皆明壹之。”

華夏第一爵

禮器。夏代乳釘紋銅爵。1975 年出土於夏都斟鄩（在今洛陽偃師二里頭）遺址。學術界命名其爲“乳釘紋平底爵”。是迄今我國發現年代最早之青銅禮器，被國内外專家譽爲“華夏第一爵”“華夏第一王爵”。爵高 22.5 厘米，流、尾長 31.3 厘米，壁厚 0.1 厘米。流長窄、尾尖長，雙柱矮小，細腰腹，扳扁帶狀，三足錐狀。腰腹正面裝飾五顆乳釘，夾於兩道凸弦紋之間。流爲飲嘴，尾爲平衡重心，方便注酒。爵，夏商時爲流行，西周已少見，後逐漸消失。宋人收藏、梳理古物時，命名爲“爵”。至今尚不明確夏商時之稱謂。此器現藏洛陽博物館，爲鎮館之寶。

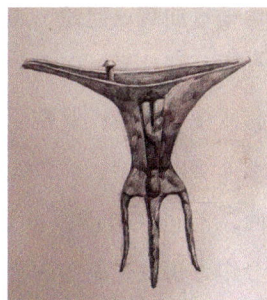

華夏第一爵

【乳釘紋平底爵】

即華夏第一爵。此稱行用於現當代。見該文。

【華夏第一王爵】

即華夏第一爵。此稱行用於現當代。見該文。

剔甲刀

西夏金製剔甲用具。1958 年出土於内蒙古巴彥淖爾臨河區高油坊西夏城墻遺址古墓。長約 7 厘米，上部爲鏤空雙魚造型，栩栩如生，下部撇足形，帶寬約 1 厘米不鋒利刀刃。考古專家初不知其爲何物。後於遼寧建平一古墓甬道壁畫上解開迷團。壁畫中一人物右手拿一樣小物，於左手翹起的手指上挑撥——他正在剔指甲。專家以此認定西夏古墓之金器爲剔甲刀。

陳璋圓壺

亦稱"錯金銀鑲嵌絲網套銅壺"。戰國中期青銅盛酒器。1982 年於江蘇盱眙穆店鄉南窰莊出土。因圓壺刻"陳璋"之名，故稱。陳璋銅壺殘高 24 厘米，口徑 12.8 厘米，腹徑 22.2 厘米，圈足徑 13.8 厘米，重 6.25 千克。銅壺由器身和肩與腹上的網套組成。器身侈口，長頸，圓腹，圈足。壺口外敞，頸較高，腹圓鼓，下腹內收，平底，圓座。壺肩、腹部花枝焊接五瓣梅花。上腹焊接金銀錯銅圈，圈上對稱焊接四隻鋪首，鋪首兩角底鑲嵌圓珠一顆，角梢彎曲鑄成龍頭，頭部鑲嵌綠松石，龍張口含舌，唇角露出兩對如針小牙。鋪首交錯排列有四隻金銀錯虎狀把手。把手上端連銅圈，下端連腹部花朵。虎張大口，頭部向下，軀體彎曲，前後足分開，爪子抓圓柱。虎身遍飾錯金銀方格紋。銅絲網套由九十六條捲曲蟠龍和五百七十六枚梅花釘交錯套扣成玲瓏剔透鏤空紋飾。梅花繁茂盛開，蟠龍穿行其中。內膽懸空，最厚處 1.2 毫米，最薄處 0.8 毫米，胎體飾以錯金銀斜方格雲紋。壺座圓形，平面鏤空圓形對稱圖案。壺頸、壺座施以金銀片、金銀絲組成的幾何紋圖案。此壺三處刻銘文。一處於足部內側，四字，已無法辨認。一處於口沿內，十一字，以戰國時燕國文字鐫刻："廿五，重金絡鑐，受一孚五升。"另一處於圈足外側，二十九字，以戰國時齊國文字鐫刻："惟王五

年，奠陽陳□再立事歲。孟冬戎起，齊臧戈游。陳璋內，伐燕亳，邦之獲。"製造采用鏤空、錯金銀、鑄接、焊接、篆刻、微雕等工藝，集先秦青銅工藝之大成，代表戰國時青銅器鑄造的最高水準。現藏南京博物院，爲鎮院之寶。

【錯金銀鑲嵌絲網套銅壺】

即陳璋圓壺。此稱行用於現當代。見該文。

斬蛇劍

亦稱"赤霄劍""斬白蛇劍"。傳說中象徵劉邦亡秦建漢的神劍。爲漢"累代异寶"之一。長三尺，上篆書"赤霄"二字銘。秦始皇三十四年（前 213），劉邦於南山得此劍，用其斬殺一條橫阻路上的白蛇，故稱"斬蛇劍"。事見《史記·高祖本紀》。《西京雜記》卷一："高祖斬白蛇劍，劍上七彩珠九華玉以爲飾，雜廁五色琉璃爲劍匣。劍在室中，光景猶照於外。與挺劍不殊。十二年一加磨瑩，刃上常若霜雪。開匣拔鞘，輒有風氣，光彩照人。"南朝梁陶弘景《古今刀劍錄》："前漢劉季在位十二年，以始皇三十四年，於南山得一鐵劍，長三尺，銘曰赤霄，大篆書，及貴常服之，此即斬蛇劍也。"此劍至晉惠帝時不知去向。史載晉元康五年（295）閏十月庚寅（初四日），洛陽武庫大火，焚毀包括"大黃弩""連弩車""襦鎧""王莽頭""孔子屨"等大量國寶，其中就有"斬蛇劍"。《晉書·衛瓘傳》："武庫火，〔張〕華懼因此變，作列兵固守，然後救之，故累代之寶及漢高斬蛇劍、王莽頭、孔子履等盡焚焉。"《文獻通考·物异考四》："〔晉〕惠帝元康五年閏月庚寅，武庫火。張華疑有亂，先命固守，然後救火。是以累代异寶，王莽頭，孔子屨，漢高祖斷白蛇劍及二百萬人器械，一時蕩盡。"自此

斬蛇劍失踪。

【赤霄劍】

即斬蛇劍。因劍身有"赤霄"二字銘文，故稱。此稱漢代已行用。見該文。

【斬白蛇劍】

即斬蛇劍。此稱漢代已行用，見該文。

【斷蛇】

即斬蛇劍。《廣雅·釋器》："斷蛇，劍也。"

國寶金匱直萬泉

西漢錢幣名。居攝二年（7）王莽鑄造。長6.2厘米，重41.7克。由上、下兩部分組成。上部爲方孔圓錢形式，面文以懸針篆書"國寶金匱"四字。中有一短頸與下部方形布相聯，方形布面上有兩條豎棱將其三等分，正面兩豎棱綫之間以懸針篆直書"直萬"二字，頂部有"天府"二字。錢緣流銅參差不齊，係出型後未經打磨加工。造型別緻，書法古樸婉轉，鑄工精良，保存完整，存世極少，爲古錢幣中難得的珍品，具有極高的收藏價值和文化價值，被不少泉幣學家譽爲"泉中之尤物"，有"中國古錢魁首"之稱。現藏中國國家博物館。

國寶金匱直萬泉

蛇蛙馬當盧

馬佩飾。出土於遼寧凌源三官甸子戰國時東胡貴族墓。長20厘米，寬5.7厘米，由兩條蛇和一隻青蛙組成。青蛙前腿着地，後腿在兩條蛇口之上，蛙身鑲嵌翡翠寶石。兩蛇尾部相互纏繞，呈螺旋狀，似張開巨口吞食青蛙。此佩飾安置於馬頭前端以震懾敵人，保護馬首。現藏中國國家博物館。

銅鎏金孔雀紋馬珂

西漢時期安裝在馬鞍後面鞦帶上的青銅飾件。1955年春於雲南晉寧石寨山遺址出土。青銅珂呈上窄下寬的梨狀，底部略尖，一面錘鍛出凸起的鎏金孔雀紋圖案。孔雀呈側首而鳴之狀。現藏雲南省博物館。按，此物亦有另一解釋，即古代馬車傳動軸之間的聯動裝置。

鹿角立鶴

戰國時期青銅器。1978年於湖北隨縣擂鼓墩曾侯乙墓出土。通高143.5厘米，鶴高110厘米，座長45厘米，座寬41.4厘米，重38.4千克。該器分八部分，分鑄後榫卯構連組裝而成。鶴長頸上揚，昂首展翅，尖嘴上翹作鈎狀，高腿扁足，碩腹拱背，尾部下垂，頭兩側插有兩支鹿角，鹿角枝杈叢生、向上內捲呈圓弧狀。鶴腿粗壯有力，三爪立於長方形座板上。座板呈三層臺階

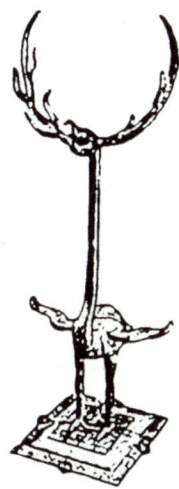

鹿角立鶴
（隨州曾侯乙墓出土）

形，中心高，逐層向外低下，外層四邊各有一壁虎形鈕，內銜一圓環。鶴頭、頸及鹿角上飾錯金渦雲紋和圓圈紋；腹背飾斜寬道羽毛紋；背有凸脊，脊上及腹、翅、尾下部鑲嵌綠松石；翅上浮雕蟠螭紋和小圓圈紋；腹、翅插接處飾有蟠龍一周；鶴腿飾渦雲紋；爪飾回紋。鶴嘴右側有銘文一行："曾侯乙作持用終。"現藏湖

北省博物館。

凌雲奔馬

　　古代青銅藝術品。1969年於甘肅武威雷臺東漢墓出土。身高34.5厘米，身長45厘米，寬13厘米，重7.15千克。馬昂首嘶鳴，尾上揚，作飛馳狀，口張作喘息狀。馬三足騰空、飛馳向前，一足踏在一隻疾飛的龍雀背上。龍雀雲那間吃驚地回首反顧。奔馬頭稍左顧，似要弄清踩着了何物。馬的軀幹壯實，呈流綫型，四肢修長，腿蹄輕捷，動感強烈。馬頭頂鬃毛向後方飄飛，表現駿馬凌空飛騰、疾速奔跑的雄姿。現藏甘肅省博物館。

靴頂老爺

　　人物銅造像。高23.2厘米，一隻靴子頂於頭上，口微張，二目圓睁，葫蘆背身後，左臂抬起，右臂向下，拳心向後，右腿成90度抬起，作舞蹈狀。左脚蹬在銅鼓上。人物詼諧，舞姿粗獷。銅像原供奉

靴頂老爺

於麗江納西族自治縣祥雲村靴頂寺内。深受納西族人民崇拜和愛戴，視爲保佑風調雨順的神靈。現藏雲南省博物館。

雲紋銅禁

　　青銅器。承載酒杯之案臺。1978年河南淅川下寺春秋楚墓出土。通高28.8厘米，長103厘米，寬46厘米，重90餘千克。呈長方形。銅禁器身以粗細不同的銅梗支撑，粗者爲梁，分五層，飾以透雕雲紋。十二條龍形异獸攀緣於銅禁四周，异獸凹腰捲尾，探首吐舌。另有十二隻异獸蹲於下部成禁足。爲我國迄今出土體積最大、年代最早的銅禁。周朝認爲夏、商滅亡緣於嗜酒無度，故稱承載酒杯的案臺爲"禁"，意在禁酒。現藏河南博物院。

斯禁

　　青銅器名。承酒尊的器座，用於在大型祭祀活動中擺放酒具。可分爲長方形、方形，有足、無足等多種。有足稱"禁"，無足稱"斯禁"。木製者稱"棜禁"。源於西周，消失於戰國時期。周朝統治者認爲夏、商兩代滅亡皆因其生活糜爛、嗜酒無度所致。因頒布嚴厲的禁酒令《酒誥》，規定諸侯國君、王室近臣不准非禮飲酒，衹有祭祀時方能飲酒；民衆聚衆喝酒，治以死罪。這就是"禁"的來歷。亦稱"酒禁"。周朝祭祀時用其盛放酒具，另外則提醒自己，吸取教訓，禁止飲酒。考古發掘中，青銅禁極爲罕見。在2012年前，有記載的僅出土四件。其中兩件失踪，一件現收藏於美國紐約大都會博物館中國藝術館展廳，另一件現藏天津博物館。2012年6月，陝西寶鷄石鼓鎮石嘴頭村出土了一件無腿禁。長95厘米，寬45厘米，厚21厘米，有五個面，中間空，像一個没有腿的長桌子。《儀禮·士冠禮》："尊于房户之間，兩甒有禁。"鄭玄注："禁，承尊之器也。名之爲禁者，因爲酒戒也。"又《鄉射禮》："尊于賓席之東，兩壺斯禁。"鄭玄注："斯禁，禁切地無足者也。"《禮記·禮器》："天子諸侯之尊廢禁，大夫士棜禁。"鄭玄注："棜，斯禁也。謂之棜者，無足有似棜，或因名云耳。大夫用斯禁，士用棜禁，如今方案，隋長局足高三寸。"

最陰森的儲幣罐

亦稱"殺人祭柱場面銅貯貝器"。青銅儲幣罐。1955年雲南晉寧石寨山西漢古墓群出土。古滇國青銅器獨有器物，爲滇王和貴族盛放海貝和珍寶的寶箱，即儲幣罐。該罐四耳銅鼓形，高38厘米，蓋子直徑30厘米。有底蓋，出土時器身殘缺。腰周以陰綫淺刻狩獵圖案，八個裸體人，胯下繫寬帶，上束至腰際，手持兵器，作追趕野獸狀。器蓋雕塑古滇國祭祀活動，共五十二人，人物高約3厘米。另猪、狗各一隻。器蓋兩側邊沿各置一小銅鼓。正中一銅柱高9厘米，圓柱中段盤繞二蛇，頂立一虎，底座橫臥一鱷魚。圓柱右側竪立一牌，一裸體男子雙臂反縛於牌上，其髮辮繫於牌後。牌右前方坐一人，左足被鎖於木枷中。另有一裸體人反縛雙手跪於地。此三人應爲祭祀之犧牲。銅柱後十幾個婦女，分四排齊整列坐，或膝前置魚、肉籃，或旁置成束農作物。前兩列婦女中佇立一男子，此男子雙手撫於胸前，肩披巾，作觀望狀。另有一乘坐四人肩輿之婦女，似爲主祭人。肩輿一側兩名手持物之女子，後跟隨一男子，當屬主祭人隨從。肩輿者附近另有受刑者、執斧行刑者若干人。鑄塑人物形象生動，場面布局有序。現藏雲南省博物館。

【殺人祭柱場面銅貯貝器】

即最陰森的儲幣罐。此稱行用於現當代。見該文。

遂公盨

西周禮器。因盨文字中有"遂公"二字，故名。2002年由清華大學教授購於香港文物市場。高11.8厘米，口徑24.8厘米，重2.5千克。圓角長方形，直口，圈足，腹微鼓，獸首雙耳，耳圈内銜環已失，四面圈足正中有弧形缺口，盨蓋缺失。器口沿下有十二隻鳳鳥紋飾。器腹裝飾三周瓦楞紋。内底有銘文九十八字："天命禹敷土，隨山浚川，乃差地設徵，降民監德，乃自作配鄉（享）民，成父母。生我王作臣，厥沬（貴）唯德，民好明德，寡顧在天下。用厥邵紹好，益乾（？）懿德，康亡不懋。孝友，訏明經齊，好祀無（廢）。心好德，婚媾亦唯協。天厘用考，神復用祓禄，永禦於寧。遂公曰：民唯克用兹德，亡誨（侮）。"主要記述大禹平息水患，劃定九州，民衆得以安居等功績。此銘發現，將記載大禹治水的文獻提前了六七百年。遂公盨應爲西周時遂國國君所製。遂國在今山東肥城南，爲傳説中虞舜後人所建，公元前681年爲齊國所滅。遂公盨現藏於北京保利藝術博物館。

詭异青銅鼎

此鼎銘文中有一外文字母，十分怪异，故稱。此鼎出現於蘭州城隍廟古玩市場。鼎高25厘米，直徑19厘米，圓形。鼎内刻銘文，銘文左邊爲"月"字，右邊爲大寫英文字母"A"，下邊爲"一"。專家們鑒定後認爲，此鼎距今約三千一百至三千四百餘年，屬商代晚期物。對其銘文有三種推測。一、族徽。商周時諸侯國和姓氏家族各有其徽標。鼎内"月A"銘文極有可能爲其徽標。此家族姓"月"，右邊"A"表示一站立的人，下面"一"代表土地，即月氏（家族）諸侯國的人站立在他們自己的土地上。二、象形文字。此銘文爲金文。金文由甲骨文演變而來，故帶有象形文字的特點。銘文中"月"即成熟金文，而"A"則帶有象形文字的特徵。從象形文字的角度看，"A"爲中間横着一根木頭的木架子，無從考證其義。三、錯字。商代能文斷字的人不多，工匠多爲文盲，"月 A"銘文有可能是工匠刻錯的字。

裸人銅方奩

西周銅製梳妝盒。"奩"即梳妝盒，女性用以盛裝化妝品，或藏私房錢。此奩高 11 厘米，長 12 厘米，寬 7.5 厘米，重 875 克。長方形，直壁稍内收，頂部爲兩扇可對開小蓋，蓋鈕爲面對面跪坐裸體男女。裸人面部清晰，眉眼分明，性别特徵明顯。四面各鑄六個裸體人形器足，屈膝，手放背後，吃力地抬着方奩。器物上裝飾魚鱗紋、弦紋和回紋。山東莒縣共出土裸人銅方奩三件：一件收藏於日本藤井有鄰館；一件曾發表在 1948 年《藝林月刊》第 99 期上，現已不知去嚮；一件爲山東莒縣收藏大家莊恩澤收藏。莊恩澤，字湛巖（又作湛然），號厚甫，山東莒縣大店鎮人，一生收藏衆多國寶。1951 年莊恩澤夫人丁德萱及長子莊楚東根據莊恩澤的遺願，將其一生所藏文物全部捐獻給山東古代文物管理委員會，西周裸人銅方奩爲其中一件。現藏山東博物館，爲國家一級文物。

裸人銅方奩

舞馬銜杯壺

馬銜杯造型之壺。日用品。舞馬即會跳舞的馬。銜杯即馬嘴叼酒杯。銀製。1970 年出土於陝西西安南郊何家村唐代窖藏。高 14.8 厘米，口徑 2.3 厘米。造型采用北方游牧民族之皮囊和馬鐙形狀。壺身扁圓

舞馬銜杯壺

形，以銀片捶打、焊接而成。上端一竪筒狀壺口，配以覆蓮瓣紋壺蓋，蓋頂中心鉚接銀環，14 厘米長的銀鏈將壺蓋和提梁相連，三朵花瓣弓狀提梁焊接於壺肩部。壺身正反面以模壓手法各捶打出一匹舞馬。馬浮雕般凸起，前腿直立，後腿彎曲蹲坐，馬尾高揚。口中銜一酒杯，脖繫彩帶，迎風抛灑於身後。銀壺通體抛光，舞馬、壺蓋、弓形提梁和同心結處均鎏金。現藏陝西歷史博物館。

銅虎符

春秋戰國銅製兵符。1973 年發現於西安南郊。因左半符掌握於杜地將領手中，亦稱"杜虎符"。此虎昂首作行走狀，尾巴蜷曲。虎背有槽，頸有一小孔。虎符有錯金篆書銘文九行共四十字："兵甲之符，右在君，左在杜，凡興士披甲，用兵五十人以上必會君符，乃敢興之。燔燧之事，雖毋會符，行殹。"意爲調兵之符右半符掌握在國君手中，左半符在杜地將領手中，凡要調動五十人以上帶甲兵士，須杜地左符與君王右符相合，方可行動。但遇烽火報警之類緊急情況，不必會君王右符。《河南通志·人物志一》："朱亥，大梁人，賢而隱於屠肆。侯嬴薦之。魏公子無忌及公子竊符救趙，請朱亥與俱至軍。晉鄙合符疑之，不肯授公子兵。朱

銅虎符
（宋趙九成《續考古圖》）

亥袖鐵椎，椎殺晋鄙，將其兵救趙。"《山堂肆考·帝屬》引《竊符救趙》："秦圍趙。趙平原君夫人魏公子無忌姊也。平原君數請救於公子。公子請魏王救晋鄙救。趙王畏秦不聽無忌。用侯生計，請如姬盜晋鄙兵符於王卧内，殺晋鄙，將兵八萬破秦師於邯鄲下。"今藏於陝西歷史博物館。

銅魚兵符

鎏金銅魚形兵符。古代調兵遣將時，以兵符爲證，因其多爲虎形，故稱虎符。20世紀80年代遼寧省博物館的工作人員於朝陽市小山村徵得一遼朝魚形兵符。兵符爲銅質鎏金，長6.6厘米，寬2.2厘米，一面爲魚，一面刻字，上部一突出"同"字，下部爲契丹文，意爲"天雲軍詳穩"。遼代兵符沿襲唐代。李虎，李淵的祖父，唐爲避諱"虎"字，將"虎符"改爲"魚符"。遼太祖認爲魚不用睡覺，以此告誡後輩要枕戈待旦，時刻警惕危險，對國之大事，不能有絲毫懈怠，故用魚符。現藏遼寧省博物館。《唐六典·符寶郎》："凡國有大事則出納符節，辨其左右之異，藏其左而班其右，以合中外之契焉。一曰銅魚符，所以起軍旅，易守長（兩京留守，若諸州、諸軍、折衝府、諸處捉兵鎮守之所及宮總監，皆給銅魚符）。"《遼史·兵衛志上》："凡舉兵，帝率蕃漢文武臣僚……惟南、北、奚王，東京渤海兵馬，燕京統軍兵馬，雖奉詔，未敢發兵，必以聞。上遣大將持金魚符，合，然後行。"又《儀衛志三》："金魚符

七枚，黃金鑄，長六寸，各有字號，每魚左右判合之。有事，以左半先授守將，使者執右半，大小、長短、字號合同，然後發兵。事訖，歸於内府。"

璇璣玉衡

亦作"璿璣玉衡"。道士觀天象之鐵質儀器。於廬山太平宮遺址出土。上、下兩部分。上部爲35厘米的正方體鐵塊，被稱爲"鐵菱角"。其六個面的中心，各有一個圓柱狀的角，角的頂端近似於半圓形，每角高約26厘米，其基部直徑約21厘米。下部爲基座，高約48厘米，上小下大，上表面的口徑約爲34厘米。上表面的中心處有一凹坑，以容納鐵菱角的一隻角，使上、下兩部分聯成一體。推動鐵菱角水平方嚮上的角就能使其轉動。基座的下部鑄有"歲次癸未七月□日石人張文造"字樣。鐵器的上下兩部分已銹蝕，難以轉動。這件鐵器鑄造於明朝嘉靖年間，爲道教實用器具璇璣玉衡的一部分。璇璣玉衡用於觀察天文星象，亦可計時。古代道士煉丹就用璇璣玉衡的轉動來計算時間，以確定何時點火與熄火。亦有人認爲它可能是一種天地模型，具象徵意義。張巨湘先生復原"璇璣玉衡"，分爲三層，比現殘存實物多了一層。上層爲天盤，其上標有北斗七星、二十八宿等。中層爲"鐵棱角"，起樞紐軸承作用。下層爲地盤，固定在底座上，分別標出後天八卦、十二時辰、五行方位等。《書·舜典》："在璿璣玉衡，以齊七政。"孔傳："璣，衡，王者正天文之器。"孔穎達疏引蔡邕曰："玉衡長八尺，孔徑一寸，下端望之以視星辰。蓋懸璣以象天而衡望之。"《星經》："璇璣者謂北極星也，玉衡者謂斗九星也。"《史記·五帝本紀》：

"舜乃在璿璣玉衡，以齊七政。"裴駰集解引鄭玄曰："璿璣玉衡渾天儀也；七政，日月五星也。"

【璿璣玉衡】

同"璇璣玉衡"。此體先秦時期已行用。見該文。

劉海戲金蟾熏爐

熏香器。明代將劉海戲金蟾故事製成銅香爐。高32厘米，分上、下兩部分。下爲三足金蟾，空腹圓眼，口微張，體表飾疙瘩紋。劉海身着寬袖荷邊衣，袒胸露臂，肩背葫蘆，腰繫飄帶，滿面笑容。右手握球，高舉過頭，左手至前胸手握一物。右腿高抬，左腳赤足立於蟾背器蓋。現藏青島市博物館。劉海戲金蟾是源於道家典故的民間故事。劉海，名操，字宗成，又字昭遠，號海蟾子，後通稱"劉海蟾"。唐代人，道教全真派五祖之一。傳說劉海爲人厚道，事母至孝，却家貧如洗。家旁有口井，井底有隻金蟾（三足青蛙）常於夜間吐出白光，直衝雲霄。有道之人乘此白光可升入天堂。劉海少年時曾救過一隻狐狸，那狐隱入山中，修煉成精，化成美女胡秀英與劉海成親。胡秀英欲助劉海登天，口吐一粒白珠，讓劉海做餌，垂釣於井中。那金蟾咬鈎而起，劉海乘勢騎上蟾背，縱身一躍，羽化登仙而去。後人爲紀念劉海行孝得道，於井旁修建蟾泉寺，供劉海神像。

戰國飛鏢

青銅暗器。2007年10月湖南常德戰國楚墓出土青銅飛鏢三件。飛鏢是冷兵器時代戰場上常用暗器之一。殺傷力頗大，作用不亞於弓箭。古代飛鏢主要有兩種，一爲投擲式飛鏢，依靠鏢尖傷人；一爲旋轉式飛鏢，依靠鏢身四周鈎刃傷人。因旋轉式飛鏢像飛行的燕子，故又稱"燕子鏢"。此件戰國飛鏢屬燕子鏢，片狀，茶杯蓋大小，中間四個圓洞，外周三個弧形刃和"角"，每隻重量均爲21克。爲國內出土最早之飛鏢實物，不僅彌補了史料記載的缺憾，對研究古代兵器亦極有價值。明胡宗憲《籌海圖編·經略一·精教練》："松江府同知羅拱辰云：陸戰之法大率以十人爲一隊，每隊以一人爲隊長……臨敵則先發弓弩銃，賊近則牌手、竿子手所執飛鏢齊發，鏢發則牌手與弓弩鎗銃等兵乘勢並進，長短相間，彼此相護，斯能有勝。"清《皇朝經世文編·兵政七·兵法上》："一曰火軍，能飛鏢滾雷，遠致敵陣。"《說唐三傳》第一七回："王敖老祖叫聲：'徒弟……唐天子有難鎖陽城，汝父被飛鏢所傷，我命你下山，前往鎖陽城救駕，致使父子相會，平定西番回朝，其功不小。'"

錯金銘文銅虎節

錯金銅製，戰國時楚國之物。1983年廣州象崗山西漢南越王墓出土。虎節作爲信物，是古代山國使者所持憑證。該虎節長19厘米，最高處11.6厘米，最厚處1.2厘米。青銅鑄成扁平板虎的形狀，虎成蹲踞之狀，昂頭張口，尾部彎曲成"8"字形。雙面虎斑紋均鑄有彎葉形淺凹槽，內貼純度高達97%以上的金箔片。虎眼、虎耳均由細金片勾勒。虎節正面有金絲細如綫的錯金銘文"王命＝車駔"。駔，傳車，古代驛站送信之車。銘文之意爲："憑王命進行驛傳的使者"。此爲位高之人所持憑證。此虎節很有可能是南越王趙佗攻占楚國舊地時所獲，隨後傳於子孫，并最終成爲象崗山古墓的隨葬品，

虎節
（廣州南越王墓出土）

流傳至今，爲國内僅存的錯金銘文虎節孤品。《周禮·地官·掌節》："凡邦國之使節，山國用虎節，土國用人節，澤國用龍節，皆金也，以英蕩輔之。門關用符節，貨賄用璽節，道路用旌節，皆有期以反節。"又《秋官·小行人》："達天下之六節：山國用虎節，土國用人節，澤國用龍節，皆以金爲之；道路用旌節，門關用符節，都鄙用管節，皆以竹爲之。"宋曾公亮等《武經總要後集·將驕必敗》："楚子乘馹會師於臨品。"注："馹，傳車也。"按，目前我國已出土的節大多集中於楚文化區域的湖南、安徽等地。管形節、虎節、龍節都有發現，但人節尚未出土。有相似銘文的虎節，還有以下幾件。"傳遽"虎節，長 12.4 厘米，高 7 厘米，厚 0.5 厘米，卧虎狀銅質薄片，虎目作圓穿狀，首、身、尾均有紋路，腹部有銘文"王命車遽"。爲王室專屬郵差使用。文字字形受齊、燕文字影響，據推斷，時間應爲楚國晚期滅魯後，現藏中國國家博物館。"傳賃"虎節，卧虎狀銅質薄片，厚僅有 0.3 厘米。器體稍小，素面無紋。銘文"王命命傳賃"，格式、文字風格均相同，爲楚國所鑄之驛傳憑證。北京故宮博物院和湖南省博物館各收藏一件。"貴將軍"虎節和"闢大夫"虎節，外形相似，均爲右半邊，伏虎翹尾，尾上有一穿孔，正面有銘文兩行十字。出土於山東膠州，屬戰國中晚期齊國之物。爲王或國家頒發給將軍之節，功用與虎符相同。現藏中國國家博物館。

錯銀銅鐓

銅製古兵器配件。鐓爲春秋戰國時矛、戟柄末端圓筒形銅套。盛行於春秋中晚期。錯銀銅鐓 1968 年出土於寧夏固原頭營。高 6.9 厘米，口徑 3.1 厘米，底徑 2.6

錯銀銅鐓

厘米。其銎（裝把的孔）口微斂，弧腹，肩部内收，下腹内收，近底部外撇，平底。外腹部的連弧紋、捲雲紋和幾何圖案均采用錯銀工藝構成。外觀光滑平整，綫條流暢，變化自然。現藏寧夏博物館。《禮記·曲禮》："進矛戟者，前其鐓。"按，戰國時，戈、矛、戟等武器長柄端套鐓，可使柄端不開裂、不磨手。

藕心錢

因其形態似縱嚮切開之蓮藕心，故名。藕心錢在我國很多地區有發現。偶見帶銘文的藕心錢，上鑄"元延四年"四字。由此可見，其鑄造年代最遲爲漢代。此錢大小不一，輕重不等，形狀多變。有莆面形、圓柱形、方形、長方形、三角形、編鐘形、牝牡相銜如鑰與匙形等。其截面内腔結構各異，多爲方形空殼狀。四周開有多個深槽，槽口又分有槽口、無槽口、多槽口、短槽口、長槽口、割口等；有實心、空心、半空心等。多數器物器身無銘文，部分器物帶鈕，多數器物具有單一性，形狀相同者較爲少見。目前所見，形狀互不相同者約有數十種。所見藕心錢銘文，有記年和記衡，有記重量，有記姓名，有記地名等，如"元延四年王政""都昌侯""二兩""千金氏""尚方故治""大吉羊"、"洛陽市平"（市平爲舊時民間授受銀兩所用的一種衡器）等。藕心錢的作用，至今無定論，主要有錢幣、厭勝錢、外來品、鎖具、器物、砝碼衡器等諸種說法。宋洪遵《泉志·刀布品》："《舊譜》曰：'世有此錢，其形四方，狀如博綦，長二寸，面濶三分，當四稜。皆上下通闌，若藕挺中破狀。其上有首，形如秤槌，鼻有孔，號爲藕心錢。'"明胡我琨《錢通·雜品》："藕心錢，舊譜曰世有此錢，其形四方狀，如博綦長二寸，面濶三分，當四稜，皆上下通闌，若藕挺中破狀，其上有首，形如秤槌，鼻有孔，號爲藕心錢。"清厲鶚《東城雜記》："藕心錢：形四方，長二寸，面闊三分，四稜，如

漢玉壓勝藕心錢
（宋龍大淵《古玉圖譜》）

藕心，首形如秤錘，鼻有孔。"清鮑康《觀古閣泉說》："藕心非泉也。秦中出土小銅器有方長三寸餘，寬四分許，厚如之，中空。如茒面，作八分書'千金氏'三字，陽文甚工，背或缺寸許。余曾見一枚中藏一藕心，牝牡相銜，如鑰與匙者，然或云此爲藕心之廓。余疑與藕心合爲一物，究不知做何用，蓋舊譜強名泉。"

豐侯

青銅器名。1920年出土於河南新鄭李家樓鄭莊公墓。爲一造型奇特的獸面人身三脚"怪物"燈臺。豐侯本爲春秋時一諸侯，因飲酒過度身亡。後有人將"豐侯"形象製成器物，以勸誡人節制飲酒。"豐侯"形象三脚"怪物"燈臺，即鄭莊公藉此告誡自己，勿過度飲酒作樂影響國事。漢崔駰《酒箴》："豐侯沉酒，荷罌負缶，自戮於世，圖形戒後。"晋葛洪《抱朴子·酒誡》："豐侯得罪，以戴尊銜杯。"《古今韻會舉要》卷一："豐：一曰器名，鄉飲酒有豐侯，亦謂之廢禁。"元吳萊《夜聽楊元度說宣和內宴雜事》詩："豐侯早著戒，褎似竟爲屬。"清厲鶚《次韵西林和徐申來無酒》："沉當戒豐

豐侯
（河南新鄭鄭莊公墓出土）

藕心錢

侯，嗜或敗齊慶。"

雙翼神獸

戰國時鎮器名。1977 年河北平山三汲村戰國中山國王墓出土。通長 40 厘米，高 24 厘米，重 11.45 千克。此獸造型奇特，集飛禽走獸特點於一身：四肢弓曲，足如鋼爪，前胸寬闊而低伏，圓頸直豎，頭微上揚，闊口微張，齒露舌揚，向一側呈怒吼狀，如意雲鈎形鼻，雙目圓睜，桃形耳，頭頂有獨角，下部後彎，角尖前勾呈 S 形，兩肋生翼，身體修長，背部有脊，臀部隆起，尾拖及地，尾尖上翹。神獸周身采用錯金銀工藝，口、眼、耳、鼻、毛、羽輪廓清晰，身軀錯銀以捲雲紋，獸翼爲長羽紋，背部爲左右對稱的錯銀鳥紋。神獸腹下鑄有十三字銘文："十四祀，左使庫，嗇夫孫固，工隰，冢。"現藏河北博物院。

雙翼神獸

鎏金銅蠶

漢鎏金銅蠶。1984 年發現於陝西石泉前池河中。通長 5.6 厘米，胸圍 1.9 厘米，胸高 1.8 厘米，首尾九腹節，胸脚、腹脚、尾脚均完整。鎏金已多處脱落，蠶體飽滿，仰首吐絲，體態逼真。漢代鎏金銅蠶爲皇帝褒獎蠶桑生産的御賜獎品。史料記載，石泉縣興桑養蠶歷史悠久，西漢時已成蠶桑之鄉。石泉境内子午古道和西域絲綢之路相通相連，通過此古道，石泉及漢

銅鎏金蠶

江流域蠶絲等物品運往長安，再經絲綢之路，直銷中亞和歐洲。鎏金銅蠶爲國家一級文物，由農民譚福全發現，捐獻給陝西省博物館（現爲陝西歷史博物館）。

鎏金鑲玉銅枕

寢具。1968 年於河北滿城西漢中山靖王劉勝墓出土。通長 44.1 厘米，寬 8.1 厘米，高 17.6 厘米。長方體形，枕兩端飾有高昂龍頭，内部中空。龍身齊平，四個矮足呈龍爪形。龍頭鎏金。枕頭通身鑲滿玉片，玉片上浮雕流雲紋。龍身鑲嵌龍形透雕玉片及各種各樣的雲紋。銅枕中空部分内有花椒、果皮之類。由於年代久遠，均已碳化。花椒、果皮中含有大量芳香烴，以促進睡眠。現藏河北博物院。

鐵鋄金蘭劄體龍紋胄

頭盔名。明成祖朱棣檢閱部隊時所戴儀仗頭盔。頭盔以鐵鍛製，頂盤、左右梁、眉庇、護額等均飾鐵鋄金紋。頂部飾蘭劄體梵文一圈，周身飾四條五爪金龍。頭盔頂部飾以經雕半球，帽檐可活動，頭盔底部、帽頂、帽檐均鎏金裝飾。此胄由馬未都自歐洲高價購回。現收藏於觀復博物館。

鐵鋄金蘭劄體龍紋胄

鑲嵌綠松石獸面銅牌飾

　　夏代鑲嵌銅器。
1984 年秋於河南偃師
二里頭遺址出土。盾
牌形，長 16.5 厘米，
寬 8～12 厘米。此件
牌飾位於死者胸、腹
部之間，或爲佩戴飾
品。主體框架由青銅

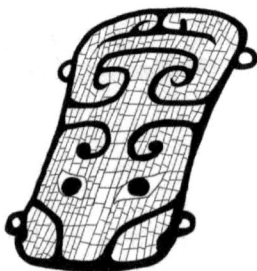

鑲嵌綠松石獸面銅牌飾

鑄成，四角純圓，上部略寬，下部內收，略束
腰，兩側各有對稱環紐，邊框內呈鏤空、抽象
獸面圖案，鑲嵌二十一行綠松石，中間以最大、
最規整的綠松石片構成牌面中軸綫。整個牌面
弧形銅胎，鑲嵌幾百顆山字形、梯形、長方形、
圓形等綠松石片，其大小祇有幾毫米，厚度
1～2 毫米。此綠松石片歷經三千五百多年仍
牢固如新，光潔依舊，協調對稱。銅牌大體分
上、下兩區，上區略小。上區上部略寬，最上
部中間有一擎柱，擎柱下有一橫紋飾，其上兩
側各有一鳥形物相對守護；橫紋飾下飾勾連紋，
直抵邊框。下區爲獸面圖案，勾形眉、橄欖形
上挑眼眶嵌兩塊青玉眼，目光如炬。整個圖案
高度抽象。專家認爲此器應爲溝通天、地、神、
人的重要載體。現藏洛陽博物館。

陶瓷器

火種罐

　　亦稱“筒形罐”。遠古時盛火種的陶罐。
1959 年出土於山西芮城東莊村新石器時代遺
址。陶罐呈圓柱狀，形似竹筒。上罐口直徑 4.8
厘米，下罐口直徑 10 厘米，罐高 12 厘米。罐
底部有一洞，兩側一對稱孔，上下皆有蓋。此
罐出土時不知其用途，暫以“筒形罐”命名。
十年後，參與當年考古的專家從農村煤球爐子
得到啓發，經實驗終
於明白了這個筒狀陶
罐的用處是用以保存
火種的。新石器時
代，人類主要依靠鑽
木取火。保存火種變
得尤爲重要。有此陶
罐，用以保存火種。

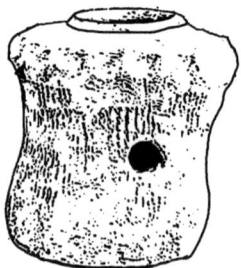

火種罐
（芮城縣新石器時代遺址出土）

故重新將其定名爲“火種罐”。現藏芮城縣東莊
新石器時代遺址展覽館。

【筒形罐】

　　即火種罐。此稱行用於現當代。見該文。

中華第一鳳

　　亦稱“陶鳳杯”。2003 年夏天，內蒙古翁
牛特旗私營企業主張軍到翁牛特旗解放營子鄉
收集文物時所得，其頭、冠、翅和尾的造型與
中華傳統鳳鳥的特徵極爲相近。專家鑒定認爲，
這隻鳳鳥屬趙寶溝文化，距今六千八百年左右，
係史前文物，早於同在翁牛特旗出土的“紅
山碧玉龍”，定名爲“陶鳳杯”。杯長 17.6 厘
米，寬 9.6 厘米，高 8.8 厘米。堪稱“中華第一
鳳”。2004 年 5 月，張軍向赤峰市政府捐贈了
包含“中華第一鳳”的陶鳳杯在內的兩千八百
餘件文物。現藏赤峰市博物館。《山海經・南山

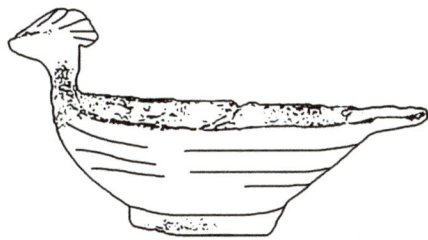

中華第一鳳

經》："又東五百里，曰丹穴之山，其上多金玉。丹水出焉，而南流注於渤海。有鳥焉，其狀如鷄，五采而文，名曰鳳皇。"又《海内經》："有鸞鳥自歌，鳳鳥自舞。鳳鳥首文曰德，翼文曰順，膺文曰仁，背文曰義，見則天下和。"按，陶鳳杯的發現，將我國鳳文化的歷史向前推進了一千多年。

【陶鳳杯】

即中華第一鳳。此稱行用於現當代。是考古專家的命名。見該文。

灰陶塔

陪葬品。宋代遺物。陶土燒製而成。高47.7厘米，分五層。每層六立柱支撐，開有五個拱形門。底座呈正六邊形，陶塔位於底座正中。塔頂有一元寶珠，塔簷簷角均上翹，最上層簷角翹角飾有六個鳥頭。國家一級文物。現藏甘肅秦文化博物館。

陶塔

爲陪葬品。陶土燒製而成。出土於廣西合浦晋墓。四邊形，底部至頂部逐層縮小。高73厘米，底寬21厘米，頂寬9厘米。十一層，第十一層與第十層間距較小，樓層仍能分辨。每層出簷，瓦壟清晰，排列整齊，樓角微向上挑。樓層間浮雕有樓門、佛像以及佛教故事等精美圖案，綫條紋理清晰，工藝精湛。現藏北海市民間博物館，爲鎮館之寶。

西夏紅陶迦陵頻伽

迦陵頻伽是梵語Kalavinka的音譯，傳説是佛國世界裏的神鳥，漢語譯作"妙音鳥"。2001年12月，在寧夏賀蘭山東麓的西夏王李元昊墓出土了迦陵頻伽，有灰陶、紅陶和琉璃三種質地，形制大體相同。其中紅陶迦陵頻伽高38.2厘米，寬11厘米，基座長15.5厘米，重3.18千克。人首鳥身，腹部以上爲人形，上身直立，

西夏紅陶迦陵頻伽

頭戴五角葉紋花冠，邊飾連珠紋。面部豐滿長圓，眉心有痣，長眉隆起，眼瞼低垂呈俯視狀，高鼻梁，大鼻頭，方嘴厚唇，神態静謐安詳。大耳垂，寶繒垂肩，雙手戴手鐲合十於胸前。下腹呈璽節狀，雙腿向後貼於器座兩側。肋插雙翼，展開如大鵬展翅。長尾高翹，雙腿連爪跪騎於貼雲紋的方形空心基座上。現藏西夏博物館，爲二級文物。《正法念經》："山谷曠野，多有迦陵頻伽，出妙聲音，若天若人，緊那羅無能及者。"《慧苑音義》："迦陵頻伽，此云美音鳥，或云妙音鳥。此鳥本出雪山，在殼中即能鳴，其音和雅，聽者無厭。"

【妙音鳥】

即迦陵頻伽。迦陵頻伽鳴叫的聲音十分美妙，其優美的歌聲能穿越三界，故稱。

秦封泥

亦稱"泥封"。1995年出土於西安相家巷村。封泥呈不規則形狀，表面有官職名稱，背

面留有結繩痕迹。爲古人封緘文書、信件、貨物時蓋有印章的泥團，是竹木簡牘函件封緘的憑證。其作用是爲了保密，防止私拆信件。封泥始於東周，盛於秦漢。隋唐以後，紙張替代了簡牘，印色取代了膠泥，封泥逐漸退出了歷史舞臺。秦時文書寫在竹簡、木牘上，寫好後用繩子捆扎，在繩結處置檢木，加膠泥，蓋印章，留印痕，以示寄信人的身份。如文件較多，就用囊笥包裹文件，同樣在封口處覆蓋膠泥并留下印痕。相家巷地處渭河南岸，屬秦都城咸陽渭南宮區，爲皇帝居住和辦公之地。秦王朝的重要奏章皆由皇帝親覽。收到文書後，拆封并保存封泥以備查驗。日積月纍，數量可觀的封泥和過時簡牘需集中處理，被扔進垃圾堆焚燒掉。一部分封泥被燒成陶而保留下來。兩千多年後，在漢長安城遺址灰坑内出土。因此這些封泥是秦始皇和秦二世經手之物，甚至是他們親手剝下的，所以是絕世國寶。秦封泥的出土，被學術界譽爲里程碑式的發現。封泥中的“右丞相印”爲秦代唯一一枚已出土最高級別的官印，吕不韋、李斯都曾擔任過此職。出土秦封泥還提供了以下信息：1.以實物證明秦朝“三公九卿”制度，展示秦代官僚機構官職名稱，如左、右丞相，廷尉，陽陵禁丞，少府斡丞等，幾乎囊括“三公九卿”主要部門和官職，填補了秦史研究的空白。2.彌補了《史記》《漢書》的缺憾。第一次系統揭示了一批鮮爲人知的亭里郡縣及宮殿苑囿名稱。3.反映了秦始皇統一六國後“車同軌，書同文”政策的實施情況。封泥

泥封

文字統一爲篆書。漢承秦制，官府封泥上亦使用篆書。

【泥封】

即封泥。《文獻通考·王禮考十》：“《漢舊儀》：以天子信璽，皆以武都紫泥封，青布囊白素裏，兩端無縫，尺一板中約署。”《太平御覽》卷七四引《東觀漢記》：“鄧訓將黎陽宮兵屯漁陽，遷護烏丸校尉。黎陽宮故吏皆戀慕，知訓好以青泥封書，從黎陽步推鹿車載青泥至上谷遺訓。其得人心如此。”清王士禎《池北偶談·談藝七》卷一七：“紫泥：《青溪暇筆》云：‘晋朝爲詔，以青紙紫泥，紫泥猶今泥金之類。蓋泥紫色以書字也。’予按《漢舊儀》，天子信璽六，皆以武都紫泥封之。青囊白素裏，兩端無縫。《西京雜記》云：‘漢以武都紫泥爲璽室，加綠綈其上，非以書字也。’《藝林伐山》云：‘今之紫泥，古謂之芝泥，皆濡印染籀之具也。’姚説誤。”

陶響盒

陶製樂器名。出土於西漢南越王墓。行於西漢。樂舞時擊拍用具。中空，内裝砂礫，搖動時沙沙作響。現藏廣州西漢南越王博物館。

陶蠶蛹

陶質器物。1981年出土於河北正定南楊莊古墓。時代爲距今5400±70年。爲目前世界上所發現的反映人類飼養家蠶最早的文物。揭示了考古學界關於我國可資考證的養蠶、繅絲、紡織技術至晚年限和地點，證明我國在相當長的時期内是唯一掌握這種技術的國家。

陶鷹鼎

陶製禮器。新石器時代後期仰韶文化陶器。1957年發現於陝西華縣太平莊，1958年農民殷

思義向北京大學考古隊主動獻出此物。陶鷹鼎高 35.8 厘米，口徑 23.3 厘米，最大腹徑 32 厘米，爲佇足站立的雄鷹造型。周身光潔未加紋飾。其

陶鷹鼎

前胸爲鼎腹，鼎口於鷹背部與兩翼之間，緊密結合似背抱狀。鷹目圓睜正視前方，喙部有力呈鈎狀。粗壯的雙腿和敦實的前爪與寬扁的尾部構成三足鼎，穩定地撐拄於地。雙翅後收，圍過鼎的中後部，貼於身體兩側。此鼎造型優美，製作精良，是仰韶文化陶器中的杰作。截至目前所發現的新石器時代鳥類造型陶器僅此一件。此鼎距今已有六千至七千年歷史，爲迄今發現最古老之鼎。現藏中國國家博物館。

斜索戲車畫像磚

漢畫像磚。殘長 62 厘米，寬 32 厘米，陶質中空，畫面橫幅排列，右半邊殘缺。畫像磚四邊有框，上邊框飾二方連續變形雲氣紋，左、下兩邊框飾二方連續棱紋，右缺。框內畫面爲雜技表演高潮瞬間的狀態。分上、下兩層，自右向左展開。下層右側一騎者爲戲車前引，扛大旗準備上橋。上層右側一騎者正飛馬拉弓回射。兩騎之後便是戲車斜索倒掛表演：馭手驅前戲車飛馳向前，面朝後站立藝伎與蹲在後面馬車橦杆頂端小托盤上的藝伎共同拉起一根前低後高的斜索。傾斜度巨大斜索上，赤裸上身、下穿寬褲的藝伎，胸腰端正、頭微前傾，口銜一棍狀物，右腿抬起、彎曲，左腿直立，全身靠脚尖支撐於斜索上。他一邊舞動雙臂，一邊向斜索上端攀登。前一馬車，車中橦杆頂端橫置一木。橫木右端，一藝伎雙脚鈎木、頭朝下倒掛身體，兩臂平伸，掌心向上，各托一圓球。兩圓球上分立兩名藝伎。左邊藝伎，半蹲於圓球上，吹奏樂器。右邊藝伎隨音樂翩翩起舞，單腿立於圓球上，左腿抬起，雙臂半舉，做金鷄獨立狀；并隨時留意前面回首射箭的騎馬者。後面馬車馭手一邊駕車，一邊仰視斜索上的驚險表演。後車端坐一人，神情淡漠、鎮静，似爲導演。國家一級文物。現收藏於新野縣漢代磚畫博物館。

蛋殼黑陶高柄套杯

古代酒器、禮器。新石器時代龍山文化產品。1960 年出土於山東濰坊姚官莊新石器時代遺址。通高 16.9 厘米。細泥黑陶，漆黑光亮，快輪拉坯製作，器形規整勻稱，器表素面磨光。

蛋殼黑陶高柄套杯

杯如草帽，寬平沿，深腹，器壁薄如蛋殼；器柄細長飾短密竹節紋，杯套入柄內。作爲龍山文化陶器的代表作，體現了新石器時代陶器製作的極高水準。現藏於山東博物館。

董氏墓戲俑

金代陶俑。1959 年山西侯馬西郊金代董氏墓出土。五件平均身高約 20 厘米。墓室北壁上部有一磚雕舞臺，五個戲俑并列站在舞臺上，分別扮演五個角色，從左至右爲末泥、副净、裝孤、引戲（裝旦）和副末。裝孤爲主演。北宋滅亡後，金人擄走大量宫廷伎藝人，部分途中逃亡至平陽（今山西臨汾）一帶。故金院本與宋雜劇合二爲一，在民間得以盛行，出現

了五個相對固定的角色——副净（即唐代的參軍）、副末（即古代的蒼鶻）、引戲、末泥和裝孤，被稱爲"五花爨弄"。侯馬金代董氏墓戲俑是研究金院本藝術珍貴的實物資料，現藏山西博物院。明陶宗儀《南村輟耕録·院本名目》："唐有傳奇，宋有戲曲，唱諢詞説，金有院本雜劇，諸公調院本雜劇，其實一也。國朝院本雜劇始釐而二之，院本則五人，一曰副净，古謂之參軍；一曰副末，古謂之蒼鶻，鶻能擊禽鳥，末可打副净，故云；一曰引戲，一曰末泥，一曰孤裝，又謂之五花爨弄。或曰宋徽宗見爨國人來朝，衣裝鞵履巾裹，傅粉墨舉動如此，使優人效之，以爲戲。又有觻段亦院本之意，但差簡耳，取其如火觻易明而易滅也，其間副净有散説，有道念，有筋斗，有科汎。教坊色長，魏武劉三人鼎新編輯，魏長於念誦，武長於筋斗，劉長於科汎，至今樂人皆宗之。偶得院本名目，載於此，以資博識者之一覽。"明沈德符《顧曲雜言·雜劇院本》："若所謂院本者，本北宋徽宗時五花爨弄之遺，有散説，有道念，有筋斗，有科汎。初與雜劇本一種，至元世始分爲兩迨，本朝則院本不傳久矣。"

最貴"鹽瓶"

彩陶名。新石器時代陶瓶。1973年甘肅天水一村民挖土時刨出兩半彩陶瓶，經修整用作鹽瓶。1978年上交國家。瓶高26厘米；瓶身橙黃色，刻魚紋；瓶口爲一少女頭，神情憂傷，齊

最貴"鹽瓶"

眉短髮，面部由錐子刻畫而成，耳垂有耳洞。被正式命名爲"人頭形器口彩陶瓶"。現藏大地灣博物館。

【人頭形器口彩陶瓶】

即最貴"鹽瓶"。此稱行用於現當代。爲考古專家命名。見該文。

鸛魚石斧圖彩陶缸

甕棺。新石器時代夾砂紅陶質彩繪陶缸。1978年於河南臨汝閻村出土，屬新石器前期仰韶文化產物，距今六千年。高47厘米，口徑32.7厘米，底徑19.5厘米。外表呈紅色，敞口、圓唇、深腹、平底，口沿下有四個對稱的鼻鈕。腹部一側畫高37厘米、寬44厘米的彩陶畫，約占缸體表面積的一半。爲迄今發現最大的

鸛魚石斧圖彩陶缸

原始社會彩陶畫。繪者以白色於陶缸外壁繪鸛、魚和石斧，以粗重黑綫勾出鸛眼、魚身和石斧結構。畫面粗獷有力，爲罕見繪畫珍品。現藏中國國家博物館。

"大明康熙年製"酒杯

錯版瓷器。青花貫套紋酒杯。高5厘米，直徑8.8厘米。官窯產品。胎體堅緻輕薄，迎光透亮，下方三分之一處，描繪深藍色貫套紋。因年代久遠已微微發黃，杯底竪款兩行楷書"大明康熙年製"。南京博物院收藏此種壓手杯（酒盅）爲宮廷日常用品，落款大多爲楷書"大清康熙年製"，此件除外。關於此錯誤落款，專

家認爲有幾種可能：第一，清初政局不穩，統治範圍集中於北方，南方大部疏於管控，南方地區工匠沿用前朝國號。第二，明朝遺老遺少緬懷故國，個別工匠，於瓷器上落款"大明康熙年製"，抒發對清統治者的不滿。第三，瓷器工匠文化程度低，將"清"筆誤爲"明"字。

蝴蝶杯

瓷質顯影型酒具。1978年山西侯馬上馬鄉崖口村一農民耕作時發現一隻玉色古杯。此杯腰細脚寬，質地素雅，流光溢彩。有"酒滿蝶顯，酒乾蝶隱"的奇特視覺效果。世人譽爲"千金之寶"。爲古代酒具絕品，亦爲瓷器製造業絕技，是我國現行酒具中唯一顯影型酒具。此杯既可品嘗美酒，亦可觀賞杯中美圖。現藏侯馬市展覽館。蝴蝶杯於歷史典籍及古代戲劇中有記載。如戲劇《蝴蝶杯》：太原公子田玉川與漁家姑娘胡鳳蓮患難相遇，一見鍾情。二人以蝴蝶杯爲定情信物，終報仇鋤奸，獲得美滿愛情。此故事源於明山西蒲劇，《蝴蝶杯》唱詞曰："〔田玉川唱〕蝴蝶杯傳家寶，千金難買，將美酒斟杯內，彩蝶飛來。"河北梆子《蝴蝶杯》唱詞曰："〔田玉川唱〕蝴蝶杯家傳寶，世上罕見，斟美酒蝴蝶出，飛舞翩翩。"蝴蝶杯製作工藝奇特，多爲祖傳，至明末清初，製作工藝已失傳。近年，侯馬市陶瓷廠匠人成功複製出蝴蝶杯，被山西省列入第二批非物質文化遺產名錄。清藍浦《景德鎮陶錄·陶説雜編下》引《凝齋叢話》："邑紳劉吏部藏古瓷碗，四內繪彩蝶，貯以水，蝶即浮水面，栩栩欲活，索觀者衆，遂秘不示。"

天王俑

葬儀用品。在唐朝葬儀中起鎮墓作用，早在武則天時已用。與鎮墓獸成對擺於墓道或墓室前，前爲鎮墓獸，後爲天王俑。此俑與十二生肖俑并稱"四神十二時"，以辟邪和保護墓室安全，確保墓主亡靈安寧。故宮博物院收藏一唐三彩天王俑，瓷質，高118厘米，寬50厘米。俑頭頂飾一展翅欲飛之鳥。雙眉緊蹙，二目圓睜，張嘴露齒，面目猙獰。右手叉腰，左手握拳上揚。身穿明光甲，龍首護膊，有護甲護腹，腰繫垂膝裙，下縛吊腿，右腿直立踏在臥牛身上，左腿微曲踏於牛頭。臥牛伏在山形座上。通體爲綠、褐、白三色釉，釉色鮮亮。陝西歷史博物館等亦有收藏。

元青花四愛圖梅瓶

2006年出土於明郢靖王朱棟墓。高38.7厘米，口徑6.4厘米，底徑13厘米。梅瓶器型端莊大方，小口外侈、短頸豐肩，上腹圓鼓，下腹漸收，平底矮圈足，足微外撇；胎體厚重，胎質較疏鬆，有明顯接坯痕；白釉泛青，青花淡雅青翠艷麗。瓶身肩部飾鳳穿牡丹圖，腹部飾"四愛圖"，即"王羲之愛蘭""周茂叔愛蓮""陶淵明愛菊""林和靖愛梅鶴"，足部飾仰覆蓮紋。三層紋之間以捲草紋、錦帶紋爲界。此瓶是罕見的經科學發掘出土的景德鎮產元青花精品。被湖北省博物館定爲鎮館之寶。

黃釉青花葫蘆瓶

祭器。燒製於明嘉靖年間。通高23厘米，口徑3厘米，底徑6.3厘米，下腹圍35.5厘米。呈束腰葫蘆狀，上小下大，上飾三朵纏枝蓮花，下飾四朵纏枝蓮花；通體施黃釉，繪青花雲紋。葫蘆蓋半圓形，蓋身飾三寶絨紋，蓋鈕青花色，呈蘑菇形。束腰部飾五瓣梅花紋、弦紋、三角幾何紋。葫蘆瓶底，以楷書青花款題

"大明嘉靖年製"，爲景德鎮御窯産品。造型敦厚古樸，底釉嫩黃光潤，綫條流暢渾圓，青花色澤濃艷，爲瓷中極品。清乾隆五十二年（1787），封禪泰山祈福，賜明代葫蘆瓶一對於泰山岱廟，成泰山鎮山三寶之一。

黃釉青花葫蘆瓶

1942 年冬葫蘆瓶被盜，落於濟南一文物店，隨後被一京商購得，又轉售給趙汝珍。1945 年，濟南市古玩愛好者，要求政府尋找岱廟幾年前丟失的寶瓶。在得知自己的藏品是泰安岱廟被盜國寶後，趙汝珍將葫蘆瓶退還給了泰安岱廟。1950 年前後，一隻葫蘆瓶被毀，僅瓶蓋餘存，和另一隻葫蘆瓶被收藏於岱廟中。現收藏於泰安市博物館。葫蘆瓶爲乾隆皇帝所愛的珍寶，黃色象徵皇權，爲帝王專用；葫蘆取諧音，寓意"福祿"；纏枝上蓮花怒放，寓意"壽意綿延"。

乾隆行圍圖轉心瓶

亦稱"清藍釉描金粉彩開光轉心瓶"。通高 70 厘米，口徑 20 厘米，底徑 24 厘米。爲紀念乾隆盛年時東巡狩獵，由景德鎮官窯特意燒製。此瓶爲官窯創製的特有瓶式，工藝複雜，結構奇巧，鏤空瓶內套裝一轉動內瓶。外瓶施藍釉，上繪盛年乾隆皇帝持韁策馬的形象，身後跟隨旗手與獵犬。夾層繪群臣跪拜圖。旋轉內膽，即展現乾隆狩獵場景，大隊人馬如同動畫一般穿行山間。極富觀賞效果。瓶底施湖綠釉，書青花"大清乾隆年製"六字篆書款。現藏南京博物院。

琺瑯彩芍藥雉鷄圖玉壺春瓶

陳設瓷器。因蘇東坡詩句"玉壺先春"而得名。瓶高 16.3 厘米，口徑 4 厘米，底徑 5 厘米。小撇口，細頸，鼓腹，圈足，胎質細膩潔白，胎體輕薄，釉面瑩潤如玉。其釉面用琺琅彩繪畫，頸部以藍料彩繪蕉葉紋，腹部圖案取自清宮廷畫家蔣廷錫手稿，琺琅彩繪芍藥雉鷄圖采用工筆技法：兩隻雉鷄栖身於山石上，周圍襯以芍藥花及秋季花草，色彩繁富艷麗，形態栩栩如生。紋飾空白處墨書題詩："青扶承露蕊，紅妥出闌枝。"引首朱文"春和"印，句尾白文"翠鋪"、朱文"霞映"二方印。瓶底赭彩四字方款"乾隆年製"。此瓶造型高雅，紋飾精美，寓意富貴吉祥。原爲清宮收藏，辛亥革命後，輾轉多人之手。20 世紀 60 年代，被天津文物部門收歸國有。現收藏於天津博物館。

秘色瓷蓮花碗

亦稱"青瓷蓮花托碗"。1957 年維修蘇州虎丘雲岩寺塔時發現。因尚不明確此碗材質，所以命名爲"青瓷蓮花托碗"。1987 年於陝西法門寺地宮發現《鑑送真身使隨真身供養道具及金銀寶器衣物賬》碑，上刻"瓷秘色碗七口，內二口銀棱，瓷秘色盤子碟子共六枚"。以此鑒定其爲秘色瓷，故改稱現名。由碗和盞托兩部分組成，通高 13.5 厘米，碗高 8.9 厘米，口徑 13.9 厘米；盞托高 6.6 厘米，口徑 14.9 厘米，底徑 9.3 厘米。碗直口深腹圈足，壁薄而均勻；盞托形狀如豆，上部盤口外翻，中部束腰，下部圈足外撇。碗身外壁、盞托盤面、圈足飾浮雕狀重瓣蓮花。托心平整，正中有一小圓孔直

秘色瓷蓮花碗

通器底，孔邊刻"項記"二字。瓷胎體灰白，胎質細膩緻密，顆粒均匀。釉呈淡黄綠色，釉層厚且通體一致，湖水般釉色呈現出玉一般温潤感。整體造型比例適中，敦厚端莊，構思巧妙，綫條流暢，匀淨幽雅，豐腴華美，渾然天成，恰似盛開的蓮花。秘色瓷始燒於晚唐，五代時吳越國在浙江上林湖置官監窰，把燒造秘色瓷窰口劃歸官辦，命其專燒貢瓷，作爲宫廷和向中原諸王朝進貢用品，臣民不得使用。北宋後，秘色瓷突然消失。直至今日重見天日。秘色瓷蓮花碗現收藏於蘇州博物館，爲鎮館之寶。宋趙令時《侯鯖録》卷六："今之秘色瓷器，世言錢氏有國，越州燒，進爲供奉之物，不得臣庶用之，故云秘色。"清藍浦《景德鎮陶録》："《高齋漫録》亦載秘色瓷器，世言錢氏有國日，越州燒造爲供奉物，臣庶不得用。似秘色窰又實起於吳越矣。"

【青瓷蓮花托碗】

即秘色瓷蓮花碗。此稱行用於現當代。見該文。

倒流壺

亦稱"内管壺""倒灌壺""倒裝壺""三王壺"。陶瓷製水壺，始於春秋，流行於唐宋，完善於明清。因該壺反其道而行，自壺底注水，

放正後方能倒出水，故名"倒流壺"。1968年陝西彬縣城墻根土基中發現一青釉倒流壺。全稱"青釉提梁倒注提壺"，宋耀州窰製品。此壺通高19厘米，腹徑14.3厘米，足徑12厘米。壺通體施青釉，釉色青綠深沉，素雅潤澤。上部爲雙蒂式虛設假壺蓋。提梁爲一伏卧鳳凰，鳳首微昂，雙目圓睜，注視前方；提梁上接壺頂，下接壺腹一側。壺嘴爲張大口側卧的母獅，身下一幼獅正在吸吮乳汁，子母獅貼塑於提梁另一側，獅口即爲壺流。肩腹之間裝飾乳釘紋、垂三角紋各一周。壺身圓形，腹部剔刻纏繞的牡丹花，圖案簡潔明快，綫條活潑流暢；下刻仰蓮紋一周。底部一梅花孔，倒置可灌水，正置滴水不漏。腹下圈足略外撇。此壺集捏塑、剔刻、模印等技藝於一體，爲陶瓷藝術中的一朵奇葩。現藏陝西省歷史博物館。倒裝壺注水過程如下：將壺倒置，水由梅花孔注入，壺内漏注與梅花孔銜接，水通過漏注流入壺内，利用"連通器内水面等高"原理，由漏注控制水面。水位上漲至連接壺嘴隔離裝置等高時，注水，水外溢由壺嘴流出，説明壺已滿。壺正立，由於漏注上孔高於水面，梅花底孔不會漏水。經改進，可於一壺内裝多個内膽，倒出不同液體。製作此壺時先製陶泥壺形，將漏注管放進壺胎内，再用成型壺口封上，乾後進爐燒製。倒裝壺構造奇特，内部設計巧妙，充分體現古

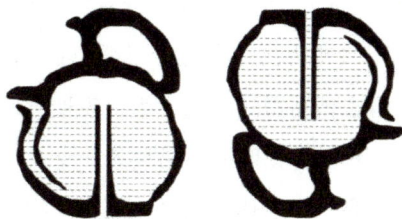

倒流壺示意圖

代匠人的聰明才智和創造力。

【三王壺】

即倒流壺。因壺雕刻圖案鳳凰爲百鳥之王，獅子爲百獸之王，牡丹爲百花之王，故名"三王壺"。此稱行用於現當代。見該文。

【内管壺】

即倒流壺。因壺底中心有一漏注管，故稱。此稱行用於現當代。見該文。

【倒灌壺】

即倒流壺。注水時將壺倒置，故稱。此稱行用於現當代。見該文。

【倒裝壺】

即倒流壺。注水時將壺倒置，故稱。此稱行用於現當代。見該文。

凌氏樓閣式穀倉

元代釉裏紅葬器。1974年出土於江西景德鎮市郊。通高29.0厘米，長20.0厘米，寬10.3厘米。穀倉分上、下二段塑製。重檐廡殿屋頂，紅圓柱，琉璃瓦。四面正視，均爲四柱三間。屋身中央板狀箱式結構，倉樓、面門爲活動式，可拆卸。四周門廊有舞蹈、奏樂、侍衛微塑俑十八尊。正面青花書寫對聯一副：上聯"禾黍豐而倉廩實"，下聯"子孫盛而福祿崇"，橫批"南山寶象莊五穀之倉"。左側壁釉裏紅書寫"凌氏墓用"（墓主凌氏爲景德鎮長薌書院山長凌穎山之孫女），右側壁釉裏紅書寫"五穀倉所"。背面樓層中間以鏤空十字花與前樓相通，倉板上用青花書寫一百九十五字墓志銘一篇。整座穀倉雕塑精微，栩栩如生，集釉裏紅、紅釉、青白釉、青花四種高溫釉於一身。爲元代瓷器雕塑高水準之作。現藏江西省博物館，爲鎮館之寶。

壽星捧桃像

陶製藝術品。清三彩壽星捧桃像。景德鎮窑燒製。高28厘米。壽星呈站立狀，面帶微笑，長髯下垂，雙手捧桃；内着綠色長袍，外罩茄皮紫色外衣，腰繫黃色絲條，腹前打結，垂於腳下。胎體堅硬細密，彩釉釉面光滑晶亮，做工精細。現藏河北博物院。

鎮墓獸

古代墓葬中爲鎮攝鬼怪、保護死者靈魂安全的一種冥器。最早出土於春秋戰國楚墓，魏晉至隋唐時期較爲流行，五代以後逐步消失。此獸起源於古代傳說，有怪物叫魍象專食死人肝腦；另有神獸叫方相氏，能驅逐魍象，所以家人常令方相氏立於墓側，以防怪物侵擾。《周禮·夏官·方相氏》："方相氏掌蒙熊皮，黃金四目，玄衣朱裳，執戈揚盾，帥百吏而時難，以索室驅疫。大喪，先驅，及墓，入壙，以戈擊四隅，驅方良。"方良，指危害死者安全的惡魔。人們藉助方相氏的力量來驅趕魍象。鎮墓獸即由方相氏傳說演化而來。早期多以木、骨製，後則以陶和唐三彩而爲之。金屬和石製品極爲少見。1978年湖北江陵（今湖北荊州）觀音壋鄉五山村天星觀一號楚墓出土一木雕雙頭鎮墓獸。雙頭背䯂，曲頸相連。兩隻獸頭雕成變形龍頭，長舌伸至頸部。兩頭各有一對巨型鹿角，四隻鹿角枝杈橫生。通體髹黑漆後，又以它色繪獸面紋、勾連雲紋。對稱獸體插在穩重的方座上，方座浮雕出幾何圖形并飾以菱形紋、雲紋、獸面紋。陝西萬年高平鄉唐代王士通墓出土一件人面獸身鎮墓獸。高20厘米，寬十餘厘米。其頭面爲古代常人嘴臉，慈眉善目，面相溫和，彩繪鮮艷，雄踞於墓門口。青島博物館收藏一件唐三彩陶鎮墓獸。長39厘米，寬26厘米，高95厘米。胎體呈褐色，質較松。獸頭頂生角，大耳竪立，雙目圓鼓，張口露齒，面目猙獰可怖；頭髮似錐，根根直竪；雙肩生翼，昂首挺胸；粗壯的前肢直撑，後肢彎曲，蹲坐在不規則的圓臺座上。鎮墓獸周身施綠、黃、赭色釉彩。

羅如墉敕命牌

青花書繪瓷器。明代景泰帝爲褒獎"土木之變"中的死難者羅如墉而賜青花敕命牌。1978年由江西吉安市文物商店收購所得。青花瓷敕命牌長48.1厘米，寬33.3厘米，厚7厘米，重11.19千克。正面上下飾雙龍戲珠紋。龍嘴扁長，上唇微翹，毛鬚竪起。龍身彎曲，遍飾魚鱗紋，有五爪。珠呈火球狀。左右兩邊飾雙綫回紋。雙綫回紋及邊飾長方框綫皆不甚整齊。内中上方橫書楷體"奉天敕命"四字，下竪列楷書正文："奉天承運皇帝敕曰：行人之職，所以宣達命令於四方，必得才學通敏之

士，庶幾不辱國命，肆我祖宗，必擇進士任之，蓋慎重其選也。爾修職郎行人司行人羅如墉，發身賢科，授以斯職，式克勤慎，以舉其官，比以隨征，陷於戰陣，勞苦可憫，良切朕心，是用錫之敕命以示褒嘉。於哉！人孰無死，惟死於國事者爲至榮也。爾尚抵服隆恩，永慰溟漠。敕命景泰元年六月二十一日。"瓷牌體中空，内用"非"字形板塊支撑。瓷牌正反兩面均施釉，釉面青白。正文及邊框書繪所用青料，深藍明艷，濃淡深淺不一。瓷牌紋飾和文字不够清晰傳神，左右邊回紋綫有明顯的粗細變化。側邊露胎并留有多對氣孔。該瓷牌爲有確切紀年的景泰青花瓷，世所罕見，且具有證補文獻記載的重要資料價值。現收藏於江西省博物館。按，羅如墉，字本崇，廬陵（今江西吉安）人，進士，授行人之職，正統十四年（1449）於"土木之變"中遇難。景泰帝即位後，褒獎撫恤"土木之變"中死難的將士，羅如墉亦被降敕褒獎。此青花敕命牌即爲景泰帝爲褒嘉死難者所賜。

書簡繪畫

一團和氣圖

亦稱"三教合一圖"。明憲宗朱見深工筆人物畫。朱見深擅長畫神像，《一團和氣圖》爲其登基第一年所畫，并附《御製一團和氣圖贊》一首。長48.7厘米，寬36厘米。畫幅上的人物粗看好似一大圓球，細看三人擁抱在一起，三人五官互相借用一張臉。整體看，一笑面彌勒盤腿而坐，體態渾圓。仔細看，左側爲一着道冠老者，右側爲一戴方巾儒士，二人各

執經卷一端，團膝相接，相對微笑。第三人手搭兩人肩上，面部被遮，露出光頭，一手輕撚佛珠，爲佛教中人。此圖構思奇妙，人物造型詼諧，生動傳神，顯示出畫家的匠心巧思與高超技藝。同時也以圖像表達作者期望全國三教合一，和平共處，朝野上下安定團結的願望。現藏北京故宫博物院。《御製一團和氣圖贊》全文："朕聞晉陶淵明乃儒門之秀，陸修静亦隱居學道之良，而慧遠法師則釋氏之翹楚者也。法

師居廬山，送客不過虎溪。一日，陶、陸二人
訪之，與語，道合，不覺送過虎溪，因相與大
笑，世傳爲三笑圖，此豈非一團和氣所自邪？
試揮彩筆，題識其上：'嗟世人之有生，并戴天
而履地。既均稟以同賦，何彼殊而此異？唯鑿
智以自私，外形骸而相忌。雖近在於一門，乃
遠同於四裔。偉哉達人，退觀高視；談笑有儀，
俯仰不愧。合三人以爲一，達一心之無二。忘
彼此之是非，藹一團之和氣。噫！和以召和，
明良其類。以此同事事必成，以此建功功必備。
豈無斯人，輔予盛治？披圖以觀，有概予志。
聊援筆以寫懷，庶以譽俗而勵世。'成化元年六
月初一日。"

【三教合一圖】

即一團和氣圖。三教指釋、儒、道。本圖
將釋、儒、道三者合爲一體，故稱。見該文。

T型銘旌

亦稱"非衣"。招魂幡。出殯時張舉着的一
種旌旗。1972年於湖南長沙馬王堆一號漢墓出
土。銘旌爲帛畫形式，畫面呈T形，長205厘
米，上寬92厘米，下寬47.7厘米，四角綴有
穗形飄帶，頂邊裹有竹棍，兩端有用於懸挂的
絲帶。因其像一件長袖欲舞的衣服，所以遣策
中記載其名爲"非衣"，以"似衣而非衣"得
名。全畫分爲上、中、下三部分，分別展現天
上、人間、地獄的景象。天界上方正中是傳說
中鎮守天門的人首蛇身的燭龍神，鴻雁俯身飛
舞，白鶴（代表長壽）仰首而鳴，瑞鳥仙禽圍
在燭龍神身周。右上方在紅色的太陽中繪有
"金烏"，下有藍色的扶桑樹，八個小太陽，半
隱半藏在彎曲綿長的扶桑樹的枝幹中。左上方
月牙爲月宮，口含靈芝仙草的蟾蜍和昂首騰躍

的玉兔在迎接月下凌空飛舞而來的女仙子，應
是神話故事"嫦娥奔月"。左邊一翼龍飛躍於
雲氣之上，右邊一龍穿行於扶桑樹之間，應爲
應龍和駕日車的六龍。其下有兩個獸面人身者
騎在神馬"飛黃"上，用繩牽拉一呈梯形的樂
器——鐸，使之震響，歡迎升天之人。鐸之下
是兩個呈倒形的天門，兩隻神豹和守門神"司
閽"拱手恭敬作揖。他們和天國中所有的神、
龍、瑞獸一起，恭迎升天的老夫人。人間部分
以華蓋作屋頂，上有朱雀爲裝飾。下有一隻飛
廉怪鳥，專司引魂升天。飛廉之下是墓主人生
前的一幅出行圖，這位體態豐腴、形象高貴的
辛追夫人，錦衣華服，環佩叮咚，挂着拐杖踽
踽前行，身前有管家跪送豐美的食物（也可能
是煉丹方士在獻長生不老丹）。身後有三個奴婢
貼身侍候。往下的圖畫爲老夫人去世後悼念的
場景：磬正在奏出悲樂以示哀悼，身着長袍的
兒孫，神色肅穆，表情悲傷。下爲地獄部分，
有一個赤身裸體的男子——鯀，雙手托舉着大
地，脚踩兩隻瑙鼇魚。爲了不侵擾地府中墓主
人的亡靈，畫中繪有面目猙獰的怪狗和雙目圓
睜的貓頭鷹，祇有它們纔能鎮壓地府中的妖魔
鬼怪，使墓主人的亡靈得到安寧。現藏湖南博
物院。

【非衣】

即T型銘旌。此稱漢代已行用。見該文。

千里餓殍圖

古畫名。北宋畫家王希孟繪。此圖因勸諫
宋徽宗善待百姓，頃刻招來畫毀人亡之禍，故
稱"第一凶畫"。《北宋名畫臻錄》："王希孟，
北宋徽宗人，少時有異相，生時有瑞鶴東來，
衆人皆言有大貴。聰穎博學，善詩文，通音律，

工書畫，猶善劍術。十歲被召至宮中侍駕，徽宗親授畫技，曰‘其性可教’。藝精進，畫遂超越矩度。工山水，作品罕見。徽宗政和三年，呈《千里江山圖》，上大悦，此時年僅十八。後惡時風，多諫言，無果。奮而成畫，曰《千里餓殍圖》。上怒，遂賜死。死時年不足二十。”清宋犖《絶句》：“宣和供奉王希孟，天子親傳筆法精。進得一圖身便死，空教腸斷太師京。”王希孟，十餘歲被選入宋徽宗的宮廷畫院習畫。宋徽宗視其潛在才華，收爲御前弟子，親授繪畫技巧及方法。後僅半年，王希孟創作出驚世駭俗的《千里江山圖》。宋徽宗將該畫賜予寵臣蔡京。蔡京親寫題跋：“政和三年閏四月八日賜。王希孟年十八歲，昔在畫學爲生徒，召入禁中文書庫，數以畫獻，未甚工。上知其性可教，遂誨諭之，親授其法，不逾半歲，乃以此圖進。上嘉之，因以賜臣京，謂天下士在作之而已。”《千里江山圖》經蔡京、李溥光、梁清標等人之手流傳至今。現藏北京故宮博物院。按，關於王希孟之死，另有一説，王希孟身體過於羸弱，畫完《千里江山圖》後即去世。

古佛圖

釋迦牟尼畫像。清代“揚州八怪之首”金農畫作。縱250.8厘米，橫70厘米。立軸，紙本，設色。像正面全身，青螺髮，肉髻，雙目微閉。身着紅色長袍及地。右臂袒露似捧物狀，掩在紅巾之下，雙手遮於衣袖下，拱手佇立，作説法狀。幾條起伏輾轉流暢，面部豐腴圓潤，神采飄逸。技法以“游絲描”繪佛面及手臂，以“蘭葉描”繪大衣曳地，有升騰動蕩之感。釋迦右邊文字曰：“十五年前爲暖翁居士寫金剛經卷，刻之棗木，精裝千本，善施天下名

勝禪林……今又畫佛、畫菩薩、畫羅漢，將俟世之信心，敬俸者鋟摹上石，一如寫經之流傳云。七十四雙機郡金農記。”左邊題《古佛頌》，長達百餘字。文字皆以漆書寫成。現藏烟臺市博物館，爲鎮館之寶。按，漆書，金農所創之特殊的用筆、用墨方法。筆扁平像刷子，行筆如刷子刷漆衹折不轉；墨濃厚似漆，寫出的字凸出於紙面。

四仙拱壽圖

祝壽吉祥畫。明代浙派畫家商喜所畫。絹本設色，縱98.3厘米，橫143.8厘米，無款印。佛、道兩教人物同處一畫，四位仙人凌波渡海。畫面右邊，騎三足金蟾者爲劉海蟾，全真教五祖之一，曾受八仙點化而修道成仙，能爲人帶來健康福壽；肩挂葫蘆、脚踏拐杖者爲八仙之一的鐵拐李，葫蘆裏裝包治百病、使人長生不老的靈丹妙藥。左方兩人爲唐代狂顛禪僧，脚踏蕉葉的寒山和踩着竹帚的拾得，分別是佛教文殊、普賢兩位菩薩的化身，品德高尚，高壽而終。四人面帶微笑，注視着天上跨鶴飛翔的老者——南極仙翁。圖中人物動作生動傳神，劉海蟾坐在金蟾上，笑望對面的寒山；寒山右手拿長卷，左手指向南極仙翁，似乎在向三位仙人講説着什麼；拾得右手抬起，指向自己，好像同意寒山説法；鐵拐李背對畫面，側臉回頭看寒山。《四仙拱壽圖》表達的是僧道合一，長壽吉祥。追求幸福要和氣包容，心胸寬廣，衹有心境開闊纔能健康長壽。《四仙拱壽圖》現藏臺北故宮博物院。本圖亦有兩點未解之謎：一、劉海蟾所坐金蟾爲何三條腿，是畫錯了還是有意爲之？二、此畫中共五人，爲何取名《四仙拱壽圖》？按，商喜，字惟吉（一

作恒吉），濮陽（今河南濮陽）人（一作會稽人）。早年曾爲寺廟殿宇繪製巨幅壁畫，宣德年間供奉内廷，爲著名宮廷畫家，官至錦衣衛指揮。擅長畫山水、人物、花卉、走獸等。《四仙拱壽圖》爲其代表作。傳世作品有《明宣宗行樂圖》與《關羽擒將圖》。

伏羲女媧交尾圖

絹畫。1963 年出土於新疆吐魯番唐代阿斯塔那古墓。圖縱長左 222.5 厘米，右 231 厘米；橫寬上 115 厘米，下 94 厘米。絹本設色。整幅絹畫上寬下窄，與棺形相似。圖中所繪男女二人人首蛇身，穿窄衫小袖絳紅色胡裝，腰相連，共穿一條白裙。男左女右，男爲伏羲，女爲女媧。伏羲無鬚，頭戴籠冠，左手執矩，矩上有墨斗（已腐蝕）。女媧束高髻，右手執規。二人上身相擁，兩臂相連，下尾盤曲相交成螺旋狀；頭上有圓輪，周畫圓圈象徵太陽；尾下有一下彎半月，周畫圓圈象徵月亮。畫面四周遍布圓圈，部分以綫相連，象徵星辰。此絹畫寓意深奧、構圖奇特，富於藝術魅力和神秘色彩，深受學術界重視。1963 年由新疆博物館撥交北京故宮博物院收藏。

埋兒奉母圖

墓葬壁畫。山西省考古界發現於元代八角塔型古墓。古墓有八個墓壁，除一面爲甬道入口外，其餘七面均繪有彩圖，此圖即其中之一。畫中一男子正在挖坑，一婦人懷抱乳兒呆立一旁，此爲“二十四孝”之一“埋兒奉母”圖。“埋兒奉母”故事首見於晉干寶《搜神記》卷一一：“郭巨，隆慮人也，一云河内溫人，兄弟三人，早喪父，禮畢，二弟求分，以錢二千萬，二弟各取千萬，巨獨與母居客舍，夫婦傭賃以給公養。居有頃，妻產男，巨念舉兒妨事親，一也；老人得食，喜分兒孫，減饌，二也；乃於野鑿地，欲埋兒，得石蓋，下有黃金一釜，中有丹書，曰：‘孝子郭巨，黃金一釜，以用賜汝。’於是名振天下。”元代郭居敬將各種行孝故事編録爲《二十四孝》，“郭巨埋兒奉母”亦被收入其中。此古墓壁畫圖據此而畫。墓主人就是通過此畫來表達希望後世子孫恪守孝道的願望。反對者認爲郭巨“埋兒奉母”不值得提倡。明李默《孤樹裒談》卷二罵郭巨：孝，就是好好侍奉親人。殺人大罪，罪不可逃。明林俊實《郭巨辯》：“好事者將神巨於孝，不知説之邪；陷巨於惡，教天下蔑倫，巨始也。”清朝袁枚痛罵郭巨“大罪也”。

畫出夜入牧牛圖

奇畫名。此畫原屬南唐李後主，南唐亡，李後主死後歸宋太宗。宋太宗打開《牧牛圖》觀看，見一頭牛在牛欄外吃草。幾天後夜裏，宋太宗又觀《牧牛圖》，見畫中牛臥在牛欄内。太宗不明就裏，史學家、高僧贊寧解釋其中的奧秘：這幅畫實則畫了兩頭牛，使用了獨特的顏料，以“海南珠脂”調和顏料，畫出來的可以在夜間看到，白天看不到；以“沃焦山奇石”調和顏料，畫出來的夜間看不到，白天可以看到。於是就出現了“畫則齧草欄外，夜則歸臥欄中”的奇特現象。《牧牛圖》在宋太宗之後下落不明，其特殊的畫技已經失傳。乾隆三十三年（1768），法國畫家約翰·卡頓發明了“夜光顏料”，畫出來的圖畫在光綫很暗的時候纔可以看到。他這種以“夜光顏料”繪畫的技法要比我國至少晚了八百年。明郎瑛《七修類稿·辯證類·牧牛圖》：“世傳畫有牧牛圖，乃仙筆也，日見一牛食草欄外，而夜宿欄內，殊無指實。聞之者或疑或罔，亦無定見，不知此畫乃南唐後主所有，獻於宋太宗。太宗詢之群臣，皆莫知也，獨僧贊寧曰：'此海南珠脂和色畫之，則夜見；沃焦山石磨色畫之，則畫見，各一牛也。'據此，畫必有矣，但沃焦山人不可到，而珠亦無脂，恐一時取辦應對云爾。惜當時太宗不再根求。昨讀邱至綱《俊林機要》，其言似皆戲術，要其至理，亦若近是。故聞人亦嘗試驗一二，彼云：牛圖之畫，乃用大蚌含胎結珠未就如淚者，立取和墨，欲日見者於日中畫，欲夜見者於月下畫。此說似有理焉。蓋蚌珠乃日精月華所成，今以未就之淚，布於日月之下，待其乾焉，則受此之精於墨矣，各以時見，或有之也。予亦惜珠淚難得未試耳，書此以待辯博。"清梁章鉅《浪迹叢談·牧牛圖》："《昨夢錄》載南唐李後主有《牧牛圖》，獻於宋太宗，圖中日見一牛，食草欄外，而夜宿欄內。太宗以詢群臣，皆莫知之，獨僧贊寧曰：'此海南珠脂和色畫之，則夜見，沃焦山石磨色畫之，則畫見，各一牛也。'按珠脂別無經見，沃焦山亦非人迹所能到，恐此係一時取辦應對。"

雲龍圖

亦稱"墨龍圖"。南宋畫家陳容所作。長205.3厘米，寬131厘米，絹本墨筆。整幅畫卷僅一巨龍。龍身龐大，呈龍躍狀，似遨游於雲霧縹緲的天際。巨龍龍爪凌厲，骨節分明；鬚鬣呈飛揚之態；龍眼突兀，牙齒鋒利，孔武有力，威力四射。圖畫下方題："騎元氣，游太空。普厥施，收成功。抉河漢，觸華嵩。"陳容擅長水墨畫龍，潑墨成雲，噀水成霧。特別是醉餘大叫，脫巾濡墨信手塗抹，後以筆成之，

或全體，或一臂一首，隱約而不可名狀者，皆得妙似。故陳容龍畫大多呈縹緲虛無的意境。相傳《雲龍圖》即爲陳容酒醉之時所作。陳容所畫之龍富有多種變化，神態和動作多樣，極富美感。此圖現藏廣東省博物館。

【墨龍圖】

即雲龍圖。此稱宋代已行用。見該文。

御龍銘旌

亦稱"御龍圖"。招魂幡，也叫引魂幡。古代葬禮所用器物。1973年出土於長沙子彈庫楚墓一號墓穴。戰國中晚期佚名創作。絹本水墨淡設色畫。因幡上有御龍之人，故名。長37.5厘米，寬28厘米，出土時平放於椁蓋板與棺材之間，上端有竹軸，軸上有絲繩，可以垂直懸掛幡，應爲墓葬中用於引魂升天之銘旌。因年代久遠呈棕黃色。畫面正中描繪一有鬍鬚的墓主人寬袍高冠，側身直立，腰佩長劍，手執繮繩，御龍而行。龍首高昂，龍尾翹起，龍身則捲成舟形。龍尾上部站一鶴，圓目長頸，頂有翰毛，單腿獨立，仰首長鳴。墓主人上方爲天蓋，蓋上的三縷纓絡與墓主人冠帶、衣着、龍頸所繫的繮繩，皆隨風向後飄動。左下角一鯉魚隨行。現藏湖南省博物館。按，戰國時楚人認爲，人死後，魂魄與身體離散，便享受不到後人祭祀。招魂幡繪墓主人形象就是讓游魂識別，使魂魄同行，入墓室安葬，升天安息。

【御龍圖】

即御龍銘旌。此稱爲現代人據畫內容而定。見該文。

骷髏幻戲圖

團扇畫。宋李嵩作。絹本設色，縱27厘米，橫26.3厘米。圖畫爲懸絲傀儡戲。懸絲傀

偰戲源於漢，興於唐，盛於宋。傀儡戲本意除娛樂游戲外，還可以消災祈福，後世漸趨於世俗化。本畫構圖分兩部分：畫面左側，作者用密綫重墨勾勒出一大一小兩骷髏及一位正在哺乳的母親，他們身側還有一貨擔。大骷髏頭戴襆頭、身穿薄紗衣，席地而坐，左腿曲折着地，左手按住左大腿，右腿彎曲，右肘支撐着右膝，右手中操縱着提綫木偶的小骷髏。大骷髏的嘴巴微張，似乎在大笑或在唱。身後一婦人，半袒胸，懷中小兒正吮其乳。畫面右側，衹有一嬰孩與一母親，嬰孩被小骷髏吸引住了，在地上爬着正欲伸手去够小骷髏，身後母親伸手想要阻攔。母親背後有幾根樹枝，小骷髏吸引所有人的目光。餘則大塊留白。畫中含義無解。本團扇畫的對幅是王玄真書黃公望《醉中天》曲："没半點皮和肉，有一擔苦和愁。傀儡兒還將絲綫抽，弄一個小樣子把冤家逗。識破個羞那不羞？呆兀自五里已單堠。"曲末題署："至正甲午春三月十日大癡道人作，弟子休休王玄真書，右寄醉中天。"現藏於北京故宮博物院。明陳繼儒《妮古録》："余有李嵩骷髏圖，團扇絹面，大骷髏提小骷髏，戲一婦人；婦人抱小兒乳之，下有貨郎擔，皆零星百物可愛。"清吳其貞《書畫記》："李嵩骷髏圖紙畫一小幅，畫在澄心堂紙上，氣色尚新，畫一墩子，上題三字曰五里墩。墩下坐一骷髏，手提一小骷髏，旁有婦乳嬰兒於懷，又一嬰兒指著手中小骷髏，不知是何義。"

窺窗見鬼圖

亦稱《女鬼圖》。清朝無名畫師作。慈禧太后愛看鬼故事。慈禧太后六十大壽時，"紅頂商人"徐潤重金聘請繪畫高手，繪制《聊齋志異》

插圖七百二十五幅。又聘請了書法高手將《聊齋志異》故事梗概，以小字的形式配録於畫旁。圖文并茂，列成四十八册，裝訂成一部《聊齋圖說》，以此作爲壽禮奉上。慈禧收到後，非常高興，經常翻閱。1900年八國聯軍侵入北京，慈禧倉皇西逃，這部書被沙俄軍隊劫走。1958年蘇聯將一批文物歸還我國，這部丟了兩册的《聊齋圖說》也在其中。《窺窗見鬼圖》即據《聊齋志異》中《畫皮》故事，將西畫透視畫法融入中國古典水墨技巧之中繪製而成。圖高52厘米，寬38厘米。畫布中繪有清人居室的各種物品。衹見書架上擺滿了書畫；旁邊的博古架上放着一個插着紅珊瑚白瓷膽瓶；袖珍三足根雕花架上放着仿青銅器的匜腹尊，内插牡丹鮮花；畫案左側博古架上放着一個三足鼎式雙耳爐，後面有一個鐵紅玉蘭花盆。窗前案上鐵紅蕉葉紋盤口瓶裏插着牡丹。室内家具擺放井然有序，陳設奢華。畫面右邊窗户紙的破洞上，書生露出半個臉，眼睛直直地盯着那個畫皮。畫面的中心是一個猙獰惡鬼，紅緑毛髮，青面獠牙，

窺窗見鬼圖

裸露綠皮上身，手拿彩筆趴在畫案上。順着畫筆看去，竟是書生愛上的美婦人。美婦人媚眼如絲，四肢扭曲成一團，樣子十分恐怖。而惡鬼拿着畫筆在給漂亮女子畫眼睛，那個女子衹是獰鬼畫出來的美麗人皮面具而已。旁邊搭滿了畫皮後要裝扮的素雅女裝。看起來人畜無害的美女，其實就是裂人腹、掏人心的惡鬼。這幅畫最恐怖的地方，一是人皮美女詭异的笑容；二是人皮美女溫柔的眼睛，不管你如何變換角度，她都在直直地盯着你。此圖現藏中國國家博物館。

簪花仕女圖

古代名畫。唐周昉繪。粗絹本，縱46厘米，橫180厘米。此圖以工筆重彩繪仕女五人，女侍一人。左起第一位仕女爲一貴族婦女。體態豐碩，髮髻高大，插牡丹花。外披紫色紗罩衫，内着斜格紋樣朱色長裙，絲綢襯裙長過紗衫，拖曳至地。右手擺向前側，左手執拂子伸向前。其右側一小狗，作撲跳姿態。左起第二位仕女從遠處移步而來，身材小巧，髮髻上插海棠花，脖子飾金項圈。身着朱紅披風，外套紫色紗罩，雙手緊操薄紗，掩着帔子，緊束寬大衣服。左起第三位仕女髻插荷花，身披白花格子紗衫，胸束朱色長裙曳於地面，紫色帔子上有花枝紋樣。上舉右手拈紅花一枝，左手取金釵向右移去，目光注視花枝，欲插花枝於髮髻。身前一丹頂鶴正抬足欲行。畫面左起第四位側立執長柄團扇者爲侍女。扇面繪盛開的牡丹。濃密黑髮梳成兩個十字相合髮髻，紅緞帶裝飾兩髮髻。内着朱色菱角紋襯裙，外套透明長紗衫。彩色襯裙下露白色軟底鞋尖。表情安詳又若有所思。左起第五位仕女亭亭玉立披白色紗衣，髮髻插紅瓣花枝，胸下朱紅色長裙分布紫綠色團花，外罩菱形紋樣紗衫。她輕舉右手，略提肩部紗衫領子。左手指嬉戲小狗。左起最後一位仕女髻插芍藥花，淺紫色紗衫罩朱紅色襯裙。左手提帔子，右手托舉剛捕捉的蝴蝶，上身前傾，頭微側，迎接跑來的小狗。仕女皆體態豐腴，臉龐圓潤，蛾眉彎月，皆佩披肩。仕女嬉游處盡頭，立一塊玲瓏石。石後盛開紫色辛夷花，綠葉、青草點綴其間。此圖并非完整畫作，而是拼接而成。左數第二位仕女爲後嵌入，白鶴與畫作小狗亦爲剪裁而來。畫卷無作者款印，亦無歷代題跋及觀款。清代安岐所著《墨緣匯觀》認爲此畫爲唐周昉所繪。其後《石渠寶笈續編》及清阮元《石渠隨筆》皆沿用該觀點，俱著録爲周昉《仕女圖》。現藏遼寧省博物館。

禹迹圖

禹迹即夏禹的踪迹。宋代《禹迹圖》是我國現存最早的石刻地圖之一，高81厘米，寬78厘米。圖上方偏左刻有："禹迹圖，每方折地百里，禹貢山川名，古今州郡名，古今山水地名，阜昌七年四月刻石。"《禹迹圖》繪出長江、黃河流域八十條河流，七十個山峰，六個湖泊和三百八十個行政區，對其名稱、位置都進行了準確標注。《禹迹圖》采用計里畫方圖，計有五千一百一十三個方格，每方折地一百宋里，藉由這些格子把所有的城市、山川河流的形狀大小和距離資料，全部標示出來，圖中各大江河水系曲折流勢及城市、大湖、海岸綫位置、形狀和今實測編繪圖相差甚小。地圖中使用了宋朝京、府、州、軍的地名建制，其路道劃分沿用宋制，保留了部分唐及以前地名。研究表明，《禹迹圖》明顯的錯誤有兩處：一、黃河源頭標示爲甘肅南部的積石山，而實際位置則是青藏高原的巴彥喀拉山北麓各姿各雅山的卡日曲，兩地誤差好幾百千米。而且黃河支流還多出了一條根本不存在的"黑水河"。二、長江的源頭標示爲岷江，而實際位置則是在唐古拉山主峰各拉丹冬雪山西南側的沱沱河。《禹迹圖》爲研究中國地圖學史提供了珍貴的資料，其歷史價值和科學意義影響深遠，英國著名學者李約瑟在《中國科學技術發展史》中說："《禹迹圖》是當時世界上最傑出的地圖。是宋代製圖學家的一項最大成就。"美國國會圖書館把《禹迹圖》19世紀的拓本當作館藏珍寶。《禹迹圖》刻石原置於鳳翔府岐山縣的縣學中，後移入西安碑林博物館。按，阜昌是南宋初由金岳扶植的僞齊劉豫的年號，阜昌七年，當爲宋高宗紹興六年（1136）。

上陽臺帖

字帖。傳爲唐李白行書法帖。李白，字太白，號青蓮居士，唐代詩人。司馬承禎，李白至交好友，唐朝國師，道教上清派第十二代宗師，道術精深，能書善畫，於王屋山陽臺宮內繪山水壁畫。李白登王屋尋友，故人已逝，睹畫思人，有感而作《上陽臺》："山高水長，物象千萬，非有老筆，清壯可窮。十八日，上陽臺書，太白。"此帖紙本。長38.1厘米，寬28.5厘米。經過多次接裱，此帖已成長卷一幅，上面密布歷代名家題跋和收藏章。卷首爲清乾隆所書"青蓮逸翰"四個大字，前隔水上是宋徽宗瘦金書題"唐李太白上陽臺"，帖後紙拖尾有宋徽宗瘦金書跋。據《上陽臺帖》印章題跋，可見此帖自南宋趙孟堅、賈似道，至元代張晏、

杜本、歐陽玄等人，而至明人項元汴，清人梁清標、安岐等歷代藏家收藏序列。安岐去世後，《上陽臺帖》入藏乾隆內府，著錄《石渠寶笈初編》。1924年溥儀出宮入住天津張園，大量變賣手中書畫。此帖就此流落民間，輾轉流入古董商人郭葆昌之手。1937年張伯駒以20萬元購得郭葆昌藏《上陽臺帖》《中秋帖》《伯遠帖》及另三幅作品。首付6萬元，約定餘款以一年爲期付清。後因盧溝橋事變，張未還清餘款，無奈退回《中秋》《伯遠》兩帖，以《上陽臺帖》及其餘畫作留抵已付款項。1956年張伯駒將此帖呈獻給國家。現藏北京故宮博物院。

唐摹本《寒切帖》

亦稱"謝司馬帖""廿七帖"。字帖。唐人摹寫王羲之草書《寒切帖》而得名。紙本，縱25.6厘米，橫21.5厘米。計五行，五十一字："十一月廿七日羲之報：得十四、十八日二書，知問爲慰。寒切，比各佳不？念憂勞久懸情。吾食甚少，劣劣！力因謝司馬書，不一一。羲之報。"爲王羲之寫給對方的一封回信。書畫鑒定專家徐邦達生前稱《寒切帖》："雙鈎淡墨帖，極爲明顯，觚棱轉折，備見鋒芒，精好亦不在《遠宦》之下，是唐摹善本無疑。"現藏於天津博物館。《寒切帖》左側有董其昌跋記。按，東晉王羲之後人尊稱爲"書聖"，其書法爲歷代書法家所推崇，但其真迹多早已毀佚。今所見王羲之書法，以鈎摹墨本和法帖摹刻拓本二種爲多。鈎摹墨本直接從原迹上鈎勒綫條，再填墨而成，因而最爲接近王羲之書法原貌。故世人一般將唐摹本羲之帖視同王羲之真筆。

【謝司馬帖】

即唐摹本《寒切帖》。見該文。

【廿七帖】

即唐摹本《寒切帖》。見該文。

鴨頭丸帖

字帖。爲王獻之寫於絹上草書作品，亦爲其書法作品唯一傳世真迹，共十五字："鴨頭丸，故不佳。明當必集，當與君相見。"故稱。此帖縱 26.1 厘米，橫 26.9 厘米。現藏上海博物館。按，王獻之，字子敬。"書聖"王羲之第七子，晋簡文帝司馬昱之婿。王獻之自幼隨父練習書法，以行書及草書聞名，與其父王羲之并稱"二王"，并有"小聖"之稱，與張芝、鍾繇、王羲之并稱"書中四賢"。南朝宋羊欣録名、南朝齊王僧虔紀事《採古來能書者名》："王獻之，晋中書令，善隸、槁，骨勢不及父，而媚趣過之。"唐張懷瓘《書估》："黄帝史、周宣史、鍾繇、張芝、王羲之、崔瑗、衛瓘、索靖、王獻之，以上九人第一等。"南朝梁蕭衍《古今書人優劣評》："王羲之書字勢雄逸，如龍跳天門，虎卧鳳闕，故歷代寶之，永以爲訓。王獻之書絶衆超群，無人可擬，如河朔少年皆悉充悦，舉體遝拖而不可耐。"

紫金研帖

亦稱"紫金帖"。字帖。在古文中，"研""硯"并用。北宋米芾親筆書寫。因其索回蘇軾借走的紫金硯有感而書，故得名。此帖行書於淡牙色紙本上，縱 28.2 厘米，橫 39.7 厘米。上書："蘇子瞻携吾紫金研去，囑其子入棺。吾今得之，不以殮。傳世之物，豈可與清净圓明本來妙覺真常之性同去住哉！"此帖流傳至今，鈐有"典禮稽察司印"半印，"安岐之印""安儀周家珍藏""乾隆鑒賞""宣統鑒賞""無逸齋精鑒賞"等鑒藏印，并見録於故宫博物院珍藏《宋四家墨寶》册。《三希堂法帖》有摹刻，《式古堂書畫彙考》《墨緣彙觀》和《石渠寶笈續編》等有著録。爲米芾傳世書法精品之一。後人評價此帖，確實是令筆毫平鋪紙上，運筆時産生"萬毫齊力"的效果，且使點畫綫條具有"骨峻""筋健""肉腴""血活"等美感的書法力作。現藏臺北故宫博物院。

【紫金帖】

即紫金研帖。見該文。

"王杖詔書令"木簡

木簡。1959 年考古人員在清理甘肅武威新華鄉磨咀子墓葬群時，於十八號漢墓中發現十枚。由松木製成。每枚長約 24 厘米，寬 1 厘米，被繫在一根長約 2 米的鳩杖上。簡文記載了漢朝的養老政策。如《王杖簡十》全文："孝平皇帝元始五年，幼伯永平十五年，受王杖。"大意爲，幼伯生於西漢平帝元始五年（5），在東漢明帝永平十五年（72）接受了王杖。《後漢書·禮儀志中》："仲秋之月，縣道皆案户比民。年始七十者，授之以王杖，餔之糜粥。八十、九十，禮有加賜。"漢制每年八月，各郡縣按照人口登記簿上的信息，給滿七十歲的老人送上一根朝廷頒發的"王杖"，以示尊敬。這一制度在西漢時執行比較認真，有過改革，如漢宣帝時放寬授予王杖的年齡限制。所以，幼伯未滿七十歲却得到了朝廷的王杖。《王杖簡二》記載："制詔御史曰：年七十受王杖者比六百石，入官廷不趨，犯罪耐以上毋二尺告劾，有敢徵召侵辱。"大意爲，得到王杖的人，享受的食禄和拿六百石糧食的縣令差不多；進官府、宫廷不用小步疾走；若觸犯刑律，如無人起訴，不追究責任。得到王杖的老人所享有的權利遠不止簡牘上記的這三條，所以墓主人去世後以之陪葬。

"石染典"過所

過所即通關文牒。此爲唐人石染典之通關文牒。1959年出土於新疆吐魯番阿斯塔那五〇九號墓。由三張紙粘接而成，前後内容缺失，剩餘部分保存完好，文中共有五處朱印（首印爲"瓜州都督府之印"，中間三印爲"沙州之印"，結尾處爲"伊州之印"）。過所殘長78厘米，寬28.5厘米，存文字二十四行。遠在商朝即有官檢機構和制度。至春秋戰國時期，我國最早的通行證——"符節"誕生。符用以傳遞命令，節代表身份。節由青銅鑄造。陸路通行爲"車節"，水路通行爲"舟節"。西漢時，節改爲一柄綴有旄毛的長杆，爲官方出使者使用。百姓過關憑證稱爲"傳"和"過所"。傳相當於現代之身份證，過所相當於通行證，二者同時使用。自魏晋至隋唐，傳取代節，因公外出人員亦以此作爲憑證。普通百姓所用通行證統稱爲"過所"。

西漢紙帛書

懸泉置遺址，爲西漢以懸泉命名的邊關驛站。1990年考古專家在懸泉置遺址（位於河西走廊西部瓜州與敦煌兩縣市的交界處）進行考古發掘，出土用苧麻、大麻之類的植物纖維製成的麻紙二十四件。這些紙張采用"澆紙法"製作，比較厚重且纖維不匀。其中四件褐黃色麻紙上有墨書，三件紙書屬西漢，隸草字體，少則幾字，多則十餘字。其中之一長6.5厘米，闊3.5厘米，四周均殘缺，呈不規則碎塊狀。色白質細，表面光滑，結構緊密，堅挺而有韌性，吸水性差，斷茬邊緣可見麻織物纖維。表面殘留墨書兩行，字體潦草，書法風格與同出

文書基本一致。另一件屬新莽時期，殘存三十字左右，書體介於隸、楷之間。西漢麻紙早在20世紀30年代就已發現，因無字迹，有人認爲麻紙不是用來書寫的紙。經過專家鑒定，懸泉置出土的紙張有些來自漢宣帝時期。這些西漢麻紙，也是世界上發現的最早的有墨迹紙張。史學界把這些有書寫墨迹的西漢麻紙定名爲敦煌古紙。一般認爲，元興元年（105）蔡倫向漢和帝獻紙，爲紙的誕生時間。但西漢的書寫麻紙比蔡侯紙要早一百七十年。按，中國傳統造紙技術有"澆紙法"和"抄紙法"兩種。澆紙法是最早的造紙方法，先將麻料剝皮，浸入石灰乳裏蒸煮，洗出白色纖維後，將纖維用木錘舂搗，使之變短成漿，再將紙漿直接澆到布簾上成紙，一簾一紙，在陽光下自然曬乾。用澆紙法生産的紙，厚重且不均匀。這種技術至今在雲南的傣族、新疆的維吾爾族中仍有應用。東漢發明了"抄紙法"，即蔡倫的造紙方法。用竹簾從混有紙漿的水槽中抄紙，這種紙較薄，纖維分布較均匀，且多有方嚮性，紙上有簾紋。

武則天手書

武則天手書《金剛經》。萬歲通天元年（696），武則天爲了祭奠逝去的雙親，下旨抄寫《妙法蓮華經》《金剛經》各三千卷，并且每卷經文都要進行三遍校對。抄寫所用紙張和墨，皆爲皇家御用的黃裱紙和頂級的松烟墨，歷經千年而不腐。抄經者爲宮廷中的專業寫手和宮外的一些知名書法家，每次抄經前，都要沐浴更衣、焚香晏坐、心平氣和。武則天是一位虔誠的佛教徒，親歷親行，用藍底青箋以小楷金粉親手抄寫《金剛經》，并經十多人校驗。這卷經書留有"敕"和"臣虞昶奉旨校閲"等字樣。

抄寫工程歷時三年方完成。這些經書，有六百
多卷藏於敦煌，剩餘部分傳送全國各地的寺廟
加以供奉。清光緒二十三年（1897），道士王圓
籙來到敦煌，負責看管莫高窟。光緒二十六年
（1900），他發現了藏經洞，乃取部分寫卷、佛
畫等分贈肅州兵備道廷棟及本縣官員鄉紳，此
爲藏經洞文物流出之始。爲保護莫高窟，他向
各級官員求助，甚至冒死向慈禧上書，但清政
府當時無暇他顧。藏經洞的消息招來了一批西
方的探險者，其中有英國探險家斯坦因、法國
的伯希和等。他們以極少的錢財買走上萬卷的
經卷。武則天抄寫的《金剛經》被伯希和偷運
到了法國。據伯希和回憶：此卷經文包裹在一
個金絲卷的紫檀描金帖盒中，因係金粉寫成，
歷經七百年，絲毫沒有退色。在藏經洞所發現
的所有抄寫經卷中，衹有武則天時期抄寫的這
一卷《金剛經》是完整版，其他的皆爲殘卷。
這件小楷《金剛經》精雕細琢、雍容華貴、細
膩而多姿，字字完美，貴氣十足，既有女性的
婉柔，又有王者的霸氣，盡顯"女皇"風範，
被譽爲"天下第一小楷"。現藏於法國國家博物
館（一說圖書館）。

明殿試卷

明代狀元趙秉忠殿試卷。此卷寫於宣紙上，
全長 3.33 米，計二十四摺。每摺高 47.6 厘米，
寬 14.1 厘米。封面、封底均爲全綾裝裱。狀元
卷分爲三部分。一、考生簡況：姓名、籍貫、
年齡等，上溯三代的基本情況，占四摺。二、
正卷十五摺，每摺六行，用 10 毫米見方官閣體
小楷書寫，硃筆斷讀，句末畫有紅圈，正文計
二千四百六十字。正文前爲萬曆皇帝朱翊鈞頂
天硃批六個大字："第一甲第一名"，占一摺。

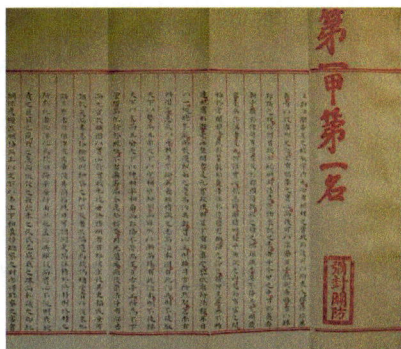

明趙秉忠狀元卷

三、列有吏部、戶部、刑部尚書九位讀卷官職
務、姓名，占四摺。趙秉忠字季卿，青州府益
都縣（今山東青州）人，出身官宦之家。萬曆
二十六年（1598）高中狀元，時年二十五歲，
官至禮部尚書。狀元卷爲趙秉忠答萬曆皇帝殿
試題目"問帝王之政與帝王之心"之卷。摘要
如下："臣對：臣聞帝王之臨馭宇內也，必有經
理之實政，而後可以約束人群，錯綜萬機，有
以致雍熙之治；必有倡率之實心，而後可以淬
勵百工，振刷庶務，有以臻郅隆之理。立紀綱，
飭法度，懸諸象魏之表，著乎令甲之中，首於
巖廊朝宵，散於諸司百府，暨及於郡國海隅，
經之緯之，鴻巨纖悉，莫不備具，充周嚴密，
毫無滲漏者是也。何謂實心？振怠惰，勵精明，
發乎淵微之內，起於宥密之間，始於宮闈穆清，
風於輦轂邦畿，灌注於邊疆遐陬，淪之洽之，
精神意慮，無不暢達，肌膚形骸，毫無壅閼者
是也……臣不識忌諱，干冒宸嚴，不勝戰慄隕
越之至。臣謹對。" 1983 年趙秉忠十三代孫趙
煥彬將狀元卷獻予國家。經北京故宮博物院專
家鑒定係真迹，乃明代狀元卷孤本。定爲國家
一級文物。現藏於青州市博物館。

長羅侯過懸泉置費用簿

1990 年一份長羅侯過懸泉置費用簿在懸泉

置遺址出土，記載的是元康五年（前61）懸泉置接待長羅侯軍吏出使烏孫時的一份賬單。賬單冊由十八枚長23厘米、寬0.8厘米的木簡組成。爲招待長羅侯等人，懸泉置置辦了牛、羊、鷄、魚、酒、豉、粟、米等各種食品，幷詳細記錄過往人數、物資開銷。長羅侯即西漢開拓邊關的英雄常惠，懸泉置指西漢時以懸泉命名的邊關驛站。公元前61年，常惠前往烏孫迎取聘禮，途經敦煌懸泉置，使團成員曾在此停留食宿。常惠此次出使烏孫，史籍無相關記錄。長羅侯過懸泉置費用簿的出土，不僅爲研究懸泉置的功能和經費物品收支提供了第一手資料，更爲研究西漢王朝的西域政治，特別是與烏孫國的關係提供了重要史料。按，常惠，太原郡人，西漢大臣。漢武帝時曾作爲蘇武的副使出使匈奴，被扣留十九年。漢昭帝時回國，封爲光禄大夫。後出使烏孫，擊敗匈奴，被封爲長羅侯，成爲大漢與烏孫交往、經營西域的關鍵人物之一。常惠誅殺殺害漢使的龜兹貴人姑翼，之後接替蘇武擔任典屬國（負責屬國的官員）。漢宣帝時爲右將軍，漢元帝時去世，諡號壯武侯。史稱其"明習外國事，勤勞數有功"。漢應劭《風俗通》："漢家因秦，大率十里一亭，亭，留也。蓋行旅宿食之館也。……漢改郵爲置，置者，度其遠近置之也。"《元和郡縣圖志》卷四〇："隴右道沙州敦煌縣，懸泉水，在縣東一百三十里，出龍勒山腹，漢將李廣利伐大宛還，士衆渴乏，引佩刀刺山，飛泉湧出，即此也。水有靈，車馬大至即出多，小至即出少。"《敦煌懸泉置漢簡・管理與事務類》："神爵四年四月丙戌、太守守屬領縣（懸）泉置移遮要置。"又："陽朔二年四月壬申、縣（懸）泉置

嗇夫尊受少内嗇夫壽。"

長羅侯過懸泉置費用簿譯文

懸泉置元康五年正月過長羅侯費用簿。縣掾延年過。
入羊五，其二羍，三大羊，以過長羅侯軍長吏具。
入鞠三石，受縣。
出鞠三石，以治酒之釀。
入魚十枚，受縣。
入豉一石五斗，受縣。
今豉三斗。
出鷄十隻一枚，以過長羅侯軍長吏二人、軍候丞八人、司馬丞二人，凡十二人。其九人再食，三人一食。
出牛肉百八十斤，以過長羅侯軍長史廿人、斥候五十人，凡七十二人。
出魚十枚，以過長羅侯軍長史具。
出粟四斗，以付都田佐宣，以治庚。
出豉一石二斗，以和醬，食施刑士。
入酒二石，受縣。
出酒十八石，以過軍吏廿，斥候五人，凡七十人。
凡酒廿，其二石受縣，十八石置所自治酒。
凡出酒廿石。
出米廿八石八斗，以付亭長奉德、都田佐宣，以食施刑士三百人。
凡出米卅八石。

秦二世登基文告

竹簡。2013年在湖南益陽兔子山遺址九號古井出土。長23厘米，寬24厘米，厚0.2厘米，重10.8克。簡損壞較小。屬於秦二世胡亥"奉詔登基"的官府文告，是破解歷史的一份難得實物。文告曰："天下失始皇帝，皆遽恐悲哀甚，朕奉遺詔，今宗廟吏及箸以明至治大功德者具矣，律令當除定者畢矣。元年與黔首更始，盡爲解除流罪，今皆已下矣，朕將自撫

天下。吏、黔首，其具行事已，分縣賦援黔首，
毋以細物苛劾縣吏，亟布。"秦二世登基文告的
出土，爲研究秦朝體制及秦二世的真實情況提
供了實證。

秦軍人家書

秦家書。1975 年冬出土於湖北雲夢睡虎
地秦墓，爲兩片木牘。長 20 厘米左右，正反
兩面均有墨書文字，共四百一十六字。分別爲
征戰在外的兄弟二人"黑夫"和"驚"寫給
長兄"衷"的家書。據考證此爲我國最早的
軍人家書。黑夫木牘家書寫於秦王政（秦始
皇）二十四年（前 223）二月，正面墨書秦隸
五行二百四十九字，背面墨書秦隸六行，可辨
識一百一十字。驚書寫於同年三四月間，木牘
下部殘缺，正反兩面皆墨書秦隸五行八十七
字。家書由秦軍駐地淮陽寄至其家鄉安陸（今
湖北雲夢）。大哥衷，農民，與母親同住。大弟
驚，已婚，有一女。小弟黑夫，未婚。黑夫的
家書主要内容：一、向兄長問好，關心父母健
康。并告知兄弟二人相見，"前日黑夫與驚别，
今復會矣"。二、向家人要錢、夏衣，"遺黑夫
錢，母操夏衣來"，"可以爲禪裙襦者，母必爲
之，令與錢偕來"；如果絲布貴，"徒（以）錢
來，黑夫自以布此"。三、詢問授爵文書是否送
到，"書到皆爲報，報必言相家爵來未來"。四、
馬上要攻打淮陽，不知攻打多久，錢不要給太
少，"願母遺黑夫用勿少"。五、信、夏衣送到
南方秦軍大營，"書衣之南軍毋"。驚的家書主
要内容：一、問候親人，自報平安："驚敢大心
問衷，母得毋恙也？""與黑夫居，皆毋恙也。"
二、要錢、要衣服："願母幸遺錢五六百，布謹
善者毋下二丈五尺。"并講了原因："用垣柏錢

矣，室弗遺，即死矣。"三、惦念妻兒，囑咐其
照顧好爹娘，注意安全："新負（婦）勉力視瞻
兩老"，"令毋敢遠就若取新（薪）"。四、爲驚
拜祭神靈如得下下籤，不要驚慌，衹因"驚居
反城中故"。并囑咐大哥不要去新地城，"新地
入盜，衷唯毋方行新地"。五、因事情急，兩處
連用"急急急"，表明驚的焦慮心情。這兩封家
書反映了秦統一六國戰爭中秦軍普通士兵的日
常生活，是我國迄今为止所發現年代最早的底
層百姓的家書實物，十分珍貴。

"遂"墓告地書

1975 年 6 月湖北江陵楚國故都紀南城鳳
凰山一六八號墓出土。遂，西漢文帝時五大夫
（相當於縣令），前元十三年（前 167）去世。
江陵丞模仿現實生活中有關遷徙文書寫成告地
下官吏書，即死者到"閻王"處報到的"介紹
信"。告地書寫在一片長 23.3 厘米、寬 4.4 厘
米的竹牘上："十三年五月庚辰。江陵丞敢告地
下丞：市陽五大夫遂，自言與大奴良等廿八人、
大婢益等十八人、軺車二乘、牛車一兩（輛）、
騶馬四匹、騂馬二匹、騎馬四匹。可令吏以從
事。敢告主。"大意爲前元十三年五月庚辰，居
住在江陵縣西鄉市陽里的五大夫"遂"過世，
帶領男女奴婢、馬匹車輛等來陰間報到，請陰
間的官吏按照"遂"在陽間級別接待安排，并
請向陰間之主報告。現藏荆州博物館。

《齊孫子》竹簡

古代兵書。《孫臏兵法》初期亦稱爲《孫子
兵法》，爲與孫武所著《孫子兵法》區别，以孫
臏曾任齊軍師而稱《齊孫子》。中國古代軍事
著作之一，是繼《孫子兵法》後"孫子學派"
又一力作，同時亦是反映戰國時兵家思想的代

表作之一。漢代典籍明確記載《孫子兵法》和《孫臏兵法》同時存在。《漢書・藝文志》：“《吳孫子兵法》八十二篇，圖九卷。”顏師古注曰：“孫武也，臣於闔廬。”又：“《齊孫子》八十九篇，圖四卷。”顏師古注曰：“孫臏。”自《隋書・經籍志》後，《齊孫子》不見著錄。自此以後，有人懷疑歷史上有没有“孫武”和“孫臏”，亦有人認爲《孫子兵法》《孫臏兵法》是一本書等，成了千年懸案。1972年山東臨沂銀雀山一號漢墓出土竹簡本《孫臏兵法》，失傳一千七百多年的《孫臏兵法》重見天日。《孫臏兵法》共得竹簡三百六十四枚，分上、下編，各十五篇，包括《禽龐涓》《見威王》《威王問》等。同時出土《孫子兵法》，共十三篇竹簡，每篇至少一簡，證實《孫子兵法》係孫武所著。銀雀山漢簡出土不僅向世人昭示孫武和孫臏爲歷史上的兩位真實人物，且各有兵書問世，同時亦證明歷史文獻《史記》《漢書》等文字記載的真實性。《孫臏兵法》竹簡現藏山東博物館。

漢武帝遺詔

遺詔。1977年，游客發現於甘肅玉門關花海漢代烽燧遺址有竹簡九十一片，六面的木觚一根。觚長37厘米，紅柳木做成，上面刻着歪歪扭扭的二百一十二個隸書字，其中一百三十三字是漢武帝臨終留給太子劉弗陵的遺詔，大意是：“我命不久矣。望太子稱帝後，能善待百姓，賦稅有度，選賢與能，尊師重教，守住祖訓和江山，萬不可效仿秦二世胡亥禍亂天下，斷送漢朝江山。”另外七十九字，是烽火臺上的士兵寫給戰友的書信，和遺詔没有任何關聯。推測一位邊疆士兵在木棍上練字，這封遺詔，極有可能是士兵在練字時抄寫的習作，并將木觚寄給了同僚。據《漢書》記載，漢武帝臨終交代兩道遺詔：一是給霍光等人封侯，讓他們輔佐新帝劉弗陵；二是把“戾太子”劉據之孫劉病已養在掖庭，并録入皇家族譜。除此之外，未見任何其他文獻記載，因此多年來，國内史學家一直認爲漢武帝没有留下任何遺詔。烽燧遺址的發現給後世留下了珍貴的歷史資料。《漢書・昭帝紀》：“後元二年二月上疾病，遂立昭帝爲太子，年八歲。以侍中奉車都尉霍光爲大司馬、大將軍，受遺詔輔少主。”《漢書・宣帝紀》：“嗣孝武皇帝曾孫病已，有詔掖庭養視。”又《霍光金日磾傳》：“遺詔封金日磾爲秺侯，上官桀爲安陽侯，光爲博陸侯，皆以前捕反者功封。”又《魏相丙吉傳》：“遺詔所養武帝曾孫名病已在掖庭外家者，吉前使居郡邸時見其幼少，至今十八九矣，通經術，有美材，行安而節和。願將軍詳大議，參以蓍龜，豈宜褒顯，先使入侍，令天下昭然知之，然後決定大策，天下幸甚！光覽其議，遂尊立皇曾孫，遣宗正劉德與吉迎曾孫於掖庭。宣帝初即位，賜吉爵關内侯。”

頒令箴

箴是古代的一種文體，頒令箴，即頒布命令用以告誡、規勸。五代時孟昶所作。其文如下：“朕念赤子，旰食宵衣。言之令長，撫養惠綏。政存三異，道在七絲。驅鷄爲理，留犢爲規。寬猛得所，風俗可移。無令侵削，無使瘡痍。下民易虐，上天難欺。賦輿是切，軍國是資。朕之賞罰，固不逾時。爾俸爾禄，民膏民脂。爲民父母，莫不仁慈。勉爾爲戒，體朕深思。”《頒令箴》頒布，希望後蜀各州、縣官吏，務必要以民爲天，有違者嚴懲。宋太宗深知民心所嚮和載舟覆舟的道理，對後蜀頒布的《頒令箴》極爲贊賞。他摘取四句箴言詔令全國各府、州、縣官吏，將其鐫刻在碑石之上，定名《誡石銘》，警示後人。邢臺清風樓保存有元至元十五年（1278）用顏體楷書刻立載有《頒令箴》全文的石碑。宋王明清《揮塵餘話》卷一："蜀主能文章，好博覽，知興亡，有詩才，嘗爲箴誡頒諸字人，各令刊刻於坐隅，謂之頒令箴。"宋洪邁《容齋隨筆·戒石銘》："成都人景煥，有《野人閑話》一書，乾德三年所作，其首篇頒令箴。"明郎瑛《七修類稿·詩文類·戒石銘》："《戒石銘》始於蜀主孟昶。頒令箴於天下州邑。其文二十四句。至宋太宗刪繁擇取'爾俸爾禄，民膏民脂，下民易虐，上天難欺'一十六字頒行天下。至高宗紹興間，復以黃庭堅所書，命州縣長吏刻銘座右。本朝則立於甬道也。"

救八難綠度母唐卡

藏族宗教繪畫品。清代即有此畫。此畫長156厘米，寬109厘米。布本設色。綠度母居中央，頭戴五佛冠，身飾瓔珞珠寶，左手當胸執花莖，右手放右膝作予願印并執花莖，花開於肩兩側。綠度母坐於蓮臺，右脚略前伸踏於蓮花上。主尊周圍爲去八難（指獅難、象難、兵難、蛇難、水難、匪難、火難、魔難）綠度母化身。背景所繪圖即爲綠度母救八難故事。圖下中爲吉祥天母及四伴神。現藏四川博物院。按，唐卡，亦稱"唐嘎""唐喀"。指用彩緞裝裱後懸挂供奉宗教卷軸畫，爲藏族文化獨具特色的繪畫藝術形式，內容涉及藏族歷史、政治、文化和社會生活等諸多領域。

獅面佛母唐卡

藏族宗教繪畫品。清代已有此畫，長170厘米，寬120厘米。布本設色，居中位置爲獅面佛母。獅頭人身，左手捧着嘎巴拉碗，右手高舉執鉞刀，懷抱天杖，披身人皮，左腿微曲，脚下踏一人，右腿向內彎曲。上頂爲金剛薩埵，其下左爲虎面佛母，右爲熊面佛母。現藏四川博物院。

尊勝佛母圖

藏族宗教繪畫品名。清代已有此圖。長62厘米，寬44厘米。布本設色。尊勝佛母三面八臂，頭戴寶冠，絲寶嚴身。佛母三面三色，正面爲白色，第三隻眼生在額上正中，右側面爲黃色，左側面爲藍色。佛母八臂中，正面主二臂左手持金剛索，右手托金剛交杵，當胸結印。右側三臂上臂持化佛、中臂持箭、下臂作予願印。左側三臂上臂施無畏印、中臂持弓、下臂托寶瓶。結跏趺坐於蓮臺。畫面上方繪花卉，底部繪供品。現收藏於四川博物院。按，結跏趺坐是坐法之一。坐式互交二足，右脚盤放於左腿，左脚盤放於右腿。此種坐姿，在諸坐之中爲最安穩而不易疲倦者，故又稱"如來坐""佛坐"。

"稿"字郵票

珍郵名。1943年新四軍淮南交通總站發行、專用於給淮南區《新路東》（後改名《淮南日報》）報社記者、通訊員寄遞新聞與稿件使用的郵票。屬於"郵資總付"性質。圖案紅色，五角星內有面值數字"20"（分）白色字體，四周有放射光芒，上面有拉丁化新文字"XUAI NAN"（淮南），中間加蓋黑色二號宋體"稿"字。石版。無齒孔。圖幅爲18×18毫米。印製在使用過的電報紙的背面。存世不足二十枚，爲"區票"中的罕品，尤其是"稿"字四方聯郵票存世祇有一件，被譽爲中國解放區郵票中的"紅印花"郵票，列入世界珍郵之林。2004年國內藏家在北京徵集到一件"稿"字六方聯郵票，刷新了"稿"字郵票存世最大聯祇有四方聯的紀錄。這件"稿"字2×3毫米橫六方聯郵票，不同於其他"稿"字郵票印於報紙，背後爲光面，紙色微黃，票與票間有壓痕，便於撕開。單枚郵票圖幅爲18×18毫米，六方聯郵票尺寸約爲44×66毫米。2007年12月新華網報道，發現1943年發行的整版"稿"字郵票一張。它的紙質與六方聯紙質相同。《中國集郵大辭典》對"稿"字郵票詮釋如下："淮南交通總站1943年發行的新聞稿件專用郵票。一枚，無面值。它是用綠色五角星圖郵票的原版改刷成大紅色并加蓋黑色稿字，石版印刷在新華社電報稿紙的背面。無齒孔。圖幅18mm×18mm。"按，五角星圖郵票原是淮南交通站爲投寄私人信件印製的專用郵票，俗稱"私"郵郵票。郵票圖案爲五角星，内有面值20分（淮南抗幣）供平信郵資，刷色綠色。

文房

水盂

亦稱"水丞"。文具用品。多以陶瓷、玉石、水晶、瑪瑙、玻璃、漆器、銅、景泰藍等製成。漢代已見此物。置於書案之貯水器，注水添硯用。造型多爲扁圓形，圓口，鼓腹，平底或帶足，無出水嘴，用水須用小勺舀取。漢代青瓷水盂爲最早實物，器型小巧，斂口，扁圓腹。南北朝時以陶瓷水盂爲主體，又以青瓷爲上，做工精巧雅致，流行仿生形態，浮雕技法，立體感強。以鼓腹動物形爲主，蛙形、兔形最受歡迎。唐代水盂形態多變，以龜形最精彩，瓜棱形最流行。宋元盛行舟形、魚形。明清水盂品種豐富，其中瓷製水盂實用性最強。盂口所具有的陳設性和工藝性，與以前有所不同。宮廷水盂更爲小巧精緻。宋趙希鵠《洞天清録・水滴辨》："晋人水盂：余嘗見長沙故官家有小銅器，形如桶，可容一合，號右軍硯水盂，其底内有永和字，此必晋人貯水以添硯池者也。古人無水滴，晨起則磨墨汁盈硯池，以供一日用，墨盡復磨，故有水盂。""古人無水滴"説不確。明文震亨《長物志・文具》："文具雖時尚，然出古名匠手亦有絕佳者……次格古銅水盂一，糊斗、臘斗各一。"清李光庭《鄉言解頤・物部上・消寒十二事》："暖硯：筆硯精良，人之樂也。冰炭制化，硯之災也。當得意疾書之時，而水丞腹堅，石君面皺，能無興阻。"清陳瀏《匋雅》卷上："康熙六字藍款。荸薺扁之水盂。有天青薄釉者。表裏一色。聲價一如蘋果綠。"又："水盂之小者，謂之水丞，又謂之水中丞。大者曰洗。"又："其口斂而加小者。謂之水丞。則盂之屬也。"按，大小之説，當始於清代。可備考。

古玉雷簋水丞
（宋龍大淵《古玉圖譜》）

【水丞】

即水盂。此稱宋代已行用。見該文。

【水中丞】

即水盂。明文震亨《長物志·器具》："水中丞，銅性猛，貯水久則有毒，易脆筆，故必以陶者爲佳。"明高濂《遵生八牋·高子書齋説》："一班竹筆筒，一舊窑筆洗，一糊斗，一水中丞，一銅石鎮紙……"清宣鼎《夜雨秋燈録·集卷·雅賺》："案上筆硯紙墨，烏絲尺，水中丞，皆備。"清陳瀏《匋雅》下卷："康采水中丞有二種。一則口小而腹旛，釉裏紅花數朵，枝葉亦羅羅清疏者，曰小酒罇。一則巨口豐下，高約二寸，花葉亦如之，曰矮馬蹄。"清朱琰《陶説·説器中》："《考盤餘事》：水中丞，陶者有官、哥窑甕肚圓式，有鉢盂小口式者，有儀棱肚者，有青冬瓷、菊瓣、甕肚、圓足者。有定窑印花長樣如瓶，但口敞可以貯水者，有圓肚束口三足者，有龍泉甕肚、周身細花紋。近用新燒鈞窑，俱法此式，奈不堪用。"

【田難簍】

水盂之一種。甚高大，上鋭下豐，形如農家背簍。難，盛大貌。清陳瀏《匋雅》卷上："水丞之高者，鋭上而豐下，俗謂之田難簍。"一説"田難簍"爲"田雞簍"之訛。"田雞簍"爲農家背簍，形似田雞，故名。田雞即青蛙。或説爲捉田雞所用。

【白釉出戟水丞】

水盂之一種。五代定窑白釉出戟水丞，高5.4厘米，口徑2.1厘米，足徑2.8厘米；斂口直腹，腹下斜收，小圈足。腹部有四道出戟棱柱。通體施白釉，圈足處光素無釉。内附小勺一柄。使用時，用内附的小勺將清水舀入硯上，

研磨習字。現藏北京故宮博物院。按，"戟"爲古代兵器，即長槍側面凸出來帶刃的月形鋒刃。"出戟"就是將戟的形狀用在瓷器身上的一種裝飾，使平整的瓷器器身有戟一樣的凸起。此指瓷器身上凸起的扉棱。

水滴

文具。早爲銅製，後多以陶、瓷、玉、石製。漢代已見此物。置於書案之貯水器，注水添硯用。造型常見小動物形、舟形，有進水口和出水孔。明陶宗儀《南村輟耕録·神人獅子》："冢磚上有'太元二年造'五字。按太元，東晋武帝時也。……内一水滴，作獅子昂首軒尾走躍狀，而一人面部方大，髭鬚飄蕭，騎獅子背，左手握無底圓桶，右手臂鷹，人之腦心爲竅，以安吸子。吸子頂微大，正蓋胸心。儼一席帽胡人，衣及獅鷹羽毛，種種具備，通身青綠，吸子渾若碧玉。論其製作膚理，則非晋人所能，乃漢器無疑。"清陳瀏《匋雅》上卷："水丞，謂之水滴，又謂之蟾注。有蟾滴，有龜滴，皆水滴也。凡滴各有水管，安插於龜蟾等物之背上。用時以食指按其管，吸水而注之於硯，故曰滴也，而又曰注也。"清胡煦《周易函書別集》卷一五："即如銅水滴，捻其竅則水不滴，放之則滴。"

【硯滴】

即水滴。唐皎然《送裴秀才往會稽山讀書》詩："硯滴穿池小，書衣種楮多。"宋蘇軾《夜直玉堂携李之儀端叔詩百餘首讀至夜半書其後》詩："愁侵硯滴初含凍，喜人燈花欲鬪妍。"元陸友仁《硯北雜志》卷下："李仲芳家有南唐金銅蟾蜍硯滴，重厚奇古，磨滅處金色愈明，非近世塗金比也。"清朱琰《陶説·説器中》：

漢龜蛇硯滴
（清刊《亦政堂重修宣和博古圖錄》）

"《西京雜記》：廣川王有玉蟾蜍一枚，以盛書滴。秦嘉妻與嘉書'今奉金錯碗一枚，以盛書水'，即後之所謂硯滴也。"浙江省博物館藏一舟形硯滴，硯滴通長16.7厘米，寬6.5厘米，高9.3厘米；胎質細膩潔白，器身內外施青釉，釉層肥厚，釉色青亮；橢圓形小平底，露胎呈火石紅。船上有艙棚和艄棚，艄棚略小，艙棚船舷兩側有欄杆，左邊有一木槳。船艙內有着襟衣者二人，席地而坐，呈交談狀。艙外一位穿蓑衣的船夫，正攀爬艙頂，欲取下棚頂的笠帽。船首前有一通嚮船底的入口（爲注水口），船艙用來儲水。艙棚和艄棚之間有一小洞爲控制口。通過手指按捺的輕重啓合精準地控制注水量。此船形硯滴釉色美麗，做工考究，造型奇特，乃青瓷中之珍品。

【書滴】

即水滴。《西京雜記》卷六："唯玉蟾蜍一枚，大如拳，腹空，容五合水，光潤如新，王取以盛書滴。"清朱琰《陶説·説今·饒州窰》："連年以來，古禮器尊、罍、彝、鼎、卣、爵之款制，文房硯屏、墨床、書滴、畫軸、秘閣鎮紙，司直各適其用。"

【水注】

即水滴。明高濂《遵生八牋·燕閑清賞牋上》："其水注用蟾蜍，用瓜茄，用鳥獸，種種入神。"清章學誠《文史通義·內篇三》："今

欲以水注器者，姑置其器，而論水之挹注盈虛與夫量空測實之理。爭辨窮年，未有已也，而器固已無用矣。"

古玉卧瓜水注
（宋龍大淵《古玉圖譜》）

【蟾滴】

亦稱"蟾注"。水滴之一種。爲蟾形。宋陸游《衰疾》詩："硯潤閑蟾滴，香殘冷鴨爐。自憐風味在，尚欲泛江湖。"宋劉筠《秋夜對月》詩："蟾滴全供硯，牛津不見星。綺窗分皎皎，苔閣共亭亭。"清陳瀏《匋雅》上卷："水丞，謂之水滴，又謂之蟾注。有蟾滴，有龜滴。皆水滴也。凡滴各有水管，安插於龜、蟾等物之背上。用時以食指按其管，吸水而注之於硯，故曰滴也。而又曰注也。"《續通志·器服略一·日用器》："青冬瓷菊瓣水中丞，細花紋水中丞，雙桃注，雙蓮房注，蟾注。"清朱琰《陶説·説器中》："有定窰枝葉纏擾瓜壺，有蒂葉茄壺，有駝壺，可格筆，有蟾注。"許之衡《飲流齋説瓷·説雜具》："水滴，象形者，其製甚古。蟾滴、龜滴由來舊矣，古者以銅，後世以瓷，明時有蹲龍、寶象諸狀。凡作物形而貯水不多者，則名曰滴，不名曰盂。"

【蟾注】

即蟾滴。此稱清代已行用。見該文。

【龜滴】

水滴之一種。爲龜形。清陳瀏《匋雅》上卷："水丞，謂之水滴，又謂之蟾注。有蟾滴，有龜滴，皆水滴也。凡滴各有水管，安插於龜蟾等物之背上，用時以食指按其管，吸水而注之於硯，故曰滴也，而又曰注也。"近世許之衡

《飲流齋説瓷·説雜具》："水滴，象形者，其製甚古。蟾滴、龜滴由來舊矣，古者以銅，後世以瓷，明時有蹲龍、寶象諸狀。凡作物形而貯水不多者，則名曰滴，不名曰盂。"

水盂與水滴的區別

	异名	造型特點	材質
水盂	水丞、水中丞	多爲扁圓形，圓口，鼓腹，平底或帶足，無出水嘴，自帶配件小勺	玉石、玻璃、銅質鎏金、琺琅及各種陶瓷等，甚至有竹製和木製
水滴	書滴、硯滴、水注等	造型豐富，做工比較精美，有單獨的進水口和出水孔	除金屬、玉石、瑪瑙外，大多爲陶瓷製品

"半潭秋月"硯洗

文房用具。北宋神宗熙寧七年（1074），蘇軾擢升密州（今山東諸城）知州，赴任後建蓋公堂時發現一淡綠色砂岩礫石，石質温潤，形似彎月。蘇軾將其改造成硯洗。硯洗平面呈半圓形，長64厘米，寬45厘米，高30厘米。池爲平底，深10～14厘米，壁厚6厘米，重約100千克。蘇軾即興題名"半潭秋月"，鎸刻於正面。後又題跋："熙寧七年，余來守密，見此石於蓋公堂故址西偏，埋没塵埃中，已作敝屣棄矣。余喜其質温潤，稍爲琢磨，改作硯洗，亦可爲不次之擢。東坡又題。邑人劉庭式隸並鎸。"鎸刻於背面。蘇軾在密州期間，勤政愛民，政績卓越，深得民心。其文學成就尤爲突出，共創作詩歌詞文二百多篇，《水調歌頭·明月幾時有》詞、《江城子·密州出獵》詞、《超然臺記》等，就是在密州完成的。此硯洗陪伴蘇軾在密州走過兩年的歲月。此後九百年，"半潭秋月"硯洗不知去嚮。1984年秋，諸城市一丁姓村民家中發現一半截喂猪石槽，上刻行書"秋月"和"眉山蘇軾"字樣。原來兄弟分家時丁父爲公平起見，將這一祖傳之物一分爲二，後兩兄弟將石槽捐獻給國家。經專業人員修復，此硯洗成爲諸城博物館館藏文物。按，劉庭式，字得之，齊州人，舉進士。蘇軾守密州時，庭式爲通判，後監太平觀，老於盧山，高壽終，《宋史》有傳。

鼓釘洗

文具。筆洗之一種。瓷製。因洗身有鼓釘裝飾，故名。爲北宋鈞窑製品，口徑23.8厘米，底徑17.5厘米，高9.1厘米。敞口，淺弧壁，外壁口沿延邊凸起弦紋兩周，弦紋中等距飾鼓釘二十一枚，近底部等距飾鼓釘一周十八枚。胎體厚而匀稱，通體內外施釉，外壁施玫瑰紫色釉，內壁施天藍色釉，有蚯蚓走泥紋及橘皮紋。平底，底敷塗褐色護胎釉，三獸面足承托洗主體，洗面有宋徽宗趙佶御書"鈞官窑鼓釘神洗"。洗底一側標明器物大小數位"一"字款，筆道遒勁。遺憾的是此洗口沿微殘，底部有裂紋。相傳宋徽宗因得此洗而書法大進，形成瘦金體。作爲文具，筆洗是文人墨客案頭不可缺少之物件。亦可爲祭器，是宋代皇家祭祀儀式中必不可少的供奉用具，被歷代帝王奉爲傳世之寶。1962年青島市文物商店於山東乳山購得此鼓釘瓷洗。1965年入藏青島市博物館，成鎮館之寶。

"白馬作"簪筆

簪髮之筆。"白馬"爲人名。1972年於甘肅武威磨咀子四九號漢墓出土。簪筆直徑0.6厘米，筆頭長1.6厘米，通長23.5厘米，爲漢制長度單位的一尺。筆杆爲竹製，中空，淺褐色，精細勻正。筆杆中下部陰刻篆書"白馬作"三字。刀法工秀整齊。筆杆尾部削尖，方便簪髮。筆杆嵌筆頭處略有收分，筆頭根部扎絲綫并髹漆，筆芯及鋒用紫黑色硬毛，外部覆以黃褐色軟毛，使筆剛柔并濟，富有彈性。此筆歷兩千年，保存完整。現藏甘肅省博物館。

簪筆

亦稱"白筆""筆簪"。既能簪髮亦能寫字的筆。秦漢時已見此物。簪子長度近似於漢代一尺。古時皇帝身邊掌管起居之近臣爲便於隨時記錄皇帝言行，故插筆於髮髻。寫字時拔下，用完洗乾净當簪子。這種洗乾净的毛筆又稱"白筆"。頭插簪筆爲漢代儒生的潮流打扮，較爲普遍。《史記·滑稽列傳》："西門豹簪筆磬折，向河立待良久。"張守節正義："簪筆，謂以毛裝簪頭，長五寸，插在冠前，謂之爲筆，言插筆備禮也。磬折，曲體揖之，若石磬之形曲折也。"《漢書·昌邑王劉賀傳》："〔劉賀〕衣短衣大絝，冠惠文冠，佩玉環，簪筆持牘趨謁。"顏師古注："簪筆，插筆於首也。"《晉書·輿服志》："笏者，有事則書之，故常簪筆。今之白筆是其遺象……手版即古笏矣。尚書令、僕射、尚書手版頭復有白筆，以紫皮裹之，名曰笏。"隋薛道衡《從駕幸晉陽》詩："方觀翠華反，簪筆上雲亭。"宋趙抃《過鐵山鋪寄交代吳龍圖》詩："暫留山驛又晨興，西望旌麾想舊朋。三院筆簪曾對直，兩川兵印復交承。"明戚繼光《寄監兵陳使君》詩："延津分劍鷫鸘寒，別後還從萬里看。雁塞更將蘭作佩，鵷行尚憶筆簪冠。"明黃省曾《送陳侍御迯謫合浦一首》："白筆簪來好，金門諫所希。鳳凰雖鎩翼，驄馬有光輝。"清汪志伊《初頤園中丞以書來索端硯爰將

素用之硯贈之媵以詩》："殷勤索硯指端溪，豈似書生習氣狃。當年白筆簪蘭臺，臺閣風生職不負。"

【白筆】

即簪筆。此稱隋代已行用。見該文。

【筆簪】

即簪筆。此稱宋代已行用。見該文。

米芾硯

亦稱"紫金石硯"。1973年北京元大都後英房遺址出土一方鳳字形紫金硯。硯長22.7厘米，寬17.5厘米，明顯有使用過的痕迹。硯背五行銘文，落款"元章"。"元章"爲北宋書法家米芾的字，經研究，此硯爲米芾遺物。現藏北京首都博物館。紫金石硯，品質高於四大名硯（廣東端硯、安徽歙硯、甘肅洮硯和山西澄泥硯）。以山東臨朐産者最佳，興於唐，盛於宋。由於紫金石儲量稀少，資源枯竭，宋代之後銷聲匿迹。宋米芾《寶晉英光集》卷八："〔紫金石硯〕人間第一品也，端歙皆出其下。"宋高似孫《硯箋》卷三："紫金石出臨朐，色紫潤澤，發墨如端歙，唐時競取爲硯，芒潤清響。"清沈心《怪石錄》："紫金石産臨朐縣沂山下土中，色紫如端溪東洞石，質堅，作硯頗佳。"有人認爲，此硯爲米芾根據顧愷之畫中所繪晉硯樣式，用臨朐紫金石所造。名爲"鳳字雙足仿古硯"。參見本卷《奇物說·古董考》"紫金研帖"文。

【紫金石硯】

即米芾硯。此稱宋代已行用。見該文。

暖硯

文房四寶之一。硯爲研墨之用。爲防墨水冬季結冰，須給硯加溫。能加溫的硯爲暖硯。

暖硯加温分火加温和水加温兩類。北京德勝門東元代遺址出土一方火加温暖硯。長32厘米，寬28厘米，

水暖硯

厚18厘米。青石製成。硯首雕曲綫紋，尾收腰，有墨池二。墨池下爲空膛，空膛内殘留有火燒加温痕迹。德州博物館收藏一方金代熱水加温暖硯。高4.8厘米，直徑20.3厘米。瓷質扁鼓形，硯正面偏向一側，有一新月形孔。硯面呈凹弧形，硯面及新月形孔的邊沿均有一突沿。硯身施黑釉，上、下邊沿處各飾一匝小鼓釘紋。硯面和底面未施釉。腹空，冬季通過新月形孔注入熱水防止墨水結冰。此硯造型古樸別致，構思巧妙。唐張説《暖硯銘》："筆鋒曉凍，墨池夜結。香炭潛然，推寒致熱。"宋王之道《和張文紀咏雪二首》："萬境沉沉夜氣嚴，廣寒初下水晶簾。三杯强沃澆腸酒，一捻聊分暖硯鹽。"明高濂《遵生八牋·四時調攝牋·冬卷》："冬置暖硯爐一，壁間挂古琴一，中置几一，如吴中雲林几式佳。壁間懸畫一。"清李光庭《鄉言解頤·消寒十二事》："世之爲暖硯者，店鋪用鐵硯，書大字者翻用瓦罐蓋，謂之墨海，其下皆可貯火。昔在内閣時，有以錫匣硯空其下以貯熱湯者。"

石 藝

太陽人石刻

上古石刻。石上一人頭頂一光芒四射的太陽，故稱。1998年出土於湖北三峽庫區秭歸東門頭新石器時代遺址。距今七千年。長115厘米，寬20厘米，厚12厘米。石質爲長條形褐灰砂岩。太陽人爲陰刻男性，頭頂上方刻一太陽，渾圓工整，二十三條光芒綫環周放射。太陽人的頭小於太陽，面部表情莊嚴肅穆。人體呈倒三角形，兩臂自然下垂，下肢微屈，短而有力。腰部兩側各有兩圓形圖案，上刻星辰大海。整塊石條打磨規整，石刻表面平整，形象古樸生動，筆法簡單質樸。畫面表達了古人對太陽的崇拜與熱愛。

石内天然柏枝畫

奇石名。湖南津市市郊一位農民爲方便搬運一塊長56厘米、寬46厘米、厚30厘米、重147千克的砂岩，而將石頭劈成兩塊，發現被劈開的石頭的兩個平面上，各呈現出一幅相同的天然柏枝畫圖案。岩體淺赭色，圖案黑色，綫條紋路清晰，猶如神工巧匠精雕細刻而成。專家鑒定認爲，在石頭中發現這種天然柏枝圖案極爲罕見，極爲珍貴。這是一種礦物質歷經數十萬年向石縫中滲透而逐漸形成的，爲研究洞庭湖區域形成前的歷史和地殼運動提供了重要依據。

石博榮

石質爲骰子之雛形。2009年6月出土於秦始皇陵園偏殿。此榮十四面，每面各刻一字。十二面依次刻數字"一"至"十二"。另相對兩面各刻一"驕"與"瘦"。"驕"指驕棋，亦爲梟棋；"瘦"爲"驕"的反義詞，意爲不利棋步。榮，相當於後世骰子，擲子則回轉。此爲

考古發現最早的棨。至漢代，棨皆改爲十八面體。按，秦始皇陵修內城、外城，殿寢分正殿、偏殿。殿內青石鋪地，正殿爲秦始皇靈魂居所，偏殿爲其休閑娛樂場所。

芙蓉石蓋碗

珍玩。以粉紅色芙蓉石製成。清朝已見其物。高 9 厘米，口徑 12.3 厘米，足徑 6.1 厘米。圓形，撇口，有蓋。通體光素無雕飾。蓋碗造型端莊，做工精細，器薄色艷。芙蓉石半透明狀材質和棉絮狀包體一目瞭然，鮮艷的緋紅色盡顯其材質之美。當今祇此一件。現藏北京故宮博物院。按，芙蓉石又稱"山坑石"，產於福建福州晉安區宦溪鎮加良山，被譽爲壽山石中之神品。因其溫潤凝膩、雍容華貴、"似玉而非玉"的特質，與田黃石、鷄血石并稱"印石三寶"。芙蓉石摩氏硬度 7，比重 2.65，折射率 1.54～1.55。主要成分爲二氧化硅。色濃艷嬌嫩，表面油脂光澤，以無棉絡者爲最佳。芙蓉石顏色和種類比較豐富，常被加工成手鏈、項鏈等飾品，廣受歡迎。

夜明珠

爲夜間自行發光的寶珠。先秦時已有記載。人們習慣將黑暗中人眼能明視的、天然的、自行發光的珠寶統稱爲夜明珠。其材質主要爲剛玉、螢石、鋰輝石、祖母綠等。發光物質因火山噴發，到地質運動時，集聚於礦石中而成。經外界光綫照射，於黑暗中發出美麗螢光。其物加工成圓球狀，即爲夜明珠；加工成平板者即爲夜光璧。常見顏色有黃綠、粉綠、淺藍、橙紅等。因夜明珠奇異的發光性能，故賦予它深厚的歷史底蘊和文化內涵，爲歷代皇權所專有。據傳，隋侯一日郊游，救下一受重傷奄奄一息，待斃路旁的大蛇。蛇體痊愈，銜珠來獻，以報救命之恩。此即謂"隋侯之珠"，簡稱"隋珠"。此珠夜間熠熠生光，又稱"明月之珠"。此珠與和氏璧同稱稀世珍寶。《墨子·耕柱》："墨子曰：和氏之璧，隋侯之珠，三棘六異，此諸侯之所謂良寶也。"元武漢臣《生金閣》第一折："瞻天照星斗，沒價夜明珠。"夜明珠有諸多歷史典故。如秦始皇殉葬夜明珠。《太平御覽》卷八〇三引《三秦記》曰："始皇冢中，以夜光珠爲日月，殿懸明月珠，晝夜光明。"漢代曾用此炫耀皇權與富有。漢荀悦《漢紀·武帝紀六》："造甲乙之帳，絡以隋珠、荊璧，天子負黼扆、襲翠被，憑玉几而居其中。"晉王嘉《拾遺記》卷六："郭況，光武皇后之弟也，累金數億，家僮四百餘人，以黃金爲器，工治之聲震於都。鄙時人謂郭氏之室不雨而雷，言其鑄鍛之聲盛也。庭中起高閣，長廊置衡石於其上以稱量珠玉也；閣下有藏金窟，列武士以衛之。錯雜寶以飾臺樹，懸明珠於四垂，晝視之如星，夜望之如日。"唐武則天賜唐玄宗玉龍子夜明珠，唐玄宗又賜唐肅宗上清珠夜明珠。唐鄭處誨《明皇雜錄》卷上："唐天后嘗朝諸皇孫坐於殿上，觀其嬉戲，命取西國所貢玉環、釧、杯、盤列於前後，縱令爭取以觀其志，莫不奔競，厚有所獲，獨玄宗端坐略不爲動，后大奇之，撫其背曰：'此兒當爲太平天子。'命取玉龍子以賜……上聞驚喜，視之，泫然流涕曰：'此吾昔時所寶玉龍子也。'自此每夜中，光彩輝燭一室。"唐段成式《酉陽雜俎·物異》："上清珠：肅宗爲兒時，常爲玄宗所器，每坐於前，熟視其貌，謂武惠妃曰：'此兒甚有異相，他日亦吾家一有福天子。'因命取上清玉珠，以絳紗裹之繫於頸。是開元中罽賓國所貢，光明潔白，可照一室。視之則仙人、玉女、雲鶴、絳節之形搖動於其中。及即位，寶庫中往往有神光。異日，掌庫者具以事告。帝曰：'豈非上清珠耶！'遂令出之，絳紗猶在。因流泣遍示近臣曰：'此我爲兒時明皇所賜也。'遂令貯之以翠玉函，置之於臥内。四方忽有水旱兵革之灾，則虔懇祝之，無不應驗也。"近代最著名的夜明珠當屬慈禧口含"美齡飾鞋"。據説此珠分則爲兩塊，合則爲一圓球。分開透明無光，合則透出一道綠色寒光。夜間百步之内可照見頭髮。此珠重四兩二錢七分（合今 133.4375 克）。我國各朝各代均有夜明珠記載。如神農氏有石球之王，號稱夜礦。唐代水珠價值億萬。《太平廣記》卷四〇二引《紀聞》："水珠：大安國寺，睿宗爲相王時舊邸也。即尊位，乃建道場焉。王嘗施一寶珠，令鎮常住庫。云直意萬。寺僧納之櫃中，殊不爲貴也。開元十年，寺僧造功德，開櫃閲寶物將貨之，見函封曰，此珠直億萬。僧共開之，狀如片石，赤色，夜則微光，光高數寸。"唐代清水珠亦具净水功能。唐張讀《宣室志》卷六："馮翊嚴生者，家於漢南，嘗游峴山，得一物，其狀若彈丸，色黑而大，有光，視之潔徹若輕冰焉。生持以示於人，或曰珠也。生因以彈珠名之，常置於厢中，其後生游長安，晚，於春明門逢一胡人，叩馬而言，衣橐之中有奇寶，願得一見。生即以彈珠示之，胡人捧之而喜躍曰：'此天下之奇貨也，願以三十萬爲價。'生曰：'此寶安所用乎，而君厚其價如是哉！'胡人曰：'我西國人，此乃吾國之至寶，國人謂之清水珠，若置於濁水泠然洞徹矣。自亡此寶且三載，吾國之井泉盡濁，

國人俱病，於是我等越海踰山來中夏求之。今果得於子矣。'胡人即命注濁水於缶，以珠投之，俄而其水澔然清瑩，纖毫可辨。生於是以珠與胡，獲其厚價而歸。"明代，外國使臣曾進貢祖母綠夜明珠，夜間光明如燭。《明史·巴喇西國傳》："巴喇西去中國絶遠。正德六年，遣使臣沙地白入貢……迄今年五月始附番舶入廣東，得達闕下。進金葉表。貢祖母綠一，珊瑚樹、琉璃瓶、玻璃盞各四，及瑪瑙珠，胡黑丹諸物。"明徐應秋《玉芝堂談薈·鴉鶻石》："祖母綠，色碧，日耀則一室掩映……出回回國，有紅剌一塊即值千錢，然不可多得。"《格致鏡原》引《珍玩考·珍寶類二·寶石》："祖母綠寶石也，出西南諸郡，色碧，日耀則滿室掩映。"我國當代亦有不少夜明珠。2011 年浙江東方地質博物館展出一顆直徑 1.72 米，重 8 噸的夜明珠。此珠外形光潔，黑暗中能自然發出由綠變白的螢光。海南文昌市寶玉宫展出一顆直徑 1.6 米，重 6.2 噸的夜明珠。此珠通體爲綠色，圓滑而光潤，夜晚能自然發出由綠至白的螢光，猶如一輪明月。"夜明珠"一詞濫觴於晋，至遼而定形。晋王嘉《拾遺記·夏禹》："禹鑿龍關之山，亦謂之龍門。至一空巖，深數十里，幽暗不可復行。禹乃負火而進，有獸狀如豕，銜夜明之珠，其光如燭。"遼懿德皇后《回心院》詞："裝繡帳，金鈎未敢上，解却四角夜明珠，不教照見愁模樣，裝繡帳，待君貺。"《元史·武宗紀二》："武昌婦人劉氏，詣御史臺訴三寶努奪其所進亡宋玉璽一、金椅一、夜明珠二，奉旨令尚書省臣及御史中丞冀德方、也可札魯忽赤别鐵木兒、中政使搠只等雜問。"明徐應秋《玉芝堂談薈·雲澤珠》："飛燕枕前不

夜珠，照人無媸妍皆美。……吳絳仙夜明珠赤如丹砂，光若日輪。"《滇考·元世祖平雲南》："成化十二年，能私遣其麾下郭英往安南，假朝命求夜明珠等寶。"按，由於對夜明珠的定義衆說紛紜，意見不一，學界從發光時間、輝度以及發光所需溫度等方面給出一基本定義：自然界產出，在常溫下經陽光、白熾燈或其他光源照射一段時間後，在黑暗中能發出磷光并持續半小時以上，借助該光源在 0.33 米範圍內，能看清直徑爲 5 毫米大小物體者，被稱爲"發光石"；經加工琢磨爲球狀者稱"夜明珠"，呈平面狀的爲"夜光璧"或"夜光板"。其螢光與磷光的區別：當某一材料在外界能量激發下，發出可見光。但激發源撤除後，材料立即停止發光，此爲螢光；繼續發光，則爲磷光。激發源可爲紫外綫、陰極射綫、X 射綫、加熱，等等。夜明珠爲磷光，而非螢光。

【夜明之珠】

即夜明珠。此稱晋代已行用。見該文。

【清水珠】

即夜明珠。此稱唐代已行用。見該文。

【玉龍子】

即夜明珠。此稱唐代已行用。見該文。

【上清玉珠】

即夜明珠。此稱唐代已行用。見該文。

【上清珠】

即夜明珠。此稱唐代已行用。見該文。

【水珠】

即夜明珠。此稱宋代已行用。見該文。

【祖母綠】[2]

即夜明珠。此稱明代已行用。見該文。

【不夜珠】

即夜明珠。《趙飛燕外傳》："真臘夷獻萬年蛤，不夜珠，光彩皆若月照人，無妍醜，皆美艷。帝以蛤賜后，以珠賜婕妤。"明徐應秋《玉芝堂談薈·雲澤珠》："飛燕枕前不夜珠，照人無媸妍皆美。……吳絳仙夜明珠赤如丹砂，光若日輪。"

【月明珠】

即夜明珠。五代静、筠禪僧《祖堂集》卷七："座主出來便問：'洞明三教底人，還通此理也無？'師云：'夜月明珠，不如天曉。'"宋陸游《雲門溪上獨步》詩："泉響佩環鳴闇壑，月明珠璧散疎林。歸來寂寞鐘初動，羞向孤燈說壯心。"宋曾慥《類說·仇池筆記下·廣利王召》："若得月明珠，可償逐客債。"清解鑑《益智錄》卷五："劉妻聞之，急同孫母遄往，見之大喜，如獲月明珠。因問孫得生之故，忠細述之。由是翁遇忠益厚云。"

【石璘之玉】

亦稱"夜明"。即夜明珠。晋王嘉《拾遺記》卷一："炎帝……有石璘之玉，號曰夜明，以闇投水浮而不滅。"

【夜明】

即石璘之玉。此稱晋代已行用。見該文。

【明月珠】[1]

即夜明珠。《史記·司馬相如列傳》："魚鱉讙聲，萬物衆夥，明月珠子，玓瓅江靡，蜀石黃碝，水玉磊砢，磷磷爛爛，采色澔旰，叢積乎其中。"《後漢書·西域傳·大秦國》："土多金銀奇寶，有夜光璧、明月珠、駭雞犀、珊瑚、虎魄、琉璃、琅玕、朱丹、青碧。"《宋書·符瑞志下》："宋從帝昇明二年，宣城山中生紫芝一株，在所獲以獻。明月珠，王者不盡介鱗之物則出。"《通志·四夷傳·西戎下》："有商旅行北方迷惑失道而到斯國。國中甚多真珠、夜光明月珠，見者不知名此國號。"宋項安世《項氏家説·説事篇一》："明月珠：高誘《淮南子》注：隋侯之珠，蓋明月珠也。許慎《淮南子》注曰：夜光之珠有似明月，故曰明月。張衡《西京賦》：流懸黎之夜光。左思《吴都賦》曰：隋侯於是鄙其夜光。據四家之説，則隋侯、明月、懸黎、夜光一物而四名也。班固《西都賦》曰：隋侯、明月錯落其間，懸黎、垂棘、夜光在焉，乃是四物非一物也。"

【夜光石】

即夜明珠。徐珂《清稗類鈔·礦物類》："夜光石，白色，有銀絲，體輕，能浮水面。入夜，擲地有火光，色淡緑，明如曉星。"

【夜光珠】

即夜明珠。《初學記》卷二七引魚豢《魏略》曰："大秦國出明珠、夜光珠、真白珠。沈懷遠《南越志》曰：海中有大珠、明月珠、水精珠。"晉劉琨《答盧諶詩一首並書》："夫才生於世，世實須才。和氏之璧，焉得獨曜於郚握；夜光之珠，何得專玩於隋掌？天下之寶當與天下共之。"明陸采《明珠記·驚破》："〔旦〕解元，此去無可表意，妾有明珠一雙，名曰夜光珠，光照百步價值萬金，乃朝廷賜與爹爹之物。妾自幼寶藏在身，今分一顆與足下，倘若思想薄命，舉此觀之，如見妾之一面。〔生〕此乃國家之重寶，小姐之鍾愛，小生怎敢分愛！"《明史·王國傳》："已，極論中官馮保罪。且言：'居正死，保令徐爵索其家名琴七、夜光珠九、珠簾五、黃金三萬、白金十萬。居正子簡修躬齎至保邸，而保揚言陛下取之，誣汙聖德。'"清翟灝等《湖山便覽·北山路》："貢師泰《送方舟上人住靈鷲》：靈鷲之山出東海，小朵飛來不記年。佛國夜光珠作闕，龍宮春冷玉爲泉。浮雲不礙游人履，流水還隨釣客船。試問禪師在何處？夜來騎虎上西天。"

【放光石】[2]

即夜明珠。元姚桐壽《樂郊私語》："時佛日朗映，俄見天地樓閣皆成五彩，似從放光石中，看金碧世界也。於是大衆驚嘆此瑞，爲世稀有。"明郎瑛《七修類稿·辯證類》："峨嵋、匡廬、五臺山，皆有放光石，清晨映日而有光五色，自下而上，有佛廟在上者，則僧人以爲佛光。"明胡直《游峨眉山記》："彼下有放光石焉，當其雲蒸日麗與石相映蕩之爲光。"《四川通志·藝文·舊志器物譜》："放光石：峨眉山放光巖下有石，透白如水晶，形如馬牙，置之日隙以手撚之，即成五色雲氣，名曰放光石。"《格致鏡原》卷六引《方書》："菩薩石，就明能出五色光，今名山多有之，俗稱放光石是也。最貴者曰金剛寶石，其光可以射遠。"

【隋侯之珠】

亦稱"隋珠""隋侯珠""明月之珠""明月珠""靈蛇珠"。即夜明珠。《戰國策·楚策四》："寶珍隋珠不知佩兮，褘布與絲不知異兮。"又《趙策一》："李兌送蘇秦明月之珠，和氏之璧。"漢荀悦《漢紀·武帝紀》："造甲乙之帳，絡以隋珠、荆璧，天子負黼扆、襲翠被，憑玉几而居其中。"《文選·張衡〈南都賦〉》："金彩玉璞，隋珠夜光。"李善注："《淮南子》曰：隋侯之珠、和氏之璧得之者富，失之者貧。高誘曰：隋侯漢中國，姬姓諸侯也。隋侯見大蛇傷斷，以藥傅而塗之，後蛇於夜中銜大珠以報之，因曰隋侯之珠，蓋明月珠也。"按，隋珠引起各國諸侯垂涎，經過一番明暗較量，落入楚武王之手。後秦國滅楚，隋珠被秦始皇占有，并被視爲國寶。秦亡，天下大亂，隋珠不知所終。晋干寶《搜神記》卷二〇："隋縣溠水側有斷蛇丘。隋侯出行，見大蛇被傷中斷，疑其靈異，使人以藥封之。蛇乃能走，因號其處'斷蛇丘'。歲餘，蛇銜明珠以報之。珠盈徑寸，純白而夜有光明如月之照，可以燭室，故謂之'隋侯珠'，亦曰'靈蛇珠'，又曰'明月珠'。"《通典・禮略四》："中黃門掌兵以玉具、隋侯珠、斬蛇寶劍授太尉，告令群臣，群臣皆伏稱萬歲。"宋佚名《愛日齋叢鈔》卷三："葉正則《抱膝吟》：寧爲楚人弓，亡失任挽踏。莫作隋侯珠，彈射墜埃壒。"宋劉敞《雜詩》："勿以隋侯珠，彈雀千仞峰。勿以和氏璧，投人昏夜中。彈雀不可期，投人未必容。大賢惡皦皦，所以明若蒙。"

【隋珠】

即隋侯之珠。此稱先秦時期已行用。見該文。

【明月之珠】

即隋侯之珠。此稱先秦時期已行用。見該文。

【隋侯珠】

即隋侯之珠。此稱晋代已行用。見該文。

【靈蛇珠】

即隋侯之珠。此稱晋代已行用。見該文。

【明月珠】[2]

即隋侯之珠。此稱晋代已行用。見該文。

【照夜珠】

即夜明之珠。《白孔六帖》卷七引《九國志》："照夜珠：天祐初，殷爲娶洪川鍾傳女，

資從甚厚，有玉椀、照夜珠。希振以非人臣所玩，皆納之於殷。"明朱有燉《元宮》詞："御前供奉蒙深寵，賜得西洋照夜珠。"清王士禎《南唐宮詞六首》："花下投籤漏滴壺，秦淮宮殿浸虛無。從兹明月無顏色，御閣新懸照夜珠。"

【夜珠】

即夜明珠。宋李心傳《建炎以來繫年要錄》卷二："敵又索内藏元豐大觀庫簿籍，悉取寶貨及大内諸庫、龍德兩宮珍寶奇物，如西海夜珠，王中正、陳摶燒金之類……"

【懸黎】[2]

即夜明珠。戰國時夜明珠被列爲四寶之一。《戰國策・秦策三》："臣聞周有砥厄，宋有結綠，梁有懸黎，楚有和璞，此四寶者，工之所失也，而爲天下名器。"漢郭憲《洞冥記》卷一："建元二年，帝起騰光臺以望四遠，於臺上橫碧玉之鐘，掛懸黎之磬，吹霜條之篪，唱來雲往日之曲。"《後漢書・班彪傳上》："昭陽特盛，隆乎孝成。屋不呈材，墻不露形。裹以藻繡，絡以綸連。隋侯明月，錯落其間。金釭銜璧，是爲列錢。翡翠火齊，流耀含英。懸黎垂棘，夜光在焉。"南朝梁王脩己《九日詩》："霜威始落翠，寒氣初入堂，隋珠爛似燭，懸黎疑夜光，舞步因弦折，歌聲隨袂揚，夜深聞漏緩，簷虛覺唱長。"宋許棐《寄雪篷姚使君》："贈君昆吾湛盧之寶劍，青雀黃龍之巨航，懸黎垂棘之美玉，都梁篤耨之名香。"

夜光璧

亦作"夜光壁"。含發光元素的礦石，經加工成板狀、片狀即爲夜光璧。夜間能發出微光。《戰國策・楚策一》："楚王曰：'楚國僻陋，託東海之上。寡人年幼，不習國家之長計。今上

客教以明制，寡人聞之，敬以國從。'乃遣使車百乘，獻鷄駭之犀、夜光之璧於秦王。"《史記·李斯列傳》："必秦國之所生然後可，則是夜光之璧不飾朝廷，犀象之器不爲玩好。"《後漢書·西域傳》："〔大秦國〕土多金銀奇寶，有夜光璧、明月珠。"三國魏應璩《薦和模箋》："夜光之璧，顯價於和氏之肆；千里之足，定功於伯樂之庭。"元吳澄《緝熙銘》："夜光璧一團，夜明珠一顆，奉持常在手，永永不失墮。"明張萱《疑耀·明月夜光》："明月、夜光，世皆習知其爲至寶，然莫詳其本末。高誘注《淮南子》：漢時中山之國有隋侯，見大蛇傷斷，以藥傅而塗之，後蛇於夜中銜大珠以報之，因曰隋侯之珠，蓋明月珠也，是珠名。明月起於漢也。然秦李斯上書已曰有隋和之寶、垂明月之珠。和，卞和也。隋者，非漢中山國之隋矣，豈上古故有隋之珠，名明月，而蛇所銜以遺中山隋侯者，亦即此珠耶？高誘注《淮南》止言漢中山之隋侯珠，是紕漏也。高誘又曰：夜光之珠有似明月，是明月珠之外又有夜明珠矣，故班固《兩都賦》上既云隋侯明月，下又云懸黎垂棘，夜光在焉，亦以明月、夜光爲二珠。而許子重即以明月爲夜光。《吳都賦》亦云：隋侯於是鄙其夜光，則明月珠亦名夜光，是一珠而兩名也。或一珠或二珠，經典失詳，故說者參差。苐夜光、明月皆珠也，而《西京賦》曰：流懸黎之夜光，綴隋珠以爲燭。懸黎者璧也，非珠也。鄒陽亦曰夜光之璧是璧亦有夜光，不特珠矣。尹文子曰：田父得寶玉徑尺，置於廡上其夜光照一室，是夜光爲通稱，不繫於珠與璧也。余謂明月、夜光固不繫於珠與璧，凡珠與璧夜中能有光照人者，皆得名之，不必實指

隋侯之珠與懸黎之璧也。五臣注《文選》未得其詳，故稍詳之。"參見本卷《奇物説·古董考》"夜明珠"文。

【夜光壁】

同"夜光璧"。此體元代已行用。見該文。

夜光杯 [1]

含發光物質的白玉製酒杯。夜間發出微光。《海内十洲記·鳳麟洲》："周穆王時，西胡獻昆吾割玉刀及夜光常滿杯，刀長一尺，杯受三升，刀切玉如切泥，杯是白玉之精，光明夜照。"唐王翰《涼州詞》："葡萄美酒夜光杯，欲飲琵琶馬上催。"《施公案續》第四五一回："飛雲子不日到了京中，就將那琥珀夜光杯盜出，送回琅琊山，交與王朗，他也就真個走了，不知去向。"

夜明杖

發光材料製成之杖。五代王仁裕《開元天寶遺事·夜明杖》："隱士郭休有一挂杖，色如朱染，叩之則有聲，每出處遇夜，則此杖有光，可照十步之内。登危涉險，未嘗足失，則杖之力焉。"

夜明枕

夜間發光之枕。五代王仁裕《開元天寶遺事·夜明枕》："虢國夫人有夜明枕，設於堂中，光照一室，不假燈燭。"唐鄭嵎《津陽門》詩："堂中特設夜明枕，銀燭不張光鑑帷。"

【夜光枕】

即夜明枕。唐鄭處誨《明皇雜録》："太平公主玉葉冠，虢國夫人夜明枕，楊國忠鎖子帳，皆稀代之寶，不能計其值也。"清陸心源輯《唐文拾遺》卷四五："鶿鶿麒麟，禎祥日臻，朱閣拜玄元皇帝，金車迎虢國夫人。其有夜光枕貴，

玉蕊冠新，春五王之燕語，倚六相於陶鈞。其或露冷仙掌，波出渭津，河漢佳期，七夕會牽牛之伴。"

夜明簾

夜間發光之門簾、窗簾等。唐皮日休《古宮詞》："梁間燕不睡，應怪夜明簾。"明蔣一葵《堯山堂外紀・唐》："重爲繫曰：'瑤池仙子董雙成，夜明簾額懸曲瓊。將上雲而垂手，顧轉盼而遺情。願綢繆於芳趾，附周旋於綺櫳。莫悲更衣床前棄，側聽東晞佩玉聲'先是，段成式寄飛卿詩云'知君欲作《閒情賦》，應願將身作錦鞋'，飛卿因作此答之。"《三寶太監西洋記通俗演義》第九四回："雲母帳前激艷，多則過十千枝，光溜溜的器影琉璃，夜明簾外輝煌，少也有一萬盞，翠泠泠雨絲纓絡。"《智囊・上智部》："及遭姚崇之構，禍且不測。此生夜至，請以夜明簾獻九公主，爲言於玄宗，得解。"

石男女擁抱像

石刻雕像。1941年，四川眉山彭山區江口鎮梅花村漢代崖墓出土。高94厘米，寬43厘米。一對男女赤身裸體并坐相擁。男子頭戴圓頂幘式帽，右手搭過女右肩觸摸其乳，左手

石男女擁抱像

置於女子陰部。女子頭飾高髻式帽，左手搭於男子肩上，右手握住男左手。考古人員爲其定名"石男女擁抱像"。郭沫若稱之爲"天下第一吻"，并爲其題詞。按，崖墓爲古代墓葬形式之一，指開鑿於山崖或岩層中的墓葬。起源於東周，盛於漢。《後漢書・馮衍傳》："鑿巖石以室兮，托高陽以養仙。"

桂葉形石器

亦稱"桂葉形石矛"。新石器時代產物。1965年發現於黑龍江饒河小南山。長25厘米，寬5.8厘米。因形如一片兩頭尖之桂葉，故名。周身琢磨，兩側薄，中間厚，形制對稱，厚薄均勻，邊刃鋒利。鑲嵌於骨刀梗上，屬刮削器。爲遠古石器之禮器，亦爲部落首領之標志物。製作精美，形制獨特，堪爲精品，屬國家一級文物，現藏黑龍江省博物館，爲該館鎮館之寶。

【桂葉形石矛】

即桂葉形石器。此稱行用於現當代，爲考古用語。見該文。

陳倉石鼓

亦稱"岐陽石鼓""石鼓""獵碣"。唐貞觀元年（627）。一牧羊老人在陝西鳳翔府陳倉山（今陝西寶雞石鼓山）發現十個花崗岩石刻，外形似鼓，故稱石鼓。唐人以出土地命名"陳倉石碣"或"岐陽石鼓"。鼓直徑約60厘米，高度50~90厘米不等。圓頂平底，上小下大，中間微凸，各重約1噸。遍布大量文字，被稱"石鼓文"。十鼓，各刻四言韵詩一首，形成連貫的十首組詩。組詩内容均爲君王田狩漁獵之事，故亦稱"獵碣"。據石鼓文字前兩字命名，爲"乍原鼓""而師鼓""馬薦鼓""吾水鼓""吳

人鼓""吾車鼓""汧沔鼓""田車鼓""鑾車鼓""酃雨鼓"。"汧沔鼓"描寫千河美麗景色，韵詩大意爲：婀娜楊柳籠罩之中，汧河水潺潺，清澈透明。鯰魚、鯉魚成群結伴。君子垂釣，小魚緩緩游動，白魚搶食水草，魚影照在河底的石頭上清晰可見。"吾車鼓"記述秦公出獵，車輿衆多，角弓優美，隨從張弓射箭，追趕獵物的壯麗場面。"田車鼓"記述秦公及隨從登原游獵盛況。"鑾車鼓"記述秦公游獵經虢城時盛況。"酃雨鼓"記述秦公及隨從涉汧河時，仰視的場景。"乍原鼓"記述山上整修土地的場景。"吴人鼓"記述虞人爲秦公獻祭而奔忙的場景。"吾水鼓"叙述秦國美好河山。"而師鼓"記述秦公述志詩。"馬薦鼓"記述打獵而歸時之情景。古今學者普遍認爲石鼓是戰國時期秦國遺物。石鼓文字是從金文向小篆發展、由大篆向小篆衍變而尚未定型之過渡性文字。另一説認爲周宣王史官籀所書，因此也稱"籀文"。石鼓文原文七百餘字，現存二百七十二字。對歷史研究、漢字演化研究均有深刻意義。康有爲譽其爲"中華第一古物"，後人稱爲"漢字的活化石"。石鼓經歷坎坷。貞觀元年被發現後一直弃置荒郊。元和元年（806），韓愈上書朝廷，請求將石鼓搬至太學府，終被移到鳳翔文廟，然"乍原鼓"丢失。五代十國，石鼓下落不明。至宋代，宋仁宗下旨尋找石鼓。司馬池找到九隻石鼓，獨缺"乍原"。皇祐四年（1052），金石收藏家向傳師從一屠夫手中找到被切去上半部的乍原鼓。此時石鼓可以辨認的文字剩四百三十二字。宋徽宗令用黄金填注石鼓文槽縫，以减緩風化，防止任意作拓。"靖康之變"後，石鼓被金人運至燕京，剔去黄金後被弃於

郊野。端平元年（1234）南宋和蒙古聯軍攻破燕京，隨軍御史大夫王檝發現掩藏在廢墟中的十面石鼓，將其保存於北京孔廟之中。而後元、明、清三代，石鼓一直没離開過北京。20世紀30年代，日本發動侵華戰争，石鼓隨故宫文物南遷，至南京，又至重慶。抗戰勝利後，被運回南京。解放戰争時期，蔣介石將國寶文物大量運至臺灣。已被送回北京故宫保管的陳倉石鼓，因飛機超載而留下。現陳列於北京故宫博物院，爲鎮院之寶。唐杜甫《李潮八分小篆歌》："倉頡鳥迹既茫昧，字體變化如浮雲。陳倉石鼓又已訛，大小二篆生八分。"元張憲《夏蓋山石鼓謡》："臨平石鼓不自鳴，直待蜀桐魚作形。陳倉石鼓載文字，徒有鼓形無鼓聲。"清震鈞《咫尺偶聞·北城》："國學，在安定門成賢街……大成門内列陳倉石鼓，門外列乾隆御製十鼓。元明及國朝進士題名碑林立，檜柏皆逾十圍。"清宋琬《贈鄭汝器歌》："家藏圖書半秦漢，陳倉石鼓宣王詩。岣嶁傳疑夏王禹，之罘篆刻丞相斯。"

【岐陽石鼓】

即陳倉石鼓。因石鼓出土舊地在岐山之陽，故稱。宋趙彦衛《雲麓漫鈔》卷六："何子楚《跋語》云：'石晋之亂，契丹自中原輦寶貨圖書……大觀間，詔取石竈置於宣和殿。丙午與岐陽石鼓俱載以北。'"《元史·王檝傳》："時都城廟學，既毀於兵，檝取舊樞密院地復創立之，春秋率諸生行釋菜禮，仍取舊岐陽石鼓列廡下。"元王冕《題申屠子迪篆刻卷》："岐陽石鼓土花蝕，嶧山之碑野火燃。"舊本題明朱存理《趙氏鐵網珊瑚》："予嘗玫古石刻，而岐陽石鼓爲第一，每讀韋韓蘇三君子之歌，心益奇

之，訪諸士夫，具在京師，欲往一觀，而無繇也。皇上踐祚之始年，有詔置石鼓太學，遂列于宣聖廟之兩塾，尊之也。"

【石鼓】

即陳倉石鼓。唐韋應物《石鼓歌》："周宣大獵兮岐之陽，刻石表功兮煌煌煌。石如鼓形數止十，風雨缺訛苔蘚澀……秦家祖龍還刻石，碣石之罘李斯迹。世人好古猶共傳，持來比此殊懸隔。"唐張懷瓘《書斷》："體象卓然，殊今異古；落落珠玉，飄飄纓組；倉頡之嗣，小篆之祖；以名稱書，遺迹石鼓。"元潘迪《石鼓文音訓》："其字畫高古，非秦漢以下所及，而習篆書者不可不知也。"清康有爲《廣藝舟雙楫》："觀《石鼓》文字與秦篆不同者無幾，王筠所謂其盤災敢棄，知文同篆法是也。"清劉熙載《藝概》："篆書要如龍騰鳳翥，觀昌黎《石鼓》可知。"

【獵碣】

即陳倉石鼓。因石鼓組詩内容皆記述君王田狩漁獵之事，故稱"獵碣"。宋吳曾《能改齋漫録・方物・周宣王石鼓》："周宣王石鼓……老杜固嘗有《李潮八分小篆歌》云：'陳倉石鼓又已訛。'況《蘇勖載記》亦言：'石鼓文，謂之獵碣，共十鼓，其文則史籀大篆。'則知石鼓稱爲周宣王所創者，在昔不止三公。"宋程大昌《雍録》卷九："岐州雍城南有周宣王獵碣十枚，並作鼓形，上有篆文。"明陶宗儀《南村輟耕録・事物異名》："暇日讀書，遇事物之異名者，偶記一二，以備采覽云……獵碣（石鼓曰獵碣。蘇勖《載記》）。"明趙宧光《寒山帚談・權輿一》："石鼓十章，相傳史籀作宣王獵碣，或謂秦穆公時文，雖無定據，必非秦下可及，即詞

藻亦豈後世可攻。"明劉侗《帝京景物略・太學石鼓》："廟門之石鼓，周宣王獵碣也。"按，關於石鼓，多有爭議。一爲刻鑿年代，文人學者大致分"從周説"和"從秦説"，亦有"從漢説""從北魏説""從宇文周説"，但不占主流。二爲排序。石鼓長詩有先後順序，然又幾經遷徙，考證困難。學者們曾作出多種版本排序，但均未使人信服。

石鼓刻鑿"從周説"和"從秦説"代表人物和著作

石鼓刻鑿朝代説		學者名	著作
周	宣王	韋應物	《石鼓歌》
		韓愈	《石鼓歌》
	史籀	歐陽修	《石鼓跋尾》
	虢公	王國維	《明拓石鼓文跋》
秦	文公	羅振玉	《石鼓文考釋》
	襄公	郭沫若	《石鼓文研究》
	獻公	唐蘭	《石鼓文年代考》
	先秦	馬衡	《石鼓文秦刻石考》
	惠文王之後，始皇之前	羅君惕	《秦刻十碣考釋》
		程質清	《石鼓文試讀》

盤模

瓷盤模具。金代定窯平底印花盤之内模。口徑15厘米，底徑11.5厘米。外形平整光滑，土黄色胎體堅緻細膩。淺腹，模面近口部刻回紋，緊靠回紋刻卷草紋。平底刻卷枝草葉，内有一條夔龍盤曲於盤底。模底刻"甲辰正月望日造"。現藏河北博物院。

蟬猴

又稱"知了猴"。石刻。上宅遺址出土。長3.1厘米，黑色滑石材質。頭部精準地雕刻有猴子的眼睛、耳朵、鼻子、嘴巴和眉毛，但整體雕成蟬的樣子，蟬猴合體。在古人眼裏，蟬冬天鑽入土中，夏天鑽出地面，周而復始，生生不息，是永生神物。故後人以蟬爲圖騰，製

成冠蟬、佩蟬、含蟬等。上宅新石器時代距今六千年至八千年，其文化遺址位於北京市平谷縣韓莊鄉上宅村北 200 米處山坡臺地，是繼河南仰韶文化、甘肅馬家窰文化、山東大汶口文化和龍山文化之後，又一處重要遠古遺迹。

【知了猴】

即蟬猴。"知了"是蟬的別名。此稱行用於現當代。見該文。

其他

千年藕片湯

1974 年湖南省長沙市東郊馬王堆西漢長沙國丞相利蒼之妻辛追夫人的古墓中，出土一個千年漆鼎，漆鼎內盛放着做好了的藕片湯。湯汁清澈見底，藕片漂浮在湯汁上，略有酸腐味。隨藕片湯端離棺槨，藕片以肉眼可見的速度迅速消失。專家解釋説，這是藕片的自融現象。藕片之所以保存至今，是因爲墓室的封土隔絶了陽光、空氣，并保持恒温；藕片泡在濕潤的湯中，能保持外表的完整。墓室打開後，在陽光、空氣的影響下，原本穩定的壓力、温度、濕度、光照、氧含量等都發生了變化，再加上藕片經兩千年的浸泡，其組織早已老化，就發生了自融現象。

王杖

亦稱"齒杖""鳩杖""玉杖"。古代帝王賜老者之杖，故稱。頒賜王杖始於周，稱爲"齒杖"。齒，即年齒，此處專指年長者。漢延續之，稱爲"王杖"。王杖長九尺，端以鳩鳥爲飾。每年八月，朝廷按人口登記信息，給滿七十歲的老人頒發王杖以示尊敬。在甘肅武威新華鄉磨咀

鳩杖
（宋趙九成《續考古圖》）

子墓葬群一八號漢墓出土的王杖長約 2 米，上有鳩鳥。墓主人幼伯以王杖陪葬，可見對其之珍視。《周禮·秋官·伊耆氏》："軍旅授有爵者杖，共王之齒杖。"鄭玄注："王之所以賜老者之杖。鄭司農云：'謂年七十當以王命受杖者，今時亦命之爲王杖。'"孫詒讓正義："此王所賜老者之杖，校年以授之，故謂之齒杖。"《後漢書·禮儀志中》："仲秋之月，縣道皆案戶比民。年始七十者，授之以王杖，餔之糜粥。八十九十，禮有加賜。王杖長九尺，端以鳩鳥爲飾。鳩者，不噎之鳥也。欲老人不噎。是月也，祀老人星于國都南郊老人廟。"唐柳宗元《植靈壽木》詩："蹇連易衰朽，方剛謝經營。敢期齒杖賜，聊且移孤莖。"《天中記》卷五九引漢應劭《風俗通》："俗説高祖與項羽戰敗於京索，遁叢薄中，羽追求之時，鳩正鳴其上。追者以鳥在無人，遂得脱。及即位，異此鳥，故作鳩杖以賜老者。按，少皞五鳩，鳩者聚聚民也。《周禮》羅氏獻鳩養老，漢無羅氏，故作鳩杖以扶老。"按，當以"羅氏獻鳩"説爲是。

【齒杖】

即王杖。此稱先秦時期已行用。見該文。

【鳩杖】

即王杖。此稱漢代已行用。見該文。

【玉杖】

即王杖。《通典・職官二》："後漢明帝以李躬爲三老,桓榮爲五更。安帝以魯丕、李充爲三老,靈帝又以袁逢爲三老,賜以玉杖。"宋章如愚《群書考索後集・士門・天子學》："玉杖,長九尺,端以鳩爲飾。鳩者,不噎之鳥,欲老人之不噎也。"《太平御覽》卷七一○引《續漢書》："三老、五更玉杖,長九尺,端以鳩爲飾。"明謝肇淛《五雜組・物部四》："漢文帝時,魯少年拄金杖。武帝有玉箱杖。嘉平中,袁逢作二公賜玉杖。"

王莽頭

王莽頭顱。爲漢朝"累代异寶"之一。王莽,西漢皇后王政君侄子,二十四歲爲官,官至大司馬。漢哀帝去世,漢平帝年幼繼位,王莽攝政。元始元年(1),王莽被封爲"安漢公",四年加號"宰衡",位在諸侯王公之上。五年平帝崩,兩歲劉嬰(即孺子嬰)爲皇太子。由王莽代理天子朝政,稱"假皇帝",臣民則稱王莽爲"攝皇帝",王莽自稱"予",改元居攝元年。初始元年十二月癸酉朔(9年1月15日),王莽逼迫王政君交出傳國玉璽,自己接受孺子嬰禪讓,稱帝,改國號爲"新",稱"始建國元年",史稱王莽篡漢。新朝歷十五年滅亡,王莽被殺,頭顱被懸挂於鬧市示衆。東漢建立,保存王莽頭顱,用以警誡朝臣宗親。漢亡,傳入魏;魏亡,傳入晉。晉惠帝元康五年(295),洛陽武庫大火,王莽頭與劉邦斬蛇劍、孔子木屐等盡皆焚毀。《晉書・張華傳》:"武庫火,華懼因此變,作列兵固守,然後救之,故累代之寶及漢高斬蛇劍、王莽頭、孔子屐等盡焚焉。"《異苑》卷二:"晉惠帝元康五年,武庫火,燒漢高祖斬白蛇劍、孔子履、王莽頭等三物。中書監張茂先懼難作,列兵陳衛,咸見此劍穿屋飛去,莫知所向。"

五星出東方護膊

1995年10月,於新疆和田民豐尼雅遺址出土。織錦質地。因護膊上織"五星出東方利中國"字樣,故名。長方形,絹緣,縫綴六角繫帶。長18.5厘米,寬12.5厘米,經密爲220根每厘米,緯密24根每厘米,經嚮花紋迴圈7.4厘米。繫帶長21厘米,部分繫帶殘斷。寶藍、草綠、絳紅、明黃和白色等五組色經根據紋樣分別顯花,織出星紋、雲紋及孔雀、仙鶴、辟邪虎等禽獸紋。每組花紋迴圈7.4厘米,上、下兩組迴圈花紋之間織"五星出東方利中國"小篆文字。與"五星"織錦同時出土一"討南羌"織錦殘片,錦料同"五星"錦。《史記・天官書》:"五星分天之中,積於東方,中國利;積於西方,外國用兵者利。"古代"五星"指歲星、熒惑星、填星、太白星和辰星。"東方"指古代星占術中特定的天穹位置。"中國"爲一地理概念,指黃河中下游京畿地區及中原。"五星出東方"指五顆行星同時出現於東方天空,即"五星連珠"或"五星聚會"現象。五星出東方織錦護膊爲國家一級文物,現藏新疆博物館。

五彩螺鈿牌

麻將牌。因其木質表面鑲嵌五彩螺製的梅花圖案,故名。此牌以牛骨爲底,黑檀木爲面,每張牌面嵌以梅花圖案。純手工打造。因製作工藝複雜,難度高,後世難以複製,成爲手工麻將的絕世之作,同時也是一件精美的藝術珍品。此爲牌清朝末代皇帝溥儀御用麻將牌。当時由内務府召集工匠打造麻將牌,從一千多張中精選出一副，盛放於飾有孩童舞空竹、玩陀螺螺鈿畫的黑檀牌盒中，其餘盡皆銷毀。溥儀賜名"五彩螺鈿牌"。溥儀非常珍愛，牌不離身。1945 年溥儀倉皇逃

五彩螺鈿牌

亡，不慎將其遺落。後爲日本人野口恭一郎所得，并於千葉縣岬釘修建一麻將博物館，五彩螺鈿牌成鎮館之寶。野口恭一郎去世前決定，此將牌歸還中國。2013 年 7 月 16 日，野口恭一郎去世兩年後，千葉縣岬釘麻將博物館將五彩螺鈿牌及所有收藏的麻將，一并歸還中國。

六博棋具

古代棋具。六博，亦作"陸博"。西漢時兵家游戲用具，黑漆朱繪。1973 年湖南長沙馬王堆三號墓出土。中國古代民間早期的一種兵家游戲，因游戲時要使用六根博箸，故名。博即博箸，行棋前要先投箸，據投箸結果行棋，以吃子爲勝。戰國時一套完整的六博棋具包括梮（棋局）、棋（棋子）、箸（相當於後世的骰子）。漢代開始使用煢（骰子）代替博箸。梮也稱博局，多爲木質方形盤，盤面髹黑漆或白漆。盤面有一方形大框，框內中部有一小方框，周邊有 TLVI 圖形的棋路十二個，名"曲道"。四角處有四個圓點。博局上十二曲道中，有利於行棋的"通道"，亦有不利行棋的"惡道"；棋多以象牙、玉石或金屬製成。十二枚棋子分黑紅和黑白兩組，有長方體和立方體兩種形狀，每組均大小相同。雙方各六枚棋子，一枚稱梟，五枚稱散，也有稱盧、雉、犢的。因此棋子既

有同大，亦有一大五小。六博在漢代流行，出土的漢俑就有二人對坐六博者。長沙馬王堆漢墓出土的六博棋具現藏於湖南省博物館。漢焦延壽《易林》："豫之剥：野鳶山鵲，弈棊六博；三梟四散，主人勝客。"《後漢書·梁冀傳》："〔梁冀〕性嗜酒，能挽滿、彈棋、格五、六博、蹴鞠、意錢之戲。"隋鮑宏《博經》："用十二棋，六棋白，六棋黑，所擲頭，謂之瓊。"唐李白《梁園吟》："連呼五白行六博，分曹賭酒酣馳輝。"明陶宗儀《説郛》卷八〇："《楚詞》云：'篦蔽象棊，有六博些。分曹並進，遞相迫些。'王逸謂投六箸，行六棊，故謂之六博。言以篦籙作箸，象牙爲棊也。"

孔子屐

亦稱"孔子履"。傳爲孔子穿過的一種兩齒木底鞋，適於在南方雨天泥道行走。屐由三部分組成：一爲木料底板，古稱"木扁"，上有數個小孔以繫繩；二爲繩帶，稱作"繫"；三爲屐齒，裝在木扁下，有扁平、四方及圓柱體等多種，高度在 6~8 厘米之間，前後高低大致相等。我國穿木屐的歷史悠久，考古工作者在寧波慈湖新石器時代晚期遺址就出土過殘存的木屐。較早的文獻記載見於《莊子·異苑》："介子推抱樹燒死，晋文公伐以制屐也。"《太平御覽》卷六九八引《論語隱義注》："孔子至蔡，解於客舍，入夜，有取孔子一隻屐去，盜者置屐於受盜家。孔子屐長一尺四寸，與凡人屐異。"孔子生前服用器具俱被門生保存於孔廟，供人瞻仰。漢代罷黜百家、獨尊儒術，孔子屐也被列爲漢朝"累代異寶"。司馬遷游走至曲阜時曾見之。晋惠帝元康五年（295），洛陽武庫大火，包括孔子屐在內的大量珍物被毀。《晋書·五行

志》："惠帝元康五年閏月庚寅，武庫火，張華疑有亂，先命固守，然後救火，是以累代異寶王莽頭、孔子屐、漢高祖斷白蛇劍及二百八萬器械，一時蕩盡。"又《衛瓘傳》："武庫火，華懼因此變，作列兵固守，然後救之，故累代之寶及漢高斬蛇劍、王莽頭、孔子屐等盡焚焉。"五代馬縞《中華古今注・刀劍》："晋朝武帝時，武庫火，有智伯頭（一曰王莽頭）、孔子屐、高祖斬蛇劍，二物皆爲火焚之，唯劍飛上天而去也。"

【孔子履】

即孔子屐。此稱晋代已行用。見該文。

古窖泥

窖泥，用於封窖和製作窖底之黏土。酒醅入窖前，需用窖泥塗抹窖池底部和池壁，入酒醅後再用窖泥封口，即"封窖"。其目的爲密封窖池、隔絕空氣，使酒醅於窖池無氧發酵。2005年8月，四川將宜賓五糧液集團明代地穴式曲麴發酵窖古窖泥，捐贈給中國國家博物館永久收藏。此件灰色"泥巴國寶"，爲中國國家博物館館藏的"活文物"。古窖泥源自六百多年前的長發升酒坊。長發升古窖建於元至正十四年（1354），爲我國地穴式麴酒發酵窖池中年代最早者，且連續不間斷使用至今。泥中富含鐵、磷、鎳、鈷和數百種微生物，來自宜賓弱酸性黏土。酒醅發酵過程中，窖池所産生的多種微生物和香味物質，會慢慢滲透至窖泥。窖齡越長，窖泥附集的有利微生物與香味物質越多。經過六百多年積澱，泥中微生物

長發升古窖泥

種群達數百種，生長着數以億萬計的有益微生物活體。

仙丹

道家丹藥。東晋已有此物。1965年江蘇南京東南郊出土東晋尚書王彬與女兒王丹虎合葬墓，王丹虎身邊有一圓形漆盒，盒內裝數百粒紅色藥丸。藥丸直徑0.4～0.6厘米，每顆大小、重量不一。藥丸經一千六百多年，完好無損，沒有變質，此即爲仙丹，傳說中的"長生不老藥"。現藏南京博物院地下庫房。經檢驗，其主要成分爲硫化汞，其中硫含量13%，汞含量60%，另外27%成分不明。仙丹亦稱"五石散"（以五種石質藥材煉製的毒品）。原爲漢代張仲景研製用於治療傷寒之藥，魏晋時被何晏改進，由藥品轉變成毒品。服用五石散之後，全身發熱，産生興奮感，使人精神焕發，深受貴族階層喜愛，上至皇宮內院，下至文人士大夫爭相效仿，并把服用五石散當作身份的象徵。正因如此，這種仙丹得以長期流傳。秦始皇追求長生不老，雖未成功，却影響巨大，纔有後世服雲母、玉屑、金丹求長生等一系列探索。實際上，五石散摧殘人的神經和生育功能，對人體危害極大，是一種慢性毒藥。何晏、隋煬帝、唐太宗、明世宗、清世宗等，皆因服用仙丹中毒而未盡天年。仙丹的出土，填補了中國考古史對其研究的空白。

式盤

古時推算時節次序、占卜的用具。1959年甘肅武威新華鄉磨咀子墓葬群六十二號漢墓出土一件王莽時期式盤實物，保存較好。式盤按天圓地方設計，上盤"堪"爲圓盤，象徵天；下盤"輿"爲正方盤，象徵地。天盤直徑6厘

米，分爲三個同心圓層，正中有北斗七星，中層同心圓爲十二月神，外圈同心圓爲二十八星宿。邊緣均勻刻度一百五十個。地盤每邊長9厘米，文字分兩層，内層爲二十四個方位，刻畫精準，外層爲二十八宿。邊緣均勻刻度一百八十個。式盤爲木質，上面髹漆。天盤與地盤之間有軸和孔相連，天盤可以轉動。古人就是根據盤中文字的對應關係，推算曆數或進行吉凶占卜。式盤早期爲式圖。安徽含山凌家灘新石器時代遺址曾出土一件玉式圖，距今約五千年，圖中同心圓被簡單地分成八等份，可視爲後世八卦的雛形。戰國時期曾侯乙墓棺材蓋上，已經有了二十八星宿的排列組合。這些式圖描繪了古人眼中的宇宙世界。式盤是式圖的發展和進步，把"天圓地方"的概念通過天地盤的疊加濃縮到一件器物上，使推算精度大大提升。唐張鷟《朝野僉載》卷六："江東江西山中多有楓木人，於楓樹下生，似人形，長三四尺……曾有人合笠，於明日看笠子掛在樹頭上。旱時欲雨，以竹束其頭，楔之即雨。人取以爲式盤，即神驗，楓木棗地是也。"

夾帶

科舉考試時作弊用的折疊小册。指考生偷偷携帶的與考試有關的材料。這些材料字寫得極小，折叠在一起長寬一兩寸。監考官不易發現。明湯顯祖《牡丹亭·榜下》："則這陳秀才夾帶一篇海賊文字，到中得快。"清嚴有禧《漱華隨筆·夾帶懷挾》："臨場特派大臣監視，果搜出懷挾夾帶數十人。"徐特立《法國小學狀況》："小孩在考試時，多看此種夾帶書，與中國從前科舉之一寸寬兩寸長之小本同一個意義，和現在的學生抄夾帶，也是一個樣兒。"

沉香木龍床

清代皇帝就寢之床。以沉香木製。長2.2米，寬1.8米，高2.4米；最大床頂裙板材長2.2米，寬0.26米。床柱、床腿、床裙、圍板、嵌板等共雕刻五十五條青龍，并配以衆多雲紋。床柱、床頂嵌板雕有五爪青龍；床腿、扶手、床裙雕刻均爲四爪或三爪青龍。全床均用整塊沉香木板大料製成，無一拼接。雕工精美大氣，通體黑中閃亮，清香四溢。專家考證，床料爲印尼沉香木，打造於一百多年前。1924年末代皇帝溥儀被馮玉祥趕出紫禁城。"龍床"被一太監據爲己有。現被民間收藏。按，沉香爲沉香樹受細菌感染，自身分泌樹脂愈合後，散發奇异香味的木材，至少經十年甚至上百年，纔能沉澱出一塊合格的沉香木。

沉香獅子

泰山鎮山三寶之一。以沉香木雕琢之獅子形祭器。清乾隆二十七年（1762）由乾隆頒賜給岱廟。一件獅子高37.5厘米，長36.5厘米，重3.5千克；另一件高36厘米，長38厘米，重3.75千克。沉香樹是一種含樹脂的植物，亦是一味中藥材，具理氣作用。明清時沉香被皇室貴族當保健聖品和古董收藏。製作獅子的棕玄色沉香并非一般沉香木，而是沉香樹埋在水土中幾百年，形成的朽木之中以樹根爲主的塊狀樹脂結晶。沉香獅子就是利用樹根的天然造型，精心雕刻、黏合而成。兩獅通體烏黑，後腿蜷坐於地上，尾巴微微翹起，雙目圓睜，微微啓口。沉香木樹根疙瘩雕飾爲獅子捲毛，造型栩栩如生。獅子爲我國傳統吉祥物，質地爲名貴沉香木，以此禮祭泰山，足見乾隆皇帝對泰山的敬奉之意。現藏泰安市博物館。《泰山志・盛典紀》："〔乾隆二十七年〕御賜玉磬一件。楠木架沉香獅子一對。"

舍利

　　通常指佛陀之遺骨及遺體火化後結成的堅硬珠狀結晶體；後泛指佛教高僧火化後遺骸產生的結晶體，亦包括高僧死後所遺留的頭髮、骨骼、未燒化的器官。二千五百餘年前釋迦牟尼涅槃，遺體火化後，得到一塊頭頂骨、兩塊肩胛骨、四顆牙齒、一節中指指骨舍利和八萬四千顆珠狀物。他的弟子將其尊稱爲舍利，分發給天下著名寺院，作爲鎮寺之寶。隨着印度佛教文化的傳播，東漢年間，有十九份佛祖舍利傳入中國，并在全國建十九座寶塔安置供養。法門寺塔供養的佛指舍利便是其中之一。現世上僅存唯一的佛指舍利保存於法門寺博物館。唐代文獻對佛指舍利有詳細記載。唐釋道宣《集神州三寶感通錄》："其〔佛指〕舍利，開頭如小指初骨，長寸二分，内空方正，外楞亦爾，下平上圓，内外光净。"《大唐咸通啓送岐陽真身志文碑》："按舊記云：〔佛指骨舍利〕長一寸二分，上齊下折，高下不等，三面俱平，一面稍高，中有隱迹，色白如玉少青，細密而澤，髓穴方大一上下俱通，二角有紋，紋並不徹。"

【舍利子】

　　即舍利。唐釋玄奘《大唐西域記》卷四："釋迦如來諸聖弟子遺身窣堵波，謂舍利子。"

【堅固子】

　　即舍利。宋郭印《類試院考校九月十日塔之八級中現寶光楊齊伯有詩記其事亦賦一首》："錦官發浮圖，直上干穹蒼。中有堅固子，示現尤非常。"明沈德符《萬曆野獲編・紫柏禍本》："紫柏自以狂狷法酷，示寂于獄，櫬歸屢示靈異，比及茶毗，得堅固子無算，今遺塔在徑山中峰，沈令譽者亦從輕典放歸，足徵聖主之無成心矣。"《女仙外史》第五回："我今教你修煉真炁之法，俾元陰永無洩漏。元陰不漏，月事不行，便成堅固子，佛家所謂舍利是也。"《金蓮仙史》第八回："重陽與其徒衆殯殮於龕，舉火焚之，得堅固子無數於砂礫中。"按，陝西長安觀音山法華寺比丘尼圓照法師圓寂後，弟子們架柴茶毗，大火燒了一天一夜，心臟久焚不化，成爲一個呈黑褐色的巨大堅固子。

金絲琉璃席

　　葬具。金絲連綴琉璃席，琉璃即鉛鋇玻璃。2011年江西漢劉賀墓出土。長1.8米，寬0.65米，三百八十四塊琉璃片以金絲連綴，琉璃片呈長方方形，大小相同。其中八十四片刻有龍紋。席子邊緣包裹雲母片，五彩斑斕，光彩奪目。劉賀是漢武帝劉徹孫子、漢昭帝侄兒。元平元年（前74），漢昭帝駕崩，因無子，劉賀繼位。劉賀繼位後，驕奢無度，不理朝政，引起託孤大臣霍光、張安世極度不滿。在他們的謀劃下，當了二十七天皇帝的劉賀被廢黜，貶回故地，史稱漢廢帝。元康三年（前63），漢宣帝封劉賀爲海昏侯。四月，劉賀前往豫章郡海昏縣（今江西南昌新建區）就國。神爵三年（前59）劉賀去世，皇室給予厚葬。以金絲琉璃席隨葬。漢代，這種技術祇掌握在皇室手中。在民間，琉璃遠比玉要珍貴，爲罕見珍寶；佛教亦將其奉爲七寶之一。此席至今僅發現兩件（另一件由東海溫泉尹灣漢墓出土）。現藏南昌海昏侯博物館。

刺鵝錐

　　亦稱"玉柄銀錐"。狩獵工具名。1986年内蒙古通遼市奈曼旗青龍山鎮斯布格圖村遼代陳國公主及駙馬合葬墓出土。懸佩於駙馬蕭紹矩腰際銀蹀躞帶右側。同時出土的還有一件玉器，呈橢圓形片狀，正面略帶弧度，佩帶在駙馬的手臂上。玉片是臂鞲。專家認爲這是遼代人春季捺鉢使用的工具。銀錐是刺鵝錐，鍛製，鋭尖，末端圓形中空。玉柄白色，圓頭，圓柱形。末端嵌入玉柄中。銀錐鞘鎏金，其製法、形制與刀鞘相同。錐長 7.4 厘米，玉柄 10.1 厘米，直徑 2 厘米，通長 17.8 厘米；錐鞘長 15 厘米，口徑 2.4 厘米；鏈長 23 厘米，大環直徑 2.6 厘米。銀錐爲遼代人春季捺鉢使用的一件工具，用於獵殺天鵝和大雁。《遼史·營衛志中·行營》：“皇帝每至，侍御皆服墨綠色衣，各備連鎚一柄，鷹食一器，刺鵝錐一枚，於濼周圍相去各五七步排立。皇帝冠巾，衣時服，繫玉束帶，於上風望之。有鵝之處舉旗，探騎馳報，遠泊鳴鼓。鵝驚騰起，左右圍騎皆舉幟麾之。五坊擎進海東青鶻，拜授皇帝放之。鶻擒鵝墜，勢力不加，排立近者舉錐刺鵝，取腦以飼鶻，救鶻人例賞銀絹。皇帝得頭鵝，薦廟，群臣各獻酒果，舉樂。更相酬酢，致賀語，皆插鵝毛于首以爲樂，賜從人酒，遍散其毛，弋獵網釣，春盡乃還。”清于敏中《日下舊聞考·京畿》：“〔遼國〕國主春獵，衛士皆衣墨綠，各持連鎚、鷹食、刺鵝錐，列水次，相去五七步。上風擊鼓，驚鵝稍離水面。國主親放海東青鶻擒之。

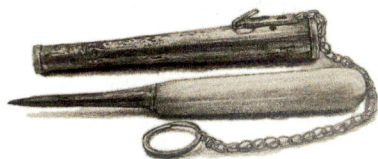

刺鵝錐

鵝墜，恐鶻力不勝，在列者以佩錐刺鵝，急取其腦飼鶻。得頭鵝者，例賞銀絹。”“捺鉢”是契丹語“行營”的意思。海東青學名鶻，是一種猛禽，分布於庫頁島一帶，上喙彎曲，凶猛異常，能高飛且速度極快。

【玉柄銀錐】

即刺鵝錐。此稱行用於現當代，爲考古工作者對刺鵝錐的稱謂。見該文。

【殺鵝殺鴨錐】

亦稱“殺鵝殺鴨錐”。即刺鵝錐。《契丹國志·漁獵時候》：“宋真宗時，晁迥往賀生辰，還，言始至長泊，泊多野鵝、鴨，國主射獵，領帳下騎，擊扁鼓遶泊，驚鵝、鴨飛起，乃縱海東青擊之，或親射焉。國主皆佩金玉錐，號殺鵝殺鴨錐。”“殺鴨”或作“宰鴨”。《全史宮詞·遼》：“《宮詞》：‘獵馬驕嘶插玉錐，黃花滿地彈初開。’……《契丹國志》載：‘國主皆佩金玉錐，號殺鵝宰鴨錐。每初獲，即拔毛插之，以鼓爲坐，遂縱飲，最以此爲樂。’”

【殺鵝宰鴨錐】

即殺鵝殺鴨錐。此稱遼代已行用。見該文。

【殺鵝鴨錐】

即刺鵝錐。清厲鶚《遼史拾遺·營衛志中》：“大中祥符六年，晁迥使還言，始至長泊，泊多野鵝鴨，契丹主領帳下騎，擊扁鼓繞泊，驚鵝鴨飛起，乃縱海東青擊之，或親射焉。北人皆佩金玉錐，號殺鵝鴨錐。每初獲即拔毛插之，以鼓爲坐，遂縱飲，最以此爲樂。”《續資治通鑑長編·真宗大中祥符六年》：“〔春捺鉢〕遼人皆佩金玉錐，號殺鵝殺鴨錐。”

法門寺玳瑁幣

1987 年 4 月，發現於法門寺地宮，計十三枚珍稀的玳瑁"開元通寶"幣。該幣被藏於地宮後室一盞銀燈盞中。玳瑁是一種爬行綱海龜科生物。其龜殼可以製作裝飾品和日用品。玳瑁幣就是用其背甲製作。在佛教界，玳瑁是排在第五的珍寶。《佛說陀羅尼集經》："其七寶者：一金，二銀，三珍珠，四珊瑚，五玳瑁，六水晶，七琉璃。"玳瑁幣都是人工雕刻，無法複製，每一枚都是獨一無二的。"開元通寶"錢幣爲唐代的主要流通貨幣，玳瑁"開元通寶"幣不是流通貨幣，屬紀念幣。該幣史籍上無記載，地宮内的《物賬碑》亦未登記，因而這是從未見過的貨幣種類，在貨幣史上有着特殊的意義。玳瑁幣現藏法門寺博物館。

皇帝頭顱製成的骷髏杯

　　宋理宗趙昀，南宋第五位皇帝，宋太祖趙匡胤十世孫。景定五年（1264）宋理宗去世，葬於會稽永穆陵。理宗死後不久，南宋滅亡。爲防止老百姓懷戀大宋，忽必烈册封西域和尚楊璉真迦爲"江南釋教總統"，負責原南宋故地佛教事務。楊璉真迦，挖南宋六帝王陵寢，收集帝王遺骨。於南宋宮殿遺址上建"鎮南塔"，將帝王與動物尸骨混雜堆於塔裏，以此鎮壓南方"王者之氣"。因宋理宗頭顱較大，被楊璉真迦砍下鑲銀塗漆，製成酒器嘎巴拉碗（亦稱骷髏碗、骷髏杯），用於飲酒。至元二十八年（1291）理宗頭骨酒碗由忽必烈轉送帝師八思巴。之後幾十年，此碗一直流傳於僧人之手。明洪武元年（1368）八月，徐達派部將吳勉率軍進占大都，元降臣危素

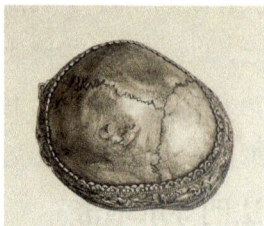

骷髏杯

向朱元璋提及此碗。朱元璋下令尋找。北平守將吳勉尋得理宗頭骨（骷髏杯）後，暫時安葬於京城南高坐寺西北。洪武二年，朱元璋下詔將宋理宗頭骨歸葬永穆故陵，并敕建享殿、頂骨碑亭及圍墙。《明史·危素傳》："至元間，西僧嗣古妙高欲毀宋會稽諸陵。夏人楊輦真珈爲江南總攝，悉掘徽宗以下諸陵，攫取金寶，哀帝后遺骨，瘞于杭之故宮，築浮屠其上，名曰鎮南，以示厭勝，又截理宗顱骨爲飲器。真珈敗，其資皆籍於官，顱骨亦入宣政院，以賜所謂帝師者。素在翰林時，宴見，備言始末。帝嘆息良久，命北平守將購得顱骨於西僧汝納所，諭有司眉于高坐寺西北。其明年，紹興以永穆陵圖來獻，遂敕葬故陵。"明貝瓊《穆陵行》："六陵草没迷東西，冬青花落陵上泥。黑龍斷首作飲器，風雨空山魂夜啼。"明高啓《穆陵行》："玉顱深注駝酥酒，誤比戎王月支首。百季帝魄泣穹廬，醉骨飲冤愁不朽。幸逢中國真龍飛，一函雨露江南歸。環佩重游故山月，冬青樹死遺民非。"參閲清徐乾學《讀禮通考》卷九二中。

漆木匜形杯

　　亦稱"戒酒杯"。漆木製成的酒具。杯通體高 13.1 厘米，長 16.2 厘米，寬 19.2 厘米。由蓋、身、足三部分組成。蓋面浮雕一隻鳥和三條蛇，鳥嘴銜一蛇，鳥翅分置蓋側，呈飛翔狀，另有兩蛇纏繞於鳥翅膀上。鳥、蛇身體上分別繪有羽毛、鱗片等，飾以土黄粉彩。器身雕刻成鳳形，鳳口銜珠；鳳身和腹部，繪有四條相互纏繞的兩足龍，整件器物看起來十、分詭異。此即《山海經》記載的神獸"鳥蛇"。凡觀此杯者，皆不自覺産生戒酒的願望，這當是由此器

的特殊造型所致。現藏湖北省博物館。

【戒酒杯】

即漆木匜形杯。此稱行用於現當代。見該文。

鸚鵡杯

亦稱"海螺盞""鸚鵡螺杯"。以鸚鵡螺製成的酒杯，故稱"鸚鵡杯"。1965年於南京象山東晉王興之家族墓葬群出土。長約14厘米，高約10厘米，體外色澤華美，遇水不沉，邊緣處鑲鎏金銅口。内布滿密密麻麻的空腔，彼此之間有細密孔洞相連。由此可見，東晉時已有鸚鵡杯。鸚鵡螺，爲海螺之一種，乃四億年前古生物，殼内多旋紋，旋紋尖處屈而朱紅似鸚鵡嘴，故名鸚鵡螺。其殼青斑綠紋，殼内光瑩如雲母。以此製成的酒杯，可容二升許。酒倒入鸚鵡杯，酒液會通過孔洞逐漸滲透進鸚鵡杯内部空腔中。倒酒時，杯中酒於空氣壓力下一點點流出，不會完全倒出。似聚寶杯，永遠喝不完。鸚鵡螺一般生活在100米深的海底，捕獲困難，故非常稀有，極其珍稀，被譽爲"活化石"。後鸚鵡螺越來越少，鸚鵡杯亦逐漸消失。唐駱賓王《蕩子從軍賦》："鳳凰樓上罷吹簫，鸚鵡杯中休勸酒。"唐李白《襄陽歌》詩："鸕鶿杓，鸚鵡杯，百年三萬六千日，一日須傾三百杯。"唐劉恂《嶺表録異》卷下："鸚鵡螺，旋尖處屈而朱，如鸚鵡嘴，故以此名。殼上青綠斑文，大者可受二升，殼内光瑩如雲母，裝爲酒杯，奇而可玩。"宋陸游《秋興》詩："老子雖貧未易量，風流猶在小茆堂。蒲萄錦覆桐孫古，鸚鵡螺斟玉瀣香。"明朱權《卓文君》第四折："我見他玉手高擎鸚鵡杯。"

【海螺盞】

即鸚鵡杯。唐盧照鄰《長安古意》詩："漢代金吾千騎來，翡翠屠蘇鸚鵡杯。羅襦寶帶爲君解，燕歌趙舞爲君開。"明曹昭《格古要論》："鸚鵡杯即海螺盞，出廣海，土人琢磨，或用銀或用金鑲足。"

【鸚鵡螺杯】

即鸚鵡杯。宋朱弁《風月堂詩話》卷上："歐公居穎上，申公吕晦叔作太守。聚星堂燕集，賦詩分韵……又賦室中物，公得'鸚鵡螺杯'，申公得'癭壺'，劉原父得'張越琴'……詩編成一集，流行於當世。"清盧先駱《紅樓夢竹枝詞》："鸚鵡螺杯鏤絳霞，融酥茶點樣新花。熊蹯鷄蹠嘗應遍，添上冰盤哈密瓜。"清林朝崧《下里歌》："鸚鵡螺杯牙酒籌，紛白黛緑遞勸酬；傾壺倒榼情綢繆，此時樂可輕王侯。"

紅珊瑚樹盆景

宮廷陳設品名。清宮造辦處製造。盆景通高108.5厘米，珊瑚高48厘米，盆徑32～65厘米。三層疊桃式盆承托，盆上仙桃金枝綠葉纏繞，山子造形由九桃叠加而成，嵌琺瑯桃七枚、銅鍍金桃二枚。桃盆前後正中各有一隻大紅蝙蝠展開雙翼，托團壽字。壽字以鏨金流雲圍繞，以掐絲琺瑯成字。三層桃之間，另有七隻銅鍍金小蝙蝠，飛翔於碩桃旁。九桃加九蝠，寓意長長久久，福壽雙全。盆中插寶石級紅色大珊瑚樹，杆粗如腕，枝闊如扇，質地細膩，鮮艷潤澤。盆座爲紫檀木，雕雲紋飾。此件盆景綜合掐絲琺瑯、畫琺瑯、鏨花和焊黏等多種技藝，製作難度較大。這是清宮廷衹在年節慶典或帝、后壽典之日纔陳設的吉祥景致。紅珊瑚，三大有機寶石之一（其他兩種爲珍珠、琥珀），自古爲宮廷寶物，其盆景、擺件不僅擺放於宮廷，還可賞賜有功之臣。紅珊瑚亦爲佛教七寶之一，被視爲佛門聖物。紅珊瑚生活在大洋深處，生長緩慢，質地緊密，有韌性，已被列入國家一級重點保護野生動物。

紅地雲珠日天錦

錦幡。南北朝時已見此物。1983 年出土於青海都蘭熱水鄉吐蕃墓，長 48 厘米，寬 28 厘米。殘片組織爲 1:1 平紋經錦，由三個圓環連接而成。紅地上由雲珠串成圓圈，以獸紋或花紋圖案環環相扣。中間圓環內交腿端坐者爲日天。日天，又稱"日神""日天子""太陽神"等。佛教中，日天被視爲觀世音化身，居日宮。日宮爲純金宮殿，神光普照天下。日天乘六翼神馬車，頭戴菩薩冠，身穿尖領窄袖緊身上衣，手持定印，雙腳相交坐於蓮花形寶座上。兩側各有一個側面、持王杖、頭戴圓帽的衛士。頭部有聯珠狀光圈。兩側各一半身人像，似爲天后或吏官。上遮附有龍形飾物的華蓋。龍首蟠於馬車兩旁迎風飄揚。另兩環分飾狩獵與戰鬥場景。狩戰圈中自上而下分四組左右對稱紋樣。第一組騎駝射虎：騎駝者頭戴圓形小帽，穿窄袖短衫，下着長靴，騎在雙峰駱駝之上，回首拉弓射虎。第二組騎馬射鹿：馬首飾花形頭飾，騎士裝束與騎駝者相同，於奔馬之上回首拉弓射斑紋鹿。第三組應係人物搏獅：已殘缺，根據復原效果，獸的四腿粗壯，爲大型動物，前立一長袍人。第四組武士搏戰：手持盾牌和短劍的武士正在搏戰，武士身後各有一隻鸚鵡回首而視，鸚鵡邊附有靈芝狀紋樣。三圓圈外的空間處分別飾有"吉""昌"兩個漢字以及小動物、雲氣紋、獅紋、圓點等。紅地雲珠日天錦爲我國現存最早的錦幡殘片，獨具异域風格，現藏青海省文物考古研究所。

紅地對人獸樹紋罽袍

冥衣。1989 年於新疆尉犁營盤墨山國（相當於東漢時期）墓地一五號墓出土，保存良好，如今禁止出境，現藏新疆維吾爾自治區文物考古研究所。墓主人爲男性，年齡在二十五至三十歲之間。箱式彩繪木棺長 2.16 米、寬 0.7 米。乾尸身蓋黃色絹衾，頭枕鷄鳴枕，面部覆蓋麻質面具，內穿淡黃色絹袍，外穿紅地對人獸樹紋雙面罽袍，下穿繡有花草紋的毛繡長褲，脚穿絹面貼金氈襪。腰繫絹質腰帶，腰帶上垂挂香囊、帛魚等。左臂繫長方形藍縑地刺繡護膊。胸前及左手腕處各置一件小冥衣。下頜及四肢用淡黃色絹帶托繫纏繞。隨身衣物品質精良，色澤鮮艷，保存良好。罽袍長 110 厘米，雙袖展開長 185 厘米，袖口寬 15 厘米，下擺寬 100 厘米。交領、右衽，下擺兩側開衩至胯部。罽袍爲雙層兩面紋毛織物，由紅、黃兩色經緯綫同時織出平紋組織的表和裏，成重疊的上下兩層，表面以紅色爲地黃色顯花，背面花紋相同，顏色相反。左下襟接縫一塊狹長三角形"卷藤花樹"紋罽，兩袖下半截接縫彩條紋罽。罽面紋樣布局對稱規整，每區上下六組，以石榴樹或無花果樹爲軸，橫嚮由對人紋、對畜紋組成。圖案中的人物均爲裸體男性，捲髮、高鼻，大眼。肌肉發達，健壯有力，肩搭披風，手執兵器，作對練演武狀。整體紋樣體現了古希臘、波斯兩種文化互相融合的藝術特徵。罽袍出土時除後背局部損朽外，基本保存完好。千年之前，此爲高檔面料。考古專家將其命名爲"紅地對人獸樹紋罽袍"。墓主人可能爲墨山國的貴族。墨山國墓地地處絲綢之路樓蘭道要衝，東西方經濟文化交流比較頻繁。從出土的這件麗袍和其他文物來看，希臘文化、波斯文化、中原文化、西域文化等多種元素彙聚於此。這些文物對於研究絲綢之路的交通、貿易和東西方文化交流，有着極高的學術價值。按，麗，用毛做成的氈子一類的東西。

華夏第一竹席

日用寢具。2007 年於江西靖安李洲坳東周墓葬群出土。長 1.8 米，寬 0.8 米，呈棕褐色。采用上等竹篾編織而成，花紋爲縱橫交錯正、反"人字紋"。爲使竹席不褪色、耐腐蝕，表面進行了碳化處理。此竹席距今約二千五百至二千六百年，爲考古史上年代最早，保存最完整之竹席。

華夏第一便面

日用器具。扇子之一種，輪廓外形似菜刀。竹製。2007 年於江西靖安李洲坳東周墓葬群出土。便面（竹扇）以精細竹篾絲編織而成，柄長 37 厘米，扇面寬 25 厘米，呈厨刀形。扇面梯形，扇柄偏向一側。爲我國出土最完整的扇類實物證據，被譽爲"華夏第一扇"。扇子初以細竹篾編製。至宋代多以布、錦、絲、絹等爲之。便面功能有二：一、扇風，避暑神器；二、遮面，遇到不想見之人拿便面擋住即可。《漢書·張敞傳》曾記載："然敞無威儀，時罷朝會，過走馬章臺街……使御吏驅，自以便面拊馬。"顏師古注："便面，所以障面，蓋扇之類也。不欲見人，以此自障面則得其便，故

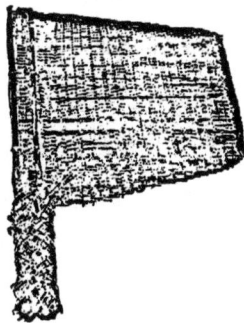

華夏第一便面
（靖安東周墓出土）

曰便面，亦曰屏面。今之沙門所持竹扇，上衮平而下圜，即古之便面也。"宋楊萬里《誠齋荆溪集序》："自此，每過午，吏散庭空，即携一便面。步後園，登古城。"金党懷英《上皇書扇後》詩："便面團圞字點鴉，天風吹墮委塵沙。"清孔尚任《桃花扇·寄扇》："便面小，血心腸一萬條；手帕兒包，頭繩兒繞，抵過錦字書多少。"

華夏第一木劍

木劍藝術品。2007 年江西靖安李洲坳東周墓葬群出土。彩繪，長 66 厘米。劍柄、劍鞘製作精美，紋飾顏色鮮艷。距今約兩千五百至兩千六百年，被考古專家譽爲"華夏第一木劍"。現藏靖安縣博物館。

軒轅鏡

古鏡名。即皇帝寶座正上方圓球形的鏡子。傳說此鏡爲軒轅黃帝首製，故稱。古人謂此鏡可以辨別真假天子，故非皇者不能用之。北京故宮太和殿皇帝金鑾寶座的正上方有"盤龍藻井"，藻井上雕刻一條龍，龍嘴叼一個由水銀製成的亮晶晶的圓球，即"軒轅鏡"。除太和殿外，軒轅鏡還有兩處。一處在御花園萬春亭，用以辟邪。此處風大游客多，出於安全考慮，軒轅鏡被摘下放入庫房。另一處在交泰殿，用來辟邪。宋趙希鵠《洞天清禄集》："軒轅鏡其形如球，作卧榻前懸挂，取以辟邪。"金圓明老人《不夜輝光無遮障》："挂起軒轅鏡，寒光射碧空。清風巖下起，一片綵雲蹤。"元佚名《神奴兒》第四折："大人懷揣萬古軒轅鏡，照察我這衒冤負屈情。"明李時珍《本草綱目·金石部·古鏡》："時珍曰……《軒轅內傳》言，帝會王母，鑄鏡十二，隨日用之。此鏡之始也，

或云始於堯臣尹壽。"

透光鏡

亦稱"透光鑑"。銅鏡。因能反射背面花紋和文字，故名。噴水魚洗、曾侯乙編鐘與上海博物館收藏的西漢"見日之光"透光鏡并稱富於科技含量的"青銅三寶"。正圓形，直徑 7.4 厘米，净重約 50 克，背面飾有漢代風格紋飾（鏡面薄、浮雕紋飾高）。陽光照到鏡面，經反射投影到壁上，壁上的光斑會顯現出鏡背面的圖案、銘文。又因銅鏡背面有"見日之光，天下大明"字樣，故命名爲"見日之光"透光鏡。這種神奇的現象，古今中外學者多有關注。北宋科學家沈括提出"凹凸論"，《夢溪筆談・器用》："世有透光鑑，鑑背有銘文，凡二十字，字極古，莫能讀。以鑑承日光，則背文及二十字，皆透在屋壁上，了了分明。人有原其理，以謂鑄時薄處先冷，唯背文上差厚，後冷而銅縮多，文雖在背，而鑑面隱然有迹，所以於光中現。"元代學者吾邱衍提出"清濁論"，《閒居錄》："世有透光鏡，似有神異……如鏡背鑄作盤龍，亦於面鏡欵刻作龍，如背所狀，復以稍濁之銅填補鑄入，削平鏡面，加鉛其上，向日射影，光隨其銅之清濁分明暗也。"19 世紀 30 年代，透光鏡流入西方，被稱爲"魔鏡"。多國科學家認爲，透光效應是因銅鏡各部位材質不同所致，而密度差異都是型壓引起的。1961 年，上海交通大學"西漢'透光鏡'研究組"在組長盛宗毅的帶領下，鑄出銅鏡後，將其研磨至較薄，得到可以"透光"的銅鏡。上海博物館與復旦大學合作，通過澆鑄銅鏡再淬火處理，也複製出了"透光"鏡。但對"透光"原理認識不一。上海交通大學認爲，銅鏡鑄完冷却時，因背面的紋飾和文字厚薄不一，導致了其冷却速度的差异而產生結構和殘餘應力，正是在這種結構和殘餘應力的影響下，導致銅鏡"透光"。上海博物館與復旦大學認爲，"銅鏡透光"是鏡體在淬火過程中產生了組織應力，使鏡面產生了凹凸不平所致。鄂州市博物館董亞巍認爲，銅鏡產生"透光"是鏡面的曲率所致，這種曲率，不是指鑄造時因各部位厚薄不一所造成的收縮曲率，而是指鏡面在磨削加工中重新產生的。依據這三種理論均鑄造出透光鏡，并幫助一些博物館恢復古鏡的透光功能。漢代之後，由於銅鏡外形逐漸變平、變大，紋飾也更加複雜，改變了漢代銅鏡的特殊結構，因此再无透光效果。

【透光鑑】

即透光鏡。此稱宋代已行用，見該文。

照骨鏡

亦稱"方鏡"。菱鐵礦石磨製而成，透明或半透明。長方形，高五尺九寸，寬四尺，表裏有明。據傳，以之照射人體，五臟六腑，骨骼脉絡一覽無餘；還可照邪心，有邪念之人在鏡前會心膽慌張。公元前 221 年，秦始皇掃六國以定天下，得到不少六國秘器，照骨鏡即爲所得八面古鏡之一。秦漢時鏡子主要用於"正容"，鏡不僅是"正"的代表，亦有"一正壓百邪"之說。另外，鏡之亮光亦爲"陽"，有震懾"陰"之作用。照骨鏡"表裏有明"，意爲鏡子裏外透光，具透明或半透明狀。能滿足此條件者爲帶"磁性"的菱鐵礦（分子式$FeCO_3$）。菱鐵礦爲灰白或黃白色，半透明狀。戰國後期，鐵質兵器逐漸取代銅質兵器。如有私自携帶鐵質武器者，在照骨鏡前即原形畢露。照骨鏡失傳。漢劉歆《西京雜記》卷三："〔咸陽宮〕有方鏡，廣四尺，高五尺九寸，表裏有明，人直來照之，影則倒見。以手捫心而來，則見腸胃五臟，歷然無硋。人有疾病在內，則掩心而照之，則知病之所在。又女子有邪心，則膽張心動。秦始皇常以照宮人，膽張心動者則殺之。高祖悉封閉以待項羽，羽併將以東，後不知所在。"明方以智《物理小識·器用類》："《雜俎》言：無勞縣耕得照骨鏡。《宋史》奉寧縣田父得鏡，病熱者照之，骨寒。此其質鑄固異，要以光攝生寒耳。"

【方鏡】

即照骨鏡。此稱漢代已行用，見該文。

【炤骨鏡】

同"照骨鏡"。"炤"，"照"的異體字。明高濂《遵生八牋·燕閒清賞牋上》："舞溪石窟有方鏡，始皇號爲炤骨鏡。"

【秦方鏡】

即照骨鏡。因其外形爲長方形，故稱。明徐應秋《玉芝堂談薈·火齊鏡》："秦方鏡，炤人心膽，人直來炤之，影則倒見。人有疾病在內者，則掩心而炤之，必知病之所在。女子有邪心者炤之，則膽張心動。"

【始皇照骨鏡】

即照骨鏡。因照骨鏡爲秦始皇所有，故稱。明李時珍《本草綱目·金石部·古鏡》："《酉陽雜俎》云：無勞縣舞溪石窟有方鏡，徑丈，照人五臟，云是始皇照骨鏡。"

【秦鏡】

即照骨鏡。《舊唐書·錢徽傳》："苟非秦鏡照膽，堯羊觸邪，時君聽之，安可不惑？"元謝應芳《余子元御史枉駕敝廬以詩貽次韻奉贈》："奇哉古秦鏡，奸邪見肝膽。當年獻天子，重瞳目親覽。"《玉嬌梨》第一二回："秦鏡休誇照膽寒，奸雄依舊把天瞞。"

【照骨寶】

即照骨鏡。唐段成式《酉陽雜俎·物異》："秦鏡：儛溪古岸石窟有方鏡，徑丈餘，照人五藏。秦皇世號爲照骨寶。在無勞縣境山。"

真珠舍利寶幢

佛教供奉舍利用品。1978年發現於蘇州瑞光古塔。盛放寶幢的黑色木函上白漆楷書兩行："瑞光院第三層塔內真珠舍利寶幢。"寶幢製作於北宋大中祥符六年（1013），七寶連綴而成，用於存放舍利。"七寶"即水晶、瑪瑙、琥珀、珍珠、檀香木、金和銀等材料。運用了玉石雕刻、金銀絲編製、金銀絲雕、金銀皮雕、檀香木雕、水晶雕、漆雕、描金、貼金箔、穿珠、漆器彩繪描金等十多種特種工藝技法製作。寶幢以四萬多顆珍珠裝飾。塔上十七尊木雕神像，每尊像高不足10厘米，但形神兼備。寶幢通高122.6厘米，分須彌座、佛宮和塔刹三部分。主體由楠木製成。須彌座呈八角形，分三層：底座、須彌座及須彌山海。底座飾有八隻神態各異的小銀獅子；須彌座通體描繪寶相、纏枝圖案，中間束腰，上爲木質描金勾欄，欄內雕刻須彌山海；須彌山海通體描金，四周八朵描金木雕祥雲，"四大天王"手持兵器，站立雲端，身邊分立"四天女"。一條綴珠如銀鱗的九頭龍盤繞在海涌柱上，龍鬚、龍爪均以銀絲編織，清晰可見。佛宮立須彌山頂，宮外分別站立八大護法天神，均由檀香木雕刻而成，形態逼真。宮中碧地金書八角經幢，分別以真、草、隸、篆書陰刻填金七佛之名及梵語"南無摩訶般若波羅密"。經幢中間，有兩張雕版印《大隋求陀羅尼咒經》和一隻淺青色瓷葫蘆瓶，瓶內供奉九顆舍利子，除一顆肉紅色外均爲乳白色。幢頂有一金銀雕纏枝紋佛龕，內有一木雕佛祖像，佛祖通體描金。金質寶瓶安放於殿頂漆龕，上罩八角金銀絲串珠華蓋，分別以八條空心小龍爲脊，小龍由鎏金銀絲編成，均作昂首俯衝狀。華蓋上部爲塔刹。直徑3.4厘米的水晶摩尼寶珠矗立於塔刹頂部。四周以銀絲火焰光環做裝飾，寓意"佛光普照"。寶幢現藏蘇州博物館。按，瑞光塔在蘇州城西南盤門內，始建於東吳孫權赤烏四年（241）。北宋宣和年間（1119—1124）重修時，寶幢入藏於內。

帶鈎

　　省稱"鈎"。古代貴族和文人武士所繫腰帶挂鈎，多以青銅鑄造，亦有用金、銀、鐵、玉等製成。所用玉多爲新疆產白玉、黃玉、青玉、墨玉、碧玉和水晶、瑪瑙、翡翠等。起源於西周，戰國至秦漢廣爲流行。所用材質、製作精細程度、造型紋飾、大小既爲判斷帶鈎價值的標準，亦爲使用者身份的象徵。基本形狀爲扭曲S形，鈎端多雕獸首。亦有棒形、竹節形、圓形、獸面形、琴面形等。戰國時製作工藝極爲高超，集錯金、鑲嵌等工藝於一身，做工精緻，造型優美。1996年河南洛陽北道戰國墓出土一鎏金嵌玉龍紋銅帶鈎，長23.5厘米。龍首，鎏金，嵌六塊長方形玉飾，并用五塊楔形玉條將玉飾隔開，用五對翻捲過來的鈎片壓固。玉飾分別雕有獸面紋及變形獸面紋。玉呈青白色，精美絕倫。1983年廣州越秀區象崗山西漢南越王趙眜墓出土一七星紋銀帶鈎。鈎首龍頭狀，鈎身飾北斗七星紋。此爲南越王墓出土唯

帶鈎
（元朱德潤《古玉圖》）

一與天文有關的文物。現藏廣州西漢南越王博物館。戰國至宋代，帶鈎形製變化不大。至元、明、清三朝，帶鈎風靡於世，獸首多以龍飾。有一雙龍鈎，鈎背琢一小龍，謂之螭，與大龍昂首相對，四足凌空，神采奕奕。三個朝代的龍鈎各有特徵。元代龍鈎龍首小而扁長，龍首眉毛上揚彎轉呈勾雲紋，龍髮有兩撮、三撮之分，且有長有短。螭作伏地狀，口含靈芝。螭身細，呈弧形，依附於大龍。龍首與螭間距較大。龍鈎器形較寬，形似琵琶；鈎鈕貼近尾部，爲錘形，亦有鑿成長方形或環形孔者。明代玉龍鈎龍首昂起，較寬大，龍眼眼球突起，螭耳尖向上方聳立，鈎軀體造型轉嚮螳螂形，鈎體變薄，鈎鈕亦低。清代玉龍鈎選料講究，脂感較強，雕刻細膩豐滿，但其刀法生辣，露骨出筋，其棱角和運刀交接處有楞手之感，龍首較短，額部有塊狀凸起，龍眼突出，龍耳棒狀，鼻尖突起，露出角狀鼻孔，龍嘴大而深。螭耳向上隆起，額部出鬚，螭首上仰，龍首與螭距離較窄。鈎身厚薄均勻，鈎鈕薄而短。《史記·齊太公世家》："〔管仲〕射中小白帶鈎，小白佯死……桓公之中鈎佯死，以誤管仲已。"南朝梁無名氏《祥異記》："長安民有鳩飛入懷中，化爲金帶鈎。"《梁書·夏侯詳傳》："荊府城局參軍吉士瞻，役萬人浚仗庫防火池，得金革帶鈎。"《淮南子·説林訓》："滿堂之坐，視鈎各異，於環帶一也。"

【鈎】

　　"帶鈎"之省稱。此稱先秦時期已行用。見該文。

【師比】

　　即帶鈎。《戰國策·趙策二》:"〔趙武靈王〕遂賜周紹胡服衣冠、貝帶、黃金師比，以傅王子也。"宋姚宏續注:"《漢書要義》曰:腰中大帶，黃金骨紕一。徐廣曰:或作犀毗，注引《戰國策》:趙武靈王賜周紹貝帶黃金師比。延篤云:胡革帶鈎也，則此帶鈎亦名師比，則骨犀與師並相近而，説各異耳。"《漢書·匈奴傳上》:"黃金飭具帶一，黃金犀毗一。"顏師古注曰:"犀毗，胡帶之鈎也，亦曰鮮卑，亦謂師比，總一物也，語有輕重耳。"宋呂祖謙《大事記解題》卷四:"公子成聽命乃自胡服。"自注:"《戰國策》武靈王賜周裙、胡服衣冠，其帶黃金師比，以傅王子，此所謂胡服也。師古云，師比，胡帶之鈎也。"

【犀毗】

　　即帶鈎。此稱漢代已行用。見該文。

【鮮卑】

　　即帶鈎。此稱唐代已行用。見該文。

【胥紕】

　　即帶鈎。《史記·匈奴列傳》:"黃金胥紕一。"裴駰集解:"徐廣曰:或作犀毗而無一字。索隱曰《漢書》見作犀毗，此作胥者，胥犀聲相近或誤……《戰國策》云，趙武靈王賜周紹具帶黃金師比。延篤云，胡革帶鈎也。則此帶鈎亦名師比，則胥、犀與師並相近，而説各異耳。"宋倪思《班馬異同·匈奴傳》:"黃金飭具帶一，黃金胥紕犀毘一，繡十匹……"明方以智《通雅·衣服佩飾》:"犀毗通作胥紕。師比

或轉爲鮮卑。"

【犀比】

　　即帶鈎。宋張端義《貴耳集》卷下:"犀比即犀毗也。"《格致鏡原·冠服類五·帶》引《東觀漢記》曰:"班固與竇將軍牋復，賜固犀比金頭帶，曰將軍所自服也。"

紙衣

　　以紙製作的衣服，故稱。1958年山西稷山元代五女墳墓，出土了殉葬的紙衣、紙履。經專家證實，紙衣是墓主人生前經常穿用的冬裝。墓主人應爲宗教信徒。紙衣爲冬季重要的禦寒之物。東漢蔡倫在總結前人造紙經驗的基礎上，發明了植物纖維造紙技術，使用生麻及麻織物的廢料製作的紙張可以大規模生產，應用範圍擴大，除了代替沉重的竹簡外，亦可用於公文、書畫、祭祀、喪葬等日常生活。由於麻紙具有一定的柔韌性，常用來作爲絹帛衣物的內襯，可起到定型和保暖作用，這就讓人萌生用紙來製衣的想法。最早的紙衣是爲死者作殮服。南北朝時期，始見紙衣記載。明徐光啓《農政全書·種植》:"陶弘景曰，南人呼穀紙亦爲楮紙，武陵人作穀皮衣甚堅好。"唐初，由於紙屬於珍稀物品，喪葬時，紙質陪葬品愈多，説明墓

紙衣

主人生前的地位愈高。紙衣開始逐漸走向正常人的生活領域。楮皮紙的出現，使人們找到了既能禦寒、耐穿又價格便宜的製衣材料。楮樹皮中含有大量的纖維，以其製成的紙，具有更好的柔韌性和耐磨性，其製成的紙衣稱爲"紙裘"。製作紙衣時工匠把一百張楮樹皮紙放在一起蒸煮，然後再加入胡桃、乳香，把這一百張紙變成一張紙，用這種材料製成的衣服，質地堅韌，厚實耐磨，透氣保暖，且造價低廉。唐朝之前的棉花，僅僅是供少數人用來觀賞，唐朝以後，棉花纔開始小面積種植，雖然成了保暖材料，但價格較高。相比之下，楮皮紙衣價格低廉，普及率高，成爲貧民士子的首選。唐朝佛教興盛，佛教禁止殺生，而絲帛製衣需要殺蠶取絲，因此佛教徒大多選擇穿着由桑麻製作的紙衣。紙衣製作工藝不斷提高，其厚度、透氣性等方面的不斷完善，逐漸成爲唐代重要的服飾種類之一。除了紙衣外，還有紙被、紙帽、紙甲、紙帳等。宋朝，紙衣製造工藝、修補技術愈發精湛，民間穿着紙衣非常普遍。宋代紙衣因具有潔白輕軟，微皺如波的特點，受到文人墨客的讚賞。宋陸游《謝朱元晦寄紙被》詩："紙被圍身度雪天，白於狐腋軟於綿。"又《庵中雜書》："紙被無聲白似雲。"宋李曾伯《用韻答紙衾簡雲巖》詩："欹枕猶存舒卷聲，覆寒時與寢衣更。價廉功倍人人燠，一幅春風造化成。"宋代後期，由於棉花經由絲綢之路傳到了中原，打破了絲麻絹帛織品對服飾的壟斷，紙衣也逐漸淡出。元代開始大規模推廣種植棉花。明代太祖朱元璋大力推行種植棉花的國策，使棉衣成了社會上最普遍的禦寒衣物，但在產棉量低的地區，紙衣仍然得以延續。清朝紙衣的加工技藝仍在發展，但已不再作爲日常衣物出現，而是作爲一種服裝史上的文化傳承在特定的圈子內保留了下來。現代中國紙衣已經非常少見，但紙衣文化經日本遣唐使的傳播，在日本生根發芽并延續至今。紙衣作爲我國特有服飾的一種，在中國的服裝藝術文化史上留下了濃墨重彩的一筆。唐殷堯藩《贈惟儼師》詩："焕然文采照青春，一策江湖自在身。雲鎖木龕聊息影，雪香紙襖不生塵。"《舊唐書·周智光傳》："及智光死，忠臣進兵入華州，大掠自赤水至潼關二百里間畜產財物殆盡，官吏至有著紙衣或數日不食者。"宋蘇易簡《文房四譜·紙譜》："亦嘗聞造紙衣法，每一百幅用胡桃、乳香各一兩煮之。不爾，蒸之亦妙。如蒸之，即常灑乳香等水，令熱熟陰乾，用箭桿橫捲而順蹙之。然患其補綴繁碎，今黟歙中有人造紙衣，段可如大門闌許，近士大夫徵行亦有衣之，蓋利其拒風於凝沍之際焉。"宋葉紹翁《四朝聞見錄·五丈觀音》："轉智不禦烟火，止食芹蓼；不衣絲棉，常服紙衣，號紙衣和尚。"明張燮《東西洋考·形勝名迹》："西山中有人三百餘歲，身穿紙衣臥樹上，辟穀，能知吉凶，呼爲老仙。"

帷荒

古代喪葬儀具。主要流行於兩周時期。用絲織品製成的外層棺罩，覆於內襯罩"褚"與竹罩"池"之上。其上通常裝飾有圖文及其他金屬墜飾。2004年春，山西絳縣橫北村村民發現了商周時期的墓葬群。在二號墓，出土一件帶有銘文的青銅鼎，上刻"倗伯乍畢姬寶旅鼎"，譯文爲：倗伯爲畢姬做的一件青銅鼎。倗伯即倗國的國君，一號墓的墓主人，畢姬是國君夫人，二號墓的墓主人。這些發現確定了倗國的存在。在一號墓室泥土中，發現并提取了三千多年前的約 10 平方米的絲織品，即"帷荒"。帷荒由兩幅紅色爲主的絲織物橫拼而成，

帷荒

上下兩端有扉邊，每幅絲織物寬約 80 厘米，葬時總高約 1.8 ～ 2 米。北壁的絲織物畫面圖案保存較完整。每組圖案中間是一個大鳳鳥側面像，鳳鳥昂首捲尾，翅上揚，高聳冠，大鈎喙，圓睜眼，兩腿與利爪健碩有力，氣勢磅礴，綫條流暢。在大鳳鳥前後，還有多隻小鳳鳥上下排列。布幅接縫處，有圖案錯位和顛倒現象。"帷荒"雖有文獻記載，但西周時期的"帷荒"從未出土過。倗國墓地出土的"帷荒"，填補了這種空白。倗國的發現，亦是我國考古的重要成就。過去史學家一直認爲橫水地區屬於晋國的統治範圍，直至倗國墓地的發現纔推翻了這種觀點。2007 年，考古人員在荆州謝家橋楚國一號墓清理出罕見的四層絲綢帷荒。由於帷荒浸泡在積水中兩千多年，已粘連成一團"爛泥"。荆州文保中心花費了三年多的時間，通過生物、化學保護技術對其進行清洗、加固、修補，纔使這些帷荒恢復了原有光澤和外觀。《禮記·喪服大記》："士，布帷布荒一池。"鄭玄注："荒，蒙也。在旁曰帷，在上曰荒，皆所以衣柳也……大夫以上有褚，以襯覆棺，乃加帷荒於其上。"宋魏了翁《儀禮要義·既夕禮一·士喪禮下》："柩車即屢車飾以帷荒，亦名

'牆柳'。"《錦繡萬花谷前集》卷二六："帷荒，《喪大記》：飾棺者……荒，蒙也。在旁曰帷，在上曰荒，皆所以衣柳也。"清陸隴其《讀禮志疑》卷一："鄭康成《既夕》注云，牆有布帷，柳有布荒，《喪大記》注又云：在旁曰帷……則帷荒總名爲柳。"

【棺帷】

即帷荒。《禮記·喪大記》："大夫殯以幬欑，置於西序，塗不暨於棺。"鄭玄注："大夫之殯，廢輴置棺西牆下，就牆欑其三面塗之，不及棺者，言欑中狹小，裁取容棺帷之，鬼神尚幽暗也。"《續資治通鑑長編·宋仁宗皇祐三年》："賜真珠飾棺帷，并金銀供器。"

鹿角椅

宮廷傢具名。以麋鹿角製作的椅子。清代獨創，宮廷獨有。製作鹿角椅的傳統，始自皇太極。據《清太宗實錄》記載：天聰五年（1631），皇太極率兵攻打遼西大凌河城，一隻雄麋鹿竄進皇太極大帳被捕獲，後以其角製成鹿角椅。皇太極御用鹿角椅爲臺座式，基座及四腿以雜木製成，大漆飾爲紫檀色。座椅靠背長方形板上端鑲一樺木雕雲紋方池，下部鑲一樺木雕如意頭形紋；兩側鑲蓮紋花牙。靠背板兩側中間近後腿處，分立兩個圓柱，圓柱上有托雲紋板。麋鹿角十二個枝杈被巧妙加工成靠背和扶手。椅心爲棕繩編織而成。鹿角椅四足爲琴腿，椅腿外加護板。護板通體浮雕仰蓮、俯蓮紋，中以束腰。上

鹿角椅

望板呈弓狀。木製小腳踏，鐵折葉與鹿角椅邊連爲一體。清軍入關後，此椅珍藏於瀋陽故宮內庫。康熙、乾隆、嘉慶、道光等皇帝東巡盛京時，都要恭瞻皇太極鹿角椅。乾隆十九年（1754），乾隆第二次東巡盛京，瞻仰皇太極鹿角椅後，賦詩抒懷："彎弧曾逐鹿，製器以乘龍。七寶何須羨，八叉良足供。庫藏常質古，山養勝新茸。那敢端然坐，千秋示儉恭。"命內務府工匠將其詩陰刻於椅背并貼金，其常用圓、方連珠印亦刻於椅背。嘉慶東巡盛京，亦賦詩《恭咏太宗鹿角椅》："獲鹿原田選八叉，因材製椅貯皇家。祖貽考咏虔瞻拜，禹鼎湯盤蔑以加。"皇太極御製鹿角椅，因體量較大，除2011年赴臺北歷史博物館展出外，一直珍藏於瀋陽故宮博物院文物庫房中。"敬典閣"區域正式對外開放，專門用於舉辦"院藏國寶珍品展"。皇太極御製鹿角椅最先亮相珍品展中。承德避暑山莊亦有一把鹿角椅，高131.5厘米，寬92厘米，縱深76.5厘米，座面高53.5厘米，背高78厘米。係康熙親獵之鹿製成。鹿角椅爲圈椅式，椅背以麋鹿角全形製成，角根連於鹿頭蓋骨。圈椅鵝脖和鐮柄棍以鹿角枝杈代替。靠背以兩支裁截鹿角作支架，支架中鑲紫檀木心板。心板上下皆裝雕雲頭牙子。座面心板以黃花梨木製成，其前沿和兩側微向內凹，側沿以牛角片包鑲，心板中鑲一道象牙條形成雙混面。座面兩側及後背，嵌骨質坐牙三塊，坐牙雕以勾雲紋。座椅扶手爲鹿角天然枝杈。座椅四腿以兩隻鹿回支角製成，前後兩面椅腿向裏一側橫生一叉，構成支撐坐面托角根，兩側面以另外角叉作榫插入，形成托角根。四角根形成外翻馬蹄式椅腳。椅前另附腳踏，腳踏面爲

腰圓形，花梨木製作，牛角包邊。腳踏四足以兩頭小鹿之角製成。乾隆三十七年（1772）農曆六月中旬，乾隆皇帝於承德避暑山莊圍獵，避暑時見到康熙皇帝御製鹿角椅，寫下《恭咏皇祖鹿角椅》詩并刻靠背板："製椅猶看雙角全，烏號命中想當年。神威詎止群藩讋，聖構應謀萬載綿。不敢坐兮惟敬仰，既知樸矣願捐妍。盛京惟遠興州近，家法欽承一例然。"現藏北京故宮博物院。按，清宮刻乾隆題詩鹿角椅四件：一件爲皇太極御製鹿角椅，現收藏於瀋陽故宮博物院；二件爲康熙御製鹿角椅，原存承德避暑山莊，今存北京故宮博物院；一件爲乾隆御製，現存北京故宮博物院。清代自皇太極始，至嘉慶帝止，除雍正外，其餘四位皇帝都製作過鹿角椅。清代末年，國勢衰微，戰亂頻繁，許多舊藏鹿角椅毀於戰火。目前我國已知存世鹿角椅共七件：瀋陽故宮博物院藏一件皇太極時期鹿角椅，內蒙古自治區博物館藏一件札薩克鹿角椅，其餘五件均藏北京故宮博物院。

萬年稻穀

萬年前稻種。1988年湖南永州雁壽鎮玉蟾岩發現舊石器時代向新石器時代過渡遺址，出土五枚炭化稻穀，顏色有差別。經研究發現，此爲兼野稻、籼稻、粳稻綜合特徵的稻種。以此證明此時稻穀爲野生稻向栽培稻發展階段。此稻穀距今大約1.4至1.8萬年，是目前發現最早的人工栽培稻標本，表明我國爲世界最早人工種植

萬年稻穀
（永州雁壽鎮玉蟾岩石器時代遺址出土）

水稻的國家。

最古麵條

2002 年青海喇家新石器時代遺址出土一倒扣陶碗，直徑 20 厘米左右，高十餘厘米。陶碗下一碗細細黃黃的麵條。經檢驗，麵條成分爲小米。因陶碗倒扣且被洪水冲來的泥沙封存，致使此碗麵條得以保存至今，有約四千年歷史。

象牙卮

宴飲用具。西漢象牙製。高 5.8 厘米，厚 0.3 厘米，圓筒形，卮蓋内以針刻鳳鳥、飛雁紋，蓋身刻四隻獨角神獸，神獸張口回首，姿態威猛，畫面塗以紅藍兩色。此種針刻綫畫填色的象牙製品爲首次發現。現藏廣州西漢南越王博物館。

道光廿五酒

1996 年遼寧錦州凌川酒廠老廠地下發掘出清朝道光二十五年（1845）穴藏貯酒四木酒海（裝酒容器），内藏原酒 4 噸左右。被專家命名爲道光廿五酒。1998 年 7 月英國倫敦吉尼斯總部頒發證書，將道光廿五貢酒列入世界吉尼斯紀録大全。1999 年盛裝貢酒之容器木酒海及 10 千克道光廿五原酒被中國歷史博物館收藏。按，1972 年，湖南長沙馬王堆漢墓出土兩壇老酒，1974 年遼寧葉茂臺遼代墓葬出土兩件白瓷瓶裝美酒，1993 年河北宣化出土一遼代酒席墓，以上古酒比道光廿五酒年代更悠久。

温明

古代葬器。"温明"即温暖明亮之意，指在喪葬過程中能够温暖死者的禮具。其狀如倒置的方桶，由左、右側板、背板及頂板組成，側板上有缺口，背板有方孔，頂板盝頂式，向前伸出。頂、側内面皆嵌銅鏡或琉璃璧。其作用

爲尸體的遮蓋物。古人認爲，遮蓋死者的面目可以保持死者的尊嚴和魂魄不散。遠古時期人們使用柴草、樹枝作遮蓋物，後來改用麻、布。進入封建社會後，不同等級、不同身份的死者，其所用遮蓋物亦不同。而温明是當時高等級的遮蓋物，祇有王侯將相和貴族纔能使用。其重要性可與玉衣、梓宫、便房、黃腸題凑等相提并論。漢代講究事死如事生，人們用玉璧、琉璃璧、銅鏡等充當象徵光明之物，置於死者上方，希望將光明和温暖帶入陰間世界。温明在治喪禮儀時使用，待到治喪禮儀完成後，隨死者入棺槨，一并埋葬。全國發現温明的漢墓有洛陽西漢墓、青島土山屯漢墓群、江西南昌漢海昏侯劉賀墓等。

賈湖骨笛

1987 年河南舞陽賈湖裴李崗新石器時代文化遺址出土。共十六隻。骨笛完整。均以鶴類長骨或鷲鷹翅膀骨製成。長 20 餘厘米，直徑 1 厘米左右。骨笛多爲七孔，亦有五孔、六孔、八孔者。孔分布均匀。個別笛子有調音孔。一對形制相似的雌雄骨笛亦隨之被發現。此爲我國最古老的雌雄笛。遺址中還有一支七孔竪笛保存完好。此笛長 22 厘米。在第六孔與第七孔之間有一小孔，可以發兩變音，應爲調音孔。賈湖骨笛爲我國目前出土年代最早的古樂器實物，將中國七聲音階的歷史提前至八千年前。同時也是目前所見世界上最早的可吹奏樂器，比古埃及出現的笛子早兩千年。現藏河南博物院。唐段成式《酉陽雜俎·樂》："有人以猿臂骨爲笛，吹之其聲清圓，勝於絲竹。"元郭鈺《賦鶴骨笛》："雲沈碧海葬飛仙，樂府新裁紫玉員。律吕相和依象管，雌雄猶似唳芝田。"

元曹文晦《鶴骨笛》詩：“長頸中虛發妙音，秋風一曲水龍吟。喚回城郭千年夢，吹斷雲霄萬里心。”明董斯張《廣博物志·聲樂三》引唐段成式《酉陽雜俎》：“昔晉時有人以猨臂骨爲笛，吹之其聲清圓，絕勝竹笛。”明王恭《三山林文質索咏鶴骨笛》：“誰竅青田一片霜，宛疑橫吹到山陽。聲兼隴水將魂斷，曲盡梅花帶髓香。”

漆木屐

古代雨鞋。1984 年安徽馬鞍山市郊三國時吳國大將朱然墓出土一雙漆木屐。木屐長 20.5 厘米，寬 8 厘米，厚 0.3 厘米，重 50 克。屐板和屐齒由一塊木板刻鑿而成。木屐略呈橢圓形，屐板前後圓頭；屐齒前後各一個；繫孔三個，前端一個，後端兩個爲栓繩所用。漆剝落嚴重，殘存漆皮爲素面。木屐，簡稱“屐”，兩齒木底鞋，適合於南方雨天、泥地行走。木屐底四個鐵釘，起耐磨、防滑的作用。爲中國人發明，已有數千年歷史。爲漢服足衣之一。1987 年浙江寧波慈湖新石器時代晚期遺址（屬良渚文化，距今四千多年）出土兩件左腳木屐，略呈足形，前寬後窄，圓頭方跟，均鑽數孔用於繫繩。春秋戰國時，穿木屐者較爲普遍。南朝宋劉敬叔《異苑》：“介子推抱樹燒死，晉文公伐以製屐也。”漢代女子出嫁時，會穿彩色繫帶木屐。晉朝時，木屐有男方女圓的區別。南朝梁貴族喜着高齒屐。南朝宋永嘉太守謝靈運發明謝公屐，前後齒均可拆卸，便於登山。唐李白《夢游天姥吟留別》：“脚著謝公屐，身登青雲梯。”唐代，木屐傳到日本。唐代刺繡《釋迦如來說法圖》中，佛前多位弟子均着木屐侍立。宋代，婦女纏足，多不穿木屐，男子以木屐當雨鞋。明清後，傳統木屐慢慢淡出中國人的視綫。

漆纚紗冠

亦稱“烏紗帽”。1973 年長沙馬王堆三號漢墓出土。盛放於一識文彩繪盝頂油彩雙層長方形漆奩內。纚，原指古人扎頭髮用的帛，後爲絲織冠代稱。如冠塗生漆就叫“漆纚冠”。此冠長 24.4 厘米，寬 26 厘米，垂翅長 8 厘米。采用髹漆工藝編織而成。編織工藝有兩種：一種爲織工將斜經緯分兩組，開合交替一上一下編織而成；一種由織機織造而成。編織好後，將其斜覆於模型上，輾壓出簸箕狀輪廓帽型，嵌帽框的固定緯，後於織物上反復多次塗刷生漆，乾後自然定型。定型的纚紗冠，堅挺不褪色，菱形網眼分布均勻，并有瑩亮光澤感。此冠夏戴透氣不熱，冬戴擋風保暖，舒適耐磨，爲武官專屬烏紗帽。現藏湖南省博物館。參閱本卷《奇物說·古董考》“識文彩繪盝頂長方形漆奩”文。另，甘肅武威磨咀子六十二號新莽墓，亦曾出土一頂戴在男尸頭上的漆纚紗冠，紗冠周圍裹細竹筋，頭頂用竹圈架支撐，內襯幘（一種類似頭巾的冠飾），爲漢代武官戴紗冠的完整實例。

【烏紗帽】

即漆纚紗冠。因帽子顏色近似黑色，故稱。《南齊書·王儉傳》：“宋元嘉世，諸王入齋閣，得白服裙帽見人主，唯出太極四廂，乃備朝服，自比以來，此事一斷。上與儉同生相友睦，宮內曲宴，許依元嘉。儉固辭不奉敕，唯車駕幸第，乃白服烏紗帽以侍宴焉。”《宋書·五行志一》：“明帝初，司徒建安王休仁統軍赭圻，制烏紗帽，反抽帽裙，民間謂之‘司徒狀’，京邑翕然相尚。”《隋書·禮儀志七》：“開皇初，高祖常著烏紗帽，自朝貴已下，至於冗吏，通著入朝。"《新唐書·車服志》："烏紗帽者，視事及燕見賓客之服也。白裙、襦、烏皮履。"《遼史·儀衛志二》："臣僚戴氈冠，金花爲飾，或加珠玉翠毛，額後垂金花，織成夾帶，中貯髮一總。或紗冠，制如烏紗帽，無簪，不擨雙耳。額前綴金花，上結紫帶。"

緙金十二章龍袍

乾隆皇帝龍袍。長150厘米，通袖寬200厘米。以明黃色緙絲卍字紋爲地，整件服裝用三色撚金絲緣緙織龍、蝙蝠、靈芝雲、十二章、海水江崖、立水八寶等紋飾。龍袍襯裏使用黃色三枚團龍江綢。圓領，右衽，四開裾，馬蹄袖，直身長袍。現藏北京首都博物館。按，緙絲是一種挑經顯緯，猶如雕琢縷刻效果的絲織工藝品。宋元以來，一直以此工藝織造帝后服飾。緙絲有專用緙絲機。以生蠶絲爲經綫，彩色熟絲爲緯綫，通經回緯的方法織成平紋織物。緯絲按照預先描好的圖案，各色緯絲僅於圖案花紋需要處與經絲交織，不貫通全幅。織物上花紋與素地、色與色之間呈現一些斷痕，類似刀刻形象，此所謂"通經斷緯"織法。十二章紋，又稱"十二章"，中國帝制服飾等級標志。帝王及高級官員禮服繪綉日、月、星辰、群山、龍、華蟲（有時分花和鳥兩章）、宗彝（南宋前爲一隻老虎、一隻猴子）、藻、火、粉米（晋朝前爲粉和米兩章）、黼、黻等十二種紋飾，通稱"十二章"。自乾隆後，皇帝朝袍、袞服、龍袍都裝飾十二章圖案，每章式樣和位置都作明確規定：左肩爲日，右肩爲月；前身上有黼、黻，下有宗彝、藻；後身上有星辰、山、龍、華蟲，下有火、粉米。

鳳翣

儀仗用品。古代帝后儀仗中以野鷄或孔雀羽毛編成的長柄大扇。1978年於湖北江陵觀音擋公社天星觀楚墓出土。木杆總長2.3米，頂部爲似頭盔狀的竹製品，上插許多羽毛。鳳，指鳳凰，傳說中的百鳥之王，雄曰鳳，雌曰凰。羽色鮮艷，體型優美，象徵祥瑞。翣，特指帝王儀仗之障扇，俗稱"掌扇"。最早用以障塵蔽日，

鳳翣

後爲地位的象徵，爲帝后專用。其他人用則爲僭越。組成鳳翣的木杆、竹篾、羽毛很難保存，此翣填補了文物界鳳翣無實物出土的空白。《小爾雅·廣服》："大扇謂之翣。"晋崔豹《古今注·輿服》："〔雉尾扇〕輦車有翣，即緝雉羽爲扇翣，以障翳風塵也。"唐劉禹錫《文宗元聖昭獻孝皇帝挽歌》："月落宮車動，風凄儀仗閑。路唯瞻鳳翣，人尚想龍顔。"宋范祖禹《御製太皇太后挽詞四首之四》："八荒同軌壽原成，雨露俄悲歲律更。曉日瞳曨開鳳翣，春風縹緲轉龍旌。"明廖道南《景陵》詩："鳳翣瞻陽阿，龍輴側陰井。霜垂萬木落，月出千巖静。"《紅樓夢》第一八回："一對對龍旌鳳翣，雉羽宮扇，又有銷金提爐，焚著御香，然後一把曲柄七鳳金黃傘過來。"

戰國殘茶

2018年8月山東大學考古隊在王青教授帶領下對山東鄒城邾國故城西崗墓地一號戰國墓進行考古發掘，在勘查一個呈倒扣狀態的瓷碗

時，發現碗內的填充土中露出莖葉狀植物的炭化殘留物。考古隊員將其恢復原狀并整體打包提取，與北京科技大學合作，對樣品進行檢測分析，確認其爲古人煮（泡）後留下的殘茶。該茶葉來自越國。在此之前，最早的茶葉實物出土於西漢景帝陽陵。邾國故城的這一發現，將茶文化起源的實物證據追溯到戰國早期，提前了三百多年，是目前已知世界最早的茶葉遺存，對研究茶葉起源、傳播、利用等提供了實證材料，對研究茶葉史有重要價值。殘茶之所以能保存兩千四百多年，有如下原因：一、瓷器透氣性差，且瓷碗倒扣，密封性好，利於茶葉保存；二、北方黃土爲中性或弱鹼性，對茶葉的腐蝕性小。所以殘茶纔能保存至今。盛茶的原始瓷碗來自越國，這種越窯瓷器亦是飲茶的茶器。戰國殘茶亦證明早在戰國初期，我們的祖先已經使用飲茶器具飲茶了。

蟠龍飛鳳紋繡淺黃絹衾

葬物。衾，尸體入殮時蓋的大被子。因被子表面繡神龍和鳳凰圖案，故稱。1975 年出土於湖北江陵馬山一號楚墓。長 190 厘米，寬 190 厘米，內下緣寬 10 厘米，內側緣寬 8 厘米。正方形，上端中部有凹口，包彩條紋締的被識。衾面由二十五片不同花紋的繡絹拼接而成，蟠龍飛鳳紋繡絹占二十三片，拼接於中間，另兩片舞鳳逐龍紋繡絹拼接於衾兩側，左右各一。針法爲“鎖繡”。衾裏爲灰白色絹，內緣爲紅棕色繡絹。中間部位填充絲綿。現收藏荆州博物館，爲鎮館之寶。按，鎖繡爲古代刺繡傳統針法之一。繡綫環圈鎖套而成，效果似一根鎖鏈，故名。因其外觀呈辮子形，故俗稱“辮子股針”。主要流行於商至漢。鎖繡較結實、均勻、美觀，深受人們喜愛。已失傳。

識文彩繪盝頂長方形漆奩

衣帽盒名。1973 年出土於湖南長沙馬王堆三號西漢利希墓。長 48.5 厘米，寬 25.5 厘米，高 21 厘米。盝頂式長方形漆奩，木胎，奩身裝飾以凸起雲氣紋。先以白色瀝粉勾出高起的綫條輪廓，再用朱、綠、黃三色漆勾填色彩燦爛的雲氣紋，此髹飾手法凸顯立體效果。奩上凸起綫條稱作“識文”，此種技法爲後世堆漆雛形。漆奩內盛利希生前所戴漆纚紗冠。現藏湖南省博物館，爲禁止出國（境）展覽文物之一。按，盝頂爲中國古代傳統建築屋頂樣式，頂部四正脊圍成平頂，下接廡殿頂。利希爲第一代軑侯利蒼之子，漢文帝時將領，漢文帝前元十二年（前 168）去世，時年三十餘。

連柄連珠紋青銅戈權杖

1986 年 4 月 8 日發現於遼寧省錦縣松山鄉水手營子村（在今凌海市）。戈頭與柄（柲）連體鑄成，通長 80.3 厘米，重 1108 克；戈長 19.5 厘米，寬 4 厘米；戈頂鑄有精巧的勾雲形飾，雲飾長 4.1 厘米，寬 5.5 厘米；戈柄鑄菱格連珠紋，紋內有綠松石之類的鑲嵌物；內有正方形假穿；戈柄長 73.5 厘米，柄寬 2.6 厘米。鑄造年代爲三千五百年之前，相當於中原地區的夏商時期。此戈不是實用兵器，而是一種權杖，係國內孤品，被定爲國家一級文物。

三星堆金杖

古蜀國國王權杖。1986 年三星堆遺址祭祀坑中出土。長 142 厘米，直徑 2.3 厘米，重 463 克。金杖柄爲木質，外包一層金皮。由於祭祀坑器物曾被火焚燒過，木質部分已經炭化，出土時金皮內殘留炭化木渣。金杖一端平雕三組圖案，長約 46 厘米。靠近端頭爲前後對稱人頭像。頭戴五齒高冠，面帶微笑，兩耳戴三角形耳墜；其下兩組圖，上方兩隻鳥頭相對，下方兩魚背相對。鳥和魚頸部各穿一箭翎。現藏四川廣漢三星堆博物館，爲國家一級文物。

第三節　外品考

本考所指稱的"外品"，是先民所製用於室外、山野之一切物品。此類物品不具把玩鑒賞價值。除却行旅、出使所需物品，尚有墳墓陵園、碑碣刻石、祭祀祭奠之類物品。考釋收列以上"外品"，旨在開闊視野，增廣見聞，展現其在中國文化史上不可低估的歷史意義與藉鑒價值。

中華悠悠歷史長河中蕴藏諸多奇趣新穎、稀奇古怪之物品，常常出乎人們所料。如本考收有"呼風喚雨井"條，此井地處四川雅安蒙頂山山頂玉女峰下，建於西漢年間。井水凜冽甘甜，旱不涸，澇不漲，傳説人們祇要解開井蓋就會見陰雲密集，頃刻間雨當頭而下，如若效果不佳，則可面對井口大呼，稍候片刻，同樣奏效。何以如此？因雅安號稱"世界天漏""中國雨城"，而蒙頂山山頂高 1500 米，又正當雨城中心，上空水氣密集，此井處於最佳位置，故井口氣流交換，或有巨大聲響，皆會引發水分子的震動，於是雨水應時而來。另有甘肅武威雷臺東南東漢古墓中一口奇异古井，投入錢幣，錢幣就會放大。經研究，此井口與井底直徑較小，中間部分較大，整體呈腰鼓形。此種結構使光綫在井内產生類似凹凸透鏡影響下的折射效果，先民的智慧超乎今人想象。

本卷另收的"摸乳巷"則反映另一種生活情景。此爲廣西北海升平街上的一個小巷，隱藏於樓宇林立的老街中，與沙脊街緊密相連，長度不足 200 米，寬度僅有 70 厘米，地面以石塊鋪就，歷經歲月洗禮，平整光滑，縫隙長有青苔，顯得幽静深邃。老街上這樣的小巷有二十三條之多。當時居民爲防猛烈海風衝擊，極力縮小房屋間距，於是建成了這種奇特小巷。因巷子過於狹小，當男女面對面而來時，不能并肩通過，必須側過身面對面行走，這樣女子的胸部很容易被摩（摸）擦，故有"摸乳巷"之名。亦稱"君子巷"，當男女面對面通過時，男子需蹲下，女子跨過男子肩膀方能通過；或男子側身面嚮墙壁，讓女子優先通過，體現君子之禮，故名。

爲了多角度全面反映先民的生活狀况，乃至於習性愛好，本節收録諸多墓葬。如"甲字形邪墓"，隋代墓葬，地處陝西西安附近，因其墓爲"甲字"形，故稱。墓主李静訓爲隋左光禄大夫李敏之女，深得外祖母北周太后楊麗華溺愛，撫養於宫中，不足九歲而殁。其墓仿照舍利埋葬方式，墳上建築重閣，遥追寶塔，區别於正常墳墓，避開盗墓賊視野。墓内爲帝王式石棺椁，棺椁蓋雕九脊殿堂式房頂，規格僅次於帝王。棺椁南側石板刻"開者即死"四大字，石棺上尚有模糊的斑斑血迹，棺蓋東坡前筒瓦刻"開者必死"字樣，十分恐怖，直至20世紀50年代都無人敢動。不足3平米棺椁内，有二百三十件陪葬品。其中金杯等金製品非常耀眼，金手鐲、金項鏈之類皆鑲有珠寶，此外還有來自波斯國的奇珍異物。再如"酒席墓"，遼代墓葬，整座墓室由磚石搭建，因墓中有一桌酒席，故名。墓主爲張文藻和妻子賈氏。石建墓門表面，彩繪木門、房梁、瓦片等。墓室正面墙壁一幅人像，手持酒壺正向桌上的酒杯倒酒，表現主人好客之情。墓室墙面彩繪壁畫，反映墓主人生前社會生活情景。墙壁上刻滿文字，講述張氏夫婦世間經歷。最後一句曰："凡後世入吾寢塋者，閲吾一生，皆爲吾友，當以酒肉相待。"後室棺木前果有一大木桌，擺白釉碗、盤、瓶、漆筷、湯勺和雁足燈等。碗盤裝滿各種食物，有板栗、梨、葡萄、檳榔、豆子和麵食品等。其中，梨、檳榔、葡萄已經乾枯；黄釉龍首碗中的三十五顆板栗經千年完好無損，外皮依然鮮亮。石灰封口之鷄腿瓶尚存留酒水。木桌旁擺設木椅。墙邊陶倉盛放小米和高粱，以備日常所需。此墓主一生喜交朋友，死後亦不忘夙願。此墓體現遼代民間生活情景，亦反映當時社會風情與爲人之道，在中國考古史上具有獨特的地位。

　　衆多文物背後的故事亦同樣精彩。如畢昇碑的故事。1988年，五桂墩村田述單挖地基時掘出一方古碑，因風化嚴重、泥沙封固，未能讀出碑銘，故放置村頭。但凡過往人等觸摸此碑，均頭疼腦熱，後被弃置於河邊作洗衣石用，觸者亦犯小恙。最終古碑被弃置於村旁高架渡槽墩邊。1990年農曆正月初，退休教師蕭海澄看望族弟蕭浪平，順便告知："五桂發現了畢昇墓碑，不知是不是那個四大發明之一的畢昇。"蕭浪平即找縣志辦陳凱文、段茂暢等商量，進行研究工作。同年7月間，草盤鎮信訪幹事黄尚文路過五桂村，見此碑有"神主""畢昇"字樣。知其爲墓碑。黄遂找來村支書，安排人將墓碑抬歸李姓墳山睡獅山（因畢昇之妻姓李）加以保護。并向鎮、縣領導和黄岡地區博物館報告發現畢昇墓碑的情況。三人經實地考察、查閲史料後寫出了《英山發現畢昇墓碑——北宋活字印刷發明家畢昇籍貫調查結果》的專題文章，1992年在内部刊物《大别山采風》第四期發表，引起社會關注。《人民日報》、中央電視臺、《湖北日報》等新聞媒體紛紛報導。專家學者來到英山考察，圍繞墓碑展開了畢昇籍貫的大爭論。1993 年 1 月 8 日，縣博物館將畢昇墓碑轉移至草盤文化站予以保護。1993 年 10 月，英山縣組織召開"畢昇墓碑鑒定及研討會"，邀請湖北文物界、史學界專家學者楊寶成、孫啓康、譚淮四等參加。經過實地勘查、研討鑒定，與會專家一致確認，北宋活字印刷術發明家畢昇的故里和埋葬地均在英山。1995 年 12 月，經國家文物局批准，由中國印刷技術協會、中國編輯學會、湖北省文物管理委員會、英山縣人民政府等六家聯合邀請全國文物界、考古界、印刷界、史學界的二十多位專家教授，在英山主辦的第二屆"英山畢昇墓碑鑒定及研討會"上，畢昇墓碑獲得國家認定。

龍藝

邯鄲石龍

亦稱"天下第一龍"。位於邯鄲西北姜窑村黃土崗。1988 年村民在坡上取土時發現巨龍龍首。此石材質較軟，好切割，有村民取下製成了石碾、石凳等。2002 年 3 月至 6 月，國家文化研究院的專家們連續四次到此進行專題考察，引起了當地政府重視，將殘存石頭取回，進行修復。大龍龍身由每節長 1 米左右、高 2.5 米、寬 4.6 米的灰白色砂岩石塊堆砌而成，全長約 369 米。有 100 米左右的龍頭和龍體部分被毀斷。現有 17.5 米的龍體分爲十二節裸露在外，其餘部分仍全部埋藏土中。龍體由厚薄不同的龍節黏接而成，整體呈 6 度角逐漸收縮，橫斷面呈橢圓形。龍身中空，外部土黃色，內壁灰黑色，曾有隧道流水。石龍由龍骨、龍髓、龍爪、龍頭、龍翼（兩翼呈不對稱狀）、龍尾（現深埋土中）、龍底盤等部分組成。龍底盤是一個整體，橫斷面厚 50 厘米，寬 75 厘米，隨龍體一起收縮。底盤托着龍體覆於黃沙之上。石龍石質奇特，其斷面有清晰的年輪形狀，由外向內逐層收縮，顏色由外向內由淺變深。經勘測和村民證實，方圓 20 千米內，沒有發現構成石龍的石料。石龍深埋在 13 米厚的積土層下，經分析推斷，可能誕生於距今 3.5 萬年前。在大龍的左右兩側，還有九條小龍。按左五右四排列。與大龍并響而臥，簇擁相隨。小龍身長均爲 200 多米，形態各異，有的神采飛揚，有的怒顔勃發，有的温順可愛。小龍與大龍構造相同，石質一樣，龍身直徑 1 米至 1.5 米不等。大龍與小龍的間距約 2.5 至 3 米，小龍之間間距較小，幾乎都是并排挨着。專家認爲，此石龍是中國境內目前發現的年代最古、體形最大、結構最複雜的龍，也是世界上最古老、最大的石龍，堪稱"天下第一龍"。

【天下第一龍】

即邯鄲石龍。迄今為止，因其體形龐大，年代最古，結構最複雜，世界上還沒有可以和它比擬的石龍，故稱"天下第一龍"。

虎頭龍

2021 年 10 月，廣漢三星堆八號坑出土一虎頭青銅龍。頭上長着一個比較長的犄角，嘴裏銜着一個像刀的東西，圓的眼珠用黑彩點在眼球正中。器物表面殘留有彩繪，器身上有一道道虎斑紋淺浮雕。虎頭龍的前肢，立在一個三角形的銅支架上，後身翹起。高約 80 厘米。

"真龍"九龍壁

1963 年由孫艾玲帶領的中國科學院科考小組於新疆阜康科考時發現。因一塊化石上有九具似神龍的骨架而得名。骨架頭部長着兩顆長牙，四肢粗壯，體長 1 米左右。經進一步發掘，顯現出完整化石，石上共有九個骨架，有的尾巴相對，有的頭靠在一起。九具骨架同時出現在一塊岩石上，世所罕見。當地人稱其爲神龍。孫艾玲初步判斷，這九具骨架很可能是水龍獸遺骸，故取名"九龍壁"。隨研究的深入，孫艾玲將九龍壁化石與水龍獸化石進行仔細比較，發現二者之間的不同。如下表：

九龍壁化石與水龍獸化石的不同處比較表

分　類	獠牙朝嚮	鼻孔位置	埋藏地點的地質年代
水龍獸化石	筆直地朝嚮頭部前方	緊靠眼眶	九龍壁古生物要比水龍獸生存的年代晚幾十萬至幾百萬年
九龍壁化石	彎嚮頭部下方	靠近嘴巴	

九龍壁化石與水龍獸化石的三處不同完全符合肯氏獸的特徵。因此，九龍壁上的九龍身份最終被確定爲肯氏獸。科研人員根據九龍壁上的肯氏獸遺骸頭骨骨縫上的差異判斷，這是一群未成年的幼獸。

蚌塑龍

亦稱"蚌殼龍""中華第一龍"。即用蚌殼精心擺塑成龍的圖案，故稱。1987 年發現於河南濮陽城西水坡新石器時代遺址四十五號墓。墓主人右側擺塑爲龍圖案，身長 1.78 米，高 0.67 米，龍頭朝南，昂首、曲頸、弓身、長尾，前爪扒、後爪蹬，作騰飛狀；左側擺塑爲虎圖案，身長 1.39 米，高 0.63 米，虎頭朝北微低，圜目圓睜，張口露齒，虎尾下擺，四肢交替，如行走狀，形似下山猛虎。墓主人腳下平行擺放兩根人脛骨，緊鄰脛骨還有一堆擺放成三角形的蚌塑。國內歷史上出土比蚌殼龍久遠的，有豬首蛇身龍、玉豬龍、河卵石擺塑龍，距今約七千多年。由於這些龍紋和後來成形的龍紋有不小差距，因而被稱作"原龍紋"。濮陽蚌塑龍在時間上晚於原龍紋，屬鱷形龍。由於體型、形象同後世的成形龍紋接近，內涵也豐富，因而被稱爲"中華第一龍"。爲迄今發現最早的蚌塑龍形，亦爲最早的"四象"構圖——青龍、白虎、朱雀和玄武。蚌塑龍爲仰韶文化時期墓葬的隨葬品，距今六千至七千年。

【蚌殼龍】

即蚌塑龍。此稱行用於現當代。因蚌塑龍係蚌殼精心擺塑而成，故稱。見該文。

【中華第一龍】

即蚌塑龍。此稱行用於現當代。考古界的譽稱。見該文。

海家村窖藏爬龍

1992 年 9 月陝西扶風海家村出土四件西周青銅器窖藏，其中之一爲爬龍。長 60 厘米，重 19 千克。體型碩大，神情傲然，兩隻龍角粗壯，角頂上飾陰刻火紋，角柱上飾斜折綫紋、弦紋及圓渦斜折綫紋。龍嘴張開，捲脣，鈎形獠牙咬合在一起，鼻梁豎直，鼻翼呈二圓渦紋突釘。雙眉呈短刀形突起，雙目圓鼓，龍睛暴起，龍耳上折，龍身呈S形，龍尾向上捲起。龍脊高 4.5 厘米左右，由頂直通尾部。龍身飾雲紋及弧綫紋，龍爪呈鈎狀，飾菱格紋。龍爪有殘斷痕迹，説明此龍應爲鼎耳上的附件。同時出土的師盂鐘銘文記載爬龍主人爲姜子牙。惜爬龍依附之大鼎至今未見。

會怪叫的銅坐龍

金朝皇家馬車上的裝飾品。因迎風怪叫，故名。1965 年，由當地老農發現於黑龍江哈爾濱阿城區南城城牆邊，被置於家中窗臺上，颳風時經常能發出一陣怪叫聲，風越大，叫聲越是凄厲響亮。後老農將其捐給文物管理部門。銅坐龍雕有鏤空花細紋，風從細紋中吹過，産生共鳴，發出響聲。此龍高 19.6 厘米，重約 2.1 千克，龍頭、獅尾、麒麟背、犬身。造型獨特，工藝精湛，用料考究，體現當時金國貴族的審美情趣。此龍爲金朝皇家車馬上的裝飾品，安置在馬車前座扶欄上。《金史·輿服志上》："皇太子車制：大定六年十二月，奏皇太子金輅典故制度，及上用金輅儀式，奉敕詳定……上用輅，軾前有金龍改爲伏鹿，軾上坐龍改爲鳳，旂十二旒减爲九。"

緑松石龍形器

亦稱"中國龍"。距今三千七百多年的夏代龍形器物，主體由緑松石片粘連而成，故稱。2002 年發現於河南偃師二里頭夏都遺址的一座貴族墓葬。該器形體長大，巨頭蜷尾，軀體蜿蜒有致。龍頭扁圓形，呈淺浮雕狀，吻部微突，以三節青、白玉柱組成額面中脊和鼻梁，梭形眼眶對稱，白玉雙眼與緑松石鼻子色彩對比强烈。龍身長 64.5 厘米，呈曲伏波狀，中部出脊，向兩側下斜，身上布滿菱形紋，龍尾呈圓弧內蜷。下有一緑松石條飾，龍身有一銅鈴。此器置於紅漆木板上，置於墓主人右臂至髖骨處。龍身之上有一銅鈴。緑松石爲片狀，形態各異。直徑小的 0.2 厘米，大的 0.9 厘米，厚度僅僅 0.1 厘米，計有二千餘片。緑松石片所黏附依托的有機物已腐朽，僅在局部發現白色灰痕。專家命名其爲"中國龍"，并認爲此器爲中華民族龍圖騰之根源。現藏中國社會科學院考古研究所洛陽工作站。

【中國龍】

即緑松石龍形器。此稱行用於現當代，爲現代考古界的譽稱。見該文。

奇石

牛鳴石

奇石名。能發出牛叫聲的石頭，故稱。此石位於廣西靖州牛鳴坳。在"牛鳴坳"的山坳裏，有兩塊淺灰色巨岩横卧，中留"一綫天"，其中一巨岩如汽車大，呈三角形，遠望如大灰牛卧地。巨岩表面光滑，内有許多縱横交錯的孔洞。在離地 1 米的位置有一小口，游人向小口内吹氣，便發出陣陣牛叫聲，吹氣越大，叫聲越響，頓時引起群山共鳴，勢如群牛呼應。專家認爲，牛鳴石是石炭岩，被雨水溶蝕出許多孔洞，一些小動物（如螞蟻、蛇、鼠和鳥等）穿行其中，把洞壁打磨得非常光滑。人往洞裏吹氣，互相串通的孔洞受空氣摩擦影響，便産生銅管樂器的效應，發出奇異的牛鳴聲。

丹霞山陰元石

亦稱"坤元石""處女淵""少陰石""玉女貞石""母親石""生命之源"等。奇石名。此石位於廣東丹霞山風景區錦江之東的長老峰景區內。長老峰下幽谷深處有一裂隙，內廓長10.3米，寬4.8米，深4米，輪廓酷似女性陰阜。陰元石與陽元石隔江相望，直綫距離不到5千米。它是由紅色砂岩經過風化侵蝕和地下水、坡面流水沿砂岩內外部滲流而成的奇觀。詳見本卷《奇物說・外品考》"丹霞山陽元石"文。

【坤元石】

即丹霞山陰元石。這是民間對其的稱謂。見該文。

【處女淵】

即丹霞山陰元石。這是民間對其的稱謂。見該文。

【少陰石】

即丹霞山陰元石。這是民間對其的稱謂。見該文。

【玉女貞石】

即丹霞山陰元石。這是民間對其的稱謂。見該文。

【母親石】

即丹霞山陰元石。這是民間對其的稱謂。見該文。

【生命之源】

即丹霞山陰元石。這是民間對其的稱謂。見該文。

丹霞山陽元石

亦稱"祖石""天下第一奇石""天下第一絕景"。奇石名。位於廣東丹霞山仁化縣城南9千米處，世界地理學界"丹霞地貌"命名地。丹霞山由六百八十多座頂平、身陡、麓緩的紅色砂礫岩石構成，以赤壁丹崖爲特色，是著名的風景區和世界自然遺産地。陽元石就坐落於風景區中錦江之西、玉女峰旁。陽元石是一個衝天石柱，其外觀形狀酷似勃起的男性生殖器。其高28米，直徑7米，未經絲毫人工雕琢，渾然天成。故而人稱"祖石"。被譽爲"天下第一奇石""天下第一絕景"。7000萬年前，丹霞山區爲一大型內陸盆地，由於造山運動的影響，四周山地隆起，使盆地內接受大量岩石碎屑并沉積下來，形成深厚的紅色地層。六百萬年前，地殼上升而漸受侵蝕，此後盆地又發生多次間歇上升，其上升速度平均每萬年1米。流水下切侵蝕，使紅色地層被切割成大石牆和紅色山群，又由於風雨侵蝕，石頭中的鬆軟部分被風化、淘空，形成石洞。作爲陽元石的大石柱，就是在30萬年前，從大石牆分離出來的，又經風雨剝蝕，最終形成酷似男陽的世界奇觀。

【祖石】

即丹霞山陽元石。這是民間對其的稱謂。見該文。

【天下第一奇石】

即丹霞山陽元石。這是民間對其的稱謂。見該文。

【天下第一絕景】

即丹霞山陽元石。這是民間對其的稱謂。見該文。

石門山變色崖

亦稱"變色石"。位於廣西天峨向陽鎮林潭村石門山。山峰的南面懸崖上方山體有一高約3米、寬2米的長方形石壁，當地人稱之爲"石門"，因此得名"石門山"。石壁表面平整光滑，其特異之處是會變色：每到春天呈淡紅色；進入夏季，顏色便由淡紅變成黃色；立秋後至冬季，又慢慢地變成淡白色。周而復始變色，年年如此。變色原因，一直是謎。《天峨縣志·异聞》："變色石：向陽鎮林潭村附近的'石門山'有塊石板會變色，每到春天是淡紅色，進入夏天由淡紅色變爲黃色，立秋後慢慢變爲淡白色直至冬季。年變三次色，每次變期爲半個月左右。"

【變色石】

即石門山變色崖。爲當地人稱謂。見該文。

孕子石

奇石名。此石發現於江蘇蘇溧地區。灰黃色，質地堅硬。其外表平凡無奇，但敲開石頭時，裏面滾出許多圓形石彈子，直徑 2 厘米左右，和母石相較，顏色稍淺，成分一致，好似母石生下的子石，故稱"孕子石"。地質專家説，這種石頭懷子的現象，在我國岩石學上係首次發現，史料無記載，成因不明。

江津蓮花石

亦稱"挑蹬石""江心砥石"。位於重慶市江津區鼎山街道東門外長江主航道北側江水之中，由三十六塊礁石交錯組成，狀如一朵綻放的巨型蓮花。下部有一朵綫刻八瓣蓮花，蓮花石因此而得名。蓮花心的高程爲 180.89 米。僅在江水特枯年份的早春時節纔露出水面，全部露出水面時，面積可達 800 多平方米。每逢蓮花石出水，文人雅士皆喜聚集於此，吟詩題記，留下諸多刻石，計有三十八處之多。記録了南宋孝宗乾道七年（1171）至民國二十六年（1937）長江上游枯水位時文人墨客的活動情况。這些刻石題記均爲陰刻，無紋飾，多數有長方形邊框，部分有作者姓名。字體有楷、行、草和隸書等。有不少題刻堪稱書法佳品，有較高的藝術價值。其内容大致可分爲三類。一是祝頌"石現兆豐年"，如"石不常見，見則年豐""預兆豐年歲，江心現碧蓮。三山分美種，十丈吐清泉。影掠雙魚躍，光含寶塔聯。洋陽露古迹，百姓祝堯天"。二是咏嘆蓮花石的奇特風姿，如郫筒（今成都郫都區）楊自芬《題蓮花石》詩："二月潮平水初落，現出奇花新簇簇。倘教解語又能言，可道廬山真面目。亭亭獨立水之涯，山作靈根浪作花。寄語采蓮溪上女，莫呼姊妹枉乘槎。"又："鴻蒙闢後水上芽，天地無心色相差。萬古長江流不盡，雲濤飛湧妙蓮花。"三是和韵明代名妓謝秋芳殉情於此所作的絶命詩，如"琵琶聲咽晚江濱，勝句留題石上新。名妓名花共今古，年年占得一枝春"。再如江津廩生、鶴山坪人氏李岑聽聞謝秋芳的愛情故事後，作《步瀘陽女史謝秋芳韵》詩："願將正事結新知，不知相逢未嫁時。恰有閒情無處著，就卿題處勒卿詩。"江津蓮花石與朝天門靈石、江北耗兒石、巴南迎春石、涪陵白鶴梁、豐都龍床石、雲陽龍脊石，并稱爲川江七大枯水題刻。這些題刻真實地記録了從東漢至民國，特別是近 800 年來川江地區的水文史料、鄉風民俗、社會面貌等，彌補了傳統史書的不足。隨着長江三峽大壩的修建，這些水下碑林已永沉水下。明曹學佺《蜀中廣記·重慶府·江津縣》："碑目縣南三里，挑燈磧石壁上鎸云，乾道辛卯正月十九日……按，此即蓮花石也，在江中，不恒見，見則歲豐。"

【江心砥石】

即江津蓮花石。明代名臣江淵以蓮花石因

水而生、因水而滅的獨特景觀，難得一見；又以其所留下的動人愛情故事，故將蓮花石列爲"江津八景"之一，名曰"江心砥石"。

【挑燈石】

即江津蓮花石。明曹學佺《蜀中廣記·名勝記·江津縣》："大江從西來，委蛇曲折，濯流杯池，漱挑燈石直注亭下，鷗鷺往來，在湮波杳靄間，清絕不可名狀。"明《重慶府志·江津縣》："挑燈石即蓮花石，在縣北江水中，不常見，見則人以占豐年。"

【碧蓮】

即江津蓮花石。清苗濟《題幾水蓮花石》："吾問江心石，爲何號碧蓮。承光府聿口，若口幾千年。"

冰梅石

奇石名。位於江蘇常州紅梅公園紅梅閣前。圓柱形。柱高 2.5 米，直徑 0.35 米。原爲元代玄妙觀石牌坊上的一根石柱，後牌坊倒塌，衹剩下這根青石柱。當年石柱表面被鑿得渾圓光滑，歷經數百年風雨，這種沉積岩表層顯露縱橫交錯、曲折回環石紋，形似梅花紋，而且在陽光照耀下會閃爍星光；下雨時，雨水沿石紋迸流濺出。在這兩種天氣下，石柱景觀奇特。這些獨具風格的冰梅圖案天然形成，變化多端，妙趣無窮。

東山風動石

亦稱"兔石""指動石"。奇石名。風吹能動的巨大石頭。此石位於福建東山銅陵鎮東南隅岣嶁山東麓。花崗岩石質。高 4.73 米，寬 4.57 米，長 4.69 米，重約 200 噸。從正面觀看，狀如蟠桃，斜立懸空，底圓弧形，貼石盤吻合點僅數釐米見方。從背面看，形似一隻碩大的玉兔，斜立於外傾的石盤上，懸空欲墜，驚險萬分。大風吹來，石會微微晃動，被古代文人譽爲"天下第一奇石"。石體上有明武英殿大學士黃道周所題"銅山風動石"大字，筆力雄渾遒勁。風動石不倒，是其內在力量平衡的結果，外力（如大風）使其搖晃，但傾斜到一定角度之後，就會停止，這是因爲上面岩石的重心落在下面岩石邊緣的接觸面上，接觸點的支撐作用使其停止晃動；又因其上小下大，重心位置偏低，就決定了它衹會微晃而不會滾動。這種平衡與穩定正是其成爲不倒翁的原因。風動石的成因有異地與原地之分。異地成因指從異地滾來的大石球，如冰川搬運、地震滾落、洪水沖來等。原地形成指岩石經風吹、日曬、水沖等作用，大型石塊"球形風化"（層層脫皮），而堅硬、不破碎的岩石被留存下來，隨時間推移，上、下岩層之間接觸面積越來越小，其外觀景象就越來越險、越來越奇。東山風動石就屬於原地形成。兩塊岩石原爲一體，長期的風化和海蝕作用，纔使它們"分了家"，形成風吹石動百年不倒奇觀。我國發現的風動石多分布在東南沿海地區，有六十餘處，東山風動石居風動石之最，成爲東山島標志性景觀。明張岱《夜航船·荒唐部》："漳州鶴鳴山上，有石高五丈，圍一十八丈，天生大磐石閣之，風來則動，名風動石。"明方以智《物理小識·浮石》："鷺島有風動石，石甚大，而遇風動搖，以一指探之亦搖，而千指之力反屈焉，因附記於此。"明《八閩通志·地理·漳州府》："風動石。在山巔，高五丈，圍一十八丈，下有大磐石閣之，風來則動。"清陳培桂《淡水廳志》卷一三："紗帽山：在大屯山界，孤高峭立，以形肖故名。上有碎石，如梅花蕊瓣，風來即動，俗呼風動石。石窩有若花心，蓄水斗許，汲乾復自滿。"

【兔石】

即東山風動石。背觀其形似玉兔，故稱兔石。見該文。

【指動石】

即風動石。清郭柏蒼《烏石山志·古迹》："在山之東，一峰聳出，峙于磐石，指觸即動，故又稱'指動石'。"清乾隆《福州府志·山川二》："有指動石附於磐石上，輕搖則動，力撼則否。"

金盆照月石

奇石名。屬土司文物古迹。位於長江牛肝馬肺峽的岩石上，是一塊長方體的大孤石，長8.3米，寬6.2米，高4.2米。有五個面全部裸露在外，頂部光滑平整。上有一小窪坑，長1.2米，寬1.1米，深0.65米，容積約爲0.86立方米。窪坑内一年四季有水，旱不涸，滿不溢，天天如此。有一年大旱，附近的水井、水溝全部乾涸，但小窪坑内仍是一窪水，人們將水舀乾，第二天窪坑裏又積滿了水。坑底不見明顯泉眼，水從何來至今成謎。盛夏季節，可欣賞倒映在水坑中的月亮。因此，這塊孤石被稱作"金盆照月石"。

析木城石棚

亦稱"姑嫂石"。爲青銅器時代之作巨石文化的遺址。位於遼寧海城東南析木鎮前姑嫂石村。原有姑石與嫂石兩座，相距約100米。嫂石在山下，1952年修析木城大橋時被毀，炸碎的石頭做了橋基，僅有北壁底石遺迹尚存。現僅剩土山丘。姑石在山崗半坳高約50餘米的臺地上。由六塊被磨光的巨大天然花崗岩石板套合在一起搭砌而成。一塊鋪地，四塊圍壁（一塊半截石板爲門），頂石石板最大。東西壁石各長2.45米，高2.24米；北壁石長2.71米，高2.24米；南壁石長1.65米，高1.15米；蓋石長5.80米，寬5.20米；石板厚度在20～50厘米。門的方向爲南偏東36度。門前半米有一條石，剖面半圓形，半埋於地下，半露於地表。在頂石、東西兩壁留有六個人爲加工的凹槽，在南壁支石的上端，有較爲規整的人爲加工的小圓窩。姑嫂石的性質、用途説法不一。有墓葬説，稱其是氏族部落首領或奴隸主貴族的巨石墳墓；有祭壇説，稱其爲原始宗教祭祀建築物；還有氏族集會的公共場所説等。專家認爲，石棚是新石器時代晚期到奴隸社會初期氏族首領或奴隸主貴族的巨石墳墓，既是氏族首領或奴隸主的墓葬，同時也是後人追悼祖先的祭祀場所。按規格，石棚可分爲大、中、小三類，小者爲個體墓葬，中者爲群體墓葬，大者爲祭祀活動場所。析木城石棚建築規模宏大，氣勢雄偉，屬於大型石棚，爲祭祀活動場所，距今約三千年左右，是我國目前保存的時代最早的地上建築。現爲國家級保護文物。如此厚重的石棚，其建造過程甚爲艱難，頗富智慧。巨石文化是考古專家對新石器時代至早期鐵器時代創造的立石、列石、環狀石、石碣、積石墓及石棚等巨石建築的統稱，年代跨度極大。而石棚文化，特別是姑嫂石，其規模和建築技術要比一般意義上的巨石文化先進得多，其加工技術如無高度精良的金石工具是無法完成的。因而姑嫂石應爲青銅器時代巨石文化的遺迹。據考古資料記載，我國的石厦、石棚，見於吉林、遼寧、山東、河南、安徽、浙江、湖南、四川、西藏多地。其中以遼東半島南部巨石石棚發現爲最多。

【姑嫂石】

即析木城石棚。其名源于當地民間故事。見該文。

怕癢石

奇石名。人們祇要觸摸此石的“癢處”，它便可發出“咯咯咯”的笑聲，10 米以内皆能聽見，而且還可看到其搖頭晃腦的表情，故稱。此石位於重慶石柱新樂鄉的拗石灣。由兩塊上下相連、高高聳立的巨石組成燕尾形狀。上面的巨石約 4 立方米，下面巨石露出地面部分爲 5 立方米。兩塊石銜接處呈 1 米寬長條形。怕癢石指上面一塊。地質學家鑒定，怕癢石應該是從附近崖壁上掉下來的。由於這種岩石硬度大，分化後就容易形成裂紋。隨着時間的推移，裂紋越來越大，就從崖壁上掉到了下面的巨石上。而且在掉落的過程中還翻了身。至於此石爲何“怕癢”，有多種説法，但無定論。

茴香石

奇石名。位於廣西天峨向陽鎮平臘村板鳳屯。重約 2 噸，外觀呈不規則三角形，棕褐色，一頭大一頭小，一頭高一頭低，狀如匍匐在地的猛虎。此石會散發出八角茴香的氣味，被當地人稱爲茴香石。人們用手觸摸石頭，從手掌中就能散發出八角茴香的芬芳，并能留存 15 分鐘左右。有過往行人想敲下一點香石帶走，但被敲下的石頭一離開主石即失掉香氣。據調查附近并沒有八角樹和香草之類的植物。茴香石之謎至今未解。

故宮御花園三奇石

故宮御花園被稱爲“皇家奇石博物館”。其中尤以“海參石”“諸葛拜北斗石”“木變石”最引人注目。

【諸葛拜北斗石】

奇石名。位於天一門的西側。長 50 厘米，高 42 厘米，厚 29 厘米，呈上大下小錐橢圓形，石頭圓滑飽滿，上有兩塊天然石斑紋：灰白底色和赭褐色組成的圖案。石體左側，一個頭戴綸巾、穿着長袍寬袖、文質彬彬的老人，雙手握拳，躬身參拜北斗七星，在他的對面，黝黑的岩石面上呈現雪一樣的白斑，很像北斗七星，令人聯想到諸葛亮，因此，這塊石頭被稱爲“諸葛拜北斗石”。其實，它是一塊水冲畫石，含礫石英岩。氧化鐵與礫石自然形成了這一特殊圖案，雖歷經百年仍清晰可辨。畫面中人物位置適中，形象生動，這是御花園中唯一一方具有道家風格的畫面石，係和珅贈送。

【海參石】

奇石名。明朝舊物。位於天一門路旁東側。長 78 厘米，寬 66 厘米，厚 14 厘米。形如一條條首尾相連的“海參”，故稱。手觸之有温潤感。海參石是罕見的海底珊瑚排泄物形成的化石，距今已有億萬年。因其稀有，爲御苑傳承石中僅見。

【木化石】

奇石名。位於御花園江雪軒前。長 130 厘米，寬 27 厘米，厚 10 厘米。看起來像一塊爛木頭板。棕色的松木芯木化石立在白色大理石雕刻的蓮花底座上，木紋清晰可見。木化石顏色有黃褐色和深藍色兩種，黃褐色的呈深淺寬條帶狀，藍色的不顯著。受光和光照角度影響，光帶會出現深淺變化。無光帶的兩頭呈暗色。木化石亦稱硅化木，由於地質變動，樹木被深埋地下，經千萬年，變爲硅化石。御花園中的木化石，雖經朝代更迭，但紋理依舊清晰可見。木化石是將軍富僧阿供奉乾隆的貢品。富僧阿鎮守黑龍江，戰功頗豐，號稱"巡邊將軍"，深受乾隆賞識。乾隆收到此石，非常驚喜，即刻題《咏木成石》詩："不記投河日，宛逢變石年。磕敲自鏗爾，節理尚依然。旁側枝都謝，直長本自堅。康幹雖歲貢，遜此一峰全。"詩被刻在這塊木成石上。在故宮御花園內三個奇石中，它是唯一一個獲此殊榮的。

拱北石

亦稱"探海石"。位於泰山玉皇頂東側的日觀峰上。拱北石爲長10米、寬約3.2米、厚1.5米左右的巨石，向北斜上橫出，方位角352度，與地面夾角30度。其北、東兩面均爲懸崖峭壁，游人常攀爬其上，朝望日出，暮觀晚霞，晴賞山河，陰看雲海。拱北石是泰山的象徵和重要標志，岱頂著名景點之一。拱北石及其周圍的岩石均爲粗斑片麻狀二長花崗岩，淺灰微帶肉紅色，斑狀結構，片麻狀構造，主要礦物成分爲斜長石、微斜長石、石英和少量黑雲母。岩石的質地比較緻密和堅硬。岱頂上的粗斑片麻狀二長花崗岩呈垂直節理，把岩石切割成許多厚薄不一的板狀岩塊。因節理面平整，是理想的刻石版面，岱頂上的許多摩崖刻石多分布在這種節理面上。這些由垂直節理切割成的直立板狀岩塊，在風化剝蝕過程中，受重力作用的影響，常發生崩塌和傾倒。拱北石就是原來的直立板狀岩塊發生折斷和傾倒的產物，因下有岩石支撐，故沒有完全倒伏。至於拱北石朝

嚮近北方嚮，是發生垮塌時的巧合。傾倒後的拱北石，在長期的球形風化作用下，其四周的邊角被層層剝落，逐漸形成今之頗似劍鞘的形態。由於這種斑狀二長花崗岩質地堅硬，抗風化剝蝕能力強，故造型神奇的拱北石，至今仍屹立在岱頂之上，成爲看日出最理想的地方。

【探海石】

即拱北石。因其形猶如起身探海，故稱。清孔貞瑄《泰山紀勝》："探海石：一峰橫出，東指渤海，三面無所憑依，雨滑風烈則不可登。好事者或飲酒其上（是亦以命貿酒者）。"清聶鈫《泰山道里記》肆："〔泰山極頂〕東北爲探海石，一石橫出，東指無依。"

禹陵窆石

葬具名。窆石，古代用來穿繩牽引棺椁下至墓穴的石頭。該石位於浙江紹興城東南會稽山大禹陵景區，爲古代治水英雄大禹的葬地窆石。窆石高2.06米，底圍2.30米，中圍2.21米。上小下大，狀如春笋，又似長形大秤砣，頂端有一直徑9厘米的圓孔。石上刻有文字，據宋代金石家趙明誠《金石錄》考證，窆石漢代以前上面無字，東漢永建元年（126）五月始有刻辭。漢代留下的文字早已漫漶不清，其後歷代文人學者的刻石既有篆書也有隸書、行書、孩兒體等，這些刻字重叠和相互覆蓋，因此較難辨認。遠古時期先人下葬，要用四塊相同的石頭分別放在墓穴的兩邊，再用繩索穿過石上的圓孔，一頭拴在棺木上，另一頭由人拉着緩緩地把棺木放入墓中，之後推倒其中的三塊石頭，祇留一塊作爲墓碑。這塊窆石一直未曾移動過，禹陵和窆石結合在一起，增加了大禹陵是大禹葬身之地的可信度。在窆石的旁邊

立有“禹穴”和“石紐”碑，傳爲唐朝詩人李白所書，現存的碑是清光緒年間根據大禹出生地四川北川的“禹穴”“石紐”碑文拓片勒石而成。窆石與陵内碑、廟等一起，成爲國家珍寶，有着豐富的歷史文化藝術價值。《爾雅・廣名》：“下棺謂之窆。”宋喻良能《窆石》：“禹陵蹤迹頗堪疑，窆石衣冠知幾時。猶解起人河洛思，可憐大勝嶧山碑。”明張岱《窆石》詩：“留此四千年，荒山一頑石。聞有雙玉珪，蒼凉閉月日。”明袁宏道《窆石》詩：“窆石立如人，鼻穿腰半折。不看碑頭字，那知是禹穴。”清錢泳《履園叢話・叢話十八・古迹》：“會稽禹廟，後坐鏡湖，前對宛委山。地甚宏敞，而無唐、宋舊碑，惟窆石爲最古。石在廟之左偏，狀如秤錘，上有亭覆之。《圖經》云：‘禹葬會稽，取此石爲窆，上有古篆不可讀。’”《嘉慶一統志》：“浙江紹興禹陵有窆石，形長橢圓，上有穿，傳爲禹葬會稽時所遺。”

鬥牛石

位於重慶合川區白鶴湖畔的龍波山山頂上。由大小兩石塊重叠在一起，高4.3米。上部巨石直徑4.8米，下部石柱直徑0.7米，用力推動時，有微動的感覺。巨石的上方有一小孔，小孔裏積滿水。巨石的上半部還鑿有一佛龕，供奉着幾尊佛像。支撑巨石的石柱有的地方已風化，和巨石之間有很多縫隙。巨石和石柱屬葉岩，結構鬆散，風化嚴重，體積越來越小。鬥牛石歷經漫長歲月的風吹雨打與地質活動考驗，巍然屹立在山頂，2008年5月汶川大地震發生時，鬥牛石亦左右摇擺，但地震過後依然穩固如初。

黄山飛來石

奇石名。位於安徽黄山風景區光明頂平天矼的一塊岩石平臺上。兩大岩石之間的接觸面很小。巨石好似天外飛來，故稱。飛來石高12米，長7.5米，寬2.5米，重約360噸。其下的岩石平臺長12～15米，寬8～10米，厚1.5～2.5米。飛來石與下部的基座平臺都是由黄山岩體補充期侵入的中細粒斑狀花崗岩構成。花崗岩構造節理發育過程中，由於北東、北西嚮的兩組近直立節理和北西走嚮的近水準節理的切割裂解，形成了長方柱體，這個長方柱體即“飛來石”的雛形，其四周仍被岩塊包圍，上下仍爲一體。後由於地質運動，山體不斷抬升，日積月纍的風化剥蝕、冰川流水和重力崩塌，使周圍岩塊逐漸被剥離脱落，基座平臺面上的接觸面變得越來越小，最終上下分離，形成了“飛來石”奇觀。

達摩面壁影石

達摩，又稱菩提達摩，傳爲南天竺國香至王的兒子，第二十七代祖師班若多尊者的大弟子，印度禪宗第二十八代祖師。南北朝時東游至中國，爲中國禪宗始祖。後在嵩山少林寺開壇講禪，并在嵩山西麓五乳峰的一孔天然石洞中面壁九年，參禪悟法。石洞深約5米，高約3米，方形洞門，向陽敞開，洞内冬暖夏凉。洞前有一小草坪，周圍濃蔭蔽日，遮住洞口。九年面壁，他的身影倒映在對面的大石頭上，石上竟顯現出淡墨畫似的陰影。面壁深思的側影栩栩如生，衣服褶皺隱約可見。達摩祖師的這個影像，被後世稱爲“達摩面壁影石”，石洞被稱爲“達摩面壁洞”。少林弟子將其視爲達摩成佛的象徵，稱之爲“靈石”，視爲少林寺的傳世奇寶。清代中葉，少林僧徒將其鑿下移入寺中藏經閣保存。1928 年軍閥石友三所部炮轟少林寺，藏經閣被大火燒毀，達摩面壁影石同時被毀。如今少林寺文殊殿中的面壁石是 1980 年由人工用現代大理石彩繪工藝繪製的複製品。地質專家認爲，該洞石質屬寒武紀石灰岩，白灰色的石灰岩被碳質浸染，就會在上面布滿各種墨色花紋。在這種情況下，出現一塊影影綽綽似人形的圖案是有可能的，這個圖案的位置正好出現在達摩面壁處純屬巧合，由於後人的撰文稱贊，纔成爲佛門趣事。《舊唐書·方伎傳》："後魏末有僧達摩者，本天竺王子，以護國出家，入南海得禪宗妙法，云自釋迦相傳，有衣鉢爲記，世相付授。達摩齎衣鉢航海而來，至粵，詣武帝。帝問以有爲之事，達摩不說，乃之魏，隱于嵩山少林寺，遇毒而卒。"明徽王首陽子《重修少林寺記》："古哉斯面壁影石，兀然危坐九年一夕者，非達磨乎，然禪宗自此興矣。"明文翔鳳《游少林記》："初祖庵觀面壁影石，石可二尺許，白質玄文如胡僧之而微側者。"清姚元之《竹葉亭雜記》卷三："河南少林寺後殿西壁前設供桌，供一石，高幾二尺強，上下寬五七寸不等。石面似平，凸凹實不平也。石質似净，黃黑實不净也。即之，一粗石了無異處。向之後退至五六尺外，漸有人形，至丈餘，則儼然一活達摩坐鏡中矣，諦視，腮邊短髭若有動意，與世所畫無纖毫差，蓋傳者實真像也。寺僧言乾隆三十六年駕幸嵩山，欲觀祖師面壁石。石在少室山洞中，故浮置之者因請以呈覽焉。精氣所存，終古不減。此余所親見者。"

【面壁石】

即達摩面壁影石。《登封縣志》："達摩在少林寺五乳峰上的石洞裏面壁九年，影入于石。所以叫面壁石。石長三尺有餘，白質黑紋，如淡墨畫。隱隱一僧，背坐石上，露其側頷，衣褶仿佛全有。"明王士楨《面壁石》："九年面壁人，寂寂緣底事。石中一片影，參取西來意。"清乾隆《少林寺》："法界本無異，嵩陽底藉稱。偶思面壁石，摹像我猶曾。"清顧嗣立《面壁石》詩："一石獨亭亭，中藏初祖形。千年神氣在，何用著丹青。"

【達摩影石】

即達摩面壁影石。明徐霞客《徐霞客游記·游嵩山日記》："過初祖庵北四里，上五乳峰，探初祖洞。洞深二丈，闊殺之即寬度不及深度，達摩九年面壁處也。……下至初祖庵，庵中供達摩影石。石高不及三尺，白質黑章，儼然胡僧立像。"

【靈石】

即達摩面壁影石。清蕭元吉《面壁石贊》："少林一塊石，都道是個人，分明是個人，分明是個石。石何石？面壁石。人何人？面壁佛。王孫面壁九年，經九年面壁，祖佛成。祖佛成，空全身，全身精入石，靈石肖全形，少林萬古統宗門。"

"漂浮"在空中的"百變石"

奇石名。位於雲南富源。因其造型"百變"，"漂浮"空中而遠近聞名。巨石高達 60 多米，四周是光禿禿的懸崖峭壁，下面有一個很高的石柱支撐，形成上寬下窄、上大下小的造型，上部與下部祇有很小的一點石頭相連；奇石前面就是懸崖，四周都是山峰，遠遠望去，下部窄小的石柱被樹木遮擋，上部的巨石就像是漂浮在群山上空。這塊和高脚杯造型十分相像的巨石，從不同位置、不同方嚮看，其造型各不相同：有時像雙手相扣的巨大手掌，有時像個巨人手捧着東西。從岩石的某一面可以看到其更爲獨特的造型：巨石較寬的部分酷似人頭，五官清晰立體，頂部的小樹和小草猶如人髮，中間最窄處恰好是人的脖子，底部較窄的部分則仿佛是人的軀幹和身體，雙手交握，猶如雙手合十祈禱的人像。億萬年前的地質運動，造就了雲南的群山。巨石所在應爲高大的柱狀體，由於柱狀體的組成成分比較特殊，下部石頭的外表疏鬆，中間堅硬，經過千萬年，石頭疏鬆的部分被腐蝕脫落，祇剩下頭部和下部中間最堅硬的部分屹立至今，形成這種奇特的景觀。

鞍子苗寨磨盤石

奇石名。位於重慶彭水鞍子鎮鞍子苗寨。鞍子苗寨所在地屬於喀斯特地貌。早在遠古時期這裏是汪洋大海，由於億萬年的地質運動，海底變成了陸地，滄海變成了良田，又經過百萬年的風雨侵蝕、海水沖刷，石灰岩形成如今獨特的自然奇觀。從空中俯瞰，磨盤石就懸浮於懸崖絕壁上。磨盤石的平均厚度約1米，長約6～7米，寬約3米，約重20噸。巨石頂部形狀怪异，底部比較平整，像一朵盛開的蓮花，又像漂浮於山中的一片雲。小石柱顏色灰白，層次清晰，直徑約50厘米，厚度約30厘米。作爲支撐點，石柱并不在磨盤石的中央位置，而是偏向一側，但平衡性很好，穩穩地支撐着巨石。石柱和上下岩石同屬石灰岩，石灰岩在沉積過程中表層質地堅硬，中間由於夾雜泥沙，比較鬆散，故在同樣的時間、同樣的環境下，風化、剝蝕得比較快，經過千萬年後，

就形成了如今這樣大小的石柱。

猪叫石

亦稱"報警石""靈通石""神石""奇石"。因其能發出猪叫聲，故稱。位於太行大峽谷林縣境内石板岩鄉高家臺輝伏岩村。體形方正，外觀紫紅色，高3米，寬3米，厚2米，頭西尾東斜插於地，層理與節理明顯，石縫參差不齊，凹凸部分較多。石正面可以清晰地看到猪的眼睛，一睁一閉。再配上岩石的紋理，像是一頭體積龐大的猪。該石奇特之處是每逢天下有大事發生（如自然灾害等），必叫無疑，大事大叫數十天，小事小叫幾日，聲音忽高忽低，一次能叫百餘聲，百米之内清晰可聞。其叫聲祇能現場聆聽，不能録音。石頭叫時用手觸摸，會感覺石頭在微微顫抖；如石前有大的響聲，則叫聲停止，待平静後其聲又起。據傳此石能預報吉凶，凡自然灾害等大事來臨之前，常大叫不止。又傳此石還能消灾避難，保佑平安。被人稱爲"太行第一奇觀"。猪叫石會叫的原因，專家至今無解。

【報警石】
即猪叫石。這是當地民衆根據猪叫石神奇功能所起的稱謂。見該文。

【靈通石】
即猪叫石。這是當地民衆根據猪叫石神奇功能所起的稱謂。見該文。

【神石】
即猪叫石。這是當地民衆根據猪叫石神奇功能所起的稱謂。見該文。

【奇石】
即猪叫石。這是當地民衆根據猪叫石神奇功能所起的稱謂。見該文。

【太行第一奇觀】

即猪叫石。在民衆心中充滿了靈性的石頭，這亦是世間一奇。見該文。

磐陀石

位於浙江普陀山西天景區一片開闊的山頂平臺。由上下兩石相纍而成，下面的巨石底闊上尖，周廣20餘米，中間凸出處將上石托住，曰磐；上面的巨石呈菱形，上平下尖，頂端平坦，高3米，寬約7米，約有15平方米，由南向北平斜，頂部可容二十多人，曰陀。陀上有臀印，傳爲金地藏入九華前，在此打坐禪修時所留下的聖迹，故亦稱此爲“打坐石”。上下兩石銜接處間隙如綫，似斷若連，看似摇摇欲墜，但却穩如磐石。磐陀石上鑿有石階，可沿石階登頂。古時有不少朝山的婦女在石頭上磨金屬錢，回家給孩子帶上，用以辟邪袪灾。磐陀石上有“磐陀石”“大士説法處”“金剛寶石”“西天”“天下第一石”等題刻。其中“磐陀石”三字爲明萬曆年間抗倭名將侯繼高所書，三字中的石字多了一點，“磐”字的“舟”字少了個鉤。宋釋原妙《觀音大士贊》：“大海波心，磐陀石上。真觀净觀，是相非相。如月在天，無水不現。水月俱捐，如何瞻仰。咄，切忌妄想。”宋悟明《聯燈會要·西天祖師·初祖摩訶大迦葉（凡三）》：“阿難遂於畢鉢岩前，磐陀石上。坐至中夜，得證道果，即現神通，透石而入。”明湯顯祖《磐陀石上看日出》：“磐陀石上暗飛霜，吹入香爐作道場。破衲睡來天鏡曉，清輝五色在扶桑。”清曹寅《雨夕偶懷同皋僧走筆得二十韵却寄》：“千秋磐陀石，潮汐應朒朓。”

磐陀石

龍脊石

位於重慶雲陽境内的長江江心。砂岩石梁。長200餘米，寬10餘米。在三峽大壩未修建前，每年冬春季的枯水季節，龍脊石都會露出水面。一般年份，中部潛於江心，形成東西兩島，水位十分低下時，兩島連成一片，宛如一條白龍潛於江中，又稱“龍潛石”。龍脊背中間，有一個直徑近尺的圓洞，内盛清水。無論冬涸多久，洞内仍爲清泉一潭。如果往洞裏扔下一枚硬幣，叮噹之聲好半天不絶。人稱其爲龍肚臍。《雲陽縣至》載：“這裏自古爲春游勝地。”每年春天枯水時，達官貴人、普通百姓在龍脊石上宴游賦詩、占卜豐欠，十分熱鬧。從宋代起，人們留下了大量的古詩文石刻題記一百七十餘處。大字如斗，小字如粟，楷、草、隸、篆俱全。著名石刻如無名詩：“龍脊對沙洲，江水二面流。水流石不轉，清官不到頭！”再如題字：“古渝之義熙（即朝天門靈石），涪陵之石魚，雲陽之龍脊石，雖地各異，然意皆同。”宋馮鎔《如夢令·題龍脊石》：“素養浩然之氣，鐵石心腸誰擬。蒿目縣前江，不逐隊魚游戲。藏器，藏器。只等時乘奮起。”清況周頤《餐櫻廡隨筆》卷上：“四川雲陽龍脊石，宣和乙巳人日周明叔、曹嘉父等兩題名，並改寫鼉脊（見況周頤《鹵底叢談》），亦甚可笑。”艄公吴忠書説：“龍脊石中部有個海碗大小的孔洞，傳説是潛龍的肚臍眼，以前上龍脊石的人，都要丟一枚銅錢在龍肚臍眼裏面，從此就不會有肚子痛的毛病。"

【龍潛石】

即龍脊石。因其常年潛於江中，故稱。見該文。

羅經石

漢景帝劉啓陽陵位於咸陽渭城區正陽鎮。在陽陵封土東南大約 300 米處，有一整塊黑雲母花崗岩石雕鑿的規整巨石，長 183 厘米，寬 180 厘米，厚約 40 厘米的底座。底座之上與之相連的是直徑 1.4 米的圓盤，中心刻有 "十" 字形凹槽，槽綫互相垂直相交，標志着四正方嚮。圓形平面與水平面有一定斜度。起初人們認爲這是修建陽陵的測量基點，具有測定位置、測量高度、標示方嚮和規劃等作用，因而也是目前世界上發現的最早的測量標石，故命名 "羅經石"，并爲其立石碑。1999 年，陝西省考古所對 "羅經石" 周圍進行大規模的考古發掘，初步判斷這裏是陽陵禮制建築遺址德陽宮的一部分。羅經石則是建築中心的一大柱礎石，糾正了 "測量標石" 的觀點。當初這個柱礎上所立的柱子直徑 1.4 米，柱高難以想象。基址的每邊有十四個柱坑，柱坑內均保存有柱礎石。四周的回廊柱與核心柱共同撐起陽陵規模宏大的高臺建築，甚爲壯觀。《史記・孝景本紀》："中四年（前 146）三月置德陽宮。" 裴駰集解："瓚曰：是景帝廟也，帝自作之，諱不言廟，故言宮。"

石頭開花

在廣西都安瑶族自治縣有一座山，山的中上部開着密密麻麻像玫瑰花一樣漂亮的石花。

石頭開花

從地質學上稱這些石花爲 "燧石結核"，燧石亦稱 "打火石"，由二氧化硅組成，非常堅硬。在地質運動中，二氧化硅會沉積在石頭裂縫中，形成各種奇形怪狀的燧石結核，花朵即其中之一。幾千萬年前，此地原爲海洋，隨着地殼運動和地質演變，海底上升成爲了陸地，沉積的石頭形成高山。在風雨的侵蝕、雕刻作用下，裸露在燧石結核外的石頭，逐漸消融，祇留下堅硬的二氧化硅結晶，形成石花奇觀。

克什克騰石陣

亦稱 "阿斯哈圖石林" "冰川石林"。位於內蒙古克什克騰旗的北大山。高山海拔 1700 米，規模宏大，占地面積 15 平方千米。石陣由一塊塊石板摞起來，相對高度 5 到 20 米；石板最長的有三四十米；各層石板之間沒有任何黏合物。這些石頭，有的四四方方，形狀規則，有的像一個又尖又圓的石塔……把這些巨石連起來，從高處俯瞰，其輪廓爲半圓形圍椅狀，非常有規律。這些石板是距今 1.2 億年的花崗岩體。大約在一萬年前，地球處於第四季冰期，內蒙古高原亦被冰川覆蓋，因多次冰川的凍融，山體岩石經搬運、切削和崩塌，形成三面環以峭壁呈半圓形的窪地，圍椅狀，此即雪蝕冰斗。由於北大山處在北半球西風帶上，又是附近海拔最高的一座山峰，成爲蒙古高原颶風的頭道擋風牆。長時間的風力侵蝕，半圓形的冰斗山勢出現了斷裂，其中一些風化成了碎石，還有一些石頭倒塌，久之，衹剩下殘留的巨石架。在風蝕作用下，棱角分明的石頭變得渾圓。由於迎風面所受到的風蝕作用遠大於背風面，所以使其具有一面凹一面凸的特點。持久的風化作用，石陣還會進一步崩塌或倒塌，逐步變矮，并最終消亡。克什克騰石陣是花崗岩地貌與石林地貌相結合的一個新類型，是目前世界上獨有的一種地貌景觀。2001 年 12 月 10 日被國土資源部批准爲國家地質公園。2005 年 2 月 11日被聯合國教科文組織授予"世界地質公園"的稱號。

【阿斯哈圖石林】

即克什克騰石陣。"阿斯哈圖"爲蒙語，漢譯爲"險峻的岩石"，故稱。此稱爲當地人的稱謂。見該文。

【冰川石林】

即克什克騰石陣。石陣是在冰蓋冰川的創蝕、掘蝕和冰川融化時冰水的沖蝕作用下形成的，故稱。此稱爲當地人的稱謂。見該文。

虎符石匱

石雕名。因其刻有"虎符石匱"字樣，故名。虎符石匱由兩塊整體花崗岩雕鑿而成。上爲石虎，下爲石匱。石虎身長 1.32 米，高 0.46米，昂首張口，趴卧於方形基座上，雙目前視，虎尾夾於後腿并搭於背上，形態粗獷，形象生動。石匱長 1.37 米，寬 1.15 米，高 0.65米。爲了方便搬運，在基座兩邊各鑿有長 13 厘米、寬 6.5 厘米的方洞。石匱上面正中央有長 0.6 米、寬 0.39米、深 0.28 米 的 凹槽；平面和石虎相對應；正立面和虎座相連，上下兩部分正好吻合；竪排篆書陰刻

虎符石匱

"西海郡虎符石匱，始建國元年十月癸卯，工河南郭戎造"，共三行二十二個字。按照花崗岩比重估算，虎符石匱總重量約 7.597 噸。1942 年發現於甘肅省金昌市三角城遺址。馬步芳幕僚、著名史學家馮國瑞欲將石虎運抵西寧。但因其體量大、噸位重，道路坎坷，馬車車體承受力有限，運至東大灘便"輪摧軸折"，陷入泥淖，從此抛棄荒野，無人問津。1958 年青海省文物管理委員會將石虎移入海晏縣文化館。1986 年，海晏縣文化館於三角城遺址內出土另一件大型石刻，石刻上的三列篆文，與石虎上的篆文相似，兩塊石刻相合，竟爲一完整虎符石匱。自此，其作爲省級重點文物得到妥善保存。漢平帝元始四年（4），安漢公王莽上書，建議增設西海郡。中郎將平憲奉命來到西海地區（今青海湖地區），誘使羌人"獻地"。漢廷遂將青海湖地區納入版圖，之後在龍夷（今海晏三角城）建西海郡，置太守，下設五縣，與東海、南海、北海三郡形成"四海一統，天下歸心"之勢。王莽稱帝，新朝始建國元年（9）派員在此設置西海郡虎符石匱。匱，同"櫃"，爲放置兵符之櫃子。石匱中石槽放置虎符，石虎蓋於其上，避免虎符被盜。虎符石匱現藏青海省博物館。《漢書·王莽傳》："莽既致太平，北化匈奴，

東致海外，南懷黃支，唯西方未有加。乃遣中郎將平憲等多持金幣誘塞外羌，使獻地，願內屬。"又："今謹案已有東海、南海、北海郡，未有西海郡，請受良願等所獻地爲西海郡。"對此石匱，專家李零在其調查記中推測："此匱出西海郡，意爲與東海、南海、北海三郡配套。此器以虎爲紐，是以白虎代表西海郡，如果其他三郡也有石匱發現，其紐當青龍、朱雀、玄武。城內放置方嚮應爲虎頭朝東。"

周召分陝石柱

界碑。西周周公和召公輔佐年幼的成王分陝而治，立柱爲界，共同治理周王朝。《左傳·隱公五年》："自陝而東者，周公主之；自陝而西者，召公主之。"分陝而治，即以今河南三門峽"陝塬"爲分界綫，將西周王朝分爲東西兩區，由召公和周公分頭治理。在周、召二公的治理下，周王朝安定昌盛，爲周朝延續八百多年的歷史奠定基礎。界碑係青石鑿成的圓形石柱，高 3.5 米，栽於分界之處（今河南陝縣張汴塬）。後移至陝州北城墻，并於原石柱處立石碑，正面楷書陰刻"周召分陝處"五字。唐代武則天執政時，有人作銘"周召分陝所立界石"於石柱，今名漫漶，字剝蝕脫落，不可復識。民國二十一年（1932）三月，石柱移至陝州民衆教育館（原召公祠），并於石柱前立"石柱誌略"碑碣。"文化大革命"

周召分陝石柱

中，"石柱誌略"碑被農場民工燒成石灰。1957年因三門峽大壩蓄水，分陝石柱被移至人民公園。1967 年移至市圖書館。1977 年移至文化宫。1981 年移至三門峽虢國車馬坑陳列館，1988 年移至車馬塑像展廳門口的水池旁，并在石柱後加一垂直鋼管予以加固。2005 年 7 月以玻璃罩全封閉式保護石柱。經專家考證，分陝石柱爲中國歷史上有文字記載的最早界碑。古籍所稱"陝西"，均指"陝塬"之西。元、明兩朝之後，陝西省之名亦源於此。《史記·樂書》："五成而分陝，周公左，召公右。"

華陽鎮石鏡

位於安徽績溪華陽鎮石照山上。山崖上的大石鏡長寬各約六七米，平滑晶瑩，像鏡子一樣，故稱。山崖海拔高 463 米。鏡面上有一層 5 毫米厚的晶瑩體，局部附着一層淡淡的苔蘚，和古銅鏡上的銅綠相似。晴天時，石面在陽光下熠熠生輝，人們站在石鏡前可照出自己的容貌，鬍鬚眉眼皆清晰可見，此山因而得名石照山。唐宋以來，石鏡吸引無數游人登臨游覽，名人雅士留下許多膾炙人口的詩篇。如唐末黃巢題詩曰："石鏡挂山腰，照出人和妖。躍馬再征戰，瞧吾劍出鞘。"宋蘇轍《初到績溪視事三日出城南謁二祠游石照偶成》詩："行盡清溪到碧峰，陰巖翠壁書杉松。故留石照邀行客，上徹青山最後重。"宋王像之《輿地紀勝·徽州》："〔石照山〕在績溪縣東五里。有石高二丈，光可以鑑。旁有石照院。"明程通《石照山》詩："表裏空通一片明，不磨不拭自天成。半巖坐立山川秀，萬古光含日月精。"清沈復《浮生六記》："〔石鏡〕削如屏，青色光潤，可鑑人形。"石鏡爲何能照出人來，至今是謎。

棋盤灘

位於廣西田東那拔鎮東田山村蓮花山下、靈岐河上。長約 210 米，寬 150 米，面積約 3 萬平方米。四面青山環繞，棋盤在靈岐河床中央，整整齊齊的方塊石浮在水面上，每塊石約有 1～2 平方米。方塊石與方塊石之間，由寬 30 厘米、深 40 厘米，縱橫成 90 度夾角的水溝分隔，水溝之間互相貫通，形成了橫豎成排、界綫分明、整齊劃一的天然大棋盤。棋盤灘分上灘和下灘。上灘棋盤有二十二縱十八橫，下灘棋盤有七十四縱四十五橫，巨石"棋子"共約三千八百個。據檢測，棋盤灘岩石非常厚，裂隙一直延伸至岩石底部，近 3 米深，是大自然力量形成的。遠古，棋盤灘是一整塊石英砂岩。距今 2 億年前，由於地質運動，岩石受到水平方嚮的擠壓，軟一些的石頭會彎曲，堅硬的岩石寧折不彎產生節理，這種地質結構被稱爲"剪節理"，一般發生在斜坡上，在我國多地出現。棋盤灘周圍的石頭都是均匀、堅硬的砂岩，且呈平行形態，在地質力量的擠壓方嚮和石頭硬度抗壓力的共同作用下，形成了一種規則的裂縫，再加上後來流水的長期冲刷、侵蝕、磨削，便形成了規模大、紋理鮮明、縱橫間隔相同的棋盤灘。按，節理是地殼上部岩石發育的一種斷裂構造，即沒有明顯位移的裂隙。剪節理是由剪應力產生的破裂面，節理面平直，直綫狀延伸較長，兩壁常閉合，沿節理面可見兩側岩塊有輕微位移，節理面光滑，其上有擦痕。剪節理普遍產在剛性（堅硬）的岩石中。我國以棋盤命名的山、石主要還有以下幾處：山東青島嶗山棋盤石、河南三門峽靈寶娘娘山棋盤石、遼寧瀋陽棋盤山、安徽桐城楊樹村棋盤石、安徽池州九華山棋盤石、浙江吼山棋盤石、浙江衢州棋盤石、廣西桂平西山棋盤石、廣東梅縣陽壽山棋盤石、福建閩侯縣翠旗山棋盤石、福建三沙瓦窑頭村棋盤石、雲南騰衝棋盤石村棋盤石、秦嶺彩虹谷棋盤石等，但都無法和棋盤灘媲美。

陰陽石麒麟牌坊

位於四川雅安境内蒙頂山。明天啓二年（1622）修建甘露靈泉院時，精選蒙頂山特殊石料雕刻而成。石牌坊前面的石屏風正面爲麒麟浮雕，麒麟頭頂雲天，足踏海水，扭頭後視；屏風背面爲仿唐代袁天罡的陰陽圖。石牌坊爲三開門布局，牌坊中門上方浮雕龍鳳呈祥，左爲雙鳳朝陽浮雕，右爲雙獅戲球浮雕；浮雕下分別題爲"西來法沫""蒙露聚龍""一瓢甘露"，融合儒、釋、道三教精髓，字體古樸遒勁。石屏風、石碑坊頗爲神奇，無論春夏秋冬、天晴下雨，麒麟浮雕中的麒麟，足以上部分永遠是乾的，足部則永遠是濕的。石牌坊雙獅戲球浮雕則常年爲乾，龍鳳呈祥浮雕和雙鳳朝陽浮雕常年爲濕，有陰陽石之稱。2013 年四川蘆山發生 7.0 級地震，蒙頂山景區的陰陽石牌坊受損，屏風倒塌。

奇井

"見錢眼開"井

東漢古井。1969年發現於甘肅武威雷臺。此井位於雷臺東南角，距墓道入口2米處，當地人稱之爲"雷臺古井"。此井頗爲神奇，將一元人民幣扔進井中，竟像一百元那麼大，紙幣、硬幣莫不如此。人們稱其爲"見錢眼開"井。井壁由漢代薄磚砌成，磚縫未使用黏合劑。歷經千年，井壁上的磚大都已風化，唯有井底以"人字形"堆砌的磚保存良好。井深12.8米，井口直徑0.95米，井底直徑0.86米，中部直徑達1.15米。古井呈腰鼓狀，此種奇特造型，光綫在井內產生折射，從而產生特殊的"放大"效果。

"呼風喚雨"井

亦稱"蒙泉井""甘露井"。位於四川雅安境內蒙頂山玉女峰下。當地人稱其爲"神井""呼風喚雨"井。古井始建於西漢年間。井口直徑30厘米左右，井深1.7米，水深不足半米，水容量約1立方米。井周圍有石欄，井後牆上硃砂題寫"甘露"兩字，井口有雕龍石蓋，已破損。井側立有二碑，"蒙泉"碑爲明代天啓年間無名氏題刻，已殘損；"古蒙泉"碑爲清代龍山人士題寫，楷書陰刻，保存完好。井邊有

"呼風喚雨"井

二龍戲珠石雕。相傳此井爲道長吳理真成仙時所鑿。《雅州府志》卷二："〔吳理真修道成正果，從此〕化身入井，其徒追求之，至井底，得石像與僧肖。今山所奉甘露祖師也。"後人每逢旱災，來井祈禱，有求必雨。人們爲井加蓋護之，并塑石像，常年供奉不斷。當地百姓說，想抽乾井水，方便清洗，但却終未抽乾。傳說此井最奇處能呼風喚雨，其法有二：一是直接取下井蓋，常會狂風大作，暴雨隨至；二是揭開井蓋，向井口大聲吼叫，即便是晴空萬里，亦常可奏效。雅安地處四川盆地西南部，背靠青藏高原，從印度洋來的暖濕氣流到達雅安後受青藏高原阻擋，被迫爬升，氣溫降低，氣流中的小水滴互相碰撞形成大水滴而降雨，所以雅安地區降雨特別多，被稱爲"世界天漏""中國雨城"，而甘露井又是雅安之"天漏"。雅安一年中降水達二百多天。氣象資料顯示，雅安市降水最大、最多、最充沛的地方在高度1500米左右，甘露井正處於此高度，故降水概率比雅安其他地方更高。甘露井常年雲霧繚繞，年均降雨量1510毫米，年平均相對濕度82％，降雨日年均達到二百六十天左右，每天的降雨概率都在72%以上。人們在求雨時，即便是晴天挪開井蓋，震動聲、呐喊聲、鞭炮聲、鑼鼓聲等所產生的聲波會直接影響到雲的運動和水汽凝結，最終形成人爲的小規模降水，至於出現狂風大作、雷雨交加的現象，是因地面已達到"山雨欲來風滿樓"的狀態，而恰在此時掀開井蓋，井內冷氣流在風的作用下快速擴散，地面氣溫降低，於是風被強化，雨被誘發，甚至還

會誘發雷電。清趙懿《甘露井》詩：“泉乳滴玲瓏，櫨槮暗五峰。老僧曾化石，孤客静看松。一物濟人世，千秋訪名蹤。於今正憂旱，私欲禱蒼龍。”《雅州府志》：“井内斗水，雨不盈，旱不涸，後人蓋之以石。遊者虔禮，揭衣取水烹茶，則有異香；若擅自揭取，須晴日，即時大雨云。”

【蒙泉井】

即“呼風唤雨”井。此稱明代已行用，見該文。

【甘露井】

即“呼風唤雨”井。傳説在大旱之年揭開“呼風唤雨”井的井蓋，然後擺上祭品求天，就可以降甘霖，解決乾旱。清代一舉人，將此傳説上奏清帝，帝遂賜名“甘露井”。

馬姓回甦井

亦稱“硃砂井”。奇井名。位於佛山順德區水藤先揚三多里。圓筒形，紅色砂岩砌鑿而成，井欄高出地面40厘米，外徑70厘米，内徑53厘米。欄口内壁陰刻“馬姓回甦井”五字。水量充沛，水質清澈，經冬不涸，適合飲用。元代，提督馬良佐帶兵駐扎水藤馬巷，因飲用不潔河水，官兵嘔吐腹瀉，上書朝廷欲開鑿水井。奏書獲得元世祖批准，由其孫馬聰鑿成井，并按御醫指示在井底鋪兩寸厚的硃砂，上壓一塊有孔的銅板，這樣的井水可辟邪驅疫。井修好，保證軍隊和附近馬姓村民用水。當時這一地區正在流行瘟疫，唯獨飲用此井水者無一發病。於是村民在井口上刻“馬姓回甦井”，以示避疫感恩。井身至今保存完整，現爲佛山市保護文物。清咸豐《順德縣志》載：“井下有石穴，色正赤，故名（硃砂井）。遇疫作飲之輒無恙，村人常以煎藥。”又：“回甦井在城西山七十二里水藤堡，冬暖夏凉，飲之已病。”

【硃砂井】

即馬姓回甦井。當地人對此井的稱謂。見該文。

常德丹砂井

奇井名。丹砂即硃砂，是硫化汞的礦石，呈大紅色，亦爲常用的中藥材。東漢以來興起煉丹術，丹砂爲煉丹時的主要原料。丹砂井即井壁或井底地層中含有丹砂礦的井，其水含丹，故稱。常德，西晉時稱臨沅縣。古丹砂井由於歷史的變遷，現已不復存在。其位置大致在常德高山街不夜城内的府坪巷社區附近。葛洪《抱朴子·仙藥》：“余亡祖鴻臚少卿曾爲臨沅令，云此縣有廖氏家，世世壽考，或出百歲，或八九十。後徙去，子孫轉夭折。他人居其故宅，復如舊，後纍世壽考。由此乃覺是宅之所爲，而不知其何故。疑其井水殊赤，乃試掘井左右，得古人埋丹砂數十斛，去數尺。此丹砂汁因泉漸入井，是以飲其水而得壽。”唐王維《林園即事寄舍弟》詩：“地多齊後瘧，人帶荆州癭。徒思赤筆書，詎有丹砂井。”宋蘇軾《和趙景貺栽檜》：“汝陰多老檜，處處電蒼雲。地連丹砂共，物化青牛君。”清同治刊《武陵縣誌》載：“丹砂井：府治北百步，泉赤如絳。”

【丹井】

即丹砂井。明吳偉業《送楊懷湄擢臨安令》詩：“許橡仙居丹井在，謝公游策碧雲深。”

游沃玉帶井

奇井名。位於福建漳浦游沃。其獨特之處在於，四周都是海水，唯獨“玉帶井”的泉水爲淡水。其名稱源於一個故事：宋末代皇帝趙昺逃經此地時，曾在這裏停歇。做早飯時發現沒有淡水，皇帝的母親便取下皇帝腰間玉帶投到海裏，對天禱告："願海湧出甘泉。"於是在玉帶投海處形成地穴，甘泉遂從地穴涌出。此即"玉帶井泉"的來歷，《漳浦縣志》有記載。爲何井中會有淡水至今仍是謎。

預報天旱井

奇井名。位於廣西全州。能預測天旱，每年大旱來臨前二十天，水井流出渾水達兩天之久，村民見狀，便知大旱來臨，於是做好抗旱準備。此外，該井每 24 小時漲潮六次，每次約漲 50 分鐘左右，水量約增加兩倍。對此井的這種神奇現象，目前無合理解釋。

閩侯應潮井

亦稱"會潮井"。奇井名。位於福建閩侯雪峰山。其獨特之處在於井中水與海潮漲落的時間完全一致。井的四周都是堅硬岩石，岩石中有細孔。海水漲潮時，泉水涓涓流來，井水水位上升；海水退潮時，泉水水位逐漸下降。此地距東海數百里之遠，且在高山之上，爲何井水會與海水遥相感應？至今無解。与此類同的還有南京應潮井等。

【會潮井】

即閩侯應潮井。此稱行用於現當代。見該文。

【南京應潮井】

奇井名。位於今南京市東紫金山南麓定林寺前。535 年，後閣舍人石興在北高峰頭陀岩前造山峰佛殿頭陀寺，在其殿后掘一井，此井雖在山間，却與江潮相應，江水漲則井水升，江水退則井水降，故名應潮井。唐宋以來，亦有典籍記載，如《江南通志・輿地志・江寧府》引唐段成式《酉陽雜俎》："蔣山有應潮井，在半山之間，俗傳雲與江潮相應。"《景定健康志・山川志三・井泉》："應潮井在蔣山頭陁山頂第一峰佛殿後。《蔣山塔記》云：'梁大同元年，後閣舍人石興造山頂第一峰頂佛殿，殿後有一井，其泉與江潮盈縮增減相應。'"宋馬之純《應潮井》："俯看滄海仰看山，相去分明天壤間。有井無冬亦無夏，與潮俱往又俱還。"

龍泉鎮打鼓井

亦稱"龍鼓井""歐補帶溉"。奇井名。位於貴州丹寨龍泉鎮良山村。因泉水出洞口時發出"咚咚"鼓聲，故稱。井口矩形，長 0.6 米，寬 0.2 米，高 0.4 米，泉水清澈透明，爲間歇泉。每隔三四分鐘後，洞内傳來"咚咚"的擊鼓聲，泉水隨即從洞口汹涌而出，流量由小變大，洞口水位可由原來的 5 厘米漲至 12 厘米。幾分鐘後水流變小，恢復原樣。三四分鐘後又開始新一輪噴涌，周而復始，日夜不息。其原理參見本卷《奇物説・外品考》"間歇泉"文。

【龍鼓井】

即龍泉鎮打鼓井。此爲當地人稱謂。見該文。

【歐補帶溉】

即龍泉鎮打鼓井。此爲苗族語言，意爲間歇泉。見該文。

【回龍井】

即龍泉鎮打鼓井。陳步瀛《回龍井序》："回龍井也，予等至時，其水漸回入穴，中有聲鏗鏗，然如擊鼓之音，故又名打鼓井。五分鐘時，點滴不見矣。坐至十分鐘時，穴中忽有聲若震雷，聲止水即奔湧而出，其水清而無滓，微帶浮沙。約三分鐘，仍如前漸消矣。"

懷胎井

亦稱"龍鳳井"。據說喝此井水即可懷孕，

故稱。此井位於雲南騰衝熱海景區內。騰衝是典型的火山、地熱并存區。方圓 1000 平方千米的範圍內，有九十九座火山，八十八處温泉，包括沸泉、氣泉、噴泉、温泉群。"懷胎井"亦在其中。此井由處於同一水平面的兩眼泉組成，泉眼建有十二方石欄，上刻十二生肖圖案，將其圍成一"井"字形。兩泉眼，一曰龍泉，一曰鳳泉，喝龍泉水生男，喝鳳泉水生女。水温約 88℃。泉水富含多種微量元素及水氡，具調節神經系統、保持心理平衡、促進新陳代謝、舒張血管、調節內分泌等作用，有"神奇妙方"之譽稱。泉水中含有較高的氡元素。水氡在醫療上可通過浴療、飲療等方法治療高血壓、冠心病、心肌炎、慢性關節炎、坐骨神經痛、各種麻痹、痛風、糖尿病、更年期綜合徵、不孕症、慢性濕疹等，對婦科病及不孕症療效尤爲顯著，以致游客如織、絡繹不絶。

【龍鳳井】

即懷胎井。因由龍、鳳二泉組成，故稱。此稱行用於現當代。見該文。

鹹淡井

奇井名。位於福建仙游楓亭鎮。係宋代狀元徐鋒所鑿之井，井口上橫亘石條。用水桶打水時，若向左汲水，則水重味鹹；若向右汲水，則水輕味淡，故稱"鹹淡井"。清代周亮工所著《閩小記》有載。

奇泉

五味泉

亦稱"五味水"。位於江西永豐佐龍鄉富溪白水村九峰山脚下。泉眼直徑 0.3 米，噴水面積約 1 平方米，深約一米。因泉水甜酸苦辣麻五味俱全，故稱。由於水中含有大量二氧化碳，裝在瓶中經搖會如同啤酒一般噴涌而出。所以，當地人稱它是不含酒精的"天然啤酒""酒泉"。五味泉是一種重碳酸鈣鎂低鈉型泉水，其儲水層附存於上古生界石炭系的裂隙岩層中，地下水在漫長的深迴過程中，與圍岩接觸、溶濾以及離子交替、吸附、生化等一系列作用下，使得岩石中的礦物質、微量元素或氣體充分溶入地下水，聚集到一定濃度，在高温、高壓和水蒸氣膨脹作用下，沿地殼裂隙運移上升，在有利的地形和構造部位溢出成泉。泉水中含有鍶、鋰、溴、碘、硒、鉬、鋅、偏硅酸、氡、氟等二十多種微量元素，這些元素相互融合，便産生了甜酸苦辣麻的效果。五味泉水符合我國和世界衛生組織規定的飲用水標準，也是江西一家達到醫療兼飲用礦泉水標準的礦泉水，是國內罕見的優質泉。除可以直飲外，還可加工製啤酒、汽水及其他高檔飲料等。長期飲用對心血管病、高血壓、胃炎、腎結石和皮膚病有顯著的醫療保健功效。清同治十三年《永豐縣志·傳聞軼事》記載："五味泉在縣西九峰嶺下。世傳張果老經此作法，泉出如珠，有五味。"

【五味水】

即五味泉。永豐縣當地人的稱謂。見該文。

【天然啤酒】

即五味泉。永豐縣當地人的稱謂。見該文。

【酒泉】

即五味泉。永豐縣當地人的稱謂。見該文。

水火泉

奇泉名。位於臺灣臺南白河鎮關子嶺。泉水從岩石縫裏涌出，水溫高達84℃。泉水灰黑色，既鹹且苦，如沸泉水流進一個小池裏，濃霧騰起高達數尺，劃根火柴伸到水面上，頓時烟火騰空，火焰在水中燃燒，呈現水火相容奇觀。水池邊上的岩石因爲泉水中含有可燃性氣體甲烷，而被烤得黝黑。由於地下壓力大，甲烷與地下水“合二而一”，且隨地下水一起移動。臺灣正處在“環太平洋火山地震帶”上，斷層比較多，其底部靠近地下岩漿，地下水被烘烤加熱後，變成溫度很高的熱水和蒸氣，沿着斷層處涌出地表。含甲烷的地下水涌出地表後，因壓力驟減，甲烷自水中逸出，與水“一分爲二”。由於甲烷無色易燃，故着火時好像水在燃燒。

冰火泉

亦稱“神泉”。位於河北承德圍場滿族蒙古族自治縣熱水湯村。兩個出水口在一起，一個是火泉，水溫高達70～80℃；一個是冰泉，水溫可低至0℃，形成了熱水、冷水相伴而生的奇异景象。如今的冰火泉像一個小池塘，面積約百餘平方米，泉水池的四周被砌上了水泥板，由於冷水泉眼易被碎石泥沙堵塞，當地政府曾組織過疏通。通常，一個地方的泉水，冷熱不會同時出現。熱水湯村這種冷熱泉水相伴相生的現象極爲罕見。經考證，圍場滿族、蒙古族自治縣位於中國地勢第二階梯向第三階梯過渡的邊緣地帶，受燕山運動的影響，地層向上抬升，導致斷裂面較多，構造面薄弱，爲火山噴發提供了可能。在距熱水湯村3千米的山上，有一個火山通道。在距熱水湯村20千米的平谷村，有一個古火山口。正是古火山爲火泉提供了熱源。在5000萬年以前，圍場地區火山活動頻繁，在地下岩漿的巨大上升推力作用下，熱水湯村一帶形成了拱形地貌，隨後又發生了北西嚮和北東嚮兩個小的斷裂，在其交匯部位裂隙發育相當充分，從而構成地下熱水的良好通道，熱水沿通道涌出地表，形成溫泉。冰泉則是地下滲水涌出地面而成：神泉位於遼河水系陰河河道的下游區域，雨季的水流裏挾着碎石泥沙向下游流淌，由於拱形地貌的阻擋，使水流減緩，碎石和泥沙沉積，形成一個牢不可破、緻密的隔水層，隔水層阻擋雨水的下滲，儲存在土壤中的水沿着地勢向下游流淌，當它們匯集至神泉出水口時，產生靜水壓力，由於壓力差的作用，使地下水順着裂隙涌出地表，形成冷水泉。自清朝設立圍場後，“平地八百里松海”的陰河流域變成了皇家禁地。杳無人烟的松海變成了野生動物的天堂。人們精心保護從而使山間林地繁茂的植被、水源得到涵養，爲冷水泉提供了源源不斷的水源供給，這一奇景得以延續至今。由於隔水層處在神泉的正中間，阻隔住了冷、熱水在地下的交換，於是就產生了熱泉、冷泉相伴而生的奇觀。泉水中含有幾十種礦物質，其中氟和偏硅酸含量較高，對人體有一定的保健作用。

【神泉】

即冰火泉。傳其在清康熙時治愈过患病將士，被賜名“神泉”。熱水湯村也由此而得名。

含羞泉

亦稱“縮水泉”。位於四川廣元龍門山上。若嚮泉中扔一石，或游人對泉水大聲吆喝，或敲擊器物時，受“驚嚇”的泉水在回聲與波震的影響下就緩慢地縮回去，水面降低，像一位見了生人就羞答答躲起來的小姑娘一樣，故稱。過一會兒後，泉水又慢慢涌出，由細變粗，恢復水流。這是由當地特殊的水文地質條件造成的。龍門山泉區主要分布在碳酸岩地層。岩石受擠壓形成許多裂縫，地表水沿裂縫潛入地下，匯集在一個大貯水洞裏，岩石間的微孔細縫如千千萬萬的細管，産生的虹吸作用將地下水吸出匯聚成泉，當外界有響聲振動，産生壓力，水便被頂了回去；響聲消失，壓力不存在了，水又恢復正常。

【縮水泉】

即含羞泉。正在流出的泉水，聽到聲音後，泉水立即縮回，故稱。見該文。

杭州西湖虎跑泉

亦稱"托幣泉"。全國名泉之一。位於杭州西湖大慈山白鶴峰下慧禪寺（俗稱虎跑寺）側院內。在一個方水池後壁刻着西蜀書法家譚道一書"虎跑泉"三個大字。原爲三口井，後合爲二池。兩尺見方的泉眼在小方池中。泉水是從大慈山後斷層陡壁砂岩、石英砂中滲出，晶瑩甘冽，居西湖諸泉之首。由於泉水表面張力較大，水高杯口二三毫米而不溢，將硬幣輕輕平放於水面而不沉，故又稱"托幣泉"。在主池泉邊有一組《夢虎圖》浮雕，石龕內的石床上，高僧頭枕右手小臂側身臥睡，神態安靜慈善。兩隻老虎從石龕右側向入睡的高僧走來，形象亦十分生動逼真。宋蘇軾《虎跑泉》詩："亭亭石榻東峰上，此老初來百神仰。虎移泉眼趨行脚，龍作浪花供撫掌。"宋方信孺《虎跑泉》詩："破寺高僧夜不眠，一聲猛虎月明天。起來難覓新蹄迹，半滴空餘石罅泉。"明李賢等《明一統志·浙江布政司》："虎跑泉：在府城西南虎跑寺，舊傳性空禪師嘗居大慈山，無水，忽有神人告曰：明日當有水。是夜二虎跑地，泉湧出，故名。"明王世貞《山行至虎跑泉菴次蘇長公石刻韵》詩："百草沾風簟月香，雙鳩喚雨麥秋凉。過橋已覺世情少，到寺始知僧日長。"陳獨秀《虎跑泉》詩："昔聞祖塔院，幽絶浙江東。山繞寺鐘外，人行松澗中。"

【托幣泉】

即杭州西湖虎跑泉。因泉水表面張力大，可托起數枚硬幣而不沉，故稱。我國虎跑泉有多處，但又名"托幣泉"者僅此一處。見該文。

姐妹泉

奇泉名。位於河南鄭州西南三李村，相距不遠處有一對泉眼：一個水溫在32℃以上，稱爲"溫泉"；一個水溫在18℃以下，稱爲"冷泉"。人稱"姐妹泉"。由於冷暖合流，亦稱"半湯溫泉"。冷爲姐，暖爲妹。此名源於民間傳説。後來，湯莊改名"半湯鎮"，王村改稱"冷泉王"。

【半湯溫泉】

即姐妹泉。因溫泉水、冷泉水各占一半，故稱。見該文。

毒泉

奇泉名。著名的毒泉爲雲南騰衝四眼毒泉：啞泉、滅泉、黑泉、柔泉。三國時，蜀相諸葛亮在平南蠻擒孟獲，進軍禿龍洞途中，蜀軍誤飲當地泉水，許多兵士中毒身亡，此即毒泉水。《三國演義》第八九回："一名啞泉，其水頗甜，人若飲之，則不能言，不過旬日必死。"蜀將王平所率領的先頭部隊，就因喝了啞泉水，個個成了啞巴。後得一位老叟的指點，喝了"安樂泉"泉水，吐出惡涎，纔得以解救。現代科學認爲啞泉是含銅等金屬較高的礦化泉。銅與其他金屬元素在氧化硫杆菌、氧化鐵杆菌和氧化鐵硫杆菌作用下，使礦床中的銅及其他金屬加速氧化、分解，使不溶於水的銅變成溶解於水的硫酸銅。人喝了含有較多硫酸銅的水，語言神經中樞麻痹，說話含糊不清甚至發不出音，并伴有嘔吐、腹瀉，重則虛脫、痙攣而死。解救的方法是立即服用含碱水，中和硫酸銅的酸性，使銅從溶液中析出，起到解毒的作用。我國啞泉有多處。滅泉即高溫沸水泉。《三國演義》第八九回："二曰滅泉，此水與湯無异，人若沐浴，則皮肉皆爛，見骨必死。"騰衝是著名的地熱异常區，各種熱泉達七十九處，著名的硫磺塘就有水溫高達 94~96℃的大、小"滾鍋"沸泉兩處，故有熱海之稱，被譽爲"天然地熱博物館"。黑泉是一種含有高濃度的有毒重金屬泉水。《三國演義》第八九回："三曰'黑泉'，其水微清，人若濺之在身，則手足皆黑而死。"據《鳳慶縣志》記載：此毒泉水色黃綠，有鹹味，人飲之發瘴疾，畜飲之則毛脱。從文字描述看，應是一種源自溶解於水中的有毒金屬引起的中毒，其症狀類似瘴疾。目前騰衝地區迄今還未發現如此嚴重的酸水泉。但三國時代距今已一千七百多年，那時是否存在高酸性氣體溢出使人觸之皮肉發黑潰爛的"黑泉"，已無從考證。柔泉類似於如今的毒氣泉。《三國演義》第八九回："四曰'柔泉'，其水如冰，人若飲之，咽喉無暖氣，身軀軟弱如綿而死。"騰衝就有兩處毒氣泉。一處叫"醉鳥井"，一處叫"扯雀塘"。這兩處毒泉所逸出的氣體的主要成分是硫化氫、二氧化碳、一氧化碳及少量的二氧化

硫、烴和汞蒸氣等。除二氧化碳外，其他均爲毒氣。明朱孟震《西南夷風土記》："蒲窩之外有毒泉，鳥獸飲之，無不即死。毛骨積泉傍者，不知其幾許也。"《明一統志》："防樂山：在司東二百里，巍然高峻，行一日方至。其頂中有毒泉，人畜飲之即死。"《雲南通志·山川·景東府》："無量山：在城西九十里，一名蒙樂山，有毒泉，飲之立斃，山亘三百餘里，與鎮沅府接界。"清陳鼎《滇游記》："大鼎山有海潮寺，寺頗清幽，多竹木，面海子，闊數十里，周百餘里，隔岸即嵩明州。去寺半里，道旁有毒泉，碣云：'此係毒水，飲者傷生。'"清屈大均《廣東新語·水語·毒泉》："長樂有兩毒泉，其一在曾峒嶂下……一在黃麖嶺，有軍士誤飲而死，文文山移營其上，禱而止之。曲江濛浬驛對岸，亦有毒泉，沾足潰爛，泉所注田數十頃，食其田穀者，一二年輒死，號蠱毒田。"

神功泉

亦稱"一勺之多"泉。奇泉名。位於江西南城麻姑山上龍門橋西側。中國著名奇泉之一。相傳麻姑仙女曾用此泉水釀製美酒帶到蟠桃會，獻於西王母，從而神功泉名聲遠揚。神功泉是山坑石泉，大小不過兩尺許，積水不盈一勺。該泉一年四季總是保持一勺之多的水量。游人取水用後，水會立即補足，雖百人同飲而不竭，水量不變。故又名"一勺之多"。明代御史邵梅墩有"一勺之多"題詞。路旁有明代篆書石刻"神功泉"在。該泉水質優良，三國時期醫藥學家葛玄，東晋道學、醫藥學家葛洪都曾選用這眼泉水煉丹。唐宋以後，用該泉水釀製的米酒，爲歷代帝王的貢品，取名"麻姑酒"。神功泉還能神奇地預報天氣。明陳克昌《神功泉

茸亭記》："所謂神功者，山頂有灶，昔葛仙煉丹之井，故名。"明王福嫡《游麻姑山志》："神功泉，泉由石隙細流，天久旱不竭，有氣蒸起必雨，農以爲候。"明左宗郢《麻姑山志·表》："神功泉在姑山龍門橋側桃源洞上，其泉味清香甘冽，釀酒尤佳。相傳泉初出時如酒，色微紅，飲之醉人，疑爲諸仙丹液。後農人以穢器取之，色變味淡，不若先年，然比他水猶爲絶勝也。"《大清一統志·建昌府》："神功泉：在南城縣麻姑山，清而甘美，宜釀酒。"

【"一勺之多"泉】

即神功泉。此稱明代已行用，見該文。

桂平噴乳泉

奇泉名。位於廣西桂平西山。千年古泉。口寬、深各二尺。噴乳時，乳白色水柱和乳白色泡沫，從下而上噴出水面，清水頓時變成乳白色，如鮮乳一樣，瑩白奪目，隨後又漸漸地變回清澈透明狀態。乳泉噴乳時，叮咚有聲，細聽宛若江南絲竹，悠揚閲耳，故又名"乳泉琴韵"。近五十年資料記載，噴乳泉在1976年春天、1981年夏天、1996年5月，2000年9月、2010年4月、2011年2月皆有噴乳記載，每次持續時間幾分鐘至一個多小時不等。乳泉富含多種礦物質，爲含氡優質礦泉水，不含有害物質，符合飲用標準。宜用來做飯、泡茶、釀酒等。西山上有許多泉眼，其他均無"噴乳"現象，對噴乳的成因，至今未得確解。清刊《廣西通志·山川·桂平縣》："思陵山在城西五里，一作思靈，一名西山，上有三清岩，三寶觀，觀下左側有清泉，名曰乳泉。"《桂平縣志》載："乳泉清冽如杭州龍井，而甘美過之，時有汁噴出，白如乳，故名乳泉。"按，安徽懷遠有一白

乳泉與本詞目重名。

【乳泉琴韵】

即桂平噴乳泉。乳泉噴乳時，叮咚有聲，故稱。見該文。

問病泉

亦稱"聖水奇泉"。位於內蒙古興安阿爾山海神聖泉療養院內，共有四十八眼溫泉，溫度最低1.5℃，最高48.5℃。兩泉距離最近者僅0.3米，溫差却在14℃以上。泉群除了重碳酸鈉泉、偏硅酸泉、放射性氡泉外，還有硫酸泉、食鹽泉、鐵泉、明礬泉、硫磺泉、碘泉等。泉水中含有豐富的氡、氟、鋰、鍶等微量元素，對人體數十種疾病如栓塞性脉管炎、無脉症、風濕、類風濕、心血管疾病等有顯著療效。傳泡溫泉者，先進29號溫泉查病，馬上能感知自己身體病竈所在：有關節炎的人四肢關節會有麻酥酥的感覺，有腸胃病的人腸胃間會涌起火辣辣的熱流，有皮膚病的人則會像蟬蜕一樣，洗掉一層，周身通泰……因此稱爲"問病泉"。然後可到相關溫泉，治療疾病。阿爾山礦泉群如此神奇功能，是因其特殊地理位置决定的。受新生代喜馬拉雅山系運動影響，阿爾山地區形成一系列斷裂帶。地下水沿斷裂帶滲透到不同深度與不同成分的岩隙中，經長期地熱和礦化作用，形成了礦泉的不同溫度及不同礦化成分。礦化後的地下水在熱循環的作用下，又得到地表水的不斷補充，從而涌出地面形成礦泉群。冷泉水主要來自地表潜水。溫泉、熱泉、高熱泉來自地下深層，其熱源與古老的火山運動有關。阿爾山的地理結構，既有土質肥沃的新第四紀産物，又有火山噴發後的流紋岩和花崗岩。礦泉區地層中稀有礦藏豐富，微量

元素含量高，爲形成多樣化泉水打下物質基礎。

【聖水奇泉】

即問病泉。這是楊成武將軍爲該泉的命名。見該文。

惡魔之眼

亦稱"艾肯泉""大地之眼""茫崖之眼"。奇泉名。位於青海茫崖花土溝鎮莫合爾布魯克村。直徑 10 餘米，泉水從 647 米深的地下沸騰上涌，翻流不息。泉水富含二氧化硫及碳酸鈣，這些礦物質長期沉澱，形成了一個圓圈鈣化層，呈紅褐色、金黃色、鐵銹色，五彩斑斕。礦物質腐蝕了周圍的土壤和植被，飛鳥野獸不敢靠近，流經之地寸草不生。從空中鳥瞰，噴泉詭異的色調和奇怪的形狀極似人的眼眶，毫無生機的環境讓人產生恐怖感，於是有"惡魔之眼"稱號。惡魔之眼還有喊泉的特點，游人站在岸邊對噴泉大喊，或者跺跺腳，泉眼噴出的水流量就會加大。惡魔之眼屬地熱噴泉，常年水溫 21℃。泉水不可飲用，但有一定的藥用價值和科研價值。科學家認爲該泉的成因可能與地殼運動、含水層發生傾斜有關。

【艾肯泉】

即惡魔之眼。"艾肯"是蒙語"可怕""源頭"之意。清光緒年間，俄國探險家普爾熱瓦爾斯基來我國青海、新疆等地旅行，在其著作《走向羅布泊·柴達木南部及西部之行》中引用當地蒙古族同胞的稱謂，將這個泉眼記載爲"艾肯泉"，沿用至今。

【大地之眼】

即惡魔之眼。從空中鳥瞰，由噴涌出的泉水組成的泉眼，與深紅色沉澱物組成的瞳孔造型，仿佛一隻鑲嵌在大地上的眼睛，故稱。見

該文。

【茫崖之眼】

即惡魔之眼。因該泉位於青海茫崖，故稱。見該文。

間歇泉

奇泉名。間歇泉是間斷噴發的溫泉，多發生於火山運動活躍的區域。造就間歇泉必須要有適宜的地質構造（岩漿和通道）和充足的地下水源。熾熱的熔岩使地層中的水溫升高，化爲水汽。水汽沿岩石層中的裂隙上升，當溫度下降到汽化點以下時就凝結成高溫水。高溫水沿裂隙通道上升到地面。地下水在通道最下部被岩漿烤熱，受到通道上部高壓水柱的壓力，狹窄的通道又限制了泉水的上下對流。這樣一來通道下面的水就不斷被加熱而積蓄力量，直到水柱底部的蒸氣壓力超過水柱上部的壓力時，地下高溫、高壓的熱水和熱氣就把通道中的水全部頂出地表，造成泉水的大噴發。噴發過後，隨着水溫下降、壓力降低，噴發就會暫時停止，又積蓄力量準備下一次新的噴發。如此循環不已形成間歇泉。由於間歇泉噴出的水中往往含有礦物質，當水分蒸發或重新滲入地表時，這些礦物質就會沉積下來，逐漸在泉的噴口處形成各種奇怪的形狀，如像火山錐、火山口等。位於西藏自治區昂仁縣的塔格架間歇泉是世界海拔最高（海拔 5080 米）的間歇泉，也是我國規模最大的間歇噴泉群。除塔格架間歇泉外，我國還有湖南大庸、黃石公園等多處間歇泉。

喊泉

奇泉名。有些泉眼，祇要對此大聲喊叫，既可喚出山泉，亦可中止泉流，故稱。這是由地下水"毛細管"的虹吸作用造成。這類泉多

分布於石灰岩白雲岩地區的岩溶間、地下河與岩溶潭星羅棋布的地帶。岩層和土層中有一種管狀孔隙，當"管"的下端與地下水面接觸後，由於地下水本身的壓力和孔隙"管"的浸潤與虹吸作用，地下水便會沿着"管"上升而溢出成泉。當處於平衡狀態時，泉水不會溢出。這種情況下，人們在泉邊吼叫或發出其他聲響時，聲波傳入泉洞内的儲水池，產生"共鳴""聲壓"等物理學作用。使處於即將溢出狀態的蓄水池水面受到壓力，誘發虹吸作用，形成涌泉。如果儲水池的水主要來源於地表水，就會形成季節性的間息喊泉。如果蓄水池的水主要來源於地下水，則造成永久性喊泉。我國有多處喊泉，如廣西興安、德保、北流、富川，安徽壽春，貴州貴陽、平壩等地。宋樂史《太平寰宇記·淮南道七·壽州》："咄泉在縣東北十里，净界寺北一百步。其泉與地平，一無波浪，若人至其傍，大叫即大涌，小叫即小涌，若咄之，涌彌甚。"清陸廷燦《續茶經·五茶之煮》："《武夷山志》：山南虎嘯岩語兒泉，濃若停膏，瀉杯中，鑑毛髪，味甘而博，啜之有軟順意。次則天柱三敲泉，而茶園喊泉又可伯仲矣。"清郭白陽《竹間續話》卷三："北苑故事，每啓蟄，有司以牲致祭，樅金代鼓，齊聲喊曰：'茶發芽'，泉乃涌出。故鳳凰山有喊泉。"

睢縣香水泉

奇泉名。中國著名趣泉之一。位於河南睢縣城南，因泉水有香味，故稱。該地地下涌出的泉水帶有槐花香味，馥鬱醇厚，四季綿長，人稱"槐花水"。早在北宋年間就被用來釀酒，被酒家贊爲"天然瓊液"。史載我國有香水泉多處。《明一統志·景東府》："香水泉：在府城南二里，其泉春時則香，土人于二三月具酒肴祭之，然後汲焉。"《大清一統志·錦州府》："香水泉：在寧遠州西一百十里，其水清冽甘香。"清康熙《甘肅通志·山川·涼州府》："香水泉：在縣（古浪縣）南七十里。黄羊川東，居民資飲。"清康熙《雲南通志·山川·武定府》："香水泉：在城東二里，味香美，飲之消疾。"

蝴蝶泉

位於雲南大理點蒼山雲弄峰神摩山下。方形泉潭，面積50多平方米。泉水清澈如鏡，泉邊緑蔭如蓋。一高大合歡古樹，橫臥泉上，這就是"蝴蝶樹"。每年春暖花開季節，尤其是農曆四月十五這一天，若遇晴和天氣，合歡樹散發出淡雅的清香，誘使成千上萬的蝴蝶前來聚會。各種大小不一，五彩斑斕的蝴蝶鈎足連鬚，首尾相銜，垂挂在泉邊的合歡樹上，形成無數長串，垂及水面，倒映在泉水碧波之中。五彩斑斕，蔚爲奇觀。2018年正式批准大理蝴蝶泉景區爲國家4A級旅游景區。明徐弘祖《徐霞客游記·滇游日記八》："有樹大合抱，倚崖而聳立，下有泉，東向漱根竅而出，清冽可鑒。稍東，其下又有一小樹，仍有一小泉，亦漱根而出。二泉匯爲方丈之沼，即所溯之上流也。泉上大樹，當四月初即發花如蛺蝶，須翅栩然，與生蝶無異。又有真蝶千萬，連須鈎足，自樹巔倒懸而下，及于泉面，繽紛絡繹，五色焕然。游人俱從此月，群而觀之，過五月乃已。"清沙琛《上關蝴蝶泉》詩："迷離蝶樹千蝴蝶，銜尾如纓拂翠浯。不到蝶泉誰肯信，幢影幡蓋蝶莊嚴。"郭沫若《游蝴蝶泉》詩："蝴蝶泉頭蝴蝶樹，蝴蝶飛來萬千數，首尾聯接數公尺，自樹下垂疑花序。"

寒冰奇觀

冰冰背

奇地名。"背"指山陰坡。位於河南林州石板岩鄉西北,太行山南麓懸崖峭壁中的山溝裏。海拔 1500 米。嚴冬水溫氣暖,盛夏結冰氣寒,故稱。每年陽春三月開始結冰,結冰時間長達五個月之久。冰期最盛之時,是盛夏的伏天,踏進此地,立即朔風襲衣,寒冷刺骨。到八月中秋以後,冰凍開始融化。隆冬時節,涓涓細流從石縫中緩緩流出,蒸氣繚繞,溫暖宜人,沿溪水草繁茂,嫩綠鮮艷。附近桃樹萌芽、開花。世人稱之爲"冬時夏令顛倒顛"。因此山洞爲人工挖掘,并位於山的陰坡,故稱"冰冰背"。冰冰背分布在兩個區域。一區有大小冰洞四五個,結冰面積 6000 餘平方米,有冰冰洞、吹風洞、狐仙洞、無底洞等,如冰冰洞深百米,洞內有冰花、冰柱、冰球等,溫度在－8℃度左右,隨着洞外氣溫升高,洞內越來越冷,最低溫度可到－18℃。二區在右側山溝裏,面積約 3000 平方米,從石頭縫隙中冒出陣陣涼風,石縫中尚留有冬天雪塊等。冰冰背被認爲是"地球上十大神秘之地"之一。按,中國幅員遼闊,氣候多樣,除河南林州"冰冰背"外,還有數處冬夏顛倒的地方。如遼寧桓仁"地溫異常帶"、湖北五峰"暑天冰洞"、重慶紅池壩"夏冰洞"、湖北秭歸"冰火洞"、河北興隆"八卦井"等。

冰泡湖

位於新疆博樂境內北天山山脉中的賽里木湖。賽里木湖湖面海拔 2071 米,水域面積 453 平方千米,平均水深 46.4 米,蓄水量達 210 億立方米。湖水清澈透底,透明度達 12 米,是我國最大的冷水湖。由於冬季氣溫低,每年都會出現冰泡奇觀,成爲名副其實的冰泡湖。氣溫急劇下降,把湖水表面冰凍住,湖底腐爛的有機物產生的甲烷氣體,被冰阻隔堆積於冰下,由於冰凍速度快,冰層越來越厚,新產生的氣泡就被一層一層地封於冰層中,如此形成層層疊疊的冰泡奇觀。賽里木湖冬季多大風,大風將湖面的積雪吹走,還起到打磨冰面的作用,使觀看冰泡的效果更加清晰透明。

冰湯圓

一種罕見的自然景觀。2022 年 2 月 14 日出現在吉林四海湖國家濕地公園。湖面上出現密密麻麻的"冰湯圓",好像是有人將煮熟的湯圓倒在湖面上,然後又澆上一層水,將"湯圓"封印在冰面下。冰湯圓一個挨着一個,大的有籃球大,小的直徑也有十幾厘米,在湖岸邊延伸 2.8 萬平方米左右。每年的 11 月寒流來襲,四海湖就進入到了封湖期。湖面冰凍前,四海湖區域多大風。移動的冰層,不斷被大風帶起的湖水推向岸邊,冰層相互碰撞、摩擦,棱角逐漸磨圓成冰球。隨着風浪的進一步推擠和氣溫的快速降低,冰球在不斷翻滾中長大。隨急劇的降溫,湖水冰凍,將冰球封印在冰面下,形成罕見、壯觀的冰湯圓。由於西北風影響,冰湯圓聚集在四海湖的東南角。"冰湯圓"現象的形成需要特殊的氣象及地理條件:首先,降溫迅速,足够寒冷;其次,有大風助力;最後,湖底平坦不陡峭。吉尼斯認證官現場確認洮南四海湖"冰湯圓"爲中國規模最大的"冰湯圓"

天然冰雪景觀，并向洮南市政府頒發了證書。

萬年冰洞

　　奇洞名。位於山西寧武城西春景窪鄉麻地溝村。海拔 2300 米，經中科院地質研究所洞穴專家考察認定，此洞形成於三百萬年前新生代第四紀冰川期。其一年四季都是晶瑩剔透的冰世界，故名萬年冰洞。冰洞洞口在管涔山的北坡，洞內均被冰覆蓋，多冰掛景觀，如冰柱、冰筍、冰錐、冰瀑、冰簾、冰花、冰管、冰人、冰菩薩、冰葡萄等。所有的冰都附着在石灰岩上。冰洞還具有奇特的再生功能，一旦冰量減少，就會自我修復：如下雨多時，雨水常會流進洞中融蝕掉一部分冰，但過一段時間，原來冰融化的地方，又會自動恢復原貌。冰洞中有一冰球廳，高 100 多米，上下五層，層層有冰臺階相連，可供游客參觀。冰洞的景色在彩燈的配合下，似水晶宮。另距其約 200 米處是一“火山”，溫度高達 300℃ 以上。這種地質奇觀，實屬罕見。冰洞的形成有多種解釋：一、洞口形狀說。中國科學院的學者將萬年冰洞做成數學模型，研究發現洞口的形成能讓冬天的冷風進入洞穴，但夏天的熱風却進不去，所以造成天然的冰庫。如將洞口封閉，洞內冰祇需四十年就會完全融化。二、冰川說。有人認爲數百萬年前的冰川運動，將大量的冰涌進一個冲刷成形的洞中，形成神奇的冰洞。經取樣檢測，發現冰的年齡各不相同。核心部分的冰比較老，靠近洞口或靠近主流水道的冰比較新。且冰洞的冰具有再生功能，一旦冰量減少，就會自我修復。三、地熱負异常說。一般認爲，由地表至地心，每深入地下 100 米，氣溫會上升

約 0.4℃，此爲地熱正异常說。而地熱負异常說則恰恰相反：越往下走，溫度越低，低到能够製造出冰來。學者認爲，冰洞下存在我們仍未探明的某種製冷機制，達到製冰的效果。不僅能保持洞中的溫度，且能日復一日地結冰。再加上相對較高的地理位置和巧合的洞口位置，形成了這麼一個神奇的冰洞。四、空氣對流說。冰洞還應該有一個下口與外界相通，冬季洞內氣溫高於洞外，冷空氣從下口進入，使洞內氣溫下降，因而水氣凝結冰洞生長。夏天外界氣溫高於洞內，熱空氣從上口進入，使洞內氣溫上升，冰洞融化。由於外界晝夜溫差大，洞內外氣流交替變化頻繁，從而形成各種冰的外形奇觀。但祇要冰洞凝結大於消融，冰洞就會逐步成長。五、蒸汽噴射式製冷原理說。冰洞的鄰居“千年火山”，其煤層自燃產生的高溫，使地下水大量蒸發產生蒸汽，而“千年火山”與“萬年冰洞”之間的某種地質結構，正好與蒸汽噴射製冷的結構相似，某些地方形成真空而水分蒸發，吸收熱量，使周圍溫度降低，形成了某種特殊的製冷機制。冬季降水量少，地表水處於冰凍狀態，滲入到“火山”處的水少，因而產生的水蒸氣也少，製冷效果降低；而夏季雨水多，滲入到“火山”處的水分多，因而產生的水蒸氣多，製冷效果强。從而解釋了爲什麼夏季是結冰期，冬季是消融期。按照這種觀點，冰洞則是形成於煤層自燃之後，一旦煤層自燃熄滅，冰洞內的冰將會融化。寧武萬年冰洞 2005 年被評爲國家地質公園，2011 年 3 月被評爲國家 4A 級旅游景區。

奇棺墓

大波那銅棺

戰國初期木槨青銅棺。1964年於雲南祥雲大波那村出土，故稱。長2米，寬0.62米，高0.82米，厚1.2厘米，重達2571千克。由七塊青銅板榫卯連接而成。棺蓋由二塊蓋板合成"人"字形屋脊狀，棺底四端各有支脚將棺體撑離地面，外棺壁鑄花紋，外棺蓋雕鷹、燕、虎等圖案，造型古樸，工藝高超，紋圖細緻，圖案精美。此造型爲中外棺槨史上獨有。葬主人應爲一部族首領。現藏雲南省博物館。

紙棺

以"紙"糊成的棺材。1973年新疆吐魯番墓葬出土。因西北地區氣候乾燥，遺體已成乾尸，紙棺已破碎。尸主名張無價，唐朝李世民時大將。其時占據絲綢之路天險之地的高昌國，試圖阻斷絲綢之路，與大唐爲敵。唐太宗派張無價率大軍將高昌國平滅。爲震懾其他不臣之國，繼續開發西域，唐廷在此地設立都護府，史稱"西州"，由張無價管理。張無價病逝於此，因當地缺乏棺槨木料，祇能用木棍茅草扎出棺形，收集軍中的紙張，糊製一罕見的紙棺。經考古專家研究發現，用於紙棺的紙張，大多係駐軍發給朝廷文書的底稿，如都護間書信往來，軍事部署和軍隊人數、糧草、給養情況，軍械調撥、配置和使用情況，以及張無價指揮多場戰爭的詳細過程，還有大唐回復的表彰信函等，其中包括李世民親筆所書表揚書。張無價紙棺上的記載，填補了諸多歷史空白。此棺爲國內發現的第一口紙棺，是我國考古史上發現的極有價值之棺槨。

犀牛皮棺

葬具。戰國魏襄王之棺。以犀牛皮製作。《西京雜記》卷六："魏襄王冢，皆以文石爲槨，高八尺許，廣狹容四十人。以手捫槨，滑液如新。中有石床、石屏風，宛然周正。不見棺柩明器踪迹，但床上有玉唾壺一枚、銅劍二枚。金玉雜具，皆如新物，王（指廣川王劉去）取服之……復入一户，石扉有關鑰，叩開，見棺柩，黑光照人，刀斫不入，燒鋸截之，乃漆雜兕革（即犀牛皮）爲棺，厚數寸，累積十餘重，力不能開，乃止。"《晋書·束皙傳》："初，太康二年，汲郡人不準盜發魏襄王墓，或言安釐王冢，得竹書數十車。其《紀年》十三篇，記夏以來至周幽王爲犬戎所滅，以事接之，三家分，仍述魏事至安釐王之二十年。"《二十年目睹之怪現狀》第九七回："《竹書紀年》托稱晋太康二年，發魏襄王墓所得的，其書未經秦火，自是可信。"按，魏襄王，姬姓，魏氏，名嗣，一名赫，魏惠王之子。公元前318年即位爲君，公元前296年去世。

八字詛咒墓

明代貴妃墓。清乾隆帝爲慶祝皇太后六十大壽，決定於明代圓静寺舊址上修建大報恩寺，因挖到一座古墓墓道石碑而停工。石碑上書"你不動我，我不動你"。乾隆帝敕令保護古墓，另選新址。古墓墓主人爲明憲宗昭德皇貴妃萬貞兒。成化二十三年（1487）正月，皇貴妃萬貞兒去世，時年五十八歲。憲宗按皇后葬禮安葬於現北京昌平區衛星城西北方嚮的萬娘娘墳，清代由看守萬貴妃園寢墳户的後代建成村。村落因墳得名，稱萬娘娘墳，簡稱萬娘墳。

八角塔型壁畫墓

元代奇墓。位於山西。泰定元年（1324）修建。該墓穴底部大，上口小。墓頂繪有日月星辰，除一面墓壁爲甬道入口外，其餘七面墓壁均有壁畫。正北墓壁繪墓主人夫妻之牌位和儀容。一壁繪家宴奏樂場面，一群吹鼓手正在奏樂表演，一名侍者手端佳肴走進房間。另三壁繪墓主夫妻生前日常生活壁畫，亦有繪"埋兒奉母""孝例圖"。

甲字形墓

隋李靜訓墓。1957年發現於西安城西梁家莊，是陪葬奢華的隋代竪穴大墓。由一條墓道和一個方形墓室組成，因形似"甲"字而得名。墓室中央是一具完整的石槨，槨長2.63米，高1.61米，寬1.1米，由十七塊青灰色的石板拼裝而成，槨壁石板與槨底以榫卯相接，槨蓋由四塊石板依次順放，南邊石上刻有"開者即死"四個字。大墓的墓志便放置在石棺槨的旁邊。石槨內是仿九脊殿堂宮殿式石棺。石棺平面呈長方形，長1.92米，寬0.89米，高1.22米。面闊三間，中心一間被雕成門的造型，門板、門框、門額、門檻一應俱全，五橫五縱的門釘排列整齊。門兩側陰刻兩位身材清瘦的侍女，左邊侍女略將臉偏向門側，一手扶下垂的

仿九脊殿堂宮殿式石棺

裙帶，右邊侍女手捧一件長條形物品。另外兩間采用陰刻方式雕刻出有九根直櫺的窗户。棺蓋由整塊石頭雕刻成九脊殿堂式屋頂，火珠置於屋頂正脊中央，正脊兩端東西兩邊有平直垂脊，南北兩端又有角檐和脊，屋瓦有片瓦、板瓦和筒瓦，皆爲浮雕而成，屋檐由刻有蓮花紋的圓瓦當組成。在棺蓋東坡前面的筒瓦上，也刻有"開者即死"四字。精美的棺面上血迹斑斑，是下葬時刻意所爲，還是後人所留，無解。這種石棺亦稱"九脊殿堂式石棺"，在禮制規格上僅次於帝王宮殿專用的"廡殿式建築"。不足3平米的棺槨內，堆滿了各種珍貴的陪葬品二百三十件：除了普通的陶製品（包括人物俑和獸俑）外，還有大批珍寶，如嵌珠寶金翎、鑲珠寶金手鐲、金戒指、金杯等，來自波斯國的金銀器、玉器、玻璃器皿、邢窑瓷器、鋼鐵器、木器和絲綢等。其中，鑲嵌珍珠和鷄血石、雕大角鹿的青金石金項鏈，極精緻。墓主人李靜訓，左光禄大夫李敏之女，深得外祖母北周太后楊麗華疼愛，一直將其留在宮中撫養，但李靜訓不幸於隋大業四年（608）六月殁，年方九歲。萬善尼寺是北周后宮的統一歸宿地，李靜訓死後亦被埋於此。萬善尼寺距皇宮不遠，其墓又仿照舍利的埋葬方式"墳上構造重閣，遥追寶塔"，更因李靜訓史上無名，文獻幾乎没有記載，故一千多年來未被盜發。現石棺藏於陝西省西安市碑林博物館。

草席廉官墓

奇墓名。明代清官王士琦死後以草席裹尸入葬，故稱。1956年於浙江臨海城西張家渡村出土。墓穴僅20餘平方米，墓室裏的修飾和布置也極爲簡陋和寒酸，没有墓棺，祇有一張

殘破不堪的草席裏着一具男性殘骸。墓室四個角落堆放大量金器，總數達一百一十件，包括金冠、金簪、金帶板、金鑲蓮花耳環等，其中二十二件爲國家一級文物。王士琦爲官清廉，據康熙《臨海縣志》記載，"〔王士琦〕歿之日，帑無長物，旅櫬蕭然。"明神宗得知王士琦功績，爲他"賜祭葬"，重新安葬，故墓中之物乃皇帝所賜。現藏浙江省博物館。按，王士琦（1551—1618），字圭叔，號豐輿，浙江台州臨海人，王宗沐次子。歷任工部主事、兵部郎中、知府、按察副使、布政、右副都御史。病死於山西。

星宿圖墓

奇墓名。2015 年 5 月於陝西靖邊渠樹壕漢代墓群，首次發現星形、星數、圖像、題名四要素齊備的二十八星宿圖，亦爲我國發現內容最完整的二十八星宿圖。此圖通繪於前後墓室券頂。整幅圖畫框於一長方形畫裏，表現一圓的天空星宿圖。此圖以北斗七星爲中心，包含日月、黃道、二十八宿等，相對位置準確。此圖的發現爲探討漢代天文學發展狀況，瞭解東漢時喪葬習俗、宗教思想，及先秦兩漢神話傳説等提供了珍貴實物資料，對漢代科學史、文化史、宗教思想史、文學史，以及歷史、考古學研究等，均具一定參考意義。

骨頭湯墓

奇墓名。因墓內出土骨頭湯，故稱。2010 年 12 月考古學家在陝西咸陽發掘出一戰國晚期秦王陪葬墓，墓主爲當時的士族。在竪穴土坑墓壁龕發現三件陪葬器物，其中之一爲銅鼎，高 20 厘米，腹徑 24.5 厘米。此鼎外形樸素簡雅，體積不大不小。打開銅鼎蓋，鼎內裝有半

鼎骨頭湯。湯內浸有數根骨頭，湯色渾濁，表面漂浮銅鼎脫落的綠斑銹。因綠銹浸漬，骨頭已變爲綠色。經鑒定，骨頭爲一隻未成年犬的左前肢、脊椎骨和部分肋骨，骨骺未愈合。這是我國首次發現保存了兩千四百多年的骨頭湯。骨頭湯沒有揮發蓋因墓道全部用夯土夯實，銅鼎放置於墓內壁龕裏，而且銅鼎密封嚴實，加之沒有被盜墓者進入。

"殺人"墓

2010 年湖北襄陽境內出土一座古墓，因墓內有八十具盜墓者尸體，故稱。亦稱"古今第一凶墓"。此爲五代時王陵，因破壞嚴重，墓主身份無法界定。陵墓外壁布滿大大小小盜洞。通過尸身上的服飾和所攜帶器具可斷定，八十具尸體皆爲盜墓者。盜墓者死亡時間不同，年代相隔最大者竟有千年。經研究，古墓爲一座流沙墓，墓室周邊築有一層圍墻（夯土層），由 11 米厚砂石覆蓋，砂石大小不等，最重爲 150 餘千克。當盜墓者挖出盜洞時，砂石不斷落下，引起大面積塌方，盜洞被封死，盜墓者越挣扎，陷得越深，最後被砂石埋没，窒息而死。此墓千餘年來盜墓賊一直未能得手。

酒席墓

1993 年河北宣化八里村發現一座遼代磚石墓，因墓中有一桌酒席，故名。墓主爲張文藻和妻子賈氏。石建墓門表面，有彩繪木門、房梁、瓦片等。內間木門繪有兩個留契丹髮型的人。墓室正面墻壁上有一幅人像，手持酒壺正向酒杯倒酒，表現主人的好客之情。墓室墻面上的彩繪壁畫，反映墓主人生前社會生活。墓室墻壁刻有講述張氏生平的文字，末句曰："凡後世入吾寢塋者，閱吾一生，皆爲吾友，當以

酒肉相待。"後室北面放置磚石棺床，長 1.06 米，寬 0.76 米，高 0.45 米，上有一小型木棺，存墓主火化後的尸骨和衣服殘留物。棺木前置一大木桌，擺黃釉、白釉的碗、盤、瓶、漆筷、湯勺和雁足燈等。碗盤裝滿板栗、梨、葡萄、豆子等食物。梨、葡萄等已經乾枯。黃釉龍首碗中裝三十五顆板栗，雖經千年仍完好無損，外皮依然鮮亮。桌旁擺設木椅，以石灰封口的雞腿瓶尚存酒水。墻邊陶倉盛放小米和高粱。

寶雞盜墓賊墓

奇墓名。墓主人爲漢代盜墓賊，故稱。1992 年於陝西寶雞市郊西北角山頭出土。西漢小墓，墓室僅 4 平方米，内有幾件破舊陶器。自墓棺和棺旁泥土裏掘出衆多珍貴文物。有西周青銅大鼎、秦朝青銅短劍、西漢小玉人等珍品，其中以金柄鐵劍和料器最爲奪目。金柄鐵劍製造於西周早期，劍柄爲純金（含金量 98% 以上）打造，重達 6 千克以上，通體鏤空雕蟠螭紋和饕餮紋，雕工細緻精美，鑲嵌四十多顆名貴綠松石。劍身爲純鐵鍛造。另外還有料器（又稱"玻璃器"，指用加顏料的玻璃製成的器皿或手工藝品），一種鉛鋇玻璃，強度高於鈉鈣玻璃，由此可推斷二千六百年前，中國已有玻璃。陪葬品出自不同的朝代，時間跨度達千年，推斷均自他墓盜來。

鐵墓 [1]

用鐵封固的墳墓。特指河南淮陽柳湖旁所存西周初年陳國國君陳胡公之墓。陳胡公嬀滿，亦稱"陳滿""陳胡公滿""虞胡公"。嬀滿，字少湯，舜帝三十三世後裔，陶正虞遏父之子，西周諸侯國陳國第一任君主。周成王九年（前 1035）正月十五日嬀滿死，諡號胡公，葬於陳國境内。陳胡公的後裔王莽稱帝後，追尊陳胡公爲陳胡王，廟號統祖。爲紀念陳胡公的功德，後世在宛丘南郭修建胡公祠（今稱三元宫），并在柳湖東建陳胡公墓。因墓地水位較高，爲防止水的長期注浸，後人以鐵錮之，故稱鐵墓。宋蘇軾《東坡志林·鐵墓厄臺》："余舊過陳州，留七十餘日，近城可游觀者無不至。柳湖旁有丘，俗謂之鐵墓，云陳胡公墓也。城濠水往齧其址，見有鐵錮之。"宋梅堯臣《和十一月十二日與諸君登西園亭榭懷舊書事》："冬日蕭條公府清，獨將諸吏上高城。而今何處異疇昔，鐵墓下聞狐夜鳴。"《明一統志·河南布政司》："陳胡公墓：在陳州城北。城濠水嘗齧其趾，見有鐵錮之，俗謂之鐵墓。胡公舜之後，周所封。"

鐵墓 [2]

山東危山鐵墓。宋樂史《太平寰宇記·河南道·章丘縣》："平陵王墓在縣東北二里，高三丈。按《漢書》文帝十六年封齊悼惠王子爲齊孝王，景帝三年孝王與吳楚反，自殺，蕤於此，墓在危山之頂。"清顧祖禹《讀史方輿紀要·山東二》："危山，在縣西南四十里。漢景帝時，齊孝王與吳楚通謀自殺，葬於此山之巓，俗呼爲鐵墓。"兩書對危山記載有誤差，書此以存疑。

人頭墩

奇墓名。河北易縣城東南 6 千米處爲戰國時燕國都城之一。在燕下都遺址城南 2.5 千米處，有十四個圓形夯土墩臺。墩臺高約 10 米、直徑達幾十米。通過對部分墩臺的發掘，發現均埋有兩千年前大量人頭骨，無人的軀體。人頭骨主均爲男性青壯年，年齡在二十至三十歲。經探測，每個"人頭墩"裏有人頭骨兩千餘個，部分人頭骨有明顯的砍殺痕迹，有的頭骨上還插有青銅箭頭，應該都屬於當時戰敗者的首級。這十四個土墩臺就有大約三萬顆頭骨。有專家認爲這些是公元前 284 年樂毅伐齊大勝時從戰場帶回的齊軍首級。也有專家認爲這些是公元前 314 年燕國"子之之亂"受害者的首級。此或爲戰勝者欲彰顯武功所爲，故稱"京觀"。

奇碑

井真成墓志

唐代墓志。墓志由蓋和底兩部分組成。墓志蓋覆斗狀，青石質，邊長 37 厘米，篆文題寫"贈尚衣奉御府君墓誌之銘"十二字。墓志本體呈正方形，漢白玉質，邊長 39.5 厘米，厚 7 厘米。楷書題寫"贈尚衣奉御井公墓誌文并序"，碑文一百七十一字，有九字殘缺。碑文中寫道："國號日本，才稱天縱。"此爲有日本國名的最早實物。井真成爲唐太宗時日本遣唐使中一員，於來華第二年去世，唐太宗賜碑哀悼，以王侯將相級別厚葬："窆于萬年縣滻水東原。"東原目前已成居民社區，井真成墓已無從查找。2005 年井真成墓志在日本東京國立博物館展出，引起轟動。井真成墓志，是迄今發現的唯一一方日本遣唐使墓志，是遣唐使制度的唯一證物，亦爲最早體現日本國名、國號和日本作爲國家被承認的國寶級文物，對研究古代中日文化交流史具有重要學術價值。現藏西北大學歷史博物館。按，墓志全文："贈尚衣奉御井公墓誌文并序：公姓井，字真成。國號日本，才稱天縱。故能銜命遠邦，馳騁上國。蹈禮樂，襲衣冠；束帶立朝，難與儔矣。豈圖強學不倦，問道未終；壑遇移舟，隙逢奔駟。以開元廿二年正月□日，乃終於官弟，春秋卅六。皇上哀傷，追崇有典；詔贈尚衣奉御，葬令官給。即以其年二月四日，窆于萬年縣滻水東原，禮也。嗚呼！素車曉引，丹旐行哀；嗟遠人兮頹暮日，指窮郊兮悲夜臺。其辭曰：'壽乃天常，哀茲遠方；形既埋於異土，魂庶歸於故鄉。'"

中法廣西安南第五十三號界碑

省稱"五十三號界碑"。界碑名。位於廣西大新碩龍鎮德天山莊山峰下德天瀑布景區內。爲中越邊境界碑。碑高 1.6 米，寬 0.6 米，厚 0.19 米，用未經加工打磨的青石製成，碑面凹凸不平，碑面兩側各有一豁口，破損嚴重，上刻"中國廣西界"五個大字，下刻法文"FRONTIERESINOANNAMITE"（中國安南界）。中法戰爭結束後，清政府授權北洋大臣李鴻章與法國駐越南公使馬特那在天津簽署《中法天津條約》，時任雲貴總督的岑毓英根據《中法天津條約》經過近三年的勘界，於光緒十四年（1888）立此界碑。2001 年中越勘界，定立八三五號界碑取代五十三號界碑。2018 年五十三號界碑被撞，碑身斷成三截，雖經修復，但斷痕仍清晰可見，

五十三號界碑

碑貌大不如前。

【五十三號界碑】

"中法廣西安南第五十三號界碑"之省稱。
見該文。

"文臣七條"碑

亦稱"廉政碑"。奇碑名。鑲嵌於山西新
絳古州衙大堂墻壁。北宋建中靖國元年（1101）
朝散大夫時恪將"文臣七條"刻石立於絳州大
堂，奉之爲法，仰尊聖訓。石碑高約 1.2 米、
寬約 0.7 米，楷書，碑文是宋真宗大中祥符二
年（1009）所作廉政戒律《文武七條戒官吏》
中的"文臣七條"。七條内容爲："一曰清心
（謂平心待物，不爲喜怒愛憎之所遷，則庶事自
正）；二曰奉公（謂公直潔己，則民自畏服）；
三曰修德（謂以德化人，不必專尚威猛）；四曰
責實（謂專求實效，勿競虛譽）；五曰明察（謂
勤察民情，勿使賦役不均，刑罰不中）；六曰勸
課（謂勸諭下民勤於孝悌之行，農桑之務）；七
曰革弊（謂求民疾苦，而釐革之）。"碑原爲州
衙所藏，由於年代久遠和歷史變革，幾經流失。
1984 年將這一珍貴的文物嵌於大堂内壁，以昭
示後人。《咸淳臨安志·御製》："真宗皇帝《文
臣七條》：一曰清心，謂平心待物，則物自正。
二曰奉公，謂公直潔己，則民自服。三曰修德，
謂以德化人，不專猛威。四曰責實，謂專求實
效，勿競虛譽。五曰明察，謂勤察民情，勿使
賦役不均，刑罰不中。六曰勸課，謂勸諭下民，
勤於孝弟之行，農桑之務。七曰革弊，謂求民
疾苦而厘革之。"

【廉政碑】

即"文官七條"碑。此爲百姓對其的稱謂。
見該文。

孔子劍刻碑

石碑。傳孔子用劍於比干墓刻碑"殷比干
莫"而得名。位於今河南衛輝比干廟内比干墓
前。相傳孔子周游列國，率弟子親臨比干墓
憑吊，感懷先祖之忠烈，抽劍在一石頭上刻
下"殷比干莫"四字。孔子認爲比干乃取大地
之土而葬，故"墓"字下"土"特意未寫。古
時"莫""墓"爲通假字。清代乾隆帝對此碑
考證後，御筆親書"宣聖真筆"四字。漢平帝
時，封孔子爲"褒成宣公"，此後，人們稱孔子
爲"宣聖"。石碑高約 2 米，分上、下兩部分。
上爲乾隆御書，下爲所傳孔子真迹。孔子真迹
"墓"字已殘，所缺部分以水泥彌補，每字約
30 厘米見方，四字排列整齊。此碑曾砌在比干
廟的圍墻上，1985 年修繕時，將其移出，與乾
隆御書組合在一起。三國魏王昶《金石萃編》：
"〔孔子真迹碑〕石高二尺四寸，廣二尺二寸，
二行，行二字。今在汲縣。"宋婁機《漢隸字
源》："石公弼跋云：'殷比干墓四字，在今衛州
比干墓上，世傳孔子書。'然隸始于秦，非孔子
書必矣。字畫勁古，當是漢人書。"明趙崡《石
墨鐫華》："此書程邈、李斯之所不爲，而曰仲
尼手書。洪氏《隸釋》《漢隸字源》辨其謬矣。
然以比干忠烈，尼父是其孫，姑妄信之，亦足
爲忠臣吐氣也。"清葉奕苞《續金石録》："比干
墓碑在汲縣，《漢隸釋文》《漢隸字源》辨其謬
然。比干爲千古殺身成仁之第一人，而尼父是
其族孫，爲之標識，宜也。以疑傳疑，存之亦
無不可。"《衛輝府舊志》："殷少師比干墓在汲
縣西北一十五里，墓前有'殷比干墓'四字碑。
年深石斷，字畫不全，世傳孔子所書。"近世顧
燮光《河朔訪古新録》："石碣一方，書'殷比

干墓'四字，相傳爲孔子書。以書法考之，實
爲魏刻也。"

石門十三品

摩崖石刻。因係從石門隧道及山崖上鑿遷
下來十三種石刻，故稱。石門爲連接關中平原
和漢中平原褒斜棧道南端的一段隧道，東漢永
平年間開通。過往官吏、文人雅士在石門咏物
記事，抒懷爲文，將隧道開通的過程以文字的
形式刻於山崖。僅石門内壁就留有石刻三十四
品，連同南北山崖和河石上的各種石刻，總
數達一百零四品。其中漢魏石刻，尤爲珍稀。
1961 年，褒斜道石門及其摩崖石刻，被確定爲
全國第一批重點文物保護單位。1970 年，因石
門水庫建設，遂將最受推崇的十三品摩崖石刻
鑿遷下來，移至漢中博物館，經除銹去污、黏
接修整、復原加固後，設"石門十三品陳列館"
保存。此十三款摩崖石刻書法作品又稱"漢魏
十三品"，被評定爲"一級甲等文物"，包括漢
刻八品、曹魏和北魏摩崖各一品、南宋刻隸書
三品。它們分別是：一品《石門》，二品《鄐君
開通褒斜道》，三品《鄐君碑釋文》，四品《李
君表》，五品《石門頌》，六品《楊淮表紀》，七
品《玉盆》，八品《石虎》，九品《袞雪》，十
品《李苞通閣道》，十一品《潘宗伯韓仲元通
閣道》，十二品《石門銘》，十三品《重修山河
堰》。除《石門》爲碑刻外，均爲摩崖石刻。石
門十三品代表漢字書法發展史上的一個重要階
段，可以看到秦篆的古樸、漢隸的雄奇、魏碑
的疏朗、唐楷的典雅和兩宋楷書的勁挺，由篆
到隸、再到楷書的演變過程，是人類藝術史上
的寶貴財富。光緒五年（1879）大學者楊守敬
將石門石刻介紹到日本，日本書界極爲贊賞，

將其列爲學習書法"必修之古典"。1988 年日
本書道界種谷扇舟先生訪漢中時，題字"漢中
石門，日本之師"。清代康有爲把古代著名石刻
分爲神、妙、高、精、逸、能六品，神品僅列
三石，《石門銘》即在其中。

吉隆縣斷崖山神石

石碑名。神石是當地百姓對斷崖山石刻
的稱謂。位於西藏吉隆一座斷崖山上。正中
有"大唐天竺使之銘"七個大字，碑文共
四百一十五字，記録唐太宗派遣使臣王玄策遠
征天竺（印度），"一人滅一國"史實。596—
647 年，印度曲女城君主戒日王統一印度北部
後，與唐朝建立友好往來關係。唐太宗爲進一
步發展唐朝與印度之間的友誼，於貞觀二十二
年（648）唐太宗派遣右衛長史王玄策出使。在
王玄策還未到達印度時，戒日王已經去世。印
度朝中權臣阿羅那順篡位，擔心被唐朝問責，
派兵將王玄策等全部抓獲，搶走所帶禮品。在
侍衛的掩護下，王玄策逃亡吐蕃，借吐蕃精兵
一千二百名，婆泥國（今尼泊爾）鐵騎七千，
率精兵八千二百人組成聯軍，進攻恒河流域，
與印度軍隊大戰三天三日，打敗數萬人馬的阿
羅那順，將阿羅那順及其家眷等一萬兩千人俘
虜，兩萬餘牛馬解送長安。唐太宗大喜，封王
玄策爲五品朝散大夫。王玄策揚大唐國威，成
爲創造無畏神話的外交使臣。《資治通鑑·太宗
貞觀二十二年》："五月，庚子，右衛率長史王
玄策擊帝那伏帝王阿羅那順，大破之。初，中
天竺王尸羅逸多兵最强，四天竺皆臣之。玄策
奉使至天竺，諸國皆遣使入貢。會尸羅逸多卒，
國中大亂，其臣阿羅那順自立，發胡兵攻玄策；
玄策帥從者三十人與戰，力不敵，悉爲所擒，

阿羅那順盡掠諸國貢物。玄策脱身宵遁，抵吐蕃西境，以書徵鄰國兵，吐蕃遣精鋭千二百人、泥婆國遣七千餘騎赴之。玄策與其副蔣師仁帥二國之兵，進至中天竺所居茶鎛和羅城，連戰三日，大破之，斬首三千餘級，赴水溺死者且萬人。阿羅那順棄城走，更收餘衆，還與師仁戰；又破之，擒阿羅那順。餘衆奉其妃及王子，阻乾陀衞江，師仁進擊之，衆潰，獲其妃及王子，虜男女萬二千人。於是天竺響震，城邑聚落降者五百八十餘所，俘阿羅那順以歸。以玄策爲朝散大夫。"

米芾詩碑

石碑名。清同治十二年（1873），嘉興知府許瑶光得到宋代大書法家米芾墨寶，請人臨摹，刻於碑上，名爲"米芾詩碑"。現存浙江嘉興南湖。

江陰"心經碑"

石碑名。係將佛家經典《般若波羅蜜多心經》刻於石上。原爲紙本，置於江陰乾明廣福禪寺的觀音殿壁間。南宋淳熙十四年（1187），邑人兵部侍郎耿秉命人摹刻於石，并由江陰知軍侯彦準題跋。明代觀音殿遭火災，心經碑被毁。武進知縣趙麟陽花重金購得摹本，交由黃生道再刻石碑，置於常州關帝廟中。江陰士人呼籲"當重刻以復舊觀"，乾明廣福禪寺釋音可禪師亦賦詩希望早日重見心經碑：《心經》一卷幾翻掀，羅漢重書在壁間，忽被晋陵人借去，不知何日送還山？"清嘉慶三年（1798），人們重修乾明廣福寺的觀音殿時，按照常州心經碑文摹本重刻，嵌砌於觀音殿内。今心經碑位於江陰澄江街道中山公園東側藝園心經碑房内，嵌砌於北壁間。該碑由六塊長方形大青石拼組

而成，通高 2.87 米，寬 5.12 米。上刻《般若波羅蜜多心經》一卷，計二百九十七字，竪刻十三行，爲唐代异僧道松所書，狂草字體，筆走龍蛇，結構嚴謹，字形多變。氣勢恢宏的經文中，"多"字一撇長達 2.07 米，"聲"字徑横寬達 55 厘米，最細一筆寬度僅爲 1 厘米，粗筆寬達 7 厘米。石刻中，一筆長度超過 2 米的就有六字。《心經》各字上下左右、大小斜正，相互呼應，一氣呵成，書寫剛勁有力，字體雄健古怪，又婉轉流暢。該碑不僅書法藝術高超，而且鎸刻技法精湛，光綫折射下，陰刻碑文有浮雕立體之感，爲我國古代書法和鎸刻藝術之珍。南宋趙希《江陰軍志》："僧道松，觀音大士木塌下，有草書《心經》滿壁，筆力遒健，末題云：孟冬月比丘道松書。不記歲，莫詳何代人。近歲侍郎耿公命工摹刻於石，嵌於左廡之壁。或傳乃李唐僧云。"明唐順之《跋异僧書心經碑後》："余始聞江陰觀音寺有异僧書心經碑，甚奇怪，既欲往觀之，則已火矣。已而麟陽趙邑侯購得摹本，余始得而觀之，則如昌黎子從登太華之巔，危峰怵目愁不能下，眩慄欲死。少焉，神氣稍定，又如東郭隱几而聽天籟之作，萬竅怒號，口鼻盡奮，而各騁其趣之所極而後止。吁，所謂技蓋至此哉，雖顛素之奔放狂譎，比之此書猶爲拘攣，繩墨而不能展矣，雖然其奇怪若此，而草法未嘗不在也。世固有不反經則不合道者，非圓機之士誰能信之。此書碑既大，而摹本亦絶少，蓋俗眼鮮好之者，麟陽既得此本，乃付黃生道，使再刻石寺中以還其舊，嗚乎！神物之顯晦，固自有時哉！"民國時期沙曾達曾賦詩曰："碑石崔巍放眼高，心經字句任揮毫。龍蛇變幻驚椽筆，疑是張顛

醉後豪。"

扯淡碑

奇碑名。位於河南淇縣，原在北關八角樓西祖師廟內，1984 年遷入摘心臺公園。因碑首下有"扯淡"兩字，故稱。碑身高 178 厘米，寬 86 厘米，厚 18 厘米。碑座寬 102 厘米，高 15 厘米。石質，圓首。其正面陰綫將碑分成碑體和碑首兩部分。碑首橫刻"再不來了"四字。"泰極仙翁脫骨處"七個大字竪刻於碑的正中，"處"字已殘缺。"泰"字右側刻"扯"，左側刻"淡"。"扯"字下竪刻"翁燕人水木氏明末甲訪道雲夢修真事迹已詳載甲申記矣予等不敢再贅翁"。"淡"字下竪刻"生不言壽莫考其紀或曰一十有二紀卒曰然四空門人清琴棋書畫抱病老人立"。正面共刻七十七個字。碑的背面圓首處竪刻"碑陰"兩字。"爲善最樂"四個大字竪刻於正中。兩側刻有聯語一副，右刻"不負三光不負人，不欺鬼神不欺貧"，左刻"有人問我修行法，祇在虛靈自然間"。碑陰共刻三十四字。兩面總計一百一十一字，有數種字體：以隸書書寫"泰極仙翁脫骨處"和"扯淡"二字，莊重肅穆；楷書書寫"翁燕人……老人立"六十四字，艱澀；草書書寫碑陰碑文和"再不來了"，灑脫自然；楷書書寫"碑陰"二字，端莊俏麗。刻法有三種：隸書爲陰文字底，呈平面形；楷書字底呈 V 字形；草書爲空心字。該碑無墓主人姓名，無立碑時間，撲朔迷離。當地傳說墓主人叫沐懷古，原爲朝中大官，後犯死罪，由其忠僕代其伏法。沐懷古逃出京城，一路嚮南，因無法過黃河，遂至雲夢山修行。他思念親人，懷念忠僕，於是修一座祖師廟和一座望京樓。每當懷念他們時，便登樓眺望，希望能有機緣再見。沐懷古臨終時領悟，人難免一死，應抛却名利羈絆，修真養性，以善爲最樂，於是爲自己預立此碑，大書"扯淡"二字爲題眼。此碑啓用楷、草、隸三種字體，配以三種不同雕鐫形式，十分生動。碑首橫刻"再不來了"四字，是對於死的最口語化、最輕鬆的表達。沐老翁已活過一百四十四歲。碑陰正中刻有"爲善最樂"四個大字，是沐老翁留給世人的箴言與期望。碑文亦莊亦諧，藏頭露尾，有諸多含義，值得思索。按，"扯淡"二字，或可釋爲沐老翁自嘲之語。

戒貪碑

亦稱"戒石銘""戒石""庭石"。奇碑名。太平興國八年（983），宋太宗趙光義從後蜀國主孟昶撰寫的《頒令箴》銘文中摘取十六字："爾俸爾禄，民膏民脂。下民易虐，上天難欺。"趙光義親筆書寫，頒發給下屬，要求各級官員抄寫在官署的墙壁上，後又演變成鐫刻於石，立於廳堂之南，稱之爲"戒石銘"。南宋紹興二年（1132），宋高宗趙構重新頒發由黃庭堅書寫的《太宗御製戒石銘》，要求各級官員按照黃氏墨本的規格雕刻戒石，早晚誦讀。"戒石銘"歷經金元，一直流傳到明清。明太祖朱元璋下令，將戒石立於政府辦公場所的甬道中，建亭予以保護，所以又有了"戒石亭"之稱。清代前期，衙署大堂之前的正中皆立"戒石碑"，後改建爲牌坊，稱"戒石坊"。宋李心傳《建炎以來繫年要録·紹興二年》："〔六月〕癸巳，頒黃庭堅所書，太宗御製《戒石銘》于郡縣，命長吏刻之，庭石置之座右，以爲晨夕之戒。"《宋史·高宗紀七》："〔魏良臣與〕金將聶呌貝勒同入城，敵問講和事，且言自泗州來，所在州縣多見卹刑手詔及《戒石銘》，皇帝恤民如此。"《景定建康志·留都録四》："高宗皇帝御劄曰：近得黄庭堅所書太宗皇帝御製《戒石銘》，恭味旨意，是使民於今不厭宋德也，因思朕異時所歷郡縣，其戒石多置欄檻，植以草花，爲守爲令者鮮有知戒石之所謂也，可令摹勒庭堅所書頒降天下，非惟刻諸庭石，且令置之座右，爲晨夕之念，豈曰小補之哉。"《御批歷代通鑑輯覽》卷八五："以黄庭堅所書《戒石銘》，頒於州縣，令刻石，文曰：爾俸爾禄，民膏民脂。下民易虐，上天難欺。"清朱象賢《聞見偶録》："今凡府、州、縣衙署，于大堂之前正中俱立一石，南嚮刻'公生明'三字，北嚮刻'爾俸爾禄，民膏民脂。下民易虐，上天難欺'十六字。官每升堂，即對此石也。或惡其中立，出入必須旁行，意欲去之而不敢擅動，欲駕言禀于上臺，又難措詞……今則無不易以牌坊，無複有立石者。"

【戒石銘】

即戒貪碑。此稱宋代已行用。見該文。

【戒石】

即戒貪碑。此稱宋代已行用。見該文。

【庭石】

即戒貪碑。此稱宋代已行用。見該文。

【戒石坊】

明清時期修建的刻有戒石銘文的牌坊。明《永安縣志·建置志·縣署》："萬曆十五年，知縣傅本智改戒石亭爲坊，堪輿謂高壓正堂。二十一年，知縣蘇民望見縣前逼窄，捐俸召匠計之。後建戒石亭，徙其坊於縣之對街，題曰'保障群黎'。"清《來安縣志·營建志·公署》："康熙三十四年，知縣劉之昂以木坊易聖諭亭戒石，修東西書齋，鑿儀門外井。"又："其規制則中爲大堂即牧愛堂，前當甬道爲戒石坊，又前爲儀門。"清《山西通志·公署二·朔平府》："樂平縣署在城利用街。明洪武二十二年，知縣馮人傑建二門，内置戒石坊。"清柳堂《宰惠紀略》卷二："大門、儀門之欹側，戒石坊、東西坊之傾覆又不待言矣。"

【戒石亭】

亦稱"聖諭亭"。爲保護戒石銘碑而修建的亭子。《湖海新聞夷堅續志·後集二》："魏鶴公次子名克愚，字明己，號靜齋，受蔭出身，歷仕清白。知温州，決疑獄，庭無留訟，專治譁徒，千里之民畏之如神。忽有老鸛泊戒石亭上，吏驅之不去，靜齋曰：'此鸛如有訴。'"元俞希魯《至順鎮江志》卷一三："推官廳在堂之西，經歷司在堂之東，東西兩廡爲吏舍。旁植井亭二，中立戒石亭。《戒石銘》曰：'爾俸爾禄，民膏民脂。下民易虐，上天難欺。'本蜀王孟昶頒令箴語。宋仁［太］宗摘取四句，布之郡縣，以戒守令。"明沈榜《宛署雜記·署廨》："縣署設北安門之西，中爲節愛堂……堂前爲露臺，爲甬道，爲戒石亭，爲儀門（萬曆十八年知縣沈榜重修）。"明余永麟《北窗瑣語》卷一："今府、州、縣甬道中有戒石亭，南面刻'公生明'三大字，北面刻宋太祖［宗］所約之十六字。"清《山西通志·公署·行署》："康熙十一年，知州楊天錫俱增修戒石亭毁，易以坊。"

【聖諭亭】

即戒石亭。清《來安縣志·營建志·公署》："嘉靖三十一年，知縣李懋材重修聖諭亭。"

昇仙太子碑

碑刻。武則天書。昇仙太子，指周靈王太子王子晋。天資聰穎，年十七病亡。前蜀後主王衍以王子晋爲王氏始祖，加封廟號聖祖，謚號至道玉宸皇帝，故稱“玉宸大帝”。後人爲其立祠，加號昇仙太子。聖曆二年（699）二月，七十六歲高齡的女皇武則天赴嵩山封禪，返回洛陽時途經偃師緱山昇仙太子廟，觸景生情，寫下碑文并親自書丹，于當年六月在偃師緱山之巔建起了昇仙太子碑。昇仙太子碑由碑額、標題、序、銘、上款、下款等六部分組成。碑通高 6.54 米，上寬 1.58 米，下寬 1.74 米；碑厚 0.55 米。其中蟠龍首高 1.65 米，碑身高 3.59 米，贔屭座高 1.3 米。碑文共兩千一百六十二字，武則天親書兩千一百二十九字。其中碑額“昇仙太子之碑”六字爲飛白體，每個字的起筆處都站立着一隻仙鳥，將太子晋駕鶴升仙的傳説故事和女皇信仰的道教思想融匯其中。“大周天册金輪聖神皇帝御製御書”十四個字爲楷書、小篆，以及武則天發明的漢字，結尾“書”字介乎楷書與行書之間，多種字體運用其中，毫無違和感。主題碑文行書和草書相間，七分行，三分草，接近章草書體。書法筆勢婉轉流利，風格遒勁瀟灑。碑陰刻有武則天的雜言詩《游仙篇》，以及當時書法家薛曜、薛稷、鍾紹京等的正書、題名等。2006 年 3 月 30 日被國務院公布爲第六批全國重點文物保護單位。武則天《昇仙太子碑並序》：“乃爲子晋重立廟焉，仍改號爲昇仙太子廟。”《資治通鑑·則天順聖皇后聖曆二年》：“二月己丑，太后幸嵩山，過緱氏，謁昇仙太子廟。”胡三省注：“昇仙太子，周王子晋也。世傳晋昇仙後，桓良遇之於嵩山。曰：‘七月七日，待我於緱氏山頭。’果乘白鶴駐山頂，舉手謝時人而去。後人因爲立祠，後加號昇仙太子。”宋《宣和書譜》：“〔武則天書法〕

凜凜英斷，脱去鉛華脂粉氣味，其行書取取能有丈夫勝氣。”明趙崡《石墨鎸華·昇仙太子碑》：“碑首‘昇仙太子之碑’六個大字，飛白書，作鳥形，亦佳。飛白書久不傳於世，此其僅存者耳。”清鍾國士《緱山社集·碑陰題詩》：“子晋飛昇處，古今人盡傳。群峰拱四壁，一嶺主中天。”啓功《論詩絶句》：“草字書碑欲擅場，羽衣木鶴共徜徉，緱山夜月空如水，不見蓮花似六郎。”自注：“草字書碑，前此未有。”按，昇仙太子碑的數據資料爲 2005 年河南省博物院實測，訂正了歷史文獻《金石萃編》《洛陽市志》《偃師縣誌》《偃師文物志》記載的錯誤。

岣嶁碑

亦稱“禹碑”“禹王碑”“神禹碑”“禹治水碑”“夏碑”“人間第一碑”“神碑”“夏后銘”“神禹銘”等。戰國石刻。因發現於衡山岣嶁峰，故稱“岣嶁碑”。“岣嶁碑”作爲碑名，漢趙曄《吳越春秋》、晋羅含《湘中記》、北魏酈道元《水經注》、南朝宋徐靈期《南嶽記》、唐韓愈《岣嶁山》詩、劉禹錫《寄吕衡州》詩、宋王象之《輿地紀勝》等皆有記載。岣嶁碑刻在岣嶁峰左側蒼紫色的石壁上，面東而立，峰頂有禹王泉，泉水自龍口中流至禹王井。碑寬 140 厘米，高 184 厘米，碑文九行，前七行每行九字，末行五字，計七十七字，每字直徑約 16 厘米。末有楷書“右帝禹製”，其文字形似蝌蚪，如龍蛇行走，字體爲鳥蟲篆書。岣嶁碑的文字與倉頡書、夏禹書、紅崖天書、夜郎天書、巴蜀符號、東巴文和仙居蝌蚪文被共稱爲“中國八種神秘文字”。南宋之後一度消失。2017 年 7 月上旬重新發現，成爲全國重點文物保護單位、南嶽衡山的“鎮山之寶”。後世多認爲此碑碑文乃記述大禹治水事略。南宋嘉定五年（1212），何致游南嶽衡山，在岣嶁峰發現此石碑，始摹碑文，刻於長沙岳麓山北峰。岳麓山刻石幾百年後又被湮埋。明嘉靖十三年（1534），潘鎰任長沙郡守，於岳麓山草莽中剔土復得之，遂又摹拓，流行於世。十五年，進士張素將從岳麓書院所得拓本贈予謫戍雲南的楊慎，楊慎乃作譯文，并以此拓本鎸刻於安寧法華寺雞嶺岩壁，此爲雲南本之由來。楊慎後又將岳麓書院拓本複刻於四川成都，成爲成都本。嘉靖十四年，南京禮部尚書湛若水以其所得拓本，刻於南京新泉書屋，并在每個篆文字下注以楊慎、沈鎰譯文，是爲新泉書屋本。二十年冬，安如山以新泉書屋本複刻於浙江紹興禹陵。萬曆年間，楊時喬以岳麓書院拓本刻於江蘇栖霞山天開岩，并附長篇考證，此爲栖霞本。副史鄧以清以栖霞本翻刻於衡山祝融峰觀日臺。副史管大勳又以岳麓書院拓本刻於衡山石鼓書院，後又被毀。康熙年間，重以管本刻於岣嶁峰雷祖殿後。毛會建又以岳麓書院拓本刻於大別山和西安碑林，李藩刻於山東黃縣。民國年間，又以楊氏雲南本另刻於雲南安寧縣北溫泉洞內……故於全國多地可見"岣嶁碑"。岣嶁碑文甚難識別，春秋戰國時期文字異形，諸體雜陳，流行於吳、楚、越、蔡等國的文字，區域特點更爲顯著，岣嶁石刻就屬這一時期之鳥蟲書。至戰國晚期，鳥蟲書逐漸銷聲匿迹。岣嶁碑的釋文最早由明代楊慎完成，譯文如下："承帝曰嗟，翼輔佐卿。洲諸與登，鳥獸之門。參身洪流，而明發爾興。久旅忘家，宿岳麓庭。智營形折，心罔弗辰。往求平定，華嶽泰衡。宗疏事裒，勞餘伸禋。鬱塞昏徒，南瀆愆亨。衣制食備，萬國其

寧，竄舞永奔。"其後明代學者沈鎰、楊時橋、郎瑛，清代杜壹，當代童文傑、曹錦炎、劉志一等人先後作"岣嶁碑釋文"。因角度不同，譯文亦有別，今人曹錦炎的釋文："唯王二年六月丁酉，承嗣越臣憲亘朱句，凡以吊順，厥日登。余盟於此，曰：虔主山麓，汝弼益福，利朕四行，王姓和攸，卑師長黍。揚王。夙夕哀，穆用工，期允有作。南峰淵陌，曲則坵田，烟草□□，用拜光朕。"劉志一釋文："承帝塚然，翼輔雕衛。災澤矢發，沮恒往行，三河飛涌。北過冀而奠，似若忘鳥。宿岳麓庭，昶溢酉祈。水廬弗長，往求永定。華嶽泰衡，崇楚事哀。勞餘神禋，邕曼吉徒。南瀆衍昌，衣則食備。萬邦皆寧，疆無漾潹。"岣嶁碑研究者衆多。碑文其內容除以上譯文外，還有以下幾種觀點：一、銘志説。大禹治水時，於此處殺白馬祭天，夢授金簡玉文，禹按其文治水，刻石銘志。二、功德碑説。據傳，四千年前，大禹帶領百姓，斬惡龍、鬥洪水，三過家門而不入，奮鬥十三年，治水成功。衡陽百姓要求爲大禹立碑留念，大禹不肯，百姓不從。大禹遂提供七十七個奇古的天書奇字，百姓鎸文於衡山岣嶁峰之石壁上。三、朱句頌詞説。岣嶁碑記載戰國時，越王勾踐之孫朱句聯合四族部落打敗楚國後，代表他的父親越王不壽在南嶽祭山的頌詞。四、盟約説。越王朱句打敗楚國後，於衡山立盟約而刻此碑。五、滅庸國説。岣嶁碑文爲夏代官方文字，早於商周金文。碑文內容爲楚莊王三年（前611），楚莊王滅衡湘國的歷史過程與功勛。其譯意與《左傳·文公十六年》所載楚莊王滅衡湘國的過程大同小异。此一成果得到中國先秦史學會專家肯定。宋蘇軾

《岣嶁碑賦》："憶昔周室弦鴻雁，當時史籀變蝌蚪。厭亂人方思聖賢，中興天爲生耆耇。何人作頌比嵩高，萬古斯文齊岣嶁。"明張含《禹碑跋》："於乎禹功神矣，禹文亦神矣，萬世永賴惟禹功，四海永敷惟禹文，萬世賴其功，故百靈護其文矣。……《孤山記》道里之刻皆不可見，可見惟此岣嶁碑一爾。"明方以智《通雅·器用》："岣嶁碑在南岳，宋嘉定何子一，得觀摹刻岳麓書院。"明楊慎《丹鉛餘録》卷一七："蝌蚪古文、大篆、小篆各有所用，如禹刻岣嶁碑則用蝌蚪，宣王刻石鼓則用籀書，如今之傳世文字也。"明馮惟訥《古詩紀·古逸·雜辭》："岣嶁碑：徐靈期《衡山記》云，夏禹導水通瀆刻石，書名山之高。王象之《輿地記》云禹碑在岣嶁峰，又傳在衡山縣雲密峰。宋嘉定中，蜀士因樵人引至其所，以紙蹋其碑七十二字，刻於夔門觀中，後俱亡。"清蔣廷《御書大學全部敬成七言古體詩一首》："手書大學二千字，寸幅初展光陸離。精微遠契羲帝畫，古樸直邁岣嶁碑。"

【禹碑】

即岣嶁碑。晋羅含《湘中記》："岣嶁山有玉牒，禹按其文以治水，上有禹碑。"南朝梁劉顯《粹璣録》："蕭齊高祖子鑠封桂陽王，時有山人成翳遊衡嶽，得禹碑，摹獻之王。王寶之，爰採佳石翻刻，始見於世。"宋張世南《游宦紀聞》卷八："何賢良名致，字子一，嘉定壬申游南嶽，至祝融峰下。按《嶽山圖》，禹碑在岣嶁山，詢樵者，謂'采樵其上，見石壁有數十字'。何意其必此碑，俾之導前，過隱真屏，復渡一二小澗，攀蘿捫葛至碑所，爲苔蘚封，剥讀之，得古篆五十餘，外癸酉二字，俱難識。韓昌黎所渭'蝌斗拳身薤倒披，鸞飄鳳泊拏蛟

螭'。而其形模，果爲奇特。字高闊約五寸許，取隨行市買歷辟而模之，字每摹二，雖墨濃淡不匀，體畫却不甚模糊。歸旅舍，方凑成本。何過長沙，以一獻曹十連彦約，并柳子厚所作及書般舟和尚第二碑，以一揭座右，自爲寶玩。曹喜甚。牒衡山令搜訪柳碑。本在上封寺，僧法圓申，以去冬雪多凍裂。禹碑自昔人罕見之，反疑何取之他處以誑曹，何遂刻之岳麓書院後巨石，但令解柳碑來，匣之郡庠而已。"明吳道行《禹碑辨》："考《吳越春秋》，載禹登衡山，夢蒼水使者，授金簡玉字之書，得治水之要，刻石山之高處。禹碑之所從來矣，歷千百年無傳者，道士偶見之，韓文公、劉禹錫索之不得，致形之詩詞。宋嘉定初，何子一游南岳，遇樵者導引至碑所，始摹其本。過長沙，轉刻之岳麓山頂，隱秘又四百年，至于國朝嘉靖初，潘太守（鎰）搜得之，剔土拓傳，朝野始復睹虞夏之書。"

【禹王碑】

即岣嶁碑。亦指岳麓山碑刻。長沙岳麓山北峰石碑爲宋代據何致始摹碑文所刻，爲區別衡山岣嶁碑，岳麓山石刻稱"禹王碑"。禹王碑北側有清歐陽正煥書"大觀"石刻；南側石壁竪刻古石刻兩通，一爲宋代張之才題刻"樂舞增光"，二爲明代劉汝楠《讀神禹碑歌》。1935年湖南警備司令部參謀長周翰建石亭護之，并於禹王碑石上陰刻"禹碑"二字。1993年公布爲湖南省省級重點文物保護單位。2013年公布爲全國重點文物保護單位。明唐順之《李中麓文選藏書歌》："中麓子，最好奇，平生苦心祇自知。破塚將尋姬氏籍，鑿山欲出禹王碑。鳥篆蝌文焚後字，白雲黃竹删前詩。藏在陰厓及

海窟，神物守護誰得窺？"清吴綺《宗鶴問咏古迹詩序》："故詞兼哀艷多由衰盛之間，實輿志之所未詳，亦詞林之所罕有，豈獨禹王碑碣致太史之留連，丞相祠堂動拾遺之感慨而已哉！"

【神禹碑】

即岣嶁碑。清徐文靖《禹貢會箋·荆及衡陽惟荆州》引三國魏張揖《廣雅》曰："衡山南嶽有岣嶁峰，上有神禹碑。"唐韓愈《岣嶁山詩》："岣嶁山尖神禹碑，字青石赤形摹奇。蝌蚪拳身薤葉披，鸞飄鳳泊拏虎螭。"唐劉禹錫《寄吕衡州》詩："常聞祝融峰，上有古石琅玕姿，秘文璃虎形。"宋張之才爲岳麓山禹王碑題字，題額"大宋嘉定神禹碑刻"，碑文"樂舞增光"，落款"宋張之才釬刻"。明湛若水《跋程生所藏白沙先生真迹後》："石翁，神禹之徒也，其真迹湮没，分割於繆氏者數十年，一朝復合於程氏之子，寶而藏之。與神禹碑，皆天固將顯之於無窮矣。"

【禹治水碑】

即岣嶁碑。宋徐靈期《南嶽記》："雲密峰有禹治水碑，皆蝌蚪文字。碑下有石壇，流水縈之，最爲勝絶。"宋陳田夫《南嶽總勝集·上清官》："采訪山洞巖谷作《衡嶽記》，叙其洞府靈異，言紫蓋、雲密二峰，皆高五千餘丈。而雲密有禹治水碑，皆蝌蚪之字。"宋廖倪《南嶽九真人傳》："徐真人，諱靈期，宋時人也。修道於南嶽……作《衡山記》云：天柱峰高四千一百丈，有夏禹治水碑銘，皆蝌蚪文字。"

【夏碑】

即岣嶁碑。清李光暎《金石文考略》卷二："漢碑如郭有道碑最爲名迹，今假刻可厭之。甚

何可與夏碑同日語耶！"

【人間第一碑】

即岣嶁碑。清李惺《西漚試帖輯注·岣嶁禹碑》卷下："斗絶三千丈，人間第一碑……虞夏書多缺，周秦篆已卑。横空盤硬語，對此憶韓詩。"

【神碑】

即岣嶁碑。明石公蔭《登禹王碑憩望》詩："爲覓神碑夏后銘，丹梯陡絶屢回經。危峰拔地雄南楚，遠水蟠天漾北溟。"

【夏后銘】

即岣嶁碑。此稱明代已行用，見該文。

【神禹銘】

即岣嶁碑。唐劉禹錫《寄吕衡州》詩："常聞祝融峰，上有神禹銘。古石琅玕姿，秘文璃虎形。"

泰山"虫二"碑

奇碑名。位於泰山萬仙樓北側盤山路之西。清光緒二十五年（1899）歷下才子劉廷桂題鑴。泰山七十二景之一。"虫"字上加一撇，漢字中本無此字，後流傳至民間，便口口相傳成"虫二"。"虫二"係"風月"二字拆去邊框所得，意爲風月無邊、風景佳勝。傳清朝泰山斗姆宮尼姑留戀紅塵，頗不檢點，劉廷桂想題"風月

虫二碑
（泰山刻石）

無邊"四字予以嘲諷，但太過赤裸，最後寫下"虫二"二字。"虫二"石刻碑有兩處。除此碑外，杭州西湖湖心亭有一塊，傳爲乾隆手書。按，該碑無署名、無印章、碑首無龍飾，不像乾隆行事風格。再者，西湖邊"虫二"碑少説也有五六處之多，真假难辨。

晋故振威將軍建寧太守爨府君墓碑

奇碑名。亦稱"爨寶子碑"。爨寶子，晋代爨部族首領，世襲建寧郡太守。此碑署年"大亨四年歲在乙巳"（即東晋義熙元年，405）。清乾隆四十三年（1778），此碑於雲南曲靖揚旗田村出土，被一鄉民當作壓豆腐石板。咸豐二年（1852），鄧爾恒任曲靖知府，偶然發現豆腐塊上的字迹，急尋賣豆腐之人，將碑運回府中，後置於城中武侯祠。現存於曲靖一中爨軒内爨碑亭。此碑首半圓形，整碑長方形，高183厘米，寬68厘米，厚21厘米。碑文十三行，每行三十字。碑尾列官職題名十三行，每行四字，額十五字，均正書。三國時，"南中"（今雲南、貴州和四川南部）隸屬蜀國。其豪族大姓爲霍、爨、孟三姓，後霍、孟二姓火并，爨姓成爲部落首領。移民帶來的南中漢文化與當地土著文化相融合，爨寶子碑則是這種融合的結晶。碑書在隸書向楷書過渡中起着承前啓後的作用，爲漢字演變和書法研究提供了典型的實物資料。爨寶子碑與爨龍顏碑并稱爲"爨碑"，前者稱"小爨"，後者因字多碑大稱"大爨"。1961年爨寶子碑被國務院正式批准爲全國首批重點文物保護單位。東晋南朝書法爲"二王"的天下。爨寶子碑立碑之時距王羲之去世僅三十年，但其書法與右軍法帖迥异。它脱胎於漢隸，古樸嚴謹，大巧若拙，含蓄古逸，霸悍雄强。碑字用筆方峻，似昆刀切玉；字之造型奇特，似天馬行空。爨寶子碑不是名家所書，也不講究筆法，具刀味、石味、民間味、野蠻味，和南朝正統名人書家嚴守法度的書卷氣形成强烈對比。而這種"不法""不名""不筆""不漢"正是爨寶子碑之精髓。清代阮元稱其爲"滇中第一石"。清康有爲《廣藝舟雙楫中》："南碑數十種，隻字片石，皆世稀有，既流傳絶少，又書皆神妙，較之魏碑，尚覺高逸過之。"又："《爨寶子碑》，樸厚古茂，奇姿百出，是爲南碑之最也。"爨寶子碑碑文："晋故振威將軍建寧太守爨府君之墓：君諱寶子字寶子，建寧同樂人也。君少稟瓖偉之質，長挺高邈之操。通曠清恪，發自天然；冰潔簡静，道兼行葦。淳粹之德，戎晋歸仁。九皋唱於名響，束帛集於閨庭。抽簪俟駕，朝野詠歌。州主簿治中别駕，舉秀才本郡太守。寧撫氓庶，物物得所。春秋二十五，寢疾喪官。莫不嗟痛，人百其躬。情慟發中，相與銘誄。休揚令終，永顯勿翦。其辭曰：山嶽吐精，海誕陼光。穆穆君侯，震響鏘鏘。弱冠稱仁，咏歌朝鄉。在陰嘉和，處淵流芳。宫宇數刃，循得其牆。馨隨風烈，耀與雲揚。鴻漸羽儀，龍騰鳳翔。矯翮凌霄，將賓乎王。鳴鸞紫闥，濯纓滄浪。庶民子來，摯維同嚮。周遵絆馬，曷能赦放。位才之緒，遂居本邦。志鄴方熙，道隆黄裳。當保南嶽，不騫不崩。享年不永，一遭始倡。如何不弔，殲我貞良。回抱聖姿，影命不長。自非金石，榮枯有常。幽潜玄穸，携手顔張。至人無想，江湖相忘。於穆不已，肅雍顯相。永惟平素，感慟愾慷。林宗没矣，令名遐彰。爰銘斯誄，庶存甘棠。嗚呼哀哉！"

【爨寶子碑】

即晋故振威將軍建寧太守爨府君墓碑。此稱晋代已行用。見該文。

"哭窮"將軍碑

奇碑名。三國時魏國張詹墓碑上刻"銅鐵不入，丹器不藏"用以騙盜墓者，而被稱爲"哭窮將軍碑"。自商代始興厚葬，由此催生盜墓之風。三國時曹操專門設立"摸金校尉"一職，專司其事。張詹，三國時魏國冠軍縣（今河南鄧州張村鎮冠軍村境內）人，立有赫赫戰功，曾任征東軍司，死後怕被人盜墓，將墓地造於大家都能看到的地方，墓碑上聲明："白楸之棺，易朽之裳；銅鐵不入，丹器不藏。嗟爾後人，幸勿我傷。"白楸木木材品質差，容易腐爛，古代祇有貧窮百姓纔會用這種棺木。盜墓賊信以爲真，便沒有盜他的墓。元嘉六年（429）大水，饑民挖開了張詹墓，發現墓中棺材爲楠木製作，有大量金銀珠寶和漆器陪葬，棺材上的釘子都以金子做成。北魏酈道元《水經注·湍水》："水西有漢太尉長史邑人張敏碑。碑之西，有魏征南軍司張詹墓，墓有碑，碑背刊云：'白楸之棺，易朽之裳，銅鐵不入，丹器不藏，嗟矣後人，幸勿我傷。'自後古墳舊塚，莫不夷毀，而是墓至元嘉初尚不見發。六年大水，蠻饑，始被發掘。說者言：'初開，金銀銅鐵錫之器、朱漆雕刻之飾爛然。有一朱漆棺，棺前垂竹簾，隱以金釘。墓不甚高，而內極寬大。'虛設白楸之言，空負黃金之實，雖

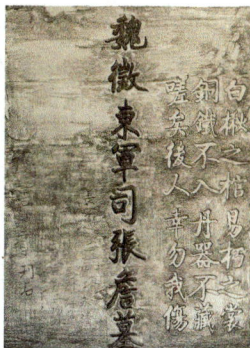

"哭窮"將軍碑

意錮南山，寧同壽乎？"《太平御覽》卷五五一引南朝宋盛弘之《荆州記》曰："冠軍縣東一里有張詹墓，魏太和時人也。刻碑背曰：'白楸之棺，易朽之裳。銅錢不入，瓦器不藏。嗟爾後人，幸勿我傷。'自胡石之亂，墳墓莫不夷毀。此墓元嘉初猶儼然。六年大水，民饑，始被發。初開，金銀錫銅之器爛然畢備。有二朱漆棺，棺前垂竹薄簾，金釘釘之。"

徐九思"菜銘碑"

奇碑名。徐九思，江西貴溪人。明嘉靖年間在江蘇句容縣任知縣。他於縣署前立一品方丈石屏，上畫青菜一棵。青菜上方題詞："爲民父母，不可不知其味；爲吾赤子，不可令有此色。"兩旁一副對聯："方丈石牆爲戶屏，一絲畫菜爲官箴。"畫菜石屏後被移至縣署的西面，稱作"菜銘碑"。徐九思也被人稱爲"青菜縣官"。徐爲官清廉，生活簡樸。親率吏卒開荒種菜，挖塘養魚……嘉靖二十五年（1546），句容連續三年乾旱，糧價猛漲、民不聊生。徐九思開倉放糧，多措并舉，句容餓死者很少。徐九思在句容連任九載，深得民衆擁戴，離開句容後，不少居民經常來到"菜銘碑"前懷念他。徐九思去世後，句容人在茅山建了一座"遺愛祠"，以作紀念和供奉。參閱《明史·徐九思傳》。

記惡碑

奇碑名。唐開元年間，曾將罪犯惡迹刻在石碑上，樹立在犯人家門口，以示警誡。如果再次犯法，就罪加一等或處以極刑；如能改惡從善，則恩准將碑銷毀。時人稱這種碑爲"記惡碑"。五代王仁裕《開元天寶遺事》卷一："盧奐累任大郡，皆顯治聲，所至之處，畏如神

明。或有無良惡迹之人，必行嚴斷，仍以所犯之罪刻石立本人門首，再犯處以極刑。民間畏懼，絕無犯法者。明皇知其能官，賜中金五十兩，璽詔褒諭焉。故民間呼其石爲記惡碑。"《類説》卷二一："盧奐累任大卿，凡治姦惡，既斷罪，又以所犯刻石立其門，再犯必置之死，時謂'記惡碑'。"

亳州老君碑

奇碑名。老君爲中國道教對老子的神化稱呼，又稱"太上老君"。老君碑爲道教獨有的合體字碑，係依據漢字六書（指象形、指事、形聲、會意、轉注、假借六種造字法）會意法構造而成，傳爲老子所撰。其名爲《養生詩》，俗稱"養生秘字訣"，七字爲一句，共八句："玉爐燒煉延年藥，真道行修益壽丹。呼去吸來息由我，性空心滅本無看。寂照可歡忘幻我，爲見生前體自然。鉛汞交接神丹就，乾坤明原係群仙。"原碑於"文革"期間被毀，2008年複刻。多處道觀有石刻，個別字寫法有異。前兩句製成對聯，在全國衆多道教宮殿中可見。元趙子昂《鬼谷巖》詩："鬼谷巖前石，唐文字字奇。何當拂蒼蘚，細讀老君碑。"《古碑字注釋》："老君臺前有老子養生詩碑，詩文爲老子所撰，均冷僻字也，相傳該碑已有一千六百年歷史。"

"唐堯寓處"碑

奇碑名。2001年8月，考古專家李學文發現於山西絳縣堯寓村。砂質岩。高90厘米，寬48厘米，厚23厘米，頂呈半圓形。碑文"唐堯寓處"四個大字上下排列。堯，放勳的謐號。唐，堯封地。寓，寄居。碑文意爲唐堯寄居的地方。碑左上方陰刻"大晋永和二年孟春立"，

右下方陰刻"大清康熙五十四年重刊""邑庠次貢王民仰書"。原正面刻字風化嚴重，清代用原碑背面陰刻原字體予以重刊，使此碑得以流傳至今。石碑下部已斷，村民以水泥作了粗劣修補。"唐堯寓處"碑是歷史留存後世的堯王出生地的物證。該碑的發現，引起了專家學者的重視和史學界的轟動。依據碑文和有關文獻記載，2006年絳縣"堯王故里傳説"被列爲山西省非物質文化遺産名録，2008年"堯的傳説"又被列爲國家級非物質文化遺産名録。《書·堯典》："曰若稽古，帝堯曰放勳。欽明文，思安安，允恭克讓，光被四表，格於上下。克明俊德，以親九族。九族既睦，平章百姓。百姓昭明，協和萬邦。黎民於變時雍。"《左傳·昭公元年》："遷實沈於大夏，主參，唐人是因，以服事夏、商。其季世曰唐叔虞。"孔晃注："唐氏，帝堯。"《大戴禮記·五帝德》："宰我曰：'請問帝堯。'孔子曰：'高辛之子也，曰放勳。其仁如天，其知如神；就之如日，望之如雲；富而不驕，貴而不豫。'"按，《帝王世紀》載："帝堯陶唐氏，祁姓也。或從母姓伊。"《帝王世紀》是專述帝王世系、年代及事迹的一部史書，是中國歷史上最早系統整理五帝傳説的文字記載，史學家大都采信該書所記的内容。"唐堯寓處"石碑的雕刻時間和《帝王世紀》的著述時間相差不多，此時所指證的堯王出生地，其可信度當是最原始和最權威的。

圈兒詞碑

亦稱"圈圈兒碑"。奇碑名。位於浙江寧海城郊。傳説爲宋代女詞人錢塘朱淑真（一作淑貞）的墓碑。碑文就是她生前寫的一首"圈兒詞"，除了兩個月牙形圖案外，都是個數不

等的行行圈圈，故名。朱淑真十九歲完婚。第二年，隨夫君宦游於吳越荆楚之間。清況周頤《蕙風詞話》卷四記載："〔朱淑真〕幼警慧，善讀書，文章幽艷，工繪事，曉音律。父官浙西。……夫家姓氏失考，似初應禮部

圈兒詞示意圖

試，其後官江南者。淑真從宦，常往來吳越荆楚間。"朱淑真身體纖弱，不堪常年四處遷徙，無奈回家小住。朱淑真因思念夫君，寫了這首圈兒詞夾在書裏寄給丈夫。丈夫收到畫滿圈圈點點的信很是不解，最終在書脊的夾縫之間看到了用蠅頭小楷寫的這首《圈兒詞》："相思欲寄無從寄，畫個圈兒替。話在圈兒外，心在圈兒裏。單圈兒是我，雙圈兒是你。你心中有我，我心中有你。月缺了會圓，月圓了會缺。整圓兒是團圓，半圈兒是別離。我密密加圈，你須密密知我意。還有數不盡的相思情，我一路圈兒圈到底。"此詞收錄於《邵氏詩詞庫》卷五〇三，傳爲對那些圈圈的注釋。後因夫妻志趣迥異，淑真鬱鬱寡歡而早逝。丈夫爲紀念她，在墓碑上刻了這首《圈兒詞》。按，"圈兒詞"實際是咏月詩的形象化表達，是抽象畫的另一種形態。詩人的幽默、含蓄、風趣，演繹得淋漓盡致。

【圈圈兒碑】

即圈兒詞碑。見該文。

畢昇碑

墓碑名。1990 年 7 月，發現於湖北英山草盤鎮五桂村睡獅山。石碑上有"神主""畢昇"字樣。墓碑頂爲圓形，高 113 厘米，寬 65 ~ 70 厘米，周邊刻有花紋。中間陽刻大字兩行"故先考畢昇神主、故先姚李氏妙音墓"，兩邊陰刻有"孝子：畢嘉、畢文、畢成、畢榮。孫男：畢文顯、畢文斌、畢文忠"和"□□□年二月初七日"等字樣。碑文風化剝落，皇朝年號經專家摩拓，確定其爲"皇祐四年二月初七日"。根據喪葬習俗判斷，畢昇辭世時間當在皇祐三年（1051）。《夢溪筆談》記載，慶曆年間畢昇創造活字版。畢昇碑的發現，證明了畢昇的存在，也證明了活字印刷術屬於中國文化。1993 年 10 月，英山縣組織召開"畢昇碑墓鑒定及研討會"，確認此碑是北宋皇祐四年所立，墓主即是北宋時期活字印刷術發明家畢昇。1995 年 12 月，由中國印刷技術協會、中國編輯學會、湖北省文物管理委員會、英山縣人民政府等邀請全國文物界、考古界、印刷界、史學界專家在英山再次召開"英山畢昇墓碑鑒定及研討會"，畢昇墓碑獲得國家級認定。畢昇墓碑被定爲國家二級保護文物。宋沈括《夢溪筆談·技藝》："版印書籍，唐人尚未盛爲之，自馮瀛王始印五經，已後典籍，皆爲版本。慶曆中，有布衣畢昇，又爲活版。其法用膠泥刻字，薄如錢唇，每字爲一印，火燒令堅。先設一鐵版，其上以松脂、臘和紙灰之類冒之。欲印則以一鐵範置鐵板上，乃密布字印。滿鐵範爲一板，持就火煬之，藥稍鎔，則以一平板按其面，則字平如砥。若止印三、二本，未爲簡易；若印數十百千本，則極爲神速。"

清福陵神功聖德碑

奇碑名。福陵是清太祖努爾哈赤和孝慈高皇后葉赫那拉氏的陵墓，始建於後金天聰三年（1629），竣工於清順治八年（1651）。位於瀋陽市東郊天柱山上。1929 年被奉天當局闢爲東陵公園，1988 年被列爲全國重點文物保護單位，2004 年被聯合國教科文組織列入《世界文化遺産名録》。福陵神功聖德碑是康熙二十七年（1688）清聖祖玄燁爲其曾祖父努爾哈赤所建。爲龍首龜趺碑，碑額由六條出水蛟龍盤繞，刻有“大清福陵神功聖德碑”九字。碑座龜趺花崗岩石質，長 4.8 米，寬 1.96 米，高 1.17 米；由兩部分組成，最下爲“地袱”，上雕海水江崖紋（又稱“壽山福海”），四角各雕一魚、鱉、蝦、蟹，在凹形海水漩渦中或游或爬或穿行。其上爲巨獸贔屭，傳爲龍生九子之一，因力大無窮善負重，故多用它來馱碑。正面碑文由玄燁撰文，書法家顧觀廬書寫。記述了努爾哈赤發祥於長白山，二十五歲即征戰南北，統一女真，創建八旗，定都瀋陽等。碑文用滿漢兩種文字刻成，内容相同。落款“孝曾孫嗣皇帝玄燁”。福陵的神功聖德碑有一種奇特現象，每當陰雨天氣，碑背面會顯現寬袍大袖，如踏雲而來觀音側身像，瀋陽人因稱其爲“觀音石”。此即“瀋陽八景”中的“神碑幻影”。其成因是碑石的石質密度、成分、紋理不同，在陰雨天裏所吸收的水分各不相同，導致碑石受潮後所顯現的顏色深淺不一，呈現出各種形狀的圖案。清瑞卿《留都十景·神碑幻影》詩：“古石成形瑞氣全，勝似丹青巧手鐫。兩陵背後生神像，可入陪都志略篇。”按，神功聖德碑是對帝王歷史地位評價的石碑。清朝入關後，祇有在文治武功上取得成就的順治、康熙、雍正、乾隆、嘉慶五帝立下了聖德神功碑。

【觀音石】 [2]

即清福陵神功聖德碑。爲金梁《奉天古迹考》一書對其背面影像的稱謂。見該文。

畫菜碑

奇碑名。將白菜畫刻於碑石上，故名。北宋書畫家米芾在安徽無爲縣做官時，在院子裏種白菜，還將白菜畫在紙上。他畫的白菜葉嫩幫肥，秀姿舒展，形神逼真，人見人愛。黎陽王太傅酷愛此畫，遂作《愛菜歌》：“我愛菜，我愛菜，傲珍饈，欺鼎鼐。早韭與晚菘，青芹和苦芥；多吃也無妨，少吃也無害；雪霜曾飽經，風味依然在……但願人人知此味，天下何愁不太平！”贊揚米芾安貧樂道、力戒豪奢。明萬曆壬辰年（1592），無爲縣濡須協恭堂刊刻米芾菜畫，上有楷書《愛菜歌》一百六十九字，筆力遒勁雄渾。白菜畫與白菜詩組合在一起相得益彰。清康熙乙卯（1675）孟冬，松山李璋鐫刻於石，這就是著名的“畫菜碑”。畫菜碑今藏安徽省無爲縣米公祠。

賣國賊碑

碑名。民國時海寧人募集資金勒刻的“賣國賊陸宗輿”石碑。陸宗輿，字潤生，海寧鹽官人。日本早稻田大學畢業。回國後，服務於清政府。民國成立後，任袁世凱政府財政顧問。民國二年（1913）被選爲參議院議員及憲法起草委員。同年 12 月，被袁世凱特命爲駐日全權公使。民國四年，參與喪權辱國的“二十一條”談判全過程，并積極爭取日本内閣支持袁世凱稱帝。民國六年八月，中日合辦中華匯業銀行成立，陸宗輿作爲日本的公開代理人而任總理。

民國七年四月及八月，陸宗輿代表日本與段祺瑞政府先後簽訂"有綫電報借款"和"吉黑兩省金礦及森林借款"合同，金額五千萬日元，將中國有綫電報財産、收益和吉、黑兩省森林、金礦資源抵押給日

賣國賊碑

本，激起民衆憤慨，以賣國罪討之。民國八年"五四"運動爆發，北洋政府迫於壓力，被迫將曹汝霖、陸宗輿、章宗祥免職。海寧城老百姓視陸宗輿賣國事件爲奇恥大辱。1919 年 5 月 13 日，在硤石鎮召開海寧萬人大會，公決開除賣國賊陸宗輿海寧鄉籍，發出公電通電全國，電文内稱："青島問題，交涉失敗，推原禍始，良由陸宗輿等秘結條約，甘心賣國所致。義情憤慨，已於元日特開國民大會，到者萬餘人。公決以後，不認陸宗輿爲海寧人，以爲賣國者戒。"爲了警示後人，"海寧縣公民團"募集資金，勒碑三塊，石碑上寫"賣國賊陸宗輿"，分別豎於海寧城邑廟前、北城門外和鎮海塔下人流最多處。鄉人路經此處，均唾罵不止。陸宗輿聞訊，重賄海寧縣知事毁碑，遭到當地護碑群衆阻止。1919 年 8 月 16 日，北洋政府内務部行文縣知事銷毁碑石，海寧民衆不服，電斥北京政府内務部"竟甘爲賣國賊作辯護"。後徐世昌總統下令，三碑纔被强行拆除。此後數十年，三碑不知所終。直到 1985 年，海寧硤石鎮惠力寺在清理場地時，發現一塊"賣國賊陸宗輿"石碑，碑身完好無損。現藏海寧博物館。

嶧山李斯碑

奇碑名。秦始皇巡幸嶧山，令李斯撰書，刻石留銘，故稱。嶧山，又名"鄒嶧山""鄒山""東山"等，位於山東鄒城東南 10 千米處，海拔 582.8 米。嶧山自然景觀秀美奇特，人文景觀豐富，《尚書》《詩經》《史記》《漢書》等歷史典籍中多有記載。秦始皇統一中國後，先後五次遠途巡視各地。秦始皇二十八年（前 219）出巡山東齊魯故地，登嶧山時，激情滿懷，對群臣説："朕既到此，不可不加留銘，遺傳後世。"李斯當即成文撰字，派人刻石於嶧山之上，此即著名的秦嶧山刻石。《史記·秦始皇本紀》："二十八年，始皇東行郡縣，上鄒嶧山。立石，與魯諸儒生議刻石頌秦德，議封禪望祭山川之事。"秦嶧山碑爲李斯以小篆寫就。原石已毁。現存秦嶧山碑爲宋人刻。宋淳化四年（993），鄭文寶根據原石拓本翻刻立碑。碑陰有鄭文寶題記。秦嶧山碑高 218 厘米，寬 84 厘米，原立於鄒縣縣衙大堂，民國初年移入孟廟致敬門内，1973 年移入啓聖殿内保存，現存鄒城市博物館。宋陳思《寶刻叢編·京東東路·兗州》引《寰宇記》："秦嶧山碑，在鄒縣山南二十里，亦名鄒山。秦始皇東行郡縣上鄒嶧山，刻石頌秦德，李斯篆書。"宋趙彦衛《雲麓漫抄》卷三："古碑有重字，多作叠畫，今人或寫又字，不若作叠畫爲雅馴。秦嶧山碑，李斯小篆所題，御史大夫有夫而不著大，但於下作叠畫。"明顧起元《客座贅語·古碑刻》："秦始皇帝東游頌德碑：秦泰山碑，秦嶧山碑。"按，秦嶧山碑碑文："皇帝立國，維初在昔，嗣世稱王。討伐亂逆，威動四極，武義直方。戎臣奉詔，經時不久，滅六暴强。廿有六年，上

薦高號，孝道顯明。既獻泰成，乃降專惠，窺巡遠方。登于繹山，群臣從者，咸思攸長。追念亂世，分土建邦，以開爭理。功戰日作，流血於野。自泰古始，世無萬數，陀及五帝，莫能禁止。乃今皇帝，壹家天下。兵不復起，灾害滅除。黔首康定，利澤長久。群臣誦略，刻此樂石，以箸經紀。"

鐵胎銅碑

奇碑名。雍正御製。位於河南武陟黃河邊嘉應觀。碑高 4.3 米，寬 0.95 米，厚 0.24 米，方形碑頭篆書"御製"兩字，兩字上、左、右各雕一青龍。康熙末年，黃河於武陟四處決口，胤禛（即後來的雍正皇帝）奉旨督辦武陟河工堵口。雍正即位後爲頌揚自己以治水爲民造福而得天下，於是修廟封功臣，特立此紀念碑。全碑精雕二十四條青龍纏繞其間，象徵一年二十四節氣，雕飾精美。銅碑由雍正皇帝親筆撰文書丹，蓋有"雍正御筆之璽"大印。碑文計十一行四百三十一字。記載黃河流域歷史、地貌、水患與治理情況，强調黃河與百姓、朝廷的利害關係，以及建造嘉應觀的緣由等。碑下（底座）壓"河蛟"。蛟，古代傳説中能引發洪水的有鱗的廣義龍類。以巨碑和二十四龍鎮壓，寓意黃河不再泛濫成灾。據傳，雍正二年九月，銅碑被雷電擊中，於碑側裂開一寬約 1 厘米、長約 10 厘米的縫隙，從此縫隙可清晰地看到銅碑裏爲鐵胎。雍正怒斬鑄官工匠，自此鑄造工藝失傳。文物專家羅哲文稱贊御碑爲"治河豐碑，文物魂寶"。

大紅山隱字碑

奇碑名。位於河北尚義大紅山上。山體因富含紫砂頁岩，山石多爲紅色，故名大紅山。山頂有一塊巨石嵌入山體，此即隱字碑。碑上有先人用特殊方法書寫的書法作品，有十餘處之多。這些書法作品，遇水字顯，水乾字消，令人稱奇。墨迹顯現時，字體剛勁有力，字小者如蠅頭小楷，字大者二寸見方。語句較爲完整的有兩處：一處爲"此山有寶人不識，狀元到此寄□□身，要想在此修行□，方見貴人説□□"，一處爲"石面石人石馬石和尚，有人來問我，□就是你□□"。此外還有"咻嚕""不佳"等字樣。因當地爲半乾旱區，年降雨量較少，故碑上文字平時難得一見。正史、地方史志，對此均無記載。故此奇石的書法作者、書寫年代、書寫方法等，目前尚難破解。但碑文中"狀元"一詞，五代之後始出現，可斷定其爲五代或五代之後的作品。

仁壽縣黑龍潭隱形碑

碑名。位於四川仁壽黑龍潭唐宋文化遺址，刻在四面臨水的礦岩石壁上。碑岩長 10 餘米，宛如一條無頭石龍伏身於水面上。在碑岩峭壁上，有一約 4.5 米高、3.5 米寬、2.5 米深的龕窟，一尊近 3 米高的唐代佛像端坐其中。左右崖壁對稱有近 2 米高、1.5 米寬的嵌壁碑，碑面光潔，灰白色，没有刀刻墨寫的痕迹。但潑水其上，佛像右側碑則顯現一幅《墨竹圖》，雖很難看清作品全貌，但其主幹蒼勁，根系繁茂，葉片多姿，一目瞭然。佛像左側碑則顯現黑墨行楷大字："霜月澄凛，天風清勁。御史公剛明英烈之氣，其鍾於斯云。乾道五年冬十月。峨眉楊季友。"字畫清晰可鑒，神韵飄逸。當水氣消失，碑石上字畫復隱。據載，隱形碑上的畫，出自宋代書法家、畫家文同之手。爲破解隱形碑之謎，中央氣象局、中央電視臺會同物理學、化學、地質學等專家，對隱形碑進行科學探索。現場觀察檢測發現，佛龕内的石壁上有一層灰漿，應爲裝飾龕室之用，亦可在其上繪畫、題詩。熙寧四年（1071）文同作畫，乾道五年（1169）南宋人題詞，都是作於灰漿之上。明代寺愚僧不識文同墨竹壁畫的價值，出於整頓龕穴、粉刷一新的目的，將其統統刷成淺黃色。這本是對文物的破壞，但却起到了保護壁畫和題詞免遭風雨破壞的作用。由於這是露天龕穴，雨水澆濕墙壁或其他原因使墙壁受潮，無意中成就了顯現壁畫和題詞的奇觀。明代塗料顆粒粗糙，密布縫隙。水分浸入後迅速渗透至背後，通過光綫折射，使被塗料蒙蓋的壁畫和題詞顯現出來。"文革"期間，文同這幅壁畫被以"破四舊"爲名破壞，現在潑水再也不能重現完整

壁畫，祇有南宋題詞逃過一劫。據《陵州志》記載："文同北宋熙寧四年知陵州後，在龍岩寫怪石墨竹，兩壁摩岩隱隱有光……怪石墨竹無墨蹟，無鏤痕；用水滌石，點畫猶新。"明曹學佺《蜀中廣記》卷八載，古陵州北宋進士、跨鰲山人李新，在龍岩龍興寺留下贊揚文同墨竹的詩句，詩云："淺梢疏節似瀟湘，正向祁寒敵曉霜，清興未窮僧已老，自餘山色與溪長。"

隱形天書

奇碑名。位於甘肅通渭華家嶺鄉世歌堯村舊莊社峽谷中。本爲一塊巨石，上刻"隱形天書"四字，"天書"内容祇有用水澆濕纔能看到，展現出來的是竪刻的兩篇文章，水乾後便消失。"天書"的字體、所屬朝代，均無記載。

其他

千年糧倉

亦稱"含嘉倉""含嘉倉城"。盛糧食的倉庫。位於河南洛陽老城北。始建於隋大業元年（605），用於盛納京都以東州縣所交租糧之皇家糧倉。歷經隋、唐、北宋三個王朝，沿用五百餘年。後因大運河水量減少，漕運效率下降，含嘉倉的利用率降低。至宋末戰亂，因宋朝遷都等原因，含嘉倉被廢弃。含嘉倉南北長710米，東西寬612米，總面積43萬平方米，共有圓形倉窖四百餘個。糧窖排列有序，成排成行。四周有城墙，内部有道路。庫區、生活管理區和漕運碼頭區分工明確。大糧窖儲糧一萬石以上，小窖儲糧數千石。唐天寶八年（749）總儲糧量約爲五百八十三萬三千四百石，占全國

儲糧總數的二分之一。含嘉倉儲糧窖皆在地下，最深爲12米，一般爲7～9米。糧窖形制、結構等基本相同：口大底小，呈圓缸形。窖口最大直徑18米，一般爲10～16米。窖底、窖壁光滑、堅實，用火烘乾，草木灰攤底，鋪一層木板，上再鋪席墊穀糠，再鋪席。窖壁亦采用兩層席子夾穀糠處理，即可儲糧。離地面半米處同樣用"席子夾糠"法覆蓋，然後封土完工。窖頂爲圓錐形，厚厚黃泥做外層。糧倉封閉後，外部種上一些小樹苗，用小樹苗來判斷窖藏糧食狀況。整個倉窖防潮、密封，溫度又低，能很好地保存糧食。1969年考古隊發現其中一個窖，尚存有北宋時貯藏的稻穀五十萬斤。稻穀顆粒完整，粒粒分明，有的呈棕色，有的

發黃。儀器檢測發現，這些稻穀顆粒 48% 被碳化，52% 爲有機物。令人不可思議的是，倉窖裏竟然保存有完好無損的穀物：糧窖木板縫隙中發現的稻穀，在取出的第二天發芽。經過當地農業專家精心培育，稻穀與現代稻穀并無二致。倉窖中刻有銘磚，記載倉窖位置、糧食來源、品種數量、入窖時間以及授領粟官的職務、姓名等。據記載，含嘉倉儲糧主要時段爲唐高宗、武則天、唐玄宗時期，有調露、天授、長壽、聖曆和開元等年號標識。倉儲的糧食品種有糙米、粟、小豆等。這些糧食來源於蘇州、徐州、楚州（位於今江蘇淮安）、潤州（今江蘇鎮江）、滁州（今江蘇滁州）、隋州（今河北邢臺）、冀州（今河北冀州）、德州、濮州（今河南范縣濮城鎮）和魏州（今河北大名）等地。可見地域之廣，規模之大，可稱爲我國最大古代糧倉。含嘉倉現爲全國重點文物保護單位。2014 年 6 月聯合國教科文組織第三十八屆世界遺產委員會會議上，中國大運河申遺成功，含嘉倉成功入選世界遺產名録。

【含嘉倉】

即千年糧倉。此稱隋代已行用。見該文。

【含嘉倉城】

即含嘉倉。即千年糧倉。此稱隋代已行用。見該文。

太興山鐵廟

奇廟名。明代存留古迹之一。位於陝西西安長安區楊莊，建於太興山最高點天外天峰上，海拔 2340 米。由鐵水一次澆鑄而成，重約一噸。鐵廟四周懸岩陡壁，由三塊石頭成“品”字形堆積起一個中空平臺，上面祇有幾張石板作爲基點，鐵廟即蹲坐其上。據說原有鐵廟兩

座，後有一座被推下懸崖不知所終。鐵廟高約 0.8 米，寬約 0.6 米，外壁鑄有精美的浮雕，歷經數百年風雨銹蝕，呈鐵銹褐色。廟內供有太上老君神位。太興山即秦嶺七十二峪中之庫峪，號稱“終南第一峰”，有着“險如華山，秀似黃山”的稱號。通向鐵廟的道路都是小道，且與懸崖相鄰，有的地方祇能一人通過。最險的坡度近達 90 度，都是光滑的岩石，祇能通過清代的鐵索攀岩而上，且無保護措施。有的地方連鐵鏈都没有，如“騎馬梁”，是懸在半空中的幾塊石頭，長達 3 米，兩邊都是懸崖峭壁，當地村民過此處都心驚膽戰，其他人祇能“騎在梁上”一點點挪過去。再如“英雄跨步”，雖然祇有一步之遥，但這是兩個懸崖之間的深淵。此外還有鷂子翻身、猴子抱椿、老君犁溝、回心石、張果老騎驢等多道驚險關口。登山如此困難，當年鐵廟是誰製造？如何運上山？都成千古之謎。當地民謡曰：“天外天峰絶谷關，五大天險在此間。鷂子翻身頭道關，人人見了心膽寒。猴子抱椿二道關，老君犁溝上下難。鐵板橋前鐵箍頭，回心石前魄飛天。果老騎驢是天險，好漢移步腿打顫。”按，其他地方亦有鐵廟，都是由很多部件組裝而成。一次澆鑄完成者，僅此一例。

中華宰相村

指山西聞喜禮元鎮裴柏村，爲裴氏宗祠所在地。該家族爲中國歷史上聲勢顯赫的名門望族，出過五十九位宰相、五十九位大將軍，可謂“將相接武、公侯一門”。裴氏的始祖爲嬴秦始祖非子之後，非子之支孫封非邑鄉，因以爲氏。周僖王年間，其六世孫陵被封爲解邑君，乃去“邑”從“衣”，以“裴”爲姓，此爲裴姓

由來。裴柏村群嶺巍峨，紫霞縈繞，荷香彌漫，裴氏認定此處爲風水寶地，宜於家族繁衍；又因漫山遍野柏樹成林，於是取名“裴柏村”，世居於此。其後世有三支分居：河東、燕京、西涼。商周時期，裴氏的祖先助周伐紂，爲周朝的功臣。此始，歷經春秋戰國、秦漢、魏晋南北朝，隋唐時期達到鼎盛，出了十七位宰相。如裴寂是唐朝的開國元勛，輔佐李淵稱帝。再如裴度平藩鎮之亂，使大唐再現“元和中興”局面，成爲一代賢相。五代十國後餘芳猶存。據《裴氏世譜》統計，這個從未超過千人的小村子，從秦漢到明初，七品以上官員多達三千多人，且都是清正廉潔的好官。其中尤以裴秀、裴寂、裴炎爲代表的宰相五十九人，以裴行儉、裴茂、裴寬爲代表的軍事家、大將軍五十九人，中書侍郎十四人，尚書五十五人……封爵者：公八十九人，侯三十三人，伯十一人，子十八人，男十三人；與皇室聯姻者：皇后三人，太子妃四人，王妃二人，駙馬二十一人，公主二十人等。另裴氏家族在學術領域有成就者，宛若璀璨群星，如西晋裴秀是我國歷史上最傑出的地圖學家，他的“製圖六體”〔即分率（比例），準望（方位），道里（距離），高下（地形），方邪（角度），迂直（曲直）〕，爲後世地圖繪製學奠定了科學基礎，在世界地圖史上占有極其重要的地位。再如裴松之爲南朝宋史學家，曾爲《三國志》作注，其子裴駰、曾孫裴子野分別著有《史記集解》《宋略》，被稱爲“史學三裴”。這樣的一個小村子，呈現出其獨特的“裴氏文化人才奇觀”，爲中華民族珍貴的歷史文化遺產。目前裴柏村的裴氏祠堂、裴氏碑廊、裴氏墓冢等衆多古迹已開放，供游人參觀游覽。

白浪街

亦稱“三省共轄街”。白浪街，因白浪河而得名。這條長不足 300 米，寬不足 10 米，居民不足百户的小街，它連着陝西商南白浪社區、湖北十堰白浪鎮、河南淅川荆紫關鎮，由三省（陝西、河南、湖北）共同管理。相傳很早以前三省居民常因邊界不清而起紛争。突然一夜天降隕石，百姓們認爲上天顯靈，遂將隕石落地處定爲三省交界點，邊界紛争從此停息。1987年，爲了保護名勝遺迹，由湖北洋溪鄉（今白浪鎮）、陝西注家店鄉（今湘河鎮）、河南荆紫關鎮三省地方政府共同商定，在白浪街原“三省石”上面建一個紀念亭或標志亭，名三省亭。三省亭爲塔樓模式，高三米，三棱形。寶葫蘆頂下，鑲嵌着三塊大理石碑，碑上各自刻着讚美本省的碑文，三根盤龍柱支撑着飛檐凌空的塔頂，正下方即三省石。該石爲三棱錐形，頂尖即三省分界點，三面分別雕刻三省的簡稱。白浪小溪流經碑亭下，先至街西陝西地，又過街中河南地，再穿湖北地蜿蜒而去，爲三省人共用，人稱“三省溪”。由於三省石上有三省亭，下有三省溪，形成三省叠羅漢奇觀。白浪街上三省居民混居，屋舍相連。吃住言行則保持各自特色。他們親密相處，世代通婚，不少家庭，由三省份的人組成。形成一種特殊的親緣關係。秦腔、河南梆子、楚劇皆可觀賞；陝西羊肉泡饃、河南胡辣湯、湖北三合湯可同時飄香；待客要備三種酒，河南的“杜康”，湖北的“稻花香”，陝西的“西鳳”。就連民居也各有特色，河南的民居大門形體高大，屋頂屋脊上設置有寶瓶、雕塑、裝飾碑等；湖北屋頂傾斜鋪瓦,房屋一進多重;陝西街面上矗立四根紅柱支撐門樓,門樓前臥着石獅,四合院多呈窄長方形。……當地民歌云:"雞鳴犬吠聽三省,土地毗鄰屋相鄰,百姓同飲丹江水,同舟共濟一家親。"河洛文化、秦晋文化、巴楚文化在此有機融合。在中國版圖上,三省交界之地共有四十一處,獨在白浪街,三省均設有基層政府,且相距均爲 2000 米左右,因而被稱爲"豫之屏障""鄂之門户""陝之咽喉"。

【三省共轄街】

即白浪街。此稱行用於現當代。見該文。

迷魂陣村

位於山東陽穀縣城東北 6 千米處。原名棗林莊,因傳孫臏曾在此擺迷魂陣,故改現名。由兩座村莊組成,北邊的大村叫小迷魂陣,西南的小村叫大迷魂陣,相距 1500 米。小迷魂陣村又分爲東西兩部分,東半部名前迷魂陣,西半部名後迷魂陣。進入前迷魂陣時,會感到後迷魂陣在北方;進入後迷魂陣時,會感到前迷魂陣也在北方。大迷魂陣村更爲複雜,街道縱横交錯,進村子後不辨方位,不明出路。迷魂陣村能迷魂,是因村莊、房屋的布局所致。村莊按九宮八卦布局,兩條由東北而西南的主要街道,爲牛梭子形,街道斜曲,無固定的方嚮。街巷交叉多呈"T"字形。平行者亦首尾不齊。房屋則按街道走嚮而建,斜度不一,朝嚮各異。面嚮街道的房屋都被稱爲北屋。由於變化不明顯就會產生錯覺。全村祇有一段 15 米長的"仁義胡同"能令人找到正南正北,除此之外其他街道全是斜的。斜,就是迷亂的根源。這兒地斜、土斜、屋斜、路斜,連牆壁都是弧形的。若按太陽推算時間,竟會產生幾個小時的誤差。有的正屋上午 9 點太陽光直射,而陽光最晚直射的正屋是下午 4 點。如 10 點進入前迷魂陣内,感覺好像是 12 點的太陽剛好照到了頭頂,其實進村僅僅花了幾分鐘的時間。沿着村内狹窄的街道行進,會覺得方嚮隨時在變,不辨東西南北,以致在空間和方嚮上都發生錯覺,想走出村子很難。除了房子、街道斜着建之外,村外的土地、田壟、道路也是斜的,參差錯落,呈鋸齒形,被稱爲磨齒地、洋襪子地、牛梭子地等。千餘年間,數十代人,家家蓋房都遵照前人留下的規矩取方位。近數十年來,大迷魂陣村因拆舊蓋新,破壞了原結構,方位迷失感已經不強;小迷魂陣村的後迷魂陣保持了原貌,爲後世留下了寶貴遺產。至今還流傳着"迷魂陣真稀奇,十人進村九人迷""進了迷魂陣,狀元也難認;東西南北中,到處是胡同;好像把磨推,老路轉到黑"的謠諺。山東省旅游局命名其爲"軍事旅游村"。

中華第一舟

中國最早獨木舟名。2002 年出土於浙江杭州蕭山跨湖橋新石器時代遺址。經 C_{14} 和地層位置測定,距今有八千年歷史,爲迄今發現世界上年代最早的獨木舟,故被譽稱爲"中華第一舟"。舟體殘長 5.6 米,最寬 53 厘米,舟體平均厚度 2～3 厘米,舟身由整棵馬尾松加工而成。長期的使用,使該舟通體光滑。舟體弧形、底部上翹面亦十分光潔,舟體内外無明顯的斧鑿錛刻痕迹。獨木舟采用火焦法製作,在舟上仍能找到多處火焦加工痕迹。距獨木舟頭部約 1 米處有一片較大面積的黑焦,當是火製時留下的遺迹。該舟現藏跨湖橋遺址博物館,爲鎮館之寶。另,2004 年在浙江省文物考古研究所主持下，對餘姚市相嶴村田螺山新石器時代遺址進行考古發掘，在距今七千年左右的田螺山文化層底部，出土了一件完整的獨木舟模型。該器用整段圓木雕鑿而成，全長35厘米，舟身寬近10厘米，高度10厘米左右。尖頭、"V"字形底，中段挖鑿出橢圓形船艙體，長約25厘米，深約6厘米。尾端爲近方形。模型器具有比較成熟的船體形態。較獨木舟的原始形態前進了一大步。《易·繫辭下》："刳木爲舟，剡木爲楫，舟楫之利，以濟不通，致遠以利天下。"孔穎達疏："舟必用大木刳鑿其中，故云刳木也。"《山海經·海內經》："帝俊生禺號，禺號生淫梁，淫梁生番禺，是始爲舟。"又《海外東經》："大人國在其北，爲人大，坐而削船。"帝俊第三代子嗣番禺，通過刳木法最先造出舟船。跨湖橋新石器時代遺址出土的獨木舟與番禺爲同一時代，驗證了《山海經》文字記載的準確性。

中華第一贔屭

2000年6月河北正定正定府前街的建築工地出土。青石質。五代贔屭。贔屭，古代神獸名，傳說爲龍的九子之一。似龜有齒，好負重，因此人們用它雕刻碑座來馱載石碑。此贔屭長8.4米，寬3.2米，高2.6米，殘重107噸，堪稱中華第一贔屭。贔屭體態豐滿，頭略抬，頸前伸，頭頸長2.5米。眼睛又圓又大，小耳朵

中華第一贔屭

抿向後方，寬鼻頭、圓鼻孔，嘴巴緊閉，兩顆尖牙外露，憨態可掬。贔屭的脖子、腿上以綫條刻劃了幾條褶皺，腹部渾圓向兩側突出，四條腿趴着，以顯示其馱碑所承受的重壓。在贔屭背部駝峰的右側面，有一高60厘米、寬98厘米的綫刻平面畫。畫面正中是一頭捲毛雄獅，背上端坐一人，方圓大臉，短鬍鬚，腹部鼓起，穿一件圓領長袍，左手捧一個杯子，右手垂放腿上，目視前方。獅子頸戴項圈，背搭鞍墊和坐墊，腳踩圓形踏墊。右後方有一人用力拉住韁繩。主人的左後方立着侍者若干，手托果盤、壺、碗等。伎樂者位於主人前方，或吹笛，或打鼓，或舞蹈，動感十足。綫刻畫布局嚴謹，主體突出，綫條舒展流暢，充分體現了五代時期高超的繪畫水準和藝術風格。根據殘存碑座推算，巨碑高度（連碑座）達14~15米，寬度約3.6米，厚度近1米，是目前全國最大的石碑。碑身、碑首及碑座多處已遭破壞。專家認爲，此碑應爲安重榮記功碑。安重榮，朔州（今山西朔州）人，小名鐵胡，其父曾任勝州刺史，他承襲父職，在後唐明宗時爲振武巡邊指揮使。後唐清泰三年（936）石敬瑭建立後晉，安重榮率兵前來投奔。天福二年（937）正月，被授予成德軍節度使，鎮深諸州觀察處置使。安重榮控制鎮州（今河北正定）六年，擁兵自重，心懷異志，爲自己建的巨型碑超過了歷代帝王的神道碑和功德碑，野心畢露。石敬瑭派天平軍節度使杜重威率兵征討，安重榮被生擒，就地斬首。杜重威將安重榮的功德巨碑砸毀并掩埋地下。巨型贔屭的出土，對研究五代時期歷史提供了珍貴的實物資料。此贔屭是國內罕見的藝術珍品，現存正定開元寺。漢張衡《西

京賦》："綴以二華，巨靈贔屓，高掌遠蹠，以流河曲，厥迹猶存。"西晋左思《吳都賦》："巨鼇贔屓，首冠靈山。"明楊慎《龍生九子》："俗傳龍生九子，不成龍，各有所好：一曰贔屓，形似龜，好負重，今石碑下龜趺是也……"明楊基《天妃宮題贈道士沈雪溪》詩："月明貝闕金銀氣，日暖龍旗贔屓紋。"民國《河南通志・睢縣采訪稿・袁可立墓碑》："袁尚書可立墓碑，在城南四里許。碑高八尺，上蛟螭，下贔屓，高約丈餘，尚稱體制。"

月臺蒼玉

漢代古玉雕藝術品。月臺，指古代正房、正殿突出連前階的平臺，寬敞而通透，爲賞月佳地，故稱月臺。此指漢中府署大堂、正殿之月臺。"蒼玉"指碧玉雕刻其形如鼓的物品。通高 103 厘米，直徑 105 厘米，腰圍 330 厘米，重約 1500 千克。經粗略加工，寬肩，鼓腹，腹下收爲圈足，足高 22 厘米，足徑 70 厘米。小圓平頂，頂徑 50 厘米，頸高 5 厘米。由肩至腹有兩處人爲切削面，面積約 0.4 平方米。切削面有光亮潤滑的圓孔，大可容指。腹周鐫有四個獸面耳飾，表面紋路繁縟，整體造型莊重、沉穩、古樸。由於年代久遠，已斑駁陸離。月臺蒼玉作用至今無解。現藏漢中博物館，爲鎮館之寶，亦爲著名的漢中古八景之一。唐杜甫《徐九少尹見過》詩："賞静憐雲竹，忘歸步月臺。何當看花蕊，欲發照江梅。"宋陳文蔚《月臺觀月》詩："秋來無日不登臨，獨喜今宵月滿襟。仰面青天思把酒，寄情古調欲携琴。凉風舞袂身將舉，白露沾衣夜向深。要看一臺清影滿，盡教移轉碧梧陰。"清王士禛《分甘餘話・漢中府璞石》："漢中府治月臺東南隅，有璞石如鼓而方，高二尺六寸。圖八尺，間作四獸，面有剖露痕，審視之，真碧玉也。門人陳子文（奕禧）《益州於役記》云：'制似罍，相傳楚漢間物。'"按，"漢中八古八景"指天臺夜雨、漢山樵歌、龍江曉渡、梁山石燕、月臺蒼玉、東塔西影、草塘烟霧、夜影神碑。又，漢臺爲漢王劉邦宮廷遺址，漢中博物館即建於此。古月臺遺址現爲漢中市政府所在地。

【月臺碧玉】

即月臺蒼玉。見清劉子鈵《月臺碧玉長歌》。劉子鈵，河北滄州人，光緒十年（1884）任漢中太守，見到月臺蒼玉，驚訝萬分，以古體詩咏之。光緒十九年三月，由郡人夏培元書丹，西蜀人周述萬刻石立於漢臺。該碑現存於漢臺中院。

孔林謎

孔林，位於山東曲阜城北 1.5 千米處，林中奇花异草種類繁多，各種樹木十萬餘株。孔林是孔子及其家族的墓地。魯哀公十六年（前479），孔子死後，弟子們把他葬於曲阜城北泗水之上，那時還是"墓而不墳"（無封土隆起）。秦漢時期，雖將墳高築，但衹有不過一頃的墓地和幾家守林人。隨着孔子地位的提高，孔林規模越來越大。明洪武十年（1377），孔林擴大至三千畝的規模。清康熙二十三年（1684），孔林擴至 200 萬平方米，并建圍墙 8 千米。清雍正七年（1729），改名"至聖林"。1994 年 12 月被列入《世界文化遺產名録》。千百年來孔林有一奇事：萬樹成陰，烏鴉不栖；百草叢生，絕無蛇迹。兩千多年來没人可以解釋清楚，成爲千古之謎。

玉印塞泉

亦稱"美水泉"。位於今陝西甘泉城南神林山。因傳隋甘泉縣令孟其瑞以印堵塞此泉而得名。史載，大業三年，隋煬帝楊廣帶兵北巡榆林等地，路過神林山，正口渴，見一山泉。泉旁榆樹林枝葉茂盛，樹身長刺。他喝了幾口山泉水，泉水甘甜，頓覺心曠神怡，特賜名"美水泉"，并將其納爲"貢水"。貢水時要有泉旁刺榆樹枝葉爲證。爲了納貢，送水百姓肩挑畜負，苦不堪言，且道路崎嶇，路途遥遠，一旦延誤，便會受到重罰，甚至招來殺身之禍。縣令孟其瑞不忍百姓遭此磨難，趁夜色率人找到泉眼，以木石堵塞，未成，情急之下將隨身携帶的玉印塞進泉眼。没過多久，美水泉水變得越來越少，直至枯竭。至唐代，美水泉復涌，亦爲宫廷專用。唐天寶元年（742），因美水泉故，特將伏陸縣改名甘泉縣，沿用至今。1974年考古專家和當地村民於一山溝草叢裏找到已枯的美水泉眼，在對泉眼清淤時，發現了一枚比大拇指略粗的玉印，印文爲篆書"孟其瑞"。據此可證"玉印塞泉""美水泉"及隋煬帝的傳説俱爲事實。美水泉經清理疏通重獲新生。今之美水泉爲十二孔窑洞式蓄水池，泉旁有明代《修復甘泉碑記》、民國《重修甘泉縣甘泉碑記》和 2007 年縣政府所立《美水泉碑記》石碑三品，旁有刺榆樹兩株，榆刺似針。美水泉泉水經科學檢測，水質優良，富含鈣、鐵、鋅等三十餘種微量元素，爲優質高鈣礦泉水，成爲陝西四大著名古泉之一。"玉印

孟其瑞印章

塞泉"的故事亦成爲陝西省的"非物質文化遺産"。《舊唐書·地理志一》："甘泉：武德元年，分洛交縣置伏陸縣。天寶元年，改爲甘泉縣。"宋樂史《太平寰宇記·關西道十二·延州》："甘泉，在縣南巖谷上，其泉去地一丈，飛流激下，其味甘美。隋煬帝遊此，飲之，取入内。"清嘉慶《延安府志》："泉去地一丈，飛流激射，厥味甘美。隋煬帝遊此飲之，取入禁内。"民國二十三年《重修甘泉碑記》："〔甘泉〕縣内多勝迹，美水尤最爲……隋煬帝遊此飲之，賜爲貢水，鄉人苦貢，遂錮其泉。杜拾遺'驛騎雕陰六千里，忍教害馬復勞人'之吟，即以此也！"

美水泉碑
（甘泉縣人民政府立）

觀音石[1]

奇石名。位於浙江仙居白塔鎮的神仙居風景區。天然形成，山頭宛若佛像高聳，呈雙手合十的虔誠姿態。造型逼真，輪廓清晰，頭部發散的圓光極像觀音菩薩，故稱。奇石海拔高度近千米，其相對高度 200 米左右，是目前在我國發現的世界最大的天然佛像。此石造型源於其獨特的地質構造。神仙居是世界上最大的火山流紋岩地貌群。奇岩怪石，形態各异，山峰崖洞，自成一格。1007 年，宋真宗游至此，贊其山巒層叠，别有洞天，似神仙居所。從此原名台州的永安縣改名爲仙居，直到現在演變爲神仙居。神仙居風景區現爲國家級風景名勝區、國家 5A 級旅游景區。

貞豐雙乳峰

亦稱"聖母峰""天下第一奇峰"。奇山名。位於貴州貞豐境内。是貞豐縣的地理標志物。雙乳峰海拔 1265.8 米，相對高度 261.8 米。兩座兀立的石峰形同女性豐滿的雙乳，被當地布依族稱爲"聖母峰"，被世人譽爲"天下第一奇峰"。據專家考證，如此比例協調、形態逼真的雙乳奇峰，目前在中國絕無僅有，在世界上也無類似發現，因而被譽爲"峰林絕品""天下奇觀"。在不同角度觀看雙乳峰會呈現出不同景觀。雙乳峰是平地起山，屬喀斯特地貌的峰林絕品。千百年來，當地布依族人一直把雙乳峰當作"大地母親"和"生命之源"來崇拜。

【聖母峰】

即貞豐雙乳峰。此稱行用於當地布依族人。見該文。

【天下第一奇峰】

即貞豐雙乳峰。此稱行用於當地布依族人。見該文。

静山

奇山名。位於山東壽光孫家集與馬家莊之間的田地間。因該山長期以來不再增高，像静止一般，故名。中國最矮的山。地上部分東西最長處爲 1.24 米，南北最寬處達 0.7 米，距離地面最高處爲 0.6 米，最低僅有 0.1 米，北高南低，上有四條水紋。地表以下擴展龐大，莫測其深。清代曾將壽光境内劃爲十五個區，内中即有以静山命名的"静山區"。民國時期，有人想推翻"静山是山"的結論，結果順山體挖下去，根本挖不到底。地質專家經勘查後確認其爲一座山，它的地表下面非常寬闊，且深不可測。現静山已被列爲縣級重點文物保護單位。

《壽光縣志》："縣城西南八公里孫家集與馬家莊之間，有一山石露出地面，名静山。"

磬錘峰

亦稱"棒槌石""石棒槌"。位於承德雙橋區磬錘峰國家森林公園内，爲承德市的標志性景點，著名的外八景之一。因該峰狀似磬錘，康熙四十一年（1702）清聖祖玄燁賜名磬錘峰。磬錘峰係天然形成，上粗下細，上部直徑 15.04 米，下部直徑 10.7 米，高 38.29 米，從底部基座至頂通高約 60 米。山峰半腰有棵桑樹，名蒙桑，又稱"崖桑"，高約 3 米，直徑約 30 厘米，樹齡三百年，結白桑葚。峰下有一平臺，東面斷崖有清代密宗雕像。北部有一寺廟，廟内石壁上刻有彌勒佛、七世達賴、五世班禪、吉祥天母等雕像。磬錘峰爲丹霞地貌，其石質屬鈣質砂礫岩類。1.5 億年前，承德還是一片汪洋大海，磬錘峰還是承德河湖盆地中的泥砂和礫石，後由於地質運動形成岩石，隨地殼的變遷上升爲陸地。三百萬年前，磬錘峰已是一堵石墙般的山體，經過地殼運動的碰撞、風吹、日曬、雨淋等大自然力量的侵襲，石墙逐漸崩塌，最後形成了今天的磬錘峰。

磬錘峰

【棒槌石】

即磬錘峰。民間的通俗稱呼。見該文。

【石棒槌】

即磬錘峰。民間的通俗稱呼。見該文。

【石挺】

亦稱"石挺峰""棒棰峰""棒錘峰"。即磬

錘峰。北魏酈道元《水經注·濡水》："東南歷
石挺下，挺在層巒之上，孤石雲舉，臨崖危峻，
可高百餘仞。牧守所經，命選練之士，彎張弧
矢，無能屆其崇標者。"清熊會貞疏："磬錘峰
在承德府治東北十六里，翹然秀拔，下銳上豐，
即古石挺峰，俗名棒棰峰。"《欽定熱河志·山
一》："僊莊肇啓，岩巒獻秀，錘峰東峙，則酈
道元《水經注》之石挺也。"清陳康祺《郎潛紀
聞初筆·熱河地名》："棒錘峰，即酈道元所謂
石挺，聖祖賜名磬錘。"

【石挺峰】

即石挺。此稱清代已行用。見該文。

【棒棰峰】

即石挺。此稱清代已行用。見該文。

【棒錘峰】

即石挺。此稱清代已行用。見該文。

【棒棰山】

亦稱"棒棰崖"。即磬錘峰。因山峰形似棒
槌，故名。《欽定熱河志·外記四》："棒棰崖，
今土人尚呼爲棒棰山，當即磬錘峰。"

【棒棰崖】

即棒棰山。此稱清代已行用。見該文。

【錘峰】

即磬錘峰。清弘曆《望錘峰作歌》："晚熱
寧不欲尋凉，心中却幸農夫慶。肩輿西嶺上絕
頂，錘峰東望遙相當。……古人曾經到此不？
錘峰笑道非所求。"清王拯《寒夜自題》詩：
"砢訇天柱崩，淚雨錘峰駉。"

雙塔山

亦稱"雙塔峰"。遼代磚塔。位於河北承德
市區西南。兩個巨大的岩柱比肩而立，南北排
開，峰頂各有磚塔一座，故稱。兩座山峰高度

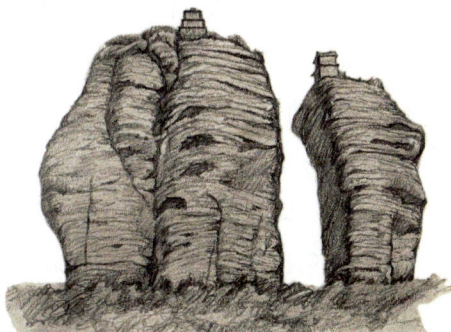

雙塔山

相差約 5 米，北峰粗大，高 40 餘米，周長 74
米；南峰上粗下細，周長 34 米。雙塔山陡直而
立，高不可攀。北峰頂塔高約 2 米，圓錐形，
青磚壘成，無門。因年代久遠，遼塔早已坍塌，
現爲新建。南峰頂塔（一説爲禪房）坐北朝南，
高約 5 米，方形，邊長 2 米左右，門高約 1.5
米，寬 1.3 米，四角木椽，銅鈴挂在挑出的鐵
棍上。東、西、南三面牆爲青磚壓縫壘成，北
牆齊縫直茬壘成。1976 年唐山大地震之前，北
牆裂縫約 20 厘米，地震後磚塔裂縫合攏。屋中
一几一香爐，中供鐫有"王仙生"三字的片石
一塊。清代傳外有韭菜地二塊。承德屬丹霞地
貌，山峰由砂礫岩構成。三百萬年前，這裏兩
峰相連，後坡平緩，人可攀登而上。遼代在此
修築佛塔禪房，建一寺院。遼後，該地區森林
草場遭破壞，水土流失，山體侵蝕和風化加劇，
山中相對較低的砂礫岩崩裂塌落，形成上豐下
銳的兩座山峰，古塔和禪房地基部分坍塌并分
離。後山土壤流失後，成爲陡坡，逐漸形成今
日的峭壁奇觀。圍繞峰頂磚塔，歷史上未留下
隻言片語，許多謎團至今未解。據記載，乾隆
五十五年（1790），爲了揭開雙塔的謎團，乾隆
命守吏搭建雲梯，登上峰頂查看。在比較大的
峰頂有一小屋，内有一個石桌和香爐，中間供

奉刻有"王仙生"字樣的石板。在小的峰頂發現有兩畦韭菜,一雙草鞋和一本舊書。守吏登頂後,看見如此拙樸之物,頓感失望,空手而歸。《承德府志》:"東塔(南峰)之巔有古廟,不詳何人所建,已就傾圮,旁有一小碑鑴'王仙生'三字。"清紀曉嵐《閱微草堂筆記·灤陽續錄一》:"余修熱河志時……有雙塔峰,亭亭對立,遠望如兩浮圖拔地涌出,無路可上,或夜聞上有鐘磬經唄聲,晝亦時有片雲往來。乾隆庚戌,命守吏構木爲梯,遣人登視,一峰周圍一百六步,上有小屋,屋中一几一香爐,中供片石,鑴王仙生三字。一峰周圍六十二步,上種韭二畦,塍畛方正,如園圃之所築,是決非人力所到,不謂之仙,蹤靈迹不得矣。"清蔣廷錫《雙塔峰歌》:"斷雲忽露兩峰尖,半隱半明失顧瞻。太陽高照陰靄散,塔影雙插驚排籤。"

【雙塔峰】

即雙塔山。此稱清代已行用,見該文。

石門隧道

亦稱"棧道石門""小石門""小門"。漢代連接川陝交通要道褒斜道上之一"小山洞"。位於今陝西漢中北。此山洞東壁長 16.5 米,西壁長 15 米;北道口高 3.75 米,寬 4.1 米;南道口高 3.45 米,寬 4.2 米。南北高度有 30～50 厘米落差。石門大約於戰國時期因修褒斜棧道而開鑿,經歷代修鑿而開通。古褒斜棧道南出褒谷,爲七盤山(又稱鷄頭關)所阻,行旅須攀緣繞道五十里過七盤山。東漢永平四年(61),漢明帝劉莊下詔,於七盤山下阻礙棧道之地開鑿穿山洞,由漢中郡太守都君承辦。於永平九年擴建褒斜道而鑿通此隧道。石洞南北走嚮,

與褒河平行,石洞底高與棧道同。因隧道無名,故以石門稱之。修建此洞采用"火焚水激"法,先於山壁上用火燒烤岩石,使岩石處於膨脹狀態,後潑澆冷水,利用熱脹冷縮原理,使堅硬的山體炸裂,變脆,再跟進開鑿。石門内壁無斧、鑿、鑽之類工具所留痕迹,岩面修整平順,可供兩輛馬車同時行駛。此爲中國文化瑰寶,世界第一條純人工隧道。石門隧道的建成,爲摩崖石刻提供了平臺。從漢魏至明清,許多過往仕官商賈、文人墨客,記事咏物,抒懷爲文,將作品鑴刻於石門内外崖壁上,形成了石門摩崖石刻。僅石門内壁就有三十四品。1960 年文物普查統計,石門故址石刻計有一百零四品。20 世紀 70 年代初,由於石門水庫建設,爲保存石刻,鑿遷漢至南宋石刻十三品,陳列於漢中市博物館展覽大廳,即石門十三品。1961 年,石門及石門摩崖石刻被確定爲全國第一批重點文物保護文物。1970 年水庫蓄水,原石門隧道遺迹及摩崖石刻已淹没於石門水庫下。《史記·貨殖列傳》:"然四塞,棧道千里,無所不通,唯褒斜綰轂其口。"又《范睢蔡澤列傳》:"棧道千里,通於蜀漢,使天下皆畏秦。"漢《石門頌》記:"至於永平,其有四年,詔書開斜,鑿通石門。"漢《鄐君開通褒斜道摩崖》石刻:"永平六年,漢中郡以詔書受廣漢、蜀郡、巴郡徒二千六百九十人開通褒斜道。"北魏酈道元《水經注·沔水》:"褒水又東南歷小石門,門穿山通道六丈有餘。刻石言:漢明帝永平中,司隸校尉犍爲楊厥之所開。"清賈漢復《修棧道歌》:"積薪一炬石爲圻,錘鑿既加如削腐。"參見本卷《奇物説·外品考》"石門十三品"文。

【棧道石門】

　　即石門隧道。此稱漢代已行用。見該文。

【小石門】

　　即石門隧道。此稱漢代已行用。見該文。

【小門】

　　即石門隧道。此稱漢代已行用。見該文。

北海"摸乳巷"

北海"摸乳巷"

　　位於廣西北海的升平街。巷子長度不足200米，寬度僅有70厘米，因過於狹小，當男女面對面通過時，必須側過身面對面行走，這樣女子的胸部很容易被摩（摸）擦到，故名。亦稱"君子巷"。當男女面對面通過時，男子須蹲下，讓女子跨着男子肩膀過去；或者男子側身面嚮墻壁，讓女子優先通過，以體現君子之禮。據傳，"摸乳巷"興起於明清之際，曾是烟花女子活動場所。"摸乳巷"隱藏於騎樓林立的老街，與沙脊街相連，地面用石塊鋪成，石塊平整光滑。小巷兩側爲居民樓，顯得幽静深邃。在老街上這樣的小巷有二十三條，游客如果不看路標，很容易與之擦肩而過。"摸乳巷"修建得如此狹窄，是由老街的地理位置和氣候特點決定的。老街距海邊很近，每天都要受到海風的吹襲，樓間巷道是海風的通道，由於遇到房子的阻隔，巷道的風特別大，如果巷道間距大，巷子後面的民居就會遭到海風的猛烈衝擊。爲防止海風帶來的危害，就縮小巷道間距，所以巷子就修建得比較窄小。

墓中"長明燈"

　　墓中油燈。因期望置於古墓中永遠燃燒不息，故名。1956年發掘明萬曆皇帝的定陵，發現陵墓正殿内一根粗大燈芯置於一口尚有多半缸"燈油"的青瓷大缸裏。此即"長明燈"。這些"燈油"是蜂蠟。蜂蠟是工蜂分泌出的一種脂肪性物質，古人將蜂窩以熱水熔化，去其糟粕即成可燃燒的"燈油"。《史記·秦始皇本紀》："九月，葬始皇驪山……以人魚膏爲燭，度不滅者久之。"漢楊孚《異物志》："人魚似人形，長尺餘。不堪食。皮利於鮫魚，鋸材木入。項上有小穿，氣從中出。秦始皇塚中以人魚膏爲燭，即此魚也。出東海中，今台州有之。"北魏酈道元《水經注·伊水》："《廣志》曰：鯢魚聲如小兒啼，有四足，形如鲮鱧，可以治牛，出伊水也。司馬遷謂之人魚，故其著《史記》曰：始皇帝之葬也，以人魚膏爲燭。"《太平御覽》卷八七〇引《三秦記》云："始皇墓中，燃鯨魚膏爲燈。"

四柱懸空真武閣

　　位於廣西容縣城東綉江北岸經絡臺。建於明朝萬曆元年（1573），與黃鶴樓、岳陽樓、滕王閣并稱中國江南四大名樓。真武閣爲木質結構的三層、三檐樓閣，呈方塔形，屋檐挑出很大，屋坡舒緩流暢，角翹簡潔平緩，有舒展大度、清新飄逸之感。通高13.2米，面寬13.8米，進深11.2米。原來閣樓周圍還有廊舍、垣墻、鐘磬、鼎爐等附屬建築和設施，現僅存真武閣。真武閣的奇特之處有以下幾點：一、四柱懸空。真武閣有二十根直立巨柱，其中八根從一樓直通三樓頂，承載全樓閣重量。柱與柱之間用梁枋連接，柱上用四朵斗拱托住樓閣。

二層樓的四根大內柱，雖承受上層樓的沉重荷載，但柱腳懸空，距地面 2～3 厘米，爲真武閣最精巧、最奇特的亮點所在。其實這是"杠杆原理"的運用，將通到二層的八根通柱，變成二三層的支點，在通柱上分上下兩層橫貫七十二根（每柱九根）挑枋，這些挑枋像天平上的橫杆一樣，外面長的一端挑起寬闊的瓦檐，裏面短的一端挑起二層的內柱，承載三樓的千鈞重量，脚不落地，即取得平衡。對此建築大師梁思成有"天南奇觀"的極高評價。二、榫卯結構，無一根鋼釘。真武閣柱與橫梁交接處榫與卯爲鬆動連接，最疏處可插進兩個手指。正是這種動態結構，可抵擋大風的侵襲，在無數次大颱風的襲擊面前，安然無恙。三、地基爲夯沙。支撐真武閣幾條大柱的柱礎就擱在沙堆上。沙堆有彈性，也是動態的，當地震襲來，地震力還未傳至真武閣就在浮沙堆面前消失了（這種方法近年已在建築中應用，在鋼筋水泥大廈的地基下先鋪一層厚沙，再建地網基座）。這正是真武閣歷經五次大地震却穩如泰山的原因。至今保存完好的真武閣，充分顯示了我國古代勞動人民在建築技藝上的卓越才能和智慧。1982 年被國務院定爲全國重點文物保護單位。按，經略臺始建於唐大曆三年（768）〔一說爲乾元二年（759）〕，元結到容縣都督府任容管經略使時，爲了操練軍士和防洪而修築此臺，故名經略臺。臺長約 50 米，寬約 15 米，高 4 米左右，四周砌築磚石，中間夯沙，堅實穩固。明洪武十年（1377）爲奉祀真武大帝以鎮火神，在經略臺上建真武廟。明萬曆元年擴增真武廟而建成真武閣。保存至今。

岩畫天文臺

2020 年 10 月 15 日南陽理工學院副教授孫保瑞發現於南陽市卧龍區謝莊鎮。這是遠古時期規格較高、甚爲罕見的祭壇，全國首次發現。經中國科學院大學專家認定，此祭臺岩畫具有明顯的天文觀測功能，推測爲"岩畫天文臺"。祭壇爲圓形，雕刻在一塊有坡度的岩石上，采用襯托手法，把圓形祭壇周邊的岩石鑿去，使圓壇凸現出來。岩石南北長 39 米，東西寬 27.5 米，天壇直徑 1.7 米。以壇爲主體，在壇的下方鑿有菱形圖案，壇上方正中位置刻有通天石階。石階兩端，也就是壇頂的南北兩角，分別雕刻着"旦"和"月"兩個文字。在壇北端，有三塊邊緣經過修整的弧形石頭，頂部刻有數個大凹穴。其中一石頭側面被鑿成凹圓面，直徑 1 米，下部被泥土覆蓋。壇的南面有梅花圖形符號，一個大凹穴周圍環繞着三組五至六對凹穴組合符號。該祭壇文化內涵豐富，體現了遠古人對日月星辰的崇拜與敬重。

江郎山一綫天

位於浙江江山石門鎮。傳說古時候三個江姓兄弟登上山頂變成三大巨石，故名江郎山。三巨石形似石笋天柱，狀如刀砍斧劈，自北向南呈"川"字形排列，依次爲郎峰、亞峰、靈峰，人稱"三爿石"。郎峰海拔高 816.8 米，平均坡度 88 度，歷來無人能攀，被游客稱爲"神州丹霞第一峰"。峭壁上有明代理學家湛若水題刻"壁立萬仞"四字。三峰之間有大弄、小弄可出入。小弄即一綫天，在亞峰和靈峰之間，高 312 米，長 298 米，最寬處 4 米，最窄處 3.5 米。兩邊石壁平行而筆直，稱爲"陰陽壁"。陰壁即亞峰的西崖，石壁坦露，寸草不生；陽壁即靈峰的東崖，生機盎然，綠草繁茂，被稱爲"天下第一壁挂"。不同的角度觀看"一綫天"，可看到不同的景致：阿拉伯數字"1"，中文的"一"，或是半個圓；季節不同亦會出現"銀龍出海""天降垂簾""冰凌倒挂""樹杪飛泉"等景觀，素有"雄奇冠天下，秀麗甲東南"之譽。已開闢爲國家 5A 級風景名勝區。兩側岩壁上發育有大量垂直節理，這些節理把堅硬的砂礫岩切成許多薄片，薄片帶的快速風化和崩落造就了這種特殊景觀。唐白居易《江郎山》詩："林廬雙童長不食，江郎三子夢還家。安得此身生羽翼，與君來往共煙霞。"宋胡仲弓《江郎山》詩："觀盡千山與萬山，幾曾得似此峰巒。誰能移向西湖上，並與西湖一樣看。"《太平御覽》卷四七引晋司馬彪《郡國志》曰："江郎山有三峰，峰上各有一巨石，高數十丈，歲漸長。昔有江家在山下居，兄弟三人神化于此，故有三石峰在焉。"宋辛棄疾《江郎山和韻》："三峰一一青如削，卓立千尋不可干。正直相扶無倚傍，撐持天地與人看。"明徐弘祖《徐霞客游記·游九鯉湖日記》："二十三日始過江山之青湖。山漸合，東支多危峰峭嶂，西伏不起。懸望東支盡處，其南一峰特聳，摩雲插天，勢欲飛動。問之，即江郎山也。"

武夷一綫天

亦稱"靈岩"。位於武夷群峰的西南端。海拔 225.4 米，是一座巍然挺立的巨崖。崖體高度 100 餘米，崖端傾斜，覆蓋三個毗鄰的岩洞：左爲靈岩洞，中爲風洞，右爲伏羲洞。岩頂裂開一罅，起自靈岩左端伏羲洞的洞頂，中經風洞的洞頂，止於靈洞右端靈岩後壁之外。裂罅似利斧劈開一般。從中漏進天光一綫，即一綫天。武夷一綫天有幾個特點：一、長。178 米，在全國一綫天景觀中，它是比較長的。二、窄。最窄處祇有 30 厘米，游人祇能側身緩緩挪動；身形胖者要緊"貼"石面，屏氣收腹挪動時能感受到仿

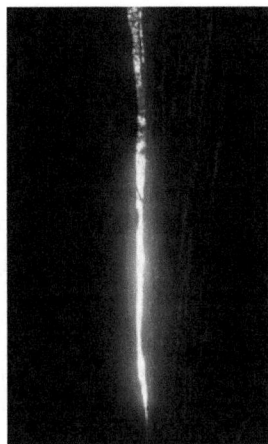

武夷一綫天

佛兩面岩壁在擠壓着身體。三、暗。有的地方伸手不見五指，僅能靠岩壁上安裝的小燈辨別脚下的階梯。四、"福分"。裂罅中住有罕見的白蝙蝠，它們有可能把蝠糞拉在游客身上，使之得到"福分"。夏季，天氣炎熱，岩壁上"福分"發酵，會散發出難聞的氣味。武夷山一綫天的成因：該岩層是由砂岩、礫岩和葉岩交間成層，岩性鬆脆。在地殼抬升過程中，由於受到不均匀應壓力的影響，會産生輕微斷裂，形成節理。這種垂直的節理，由於流水長年纍月的溶解和侵蝕，就會逐漸擴大、延長。而岩層底部的葉岩，因質地鬆軟被逐漸溶解侵蝕，成爲扁而淺的岩洞。於是就形成了三洞并列，一綫見天的自然景觀。明黄仲昭《八閩通志·寺觀·崇安縣》："庵爲邑之勝處……武夷一綫天在焉。"清杜臻《粵閩巡視紀略·蒼霞山在新豐裏》："立岡頂，俯眺海曲，浦漵歷歷如指掌，稍降有兩石夾峙，中露天光，武夷一綫天，人行峽中得旁穿以出……"清乾隆《福州府志·山川二·福清縣》："福廬山在縣南時和里，去縣三十里……稍下有石峽，高數十丈，縱如之，如武夷一綫天。"

【靈岩】

即武夷山一綫天。見該文。

坩堝城堡

亦稱"蜂窩城堡""銅牆鐵壁古堡"。建於明代。因城牆由無數坩堝壘成，故稱。坩堝呈圓柱形或上大下小的臺柱形，以耐火黏土燒製而成，是熔化和精煉金屬液體以及固液加熱、反應的容器。冶鐵後的廢舊坩堝，被作爲主要建築材料壘砌進牆體，并以煉鐵渣和石灰調漿碾鋪好後，再澆上鐵水。這種鐵質牆體，防風、阻水、防流寇盜賊、防蝕、防火、防槍擊，堅韌程度勝過今天的混凝土，堪稱築城史上的特例。鐵渣和坩堝這兩種材料既堅固耐久，又屬廢舊物資利用，成本低廉，而且坩堝中空，具有很好的保溫和隔熱效果。坩堝城堡位於山西陽城的砥洎城。明崇禎年間，城堡建於沁河（明清時稱"洎水"）之中一塊大砥石上，三面被沁河圍繞，南依潤城鎮，面積 37000 平方米。遠望恰如中流砥柱，故名"砥洎城"。砥洎城呈橢圓形，係磚石木建結構，正門在南，門額書"砥洎城"三字。南門城牆高約 12 米，其他三面城牆臨河邊而建，高約 20 米。城上原有的城垛、炮臺等已蕩然無存。砥洎城牆外側包以青磚，與普通城牆無異，而城牆內側，可清晰看到坩堝與石條混砌的特殊結構——密密麻麻、整整齊齊排列的坩堝，故稱"蜂窩牆"或"坩堝牆"。坩堝城堡爲官宦人家爲防禦土匪而建。明張慎言《同閣記後序》："賊王家胤以辛未夏首犯坪上，依磕山而南，入獲澤……犯郭谷、白巷諸村，殺掠無算……"又《明故承德郎大興縣貢闈楊公及元配贈安人王氏合葬墓誌》："壬申、癸酉，經流寇之變，殺掠殊慘。里西北偏高阜，三面瀕河，公相度高下，量廣得若干畝，計畝斂直費數千金，築砥洎城，屹然金湯，此不朽之功也。"崇禎六年四月，將領王自用帶兵駐扎於此。時值明末動蕩期，潤城鎮共建了屯城、劉善城和砥洎城三座城堡，目前僅存砥洎城。作爲一個村落城堡，坩堝城堡規劃完整，建築風格統一，內部結構合理，民居安排得當。城堡內的地下通道、地面街巷、過街樓閣渾然一體。城堡內民居、巷道與城牆均被納入整體防禦體系，體現出平戰結合、防禦爲本的設計風格和建築特點。一旦敵人攻破城牆，城內居民可通過院落間的過道與街坊間的過街樓轉移或反擊，堪稱"銅牆鐵壁"古堡。2006 年 5 月 25 日，成爲第六批全國重點文物保護單位。

【蜂窩城堡】

即坩堝城堡。因整齊排列的坩堝形似蜂窩，故稱。此稱現代已行用。見該文。

奇風洞

位於雲南昆明石林風景區東北 5 千米的山坡上。直徑約 1 米。洞旁有一巨石突兀獨立。每年 6 月至 10 月，大地吸足水分後，山洞就會吹出呼嘯的冷風。先是一陣巨響，山洞中不斷發出吼叫聲，接着一股強勁的風從洞口噴出，洞外瞬間雜草飛舞、樹葉飄揚，并伴有隆隆流水聲，但不見一滴水流出。風量大時，有如狂風暴雨來臨之感。將乾草柴枝在洞前點燃，洞中吹出的風把火苗濃烟吹得衝天而起，即使故意用泥巴封住洞口，風也會毫不費力地把泥巴吹開。持續幾分鐘後，風力漸弱，暫停數分鐘後，開始吸氣，雜草落葉和火苗濃烟被吸進洞裏，幾分鐘後回風消失。稍停後又開始第二次向外吹風，但是風力和持續的時間比第一次明顯減弱。第二次吹風結束後，一切都恢復正常，奇風洞完成了一個噴風周期。如此往復循環，以至無窮。奇風洞的奇特景象，是由石灰岩岩溶地區一種罕見的虹吸現象所形成的。由於在這個地方同時存在兩套虹吸系統，致使每個噴風周期都由兩呼一吸組成。這裏有一個先決條件，那就是水。如果山腳下小溪中沒有流水，奇風洞就不會呼吸；反之，若小溪水量太大，淹沒了暗河，奇風洞也不會呼吸。

呼風喚雨湖

亦稱"迷人湖""聽命湖"。位於雲南瀘水片馬東北部高黎貢山的原始森林。站在湖邊即可喚來風雨，故稱。湖的四周森林密布，群山環繞；海拔高約 3540 米；形狀東西長，南北寬，最寬處 150 米，窄處 60 米。湖水由雨水和雪融匯而成，清澈透明，終年不涸，湖面平穩如鏡。在湖邊人們祇能輕聲細語，若大聲疾呼，頃刻間晴朗的天空便會烏雲密布，風雨交加，冰雹從天而降。講話聲音越高，雨下得越大；講話時間越長，雨下的時間也就越長。因而使其有了神秘的色彩，被稱爲"迷人湖"。呼風喚雨湖爲何聽到喊聲能降雨？這是因爲湖周圍的山川地勢，限制了大範圍空氣的流動；原始森林和湖的蒸騰，使湖面上空水汽達到飽和的程度；聲波的震動，引起水分子互相碰撞，凝聚成雨或冰雹。從而出現呼風喚雨的神奇效果。

【迷人湖】

即呼風喚雨湖。見該文。

【聽命湖】

即呼風喚雨湖。見該文。

倒影塘

位於廣州花都農村的一口魚塘。在池塘 5 千米外一座海拔 400 米高的獨秀峰，其倒影竟能投射到這口池塘中。經專家計算，根據距離和山高，山的倒影不可能投射到池塘中。其周圍的其他池塘，從未出現過獨秀峰的倒影。倒影塘之謎，至今無解。

啞蛙湖

亦稱"大明湖"。位於山東濟南。因爲青蛙到了大明湖就會三緘其口成了啞巴，故稱。當這些啞巴青蛙移至別處，便又會叫起來。因此人們總結大明湖有"四怪"，即"蛙不鳴，蛇不現，恒雨不漲，久旱不涸"。現今，後三怪都已得到科學解釋，唯獨"蛙不鳴"未有一個合理的答案。有三種觀點：一、大明湖由泉水匯聚而成，夏季水溫較低，祇有 20℃，祇有水溫跨越 23℃後，青蛙纔會鳴叫。二、大明湖水是由地下水構成的，富含礦物質，可能有一種礦物質會影響到青蛙的聲帶，使得青蛙無法鳴叫。三、青蛙喜好在有蘆葦的淺水區鳴叫，而大明湖屬於深水湖，所以青蛙不會鳴叫。北魏酈道元《水經注·濟水》："《書》舜耕歷山，亦云在此，所未詳也。其水北爲大明湖，西即大明寺，寺東北兩面側湖，此水便成净池也。"明王象春《齊音·大明湖》："湖在城中，宇內所無，異在恒雨不漲，久旱不涸；至于蛇不現，蛙不鳴，

濟南大明湖

則又誕異矣。"

【大明湖】

即啞蛙湖。此稱北魏已行用。見該文。

金漆趕珠龍紋匾

御書匾。清乾隆皇帝御筆手書"紫氣東來"四個大字，上方中央陽文篆書"乾隆御筆之寶"四字璽印。四邊飾金漆趕珠浮雕九龍紋，懸於瀋陽故宮鳳凰樓下大門上方。長217厘米，高87厘米，厚16厘米。鳳凰樓，又名"翔鳳樓"，建於天聰年間，清寧宮門樓，位於崇政殿北首，爲當時盛京城内最高建築物。最初是皇太極計議軍政大事和舉行宴會的地方。入關後，成爲貯藏實録、聖訓、牒、寶璽以及供奉御容之處。此匾已高懸鳳凰樓近三百年，目前存世僅一份。"紫氣東來"一説，源於道家神話故事：相傳，老子出函谷關之前，守門官發現天上有一紫色雲氣由東向西飄來，關令大喜，認爲定有聖人過此，不久即見老子騎青牛而至。後來，人們便以"紫氣東來"象徵祥瑞。乾隆引用此典故，寓意大清創業於遼東、發祥於盛京（瀋陽），"王氣東方紫，開運億萬年"。

"陶唐遺風"匾

清乾隆五十七年（1718）三月初三日懸嵌於堯寓村古城門樓。長143厘米，高58厘米。此匾的由來有一小故事：相傳乾隆年間，江南湖廣一帶流行瘟疫，一青年北上五臺山求得控瘟良方，爲防藥方丟失，請人把藥方刻於石上，背石還鄉。路過堯寓村時，被當地的山水和古廟所吸引，於是放下背石行囊走進堯王廟，燒香叩頭，然後沿古道來到黄河渡口，此時記起背石行囊丟在了堯王故里的石碑下。他急得一夜頭白。店主問明原委，安慰道："聽説堯王老家素有路不拾遺、夜不閉户的村風，或許可以找到。"青年原路返回，衹見遺物處搭起一座茅草庵，却不見有行囊，不由大哭。哭聲驚醒庵中老人，老人捧出行囊，歸還於他。原來老人看到石上的藥方，深知救人事大，便搭起茅庵，晝夜等候失主。青年掏出銀兩酬謝，却被老人婉絶。青年返鄉後，依方治好了鄉親們的疾病。翌年他帶領同鄉，抬着"陶唐遺風"石匾，二到堯寓村，將匾懸挂至城門樓上。故事的真假無從考證，但對堯王故里人的贊美是真誠的。參見本卷《奇物説・外品考》"唐堯寓處"碑。

定城磚

位於嘉峪關西瓮城門樓後檐臺上。後檐臺兩端的兩塊磚都是活動的。關於此磚的傳説廣爲流行。嘉峪關始建於明洪武五年（1372），由内城、外城、羅城、瓮城、城壕和南北兩翼長城組成，高大、雄偉、壯觀。位於河西走廊中西結合部，是萬里長城最西端的關口，古代"絲綢之路"的交通要塞，萬里長城三大奇觀（指山海關、嘉峪關、鎮北臺）之一，素有"天下第一雄關"的美譽。此磚自明代築城始，已有六百多年，是中國古代建築史上唯一一塊留存的定城磚。正德元年（1506），明王朝爲加强西北防禦，派兵備副憲李端澄主持修建嘉峪關關城和城樓，由校尉郝空負責施工。據傳，郝空心狠手辣。工匠易開占技藝超群，精通九九演算法，經他手的建築物，結構嚴謹，用料準確，十分節省。郝空要易開占計算出嘉峪關用磚數量，否則必定重罪。易開占作出精密計算。竣工後發現剩餘一塊城磚。易開占將此剩磚置於西瓮城門樓後檐臺上。郝空發覺後，想借此剋扣衆工匠工錢，於是刁難易開占，讓他説明緣由。易開占斷然説道："這是定城磚，如果把它搬掉，全城頃刻就要倒塌！"郝空不敢再追究。爲了保護定城磚，易開占又將後檐臺兩端磚設爲活動磚。如有人想拿掉定城磚，會踩到活動磚掉下去摔死。就這樣定城磚保留在嘉峪關西瓮城門樓後檐臺之上，可望而不可取。兩端活動磚，至今保持完好。

嘉峪關定城磚

香地

奇地名。能産生香味的土地。故稱。位於湖南洞口縣山門鎮清水村西北方 2 千米的一塊凹地處。面積約 50 平方米。這裏群山環抱、人迹罕至，上邊是懸崖峭壁，下面是潺潺的小溪，它的土地能散發出陣陣香氣。一天中香味隨氣溫的變化而變化，早晨露水未乾時，香味格外濃；中午，微香；黃昏、天陰或雨後天晴時，香味漸漸變濃，聞起來似香水又遠甚香水。一年四季，香味亦有差別，春夏如檀香，秋冬似桂花香。但越出香地範圍，香味立即消失。香地的發現源於一位采藥老人。老人爲采藥來到雪峰山中，不慎滑落山崖，蘇醒後，發現身處一片濃烈而奇特的异香之中。他察看了所有的花草樹木，結果發現香味來自脚下的土地。專家聞訊也前來考察。在排除土壤、岩石和植物因素後，專家發現從香地采集的空氣樣本中，含有甲苯。甲苯是一種芳香烴有機化合物，在常溫下無色，無腐蝕性，且有芳香氣味。但甲苯是一種化工原料，一般祇有在工廠裏纔有，而煤是生産甲苯的主要原料。原來雪峰山有一條由西往東煤礦資源帶，煤層的厚度 1200 米。煤炭在高温無氧的情况下分解出甲苯等多種氣態物質（學名乾餾），地下煤層長期處於乾餾狀態，就産生了大量甲苯氣體，被封閉在地下的甲苯氣體，人們是聞不到它的香味的。但這兒有一個地質斷裂層，斷層和煤層的交叉位置點剛好在香地位置，有了這個斷層後，煤層乾餾産生的氣體就沿着這個斷層裂縫來到地面，從而造就這片神奇的香地。

香米田

位於重慶石柱閔來鄉寺院村土家山寨。海拔高 1200 米，周圍有梯田數百畝。零星分布有五塊香米田，總面積不過兩畝。田中長成的稻米，晶瑩剔透，蒸熟後香氣撲鼻，馥溢四鄰。其外觀與周圍水田没有什麼區別，并與其他水田同耕同種。不論遇上什麼灾害，它總能旱澇保收，米的香味也絲毫不减。相傳無論種植什麼品種的稻穀，最後收穫的都是香稻米。早在漢代，人們就發現了這幾處神奇的稻田，并將其所産稻米進貢給皇帝享用，成爲皇家專供，所以這種香米又叫"皇米"。數代專家學者對香米田研究、查證，但至今無解。

鬼門關

亦稱"桂門關""天門關""魁星關"。界於廣西北流、玉林兩地間。一千多年前，與山海關、玉門關等關口齊名。這裏天門山與龍狗嶺兩座山脉對峙而立，山峰高聳，至天門關處緊收狹小，"其間闊三十步"，中成關門，形成天然要隘，是通往欽（今欽州）、廉、雷（今雷州半島）、瓊（今海南島）和交趾（今越南中、北部）的交通要衝。這裏瘴氣彌漫，毒蟲猛獸遍布，每每入夜白霧籠罩，鴉雀悲鳴，甚是恐怖。關口以南，路途險惡，荒無人烟，故有"鬼門關，十人去，九不還"的諺語。古時欽、廉、雷、瓊一帶，屬於封建王朝流放逆臣之地。習慣於在北方生活的官員被貶謫流放，經過此關，如臨生死之界，幾乎無生還之望。這就使得"鬼門關"之稱蓋過了它原有的稱呼。鬼門關歷史悠久，地處嶺南交通要隘。漢代起，就顯示其軍事關隘的重要作用。東漢建武年間，伏波將軍馬援在此屯兵。由漢至宋的統治者，一直把嶺南作爲貶謫罪徒之地。惡劣的環境，艱苦的生活，使貶謫流放之罪徒有來無回，偶有赦免北出者，就會驚喜若狂。唐代起，鬼門關被詩人多有吟咏。唐代宰相李德裕，宋代大文豪蘇東坡，明代地理學家徐霞客都曾路過此關，并寫下詩詞歌賦留傳後世。如今的鬼門關，雙峰已被削平，關門已不復存在，玉北公路成爲溝通梧州、廣州、北海、合浦的重要峽口。在關隘遺址處，明宣德四年（1429）崖刻的"天門關"三字，是留存的唯一古迹。唐李德裕《過鬼門關》詩："一去一萬里，千知千不還。崖州何處在，生度鬼門關。"《舊唐書·地理志四》："北流：州所治。漢合浦縣地，隋置北流

縣。縣南三十里，有兩石相對，其間闊三十步，俗號鬼門關。漢伏波將軍馬援討林邑蠻，路由於此，立碑石龜尚在。昔時趨交趾，皆由此關。其南尤多瘴癘，去者罕得生還，諺曰：'鬼門關，十人九不還。'"宋蘇軾《竹枝詞·過鬼門關》："自國鬼門關外天，命從人鮓甕頭船。北人墜淚南人笑，青嶂天梯問杜鵑。"明徐弘祖《徐霞客游記·粵西游日記》："北流縣西十里爲鬼門關，東十里爲勾漏山，二石山分支聳秀，東西對列，而鬼門顛崖遂谷，雙峰夾立，路過其中，勝與勾漏實相佰仲，予自橫林北望即奇之，不知爲鬼門也，至縣始悟已從東南越入之過，以不及經其下爲恨。"明朱琳《出鬼門關》詩："北流仍在望，喜出鬼門關。自幸身無恙，從教鬢已斑。昔人多不返，今我獨生還。回望瓊山縣，昏昏瘴癘間。"清光緒《北流縣誌》："天門關在縣西十里高崖遠谷，路經其中，舊名鬼門關。《地獄記勝》云，本桂門關，訛稱爲鬼。元廉訪使月魯改名魁星關。明洪武間改名桂門關。宣德中改今名。"按，唐李德裕《過鬼門關》詩，在宋計敏夫《唐詩紀事》中載其作者爲唐楊炎，詩名爲《流崖州至鬼門關作》。又，"訛稱爲鬼"説不確。

【桂門關】

即鬼門關。此稱明代已行用。見該文。

【天門關】

即鬼門關。此稱明代已行用。見該文。

【魁星關】

即鬼門關。此稱元代已行用。見該文。

秦朝"鐵路"

秦朝木製馬拉軌路。發現於河南南陽山區。經C_{14}測定係兩千二百多年前的遺物。此路爲

鬼門關

複綫，以木材鋪設，軌道木材質地堅硬，經過防腐處理，至今保存完好。枕木材質稍遜軌道木材，未經防腐處理，已腐朽不堪，但隱約能看出其形狀。路基經夯築處理，非常堅實，枕木鋪設於路基之上。枕木間距按馬步鋪設。馬車一旦上軌，自動發生"自激振蕩"，利於飛快奔跑，直達目的地。枕木之間孔隙被木材填平，馬車能停住，即可餵馬、休息、裝卸貨物。此軌道節省時間，速度快，拉貨多。專家認爲此爲最省馬力之方法，效率極高。此段軌道應爲當年秦國"軍用鐵路"，以運送後勤物資。

黄河鐵牛

唐時建於渡口的鐵製牛形繫橋樁。1989年永濟縣博物館在山西永濟古蒲州城西門外古代黄河蒲津渡遺址發掘出四尊鐵牛、四個鐵人、兩座鐵山、三個鐵墩、六根鐵柱以及一座管理渡口的4米見方的磚屋遺址。黄河鐵牛爲我國發現最重、歷史最久、工藝水準最高、數量最多的珍貴文物，在國內外極爲罕見。鐵牛每尊高約1.9米，長約3米，寬約1.3米，重45～72噸。鐵牛膘肥體壯，肌肉隆起，昂首伏卧，後腿蹲伏前腿蹬，頭西尾東，面嚮黄河横嚮兩排，兩眼圓睜，呈負重狀。牛尾後均有横鐵軸一根，長2.33米，直徑約0.4米，鐵軸軸頭分別飾以連珠紋、菱花紋、捲草紋、蓮花紋等。鐵軸主要用於拴連橋索。牛腹下有山，其下六根直徑0.4米，長約3.6米的鐵柱斜嚮前方，每根鐵柱分別有反嚮伸鐵足各一，功能同地錨。牛側均有一鐵鑄胡人作牽引，四牛四人形態各异。鐵山位於兩排鐵牛之間。唐開元年間，蒲州城已爲全國六大雄城之一，竹索連舟橋已與蒲州發展極不適應，於是唐玄宗降旨，

於蒲津渡重建新橋。據清《蒲州府志》記載，唐開元十三年（725），爲穩固蒲津浮橋、維繫秦晋交通而特鑄造鐵牛。八頭鐵牛分別伏卧於黄河兩岸，從唐開元十三年之後的五百年間，蒲津浮橋一直是鐵牛繫鐵索，鐵索連舟船。金元之際，浮橋毀於戰火，祇剩兩岸鐵牛。後因黄河變遷，河床淤積，三門峽庫區蓄洪，河水西移，鐵牛逐漸爲泥沙深埋於河灘。鐵牛重見天日後，采用從原地提升12.2米的露天保護方案，在地表以上恢復原貌，露天陳列於永濟古蒲州城西門外黄河東岸。我國著名橋梁專家唐寰澄在他的《二十世紀世界建築》一書中稱贊鐵牛、鐵人説："這是一個具體的工程建設，是中國人民對世界橋梁、冶金、雕塑事業的偉大貢獻，是世界橋梁史上唯我獨尊的永世無價之寶。"著名橋梁專家茅以升説："浮橋地錨中，以浦津橋鐵牛錨最爲著名。"按，另外四個鐵牛仍深埋於河對岸地下。

國界橋

以橋爲界，兩端分屬吴國和越國，故稱。位於浙江嘉興市秀洲區洪合鄉旗杆下村九里港（亦稱"國界河"）上，爲三孔石柱石梁橋，全長19.7米，寬1.58米，中孔跨徑4.4米。橋墩長方形，由三塊長條石柱并列組成，南孔橋墩

國界橋

石柱迎水面條石斷裂，現用三道槽鐵夾箍加固；橋墩柱頂設有帽梁石，帽梁石四周雕刻有紋飾。橋面無欄杆，由三塊橋面石梁并列鋪成，石梁外側雕刻有精美紋飾，最大跨度 5.68 米。橋兩端各有石階數級。在石橋兩端橋洞内，各鑿有盈尺高石像一尊，北爲吳王夫差，南爲越王勾踐，雕像古拙，石像相對，爲明前雕製，"文革"中損毀，現存石像爲當代補上。橋中孔有嘉慶年間陽文楷書"國界橋"銘，兩側刻有清代人所作的兩副對聯：東側聯"星映斗牛臨鵲駕，地連吳越判鴻溝"；西側聯"披萊遠溯夫餘澤，端委常存泰伯風"。"夫餘"應作"無餘"，越國的開國國君。"泰伯"即"吳太伯"，周古公亶父之長子。爲讓位三弟季曆，偕二弟仲雍南奔，成爲吳國之開創者。九里港爲界河，河南面屬於越國，河北面屬於吳國。河兩岸被稱爲南北大草蕩，即檇李之戰的戰場。周敬王二十四年（前 496 年），此地發生吳越爭霸之戰中規模最大、最慘烈的一場大戰，結果越國勝。爲紀念檇李之戰，宋代熙寧年間在此修建國界橋，其後在明代、清嘉慶十六年（1811）予以重修。國界橋雖小但名氣大，歷史上有許多文人墨客在此憑吊懷古，留下不朽詩篇。如清姚嘉鳌《梅溪櫂歌》："經霜烏柏赤于楓，古戰場邊一望紅。聽説春秋分國界，小橋流水畫西東。"1981 年 9 月，國界橋被嘉興市人民政府列爲市級重點文物保護單位。《左傳·定公十年》："五月，於越敗吳於檇李。"杜預注："於越，越國也。使罪人詐吳亂陳，故從未陳之例書敗也。檇李，吳郡嘉興縣南醉李城。"明楊慎《廿一史彈詞》卷二："吳夫差，越勾踐，改號稱尊。（武王封泰伯之後於吳，夏少康封子無余於會稽，以奉禹祀，號曰越。夫差，闔閭之子，僭號稱吳王。勾踐，允常之子，僭號稱越王。初闔閭伐越，敗於檇李，闔閭傷將指卒。夫差伐越，敗越於夫椒，勾踐行成於吳。後勾踐返國，二十餘年伐吳，吳兵敗，夫差自殺，越遂滅吳。）"

瑞麗翡翠橋

亦稱"中緬友誼橋""翡翠橋"。雲南瑞麗以翡翠玉石鋪就的橋。中國與緬甸交界處有個寨子，分屬兩個國家，中方一側叫銀井，緬方一側稱芒秀。他們生活習慣基本一樣，寨子裏有許多共用的東西，"中緬友誼橋"即爲其中之一。橋長 5 米左右，因鑲嵌七千七百七十七塊翡翠玉石，亦被稱作"翡翠橋"。緬甸是産翡翠的大國，且對數字"7"特别喜愛，故用如此多的翡翠玉石鋪滿橋面，整座橋富麗堂皇，美麗大氣又獨特，成爲"一寨兩國"旅游景點，亦爲中緬友好象徵。由於緬甸翡翠品質較高，有人偷偷用各種方法摳玉石，如今翡翠橋玉石已所剩無幾，留下坑坑窪窪的痕迹。按，雲南騰衝，亦有一座保存完好的翡翠玉石橋。

【中緬友誼橋】

即瑞麗翡翠橋。此稱行用於現當代。見該文。

【翡翠橋】

即瑞麗翡翠橋。此稱行用於現當代。見該文。

撬橋

位於湖南通道坪陽鄉新江村一條東西方嚮的小河上。利用杠杆原理建成。已有一百六十多年歷史，當地人稱其爲"神力"支撐的橋。由兩塊青石板懸空架起，每塊青石板長約 3 米，寬約 70 厘米，厚約 10 厘米。橋懸空跨度約 5 米，中間無橋墩，橋距河底約 3 米，横跨於溪水之上。此橋所用建材僅兩塊石板和一堆石頭而已。橋的南端用一堆石頭壓住一塊石板約 1 米長的距離，剩餘 2 米懸在空中，此爲承重橋板。另一塊石板從北端伸出，兩塊石板尖頭在空中對接重叠。雖然構造簡單，承重能力并不小，十多個一百多斤重的成人同時過橋，仍安然無恙。在距離撬橋不遠處，有個名叫“凹上”的地方，曾出土一塊咸豐壬子年（1852）所立石碑，碑刻中有修建撬橋的記載。

塔爾寺酥油花

藏傳佛教手工油塑藝術品。塔爾寺位於青海湟中，爲藏傳佛教著名寺院之一。酥油爲自牛奶、羊奶中提煉出的脂肪，既可食亦可作油燈燃料。以其摻和各種顏料雕塑成的各種人物、風景、花卉、鳥獸等，被稱爲酥油花。酥油花具有形象逼真、色彩鮮艷、精巧玲瓏等特點。辛饒彌沃創建雍仲本教（亦稱西藏苯教）後，不斷改進原始信仰方式，采用糌粑和酥油捏成各種彩綫花盤，代替生祭動物，以此減少殺戮。此即爲酥油花（藏語“朵瑪”）的起源。唐貞觀十五年（641），唐與吐蕃聯姻，文成公主進藏，陪嫁一尊釋迦牟尼十二歲等身像，供奉於大昭寺。爲表敬意，按佛教習俗，供奉貢品六色，即花、塗香、聖水、瓦香、

酥油花

酥油花

果品和佛燈。當時天寒草枯，祇好以酥油塑花獻於佛前。酥油花亦被其他藏傳佛教的教派廣泛用作供品，成爲藏傳佛教的特色之一。明永樂七年（1409），宗喀巴大師首次在拉薩大昭寺發起祈願大法會時，將大型立體人物群像的酥油花供奉於佛前。此後，酥油花傳入宗喀巴的誕生地塔爾寺，在此相沿成習，成爲“塔爾寺三絶”（酥油花、壁畫、堆綉）之一。酥油花的展示爲每年農曆正月十五元宵酥油花燈節。展會上有酥油花藝人塑造的各種神佛祖師、文臣武將、亭臺樓閣、樹木盆景、飛禽走獸、花鳥魚蟲，有的還組成宗教、藏戲、神話故事，天上、人間、歷史人物等。展出時，由民族管樂器爲主組成的花架樂隊演奏出節奏緩穩、莊嚴肅穆的花架音樂樂曲，隨着燈光的閃動，展示出酥油花雕塑的千姿百態。幾百年來從未中斷。待酥油花展示完畢，當夜天亮前必須全部撤離并焚燒完，給人以曇花一現、神秘莫測的感覺。塔爾寺也有專門殿堂長年展出酥油花，供游人參觀。由於酥油花的熔點很低，15℃就會變形，25℃左右就會熔化，故展出的酥油花保存在密封、低溫的玻璃櫥内。并有小型僧人樂隊使用三大件（笛子、笙、管子）伴奏，音樂幽雅婉轉，如仙界妙音，增加展示效果。除塔爾寺外，在藏曆 1 月 15 日，沙拉寺、甘丹寺、哲蚌寺和大昭寺等大寺院，也會按照傳統慣例，供奉用彩色酥油製作的酥油花。有的高達三層樓，最低的也有一層樓高。2006 年 5 月 20 日，塔爾寺酥油花經國務院批准，被列入第一批國家級非物質文化遺産名録。

楚王迎賓圖

墓室壁影。1981 年江蘇徐州九里山挖掘西

漢楚襄王墓。墓中楚襄王棺室北壁的西邊墻上，顯示一真人大小的影子，酷似一位老者，身着漢服，峨冠博帶，面東而立，作揖手迎客之狀。人們稱其爲"楚王迎賓"。最初考古人員發掘清理棺室時，并無壁影。自從設爲旅游區，正式開放後，壁影纔逐漸地顯現出來。楚襄王名劉注，公元前 128 年繼位，公元前 117 年去世，是西漢第六代楚王，死後葬於徐州龜山。

楚王誡侈書

亦稱"楚王哭窮書"。珍奇石刻。出土於江蘇徐州龜山漢墓。長 96 厘米，寬 68 厘米。上刻四十八字，題首四字"第百上石"，大於正文文字。正文每行少則四字，多則七字，依次爲"楚古尸王通於天，述葬棺槨，不布瓦鼎盛器，令群臣以葬去，服毋金玉器，後世賢大夫，幸視此書，目此也，心者悲之。"四十八字大小不等，錯落有致，筆畫和結體外顯方正，内隱圓通，其書體表現出小篆向隸書的演變過程，屬西漢早期古隸書的定型之作。刻石文字中"述"代表楚王劉注發布的遺囑。全文以天人交際的口吻表明，身爲一代楚王，生前簡樸，死後薄葬，服飾不用金銀玉器，願臣下惦念此意，永不奢侈。誡侈書爲我國目前發現西漢最早、文字最多的銘文刻石之一，從書法藝術到文字内容皆爲古代碑刻考古的重要發現。此漢墓設計於龜山西麓一山頂上，劈山而建，整個山體幾乎被掏空，被稱爲"東方金字塔"。劉注爲西漢第六代楚王，公元前 128 年繼位，公元前 117 年去世，諡號襄王。死後葬於徐州龜山。按，關於刻銘塞石還有另外一種見解，認爲這是"楚襄王哭窮書"。其文字中"尸"代表楚王劉注發布遺囑；"葬棺槨"之句，就是要薄葬；"令群臣"之句，就是要臣屬縮短服喪時間；"後世賢大夫"之句，既有標榜自身節儉之意，又有恐後人圖財盜墓之慮。整段文字言辭懇切，但盜墓賊并沒有被他的哭窮所感動，墓中發現多次被盜的痕迹。

【楚王哭窮書】

即楚王誡侈書。此稱行用於現當代。見該文。

漢代濕型古尸

2002 年 7 月 7 日，連雲港海州區雙龍村花園路基建工地驚現一西漢晚期古墓。出土一具保存完好之女尸，女尸身長 1.60 米，四十歲左右。皮膚新鮮且基本完好，肌肉牽拉有彈性和韌性，神經和内臟器官保存基本完整。隨古尸出土的龜鈕銅印邊長爲 2.5 厘米，印文爲"凌氏惠平"。當考古人員撬開棺蓋，一具古尸自棕黃色棺液裏漂浮上來，考古專家撈起女尸時，女尸發出幾聲呻吟，令人毛骨悚然。據推測，連雲港地勢較低，距大海近，女尸在下葬後不久就被海水浸灌，密封缺氧，殺菌保濕。當棺木被打開，女尸浮出水面，因大氣壓作用，她的肺部重新進入空氣，空氣流經聲帶，引發震動，發出似呻吟之聲。

滄州鐵獅子

亦稱"鎮海吼"。坐落在滄州舊城開元寺前。鑄造於後周廣順三年（953），相傳爲鎮過海嘯水患而造。身長 6.264 米，高爲 5.74 米，體寬 2.981 米，整體重量約爲 32 噸（1984 年爲保護獅身移位時，經過準確稱量，鐵獅的總重量爲 29.30 噸）。鐵獅子頭嚮西南，尾朝南方，昂首挺胸，巨口大張，怒睜雙目，注視前方，四腿叉開，仿佛正疾走乍停，又好似闊步前進，威武雄壯。獅身披障泥（防塵土的墊子），背負巨大的蓮花盆。蓮花盆底部直徑 1 米，上口直徑 2 米，通高 0.7 米，可以拆卸。獅身上的毛髮或波浪狀跌宕起伏或捲曲狀錯落有致。胸前和臀部還紋飾着精緻的束帶，帶端分垂於兩肩及胯部。獅身內外鑄滿文字，頭頂及項下各鑄有"師子王"三字，腹腔內以隸書字體滿鑄《金剛經》文，有"山東李雲造""大周（後周）廣順三年"及捐錢者姓名等。文字大部模糊不清，祇有少數字依稀可辨。鑄造鐵獅采用"泥範明鑄法"，分節叠鑄而成，先將鐵製成 30 ～ 40 厘米左右的方形範塊，計五百多個，之後將這些範塊叠加在一起澆鑄。最終製出成品。從此滄州鐵獅子站立在泥土地上歷經千年。清嘉慶八年（1803），某天，一陣狂風從東北方嚮襲來，鐵獅子側翻在地。就這樣一直在地上躺了將近九十年。直到光緒年間，一婦人吊死在鐵獅子倒後翹起的左前腿上，纔引起世人注意。其下頜、腹部和尾部都被嚴重銹蝕。光緒十九年（1893），采用旁邊挖坑的方法，讓鐵獅側身翻立於坑中。20 世紀 50 年代，夏季澇雨，淹及獅腹，獅腿在雨中連泡數月，銹蝕加重。1956 年，蘇聯專家建議爲鐵獅子修建一個八角亭。八角亭將獅子遮蓋，積水不能快速蒸發擴散，更加重了滄州鐵獅子的銹蝕。1975 年，拆除八角亭。1984 年，當地文物保護局新建一座 2 米高隔水臺座，將鐵獅子挪移到臺座上。吊裝又使獅子多處破損和裂開。另吊裝時爲防止腿部擠壓，灌注的硫黃錨固合劑未及時清除，硫黃合劑降溫凝固，體積膨脹，導致獅子腿部出現嚴重的裂痕。1995 年，采用十六根鐵管支撑固定，又在四條獅腿上灌注了膨脹係數小於硫磺合劑的爐渣、砂子、石灰等混合材

料。結果，混合材料遇雨膨脹，直接導致獅子腿部又多出數十條新裂縫。這些混合材料直到 2000 年才被清理出來。2006 年，中國文化遺產研究院對鐵獅子進行三維光譜分析。撤掉了外部支架，采用穩固的內膽支撑，降低臺座高度，搭建了一個高達二三十米的凉亭。既能遮擋雨淋，又能保證良好的通風。2009 年，滄州市政府移走老滄州獅，在獅城公園內按照原樣重新灌注出一座新的鐵獅子，體積是老鐵獅的 1.32 倍，重達 120 噸。設計"壽命"兩千年。是當今世界上體積最大的鐵獅子。滄州鐵獅子是一方名勝古迹，"華北四寶"之一。滄州因它而名獅城。1961 年 3 月 4 日，被國務院公布爲第一批全國重點文物保護單位。《滄州志》："鐵獅，在舊州城內開元寺前。頭頂及項上各有獅子王三字，右項及牙邊皆有'大周廣順三年鑄'七字，左肋有山東李雲造五字。相傳周世宗鑄此，以鎮州城。"明景泰《寰宇通志·河間府》："鐵獅子，在滄州故城中，首昂一丈七尺，身長一丈六尺。"清李雲崢《鐵獅賦》：贊美鐵獅"飈生奮鬣，星若懸眸，爪排若鋸，牙列如鉤。既猙獰而踩躂，乍奔突而淹留。昂首西傾，吸波濤于廣澨；掉尾東掃，抗潮汐于蜃樓"。清陶越《過庭記餘》卷中："滄州鐵獅子，相傳周世宗駐蹕於此，有冶人當辟，罰其鑄此以贖罪，高可尺八許，像甚奇偉。"劉樹鑫《古滄鐵獅記》："〔爲測獅子的通高〕令僕人入腹中，盤回出其頂上，縋繩而量之，得丈六尺，而足之没地者不計。"

【鎮海吼】

即滄州鐵獅子。古時滄州瀕臨滄海，海水泛濫，海嘯爲害，民不聊生。當地人爲清除水

患，自動集資捐錢（獅身外面鑄有捐錢者的姓名），請山東鑄造師李雲鑄此獅以鎮遏水患，并取名"鎮海吼"。見該文。

嘉那瑪尼城

亦稱"嘉那瑪尼堆""新砦瑪尼城"。位於青海玉樹新砦村範圍內。始建於清康熙五十四年（1715），由藏傳佛教高僧嘉那道丁桑秋帕永創建，由結古寺一世嘉那活佛宗求帕文奠基。三百年前，宗求帕文在此地撿到一塊天然自顯的瑪尼石，這位聖者頓悟：應於此地宣揚和昌盛佛法。於是，他便用一生的時間在這裏雕刻瑪尼石，并在選定的位置放置了第一塊瑪尼石。此後僧侶和信衆開始擺放，鐫刻瑪尼經文的石堆在一寸寸升高，石城規模在一點點擴大，經過一代又一代人的堆放、搭砌，形成了一個占地面積比兩個足球場還要大的瑪尼石城。現在的石經城，擁有東西長 283 米，南北寬 74 米，最高 2.5 米，2.6 億塊瑪尼石；擁有大轉經堂、佛堂、大小轉經筒、佛塔等建築。在石經城佛堂內還供奉着創建石經城的宗求帕文塑像和自顯嘛呢石塊。石牆、門巷上掛滿了印有經文、佛像的經旗。瑪尼是六字真言中的兩個字，瑪尼石即刻有咒語、佛像、經文、箴言的石頭。其大小不一，形狀各異，大的如同桌面，小的僅如鷄蛋。有的還在佛像及各種吉祥圖案

瑪尼石

上飾以五彩。雕刻最多的是六字箴言"嗡嘛呢叭咪吽"。其中尤爲珍貴的是幾萬塊刻有律法、曆算、藝術論述和各種佛像的精品，有的將整套的佛經（包括封底、封面）刻在多塊石頭上，組成一套套完整的"經書"。粗略統計瑪尼石上雕刻的經文約 200 億字，可謂"世界第一石刻圖書館"。2010 年 4 月 14 日玉樹發生 7.1 級大地震，這座 300 多年歷史的瑪尼堆嚴重受損，但在政府和教衆的努力下，很快就得到了恢復，瑪尼堆排列得比原來更整齊了。至今瑪尼石還在不斷地增加着。

【嘉那瑪尼堆】

即嘉那瑪尼城。因瑪尼經石堆由嘉那高僧創建，故稱。這是人們的習慣稱謂。見該文。

【新砦瑪尼城】

即嘉那瑪尼城。因瑪尼城建在新砦村，故稱。這是人們的習慣稱謂。見該文。

銅雀三臺

亦稱"鄴三臺"。位於河北臨漳，即古都鄴城所在地。建於漢末。由金虎、冰井和銅雀三臺組成。漢代及漢代以前，帝王以修建高臺彰顯地位，一般天子三臺，諸侯一臺。銅雀臺高十二丈。臺上建五層樓，置銅雀於樓頂，總高達 63 米。三臺樓宇連闕，飛閣重檐，雕梁畫棟，氣勢恢宏，蔚爲壯觀。二橋連接三臺。三臺下建轉軍洞。轉軍洞是鄴城通往城外的秘密通道，長 6 千米，向西可直通講武城兵營，一旦發生戰爭，可快速轉移軍隊（目前僅存 83 米）。銅雀三臺除象徵統治者身份地位外，亦是曹操以文會友和鄴下文人的活動中心。曹操、曹丕、曹植曾登臺作賦。曹操亦曾在銅雀臺接見蔡文姬。以建安七子爲代表的文人，經常在

銅雀園中聚會，飲酒賦詩，銅雀臺成爲"建安文學"的發源地。建安十五年（210），曹操取得北征、東進等勝利，夜宿鄴城，見金光由地而起，翌日掘得銅雀（即銅鳳凰）一隻。曹操大喜，決定在此建銅雀臺，以表其執掌天下之雄心壯志，彰顯其平定四海之功。銅雀臺高十丈，臺上玉樓金閣，富麗堂皇。礙於禮制，未安置銅雀於樓頂。至後趙石虎執政時，將臺增高至十二丈，臺上建五層樓，并安置銅雀，高達63米。建安十八年，曹操晉升爲魏公，加九錫，建魏國，下設百官。於是曹操在銅雀臺旁建金虎臺（後爲避後趙建武帝石虎名諱，改名金鳳臺），第二年又建冰井臺。三臺之間用兩座閣道式浮橋相連。建成之日，曹操於臺上大宴群臣，慷慨陳述匡復天下的決心和意志。一時曹氏父子與文武百官觥籌交錯，對酒高歌，一派歌舞升平的盛況。曹操在魏宮内向百官和臣民發號施令，而魏宮旁的銅雀三臺向天下昭示曹操已行天子職權。銅雀三臺在經歷曹魏初建、幾代翻修後，隨都城西遷而逐漸荒蕪。十六國時期戰爭連年不斷，三臺殘破。至明代中期後，漳河泛濫，冰井臺全部、銅雀臺大部被河水沖毀，唯金鳳臺獨存，後游人多將金鳳臺誤認爲銅雀臺。《三國志·魏書·陳思王植傳》："時鄴銅爵臺新成，太祖悉將諸子登臺，使各爲賦。植援筆立成，可觀，太祖甚異之。"曹植作《登臺賦》，傳爲美談。北魏酈道元《水經注·濁漳水》："《春秋古地》云：葵丘，地名，今鄴西三臺是也。謂臺已平，或更有見，意所未詳。中曰銅雀臺，高十丈，有屋百一間。臺成，命諸子登之，并使爲賦。陳思王下筆成章，美捷當時……"《山堂肆考·宮室》："銅雀：銅雀臺在臨漳縣治西，魏太祖建，又有金虎冰井臺……其上復道樓閣相通，中央懸鑄大銅雀，高一丈五尺，置之樓頂。"《明詞彙編彙續》："銅雀三臺，漳河九曲，漫説曹瞞累。赤壁戰，風不借周郎，算火攻未知孰是。"按，羅貫中小説《三國演義》，諸葛亮引用《銅雀臺賦》激周瑜抗曹，此乃作者爲吸引讀者而虛構。赤壁之戰發生在建安十三年底，銅雀臺始建於建安十五年。

德令哈"外星人遺址"

位於青海德令哈西南懷頭他拉鎮白公山（察汗陶力哈山）。1998年發現。白公山平均海拔3500米，山高200米，山頂有UFO標記。山脚下有三個不規則的三角形岩洞，其中以中間的岩洞最大（其他兩洞由於岩石坍塌已無法入内），洞口高2.5米，洞深約6米，洞中最高處近8米，有明顯人工開鑿的痕迹，洞中岩石爲清一色砂岩。洞内有一根直徑約40厘米的管狀物從山頂斜通到底。白公山北鄰克魯克湖（淡水湖），南鄰托素湖（微鹹水湖），方圓不過1千米，地形地貌與月球表面極爲相似，光秃秃的，寸草不生，荒凉至極。而周邊水源豐沛，植被生長良好。這裏有衆多謎團，無法破解，遂產生外星人遺址之説。

白公山鐵管

在白公山脚下中間洞穴裏，一根直徑40厘米的大鐵管從百餘米山頂上直通到洞内，雖銹蝕嚴重，鐵管仍清晰可見。另一根相同口徑的鐵管祇露出管口，從底壁通到地下。在洞口處和湖岸邊還有多處鐵管，有的嵌入山體，有的插入石中，與岩石完全吻合。這些管子有交叉形、紡錘狀等怪異形態，它們或直或彎，或粗或細，但都呈現出鐵銹般的褐紅色。科學家將鐵管取樣化驗結果表明，氧化鐵的成分占了30%以上，二氧化硅和氧化鈣占60%。白公山的岩石形成於兩千三百萬年前。這些鐵管已有十幾萬年到幾十萬年的歷史，而當地發現的人類活動衹有三萬年，人類冶煉金屬的歷史僅僅衹有幾千年。三萬年前人類根本不可能生產出鐵管。鐵管之謎至今無解。

沙漠怪圈

2011 年 8 月，中國首個被發現的"麥田怪圈"出現在青海德令哈"外星人遺址"周圍的沙化牧場上，因此稱爲"沙漠怪圈"。怪圈爲直徑 2000 米左右的巨型圓環，環內圖案既有規則的圓形，亦有對稱圖案和抽象概念的形狀等，錯綜複雜，其圓環和綫條都十分規整且精確對稱，地表土壤與周圍土壤形成鮮明的對比，蔚爲壯觀。怪圈一夜之間形成，無法證明是人類傑作，這給怪圈的成因蒙上了一層神秘的面紗。

戰國冷藏窖

1965 年 9 月，考古專家發現於鄭韓故城西區的一宮殿遺址。冷藏窖爲南北嚮長方形豎井，底部長 8.7 米，寬 2.5 米，深 2.24 ~ 3.35 米。東南角有一條傾斜 50 度的斜長通道，長 7.3 米，寬 2.58 ~ 0.7 米，并有十三級臺階用於上下。豎井底部有五眼形制基本相同的井，圓筒狀，深爲 2.5 米左右。井內部均用燒製好的陶井圈套接。陶井圈直徑大的 1 米，高 0.32 米；小的直徑 0.71 米，高 0.3 米。陶井圈采用上口大下口小的套接方法，大小井圈之間都有一週二層臺。便於冷藏物品橫放。五眼井的底部經過打夯，鋪有料薑石及鵝卵石，用於存放冬季的冰。冷藏窖的四壁用夯土夯實，墻上塗有草拌泥，局部地面嵌有背面帶凹槽的方磚。井口地面鋪設長方形磚，磚上印有米字紋、圓點紋和三角紋。爲保持冷藏窖的溫度和衛生，原來在窖口建有房子。冷藏窖附近出土有大量戰國時期陶器殘片，殘片上刻有不少陶文，如"月朱""左月朱""公月朱吏"等，經郭沫若等專家考證，"月朱"是"厨"字的异文，讀作"厨"。專家認爲，此乃戰國時期冷藏窖。冷藏窖爲韓國宮廷厨房的重要配套設施，窖內存放肉食等宮廷佳肴。

龍游石窟

古代地下建築名。20 世紀發現於浙江龍游鳳凰山麓。何時建成不明。此窟爲"世界第九大奇迹"，工程异常浩大。在石岩背村不足 1 平方千米的地下分布着二十四個大大小小洞窟，每個洞窟面積從數百平方米至數千平方米不等。而在龍游地區 2.88 平方千米的地下，估計有五十到七十個基本相似的石窟。每個洞窟從矩形洞口垂直向下延伸，口小裏擴。每一個石窟都像是一座宏偉開闊的大廳，呈倒斗矩形狀。洞高 20 ~ 40 米不等。洞壁一面陡峭，一面呈 45 度角傾斜，四壁筆直，棱角分明。頂部呈漏斗型，洞中一至五個粗大石柱撐頂。石柱呈三角形，尖朝裏，面朝前。周長最大爲 10 米，最小爲 5 米，石柱、洞頂渾然一體。洞頂、洞壁和石柱表面均鑿刻細密的斜紋，鑿痕排列

龍游石窟

規則有序，鑿綫整齊劃一。每個石窟自成一體，互不相通，洞與洞的間距，最小僅 50 厘米。石窟內均有一至兩個半鑿半砌的矩形石池，大小約 20 平方米，深約 5 米。從洞口至洞底沿壁有臺階上下，臺階呈鋸齒形。一號石窟岩壁上繪有馬、鳥、魚三種動物，呈不規則排列，中間一條石縫被農民以水泥補平，部分岩畫遭破壞。經分析，岩畫上的長頸鳥很像侏羅紀時代的始祖鳥，正在引頸高歌或覓食；一匹强健野馬，頭高昂，尾揚起，四蹄騰空，風馳電掣般飛過；一隻魚頭冒出水面，瞪着長在頭頂上的眼睛，張着寬闊的嘴巴四處張望覓食，像極了傳説中的鰲魚，浪花依稀可見。綫條渾厚古樸，粗獷流暢，很有意境。龍游石窟規模宏大，氣勢磅礴，瑰麗壯觀，巧奪天工，爲目前發現的世界最大古代地下人造建築。此石窟的來龍去脉，尚無據可查，各種紛争均爲猜測。有許多問題尚待解决。

藏金洞裏的"煎鷄蛋"

奇石名。發現位於貴州德江縣高山鄉洋山河大峽谷絕壁上的藏金洞裏。白色的蛋清，黄澄澄的蛋黄，其形狀、大小極似正常的煎鷄蛋，故名。其蛋黄部分含有硫黄，蛋白部分是碳酸鈣。這兩種物質組合在一起怎麽變成了煎鷄蛋呢？成都理工大學萬新南教授作了破解。在數百萬年前形成的這個喀斯特溶洞裏，流淌着酸碱兩種性質完全不同的地下水。由於水中含有硫化物，所形成的石笋和石鍾乳大都有一根黄色的芯，周圍包裹的都是灰白色碳酸鈣。遠古的某天，洞中水流發生突變，酸性較强的水替代了原來略帶碱性的水，這種酸性水在洞中流淌，除了形成美麗的石膏花海外，更是將一根根石笋腐蝕殆盡，這個煎鷄蛋形狀的物體，正是石笋被强酸性水腐蝕後剩下的一段殘留根部。石笋的殘根，就形成了中間黄、外面白的圓餅。煎鷄蛋的形成要經過幾千萬年歷史，而把它雕琢成型的是洞頂滴下的水流。開始滴下的碱性水，形成石笋；後來變成了酸性水，且偏離了中心位置，從一個特殊位置滴下來，把邊上一圈溶蝕掉，形成一個白色圓形的負地形，從而形成"煎鷄蛋"。"煎鷄蛋"正是酸碱這兩種水作用的結果。因此"煎鷄蛋"這一絕世奇觀，除了億萬年的時光外，還要有多種不可思議的巧合。萬新南教授説："水不能大，水源不能太高，不能偏太多，水的酸性又不能太强。"所以，形成煎鷄蛋概率極低。這是頗爲奇特的喀斯特洞穴沉積物，不僅展示了大自然的鬼斧神工，而且對於研究喀斯特地貌，乃至地球進化史都有着重要的意義。

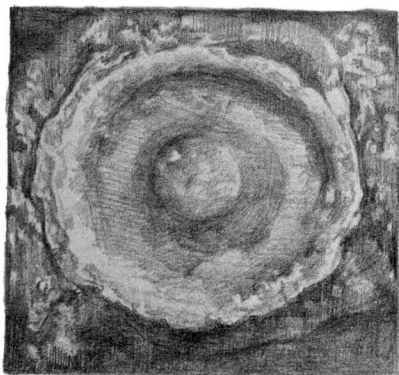

藏金洞裏的煎鷄蛋

戲帝圖

位於北京故宮御花園西側千秋亭附屬的通道上。係用卵石嵌砌而成的四組畫。其內容盡是戲弄皇帝。第一組畫是皇帝頭頂花瓶，跪在搓衣板上，兩手撐地，一宮女騎在其背上嬉戲。第二組畫是皇帝頭頂一小凳子，跪在搓衣板上，向騎於身上的女人求饒，女子手持一掃帚正在痛擊皇帝。第三組畫是皇帝頭頂一陶瓷盆，雙膝跪於一女子面前。最後一組畫爲皇帝騎一快馬落荒而逃，一女子緊追不捨。游人細看此畫，無不感到驚訝。爲何在“真龍天子”們常移步的腳下有如此的裝飾畫，目前仍是一個不解之謎。

鎮水寶劍

　　鎮水法器。製作於清代。1989 年山東兗州堡子鄉大橋村村民發現於大橋下。全長 7.47 米，身長 5.52 米，莖長 1.95 米，寬 0.27 米，格部直徑 0.5 米，重約 1539.8 千克。劍身爲扁菱形，鋒尖呈橢圓狀，格部圓形。劍格部分鑄有睚眦圖，眼、眉、鼻、嘴、鬚皆清晰，其凶神惡煞之態、鎮水降妖之威，讓人望而生畏。莖部鑄有銘文：“康熙丁酉二月知兗州府事山陰金一鳳置。”《滋陽縣志》載：康熙五十一年（1712），泗河洪水泛濫，冲毀泗河南大橋中間的三個橋孔，知府金一鳳捐資整修此橋，并鑄長劍置於中間橋孔之下，驅惡辟邪，以鎮水妖。這是我國現今出土的劍文物中最長、最重的寶劍，被譽爲“天下第一劍”，定爲國家一級文物，爲兗州博物館鎮館之寶。除清代這柄鎮水寶劍外，文獻記載還有兩把鎮水劍：一爲龍形劍，一爲黃金劍。龍形劍爲東漢明帝劉莊所鑄，劍上作龍形。劉莊登基之後，爲治洛水之患，鑄劍投入洛水中。南朝梁陶弘景《古今刀劍録》：“明帝莊，在位十八年。以永平元年，歲次戊午，鑄一劍，上作龍形，沉之於洛水中。水清時，常有見之者。”黃金劍爲東漢章帝劉炟所鑄。無銘文，黃金鑄成，故名。劉炟在位的第八年，伊水出一妖怪，形如人膝蓋，頭上長

爪，有人到河裏洗澡，必被抓走。劉炟命人以純金鑄劍，投入伊水鎮妖。南朝梁陶弘景《古今刀劍録》：“章帝炟，在位十三年。以建初八年，鑄一金劍，令投於伊水中，以厭人膝之怪。弘景按：《水經》云：‘伊水有一物，如人膝，頭有爪，人浴輒没，不復出。’”

懸關廟

　　亦稱“吊在樹上的關帝廟”。位於聊城古樓西大街西口西南角。懸關廟木製，50 厘米見方，雕梁畫棟，門庭窗檻，一應俱全。門上匾額書“關帝廟”三字。威武莊重的關帝端坐廟内，右手捋髯，左手拿《春秋》，雙目直視遠方，呈若有所思之狀。清末民初，聊城城關大小路口都建有關帝廟，西口四角滿是民居，關帝廟不好選址。由於善男信女又急于尋求一個精神寄託之處，於是有人設計出這個“懸關廟”，將其懸掛在樹上，并以繩索升降，尤便保護。

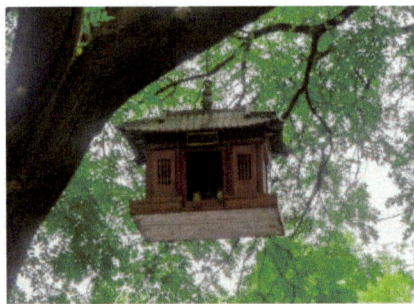

懸關廟
（聊城古樓西大街西口）

護頭捂襠石獅子

　　故宮元代石雕。位於北京故宮武英殿東側斷虹橋上。斷虹橋爲横跨内金水河之單拱石橋，南北走嚮，橋長 18.7 米，最寬處達 9.2 米。漢白玉石鋪砌橋面，兩側石欄板雕穿花龍紋圖案。橋有二十根望柱，望柱上雕刻一圈連珠蓮花須彌座，座頂雕刻三十四隻形態各异的石獅子。

橋東側南數第四隻獅子形態最爲奇特。兩隻後腿着地，右前爪捂後腦勺，左前爪護襠部，嘴巴微張，一副痛苦委屈的表情。此即爲"護頭捂襠石獅子"。按，石橋爲元代遺物。

鐵袈裟

位於濟南長清區萬德鎮靈岩寺"轉輪藏"仙人岩東廟堂遺址袈裟泉旁。爲一巨大鐵塊。鐵塊高約 2.05 米，寬約 1.94 米，銹迹斑斑，外形不規則，上有許多凸起的紋絡，縱橫交織似僧人百衲衣上的福田紋，故稱。靈岩寺建於東晋，北魏孝明帝時重建，至唐代達到鼎盛，與浙江國

鐵袈裟圖
（清李興祖等《靈巖志》）

清寺、南京栖霞寺、湖北玉泉寺并稱爲海內"四大名刹"，現爲全國重點文物保護單位、國家級風景名勝區。鐵袈裟從何而來？有衆多説法。一、地涌説。北魏孝明帝正光年間，靈岩寺法定禪師建寺時鐵袈裟自地下涌出。後法定禪師於鐵袈裟地涌處建造了袈裟殿，位於"乾隆行宮"遺址西側山坳中。清馬大相《靈巖志》爲"鐵袈裟圖"配文曰："世傳定公建寺時，有鐵自地涌出，高可五六尺，重可數千斤，天然水田紋，與袈裟無異，故名。"專家考研後認爲鐵袈裟其上紋路係人工雕鑿，袈裟披縫處的連接采用鑄鐵工藝中較爲普遍的"合縫法"，排除其天然形成的論斷。二、達摩遺留説。達摩是南天竺人，在中國始傳禪宗，爲禪宗初祖。鐵袈裟是達摩遺留下來的"天賜衲衣"。清馬大相《靈巖志》："達摩自西域來，面壁九年，道成而去，棄袈裟於

此。"三、廢鐵説。清顧炎武《山東考古錄·考鐵》認爲濟南地區自古盛産鐵，鐵袈裟與孔府文廟前的鐵牛，可能是漢代鐵官在冶鐵時的遺留物。乾隆亦認爲其是鑄鐘不成而留下的廢鐵。乾隆三十六年（1771）爲《鐵袈裟》賦詩曰："祖衣作鐵底須驚，七字因之爲定評。當是鑄鐘昔未就，袈裟略似故傳名。"乾隆五十五年爲《鐵袈裟》賦詩曰："一領净衣那論斤，法身披祇當絲紋。鑄鐘想以不成廢，置此半途徒費勤。"四、殘體説。麟德二年（665）至乾封元年（666），唐高宗李治與皇后武則天兩次封禪泰山，駐蹕靈岩。唐高宗曾舍資修佛造像、擴建寺廟。以報身盧舍那佛爲中心的一組造像"六身鐵像"就建在永光堂内。鐵像高度達 6～7 米，"其左腿直立，右腿側伸，腰束帶，下著戰裙"。唐天寶元年（742），李邕撰文并書寫的《靈巖寺碑頌并序》對此有明確的記錄："高宗臨御之後，克永光堂，大悲之修，舍利之□，報身之造，禪祖之崇，山上燈□，□切宇内，舍那之構，六身鐵像，次者三軀，大金剛增。遠而望也，雲霞炳焕於丹霄；即而察之，日月照明□□道。此皆□□□帝王之力……"（此碑爲 1995 年對靈岩寺魯班洞考古時發掘）。會昌五年（845）滅佛，很可能導致"六身鐵像"被毀，鐵袈裟即爲殘留鐵像的下半身。五、造神説。中央美院教授鄭岩認爲，"鐵袈裟"一稱出現於 1055 至 1101 年（北宋）間。這時正是禪宗興盛時期，在禪宗的觀念中，袈裟是密付傳法的標志，是宗門正統性的物證。靈岩寺却沒有秘傳的袈裟，就需要"製造聖物"，因而殘缺的鐵像就被説成"鐵袈裟"。對達摩面壁的發揮亦爲此意。

鶯鶯塔

寶塔。初稱"舍利塔"，始建於唐代。位於山西永濟普救寺，因傳《西廂記》張生與崔鶯鶯的故事發生在塔下，故稱"鶯鶯塔"。塔高40米，是一座內外皆方空筒密檐式的十三層四面錐形磚塔。四方形的塔平面，底邊長8.35米。第一層塔室南嚮闢門，內爲方室，室頂砌作疊澀八角穹隆。二至九層，塔壁內設有轉角通道，可沿臺階攀登而上。二層以上四面闢門，門有真假，真門可供游人眺望，假門爲裝飾，門頂拱形。原塔建於唐代，名"舍利塔"，爲七層方形磚結構。明嘉靖三十八年（1559），舍利塔因蒲州大地震被毀。四十三年重建。在保留唐塔風貌基礎上，加蓋至十三層。鶯鶯塔有一奇特之處即"普救蟾聲"，在塔西以下相擊，可聽到從塔上傳來蛙鳴聲。塔西10米左右爲最佳位置，用小石頭敲擊，像小青蛙叫聲，用大石頭敲擊，像大青蛙叫聲。除蛙鳴聲外，還有哭泣聲、唱戲聲等。對這一奇異效應，有多種説法。1986年，永濟縣政府與山西大學、西安交大、黑龍江大學、中科院聲學所等聯合，對鶯鶯塔的聲學機理進行了系統的科學考察，首次揭開"蛙聲"回音之謎，有三大因素，一是特殊的地形地貌，二是特殊的建築結構，三是特殊的建築材料。鶯鶯塔所處地勢高敞，四周平坦，又無障礙物，可接受大範圍内傳來的聲波。鶯鶯塔塔身和塔檐全部用青磚叠砌而成，青磚本身就是很好的反射體。每一層塔檐，挑出成内凹弧形，能把聲音反射聚匯。蛙聲就是十三層塔檐反射聚匯的結果。而反射的時間差，總計不到100毫秒，人的耳朵分辨不出來先後。敲石頭、拍手，發出的聲音頻率，有高頻、中頻和低頻，三種頻率的聲音接觸到塔檐，就會發生不同的反射現象，高頻和低頻部分被減弱，中頻部分大部被反射回來，十三個塔檐反射匯聚以後的功率譜形，跟自然界裏單個青蛙叫聲的功率譜形基本重合。在塔的前面離塔面四五米遠的地方，拍手、敲石頭聽不到聲音，但20米以外，可以聽到，好像是從塔的上面（時上時下）傳來。這是因爲我們發出的聲音可以傳很遠，同樣也可以從很遠的地方傳回來，所以，20米外的敲擊聲、2.5千米外的唱戲聲就是通過内凹形的塔檐匯聚後，又傳到人耳纔聽到的。如此美妙的聲學現象，當非偶然。清《蒲州府志》："〔鶯鶯塔〕有聲若吠蛤，蓋空谷應音類矣。"

【舍利塔】

即鶯鶯塔。此稱唐代已行用。見該文。

索 引

一、本索引爲詞條索引，凡正文詞條欄目出現的主詞條均用"*"標示，副詞條則無特殊標識。

二、本索引諸詞條收録順序以漢語拼音音序爲基礎，兼顧古音、方言等差异，然爲方便檢索，又與音序排列法則有异，原則如下：

首先，以詞條首字所對應的拼音字母爲序排列，詞條首字相同（讀音亦同）者爲同一單元；詞條首字不同但讀音相同的各個單元，一般按照各單元詞條首字的筆畫，由簡至繁依次排列。例如以huáng爲首字的詞條，則按首字筆畫依次分作"皇""黄"等不同單元；又如以diāo爲首字的詞條，則按首字筆畫依次分作"虭""蛁""貂"等不同單元。此外，爲方便查閱和比較，在對幾個同音且各祇有一個詞條的單元排序時，一般將兩個或幾個含義相同或相近的單元鄰近排列。如"埋頭蛇""貍蟲""薶頭蛇"都屬於mái爲首字的單元，且"埋頭蛇"與"薶頭蛇"含義相同，因此這三個單元的排列順序是"貍蟲""埋頭蛇""薶頭蛇"。

其次，同一單元内按各詞條第二字讀音之音序排列，第二字讀音相同者則按第三字讀音之音序排列，以此類推。例如以"皇"爲首字的單元各詞條的排列依次爲"皇成、皇帝鹵簿金節……皇貴妃儀仗金節……皇史宬……皇太后儀駕卧瓜……皇庭"。

三、本索引中詞條右側的數字爲該詞條在正文位置的起始頁碼。

四、本索引所收詞條僅限於正文、附録中明確按主、副詞條格式撰寫的詞條，而在其他行文中涉及的詞條不收録。

五、多音字、古音字或方言字詞條按其讀音分屬相應的序列或單元，如"大常"古音爲tàicháng，因此歸入音序T序列；又如"葛上亭長"，"葛"是多音字，此處讀gé，因此歸入音序G序列之ge的二聲單元；互爲通假的詞條，字雖异然而讀音同者，如"解食""解倉"皆爲芍藥别稱，因"食"與"倉"通，故"解食"讀音與"解倉"同；等等。

六、某些詞條多次出現，在正文中以詞條右上標記數字爲標志，如"朝[1]""朝[2]""百足[1]""百足[2]"等，索引中亦按照其右上標記數字的順序排列。詞條相同但讀音不同的則按照其讀音分屬相應的音序序列和單元。如"蟒[1]"（měng）、"蟒[2]"（mǎng），"蟒[1]"歸入音序M序列之meng的三聲單元，"蟒[2]"則歸入音序M序列之mang的三聲單元。

七、某些特殊詞條，如數字詞條、外文字母詞條等，則收入《索引附録》。

A

B

D

E

F

G

R

S

Y